非税收入征管
操作实务及风险管理

FEISHUI SHOURU ZHENGGUAN
CAOZUO SHIWU JI FENGXIAN GUANLI

金江 柏晓峰 编著

立信会计出版社
LIXIN ACCOUNTING PUBLISHING HOUSE

图书在版编目(CIP)数据

非税收入征管操作实务及风险管理 / 金江,柏晓峰
编著.—上海:立信会计出版社,2022.8(2023.9重印)
　ISBN 978－7－5429－7095－4

　Ⅰ.①非… Ⅱ.①金… ②柏… Ⅲ.①非税收收入－
财政管理－风险管理－中国 Ⅳ.①F812.43

中国版本图书馆 CIP 数据核字(2022)第 143860 号

策划编辑　　张巧玲
责任编辑　　张巧玲

非税收入征管操作实务及风险管理
FEISHUI SHOURU ZHENGGUAN CAOZUO SHIWU JI FENGXIAN GUANLI

出版发行	立信会计出版社		
地　　址	上海市中山西路 2230 号	邮政编码	200235
电　　话	(021)64411389	传　　真	(021)64411325
网　　址	www.lixinaph.com	电子邮箱	lixinaph2019@126.com
网上书店	http://lixin.jd.com		http://lxkjcbs.tmall.com
经　　销	各地新华书店		

印　　刷	涿州市星河印刷有限公司		
开　　本	787 毫米×1092 毫米		1/16
印　　张	42		
字　　数	1046 千字		
版　　次	2022 年 8 月第 1 版		
印　　次	2023 年 9 月第 4 次		
书　　号	ISBN 978－7－5429－7095－4/F		
定　　价	129.00 元		

修 订 说 明

2022年8月,《非税收入征管操作实务及风险管理》出版。自本书面世以来,受到广大读者朋友的喜爱与好评。本书是一本集目前由税务部门征收的非税收入政策运用、征收实务、风险管控等非税征管业务于一体的好书。本着尽可能与最新政策变化保持同步的原则,编者对本书的内容进行了以下更新修订,总修订量不超过10%。

第一,针对2023年1月划转税务部门的森林植被恢复费和草原植被恢复费两项非税收入进行了相关内容的修改和补充。

第二,按照2023年5月1日颁布实施的《矿业权出让收益征收办法》,对矿产资源专项收入的相关内容作了修改调整。

第三,根据国家税务总局对土地出让类和电力能源类非税收入项目征收管理的规范,对涉及的国有土地使用权出让收入、土地闲置费两项土地出让类非税收入和电力能源类的三大类非税收入[一是代征类基金,包括可再生能源发展基金、国家重大水利工程建设基金、农网还贷资金、中央水库移民扶持基金(大中型水库移民后期扶持基金);二是库区类基金,包括中央水库移民扶持基金(跨省际大中型水库库区基金、三峡水库库区基金)、地方水库移民扶持基金(省级大中型水库库区基金、小型水库移民扶助基金)、三峡电站水资源费;三是核电类基金,包括核电站乏燃料处理处置基金、核事故应急准备专项收入]征管业务内容作了修改完善,并在此基础上对相关政策依据作了补充。

第四,2023年8月,小微企业和个体工商户的一系列税费优惠政策出台,执行期限统一延长至2027年12月31日,本书及时进行了收录和修订。

编 者

2023年8月

前　　言

非税收入在政府收支分类科目中,在一般公共预算收入科目、政府基金预算收入科目、国有资本经营预算收入科目中占据一定比例,充分体现出其在政府财政收入中的重要地位。2018年7月20日,中共中央办公厅、国务院办公厅印发《国税地税征管体制改革方案》,明确了非税收入征管职责划转税务部门,按照成熟、稳妥的原则,逐步将具备条件的非税收入项目划转税务部门进行征收。

从2018年至今,税务部门共计征收了30余项中央、省级非税收入。由于这些项目属于多个业务部门管理,加之近年来,审计对非税收入的重点关注,税务部门在征收非税收入过程中,面临项目多、政策多、风险多等挑战。笔者结合多年来基层税务部门征收非税收入的实际情况,在书中对目前税务部门征收非税收入项目的范围、标准、优惠政策、预算管理、申报缴费、欠费处理和风险防控等征管环节,进行了深入浅出的介绍。本书基础部分共二十八章,政策依据部分共二十六章,以求能对基层税务干部进行非税收入征管工作起到一定帮助。

时间仓促,水平有限,书中可能存在不当和疏漏,敬请读者批评指正。

编　者

2022年7月1日

目　　录

目　录

非税收入政策依据部分

第一章

非税收入概述

第一节　非税收入的概念

非税收入是指除税收以外,由各级国家机关、事业单位、代行政府职能的社会团体及其他组织依法利用国家权力、政府信誉、国有资源(资产)所有者权益等取得的各项收入。

非税收入的内涵一般包括:①非税收入的征收主体是各级政府、国家机关、事业单位、代行政府职能的社会团体及其他组织。②非税收入的征收依据是国家权力、政府信誉、国有资源(资产)所有者权益等。③非税收入的征收目的是实现公共利益、促进社会公平与合理负担,其资金一般具有特定用途。④非税收入的征收标准是由政府按照成本补偿或非营利的原则来确定。⑤非税收入一般不具备强制性,政府一般不会为了收取非税收入而强迫相对人接受其服务。⑥非税收入必须依法征收和管理,非税收入的立项和标准要依法律程序确定,资金的使用要依法进行。

2001 年,《财政部 中国人民银行关于印发〈财政国库管理制度改革试点方案〉的通知》(财库〔2001〕24 号),最早有了"非税收入"提法。2003 年 5 月,《财政部 国家发展改革委 监察部 审计署关于加强中央部门和单位行政事业性收费等收入"收支两条线"管理的通知》(财综〔2003〕29 号),首次对"非税收入"概念提出一个较明确的界定。2011 年开始,非税收入才全部纳入预算管理,彻底取消预算外资金。2016 年,《财政部关于印发〈政府非税收入管理办法〉的通知》(财税〔2016〕33 号)界定的"非税收入",是目前最为权威的定义。2018 年,中共中央办公厅、国务院办公厅印发的《国税地税征管体制改革方案》将非税收入正式划转税务部门征管。

广义上说,2015 年《中华人民共和国预算法》修订施行前,对于非税收入,学术界一直没有权威的定义,普遍认为非税收入是政府预算外收入。《中华人民共和国预算法》将政府的全部收入都纳入了预算,包括一般公共预算收入、政府性基金预算收入、国有资本经营预算收入、社会保险基金预算收入。因此,从政府预算的角度讲,政府预算收入中除税收以外的收入都应称为非税收入。

目前准确的概念:2016 年,财政部发布了《政府非税收入管理办法》,对非税收入作了准确定义。《政府非税收入管理办法》明确:非税收入指除税收以外,由各级国家机关、事业单位、代行使政府职能的社会团体及其他组织依法利用国家权力、政府信誉、国有资源(资产)所有者权益等取得的各项收入。

第二节　非税收入的分类

一、按政府对非税收入的管理分类

《政府非税收入管理办法》将现行的非税收入分为以下十二类。

1. 行政事业性收费收入。行政事业性收费是指国家机关、事业单位、代行政府职能的社会团体及其他组织根据法律法规等有关规定,依照国务院规定程序批准,在实施社会公共管理,以及在向公民、法人提供特定公共服务过程中,向特定对象收取的费用。

2. 政府性基金收入。政府性基金,是指各级人民政府及其所属部门根据法律、行政法规和中共中央、国务院文件规定,为支持特定公共基础设施建设和公共事业发展,向公民、法人和其他组织无偿征收的具有专项用途的财政资金。政府性基金属于非税收入,全额纳入财政预算,实行"收支两条线"管理。

3. 罚没收入。罚没收入,是指执法、司法机关依照法律、法规、规章的规定,对违法违章者实施经济罚款的款项、没收的赃款和赃物变价款。罚没收入包括:国家行政机关、司法机关和法律、法规授权的机构依据法律、法规,对公民、法人和其他组织实施处罚所取得的罚没款以及没收赃物的折价收入。

4. 国有资源(资产)有偿使用收入。国有资源有偿使用收入,是指执收单位利用各种形态的自然资源、公共资源、政府信誉、信息和技术资源向社会提供公共服务、准公共服务、经营服务,以及出租、出让、转让国有资源使用权取得的收入。国有资产有偿使用收入,包括国家机关、实行公务员管理的事业单位、代行政府职能的社会团体以及其他组织的固定资产和无形资产出租、出售、出让、转让等取得的收入,世界文化遗产保护范围内实行特许经营项目的有偿出让收入和世界文化遗产的门票收入,利用政府投资建设的城市道路和公共场地设置停车泊位取得的收入,以及利用其他国有资产取得的收入。

5. 国有资本收益。国有资本收益是指国家以所有者身份依法取得的国有资本投资收益。国有资本收益是国有资本经营预算收入的主要来源。

6. 彩票公益金收入。彩票公益金是从彩票发行收入中按规定比例提取的,专项用于社会福利、体育等社会公益事业的资金。彩票公益金是非税收入形式之一,指按照国家规定发行彩票取得销售收入扣除返奖奖金、发行经费后的净收入。彩票公益金纳入政府性基金预算管理,专款专用,结余结转下年继续使用。

7. 特许经营收入。特许经营收入是指国家依法特许企业、组织或个人垄断经营某种产品或服务而获得的收入。

8. 中央银行收入。中央银行收入是指中央银行在履行中央银行职能、开展各项业务经营过程中发生的全部收入。中央银行的收入包括利息收入、业务收入、其他收入。

9. 以政府名义接受的捐赠收入。以政府名义接受的捐赠收入是指各级国家机关、实行公务员管理的事业单位、代行政府职能的社会团体和其他组织以政府名义接受的非定向捐赠货币收入。以政府名义接受的捐赠收入不包括定向捐赠货币收入、实物捐赠收入以及以不实行公务员管理的事业单位、不代行政府职能的社会团体、企业、个人或者其他民间组织名义接受的捐赠收入。

10. 主管部门集中收入。主管部门集中收入主要指国家机关、实行公务员管理的事业单位、代行政府职能的社会团体及其他组织集中所属事业单位收入,这部分收入必须经同级财政部门批准。

11. 政府收入的利息收入。政府收入的利息收入是指税收和非税收入产生的利息收入,按照中国人民银行规定计息,统一纳入非税收入管理范围。

12. 其他非税收入。其他非税收入是指除了上述 11 项的其他非税收入。其他非税收入不包括社会保险费、住房公积金(指计入缴存人个人账户部分)。

二、按预算管理分类

《2019 年政府收支分类科目》将非税收入分为一般公共预算中的非税收入、政府性基金预算中的非税收入和国有资本经营预算中的非税收入。

1. 一般公共预算中的非税收入。一般公共预算中的非税收入含专项收入、行政事业性收费收入、罚没收入、国有资本经营收入、国有资源(资产)有偿使用收入、捐赠收入、政府住房基金收入以及其他收入。其中,专项收入包括教育费附加、铀产品出售收入、三峡库区移民专项收入、场外核应急准备金收入、地方教育费附加、文化事业建设费收入、残疾人就业保障金收入、教育资金收入、农田水利建设资金收入、森林植被恢复费、水利建设专项收入、油价调控风险金收入和其他专项收入。

2. 政府性基金预算中的非税收入。政府性基金预算中的非税收入包括政府性基金收入和专项债券对应项目专项收入。

3. 国有资本经营预算中的非税收入。国有资本经营预算中的非税收入仅含国有资本经营收入,如利润收入、股利和股息收入、产权转让收入、清算收入和其他国有资本经营预算收入。

三、按征收依据分类

非税收入因政府征收依据上的差异而在性质上存在不同。根据征收依据,非税收入大致可分为以下几种。

1. 利用政府权力取得的非税收入。政府权力具有公共性和强制性,根据法律规定,公民和法人不得将国家赋予的权力当作攫取利益的资源或资产。行使政府权力所产生的收入只能是政府财政收入。政府行使权力取得的非税收入有行政事业性收费、政府性基金、罚没收入。

2. 利用国有财产取得的非税收入。国有财产包括国有资产和资源,政府利用国有财产取得的非税收入有:

(1)国有资源收益。国有资源收益包括各种形态的自然资源、社会资源、国家出资开发的专有技术资源以及国家投资建设的公共基础设施等。政府利用国有资源取得的收益有三方面。一是利用自然资源向社会提供经营服务、公共服务、准公共服务以及有偿服务取得的收入,如土地、矿产、海域等自然资源的使用权收入。二是利用专业技术资源等开展服务取得的收入,如环境评价费。三是利用公共资源出让或出租取得的收入,如公共设施的冠名权收入。

(2) 国有资产收益。国有资产收益分为企业管理的国有资产收益和行政事业单位管理的国有资产收益。企业管理的国有资产收益有两类。一是企业利用国有资产开展经营活动取得的收入,如国有企业的分红收入。二是处置国有资产的收入。行政事业单位管理的国有资产是行政机关和事业单位履行公共管理职责的物质基础,一般不产生收益,但行政事业单位闲置的资产会对外出租、出售,由此带来的收益,根据"收支两条线"的规定,作为非税收入上缴财政。

3. 提供公共服务或公共产品所取得的非税收入。提供公共服务和公共产品是政府的基本职责。根据提供公共服务的方式不同,政府提供的公共服务可分为两类:一类是由政府直接生产并向社会和公众提供,另一类是由政府向私人部门或第三方机构购买后向社会和公众提供。消费和使用公共服务的收入也分为两类:政府出售其直接生产的公共服务或产品所得取得的收入,为非税收入。如公办学校的学费收入。政府购买的私人部门或第三方机构提供的公共服务取得的收入,一般不纳入财政预算管理。如政府购买第三方机构提供的养老服务,相应得到收入一般为提供服务的第三方机构的营业收入,不构成政府的非税收入。

4. 凭借政府信誉取得的非税收入。政府信誉是一个国家的无形资产,本质上也具有国有资源的属性。利用政府信誉取得的最常见的非税收入为政府发行的彩票收入和接受捐赠收入。

四、按统计口径分类

在实际工作中,统计口径又分为大中小口径、财政口径、税务口径。

1. 大中小口径。

(1) 小口径:非税收入指一般公共预算中的非税收入。

小口径 = 专项收入 + 行政事业性收费 + 罚没收入 + 国有资源(资产)有偿使用收入 + 其他收入

(2) 中口径:与《政府非税收入管理办法》的界定相同。

中口径 = 小口径非税收入 + 一般公共预算外的政府性基金 + 国有资本经营收入

(3) 大口径:除税收收入以外的政府收入。

大口径 = 中口径非税收入 + 社会保险费 + 住房公积金(指计入缴存人个人账户部分)

2. 财政口径。非税收入按财政口径分十二大类:行政事业性收费、政府性基金、罚没收入、国有资源(资产)有偿使用收入、国有资本经营收益、彩票公益金收入、特许经营收入、中央银行收入、以政府名义接受的捐赠收入、主管部门集中收入、政府财政资金产生的利息收入、其他非税收入。

3. 税务口径。2018 年以前,除税收外由税务部门征收的费统称为非税收入。2018 年国税地税征管体制改革后,除税收外,将剔除税务部门征收的社会保险费,以及代征的工会经费外的费称为非税收入。

第三节 非税收入的特点

非税收入与税收收入共同组成政府的财政收入,相对税收的强制性、无偿性和固定性而言,非税收入具有灵活性、非普遍性、不稳定性和资金使用上的特定性等特点。

一、灵活性

非税收入的灵活性表现为形式多样性和时间、标准的灵活。非税收入既可以按照受益原则采取收费形式收取,又可以以特定项目筹集资金而采取各种基金形式收取等。有的非税收入是政府为了某一特定活动的需要,而在特殊条件下制定的过渡性措施,一旦完成既定目标,就"功成身退",具有明显的阶段性和时效性。非税收入的征收标准及依据多样,各地可以根据不同时期当地的实际情况制定不同的标准。非税收入在时间、范围、形式和标准等方面都比税收灵活得多。

二、非普遍性

非税收入总是和社会管理职能结合在一起,有特定的管理对象和收取对象。如行政事业性收费,对提供服务和管理的部门来说,其收费对象具有特定性。未消费服务或不在管辖范围的单位和个人不属于征收对象。因此,非税收入一般不具有普遍性。

三、不稳定性

由于非税收入是对特定的行为和特定管理对象征收,一旦该行为或该对象消失或剧减,某项非税收入也会随之消失或剧减。比如罚没收入,随着公民法治意识的增强,违章违规减少,相应的罚没收入就会减少。从整体上看,与税收收入相比,非税收入具有不稳定性的特点。

四、资金使用上的特定性

大多数税种筹集的资金并没有特定的用途,税收具有整体无偿性。绝大多数非税收入的设立都有明确的目的,非税收入的使用往往与其设立的目的相关联,具有资金使用特定性。如各地的土地复垦费、耕地开垦费征收管理办法中都明确规定筹集的资金必须专款专用,实行项目管理。

第四节 非税收入的作用

1. 筹集财政收入。非税收入是政府财政收入尤其是地方政府收入的重要组成部分,也是公共财政体系的有机构成。在财政收支矛盾较为突出的情况下非税收入已成为增强政府调控能力的重要财力。

2. 非税收入的规范管理是财政改革的重要抓手。新时代,财政改革的重点是推进部门预算、国库集中支付、政府采购、收入分配制度改革,这些改革都与非税收入环环相扣。通过对非税收入管理的规范,建立、完善部门预算,推进国库支付覆盖公共财政支出,全面落实政府采购,最终实现公平、公正的收入分配制度。

3. 加强非税收入征收管理有利于健全公共财政制度。现代公共财政制度分为税收制度和非税收入制度两大组成制度。就目前的公共财政制度来看,税收制度逐步完善,而非税收入制度在 2018 年开始逐步划转税务部门征收后,也迈入了稳步规范的道路。但长期形成的管理模式,在一定程度上仍然制约了公共财政制度的健全,从而制约了政府宏观管理的作用。部分非税收入仍然采取财政专户管理的模式,没有根本纳入公共财政预算。按照建立现代公共财政制度的要求,通过逐步划转税务部门征收,正是要将这些非税收入尽快纳入政府预算管理,对地方政府的所有财政支出实现国库集中支付,统一调配财政资金,从而建立健全符合新时代中国特色社会主义的现代公共财政制度。

4. 加强非税收入征收管理有利于建立完善的社会治理体系。非税收入的特点决定其无法被税收所替代,非税收入征收过多或过少都不利于政府进行宏观治理。所以,非税收入的征管必须控制在国家法律和政策规定的范围和幅度内,才能为经济社会有序发展提供良好的氛围。按照国家法律法规,全面清理并取消不合理不合法的非税收入项目,同时,严格限制新增非税收入项目的审批,控制非税收入征收比例,继续减轻企业和公民负担。以"清费立税"为原则,将适合改征为税收的非税收入项目进行合并,如目前在土地使用上征收的一些非税收入项目,土地复垦费可以归入耕地占用税,土地闲置费可以作为资源占用征收资源税。

5. 加大非税收入征管改革有利于生态文明建设。当前,已经逐步推进的环保税,就是在原来环保部门征收的排污费等非税收入基础上改征为税,既有法律的支持,又有税务部门这个收入执法部门来实施,从而对环境保护起到了刚性作用。下一步,可以考虑将交通部门执收的过路费、养路费等改征为税,开征燃油税。

6. 加强非税收入规范管理有利于经济社会发展。一是加大对高能耗、高污染企业的限制,通过提高对其征收的非税收入幅度,促使其转型停产。二是鼓励有利于绿色经济发展的企业和行为,通过非税收入规范管理,从而减轻企业和公民负担,同时又能获得财政收入支撑。

第五节　非税收入的发展

非税收入是从预算外资金发展而来,资金管理模式历经自收自支、收支两条线、预算管理三个阶段。

1958 年财政体制改革后,预算外资金主要是国有企业及其主管部门集中的各种专项基金以及地方和中央主管部门管理的预算外资金。1978 年,为改变过分集中的经济体制,国家采取简政放权措施,预算外资金规模增加。1993 年,财政部针对预算外资金不断增长的问题,大幅缩减其范围,拥有法人财产权的企业及其主管部门集中的资金不再列入预算外资金。1993 年至 1995 年,预算外资金收入项目只有行政事业性收费和地方财政收入。1996 年开始,电力建设基金、铁路建设基金等中央政府性基金(收费)纳入预算管理,并加入乡镇自筹、统筹资金。1997 年后,取消地方财政收入,增加政府性基金收入、国有企业和主管部门收入、其他收入。

《国务院关于加强预算外资金管理的决定》(国发〔1996〕29 号)规定,预算外资金的范围:法律、法规规定的行政事业性收费、基金和附加收入等,国务院或省级人民政府及其财政、计划(物价)部门审批的行政事业性收费,国务院以及财政部审批建立的基金、附加收入等,主管部门从所属单位集中的上缴资金,用于乡镇政府开支的自筹和统筹资金,其他未纳入预算管理的财政性资金。2010 年 6 月,《财政部关于将按预算外资金管理的收入纳入预算管理的通知》(财预〔2010〕88 号)规定,从 2011 年 1 月 1 日起,将按预算外资金管理的收入(不含教育收费)全部纳入预算管理。

2001 年,《财政国库管理制度改革试点方案有关问题的通知》(国办函〔2001〕18 号)在规范收入收缴程序的集中汇缴程序时,提出"非税收入中的现金缴款,比照本程序缴入国库单一账户或预算外资金财政专户"。2003 年,《财政部　国家发展改革委　监察部　审计署关于加强中央部门和单位行政事业性收费等收入"收支两条线"管理的通知》(财综〔2003〕29 号)规定:"中央部门和单位按照国家有关规定收取或取得的行政事业性收费、政府性基金、罚款和罚没收入、彩票公益金和发行费、国有资产经营性收益、以政府名义接受的捐赠收入、主管部门集中收入等属于非税收入,必须严格按照国务院或财政部规定全额上缴国库或财政专户,不得隐瞒、截留、挤占、坐支和挪用。"2004 年,《财政部关于加强政府非税收入管理的通知》(财综〔2004〕53 号)明确:"非税收入是指除税收以外,由各级政府、国家机关、事业单位、代行政府职能的社会团体及其他组织依法利用政府权力、政府信誉、国家资源、国有资产或提供特定公共服务、准公共服务取得并用于满足社会公共需要或准公共需要的财政资金,是政府财政收入的重要组成部分,是政府参与国民收入分配和再分配的一种形式。按照建立健全公共财政体制的要求,政府非税收入管理范围包括:行政事业性收费、政府性基金、国有资源有偿使用收入、国有资产有偿使用收入、国有资本经营收益、彩票公益金、罚没收入、以政府名义接受的捐赠收入、主管部门集中收入以及政府财政资金产生的利息收入等。社会保障基金、住房公积金不纳入政府非税收入管理范围。"2016 年,财政部《政府非税收入管理办法》(财税〔2016〕33 号)明确"本办法所称非税收入,是指除税收以外,由各级国家机关、事业单位、代行政府职能的社会团体及其他组织依法利用国家权力、政府信誉、国有资源(资产)所有者权益等取得的各项收入"。

第二章

非税收入划转改革工作

第一节　税务部门原征管项目

1. 教育费附加和地方教育附加。1986 年 7 月 1 日,国务院决定由税务部门征收教育费附加,随产品税、增值税、营业税同时缴纳。1995 年,部分省根据《中华人民共和国教育法》,先后决定开征地方教育附加,并由税务部门负责征收;2010 年,《财政部关于统一地方教育附加政策有关问题的通知》(财综〔2010〕98 号)规定,全国范围内统一开征地方教育附加,统一征收标准。

2. 文化事业建设费。1996 年,国务院下发《关于进一步完善文化经济政策的若干规定》(国发〔1996〕37 号),为引导和调控文化事业的发展,从 1997 年 1 月 1 日起,在全国范围内开征文化事业建设费,并由税务部门在征收娱乐业、广告业的营业税时一并征收。

3. 废弃电器电子产品处理基金。2012 年,《财政部 环境保护部 国家发展改革委 工业和信息化部 海关总署 国家税务总局关于印发〈废弃电器电子产品处理基金征收使用管理办法〉的通知》(财综〔2012〕34 号)规定由税务部门对电器电子产品生产者征收废弃电器电子产品处理基金,适用税收征收管理的规定。

4. 残疾人就业保障金。2015 年,《财政部 国家税务总局 中国残联关于印发〈残疾人就业保障金征收使用管理办法〉的通知》(财税〔2015〕72 号)规定由税务部门负责征收残疾人就业保障金。

5. 其他项目。部分省还由税务部门征收或代征地方水利建设基金、城镇垃圾处理费、防洪工程维护费、水资源费、水土保持补偿费、地方大中型水库库区基金、国家重大水利工程建设基金、外商投资企业土地使用费、海上矿区使用费、陆上石油矿区使用费等非税收入;有的省还委托税务部门代征了工会经费(不属非税收入)。

第二节　2018 年至今划转的项目

2015 年 10 月,中共中央办公厅、国务院办公厅出台《深化国税、地税征管体制改革方案》,明确按照便利征管、节约行政资源的原则,将依法保留、适宜由税务部门征收的行政事业性收费、政府性基金等非税收入项目,改由税务部门统一征收。部分省市按照方案要求,将 10 余项非税收入项目划转税务部门征收。

1. 北京市。城市基础设施配套费、防空地下室易地建设费、国家电影事业发展专项资金、无线电频率占用费、彩票公益金、彩票发行和销售机构业务费。

2. 云南省。防空地下室易地建设费,国家电影事业发展专项资金,无线电频率占用费,土地复垦费,行政单位国有资产处置收入,事业单位国有资产处置收入,行政单位国有资产出租、出借收入,上缴财政的事业单位国有资产出租、出借收入,其他利息收入,产权转让收入,清算收入等。

2018 年 3 月,党的十九届三中全会通过《深化党和国家机构改革方案》明确,为降低征纳成本,理顺职责关系,提高征管效率,为纳税人提供更加优质高效便利服务,将省级和省级以下国税地税机构合并,具体承担所辖区域内各项税收、非税收入征管等职责。中共中央办公厅、国务院办公厅出台了《国税地税征管体制改革方案》,要求按照"便民、高效"的原则,合理确定非税收入征管职责划转到税务部门的范围,对依法保留、适宜划转的非税收入项目,成熟一批划转一批,逐步推进。

根据以上方案规定,明确对税务部门已经征收的非税收入,继续履行征收职责;对中央设立由财政部确定范围的非税收入,经国务院同意,统一划转税务部门征收;省级设立的非税收入由省级人民政府按照方案确定的原则,商国家税务总局后确定划转范围;部分不适宜划转税务部门的非税收入,如工本费、罚没款、监控监管费等;待清理的非税收入,如法律依据不充分,不明确的非税收入。

1. 2019 年 1 月 1 日起,划转财政部原驻各地专员办征收的 11 个项目。国家重大水利工程建设基金、农网还贷资金、可再生能源发展基金、中央水库移民扶持基金(大中型水库移民后期扶持基金、三峡水库库区基金、跨省际大中型水库库区基金)、三峡电站水资源费、核电站乏燃料处理处置基金、免税商品特许经营费收入、油价调控风险准备金、核事故应急准备专项收入、国家留成油收入、石油特别收益金。

划转的省级项目。北京:成人高考招生经费、世界文化遗产门票收入、户外广告设施招标及拍卖收入。天津:小客车总量调控增量指标竞价收入。山西:市政公共资源有偿使用收入、云冈石窟风景名胜区门票收入、行政单位参公管理事业单位国有资产出租出借收入。吉林:长白山国家自然保护区资源补偿费。浙江:利用市政府投资建设的城市道路和公共场地设置的停车泊车位经营性转让收入、公共户外广告资源有偿使用收入。福建:武夷山风景区资源保护费。湖北:公路桥梁路产赔偿费。湖南:河道砂石资源开采权出让收入、广告收入。广东:村镇基础设施配套费。深圳:超计划超定额加价水费。广西:城市园林绿化补偿费、城市绿化用地面积补偿费。海南:占用损坏公路路产权赔偿费。四川:公路路产损坏占用赔偿费。陕西:矿产资源专项收入。甘肃:公路路产损坏赔偿收费。

2. 2020 年 1 月 1 日,划转 1 个中央项目。水利建设基金。

划转的省级项目。园林绿化补偿费、绿化用地面积补偿费 2 个省级项目划转税务部门征收。

3. 2021 年 1 月 1 日,划转 4 个中央项目。水土保持补偿费、地方水库移民扶持基金、排污权出让收入、防空地下室易地建设费。

划转的省级项目。辽宁:公路路产赔偿费。黑龙江:拆除人防工程补偿费。福建:城市绿化赔偿收入。湖南:河道砂石经营收益、国有资产占用费、生态环境损害赔偿金、破损公路及设施补偿费和占用费、土地及地面建筑资产处置、非土地及地面建筑资产处置、停车泊位和公共停车场有偿使用收入。陕西:石油开发费、户外广告设置空间使用费、绿化补偿费、省级国有资本经营预算收益。青海：青海湖景区旅游门票收入。新疆：风景名胜区门票收入。

2021 年 7 月 1 日，划转 2 个中央项目。土地闲置费、城镇垃圾处理费（行政事业性）。国有土地使用权出让收入、矿产资源专项收入、海域使用金、无居民海岛使用金在河北、内蒙古、上海、浙江、安徽、青岛、云南 7 个省（市）先行开展划转试点，2022 年 1 月 1 日在全国范围内划转。

2023 年 1 月 1 日，划转森林植被恢复费和草原植被恢复费 2 个中央项目。

第三节　未 来 发 展

随着非税收入征管职责划转工作的深入推进，税务部门负责征收的非税收入项目逐步增多，非税收入项目甚至超过了税收项目，由于非税收入的管理政策、征管方式与税收政策的不同，划转之初为了确保"划得出，接得住"，采取了"原征收模式不变、原管理政策不变、原征收标准不变"的原则，导致税务部门征收非税收入难度增大，特别是只划转了征收职责，相关的执法、管理等职责仍然保留在财政或原执收部门，造成征收、管理、执法三分离，没有形成一个完整的征管链条，这就给税务部门征收非税收入带来了以下风险和困难。

一是非税收入征管的法律依据薄弱。非税收入征管的依据，目前只有《政府非税收入管理办法》（财税〔2016〕33 号）以及地方人大和政府出台的一些文件规定，并没有一部统一完整的法律法规来支撑非税收入的征管。部分非税收入项目，由于相关法律法规出台时间较早，如教育费附加的征收依据是 1986 年国务院就出台的，至今已经使用了 36 年，部分内容和现在的社会发展有一定脱节。同时，非税收入项目每个费种的征收模式和标准都不一致，基本上就是"一费一策"，也给非税收入征管带来执法上的很大难度。

二是审计对非税收入监管力度加大。过去，由于非税收入的征管分散在各执收部门，审计部门要介入其中，要花很大的精力，近年来，特别是大部分非税收入项目征收职责划转税务部门后，审计部门把对非税收入审计的重点集中到了税务部门，以审计税务部门对非税收入的征收为抓手，加强对财政部门和原执收部门的监管，从而加大对地方政府非税收入使用的监管。

三是部门之间的信息共享程度不够。首先，涉及部门众多，非税收入征管信息共享在全国范围内来说，没有一个共同的标准；其次，由于各部门之间信息化建设水平的差异，也导致各部门之间信息共享要实现平台化、智能化、数字化，还需一定的时间；最后，目前的信息共享基本上是由税务部门牵头开展，但财政部门作为非税收入征管工作的主管部门，如果不能主动积极作为，信息共享工作势必不能做到有力推进。

展望未来发展，党中央、国务院逐步将非税收入划转税务部门征收，其意义深远。2021 年，中共中央办公厅、国务院办公厅印发《关于进一步深化税收征管改革的意见》，在"健全税费法律法规制度"中提出"加强非税收入管理法制化建设"。按照这个要求，非税收入征收管理法律法规的建立指日可待。

第三章
教育费附加和地方教育附加

第一节 征 收 范 围

凡实际缴纳增值税、消费税的单位和个人(包括外商投资企业、外国企业及外籍个人),都应当依照规定缴纳教育费附加和地方教育附加。

第二节 征 收 标 准

教育费附加、地方教育附加以单位和个人实际缴纳的增值税、消费税的税额为计征依据,征收率为 3%、2%,随增值税、消费税同时计算缴纳。海关代征的进口商品增值税、消费税,不征收教育费附加、地方教育附加。税务部门审核批准的当期免抵的增值税税额应纳入教育费附加、地方教育附加的计征范围,按规定的征收率征收教育费附加、地方教育附加。

第三节 优 惠 政 策

1.《财政部 税务总局关于生产企业出口货物实行免抵退税办法后有关城市维护建设税教育费附加政策的通知》(财税〔2005〕25 号)规定,经税务部门审核批准的当期免抵的增值税税额应纳入教育费附加的计征范围,按规定的征收率征收教育费附加。2005 年 1 月 1 日前,已按免抵的增值税税额征收的教育费附加不再退还,未征的不再补征。

2.《财政部关于免征全国中小学校舍安全工程建设有关政府性基金的通知》(财综〔2010〕54 号)规定,对全国城乡公办、民办、教育系统、非教育系统的所有中小学校"校舍安全工程"建设所涉及的教育费附加和地方教育附加予以免收。

3.《财政部 税务总局关于免征国家重大水利工程建设基金的城市维护建设税和教育费附加的通知》(财税〔2010〕44 号)规定,对国家重大水利工程建设基金免征教育费附加。

4.《财政部关于做好城市棚户区改造相关工作的通知》(财综〔2015〕57 号)规定,对城市棚户区改造项目,按照财政部规定免收教育费附加、地方教育附加。

5.《财政部 税务总局关于扩大有关政府性基金免征范围的通知》(财税〔2016〕12 号)规定,自 2016 年 2 月 1 日起,将免征教育费附加和地方教育附加的范围,由按月纳税的月销售额或营业额不超过 3 万元(按季度纳税的季度销售额或营业额不超过 9 万元)的缴纳义务人,扩大到按月纳税的月销售额或营业额不超过 10 万元(按季度纳税的季度销售额或营业额不超过

30 万元)的缴纳义务人。

6.《财政部 税务总局关于增值税期末留抵退税有关城市维护建设税 教育费附加和地方教育附加政策的通知》(财税〔2018〕80 号)规定,对实行增值税期末留抵退税的纳税人,允许其从教育费附加和地方教育附加的计征依据中扣除退还的增值税税额。

7.《财政部 税务总局关于实施小微企业普惠性税收减免政策的通知》(财税〔2019〕13 号)规定,2019 年 1 月 1 日至 2021 年 12 月 31 日,对增值税小规模纳税人可以在 50%的税额幅度内减征教育费附加和地方教育附加,增值税小规模纳税人已依法享受教育费附加和地方教育附加其他优惠政策的,可叠加享受以上规定的优惠政策。

《财政部 税务总局关于进一步实施小微企业"六税两费"减免政策的公告》(财政部 税务总局公告 2022 年第 10 号)规定,2022 年 1 月 1 日至 2024 年 12 月 31 日,由省、自治区、直辖市人民政府根据本地区实际情况,以及宏观调控需要确定,对增值税小规模纳税人、小型微利企业和个体工商户可以在 50%的税额幅度内减征教育费附加和地方教育附加。

8.《财政部 税务总局 退役军人部关于进一步扶持自主就业退役士兵创业就业有关税收政策的通知》(财税〔2019〕21 号)规定,2019 年 1 月 1 日起至 2021 年 12 月 31 日,对自主就业退役士兵从事个体经营的,在 3 年内按每户每年 12 000 元为限额依次扣减其当年实际应缴纳的增值税、城市维护建设税、教育费附加、地方教育附加和个人所得税。限额标准最高可以上浮 20%;企业招用自主就业退役士兵,在 3 年内按实际招用人数予以定额依次扣减增值税、城市维护建设税、教育费附加、地方教育附加和企业所得税,定额标准为每人每年 6 000 元,最高可上浮 50%。

《财政部 税务总局关于延长部分税收优惠政策执行期限的公告》(财政部税务总局公告 2022 年第 4 号)将该优惠政策执行期限延长至 2023 年 12 月 31 日。

9.《财政部 税务总局 人力资源社会保障部 国务院扶贫办关于进一步支持和促进重点群体创业就业有关税收政策的通知》(财税〔2019〕22 号)规定,建档立卡贫困人口、持《就业创业证》或《就业失业登记证》的人员从事个体经营的,在 3 年内按每户每年 12 000 元为限额依次扣减其当年实际应缴纳的增值税、城市维护建设税、教育费附加、地方教育附加和个人所得税,限额标准最高可上浮 20%。企业招用建档立卡贫困人口,以及在人力资源社会保障部门公共就业服务机构登记失业半年以上且持《就业创业证》或《就业失业登记证》的人员,在 3 年内按实际招用人数予以定额依次扣减增值税、城市维护建设税、教育费附加、地方教育附加和企业所得税,定额标准为每人每年 6 000 元,最高可上浮 30%。

《财政部 税务总局 人力资源社会保障部 国家乡村振兴局关于延长部分扶贫税收优惠政策执行期限的公告》(财政部 税务总局 人力资源社会保障部 国家乡村振兴局公告 2021 年第 18 号)将该政策执行期限延长至 2025 年 12 月 31 日。

10.《财政部关于调整部分政府性基金有关政策的通知》(财税〔2019〕46 号)规定,自 2019 年 1 月 1 日起,纳入产教融合型企业建设培育范围的试点企业,兴办职业教育的投资符合该通知规定的,可按投资额的 30%比例抵免该企业当年应缴纳教育费附加和地方教育附加。试点企业属于集团企业的,其下属成员单位(包括全资子公司、控股子公司)对职业教育有实际投入的,可按通知规定抵免教育费附加和地方教育附加。允许抵免的投资是指试点企业当年实际发生的,独立举办或参与举办职业教育的办学投资和办学经费支出,以及按照有关规定与职业院校稳定开展校企合作,对产教融合实训基地等国家规划布局的产教融合重大项目建设投资和基本运行费用的支出。试点企业当年应缴纳教育费附加和地方教育附加不足抵免的,未抵免部分可在以后年度继续抵免。试点企业有撤回投资和转让股权等行为的,应当补缴已经抵免的教育费附加和地方教育附加。

11.《财政部 税务总局关于支持新型冠状病毒感染的肺炎疫情防控有关税收政策的公告》(财政部 税务总局公告2020年第8号)和《国家税务总局关于支持新型冠状病毒感染的肺炎疫情防控有关税收征收管理事项的公告》(国家税务总局公告2020年第4号)规定,自2020年1月1日起,对纳税人运输疫情防控重点保障物资取得的收入,免征增值税,相应免征城市维护建设税、教育费附加、地方教育附加。自2020年1月1日起,对纳税人提供公共交通运输服务、生活服务,以及为居民提供必需生活物资快递收派服务取得的收入,免征增值税,相应免征城市维护建设税、教育费附加、地方教育附加。

《财政部 税务总局关于延续实施应对疫情部分税费优惠政策的公告》(财政部 税务总局公告2021年第7号)规定,《财政部 税务总局关于支持新型冠状病毒感染的肺炎疫情防控有关税收政策的公告》(财政部 税务总局公告2020年第8号)规定的税收优惠政策凡已经到期的,执行期限延长至2021年3月31日。

12.《财政部 税务总局关于支持新型冠状病毒感染的肺炎疫情防控有关捐赠税收政策的公告》(财政部 税务总局公告2020年第9号)规定,单位和个体工商户将自产、委托加工或购买的货物,通过公益性社会组织和县级以上人民政府及其部门等国家机关,或者直接向承担疫情防治任务的医院,无偿捐赠用于应对新型冠状病毒感染的肺炎疫情的,免征增值税、消费税、城市维护建设税、教育费附加、地方教育附加。

《财政部 税务总局关于延续实施应对疫情部分税费优惠政策的公告》(财政部 税务总局公告2021年第7号)规定,《财政部 税务总局关于支持新型冠状病毒感染的肺炎疫情防控有关捐赠税收政策的公告》(财政部 税务总局公告2020年第9号)规定的税收优惠政策凡已到期的,执行期限延长至2021年3月31日。

13.《财政部 税务总局关于明确增值税小规模纳税人免征增值税政策的公告》(财政部 税务总局公告2021年第11号)规定,自2021年4月1日至2022年12月31日,对月销售额15万元以下(含本数)的增值税小规模纳税人,免征增值税。相应免征教育费附加、地方教育附加。

14.《财政部 税务总局关于对增值税小规模纳税人免征增值税的公告》(财政部 税务总局公告2022年第15号)和《国家税务总局关于小规模纳税人免征增值税等征收管理事项的公告》(国家税务总局公告2022年第6号)规定,自2022年4月1日至2022年12月31日,增值税小规模纳税人适用3%征收率的应税销售收入,免征增值税;适用3%预征率的预缴增值税项目,暂停预缴增值税。符合条件的增值税小规模纳税人相应免征教育费附加、地方教育附加。

15.《财政部 税务总局关于进一步支持小微企业和个体工商户发展有关税费政策的公告》(财政部 税务总局公告2023年第12号)规定,自2023年1月1日至2027年12月31日,对增值税小规模纳税人、小型微利企业和个体工商户减半征收教育费附加、地方教育附加。已依法享受教育费附加、地方教育附加其他优惠政策的,可叠加享受本公告规定的优惠政策。

16.《财政部　税务总局　退役军人事务部关于进一步扶持自主就业退役士兵创业就业有关税收政策的公告》(财政部　税务总局　退役军人事务部公告 2023 年第 14 号)规定,自2023 年 1 月 1 日至 2027 年 12 月 31 日,自主就业退役士兵从事个体经营的,自办理个体工商户登记当月起,在 3 年(36 个月)内按每户每年 20 000 元为限额,依次扣减其当年实际应缴纳的增值税、城市维护建设税、教育费附加、地方教育附加和个人所得税。限额标准最高可上浮20%,各省、自治区、直辖市人民政府可根据本地区实际情况在此幅度内确定具体限额标准。自 2023 年 1 月 1 日至 2027 年 12 月 31 日,企业招用自主就业退役士兵,与其签订 1 年以上期限劳动合同并依法缴纳社会保险费的,自签订劳动合同并缴纳社会保险当月起,在 3 年内实际招用人数予以定额依次扣减增值税、城市维护建设税、教育费附加、地方教育附加和企业所得税优惠。定额标准为每人每年 6 000 元,最高上浮 50%,各省、自治区、直辖市人民政府可根据本地区实际情况在此幅度内确定具体限额标准。

17.《财政部　税务总局　人力资源社会保障部　农业农村部关于进一步支持重点群体创业就业有关税收政策的公告》(财政部　税务总局　人力资源社会保障部　农业农村部公告 2023 年第 15 号)规定,自 2023 年 1 月 1 日至 2027 年 12 月 31 日,脱贫人口(含防止返贫监测对象)、持《就业创业证》(注明"自主创业税收政策"或"毕业年度内自主创业税收政策")或《就业失业登记证》(注明"自主创业税收政策")的人员,从事个体经营的,自办理个体工商户登记当月起,在 3 年(36 个月)内按每户每年 20 000 元为限额,依次扣减其当年实际应缴纳的增值税、城市维护建设税、教育费附加、地方教育附加和个人所得税。限额标准最高可上浮 20%,各省、自治区、直辖市人民政府可根据本地区实际情况在此幅度内确定具体限额标准。自 2023 年 1 月 1 日至 2027 年 12 月 31 日,企业招用脱贫人口,以及在人力资源社会保障部门公共就业服务机构登记失业半年以上且持《就业创业证》或《就业失业登记证》(注明"企业吸纳税收政策")的人员,与其签订 1 年以上期限劳动合同并依法缴纳社会保险费的,自签订劳动合同并缴纳社会保险当月起,在 3 年内按实际招用人数予以定额依次扣减增值税、城市维护建设税、教育费附加、地方教育附加和企业所得税。定额标准为每人每年 6 000 元,最高可上浮 30%,各省、自治区、直辖市人民政府可根据本地区实际情况在此幅度内确定具体限额标准。

18.《财政部　税务总局关于金融机构小微企业贷款利息收入免征增值税政策的公告》(财政部　税务总局公告 2023 年第 16 号)规定,对金融机构向小型企业、微型企业和个体工商户发放小额贷款取得的利息收入,免征增值税。该优惠政策执行至 2027 年 12 月 31 日。相应免征教育费附加、地方教育附加。

19.《财政部　税务总局关于延续农户、小微企业和个体工商户融资担保增值税政策的公告》(财政部　税务总局公告 2023 年第 18 号)规定,纳税人为农户、小型企业、微型企业及个体工商户借款、发行债券提供融资担保取得的担保费收入,以及为上述融资担保提供再担保取得的再担保费收入,免征增值税。相应免征教育费附加、地方教育附加。

《财政部　税务总局关于增值税小规模纳税人减免增值税政策的公告》(财政部　税务总局公告 2023 年第 19 号)规定,对月销售额 10 万元以下(含本数)的增值税小规模纳税人,免征增值税。增值税小规模纳税人适用 3%征收率的应税销售收入,减按 1%征收率征收增值税;适用 3%预征率的预缴增值税项目,减按 1%预征率预缴增值税。该优惠政策执行至 2027 年12 月 31 日。符合条件的增值税小规模纳税人相应免征教育费附加、地方教育附加。

第四节　预算管理

教育费附加纳入预算管理,在《2022 年政府收支分类科目》中,收入列一般公共预算收入第 103 类 02 款 03 项 01 目(教育费附加收入,中央与地方共用收入科目,反映税务部门按规定征收的教育费附加收入)、02 目(成品油价格和税费改革教育费附加收入划出)、03 目(成品油价格和税费改革教育费附加收入划入)、04 目(中国铁路总公司集中缴纳的铁路运输企业教育费附加)、05 目(中国铁路总公司集中缴纳的铁路运输企业教育费附加待分配收入)、99 目(教育费附加滞纳金、罚款收入)。

地方教育附加纳入预算管理,在《2022 年政府收支分类科目》中,收入列一般公共预算收入第 103 类 02 款 16 项 01 目(地方教育附加收入,地方收入科目,反映各省按规定征收的地方教育附加收入)、99 目(地方教育附加滞纳金、罚款收入)。

第五节　申报缴费

缴费义务人选择与增值税、消费税相同的申报期限,即按月、按季或按次缴纳教育费附加、地方教育附加。扣缴义务人在代扣代缴增值税、消费税时,同时代扣代缴教育费附加和地方教育附加。增值税小规模纳税人缴纳教育费附加、地方教育附加,实行按季申报。缴费人要求不实行按季申报的,由主管税务机关根据其应纳税额大小核定纳税期限。缴纳期限按现行规定执行,期限最后一日是法定休假日的,以休假日期满的次日为最后一日,期限内有连续 3 日以上法定休假日的,按休假日天数顺延。缴费人在规定的申报期限内通过互联网登录税务机关网上申报系统,在网上申报系统中根据填报内容选择相应的申报表填报提交。或者缴费人到税务机关办税服务厅报送申报表,完成申报。

一、首次申报

缴费人携带加载统一社会信用代码证件原件(正本或副本)等材料,至办税服务厅办理登记信息确认补采后,根据营业范围及缴费人实际情况,按照大厅办税人员的指引,在办税服务厅窗口或相关部门随增值税、消费税一并办理教育费附加、地方教育附加缴费认定。

教育费附加和地方教育附加分别与增值税、消费税同时缴纳。增值税小规模纳税人随增值税、消费税附征的教育费附加等税费,原则上实行按季申报。纳税人要求不实行按季申报的,由主管税务机关根据其应纳税额大小核定纳税期限。

未签订过三方协议的缴费人,如需要进行网络申报或电子扣款的,须提供开户银行信息,签订三方协议。

二、日常申报

缴费人日常申报需携带申报表(主管税务机关已实现免填单的,携带纳税人识别号或统一社会信用代码编号)至办税服务厅办理申报事项。已办理网络申报相关手续的,可登录访问电子税务局等网络申报系统进行日常申报。

自主就业退役士兵从事个体经营的,在享受税收优惠政策进行纳税申报时,注明其退役军人身份,并将《中国人民解放军义务兵退出现役证》《中国人民解放军士官退出现役证》或《中国人民武装警察部队义务兵退出现役证》《中国人民武装警察部队士官退出现役证》留存备查。企业招用自主就业退役士兵享受税收优惠政策的,将以下资料留存备查:①招用自主就业退役士兵的《中国人民解放军义务兵退出现役证》《中国人民解放军士官退出现役证》或《中国人民武装警察部队义务兵退出现役证》《中国人民武装警察部队士官退出现役证》;②企业与招用自主就业退役士兵签订的劳动合同(副本),为职工缴纳的社会保险费记录;③自主就业退役士兵本年度在企业工作时间表。

三、合并申报

《国家税务总局关于增值税、消费税与附加税费申报表整合有关事项的公告》(国家税务总局公告 2021 年第 20 号)规定,自 2021 年 8 月 1 日起,增值税、消费税分别与城市维护建设税、教育费附加、地方教育附加申报表整合,启动《增值税及附加税费申报表(一般纳税人适用)》《增值税及附加税费申报表(小规模纳税人适用)》《增值税及附加税费预缴表》及其附列资料和《消费税及附加税费预缴表》。

第六节　欠费追征及退费

教育费附加的征收管理,按照消费税、增值税的有关规定办理。但是对其欠费没有具体明确的规定,各地在执行上没有普遍统一的规范。地方教育附加按照各地制定的规范性文件执行。

《国务院关于修改〈征收教育费附加的暂行规定〉的决定》(国务院令第 448 号)第三条规定,教育费附加以各单位和个人实际缴纳的增值税、消费税的税额为计征依据,教育费附加率为 3%,分别与增值税、消费税同时缴纳。该决定从 2005 年 10 月 1 日起施行。

教育费附加、地方教育附加的征收管理,虽然按照消费税、增值税的有关规定办理,但教育费附加、地方教育附加不是税收,不适用《中华人民共和国税收征收管理法》的规定,不加收滞纳金和罚款。

涉及误收误缴需要退库的,缴费人向主管税务机关申请办理。

第七节　风　险　管　理

一、税务登记环节

【风险情形】

缴费人的生产经营范围与实际不符,影响缴费人增值税所适用的税率,导致增值税税额计算错误,进而导致教育费附加和地方教育费附加计算错误。

【风险成因】

缴费人对自身企业实际经营范围不清楚,或者实际经营范围变更,而未更正税务登记信息中的生产经营范围。

【防范措施】

一是明确税务登记管理岗位工作职责和工作流程,按照"多证合一、一照一码"等商事和登记制度改革要求,在市场监管、机构编制、民政等部门领取加载统一社会信用代码证件的企业、农民专业合作社、个体工商户及其他组织不再单独到税务部门办理税务登记,只需在首次办理涉费事宜时,补充完善和更正设立登记部门未能完整、准确采集的信息及其他必要的涉费基础信息,首次办理涉税事宜未能采集到的信息,可陆续补齐。二是开展税务登记信息数据检查。通过缴费人的增值税所适用的税率,向缴费人核实其实际经营范围,若存在错误,及时进行更正或补充登记。

二、费种认定环节

(一) 增值税、消费税和教育费附加、地方教育附加的认定信息不一致风险

【风险情形】

按照政策规定,教育费附加和地方教育附加(以下简称两附加)以缴费人实际缴纳的增值税和消费税(以下简称主税)的税额为计征依据,两者认定的征收项目、征收品目、申报期限、有效期起止时间等信息必须一致。当主税和两附加的认定信息不一致时,可能存在漏缴以及征管不规范的风险。

【风险成因】

费种认定环节,因疏忽或操作失误等原因未按规定对主税和两附加进行完整、准确认定,造成认定主税而未认定两附加、认定两附加而未认定主税、两附加与主税认定起止期不一致、认定的两附加不完整等情况。

【防范措施】

因费种认定涉及多个部门,相关业务管理部门应定期联合开展疑点数据筛查,对金税三期系统的缴费人登记信息中主税与两附加的核定信息进行差异比对排查整改。

(二) 教育费附加、地方教育附加的认定信息有误

【风险情形】

税务干部徇私舞弊,应认定而未认定教育费附加、地方教育附加费种,或故意认定错误,导致缴费人不缴或少缴非税收入。

【风险成因】

一是日常警示教育不到位,个别税务干部放松自我管理和自我约束,为谋取私利而违规操作。二是岗责设计不科学不合理,核心征管系统中费种认定模块为单岗位操作,未设置复核环节,缺乏分工制约。三是日常管理不到位,因缺乏日常检查以及税(费)种之间的关联验证,未能及时发现操作人员的错误认定。

【防范措施】

一是进一步加强廉政警示教育,做到警钟长鸣,持续增强干部廉政风险意识。二是优化岗

责体系,明确认定管理岗位与相关业务岗位的工作职责,形成职权与责任对等、环节与岗位匹配,既相互制衡又协调配合的认定管理机制。三是细化业务流程,明确费种认定操作规程,分费种明确认定条件和具体标准,确保基层人员严格按照政策规定规范开展费种认定。四是完善管理监督机制,建立非税收入征管风险日常排查机制,在核心征管系统设置费种认定监控指标。基层税务机关至少每半年开展一次费种认定监控校验,对应认定未认定费种、故意降低标准认定费种等疑点数据进行排查和应对,发现执法过错行为或可能存在廉政风险的,按规定推送进行执法过错责任追究或移交纪检部门。

三、申报征收环节

(一) 计费依据与实际缴纳的增值税和消费税差异风险

【风险情形】

两附加申报过程中,因没有对两附加申报计费依据进行关联审核,填报附加税费申报表的计费依据和纳税人实际缴纳的增值税和消费税存在差异,存在多征、漏缴的风险。

【风险成因】

缴纳义务人发生预缴、补缴、代开发票等应税行为时,没有一并缴纳两附加,或者因适用增值税即征即退等政策,缴纳义务人在征期内申报两附加时未将已缴纳(补缴)的增值税、消费税累积到计费依据中,造成申报缴纳金额少于实际应缴纳金额。

【防范措施】

从金税三期系统抽取增值税申报表和附加税费申报表信息,将增值税、消费税缴纳入库信息、附加费申报信息及预缴开票信息进行分析比对。对"附加费填报计费依据总额数据(当期增值税、消费税缴纳入库数据)""附加费填报的计费依据数据[增值税本期应补(退)税额、出口免抵调库税额等合计数]"等情况进行疑点排查。加强附加税费申报表的计税依据与增值税、消费税申报表关联数据的比对审核,强化系统关联逻辑监控,推进主税和附加税费合并申报。

(二) 错误选择减免性质未能正确享受减免政策风险

【风险情形】

两附加有多项单独或与其他税(费)种一并执行的优惠政策,如小微企业减免政策、小规模纳税人减半征收政策、支持促进就业依次扣减政策等,涉及减免性质种类多,实际操作中容易出现错误选择减免性质的情况,可能存在缴纳义务人未能正确选择享受减免优惠政策的风险。

【风险成因】

税务人员或缴纳义务人申报操作时,由于对减免优惠政策不熟悉,面对复杂繁多的各类减免性质,很容易在选择减免性质代码时出错,甚至是遗漏选择减免性质代码的操作,导致在申报缴费过程中应享未享或不应享而享受减免政策。

【防范措施】

一是加强政策学习培训,准确了解和掌握非税收入优惠政策,做好税务人员的教育培训工作,提高税务人员对优惠政策知识的掌握和办理优惠政策业务的能力;二是定期分析数据,通过金三系统查询导出征前减免数据,分析比对申报事项与减免性质的选择是否正确对应,是否存在应享受未享受、未足额享受、超范围享受等情况。

（三）错误选择纳税人类型未能正确享受减免政策风险

【风险情形】

按照《财政部　税务总局关于进一步支持小微企业和个体工商户发展有关税费政策的公告》（财政部　税务总局公告2023年第12号）的规定，自2023年1月1日至2027年12月31日，对增值税小规模纳税人、小型微利企业和个体工商户减半征收教育费附加、地方教育附加。已依法享受教育费附加、地方教育附加其他优惠政策的，可叠加享受本公告规定的优惠政策。缴纳义务人在申报过程中，可能存在未能正确选择纳税人类型，导致缴纳义务人未能正确享受减征政策的风险。

【风险成因】

缴纳义务人申报操作时，由于对所属纳税人类型不清楚，错误选择纳税人类型，导致增值税小规模纳税人应享未享或一般纳税人不应享而享受减征政策。

【防范措施】

利用金税三期系统中"一般纳税人登记信息"与纳税人"六税两费申报明细信息"进行比对，查找相关疑点数据进行排查。

（四）月销售额不超过10万元、季度销售额不超过30万元缴纳了两附加，应享未享受免征优惠

【风险情形】

《财政部　国家税务总局关于扩大有关政府性基金免征范围的通知》（财税〔2016〕12号）第一条："将免征教育费附加、地方教育附加、水利建设基金的范围，由现行按月纳税的月销售额或营业额不超过3万元（按季度纳税的季度销售额或营业额不超过9万元）的缴纳义务人，扩大到按月纳税的月销售额或营业额不超过10万元（按季度纳税的季度销售额或营业额不超过30万元）的缴纳义务人。"可能存在应享未享或错误享受优惠政策的情况。

【风险成因】

一是该政策适用对象较广，包括小规模纳税人、一般纳税人和按次纳税的自然人，在执行过程中容易造成应享未享；二是两附加为随增值税征收的附加税，该政策是两附加单独适用政策，未与增值税（消费税）政策一致，在征收过程中极容易出现错误。

【防范措施】

一是加强政策学习培训，准确了解和掌握非税收入优惠政策，做好税务人员的教育培训工作，提高税务人员对优惠政策知识的掌握和办理优惠政策业务的能力；二是定期分析数据，通过金税三期系统查询导出征前减免数据，分析比对申报事项与减免性质的选择是否正确对应，是否存在应享受未享受、未足额享受、超范围享受等情况。

（五）两附加计征依据中扣除退还的增值税期末留抵退税额和增量留抵退税额

【风险情形】

《财政部　国家税务总局关于增值税期末留抵退税有关城市维护建设税教育费附加和地方教育附加政策的通知》（财税〔2018〕80号）规定，对实行增值税期末留抵退税的纳税人，允许其从城市维护建设税、教育费附加和地方教育附加的计税（征）依据中扣除退还的增值税税额。在实际执行中存在应享未享优惠政策的情况。

【风险成因】

由于享受优惠政策为收到留抵税款的当月,在实际执行过程中系统难以自动识别和监控享受优惠政策对象,故在实际执行过程中存在应享未享的情况。

【防范措施】

一是加强政策学习培训,准确了解和掌握非税收入优惠政策,做好税务人员的教育培训工作,提高税务人员对优惠政策知识的掌握和办理优惠政策业务的能力,同时做好宣传辅导,加大对缴费人的政策宣传和申报操作辅导;二是定期分析数据,通过金三系统查询导出期末留抵退税清册,分析比对后续申报缴纳两附加情况,核实是否存在应享受未享受、未足额享受、超范围享受等情况。

(六)退役士兵、重点群体创业就业减免优惠政策执行风险

【风险情形】

按照《财政部 税务总局 退役军人部关于进一步扶持自主创业退役士兵创业就业有关税收政策的通知》(财税〔2019〕21号)、《财政部 税务总局关于进一步支持和促进重点群体创业就业有关税收政策的通知》(财税〔2019〕22号)、《财政部 税务总局 退役军人事务部关于进一步扶持自主就业退役士兵创业就业有关税收政策的公告》(财政部 税务总局 退役军人事务部公告2023年14号)、《财政部 税务总局 人力资源社会保障部 农业农村部关于进一步支持重点群体创业就业有关税收政策的公告》(财政部 税务总局 人力资源社会保障部 农业农村部公告2023年第15号)的规定,对自主就业退役士兵创业就业、重点群体创业就业执行限额依次扣减增值税、城市维护建设税、教育费附加、地方教育附加和个人所得税。缴纳义务人在申报过程中,未能正确按顺序申报扣减各项税(费)种可能存在扣减失败应享未享减免政策的风险。

【风险成因】

缴纳义务人申报操作时,由于不熟悉减免政策,未按规定顺序依次准确扣减增值税、城市维护建设税等相关税费,导致系统计算应缴纳金额错误,造成缴纳义务人未能享受两附加减免政策。

【防范措施】

在金税三期系统查询缴纳义务人增值税、城市维护建设税申报信息,通过数据关联比对分析进行判断排查。同时,强化内、外部宣传和操作辅导,辅导缴纳义务人和税务人员准确落实减免优惠政策。

(七)校舍安全工程、棚户区改造项目、产教融合型企业减免政策执行风险

【风险情形】

校舍安全工程、棚户区改造项目和产教融合型企业是有严格部门审核报备管理规定的,在落实两附加减免政策过程中,需严格按照审批报备的名单执行。缴纳义务人在申报过程中,未按规定正确选择减免性质,可能存在未能正确享受减免政策的风险。

【风险成因】

税务人员或缴纳义务人申报操作时,由于不熟悉校舍安全工程、棚户区改造项目和产教融合型企业减免政策,未严格按照名单选择适用的减免性质,出现应选未选或错误选择减免性质,导致应享未享或错误享受减免政策的情况。

【防范措施】

通过教育部门、住建部门和发展改革委等相关部门获取中小学校会安全工程信息、棚户区

改造项目和产教融合型试点企业名单,核查比对金税三期征前减免中所报数据、核查是否存在应享未享、超范围享受的情况。同时,强化内、外部政策宣传辅导,辅导缴纳义务人和税务人员准确落实减免优惠政策。

(八) 组织征收的风险

【风险情形】

1. 地方政府违规干预教育费附加和地方教育附加征收,税务干部按照地方政府及其相关部门要求,违反规定提前、延缓,或多征、少征、不征教育费附加和地方教育附加。

2. 税务干部伙同相关部门工作人员,徇私舞弊,滥用职权,违规减免教育费附加和地方教育附加。

3. 税务干部为谋取私利少征或不征教育费附加和地方教育附加。

【风险成因】

一是日常警示教育不到位,个别税务干部放松自我管理和自我约束,为谋取私利违规操作,或受他人怂恿、诱导,伙同相关部门工作人员违规减免教育费附加和地方教育附加。二是部分地区税务机关领导干部不坚持组织收入原则,为获取地方津贴、补贴等利益,违规接受地方政府行政干预,多征、少征或不征教育费附加和地方教育附加。

【防范措施】

一是进一步加强廉政警示教育,做到警钟长鸣,持续增强干部廉政风险意识。二是强化内控机制,将内部控制功能嵌入征管系统申报征收业务处理流程,在业务事项的重要节点设置复核、授权功能并预设监控指标进行交叉比对,利用信息化手段完整保存相关表证单书及信息数据,确保申报征收操作有痕迹、记录可查询、结果可追溯,防止人为篡改。三是坚持依法征收,进一步严肃组织收入纪律,对违规违法违纪征收非税收入的行为进行责任追究。

四、代开发票环节

(一) 代开发票环节未享受优惠政策的风险

【风险情形】

《财政部 国家税务总局关于扩大有关政府性基金免征范围的通知》(财税〔2016〕12号)第一条:"将免征教育费附加、地方教育附加、水利建设基金的范围,由现行按月纳税的月销售额或营业额不超过3万元(按季度纳税的季度销售额或营业额不超过9万元)的缴纳义务人,扩大到按月纳税的月销售额或营业额不超过10万元(按季度纳税的季度销售额或营业额不超过30万元)的缴纳义务人。"该政策执行范围包括代开发票的一般纳税人、小规模纳税人、自然人等(含开具增值税专用发票)。在实际执行过程中可能存在应享未享优惠政策的情况。

【风险成因】

一方面,由于税务干部对政策掌握不到位,在预缴开票环节可能漏选优惠政策;另一方面,核心征收系统在代开发票环节缺乏阻断、提醒、警告等手段,容易造成错缴或少缴、多缴。

【防范措施】

一是加强征收人员的政策培训,定期开展业务学习,提升税务干部整体素质,进一步优化缴费服务;二是优化核心征管系统,减少人工判别,做到自动计算、优惠自动享受,有效提升征收数据质量;三是加强数据监管和治理,联合征管、风控等部门定期抽取征收疑点数据进行核实整改。

(二) 代开发票岗人员无故作废发票,未及时足额上缴费款的风险

【风险成因】

一是部分单位未严格落实作废票管理制度,未严格核查作废票联次和作废原因,未严格进行核心征管系统权限维护和管理;二是部分税务干部以权谋私,廉政风险意识薄弱;三是内部控制管理制度还不够完善,岗责配置还需进一步加强。

【防范措施】

一是加强税务干部廉政风险培训,以党建为引领,增强"四个意识",坚定"四个自信",严格落实中央八项规定精神,加强廉洁自律的优良作风培养;二是优化代开发票业务岗责设置,交叉检查作废票、异常票信息,发现问题应及时查明原因,依法依规处理;三是建立内外部监督管理机制,完善内部监督控制,定期抽查作废票情况并加强作废票台账管理,做到有理有据。同时以外部监督促进征收质量提升,畅通投诉问题反馈渠道;四是定期对编外人员业务素质、履职情况、廉政情况等开展监督检查,确保管理风险及时发现及时解决。

五、现金缴费环节

【风险情形】

费款征收人员收取现金费款后,篡改缴费记录、伪造或违规作废缴费票证,制造已缴费假象蒙骗缴费人,擅自截留、挪用、侵占费款。

【风险成因】

一是部分地区岗责设置不规范,未严格执行现金业务岗位设置"票款分离"原则,存在一人多岗的情况,一名工作人员既负责收款,又负责票据开具、作废、缴销等工作,为不法分子侵占、窃取费款提供了可乘之机。二是现金征缴管理机制不健全,实际执行中有一线工作人员收取缴费人现金后用个人银行卡替缴费人刷卡缴费,"私卡公用"的情况,容易出现廉政风险。三是风险防控机制不健全,未将现金缴费业务作为高风险业务事项管理,日常监管不及时,未能及时发现和纠正违规行为。

【防范措施】

一是持续优化服务方式,推广线上缴费,缩小现金缴费规模。对于老年人、残疾人等特殊人群确需使用现金缴费的,建立健全现金征收风险防控机制,做到岗位设置相互分离、现金业务全程留痕、现金费款及时入库。二是优化现金缴费业务岗责设置,明确现金征缴业务应至少经由开票、收款两个岗位确认办理,开票岗不得收取现金费款,收款岗不得领取、开具相关税务收现票证,严格实行岗位分离、票款分离。三是利用信息化手段完整保存现金缴费相关表证单书及信息数据,确保申报征收操作有痕迹、记录可查询、结果可追溯,防止人为篡改。四是加强非税收入票据管理,严格实行每日审核,确保非税收入票据按规定的适用范围填开、使用。严把票据作废和现金结报关,加强日常监督检查,对检查中发现的违规开具、账实不符等问题,及时查明原因,依法依规处理。五是加强编外人员管理。严格落实税务总局及各省税务局有关办税服务厅编外人员管理的规定,禁止编外人员从事《办税服务厅编外人员授权负面清单》中的相关工作。定期对编外人员业务素质、履职情况、廉政情况等开展监督检查,确保管理风险及时发现及时解决。

六、退(抵)费环节

【风险情形】

1. 税务干部明知或应知缴费人不符合退(抵)费条件,徇私舞弊、滥用职权违规为其办理退(抵)费,造成费款流失。

2. 税务干部怕麻烦图省事,对应享未享降费政策产生的小额退费,违规要求缴费人放弃退(抵)费,影响缴费人合法权益。

【风险成因】

一是部分单位退(抵)费岗责配置不合理,管理权限过于集中,未能实现各环节相互分离、相互制约。二是小额退(抵)费业务量过大,间接导致部分税务干部要求缴费人放弃退费以减轻工作负担。三是监督管理机制不健全,监督管理不到位,未能及时发现和纠正违规行为。

【防范措施】

一是完善退(抵)费岗责设置,完善业务流程,实现受理、审核、退库等环节相互分离,相互制约。二是探索通过信息化手段提高小额退费审核效率,合理减轻基层负担。三是加强税费协同管理,及时与货物劳务税、财产行为税的信息关联比对,强化税费联动风险识别及防范管理。四是强化内部监督,实现业务申请、审核、审批全流程信息化管控,通过定期检查、日常抽查、重点督查等多种方式,细致排查相关岗位人员的履职情况,发现问题及时纠正。

七、欠费核销环节

【风险情形】

税务干部为谋取私利,违反规定擅自核销缴费人欠缴费款及滞纳金,造成国家费款流失。

【风险成因】

一是欠费核销管理制度不健全,未做到受理、审核、核销等岗位相互分离、相互制约,存在一人同时担任多个不相容岗位工作的情形。二是欠费核销管理制度落实不到位,未严格执行会商业务主管部门、上会研究、上级机关审批等程序。三是部门间协同管理不到位,对账机制不健全,未建立欠缴费款协同管理、相关比对、相互监督的工作机制。

【防范措施】

一是优化岗位职责,明确核销欠费必须经由初审、复核、审批等岗位确认,确保各岗位职责相互衔接、相互制约,严格按照岗位职责设置系统操作权限,不得设置统审兼批的"超级用户"权限。二是明确各层级核销权限及额度,核销欠费及滞纳金须提前与相关业务主管部门达成一致意见,由非税收入管理部门或征管部门报经所在税务局有关会议集体研究决定,并报经有权部门审批后执行。三是强化部门协同管理,提高税务部门与非税收入业务主管部门、财政部门征缴信息共享质效,定期就欠费管理情况进行跨部门会商、比对,联合开展督导检查,形成协同治费格局。

八、数据管理环节

【风险情形】

税务干部将缴费信息违规提供给其他单位和个人以谋取私利,造成国家秘密、工作秘密、商业秘密及个人隐私泄露,影响国家安全,给缴费人造成损失。

【风险成因】

一是部分税务干部保密意识不强,对职务信息和保密管理的有关规定不了解不熟悉,保密管理规定执行不到位。二是部分单位信息管理岗位和权限配置不合理,数据管理权限过于集中,部分人员管理权限超出职责范围。三是部分地区信息化水平较低,部分信息通过介质传递,导致发现和识别伪造、编造、泄露信息的难度较大。

【防范措施】

一是结合非税收入工作特点,有针对性地加强信息安全、数据保密等内部规范的学习培训,强化基层干部保密意识和信息安全使用意识。二是优化基层非税收入数据管理岗责配置,根据各岗位业务需求,按照"最小授权"原则配置数据查询权限,严格控制数据导出权限。三是推动省以下税务部门尽快完善与外部门非税收入信息共享机制,使用税务总局统推的信息交换系统开展长期数据共享,实现征缴信息安全传输。四是加强涉费数据日常管理,强化信息化监控手段,做到数据导入、查询、导出全程留痕管理。

第八节 会 计 核 算

教育费附加、地方教育附加的会计核算,是运用会计方法,对两附加征收业务进行全面、综合的分析与核算。

会计核算的对象是税务部门征收的两附加应征、实征、减免、欠费、入库和退费过程。

1. 计提教育费附加和地方教育附加:

借:税金及附加——教育费附加

　税金及附加——地方教育附加

　　贷:应交税费——教育费附加

　　　应交税费——地方教育附加

2. 支付教育费附加和地方教育附加:

借:应交税费——教育费附加

　应交税费——地方教育附加

　　贷:银行存款

3. 月末结转至本年利润:

借:本年利润

　　贷:税金及附加——教育费附加

　　　税金及附加——地方教育附加

第四章

文化事业建设费

第一节　征　收　范　围

　　文化事业建设费的征收范围仅限在中华人民共和国境内提供的广告服务、娱乐服务。文化事业建设费的缴费主体是在中华人民共和国境内提供广告服务的广告媒介单位和户外广告经营单位,在中华人民共和国境内提供娱乐服务的单位和个人。中华人民共和国境外的广告媒介单位和户外广告经营单位在境内提供广告服务,在境内未设有经营机构的,以广告服务接受方为文化事业建设费的扣缴义务人。

　　广告服务,是指利用图书、报纸、杂志、广播、电视、电影、幻灯、路牌、招贴、橱窗、霓虹灯、灯箱、互联网等各种形式为客户的商品、经营服务项目、文体节目或者通告、声明等委托事项进行宣传和提供相关服务的业务活动。包括广告代理和广告的发布、播映、宣传、展示等。

　　娱乐服务,是指为娱乐活动同时提供场所和服务的业务。具体包括:歌厅、舞厅、夜总会、酒吧、台球、高尔夫球、保龄球、游艺(包括射击、狩猎、跑马、游戏机、蹦极、卡丁车、热气球、动力伞、射箭、飞镖)。

第二节　征　收　标　准

一、提供广告服务

　　缴费人应按照提供广告服务取得的计费销售额和3%的费率计算应缴费额。计算公式如下:

$$广告服务应缴费额＝广告服务计费销售额×3\%$$

　　广告服务计费销售额,为纳税人提供广告服务取得的全部含税价款和价外费用,减除支付给其他广告公司或广告发布者的含税广告发布费后的余额。缴费人减除价款的,应当取得增值税专用发票或国家税务总局规定的其他合法有效凭证,否则,不得减除。

二、提供娱乐服务

　　缴费人应按照提供娱乐服务取得的计费销售额和3%的费率计算娱乐服务应缴费额,计算公式如下:

$$娱乐服务应缴费额＝娱乐服务计费销售额×3\%$$

娱乐服务计费销售额,为缴费人提供娱乐服务取得的全部含税价款和价外费用。

第三节 优惠政策

1.《财政部 税务总局关于营业税改征增值税试点有关文化事业建设费政策及征收管理问题的通知》(财税〔2016〕25 号)规定,增值税小规模纳税人中月销售额不超过 2 万元(按季纳税 6 万元)的企业和非企业单位提供的应税服务,免征文化事业建设费。

2.《财政部 税务总局关于营业税改征增值税试点有关文化事业建设费政策及征收管理问题的补充通知》(财税〔2016〕60 号)规定,对未达到增值税起征点的提供娱乐服务的单位和个人,免征文化事业建设费。

3.《财政部关于调整部分政府性基金有关政策的通知》(财税〔2019〕46 号)规定,自2019 年 7 月 1 日至 2024 年 12 月 31 日,对归属中央收入的文化事业建设费,按照缴纳义务人应缴费额的 50%减征;对归属地方收入的文化事业建设费,各省(区、市)财政、党委宣传部门可以结合当地经济发展水平、宣传思想文化事业发展等因素,在应缴费额 50%的幅度内减征。

4.《财政部 税务总局关于电影等行业税费支持政策的公告》(财政部 税务总局公告2020 年第 25 号)规定,自 2020 年 1 月 1 日至 2020 年 12 月 31 日,免征文化事业建设费。对于缴费人已缴纳 2020 年所属期文化事业建设费的,根据已征的应予以免征费款,可抵减或予以退还。

5.《财政部 税务总局关于延续实施应对疫情部分税费优惠政策的公告》(财政部 税务总局公告 2021 年第 7 号)规定,《财政部 税务总局关于电影等行业税费支持政策的公告》(财政部 税务总局公告 2020 年第 25 号)规定的税费优惠政策凡已经到期的,执行期限延长至2021 年 12 月 31 日。

第四节 预算管理

文化事业建设费在《2020 年政府收支分类科目》中列一般公共预算收入科目第 103 类02 款 17 项"文化事业建设费收入",为中央和地方共用收入科目,反映按《文化事业建设费征收管理暂行办法》征收的文化事业建设费。

中央所属企事业单位,中央所属企事业单位组成的联营企业、股份制企业,中央所属企事业单位与集体企业、私营企业组成的联营企业、股份制企业,中央所属企事业单位与港澳台商组成的合资经营企业、合作经营企业,中央所属企事业单位与外商组成的中外合资经营企业、中外合作经营企业缴纳的文化事业建设费,全部作为中央预算收入,就地缴入中央国库。

地方所属企事业单位、集体企业、私营企业、港澳台商独资经营企业、外商独资企业,地方所属企事业单位、集体企业、私营企业组成的联营企业、股份制企业,地方所属企事业单位、集体企业、私营企业与港澳台商组成的合资经营企业、合作经营企业,地方所属企事业单位、集体企业、私营企业与外商组成的中外合资经营企业、中外合作经营企业缴纳的文化事业建设费,全部作为地方预算收入,按各地规定的缴库级次就地缴入地方国库。

中央所属企事业单位与地方所属企事业单位组成的联营企业、股份制企业,中央所属企事业单位与地方所属企事业单位联合与集体企业、私营企业、港澳台商、外商组成的联营企业、股份制企业、合资经营企业、合作经营企业、中外合资经营企业、中外合作经营企业缴纳的文化事业建设费,按中央、地方各自投资占中央和地方投资之和的比例,分别作为中央预算收入和地方预算收入,就地缴入中央国库和地方规定的地方国库。

第五节　申　报　缴　费

文化事业建设费的申报期限与缴纳义务人、扣缴义务人的增值税申报期限相同。增值税小规模纳税人缴纳增值税、消费税、文化事业建设费,以及随增值税、消费税附征的城市维护建设税、教育费附加等税费,原则上实行按季申报。纳税人要求不实行按季申报的,由主管税务机关根据其应纳税额大小核定纳税期限。缴纳期限按现行规定执行,期限最后一日是法定休假日的,以休假日期满的次日为最后一日,期限内有连续 3 日以上法定休假日的,按休假日天数顺延。

一、首次申报

在缴费人(代扣代缴人)携带加载统一社会信用代码证件原件(正本或副本)等资料,至办税服务厅办理登记信息确认补采的同时,填写《文化事业建设费报告表》办理文化事业建设费登记事项,并根据营业范围及缴费人(代扣代缴人)实际情况,按照大厅办税人员的指引,在办税服务厅窗口或相关部门办理文化事业建设费缴费认定。

文化事业建设费的申报期限与缴纳义务人、扣缴义务人的增值税申报期限相同。其中:增值税小规模纳税人缴纳文化事业建设费,原则上实行按季申报。纳税人要求不实行按季申报的,由主管税务机关根据其应纳税额大小核定纳税期限。

未签订过三方协议的缴费人,如需要进行网络申报或电子扣款的,须提供开户银行信息,签订三方协议。

二、日常申报

缴费人日常申报需携带申报表(主管税务机关已实现免填单的,携带纳税人识别号或统一社会信用代码编号)至办税服务厅办理申报事项。已办理网络申报相关手续的,可登录访问电子税务局等网络申报系统进行日常申报。

第六节　欠费追征与退费

《文化事业建设费征收管理暂行办法》(财税字〔1997〕95 号)第十一条规定,文化事业建设费的征收管理,依照国家有关营业税征收管理的规定及本办法有关规定执行。

文化事业建设费属于非税收入,不适用《中华人民共和国税收征收管理法》,所以逾期缴纳,不能加收滞纳金。逾期申报的处罚,情节轻微的,罚款 2 000 元以下,情节严重的,罚款 2 000～10 000 元。具体处罚金额,按各地规定执行。

涉及误收误缴需要退库的,缴费人向主管税务机关申请办理。

第七节　风险管理

一、税务登记环节

税务登记信息不完整或不准确。

【风险情形】

缴纳义务人基本情况、登记注册类型、会计制度、经营范围等重要信息有空缺,缺少某些办理文化事业建设费相关业务必要的基础登记信息。或者缴纳义务人在税务登记时将行业登记错误,导致不缴或多缴文化事业建设费。

【风险成因】

缴纳义务人对行业分类不太了解或者缴纳义务人的经营范围较广,在税务登记信息时行业登记错误。

【防范措施】

一是明确税务登记管理岗位工作职责和工作流程,按照"多证合一、一照一码"等商事和登记制度改革要求,在市场监管、机构编制、民政等部门领取加载统一社会信用代码证件的企业、农民专业合作社、个体工商户及其他组织不再单独到税务部门办理税务登记,只需在首次办理涉税(费)事宜时,补充完善和更正设立登记部门未能完整、准确采集的信息及其他必要的涉税(费)基础信息,首次办理涉税事宜未能采集到的信息,可陆续补齐。二是开展税务登记信息数据检查。通过纳税人(缴费人)的增值税所适用的税率,向纳税人(缴费人)核实其实际经营范围,若存在错误,及时进行更正或补充登记。

二、费种认定环节

未按征收范围认定文化事业建设费风险。

【风险情形】

未按规定进行文化事业建设费费种认定,可能存在错征的风险。比如,将征收对象错误认定,将不属于征收对象的缴纳义务人纳入征收管理范围。

【风险成因】

税务人员未按规定进行文化事业建设费费种认定,包括认定范围超出"广告服务"和"娱乐服务"范围,对个体工商户和自然人从事广告服务业认定文化事业建设费等。

【防范措施】

通过金税三期系统,提取经营范围包含广告业且认定了文化事业建设费的个体工商户名单;经营范围包含广告业、娱乐业,但又未认定文化事业建设费费种的增值税纳税人名单;经营范围非广告服务及娱乐服务,如筛选出经营范围为广告创意、广告设计、制作广告牌匾、印刷广告图或网吧活动、健身休闲活动、文艺表演、文化活动、体育表演的信息,但认定了文化事业建设费费种的缴费人名单,进行疑点数据的排查整改。

广告服务、娱乐服务范围按照《财政部　国家税务总局关于全面推开营业税改征增值税试点的通知》(财税〔2016〕36 号)附件《销售服务、无形资产、不动产注释》中"广告服务""娱乐服务"注释执行。

三、申报征收环节

(一) 免征与应征收入划分不清或故意混淆少缴费款风险

【风险情形】

缴纳义务人在申报过程中,可能存在未按规定进行减免扣除申报,未正确区分或混淆文化事业建设费的应征收入与免征收入,扩大免征收入及减除项目适用范围,导致少缴文化事业建设费的风险。

【风险成因】

文化事业建设费是按含税的价款和价外费用来计算,应征收入项目应按含税销售额填报,用于减除项目必须取得合法有效的扣除凭证,采用不含税销售额判断是否符合免征标准。由于缴纳义务人不熟悉具体政策规定,可能会存在未正确区分或混淆文化事业建设费应征收入与免征收入,如一般纳税人错误填报免征收入项目,将未取得合法有效扣除凭证的收入列入减除项目,造成少缴文化事业建设费。

【防范措施】

通过金税三期系统,抽取文化事业建设费申报信息和增值税申报信息,筛查纳税人类型为一般纳税人,免征收入不为 0 的数据,免征收入栏超过按月 2 万元或按季 6 万元,应征收入超过增值税配表当期销售额(该销售额为含税销售额)的疑点数据,抽查减除项目凭证。强化内、外部政策和操作辅导,辅导缴纳义务人正确进行缴费事项申报。

(二) 未准确完整申报计费依据少缴费风险

【风险情形】

缴纳义务人在文化事业建设费申报过程中,未按实际增值税发票开具金额、取得的计税销售额准确完整的申报,可能存在少申报计税依据的风险。

【风险成因】

文化事业建设费是以缴费人提供广告、娱乐服务时取得的增值税销售额为计费依据。由于文化事业建设费的计费销售额,为缴费人提供广告服务取得的全部含税价款和价外费用,减除支付给其他广告公司或广告发布者的含税广告发布费后的余额,或为缴费人提供娱乐服务取得的全部含税价款和价外费用。因此,文化事业建设费的计费依据与增值税发票开具金额、增值税申报表申报销售额和财务报表当期销售额均有可能不一致,存在一定的差异属于正常现象,但差异过大则可能存在少申报计税依据的风险。

【防范措施】

从企业的增值税发票开具情况、增值税申报表和企业的财务报表中获悉文化事业建设费计费依据。计费销售额来源于金税三期系统文化事业建设费申报表中的应征收入;增值税申报表计税销售额源于增值税申报表中的应税劳务销售额。通过排查比对申报依据与增值税发票上的广告服务、娱乐服务的开具金额、增值税申报表上的广告服务、娱乐服务含税价格，将计费销售额不足增值税发票开票金额或计费销售额不足增值税申报表计税销售额差异较大的纳入疑点数据。

（三）错误填报计费收入未能正确享受免征优惠政策风险

【风险情形】

缴纳义务人在申报文化事业建设费减免优惠实际操作中，可能存在错误填报应征收入和免征收入项目，造成缴纳义务人未能正确享受文化事业建设费免征优惠政策的风险。

【风险成因】

缴纳义务人申报操作时，由于不熟悉文化事业建设费免征政策，或者混淆增值税起征点与小规模纳税人免税额度的适用对象，未能正确填报申报表的计费收入项目信息，如一般纳税人错误填写免征收入项目，或是小规模纳税人漏填免征收入项目，导致缴纳义务人错误享受或小规模纳税人应享未享免征政策。

【防范措施】

通过金税三期系统，抽取文化事业建设费申报信息和增值税申报信息，排查缴费人当期销售额（不含税）超过免征限额（按月 2 万元、按季 6 万元），应补退费额等于 0；注册类型为个体工商户和其他个人，缴费人当期销售额达到起征点（按月 2 万元、按季 6 万元），应补退费额等于 0；小规模纳税人当期销售额（不含税）不超过免征限额（按月 2 万元、按季 6 万元），应补退费额大于 1 的疑点数据。

（四）错误申报费款所属期应享未享阶段性免征政策风险

【风险情形】

在执行 2020 年 1 月 1 日至 2021 年 12 月 31 日阶段性免征文化事业建设费减免优惠政策过程中，由于缴纳义务人未能正确申报，可能存在缴纳义务人应享未享阶段性免征文化事业建设费政策的风险。

【风险成因】

缴纳义务人申报操作时，未能正确填报申报所属期，导致缴纳义务人在免征期内应享未享阶段性免征政策。

【防范措施】

通过金税三期核心征管系统，抽取文化事业建设费电报数据、筛查申报时间及税款所属期信息，对税款所属期早于 2021 年 1 月 1 日，申报时间晚于 2020 年 1 月 1 日进行审核，排除补缴申报行为，核实是否属于错误填报所属期导致应享未享文化事业建设费阶段性减免的情况。

四、代开发票环节

（一）代开发票环节未享受优惠政策的风险

【风险情形】

代开发票环节可能出现累计月销售额不超过 2 万元，按季不超过 6 万元的文化事业建设费缴纳义务人应享未享优惠政策的情况。

【风险成因】

一方面由于税务干部对政策掌握不到位,在预缴开票环节可能漏选优惠政策;另一方面核心征收系统在代开发票环节缺乏阻断、提醒、警告等手段,容易造成错缴或少缴、多缴。

【防范措施】

一是加强征收人员的政策培训,定期开展业务学习,提升税务干部整体素质,进一步优化缴费服务;二是优化核心征管系统,减少人工判别,做到自动计算、优惠自动享受,有效提升征收数据质量;三是加强数据监管和治理,联合征管、风控等部门定期抽取征收疑点数据进行核实整改。

(二)代开发票岗人员无故作废发票,未及时足额上缴费款的风险

【风险情形】

代开发票监管制度不够严格,岗位人员为侵占、挪用费款,不及时上缴或不足额上缴费款,无故作废发票的情形。

【风险成因】

一是部分单位未严格落实作废票管理制度,未严格核查作废票联次和作废原因,未严格进行核心征管系统权限维护和管理;二是部分税务干部以权谋私,廉政风险意识薄弱;三是内部控制管理制度还不够完善,岗责配置还需进一步加强。

【防范措施】

一是加强税务干部廉政风险培训,以党建为引领,增强"四个意识",坚定"四个自信",严格落实"中央八项规定"精神,加强廉洁自律的优良作风培养;二是优化代开发票业务岗责设置,交叉检查作废票、异常票信息,发现问题应及时查明原因,依法依规处理;三是建立内外部监督管理机制,完善内部监督控制,定期抽查作废票情况并加强作废票台账管理,做到有理有据,同时以外部监督促进征收质量提升,畅通投诉问题反馈渠道;四是定期对编外人员业务素质、履职情况、廉政情况等开展监督检查,确保管理风险及时发现及时解决。

五、现金缴费环节

【风险情形】

费款征收人员收取现金费款后,篡改缴费记录、伪造或违规作废缴费票证,制造已缴费假象蒙骗缴费人,擅自截留、挪用、侵占费款。

【风险成因】

一是部分地区岗责设置不规范,未严格执行现金业务岗位设置"票款分离"原则,存在一人多岗的情况,一名工作人员既负责收款,又负责票据开具、作废、缴销等工作,为不法分子侵占、窃取费款提供了可乘之机。二是现金征缴管理机制不健全,实际执行中有一线工作人员收取缴费人现金后用个人银行卡替缴费人刷卡缴费,"私卡公用"的情况,容易出现廉政风险。三是风险防控机制不健全,未将现金缴费业务作为高风险业务事项管理,日常监管不及时,未能及时发现和纠正违规行为。

【防范措施】

一是持续优化服务方式,推广线上缴费,缩小现金缴费规模。对于老年人、残疾人等特殊

人群确需使用现金缴费的,建立健全现金征收风险防控机制,做到岗位设置相互分离、现金业务全程留痕、现金费款及时入库。二是优化现金缴费业务岗责设置,明确现金征缴业务应至少经由开票、收款两个岗位确认办理,开票岗不得收取现金费款,收款岗不得领取、开具相关税务收现票证,严格实行岗位分离、票款分离。三是利用信息化手段完整保存现金缴费相关表证单书及信息数据,确保申报征收操作有痕迹、记录可查询、结果可追溯,防止人为篡改。四是加强非税收入票据管理,严格实行每日审核,确保非税收入票据按规定的适用范围填开、使用。严把票据作废和现金结报关,加强日常监督检查,对检查中发现的违规开具、账实不符等问题,及时查明原因,依法依规处理。五是加强编外人员管理。严格落实税务总局及各省税务局有关办税服务厅编外人员管理的规定,禁止编外人员从事《办税服务厅编外人员授权负面清单》中的相关工作。定期对编外人员业务素质、履职情况、廉政情况等开展监督检查,确保管理风险及时发现及时解决。

六、退(抵)费环节

【风险情形】

税务干部明知或应知缴费人不符合退(抵)费条件,徇私舞弊、滥用职权违规为其办理退(抵)费,造成费款流失。

税务干部怕麻烦图省事,对应享未享降费政策产生的小额退费,违规要求缴费人放弃退(抵)费,影响缴费人合法权益。

【风险成因】

一是部分单位退(抵)费岗责配置不合理,管理权限过于集中,未能实现各环节相互分离、相互制约。二是小额退(抵)费业务量过大,间接导致部分税务干部要求缴费人放弃退费以减轻工作负担。三是监督管理机制不健全,监督管理不到位,未能及时发现和纠正违规行为。

【防范措施】

一是完善退(抵)费岗责设置,完善业务流程,实现受理、审核、退库等环节相互分离,相互制约。二是探索通过信息化手段提高小额退费审核效率,合理减轻基层负担。三是加强税费协同管理,及时与货物劳务税、财产行为税的信息关联比对,强化税费联动风险识别及防范管理。四是强化内部监督,实现业务申请、审核、审批全流程信息化管控,通过定期检查、日常抽查、重点督查等多种方式,细致排查相关岗位人员的履职情况,发现问题及时纠正。

七、欠费核销环节

【风险情形】

税务干部为谋取私利,违反规定擅自核销缴费人欠缴费款及滞纳金,造成国家费款流失。

【风险成因】

一是欠费核销管理制度不健全,未做到受理、审核、核销等岗位相互分离、相互制约,存在一人同时担任多个不相容岗位工作的情形。二是欠费核销管理制度落实不到位,未严格执行会商业务主管部门、上会研究、上级机关审批等程序。三是部门间协同管理不到位,对账机制不健全,未建立欠缴费款协同管理、相关比对、相互监督的工作机制。

【防范措施】

一是优化岗位职责,明确核销欠费必须经由初审、复核、审批等岗位确认,确保各岗位职责相互衔接、相互制约,严格按照岗位职责设置系统操作权限,不得设置统审兼批的"超级用户"权限。二是明确各层级核销权限及额度,核销欠费及滞纳金须提前与相关业务主管部门达成一致意见,由非税收入管理部门或征管部门报经所在税务局有关会议集体研究决定,并报经有权部门审批后执行。三是强化部门协同管理,提高税务部门与非税收入业务主管部门、财政部门征缴信息共享质效,定期就欠费管理情况进行跨部门会商、比对,联合开展督导检查,形成协同治费格局。

八、数据管理环节

【风险情形】

税务干部将缴费信息违规提供给其他单位和个人以谋取私利,造成国家秘密、工作秘密、商业秘密及个人隐私泄露,影响国家安全,给缴费人造成损失。

【风险成因】

一是部分税务干部保密意识不强,对职务信息和保密管理的有关规定不了解不熟悉,保密管理规定执行不到位。二是部分单位信息管理岗位和权限配置不合理,数据管理权限过于集中,部分人员管理权限超出职责范围。三是部分地区信息化水平较低,部分信息通过介质传递,导致发现和识别伪造、编造、泄露信息的难度较大。

【防范措施】

一是结合非税收入工作特点,有针对性地加强信息安全、数据保密等内部规范的学习培训,强化基层干部保密意识和信息安全使用意识。二是优化基层非税收入数据管理岗责配置,根据各岗位业务需求,按照"最小授权"原则配置数据查询权限,严格控制数据导出权限。三是推动省以下税务部门尽快完善与外部门非税收入信息共享机制,使用税务总局统推的信息交换系统开展长期数据共享,实现征缴信息安全传输。四是加强涉费数据日常管理,强化信息化监控手段,做到数据导入、查询、导出全程留痕管理。

第八节 会 计 核 算

1. 如果发生的费用与收入无关,计入管理费用:

借:管理费用
　　贷:应交税费——文化事业建设费

2. 如果发生的费用与收入有关,计入营业税金及附加:

借:主营业务税金及附加
　　贷:应交税费——文化事业建设费

第五章

残疾人就业保障金

第一节 征收范围

用人单位安排残疾人就业的比例不得低于本单位在职职工总数的 1.5%。具体比例由各省、自治区、直辖市人民政府根据本地区的实际情况规定。用人单位安排残疾人就业达不到其所在地省、自治区、直辖市人民政府规定比例的，应当缴纳残疾人就业保障金。残疾人就业保障金的征收对象是未按规定比例安排残疾人就业的机关、团体、企业、事业单位和民办非企业单位（以下简称用人单位）。

第二节 征收标准

用人单位应当按照其所在地省、自治区、直辖市人民政府规定的比例安排残疾人就业。用人单位未安置残疾职工或安置残疾职工达不到其所在地省、自治区、直辖市人民政府规定比例的，残疾人就业保障金按上年用人单位安排残疾人就业未达到规定比例的差额人数和本单位在职职工年平均工资之积计算缴纳，计算公式如下：

$$\text{残疾人就业保障金年缴纳额} = \left(\text{上年用人单位在职职工人数} \times \text{所在地省、自治区、直辖市人民政府规定的安排残疾人就业比例} - \text{上年用人单位实际安排的残疾人就业人数} \right) \times \text{上年用人单位在职职工年平均工资}$$

如未安置残疾人就业，计算公式简化为：

$$\text{上年用人单位在职职工人数} \times \text{所在地省、自治区、直辖市人民政府规定的安排残疾人就业比例} \times \text{上年用人单位在职职工年平均工资}$$

一、计算口径

1. 上年用人单位在职职工，是指用人单位在编人员或依法与用人单位签订 1 年以上（含 1 年）劳动合同（服务协议）的人员。季节性用工应当折算为年平均用工人数。以劳务派遣用工的，计入派遣单位在职职工人数。用人单位应向主管的残疾人联合会申报核定按比例安排残疾人就业情况，由残疾人联合会对用人单位安排就业的残疾人人数进行核实，并出具核定书。

2. 上年用人单位安排残疾人就业未达到规定比例的差额人数，以公式计算结果为准，可以不是整数。用人单位应于规定时间，向本级残疾人就业服务机构申报上年实际安排残疾人就业人数。残疾人就业服务机构对用人单位安排就业的残疾人人数进行核实，出具核定书，并及时将审核情况提供给主管税务机关。用人单位应按规定时限，如实向残疾人就业服务机构申报上年本单位安排的残疾人就业人数。用人单位未在规定时限申报的，视为未安排残疾人就业。

3. 上年用人单位在职职工年平均工资，按用人单位上年在职职工工资总额除以用人单位上年在职职工人数计算。职工工资总额由工资、奖金、津贴、补贴组成。计算口径以国家统计局指标解释为准。

二、注意事项

1. 残疾人，是指持有"中华人民共和国残疾人证"上注明属于视力残疾、听力残疾、言语残疾、肢体残疾、智力残疾、精神残疾和多重残疾的人员，或者持有"中华人民共和国残疾军人证"（1 至 8 级）的人员。

2. 用人单位将残疾人录用为在编人员或依法与就业年龄段内的残疾人签订 1 年以上（含 1 年）劳动合同（服务协议），且实际支付的工资不低于当地最低工资标准，并足额缴纳社会保险费的，方可计入用人单位所安排的残疾人就业人数。

3. 用人单位安排 1 名持有"中华人民共和国残疾人证"（1 至 2 级）或"中华人民共和国残疾军人证"（1 至 3 级）的人员就业的，按照安排 2 名残疾人就业计算。

4. 用人单位跨地区招用残疾人的，应当计入所安排的残疾人就业人数。

第三节　优惠政策

1.《财政部 国家税务总局 中国残疾人联合会关于印发〈残疾人就业保障金征收使用管理办法〉的通知》（财税〔2015〕72 号）第十六条规定，自工商登记注册之日起 3 年内，对安排残疾人就业未达到规定比例，在职职工总数 20 人以下（含 20 人）的小微企业，免征保障金。

第十七条规定，用人单位遇不可抗力自然灾害或其他突发事件遭受重大直接经济损失，可以申请减免或者缓缴保障金。具体办法由各省、自治区、直辖市财政部门规定。

用人单位申请减免保障金的最高限额不得超过 1 年的保障金应缴额，申请缓缴保障金的最长期限不得超过 6 个月。

2.《财政部关于取消、调整部分政府性基金有关政策的通知》（财税〔2017〕18 号）规定，将残疾人就业保障金免征范围由自工商登记注册之日起 3 年内，在职职工总数 20 人（含）以下的小微企业，调整为在职职工总数 30 人（含）以下的企业。调整免征范围后，工商注册登记未满 3 年、在职职工总数 30 人（含）以下的企业，可在剩余时期内按规定免征残疾人就业保障金。

3.《财政部关于降低部分政府性基金征收标准的通知》（财税〔2018〕39 号）规定，自 2018 年 4 月 1 日起，将残疾人就业保障金征收标准上限，由当地社会平均的 3 倍降至 2 倍。其中，用人单位在职职工平均工资未超过当地社会平均工资 2 倍（含）的，按用人单位在职职工年平均工资计征残疾人就业保障金；超过当地社会平均工资 2 倍的，按当地社会平均工资 2 倍计征残疾人就业保障金。

4.《关于印发〈关于完善残疾人就业保障金制度更好促进残疾人就业的总体方案〉的通知》（发改价格规〔2019〕2015号）规定，自2020年1月1日起实行分档征收，将残保金由单一标准征收调整为分档征收，用人单位安排残疾人就业比例达到1%（含）以上，但低于本省（区、市）规定比例的，3年内按应缴费额的50%征收；1%以下的，3年内按应缴费额90%征收。

暂免征收小微企业残保金。对在职职工总数30人（含）以下的企业，暂免征收残保金。

明确社会平均工资口径。残保金征收标准上限仍按当地社会平均工资的2倍执行，社会平均工资的口径为城镇私营单位和非私营单位就业人员加权平均工资。

该方案自2020年1月1日起施行。

5.《财政部关于调整残疾人就业保障金征收政策的公告》（财政部公告2019年第98号）第一条、第五条规定，自2020年1月1日起，残疾人就业保障金征收标准上限，按照当地社会平均工资2倍执行。当地社会平均工资按照所在地城镇非私营单位就业人员平均工资和城镇私营单位就业人员平均工资加权计算。

第三条规定，残保金减免优惠政策自2020年1月1日起至2022年12月31日，对残疾人就业保障金实行分档减缴政策。用人单位安排残疾人就业比例达到1%（含）以上，但未达到所在地省、自治区、直辖市人民政府规定比例的，按规定应缴费额的50%缴纳残疾人就业保障金；用人单位安排残疾人就业比例在1%以下的，按规定应缴费额的90%缴纳残疾人就业保障金。

第四条规定，自2020年1月1日起至2022年12月31日，在职职工人数在30人（含）以下的企业，暂免征收残疾人就业保障金。

6.《财政部关于延续实施残疾人就业保障金优惠政策的公告》（财政部公告2023年第8号）第一条规定，延续实施残疾人就业保障金分档减缴政策。其中：用人单位安排残疾人就业比例达到1%（含）以上，但未达到所在地省、自治区、直辖市人民政府规定比例的，按规定应缴费额的50%缴纳残疾人就业保障金；用人单位安排残疾人就业比例在1%以下的，按规定应缴费额的90%缴纳残疾人就业保障金。

第二条规定，在职职工人数在30人（含）以下的企业，继续免征残疾人就业保障金。

第三条规定，本公告执行期限自2023年1月1日起至2027年12月31日。对符合本公告规定减免条件但缴费人已缴费的，可按规定办理退费。

第四节　预　算　管　理

残疾人就业保障金在《2020年政府收支分类科目》中列一般公共预算收入科目103类02款18项"残疾人就业保障金收入"，属于中央和地方共用收入科目。反映新疆生产建设兵团和地方政府按照《残疾人就业保障金管理暂行规定》征收的残疾人就业保障金。

第五节　申　报　缴　费

按照《残疾人就业保障金征收使用管理办法》第十条的规定，保障金一般按月缴纳。在实际工作中,由于残疾人就业服务机构要对用人单位安排残疾人就业人数情况进行核实,所以,残疾人就业保障金大部分地区按年申报,一次缴纳,主要集中在下半年;部分地区也有按年申报,按季或按月缴纳的。

一、首次申报

缴费人携带加载统一社会信用代码证件原件(正本或副本)(已安排过残疾人就业的单位还需携带残联年审后的《用人单位安排残疾人就业情况审核确认书》)等材料,至办税服务厅办理登记信息确认补采后,根据营业范围及缴费人实际情况,按照大厅办税人员的指引,在办税服务厅窗口或相关部门办理残疾人就业保障金缴费认定。

未签订过三方协议的缴费人,如需要进行网络申报或电子扣款的,须提供开户银行信息,签订三方协议。

二、日常申报

缴费人日常申报需携带申报表(主管税务机关已实现免填单的,携带纳税人识别号或统一社会信用代码编号),已安排过残疾人就业的单位还需携带残联年审后的《用人单位安排残疾人就业情况审核确认书》至办税服务厅办理申报事项。已办理网络申报相关手续的,可登录访问电子税务局等网络申报系统进行日常申报(主管税务机关根据管理工作需要,有特殊规定需要到办税服务厅进行申报的,按主管税务机关要求办理)。

用人单位在申报时,应提供上年度本单位在职职工平均人数、实际安排残疾人就业平均人数证明(《用人单位安排残疾人就业情况审核确认书》)、在职职工年平均工资等信息,并保证信息的真实性和完整性。

第六节　欠费追征及退费

按照《残疾人就业保障金征收使用管理办法》第二十六条的规定,用人单位未按规定缴纳保障金的,按照《残疾人就业条例》的规定,由保障金征收机关提交财政部门,由财政部门予以警告,责令限期缴纳;逾期仍不缴纳的,除补缴欠缴数额外,还应当自欠缴之日起,按日加收5‰的滞纳金。滞纳金按照保障金入库预算级次缴入国库。

涉及误收误缴需要退库的,缴费人向主管税务机关申请办理。

用人单位多缴的残疾人就业保障金可以选择直接退费,也可以抵扣下期应缴费。但当用人单位既有应退残疾人就业保障金又存在以前年度欠缴残疾人就业保障金情形的,税务机关应先将用人单位的应退残疾人就业保障金抵扣欠缴的残疾人就业保障金,抵扣后有余额的,办理应退余额的退库。

残疾人就业保障金的退费由用人单位向主管税务机关提出申请。需要提供以下证明资料:①单位签章的《基金规费退(抵)费申请表》,②《按比例安排残疾人就业情况审核认定书》,③缴款凭证原件及复印件,④申请退款报告,⑤用人单位上年在职职工、上年在职残疾人和上年在职职工年平均工资等相关证明资料,⑥退款所需的其他证明资料。

第七节　风　险　管　理

一、税务登记环节

【风险情形】

税务人员未严格对照营业执照录入缴费人开业设立日期和从业人数等关键信息。

【风险成因】

税务人员未能正确把握税务登记事项需填写项目的数据来源和依据。

【防范措施】

一是完善信息管理和数据共享机制,营业执照相关数据应尽可能通过工商与税务共享平台推送,减少人工录入,提升数据质量;二是加强数据管理,定期通过与工商登记信息进行比对校验,发现问题及时更正。

二、费种认定环节

未按征收范围认定残疾人就业保障金风险

【风险情形】

税务人员未按政策规定对残疾人就业保障金费种认定,存在错征漏征的风险。

【风险成因】

税务人员未能正确把握残疾人就业保障金征收对象范围,未对机关、事业单位等用人单位认定费种;或对个体工商户和其他个人错误认定,导致漏征错征。

【防范措施】

通过金税三期系统查询除个体工商户和其他个人之外的税务登记有效户和残疾人就业保障金费种已认定户,进行应认定未认定数据排查。

三、申报征收环节

(一)申报不实导致少缴残疾人就业保障金的风险

【风险情形】

用人单位在申报残疾人就业保障金时,故意少报上年在职职工人数,或采取少填报上年用人单位在职职工年平均工资的方法达到少缴纳残疾人就业保障金的目的,存在申报不实导致残疾人就业保障金缴纳不足的风险。

【风险成因】

部分用人单位为了少缴纳残疾人就业保障金,不与劳动者签订劳动合同(服务协议),或者有签订劳动合同(服务协议),在上年实际在职职工已超过30人时,却仍然少报人数,违规享受残疾人就业保障金优惠政策不缴纳残疾人就业保障金;也会有采取少填报上年用人单位在职职工年平均工资的方式少缴纳残疾人就业保障金。

【防范措施】

通过年度企业所得税、个人所得税、社会保险费申报明细情况比对查看企业账册和实地核实等方式，分析核查用人单位在职职工人数和工资情况。

（二）错误填写申报项目错征少征风险

【风险情形】

申报表填报过程中，未按申报表项目内容要求填写相应的数据，影响申报数据的准确性，可能存在因错误填写申报项目导致错征少征残疾人就业保障金的风险。

【风险成因】

缴纳义务人申报过程中操作不严谨，错误填写在职职工人数和工资总额两项数据，系统在计算在职职工年平均工资时产生异常畸高或畸低、不符合逻辑的平均工资金额，最终导致错误征收或少征。

【防范措施】

通过金税三期系统筛查残疾人就业保障金在职职工年平均工资畸高或畸低的异常数据、申报的"上年在职职工工资总额""上年在职职工人数"与企业申报企业所得税时填写的工资总额和在职职工人数数据不匹配的名单。日常申报管理中注意审核申报数据的逻辑性和关联性，提高申报数据的准确性。

（三）应享未享残疾人就业保障金征收标准上限减免政策的风险

【风险情形】

在执行残疾人就业保障金征收标准上限的减免优惠政策过程中，由于缴纳义务人的基础登记信息不完整或不准确，可能存在缴纳义务人应享未享残疾人就业保障金征收标准上限减免政策的风险。

【风险成因】

税务人员办理缴纳义务人税务登记的基础信息采集过程中，未对注册地和经营地行政区划等基础信息进行补充采集，导致缴纳义务人登记信息不完整，或是补充采集了相关信息，但信息不准确，导致系统计算应缴纳金额时征收标准上限失效，对在职职工年平均工资超过当地社会平均工资 2 倍的，也按在职职工年平均工资计征残疾人就业保障金。

【防范措施】

在金税三期系统抽取企业残疾人就业保障金申报表，筛查上年在职职工年平均工资大于当地社会平均工资 2 倍的申报数据，核查本期税额是否以当地社会平均工资的 2 倍计算。排查清理基础登记信息中注册地和经营地行政区划两项基础信息缺失的数据，确保残疾人就业保障金征收标准上限减免政策准确执行到位。

四、现金缴费环节

【风险情形】

费款征收人员收取现金费款后，篡改缴费记录、伪造或违规作废缴费票证，制造已缴费假象蒙骗缴费人,擅自截留、挪用、侵占费款。

【风险成因】

一是部分地区岗责设置不规范,未严格执行现金业务岗位设置"票款分离"原则,存在一人多岗的情况,一名工作人员既负责收款,又负责票据开具、作废、缴销等工作,为不法分子侵占、窃取费款提供了可乘之机。二是现金征缴管理机制不健全,实际执行中有一线工作人员收取缴费人现金后用个人银行卡替缴费人刷卡缴费,"私卡公用"的情况,容易出现廉政风险。三是风险防控机制不健全,未将现金缴费业务作为高风险业务事项管理,日常监管不及时,未能及时发现和纠正违规行为。

【防范措施】

一是持续优化服务方式,推广线上缴费,缩小现金缴费规模。对于老年人、残疾人等特殊人群确需使用现金缴费的,建立健全现金征收风险防控机制,做到岗位设置相互分离、现金业务全程留痕、现金费款及时入库。二是优化现金缴费业务岗责设置,明确现金征缴业务应至少经由开票、收款两个岗位确认办理,开票岗不得收取现金费款,收款岗不得领取、开具相关税务收现票证,严格实行岗位分离、票款分离。三是利用信息化手段完整保存现金缴费相关表证单书及信息数据,确保申报征收操作有痕迹、记录可查询、结果可追溯,防止人为篡改。四是加强非税收入票据管理,严格实行每日审核,确保非税收入票据按规定的适用范围填开、使用。严把票据作废和现金结报关,加强日常监督检查,对检查中发现的违规开具、账实不符等问题,及时查明原因,依法依规处理。五是加强编外人员管理。严格落实税务总局及各省税务局有关办税服务厅编外人员管理的规定,禁止编外人员从事《办税服务厅编外人员授权负面清单》中的相关工作。定期对编外人员业务素质、履职情况、廉政情况等开展监督检查,确保管理风险及时发现及时解决。

五、退(抵)费环节

【风险情形】

1. 税务干部明知或应知缴费人不符合退(抵)费条件,徇私舞弊、滥用职权违规为其办理退(抵)费,造成费款流失。

2. 税务干部怕麻烦图省事,对应享未享降费政策产生的小额退费,违规要求缴费人放弃退(抵)费,影响缴费人合法权益。

【风险成因】

一是部分单位退(抵)费岗责配置不合理,管理权限过于集中,未能实现各环节相互分离、相互制约。二是小额退(抵)费业务量过大,间接导致部分税务干部要求缴费人放弃退费以减轻工作负担。三是监督管理机制不健全,监督管理不到位,未能及时发现和纠正违规行为。

【防范措施】

一是完善退抵费岗责设置,完善业务流程,实现受理、审核、退库等环节相互分离,相互制约。二是探索通过信息化手段提高小额退费审核效率,合理减轻基层负担。三是加强税费协同管理,及时与货物劳务税、财产行为税的信息关联比对,强化税费联动风险识别及防范管理。四是强化内部监督,实现业务申请、审核、审批全流程信息化管控,通过定期检查、日常抽查、重点督查等多种方式,细致排查相关岗位人员的履职情况,发现问题及时纠正。

六、欠费核销环节

【风险情形】

税务干部为谋取私利,违反规定擅自核销缴费人欠缴费款及滞纳金,造成国家费款流失。

【风险成因】

一是欠费核销管理制度不健全,未做到受理、审核、核销等岗位相互分离、相互制约,一人同时担任多个不相容岗位工作的情形。二是欠费核销管理制度落实不到位,未严格执行会商业务主管部门、上会研究、上级机关审批等程序。三是部门间协同管理不到位,对账机制不健全,未建立欠缴费款协同管理、相关比对、相互监督的工作机制。

【防范措施】

一是优化岗位职责,明确核销欠费必须经由初审、复核、审批等岗位确认,确保各岗位职责相互衔接、相互制约,严格按照岗位职责设置系统操作权限,不得设置统审兼批的"超级用户"权限。二是明确各层级核销权限及额度,核销欠费及滞纳金须提前与相关业务主管部门达成一致意见,由非税收入管理部门或征管部门报经所在税务局有关会议集体研究决定,并报经有权部门审批后执行。三是强化部门协同管理,提高税务部门与非税收入业务主管部门、财政部门征缴信息共享质效,定期就欠费管理情况进行跨部门会商、比对,联合开展督导检查,形成协同治费格局。

七、数据管理环节

【风险情形】

税务干部将缴费信息违规提供给其他单位和个人以谋取私利,造成国家秘密、工作秘密、商业秘密及个人隐私泄露,影响国家安全,给缴费人造成损失。

【风险成因】

一是部分税务干部保密意识不强,对职务信息和保密管理的有关规定不了解不熟悉,保密管理规定执行不到位。二是部分单位信息管理岗位和权限配置不合理,数据管理权限过于集中,部分人员管理权限超出职责范围。三是部分地区信息化水平较低,部分信息通过介质传递,导致发现和识别伪造、编造、泄露信息的难度较大。

【防范措施】

一是结合非税收入工作特点,有针对性地加强信息安全、数据保密等内部规范的学习培训,强化基层干部保密意识和信息安全使用意识。二是优化基层非税收入数据管理岗责配置,根据各岗位业务需求,按照"最小授权"原则配置数据查询权限,严格控制数据导出权限。三是推动省以下税务部门尽快完善与外部门非税收入信息共享机制,使用税务总局统推的信息交换系统开展长期数据共享,实现征缴信息安全传输。四是加强涉费数据日常管理,强化信息化监控手段,做到数据导入、查询、导出全程留痕管理。

第八节 会计核算

1. 不采取提取方法，缴纳时，直接作凭证：

借：管理费用——残疾人就业保障金
　　贷：银行存款（或现金）

2. 采取提取方法：

（1）提取时：

借：管理费用——残疾人就业保障金
　　贷：其他应付款——残疾人就业保障金

（2）缴纳时：

借：其他应付款——残疾人就业保障金
　　贷：银行存款（或现金）

根据新的会计准则，可以按规定计算出应缴纳的残疾人就业保障金：

借：管理费用——残疾人就业保障金
　　贷：其他应交款——应交残疾人就业保障金（其他应付款——应付残疾人就业保障金）

（3）实际缴纳时：

借：其他应交款——应交残疾人就业保障金（其他应付款——应付残疾人就业保障金）
　　贷：银行存款

第六章
废弃电器电子产品处理基金

第一节 征收范围

2012 年,废弃电器电子产品处理目录(第一批)规定对电视机、电冰箱、洗衣机、房间空调器、微型计算机等五类产品进行废弃电器电子产品处理基金征收。

2015 年,废弃电器电子产品处理目录(2014 年版)明确,从 2016 年 3 月 1 日起,基金征收范围增加了吸油烟机、电热水器、燃气热水器、打印机、复印机、传真机、监视器、移动通信手持机、电话单机等 9 类产品,共 14 类。

基金缴费主体:电器电子产品生产者、进口电器电子产品的收货人或者其代理人。

缴纳义务人:电器电子产品生产者,包括自主品牌生产企业和代工生产企业。

电器电子产品来源于进口和国内生产,流向是出口和国内销售,最终走向回收处理。电器电子产品在生产销售、进口产品环节缴纳基金,基金全额上缴中央国库,纳入中央政府性基金预算管理,用于补贴废弃电器电子产品处理基金的回收处理。由于基金是用于补贴取得处理资格的企业,所以销往境外部分免征基金。

第二节 征收标准

征收标准详见表 6.1。表 6.1 仅为废弃电器电子产品处理目录(第一批)征收标准,废弃电器电子产品处理目录(2014 年版)征收标准暂未出台。

表 6.1 废弃电器电子产品处理目录征收标准

序号	产品种类	产品范围	征收标准 (元/台)
1	电视机	阴极射线管(黑白;彩色)电视机,液晶电视机,等离子电视机,背投电视机,其他用于接收信号并还原出图像及伴音的终端设备	13
2	电冰箱	冷藏冷冻箱(柜),冷藏箱(柜),冷冻箱(柜),其他具有制冷系统、消耗能量以获取冷量的隔热箱体	12
3	洗衣机	波轮式洗衣机,滚筒式洗衣机,搅拌式洗衣机,脱水机,其他依靠机械作用洗涤衣物(含兼有干衣功能)的器具	7

（续表）

序号	产品种类	产品范围	征收标准（元/台）
4	房间空调器	整体式空调（窗机、穿墙机等），分体式空调（分体壁挂、分体柜机等），一拖多空调器，其他制冷量在 14 000 W 及以下的房间空气调节器具	7
5	微型计算机	台式微型计算机的显示器，主机、显示器一体形式的台式微型计算机，便携式微型计算机（含平板电脑、掌上电脑），其他信息事务处理实体	10

基金分别按照电器电子产品生产者销售、进口电器电子产品的收货人或者其代理人进口的电器电子产品数量定额征收。基金缴纳义务人销售或受托加工生产相关电器电子产品，按照从量定额的办法计算应缴纳基金。

应缴纳基金的计算公式为：

$$应缴纳基金 = 销售数量（受托加工数量）× 征收标准$$

第三节　优惠政策

1. 《废弃电器电子产品处理基金征收管理规定》（国家税务总局公告 2012 年第 41 号发布）规定，基金缴纳义务人出口电器电子产品，免征基金。

2. 《废弃电器电子产品处理基金征收使用管理办法》（财综〔2012〕34 号印发）规定，对采用有利于资源综合利用和无害化处理的设计方案以及使用环保和便于回收利用材料生产的电器电子产品，可以减征基金。

3. 《财政部关于进（来）料受托加工复出口免征废弃电器电子产品处理基金有关问题的公告》（财政部公告 2014 年第 29 号）规定，基金缴纳义务人受外贸公司（以下简称委托方）委托加工电器电子产品，其海关贸易方式为"进料加工"或"来料加工"且由委托方收回后复出口的，免征基金。

第四节　预算管理

基金收入在《2022 年政府收支分类科目》中列政府性基金预算，列 103 类 01 款 75 项"废弃电器电子产品处理基金收入"，反映按《废弃电器电子产品处理基金征收使用管理办法》（财综〔2012〕34 号印发）征收的废弃电器电子产品处理基金，下设 01 目"税务部门征收的废弃电器电子产品处理基金收入"，中央收入科目，反映税务部门征收的废弃电器电子产品处理基金；02 目"海关征收的废弃电器电子产品处理基金收入"，中央收入科目，反映海关征收的废弃电器电子产品处理基金。全额上缴中央国库，纳入中央政府性基金预算管理，实行专款专用，年终结余结转下年度继续使用。基金支出在《2022 年政府收支分类科目》中列 211 类 61 款"废弃电器电子产品处理基金支出"。

第五节　申　报　缴　费

一、首次申报

缴费人携带加载统一社会信用代码证件原件(正本或副本)等材料,至办税服务厅办理登记信息确认补采后,根据营业范围及缴费人实际情况,按照大厅办税人员的指引,在办税服务厅窗口或相关部门办理废弃电器电子产品处理基金缴费认定。

未签订过三方协议的缴费人,如需要进行网络申报或电子扣款的,须提供开户银行信息,签订三方协议。

二、日常申报

缴费人日常申报需携带申报表(主管税务机关已实现免填单的,携带纳税人识别号或统一社会信用代码编号),至办税服务厅办理申报事项。已办理网络申报相关手续的,可登录访问电子税务局等网络申报系统进行日常申报。

基金缴纳义务人应当自季度终了之日起 15 日内申报缴纳基金,向主管税务机关报送《废弃电器电子产品处理基金申报表》。缴纳期限按现行规定执行,期限最后一日是法定休假日的,以休假日期满的次日为最后一日,期限内有连续 3 日以上法定休假日的,按休假日天数顺延。

第六节　欠费追征及退费

《废弃电器电子产品处理基金征收使用管理办法》(财综〔2012〕34 号印发)第三十六条规定,电器电子产品生产者违反基金征收管理规定的,由税务部门比照税收违法行为予以行政处罚。进口电器电子产品的收货人或者其代理人违反基金征收管理规定的,由海关比照关税违法行为予以行政处罚。

《废弃电器电子产品处理基金征收管理规定》(国家税务总局公告 2012 年第 41 号发布)第四条规定,对基金缴纳义务人征收基金,适用税收征收管理的规定。

涉及误收误缴需要退库的,缴费人向主管税务机关申请办理。

第七节　风　险　管　理

1. 企业实际销售数量与申报数量的差异。
(1)指标描述。
对缴费人申报废弃电器电子产品处理基金的情况进行风险分析,判断缴费人有无少申报的情形。

（2）数据来源。

发票开具信息、申报表申报信息。

（3）数据模型。

$$本期发票开具销售数据 \leqslant 本期销售数据$$

（4）数据获取途径。

增值税发票系统、金税三期系统。

2．企业出口数量与申报出口数量的差异。

（1）指标描述。

对缴费人申报减免废弃电器电子产品处理基金的情况进行风险分析，判断缴费人减免申报的准确性。

（2）数据来源。

《中华人民共和国海关出口货物报关单》信息、申报表申报信息。

（3）数据模型。

$$企业出口数量 = 申报出口数量$$

（4）数据获取途径。

《中华人民共和国海关出口货物报关单》单据、金税三期系统。

3．委托加工产品是否申报。

（1）指标描述。

对缴费人委托加工产品申报废弃电器电子产品处理基金的情况进行风险分析，判断缴费人委托加工产品申报的准确性。

（2）数据来源。

企业账册、申报表申报信息、委托方申报表申报信息。

（3）数据模型。

$$本期发票开具销售数据 \leqslant 本期销售数据$$

（4）数据获取途径。

企业账册委托加工等科目、委托方申报表。

第八节　会计核算

基金征收使用税收票证，计入生产经营成本，准予在计算应纳税所得额时扣除。

1．计提时：

借：生产成本

　　贷：应缴税费——废弃电器电子产品处理基金

2．缴纳时：

借：应交税费——废弃电器电子产品处理基金

　　贷：银行存款

3. 在销售环节缴纳的基金：

借：主营业务成本
　　贷：应交税费——废弃电器电子产品处理基金

4. 在进口环节缴纳的基金：

借记"库存商品"科目,销售时转入"主营业务成本"科目。

第七章

国家重大水利工程建设基金

第一节　征　收　范　围

国家重大水利基金在除西藏自治区以外的全国范围内筹集。除西藏自治区以外全国范围内的电力用户为缴费人。

各省、自治区、直辖市全部销售电量包括省级电网企业销售给电力用户的电量、省级电网企业扣除合理线损后的趸售电量（即实际销售给转供单位的电量）、省级电网企业销售给子公司的电量和对境外销售电量、企业自备电厂自发自用电量、地方独立电网销售电量（不含省级电网企业销售给地方独立电网企业的电量）。

跨省（自治区、直辖市）电力交易，计入受电省份销售电量。

资源综合利用（利用余热余压发电、煤矸石发电等）、热电联产的企业自备电厂纳入重大水利基金征收范围，不得免征。

第二节　征　收　标　准

计算公式如下：

国家重大水利工程建设基金＝全部销售电量（扣除国家扶贫开发工作重点县农业排灌用电）×征收标准

征收标准按每千瓦计算征收，各地标准不同。《财政部　国家发展改革委　水利部关于印发〈国家重大水利工程建设基金征收使用管理暂行办法〉的通知》（财综〔2009〕90号）规定各省（区、市）最初征收标准。根据《财政部关于调整部分政府性基金有关政策的通知》（财税〔2019〕46号）的规定，从2019年7月1日起实行新的标准。国家重大水利工程建设基金征收标准如表7.1所示。

表7.1　国家重大水利工程建设基金征收标准

省（自治区、直辖市）	征收标准（厘/千瓦·时）	省（自治区、直辖市）	基金标准（厘/千瓦·时）
北京	1.968 750	河南	3.189 375
天津	1.968 750	湖北	0
上海	3.915 000	湖南	1.054 688
河北	1.968 750	广东	1.968 750

(续表)

省(自治区、直辖市)	征收标准(厘/千瓦·时)	省(自治区、直辖市)	基金标准(厘/千瓦·时)
山西	1.968 750	广西	1.125 000
内蒙古	1.125 000	海南	1.125 000
辽宁	1.125 000	重庆	1.968 750
吉林	1.125 000	四川	1.968 750
黑龙江	1.125 000	贵州	1.125 000
江苏	4.193 438	云南	1.125 000
浙江	4.038 750	陕西	1.125 000
安徽	3.633 750	甘肃	1.125 000
福建	1.968 750	青海	1.125 000
江西	1.552 500	宁夏	1.125 000
山东	1.968 750	新疆	1.125 000

拥有自备电厂企业、地方独立电网企业应准确计量自发自用电量和销售电量,不能准确计量的,由税务部门按照其最大发电(售电)能力核定自发自用电量和销售电量,并确定重大水利基金征收数额。

第三节 优 惠 政 策

1.《财政部 国家税务总局关于免征国家重大水利工程建设基金的城市维护建设税和教育费附加的通知》(财税〔2010〕44 号)规定,自 2010 年 5 月 25 日起,为支持国家重大水利工程建设,对国家重大水利工程建设基金免征城市维护建设税和教育费附加。

2.《财政部关于对分布式光伏发电自发自用电量免征政府性基金有关问题的通知》(财综〔2013〕103 号)规定,为了促进光伏产业健康发展,自 2013 年 11 月 19 日起,对分布式光伏发电自发自用电量免收可再生能源电价附加、国家重大水利工程建设基金、大中型水库移民后期扶持基金、农网还贷资金等 4 项针对电量征收的政府性基金。

3.《财政部关于降低部分政府性基金征收标准的通知》(财税〔2018〕39 号)规定,自 2018 年 7 月 1 日起,将国家重大水利工程建设基金征收标准,在按照《财政部关于降低国家重大水利工程建设基金和大中型水库移民后期扶持基金征收标准的通知》(财税〔2017〕51 号)降低 25% 的基础上,再统一降低 25%。调整后的征收标准为《财政部 国家发展改革委 水利部关于印发〈国家重大水利工程建设基金征收使用管理暂行办法〉的通知》(财综〔2009〕90 号)规定的征收标准×(1-25%)×(1-25%)。

4.《财政部关于调整部分政府性基金有关政策的通知》(财税〔2019〕46 号)规定,自 2019 年 7 月 1 日起,将国家重大水利工程建设基金征收标准降低 50%。

第四节　预　算　管　理

国家重大水利工程建设基金收入在《2020 年政府收支分类科目》中列政府性基金预算收入第 103 类 01 款 58 项"国家重大水利工程建设基金收入"01 目(中央重大水利工程建设资金)、02 目(地方重大水利工程建设资金)。支出列政府性基金支出第 213 类 69 款"国家重大水利工程建设基金安排的支出"01 目(南水北调工程建设)、02 目(三峡后续工作)、03 目(地方重大水利工程建设)、99 目(其他重大水利工程建设基金支出)。

第五节　申　报　缴　费

国家重大水利工程建设基金按月申报缴纳,按年汇算清缴。国家重大水利工程建设基金应于每月 15 日前申报缴纳。省级电网企业、拥有自备电厂企业和地方独立电网企业应在次年 3 月底前完成汇算清缴申报缴纳。地方独立电网销售电量,按月自行申报缴纳,税务部门征收。除地方独立电网销售电量外,由省级电网企业向电力用户收取电费时一并代征,按月自行申报缴纳,税务部门征收。

省级电网企业、拥有自备电厂企业和地方独立电网企业全年实际销售电量(自发自用电量),在次年 3 月底前完成汇算清缴。

根据《国家税务总局关于国家重大水利工程建设基金等政府非税收入项目征管职责划转有关事项的公告》(国家税务总局公告 2018 年第 63 号)的规定,国家重大水利工程建设基金的申报缴纳使用《非税收入通用申报表》。

国家重大水利工程建设基金使用财政部统一监(印)制的《中央非税收入统一票据》,按照税务机关全国统一的信息化方式规范管理。税务机关开具非税收入票据时,应当加盖征收专用章。

税务机关应当在缴费人和代征人注销税务登记前及时提醒缴费人和代征人缴纳国家重大水利工程建设基金。

第六节　欠费追征及退费

未经国务院批准,任何地方、部门和单位均不得擅自减免重大水利基金,不得调整基金征收范围和征收标准。省级电网企业应将代征的重大水利基金与其正常业务收入分账核算。省级电网企业、拥有自备电厂企业和地方独立电网企业应及时足额上缴国家重大水利工程建设基金,不得拖延缴纳,如逾期不缴纳的,应责令其限期缴纳,并从滞纳之日起按日加收滞纳部分 2‰ 的滞纳金。

对违反规定,多征、减征、缓征、停征,或者侵占、截留、挪用重大水利基金的单位及责任人,依照《财政违法行为处罚处分条例》和《违反行政事业性收费和罚没收入收支两条线管理规定行政处分暂行规定》进行处罚或行政处分,涉嫌犯罪的,移送司法机关处理。

缴费人未按规定期限申报缴费的,税务机关应当及时督促提醒缴费人申报缴费。具体方式由各省级税务局确定。

对缴费人经督促提醒仍不缴、少缴国家重大水利工程建设基金的,税务机关将有关信息及时推送至同级发改、能源等业务主管部门,便于其履行相关管理职责。缴费人后续补缴费款的,税务机关及时将缴费信息通知发改、能源等业务主管部门。

国家重大水利工程建设基金入库后,因税务机关误收、缴费人误缴以及汇算清缴需要退库的,由财政部门授权税务机关办理退库事宜。因享受减免优惠等政策性原因需要退库的,按照财政部门有关退库管理规定办理。

第七节　风险管理

一、费种认定环节

未按征收范围认定国家重大水利工程建设基金风险

【风险情形】

税务人员未按政策规定对国家重大水利工程建设基金费种认定,存在错征漏征的风险。

【风险成因】

税务人员未能正确把握国家重大水利工程建设基金征收对象范围,未对地方独立电网企业、拥有自备电厂企业认定费种;或对其他单位错误认定,导致漏征错征。

【防范措施】

通过金税三期系统查询省级电网企业、拥有自备电厂企业、地方独立电网企业和国家重大水利工程建设基金费种已认定户,进行应认定未认定数据排查。

二、申报征收环节

申报不实导致少缴国家重大水利工程建设基金的风险

【风险情形】

缴费单位在申报国家重大水利工程建设基金时,故意少报销售电量达到少缴纳国家重大水利工程建设基金的目的,存在申报不实导致国家重大水利工程建设基金缴纳不足的风险。

【风险成因】

部分缴费单位为了少缴纳国家重大水利工程建设基金,采取少填报销售电量的方式少缴纳国家重大水利工程建设基金。

【防范措施】

通过年度汇算清缴情况比对查看企业账册和实地核实等方式,分析核查缴费单位销售电量情况。

三、退（抵）费环节

【风险情形】

1. 税务干部明知或应知缴费人不符合退（抵）费条件，徇私舞弊、滥用职权违规为其办理退（抵）费，造成费款流失。

2. 税务干部怕麻烦图省事，对应享未享降费政策产生的小额退费，违规要求缴费人放弃退（抵）费，影响缴费人合法权益。

【风险成因】

一是部分单位退（抵）费岗责配置不合理，管理权限过于集中，未能实现各环节相互分离、相互制约。二是小额退（抵）费业务量过大，间接导致部分税务干部要求缴费人放弃退费以减轻工作负担。三是监督管理机制不健全，监督管理不到位，未能及时发现和纠正违规行为。

【防范措施】

一是完善退（抵）费岗责设置，完善业务流程，实现受理、审核、退库等环节相互分离，相互制约。二是探索通过信息化手段提高小额退费审核效率，合理减轻基层负担。三是加强税费协同管理，及时与货物劳务税、财产行为税的信息关联比对，强化税费联动风险识别及防范管理。四是强化内部监督，实现业务申请、审核、审批全流程信息化管控，通过定期检查、日常抽查、重点督查等多种方式，细致排查相关岗位人员的履职情况，发现问题及时纠正。

四、欠费核销环节

【风险情形】

税务干部为谋取私利，违反规定擅自核销缴费人欠缴费款及滞纳金，造成国家费款流失。

【风险成因】

一是欠费核销管理制度不健全，未做到受理、审核、核销等岗位相互分离、相互制约，存在一人同时担任多个不相容岗位工作的情形。二是欠费核销管理制度落实不到位，未严格执行会商业务主管部门、上会研究、上级机关审批等程序。三是部门间协同管理不到位，对账机制不健全，未建立欠缴费款协同管理、相关比对、相互监督的工作机制。

【防范措施】

一是优化岗位职责，明确核销欠费必须经由初审、复核、审批等岗位确认，确保各岗位职责相互衔接、相互制约，严格按照岗位职责设置系统操作权限，不得设置统审兼批的"超级用户"权限。二是明确各层级核销权限及额度，核销欠费及滞纳金须提前与相关业务主管部门达成一致意见，由非税收入管理部门或征管部门报经所在税务局有关会议集体研究决定，并报经有权部门审批后执行。三是强化部门协同管理，提高税务部门与非税收入业务主管部门、财政部门征缴信息共享质效，定期就欠费管理情况进行跨部门会商、比对，联合开展督导检查，形成协同治费格局。

五、数据管理环节

【风险情形】

税务干部将缴费信息违规提供给其他单位和个人以谋取私利，造成国家秘密、工作秘密、商业秘密及个人隐私泄露,影响国家安全,给缴费人造成损失。

【风险成因】

一是部分税务干部保密意识不强,对职务信息和保密管理的有关规定不了解不熟悉,保密管理规定执行不到位。二是部分单位信息管理岗位和权限配置不合理,数据管理权限过于集中,部分人员管理权限超出职责范围。三是部分地区信息化水平较低,部分信息通过介质传递,导致发现和识别伪造、编造、泄露信息的难度较大。

【防范措施】

一是结合非税收入工作特点,有针对性地加强信息安全、数据保密等内部规范的学习培训,强化基层干部保密意识和信息安全使用意识。二是优化基层非税收入数据管理岗责配置,根据各岗位业务需求,按照"最小授权"原则配置数据查询权限,严格控制数据导出权限。三是推动省以下税务部门尽快完善与外部门非税收入信息共享机制,使用税务总局统推的信息交换系统开展长期数据共享,实现征缴信息安全传输。四是加强涉费数据日常管理,强化信息化监控手段,做到数据导入、查询、导出全程留痕管理。

第八节　会　计　核　算

1. 计提基金时:

借:税金及附加——水利建设基金
　　贷:应交税费——水利建设基金

2. 缴纳基金时:

借:应交税费——水利建设基金
　　贷:银行存款

第八章

农网还贷资金

第 一 节　征 收 范 围

农网还贷资金的征收范围是农网改造贷款"一省多贷"的省、自治区、直辖市的社会用电量。农网改造贷款"一省多贷"的省、自治区、直辖市,是指对农网改造贷款一省多贷的山西、吉林、湖南、湖北、广东、广西、四川、重庆、云南、陕西等省、自治区、直辖市。

农网改造贷款"一省多贷"的省、自治区、直辖市的电力用户是农网还贷资金的缴费人。

第 二 节　征 收 标 准

农网还贷资金按社会用电量每度电 2 分钱标准,并入电价收取。即除规定的减免用量外,农网改造贷款"一省多贷"的省、自治区、直辖市的社会用电量按每度电 2 分钱的征收标准征收。

第 三 节　优 惠 政 策

1.《农网还贷资金征收使用管理办法》(财企〔2001〕820 号)规定,农业排灌、抗灾救灾及氮肥、磷肥、钾肥和原化工部颁发生产许可证的复合肥生产用电免征农网还贷资金。国有重点煤炭企业生产用电、核工业铀扩散厂和堆化工厂生产用电农网还贷资金暂按每千瓦·时用电量三厘钱标准征收。

2.《财政部关于对分布式光伏发电自发自用电量免征政府性基金有关问题的通知》(财综〔2013〕103 号)规定,为了促进光伏产业健康发展,自 2013 年 11 月 19 日起,对分布式光伏发电自发自用电量免收可再生能源电价附加、国家重大水利工程建设基金、大中型水库移民后期扶持基金、农网还贷资金等 4 项针对电量征收的政府性基金。

第 四 节　预 算 管 理

根据《国务院关于加强预算外资金管理的决定》(国发〔1996〕29 号)的规定,农网还贷资金纳入国家财政预算管理。

农网还贷资金收入在《2022 年政府收支分类科目》中列政府性基金预算收入第 103 类

01 款 02 项"农网还贷资金收入",反映按《农网还贷资金征收使用管理办法》征收的农网还贷资金收入,下设 01 目(中央农网还贷资金收入)、02 目(地方农网还贷资金收入)。支出列政府性基金预算支出第 215 类 62 款"农网还贷资金支出"01 项"中央农网还贷资金支出"、02 项"地方农网还贷资金支出"、99 项"其他农网还贷资金支出"。

第五节　申　报　缴　费

农网还贷资金由电网经营企业在向用户收取电费时一并收取,并在电费收款凭证中注明农网还贷资金的征收电量、征收标准和征收金额。除规定的减免用量外,电力用户必须及时足额交纳农网还贷资金。

征收农网还贷资金必须按照《中华人民共和国增值税暂行条例》及其他有关规定缴纳增值税和流转环节的其他税费,按规定纳入预算管理后免征企业所得税。

电网企业在向电力用户收取电费时一并代征农网还贷资金,使用《非税收入通用申报表》按月向税务部门申报缴纳。

电网经营企业将收取的农网还贷资金在销售收入中单独核算,集中到省级电力企业,由省级电力企业按月申报农网还贷资金征收情况,按比例分别缴入中央和地方省级国库。

农网还贷资金使用财政部统一监(印)制的《中央非税收入统一票据》,按照税务机关全国统一的信息化方式规范管理。税务机关开具非税收入票据时,应当加盖征收专用章。

税务机关应当在缴费人和代征人注销税务登记前及时提醒缴费人和代征人缴纳农网还贷资金。

第六节　欠费追征及退费

对代征代收单位因特殊情况确实不能按期缴纳的,税务部门根据代征代收单位的申请按照有关规定审批延期缴纳事项,并定期催收,对未经批准延期缴纳的,按有关规定收缴入库并作相应处罚。对确需减免的农网还贷资金,按照有关规定向财政部提出书面报告,经财政部批准后执行。

任何单位不得擅自调整征收范围和标准;不得截留、挤占、挪用农网还贷资金,违者按《违反行政事业性收费和罚没收入收支两条线管理规定行政处分暂行规定》(国务院令第 281 号)和《国务院关于发布违反财政法规处罚暂行规定的通知》(国发〔1987〕58 号)的有关规定对违纪违规行为进行处罚。

缴费人未按规定期限申报缴费的,税务机关应当及时督促提醒缴费人申报缴费。具体方式由各省级税务局确定。

对缴费人经督促提醒仍不缴、少缴农网还贷资金的,税务机关将有关信息及时推送至同级发改、能源等业务主管部门,便于其履行相关管理职责。缴费人后续补缴费款的,税务机关及时将缴费信息通知发改、能源等业务主管部门。

农网还贷资金入库后,因税务机关误收、缴费人误缴以及汇算清缴需要退库的,由财政部门授权税务机关办理退库事宜。因享受减免优惠等政策性原因需要退库的,按照财政部门有关退库管理规定办理。

第七节　风　险　管　理

一、税务登记环节

税务登记信息不完整

【风险情形】

电网经营企业在税务部门登记的基本情况、登记注册类型、总分机构类型、会计制度、经营范围等重要信息不完整,信息项有空缺,缺少某些办理农网还贷资金相关业务必要的基础登记信息。

【风险成因】

电网经营企业在办理税务登记时,因办税人员业务不熟练、未带齐相关资料等原因,未完整提供企业相关业务必要的基础登记信息;税务登记管理岗在登记时未完整登记。

【防范措施】

一是明确税务登记管理岗位工作职责和工作流程,首次办理涉税(费)事宜时,补充完善和更正设立登记部门未能完整、准确采集的信息及其他必要的涉税(费)基础信息。二是加强与外部门的沟通协作,充分利用涉税信息共享工作机制,获取完整的外部信息。三是定期开展税务登记信息数据检查,使用第三方数据交互获取的信息,有计划、分批次开展缴纳义务人登记信息完整性方面的数据检查。

二、费种认定环节

(一) 认定信息有误

【风险情形】

征收项目、征收品目、征收子目、有效期起止日期、费率、纳税期限、申报期限、缴款期限、预算分配比例、收款国库等认定错误。上述认定信息有误,会直接导致缴纳义务人申报、征收、优惠、入库等业务出错,可能引发缴纳义务人申报缴纳的遵从风险和税务机关及税务人员的执法风险。

【风险成因】

一是对政策业务的理解不够全面深入,甚至理解错误,导致税务人员在进行费种认定时选择错误。二是税务人员在办理费种认定业务时,不注意检查,未能及时发现并纠正认定中的错误。三是日常管理不到位,因缺乏日常检查以及税(费)种之间的关联验证,未能及时发现操作人员的错误认定。

【防范措施】

一是加强对农网还贷资金的学习培训,务必保证政策执行准确。二是完善管理监督机制,建立非税收入征管风险日常排查机制,在核心征管系统设置费种认定监控指标。三是明确认定管理岗位职责,要求办税服务厅工作人员在办理费种认定时加强对数据的复核,税收管理员要加强对管户费种认定信息的后续追踪核实,逐项排查费种认定信息,对缴纳义务纳税人征收对象已认定的费种的申报方式、征收项目、征收品目、征收子目、有效期起止日期、纳税期限、申报期限、缴款期限、预算分配比例、收款国库等信息,逐项进行数据检查,确保征收对象的认定信息准确无误。

(二)错误认定征收对象

【风险情形】

对不属于征收对象、或已由电网经营企业代征的缴纳义务人错误地认定了农网还贷资金项目。

【风险成因】

税务人员对政策理解不到位,或因操作失误,出现给已由电网经营企业代征的缴纳义务人做了农网还贷资金费种认定,误将不属于征收对象的缴纳义务人纳入征收管理范围的情况。

【防范措施】

税务机关至少每半年开展一次农网还贷资金费种认定监控校验,一经发现存在错误认定征收对象的情况,要及时删除或终止费种,并做好企业的宣传解释工作,消除不良影响。

三、申报征收环节

(一)申报不实

【风险情形】

电网经营企业未按实际销售电量据实申报缴纳农网还贷资金。

【风险成因】

一是电网经营企业企图通过刻意隐瞒、少报社会用电量的方式,少缴或截留农网还贷资金。二是电网经营企业办税人员为挪用企业应缴农网还贷资金谋取私利,不按实际用电量进行申报。

【防范措施】

一是税费联动,加强农网还贷资金与增值税、企业所得税等的数据比对,核实电网经营企业申报数据的准确性。二是定期联系电网经营企业,必要时开展实地核实,对农网还贷资金的申报缴纳情况进行座谈,及时防范个人截留、挪用、占用费款的情况发生。

(二)未按规定执行减免政策

【风险情形】

税务机关未严格落实农网还贷资金减免优惠政策,导致缴费人应享未享,多缴纳费款的情况发生。

【风险成因】

一是部分税务机关缺少对农网还贷资金的监督管理,日常不重视,不组织系统内部培训,税务人员对相关减免优惠政策掌握不全,政策执行有漏洞。二是税务机关对缴费人的宣传辅导还留有死角,导致部分符合条件的缴费人未正确、足额享受到减免优惠。

【防范措施】

一是税务机关要加强内部培训,提升整体人员素质与业务水平,防止执法不严、落实不力的情况发生。二是税务机关要有针对性地对符合农网还贷资金减免条件的企业开展政策宣传,辅导缴费人正确申报享受优惠政策。

（三）不按期申报缴纳

【风险情形】

电网经营企业未按税务部门认定的申报缴纳期限向主管税务机关申报缴纳农网还贷资金。

【风险成因】

在农网还贷资金申报缴款期内,电网经营企业或因人员变更未做好业务交接、办税人员遗忘、企业故意拖延等原因,不按期申报缴纳费款。

【防范措施】

做好电网经营企业的宣传解释,要求税收管理员一对一开展缴费提醒、催报催缴工作。

（四）不按期汇算清缴

【风险情形】

电网经营企业未按规定在次年第一季度内完成农网还贷资金汇算清缴工作。

【风险成因】

税务机关宣传不到位,划转后未向电网经营企业说明应于次年第一季度内向主管税务机关申报办理农网还贷资金汇算清缴。

【防范措施】

税务机关要加强对电网经营企业的宣传培训,做好农网还贷资金汇算清缴提醒服务,及时防范逾期申报风险。

（五）缴费人拒缴

【风险情形】

电力用户拒绝缴纳农网还贷资金,造成委托代征的电网经营企业实际缴纳的农网还贷资金与社会用电量不匹配。

【风险成因】

一是用电企业及个人以生产经营不善、不知晓政策等原因拒缴农网还贷资金。二是非税收入法律不健全,委托代征的电网经营企业和税务机关都无权采用强制措施进行催缴,欠费追缴收效甚微。

【防范措施】

税务机关可以通过微信公众号、税法宣传月、税务报刊图书、上门辅导等方式,在辖区范围内广泛开展宣传辅导,普及农网还贷资金相关政策,提高缴纳义务人的自主缴费意识。二是建立健全非税收入法律体系,在保障执法准确性的基础上,丰富欠费追缴手段,规范追缴流程。

（六）违规征收

【风险情形】

一是违规提前征收,税务机关未按农网还贷资金政策的规定以及费种认定的纳税期限、申报期限和缴款期限,提前征收了尚未发生应征行为或虽已发生应征行为但应由以后征期征收的费款。二是应征未征或不征、少征,缴纳义务人发生属于税务部门征收和代征的农网还贷资金应征行为税务机关未按规定的申报征收期限,按时、足额征收,造成费款未能按期足额缴入国库或费款流失的后果。三是违规多征,税务机关未严格执行农网还贷资金政策规定,通过违规扩大征收对象范围、提高征收标准等方式,向缴纳义务人多征收了费款。四是违规减征、免征、缓征,税务机关未按《政府非税收入管理办法》(财税〔2016〕33 号印发)的规定,为缴纳义务人违规办理了减征、免征或缓征,或未按减征、免征、缓征政策规定的程序、内容等要求办理。

【风险成因】

一是日常警示教育不到位,个别税务人员放松自我管理和自我约束,为谋取私利违规操作,或受他人怂恿、诱导,伙同相关部门工作人员违规减征、免征农网还贷资金。二是税务机关收入管理责任不清,内控机制不够健全,系统内尚未形成非税收入工作齐抓共管局面,非税收入岗责配置尚未与其他部门形成有效的制约监督机制,权力寻租存在空间。

【防范措施】

一是各级税务机关应充分认识到组织收入工作的严肃性,严肃组织收入工作纪律,应严格按照《政府非税收入管理办法》(财税〔2016〕33 号印发)和相关政策规定,依法依规收好农网还贷资金。二是金税三期税收管理系统应按照农网还贷资金政策规定的要求,完善和强化系统的强制监控规则,从系统上阻断提前征收、应征未征或不征、少征行为的发生。三是各级税务机关应强化依法行政的职级监督,通过内部监督及时发现和纠正违反组织收入工作纪律的行为,严守组织收入红线,严防组织收入风险。

四、票据管理环节

(一) 票据管理不规范

【风险情形】

电网经营企业对已取得的《中央非税收入统一票据》管理不规范,发生遗失、损毁等情形。

【风险成因】

电网经营企业未建立完善的非税收入票据管理制度,没有设置专人管理。

【防范措施】

设置专人管理票据,严格按照《财政票据管理办法》使用、保管、核销非税收入票据。

(二) 违规作废票据

【风险情形】

税务人员在收取费款后,违规作废已开具的《中央非税收入统一票据》。

【风险成因】

一是税务人员为截留农网还贷资金谋取私利,滥用职权,在收取费款后,盗用审核岗业务人员账号,违规作废已经开具的《中央非税收入统一票据》。二是部分地区岗责设置不规范,存在一人多岗的情况,一名工作人员既负责办理征收业务,又负责对作废票据进行审核,给不法分子侵占、窃取费款提供了可乘之机。

【防范措施】

一是加强税务人员警示教育,避免权力的寻租。二是严禁转借他人账号,优化岗责设置,作废票据严格落实分局长审核制度。三是按日对非税收入作废票据的原因进行核查,杜绝前台税务人员截留费款问题的发生。

五、现金缴费环节

【风险情形 1】

委托代征的电网经营企业网点工作人员在收取用电户现金后,出现未及时入账,账证不符,对现金保管不规范等情况。

【风险成因】

委托代征的电网经营企业未建立完善的费款收缴制度,缺乏对网点工作人员的监督管理,未设置专人对收取的现金进行保管,未设置专户对费款进行归集。

【防范措施】

一是要求委托代征的电网经营企业健全现金收缴管理机制,设置专人、专户对现金进行规范管理。二是严格要求网点工作人员每日清点当天收取的现金,及时上缴专户。

【风险情形 2】

委托代征的电网经营企业在收取用电户现金后,篡改缴费记录、伪造或违规作废缴费票证,制造已缴费假象蒙骗缴费人,擅自截留、挪用、缓缴、侵占费款。

【风险成因】

委托代征企业的风险防控机制不健全,没有实现票款分离,未将现金缴费业务作为高风险业务事项管理,日常监管不及时,不能及时发现和纠正违规行为。

【防范措施】

一是鼓励委托代征的电网经营企业积极开发线上缴费渠道,尽量避免现金缴费,减少风险发生。二是帮助委托代征的电网经营企业健全内部风险防控机制,对具体办理费款收缴业务的网点,必须严格设置岗责,明确至少经由开票、收款两个岗位确认办理,开票岗不得收取现金费款,收款岗不得领取、开具增值税发票,实现岗位分离、票款分离。

六、退(抵)费环节

退(抵)费流程不规范

【风险情形】

税务机关在为缴费人办理农网还贷资金退(抵)费业务时,未按规范流程受理、办结,存在退(抵)费资料不全、内容有误的情况。

【风险成因】

税务机关没有严把农网还贷资金退(抵)费业务办理关,部分税务人员在发现退(抵)费资料不全或资料内容有误时,怕麻烦,敷衍了事,不提醒缴费人补正即受理。

【防范措施】

加强对税务人员的责任心教育,严格规范农网还贷资金退(抵)费流程,对退(抵)费资料缺失、内容有误的,必须及时提醒缴费人补正,待资料齐备、内容无误后,才能予以受理。

七、数据管理环节

(一)底数不清

【风险情形】

税务机关对农网还贷资金的全量缴纳义务人底子不清。

【风险成因】

部分税务机关不作为,错误认为委托代征就是由电网经营企业"包干",税务机关可以不用管,从而造成底数不清的情况发生。

【防范措施】

税务机关应建立农网还贷资金缴费人清册,联合委托代征的电网经营企业开展数据治理工作,定期清除无效数据、垃圾数据,及时将新增用电户纳入缴费管理,防止漏征漏管。

(二)违规泄露缴费人信息

【风险情形】

税务干部将电网经营企业的缴费信息违规提供给其他单位和个人以谋取私利,造成国家秘密、工作秘密、商业秘密泄露,影响国家安全,给缴费人造成损失。

【风险成因】

一是部分税务干部保密意识不强,对职务信息和保密管理的有关规定不了解不熟悉,保密管理规定执行不到位。二是部分税务机关信息管理岗位和权限配置不合理,数据管理权限过于集中,部分税务人员管理权限超出职责范围。

【防范措施】

一是结合费款收缴工作特点,有针对性地加强信息安全、数据保密等内部规范的学习培训,强化基层税务干部保密意识和信息安全使用意识。二是优化基层非税收入数据管理岗责配置,根据各岗位业务需求,按照"最小授权"原则配置数据查询权限,严格控制数据导出权限。三是加强涉费数据日常管理,强化信息化监控手段,做到数据导入、查询、导出全程留痕管理。四是依规依纪依法追究缴费人信息被违规泄露和商业化使用的责任,对造成敏感数据泄露、给税务工作带来严重影响的,依规依纪依法予以从重处理;涉嫌犯罪的,依法移交司法机关追究刑事责任。

八、委托代征管理环节

(一)缺乏有效监督管理

【风险情形】

税务机关在委托代征环节缺乏有效的监督管理手段。

【风险成因】

由于委托代征的电网经营企业营业网点较多,人员素质参差不齐,部分地区并未建立起较为完善的监督管理机制,违规操作现象时有发生。

【防范措施】

一是税务机关与委托代征电网经营企业都要建立完善的监督管理机制,针对电网经营企业营业网点较多、人员素质参差不齐的问题,税务机关应主动联合电网经营企业针对代征人员开展业务培训,进一步规范代征流程。二是要求电网经营企业在每个营业网点设置至少1名监督员,专职负责监督农网还贷资金的收缴工作。

(二)代征费款安全风险

【风险情形】

一是代征电网经营企业或代征人员违规不征或少征费款。二是代征电网经营企业或代征人员串通税务干部截留、挪用、侵占代征费款。三是代征电网经营企业或代征人员串通税务干部延迟解缴代征费款,违规获取利息等收益。

【风险成因】

一是农网还贷资金缴费信息公开不到位,导致缴费人因不了解缴费标准而受不法代征人员蒙骗。二是代征电网经营企业未严格落实管理要求,出现账实不符、费款解缴不及时等问题。三是税务部门与代征电网经营企业信息共享机制不健全,代征信息传递不及时。四是对代征电网经营企业日常监管不到位,未能及时发现和纠正违规行为。

【防范措施】

一是对代征行为实施全流程链条式管理,从源头防范委托代征廉政风险。二是落实缴费信息公示制度,公开征收依据和缴费标准,公示委托代征电网经营企业、联系方式,并在电子税务局、办税服务厅提供多种查询渠道。三是建立健全联合监督机制,强化代征过程监控,对委托代征电网经营企业定期开展检查,对管理台账登记的完整性、真实性等进行检查。

九、信息互联互通环节

(一)数据共享机制不健全

【风险情形】

部分税务机关未与委托代征的电网经营企业建立完善的数据共享机制,数据共享不及时,违规使用互联网等非保密手段传递共享数据,造成数据泄露。

【风险成因】

部分税务机关缺乏数据安全管理意识,没有及时修复数据共享方面存在的漏洞,没有建立数据安全评估制度,指定专人负责数据互联互通工作,未运用安全可靠的技术和产品,通过脱敏、脱密、加密等措施开展数据共享。

【防范措施】

建立数据共享统筹协调机制,定期召开税企座谈会,打破数据互联互通壁垒,明确数据共享的时间、方式、频次等,安排专人严格执行,确保数据的准确性、及时性、安全性。

(二)共享数据不实

【风险情形】

委托代征电网经营企业为谋取不当利益,伪造、变造、篡改共享数据,不向主管税务机关提供真实的征收数据和欠费信息。

【风险成因】

一是委托代征电网经营企业为截留费款,为企业谋取不正当利益,刻意向主管税务机关传递虚假的征收数据。二是委托代征电网经营企业、代征人员与欠缴费款的缴费人勾结,隐瞒真实的欠费信息。

【防范措施】

主管税务机关应加强对委托代征电网经营企业的监管,加强农网还贷资金与增值税、企业所得税等的数据比对,核实企业共享数据的准确性。

第八节　会 计 核 算

1. 计提时：

借：主营业务收入——农网还贷资金
　　贷：其他应交款——农网还贷资金

2. 实际缴纳时：

借：其他应交款——农网还贷资金
　　贷：银行存款

第九章

可再生能源发展基金

第一节 征 收 范 围

可再生能源电价附加在除西藏自治区以外的全国范围内,对各省、自治区、直辖市扣除农业生产用电(含农业排灌用电)后的销售电量征收。《财政部 国家发展改革委 国家能源局关于印发〈可再生能源发展基金征收使用管理暂行办法〉的通知》(财综〔2011〕115 号)规定,缴费主体是除西藏自治区以外的全国范围内的电力用户。

纳入可再生能源电价附加征收范围的销售电量包括:

1. 省级电网企业(含各级子公司)销售给电力用户的电量。

2. 省级电网企业扣除合理线损后的趸售电量(即实际销售给转供单位的电量,不含趸售给各级子公司的电量)。

3. 省级电网企业对境外销售电量。

4. 企业自备电厂自发自用电量。

5. 地方独立电网(含地方供电企业,下同)销售电量(不含省级电网企业销售给地方独立电网的电量)。

6. 大用户与发电企业直接交易的电量。

省(自治区、直辖市)际间交易电量,计入受电省份的销售电量征收可再生能源电价附加。

第二节 征 收 标 准

计算公式如下:

$$可再生能源电价附加 = 销售电量 \times 征收标准$$

自 2016 年 1 月 1 日起,居民生活用电每千瓦·时 8 厘,新疆除居民用电和农业生产用电以外每千瓦·时 1.5 分,西藏不征收,其他省份除居民用电和农业生产用电外每千瓦·时 1.9 分。

第三节 优 惠 政 策

《财政部关于对分布式光伏发电自发自用电量免征政府性基金有关问题的通知》(财综〔2013〕103 号)规定,为了促进光伏产业健康发展,自 2013 年 11 月 19 日起,对分布式光伏发电自发自用电量免收可再生能源电价附加、国家重大水利工程建设基金、大中型水库移民后期扶持基金、农网还贷资金等 4 项针对电量征收的政府性基金。

第四节　预　算　管　理

收入全额上缴中央国库,可再生能源发展基金在政府收支分类科目中列政府性基金预算收入第 103 类 01 款 68 项"可再生能源电价附加收入",反映按《可再生能源发展基金征收使用管理暂行办法》征收的可再生能源发展基金。

第五节　申　报　缴　费

可再生能源发展基金使用《非税收入通用申报表》申报缴费。按月申报,次年 3 月底前汇算清缴。

电力用户应缴纳的可再生能源电价附加,按照下列方式由电网企业代征:①大用户与发电企业直接交易电量的可再生能源电价附加,由代为输送电量的电网企业代征;②地方独立电网销售电量的可再生能源电价附加,由地方电网企业在向电力用户收取电费时一并代征;③企业自备电厂自发自用电量应缴纳的可再生能源电价附加,由所在地电网企业代征;④其他社会销售电量的可再生能源电价附加,由省级电网企业在向电力用户收取电费时一并代征。

省级电网企业和地方独立电网企业,每月 15 号前使用《非税收入通用申报表》申报。

根据省级电网企业和地方独立电网企业全年实际销售电量,在次年 3 月底前完成对相关企业全年应缴可再生能源电价附加的汇算清缴工作。开展汇算清缴工作时,应对电力用户欠缴电费、电网企业核销坏账损失的电量情况进行审核,经确认后不计入相关企业全年实际销售电量。

中央财政按照可再生能源附加实际代征额的 2‰ 付给相关电网企业代征手续费,代征手续费从可再生能源发展基金支出预算中安排,具体支付方式按照财政部的有关规定执行。代征电网企业不得从代征收入中直接提留代征手续费。

可再生能源发展基金使用财政部统一监(印)制的《中央非税收入统一票据》,按照税务机关全国统一的信息化方式规范管理。税务机关开具非税收入票据时,应当加盖征收专用章。

税务机关应当在缴费人和代征人注销税务登记前及时提醒缴费人和代征人缴纳可再生能源发展基金。

第六节　欠费追征及退费

因可再生能源发展基金的相关规范文件中没有规定催报催缴事项,因此可以适用一般性规定:《政府非税收入管理办法》(财税〔2016〕33 号)第十二条第(二)项严格按照规定的非税收入项目、征收范围和征收标准进行征收,及时足额上缴非税收入,并对欠缴、少缴收入实施催缴。但仍需有具体细则支撑实践执行。

另外,相关规范文件也没有就滞纳金问题作出具体规定。在缴费人违法处罚方面,该费种没有具体明确的规定,可以依照《财政违法行为处罚处分条例》的规定执行。《政府性基金管理暂行办法》(财综〔2010〕80 号)第三十六条规定,对违反本办法规定设立、征收、缴纳、管理和使用政府性基金等行为,依照《财政违法行为处罚处分条例》(国务院令第 427 条)等国家有关规定追究法律责任。

《财政违法行为处罚处分条例》(国务院令第 427 条)第十三条规定,企业和个人有下列不缴或者少缴财政收入行为之一的,责令改正,调整有关会计账目,收缴应当上缴的财政收入,给予警告,没收违法所得,并处不缴或者少缴财政收入 10% 以上 30% 以下的罚款;对直接负责的主管人员和其他直接责任人员处 3 000 元以上 5 万元以下的罚款:①隐瞒应当上缴的财政收入;②截留代收的财政收入;③其他不缴或者少缴财政收入的行为。该条规定即可以适用于各项非税收入的处罚措施。

《国家税务总局关于国家重大水利工程建设基金等政府非税收入项目征管职责划转有关事项的公告》(国家税务总局公告 2018 年第 63 号)规定,涉及误收误缴、汇算清缴需要退库的,缴费人向主管税务机关申请办理。涉及收入减免等政策性原因需要退库的,按照财政部有关退库管理规定办理。

缴费人未按规定期限申报缴费的,税务机关应当及时督促提醒缴费人申报缴费。具体方式由各省级税务局确定。

对缴费人经督促提醒仍不缴、少缴可再生能源发展基金的,税务机关将有关信息及时推送至同级发改、能源等业务主管部门,便于其履行相关管理职责。缴费人后续补缴费款的,税务机关及时将缴费信息通知发改、能源等业务主管部门。

第七节　风　险　管　理

一、费种认定环节

未按征收范围认定可再生能源发展基金风险

【风险情形】

税务人员未按政策规定对可再生能源发展基金费种认定,存在错征漏征的风险。

【风险成因】

税务人员未能正确把握可再生能源发展基金征收对象范围,未对电力用户(如自备电厂自发自用电量)认定费种,或对其他单位错误认定,导致漏征错征。

【防范措施】

通过金税三期系统查询电力用户可再生能源发展基金费种已认定户,进行应认定未认定数据排查。

二、委托代征和申报缴纳环节

代征不实和申报不实导致少缴可再生能源发展基金的风险

【风险情形】

代征单位在征收可再生能源发展基金时,或缴费单位在缴纳可再生能源发展基金时,故意少报用电量达到少代征或少申报可再生能源发展基金的目的,存在代征或申报不实导致可再生能源发展基金缴纳不足的风险。

【风险成因】

代征单位和缴费单位为了少缴纳可再生能源发展基金,采取少填报用电量的方式少缴纳可再生能源发展基金。

【防范措施】

通过年度汇算清缴情况比对查看代征单位或缴费单位账册和实地核实等方式,分析核查代征或缴费单位实际销售(用)电量。

三、退(抵)费环节

【风险情形】

1. 税务干部明知或应知缴费人不符合退(抵)费条件,徇私舞弊、滥用职权违规为其办理退(抵)费,造成费款流失。

2. 税务干部怕麻烦图省事,对应享未享降费政策产生的小额退费,违规要求缴费人放弃退(抵)费,影响缴费人合法权益。

【风险成因】

一是部分单位退(抵)费岗责配置不合理,管理权限过于集中,未能实现各环节相互分离、相互制约。二是小额退(抵)费业务量过大,间接导致部分税务干部要求缴费人放弃退费以减轻工作负担。三是监督管理机制不健全,监督管理不到位,未能及时发现和纠正违规行为。

【防范措施】

一是完善退抵费岗责设置,完善业务流程,实现受理、审核、退库等环节相互分离,相互制约。二是探索通过信息化手段提高小额退费审核效率,合理减轻基层负担。三是加强税费协同管理,及时与货物劳务税、财产行为税的信息关联比对,强化税费联动风险识别及防范管理;四是强化内部监督,实现业务申请、审核、审批全流程信息化管控,通过定期检查、日常抽查、重点督查等多种方式,细致排查相关岗位人员的履职情况,发现问题及时纠正。

四、欠费核销环节

【风险情形】

税务干部为谋取私利,违反规定擅自核销缴费人欠缴费款及滞纳金,造成国家费款流失。

【风险成因】

一是欠费核销管理制度不健全,未做到受理、审核、核销等岗位相互分离、相互制约,一人同时担任多个不相容岗位工作的情形。二是欠费核销管理制度落实不到位,未严格执行会商业务主管部门、上会研究、上级机关审批等程序。三是部门间协同管理不到位,对账机制不健全,未建立欠缴费款协同管理、相关比对、相互监督的工作机制。

【防范措施】

一是优化岗位职责,明确核销欠费必须经由初审、复核、审批等岗位确认,确保各岗位职责相互衔接、相互制约,严格按照岗位职责设置系统操作权限,不得设置统审兼批的"超级用户"权限。二是明确各层级核销权限及额度,核销欠费及滞纳金须提前与相关业务主管部门达成一致意见,由非税收入管理部门或征管部门报经所在税务局有关会议集体研究决定,并报经有权部门审批后执行。三是强化部门协同管理,提高税务部门与非税收入业务主管部门、财政部门征缴信息共享质效,定期就欠费管理情况进行跨部门会商、比对,联合开展督导检查,形成协同治费格局。

五、数据管理环节

【风险情形】

税务干部将缴费信息违规提供给其他单位和个人以谋取私利,造成国家秘密、工作秘密、商业秘密及个人隐私泄露,影响国家安全,给缴费人造成损失。

【风险成因】

一是部分税务干部保密意识不强,对职务信息和保密管理的有关规定不了解不熟悉,保密管理规定执行不到位。二是部分单位信息管理岗位和权限配置不合理,数据管理权限过于集中,部分人员管理权限超出职责范围。三是部分地区信息化水平较低,部分信息通过介质传递,导致发现和识别伪造、编造、泄露信息的难度较大。

【防范措施】

一是结合非税收入工作特点,有针对性地加强信息安全、数据保密等内部规范的学习培训,强化基层干部保密意识和信息安全使用意识。二是优化基层非税收入数据管理岗责配置,根据各岗位业务需求,按照"最小授权"原则配置数据查询权限,严格控制数据导出权限。三是推动省以下税务部门尽快完善与外部门非税收入信息共享机制,使用税务总局统推的信息交换系统开展长期数据共享,实现征缴信息安全传输。四是加强涉费数据日常管理,强化信息化监控手段,做到数据导入、查询、导出全程留痕管理。

第八节 会 计 核 算

电网企业向电力用户销售电量时,按实际收到或应收的金额,借记"银行存款""应收账款"等科目,按实现的电价收入,贷记"主营业务收入"科目,按实际销售电量计算的应代征可再生能源电价附加额,贷记"其他应付款"等科目,按专用发票上注明的增值税额,贷记"应交税费——应交增值税(销项税额)"科目。

电网企业按月上缴可再生能源电价附加时,按取得的非税收入缴款书上注明的缴款额,借记"其他应付款"等科目,贷记"银行存款"科目。

电网企业取得可再生能源电价附加代征手续费时,借记"银行存款"等科目,贷记"其他业务收入"科目。

电网企业按有关规定进行可再生能源电价附加汇算清缴时,因电力用户欠缴电费,经财政部专员办审核确认后作为坏账损失核销而不计入电网企业实际销售电量的,按核减电量计算的可再生能源电价附加,借记"其他应付款"等科目,贷记"应收账款"科目。已审核确认并核销的坏账损失如果以后又收回的,按实际收回电量计算的可再生能源电价附加,借记"银行存款"科目,贷记"其他应付款"等科目。

第十章

大中型水库移民后期扶持基金

第一节 征 收 范 围

　　大中型水库移民后期扶持基金的征收范围是 30 个省份(不含西藏自治区)的省级电网企业在本省(区、市)区域内全部销售电量,但下列电量实行免征:①农业生产用电量。②省级电网企业网间销售电量(由买入方在最终销售环节向用户收取)。③经国务院批准,可以免除交纳后期扶持基金的其他电量。缴费主体是除西藏外的 30 个省份范围内的电力用户。

第二节 征 收 标 准

　　计算公式如下:

大中型水库移民后期扶持基金＝销售电量(扣除免征电量)×各地征收标准

　　各省、自治区、直辖市后期扶持基金的具体征收标准如表 10.1 所示。

表 10.1　各地从销售电价加价中征收的后期扶持基金标准

单位:厘/千瓦·时

省(区、市)	基金征收标准	省(区、市)	基金征收标准
北京	8.3	河南	8.3
天津	8.3	湖北	8.3
上海	8.3	湖南	8.3
河北	3.5	广东	8.3
山西	3.2	广西	8.3
内蒙古	3.1	海南	8.3
辽宁	8.3	重庆	8.3
吉林	5.5	四川	8.3
黑龙江	3.9	贵州	6.3
江苏	8.3	云南	5.0
浙江	8.3	陕西	8.3
安徽	8.3	甘肃	3.5
福建	8.3	青海	1.9
江西	8.3	宁夏	2.1
山东	8.3	新疆	2.8

第三节 优惠政策

1.《财政部关于印发〈财政监察专员办事处大中型水库移民后期扶持基金征收管理操作规程〉的通知》(财监〔2006〕95号)第六条规定,自2006年7月1日起,下列电量免征:农业生产用电量;省级电网企业网间销售电量(由买入方在最终销售环节向用户收取);经国务院批准,可以免除交纳后期扶持基金的其他电量。

2.《财政部关于对分布式光伏发电自发自用电量免征政府性基金有关问题的通知》(财综〔2013〕103号)规定,为了促进光伏产业健康发展,自2013年11月19日起,对分布式光伏发电自发自用电量免收可再生能源电价附加、国家重大水利工程建设基金、大中型水库移民后期扶持基金、农网还贷资金等4项针对电量征收的政府性基金。

3.《财政部关于降低国家重大水利工程建设基金和大中型水库移民后期扶持基金征收标准的通知》(财税〔2017〕51号)规定,自2017年7月1日起,国家重大水利工程建设基金和大中型水库移民后期扶持基金的征收标准统一降低25%。降低征收标准后,两项政府性基金的征收管理、收入划分、使用范围等仍按现行规定执行。

第四节 预算管理

大中型水库移民后期扶持基金纳入中央财政预算管理,收入在《2022年政府收支分类科目》中列政府性基金预算收入第103类01款49项,作为中央收入科目。反映按《大中型水库移民后期扶持基金征收使用管理暂行办法》(财综〔2006〕29号)规定征收的大中型水库移民后期扶持基金收入。

第五节 申报缴费

大中型水库移民后期扶持基金由各省级电网企业在向电力用户收取电费时一并代征,省级电网企业(代征单位)在每月15日前向税务部门申报缴纳。税务部门根据省级电网企业全年实际销售电量,在次年3月底前完成对当地省级电网企业全年应缴大中型水库移民后期扶持基金的清算和征缴。

中央财政按电网企业代征额的2‰付给其代征手续费。代征手续费在该项基金的预算支出中安排,由中央财政分别支付给国家电网公司、中国南方电网有限责任公司和内蒙古自治区电力有限责任公司,具体支付方式按照财政部有关规定执行。代征电网企业不得在代征收入中直接提留代征手续费。

大中型水库移民后期扶持基金使用财政部统一监(印)制的《中央非税收入统一票据》,按照税务机关全国统一的信息化方式规范管理。税务机关开具非税收入票据时,应当加盖征收专用章。

税务机关应当在缴费人和代征人注销税务登记前及时提醒缴费人和代征人缴纳大中型水库移民后期扶持基金。

第六节　欠费追征及退费

电网企业应按照《大中型水库移民后期扶持基金征收使用管理暂行办法》规定及时足额上缴代征的后期扶持基金，不得延期缴纳。如发生延期缴纳，税务部门应责令其尽快足额缴纳基金，并从逾期之日起按每日 2‰ 的标准加收滞纳金。

未经国务院批准，任何单位和部门均不得减免后期扶持基金。对于违反规定，擅自改变后期扶持基金征收范围、标准、对象和期限，以及截留、挤占、挪用后期扶持基金的单位及责任人，按照《财政违法行为处罚处分条例》的有关规定进行处罚。触犯刑法的，移送司法机关处理。

《国家税务总局关于国家重大水利工程建设基金等政府非税收入项目征管职责划转有关事项的公告》（国家税务总局公告 2018 年第 63 号）规定，涉及误收误缴、汇算清缴需要退库的，缴费人向主管税务机关申请办理。涉及收入减免等政策性原因需要退库的，按照财政部有关退库管理规定办理。

缴费人未按规定期限申报缴费的，税务机关应当及时督促提醒缴费人申报缴费。具体方式由各省级税务局确定。

对缴费人经督促提醒仍不缴、少缴大中型水库移民后期扶持基金的，税务机关将有关信息及时推送至同级发改、能源等业务主管部门，便于其履行相关管理职责。缴费人后续补缴费款的，税务机关及时将缴费信息通知发改、能源等业务主管部门。

第七节　风 险 管 理

一、费种认定环节

未按征收范围认定大中型水库移民后期扶持基金风险

【风险情形】

税务人员未按政策规定对大中型水库移民后期扶持基金费种认定，存在错征漏征的风险。

【风险成因】

税务人员未能正确把握大中型水库移民后期扶持基金征收对象范围，未对电力用户（如自备电厂自发自用电量）认定费种，或对其他单位错误认定，导致漏征错征。

【防范措施】

通过金税三期系统查询电力用户大中型水库移民后期扶持基金费种已认定户，进行应认定未认定数据排查。

二、委托代征环节

代征不实导致少缴大中型水库移民后期扶持基金的风险

【风险情形】

代征单位在征收大中型水库移民后期扶持基金时,故意少报用电量达到少代征大中型水库移民后期扶持基金的目的,存在代征不实导致大中型水库移民后期扶持基金缴纳不足的风险。

【风险成因】

代征单位为了少缴纳大中型水库移民后期扶持基金,采取少填报用电量的方式少缴纳大中型水库移民后期扶持基金。

【防范措施】

通过年度汇算清缴情况比对查看代征单位账册和实地核实等方式,分析核查代征单位实际销售电量。

三、退(抵)费环节

【风险情形】

1. 税务干部明知或应知缴费人不符合退(抵)费条件,徇私舞弊、滥用职权违规为其办理退(抵)费,造成费款流失。

2. 税务干部怕麻烦图省事,对应享未享降费政策产生的小额退费,违规要求缴费人放弃退(抵)费,影响缴费人合法权益。

【风险成因】

一是部分单位退(抵)费岗责配置不合理,管理权限过于集中,未能实现各环节相互分离、相互制约。二是小额退(抵)费业务量过大,间接导致部分税务干部要求缴费人放弃退费以减轻工作负担。三是监督管理机制不健全,监督管理不到位,未能及时发现和纠正违规行为。

【防范措施】

一是完善退抵费岗责设置,完善业务流程,实现受理、审核、退库等环节相互分离,相互制约。二是探索通过信息化手段提高小额退费审核效率,合理减轻基层负担。三是加强税费协同管理,及时与货物劳务税、财产行为税的信息关联比对,强化税费联动风险识别及防范管理;四是强化内部监督,实现业务申请、审核、审批全流程信息化管控,通过定期检查、日常抽查、重点督查等多种方式,细致排查相关岗位人员的履职情况,发现问题及时纠正。

四、欠费核销环节

【风险情形】

税务干部为谋取私利,违反规定擅自核销缴费人欠缴费款及滞纳金,造成国家费款流失。

【风险成因】

一是欠费核销管理制度不健全,未做到受理、审核、核销等岗位相互分离、相互制约,一人同时担任多个不相容岗位工作的情形。二是欠费核销管理制度落实不到位,未严格执行会商业务主管部门、上会研究、上级机关审批等程序。三是部门间协同管理不到位,对账机制不健全,未建立欠缴费款协同管理、相关比对、相互监督的工作机制。

【防范措施】

一是优化岗位职责,明确核销欠费必须经由初审、复核、审批等岗位确认,确保各岗位职责相互衔接、相互制约,严格按照岗位职责设置系统操作权限,不得设置统审兼批的"超级用户"权限。二是明确各层级核销权限及额度,核销欠费及滞纳金须提前与相关业务主管部门达成一致意见,由非税收入管理部门或征管部门报经所在税务局有关会议集体研究决定,并报经有权部门审批后执行。三是强化部门协同管理,提高税务部门与非税收入业务主管部门、财政部门征缴信息共享质效,定期就欠费管理情况进行跨部门会商、比对,联合开展督导检查,形成协同治费格局。

五、数据管理环节

【风险情形】

税务干部将缴费信息违规提供给其他单位和个人以谋取私利,造成国家秘密、工作秘密、商业秘密及个人隐私泄露,影响国家安全,给缴费人造成损失。

【风险成因】

一是部分税务干部保密意识不强,对职务信息和保密管理的有关规定不了解不熟悉,保密管理规定执行不到位。二是部分单位信息管理岗位和权限配置不合理,数据管理权限过于集中,部分人员管理权限超出职责范围。三是部分地区信息化水平较低,部分信息通过介质传递,导致发现和识别伪造、编造、泄露信息的难度较大。

【防范措施】

一是结合非税收入工作特点,有针对性地加强信息安全、数据保密等内部规范的学习培训,强化基层干部保密意识和信息安全使用意识。二是优化基层非税收入数据管理岗责配置,根据各岗位业务需求,按照"最小授权"原则配置数据查询权限,严格控制数据导出权限。三是推动省以下税务部门尽快完善与外部门非税收入信息共享机制,使用税务总局统推的信息交换系统开展长期数据共享,实现征缴信息安全传输。四是加强涉费数据日常管理,强化信息化监控手段,做到数据导入、查询、导出全程留痕管理。

第八节 会 计 核 算

电网企业向电力用户销售电量时,按实际收到或应收的金额,借记"银行存款""应收账款"等科目,按实现的电价收入,贷记"主营业务收入"科目,按实际销售电量计算的应代征大中型水库移民后期扶持基金,贷记"其他应付款"等科目,按专用发票上注明的增值税额,贷记"应交税费——应交增值税(销项税额)"科目。

第十一章

跨省际大中型水库库区基金

第一节 征收范围

跨省际大中型水库库区基金的征收范围是装机容量在 2.5 万千瓦及以上有发电收入的跨省际大中型水库实际上网销售的电量。

跨省际大中型水库库区基金的征收对象主要有以下 22 家跨省际大中型水库：①桓仁水库（辽宁、吉林）；②水丰水库（辽宁、吉林）；③万家寨水利枢纽（山西、内蒙古）；④丹江口水库（湖北、河南）；⑤江垭水库（湖南、湖北）；⑥纳吉滩水电站（湖北、湖南）；⑦塘口（湖北、湖南）；⑧碗米坡电站（湖南、重庆）；⑨宝珠寺电站（四川、陕西、甘肃）；⑩炳灵水电站（甘肃、青海）；⑪张窝电站（四川、云南）；⑫大洪河水库（重庆、四川）；⑬向家坝电站（四川、云南）；⑭溪洛渡电站（四川、云南）；⑮彭水电站（重庆、贵州）；⑯龙滩电站（广西、贵州）；⑰鲁布革电站（云南、贵州）；⑱天生桥一级水电站（广西、云南、贵州）；⑲天生桥二级水电站（广西、贵州）；⑳洞巴水电站（广西、云南）；㉑百色水利枢纽（广西、云南）；㉒平班水电站（广西、贵州）。

跨省际大中型水库为独立法人的，由水库（水电站）缴纳库区基金；跨省际大中型水库为非独立法人的，由其归属企业缴纳库区基金。

第二节 征收标准

计算公式如下：

跨省际大中型水库库区基金＝跨省际大中型水库实际上网销售电量×征收标准

跨省际大中型水库名单、库区基金征收标准如表 11.1 所示。

表 11.1 跨省际大中型水库名单、库区基金征收标准、征收机关和分配比例表

序号	工程名称	征收标准	税务征收机关	涉及省份	分配比例
1	桓仁水库	8 厘/千瓦·时	辽宁	辽宁	75.00%
				吉林	25.00%
2	水丰水库	8 厘/千瓦·时	辽宁	辽宁	66.00%
				吉林	34.00%
3	万家寨水利枢纽	8 厘/千瓦·时	山西	山西	2.80%
				内蒙古	97.20%

(续表)

序号	工程名称	征收标准	税务征收机关	涉及省份	分配比例
4	丹江口水库	8厘/千瓦·时	湖北	湖北	61.00%
				河南	39.00%
5	江垭水库	8厘/千瓦·时	湖南	湖南	85.00%
				湖北	15.00%
6	纳吉滩水电站	8厘/千瓦·时	湖北	湖北	38.40%
				湖南	61.60%
7	塘口	8厘/千瓦·时	湖北	湖北	40.00%
				湖南	60.00%
8	碗米坡电站	8厘/千瓦·时	湖南	湖南	93.80%
				重庆	6.20%
9	宝珠寺电站	8厘/千瓦·时	四川	四川	81.40%
				陕西	9.40%
10	炳灵水电站	8厘/千瓦·时	甘肃	甘肃	31.30%
				青海	68.70%
11	张窝电站	8厘/千瓦·时	四川	四川	5.40%
				云南	94.60%
12	大洪河水库	8厘/千瓦·时	重庆	重庆	37.00%
				四川	63.00%
13	向家坝电站	8厘/千瓦·时	四川	四川	45.40%
				云南	54.60%
14	溪洛渡电站	8厘/千瓦·时	四川	四川	33.00%
				云南	67.00%
15	彭水电站	8厘/千瓦·时	重庆	重庆	34.60%
				贵州	65.40%
16	龙滩电站	8厘/千瓦·时	广西	广西	42.20%
				贵州	57.80%
17	鲁布革电站	8厘/千瓦·时	云南	云南	48.50%
				贵州	51.50%
18	天生桥一级水电站	8厘/千瓦·时	贵州	广西	43.60%
				云南	5.70%
19	天生桥二级水电站	8厘/千瓦·时	广西	广西	74.50%
				贵州	25.50%

（续表）

序号	工程名称	征收标准	税务征收机关	涉及省份	分配比例
20	洞巴水电站	8 厘/千瓦·时	广西	广西	54.80%
				云南	45.20%
21	百色水利枢纽	8 厘/千瓦·时	广西	广西	67.50%
				云南	32.50%
22	平班水电站	8 厘/千瓦·时	广西	广西	58.60%
				贵州	41.40%

已经审定但未列入上述 22 家名单的跨省际大中型水库，其库区基金征收政策，待水库发电企业所在省、自治区、直辖市按规定程序向财政部报送该地区大中型水库库区基金征收使用管理实施细则时一并考虑，并按财政部会同国家发展改革委、水利部批准后的相关征收政策执行。

符合征收条件的新建跨省际大中型水库，其库区基金征收政策，由水库发电企业所在省、自治区、直辖市按规定程序上报，经财政部会同国家发展改革委、水利部批准后执行。

第三节 优 惠 政 策

确因特殊情况需减免、缓征或停征跨省际大中型水库库区基金的省份，应由省级财政部门报省级人民政府同意后，由省级人民政府向国务院提出申请。

第四节 预 算 管 理

跨省际大中型水库库区基金纳入中央财政预算管理，全额缴入中央国库，在《2022 年政府收支分类科目》中列政府性基金预算收入第 103 类 01 款 50 项 01 目"中央大中型水库库区基金收入"。反映按《大中型水库库区基金征收使用管理暂行办法》缴入中央国库的大中型水库库区基金收入。支出分别列政府性基金预算支出第 213 类 66 款 01 目（基础设施建设和经济发展）、02 目（解决移民遗留问题）、03 目（库区防护工程维护）、99 目（其他大中型水库库区基金支出）。

第五节 申 报 缴 费

税务部门征收跨省际大中型水库库区基金，实行直接缴库。

水库（水电站）或其归属企业应于每月 15 日前向税务部门申报缴纳，使用《非税收入通用申报表》。

税务部门应根据水库（水电站）全年实际销售电量，在次年 3 月底前完成全年应缴跨省际大中型水库库区基金的清算和征缴。

跨省际大中型水库库区基金收入全额缴入中央国库,由中央财政按相关省份应分配的比例,并根据资金入库情况按季拨付给相关省级财政。跨省际大中型水库库区基金在相关省份的分配比例,按照有关部门和相关省份共同确认的跨省际大中型水库移民人数比例核定。

跨省际大中型水库库区基金使用财政部统一监(印)制的《中央非税收入统一票据》,按照税务机关全国统一的信息化方式规范管理。税务机关开具非税收入票据时,应当加盖征收专用章。

税务机关应当在缴费人和代征人注销税务登记前及时提醒缴费人和代征人缴纳跨省际大中型水库库区基金。

第六节　欠费追征及退费

《政府非税收入管理办法》(财税〔2016〕33号印发)第十二条规定,税务部门应严格按照规定的非税收入项目、征收范围和征收标准进行征收,及时足额上缴非税收入,并对欠缴、少缴收入实施催缴。第十三条规定,执收单位不得违规多征、提前征收或者减征、免征、缓征非税收入。

各级财政、审计、监察和移民管理机构等部门应按照职责分工,加强对库区基金征收、拨付、使用的监督检查,以确保库区基金及时足额征收和按规定使用。

对违反规定,擅自改变库区基金征收范围、标准、对象和期限,以及截留、挤占、挪用库区基金的单位及个人,按照《财政违法行为处罚处分条例》的有关规定进行处罚。构成犯罪的,移送司法机关处理。

涉及误收误缴、汇算清缴需要退库的,缴费人向主管税务机关申请办理。涉及收入减免等政策性原因需要退库的,按照财政部有关退库管理规定办理。

缴费人未按规定期限申报缴费的,税务机关应当及时督促提醒缴费人申报缴费。具体方式由各省级税务局确定。

对缴费人经督促提醒仍不缴、少缴跨省际大中型水库库区基金的,税务机关将有关信息及时推送至同级发改、能源等业务主管部门,便于其履行相关管理职责。缴费人后续补缴费款的,税务机关及时将缴费信息通知发改、能源等业务主管部门。

第七节　风险管理

一、费种认定环节

未按征收范围认定跨省际大中型水库库区基金风险

【风险情形】

税务人员未按政策规定对跨省际大中型水库库区基金费种认定,存在错征漏征的风险。

【风险成因】

税务人员未能正确把握跨省际大中型水库库区基金征收对象范围,未对跨省际大中型水库(水电站)认定费种,或对其他单位错误认定,导致漏征错征。

【防范措施】

通过金税三期系统查询跨省际大中型水库(水电站)费种已认定户,进行应认定未认定数据排查。

二、申报缴费环节

申报不实导致少缴跨省际大中型水库库区基金的风险。

【风险情形】

缴费单位在申报跨省际大中型水库库区基金时,故意少报上报销售电量达到少缴跨省际大中型水库库区基金的目的,存在申报不实导致跨省际大中型水库库区基金缴纳不足的风险。

【风险成因】

缴费单位为了少缴纳跨省际大中型水库库区基金,采取少填报上网销售电量的方式少缴纳跨省际大中型水库库区基金。

【防范措施】

通过年度汇算清缴情况比对查看缴费单位账册和实地核实等方式,分析核查缴费单位实际发电量、上网电量。

三、退(抵)费环节

【风险情形】

1. 税务干部明知或应知缴费人不符合退(抵)费条件,徇私舞弊、滥用职权违规为其办理退(抵)费,造成费款流失。

2. 税务干部怕麻烦图省事,对应享未享降费政策产生的小额退费,违规要求缴费人放弃退(抵)费,影响缴费人合法权益。

【风险成因】

一是部分单位退(抵)费岗责配置不合理,管理权限过于集中,未能实现各环节相互分离、相互制约。二是小额退(抵)费业务量过大,间接导致部分税务干部要求缴费人放弃退费以减轻工作负担。三是监督管理机制不健全,监督管理不到位,未能及时发现和纠正违规行为。

【防范措施】

一是完善退抵费岗责设置,完善业务流程,实现受理、审核、退库等环节相互分离,相互制约。二是探索通过信息化手段提高小额退费审核效率,合理减轻基层负担。三是加强税费协同管理,及时与货物劳务税、财产行为税的信息关联比对,强化税费联动风险识别及防范管理;四是强化内部监督,实现业务申请、审核、审批全流程信息化管控,通过定期检查、日常抽查、重点督查等多种方式,细致排查相关岗位人员的履职情况,发现问题及时纠正。

四、欠费核销环节

【风险情形】

税务干部为谋取私利,违反规定擅自核销缴费人欠缴费款及滞纳金,造成国家费款流失。

【风险成因】

一是欠费核销管理制度不健全,未做到受理、审核、核销等岗位相互分离、相互制约,一人同时担任多个不相容岗位工作的情形。二是欠费核销管理制度落实不到位,未严格执行会商业务主管部门、上会研究、上级机关审批等程序。三是部门间协同管理不到位,对账机制不健全,未建立欠缴费款协同管理、相关比对、相互监督的工作机制。

【防范措施】

一是优化岗位职责,明确核销欠费必须经由初审、复核、审批等岗位确认,确保各岗位职责相互衔接、相互制约,严格按照岗位职责设置系统操作权限,不得设置统审兼批的"超级用户"权限。二是明确各层级核销权限及额度,核销欠费及滞纳金须提前与相关业务主管部门达成一致意见,由非税收入管理部门或征管部门报经所在税务局有关会议集体研究决定,并报经有权部门审批后执行。三是强化部门协同管理,提高税务部门与非税收入业务主管部门、财政部门征缴信息共享质效,定期就欠费管理情况进行跨部门会商、比对,联合开展督导检查,形成协同治费格局。

五、数据管理环节

【风险情形】

税务干部将缴费信息违规提供给其他单位和个人以谋取私利,造成国家秘密、工作秘密、商业秘密及个人隐私泄露,影响国家安全,给缴费人造成损失。

【风险成因】

一是部分税务干部保密意识不强,对职务信息和保密管理的有关规定不了解不熟悉,保密管理规定执行不到位。二是部分单位信息管理岗位和权限配置不合理,数据管理权限过于集中,部分人员管理权限超出职责范围。三是部分地区信息化水平较低,部分信息通过介质传递,导致发现和识别伪造、编造、泄露信息的难度较大。

【防范措施】

一是结合非税收入工作特点,有针对性地加强信息安全、数据保密等内部规范的学习培训,强化基层干部保密意识和信息安全使用意识。二是优化基层非税收入数据管理岗责配置,根据各岗位业务需求,按照"最小授权"原则配置数据查询权限,严格控制数据导出权限。三是推动省以下税务部门尽快完善与外部门非税收入信息共享机制,使用国家税务总局统推的信息交换系统开展长期数据共享,实现征缴信息安全传输。四是加强涉费数据日常管理,强化信息化监控手段,做到数据导入、查询、导出全程留痕管理。

第八节　会计核算

1. 计提水利基金时:

借:税金及附加
　　贷:应交税费——应交水库库区基金

2. 在缴纳时:

借:应交税费——应交水库库区基金
　　贷:银行存款

第十二章

三峡电站水资源费

第一节　征　收　范　围

三峡电站水资源费的征收范围是三峡电站实际发电量。缴费主体是中国长江电力股份有限公司。

第二节　征　收　标　准

计算公式如下：

$$三峡电站水资源费＝三峡电站实际发电量×征收标准$$

三峡电站的水资源费按 0.3 分/千瓦·时执行。

第三节　优　惠　政　策

无。

第四节　预　算　管　理

三峡电站水资源费收入的 10% 上缴中央国库，其余 90% 按比例（湖北省 16.67%、重庆市 83.33%）在湖北省和重庆市之间进行分配，并分别上缴两省市国库。在《2020 年政府收支分类科目》中列一般公共预算收入第 103 类 07 款 10 项"水资源费收入"下增设 01 目"三峡电站水资源费收入"，用于核算上缴中央和地方国库的三峡电站水资源费收入。

第五节　申　报　缴　费

按月申报，使用《非税收入通用申报表》，每月 15 日前申报。次年 3 月底前完成对该公司全年应缴水资源费的清算和征缴。三峡电站水资源费的中央分成和湖北省分成部分，由缴费人向湖北省税务部门申报缴纳;重庆市分成部分,由缴费人向重庆市税务部门申报缴纳。

三峡电站水资源费使用财政部统一监(印)制的《中央非税收入统一票据》,按照税务机关全国统一的信息化方式规范管理。税务机关开具非税收入票据时,应当加盖征收专用章。

第六节　欠费追征及退费

拒不缴纳、拖延缴纳或者拖欠水资源费的,由县级以上人民政府水行政主管部门或者流域管理机构依据职权,责令限期缴纳;逾期不缴纳的,从滞纳之日起按日加收滞纳部分千分之二的滞纳金,并处应缴或者补缴水资源费一倍以上五倍以下的罚款。

涉及误收误缴、汇算清缴需要退库的,缴费人向主管税务机关申请办理。涉及收入减免等政策性原因需要退库的,按照财政部有关退库管理规定办理。

缴费人未按规定期限申报缴费的,税务机关应当及时督促提醒缴费人申报缴费。具体方式由各省级税务局确定。

对缴费人经督促提醒仍不缴、少缴三峡电站水资源费的,税务机关将有关信息及时推送至同级发改、能源等业务主管部门,便于其履行相关管理职责。缴费人后续补缴费款的,税务机关及时将缴费信息通知发改、能源等业务主管部门。

第七节　风　险　管　理

数据管理环节

【风险情形】

税务干部将缴费信息违规提供给其他单位和个人以谋取私利,造成国家秘密、工作秘密、商业秘密及个人隐私泄露,影响国家安全,给缴费人造成损失。

【风险成因】

一是部分税务干部保密意识不强,对职务信息和保密管理的有关规定不了解不熟悉,保密管理规定执行不到位。二是部分单位信息管理岗位和权限配置不合理,数据管理权限过于集中,部分人员管理权限超出职责范围。三是部分地区信息化水平较低,部分信息通过介质传递,导致发现和识别伪造、编造、泄露信息的难度较大。

【防范措施】

一是结合非税收入工作特点,有针对性地加强信息安全、数据保密等内部规范的学习培训,强化基层干部保密意识和信息安全使用意识。二是优化基层非税收入数据管理岗责配置,根据各岗位业务需求,按照"最小授权"原则配置数据查询权限,严格控制数据导出权限。三是推动省以下税务部门尽快完善与外部门非税收入信息共享机制,使用税务总局统推的信息交换系统开展长期数据共享,实现征缴信息安全传输。四是加强涉费数据日常管理,强化信息化监控手段,做到数据导入、查询、导出全程留痕管理。

第八节 会 计 核 算

1. 收到电费时,计提基金:

借:银行存款
    贷:应收账款——三峡电站水资源费

2. 缴纳基金时:

借:应交税费——三峡电站水资源费
    贷:银行存款

第十三章

水利建设基金

第一节　征收范围

　　水利建设基金由中央水利建设基金和地方水利建设基金组成。中央水利建设基金主要来源于两个方面，一是从车辆购置税收入中定额提取，二是从铁路建设基金、港口建设费收入中提取 3%。

　　地方水利建设基金主要来源于四个方面：一是从地方收取的政府性基金和行政事业性收费收入中提取 3%。二是经财政部批准，各省、自治区、直辖市向企事业单位和个体经营者征收的水利建设基金。三是地方人民政府按规定从中央对地方成品油价格和税费改革转移支付资金中足额安排资金，划入水利建设基金。四是有重点防洪任务和水资源严重短缺的城市要从征收的城市维护建设税中划出不少于 15% 的资金。

　　企事业单位和个体经营者是水利建设基金的缴费主体。

第二节　征收标准

　　水利建设基金有五种计费方式。

　　一是按比例提取。主要是安徽、湖南、陕西、山西、河南、湖北、广东、海南、重庆、贵州、青海等省市对地方收取的政府性基金和行政事业性收费收入按 3% 的比例提取。河南、湖南、贵州、青海等省从中央对成品油价格和税费改革转移支付资金中按比例提取。安徽、陕西、湖北、广东、贵州、青海省，以及新疆维吾尔自治区从征收的城市维护建设税中划出 15% 的资金。山东、青岛、河南等省对缴纳增值税、营业税、消费税的企事业单位和个体经营者，按照"三税"实际缴纳额的 1% 征收。

　　二是按定额提取。主要是湖北、陕西、重庆每年从成品油价格和税费改革转移支付资金中定额提取（湖北 8 000 万元、陕西 2 200 万元、重庆 5 000 万元）。

　　三是按收入计征。主要是安徽、吉林、湖南、宁夏、陕西、福建、内蒙古、甘肃等省、自治区对销售收入和营业收入的企事业单位和个体经营者按比例计征，不同的省、自治区，比例存在差异（安徽、吉林、湖南是 0.6‰、宁夏是 0.7‰、陕西是 0.8‰、福建是 0.9‰、内蒙古、甘肃是 1‰）。

　　四是按土地面积征收。主要是吉林、陕西、江苏、安徽等省对非农业建设征用土地，按照土地面积一次性征收。

　　五是按实际电量计征。云南对行政区域内的企事业单位和个体经营者实际用电量按照

2分/千瓦·时的标准征收。

第三节　优惠政策

1.《财政部 国家税务总局关于扩大有关政府性基金免征范围的通知》(财税〔2016〕12号)规定,对按月缴纳增值税、消费税的缴费主体,其月销售额不超过10万元(按季度纳税的季度销售额不超过30万元)的,免征水利建设基金。

2. 部分地区还出台了水利建设基金的减免优惠政策。如山东省自2017年6月1日起至2020年12月31日,减半征收地方水利建设基金,即对山东省内缴纳增值税、消费税的企事业单位和个体经营者,其地方水利建设基金征收比例,由按照增值税、消费税实际缴纳额的1%调整为0.5%。陕西省自2017年1月1日至2019年12月31日,水利建设基金减按销售商品收入和提供劳务收入的0.6‰征收,其中中国(陕西)自由贸易试验区和西安国家自主创新示范区减按销售商品收入和提供劳务收入的0.4‰征收。安徽省对省外经贸委所属外贸企业出口产品的销售收入免征水利建设基金,对经营国内销售业务的收入则按规定缴纳水利建设基金。

第四节　预算管理

水利建设基金在《2022年政府收支分类科目》中列一般公共预算收入第103类02款23项"水利建设专项收入",为中央和地方共用收入科目,反映按《水利建设基金筹集和使用管理办法》等有关文件规定缴入国库的水利建设基金收入。

第五节　申报缴费

税务部门征收的水利建设基金按月或按季征收,各地征收期限存在差异。缴费人采用自行申报方式办理申报缴纳等有关事项。税务部门征收的水利建设基金使用金税三期系统进行申报。

税务部门征收水利建设基金的申报缴纳可以使用《非税收入通用申报表》。

一、首次申报

缴费人携带加载统一社会信用代码证件原件(正本或副本)等材料,在办税服务厅办理登记信息确认补采后,至办税服务厅办理登记信息确认补采后,根据营业范围及缴费人实际情况,按照大厅办税人员的指引,在办税服务厅窗口或相关部门办理水利建设基金("国家重大水利工程建设基金收入"征收项目,"省级重大水利工程建设资金"征收品目)缴费认定。

水利建设基金按月申报,缴费人(代收人)于次月 15 日内申报缴纳。

未签订过三方协议的缴费人,如需要进行网络申报或电子扣款的,须提供开户银行信息,签订三方协议。

二、日常申报

缴费人日常申报需携带申报表(主管税务机关已实现免填单的,携带纳税人识别号或统一社会信用代码编号),至办税服务厅办理申报事项。已办理网络申报相关手续的,可登录访问电子税务局等网络申报系统进行日常申报。

三、使用票据

水利建设基金使用财政部统一监(印)制的《中央非税收入统一票据》,按照税务机关全国统一的信息化方式规范管理。税务机关开具非税收入票据时,应当加盖征收专用章。

第六节　欠费追征及退费

涉及税务部门误收、缴费人误缴以及汇算清缴需要退库的,缴费人向主管税务机关申请办理。涉及收入减免等政策性原因需要退库的,按照财政部门有关退库管理规定办理。

缴费人未按规定期限申报缴费的,税务机关应当及时督促提醒缴费人申报缴费。具体方式由各省级税务局确定。

对缴费人经督促提醒仍不缴、少缴水利建设基金的,税务机关将有关信息及时推送至同级发改、能源等业务主管部门,便于其履行相关管理职责。缴费人后续补缴费款的,税务机关及时将缴费信息通知发改、能源等业务主管部门。

税务机关应当在缴费人和代征人注销税务登记前及时提醒缴费人和代征人缴纳水利建设基金。

第七节　风 险 管 理

一、费种认定环节

未按征收范围认定地方水利建设基金风险

【风险情形】

税务人员未按政策规定对地方水利建设基金费种认定,存在错征漏征的风险。

【风险成因】

税务人员未能正确把握地方水利建设基金征收对象范围,未对企事业单位和个体经营者认定费种;或对其他单位错误认定,导致漏征错征。

【防范措施】

通过金税三期系统查询水利建设基金费种已认定户,进行应认定未认定数据排查。

二、申报征收环节

申报不实导致少缴水利建设基金的风险

【风险情形】

缴费单位在申报水利建设基金时,故意少报计费依据达到少缴纳水利建设基金的目的,存在申报不实导致水利建设基金缴纳不足的风险。

【风险成因】

部分缴费单位为了少缴纳水利建设基金,采取少填报计费依据的方式少缴纳水利建设基金。

【防范措施】

通过年度汇算清缴情况比对查看缴费单位账册和实地核实等方式,分析核查缴费单位计费依据情况。

三、退(抵)费环节

【风险情形】

1. 税务干部明知或应知缴费人不符合退(抵)费条件,徇私舞弊、滥用职权违规为其办理退(抵)费,造成费款流失。

2. 税务干部怕麻烦图省事,对应享未享降费政策产生的小额退费,违规要求缴费人放弃退(抵)费,影响缴费人合法权益。

【风险成因】

一是部分单位退(抵)费岗责配置不合理,管理权限过于集中,未能实现各环节相互分离、相互制约。二是小额退(抵)费业务量过大,间接导致部分税务干部要求缴费人放弃退费以减轻工作负担。三是监督管理机制不健全,监督管理不到位,未能及时发现和纠正违规行为。

【防范措施】

一是完善退(抵)费岗责设置,完善业务流程,实现受理、审核、退库等环节相互分离,相互制约。二是探索通过信息化手段提高小额退费审核效率,合理减轻基层负担。三是加强税费协同管理,及时与货物劳务税、财产行为税的信息关联比对,强化税费联动风险识别及防范管理。四是强化内部监督,实现业务申请、审核、审批全流程信息化管控,通过定期检查、日常抽查、重点督查等多种方式,细致排查相关岗位人员的履职情况,发现问题及时纠正。

四、欠费核销环节

【风险情形】

税务干部为谋取私利,违反规定擅自核销缴费人欠缴费款及滞纳金,造成国家费款流失。

【风险成因】

一是欠费核销管理制度不健全,未做到受理、审核、核销等岗位相互分离、相互制约,一人同时担任多个不相容岗位工作的情形。二是欠费核销管理制度落实不到位,未严格执行会商业务主管部门、上会研究、上级机关审批等程序。三是部门间协同管理不到位,对账机制不健全,未建立欠缴费款协同管理、相关比对、相互监督的工作机制。

【防范措施】

一是优化岗位职责,明确核销欠费必须经由初审、复核、审批等岗位确认,确保各岗位职责相互衔接、相互制约,严格按照岗位职责设置系统操作权限,不得设置统审兼批的"超级用户"权限。二是明确各层级核销权限及额度,核销欠费及滞纳金须提前与相关业务主管部门达成一致意见,由非税收入管理部门或征管部门报经所在税务局有关会议集体研究决定,并报经有权部门审批后执行。三是强化部门协同管理,提高税务部门与非税收入业务主管部门、财政部门征缴信息共享质效,定期就欠费管理情况进行跨部门会商、比对,联合开展督导检查,形成协同治费格局。

五、数据管理环节

【风险情形】

税务干部将缴费信息违规提供给其他单位和个人以谋取私利,造成国家秘密、工作秘密、商业秘密及个人隐私泄露,影响国家安全,给缴费人造成损失。

【风险成因】

一是部分税务干部保密意识不强,对职务信息和保密管理的有关规定不了解不熟悉,保密管理规定执行不到位。二是部分单位信息管理岗位和权限配置不合理,数据管理权限过于集中,部分人员管理权限超出职责范围。三是部分地区信息化水平较低,部分信息通过介质传递,导致发现和识别伪造、编造、泄露信息的难度较大。

【防范措施】

一是结合非税收入工作特点,有针对性地加强信息安全、数据保密等内部规范的学习培训,强化基层干部保密意识和信息安全使用意识。二是优化基层非税收入数据管理岗责配置,根据各岗位业务需求,按照"最小授权"原则配置数据查询权限,严格控制数据导出权限。三是推动省以下税务部门尽快完善与外部门非税收入信息共享机制,使用税务总局统推的信息交换系统开展长期数据共享,实现征缴信息安全传输。四是加强涉费数据日常管理,强化信息化监控手段,做到数据导入、查询、导出全程留痕管理。

第八节 会 计 核 算

1. 计提水利建设基金时:

借:税金及附加
　　贷:应交税费——水利建设基金

2. 实际缴纳水利建设基金时:

借:应交税费——水利建设基金
　　贷:银行存款

第十四章

核电站乏燃料处理处置基金

第一节　征　收　范　围

核电站乏燃料处理处置基金按照核电厂已投入商业运行 5 年以上压水堆核电机组的实际上网销售电量征收。

缴费主体是拥有已投入商业运行 5 年以上压水堆核电机组的核电厂(简称核电厂)。

第二节　征　收　标　准

核电站乏燃料处理处置基金按照核电厂已投入商业运行五年以上压水堆核电机组的实际上网销售电量征收,征收标准为 0.026 元/千瓦·时。据有关规定,财政部可会同国家发展改革委、工业和信息化部、国家能源局、国防科工局等部门根据核电发展规模及乏燃料处理处置资金需求的变化,适时调整征收标准。

第三节　优　惠　政　策

无。

第四节　预　算　管　理

核电站乏燃料处理处置基金收入在《2022 年政府收支分类科目》中列政府性基金预算收入第 103 类 01 款 66 项"核电站乏燃料处理处置基金收入",为中央收入科目,反映按照《核电站乏燃料处理处置基金征收使用管理暂行办法》征收的核电站乏燃料处理处置基金收入。支出列政府性基金支出第 206 类 10 款 01 项"乏燃料运输"、02 项"乏燃料离堆贮存"、03 项"乏燃料后处理"、04 项"高放废物的处理处置"、05 项"乏燃料后处理厂的建设、运行、改造和退役"、99 项"其他乏燃料处理处置基金支出"。

第五节 申 报 缴 费

核电站乏燃料处理处置基金由税务部门负责征收,并实行直接缴库。核电厂应于每年1月向所在地税务部门申报缴纳上年度实际上网销售电量应缴纳的核电站乏燃料处理处置基金。

核电站乏燃料处理处置基金使用财政部统一监(印)制的《中央非税收入统一票据》,按照税务机关全国统一的信息化方式规范管理。税务机关开具非税收入票据时,应当加盖征收专用章。

税务机关应当在缴费人和代征人注销税务登记前及时提醒缴费人和代征人缴纳核电站乏燃料处理处置基金。

第六节 欠费追征及退费

核电厂应按照规定及时足额上缴核电站乏燃料处理处置基金,不得拖欠。凡无正当理由拖欠缴纳核电站乏燃料处理处置基金的,税务部门应责令其限期缴纳,并从逾期之日起按日加收滞纳金额 1‰ 的滞纳金。滞纳金纳入乏燃料处理处置基金收入管理。

涉及税务部门误收、缴费人误缴以及汇算清缴需要退库的,缴费人向主管税务机关申请办理。涉及收入减免等政策性原因需要退库的,按照财政部门有关退库管理规定办理。

缴费人未按规定期限申报缴费的,税务机关应当及时督促提醒缴费人申报缴费。具体方式由各省级税务局确定。

对缴费人经督促提醒仍不缴、少缴核电站乏燃料处理处置基金的,税务机关将有关信息及时推送至同级发改、能源等业务主管部门,便于其履行相关管理职责。缴费人后续补缴费款的,税务机关及时将缴费信息通知发改、能源等业务主管部门。

第七节 风 险 管 理

一、申报征收环节

申报不实导致少缴核电站乏燃料处理处置基金的风险

【风险情形】

缴费单位在申报核电站乏燃料处理处置基金时,故意少报上网销售电量达到少缴纳核电站乏燃料处理处置基金的目的,存在申报不实导致核电站乏燃料处理处置基金缴纳不足的风险。

【风险成因】

缴费单位为了少缴纳核电站乏燃料处理处置基金,采取少填报上网销售电量的方式少缴纳核电站乏燃料处理处置基金。

【防范措施】

通过年度汇算清缴情况比对查看缴费单位账册和实地核实等方式,分析核查缴费单位实际上网销售电量情况。

二、退(抵)费环节

【风险情形】

1. 税务干部明知或应知缴费人不符合退(抵)费条件,徇私舞弊、滥用职权违规为其办理退(抵)费,造成费款流失。

2. 税务干部怕麻烦图省事,对应享未享降费政策产生的小额退费,违规要求缴费人放弃退(抵)费,影响缴费人合法权益。

【风险成因】

一是部分单位退(抵)费岗责配置不合理,管理权限过于集中,未能实现各环节相互分离、相互制约。二是小额退(抵)费业务量过大,间接导致部分税务干部要求缴费人放弃退费以减轻工作负担。三是监督管理机制不健全,监督管理不到位,未能及时发现和纠正违规行为。

【防范措施】

一是完善退(抵)费岗责设置,完善业务流程,实现受理、审核、退库等环节相互分离,相互制约。二是探索通过信息化手段提高小额退费审核效率,合理减轻基层负担。三是加强税费协同管理,及时与货物劳务税、财产行为税的信息关联比对,强化税费联动风险识别及防范管理。四是强化内部监督,实现业务申请、审核、审批全流程信息化管控,通过定期检查、日常抽查、重点督查等多种方式,细致排查相关岗位人员的履职情况,发现问题及时纠正。

三、欠费核销环节

【风险情形】

税务干部为谋取私利,违反规定擅自核销缴费人欠缴费款及滞纳金,造成国家费款流失。

【风险成因】

一是欠费核销管理制度不健全,未做到受理、审核、核销等岗位相互分离、相互制约,一人同时担任多个不相容岗位工作的情形。二是欠费核销管理制度落实不到位,未严格执行会商业务主管部门、上会研究、上级机关审批等程序。三是部门间协同管理不到位,对账机制不健全,未建立欠缴费款协同管理、相关比对、相互监督的工作机制。

【防范措施】

一是优化岗位职责,明确核销欠费必须经由初审、复核、审批等岗位确认,确保各岗位职责相互衔接、相互制约,严格按照岗位职责设置系统操作权限,不得设置统审兼批的"超级用户"权限。二是明确各层级核销权限及额度,核销欠费及滞纳金须提前与相关业务主管部门达成一致意见,由非税收入管理部门或征管部门报经所在税务局有关会议集体研究决定,并报经有权部门审批后执行。三是强化部门协同管理,提高税务部门与非税收入业务主管部门、财政部门征缴信息共享质效,定期就欠费管理情况进行跨部门会商、比对,联合开展督导检查,形成协同治费格局。

四、数据管理环节

【风险情形】

税务干部将缴费信息违规提供给其他单位和个人以谋取私利,造成国家秘密、工作秘密、商业秘密及个人隐私泄露,影响国家安全,给缴费人造成损失。

【风险成因】

一是部分税务干部保密意识不强,对职务信息和保密管理的有关规定不了解不熟悉,保密管理规定执行不到位。二是部分单位信息管理岗位和权限配置不合理,数据管理权限过于集中,部分人员管理权限超出职责范围。三是部分地区信息化水平较低,部分信息通过介质传递,导致发现和识别伪造、编造、泄露信息的难度较大。

【防范措施】

一是结合非税收入工作特点,有针对性地加强信息安全、数据保密等内部规范的学习培训,强化基层干部保密意识和信息安全使用意识。二是优化基层非税收入数据管理岗责配置,根据各岗位业务需求,按照"最小授权"原则配置数据查询权限,严格控制数据导出权限。三是推动省以下税务部门尽快完善与外部门非税收入信息共享机制,使用税务总局统推的信息交换系统开展长期数据共享,实现征缴信息安全传输。四是加强涉费数据日常管理,强化信息化监控手段,做到数据导入、查询、导出全程留痕管理。

第八节　会　计　核　算

基金可计入成本。

第十五章

核事故应急准备专项收入

第一节 征 收 范 围

税务部门负责征收的是核事故应急准备专项收入中由核电企业按规定缴纳的场外核应急专项收入。

场外核应急专项收入的征收范围分为两类：在基建期按设计额定容量征收和在运行期按年度上网销售电量征收。

场外核应急专项收入的缴费主体是核电企业。

第二节 征 收 标 准

核电企业承担上缴的场外核应急专项收入，在基建期和运行期分别按以下标准缴纳：①基建期按设计额定容量5元/千瓦·时的标准缴纳，基建期应在核电工程浇灌第一罐混凝土的当年起3年内分别按规定承担数额的30%、40%和30%，分年度缴清；②运行期按年度上网销售电量0.2厘/千瓦·时的标准缴纳。

第三节 优 惠 政 策

无。

第四节 预 算 管 理

场外核应急准备收入在《2022年政府收支分类科目》中列一般公共预算收入第103类02款12项"场外核应急准备收入"，为中央与地方共用收入科目，反映按核电厂核事故应急准备专项收入管理规定征收的场外核应急准备收入。

第五节　申　报　缴　费

核电企业应于每年 3 月底前,向税务部门申报当年应缴纳中央和地方管理的场外核应急专项收入,分别及时足额缴库。

核事故应急准备专项收入使用财政部统一监(印)制的《中央非税收入统一票据》,按照税务机关全国统一的信息化方式规范管理。税务机关开具非税收入票据时,应当加盖征收专用章。

税务机关应当在缴费人和代征人注销税务登记前及时提醒缴费人和代征人缴纳核事故应急准备专项收入。

第六节　欠费追征及退费

财政、审计、监察及国防科工委等部门负责对核电厂核应急专项收入的收缴和使用进行监督检查,任何单位不得以任何理由阻挠或逃避。对于违反规定截留、挪用专项资金的单位和个人,按《财政违法行为处罚处分条例》进行处罚,并追究相关责任人责任。

涉及税务部门误收、缴费人误缴以及汇算清缴需要退库的,缴费人向主管税务机关申请办理。涉及收入减免等政策性原因需要退库的,按照财政部门有关退库管理规定办理。

缴费人未按规定期限申报缴费的,税务机关应当及时督促提醒缴费人申报缴费。具体方式由各省级税务局确定。

对缴费人经督促提醒仍不缴、少缴核事故应急准备专项收入的,税务机关将有关信息及时推送至同级发改、能源等业务主管部门,便于其履行相关管理职责。缴费人后续补缴费款的,税务机关及时将缴费信息通知发改、能源等业务主管部门。

第七节　风　险　管　理

一、申报征收环节

申报不实导致少缴场外核应急专项收入的风险

【风险情形】

缴费单位在申报场外核应急专项收入时,故意少报上网销售电量达到少缴纳场外核应急专项收入的目的,存在申报不实导致场外核应急专项收入缴纳不足的风险。

【风险成因】

缴费单位为了少缴纳场外核应急专项收入,采取少填报上网销售电量的方式少缴纳场外核应急专项收入。

【防范措施】

通过年度汇算清缴情况比对查看缴费单位账册和实地核实等方式,分析核查缴费单位实际上网销售电量情况。

二、退(抵)费环节

【风险情形】

1. 税务干部明知或应知缴费人不符合退(抵)费条件,徇私舞弊、滥用职权违规为其办理退(抵)费,造成费款流失。

2. 税务干部怕麻烦图省事,对应享未享降费政策产生的小额退费,违规要求缴费人放弃退(抵)费,影响缴费人合法权益。

【风险成因】

一是部分单位退(抵)费岗责配置不合理,管理权限过于集中,未能实现各环节相互分离、相互制约。二是小额退(抵)费业务量过大,间接导致部分税务干部要求缴费人放弃退费以减轻工作负担。三是监督管理机制不健全,监督管理不到位,未能及时发现和纠正违规行为。

【防范措施】

一是完善退(抵)费岗责设置,完善业务流程,实现受理、审核、退库等环节相互分离,相互制约。二是探索通过信息化手段提高小额退费审核效率,合理减轻基层负担。三是加强税费协同管理,及时与货物劳务税、财产行为税的信息关联比对,强化税费联动风险识别及防范管理。四是强化内部监督,实现业务申请、审核、审批全流程信息化管控,通过定期检查、日常抽查、重点督查等多种方式,细致排查相关岗位人员的履职情况,发现问题及时纠正。

三、欠费核销环节

【风险情形】

税务干部为谋取私利,违反规定擅自核销缴费人欠缴费款及滞纳金,造成国家费款流失。

【风险成因】

一是欠费核销管理制度不健全,未做到受理、审核、核销等岗位相互分离、相互制约,一人同时担任多个不相容岗位工作的情形。二是欠费核销管理制度落实不到位,未严格执行会商业务主管部门、上会研究、上级机关审批等程序。三是部门间协同管理不到位,对账机制不健全,未建立欠缴费款协同管理、相关比对、相互监督的工作机制。

【防范措施】

一是优化岗位职责,明确核销欠费必须经由初审、复核、审批等岗位确认,确保各岗位职责相互衔接、相互制约,严格按照岗位职责设置系统操作权限,不得设置统审兼批的"超级用户"权限。二是明确各层级核销权限及额度,核销欠费及滞纳金须提前与相关业务主管部门达成一致意见,由非税收入管理部门或征管部门报经所在税务局有关会议集体研究决定,并报经有权部门审批后执行。三是强化部门协同管理,提高税务部门与非税收入业务主管部门、财政部门征缴信息共享质效,定期就欠费管理情况进行跨部门会商、比对,联合开展督导检查,形成协同治费格局。

四、数据管理环节

【风险情形】

税务干部将缴费信息违规提供给其他单位和个人以谋取私利,造成国家秘密、工作秘密、商业秘密及个人隐私泄露,影响国家安全,给缴费人造成损失。

【风险成因】

一是部分税务干部保密意识不强,对职务信息和保密管理的有关规定不了解不熟悉,保密管理规定执行不到位。二是部分单位信息管理岗位和权限配置不合理,数据管理权限过于集中,部分人员管理权限超出职责范围。三是部分地区信息化水平较低,部分信息通过介质传递,导致发现和识别伪造、编造、泄露信息的难度较大。

【防范措施】

一是结合非税收入工作特点,有针对性地加强信息安全、数据保密等内部规范的学习培训,强化基层干部保密意识和信息安全使用意识。二是优化基层非税收入数据管理岗责配置,根据各岗位业务需求,按照"最小授权"原则配置数据查询权限,严格控制数据导出权限。三是推动省以下税务部门尽快完善与外部门非税收入信息共享机制,使用税务总局统推的信息交换系统开展长期数据共享,实现征缴信息安全传输。四是加强涉费数据日常管理,强化信息化监控手段,做到数据导入、查询、导出全程留痕管理。

第八节　会 计 核 算

核电企业承担上缴的场外核应急专项收入,基建期列"工程基建费",运行期列"管理费"。

第十六章

油价调控风险准备金

第一节 征收范围

当国际市场原油价格低于每桶 40 美元调控下限时,成品油价格未调金额全部纳入油价调控风险准备金。缴费主体是在中华人民共和国境内生产、委托加工和进口汽、柴油的成品油生产经营企业。

第二节 征收标准

按照汽油、柴油的销售数量和规定的征收标准(成品油价格未调金额)缴纳油价调控风险准备金。

1. 汽油、柴油销售数量。是指缴纳义务人于相邻两个调价窗口期之间实际销售数量。汽、柴油实际销售数量按照以下规定确定:

(1) 直接生产销售汽、柴油的(不包括销售未经生产加工的外购汽、柴油),其销售数量以发票开具日期及数量为准。如无法提供发票的,以无法确定销售日期的全月销售量和窗口期占全月时间比合理确定。

(2) 进口汽、柴油的,其销售数量以报关日期及报关数量为准。

(3) 委托加工汽、柴油的,其销售数量按已委托加工合同签署日期及交货凭证确认。如没有交货凭证的,以月度总交货量和窗口期占全月时间比合理确定。

(4) 来料加工贸易以及直接用于一般贸易出口的汽、柴油,不纳入风险准备金征收范围。

2. 风险准备金征收标准。按照成品油价格未调金额确定,具体由国家发展改革委、财政部根据国际原油价格变动情况,按照现行成品油价格形成机制计算核定,于每季度前 10 个工作日内,将上季度每次调价窗口期的征收标准,书面告知征收机关。

如 2020 年第四季度征收标准为:2020 年 11 月 6 日至 11 月 19 日,调价周期天数 14 天,汽油 89♯ 为 15 元/吨,柴油 0♯ 为 15 元/吨。

第三节 优惠政策

无。

第四节　预　算　管　理

油价调控风险准备金设立专项账户存储,全额上缴中央国库,在《2022年政府收支分类科目》中列一般公共预算收入第103类02款24项"油价调控风险准备金收入",统筹用于节能减排、提升油品质量、保障石油供应安全,并作为应对国际油价大幅波动,实施保障措施的资金来源。

第五节　申　报　缴　费

成品油生产经营企业依照规定履行油价调控风险准备金缴费义务时,应按规定期限到办税服务厅填制《油价调控风险准备金申报表》或通过电子税务局向注册登记地主管税务机关进行缴费申报。申报缴纳方式为自行申报。

油价调控风险准备金由缴纳义务人申报缴纳。其中,缴纳义务人有两个及以上从事成品油生产经营企业的,可由征收机关指定集团公司或其他公司实行汇总缴纳。

缴纳义务人可以选择按季度或者按年度缴纳风险准备金。具体缴纳方式由缴纳义务人报征收机关核准。缴纳方式一经确定,不得随意变更。

按季度缴纳的,缴纳义务人应当于季度终了2个月内,自行向主管税务机关填报《油价调控风险准备金申报表》。征收机关根据缴纳义务人实际销售的汽油、柴油数量,在次年3月底完成对缴纳义务人全年风险准备金的汇算清缴工作。

按年度缴纳的,缴纳义务人应当于次年2月底前,自行向主管税务机关填报《油价调控风险准备金申报表》。

第六节　欠费追征及退费

缴费人应当按照规定,及时申报和缴纳风险准备金,不得拒绝或拖延。对逃避缴纳、应申报未申报、申报不实等情况,严格按照法律、行政法规规定查处,确保资金及时足额入库。

涉及误收误缴、汇算清缴需要退库的,缴费人向主管税务机关申请办理。

第七节　风　险　管　理

一、费种认定环节

未按征收范围认定油价调控风险准备金风险

【风险情形】

税务人员未按政策规定对油价调控风险准备金费种认定,存在错征漏征的风险。

【风险成因】

税务人员未能正确把握油价调控风险准备金征收对象范围,未对生产、委托加工和进口汽、柴油的成品油生产经营企业认定费种;或对其他单位错误认定,导致漏征错征。

【防范措施】

通过金税三期系统查询油价调控风险准备金费种已认定户,进行应认定未认定数据排查。

二、申报征收环节

申报不实导致少缴油价调控风险准备金的风险。

【风险情形】

缴费单位在申报油价调控风险准备金时,故意少报销售数量达到少缴纳油价调控风险准备金的目的,存在申报不实导致油价调控风险准备金缴纳不足的风险。

【风险成因】

部分缴费单位为了少缴纳油价调控风险准备金,采取少填报销售数量的方式少缴纳油价调控风险准备金。

【防范措施】

通过年度汇算清缴情况比对查看缴费单位账册和实地核实等方式,分析核查缴费单位实际销售情况。

三、退(抵)费环节

【风险情形】

1. 税务干部明知或应知缴费人不符合退(抵)费条件,徇私舞弊、滥用职权违规为其办理退(抵)费,造成费款流失。

2. 税务干部怕麻烦图省事,对应享未享降费政策产生的小额退费,违规要求缴费人放弃退(抵)费,影响缴费人合法权益。

【风险成因】

一是部分单位退(抵)费岗责配置不合理,管理权限过于集中,未能实现各环节相互分离、相互制约。二是小额退(抵)费业务量过大,间接导致部分税务干部要求缴费人放弃退费以减轻工作负担。三是监督管理机制不健全,监督管理不到位,未能及时发现和纠正违规行为。

【防范措施】

一是完善退(抵)费岗责设置,完善业务流程,实现受理、审核、退库等环节相互分离,相互制约。二是探索通过信息化手段提高小额退费审核效率,合理减轻基层负担。三是加强税费协同管理,及时与货物劳务税、财产行为税的信息关联比对,强化税费联动风险识别及防范管理。四是强化内部监督,实现业务申请、审核、审批全流程信息化管控,通过定期检查、日常抽查、重点督查等多种方式,细致排查相关岗位人员的履职情况,发现问题及时纠正。

四、欠费核销环节

【风险情形】

税务干部为谋取私利,违反规定擅自核销缴费人欠缴费款及滞纳金,造成国家费款流失。

【风险成因】

一是欠费核销管理制度不健全,未做到受理、审核、核销等岗位相互分离、相互制约,一人同时担任多个不相容岗位工作的情形。二是欠费核销管理制度落实不到位，未严格执行会商业务主管部门、上会研究、上级机关审批等程序。三是部门间协同管理不到位，对账机制不健全，未建立欠缴费款协同管理、相关比对、相互监督的工作机制。

【防范措施】

一是优化岗位职责，明确核销欠费必须经由初审、复核、审批等岗位确认，确保各岗位职责相互衔接、相互制约，严格按照岗位职责设置系统操作权限，不得设置统审兼批的"超级用户"权限。二是明确各层级核销权限及额度，核销欠费及滞纳金须提前与相关业务主管部门达成一致意见，由非税收入管理部门或征管部门报经所在税务局有关会议集体研究决定，并报经有权部门审批后执行。三是强化部门协同管理，提高税务部门与非税收入业务主管部门、财政部门征缴信息共享质效，定期就欠费管理情况进行跨部门会商、比对，联合开展督导检查，形成协同治费格局。

五、数据管理环节

【风险情形】

税务干部将缴费信息违规提供给其他单位和个人以谋取私利，造成国家秘密、工作秘密、商业秘密及个人隐私泄露，影响国家安全，给缴费人造成损失。

【风险成因】

一是部分税务干部保密意识不强，对职务信息和保密管理的有关规定不了解不熟悉，保密管理规定执行不到位。二是部分单位信息管理岗位和权限配置不合理，数据管理权限过于集中，部分人员管理权限超出职责范围。三是部分地区信息化水平较低，部分信息通过介质传递，导致发现和识别伪造、编造、泄露信息的难度较大。

【防范措施】

一是结合非税收入工作特点，有针对性地加强信息安全、数据保密等内部规范的学习培训，强化基层干部保密意识和信息安全使用意识。二是优化基层非税收入数据管理岗责配置，根据各岗位业务需求，按照"最小授权"原则配置数据查询权限，严格控制数据导出权限。三是推动省以下税务部门尽快完善与外部门非税收入信息共享机制，使用税务总局统推的信息交换系统开展长期数据共享，实现征缴信息安全传输。四是加强涉费数据日常管理，强化信息化监控手段，做到数据导入、查询、导出全程留痕管理。

第八节　会计核算

油价调控风险准备金计入"其他应付款"核算，不得计入企业当期收入。

1. 提取时：

借：营业费用
　　贷：其他应付款——油价风险准备金

2. 缴纳时：

借：其他应付款——油价风险准备金
　　贷：银行存款

第十七章

国家留成油收入

第一节 征收范围

国家留成油收入是指在中华人民共和国陆地领域和所辖海域内,对外合作勘探开发生产石油的企业实现的国家留成油变价款。

《中华人民共和国对外合作开采陆上石油资源条例》规定,中石油、中石化负责对外合作开采陆上石油资源的经营业务。负责与外国企业谈判、签订、执行合作开采陆上石油资源的合同。在国务院批准的对外合作开采陆上石油资源的区域内享有与外国企业合作进行石油勘探、开发、生产的专营权。

《中华人民共和国对外合作开采海洋石油资源条例》规定,中华人民共和国对外合作开采海洋石油资源的业务,由中海油全面负责。中海油享有在对外合作海区内进行石油勘探、开发、生产和销售的专营权。

依据上述规定,国家留成油收入的缴费主体为中石油、中石化、中海油三大石油企业。

第二节 征收标准

合作油田标准分成模式如表 17.1 所示。

表 17.1 合作油田标准分配模式表

5%	缴纳增值税	
62.5% 矿区使用费和费用回收油	缴纳矿区使用费	
	回收作业费	
	回收合同者勘探费	
	回收开发费用及利息	
32.5% 余额油	国家留成油	
	分成油	中方分成油
		合同者分成油

计算公式如下:

$$留成油 = 余额油 - 分成油 = 余额油 - 余额油 \times 分成率 = 余额油 \times (1 - 分成率)$$
$$= (总收入 - 增值税 - 矿区使用费 - 费用回收油) \times (1 - 分成率)$$

其中：

1. 矿区使用费。

矿区使用费的计算,是用不同区间的产量乘以对应的梯阶值相加得出对应的费用油,除以总产量得出占比,再乘以总收入最终得到矿区使用费。梯阶值在合同中注明(表17.2)。

表 17.2　合作油田矿区使用费阶梯值表(举例)

年度原油总产量	矿区使用费产量阶梯值
≤100 万吨	0
100 万～150 万吨	4%
150 万～200 万吨	6%
200 万～300 万吨	8%
300 万～400 万吨	10%
>400 万吨	12.50%

2. 分成率。

分成率的计算,是用不同区间的产量乘以对应的梯阶值相加,除以总产量得出分成油占比。梯阶值在合同中注明(表17.3)。

表 17.3　合作油田分成油阶梯值表(举例)

年度原油总产量	分成油产量阶梯值
≤50 万吨	98%
50 万～100 万吨	95%
100 万～200 万吨	90%
200 万～300 万吨	85%
300 万～500 万吨	75%
500 万～750 万吨	60%
750 万～1 000 万吨	45%
>1 000 万吨	25%

第三节　优惠政策

无。

第四节　预算管理

国家留成油收入全额上缴中央国库,纳入一般公共预算管理,《2022 年政府收支分类目录》中列 103 类 07 款"国有资源（资产）有偿使用收入"，下设 20 项"国家留成油上缴收入"，反映销售国家留成油上缴的收入，主要用于应对世界原油市场变动，增加我国石油储备等。

第五节 申 报 缴 费

缴费人履行国家留成油收入的缴费义务时，应按规定期限到办税服务厅填报《非税收入通用申报表》或通过电子税务局向主管税务部门申报缴费。申报缴纳方式为自行申报。

国家留成油收入的征缴期限由石油企业报财政部核准。

按照现行规定，中海油按月申报缴纳，中石化、中石油按年申报缴纳。

第六节 欠费追征及退费

缴费人未按规定期限缴纳国家留成油收入的，由税务机关责令限期缴纳，并从滞纳之日起按日加收滞纳款万分之五的滞纳金。涉及误收误缴需要退库的，缴费人向主管税务机关申请办理。

第七节 风 险 管 理

一、退（抵）费环节

【风险情形】

1. 税务干部明知或应知缴费人不符合退（抵）费条件，徇私舞弊、滥用职权违规为其办理退（抵）费，造成费款流失。

2. 税务干部怕麻烦图省事，对应享未享降费政策产生的小额退费，违规要求缴费人放弃退（抵）费，影响缴费人合法权益。

【风险成因】

一是部分单位退（抵）费岗责配置不合理，管理权限过于集中，未能实现各环节相互分离、相互制约。二是小额退（抵）费业务量过大，间接导致部分税务干部要求缴费人放弃退费以减轻工作负担。三是监督管理机制不健全，监督管理不到位，未能及时发现和纠正违规行为。

【防范措施】

一是完善退（抵）费岗责设置，完善业务流程，实现受理、审核、退库等环节相互分离，相互制约。二是探索通过信息化手段提高小额退费审核效率，合理减轻基层负担。三是加强税费协同管理，及时与货物劳务税、财产行为税的信息关联比对，强化税费联动风险识别及防范管理。四是强化内部监督，实现业务申请、审核、审批全流程信息化管控，通过定期检查、日常抽查、重点督查等多种方式，细致排查相关岗位人员的履职情况，发现问题及时纠正。

二、欠费核销环节

【风险情形】

税务干部为谋取私利,违反规定擅自核销缴费人欠缴费款及滞纳金,造成国家费款流失。

【风险成因】

一是欠费核销管理制度不健全,未做到受理、审核、核销等岗位相互分离、相互制约,一人同时担任多个不相容岗位工作的情形。二是欠费核销管理制度落实不到位,未严格执行会商业务主管部门、上会研究、上级机关审批等程序。三是部门间协同管理不到位,对账机制不健全,未建立欠缴费款协同管理、相关比对、相互监督的工作机制。

【防范措施】

一是优化岗位职责,明确核销欠费必须经由初审、复核、审批等岗位确认,确保各岗位职责相互衔接、相互制约,严格按照岗位职责设置系统操作权限,不得设置统审兼批的"超级用户"权限。二是明确各层级核销权限及额度,核销欠费及滞纳金须提前与相关业务主管部门达成一致意见,由非税收入管理部门或征管部门报经所在税务局有关会议集体研究决定,并报经有权部门审批后执行。三是强化部门协同管理,提高税务部门与非税收入业务主管部门、财政部门征缴信息共享质效,定期就欠费管理情况进行跨部门会商、比对,联合开展督导检查,形成协同治费格局。

三、数据管理环节

【风险情形】

税务干部将缴费信息违规提供给其他单位和个人以谋取私利,造成国家秘密、工作秘密、商业秘密及个人隐私泄露,影响国家安全,给缴费人造成损失。

【风险成因】

一是部分税务干部保密意识不强,对职务信息和保密管理的有关规定不了解不熟悉,保密管理规定执行不到位。二是部分单位信息管理岗位和权限配置不合理,数据管理权限过于集中,部分人员管理权限超出职责范围。三是部分地区信息化水平较低,部分信息通过介质传递,导致发现和识别伪造、编造、泄露信息的难度较大。

【防范措施】

一是结合非税收入工作特点,有针对性地加强信息安全、数据保密等内部规范的学习培训,强化基层干部保密意识和信息安全使用意识。二是优化基层非税收入数据管理岗责配置,根据各岗位业务需求,按照"最小授权"原则配置数据查询权限,严格控制数据导出权限。三是推动省以下税务部门尽快完善与外部门非税收入信息共享机制,使用税务总局统推的信息交换系统开展长期数据共享,实现征缴信息安全传输。四是加强涉费数据日常管理,强化信息化监控手段,做到数据导入、查询、导出全程留痕管理。

第八节 会 计 核 算

1. 计提时：

借：营业收入
　　贷：税金及附加——国家留成油收入

2. 缴纳时：

借：税金及附加——国家留成油收入
　　贷：银行存款

第十八章

石油特别收益金

第一节 征收范围

　　凡在中华人民共和国陆地领域和所辖海域开采的石油,无论其是否在中国境内销售,均应按规定缴纳石油特别收益金。中外合作油田按规定上缴国家的石油增值税、矿区使用费、国家留成油不征收石油特别收益金。

　　石油特别收益金的缴费主体主要是在中华人民共和国陆地领域和所辖海域独立开采并销售原油的企业,以及在上述领域以合资、合作等方式开采并销售原油的其他企业。合资合作企业应当缴纳的石油特别收益金,由合资合作的各方中拥有石油勘探和开采许可证的一方企业统一向征收机关申报。

第二节 征收标准

　　石油特别收益金征收比率按石油开采企业销售原油的月加权平均价格确定。为便于参照国际市场油价水平,原油价格按美元/桶计价,起征点为 65 美元/桶。具体征收比率及速算扣除数如表 18.1 所示。

表 18.1　石油特别收益金征收比率及速算扣除数

原油价格(美元/桶)	征收比率	速算扣除数(美元/桶)
65～70(含)	20%	0
70～75(含)	25%	0.25
75～80(含)	30%	0.75
80～85(含)	35%	1.5
85 以上(含)	40%	2.5

计算公式如下:

$$石油特别收益金 = \left[\left(\begin{matrix}石油开采企业销售原油\\的月加权平均价格\end{matrix} - 65\right)\times 征收率 - 速算扣除数\right]\times 销售量 \times 美元兑换人民币汇率$$

第三节 优惠政策

　　无。

第四节 预 算 管 理

石油特别收益金在《2022 年政府收支分类科目》中列一般公共预算收入第 103 类 07 款 10 项"石油特别收益金专项收入",反映开采并销售原油的企业按有关规定缴纳的石油特别收益金专项收入。下设 01 目(石油特别收益金专项收入)、02 目(石油特别收益金退库),属中央收入科目。

第五节 申 报 缴 费

缴费人依照规定履行石油特别收益金的缴费义务时,应按规定期限到办税服务厅或通过电子税务局使用《石油特别收益金申报表》向主管税务部门自行申报缴费。石油特别收益金实行按月计算、按季申报、按月缴纳。

第六节 欠费追征及退费

石油开采企业在规定的期限内未足额缴纳石油特别收益金的,由税务部门责令限期缴纳,并从滞纳之日起按日加收万分之五的滞纳金。

涉及税务部门误收、缴费人误缴以及汇算清缴需要退库的,缴费人向主管税务机关申请办理。涉及收入减免等政策性原因需要退库的,按照财政部门有关退库管理规定办理。

第七节 风 险 管 理

一、退(抵)费环节

【风险情形】

1. 税务干部明知或应知缴费人不符合退(抵)费条件,徇私舞弊、滥用职权违规为其办理退(抵)费,造成费款流失。

2. 税务干部怕麻烦图省事,对应享未享降费政策产生的小额退费,违规要求缴费人放弃退(抵)费,影响缴费人合法权益。

【风险成因】

一是部分单位退(抵)费岗责配置不合理,管理权限过于集中,未能实现各环节相互分离、相互制约。二是小额退(抵)费业务量过大,间接导致部分税务干部要求缴费人放弃退费以减轻工作负担。三是监督管理机制不健全,监督管理不到位,未能及时发现和纠正违规行为。

【防范措施】

一是完善退（抵）费岗责设置，完善业务流程，实现受理、审核、退库等环节相互分离，相互制约。二是探索通过信息化手段提高小额退费审核效率，合理减轻基层负担。三是加强税费协同管理，及时与货物劳务税、财产行为税的信息关联比对，强化税费联动风险识别及防范管理。四是强化内部监督，实现业务申请、审核、审批全流程信息化管控，通过定期检查、日常抽查、重点督查等多种方式，细致排查相关岗位人员的履职情况，发现问题及时纠正。

二、欠费核销环节

【风险情形】

税务干部为谋取私利，违反规定擅自核销缴费人欠缴费款及滞纳金，造成国家费款流失。

【风险成因】

一是欠费核销管理制度不健全，未做到受理、审核、核销等岗位相互分离、相互制约，一人同时担任多个不相容岗位工作的情形。二是欠费核销管理制度落实不到位，未严格执行会商业务主管部门、上会研究、上级机关审批等程序。三是部门间协同管理不到位，对账机制不健全，未建立欠缴费款协同管理、相关比对、相互监督的工作机制。

【防范措施】

一是优化岗位职责，明确核销欠费必须经由初审、复核、审批等岗位确认，确保各岗位职责相互衔接、相互制约，严格按照岗位职责设置系统操作权限，不得设置统审兼批的"超级用户"权限。二是明确各层级核销权限及额度，核销欠费及滞纳金须提前与相关业务主管部门达成一致意见，由非税收入管理部门或征管部门报经所在税务局有关会议集体研究决定，并报经有权部门审批后执行。三是强化部门协同管理，提高税务部门与非税收入业务主管部门、财政部门征缴信息共享质效，定期就欠费管理情况进行跨部门会商、比对，联合开展督导检查，形成协同治费格局。

三、数据管理环节

【风险情形】

税务干部将缴费信息违规提供给其他单位和个人以谋取私利，造成国家秘密、工作秘密、商业秘密及个人隐私泄露，影响国家安全，给缴费人造成损失。

【风险成因】

一是部分税务干部保密意识不强，对职务信息和保密管理的有关规定不了解不熟悉，保密管理规定执行不到位。二是部分单位信息管理岗位和权限配置不合理，数据管理权限过于集中，部分人员管理权限超出职责范围。三是部分地区信息化水平较低，部分信息通过介质传递，导致发现和识别伪造、编造、泄露信息的难度较大。

【防范措施】

一是结合非税收入工作特点，有针对性地加强信息安全、数据保密等内部规范的学习培训，强化基层干部保密意识和信息安全使用意识。二是优化基层非税收入数据管理岗责配置，根据各岗位业务需求，按照"最小授权"原则配置数据查询权限，严格控制数据导出权限。三是推动省以下税务部门尽快完善与外部门非税收入信息共享机制，使用税务总局统推的信息交换系统开展长期数据共享,实现征缴信息安全传输。四是加强涉费数据日常管理,强化信息化监控手段,做到数据导入、查询、导出全程留痕管理。

第八节 会 计 核 算

石油特别收益金列入企业成本费用,准予在企业所得税税前扣除。

1. 计提时:

借:其他应交款——石油特别收益金
　　贷:应缴税金——石油特别收益金

2. 缴纳时:

借:应缴税金——石油特别收益金
　　贷:银行存款

第十九章

免税商品特许经营费

第一节　征　收　范　围

以下经营免税商品的企业,需缴纳免税商品特许经营费。

一是中国免税品(集团)总公司的免税商品经营业务,以及设立在机场、港口、车站、陆路边境口岸和海关监管特定区域的免税商店以及在出境飞机、火车、轮船上向出境的国际旅客、驻华外交官和国际海员等提供免税商品购物服务的特种销售业务。二是海南离岛旅客免税商店经营免税商品业务,海南离岛旅客免税购物商店,是对乘飞机离岛(不包括离境)旅客实行限次、限值、限量和限品种免进口税购物的经营场所。

缴费主体为中国免税品(集团)总公司、深圳市国有免税商品(集团)有限公司、珠海免税企业(集团)有限公司、中国中旅(集团)公司、中国出国人员服务总公司、上海浦东国际机场免税店、海南离岛旅客免税购物商店,以及其他经营免税商品或代理销售免税商品的企业。

第二节　征　收　标　准

海南离岛旅客免税购物商店按经营免税商品业务年销售收入的4%缴纳,其他经营免税商品的企业,按经营免税商品业务年销售收入的1%缴纳。

第三节　优　惠　政　策

无。

第四节　预　算　管　理

免税商品特许经营费在《2022年政府收支分类科目》中列一般公共预算收入第103类99款07项"免税商品特许经营费收入",为中央收入科目,反映免税商品经营企业上缴的免税商品特许经营费收入。

第五节 申报缴费

免税商品特许经营费由企业所在地税务部门负责征收。缴纳企业应于年度终了5个月内向税务部门申报缴纳。

第六节 欠费追征及退费

各省、自治区、直辖市及计划单列市财政监察专员办事机构负责免税商品特许经营费缴纳情况的监督检查。

涉及税务部门误收、缴费人误缴以及汇算清缴需要退库的,缴费人向主管税务机关申请办理。涉及收入减免等政策性原因需要退库的,按照财政部门有关退库管理规定办理。

第七节 风险管理

一、退(抵)费环节

【风险情形】

1. 税务干部明知或应知缴费人不符合退(抵)费条件,徇私舞弊、滥用职权违规为其办理退(抵)费,造成费款流失。

2. 税务干部怕麻烦图省事,对应享未享降费政策产生的小额退费,违规要求缴费人放弃退(抵)费,影响缴费人合法权益。

【风险成因】

一是部分单位退(抵)费岗责配置不合理,管理权限过于集中,未能实现各环节相互分离、相互制约。二是小额退(抵)费业务量过大,间接导致部分税务干部要求缴费人放弃退费以减轻工作负担。三是监督管理机制不健全,监督管理不到位,未能及时发现和纠正违规行为。

【防范措施】

一是完善退抵费岗责设置,完善业务流程,实现受理、审核、退库等环节相互分离,相互制约。二是探索通过信息化手段提高小额退费审核效率,合理减轻基层负担。三是加强税费协同管理,及时与货物劳务税、财产行为税的信息关联比对,强化税费联动风险识别及防范管理。四是强化内部监督,实现业务申请、审核、审批全流程信息化管控,通过定期检查、日常抽查、重点督查等多种方式,细致排查相关岗位人员的履职情况,发现问题及时纠正。

二、欠费核销环节

【风险情形】

税务干部为谋取私利,违反规定擅自核销缴费人欠缴费款及滞纳金,造成国家费款流失。

【风险成因】

一是欠费核销管理制度不健全,未做到受理、审核、核销等岗位相互分离、相互制约,一人同时担任多个不相容岗位工作的情形。二是欠费核销管理制度落实不到位,未严格执行会商业务主管部门、上会研究、上级机关审批等程序。三是部门间协同管理不到位,对账机制不健全,未建立欠缴费款协同管理、相关比对、相互监督的工作机制。

【防范措施】

一是优化岗位职责,明确核销欠费必须经由初审、复核、审批等岗位确认,确保各岗位职责相互衔接、相互制约,严格按照岗位职责设置系统操作权限,不得设置统审兼批的"超级用户"权限。二是明确各层级核销权限及额度,核销欠费及滞纳金须提前与相关业务主管部门达成一致意见,由非税收入管理部门或征管部门报经所在税务局有关会议集体研究决定,并报经有权部门审批后执行。三是强化部门协同管理,提高税务部门与非税收入业务主管部门、财政部门征缴信息共享质效,定期就欠费管理情况进行跨部门会商、比对,联合开展督导检查,形成协同治费格局。

三、数据管理环节

【风险情形】

税务干部将缴费信息违规提供给其他单位和个人以谋取私利,造成国家秘密、工作秘密、商业秘密及个人隐私泄露,影响国家安全,给缴费人造成损失。

【风险成因】

一是部分税务干部保密意识不强,对职务信息和保密管理的有关规定不了解不熟悉,保密管理规定执行不到位。二是部分单位信息管理岗位和权限配置不合理,数据管理权限过于集中,部分人员管理权限超出职责范围。三是部分地区信息化水平较低,部分信息通过介质传递,导致发现和识别伪造、编造、泄露信息的难度较大。

【防范措施】

一是结合非税收入工作特点,有针对性地加强信息安全、数据保密等内部规范的学习培训,强化基层干部保密意识和信息安全使用意识。二是优化基层非税收入数据管理岗责配置,根据各岗位业务需求,按照"最小授权"原则配置数据查询权限,严格控制数据导出权限。三是推动省以下税务部门尽快完善与外部门非税收入信息共享机制,使用税务总局统推的信息交换系统开展长期数据共享,实现征缴信息安全传输。四是加强涉费数据日常管理,强化信息化监控手段,做到数据导入、查询、导出全程留痕管理。

第八节 会 计 核 算

1. 计提时:

借:营业成本

　　贷:应交税费——应交免税商品特许经营费

2. 缴纳时：

借：应交税费——应交免税商品特许经营费
　　贷：银行存款

第二十章

防空地下室易地建设费

第一节 征收范围

防空地下室易地建设费征收对象为城市新建民用建筑。缴费主体为需要缴纳防空地下室易地建设费的建设单位。

《国家计委 财政部 国家国防动员委员会 建设部印发关于规范防空地下室易地建设收费的规定的通知》(计价格〔2000〕474号)规定,对规定需要同步配套建设,但确因下列条件限制不能同步配套建设的,建设单位可以申请易地建设:①采用桩基且桩基承台顶面埋置深度小于3米(或者不足规定的地下室空间净高)的。②按规定指标应建防空地下室的面积只占地面建筑首层的局部,结构和基础处理困难,且经济很不合理的。③建在流砂、暗河、基岩埋深很浅等地段的项目,因地质条件不适于修建的。④因建设地段房屋或地下管道设施密集,防空地下室不能施工或者难以采取措施保证施工安全的。

第二节 征收标准

计算公式如下:

防空地下室易地建设费＝应建防空地下室建筑面积×收费标准

一、应建防空地下室建筑面积

《国家国防动员委员会 国家发展计划委员会 建设部 财政部关于颁发〈人民防空工程建设管理规定〉的通知》(国人防办字〔2003〕18号)规定,新建民用建筑应当按照下列标准修建防空地下室:①新建10层(含)以上或者基础埋深3米(含)以上的民用建筑,按照地面首层建筑面积修建6级(含)以上防空地下室;②新建除①规定和居民住宅以外的其他民用建筑,地面总建筑面积在2000平方米以上的,按照地面建筑面积的2%～5%修建6级(含)以上防空地下室;③开发区、工业园区、保税区和重要经济目标区除①规定和居民住宅以外的新建民用建筑,按照一次性规划地面总建筑面积的2%～5%修建6级(含)以上防空地下室,按②和③规定的幅度具体划分:一类人民防空重点城市按照4%～5%修建,二类人民防空重点城市按照3%～4%修建,三类人民防空重点城市按照2%～3%修建;④新建除①规定以外的人民防空重点城市的居民住宅楼,按照地面首层建筑面积修建6B级防空地下室;⑤人民防空重点城市危房翻新住宅项目,按照翻新住宅地面首层建筑面积修建6B级防空地下室。

二、收费标准

《国家计委 财政部 国家国防动员委员会 建设部印发关于规范防空地下室易地建设费的规定的通知》(计价格〔2000〕474 号)规定,防空地下室易地建设费的收费标准,由省、自治区、直辖市价格主管部门会同同级财政、人防主管部门按照当地防空地下室的造价制定,报国家计委、财政部、国家人防办备案。

第三节 优 惠 政 策

1.《国家计委 财政部 国家国防动员委员会 建设部印发关于规范防空地下室易地建设费的规定的通知》(计价格〔2000〕474 号)规定,对以下新建民用建筑项目应适当减免防空地下室易地建设费:①享受政府优惠政策建设的廉租房、经济适用房等居民住房,减半收取;②新建幼儿园、学校教学楼、养老院及为残疾人修建的生活服务设施等民用建筑,减半收取;③临时民用建筑和不增加面积的危房翻新改造商品住宅项目,予以免收;④因遭受水灾、火灾或其他不可抗拒的灾害造成损失后按原面积修复的民用建筑,予以免收。

2.《财政部关于贯彻落实国务院关于解决城市低收入家庭住房困难若干意见的通知》(财综〔2007〕53 号)规定,对廉租房和经济适用住房建设、棚户区改造、旧住宅区整治,免收防空地下室易地建设费。

3.《财政部 国家发展改革委关于免收全国中小学校舍安全工程建设有关收费的通知》(财综〔2010〕57 号)规定,对所有中小学校"校舍安全工程"建设所涉及的防空地下室易地建设费全额免收。

第四节 预 算 管 理

防空地下室易地建设费在《2022 年政府收支分类科目》中列一般公共预算收入第 103 类 04 款 24 项"人防办行政事业性收费收入"下设 01 目"防空地下室易地建设费",属中央与地方共用收入科目,反映按有关规定收取的防空地下室易地建设费收入。支出列一般公共预算支出第 203 类 06 款 03 项。

第五节 申 报 缴 费

防空地下室易地建设费由缴费人向税务部门自行申报缴费,按次申报缴纳,使用《非税收入通用申请表》。

第六节 欠费追征及退费

《国家国防动员委员会 国家发展计划委员会 建设部 财政部关于颁发〈人民防空工程建设管理规定〉的通知》(国人防办字〔2003〕18 号)规定,经人民防空主管部门批准需缴纳防空地下室易地建设费的,建设单位在办理建设工程规划许可证前,应当先缴纳防空地下室易地建设费。但未对欠费追征的罚款、滞纳金有明确规定。

涉及税务部门误收、缴费人误缴以及汇算清缴需要退库的,缴费人向主管税务机关申请办理。涉及收入减免等政策性原因需要退库的,按照财政部门有关退库管理规定办理。

第七节 风 险 管 理

一、费种认定环节

未按征收范围认定防空地下室易地建设费风险

【风险情形】

税务人员未按政策规定对防空地下室易地建设费费种认定,存在错征漏征的风险。

【风险成因】

税务人员未能正确把握防空地下室易地建设费征收对象范围,未对需要缴纳防空地下室易地建设费的建设单位认定费种;或对其他单位错误认定,导致漏征错征。

【防范措施】

通过金税三期系统查询防空地下室易地建设费费种已认定户,进行应认定未认定数据排查。

二、申报征收环节

申报不实导致少缴防空地下室易地建设费的风险

【风险情形】

缴费单位在申报防空地下室易地建设费时,故意少报应建防空地下室建筑面积达到少缴纳防空地下室易地建设费的目的,存在申报不实导致防空地下室易地建设费缴纳不足的风险。

【风险成因】

部分缴费单位为了少缴纳防空地下室易地建设费,采取少填报应建防空地下室建筑面积的方式少缴纳防空地下室易地建设费。

【防范措施】

通过年度汇算清缴情况比对查看缴费单位账册和实地核实等方式,分析核查缴费单位实际应建防空地下室建筑面积。

三、退(抵)费环节

【风险情形】

1. 税务干部明知或应知缴费人不符合退(抵)费条件,徇私舞弊、滥用职权违规为其办理退(抵)费,造成费款流失。

2. 税务干部怕麻烦图省事,对应享未享降费政策产生的小额退费,违规要求缴费人放弃退(抵)费,影响缴费人合法权益。

【风险成因】

一是部分单位退(抵)费岗责配置不合理,管理权限过于集中,未能实现各环节相互分离、相互制约。二是小额退(抵)费业务量过大,间接导致部分税务干部要求缴费人放弃退费以减轻工作负担。三是监督管理机制不健全,监督管理不到位,未能及时发现和纠正违规行为。

【防范措施】

一是完善退抵费岗责设置,完善业务流程,实现受理、审核、退库等环节相互分离,相互制约。二是探索通过信息化手段提高小额退费审核效率,合理减轻基层负担。三是加强税费协同管理,及时与货物劳务税、财产行为税的信息关联比对,强化税费联动风险识别及防范管理。四是强化内部监督,实现业务申请、审核、审批全流程信息化管控,通过定期检查、日常抽查、重点督查等多种方式,细致排查相关岗位人员的履职情况,发现问题及时纠正。

四、欠费核销环节

【风险情形】

税务干部为谋取私利,违反规定擅自核销缴费人欠缴费款及滞纳金,造成国家费款流失。

【风险成因】

一是欠费核销管理制度不健全,未做到受理、审核、核销等岗位相互分离、相互制约,一人同时担任多个不相容岗位工作的情形。二是欠费核销管理制度落实不到位,未严格执行会商业务主管部门、上会研究、上级机关审批等程序。三是部门间协同管理不到位,对账机制不健全,未建立欠缴费款协同管理、相关比对、相互监督的工作机制。

【防范措施】

一是优化岗位职责,明确核销欠费必须经由初审、复核、审批等岗位确认,确保各岗位职责相互衔接、相互制约,严格按照岗位职责设置系统操作权限,不得设置统审兼批的"超级用户"权限。二是明确各层级核销权限及额度,核销欠费及滞纳金须提前与相关业务主管部门达成一致意见,由非税收入管理部门或征管部门报经所在税务局有关会议集体研究决定,并报经有权部门审批后执行。三是强化部门协同管理,提高税务部门与非税收入业务主管部门、财政部门征缴信息共享质效,定期就欠费管理情况进行跨部门会商、比对,联合开展督导检查,形成协同治费格局。

五、数据管理环节

【风险情形】

税务干部将缴费信息违规提供给其他单位和个人以谋取私利,造成国家秘密、工作秘密、商业秘密及个人隐私泄露,影响国家安全,给缴费人造成损失。

【风险成因】

一是部分税务干部保密意识不强,对职务信息和保密管理的有关规定不了解不熟悉,保密管理规定执行不到位。二是部分单位信息管理岗位和权限配置不合理,数据管理权限过于集中,部分人员管理权限超出职责范围。三是部分地区信息化水平较低,部分信息通过介质传递,导致发现和识别伪造、编造、泄露信息的难度较大。

【防范措施】

一是结合非税收入工作特点,有针对性地加强信息安全、数据保密等内部规范的学习培训,强化基层干部保密意识和信息安全使用意识。二是优化基层非税收入数据管理岗责配置,根据各岗位业务需求,按照"最小授权"原则配置数据查询权限,严格控制数据导出权限。三是推动省以下税务部门尽快完善与外部门非税收入信息共享机制,使用税务总局统推的信息交换系统开展长期数据共享,实现征缴信息安全传输。四是加强涉费数据日常管理,强化信息化监控手段,做到数据导入、查询、导出全程留痕管理。

第八节　会计核算

防空地下室易地建设费,如果是房地产企业发生的,计入开发成本——公共配套设施费科目核算。

借:开发成本——公共配套设施费——防空地下室易地建设费

贷:银行存款

第二十一章

土地闲置费

第一节 征收范围

闲置土地,是指国有建设用地使用权人超过国有建设用地使用权有偿使用合同或者划拨决定书约定、规定的动工开发日期满 1 年未动工开发的国有建设用地。

已动工开发但开发建设用地面积占应动工开发建设用地总面积不足 1/3 或者已投资额占总投资额不足 25%,中止开发建设满 1 年的国有建设用地,也可以认定为闲置土地。

经调查核实,符合《闲置土地处置办法》(中华人民共和国国土资源部令第 53 号)第二条规定条件,构成闲置土地的,市、县国土资源主管部门应当向国有建设用地使用权人下达《闲置土地认定书》。缴费主体是被下达《闲置土地认定书》的国有建设用地使用权人。

第二节 征收标准

闲置土地未动工开发满 1 年的,由市、县国土资源主管部门报经本级人民政府批准后,向国有建设用地使用权人下达《征缴土地闲置费决定书》,按照土地出让或者划拨价款的 20% 征缴土地闲置费。土地闲置费不得列入生产成本。

第三节 优惠政策

无。

第四节 预算管理

土地闲置费在《2022 年政府收支分类科目》中列 103 类 04 款 32 项"自然资源行政事业性收费收入"下设 05 目"土地闲置费",属中央与地方共用收入科目,反映自然资源管理部门收取的行政事业性收费收入。按有关规定收取的土地闲置费收入,预算科目代码 103043205,预算级次为 100% 市(州)级或 100% 县(市、区)级。

第五节　申 报 缴 费

国有建设用地使用权人应当自《征缴土地闲置费决定书》送达之日起 30 日内,按照规定缴纳土地闲置费。土地闲置费由土地所在地主管税务机关负责征收。

土地闲置费由自然资源部门向缴纳义务人(土地使用权人)出具《征缴土地闲置费决定书》等文书,并向税务部门推送《征缴土地闲置费决定书》等费源信息。缴纳义务人依据《征缴土地闲置费决定书》向税务部门申报缴纳,税务部门开具缴费凭证。

土地闲置费由税务机关依据自然资源部门推送的《征缴土地闲置费决定书》等费源信息征收。缴费人申报前或已申报未缴费,因推送的费源信息有误或者《征缴土地闲置费决定书》调整等原因需要变更、撤销费源信息的,税务机关依据自然资源部门重新推送的费源信息办理。缴费人已申报缴费的,不得变更、撤销费源信息。如发生多缴、少缴费款的情形,应当按照规定办理退费、补缴。

土地闲置费通过《非税收入通用申报表》办理申报。土地闲置费申报金额按照自然资源部门下达的《征缴土地闲置费决定书》列明的金额确定。土地闲置费的申报缴纳期限为自然资源部门向缴费人送达《征缴土地闲置费决定书》之日起 30 日内。税务机关使用"自然资源行政事业性收费收入"征收项目征收土地闲置费。

土地闲置费使用财政部统一监(印)制的《中央非税收入统一票据》,按照税务机关全国统一的信息化方式规范管理。税务机关开具《中央非税收入统一票据》时,应当加盖征收专用章。税务机关可通过《中央非税收入统一票据》备注栏、其他信息栏,为缴费人备注税收电子缴款书号码、申报方式、地块名称等关联信息,满足缴费人用票需求。

第六节　欠费追征及退费

土地闲置费申报期限按现行规定执行,未按时缴纳的,由税务部门出具催缴通知,并通过涉税渠道及时追缴。

国有建设用地使用权人对《征缴土地闲置费决定书》不服的,可以依法申请行政复议或者提起行政诉讼。

国有建设用地使用权人逾期不申请行政复议、不提起行政诉讼,也不履行相关义务的,市、县国土资源主管部门可以采取下列措施:

1. 逾期不办理国有建设用地使用权注销登记,不交回土地权利证书的,直接公告注销国有建设用地使用权登记和土地权利证书。

2. 申请人民法院强制执行。

因缴费人误缴、税务机关误收土地闲置费需要退库的,税务机关依据财政部门授权审核退库。因政策调整、费源信息变更等其他情形需要退库的,税务机关应当告知缴费人向有关部门申请办理。缴费人未按规定期限申报缴费的,税务机关应当及时督促提醒缴费人申报缴费。

具体方式由各省级税务局确定。对缴费人经督促提醒仍不缴、少缴土地出让类非税收入的,税务机关应当及时将有关信息推送至自然资源部门,便于其履行相关管理职责。缴费人后续补缴费款的,税务机关及时将缴费信息通知自然资源部门。税务机关应当在缴费人注销登记前及时提醒缴费人缴纳,并将缴费人缴清费款的情况通知自然资源部门。

第七节　风　险　管　理

一、现金缴费环节

【风险情形】

土地闲置费费款金额较大,企业业务人员一般都到大厅申报缴纳,费款征收人员收取现金费款后,篡改缴费记录、伪造或违规作废缴费票证,制造已缴费假象蒙骗缴费人,擅自截留、挪用、侵占费款。

【风险成因】

一是部分地区岗责设置不规范,未严格执行现金业务岗位设置"票款分离"原则,存在一人多岗的情况,一名工作人员既负责收款,又负责票据开具、作废、缴销等工作,为不法分子侵占、窃取费款提供了可乘之机。二是风险防控机制不健全,未将现金缴费业务作为高风险业务事项管理,日常监管不及时,未能及时发现和纠正违规行为。

【防范措施】

一是持续优化服务方式,推广线上缴费,降低现金缴费规模。对于已经来申报一定要缴现金的缴费人,要做到建立健全现金征收风险防控机制,做到岗位设置相互分离、现金业务全程留痕、现金费款及时入库。二是优化现金缴费业务岗责设置,开票岗不得收取现金费款,收款岗不得领取、开具相关税务收现票证,严格实行岗位分离、票款分离。三是利用信息化手段完整保存现金缴费相关表证单书及信息数据,确保申报征收操作有痕迹、记录可查询、结果可追溯,防止人为篡改。四是加强非税收入票据管理,严格实行每日审核,确保非税收入票据按规定的适用范围填开、使用。严把票据作废和现金结报关,加强日常监督检查,对检查中发现的违规开具、账实不符等问题,及时查明原因,依法依规处理。五是加强编外人员管理。严格落实税务总局及各省税务局有关办税服务厅编外人员管理的规定,禁止编外人员从事《办税服务厅编外人员授权负面清单》中的相关工作。定期对编外人员业务素质、履职情况、廉政情况等开展监督检查,确保管理风险及时发现及时解决。

二、退(抵)费环节

【风险情形】

1. 税务干部明知或应知缴费人不符合退(抵)费条件,徇私舞弊、滥用职权违规为其办理退(抵)费,造成费款流失。

2. 缴费人误缴、税务部门误收、汇算清缴需要退库,但税务干部未通知纳税人而滥用职权违规办理退(抵)费,造成费款流失。

【风险成因】

一是部分单位退(抵)费岗责配置不合理,管理权限过于集中,未能实现各环节相互分离、相互制约。二是监督管理机制不健全,监督管理不到位,未能及时发现和纠正违规行为。

【防范措施】

一是完善退(抵)费岗责设置,完善业务流程,实现受理、审核、退库等环节相互分离,相互制约。二是探索通过信息化手段提高退费审核效率,合理减轻基层负担。三是强化内部监督,实现业务申请、审核、审批全流程信息化管控,通过定期检查、日常抽查、重点督查等多种方式,细致排查相关岗位人员的履职情况,发现问题及时纠正。

三、欠费核销环节

【风险情形】

税务干部为谋取私利,违反规定擅自核销缴费人欠缴费款,造成国家费款流失。

【风险成因】

一是欠费核销管理制度不健全,未做到受理、审核、核销等岗位相互分离、相互制约,一人同时担任多个不相容岗位工作的情形。二是欠费核销管理制度落实不到位,未严格执行会商业务主管部门、上会研究、上级机关审批等程序。三是部门间协同管理不到位,对账机制不健全,未建立欠缴费款协同管理、相关比对、相互监督的工作机制。

【防范措施】

一是优化岗位职责,明确核销欠费必须经由初审、复核、审批等岗位确认,确保各岗位职责相互衔接、相互制约,严格按照岗位职责设置系统操作权限,不得设置统审兼批的“超级用户”权限。二是明确各层级核销权限及额度,核销欠费及滞纳金须提前与相关业务主管部门达成一致意见,由非税收入管理部门或征管部门报经所在税务局有关会议集体研究决定,并报经有权部门审批后执行。三是强化部门协同管理,提高税务部门与非税收入业务主管部门、财政部门征缴信息共享质效,定期就欠费管理情况进行跨部门会商、比对,联合开展督导检查,形成协同治费格局。

四、数据管理环节

【风险情形】

税务干部将缴费信息违规提供给其他单位和个人以谋取私利,造成国家秘密、工作秘密、商业秘密及个人隐私泄露,影响国家安全,给缴费人造成损失。

【风险成因】

一是部分税务干部保密意识不强,对职务信息和保密管理的有关规定不了解不熟悉,保密管理规定执行不到位。二是部分单位信息管理岗位和权限配置不合理,数据管理权限过于集中,部分人员管理权限超出职责范围。三是部分地区信息化水平较低,部分信息通过介质传递,导致发现和识别伪造、编造、泄露信息的难度较大。

【防范措施】

一是结合非税收入工作特点,有针对性地加强信息安全、数据保密等内部规范的学习培训,强化基层干部保密意识和信息安全使用意识。二是优化基层非税收入数据管理岗责配置,根据各岗位业务需求,按照"最小授权"原则配置数据查询权限,严格控制数据导出权限。三是推动省以下税务部门尽快完善与外部门非税收入信息共享机制,使用税务总局统推的信息交换系统开展长期数据共享,实现征缴信息安全传输。四是加强涉费数据日常管理,强化信息化监控手段,做到数据导入、查询、导出全程留痕管理。

五、其他征管环节

欠费追缴风险

【风险情形】

税务部门无法按照文件规定对欠费人依法依规开展欠费追缴等相关工作,可能存在追缴不力、不作为等风险。

【风险成因】

在土地闲置费实际征管工作中,相关法律文件对拖欠、拒缴、抗缴非税收入等行为无明确具体的处罚规定,未赋予税务部门具体的追缴或处罚权。虽然税务机关可按照税收的管理方式,在登记、申报、征收入库等环节采取相应的管理措施,但在强制手段方面并不能将税收征管法直接应用于非税收入。因此,面对缴费人恶意拖欠甚至拒缴的情况,税务机关在催缴、追缴方面执法的刚性不足。

【防范措施】

税务部门及时与各部门沟通,相互配合,针对缴纳义务人开展缴费提醒、缴费辅导工作,同时与各部门按期进行收入明细对账工作,确保费款及时、准确入库。

第八节 会 计 核 算

土地闲置国家未收回的,土地闲置费计入施工项目成本(在建工程);被国家无偿收回时,土地闲置费可计入损益类科目(如管理费用或其他支出等)。

第二十二章

国有土地使用权出让收入

第一节　征　收　范　围

土地使用权出让,是指国家将国有土地使用权(以下简称土地使用权)在一定年限内出让给土地使用者,由土地使用者向国家支付土地使用权出让金的行为。缴费主体是国有土地使用权的受让者。

城市规划区内的集体所有的土地,经依法征收转为国有土地后,该幅国有土地的使用权方可有偿出让,但法律另有规定的除外。土地使用权出让,由市、县人民政府有计划、有步骤地进行。出让的每幅地块、用途、年限和其他条件,由市、县人民政府土地管理部门会同城市规划、建设、房产管理部门共同拟定方案,按照国务院规定,报经有批准权的人民政府批准后,由市、县人民政府土地管理部门实施。直辖市的县人民政府及其有关部门行使前款规定的权限,由直辖市人民政府规定。

国有土地使用权出让收入(以下简称土地出让收入)是指政府以出让等方式配置国有土地使用权取得的全部土地价款。具体包括:以招标、拍卖、挂牌和协议方式出让国有土地使用权所取得的总成交价款(不含代收代缴的税费),转让划拨国有土地使用权或依法利用原划拨土地进行经营性建设应当补缴的土地价款,处置抵押划拨国有土地使用权应当补缴的土地价款,转让房改房、经济适用住房按照规定应当补缴的土地价款,改变出让国有土地使用权土地用途、容积率等土地使用条件应当补缴的土地价款,以及其他和国有土地使用权出让或变更有关的收入等。

按照规定依法向国有土地使用权受让人收取的定金、保证金和预付款,在国有土地使用权出让合同(以下简称土地出让合同)生效后可以抵作土地价款。

第二节　征　收　标　准

土地使用者必须按照出让合同约定,支付土地使用权出让金。

第三节　优　惠　政　策

无。

第四节　预　算　管　理

土地使用权出让金应当全部上缴财政,列入预算,用于城市基础设施建设和土地开发。土地出让收支全额纳入地方政府基金预算管理。收入全部缴入地方国库,支出一律通过地方政府基金预算从土地出让收入中予以安排,实行彻底的"收支两条线"管理。在地方国库中设立专账(即登记簿),专门核算土地出让收入和支出情况。

国有土地使用权出让收入在《2022 年政府收支分类科目》中列 103 类 01 款 48 项"国有土地使用权出让收入",反映不含计提和划转部分的国有土地使用权出让收入,下设 01 目"土地出让价款收入",中央和地方共用收入科目,反映新疆生产建设兵团和地方以招标、拍卖、挂牌和协议方式出让国有土地使用权所确定的成交价款,扣除财政部门已经划转的国有土地收益基金和农业土地开发资金后的余额,按规定计提教育资金、农田水利建设资金后,该科目发生额需相应调减;02 目"补缴的土地缴款",中央和地方共用收入科目,反映新疆生产建设兵团和地方划拨国有土地使用权转让或依法利用原划拨土地进行经营性建设应当补缴的土地价款、变现处置抵押划拨国有土地使用权应当补缴的土地价款、转让房改房和经济适用住房等按照规定应当补缴的土地价款以及出让国有土地使用权改变土地用途和容积率等土地使用条件应当补缴的土地价款;03 目"划拨土地收入",中央和地方共用收入科目,反映土地使用者以划拨方式取得国有土地使用权,依法向市、县人民政府交纳的土地补偿费、安置补助费、地上附着物和青苗补偿费、拆迁补偿费等费用;98 目"交纳新增建设用地土地有偿适用费",中央和地方共用收入科目,反映市县政府当年按规定用土地出让收入向中央和省级政府交纳的新增建设用地土地有偿使用费,以负收入记;99 目"其他土地出让收入",中央和地方共用收入科目,反映土地使用者依法承租国有土地应缴纳的土地租金收入、出租划拨土地上的房屋应当上缴的土地收益金等其他土地出让收入。

第五节　申　报　缴　费

土地使用者应当在签订土地使用权出让合同后 60 日内,支付全部土地使用权出让金。

税务机关接到自然资源部门推送的土地出让收入费源信息后,应当于 2 个工作日内通知缴费人及时向税务机关申报缴费。涉及分期缴纳土地出让收入的,税务机关按期提醒缴费人及时缴费。缴费人申报前或已申报未缴费,因推送的费源信息有误或者土地出让合同、划拨用地批准文件调整等原因需要变更、撤销费源信息的,税务机关依据自然资源部门重新推送的费源信息办理。缴费人已申报缴费的,不得变更、撤销费源信息。如发生多缴、少缴费款的情形,应当按照规定办理退费、补缴。国有土地使用权出让收入通过《非税收入通用申报表》办理申报。其中,申报土地出让收入时可通过特定非税收入项目采集辅助申报。土地出让收入申报金额依据土地出让合同、划拨用地批准文件等明确的土地总价款及分期付款金额确定。

土地出让收入申报缴纳期限为土地出让合同签订之日、划拨用地批准文件等制发之日起,至土地出让合同、划拨用地批准文件等规定的付款期限届满之日止。涉及分期缴纳的土地出让收入,税务机关辅导缴费人做好一次申报、分期缴纳,简并申报次数。分期缴纳土地出让收入的,缴费人在缴纳第二期及以后各期费款时,根据土地出让合同的规定申报缴纳利息。缴费人缴纳的竞买保证金需抵作土地出让收入的,由保证金收取单位代缴费人向税务机关申报缴纳。以缴费人名义申报时,可以采取银行端查询缴税方式,通过办税服务厅或网上办税系统生成《银行端查询缴税凭证》,经保证金收取单位签章确认后,送交收取竞买保证金的银行划缴入库。

税务机关使用"国有土地收益基金收入""农业土地开发资金收入""国有土地使用权出让收入"三个征收项目征收土地出让收入。对不能按照地块确定计提国有土地收益基金、农业土地开发资金等专项资金的,税务机关按照"国有土地使用权出让收入"征收入库,由财政部门通过调库等方式计提专项资金。对能够按照地块计提的,税务机关可以根据相关部门确定的应计提专项资金,按照对应的征收项目征收入库。

国有土地使用权出让收入使用财政部统一监(印)制的《中央非税收入统一票据》,按照税务机关全国统一的信息化方式规范管理。税务机关开具《中央非税收入统一票据》时,应当加盖征收专用章。税务机关可通过《中央非税收入统一票据》备注栏、其他信息栏,为缴费人备注税收电子缴款书号码、申报方式、地块名称等关联信息,满足缴费人用票需求。竞买保证金抵作土地出让收入时,如由保证金收取单位代为申报缴纳的,可在《中央非税收入统一票据》备注栏注明实际缴费人;通过银行端查询缴税方式以缴费人名义申报缴费的,《中央非税收入统一票据》"交款人"栏即为实际缴费人。

缴费人以现金、银行转账方式缴费的,从税务机关获取《税收缴款书(银行经收专用)》《税收缴款书(税务收现专用)》后,税务机关可为其换开《中央非税收入统一票据》。

第六节　欠费追征及退费

土地使用者逾期未全部支付土地出让金的,出让方有权解除合同,并可请求违约赔偿。

未按照出让合同约定支付土地使用权出让金的,土地管理部门有权解除合同,并可以请求违约赔偿。

缴费人未按规定期限申报缴费的,税务机关应当及时督促提醒缴费人申报缴费。具体方式由各省级税务局确定。对缴费人经督促提醒仍不缴、少缴土地出让类非税收入的,税务机关应当及时将有关信息推送至自然资源部门,便于其履行相关管理职责。缴费人后续补缴费款的,税务机关及时将缴费信息通知自然资源部门。税务机关应当在缴费人注销登记前及时提醒缴费人缴纳,并将缴费人缴清费款的情况通知自然资源部门。

因缴费人误缴、税务机关误收土地出让收入需要退库的,税务机关受理缴费人申请并严格审核后,及时商财政、自然资源部门复核,按规定办理退付手续。因政策调整、费源信息变更等其他情形需要退库的,税务机关应当告知缴费人向有关部门申请办理。

第七节　风险管理

一、费种认定环节

（一）费种认定不规范风险

【风险情形】

税务机关应按照相关政策规定和征管规范进行费种认定，准确无误在核心征管系统中录入征收项目、征收品目、认定有效期起止、申报期限、缴款期限、预算分配比例等。在实际操作过程中可能存在税务机关费种认定不规范的问题。

【风险成因】

一是税务机关人员培训不到位，对政策掌握度不够，在实际操作过程中容易发生错误；二是系统功能还不够健全，预算分配比例默认"县区100%"，对于需要选择其他预算分配比例的，需通过"登记户归类管理"模块变更，程序繁琐不便于税务人员操作；三是岗责设计不科学不合理，核心征管系统中费种认定模块为单岗位操作，未设置复核环节，缺乏分工制约。

【防范措施】

一是加强税务人员的政策培训和实操演练，规范认定环节，制发操作手册；二是优化岗位职责，明确认定管理岗位与相关业务岗位的工作职责，形成职权与责任对等、环节与岗位匹配，既相互制衡又协调配合的认定管理机制；三是定期监督检查，在金三系统中提取费种认定信息，比对分析认定结果，发现问题及时整改。

（二）超范围认定风险

【风险情形】

划转税务征收的土地出让收入应严格按照《国务院办公厅关于规范国有土地使用权出让收支管理的通知》（国办发〔2006〕100号）文件中对土地出让收入征收范围的界定征收。在实际执行过程中，可能存在部分政府单位要求税务部门征收政府其他有关土地非税收入项目，税务部门若不能及时辨别区分，可能存在较大风险隐患。

【风险成因】

一是税务部门人员对划转范围认识不到位，未能够及时界定征收范围和征收职责；二是可能存在政府干预和施压，不利于税务部门开展工作；三是缺乏完善的内部控制监督体系，不能有效阻断错误认定。

【防范措施】

一是加强税务人员的政策培训和划转文件相关精神学习。二是畅通问题反馈机制，建立省—市—县三级问题反馈渠道，及时发现和解决征收过程中存在的问题。三是开展定期自检自查和交叉检查，通过金三系统征收数据提取分析检查和实地核查相关涉费资料是否与征收数据相匹配等方式，有效规范土地出让收入征收。

二、申报征收环节

(一) 提前征收的风险

【风险情形】

部分县(市、区)自然资源部门在未与国有土地使用权竞得人签订合同的情况下,出于国有土地收储,开发资金及时回笼或者尽快清偿地方政府债务的考虑,与国有土地使用权竞得人签订成交确认书后,要求先行收取竞买保证金或地价款。

【风险成因】

国有土地使用权出让收入根据地方出台政策具体执行,政策执行的不统一可能导致监管不严,力度不高,加之该费种涉及土地出让环节,实际征收中情况复杂,特殊性强,执行刚性无法把握。

【防范措施】

各地税务机关一是要进一步加强与当地自然资源沟通协调,明确政策执行口径和部门职责,对于特殊情况和业务,要请相关部门提供书面缴款通知;二是要坚持依法组织收入原则,认真审核、收集申报资料,认真做好缴费服务和解释工作,防止舆情发生,要在申报资料齐全、缴费人自愿的原则下开展征收工作。

(二) 少征、漏征风险

【风险情形】

对于分期缴纳国有土地使用权出让收入的,部分县(市、区)自然资源部门未按合同约定加收利息、违约金;对于分期缴纳国有土地使用权出让收入的,部分县(市、区)自然资源部门未按中国人民银行公布的基准贷款利率计算利息,而是按商业银行同期贷款利率计算利息。

【风险成因】

国有土地使用权出让收入根据地方出台政策具体执行,政策执行的不统一可能导致监管不严,力度不高,加之该费种涉及土地出让环节,实际征收中情况复杂,特殊性强,执行刚性无法把握。

【防范措施】

各地税务机关一是要进一步加强与当地自然资源沟通协调,明确政策执行口径和部门职责,对于特殊情况和业务,要请相关部门提供书面缴款通知;二是要坚持依法组织收入原则,认真审核、收集申报资料,认真做好缴费服务和解释工作,防止舆情发生,要在申报资料齐全、缴费人自愿的原则下开展征收工作。

(三) 虚增空转、征收不实的风险

【风险情形】

部分政府年末为完成收入预算,可能存在虚增土地出让以缓解组织收入压力的情况。

【风险成因】

税务部门收入管理责任不清,内控机制不够健全,税务人员政策掌握度不够,资料审核不严,核实不到位可能导致错征;政府部门对国有土地出让收入政策管理不严格,不规范问题较为突出。

【防范措施】

一是强化内控机制,将内部控制功能嵌入征管系统申报征收业务处理流程,在业务事项的重要节点设置复核、授权功能并预设监控指标进行交叉比对,利用信息化手段完整保存相关表证单书及信息数据,确保申报征收操作有痕迹、记录可查询、结果可追溯,防止人为篡改。二是各级税务机关应加强与自然资源部门沟通协调和信息共享,加强申报资料收集和审核,认真落实土地交易的真实性和合法性,若遇问题应及时向当地政府和税务上级部门进行汇报,共商解决方案。三是坚持依法征收,进一步严肃组织收入纪律,对违规违法违纪征收非税收入的行为进行责任追究

三、退(抵)费环节

(一)退费所需时间较长风险

【风险情形】

土地出让收入在金三系统中不可以做抵费处理,只能退费,但由于土地出让收入涉及金额大、涉及部门多、流转时间长,一方面容易造成超期,影响缴费人正常缴纳,另一方面大额资金无法及时退还,可能影响公司正常生产经营。

【风险成因】

根据规定,土地出让收入因缴费人误缴、税务部门误征需要退库的,由缴费人向税务部门申请办理,税务部门经严格审核并商财政、自然资源部门复核同意后,按规定办理退付手续。土地出让收入涉及税务、自然资源、财政共三个单位五个部门,税务与外部门间无法线上共享退费资料,无法线上完成审核审批。

【防范措施】

一是优化退费资料审核流程,规定具体完成时限并纳入绩效考核,有效督促各级干部按规定完成审核;二是继续优化数据共享平台,增加退费信息线上流转功能,保证数据安全并有效提升退费时效;三是加强沟通和跟踪问效,税务机关应加强退费户的跟踪管理,及时了解退费进度,主动对接外部门,遇到问题及时协调解决,有效提升退费质效。

(二)退费资料遗失、篡改等风险

【风险情形】

根据规定,土地出让收入因缴费人误缴、税务部门误征需要退库的,由缴费人向税务部门申请办理,税务部门经严格审核并商财政、自然资源部门复核同意后,按规定办理退付手续。目前退费资料主要通过机外方式传递,可能存在资料遗失或被篡改等风险。

【风险成因】

由于数据交换平台目前不支持退费资料线上交换和审核签章,相关资料在机外流转过程中可能遗失,同时由于经办人员较多,可能出现徇私舞弊、滥用职权违规操作等行为。

【防范措施】

一是优化数据交换平台,增加退费信息线上流转功能,保证数据安全并有效提升退费时效;二是完善退抵费岗责设置,完善业务流程,实现受理、审核、退库等环节相互分离,相互制约;三是强化内部监督,实现业务申请、审核、审批全流程信息化管控,通过定期检查、日常抽

查、重点督查等多种方式,细致排查相关岗位人员的履职情况,发现问题及时纠正。

四、信息互联互通环节

【风险情形】

存量房买卖转移登记业务需要补缴土地出让收入,部分地区税务机关与不动产登记部门之间征缴信息互联互通工作落实不到位,导致缴费人仅凭税务部门开具的非税收入票据即可办理缮证。可能出现工作人员为谋取私利,利用职务便利,为不符合条件的单位或者个人开具虚假缴费凭证,为缴费人违规办理产权手续提供便利,造成土地出让收入流失。

【风险成因】

一是税务部门与不动产登记部门未按要求落实征缴信息互联互通要求,信息传递不顺畅。二是部门间信息核验存在漏洞,房产登记前未对缴费信息进行有效核验。三是税务部门内控机制不健全,监督管理不到位,未及时利用不动产登记部门房产登记信息对土地出让收入征缴情况进行比对、检查。

【防范措施】

一是加强税务部门条线监督,社保非税部门组织定期抽查、比对国有土地使用权出让收入征缴情况。二是强化信息互联互通,确保税务部门与不动产登记部门信息交换及时、准确,利用房产登记信息和土地出让收入征缴信息定期开展比对检查,内外联动凝聚监督合力,确保每一笔费款及时、安全入库。三是优化部门间业务流程衔接,建立税务部门与不动产登记中心定期对账机制,提升不动产登记中心窗口人员风险防控意识。

第八节　会 计 核 算

土地出让金根据现行《企业会计制度》规定:

1. 实行土地使用权有偿使用后,企业为新建办公楼等而获得土地使用权,所支付的土地出让金,在"无形资产"科目核算。

2. 企业为房地产开发而获得的土地使用权,所支付的土地出让金,在"开发成本"科目核算。

3. 即记入到所建的固定资产价值之中,但不单独作为"固定资产——土地"入账。

第二十三章

矿产资源专项收入

第一节　征收范围

矿产资源专项收入，是指国家基于自然资源所有权对在中华人民共和国领域及管辖海域勘查、开采、使用、占用矿产资源的探矿权人或采矿权人收取的各项收入。具体包括矿业权出让收益、探矿权采矿权占用费、矿产资源补偿费。

矿业权出让收益是国家基于自然资源所有权，依法向矿业权人收取的国有资源有偿使用收入。矿业权出让收益包括探矿权出让收益和采矿权出让收益。

探矿权采矿权占用费是指依据国家实行探矿权采矿权有偿取得的制度向矿业权人收取的使用费用（由于矿产权占用费相关的征收管理办法尚未出台，探矿权采矿权占用费仍按探矿权采矿权使用费征收）。

矿产资源补偿费是指在中华人民共和国领域及管辖海域开采矿产资源的补偿费用。

第二节　征收标准

一、矿业权出让收益

根据《财政部　自然资源部　税务总局关于印发〈矿业权出让收益征收办法〉的通知》（财综〔2023〕10 号）的规定，按竞争方式出让探矿权、采矿权的，在出让时征收竞争确定的成交价；在矿山开采时，按合同约定的矿业权出让收益率逐年征收采矿权出让收益。矿业权出让收益率依据矿业权出让时《矿种目录》规定的标准确定。按协议方式出让探矿权、采矿权的，成交价按起始价确定，在出让时征收；在矿山开采时，按矿产品销售时的矿业权出让收益率逐年征收采矿权出让收益。计算公式如下：

$$矿业权出让收益 = 探矿权（采矿权）成交价 + 逐年征收的采矿权出让收益$$

其中：

$$逐年征收的采矿权出让收益 = 年度矿产品销售收入 \times 矿业权出让收益率$$

矿产品销售收入，按照矿业权人销售矿产品向购买方收取的全部收入确定，不包括增值税税款。销售收入的具体规定，由自然资源部商财政部、国家税务总局另行明确。

二、探矿权采矿权占用费（使用费）

根据《矿产资源勘查区块登记管理办法》的规定，国家实行探矿权有偿取得的制度，探矿权使用费以勘查年度计算,逐年缴纳。探矿权使用费标准:第一个勘查年度至第三个勘查年度,每平方公里每年缴纳 100 元;从第四个勘查年度起,每平方公里每年增加 100 元,但是最高不得超过每平方公里每年 500 元。

根据《矿产资源开采登记管理办法》第九条的规定,国家实行采矿权有偿取得的制度,采矿权使用费,按照矿区范围的面积逐年缴纳,标准为每平方千米每年 1 000 元。

三、矿产资源补偿费

按照矿产品销售收入的一定比例计征。企业缴纳的矿产资源补偿费列入管理费用。采矿权人对矿产品自行加工的,按照国家规定价格计算销售收入;国家没有规定价格的,按照征收时矿产品的当地市场平均价格计算销售收入。采矿权人向境外销售矿产品的,按照国际市场销售价格计算销售收入。

矿产资源补偿费按照下列方式计算:

$$征收矿产资源补偿费金额 = 矿产品销售收入 \times 补偿费费率 \times 开采回采率系数$$
$$开采回采率系数 = 核定开采回采率 \div 实际开采回采率$$

核定开采回采率,以按照国家有关规定经批准的矿山设计为准;按照国家有关规定,只要求有开采方案,不要求有矿山设计的矿山企业,其开采回采率由县级以上地方人民政府负责地质矿产管理工作的部门会同同级有关部门核定。

矿产资源补偿费依照表 23.1 所规定的费率征收。

表 23.1 矿产资源补偿费费率表
(地下水费率及征收管理办法由国务院另行规定)

矿种	费率(%)
石油	1
天然气	1
煤炭、煤成气	1
铀、钍	3
石煤、油砂	1
天然沥青	2
地热	3
油页岩	2
铁、锰、铬、钒、钛	2
铜、铅、锌、铝土矿、镍、钴、钨、锡、铋、钼、汞、锑、镁	2
金、银、铂、钯、钌、锇、铱、铑	4
铌、钽、铍、锂、锆、锶、铷、铯	3
镧、铈、镨、钕、钐、铕、钇、钆、铽、镝、钬、铒、铥、镱、镥	3
离子型稀土	4

（续表）

矿种	费率（%）
钪、锗、镓、铟、铊、铼、镉、硒、碲	3
宝石、玉石、宝石级金刚石	4
石墨、磷、自然硫、硫铁矿、钾盐、硼、水晶（压电水晶、熔炼水晶、光学水晶、工艺水晶）、刚玉、蓝晶石、硅线石、红柱石、硅灰石、钠硝石、滑石、石棉、蓝石棉、云母、长石、石榴子石、叶蜡石、透辉石冰州石、菱镁矿、萤石（普通萤石、光学萤石）、黄玉、电气石、玛瑙、颜料矿物（赭石、颜料黄土）、石灰岩（电石用灰岩、制碱用灰岩、化肥用灰岩、熔剂用灰岩、玻璃用灰岩、水泥用灰岩、用灰岩、熔剂用灰岩、玻璃用灰岩、水泥用灰岩、建筑石料用灰岩制灰用灰岩、饰面用灰岩）、泥灰岩、白垩、含钾岩石、白云岩（冶金用白云岩、化肥用白云岩、玻璃用白云岩、建筑用白云岩）、石英岩（冶金用石英岩、玻璃用石英岩、化肥用石英岩）、砂岩（冶金用砂岩、玻璃用砂岩、水泥配料用砂岩、砖瓦用砂岩、化肥用砂岩、铸型用砂岩、陶瓷用砂岩）、天然石英砂（玻璃用砂、铸型用砂、建筑用砂、水泥配料用砂、水泥标准砂、砖瓦用砂）、脉石英（冶金用脉石英、玻璃用脉石英）、粉石英、天然油石、含钾砂页岩、硅藻土、页岩（陶粒页岩、砖瓦用页岩、水泥配料用页岩）、高岭土、陶瓷土、耐火粘土、凹凸棒石粘土、海泡石粘土、伊利石粘土、累托石粘土、膨润土、铁矾土、其他粘土（铸型用粘土、砖瓦用粘土、陶粒用粘土、水泥配料用粘土、水泥配料用红土、水泥配料用黄土、水泥配料用泥岩、保温材料用粘土）、橄榄岩（化肥用橄榄岩、建筑用橄榄岩）、蛇纹岩（化肥用蛇纹岩、熔剂用蛇纹岩、饰面用蛇纹岩）、玄武岩（铸石用玄武岩、岩棉用玄武岩）、辉绿岩（水泥用辉绿岩、铸石用辉绿岩、饰面用辉绿岩、建筑用辉绿岩）、安山岩（饰面用安山岩、建筑用安山岩、水泥混合材用安山玢岩）、闪长岩（水泥混合材用闪长玢岩、建筑用闪长岩）、花岗岩（建筑用花岗岩、饰面用花岗岩）、麦饭石、珍珠岩、黑曜岩、松脂岩、浮石、粗面岩（水泥用粗面岩、铸石用粗面岩）、霞石正长岩、凝灰岩（玻璃用凝灰岩、水泥用凝灰岩、建筑用凝灰岩）、火山灰、火山渣、大理岩（饰面用大理岩、建筑用大理岩、水泥用大理岩、玻璃用大理岩）、板岩（饰面用板岩、水泥配料用板岩）、片麻岩、角闪岩、泥炭、镁盐、碘、溴、砷	2
湖盐、岩盐、天然卤水	0.5
二氧化碳气、硫化氢气、氦气、氡气	3
矿泉水	4

矿产资源补偿费费率的调整，由国务院财政部门、国务院地质矿产主管部门、国务院计划主管部门共同确定，报国务院批准施行。

第三节　申报缴费

一、探矿权使用费

探矿权使用费以勘查年度计算，逐年缴纳。

采矿权人应当于每年的7月31日前缴纳上半年的矿产资源补偿费；于下一年度1月31日前缴纳上一年度下半年的矿产资源补偿费。

采矿权人在中止或者终止采矿活动时，应当结缴矿产资源补偿费。

二、矿业权出让收益

按照《财政部　自然资源部　税务总局关于印发〈矿业权出让收益征收办法〉的通知》（财综〔2023〕10号）的规定，按出让金额形式征收的矿业权出让收益，税务部门依据自然资源部门推送的合同等费源信息开具缴款通知书，通知矿业权人及时缴款。矿业权人在收到缴款通知书之日起30日内，按缴款通知及时缴纳矿业权出让收益。分期缴纳矿业权出让收益的矿业权人，首期出让收益按缴款通知书缴纳，剩余部分按矿业权合同约定的时间缴纳。

按矿业权出让收益率形式征收的矿业权出让收益，成交价部分以合同约定及时通知矿业权人缴款，矿业权人在收到缴款通知书之日起30日内，按缴款通知及时缴纳矿业权出让收益（成交价部分）。按矿业权出让收益率逐年缴纳的部分，由矿业权人向税务部门据实申报缴纳上一年度采矿权出让收益，缴款时间最迟不晚于次年2月底。

三、矿业权占用费

根据《矿产资源勘查区块登记管理办法》《矿产资源开采登记管理办法》的规定，登记管理机关作出准许登记决定后通知矿业权申请人，矿业权申请人应在收到通知之日起30日内按规定缴纳矿业权占用费。

第四节　预算管理

矿产资源专项收入在《政府收支分类目录》中列103类07款14项"矿产资源专项收入"，反映按《矿产资源补偿费征收管理规定》征收的矿产资源补偿费。下设01目"矿产资源补偿费收入"，中央与地方共用收入科目，反映按《矿产资源补偿费征收管理规定》征收的矿产资源补偿费；02目"探矿权、采矿权使用费收入"，中央与地方共用收入科目，反映按规定征收的探矿权、采矿权使用费；04目"矿业权出让收益"，中央与地方共用收入科目，反映按规定征收的矿业权出让收益；05目"矿业权占用费收入"，中央与地方共用收入科目，反映按规定征收的矿业权占用费收入。

矿业权出让收益为中央和地方共享收入，由中央和地方按照4∶6的比例分成，纳入一般公共预算管理。

地方管理海域的矿业权出让收益，由中央和地方按照4∶6的比例分成；其他我国管辖海域的矿业权出让收益，全部缴入中央国库。

地方分成的矿业权出让收益在省（自治区、直辖市）、市、县级之间的分配比例，由省级人民政府确定。

征收的矿产资源补偿费，应当及时上缴，并按照下款规定的中央与省、自治区、直辖市的分成比例分别入库，年终不再结算。中央与省、直辖市矿产资源补偿费的分成比例为5∶5；中央与自治区矿产资源补偿费的分成比例为4∶6。

第五节 优惠政策

1. 采矿权人有下列情形之一的,经省级人民政府地质矿产主管部门会同同级财政部门批准,可以免缴矿产资源补偿费:

(1) 从废石(矸石)中回收矿产品的。

(2) 按照国家有关规定经批准开采已关闭矿山的非保安残留矿体的。

(3) 国务院地质矿产主管部门会同国务院财政部门认定免缴的其他情形。

2. 采矿权人有下列情形之一的,经省级人民政府地质矿产主管部门会同同级财政部门批准,可以减缴矿产资源补偿费:

(1) 从尾矿中回收矿产品的。

(2) 开采未达到工业品位或者未计算储量的低品位矿产资源的。

(3) 依法开采水体下、建筑物下、交通要道下的矿产资源的。

(4) 由于执行国家定价而形成政策性亏损的。

(5) 国务院地质矿产主管部门会同国务院财政部门认定减缴的其他情形。

3. 采矿权人减缴的矿产资源补偿费超过应当缴纳的矿产资源补偿费 50% 的,须经省级人民政府批准。批准减缴矿产资源补偿费的,应当报国务院地质矿产主管部门和国务院财政部门备案。

第六节 欠费追征及退费

一、矿产资源补偿费

采矿权人在规定期限内未足额缴纳矿产资源补偿费的,由征收机关责令限期缴纳,并从滞纳之日起按日加收滞纳补偿费 2‰ 的滞纳金。采矿权人未按照前款规定缴纳矿产资源补偿费和滞纳金的,由征收机关处以应当缴纳的矿产资源补偿费 3 倍以下的罚款;情节严重的,由采矿许可证颁发机关吊销其采矿许可证。

采矿权人采取伪报矿种,隐匿产量、销售数量,或者伪报销售价格、实际开采回采率等手段,不缴或者少缴矿产资源补偿费的,由征收机关追缴应当缴纳的矿产资源补偿费,并处以应当缴纳的矿产资源补偿费 5 倍以下的罚款;情节严重的,由采矿许可证颁发机关吊销其采矿许可证。

二、矿业权出让收益

根据《财政部 自然资源部 税务总局关于印发〈矿业权出让收益征收办法〉的通知》(财综〔2023〕10 号)的规定,矿业权人未按时足额缴纳矿业权出让收益的,从滞纳之日起每日加收 2‰ 的滞纳金,加收的滞纳金不超过欠缴金额本金。矿业权出让收益滞纳金缴入矿业权出让收益科目,并统一按规定分成比例分成。各级财政部门、自然资源主管部门、税务部门及其工作人员,在矿业权出让收益征收工作中,存在滥用职权、玩忽职守、徇私舞弊等违法违规行为的,依法追究相应责任。相关中介、服务机构和企业未如实提供相关信息,造成矿业权人少缴矿业权出让收益的,由县级以上自然资源主管部门会同有关部门将其行为记入企业不良信息;构成犯罪的,依法追究刑事责任。

三、矿业权占用费(使用费)

根据《矿产资源勘查区块登记管理办法》《矿产资源开采登记管理办法》的规定,不按期缴纳规定应缴纳的费用的,由登记管理机关责令限期缴纳,并从滞纳之日起每日加收 2‰的滞纳金;逾期仍不缴纳的,由原发证机关吊销勘查/采矿许可证。

第七节　风 险 管 理

一、费种认定环节

(一)费种认定不规范风险

【风险情形】

税务机关应按照相关政策规定和征管规范进行费种认定,准确无误在核心征管系统中录入征收项目、征收品目、认定有效期起止、申报期限、缴款期限、预算分配比例等。在实际操作过程中可能存在税务机关费种认定不规范的问题。

【风险成因】

一是税务机关人员培训不到位,对政策掌握度不够,在实际操作过程中容易发生错误;二是系统功能还不够健全,预算分配比例默认"县区100%",对于需要选择其他预算分配比例的,需通过"登记户归类管理"模块变更,程序繁琐不便于税务人员操作;三是岗责设计不科学不合理,核心征管系统中费种认定模块为单岗位操作,未设置复核环节,缺乏分工制约。

【防范措施】

一是加强税务人员的政策培训和实操演练,规范认定环节,制发操作手册;二是优化岗位职责,明确认定管理岗位与相关业务岗位的工作职责,形成职权与责任对等、环节与岗位匹配,既相互制衡又协调配合的认定管理机制;三是定期监督检查,在金三系统中提取费种认定信息,比对分析认定结果,发现问题及时整改。

(二)超范围认定风险

【风险情形】

划转税务征收的矿产资源专项收入应严格按照《矿业权出让收益征收办法》和《探矿权采矿权使用费和价款管理办法》中对矿产资源专项收入征收范围的界定征收。在实际执行过程中,可能存在部分政府单位要求税务部门征收政府其他有关矿产非税收入项目,税务部门若不能及时辨别区分,可能存在较大风险隐患。

【风险成因】

一是税务部门人员对划转范围认识不到位,未能够及时界定征收范围和征收职责;二是可能存在政府干预和施压,不利于税务部门开展工作;三是缺乏完善的内部控制监督体系,不能有效阻断错误认定。

【防范措施】

一是加强税务人员的政策培训和划转文件相关精神学习;二是畅通问题反馈机制,建立省－市－县三级问题反馈渠道,及时发现和解决征收过程中存在的问题;三是开展定期自检自查和交叉检查,通过金三系统征收数据提取分析检查和实地核查相关涉费资料是否与征收数据相匹配等方式,有效规范国有矿产资源专项收入征收。

二、申报征收环节

(一) 提前征收的风险

【风险情形】

部分县(市、区)自然资源部门在未与矿业权竞得人签订合同的情况下,出于开发资金及时回笼或者尽快清偿地方政府债务的考虑,与矿业权竞得人签订成交确认书后,要求先行收取矿业权出让收益。

【风险成因】

矿产资源专项收入根据地方出台政策具体执行,政策执行的不统一可能导致监管不严,力度不高,加之该费种涉及矿业权出让环节,实际征收中情况复杂,特殊性强,执行刚性无法把握。

【防范措施】

1. 各地税务机关一是要进一步加强与当地自然资源沟通协调,明确政策执行口径和部门职责,对于特殊情况和业务,要请相关部门提供书面缴款通知。

2. 要坚持依法组织收入原则,认真审核、收集申报资料,认真做好缴费服务和解释工作,防止舆情发生,要在申报资料齐全,缴费人自愿的原则下开展征收工作。

(二) 少征、漏征风险

【风险情形】

对于分期缴纳矿产资源专项收入的,部分县(市、区)自然资源部门未按合同约定加收利息、违约金;对于分期缴纳矿产资源专项收入的,部分县(市、区)自然资源部门未按中国人民银行公布的基准贷款利率计算利息,而是按商业银行同期贷款利率计算利息。

【风险成因】

矿产资源专项收入根据地方出台政策具体执行,政策执行的不统一可能导致监管不严,力度不高,加之该费种涉及矿业权出让环节,实际征收中情况复杂,特殊性强,执行刚性无法把握。

【防范措施】

1. 各地税务机关一是要进一步加强与当地自然资源沟通协调,明确政策执行口径和部门职责,对于特殊情况和业务,要请相关部门提供书面缴款通知。

2. 要坚持依法组织收入原则,认真审核、收集申报资料,认真做好缴费服务和解释工作,防止舆情发生,要在申报资料齐全,缴费人自愿的原则下开展征收工作。

(三) 矿业权虚增空转,征收不实的风险

【风险情形】

部分政府年末为完成收入预算,可能存在虚增矿业权出让以缓解组织收入压力的情况。

【风险成因】

税务部门收入管理责任不清,内控机制不够健全,税务人员政策掌握度不够,资料审核不严,核实不到位可能导致错征;政府部门对矿产资源专项收入政策管理不严格,不规范问题较为突出。

【防范措施】

一是强化内控机制,将内部控制功能嵌入征管系统申报征收业务处理流程,在业务事项的重要节点设置复核、授权功能并预设监控指标进行交叉比对,利用信息化手段完整保存相关表证单书及信息数据,确保申报征收操作有痕迹、记录可查询、结果可追溯,防止人为篡改。二是各级税务机关应加强与自然资源部门沟通协调和信息共享,加强申报资料收集和审核,认真落实矿业权交易的真实性和合法性,若遇问题应及时向当地政府和税务上级部门进行汇报,共商解决方案。三是坚持依法征收,进一步严肃组织收入纪律,对违规违法违纪征收非税收入的行为进行责任追究

三、退(抵)费环节

(一)退费所需时间较长风险

【风险情形】

矿产资源专项收入在金三系统中不可以做抵费处理,只能退费,但由于矿产资源专项收入涉及金额大,涉及部门多,流转时间长,一方面容易造成超期,影响缴费人正常缴纳,另一方面大额资金无法及时退还,可能影响公司正常生产经营。

【风险成因】

根据规定,矿产资源专项收入因缴费人误缴、税务部门误征需要退库的,由缴费人向税务部门申请办理,税务部门经严格审核并商财政、自然资源部门复核同意后,按规定办理退付手续。矿产资源专项收入涉及税务、自然资源、财政共三个单位五个部门,税务与外部门间无法线上共享退费资料,无法线上完成审核审批。

【防范措施】

一是优化退费资料审核流程,规定具体完成时限并纳入绩效考核,有效督促各级干部按规定完成审核;二是继续优化数据共享平台,增加退费信息线上流转功能,保证数据安全并有效提升退费时效;三是加强沟通和跟踪问效,税务机关应加强退费户的跟踪管理,及时了解退费进度,主动对接外部门,遇到问题及时协调解决,有效提升退费质效。

(二)退费资料遗失、篡改等风险

【风险情形】

根据规定,矿产资源专项收入因缴费人误缴、税务部门误征需要退库的,由缴费人向税务部门申请办理,税务部门经严格审核并商财政、自然资源部门复核同意后,按规定办理退付手续。目前退费资料主要通过机外方式传递,可能存在资料遗失或被篡改等风险。

【风险成因】

由于数据交换平台目前不支持退费资料线上交换和审核签章,相关资料在机外流转过程中可能遗失,同时由于经办人员较多,可能出现徇私舞弊、滥用职权违规操作等行为。

【防范措施】

一是优化数据交换平台,增加退费信息线上流转功能,保证数据安全并有效提升退费时

效；二是完善退抵费岗责设置，完善业务流程，实现受理、审核、退库等环节相互分离，相互制约；三是强化内部监督，实现业务申请、审核、审批全流程信息化管控，通过定期检查、日常抽查、重点督查等多种方式，细致排查相关岗位人员的履职情况，发现问题及时纠正。

第八节　会计核算

1. 计提时：

借：管理费用——矿产资源补偿费
　　贷：其他应交款——矿产资源补偿费

2. 缴纳时：

借：其他应交款——矿产资源补偿费
　　贷：银行存款

3. 一次性做一个会计分录：

借：管理费用——矿产资源补偿费
　　贷：银行存款

第二十四章

城镇垃圾处理费

第一节 征 收 范 围

根据《国家发展计划委员会 财政部 建设部 国家环境保护总局关于实行城市生活垃圾处理收费制度促进垃圾处理产业化的通知》（计价格〔2002〕872 号）的规定,城市生活垃圾是指城市人口在日常生活中产生或为城市日常生活提供服务的产生的固体废物,以及法律、行政法规规定,视为城市生活垃圾的固体废物（包括建筑垃圾和渣土,不包括工业固体废物和危险废物）。所有产生生活垃圾的国家机关、企事业单位（包括交通运输工具）、个体经营者、社会团体、城市居民和城市暂住人口等,均应按规定缴纳生活垃圾处理费。

根据《城市生活垃圾管理办法》（建设部令第 157 号）第四条规定,产生城市生活垃圾的单位和个人,应当按照城市人民政府确定的生活垃圾处理费收费标准和有关规定缴纳城市生活垃圾处理费。

第二节 征 收 标 准

垃圾处理费收费标准,由城市人民政府价格主管部门会同建设（环境卫生）行政主管部门制定,报城市人民政府批准执行,并报省级价格、建设行政主管部门备案。

制定、调整生活垃圾处理费标准要实行价格听证会制度。

第三节 优 惠 政 策

对下岗职工自谋职业者和城市下岗职工、失业人员及低保对象,应实行收费减免政策。垃圾处理费的具体计收办法和收费减免办法由城市人民政府根据实际情况制定。

第四节 预 算 管 理

城镇垃圾处理费在《2022 年政府收支分类科目》中列 103 类 04 款 33 项"建设行政事业性收费收入",反映建设等部门收取的行政事业性收费收入,下设 13 目"城镇垃圾处理费",中央和地方共用收入科目,反映按有关规定收取的城镇垃圾处理费收入。预算科目代码

103043313，一般预算级次为100%县（市、区）级。

第五节　申报缴费

生活垃圾处理费应本着简便、有效、易操作的原则，按不同的收费对象采取不同的计费方法，并按月计收。对城市居民，可以以户或居民人数为单位收取；对纳入城市暂住人口管理的居民以及国家机关、事业单位，可以以人为单位收取；对生产经营单位，商业网点可以按营业面积收取；船舶、列车及飞机等交通工具可以按核定的载重吨位或座位收取；其他生产经营单位产生的生活垃圾，原则上以人为单位计收，生产垃圾处理费与工业废物垃圾处理费不得相互重复计收。具备条件的城市可以按照生活垃圾量计收垃圾处理费。

住房和城乡建设部门负责征收的按行政事业性收费管理的城镇垃圾处理费自2021年7月1日起划转至税务部门征收。税务部门征收的垃圾处理费，由缴纳义务人或代征单位自行向税务部门申报缴纳，申报期限和程序按现行规定执行。缴纳义务人或代征单位使用《非税收入通用申报表》申报缴纳城镇垃圾处理费。

第六节　欠费追缴及退费

根据《城市生活垃圾管理办法》第三十八条的规定，单位和个人未按规定缴纳城市生活垃圾处理费的，由直辖市、市、县人民政府建设（环境卫生）主管部门责令限期改正，逾期不改正的，对单位可处以应交城市生活垃圾处理费3倍以下且不超过3万元的罚款，对个人可处以应交城市生活垃圾处理费3倍以下且不超过1000元的罚款。

城镇垃圾处理费由税务部门征收的，未按时缴纳的，由税务部门出具催缴通知，并通过涉税渠道及时追缴。划转至税务部门征收前欠缴的垃圾处理费，由税务部门负责征缴入库。缴纳义务人或代征单位拒不缴纳的，按现行规定执行。

资金入库后需要办理退库的，应当按照财政部门有关退库管理规定办理。其中，因缴费人误缴、税务部门误收以及汇算清缴需要退库的，由财政部门授权税务部门审核退库，具体由缴费人直接向税务部门申请办理。人民银行国库管理部门按规定办理退付手续。

第七节　风险管理

一、费种认定不规范风险

【风险情形】

税务机关应按照相关政策规定和征管规范进行费种认定，准确无误在核心征管系统中录入征收项目、征收品目、认定有效期起止、申报期限、缴款期限、预算分配比例等。在实际操作过程中可能存在税务机关费种认定不规范的问题。

【风险成因】

一是税务机关人员培训不到位,对政策掌握度不够,在实际操作过程中容易发生错误;二是岗责设计不科学不合理,核心征管系统中费种认定模块为单岗位操作,未设置复核环节,缺乏分工制约。

【防范措施】

一是加强税务人员的政策培训和实操演练,规范认定环节,制发操作手册;二是优化岗位职责,明确认定管理岗位与相关业务岗位的工作职责,形成职权与责任对等、环节与岗位匹配,既相互制衡又协调配合的认定管理机制;三是定期监督检查,在金三系统中提取费种认定信息,比对分析认定结果,发现问题及时整改。

二、超范围认定风险

【风险情形】

划转税务征收的城镇垃圾处理费应严格按照《城市生活垃圾管理办法》和《国家发展计划委员会 财政部 建设部 国家环境保护总局关于实行城市生活垃圾处理收费制度促进垃圾处理产业化的通知》中对城镇垃圾处理费征收范围的界定征收。在实际执行过程中,可能存在部分政府单位要求税务部门征收政府其他有关垃圾处理非税收入项目,税务部门若不能及时辨别区分,可能存在较大风险隐患。

【风险成因】

一是税务部门人员对划转范围认识不到位,未能够及时界定征收范围和征收职责;二是可能存在政府干预和施压,不利于税务部门开展工作;三是缺乏完善的内部控制监督体系,不能有效阻断错误认定。

【防范措施】

一是加强税务人员的政策培训和划转文件相关精神学习;二是畅通问题反馈机制,建立省—市—县三级问题反馈渠道,及时发现和解决征收过程中存在的问题;三是开展定期自检自查和交叉检查,通过金三系统征收数据提取分析检查和实地核查相关涉费资料是否与征收数据相匹配等方式,有效规范城镇垃圾处理费征收。

三、虚增空转、征收不实的风险

【风险情形】

部分政府年末为完成收入预算,可能存在虚增城镇垃圾处理费以缓解组织收入压力的情况。

【风险成因】

税务部门收入管理责任不清,内控机制不够健全,税务人员政策掌握度不够,资料审核不严,核实不到位可能导致错征;政府部门对城镇垃圾处理费政策管理不严格,不规范问题较为突出。

【防范措施】

一是强化内控机制,将内部控制功能嵌入征管系统申报征收业务处理流程,在业务事项的重要节点设置复核、授权功能并预设监控指标进行交叉比对,利用信息化手段完整保存相关表证单书及信息数据,确保申报征收操作有痕迹、记录可查询、结果可追溯,防止人为篡改。二是各级税务机关应加强与住建部门沟通协调和信息共享,加强申报资料收集和审核,认真落实垃圾处理的真实性和合法性,若遇问题应及时向当地政府和税务上级部门进行汇报,共商解决方案。三是坚持依法征收,进一步严肃组织收入纪律,对违规违法违纪征收非税收入的行为进行责任追究

四、退费所需时间较长风险

【风险情形】

城镇垃圾处理费在金三系统中不可以做抵费处理,只能退费,但由于城镇垃圾处理费收入涉及部门多,流转时间长,一方面容易造成超期,影响缴费人正常缴纳,另一方面资金无法及时退还,可能影响缴费人正常生产经营。

【风险成因】

根据规定,城镇垃圾处理费因缴费人误缴、税务部门误征需要退库的,由缴费人向税务部门申请办理,税务部门经严格审核并商财政、住建部门复核同意后,按规定办理退付手续。城镇垃圾处理费涉及税务、住建、财政共三个单位,税务与外部门间无法线上共享退费资料,无法线上完成审核审批。

【防范措施】

一是优化退费资料审核流程,规定具体完成时限并纳入绩效考核,有效督促各级干部按规定完成审核;二是继续优化数据共享平台,增加退费信息线上流转功能,保证数据安全并有效提升退费时效;三是加强沟通和跟踪问效,税务机关应加强退费户的跟踪管理,及时了解退费进度,主动对接外部门,遇到问题及时协调解决,有效提升退费质效。

五、退费资料遗失、篡改等风险

【风险情形】

根据规定,城镇垃圾处理费因缴费人误缴、税务部门误征需要退库的,由缴费人向税务部门申请办理,税务部门经严格审核并商财政、住建部门复核同意后,按规定办理退付手续。目前退费资料主要通过机外方式传递,可能存在资料遗失或被篡改等风险。

【风险成因】

由于数据交换平台目前不支持退费资料线上交换和审核签章,相关资料在机外流转过程中可能遗失,同时由于经办人员较多,可能出现徇私舞弊、滥用职权违规操作等行为。

【防范措施】

一是优化数据交换平台,增加退费信息线上流转功能,保证数据安全并有效提升退费时效;二是完善退抵费岗责设置,完善业务流程,实现受理、审核、退库等环节相互分离,相互制约;三是强化内部监督,实现业务申请、审核、审批全流程信息化管控,通过定期检查、日常抽查、重点督查等多种方式,细致排查相关岗位人员的履职情况,发现问题及时纠正。

第八节 会 计 核 算

城镇垃圾处理费计入缴费人"管理费用"。

缴纳时：

借：管理费用——生活垃圾处理费

　　贷：现金/银行存款

第二十五章

水土保持补偿费

第一节 征 收 范 围

根据《水土保持补偿费征收使用管理办法》(财综〔2014〕8号)第二条的规定,水土保持补偿费是水行政主管部门对损坏水土保持设施和地貌植被、不能恢复原有水土保持功能的生产建设单位和个人征收并主要用于水土流失预防治理的资金。

在山区、丘陵区、风沙区以及水土保持规划确定的容易发生水土流失的其他区域开办生产建设项目或者从事其他生产建设活动,损坏水土保持设施、地貌植被,不能恢复原有水土保持功能的单位和个人(以下简称缴纳义务人),应当缴纳水土保持补偿费。其他生产建设活动包括取土、挖砂、采石(不含河道采砂)、烧制砖、瓦、瓷、石灰,排放废弃土、石、渣。

第二节 征 收 标 准

水土保持补偿费按照下列方式计征:

1. 开办一般性生产建设项目的,按照征占用土地面积计征。

2. 开采矿产资源的,在建设期间,按照征占用土地面积计征;在开采期间,对石油、天然气以外的矿产资源按照开采量计征,对石油、天然气按照油气生产井占地面积每年计征。

3. 取土、挖砂、采石以及烧制砖、瓦、瓷、石灰的,按照取土、挖砂、采石量计征。

4. 排放废弃土、石、渣的,按照排放量计征。对缴纳义务人已按照前三种方式计征水土保持补偿费的,其排放废弃土、石、渣,不再按照排放量重复计征。

水土保持补偿费的征收标准,由国家发展改革委、财政部会同水利部另行制定。

①对一般性生产建设项目,按照征占用土地面积每平方米0.7元一次性计征(不足1平方米的按1平方米计,下同)。对水利水电工程建设项目,水库淹没区不在水土保持补偿费计征范围之内。②开采矿产资源的,建设期间,按照征占用土地面积一次性计征,具体收费标准按照本条第一款执行。开采期间,石油、天然气以外的矿产资源按照开采量(采掘、采剥总量)每吨0.5元计征。石油、天然气根据油、气生产井(不包括水井、勘探井)占地面积按年征收,每口油、气生产井占地面积按不超过2000平方米计算;对丛式井每增加一口井,增加计征面积按不超过400平方米计算,每平方米每年收费1元。③取土、挖砂(河道采砂除外)、采石以及烧制砖、瓦、瓷、石灰的,根据取土、挖砂、采石量,按照每立方米0.3元计征(不足1立方米的按1立方米计,下同)。对缴纳义务人已按前两种方式计征水土保持补偿费的,不再重复计征。④排放废弃土、石、渣的,根据土、石、渣量,按照每立方米0.3元计征。对缴纳义务人已按前三

种方式计征水土保持补偿费的,不再重复计征。

第三节　优　惠　政　策

下列情形免征水土保持补偿费:

1. 建设学校、幼儿园、医院、养老服务设施、孤儿院、福利院等公益性工程项目的。
2. 农民依法利用农村集体土地新建、翻建自用住房。
3. 按照相关规划开展小型农田水利建设、田间土地整治建设和农村集中供水工程建设的。
4. 建设保障性安居工程、市政生态环境保护基础设施项目的。
5. 建设军事设施的。
6. 按照水土保持规划开展水土流失治理活动的。
7. 法律、行政法规和国务院规定免征水土保持补偿费的其他情形。

第四节　预　算　管　理

水土保持补偿费属行政事业性收费,纳入一般公共预算,预算科目名称及编码为:水土保持补偿费收入—103044609。水土保持补偿费收入在《2022 年政府收支分类科目》中列 103 类 04 款 46 项"水利行政事业性收费收入",反映水利等部门收取的行政事业性收费收入,下设 09 目"水土保持补偿费",中央和地方共用收入科目,反映按《水土保持补偿费征收使用管理办法》收取的水土保持补偿费。

县级以上地方水行政主管部门征收的水土保持补偿费,按照 1∶9 的比例分别上缴中央和地方国库。

地方各级政府之间水土保持补偿费的分配比例,由各省(区、市)财政部门商水行政主管部门确定。

第五节　申　报　缴　费

按照《水土保持补偿费征收使用管理办法》(财综〔2014〕8 号)第九条规定,水土保持补偿费缴费期限如下:①开办一般性生产建设项目的,缴纳义务人应当在项目开工前一次性缴纳水土保持补偿费。②开采矿产资源处于建设期的,缴纳义务人应当在建设活动开始前一次性缴纳水土保持补偿费;处于开采期的,缴纳义务人应当按季度缴纳水土保持补偿费。③从事其他生产建设活动的,缴纳水土保持补偿费的时限由县级水行政主管部门确定。

自 2021 年 1 月 1 日起,水土保持补偿费由缴费人向税务部门自行申报缴纳。按次缴纳的,应于项目开工前或建设活动开始前,缴纳水土保持补偿费。按期缴纳的,在期满之日起 15 日内申报缴纳水土保持补偿费。缴费人原则上使用《非税收入通用申报表》申报缴纳。

第六节　欠费追缴及退费

《中华人民共和国水土保持法》第五十七条规定,违反本法规定,拒不缴纳水土保持补偿费的,由县级以上人民政府水行政主管部门责令限期缴纳;逾期不缴纳的,自滞纳之日起按日加收滞纳部分万分之五的滞纳金,可以处应缴水土保持补偿费三倍以下的罚款。

划转至税务部门征收后,以前年度应缴未缴的收入,由税务部门负责征缴入库。

生产建设项目未开工的,缴费人可在缴费之日起5年内,向原水土保持方案批准部门申请撤销批准文件退还缴纳的水土保持补偿费(不含滞纳金)。水行政管理审核无误后,向同级财政提出申请,地方收入部分在30个工作日内退还。

资金入库后需要办理退库的,应当按照财政部门有关退库管理规定办理。其中,因缴费人误缴、税务部门误收以及汇算清缴需要退库的,由财政部门授权税务部门审核退库,具体由缴费人直接向税务部门申请办理。人民银行国库管理部门按规定办理退付手续。

第七节　风　险　管　理

一、费种认定环节

(一) 费种认定不规范风险

【风险情形】

税务机关应按照相关政策规定和征管规范进行费种认定,准确无误在核心征管系统中录入征收项目、征收品目、认定有效期起止、申报期限、缴款期限、预算分配比例等。在实际操作过程中可能存在税务机关费种认定不规范的问题。

【风险成因】

一是税务机关人员培训不到位,对政策掌握度不够,在实际操作过程中容易发生错误;二是岗责设计不科学不合理,核心征管系统中费种认定模块为单岗位操作,未设置复核环节,缺乏分工制约。

【防范措施】

一是加强税务人员的政策培训和实操演练,规范认定环节,制发操作手册;二是优化岗位职责,明确认定管理岗位与相关业务岗位的工作职责,形成职权与责任对等、环节与岗位匹配,既相互制衡又协调配合的认定管理机制;三是定期监督检查,在金三系统中提取费种认定信息,比对分析认定结果,发现问题及时整改。

(二) 超范围认定风险

【风险情形】

水土保持补偿费应严格按照《中华人民共和国水土保持法》和《水土保持补偿费征收使用

管理办法》中对水土保持补偿费征收范围的界定征收。在实际执行过程中,可能存在部分政府单位要求税务部门征收政府其他有关水土保持补偿非税收入项目,税务部门若不能及时辨别区分,可能存在较大风险隐患。

【风险成因】

一是税务部门人员对划转范围认识不到位,未能够及时界定征收范围和征收职责;二是可能存在政府干预和施压,不利于税务部门开展工作;三是缺乏完善的内部控制监督体系,不能有效阻断错误认定。

【防范措施】

一是加强税务人员的政策培训和划转文件相关精神学习;二是畅通问题反馈机制,建立省—市—县三级问题反馈渠道,及时发现和解决征收过程中存在的问题;三是开展定期自检自查和交叉检查,通过金三系统征收数据提取分析检查和实地核查相关涉费资料是否与征收数据相匹配等方式,有效规范水土保持补偿费征收。

二、申报征收环节

虚增空转、征收不实的风险

【风险情形】

部分政府年末为完成收入预算,可能存在虚增水土保持补偿费以缓解组织收入压力的情况。

【风险成因】

税务部门收入管理责任不清,内控机制不够健全,税务人员政策掌握度不够,资料审核不严,核实不到位可能导致错征;政府部门对水土保持补偿费政策管理不严格,不规范问题较为突出。

【防范措施】

一是强化内控机制,将内部控制功能嵌入征管系统申报征收业务处理流程,在业务事项的重要节点设置复核、授权功能并预设监控指标进行交叉比对,利用信息化手段完整保存相关表证单书及信息数据,确保申报征收操作有痕迹、记录可查询、结果可追溯,防止人为篡改。二是各级税务机关应加强与水利部门沟通协调和信息共享,加强申报资料收集和审核,认真落实水土保持补偿的真实性和合法性,若遇问题应及时向当地政府和税务上级部门进行汇报,共商解决方案。三是坚持依法征收,进一步严肃组织收入纪律,对违规违法违纪征收非税收入的行为进行责任追究。

三、退(抵)费环节

(一)退费所需时间较长风险

【风险情形】

水土保持补偿费在金三系统中不可以做抵费处理,只能退费,但由于水土保持补偿费收入涉及部门多,流转时间长,一方面容易造成超期,影响缴费人正常缴纳,另一方面资金无法及时退还,可能影响缴费人正常生产经营。

【风险成因】

根据规定,水土保持补偿费因缴费人误缴、税务部门误征需要退库的,由缴费人向税务部门申请办理,税务部门经严格审核并商财政、水利部门复核同意后,按规定办理退付手续。水土保持补偿费涉及税务、水利、财政共三个单位,税务与外部门间无法线上共享退费资料,无法线上完成审核审批。

【防范措施】

一是优化退费资料审核流程,规定具体完成时限并纳入绩效考核,有效督促各级干部按规定完成审核;二是继续优化数据共享平台,增加退费信息线上流转功能,保证数据安全并有效提升退费时效;三是加强沟通和跟踪问效,税务机关应加强退费户的跟踪管理,及时了解退费进度,主动对接外部门,遇到问题及时协调解决,有效提升退费质效。

(二)退费资料遗失、篡改等风险

【风险情形】

根据规定,水土保持补偿费因缴费人误缴、税务部门误征需要退库的,由缴费人向税务部门申请办理,税务部门经严格审核并商财政、水利部门复核同意后,按规定办理退付手续。目前退费资料主要通过机外方式传递,可能存在资料遗失或被篡改等风险。

【风险成因】

由于数据交换平台目前不支持退费资料线上交换和审核签章,相关资料在机外流转过程中可能遗失,同时由于经办人员较多,可能出现徇私舞弊、滥用职权违规操作等行为。

【防范措施】

一是优化数据交换平台,增加退费信息线上流转功能,保证数据安全并有效提升退费时效;二是完善退抵费岗责设置,完善业务流程,实现受理、审核、退库等环节相互分离,相互制约;三是强化内部监督,实现业务申请、审核、审批全流程信息化管控,通过定期检查、日常抽查、重点督查等多种方式,细致排查相关岗位人员的履职情况,发现问题及时纠正。

第八节 会 计 核 算

根据土地开发支出的情况,房地产开发企业支付水土保持补偿费的会计分录应该让水土保持补偿费记为开发成本或者是开发成本费用里的管理费用。

借:管理费用——商品性土地开发成本(水土保持补偿费)
　　贷:银行存款

或:

借:管理费用——商品性土地开发成本(水土保持补偿费)
　　贷:应付账款——应付工程款

第二十六章

工会经费及建会筹备金

第一节 征收范围

工会经费的来源：一是会员交纳的会费。二是企业、事业单位、机关和其他社会组织按全部职工工资总额的2%向工会拨缴的经费或者建会筹备金。三是工会所属的企业、事业单位上缴的收入。四是人民政府和企业、事业单位、机关和其他社会组织的补助。五是其他收入。

税务部门代征的工会经费一般是指企业、事业单位、机关和其他社会组织按全部职工工资总额的2%向工会拨缴的经费或者建会筹备金。

工会经费的缴费主体是组建工会组织的企业、事业单位、机关和其他组织。

建会筹备金的缴费主体是应组建但尚未组建工会组织的企业、事业单位、机关和其他组织，上级工会派员帮助和指导其筹建工会组织，在筹建期间向上级工会拨缴建会筹备金。

第二节 征收标准

除全国总工会批准的按照系统管理经费的铁路、民航、金融系统，各省、自治区、直辖市产业工会批准的个别自管经费的个别行业按照相应标准缴纳外，一般按照全部职工工资总额的2%全额缴纳工会经费（工会筹备金）。计算公式如下：

$$应缴纳的费额 = 计费依据 \times 费率 = 全部职工工资总额 \times 2\%$$

全部职工和工资总额的组成按照国家统计局《关于工资总额组成的规定》（1990年1号令）和有关劳动统计新增指标的解释等规定执行。

第三节 优惠政策

《中华人民共和国工会法》规定，企业、事业单位、机关有会员25人以上的，应当建立基层工会委员会。因此对会员25人以下的企业、事业单位、机关，部分省份规定不征收工会经费和建会筹备金，或者征收后全部返还。此外部分地区还出台了降低征缴比例的优惠政策。

《中华全国总工会办公厅关于继续实施小微企业工会经费支持政策的通知》（厅字〔2021〕38号）规定，继续实行小微企业工会经费全额返还支持政策。对符合财政部、税务总局2021年第11号公告条件的小微企业，采取先交后返的方式返还工会经费。返还经费归属期为 2022 年 1 月 1 日至 2022 年 12 月 31 日小微企业上交的工会经费。

第四节　预　算　管　理

工会经费是工会组织开展各项活动所需要的费用,工会经费属于会费,不属于政府非税收入。

工会建会筹备金是建立工会所需使用的资金。具备设立工会组织条件的企业、事业单位、机关应当建立但未建立工会的,上级工会可以督促并派员帮助和指导筹建工会组织,筹建工作开始的下个月起,该单位按规定向上级工会全额拨缴的经费称为建会筹备金。筹建工作结束,并经上级工会批准正式建立工会组织后,有关单位不再向上级工会拨缴建会筹备金。

在《2022 年社会保险费和非税收入月快报》项目及口径中,"工会经费"列为"其他收入"第156 项。

第五节　申　报　缴　费

工会经费一般实行按月代征。缴费单位应于每月 10 日前向主管税务机关办理工会经费申报手续,15 日前向银行解缴工会经费。部分地区明确按季度征收或按半年征收。税务部门代征的工会经费由缴费单位向主管税务机关自行申报缴纳。税务部门代征的工会经费一般使用《工会经费(筹备金)申报表》。税务部门征收的工会经费一般使用税务部门开具的税收凭证。

第六节　欠费追缴及退费

缴费单位拖延或不按比例上缴工会经费或筹备金的,按照《全国总工会 财政部关于新〈工会法〉中有关工会经费问题的具体规定》(工总财字〔1992〕19 号)第一条第三款的规定,从欠缴之日起按欠缴金额每日 5‰扣收滞纳金。

在征收过程中由于缴费单位计算错误、征收人员开错票等情况,造成缴费单位多缴工会经费(筹备金)的,原则上不办理退费,由主管税务机关审核后,由缴费单位在下期申报中进行抵扣,具体程序为:

1. 缴费单位向主管税务机关提出申请,并提供工资表、企业职工人数、缴款凭证、《工会经费(筹备金)申报表》。

2. 主管税务机关审核,提出审核意见。

3. 缴费单位根据审核意见,填写《工会经费(筹备金)申报表》,抵扣申报下期数。

工会经费原则上不办理退费,若有特殊情况(如关、停、并、转企业,不能在下期抵扣)确实需要退费的,具体程序为:

1. 缴费人提出书面申请,并提供工资表、企业职工人数、缴款凭证原件或复印件、《工会经费(筹备金)申报表》《工会经费退费审批表》。

2. 主管税务机关审核，提出审核意见给主管工会部门。

3. 主管工会部门初审，提出初审意见，报州市级总工会。

4. 州市总工会审批后，退款到缴费人账户上，同时报对应的主管税务机关备案。

第七节 风 险 管 理

申报征收环节

少报职工工资总额、征收不实的风险

【风险情形】

部分缴费单位为了少缴纳工会经费和建会筹备金，在进行申报时，会采取少填报职工工资总额方法。

【风险成因】

税务机关对《企业所得税申报表》中的工资成本与《工会经费(筹备金)申报表》的数据，较少开展比对。用人单位通过少报职工工资总额的方法，达到少交工会经费和建会筹备金的目的。

【防范措施】

一是强化内控机制，将内部控制功能嵌入征管系统申报征收业务处理流程，在业务事项的重要节点设置复核、授权功能并预设监控指标进行交叉比对，利用信息化手段完整保存相关表证单书及信息数据，确保申报征收操作有痕迹、记录可查询、结果可追溯，防止人为篡改。二是各级税务机关应加强与工会部门沟通协调和信息共享，加强申报资料收集和审核，认真落实工会经费的真实性和合法性，若遇问题应及时向当地工会和税务上级部门进行汇报，共商解决方案。三是调取企业账册或进行实地核实，将《企业所得税申报表》中的《A105050职工薪酬支出及纳税调整明细表》与《工会经费(筹备金)申报表》中的职工工资总额进行比对。

第八节 会 计 核 算

1. 计提工会经费时：

借：管理费用

　　贷：应付职工薪酬——工会经费

2. 缴纳工会经费时：

借：应付职工薪酬——工会经费

　　贷：银行存款

第二十七章

地方水库移民扶持基金

地方水库移民扶持基金属政府性基金,纳入政府性基金预算管理。按照《财政部关于取消、停征和整合部分政府性基金项目等有关问题的通知》(财税〔2016〕11号)的规定,自2016年2月1日起,将省级大中型水库库区基金、小型水库移民扶助基金合并为地方水库移民扶持基金。因此,地方水库移民扶持基金包括省级大中型水库库区基金、小型水库移民扶助基金。

第一节 征 收 范 围

1. 省级大中型水库库区基金:各省、自治区、直辖市行政区域内装机容量2.5万千瓦以上(含本级数)及以上的有发电收入的水库和水电站。

2. 小型水库移民扶助基金:行政区域内装机容量2.5万千瓦以下的小型水库和水电站。也有部分地区的缴费义务人为本行政区域内的电力用户(农业生产用电户除外),由供电企业代征代缴,供电企业在收取电费时一并征收。

第二节 征 收 标 准

省级大中型水库库区基金以有发电收入的水库和水电站的销售电量计征,计算公式如下:

$$省级大中型水库库区基金 = 实际上网销售电量 × 费率$$

小型水库移民扶助基金计算公式如下:

$$小型水库移民扶助基金 = 实际上网销售电量 × 费率$$

部分地区通过提高本行政区域内全部销售电量(扣除农业生产用电)的电价筹集。

第三节 申 报 缴 费

按照现行政策,缴费人按月缴纳。省级大中型水库库区基金具体入库时间各地规定不完全相同。《财政部关于水土保持补偿费等四项非税收入划转税务部门征收的通知》(财税〔2020〕58号)规定,自2021年1月1日起,地方水库移民扶持基金划转税务部门征收。税务机关按照属地原则进行征收。缴费人原则上使用《非税收入通用申报表》申报缴费。

小型水库移民扶助基金有按月、按季、按半年、按年缴纳,具体入库时间各地规定不完全相同。小型水库移民扶助基金由供电企业代征代缴的,供电企业在收取电费时一并征收,按季度上缴。

地方水库移民扶持基金使用财政部统一监(印)制的《中央非税收入统一票据》,按照税务机关全国统一的信息化方式规范管理。税务机关开具非税收入票据时,应当加盖征收专用章。地方水库移民扶持基金也可按相关规定确定使用票据种类。

税务机关应当在缴费人和代征人注销税务登记前及时提醒缴费人和代征人缴纳地方水库移民扶持基金。

第四节　优惠政策

省级大中型水库库区基金和小型水库移民扶助基金列入企业成本,按规定不征收企业所得税。《财政部关于取消、调整部分政府性基金有关政策的通知》(财税〔2017〕18号)规定,"十三五"期间,省、自治区、直辖市人民政府可以结合当地经济发展水平、相关公共事业和设施保障状况、社会承认能力等因素,自主决定免征、停征或减征地方水库移民扶持基金。

为进一步支持疫情防控、减轻企业负担,《关于延长部分行政事业性收费、政府性基金优惠政策执行期限的公告》(财政部　发展改革委公告2022年第5号)第二条规定,《财政部关于取消、调整部分政府性基金有关政策的通知》(财税〔2017〕18号)第三条规定的地方水库移民扶持基金政策,执行期限延长至2023年12月31日。

第五节　预算管理

预算科目名称及编码分别为:地方大中型水库库区基金收入—103015002,小型水库移民扶助基金收入—1030157。

省级大中型水库库区基金缴库级次为100%省级。小型水库移民扶助基金实行州市统筹,缴库级次为100%州(市)级。由供电企业代征代缴的,供电企业在收取电费时一并征收,上缴同级国库。

第六节　欠费追征及退费

不缴或者少缴省级大中型水库库区基金和小型水库移民扶助基金的,依照《财政违法行为处罚处分条例》(国务院令第427号)第十三条的规定进行处罚。

资金入库后需要退库的,按照财政部门有关退库管理规定办理。其中,因缴费人误缴、税务部门误收以及汇算清缴需要退库的,由财政部门授权税务部门审核退库,具体由缴费人直接向税务部门申请办理。

缴费人未按规定期限申报缴费的,税务机关应当及时督促提醒缴费人申报缴费。具体方式由各省级税务局确定。

对缴费人经督促提醒仍不缴、少缴地方水库移民扶持基金的,税务机关将有关信息及时推送至同级发改、能源等业务主管部门,便于其履行相关管理职责。缴费人后续补缴费款的,税务机关及时将缴费信息通知发改、能源等业务主管部门。

第七节　风　险　管　理

一、认定信息有误风险

【风险情形】

征收项目、征收品目、征收子目、有效期起止日期、费率、纳税期限、申报期限、缴款期限、预算分配比例、收款国库等认定错误。上述认定信息有误,会直接导致缴纳义务人申报、征收、优惠、入库等业务出错,可能引发缴纳义务人申报缴纳的遵从风险和税务机关及税务人员的执法风险。

【风险成因】

一是对政策业务的理解不够全面深入,甚至理解错误,导致税务人员在进行费种认定时选择错误。二是税务人员在办理费种认定业务时,不注意检查,未能及时发现并纠正认定中的错误。三是日常管理不到位,因缺乏日常检查以及税(费)种之间的关联验证,未能及时发现操作人员的错误认定。

【防范措施】

一是加强对大中型水库库区基金、小型水库移民扶助基金的学习培训,务必保证政策执行准确。二是完善管理监督机制,建立非税收入征管风险日常排查机制,在核心征管系统设置费种认定监控指标。三是明确认定管理岗位职责,要求办税服务厅工作人员在办理费种认定时加强对数据的复核,税收管理员要加强对管户费种认定信息的后续追踪核实,逐项排查费种认定信息,对缴纳义务纳税人征收对象已认定的费种的申报方式、征收项目、征收品目、征收子目、有效期起止日期、纳税期限、申报期限、缴款期限、预算分配比例、收款国库等信息,逐项进行数据检查,确保征收对象的认定信息准确无误。

二、申报不实风险

【风险情形】

装机容量2.5万千瓦(含本级数)以上有发电收入的水库、水电站未按实际销售电量据实申报缴纳大中型水库库区基金。供电企业未按实际销售电量据实申报缴纳小型水库移民扶助基金。

【风险成因】

一是供电企业或装机容量2.5万千瓦(含本级数)以上有发电收入的水库、水电站企图通过刻意隐瞒、少报实际销售电量的方式,少缴基金。二是供电企业、水库、水电站的办税人员为挪用企业应缴费款谋取私利,不按实际销售电量进行申报。

【防范措施】

一是税费联动,加强基金与增值税、企业所得税等的数据比对,核实企业销售电量的准确性。二是定期联系供电企业,装机容量 2.5 万千瓦(含本级数)以上有发电收入的水库、水电站进行数据核实,必要时开展实地核实,对基金的申报缴纳情况进行座谈,及时防范个人挪用、占用费款的情况发生。

三、拒缴基金风险

【风险情形】

基金缴纳义务人拒绝缴纳基金,造成费款入库不及时。电力用户拒绝缴纳小型水库移民扶助基金,造成委托代征的供电企业实际缴纳的小型水库移民扶助基金与社会用电量不匹配。

【风险成因】

一是用电企业及个人、基金缴纳义务人以生产经营不善、资金困难、不知晓政策等原因拒缴基金。二是非税收入法律不健全,税务机关无权采用强制措施进行催缴,欠费追缴收效甚微。

【防范措施】

一是广泛开展宣传辅导,普及基金相关政策,提高缴纳义务人的自主缴费意识。二是建立健全非税收入法律体系,在保障执法准确性的基础上,丰富欠费追缴手段,规范追缴流程。三是及时将拒缴的企业情况移交给地方主管的财政部门。

四、违规征收风险

【风险情形】

一是违规提前征收,税务机关未按基金政策的规定以及费种认定的纳税期限、申报期限和缴款期限,提前征收了尚未发生应征行为或虽已发生应征行为但应由以后征期征收的基金。二是应征未征或不征、少征,缴纳义务人发生属于税务部门征收的基金应征行为税务机关未按规定的申报征收期限,按时、足额征收,造成费款未能按期足额缴入国库或费款流失的后果。三是违规多征,税务机关未严格执行基金政策规定,通过违规扩大征收对象范围、增加缴费基数、提高征收标准等方式,向缴纳义务人多征收了费款。

【风险成因】

一是日常警示教育不到位,个别税务人员放松自我管理和自我约束,为谋取私利违规操作,或受他人怂恿、诱导,伙同相关部门工作人员违规减征基金。二是税务部门收入管理责任不清,内控机制不够健全,系统内尚未形成非税收入工作齐抓共管局面,非税收入岗责配置尚未与其他部门形成有效的制约监督机制,权力寻租存在空间。

【防范措施】

一是各级税务机关应充分认识到组织收入工作的严肃性,严肃组织收入工作纪律,应严格按照《政府非税收入管理办法》(财税〔2016〕33 号)和相关政策规定,依法依规收好基金。二是金税三期税收管理系统应按照基金政策规定的要求,完善和强化系统的强制监控规则,从系统上阻断提前征收、应征未征或不征、少征行为的发生。三是各级税务机关应强化依法行政的职级监督,通过内部监督及时发现和纠正违反组织收入工作纪律的行为,严守组织收入红线,严防组织收入风险。

五、退(抵)费流程不规范风险

【风险情形】

税务机关在为缴费人办理基金退(抵)费业务时,未按规范流程受理、办结,存在退(抵)费资料不全、内容有误的情况。

【风险成因】

税务机关没有严把基金退(抵)费业务办理关,部分税务人员在发现退(抵)费资料不全或资料内容有误时,怕麻烦,敷衍了事,不提醒缴费人补正即受理。

【防范措施】

加强对税务人员的责任心教育,严格规范基金退(抵)费流程,对退(抵)费资料缺失、内容有误的,必须及时提醒缴费人补正,待资料齐备、内容无误后,才能予以受理。

六、违规泄露缴费人信息风险

【风险情形】

税务干部将基金缴费人的缴费信息违规提供给其他单位和个人以谋取私利,造成国家秘密、工作秘密、商业秘密泄露,影响国家安全,给缴费人造成损失。

【风险成因】

一是部分税务干部保密意识不强,对职务信息和保密管理的有关规定不了解不熟悉,保密管理规定执行不到位。二是部分税务机关信息管理岗位和权限配置不合理,数据管理权限过于集中,部分税务人员管理权限超出职责范围。

【防范措施】

一是结合基金收缴工作特点,有针对性地加强信息安全、数据保密等内部规范的学习培训,强化基层税务干部保密意识和信息安全使用意识。二是优化基层非税收入数据管理岗责配置,根据各岗位业务需求,按照"最小授权"原则配置数据查询权限,严格控制数据导出权限。三是加强涉费数据日常管理,强化信息化监控手段,做到数据导入、查询、导出全程留痕管理。四是依规依纪依法追究缴费人信息被违规泄露和商业化使用的责任,对造成敏感数据泄露、给税务工作带来严重影响的,依规依纪依法予以从重处理;涉嫌犯罪的,依法移交司法机关追究刑事责任。

第八节　会计核算

一、委托供电部门代征地方水库移民扶持基金的

1. 供电部门确认收入时:

借:应收账款——地方水库移民扶持基金

　　贷:主营业务收入——地方水库移民扶持基金

2. 收到电费时：

借：银行存款
　　贷：应收账款——地方水库移民扶持基金

3. 缴纳时：

借：应交税费——地方水库移民扶持基金
　　贷：银行存款

二、库区、水电站企业缴纳地方水库移民扶持基金的

1. 销售电量，取得收入时：

借：银行存款
　　贷：主营业务收入——地方水库移民扶持基金

2. 缴纳时：

借：应交税费——地方水库移民扶持基金
　　贷：银行存款

第二十八章

其他非税收入

第一节　国有资产处置收入

一、征收范围

国有资产处置收入,指执收单位按照有关规定,将其占有、使用的国有资产产权转移或者核销所取得的出售收入、转让收入、置换差价收入、报废报损资产残值变价收入、拆迁补偿收入、保险理赔收入以及处置国有资产(股权)取得的其他收入。缴费主体是处置国有资产取得相关收入的行政单位、执行事业单位财务和会计制度的各类事业单位和社会团体。

二、征收标准

行政单位国有资产处置应当采取拍卖、招投标、协议转让及国家法律、行政法规规定的其他方式进行。事业单位国有资产处置要逐步市场化,通过竞价、多方案比较,选择、确定受让者,以实现转让资产价值的最大化。对于处置资产数量较多或者价值较高的,必须通过拍卖、产权交易市场以公开竞价方式出售或转让。

行政、事业单位国有资产处置收入,应当在扣除相关税费后及时、足额上缴国库,严禁隐瞒、截留、坐支和挪用。

主管部门根据财政部门授权审批的资产处置事项,应当及时向财政部门备案;由行政、事业单位审批的资产处置事项,应当由主管部门及时汇总并向财政部门备案。由本级人民政府确定的重大资产处置事项,由同级财政部门按照规定程序办理。

三、优惠政策

《政府非税收入管理办法》第十六条规定,缴纳义务人因特殊情况需要缓缴、减缴、免缴非税收入的,应当向执收单位提出书面申请,并由执收单位报有关部门按照规定审批。

四、预算管理

《2022年政府收支分类科目》中103类07款06项“非经营性国有资产收入”下设02目“行政单位国有资产处置收入”、03目“事业单位国有资产处置收入”,属中央与地方公用收入科目,反映行政单位、执行事业单位财务和会计制度的各类事业单位和社会团体处置国有资产的相关收入。

五、申报缴费

国有资产处置收入应当依照法律、法规规定或者按照惯例权限确定的收入归属和缴库要求，缴入相应级次国库。

执收单位征收非税收入，应当向缴纳义务人开具财政部或者省级财政部门统一监制的非税收入票据。

划转税务部门征收的，使用《非税收入通用申报表》，开具完税凭证。

（一）首次申报

辖内处置国有资产的行政事业单位，携带加载统一社会信用代码证件原件、处置国有资产的相关证明材料等材料，至办税服务厅办理登记信息确认补采后，根据营业范围及缴费人实际情况，按照大厅办税人员的指引，在办税服务厅窗口或相关部门办理行政事业单位国有资产处置收入缴费认定。

行政事业单位国有资产处置收入按次申报，自缴费义务发生之日起，及时办理申报缴纳。

未签订过三方协议的缴费人，如需要进行网络申报或电子扣款的，须提供开户银行信息，签订三方协议。

（二）日常申报

缴费人日常申报需携带申报表（主管税务机关已实现免填单的，携带纳税人识别号或统一社会信用代码编号）、处置国有资产的相关证明材料，至办税服务厅办理申报事项。已办理网络申报相关手续的，可登录访问电子税务局等网络申报系统进行日常申报（主管税务机关根据管理工作需要，有特殊规定需要到办税服务厅进行申报的，按主管税务机关要求办理）。

六、退费及欠费追征

《财政违法行为处罚处分条例》（国务院令第 427 号）第十三条规定，企业和个人有下列不缴或者少缴财政收入行为之一的，责令改正，调整有关会计账目，收缴应当上缴的财政收入，给予警告，没收违法所得，并处不缴或者少缴财政收入 10% 以上 30% 以下的罚款；对直接负责的主管人员和其他直接责任人员处 3 000 元以上 5 万元以下的罚款：①隐瞒应当上缴的财政收入；②截留代收的财政收入；③其他不缴或者少缴财政收入的行为。属于税收方面的违法行为，依照有关税收法律、行政法规的规定处理、处罚。第三十一条规定，对财政违法行为作出处理、处罚和处分决定的程序，依照本条例和《中华人民共和国行政处罚法》《中华人民共和国行政监察法》等有关法律、行政法规的规定执行。

《政府非税收入管理办法》第三十一条规定，已上交中央和地方财政的非税收入依照有关规定需要退付的，分别按照财政部和省级财政部门的规定执行。

第二节 国有资产出租、出借收入

1. 行政事业单位国有资产出租、出借收入也是国有资产收入，属于政府非税收入。经审批同意,取得出租、出借国有资产所得收入的行政事业单位为缴费对象。

国有资产出租、出借收入包括行政单位国有资产出租、出借收入和事业单位国有资产出租、出借收入。行政事业单位国有资产出租、出借收入,是指行政事业单位在保证完成正常工作的前提下,经审批同意,出租、出借本单位国有资产所取得的收益。

2. 国有资产出租、出借收入应缴纳税款,可在收入中抵扣,抵扣后的余额按照政府非税收入收缴管理有关规定和入库级次,上缴中央或地方财政。由财政部门或财政部门委托的执收部门负责收缴。

行政事业性国有资产以市场化方式出租的,依照有关规定可以通过相应公共资源交易平台进行。

3.《2022年政府收支分类科目》中103类07款06项"非经营性国有资产收入"下设01目"行政单位国有资产出租、出借收入"反映行政单位出租出借国有资产的相关收入、04目"事业单位国有资产出租、出借收入"反映事业单位取得的,按照相关制度规定需上缴的国有资产出租、出借相关收入。

4. 行政事业单位不按规定缴纳的,根据《财政违法行为处罚处分条例》(国务院令第427号)等国家有关规定追究法律责任。

第三节　国有资产产权转让收入

1. 缴费对象

产权转让收入的缴费对象是出售或转让其持有的国有资产(股权)所取得收入的各级政府及其部门、机构。

2. 转让流程

(1)产权转让应当由转让方按照企业章程和企业内部管理制度进行决策,形成书面决议。转让方应当按照企业发展战略做好产权转让的可行性研究和方案论证。

(2)产权转让事项经批准后,由转让方委托会计师事务所对转让标的企业进行审计。对按照有关法律法规要求必须进行资产评估的产权转让事项,转让方应当委托具有相应资质的评估机构对转让标的进行资产评估,产权转让价格应以经核准或备案的评估结果为基础确定。

(3)产权转让原则上通过产权市场公开进行。产权转让原则上不得针对受让方设置资格条件,确需设置的,不得有明确指向性或违反公平竞争原则,所设资格条件相关内容应当在信息披露前报同级国资监管机构备案,国资监管机构在5个工作日内未反馈意见的视为同意。产权转让项目首次正式信息披露的转让底价,不得低于经核准或备案的转让标的评估结果。

(4)信息披露期满未征集到意向受让方的,可以延期或在降低转让底价、变更受让条件后重新进行信息披露。转让项目自首次正式披露信息之日起超过12个月未征集到合格受让方的,应当重新履行审计、资产评估以及信息披露等产权转让工作程序。

(5)受让方确定后,转让方与受让方应当签订产权交易合同,交易双方不得以交易期间企业经营性损益等理由对已达成的交易条件和交易价格进行调整。交易价款应当以人民币计价,通过产权交易机构以货币进行结算。

（6）交易价款原则上应当自合同生效之日起5个工作日内一次付清。金额较大、一次付清确有困难的，可以采取分期付款方式。采用分期付款方式的，首期付款不得低于总价款的30%，并在合同生效之日起5个工作日内支付；其余款项应当提供转让方认可的合法有效担保，并按同期银行贷款利率支付延期付款期间的利息，付款期限不得超过1年。

（7）产权交易合同生效后，产权交易机构应当将交易结果通过交易机构网站对外公告，公告内容包括交易标的名称、转让标的评估结果、转让底价、交易价格，公告期不少于5个工作日。产权交易合同生效，并且受让方按照合同约定支付交易价款后，产权交易机构应当及时为交易双方出具交易凭证。

第四节 清 算 收 入

1. 清算收入是指清算过程中发生的财产盘盈，财产重估收益，清算中发生的财产变价净收入，因债权人原因确实无法归还的债务以及清算期间的经营收益等。缴费对象是在清算过程中取得全部收益的国有独资企业、国有控股、参股企业国有股权（股份）分享的公司。

2. 清算收入包括以下项目：①财产盘盈。指在清算过程中发现了账外财产，以实际变现价值计入清算收益。②财产重估收益。某些财产在重新估价的过程中实现的收益。③财产变现收益。清算财产的实际变现价值大于账面价值的部分。④经营收入。指清算过程中处理未了事宜或提供劳务获得的收入。⑤债务折让。企业清算时债务人自愿免去的债务额。⑥无法偿还的债务。指因债权人消灭等原因而无法偿还的债务。

3. 清算收入产生的税收。根据现行有关税收政策，对企业破产、解散的清算过程中，处置原有存货及动产和不动产取得的清算收入，应缴纳如下税收。

（1）对处理企业生产的产品或外购货物取得的收入，仍按正常经营一样进行增值税处理：按处理企业生产的产品或外购货物取得的收入计提销项税，根据销项税减进项税的余额缴纳增值税。对处置的为已使用过的且已经依法抵扣了进项税的固定资产以及处置使用过除固定资产以外的其他物品，应当按适用税率计提销项税；处置使用过的属于不得抵扣且未抵扣进项税额的固定资产，按简易办法4%征收率减半征收增值税。但企业在注销清算时，对期初存货中尚未抵扣的已征税款，以及征税后出现的进项税额大于销项税额后不足抵扣部分，税务机关不再退税，也不得抵减清算过程中应按简易办法征收的增值税。

（2）对企业处置不动产，包括房屋、建筑物、构筑物以及地面附着物，按"销售不动产"项目缴纳增值税。转让土地使用权、商标权、专利权、著作权、商誉的行为，应当按"转让无形资产"项目缴纳增值税。

（3）对企业处置房屋、建筑物、构筑物以及地面附着物及转让土地使用权取得的收入，依法缴纳土地增值税。土地增值税就收入扣除准予扣除项目后的增值部分按规定的税率计算征收。对转让旧房准予扣除项目的确定：①转让旧房能提供评估价格的。转让旧房可扣除的项目金额包括三项：一是旧房及建筑物的评估价格（旧房及建筑物的评估价格是指在转让已使用的房屋度建筑物时，由政府批准设立的房地产评估机构评定的重置成本价乘以成新度折扣率后的价格。评估价格需经当地税务机关确认）；二是取得土地使用权所支付的地价款和按国家统一规定缴纳的有关费用;三是在转让环节缴纳的税金。此外,纳税人支付的评估费用准予在计算土地增值税时扣除。②转让旧房不能提供评估价格但能提供购房发票的。纳税人转让旧房及建筑物,凡不能取得评估价格,但能提供购房发票的,经当地税务部门确认,《中华人民共和国土地增值税暂行条例》第六条第(一)项、第(三)项规定的扣除项目的金额,可按发票所载金额并从购买年度起至转让年度止每年加计5%的计算。对纳税人购房时缴纳的契税,凡能提供契税完税凭证的,准予作为"与转让房地产有关的税金"予以扣除,但不得作为加计5%的基数。即转让旧房不能提供评估价格但能提供购房发票的扣除项目金额也包括三项:一是购房发票所载金额(实际上包含了《中华人民共和国土地增值税暂行条例》第六条的"取得土地使用权所支付的金额"以及"旧房及建筑物的评估价格"两部分);二是加计扣除金额(加计扣除金额 = 购房发票所载金额×5%×购买年度起至转让年度止的年数);三是与转让房地产有关的税金(包括转让旧房时缴纳的增值税、城市维护建设税、印花税、契税、教育费附加、地方教育附加,上述税费均必须提供相应的完税凭证)。③转让旧房既没有评估价格又不能提供购房发票的。对于转让旧房及建筑物,既没有评估价格又不能提供购房发票的,地方税务机关可以根据《中华人民共和国税收征收管理法》第三十五条的规定,实行核定征收。

(4)对产权转移证书,按所载金额万分之五缴纳印花税。

(5)企业清算的核心是对企业财产(资产)的清理处置。税法规定,企业将剩余财产分配给股东前要就清算所得依法缴纳企业所得税。所以,企业清算期间的资产无论是否实际处置,一律视同变现,确认增值或者损失。确认清算环节企业资产的增值或者损失应按其可变现价值或者公允价值进行计算。清算期间,企业实际处置资产时按照正常交易价格取得的收入可作为其公允价值。对于清算企业没有实际处置的资产,应按照其可变现价值来确认隐性的资产变现损益。计算清算所得,主要就是计算全部资产处置过程中产生的所得以及了结一切债权、债务所产生的所得或损失。此外,企业进行清算,即表明已终止持续经营,是企业存在的最后一个过程。因此在计算清算所得时,还要考虑清算前企业尚未确认的递延收益、尚未在税前扣除的待摊费用、已在税前扣除而不再实际支付的预提性质的费用、商誉的扣除以及尚未超过弥补期限的亏损等问题。清算所得可用下面计算公式表示:

清算所得 = 全部资产处置所得 − 清算费用 + 确实无法偿还的债务 − 无法收回的债权损失 + 尚未确认的递延收益 − 尚未扣除的税前允许扣除的待摊支出 + 已在税前扣除而不再实际支付的预提性质的支出 − 商誉 − 以前年度发生的亏损

其中,

全部资产处置所得 = 资产交易价格或可变现价值 − 资产计税基础 − 税前允许扣除的税金及附加

税前允许扣除的税金及附加,是指处置资产过程中缴纳的增值税、城建税、印花税、土地增值税、教育费附加、地方教育附加等,不包括可以抵扣的增值税和企业所得税,也不包含企业以前年度欠税。清算所得税的计算清算所得税等于清算所得额乘以25%税率。由于清算期间不属于正常的生产经营期间,在计算清算所得税时不能享受有关企业所得税优惠政策。

(6)对可供分配剩余财产,即企业全部资产的可变现价值或交易价格减除清算费用、职工工资、社会保险费和法定补偿金,结清清算所得税、以前年度欠税等税款并清偿企业债务后的余额。企业清算后,清算净所得加上未分配利润、公益金和公积金等,按一定比例分配给投资者,投资者分得剩余资产的金额,相当于被清算企业累计未分配利润和累计盈余公积中按该股东所占股份比例计算的部分,应确认为股息所得,应当按"利息、股息、红利"所得项目扣缴个人所得税;剩余资产减除股息所得后的余额,超过股东投资成本的部分,应确认为股东的投资转让所得,应当按"财产转让"所得项目扣缴个人所得税。

另外,按照我国现行《破产法》第三十七条和《民事诉讼法》第两百零四条规定,破产财产在优先拨付清算费用后,按下列顺序清偿:①职工工资和劳动保险费用,②所欠税款,③清偿债务。对处于第二清偿顺序的"所欠税款"是指企业清算前的欠税,而并非是处置资产过程中的新发生的税收。清算处置资产时产生的税收是为债权人的共同利益而于清算程序中必须支付的各种费用,是属于清算费用,应当优先受偿。另据《中华人民共和国税收征收管理法》第四十五条规定,处于第二清偿顺序的欠税发生在设立担保债权之前的,税收债权优先;欠税发生在设立担保债权之后的,担保债权优先。

清算收入在扣除清算费用,清偿职工工资和社会保险费、欠税、债务,并缴纳清算产生的相关税款后的剩余部分,向财政部门或财政部门委托的执收部门缴纳。

4. 《2022年政府收支分类科目》中列103类06款04项"清算收入",反映国有独资企业清算收入(扣除清算费用),以及国有控股、参股企业国有股权(股份)分享的公司清算收入(扣除清算费用)。

5. 缴费对象不按规定缴纳的,根据《财政违法行为处罚处分条例》(国务院令第427号)等国家有关规定追究法律责任。

第五节 利 息 收 入

1. 利息收入是指行政事业单位为开展业务活动以及其他活动依法取得的非偿还性资金。取得利息收入的行政事业单位是利息收入的缴费对象。

2. 利息收入属于非税收入。在《2022年政府收支分类科目》中列103类07款05项"利息收入",反映国库存款利息,有价证券利息及其他利息收入,属中央与地方公用收入科目。

3. 利息收入按月、季、年向财政部门或财政部门委托的执收部门进行缴纳。

4. 缴费对象不按规定缴纳的,根据《财政违法行为处罚处分条例》(国务院令第427号)等国家有关规定追究法律责任。

5. 会计核算。

(1) 收到利息收入时,财务会计:

借:银行存款
　　贷:应缴财政款——利息收入

(2) 预算会计不处理。上缴利息收入时,财务会计:

借:应缴财政款——利息收入
　　贷:银行存款

(3) 预算会计不处理。如果财政返回下达预算指标,收到代理银行提供的授权支付额度

通知书时,财务会计:

　　借:零余额账户用款额度

　　　　贷:财政拨款收入

　　(4)预算会计:

　　借:资金结存——零余额账户用款额度

　　　　贷:财政拨款预算收入

第六节　城市基础设施配套费

　　1. 城市基础设施配套费是指商品房建设所必须的城市基础设施配套费用,包括道路、供水、供气、通信、绿化、环卫设施等建设费用。专项用于城市基础设施和城市公用设施建设,包括城市道路、桥梁、公共交通、供水、燃气、污水处理、集中供热、园林、绿化、路灯、环境卫生等设施的建设。

　　2. 征收范围。凡在城市规划区内新建、改建、扩建各类房屋建筑工程项目的单位和个人。

　　3. 征收标准。建设工程规划许可证核准的规划建筑面积×征收标准。征收标准由各地政府制定。政府向建设单位收取,一般按新建、扩建、改建的面积作为征收基数,每平方的价格各地不同。需要缴纳契税。

　　4. 优惠政策。符合法律法规和国家、省(直辖市)减免政策的建设项目如下,按规定减免配套费。

　　①棚户区改造项目,《国务院关于加快棚户区改造工作的意见》(国发〔2013〕25 号);②公共租赁住房项目,《国务院办公厅关于保障性安居工程建设和管理的指导意见》(国办发〔2011〕45 号);③军队后勤保障社会化改造项目,《国务院　中央军委关于推进军队后勤保障社会化有关问题的通知》(国发〔2002〕20 号);④易地扶贫搬迁项目,《财政部　国家发展改革委关于免征易地扶贫搬迁有关政府性基金和行政事业性收费政策的通知》(财税〔2019〕53 号);⑤各类养老服务机构项目,社区养老、托育、家政服务的建设项目,《财政部　税务总局　发展改革委　民政部　商务部　卫生健康委关于养老、托育、家政等社区家庭服务业税费优惠政策的公告》(财政部公告 2019 年第 76 号)。

　　5. 自然资源部门负责核实需缴纳的建筑面积,住建部门负责征收城市基础设施配套费。政策依据:①《国家计委　财政部关于取消部分建设项目收费进一步加强建设项目收费管理的通知》(计价费〔1996〕2922 号);②《国家计委　财政部关于全面整顿住房建设收费取消部分收费项目的通知》(计价格〔2001〕585 号);③《关于加强土地成交价款管理规范资金缴库行为的通知》(财综〔2009〕89 号)。

　　6. 城市基础设施配套费在《政府收支分类目录》中列 103 类 01 款 56 项,属中央和地方共用收入科目,在性质上政府性基金。反映新疆生产建设兵团和地方政府按《财政部关于城市基础设施配套费性质的批复》(财综函〔2002〕3 号)规定,经财政部批准征收的城市基础设施配套费。

第七节　国家电影事业发展专项资金

一、征收范围

办理工商注册登记的经营性电影放映单位的电影票房收入。

二、征收标准

计算公式如下：

$$国家电影事业发展专项资金 = 票房收入 \times 5\%$$

三、预算管理

专项资金属于政府性基金，全额上缴中央和地方国库，纳入中央和地方政府性基金预算管理。中央和省（自治区、直辖市）分别设立中央和省级电影专项资金管理委员会（以下简称管委会），按照职责分工管理专项资金。国家电影事业发展专项资金收入在《政府收支分类目录》中列 103 类 01 款 29 项，属政府性基金收入，是中央与地方共用收入科目，反映广电部门按《国家电影事业发展专项资金征收使用管理办法》，从电影票房收入中收取的国家电影事业发展专项资金。

四、申报缴费

省（自治区、直辖市）管委会由省级电影行政主管部门和财政部门组成，负责本地区电影专项资金的征缴管理。

经营性电影放映单位应当于每月 8 日前，向省级管委会办公室申报上月电影票房收入和应缴纳的电影专项资金，并按省级管委会办公室指定的账户足额上缴资金。专项资金按照 4∶6 比例分别缴入中央和省级国库。应缴中央国库的资金，由各省级管委会办公室。

五、欠费追缴

省级管委会办公室应当对经营性电影放映单位上缴电影专项资金情况进行审核，发现申报不实、少缴纳资金的，应当要求经营性电影放映单位限期补缴。

六、优惠政策

《财政部　国家电影局关于暂免征收国家电影事业发展专项资金政策的公告》（财政部　国家电影局公告 2020 年第 26 号）规定：湖北省自 2020 年 1 月 1 日至 2020 年 12 月 31 日免征国家电影事业发展专项资金；其他省、自治区、直辖市自 2020 年 1 月 1 日至 2020 年 8 月 31 日免征国家电影事业发展专项资金。

第八节　无线电频率占用费

一、征收范围

无线电频率(频谱)资源使用者。经国家、省、市无线电管理机构批准设置使用无线电台(站)的单位,均应缴纳无线电频率占用费。在中华人民共和国境内设置、使用无线电台及研制、生产、销售、进口无线电设备的单位和个人须缴纳无线电频率占用费。

按照《无线电管理条例》第二十一条规定,使用无线电频率应当按照国家有关规定缴纳无线电频率占用费。无线电频率占用费的项目、标准,由国务院财政部门、价格主管部门制定。

二、征收标准

1. 国家无线电管理机构向蜂窝公众通信网络运营商收取的频率占用费收费标准。在全国使用的 GSM、CDMA 网络频率,900 MHz 频段(含 800 MHz CDMA 频段)每年 1 700 万元/MHz,1 800 MHz 频段每年 1 500 万元/MHz;在非全国网使用的频率,900 MHz 频段(含 800 MHz CDMA 频段)每省每年 170 万元/MHz,1 800 MHz 频段每省每年 150 万元/MHz。使用范围达到或超过 10 个省级行政区域的,按在全国使用的收费标准计收。

2. 铁道部和中国移动通信集团公司按地域共用蜂窝公众通信网络频段(885—889/930—934 MHz),频率占用费收费标准为每年 850 万元/MHz。在双方共用此频段期间,频率占用费各缴纳 50%。中国移动退出使用后,由铁道部全额缴纳。

3. 无线电(站)频率占用费收取标准(表 28.1)。

表 28.1　无线电(站)频率占用费收取标准

序号	收费系统	收费频段	收费标准	政策文件依据
1	集群无线调度系统		1 万元/频点(省区市范围使用); 2 000 元/频点(市范围使用)	计价费〔1998〕218 号
2	无绳电话系统		150 元/基站	计价费〔1998〕218 号
3	无线寻呼系统		20 万元/频点(省区市范围使用); 4 万元/频点(市范围使用)	计价费〔1998〕218 号
4	电视台		5 万元/套节目(省级台); 1 万元/套节目(地级台); 5 000 元/套节目(县级台)	计价费〔1998〕218 号
	广播电台		5 000 元/套节目(省级台);500 元/套节目(地级台);100 元/套节目(县级台)	计价费〔1998〕218 号
5	除以上栏目外 1 000 MHz 以下的无线电台 固定电台(含陆地电台) 移动电台(含无线中心电台)		1 000 元/频点 100 元/台	计价费〔1998〕218 号

（续表）

序号	收费系统	收费频段	收费标准	政策文件依据
6	微波站 工作频率 10 GHz 以下 工作频率 10 GHz 以上		40 元/MHz/站（发射）；20 元/MHz/站（发射）	计价费〔1998〕218 号
7	卫星地球站（不含有地静止轨道 Ku 频段［12.2—12.75 GHz/14—14.75 GHz］高通量卫星系统）		250 元/MHz/站（发射）	计价费〔1998〕218 号
8	无线接入系统	1.8～1.9 GHz 频段（FDD、TDD 方式）	150 元/基站	发改价格〔2003〕2300 号
9		扩频系统 2.4 GHz、5.8 GHz 频段（不含 5 905—5 925 MHz）	40 元/MHz/基站（按核准带宽收，不足 1 MHz 的按 1 MHz 收）	
10		无线数据通信（不含 223～235 MHz）	800 元/频点/基站	
11	村通工程和"村村通"工程	卫星地球站（卫星移动电话）、电视差转台、广播差转台	不收频率占用费	发改价格〔2005〕2812 号
		450 MHz 模拟接入基站	250 元/频点/站	
		MMDS	300 元/MHz/站	
		SCDMA 无线接入基站 406.5～409.5 MHz 频段	75 元/站	
12	223～235 MHz 频段无线数据传输系统		1 000 元/MHz/基站	发改价格〔2019〕914 号
13	5 905～5 925 MHz 频段车联网直连通信系统		在省（自治区、直辖市）范围使用的，按照 15 万元/MHz/年收取； 在市（地、州）范围使用的，按照 1.5 万元/MHz/年收取； 施行头 3 年免收的优惠政策	发改价格〔2019〕914 号

三、优惠政策

按照计价费〔1998〕218 号文件第十条、第十一条的规定，下列电台免收频率占用费：党政领导机关设置的专用公务电台，国防用于军事、战备的专用电台，公安、武警、国家安全、检察、法院、劳教、监狱、渔政部门设置的专用公务电台，防火、防汛、防震、防台风、航空营救等抢险救灾专用电台和水上遇险值守、安全信息发播及安全导航电台，广播电视部门设置的实验台及对外广播电台、电视台，业余无线电台，农民集资办的电视差转台。上述部门和单位设置的电台用于从事经营活动的部分，要按规定缴纳足额频率占用费。用于卫生急救、气象服务、新闻、水上和航空无线电导航的专用电台及教育电视台减缴频率占用费，减缴幅度为 50%。

按照计价格〔2000〕1015 号的规定，对全国气象部门基本业务系统与科研单位设置使用的天气雷达、气象探空雷达、风廓线雷达、气象卫星网络、气象通信网络等各类气象无线电业务和科研电台，免收频率占用费。对全国气象部门各级气象台站面向社会开展气象专业有偿服务设置使用的天气警报系统专用电台,应按国家计委、财政部、原国家无线电管理委员会制定的《无线电管理收费规定》(计价费〔1998〕218 号),缴纳 50%的频率占用费。

四、申报缴费

国家无线电管理机构分别于每年 1 月 5 日和 7 月 1 日前向无线电频率(频谱)资源使用者征收上半年和下半年的无线电频率占用费。国家无线电管理机构对无线电频率占用费的执收工作按照财政部对非税收入收缴管理的有关规定执行,使用财政部统一印制的《非税收入一般缴款书》。

已划转税务部门征收的,缴费人收到缴费通知后,可到辖区税务机关征收大厅缴费;也可将应缴费用汇到税务机关指定银行账户,汇款时支票请注明"无线电频率占用费"。

频率占用费自频率分配或指配之日起按年度计收,不足 3 个月的按四分之一年计收,超过 3 个月不足半年的按半年计收,超过半年不足一年的按一年计收。

五、欠费追缴

依照《中华人民共和国无线电管理条例》第七十四条的规定,未按照国家有关规定缴纳无线电频率占用费的,由无线电管理机构责令限期缴纳;逾期不缴纳的,自滞纳之日起按日加收 0.05%的滞纳金。

应缴纳频率占用费的单位和个人,必须在国家、省(自治区、直辖市)无线电管理机构指定期限内缴纳。逾期不缴的,从滞纳之日起,按日加收 0.05%的滞纳金。逾期半年不缴的,无线电管理机构可收回所指配的频率,吊销电台执照,并不再受理该单位的其他频率使用和设台申请。

六、预算管理

在《2022 年政府收支分类目录》中列 103 类 04 款 43 项"工业和信息产业行政事业性收费收入"下设 08 目"无线电频率占用费",属中央与地方共用收入科目,反映国家无线电管理机构按照有关规定向公众通信网络运营商收取的收入。

第九节 土 地 复 垦 费

一、征收范围

因挖损、塌陷、压占等造成土地破坏,用地单位和个人应当按照国家有关规定负责复垦;没有条件复垦或者复垦不符合要求的,应当缴纳土地复垦费,专项用于土地复垦。复垦的土地应当优先用于农业。

土地复垦义务人不复垦,或者复垦验收中经整改仍不合格的,应当缴纳土地复垦费,由有关自然资源主管部门代为组织复垦。

二、征收标准

确定土地复垦费的数额,应当综合考虑损毁前的土地类型、实际损毁面积、损毁程度、复垦标准、复垦用途和完成复垦任务所需的工程量等因素。土地复垦费的具体征收标准,各地不一致。

三、申报缴费

土地复垦义务人应当按照条例规定,与损毁土地所在地县级自然资源主管部门在双方约定的银行建立土地复垦费用专门账户,按照土地复垦方案确定的资金数额,在土地复垦费用专门账户中足额预存土地复垦费用。预存的土地复垦费用遵循"土地复垦义务人所有,自然资源主管部门监管,专户储存专款使用"的原则。

土地复垦费由县级自然资源行政主管部门负责征收,涉及跨市、县被破坏的土地,由所在市、县自然资源行政主管部门按照属地原则分别负责征收。

土地复垦义务人应当在项目动工前一个月内预存土地复垦费用。土地复垦义务人按照规定补充编制土地复垦方案的,应当在土地复垦方案通过审查后一个月内预存土地复垦费用。土地复垦义务人按照规定修改土地复垦方案后,已经预存的土地复垦费用不足的,应当在土地复垦方案通过审查后一个月内补齐差额费用。

土地复垦费用预存实行一次性预存和分期预存两种方式。生产建设周期在3年以下的项目,应当一次性全额预存土地复垦费用。生产建设周期在3年以上的项目,可以分期预存土地复垦费用,但第一次预存的数额不得少于土地复垦费用总金额的20%。余额按照土地复垦方案确定的土地复垦费用预存计划预存,在生产建设活动结束前一年预存完毕。采矿生产项目的土地复垦费用预存,统一纳入矿山地质环境治理恢复基金进行管理。

土地复垦义务人应当按照土地复垦方案确定的工作计划和土地复垦费用使用计划,向损毁土地所在地县级自然资源主管部门申请出具土地复垦费用支取通知书。县级自然资源主管部门应当在7日内出具土地复垦费用支取通知书。土地复垦义务人凭土地复垦费用支取通知书,从土地复垦费用专门账户中支取土地复垦费用,专项用于土地复垦。

四、优惠政策

土地复垦义务人经批准进行复垦后,有关部门退回其缴纳的土地复垦费。土地复垦义务人在实施土地复垦工程前,应当依据审查通过的土地复垦方案进行土地复垦规划设计,将土地复垦方案和土地复垦规划设计一并报所在地县级自然资源主管部门备案。

土地复垦条例实施前,采矿生产项目按照有关规定向自然资源主管部门缴存的矿山地质环境治理恢复保证金中已经包含了土地复垦费用的,土地复垦义务人可以向所在地自然资源主管部门提出申请,经审核属实的,可以不再预存相应数额的土地复垦费用。

土地复垦义务人将生产建设活动损毁的耕地、林地、牧草地等农用地复垦恢复为原用途的,可以依照《土地复垦条例》第三十二条规定,凭验收合格确认书向所在地县级自然资源主管部门提出出具退还耕地占用税意见的申请。

经审核属实的,县级自然资源主管部门应当在15日内向土地复垦义务人出具意见。土地复垦义务人凭自然资源主管部门出具的意见向有关部门申请办理退还耕地占用税手续。

五、欠费追缴

土地复垦义务人未按照土地复垦办法规定预存土地复垦费用的,由县级以上自然资源主管部门责令限期改正;逾期不改正的,处 10 万元以上 50 万元以下的罚款。

六、预算管理

纳入一般公共预算收入,《2022 年政府收支分类科目》中列为自然资源行政事业性收费收入,103043204 土地复垦费,地方收入科目,反映自然资源管理部门收取的土地复垦费收入。

七、会计核算

借:其他应收款——预存复垦费

　　无形资产——土地

　　贷:银行存款

　　　　预计负债——土地复垦费用

第十节　森林(草原)植被恢复费

一、征收范围

占用森林(草原)的单位应当缴纳森林(草原)植被恢复费。进行矿藏勘查开采和工程建设占用或使用林地、草原的单位和个人,因工程建设、勘查、旅游等活动需要占用林地、草原且未履行恢复义务的单位和个人是森林(草原)植被恢复费的缴费人。需要占用林地、草原的,应当向县级以上林草主管部门提出用地申请,经审核同意后,按照国家规定的标准,通过占用林地、草原项目所在地的县(市、区)税务部门申报缴纳森林(草原)植被恢复费,领取使用审核同意书。

二、征收标准

(一)森林植被恢复费征收标准

森林植被恢复费征收标准应当按照恢复不少于被占用征收林地面积的森林植被所需要的调查规划设计、造林培育、保护管理等费用进行核定。具体标准如下:

1. 郁闭度 0.2 以上的乔木林地(含采伐迹地、火烧迹地)、竹林地、苗圃地,每平方米不低于 10 元;灌木林地、疏林地、未成林造林地,每平方米不低于 6 元;宜林地,每平方米不低于 3 元。各省、自治区、直辖市财政、林业主管部门在上述下限标准基础上,结合本地实际情况,制定本省、自治区、直辖市具体征收标准。

2. 国家和省级公益林林地,按照上述第 1 项规定征收标准 2 倍征收。

3. 城市规划区的林地,按照上述第 1 项、第 2 项规定征收标准 2 倍征收。

4. 城市规划区外的林地,按占用征收林地建设项目性质实行不同征收标准。属于公共基础设施、公共事业和国防建设项目的,按照第 1 项、第 2 项规定征收标准征收;属于经营性建设项目的,按照第 1 项、第 2 项规定征收标准 2 倍征收。

公共基础设施建设项目包括公路、铁路、机场、港口码头、水利、电力、通讯、能源基地、电网、油气管网等建设项目。公共事业建设项目包括教育、科技、文化、卫生、体育、环境和资源保护、防灾减灾、文物保护、社会福利、市政公用等建设项目。经营性建设项目包括商业、服务业、工矿业、仓储、城镇住宅、旅游开发、养殖、经营性墓地等建设项目。

森林植被恢复费审核权限:占用防护林林地或者特种用途林林地面积 10 公顷以上的,用材林、经济林、薪炭林林地及其采伐迹地面积 35 公顷以上的,其他林地面积 70 公顷以上的,由国务院林业主管部门审核;占用林地面积低于上述规定数量的,由省、自治区、直辖市人民政府林业主管部门审核。占用重点林区的林地的,由国务院林业主管部门审核。

（二）草原植被恢复费征收标准

草原植被恢复费征收标准,由占用草原项目所在地省、自治区、直辖市价格主管部门会同财政部门核定,并报国家发展改革委、财政部备案。

三、优惠政策

（一）森林植被恢复费

在农村居民按规定标准建设住宅,农村集体经济组织修建乡村道路、学校、幼儿园、敬老院、福利院、卫生院等社会公益项目以及保障性安居工程,免征森林植被恢复费。法律、法规规定减免森林植被恢复费的,从其规定。

（二）草原植被恢复费

在草原上修建直接为草原保护和畜牧业生产服务的工程设施,以及农牧民按规定标准建设住宅使用草原的,不缴纳草原植被恢复费。

四、申报缴费

自 2023 年 1 月 1 日起,森林(草原)植被恢复费划转至税务部门征收。2023 年 1 月 1 日以前审核(批准)的相关用地申请、应于 2023 年 1 月 1 日(含)以后缴纳的上述收入,收缴工作继续由原执收(监缴)单位负责。

森林(草原)植被恢复费由林草部门核定并推送费源基础信息,缴费人向项目所在地县(市、区)税务部门申报缴纳,税务部门同步将计征、缴款等信息传递财政、林草部门。

林草部门经审查对符合用地条件的项目开具《缴费通知书》,通过非税信息共享平台推送费源信息给项目所在地税务部门,项目所在地税务部门作好征收准备。项目业主(缴费人)根据林草部门开具的《缴费通知书》、核定的费额和规定的期限,通过项目所在地税务部门办税大厅(金三系统)或电子税务局渠道,向项目所在地税务部门申报缴费。跨多个县(市、区)项目费款的申报和缴纳,可通过跨区税源登记、网签三方协议、电子税务局申报方式办理相关业务。

项目所在地税务部门受理申报,在项目业主(缴费人)缴费后开具加盖税务部门征收专用章的《中央非税收入统一票据》,按照国库集中收缴制度与有关规定,依法依规开展收入征管工作,确保收入及时足额缴库。税务部门将征收信息通过非税信息共享平台实时交换给有关林草部门和财政部门,林草部门根据接收到的征收数据及《中央非税收入统一票据》(电子版)作出征占用地批复。

五、欠费追缴

森林(草原)植被恢复费划转税务部门以前和以后年度形成的欠缴收入由税务部门负责征缴入库。

占用林地的单位和个人不按照规定缴纳森林植被恢复费,由上级或同级财政部门会同有关部门责令改正,并按照《国务院关于违反财政法规处罚的暂行规定》(国发〔1987〕58 号)等有关法律、行政法规的规定进行处罚。

六、预算管理

县级以上税务部门收取的森林(草原)植被恢复费,全额缴入地方国库,具体缴库办法按照省级财政部门的规定执行。

森林植被恢复费收入在《政府收支分类科目》中列一般公共预算收入的 103 类"非税收入"02 款"专项收入"22 项"森林植被恢复费",属中央与地方公用收入科目。反映林草部门按《森林植被恢复费征收使用管理暂行办法》征收的森林植被恢复费。

草原植被恢复费收入在《政府收支分类科目》中列 103 类"非税收入"04 款"行政事业性收费收入"45 项"林业草原行政事业性收费收入"07 目"草原植被恢复费收入",属中央与地方共用收入科目。反映林业草原行政主管部门向征用或使用草原的单位和个人收取的草原植被恢复费收入。

七、退费管理

由于缴费人多缴、误缴或不再使用已审批的林地、草原等需办理退库的,由项目业主(缴费人)向主管税务部门提出退库申请,经主管税务部门严格审核,并经作出用地审批的林草部门和同级财政部门复核同意后,由主管税务部门按财政部门有关规定办理退库手续。

八、会计核算

森林(草原)植被恢复费的账务处理是:

1. 金额较小的,直接计入费用:

借:管理费用——森林(草原)植被恢复费
　　贷:银行存款

2. 金额较大的,计入长期待摊费用:

借:长期待摊费用——森林(草原)植被恢复费
　　贷:银行存款

3. 每月摊销时：

借：管理费用——森林（草原）植被恢复费
　　贷：长期待摊费用——森林（草原）植被恢复费

4. 森林（草原）植被恢复费，属于房地产开发的，可以计入"开发成本"：

借：开发成本——土地征用及拆迁补偿费—森林（草原）植被恢复费
　　贷：银行存款

第十一节　排污权出让收入

一、征收范围

现有排污单位；新建项目排污权和改建、扩建项目新增排污权，排污单位为缴费主体。污染物标的现阶段为化学需氧量、氨氮、二氧化硫和氮氧化物四项主要污染物。排污权出让收入，是指政府以有偿出让方式配置排污权取得的收入，包括采取定额出让方式出让排污权收取的排污权使用费和通过公开拍卖等方式出让排污权取得的收入。

二、征收标准

采取定额出让方式出让排污权的，排污单位应当按照排污许可证确认的污染物排放种类、数量和规定征收标准缴纳排污权使用费。排污权使用费的征收标准由试点地区省级价格、财政、环境保护部门根据当地环境资源稀缺程度、经济发展水平、污染治理成本等因素确定。

通过市场公开出让方式出让排污权的，出让底价由试点地区省级价格、财政、环境保护部门参照排污权使用费的征收标准确定。

三、申报缴费

排污权交易费用经由生态环境部门核准，通过线上流转至公共资源交易中心确认并开具《排污权出让收入缴款通知单》，缴费人凭《排污权出让收入缴款通知单》向税务部门自行申报缴费，缴费完成后凭完税凭证通过市公共资源交易中心办理终结手续。

缴纳排污权使用费金额较大、一次性缴纳确有困难的排污单位，可在排污权有效期内分次缴纳，首次缴款不得低于应缴总额的40%。

排污权有偿使用费由生态环境部门核定并开具《排污权出让收入缴款通知单》，缴费人在规定时间内向税务部门完成申报缴费，取得完税凭证后办理后续生态环境部门的相关业务。缴费人应当自收到《排污权出让收入缴款通知单》7个工作日内足额缴纳排污权出让收入。

排污单位通过市场公开出让方式购买政府出让的排污权的，应当一次性缴清款项，或者按照排污权交易合同的约定缴款。

四、预算管理

排污权出让收入在《2022年政府收支分类科目》中列103类07款15项"排污权出让收入",作为地方收入科目。反映按《排污权出让收入管理暂行办法》以有偿出让方式配置排污权取得的收入。排污权出让收入纳入一般公共预算,统筹用于污染防治。

五、欠费追缴

单位和个人违反规定,不按照规定的预算级次、预算科目将排污权出让收入缴入国库的,依照《财政违法行为处罚处分条例》和《违反行政事业性收费和罚没收入收支两条线管理规定行政处分暂行规定》等国家有关规定追究法律责任;涉嫌犯罪的,依法移送司法机关处理。

排污单位不按规定缴纳排污权出让收入并提供有效缴款凭证的,地方环境保护部门不予核发或换发排污许可证。

六、会计核算

1. 缴纳排污权出让收入时:

借:无形资产——排污权出让收入
　　管理费用——排污权出让收入
　　　　贷:递延收益

2. 摊销时:

借:管理费用——排污权出让收入
　　　　贷:累计摊销
　　　　　　银行存款

第十二节　海域使用金

一、征收范围

海域使用金是指国家以海域所有者身份依法出让海域使用权,而向取得海域使用权的单位和个人收取的权利金。海域使用金包括海域出让金、海域转让金和海域租金。海域使用金按照入库级次又分为中央海域使用金和地方海域使用金。

《中华人民共和国海域使用管理法》第三十三条规定,"国家实行海域有偿使用制度。单位和个人使用海域,应当按照国务院的规定缴纳海域使用金。海域使用金应当按照国务院的规定上缴财政。"

对于开放性用海而言,海域使用金就是"海域租金"或"海域使用权价格",而对于围海、填海等非直接利用海域资源的海域使用方式而言,海域使用金除了包括海域使用权价格这一部分,还应该包括海域使用人对改变海域自然属性而支付的代价,可以由海域空间占用费和自然属性改变补偿费两部分组成。

二、征收标准

中央海域使用金征收标准,见"非税收入政策依据"中《关于印发〈调整海域无居民海岛使用金征收标准〉的通知》(财综〔2018〕15 号)的附件 1《海域使用金征收标准》。地方海域使用金征收标准,由沿海地区财政部门会同海洋行政主管部门结合中央海域使用金征收办法的规定联合制定,并报财政部和国家海洋局备案。

三、优惠政策

按照《海域使用金减免管理办法》第二条规定,申请人申请减免海域使用金,县级以上(含县级,下同)人民政府财政部门和海洋行政主管部门审查批准减免海域使用金。《海域使用金减免管理办法》第三条规定,减免国务院审批的项目用海应缴的海域使用金,减免县级以上地方人民政府审批的项目用海应缴中央国库的海域使用金,由财政部和国家海洋局审查批准。减免县级以上地方人民政府审批的项目用海应缴地方国库的海域使用金,由省、自治区、直辖市人民政府财政部门和海洋行政主管部门审查批准。减免养殖用海应缴的海域使用金,由审批项目用海的地方人民政府财政部门和同级海洋行政主管部门审查批准。

《海域使用金减免管理办法》第四条规定,下列项目用海,依法免缴海域使用金:①军事用海。②用于政府行政管理目的的公务船舶专用码头用海,包括公安边防、海关、交通港航公安、海事、海监、出入境检验检疫、环境监测、渔政、渔监等公务船舶专用码头用海。③航道、避风(避难)锚地、航标、由政府还贷的跨海桥梁及海底隧道等非经营性交通基础设施用海。④教学、科研、防灾减灾、海难搜救打捞、渔港等非经营性公益事业用海。

《海域使用金减免管理办法》第五条规定,下列项目用海,依法减缴海域使用金:①除避风(避难)以外的其他锚地、出入海通道等公用设施用海。②列入国家发展和改革委员会公布的国家重点建设项目名单的项目用海。③遭受自然灾害或者意外事故,经核实经济损失达正常收益 60%以上的养殖用海。

四、申报缴费

2021 年 5 月 21 日起,将出自然资源部门负责征收的海域使用金,全部划转给税务部门负责征收。自然资源部(本级)按照规定负责征收的海域使用金,同步划转税务部门征收。

五、预算管理

海域使用金在《2022 年政府收支分类科目》中列 103 类 07 款 01 项"海域使用金收入"下设 01 目"中央海域使用金"、02 目"地方海域使用金",分别属中央和地方收入科目,分别反映按规定征收的中央和地方海域使用金收入。

六、欠费追征和退费

《中华人民共和国海域使用管理法》第四十八条规定:违反本法规定,按年度逐年缴纳海域使用金的海域使用权人不按期缴纳海域使用金的,限期缴纳;在限期内仍拒不缴纳的,由颁发海域使用权证书的人民政府注销海域使用权证书,收回海域使用权。

第十三节 无居民海岛使用金

一、征收范围

无居民海岛,是指在我国管辖海域内不作为常住户口居住地的岛屿、岩礁和低潮高地等。单位和个人利用无居民海岛,应当经国务院或者沿海省、自治区、直辖市人民政府依法批准,并按照《无居民海岛使用金征收使用管理办法》规定缴纳无居民海岛使用金。

无居民海岛使用金,是指国家在一定年限内出让无居民海岛使用权,由无居民海岛使用者依法向国家缴纳的无居民海岛使用权价款,不包括无居民海岛使用者取得无居民海岛使用权应当依法缴纳的其他相关税费。

二、征收标准

无居民海岛使用权出让实行最低价限制制度。无居民海岛使用权出让最低价标准由国务院财政部门会同国务院海洋主管部门根据无居民海岛的等别、用岛类型和方式、离岸距离等因素,适当考虑生态补偿因素确定,并适时进行调整。计算公式如下:

$$\begin{array}{c}\text{无居民海岛使用权}\\\text{出让最低价}\end{array} = \begin{array}{c}\text{无居民海岛}\\\text{使用权出让面积}\end{array} \times \begin{array}{c}\text{使用}\\\text{年限}\end{array} \times \begin{array}{c}\text{无居民海岛使用权}\\\text{出让最低价标准}\end{array}$$

无居民海岛使用金征收标准,见"非税收入政策依据"中《关于印发〈调整海域无居民海岛使用金征收标准〉的通知》(财综〔2018〕15 号)的附件 2《无居民使用金征收标准》。

三、优惠政策

下列用岛免缴无居民海岛使用金:①国防用岛;②公务用岛,指各级国家行政机关或者其他承担公共事务管理任务的单位依法履行公共事务管理职责的用岛;③教学用岛,指非经营性的教学和科研项目用岛;④防灾减灾用岛;⑤非经营性公用基础设施建设用岛,包括非经营性码头、桥梁、道路建设用岛,非经营性供水、供电设施建设用岛,不包括为上述非经营性基础设施提供配套服务的经营性用岛;⑥基础测绘和气象观测用岛;⑦国务院财政部门、海洋主管部门认定的其他公益事业用岛。

四、申报缴费

无居民海岛使用金属于政府非税收入,由省级以上财政部门负责征收管理,由省级以上海洋主管部门负责具体征收。

无居民海岛使用金按照批准的使用年限实行一次性计征。应缴纳的无居民海岛使用金额度超过 1 亿元的,无居民海岛使用者可以提出申请,经批准用岛的海洋主管部门商同级财政部门同意后,可以在 3 年时间内分次缴纳。分次缴纳无居民海岛使用金的,首次缴纳额度不得低于总额度的 50%。

国务院批准用岛的,无居民海岛使用金由国务院海洋主管部门负责征收。省级人民政府批准用岛的,无居民海岛使用金由海岛所在地省级海洋主管部门负责征收。

省级以上海洋主管部门征收无居民海岛使用金,应当向无居民海岛使用者开具《无居民海岛使用金缴款通知书》。

2021 年 5 月 21 日起,将由自然资源部门负责征收的无居民海岛使用金,全部划转给税务部门负责征收。自然资源部(本级)按照规定负责征收的无居民海岛使用金,同步划转税务部门征收。

五、预算管理

无居民海岛使用金实行中央地方分成。其中 20% 缴入中央国库,80% 缴入地方国库。地方分成的无居民海岛使用金在省(自治区、直辖市)、市、县级之间的分配比例,由沿海各省级人民政府财政部门确定,报省级人民政府批准后执行。无居民海岛使用金纳入一般预算管理,主要用于海岛保护、管理和生态修复。

无居民海岛使用金收入列《2022 年政府收支分类科目》1030708"无居民海岛使用金收入",并下设 01 目"中央无居民海岛使用金收入"和 02 目"地方无居民海岛使用金收入",反映按规定征收的中央和地方无居民海岛使用金收入。

六、欠费追缴

无居民海岛使用者未按规定及时足额缴纳无居民海岛使用金的,按日加收 1‰ 的滞纳金。滞纳金随同无居民海岛使用金按规定分成比例和科目一并缴入相应级次国库。拒不缴纳无居民海岛使用金的,由依法颁发无居民海岛使用权证书的海洋主管部门无偿收回无居民海岛使用权。

不按规定及时足额缴纳无居民海岛使用金的单位和个人,依照《财政违法行为处罚处分条例》(国务院令第 427 号)等国家有关规定追究法律责任。

第十四节　涉电基金的汇算清缴

国家重大水利工程建设基金、可再生能源发展基金、大中型水库移民后期扶持基金、跨省际大中型水库库区基金、三峡电站水资源费等 5 项电力类非税收入的汇算清缴工作具体如下。

1. 汇算清缴企业:省级电网企业、地方独立电网企业、自备电厂、水库、水电站、中国长江电力股份有限公司等缴纳 5 项电力类非税收入的企业。实行属地化管理的自备电厂,自行向主管税务机关办理年度汇算清缴。除属地化管理外的自备电厂,由代征相关非税收入的电网企业办理汇算清缴时一并办理。

2. 汇算清缴原则。汇算清缴企业应当单独核算汇算清缴业务,做好汇算清缴相关数据的归集、核算等工作,按照要求向主管税务机关填报《电力类非税收入年度汇算清缴表》。

3. 汇算清缴期限。5 项电力类非税收入均于次年 3 月底前完成年度清算和征缴。

4. 汇算提交材料。汇算清缴企业应按照相关文件规定,根据全年实际销售电量(自发自用电量、发电量),自行计算全年核减电量、扣除数等,确定年度应补(退)费额,按照要求提交《电力类非税收入年度汇算清缴表》(表28.2)及证明材料。可提交以下资料:电力类非税收入年度汇算清缴表,企业财务会计报表,企业年度电力销售收入明细表,企业年度免征电量、核减电量、扣除数相关会计科目的总账、明细账或其他证明资料,电网企业年度代征自备电厂非税收入明细情况表,企业年度电力类非税收入分月申报缴费信息,主管税务机关要求报送的其他有关资料。

表 28.2　电力类非税收入年度汇算清缴表

填报单位:　　　　　　　　　　　　　　　　　　　　　　单位:千瓦·时、元、元/千瓦·时

	项　目	列次	本年累计	上年累计	备　注
基本情况	1. 全年实际销售电量(自发自用电量)	(1)			
	其中:居民生活用电	(2)			
	其他用电	(3)			
	2. 免征电量	(4)			
	其中:农业生产用电(不含国家扶贫开发工作重点县农业排灌用电)	(5)			
	国家扶贫开发工作重点县农业排灌用电	(6)			
	其他符合政策扣除电量	(7)			
	其他	(8)			
	3. 汇算清缴核减电量	(9)			
1.可再生能源发展基金	4. 应征电量	(10)			
	其中:居民生活用电	(11)			
	其他用电	(12)			
	5. 征收标准	(13)			
	6. 全年销售电量应征基金金额	(14)			
	7. 代征企业自备电厂应征基金金额	(15)			
	8. 扣除数	(16)			
	9. 全年合计应征基金金额	(17) = (14) + (15) − (16)			
	10. 本年度实际已缴基金金额	(18)			
	11. 本年度实际已缴基金数中包含的所属期为本年度以前的基金金额	(19)			
	12. 本年度实际已缴所属本年度基金金额	(20) = (18) − (19)			
	13. 汇算清缴后本年度应补(退)基金金额	(21) = (17) − (20)			

（续表）

项　目	列次	本年累计	上年累计	备　注
14. 应征电量	（22）			
15. 征收标准	（23）			
16. 全年销售电量应征基金金额	（24）			
17. 代征企业自备电厂应征基金金额	（25）			
18. 扣除数	（26）			
19. 全年合计应征基金金额	（27）＝（24）＋（25）－（26）			
20. 本年度实际已缴基金金额	（28）			
21. 本年度实际已缴基金数中包含的所属期为本年度以前的基金金额	（29）			
22. 本年度实际已缴所属本年度基金金额	（30）＝（28）－（29）			
23. 汇算清缴后本年度应补（退）基金金额	（31）＝（27）－（30）			
24. 应征电量	（32）			
25. 征收标准	（33）			
26. 全年应征基金金额	（34）			
27. 代征企业自备电厂应征基金金额	（35）			
28. 扣除数	（36）			
29. 全年合计应征基金金额	（37）＝（34）＋（35）－（36）			
30. 本年度实际已缴基金金额	（38）			
31. 本年度实际已缴基金数中包含的所属期为本年度以前的基金金额	（39）			
32. 本年度实际已缴所属本年度基金金额	（40）＝（38）－（39）			
33. 汇算清缴后本年度应补（退）基金金额	（41）＝（37）－（40）			
34. 应征电量	（42）			
35. 征收标准	（43）			
36. 全年应征基金金额	（44）			
37. 本年度实际已缴基金金额	（45）			
38. 本年度实际已缴基金数中包含的所属期为本年度以前的基金金额	（46）			
39. 本年度实际已缴所属本年度基金金额	（47）＝（45）－（46）			
40. 汇算清缴后本年度应补（退）基金金额	（48）＝（44）－（47）			
41. 应征电量	（49）			
42. 征收标准	（50）			
43. 全年合计应征基金金额	（51）			

左侧分组：
2. 大中型水库移民后期扶持基金（14–23）
3. 国家重大水利工程建设基金（24–33）
4. 跨省际大中型水库库区基金（34–40）
5. 三峡电站水资源费（41–43）

项　目		列次	本年累计	上年累计	备　注
5.三峡电站水资源费	44.本年度实际已缴基金金额	(52)			
	45.本年度实际已缴基金数中包含的所属期为本年度以前的基金金额	(53)			
	46.本年度实际已缴所属本年度基金金额	(54)=(52)-(53)			
	47.汇算清缴后本年度应补(退)基金金额	(55)=(51)-(54)			

填报单位意见：

　　　　财务负责人(签字)：　　　　　　　　　　　　　　　　经办人(签字)：

　　　　　　　　　　　　　　　　　　　　　　　　　　　(公章)　　年　月　日

　　本表一式两份,企业留存一份,主管税务机关留存一份。

　　填表说明：

　　1.本表适用于电网企业、水库、水电站、中国长江电力股份有限公司及自备电厂自行汇算清缴填报,按规定不缴纳的基金项目填"无"。

　　2.全年实际销售电量(自发自用电量):电网企业填报上年度1～12月的全年销售电量;中国长江电力股份有限公司办理三峡电站水资源费汇算清缴填报发电量;自备电厂填报自发自用电量。

　　3.免征电量、汇算清缴核减电量、扣除数:需提供证明材料。

　　4.应征电量:各项非税收入应征电量按照本项目相关规定根据通用数据项计算填报。

　　5.代征企业自备电厂应征基金金额:电网企业根据上年度1～12月代征自备电厂自发自用电量应征收的金额填报。

　　6.本年度实际已缴基金金额:填报上年度1～12月全年向税务部门实际申报缴纳入库的基金数。

　　7.备注:如有其他需要说明的情况填列。

　　5.延期办理。汇算清缴企业因不可抗力,不能在汇算清缴期内办理年度汇算清缴申报或备齐申报资料的,应向主管税务机关申请延期办理。

附列资料　**2022年社会保险费和非税收入月快报项目及口径(非税收入部分)**

表28.3　2022年社会保险费和非税收入月快报项目及口径(非税收入部分)

79	二、非税收入合计	口径同"入库税金明细月报表"中"非税收入合计"的"合计"
80	2.1　一般公共预算收入项目	口径为项目63—项目83合计
81	2.1.1　教育费附加	口径同"入库税金明细月报表"中"教育费附加收入"的"合计"
82	其中:中央级	口径同"入库税金明细月报表"中"教育费附加收入"的"中央级合计"
83	地方级	口径同"入库税金明细月报表"中"教育费附加收入"的"地方级合计"
84	2.1.2　地方教育附加(地方级100%)	口径同"入库税金明细月报表"中"地方教育费附加"的"合计"

（续表）

85	2.1.3 文化事业建设费	口径同"入库税金明细月报表"中"文化事业建设费"的"合计"
86	其中：中央级	口径同"入库税金明细月报表"中"文化事业建设费"的"中央级合计"
87	地方级	口径同"入库税金明细月报表"中"文化事业建设费"的"地方级合计"
88	2.1.4 残疾人就业保障金收入	口径同"入库税金明细月报表"中"残疾人就业保障金"的"合计"
89	其中：中央级	口径同"入库税金明细月报表"中"残疾人就业保障金"的"中央级合计"
90	地方级	口径同"入库税金明细月报表"中"残疾人就业保障金"的"地方级合计"
91	2.1.5 水利建设基金	口径同"入库税金明细月报表"中"水利建设基金"的"合计"
92	其中：中央级	口径同"入库税金明细月报表"中"水利建设基金"的"中央级合计"
93	地方级	口径同"入库税金明细月报表"中"水利建设基金"的"地方级合计"
94	2.1.6 三峡电站水资源费收入	口径同"入库税金明细月报表"中"三峡电站水资源费收入"的"合计"
95	其中：中央级	口径同"入库税金明细月报表"中"三峡电站水资源费收入"的"中央级合计"
96	地方级	口径同"入库税金明细月报表"中"三峡电站水资源费收入"的"地方级合计"
97	2.1.7 场外核应急准备收入	口径同"入库税金明细月报表"中"场外核应急准备收入"的"合计"
98	其中：中央级	口径同"入库税金明细月报表"中"场外核应急准备收入"的"中央级合计"
99	地方级	口径同"入库税金明细月报表"中"场外核应急准备收入"的"地方级合计"
100	2.1.8 石油特别收益金（中央级100%）	口径同"入库税金明细月报表"中"石油特别收益金"的"合计"
101	2.1.9 国家留成油上缴收入（中央级100%）	口径同"入库税金明细月报表"中"国家留成油上缴收入"的"合计"
102	2.1.10 油价调控风险准备金收入（中央级100%）	口径同"入库税金明细月报表"中"油价调控风险准备金收入"的"合计"
103	2.1.11 免税商品特许经营费收入（中央级100%）	口径同"入库税金明细月报表"中"免税商品特许经营费收入"的"合计"

104	2.1.12 矿产资源专项收入	口径同"入库税金明细月报表"中"矿产资源专项收入"的"合计"
105	其中：中央级	口径同"入库税金明细月报表"中"矿产资源专项收入"的"中央级合计"
106	地方级	口径同"入库税金明细月报表"中"矿产资源专项收入"的"地方级合计"
107	2.1.13 海域使用金收入	口径同"入库税金明细月报表"中"海域使用金"的"合计"
108	其中：中央级	口径同"入库税金明细月报表"中"海域使用金"的"中央级合计"
109	地方级	口径同"入库税金明细月报表"中"海域使用金"的"地方级合计"
110	2.1.14 无居民海岛使用金收入	口径同"入库税金明细月报表"中"无居民海岛使用金"的"合计"
111	其中：中央级	口径同"入库税金明细月报表"中"无居民海岛使用金"的"中央级合计"
112	地方级	口径同"入库税金明细月报表"中"无居民海岛使用金"的"地方级合计"
113	2.1.15 水土保持补偿费	口径同"入库税金明细月报表"中"水土保持补偿费"的"合计"
114	其中：中央级	口径同"入库税金明细月报表"中"水土保持补偿费"的"中央级合计"
115	地方级	口径同"入库税金明细月报表"中"水土保持补偿费"的"地方级合计"
116	2.1.16 防空地下室易地建设费收入	口径同"入库税金明细月报表"中"防空地下室易地建设费"的"合计"
117	其中：中央级	口径同"入库税金明细月报表"中"防空地下室易地建设费"的"中央级合计"
118	地方级	口径同"入库税金明细月报表"中"防空地下室易地建设费"的"地方级合计"
119	2.1.17 土地闲置费	口径同"入库税金明细月报表"中"土地闲置费"的"合计"
120	其中：中央级	口径同"入库税金明细月报表"中"土地闲置费"的"中央级合计"
121	地方级	口径同"入库税金明细月报表"中"土地闲置费"的"地方级合计"
122	2.1.18 城镇垃圾处理费	口径同"入库税金明细月报表"中"城镇垃圾处理费"的"合计"
123	其中：中央级	口径同"入库税金明细月报表"中"城镇垃圾处理费"的"中央级合计"
124	地方级	口径同"入库税金明细月报表"中"城镇垃圾处理费"的"地方级合计"
125	2.1.19 排污权出让收入（地方级100%）	口径同"入库税金明细月报表"中"排污权出让收入"的"合计"

(续表)

126	2.1.20 其他中央项目收入	口径同"非税收入分项目统计月报表"中"土地复垦费""无线电频率占用费""税务部门罚没收入""国有资产有偿使用收入""海上石油矿区使用费""陆上石油矿区使用费""外商投资企业土地使用费"7个非税收入项目合计之和
127	其中：中央级	口径同"非税收入分项目统计月报表"中"土地复垦费""无线电频率占用费""税务部门罚没收入""国有资产有偿使用收入""海上石油矿区使用费""陆上石油矿区使用费""外商投资企业土地使用费"7个非税收入项目"中央级"合计之和
128	地方级	口径同"非税收入分项目统计月报表"中"土地复垦费""无线电频率占用费""税务部门罚没收入""国有资产有偿使用收入""海上石油矿区使用费""陆上石油矿区使用费""外商投资企业土地使用费"7个非税收入项目"地方级"合计之和
129	2.1.21 省级项目收入（地方级100％）	口径同"非税收入分项目统计月报表"中"成人高考招生经费""村镇基础设施配套费（仅对乡镇规划区收取）""武夷山风景区资源保护费""公路、桥梁路产赔偿费""公路路产损坏赔偿收入""公路路产损坏占用赔(补)偿费""河道砂石资源有偿使用收入""公共户外广告资源有偿使用收入""广告收入""户外广告设施招标及拍卖收入""利用政府投资建设的城市道路和公共场地设置的停车泊位经营权转让收入""世界文化遗产公园门票收入""市政公共资源有偿使用收入""云冈石窟风景名胜区门票收入""占用损坏路产路权赔偿费""长白山国家自然保护区资源补偿费""行政单位参公管理事业单位国有资产出租出借收入""超计划超定额加价水费""小客车总量调控增量指标竞价收入""河道采砂权出让价款（辽宁）""公路路产赔(补)偿费（辽宁）""城市绿化赔偿收入""拆除人防工程补偿费""河道砂石经营收益""国有资产占用费""生态环境损害赔偿金""破损公路及设施赔补偿费和占用费""土地及地面建筑资产处置""非土地及地面建筑资产处置""停车泊位和公共停车场有偿使用收入""石油开发费""户外广告设置空间使用费""绿化补偿费""省级国有资本经营预算收益（陕西）""青海湖景区旅游门票收入""风景名胜区门票收入（新疆）"36项合计
130	2.2 政府性基金预算收入项目	口径为项目85—项目95合计
131	2.2.1 国有土地使用权出让收入	口径同"入库税金明细月报表"中"国有土地使用权出让收入"的"合计"
132	其中：中央级	口径同"入库税金明细月报表"中"国有土地使用权出让收入"的"中央级合计"
133	地方级	口径同"入库税金明细月报表"中"国有土地使用权出让收入"的"地方级合计"
134	2.2.2 废弃电器电子产品处理基金收入（中央级100％）	口径同"入库税金明细月报表"中"废弃电器电子产品处理基金收入"的"合计"

（续表）

135	2.2.3 可再生能源发展基金（中央级100%）	口径同"入库税金明细月报表"中"可再生能源发展基金"的"合计"
136	2.2.4 大中型水库移民后期扶持基金收入（中央级100%）	口径同"入库税金明细月报表"中"大中型水库移民后期扶持基金收入"的"合计"
137	2.2.5 地方水库移民扶持基金收入	口径同"入库税金明细月报表"中"地方水库移民扶持基金"的"合计"
138	其中：中央级	口径同"入库税金明细月报表"中"地方水库移民扶持基金"的"中央级合计"
139	地方级	口径同"入库税金明细月报表"中"地方水库移民扶持基金"的"地方级合计"
140	2.2.6 中央大中型水库库区基金收入（中央级100%）	口径同"入库税金明细月报表"中"中央大中型水库库区基金收入"的"合计"
141	2.2.7 三峡水库库区基金收入（中央级100%）	口径同"入库税金明细月报表"中"三峡水库库区基金收入"的"合计"
142	2.2.8 农网还贷资金收入	口径同"入库税金明细月报表"中"农网还贷资金收入"的"合计"
143	其中：中央级	口径同"入库税金明细月报表"中"农网还贷资金收入"的"中央级合计"
144	地方级	口径同"入库税金明细月报表"中"农网还贷资金收入"的"地方级合计"
145	2.2.9 国家重大水利工程建设基金收入	口径同"入库税金明细月报表"中"国家重大水利工程建设基金收入"的"合计"
146	其中：中央级	口径同"入库税金明细月报表"中"国家重大水利工程建设基金收入"的"中央级合计"
147	地方级	口径同"入库税金明细月报表"中"国家重大水利工程建设基金收入"的"地方级合计"
148	2.2.10 核电站乏燃料处理处置基金收入（中央级100%）	口径同"入库税金明细月报表"中"核电站乏燃料处理处置基金收入"的"合计"
149	2.2.11 其他中央项目收入	口径同"非税收入分项目统计月报表"中"彩票公益金收入""城市基础设施配套费收入""彩票发行和销售业务费收入""国家电影事业发展专项资金收入"4项合计
150	其中：中央级	口径同"非税收入分项目统计月报表"中"彩票公益金收入""城市基础设施配套费收入""彩票发行和销售业务费收入""国家电影事业发展专项资金收入"4项中央级合计

（续表）

151	地方级	口径同"非税收入分项目统计月报表"中"彩票公益金收入""城市基础设施配套费收入""彩票发行和销售业务费收入""国家电影事业发展专项资金收入"4项地方级合计
152	2.3　国有资本经营预算收入小计	口径同"非税收入分项目统计月报表"中"国有资本收益"的"合计"
153	其中：中央级	口径同"非税收入分项目统计月报表"中"国有资本收益"的"中央级合计"
154	地方级	口径同"非税收入分项目统计月报表"中"国有资本收益"的"地方级合计"
155	三、其他收入合计	口径同"入库税金明细月报表"中"工会经费收入"的"合计"
156	3.1　工会经费收入	口径同"入库税金明细月报表"中"工会经费收入"的"合计"
157	非税收入附列资料	
158	1. 中央级收入合计	口径同本表中各非税收入项目的"中央级合计"
159	2. 地方级收入合计	口径同本表中各非税收入项目的"地方级合计"
160	3. 统征的中央项目收入合计	口径为本表内"教育费附加收入""地方教育附加""文化事业建设费收入""残疾人就业保障金收入""水利建设基金""三峡电站水资源费收入""场外核应急准备收入""石油特别收益金""国家留成油上缴收入""油价调控风险准备金收入""免税商品特许经营费收入""矿产资源专项收入""海域使用金""无居民海岛使用金""水土保持补偿费""防空地下室易地建设费""土地闲置费""城镇垃圾处理费""排污权出让收入""国有土地使用权出让收入""废弃电器电子产品处理基金收入""可再生能源发展基金""农网还贷资金收入""国家重大水利工程建设基金收入""大中型水库移民后期扶持基金收入""地方水库移民扶持基金""中央大中型水库库区基金收入""三峡水库库区基金收入""核电站乏燃料处理处置基金收入"29个项目合计
161	其中：中央级	口径为本表内"教育费附加收入""地方教育附加""文化事业建设费收入""残疾人就业保障金收入""水利建设基金""三峡电站水资源费收入""场外核应急准备收入""石油特别收益金""国家留成油上缴收入""油价调控风险准备金收入""免税商品特许经营费收入""矿产资源专项收入""海域使用金""无居民海岛使用金""水土保持补偿费""防空地下室易地建设费""土地闲置费""城镇垃圾处理费""排污权出让收入""国有土地使用权出让收入""废弃电器电子产品处理基金收入""可再生能源发展基金""农网还贷资金收入""国家重大水利工程建设基金收入""大中型水库移民后期扶持基金收入""地方水库移民扶持基金""中央大中型水库库区基金收入""三峡水库库区基金收入""核电站乏燃料处理处置基金收入"29个项目"中央级合计"

（续表）

162	地方级	口径为本表内"教育费附加收入""地方教育附加""文化事业建设费收入""残疾人就业保障金收入""水利建设基金""三峡电站水资源费收入""场外核应急准备收入""石油特别收益金""国家留成油上缴收入""油价调控风险准备金收入""免税商品特许经营费收入""矿产资源专项收入""海域使用金""无居民海岛使用金""水土保持补偿费""防空地下室易地建设费""土地闲置费""城镇垃圾处理费""排污权出让收入""国有土地使用权出让收入""废弃电器电子产品处理基金收入""可再生能源发展基金""农网还贷资金收入""国家重大水利工程建设基金收入""大中型水库移民后期扶持基金收入""地方水库移民扶持基金""中央大中型水库库区基金收入""三峡水库库区基金收入""核电站乏燃料处理处置基金收入"29个项目"地方级合计"
163	4. 非统征的中央项目收入合计	口径为本表内"非税收入分项目统计月报表"中"土地复垦费""无线电频率占用费""税务部门罚没收入""国有资产有偿使用收入""海上石油矿区使用费""陆上石油矿区使用费""外商投资企业土地使用费""彩票公益金收入""城市基础设施配套费收入""彩票发行和销售业务费收入""国家电影事业发展专项资金收入"11项合计
164	其中：中央级	口径为本表内"土地复垦费""无线电频率占用费""税务部门罚没收入""国有资产有偿使用收入""海上石油矿区使用费""陆上石油矿区使用费""外商投资企业土地使用费""彩票公益金收入""城市基础设施配套费收入""彩票发行和销售业务费收入""国家电影事业发展专项资金收入"11项的"中央级合计"
165	地方级	口径为本表内"土地复垦费""无线电频率占用费""税务部门罚没收入""国有资产有偿使用收入""海上石油矿区使用费""陆上石油矿区使用费""外商投资企业土地使用费""彩票公益金收入""城市基础设施配套费收入""彩票发行和销售业务费收入""国家电影事业发展专项资金收入"11项"地方级合计"
166	5. 省级项目收入合计	口径为本表内"成人高考招生经费""村镇基础设施配套费（仅对乡镇规划区收取）""武夷山风景区资源保护费""公路、桥梁路产赔偿费""公路路产损坏赔偿收费""公路路产损坏占用赔(补)偿费""河道砂石资源有偿使用收入""公共户外广告资源有偿使用收入""广告收入""户外广告设施招标及拍卖收入""利用政府投资建设的城市道路和公共场地设置的停车泊位经营权转让收入""世界文化遗产公园门票收入""市政公共资源有偿使用收入""云冈石窟风景名胜区门票收入""占用损坏路产路权赔偿费""长白山国家自然保护区资源补偿费""行政单位参公管理事业单位国有资产出租出借收入""超计划超定额加价水费""小客车总量调控增量指标竞价收入""河道采砂权出让价款（辽宁）""公路路产赔(补)偿费（辽宁）""城市绿化赔偿收入""拆除人防工程补偿费""河道砂石经营收益""国有资产占用费""生态环境损害赔偿金""破损公路及设施赔补偿费和占用费""土地及地面建筑资产处置""非土地及地面建筑资产处置""停车泊位和公共停车场有偿使用收入""石油开发费""户外广告设置空间使用费""绿化补偿费""省级国有资本经营预算收益（陕西）""青海湖景区旅游门票收入""风景名胜区门票收入（新疆）"36项合计

(续表)

167	其中：中央级	口径为本表内"成人高考招生经费""村镇基础设施配套费（仅对乡镇规划区收取）""武夷山风景区资源保护费""公路、桥梁路产赔偿费""公路路产损坏赔偿收费""公路路产损坏占用赔（补）偿费""河道砂石资源有偿使用收入""公共户外广告资源有偿使用收入""广告收入""户外广告设施招标及拍卖收入""利用政府投资建设的城市道路和公共场地设置的停车泊位经营权转让收入""世界文化遗产公园门票收入""市政公共资源有偿使用收入""云冈石窟风景名胜区门票收入""占用损坏路产路权赔偿费""长白山国家自然保护区资源补偿费""行政单位参公管理事业单位国有资产出租出借收入""超计划超定额加价水费""小客车总量调控增量指标竞价收入""河道采砂权出让价款（辽宁）""公路路产赔（补）偿费（辽宁）""城市绿化赔偿收入""拆除人防工程补偿费""河道砂石经营收益""国有资产占用费""生态环境损害赔偿金""破损公路及设施赔补偿费和占用费""土地及地面建筑资产处置""非土地及地面建筑资产处置""停车泊位和公共停车场有偿使用收入""石油开发费""户外广告设置空间使用费""绿化补偿费""省级国有资本经营预算收益（陕西）""青海湖景区旅游门票收入""风景名胜区门票收入（新疆）"36项的"中央级"合计
168	地方级	口径为本表内"成人高考招生经费""村镇基础设施配套费（仅对乡镇规划区收取）""武夷山风景区资源保护费""公路、桥梁路产赔偿费""公路路产损坏赔偿收费""公路路产损坏占用赔（补）偿费""河道砂石资源有偿使用收入""公共户外广告资源有偿使用收入""广告收入""户外广告设施招标及拍卖收入""利用政府投资建设的城市道路和公共场地设置的停车泊位经营权转让收入""世界文化遗产公园门票收入""市政公共资源有偿使用收入""云冈石窟风景名胜区门票收入""占用损坏路产路权赔偿费""长白山国家自然保护区资源补偿费""行政单位参公管理事业单位国有资产出租出借收入""超计划超定额加价水费""小客车总量调控增量指标竞价收入""河道采砂权出让价款（辽宁）""公路路产赔（补）偿费（辽宁）""城市绿化赔偿收入""拆除人防工程补偿费""河道砂石经营收益""国有资产占用费""生态环境损害赔偿金""破损公路及设施赔补偿费和占用费""土地及地面建筑资产处置""非土地及地面建筑资产处置""停车泊位和公共停车场有偿使用收入""石油开发费""户外广告设置空间使用费""绿化补偿费""省级国有资本经营预算收益（陕西）""青海湖景区旅游门票收入""风景名胜区门票收入（新疆）"36项的"地方级"合计

[参考文献]

国家税务总局社会保险费用（非税收入司）.非税收入知识读本［M］.北京：中国税务出版社，2021.

非税收入政策依据部分

中华人民共和国预算法

(1994 年 3 月 22 日第八届全国人民代表大会第二次会议通过;根据 2014 年 8 月 31 日第十二届全国人民代表大会常务委员会第十次会议《关于修改〈中华人民共和国预算法〉的决定》第一次修正;根据 2018 年 12 月 29 日第十三届全国人民代表大会常务委员会第七次会议《关于修改〈中华人民共和国产品质量法〉等五部法律的决定》第二次修正)

第一章 总 则

第一条 为了规范政府收支行为,强化预算约束,加强对预算的管理和监督,建立健全全面规范、公开透明的预算制度,保障经济社会的健康发展,根据宪法,制定本法。

第二条 预算、决算的编制、审查、批准、监督,以及预算的执行和调整,依照本法规定执行。

第三条 国家实行一级政府一级预算,设立中央,省、自治区、直辖市,设区的市、自治州,县、自治县、不设区的市、市辖区,乡、民族乡、镇五级预算。

全国预算由中央预算和地方预算组成。地方预算由各省、自治区、直辖市总预算组成。

地方各级总预算由本级预算和汇总的下一级总预算组成;下一级只有本级预算的,下一级总预算即指下一级的本级预算。没有下一级预算的,总预算即指本级预算。

第四条 预算由预算收入和预算支出组成。

政府的全部收入和支出都应当纳入预算。

第五条 预算包括一般公共预算、政府性基金预算、国有资本经营预算、社会保险基金预算。

一般公共预算、政府性基金预算、国有资本经营预算、社会保险基金预算应当保持完整、独立。政府性基金预算、国有资本经营预算、社会保险基金预算应当与一般公共预算相衔接。

第六条 一般公共预算是对以税收为主体的财政收入,安排用于保障和改善民生、推动经济社会发展、维护国家安全、维持国家机构正常运转等方面的收支预算。

中央一般公共预算包括中央各部门(含直属单位,下同)的预算和中央对地方的税收返还、转移支付预算。

中央一般公共预算收入包括中央本级收入和地方向中央的上解收入。中央一般公共预算支出包括中央本级支出、中央对地方的税收返还和转移支付。

第七条 地方各级一般公共预算包括本级各部门(含直属单位,下同)的预算和税收返还、转移支付预算。

地方各级一般公共预算收入包括地方本

级收入、上级政府对本级政府的税收返还和转移支付、下级政府的上解收入。地方各级一般公共预算支出包括地方本级支出、对上级政府的上解支出、对下级政府的税收返还和转移支付。

第八条 各部门预算由本部门及其所属各单位预算组成。

第九条 政府性基金预算是对依照法律、行政法规的规定在一定期限内向特定对象征收、收取或者以其他方式筹集的资金,专项用于特定公共事业发展的收支预算。

政府性基金预算应当根据基金项目收入情况和实际支出需要,按基金项目编制,做到以收定支。

第十条 国有资本经营预算是对国有资本收益作出支出安排的收支预算。

国有资本经营预算应当按照收支平衡的原则编制,不列赤字,并安排资金调入一般公共预算。

第十一条 社会保险基金预算是对社会保险缴款、一般公共预算安排和其他方式筹集的资金,专项用于社会保险的收支预算。

社会保险基金预算应当按照统筹层次和社会保险项目分别编制,做到收支平衡。

第十二条 各级预算应当遵循统筹兼顾、勤俭节约、量力而行、讲求绩效和收支平衡的原则。

各级政府应当建立跨年度预算平衡机制。

第十三条 经人民代表大会批准的预算,非经法定程序,不得调整。各级政府、各部门、各单位的支出必须以经批准的预算为依据,未列入预算的不得支出。

第十四条 经本级人民代表大会或者本级人民代表大会常务委员会批准的预算、预算调整、决算、预算执行情况的报告及报表,应当在批准后二十日内由本级政府财政部门向社会公开,并对本级政府财政转移支付安排、执行的情况以及举借债务的情况等重要事项作出说明。

经本级政府财政部门批复的部门预算、决算及报表,应当在批复后二十日内由各部门向社会公开,并对部门预算、决算中机关运行经费的安排、使用情况等重要事项作出说明。

各级政府、各部门、各单位应当将政府采购的情况及时向社会公开。

本条前三款规定的公开事项,涉及国家秘密的除外。

第十五条 国家实行中央和地方分税制。

第十六条 国家实行财政转移支付制度。财政转移支付应当规范、公平、公开,以推进地区间基本公共服务均等化为主要目标。

财政转移支付包括中央对地方的转移支付和地方上级政府对下级政府的转移支付,以为均衡地区间基本财力、由下级政府统筹安排使用的一般性转移支付为主体。

按照法律、行政法规和国务院的规定可以设立专项转移支付,用于办理特定事项。建立健全专项转移支付定期评估和退出机制。市场竞争机制能够有效调节的事项不得设立专项转移支付。

上级政府在安排专项转移支付时,不得要求下级政府承担配套资金。但是,按照国务院的规定应当由上下级政府共同承担的事项除外。

第十七条 各级预算的编制、执行应当建立健全相互制约、相互协调的机制。

第十八条 预算年度自公历一月一日起,至十二月三十一日止。

第十九条 预算收入和预算支出以人民币元为计算单位。

第二章　预算管理职权

第二十条 全国人民代表大会审查中央和地方预算草案及中央和地方预算执行情况的报告;批准中央预算和中央预算执行情况的报告;改变或者撤销全国人民代表大会常务委员会关于预算、决算的不适当的决议。

全国人民代表大会常务委员会监督中央和地方预算的执行;审查和批准中央预算的调整方案;审查和批准中央决算;撤销国务院制定

的同宪法、法律相抵触的关于预算、决算的行政法规、决定和命令；撤销省、自治区、直辖市人民代表大会及其常务委员会制定的同宪法、法律和行政法规相抵触的关于预算、决算的地方性法规和决议。

第二十一条 县级以上地方各级人民代表大会审查本级总预算草案及本级总预算执行情况的报告；批准本级预算和本级预算执行情况的报告；改变或者撤销本级人民代表大会常务委员会关于预算、决算的不适当的决议；撤销本级政府关于预算、决算的不适当的决定和命令。

县级以上地方各级人民代表大会常务委员会监督本级总预算的执行；审查和批准本级预算的调整方案；审查和批准本级决算；撤销本级政府和下一级人民代表大会及其常务委员会关于预算、决算的不适当的决定、命令和决议。

乡、民族乡、镇的人民代表大会审查和批准本级预算和本级预算执行情况的报告；监督本级预算的执行；审查和批准本级预算的调整方案；审查和批准本级决算；撤销本级政府关于预算、决算的不适当的决定和命令。

第二十二条 全国人民代表大会财政经济委员会对中央预算草案初步方案及上一年预算执行情况、中央预算调整初步方案和中央决算草案进行初步审查，提出初步审查意见。

省、自治区、直辖市人民代表大会有关专门委员会对本级预算草案初步方案及上一年预算执行情况、本级预算调整初步方案和本级决算草案进行初步审查，提出初步审查意见。

设区的市、自治州人民代表大会有关专门委员会对本级预算草案初步方案及上一年预算执行情况、本级预算调整初步方案和本级决算草案进行初步审查，提出初步审查意见，未设立专门委员会的，由本级人民代表大会常务委员会有关工作机构研究提出意见。

县、自治县、不设区的市、市辖区人民代表大会常务委员会对本级预算草案初步方案及上一年预算执行情况进行初步审查，提出初步审查意见。县、自治县、不设区的市、市辖区人民代表大会常务委员会有关工作机构对本级预算调整初步方案和本级决算草案研究提出意见。

设区的市、自治州以上各级人民代表大会有关专门委员会进行初步审查、常务委员会有关工作机构研究提出意见时，应当邀请本级人民代表大会代表参加。

对依照本条第一款至第四款规定提出的意见，本级政府财政部门应当将处理情况及时反馈。

依照本条第一款至第四款规定提出的意见以及本级政府财政部门反馈的处理情况报告，应当印发本级人民代表大会代表。

全国人民代表大会常务委员会和省、自治区、直辖市、设区的市、自治州人民代表大会常务委员会有关工作机构，依照本级人民代表大会常务委员会的决定，协助本级人民代表大会财政经济委员会或者有关专门委员会承担审查预算草案、预算调整方案、决算草案和监督预算执行等方面的具体工作。

第二十三条 国务院编制中央预算、决算草案；向全国人民代表大会作关于中央和地方预算草案的报告；将省、自治区、直辖市政府报送备案的预算汇总后报全国人民代表大会常务委员会备案；组织中央和地方预算的执行；决定中央预算预备费的动用；编制中央预算调整方案；监督中央各部门和地方政府的预算执行；改变或者撤销中央各部门和地方政府关于预算、决算的不适当的决定、命令；向全国人民代表大会、全国人民代表大会常务委员会报告中央和地方预算的执行情况。

第二十四条 县级以上地方各级政府编制本级预算、决算草案；向本级人民代表大会作关于本级总预算草案的报告；将下一级政府报送备案的预算汇总后报本级人民代表大会常务委员会备案；组织本级总预算的执行；决定本级预算预备费的动用；编制本级预算的调整方案；监督本级各部门和下级政府的预算执行；改变或者撤销本级各部门和下级政府关于预算、决算的不适当的决定、命令;向本级人民代表大会、本级人民代表大会常务委员会报告本级总预算的执行情况。

乡、民族乡、镇政府编制本级预算、决算草案;向本级人民代表大会作关于本级预算草案的报告;组织本级预算的执行;决定本级预算预备费的动用;编制本级预算的调整方案;向本级人民代表大会报告本级预算的执行情况。

经省、自治区、直辖市政府批准,乡、民族乡、镇本级预算草案、预算调整方案、决算草案,可以由上一级政府代编,并依照本法第二十一条的规定报乡、民族乡、镇的人民代表大会审查和批准。

第二十五条　国务院财政部门具体编制中央预算、决算草案;具体组织中央和地方预算的执行;提出中央预算预备费动用方案;具体编制中央预算的调整方案;定期向国务院报告中央和地方预算的执行情况。

地方各级政府财政部门具体编制本级预算、决算草案;具体组织本级总预算的执行;提出本级预算预备费动用方案;具体编制本级预算的调整方案;定期向本级政府和上一级政府财政部门报告本级总预算的执行情况。

第二十六条　各部门编制本部门预算、决算草案;组织和监督本部门预算的执行;定期向本级政府财政部门报告预算的执行情况。

各单位编制本单位预算、决算草案;按照国家规定上缴预算收入,安排预算支出,并接受国家有关部门的监督。

第三章　预算收支范围

第二十七条　一般公共预算收入包括各项税收收入、行政事业性收费收入、国有资源(资产)有偿使用收入、转移性收入和其他收入。

一般公共预算支出按照其功能分类,包括一般公共服务支出,外交、公共安全、国防支出,农业、环境保护支出,教育、科技、文化、卫生、体育支出,社会保障及就业支出和其他支出。

一般公共预算支出按照其经济性质分类,包括工资福利支出、商品和服务支出、资本性支出和其他支出。

第二十八条　政府性基金预算、国有资本经营预算和社会保险基金预算的收支范围,按照法律、行政法规和国务院的规定执行。

第二十九条　中央预算与地方预算有关收入和支出项目的划分、地方向中央上解收入、中央对地方税收返还或者转移支付的具体办法,由国务院规定,报全国人民代表大会常务委员会备案。

第三十条　上级政府不得在预算之外调用下级政府预算的资金。下级政府不得挤占或者截留属于上级政府预算的资金。

第四章　预算编制

第三十一条　国务院应当及时下达关于编制下一年预算草案的通知。编制预算草案的具体事项由国务院财政部门部署。

各级政府、各部门、各单位应当按照国务院规定的时间编制预算草案。

第三十二条　各级预算应当根据年度经济社会发展目标、国家宏观调控总体要求和跨年度预算平衡的需要,参考上一年预算执行情况、有关支出绩效评价结果和本年度收支预测,按照规定程序征求各方面意见后,进行编制。

各级政府依据法定权限作出决定或者制定行政措施,凡涉及增加或者减少财政收入或者支出的,应当在预算批准前提出并在预算草案中作出相应安排。

各部门、各单位应当按照国务院财政部门制定的政府收支分类科目、预算支出标准和要求,以及绩效目标管理等预算编制规定,根据其依法履行职能和事业发展的需要以及存量资产情况,编制本部门、本单位预算草案。

前款所称政府收支分类科目,收入分为类、款、项、目;支出按其功能分类分为类、款、项,按其经济性质分类分为类、款。

第三十三条　省、自治区、直辖市政府应当按照国务院规定的时间,将本级总预算草案报国务院审核汇总。

第三十四条　中央一般公共预算中必需的部分资金,可以通过举借国内和国外债务等方式筹措,举借债务应当控制适当的规模,保持合理的结构。

对中央一般公共预算中举借的债务实行余额管理,余额的规模不得超过全国人民代表大会批准的限额。

国务院财政部门具体负责对中央政府债务的统一管理。

第三十五条　地方各级预算按照量入为出、收支平衡的原则编制,除本法另有规定外,不列赤字。

经国务院批准的省、自治区、直辖市的预算中必需的建设投资的部分资金,可以在国务院确定的限额内,通过发行地方政府债券举借债务的方式筹措。举借债务的规模,由国务院报全国人民代表大会或者全国人民代表大会常务委员会批准。省、自治区、直辖市依照国务院下达的限额举借的债务,列入本级预算调整方案,报本级人民代表大会常务委员会批准。举借的债务应当有偿还计划和稳定的偿还资金来源,只能用于公益性资本支出,不得用于经常性支出。

除前款规定外,地方政府及其所属部门不得以任何方式举借债务。

除法律另有规定外,地方政府及其所属部门不得为任何单位和个人的债务以任何方式提供担保。

国务院建立地方政府债务风险评估和预警机制、应急处置机制以及责任追究制度。国务院财政部门对地方政府债务实施监督。

第三十六条　各级预算收入的编制,应当与经济社会发展水平相适应,与财政政策相衔接。

各级政府、各部门、各单位应当依照本法规定,将所有政府收入全部列入预算,不得隐瞒、少列。

第三十七条　各级预算支出应当依照本法规定,按其功能和经济性质分类编制。

各级预算支出的编制,应当贯彻勤俭节约的原则,严格控制各部门、各单位的机关运行经费和楼堂馆所等基本建设支出。

各级一般公共预算支出的编制,应当统筹兼顾,在保证基本公共服务合理需要的前提下,优先安排国家确定的重点支出。

第三十八条　一般性转移支付应当按照国务院规定的基本标准和计算方法编制。专项转移支付应当分地区、分项目编制。

县级以上各级政府应当将对下级政府的转移支付预计数提前下达下级政府。

地方各级政府应当将上级政府提前下达的转移支付预计数编入本级预算。

第三十九条　中央预算和有关地方预算中应当安排必要的资金,用于扶助革命老区、民族地区、边疆地区、贫困地区发展经济社会建设事业。

第四十条　各级一般公共预算应当按照本级一般公共预算支出额的百分之一至百分之三设置预备费,用于当年预算执行中的自然灾害等突发事件处理增加的支出及其他难以预见的开支。

第四十一条　各级一般公共预算按照国务院的规定可以设置预算周转金,用于本级政府调剂预算年度内季节性收支差额。

各级一般公共预算按照国务院的规定可以设置预算稳定调节基金,用于弥补以后年度预算资金的不足。

第四十二条　各级政府上一年预算的结转资金,应当在下一年用于结转项目的支出;连续两年未用完的结转资金,应当作为结余资金管理。

各部门、各单位上一年预算的结转、结余资金按照国务院财政部门的规定办理。

第五章　预算审查和批准

第四十三条　中央预算由全国人民代表大会审查和批准。

地方各级预算由本级人民代表大会审查和批准。

第四十四条　国务院财政部门应当在每

年全国人民代表大会会议举行的四十五日前,将中央预算草案的初步方案提交全国人民代表大会财政经济委员会进行初步审查。

省、自治区、直辖市政府财政部门应当在本级人民代表大会会议举行的三十日前,将本级预算草案的初步方案提交本级人民代表大会有关专门委员会进行初步审查。

设区的市、自治州政府财政部门应当在本级人民代表大会会议举行的三十日前,将本级预算草案的初步方案提交本级人民代表大会有关专门委员会进行初步审查,或者送交本级人民代表大会常务委员会有关工作机构征求意见。

县、自治县、不设区的市、市辖区政府应当在本级人民代表大会会议举行的三十日前,将本级预算草案的初步方案提交本级人民代表大会常务委员会进行初步审查。

第四十五条 县、自治县、不设区的市、市辖区、乡、民族乡、镇的人民代表大会举行会议审查预算草案前,应当采用多种形式,组织本级人民代表大会代表,听取选民和社会各界的意见。

第四十六条 报送各级人民代表大会审查和批准的预算草案应当细化。本级一般公共预算支出,按其功能分类应当编列到项;按其经济性质分类,基本支出应当编列到款。本级政府性基金预算、国有资本经营预算、社会保险基金预算支出,按其功能分类应当编列到项。

第四十七条 国务院在全国人民代表大会举行会议时,向大会作关于中央和地方预算草案以及中央和地方预算执行情况的报告。

地方各级政府在本级人民代表大会举行会议时,向大会作关于总预算草案和总预算执行情况的报告。

第四十八条 全国人民代表大会和地方各级人民代表大会对预算草案及其报告、预算执行情况的报告重点审查下列内容:

(一)上一年预算执行情况是否符合本级人民代表大会预算决议的要求;

(二)预算安排是否符合本法的规定;

(三)预算安排是否贯彻国民经济和社会发展的方针政策,收支政策是否切实可行;

(四)重点支出和重大投资项目的预算安排是否适当;

(五)预算的编制是否完整,是否符合本法第四十六条的规定;

(六)对下级政府的转移性支出预算是否规范、适当;

(七)预算安排举借的债务是否合法、合理,是否有偿还计划和稳定的偿还资金来源;

(八)与预算有关重要事项的说明是否清晰。

第四十九条 全国人民代表大会财政经济委员会向全国人民代表大会主席团提出关于中央和地方预算草案及中央和地方预算执行情况的审查结果报告。

省、自治区、直辖市、设区的市、自治州人民代表大会有关专门委员会,县、自治县、不设区的市、市辖区人民代表大会常务委员会,向本级人民代表大会主席团提出关于总预算草案及上一年总预算执行情况的审查结果报告。

审查结果报告应当包括下列内容:

(一)对上一年预算执行和落实本级人民代表大会预算决议的情况作出评价;

(二)对本年度预算草案是否符合本法的规定,是否可行作出评价;

(三)对本级人民代表大会批准预算草案和预算报告提出建议;

(四)对执行年度预算、改进预算管理、提高预算绩效、加强预算监督等提出意见和建议。

第五十条 乡、民族乡、镇政府应当及时将经本级人民代表大会批准的本级预算报上一级政府备案。县级以上地方各级政府应当及时将经本级人民代表大会批准的本级预算及下一级政府报送备案的预算汇总,报上一级政府备案。

县级以上地方各级政府将下一级政府依照前款规定报送备案的预算汇总后,报本级人民代表大会常务委员会备案。国务院将省、自治区、直辖市政府依照前款规定报送备案的预算汇总后，报全国人民代表大会常务委员会备案。

第五十一条 国务院和县级以上地方各级政府对下一级政府依照本法第五十条规定报送备案的预算，认为有同法律、行政法规相抵触或者有其他不适当之处，需要撤销批准预算的决议的，应当提请本级人民代表大会常务委员会审议决定。

第五十二条 各级预算经本级人民代表大会批准后，本级政府财政部门应当在二十日内向本级各部门批复预算。各部门应当在接到本级政府财政部门批复的本部门预算后十五日内向所属各单位批复预算。

中央对地方的一般性转移支付应当在全国人民代表大会批准预算后三十日内正式下达。中央对地方的专项转移支付应当在全国人民代表大会批准预算后九十日内正式下达。

省、自治区、直辖市政府接到中央一般性转移支付和专项转移支付后，应当在三十日内正式下达到本行政区域县级以上各级政府。

县级以上地方各级预算安排对下级政府的一般性转移支付和专项转移支付，应当分别在本级人民代表大会批准预算后的三十日和六十日内正式下达。

对自然灾害等突发事件处理的转移支付，应当及时下达预算；对据实结算等特殊项目的转移支付，可以分期下达预算，或者先预付后结算。

县级以上各级政府财政部门应当将批复本级各部门的预算和批复下级政府的转移支付预算，抄送本级人民代表大会财政经济委员会、有关专门委员会和常务委员会有关工作机构。

第六章　预算执行

第五十三条 各级预算由本级政府组织执行，具体工作由本级政府财政部门负责。

各部门、各单位是本部门、本单位的预算执行主体，负责本部门、本单位的预算执行，并对执行结果负责。

第五十四条 预算年度开始后，各级预算草案在本级人民代表大会批准前，可以安排下列支出：

（一）上一年度结转的支出；

（二）参照上一年同期的预算支出数额安排必须支付的本年度部门基本支出、项目支出，以及对下级政府的转移性支出；

（三）法律规定必须履行支付义务的支出，以及用于自然灾害等突发事件处理的支出。

根据前款规定安排支出的情况，应当在预算草案的报告中作出说明。

预算经本级人民代表大会批准后，按照批准的预算执行。

第五十五条 预算收入征收部门和单位，必须依照法律、行政法规的规定，及时、足额征收应征的预算收入。不得违反法律、行政法规规定，多征、提前征收或者减征、免征、缓征应征的预算收入，不得截留、占用或者挪用预算收入。

各级政府不得向预算收入征收部门和单位下达收入指标。

第五十六条 政府的全部收入应当上缴国家金库（以下简称国库），任何部门、单位和个人不得截留、占用、挪用或者拖欠。

对于法律有明确规定或者经国务院批准的特定专用资金，可以依照国务院的规定设立财政专户。

第五十七条 各级政府财政部门必须依照法律、行政法规和国务院财政部门的规定，及时、足额地拨付预算支出资金，加强对预算支出的管理和监督。

各级政府、各部门、各单位的支出必须按照预算执行，不得虚假列支。

各级政府、各部门、各单位应当对预算支出情况开展绩效评价。

第五十八条 各级预算的收入和支出实行收付实现制。

特定事项按照国务院的规定实行权责发生制的有关情况，应当向本级人民代表大会常务委员会报告。

第五十九条 县级以上各级预算必须设立国库;具备条件的乡、民族乡、镇也应当设立国库。

中央国库业务由中国人民银行经理,地方国库业务依照国务院的有关规定办理。

各级国库应当按照国家有关规定,及时准确地办理预算收入的收纳、划分、留解、退付和预算支出的拨付。

各级国库库款的支配权属于本级政府财政部门。除法律、行政法规另有规定外,未经本级政府财政部门同意,任何部门、单位和个人都无权冻结、动用国库库款或者以其他方式支配已入国库的库款。

各级政府应当加强对本级国库的管理和监督,按照国务院的规定完善国库现金管理,合理调节国库资金余额。

第六十条 已经缴入国库的资金,依照法律、行政法规的规定或者国务院的决定需要退付的,各级政府财政部门或者其授权的机构应当及时办理退付。按照规定应当由财政支出安排的事项,不得用退库处理。

第六十一条 国家实行国库集中收缴和集中支付制度,对政府全部收入和支出实行国库集中收付管理。

第六十二条 各级政府应当加强对预算执行的领导,支持政府财政、税务、海关等预算收入的征收部门依法组织预算收入,支持政府财政部门严格管理预算支出。

财政、税务、海关等部门在预算执行中,应当加强对预算执行的分析;发现问题时应当及时建议本级政府采取措施予以解决。

第六十三条 各部门、各单位应当加强对预算收入和支出的管理,不得截留或者动用应当上缴的预算收入,不得擅自改变预算支出的用途。

第六十四条 各级预算预备费的动用方案,由本级政府财政部门提出,报本级政府决定。

第六十五条 各级预算周转金由本级政府财政部门管理,不得挪作他用。

第六十六条 各级一般公共预算年度执行中有超收收入的,只能用于冲减赤字或者补充预算稳定调节基金。

各级一般公共预算的结余资金,应当补充预算稳定调节基金。

省、自治区、直辖市一般公共预算年度执行中出现短收,通过调入预算稳定调节基金、减少支出等方式仍不能实现收支平衡的,省、自治区、直辖市政府报本级人民代表大会或者其常务委员会批准,可以增列赤字,报国务院财政部门备案,并应当在下一年度预算中予以弥补。

第七章 预算调整

第六十七条 经全国人民代表大会批准的中央预算和经地方各级人民代表大会批准的地方各级预算,在执行中出现下列情况之一的,应当进行预算调整:

(一)需要增加或者减少预算总支出的;

(二)需要调入预算稳定调节基金的;

(三)需要调减预算安排的重点支出数额的;

(四)需要增加举借债务数额的。

第六十八条 在预算执行中,各级政府一般不制定新的增加财政收入或者支出的政策和措施,也不制定减少财政收入的政策和措施;必须作出并需要进行预算调整的,应当在预算调整方案中作出安排。

第六十九条 在预算执行中,各级政府对于必须进行的预算调整,应当编制预算调整方案。预算调整方案应当说明预算调整的理由、项目和数额。

在预算执行中,由于发生自然灾害等突发事件,必须及时增加预算支出的,应当先动支预备费;预备费不足支出的,各级政府可以先安排支出,属于预算调整的,列入预算调整方案。

国务院财政部门应当在全国人民代表大会常务委员会举行会议审查和批准预算调整方案的三十日前,将预算调整初步方案送交全国人民代表大会财政经济委员会进行初步审查。

省、自治区、直辖市政府财政部门应当在本级人民代表大会常务委员会举行会议审查和批准预算调整方案的三十日前,将预算调整初步方案送交本级人民代表大会有关专门委员会进行初步审查。

设区的市、自治州政府财政部门应当在本级人民代表大会常务委员会举行会议审查和批准预算调整方案的三十日前,将预算调整初步方案送交本级人民代表大会有关专门委员会进行初步审查,或者送交本级人民代表大会常务委员会有关工作机构征求意见。

县、自治县、不设区的市、市辖区政府财政部门应当在本级人民代表大会常务委员会举行会议审查和批准预算调整方案的三十日前,将预算调整初步方案送交本级人民代表大会常务委员会有关工作机构征求意见。

中央预算的调整方案应当提请全国人民代表大会常务委员会审查和批准。县级以上地方各级预算的调整方案应当提请本级人民代表大会常务委员会审查和批准;乡、民族乡、镇预算的调整方案应当提请本级人民代表大会审查和批准。未经批准,不得调整预算。

第七十条 经批准的预算调整方案,各级政府应当严格执行。未经本法第六十九条规定的程序,各级政府不得作出预算调整的决定。

对违反前款规定作出的决定,本级人民代表大会、本级人民代表大会常务委员会或者上级政府应当责令其改变或者撤销。

第七十一条 在预算执行中,地方各级政府因上级政府增加不需要本级政府提供配套资金的专项转移支付而引起的预算支出变化,不属于预算调整。

接受增加专项转移支付的县级以上地方各级政府应当向本级人民代表大会常务委员会报告有关情况;接受增加专项转移支付的乡、民族乡、镇政府应当向本级人民代表大会报告有关情况。

第七十二条 各部门、各单位的预算支出应当按照预算科目执行。严格控制不同预算科目、预算级次或者项目间的预算资金的调

剂,确需调剂使用的,按照国务院财政部门的规定办理。

第七十三条 地方各级预算的调整方案经批准后,由本级政府报上一级政府备案。

第八章 决算

第七十四条 决算草案由各级政府、各部门、各单位,在每一预算年度终了后按照国务院规定的时间编制。

编制决算草案的具体事项,由国务院财政部门部署。

第七十五条 编制决算草案,必须符合法律、行政法规,做到收支真实、数额准确、内容完整、报送及时。

决算草案应当与预算相对应,按预算数、调整预算数、决算数分别列出。一般公共预算支出应当按其功能分类编列到项,按其经济性质分类编列到款。

第七十六条 各部门对所属各单位的决算草案,应当审核并汇总编制本部门的决算草案,在规定的期限内报本级政府财政部门审核。

各级政府财政部门对本级各部门决算草案审核后发现有不符合法律、行政法规规定的,有权予以纠正。

第七十七条 国务院财政部门编制中央决算草案,经国务院审计部门审计后,报国务院审定,由国务院提请全国人民代表大会常务委员会审查和批准。

县级以上地方各级政府财政部门编制本级决算草案,经本级政府审计部门审计后,报本级政府审定,由本级政府提请本级人民代表大会常务委员会审查和批准。

乡、民族乡、镇政府编制本级决算草案,提请本级人民代表大会审查和批准。

第七十八条 国务院财政部门应当在全国人民代表大会常务委员会举行会议审查和批准中央决算草案的三十日前,将上一年度中央决算草案提交全国人民代表大会财政经济委员会进行初步审查。

省、自治区、直辖市政府财政部门应当在本

级人民代表大会常务委员会举行会议审查和批准本级决算草案的三十日前,将上一年度本级决算草案提交本级人民代表大会有关专门委员会进行初步审查。

设区的市、自治州政府财政部门应当在本级人民代表大会常务委员会举行会议审查和批准本级决算草案的三十日前,将上一年度本级决算草案提交本级人民代表大会有关专门委员会进行初步审查,或者送交本级人民代表大会常务委员会有关工作机构征求意见。

县、自治县、不设区的市、市辖区政府财政部门应当在本级人民代表大会常务委员会举行会议审查和批准本级决算草案的三十日前,将上一年度本级决算草案送交本级人民代表大会常务委员会有关工作机构征求意见。

全国人民代表大会财政经济委员会和省、自治区、直辖市、设区的市、自治州人民代表大会有关专门委员会,向本级人民代表大会常务委员会提出关于本级决算草案的审查结果报告。

第七十九条 县级以上各级人民代表大会常务委员会和乡、民族乡、镇人民代表大会对本级决算草案,重点审查下列内容:

(一)预算收入情况;

(二)支出政策实施情况和重点支出、重大投资项目资金的使用及绩效情况;

(三)结转资金的使用情况;

(四)资金结余情况;

(五)本级预算调整及执行情况;

(六)财政转移支付安排执行情况;

(七)经批准举借债务的规模、结构、使用、偿还等情况;

(八)本级预算周转金规模和使用情况;

(九)本级预备费使用情况;

(十)超收收入安排情况,预算稳定调节基金的规模和使用情况;

(十一)本级人民代表大会批准的预算决议落实情况;

(十二)其他与决算有关的重要情况。

县级以上各级人民代表大会常务委员会

应当结合本级政府提出的上一年度预算执行和其他财政收支的审计工作报告,对本级决算草案进行审查。

第八十条 各级决算经批准后,财政部门应当在二十日内向本级各部门批复决算。各部门应当在接到本级政府财政部门批复的本部门决算后十五日内向所属单位批复决算。

第八十一条 地方各级政府应当将经批准的决算及下一级政府上报备案的决算汇总,报上一级政府备案。

县级以上各级政府应当将下一级政府报送备案的决算汇总后,报本级人民代表大会常务委员会备案。

第八十二条 国务院和县级以上地方各级政府对下一级政府依照本法第八十一条规定报送备案的决算,认为有同法律、行政法规相抵触或者有其他不适当之处,需要撤销批准该项决算的决议的,应当提请本级人民代表大会常务委员会审议决定;经审议决定撤销的,该下级人民代表大会常务委员会应当责成本级政府依照本法规定重新编制决算草案,提请本级人民代表大会常务委员会审查和批准。

第九章 监督

第八十三条 全国人民代表大会及其常务委员会对中央和地方预算、决算进行监督。

县级以上地方各级人民代表大会及其常务委员会对本级和下级预算、决算进行监督。

乡、民族乡、镇人民代表大会对本级预算、决算进行监督。

第八十四条 各级人民代表大会和县级以上各级人民代表大会常务委员会有权就预算、决算中的重大事项或者特定问题组织调查,有关的政府、部门、单位和个人应当如实反映情况和提供必要的材料。

第八十五条 各级人民代表大会和县级以上各级人民代表大会常务委员会举行会议时,人民代表大会代表或者常务委员会组成人员,依照法律规定程序就预算、决算中的有关问题提出询问或者质询,受询问或者受质询的有关的政府或者财政部门必须及时给予答复。

第八十六条 国务院和县级以上地方各级政府应当在每年六月至九月期间向本级人民代表大会常务委员会报告预算执行情况。

第八十七条 各级政府监督下级政府的预算执行；下级政府应当定期向上一级政府报告预算执行情况。

第八十八条 各级政府财政部门负责监督本级各部门及其所属各单位预算管理有关工作，并向本级政府和上一级政府财政部门报告预算执行情况。

第八十九条 县级以上政府审计部门依法对预算执行、决算实行审计监督。

对预算执行和其他财政收支的审计工作报告应当向社会公开。

第九十条 政府各部门负责监督检查所属各单位的预算执行，及时向本级政府财政部门反映本部门预算执行情况，依法纠正违反预算的行为。

第九十一条 公民、法人或者其他组织发现有违反本法的行为，可以依法向有关国家机关进行检举、控告。

接受检举、控告的国家机关应当依法进行处理，并为检举人、控告人保密。任何单位或个人不得压制和打击报复检举人、控告人。

第十章 法律责任

第九十二条 各级政府及有关部门有下列行为之一的，责令改正，对负有直接责任的主管人员和其他直接责任人员追究行政责任：

（一）未依照本法规定，编制、报送预算草案、预算调整方案、决算草案和部门预算、决算以及批复预算、决算的；

（二）违反本法规定，进行预算调整的；

（三）未依照本法规定对有关预算事项进行公开和说明的；

（四）违反规定设立政府性基金项目和其他财政收入项目的；

（五）违反法律、法规规定使用预算预备

费、预算周转金、预算稳定调节基金、超收收入的；

（六）违反本法规定开设财政专户的。

第九十三条 各级政府及有关部门、单位有下列行为之一的，责令改正，对负有直接责任的主管人员和其他直接责任人员依法给予降级、撤职、开除的处分：

（一）未将所有政府收入和支出列入预算或者虚列收入和支出的；

（二）违反法律、行政法规的规定，多征、提前征收或者减征、免征、缓征应征预算收入的；

（三）截留、占用、挪用或者拖欠应当上缴国库的预算收入的；

（四）违反本法规定，改变预算支出用途的；

（五）擅自改变上级政府专项转移支付资金用途的；

（六）违反本法规定拨付预算支出资金，办理预算收入收纳、划分、留解、退付，或者违反本法规定冻结、动用国库库款或者以其他方式支配已入国库库款的。

第九十四条 各级政府、各部门、各单位违反本法规定举借债务或者为他人债务提供担保，或者挪用重点支出资金，或者在预算之外及超预算标准建设楼堂馆所的，责令改正，对负有直接责任的主管人员和其他直接责任人员给予撤职、开除的处分。

第九十五条 各级政府有关部门、单位及其工作人员有下列行为之一的，责令改正，追回骗取、使用的资金，有违法所得的没收违法所得，对单位给予警告或者通报批评；对负有直接责任的主管人员和其他直接责任人员依法给予处分：

（一）违反法律、法规的规定，改变预算收入上缴方式的；

（二）以虚报、冒领等手段骗取预算资金的；

（三）违反规定扩大开支范围、提高开支标准的；

（四）其他违反财政管理规定的行为。

第九十六条 本法第九十二条、第九十三条、第九十四条、第九十五条所列违法行为,其他法律对其处理、处罚另有规定的,依照其规定。

违反本法规定,构成犯罪的,依法追究刑事责任。

第十一章 附 则

第九十七条 各级政府财政部门应当按年度编制以权责发生制为基础的政府综合财务报告,报告政府整体财务状况、运行情况和财政中长期可持续性,报本级人民代表大会常务委员会备案。

第九十八条 国务院根据本法制定实施条例。

第九十九条 民族自治地方的预算管理,依照民族区域自治法的有关规定执行;民族区域自治法没有规定的,依照本法和国务院的有关规定执行。

第一百条 省、自治区、直辖市人民代表大会或者其常务委员会根据本法,可以制定有关预算审查监督的决定或者地方性法规。

第一百零一条 本法自 1995 年 1 月 1 日起施行。1991 年 10 月 21 日国务院发布的《国家预算管理条例》同时废止。

财政部关于印发《政府非税收入管理办法》的通知

(财税〔2016〕33 号)

依据《财政部关于修改部分文件条款的通知》(财税〔2023〕9 号),本办法自 2023 年 3 月 9 日起将第九条第二项删除。

各省、自治区、直辖市、计划单列市财政厅(局),新疆生产建设兵团财务局,财政部驻各省、自治区、直辖市、计划单列市财政监察专员办事处:

为了加强政府非税收入管理,规范政府收支行为,健全公共财政职能,保护公民、法人和其他组织的合法权益,根据国家有关规定,我们制定了《政府非税收入管理办法》,现印发给你们,请遵照执行。

附件:政府非税收入管理办法

政府非税收入管理办法

第一章 总 则

第一条 为了加强政府非税收入(以下简称非税收入)管理,规范政府收支行为,健全公共财政职能,保护公民、法人和其他组织的合法权益,根据国家有关规定,制定本办法。

第二条 非税收入设立、征收、票据、资金和监督管理等活动,适用本办法。

第三条 本办法所称非税收入,是指除税收以外,由各级国家机关、事业单位、代行政府职能的社会团体及其他组织依法利用国家权力、政府信誉、国有资源(资产)所有者权益等取得的各项收入。具体包括:

(一)行政事业性收费收入;

(二)政府性基金收入;

(三)罚没收入;

(四)国有资源(资产)有偿使用收入;

(五)国有资本收益;

(六)彩票公益金收入;

(七)特许经营收入;

(八)中央银行收入;

(九)以政府名义接受的捐赠收入;

(十)主管部门集中收入;

(十一)政府收入的利息收入;

(十二)其他非税收入。

本办法所称非税收入不包括社会保险费、住房公积金(指计入缴存人个人账户部分)。

第四条 非税收入是政府财政收入的重要组成部分,应当纳入财政预算管理。

第五条 非税收入实行分类分级管理。

根据非税收入不同类别和特点,制定与分类相适应的管理制度。鼓励各地区探索和建立符合本地实际的非税收入管理制度。

第六条 非税收入管理应当遵循依法、规范、透明、高效的原则。

第七条 各级财政部门是非税收入的主管部门。

财政部负责制定全国非税收入管理制度和政策,按管理权限审批设立非税收入,征缴、管理和监督中央非税收入,指导地方非税收入管理工作。

县级以上地方财政部门负责制定本行政区域非税收入管理制度和政策,按管理权限审批设立非税收入,征缴、管理和监督本行政区域非税收入。

第八条 各级财政部门应当完善非税收入管理工作机制,建立健全非税收入管理系统和统计报告制度。

第二章 设立和征收管理

第九条 设立和征收非税收入,应当依据法律、法规的规定或者按下列管理权限予以批准:

(一)行政事业性收费按照国务院和省、自治区、直辖市(以下简称省级)人民政府及其财政、价格主管部门的规定设立和征收。

(二)政府性基金按照国务院和财政部的规定设立和征收。

(三)国有资源有偿使用收入、特许经营收入按照国务院和省级人民政府及其财政部门的规定设立和征收。

(四)国有资产有偿使用收入、国有资本收益由拥有国有资产(资本)产权的人民政府及其财政部门按照国有资产(资本)收益管理规定征收。

(五)彩票公益金按照国务院和财政部的规定筹集。

(六)中央银行收入按照相关法律法规征收。

(七)罚没收入按照法律、法规和规章的规定征收。

(八)主管部门集中收入、以政府名义接受的捐赠收入、政府收入的利息收入及其他非税收入按照同级人民政府及其财政部门的管理规定征收或者收取。

任何部门和单位不得违反规定设立非税收入项目或者设定非税收入的征收对象、范围、标准和期限。

第十条 取消、停征、减征、免征或者缓征非税收入,以及调整非税收入的征收对象、范围、标准和期限,应当按照设立和征收非税收入的管理权限予以批准,不许越权批准。

取消法律、法规规定的非税收入项目,应当按照法定程序办理。

第十一条 非税收入可以由财政部门直接征收,也可以由财政部门委托的部门和单位(以下简称执收单位)征收。

未经财政部门批准,不得改变非税收入执收单位。

法律、法规对非税收入执收单位已有规定的,从其规定。

第十二条 执收单位应当履行下列职责:

(一)公示非税收入征收依据和具体征收事项,包括项目、对象、范围、标准、期限和方式等;

(二)严格按照规定的非税收入项目、征收范围和征收标准进行征收,及时足额上缴非税收入,并对欠缴、少缴收入实施催缴;

(三)记录、汇总、核对并按规定向同级财政部门报送非税收入征缴情况;

(四)编报非税收入年度收入预算;

(五)执行非税收入管理的其他有关规定。

第十三条 执收单位不得违规多征、提前征收或者减征、免征、缓征非税收入。

第十四条 各级财政部门应当加强非税收入执收管理和监督,不得向执收单位下达非税收入指标。

第十五条 公民、法人或者其他组织(以下简称缴纳义务人)应当按规定履行非税收入缴纳义务。

对违规设立非税收入项目、扩大征收范围、提高征收标准的,缴纳义务人有权拒绝缴纳并向有关部门举报。

第十六条 缴纳义务人因特殊情况需要缓缴、减缴、免缴非税收入的,应当向执收单位提出书面申请,并由执收单位报有关部门按照规定审批。

第十七条 非税收入应当全部上缴国库,任何部门、单位和个人不得截留、占用、挪用、坐支或者拖欠。

第十八条 非税收入收缴实行国库集中收缴制度。

第十九条 各级财政部门应当加快推进非税收入收缴电子化管理,逐步降低征收成本,提高收缴水平和效率。

第三章 票据管理

第二十条 非税收入票据是征收非税收入的法定凭证和会计核算的原始凭证,是财政、审计等部门进行监督检查的重要依据。

第二十一条 非税收入票据种类包括非税收入通用票据、非税收入专用票据和非税收入一般缴款书。具体适用下列范围:

(一)非税收入通用票据,是指执收单位征收非税收入时开具的通用凭证。

(二)非税收入专用票据,是指特定执收单位征收特定的非税收入时开具的专用凭证,主要包括行政事业性收费票据、政府性基金票据、国有资源(资产)收入票据、罚没票据等。

(三)非税收入一般缴款书,是指实施非税收入收缴管理制度改革的执收单位收缴非税收入时开具的通用凭证。

第二十二条 各级财政部门应当通过加强非税收入票据管理,规范执收单位的征收行为,从源头上杜绝乱收费,并确保依法合规的非税收入及时足额上缴国库。

第二十三条 非税收入票据实行凭证领取、分次限量、核旧领新制度。

执收单位使用非税收入票据,一般按照财务隶属关系向同级财政部门申领。

第二十四条 除财政部另有规定以外,执收单位征收非税收入,应当向缴纳义务人开具财政部或者省级财政部门统一监(印)制的非税收入票据。

对附加在价格上征收或者需要依法纳税的有关非税收入,执收单位应当按规定向缴纳义务人开具税务发票。

不开具前款规定票据的,缴纳义务人有权拒付款项。

第二十五条 非税收入票据使用单位不得转让、出借、代开、买卖、擅自销毁、涂改非税收入票据;不得串用非税收入票据,不得将非税收入票据与其他票据互相替代。

第二十六条 非税收入票据使用完毕,使用单位应当按顺序清理票据存根、装订成册、妥善保管。

非税收入票据存根的保存期限一般为5年。保存期满需要销毁的,报经原核发票据的财政部门查验后销毁。

第四章 资金管理

第二十七条 非税收入应当依照法律、法规规定或者按照管理权限确定的收入归属和缴库要求,缴入相应级次国库。

第二十八条 非税收入实行分成的,应当按照事权与支出责任相适应的原则确定分成比例,并按下列管理权限予以批准:

(一)涉及中央与地方分成的非税收入,其分成比例由国务院或者财政部规定;

(二)涉及省级与市、县级分成的非税收入,其分成比例由省级人民政府或者其财政部门规定;

(三)涉及部门、单位之间分成的非税收入,其分成比例按照隶属关系由财政部或者省级财政部门规定。

未经国务院和省级人民政府及其财政部门批准,不得对非税收入实行分成或者调整分成比例。

第二十九条 非税收入应当通过国库单一账户体系收缴、存储、退付、清算和核算。

第三十条 上下级政府分成的非税收入,由财政部门按照分级划解、及时清算的原则办理。

第三十一条 已上缴中央和地方财政的非税收入依照有关规定需要退付的,分别按照财政部和省级财政部门的规定执行。

第三十二条 根据非税收入不同性质,分别纳入一般公共预算、政府性基金预算和国有资本经营预算管理。

第三十三条 各级财政部门应当按照规定加强政府性基金、国有资本收益与一般公共预算资金统筹使用,建立健全预算绩效评价制度,提高资金使用效率。

第五章 监督管理

第三十四条 各级财政部门应当建立健全非税收入监督管理制度,加强非税收入政策执行情况的监督检查,依法处理非税收入违法违规行为。

第三十五条 执收单位应当建立健全内部控制制度,接受财政部门和审计机关的监督检查,如实提供非税收入情况和相关资料。

第三十六条 各级财政部门和执收单位应当通过政府网站和公共媒体等渠道,向社会公开非税收入项目名称、设立依据、征收方式和标准等,并加大预决算公开力度,提高非税收入透明度,接受公众监督。

第三十七条 任何单位和个人有权监督和举报非税收入管理中的违法违规行为。

各级财政部门应当按职责受理、调查、处理举报或者投诉,并为举报人保密。

第三十八条 对违反本办法规定设立、征收、缴纳、管理非税收入的行为,依照《中华人民共和国预算法》《财政违法行为处罚处分条例》和《违反行政事业性收费和罚没收入收支两条线管理规定行政处分暂行规定》等国家有关规定追究法律责任;涉嫌犯罪的,依法移送司法机关处理。

第六章 附 则

第三十九条 教育收费管理参照本办法规定执行,收入纳入财政专户管理。

第四十条 省级财政部门可以根据本办法的规定,结合本地区实际情况,制定非税收入管理的具体实施办法。

第四十一条 本办法自颁布之日起施行。

财政违法行为处罚处分条例

（中华人民共和国国务院令第 427 号；根据 2011 年 1 月 8 日《国务院关于废止和修改部分行政法规的决定》修订）

第一条 为了纠正财政违法行为,维护国家财政经济秩序,制定本条例。

第二条 县级以上人民政府财政部门及审计机关在各自职权范围内,依法对财政违法行为作出处理、处罚决定。

省级以上人民政府财政部门的派出机构,应当在规定职权范围内,依法对财政违法行为作出处理、处罚决定;审计机关的派出机构,应当根据审计机关的授权,依法对财政违法行为作出处理、处罚决定。

根据需要,国务院可以依法调整财政部门及其派出机构(以下统称财政部门)、审计机关及其派出机构(以下统称审计机关)的职权范围。

有财政违法行为的单位,其直接负责的主管人员和其他直接责任人员,以及有财政违法行为的个人,属于国家公务员的,由监察机关及其派出机构(以下统称监察机关)或者任免机关依照人事管理权限,依法给予行政处分。

第三条 财政收入执收单位及其工作人员有下列违反国家财政收入管理规定的行为之一的,责令改正,补收应当收取的财政收入,限期退还违法所得。对单位给予警告或者通报批评。对直接负责的主管人员和其他直接责任人员给予警告、记过或者记大过处分;情节严重的,给予降级或者撤职处分:

(一)违反规定设立财政收入项目;

(二)违反规定擅自改变财政收入项目的范围、标准、对象和期限;

(三)对已明令取消、暂停执行或者降低标准的财政收入项目,仍然依照原定项目、标准征收或者变换名称征收;

(四)缓收、不收财政收入;

(五)擅自将预算收入转为预算外收入;

(六)其他违反国家财政收入管理规定的行为。

《中华人民共和国税收征收管理法》等法律、行政法规另有规定的,依照其规定给予行政处分。

第四条 财政收入执收单位及其工作人员有下列违反国家财政收入上缴规定的行为之一的,责令改正,调整有关会计账目,收缴应当上缴的财政收入,限期退还违法所得。对单位给予警告或者通报批评。对直接负责的主管人员和其他直接责任人员给予记大过处分;情节较重的,给予降级或者撤职处分;情节严重的,给予开除处分:

(一)隐瞒应当上缴的财政收入;

(二)滞留、截留、挪用应当上缴的财政收入;

(三)坐支应当上缴的财政收入;

(四)不依照规定的财政收入预算级次、预算科目入库;

(五)违反规定退付国库库款或者财政专户资金;

(六)其他违反国家财政收入上缴规定的行为。

《中华人民共和国税收征收管理法》《中华人民共和国预算法》等法律、行政法规另有规

定的,依照其规定给予行政处分。

第五条 财政部门、国库机构及其工作人员有下列违反国家有关上解、下拨财政资金规定的行为之一的,责令改正,限期退还违法所得。对单位给予警告或者通报批评。对直接负责的主管人员和其他直接责任人员给予记过或者记大过处分;情节较重的,给予降级或者撤职处分;情节严重的,给予开除处分:

(一)延解、占压应当上解的财政收入;

(二)不依照预算或者用款计划核拨财政资金;

(三)违反规定收纳、划分、留解、退付国库库款或者财政专户资金;

(四)将应当纳入国库核算的财政收入放在财政专户核算;

(五)擅自动用国库库款或者财政专户资金;

(六)其他违反国家有关上解、下拨财政资金规定的行为。

第六条 国家机关及其工作人员有下列违反规定使用、骗取财政资金的行为之一的,责令改正,调整有关会计账目,追回有关财政资金,限期退还违法所得。对单位给予警告或者通报批评。对直接负责的主管人员和其他直接责任人员给予记大过处分;情节较重的,给予降级或者撤职处分;情节严重的,给予开除处分:

(一)以虚报、冒领等手段骗取财政资金;

(二)截留、挪用财政资金;

(三)滞留应当下拨的财政资金;

(四)违反规定扩大开支范围,提高开支标准;

(五)其他违反规定使用、骗取财政资金的行为。

第七条 财政预决算的编制部门和预算执行部门及其工作人员有下列违反国家有关预算管理规定的行为之一的,责令改正,追回有关款项,限期调整有关预算科目和预算级次。对单位给予警告或者通报批评。对直接负责的主管人员和其他直接责任人员给予警告、记过

或者记大过处分;情节较重的,给予降级处分;情节严重的,给予撤职处分:

(一)虚增、虚减财政收入或者财政支出;

(二)违反规定编制、批复预算或者决算;

(三)违反规定调整预算;

(四)违反规定调整预算级次或者预算收支种类;

(五)违反规定动用预算预备费或者挪用预算周转金;

(六)违反国家关于转移支付管理规定的行为;

(七)其他违反国家有关预算管理规定的行为。

第八条 国家机关及其工作人员违反国有资产管理的规定,擅自占有、使用、处置国有资产的,责令改正,调整有关会计账目,限期退还违法所得和被侵占的国有资产。对单位给予警告或者通报批评。对直接负责的主管人员和其他直接责任人员给予记大过处分;情节较重的,给予降级或者撤职处分;情节严重的,给予开除处分。

第九条 单位和个人有下列违反国家有关投资建设项目规定的行为之一的,责令改正,调整有关会计账目,追回被截留、挪用、骗取的国家建设资金,没收违法所得,核减或者停止拨付工程投资。对单位给予警告或者通报批评,其直接负责的主管人员和其他直接责任人员属于国家公务员的,给予记大过处分;情节较重的,给予降级或者撤职处分;情节严重的,给予开除处分:

(一)截留、挪用国家建设资金;

(二)以虚报、冒领、关联交易等手段骗取国家建设资金;

(三)违反规定超概算投资;

(四)虚列投资完成额;

(五)其他违反国家投资建设项目有关规定的行为。

《中华人民共和国政府采购法》《中华人民共和国招标投标法》《国家重点建设项目管理办法》等法律、行政法规另有规定的,依照其规定处理、处罚。

第十条 国家机关及其工作人员违反《中华人民共和国担保法》及国家有关规定,擅自提供担保的,责令改正,没收违法所得。对单位给予警告或者通报批评。对直接负责的主管人员和其他直接责任人员给予警告、记过或者记大过处分;造成损失的,给予降级或者撤职处分;造成重大损失的,给予开除处分。

第十一条 国家机关及其工作人员违反国家有关账户管理规定,擅自在金融机构开立、使用账户的,责令改正,调整有关会计账目,追回有关财政资金,没收违法所得,依法撤销擅自开立的账户。对单位给予警告或者通报批评。对直接负责的主管人员和其他直接责任人员给予降级处分;情节严重的,给予撤职或者开除处分。

第十二条 国家机关及其工作人员有下列行为之一的,责令改正,调整有关会计账目,追回被挪用、骗取的有关资金,没收违法所得。对单位给予警告或者通报批评。对直接负责的主管人员和其他直接责任人员给予降级处分;情节较重的,给予撤职处分;情节严重的,给予开除处分:

(一)以虚报、冒领等手段骗取政府承贷或者担保的外国政府贷款、国际金融组织贷款;

(二)滞留政府承贷或者担保的外国政府贷款、国际金融组织贷款;

(三)截留、挪用政府承贷或者担保的外国政府贷款、国际金融组织贷款;

(四)其他违反规定使用、骗取政府承贷或者担保的外国政府贷款、国际金融组织贷款的行为。

第十三条 企业和个人有下列不缴或者少缴财政收入行为之一的,责令改正,调整有关会计账目,收缴应当上缴的财政收入,给予警告,没收违法所得,并处不缴或者少缴财政收入10%以上30%以下的罚款;对直接负责的主管人员和其他直接责任人员处3 000元以上5万元以下的罚款:

(一)隐瞒应当上缴的财政收入;

（二）截留代收的财政收入；

（三）其他不缴或者少缴财政收入的行为。

属于税收方面的违法行为，依照有关税收法律、行政法规的规定处理、处罚。

第十四条 企业和个人有下列行为之一的，责令改正，调整有关会计账目，追回违反规定使用、骗取的有关资金，给予警告，没收违法所得，并处被骗取有关资金 10% 以上 50% 以下的罚款或者被违规使用有关资金 10% 以上 30% 以下的罚款；对直接负责的主管人员和其他直接责任人员处 3 000 元以上 5 万元以下的罚款：

（一）以虚报、冒领等手段骗取财政资金以及政府承贷或者担保的外国政府贷款、国际金融组织贷款；

（二）挪用财政资金以及政府承贷或者担保的外国政府贷款、国际金融组织贷款；

（三）从无偿使用的财政资金以及政府承贷或者担保的外国政府贷款、国际金融组织贷款中非法获益；

（四）其他违反规定使用、骗取财政资金以及政府承贷或者担保的外国政府贷款、国际金融组织贷款的行为。

属于政府采购方面的违法行为，依照《中华人民共和国政府采购法》及有关法律、行政法规的规定处理、处罚。

第十五条 事业单位、社会团体、其他社会组织及其工作人员有财政违法行为的，依照本条例有关国家机关的规定执行；但其在经营活动中的财政违法行为，依照本条例第十三条、第十四条的规定执行。

第十六条 单位和个人有下列违反财政收入票据管理规定的行为之一的，销毁非法印制的票据，没收违法所得和作案工具。对单位处 5 000 元以上 10 万元以下的罚款；对直接负责的主管人员和其他直接责任人员处 3 000 元以上 5 万元以下的罚款。属于国家公务员的，还应当给予降级或者撤职处分；情节严重的，给予开除处分：

（一）违反规定印制财政收入票据；

（二）转借、串用、代开财政收入票据；

（三）伪造、变造、买卖、擅自销毁财政收入票据；

（四）伪造、使用伪造的财政收入票据监（印）制章；

（五）其他违反财政收入票据管理规定的行为。

属于税收收入票据管理方面的违法行为，依照有关税收法律、行政法规的规定处理、处罚。

第十七条 单位和个人违反财务管理的规定，私存私放财政资金或者其他公款的，责令改正，调整有关会计账目，追回私存私放的资金，没收违法所得。对单位处 3 000 元以上 5 万元以下的罚款；对直接负责的主管人员和其他直接责任人员处 2 000 元以上 2 万元以下的罚款。属于国家公务员的，还应当给予记大过处分；情节严重的，给予降级或者撤职处分。

第十八条 属于会计方面的违法行为，依照会计方面的法律、行政法规的规定处理、处罚。对其直接负责的主管人员和其他直接责任人员，属于国家公务员的，还应当给予警告、记过或者记大过处分；情节较重的，给予降级或者撤职处分；情节严重的，给予开除处分。

第十九条 属于行政性收费方面的违法行为，《中华人民共和国行政许可法》《违反行政事业性收费和罚没收入收支两条线管理规定行政处分暂行规定》等法律、行政法规及国务院另有规定的，有关部门依照其规定处理、处罚、处分。

第二十条 单位和个人有本条例规定的财政违法行为，构成犯罪的，依法追究刑事责任。

第二十一条 财政部门、审计机关、监察机关依法进行调查或者检查时，被调查、检查的单位和个人应当予以配合，如实反映情况，不得拒绝、阻挠、拖延。

违反前款规定的，责令限期改正。逾期不改正的，对属于国家公务员的直接负责的主管人员和其他直接责任人员，给予警告、记过或者记大过处分;情节严重的,给予降级或者撤职处分。

第二十二条 财政部门、审计机关、监察机关依法进行调查或者检查时,经县级以上人民政府财政部门、审计机关、监察机关的负责人批准,可以向与被调查、检查单位有经济业务往来的单位查询有关情况,可以向金融机构查询被调查、检查单位的存款,有关单位和金融机构应当配合。

财政部门、审计机关、监察机关在依法进行调查或者检查时,执法人员不得少于2人,并应当向当事人或者有关人员出示证件;查询存款时,还应当持有县级以上人民政府财政部门、审计机关、监察机关签发的查询存款通知书,并负有保密义务。

第二十三条 财政部门、审计机关、监察机关依法进行调查或者检查时,在有关证据可能灭失或者以后难以取得的情况下,经县级以上人民政府财政部门、审计机关、监察机关的负责人批准,可以先行登记保存,并应当在7日内及时作出处理决定。在此期间,当事人或者有关人员不得销毁或者转移证据。

第二十四条 对被调查、检查单位或者个人正在进行的财政违法行为,财政部门、审计机关应当责令停止。拒不执行的,财政部门可以暂停财政拨款或者停止拨付与财政违法行为直接有关的款项,已经拨付的,责令其暂停使用;审计机关可以通知财政部门或者其他有关主管部门暂停财政拨款或者停止拨付与财政违法行为直接有关的款项,已经拨付的,责令其暂停使用,财政部门和其他有关主管部门应当将结果书面告知审计机关。

第二十五条 依照本条例规定限期退还的违法所得,到期无法退还的,应当收缴国库。

第二十六条 单位和个人有本条例所列财政违法行为,财政部门、审计机关、监察机关可以公告其财政违法行为及处理、处罚、处分决定。

第二十七条 单位和个人有本条例所列财政违法行为,弄虚作假骗取荣誉称号及其他有关奖励的,应当撤销其荣誉称号并收回有关奖励。

第二十八条 财政部门、审计机关、监察机关的工作人员滥用职权、玩忽职守、徇私舞弊的,给予警告、记过或者记大过处分;情节较重的,给予降级或者撤职处分;情节严重的,给予开除处分。构成犯罪的,依法追究刑事责任。

第二十九条 财政部门、审计机关、监察机关及其他有关监督检查机关对有关单位或者个人依法进行调查、检查后,应当出具调查、检查结论。有关监督检查机关已经作出的调查、检查结论能够满足其他监督检查机关履行本机关职责需要的,其他监督检查机关应当加以利用。

第三十条 财政部门、审计机关、监察机关及其他有关机关应当加强配合,对不属于其职权范围的事项,应当依法移送。受移送机关应当及时处理,并将结果书面告知移送机关。

第三十一条 对财政违法行为作出处理、处罚和处分决定的程序,依照本条例和《中华人民共和国行政处罚法》《中华人民共和国行政监察法》等有关法律、行政法规的规定执行。

第三十二条 单位和个人对处理、处罚不服的,依照《中华人民共和国行政复议法》《中华人民共和国行政诉讼法》的规定申请复议或者提起诉讼。

国家公务员对行政处分不服的,依照《中华人民共和国行政监察法》《中华人民共和国公务员法》等法律、行政法规的规定提出申诉。

第三十三条 本条例所称"财政收入执收单位",是指负责收取税收收入和各种非税收入的单位。

第三十四条 对法律、法规授权的具有管理公共事务职能的组织以及国家行政机关依法委托的组织及其工勤人员以外的工作人员,企业、事业单位、社会团体中由国家行政机关以委任、派遣等形式任命的人员以及其他人员有本条例规定的财政违法行为,需要给予处分的,参照本条例有关规定执行。

第三十五条 本条例自 2005 年 2 月 1 日起施行。1987 年 6 月 16 日国务院发布的《国务院关于违反财政法规处罚的暂行规定》同时废止。

财政票据管理办法

(2012 年 10 月 22 日财政部令第 70 号公布;根据 2020 年 12 月 3 日《财政部关于修改〈财政票据管理办法〉的决定》修改)

第一章 总 则

第一条 为了规范财政票据行为,加强政府非税收入征收管理和单位财务监督,维护国家财经秩序,保护公民、法人和其他组织的合法权益,根据国家有关规定,制定本办法。

第二条 财政票据的监(印)制、领用、发放、使用、保管、核销、销毁及监督检查等活动,适用本办法。

第三条 本办法所称财政票据,是指由财政部门监(印)制、发放、管理,国家机关、事业单位、具有公共管理或者公共服务职能的社会团体及其他组织(以下统称"行政事业单位")依法收取政府非税收入或者从事非营利性活动收取财物时,向公民、法人和其他组织开具的凭证。

财政票据是财务收支和会计核算的原始凭证,包括电子和纸质两种形式。财政电子票据和纸质票据具有同等法律效力,是财会监督、审计监督等的重要依据。

第四条 财政部门是财政票据的主管部门。

财政部负责全国财政票据管理工作,承担中央单位财政票据的监(印)制、发放、核销、销毁和监督检查等工作,指导地方财政票据管理工作。

省、自治区、直辖市人民政府财政部门,新疆生产建设兵团财政局(以下简称省级财政部门)负责本行政区域财政票据的监(印)制、发放、核销、销毁和监督检查等工作,指导下级财政部门财政票据管理工作。

省级以下财政部门负责本行政区域财政票据的申领、发放、核销、销毁和监督检查等工作。

第五条 财政部门应当积极推进财政电子票据管理改革,以数字信息代替纸质文件、以电子签名代替手工签章,依托计算机和信息网络技术开具、存储、传输和接收财政电子票据,实现电子开票、自动核销、全程跟踪、源头控制。

第六条 财政部门通过有关票据公共服务平台提供财政电子票据真伪查验服务。

第二章 财政票据的种类、适用范围和内容

第七条 财政票据的种类和适用范围如下:

(一)非税收入类票据

1. 非税收入通用票据,是指行政事业单位依法收取政府非税收入时开具的通用凭证。

2. 非税收入一般缴款书,是指实施政府非税收入收缴管理制度改革的行政事业单位收缴政府非税收入时开具的通用凭证。

(二)结算类票据

资金往来结算票据,是指行政事业单位在发生暂收、代收和单位内部资金往来结算时开具的凭证。

(三)其他财政票据

1. 公益事业捐赠票据,是指国家机关、公益性事业单位、公益性社会团体和其他公益性组织依法接受公益性捐赠时开具的凭证。

2. 医疗收费票据,是指非营利医疗卫生机构从事医疗服务取得医疗收入时开具的凭证。

3. 社会团体会费票据,是指依法成立的社

会团体向会员收取会费时开具的凭证。

4．其他应当由财政部门管理的票据。

第八条 财政票据应当包括票据名称、票据编码、票据监制章、项目、标准、数量、金额、交款人、开票日期、开票单位、开票人、复核人等内容。

第九条 纸质票据一般包括存根联、收据联、记账联。存根联由开票方留存,收据联由支付方收执,记账联由开票方留做记账凭证。

非税收入一般缴款书一般设置五联,包括回单联、借方凭证、贷方凭证、收据联、存根联。回单联退执收单位,借方凭证和贷方凭证分别由缴款人、收款人开户银行留存,收据联由缴款人收执,存根联由执收单位留存。

第三章 财政票据的监(印)制

第十条 财政票据由省级以上财政部门按照管理权限分别监(印)制。

第十一条 财政票据实行全国统一的式样、编码规则和电子票据数据标准,由财政部负责制定。

电子票据数据标准包括数据要素、数据结构、数据格式和防伪方法等内容。各级财政部门应当按照统一的财政电子票据数据标准,生成、传输、存储和查验财政电子票据。

第十二条 省级以上财政部门应当按照国家政府采购有关规定确定承印财政票据的企业,并与其签订印制合同。

财政票据印制企业应当按照印制合同和财政部规定的式样印制票据。

禁止私自印制、伪造、变造财政票据。

第十三条 财政票据应当套印全国统一式样的财政票据监制章。财政票据监制章的形状、规格和印色由财政部统一规定。

禁止伪造、变造财政票据监制章,禁止在非财政票据上套印财政票据监制章。

第十四条 财政票据应当使用中文监(印)制。民族自治地方的财政票据,可以加印一种当地通用的民族文字。有实际需要的,可以同时使用中外两种文字监(印)制。

第十五条 财政票据印制企业应当建立票据印制管理制度和保管措施,对财政票据式样模板、财政票据监制章印模等的使用和管理实行专人负责,不得将承印的财政票据委托其他企业印制,不得向委托印制票据的财政部门以外的其他单位或者个人提供财政票据。

第十六条 印制合同终止后,财政票据印制企业应当将印制票据所需用品、资料交还委托印制票据的财政部门,不得自行保留或者提供给其他单位或者个人。

第十七条 禁止在境外印制财政票据。

第四章 财政票据的领用与发放

第十八条 省级以下财政部门应当根据本地区用票需求,按照财政管理体制向上一级财政部门报送用票计划,申领财政票据。上级财政部门经审核后发放财政票据。

第十九条 财政票据实行凭证领用、分次限量、核旧领新制度。

领用财政票据,一般按照财务隶属关系向同级财政部门申请。

第二十条 财政部门及其工作人员应当为申领单位提供便利,一次性告知领用财政票据的相关程序、材料、要求及依据等内容。

第二十一条 首次领用财政票据,应当按照规定程序办理《财政票据领用证》。

办理《财政票据领用证》,应当提交申请函,填写《财政票据领用证申请表》,并且按要求提供与票据种类相关的可核验信息,并对提供信息的真实性承担法律责任。

第二十二条 受理申请的财政部门应当对申请单位提交的材料进行审核,对符合条件的单位,核发《财政票据领用证》,并发放财政票据。

《财政票据领用证》应当包括单位基本信息、领用票据名称和项目名称、领用票据记录、检查核销票据记录、检查核销结果记录等项目。

第二十三条 再次领用财政票据,应当出示《财政票据领用证》,提供前次票据使用情况,包括票据的种类、册(份)数、起止号码、使用份数、作废份数、收取金额及票据存根等内容。受理申请的财政部门审核后,发放财政票据。

第二十四条 领用未列入《财政票据领用证》内的财政票据,应当向原核发领用证的财政部门提出申请,并依照本办法规定提交相应材料。受理申请的财政部门审核后,应当在《财政票据领用证》上补充新增财政票据的相关信息,并发放财政票据。

第二十五条 财政票据一次领用的数量一般不超过本单位六个月的使用量。

第五章 财政票据的使用与保管

第二十六条 财政票据使用单位应当指定专人负责管理财政票据,建立票据使用登记制度,设置票据管理台账,按照规定向财政部门报送票据使用情况。

第二十七条 财政票据使用单位开具电子票据,应当确保电子票据及其元数据自形成起完整无缺、来源可靠,未被非法更改,传输过程中发生的形式变化不得影响财政电子票据内容的真实、完整。

第二十八条 财政票据应当按照规定填写,做到字迹清楚、内容完整真实、印章齐全、各联次内容和金额一致。填写错误的,应当另行填写。

因填写错误等原因而作废的纸质票据,应当加盖作废戳记或者注明"作废"字样,并完整保存各联次,不得擅自销毁。

第二十九条 填写财政票据应当统一使用中文。财政票据以两种文字监(印)制的,可以同时使用另一种文字填写。

第三十条 财政票据使用单位不得转让、出借、代开、买卖、擅自销毁、涂改财政票据;不得串用财政票据,不得将财政票据与其他票据互相替代。

第三十一条 省级财政部门监(印)制的财政票据应当在本行政区域内发放使用,但派驻外地的单位在派驻地使用的情形除外。

第三十二条 财政票据应当按照规定使用。不按规定使用的,付款单位和个人有权拒

付款项,财务部门不得报销。

第三十三条 财政票据使用单位和付款单位应当准确、完整、有效接收和读取财政电子票据,并按照会计信息化和会计档案等有关管理要求归档入账。

第三十四条 纸质票据使用完毕,使用单位应当按照要求填写相关资料,按顺序清理纸质票据存根、装订成册、妥善保管。

纸质票据存根的保存期限一般为 5 年。保存期满需要销毁的,报经原核发票据的财政部门查验后销毁。保存期未满、但有特殊情况需要提前销毁的,应当报原核发票据的财政部门批准。

第三十五条 尚未使用但应予作废销毁的财政票据,使用单位应当登记造册,报原核发票据的财政部门核准、销毁。

第三十六条 财政票据使用单位发生合并、分立、撤销、职权变更,或者收费项目被依法取消或者名称变更的,应当自变动之日起 15 日内,向原核发票据的财政部门办理《财政票据领用证》的变更或者注销手续;对已使用财政票据的存根和尚未使用的财政票据应当分别登记造册,报财政部门核准、销毁。

第三十七条 财政票据或者《财政票据领用证》灭失的,财政票据使用单位应当查明原因,及时以书面形式报告原核发票据的财政部门,并自发现之日起 3 日内登报声明作废。

第三十八条 财政部门、财政票据印制企业、财政票据使用单位应当设置财政票据专用仓库或者专柜,指定专人负责保管,确保财政票据安全。

第六章 监督检查及罚则

第三十九条 财政部门应当建立健全财政票据监督检查制度,对财政票据监(印)制、使用、管理等情况进行检查。

第四十条 财政部门实施监督检查,应当按照规定程序和要求进行,不得滥用职权、徇私舞弊,不得向被检查单位收取费用。

第四十一条 财政票据使用单位和财政

票据印制企业应当自觉接受财政部门的监督检查,如实反映情况,提供有关资料,不得隐瞒、弄虚作假或者拒绝、阻挠。

第四十二条 单位和个人违反本办法规定,有下列行为之一的,由县级以上财政部门责令改正并给予警告;对非经营活动中的违法行为,处以1 000元以下罚款;对经营活动中的违法行为,有违法所得的,处以违法所得金额3倍以下不超过30 000元的罚款,没有违法所得的,处以10 000元以下罚款;构成犯罪的,依法追究刑事责任:

(一)违反规定印制财政票据;

(二)转让、出借、串用、代开财政票据;

(三)伪造、变造、买卖、擅自销毁财政票据;

(四)提供虚假信息骗取和冒领财政票据;

(五)伪造、使用伪造的财政票据监制章;

(六)未按规定使用财政票据监制章;

(七)在境外印制财政票据;

(八)其他违反财政票据管理规定的行为。

单位和个人违反本办法规定,对涉及财政收入的财政票据有本条第一款所列行为之一

的,依照《财政违法行为处罚处分条例》第十六条的规定予以处理、处罚。

第四十三条 财政部门、行政事业单位工作人员违反本办法规定,在工作中徇私舞弊、玩忽职守、滥用职权的,依法给予处分;构成犯罪的,依法追究刑事责任。

第四十四条 单位和个人对处理、处罚决定不服的,可以依法申请行政复议或者提起行政诉讼。

国家工作人员对处分不服的,可以依照有关规定申请复审复核或者提出申诉。

第七章 附 则

第四十五条 中国人民解放军和中国人民武装警察部队适用《军队票据管理规定》。

第四十六条 省级财政部门可以依据本办法,结合本地区实际情况制定具体实施办法,报财政部备案。

第四十七条 本办法自2013年1月1日起施行。1998年9月21日财政部发布的《行政事业性收费和政府性基金票据管理规定》(财综字〔1998〕104号)同时废止。

国家税务总局关于国家重大水利工程建设基金等政府非税收入项目征管职责划转有关事项的公告

(国家税务总局公告2018年第63号)

根据党中央、国务院关于政府非税收入(以下简称"非税收入")征管职责划转的有关要求,国家重大水利工程建设基金等非税收入项目划转至税务部门征收。为确保非税收入征管职责划转及各项征管工作平稳有序运行,现将有关事项公告如下:

一、自2019年1月1日起,原由财政部驻地方财政监察专员办事处(以下简称"专员办")负责征收的国家重大水利工程建设基金、农网还贷资金、可再生能源发展基金、中央水库移民扶持基金(含大中型水库移民后期扶持基

金、三峡水库库区基金、跨省际大中型水库库区基金)、三峡电站水资源费、核电站乏燃料处理处置基金、免税商品特许经营费、油价调控风险准备金、核事故应急准备专项收入,以及国家留成油收入、石油特别收益金,划转至税务部门征收。征收范围、对象、标准及收入分成等仍按现行规定执行。

二、税务部门按照属地原则征收划转的非税收入,具体征收机关由国家税务总局各省、自治区、直辖市和计划单列市税务局按照"便民、高效"原则确定。三峡电站水资源费的中央分

成和湖北省分成部分,由缴费人向湖北省税务部门申报缴纳;重庆市分成部分,由缴费人向重庆市税务部门申报缴纳。

三、国家重大水利工程建设基金、农网还贷资金、可再生能源发展基金、中央水库移民扶持基金(含大中型水库移民后期扶持基金、三峡水库库区基金、跨省际大中型水库库区基金)、三峡电站水资源费、核电站乏燃料处理处置基金、免税商品特许经营费、核事故应急准备专项收入和国家留成油收入等非税收入的申报,统一使用《非税收入通用申报表》(附件1),石油特别收益金使用《石油特别收益金申报表》(附件2),油价调控风险准备金使用《油价调控风险准备金申报表》(附件3)。

四、缴费人采用自行申报方式办理非税收入申报缴纳等有关事项。相关电网企业按照现行规定进行代征,并向税务部门申报缴纳。符合非税收入减免政策的,缴费人自行申报享受,相关资料由缴费人留存备查,并对资料的真实性和合法性承担责任。

五、各项非税收入缴纳期限按现行规定执行,期限最后一日是法定休假日的,以休假日期满的次日为最后一日,期限内有连续3日以上法定休假日的,按休假日天数顺延。

六、对于国家重大水利工程建设基金、可再生能源发展基金、跨省际大中型水库库区基金、大中型水库移民后期扶持基金、三峡电站水资源费2018年度的汇算清缴,缴费人向专员办申报办理。以后年度的汇算清缴,缴费人向税务部门申报办理。

七、涉及误收误缴、汇算清缴需要退库的,缴费人向主管税务机关申请办理。涉及收入减免等政策性原因需要退库的,按照财政部有关退库管理规定办理。

八、国家税务总局各省、自治区、直辖市和计划单列市税务局可根据本公告制定具体实施办法。

本公告自2019年1月1日起施行。

特此公告。

附件:1. 非税收入通用申报表
　　　2. 石油特别收益金申报表
　　　3. 油价调控风险准备金申报表

关于加强非税收入退付管理的通知

(财库〔2020〕23号)

党中央有关部门,国务院各部委、各直属机构,全国人大常委会办公厅,全国政协办公厅,最高人民法院,最高人民检察院,各民主党派中央,有关人民团体,各省、自治区、直辖市、计划单列市财政厅(局),新疆生产建设兵团财政局,财政部各地监管局:

为切实落实减税降费政策,把保就业、保民生、保市场主体等"六保"任务不折不扣落实到位,把已取消、停征、免征及降低征收标准的收费基金优惠政策不折不扣地落实到相关企业和个人,现就加强非税收入退付管理有关事项通知如下:

一、确保非税收入应退尽退

各级财政部门要结合本地实际,进一步优化非税收入退付业务流程,提高减税降费涉及非税收入退付工作效率,对实行定期清算、已缴纳款项可冲抵以后月份应缴款的非税收入,要明确冲抵流程和操作办法。各级财政部门和财政部各地监管局要加强配合,对涉及中央地方分成需就地办理退库的非税收入,按照规定加快办理退付。

二、积极推进电子退付

各地财政部门要积极推动非税收入电子退付、电子对账等方面的创新。有条件的地方可探索实现非税收入退付申报、业务审核、缴款审核、资金退付等业务网上办理,通过"非接触"退付,助力新冠肺炎疫情防控工作,切实减轻企业和个人负担。

三、强化内部管理

各级财政部门要认真开展非税收入月度执行情况与减、免、缓、停政策的联动分析,确保政策落实到位。各执收单位要加强内部控制,建立健全非税收入退付内部控制制度,实行退付资金复核制度,认真做好非税收入收缴和退付的核算工作。

四、做好政策宣传

各级财政部门和各执收单位要采取多种形式积极宣传、准确解读减税降费政策要求,确保减税降费红利及时足额惠及缴款企业和个人,增加群众获得感。

五、加强组织领导

各级财政部门、财政部各地监管局、有关主管部门要结合部门职责,指导和监督各执收单位,及时主动为应予退付的企业和个人办理退付业务,切实缓解企业经营困难。遇到重要或突发情况要及时报告。

国家税务总局等五部门关于土地闲置费、城镇垃圾处理费划转有关征管事项的公告

(国家税务总局 财政部 自然资源部 住房和城乡建设部
中国人民银行公告 2021 年第 12 号)

为贯彻落实党中央、国务院关于政府非税收入征管职责划转有关部署要求,以及中办、国办印发的《关于进一步深化税收征管改革的意见》,根据《财政部关于土地闲置费城镇垃圾处理费划转税务部门征收的通知》(财税〔2021〕8 号),自 2021 年 7 月 1 日起,自然资源部门负责征收的土地闲置费、住房和城乡建设等部门负责征收的按行政事业性收费管理的城镇垃圾处理费(以下简称城镇垃圾处理费)划转至税务部门征收。现就划转有关征管事项公告如下:

一、土地闲置费由自然资源部门向缴纳义务人(土地使用权人)出具《征缴土地闲置费决定书》等文书,并向税务部门推送《征缴土地闲置费决定书》等费源信息。缴纳义务人依据《征缴土地闲置费决定书》向税务部门申报缴纳,税务部门开具缴费凭证。土地闲置费申报期限按现行规定执行,未按时缴纳的,由税务部门出具催缴通知,并通过涉税渠道及时追缴。

二、城镇垃圾处理费由缴纳义务人或代征单位自行向税务部门申报缴纳,申报期限和程序按现行规定执行。未按时缴纳的,由税务部门出具催缴通知,并通过涉税渠道及时追缴。

三、税务、财政、自然资源、住房和城乡建设、人民银行等部门应加强协同配合,通过信息共享和规范表证单书,实时推送费源信息、征收信息,及时开展征管信息比对,确保非税收入及时足额入库。

四、划转税务部门征收以前欠缴的土地闲置费、城镇垃圾处理费,由税务部门负责征缴入库。原执收(监缴)单位和税务部门要加强部门协同,做好征管资料交接、欠费金额确认等工作,确保征收工作有效衔接、欠缴费款及时入库。缴纳义务人或代征单位拒不缴纳的,按现行有关规定执行。

五、资金入库后需要办理退库的,应当按照财政部门有关退库管理规定办理。其中,因缴费人误缴、税务部门误收以及汇算清缴需要退库的,由财政部门授权税务部门审核退库,具体由缴费人直接向税务部门申请办理。人民银行国库管理部门按规定办理退付手续。

六、税务部门按照属地原则征收上述项

目,具体征收机关由国家税务总局各省、自治区、直辖市和计划单列市税务局按照"便民、高效"原则确定。

七、缴纳义务人或代征单位原则上使用《非税收入通用申报表》申报缴纳土地闲置费、城镇垃圾处理费。各地可与其他项目合并申报资料、简并申报流程。

八、税务、财政、自然资源、住房和城乡建设、人民银行等部门要积极推进办事缴费"一门、一站、一次"办理,不断提高征管效率,降低征管成本。持续优化缴费流程、精简申报资料,推行"非接触式"缴费服务,拓展"实体、网上、掌上、自助"等多样化缴费渠道,切实方便缴费人缴费。

九、省级税务、财政、自然资源、住房和城乡建设、人民银行等部门,可依据本公告制定具体实施办法。

十、各级税务、财政、自然资源、住房和城乡建设、人民银行等部门要把思想统一到党中央、国务院决策部署上来,切实提高政治站位,强化部门协作配合,形成非税收入征管职责划转协同共治合力。各地在征管职责划转工作中遇到的重大问题,应当及时向同级政府和上级主管部门报告,确保征管职责划转工作平稳有序落实。

本公告自 2021 年 7 月 1 日起施行。

特此公告。

财政部　自然资源部　税务总局　人民银行关于将国有土地使用权出让收入、矿产资源专项收入、海域使用金、无居民海岛使用金四项政府非税收入划转税务部门征收有关问题的通知

（财综〔2021〕19 号）

各省、自治区、直辖市、计划单列市财政厅（局）、自然资源厅（局），新疆生产建设兵团财政局、自然资源局,国家税务总局各省、自治区、直辖市、计划单列市税务局,中国人民银行上海总部、各分行、营业管理部,各省会（首府）城市中心支行,各副省级城市中心支行:

为贯彻落实党中央、国务院关于政府非税收入征管职责划转税务部门的有关部署和要求,决定将国有土地使用权出让收入、矿产资源专项收入、海域使用金、无居民海岛使用金四项政府非税收入统一划转税务部门征收。现就平稳有序推进划转工作有关事项通知如下:

一、将由自然资源部门负责征收的国有土地使用权出让收入、矿产资源专项收入、海域使用金、无居民海岛使用金四项政府非税收入（以下简称四项政府非税收入）,全部划转给税务部门负责征收。自然资源部（本级）按照规定负责征收的矿产资源专项收入、海域使用金、无居民海岛使用金,同步划转税务部门征收。

二、先试点后推开。自 2021 年 7 月 1 日起,选择在河北、内蒙古、上海、浙江、安徽、青岛、云南省（自治区、直辖市、计划单列市）以省（区、市）为单位开展征管职责划转试点,探索完善征缴流程、职责分工等,为全面推开划转工作积累经验。暂未开展征管划转试点地区要积极做好四项政府非税收入征收划转准备工作,自 2022 年 1 月 1 日起全面实施征管划转工作。

三、四项政府非税收入划转给税务部门征收后,以前年度和今后形成的应缴未缴收入以及按规定分期缴纳的收入,由税务部门负责征缴入库,有关部门应当配合做好相关信息传递和材料交接工作。税务部门应当按照国库集中收缴制度等规定,依法依规开展收入征管工作,确保非税收入及时足额缴入国库。已缴入财政非税专户,但尚未划缴国库的有关资金,由财政部门按非税收入收缴管理制度规定缴入国库。

四、税务部门按照属地原则征收四项政府非税收入。具体征收机关由国家税务总局有关

省（自治区、直辖市、计划单列市）税务局按照"便民、高效"原则确定。原由自然资源部（本级）负责征收的矿产资源专项收入、海域使用金、无居民海岛使用金等非税收入，征管职责划转后的具体工作由国家税务总局北京市税务局承担。

五、税务部门应当商财政、自然资源、人民银行等部门逐项确定职责划转后的征缴流程，实现办事缴费"一门、一站、一次"办理，不断提高征管效率，降低征管成本。具体征缴流程可参照本通知附件流程图并结合当地实际研究确定。涉及经费划转的，方案按程序报批。

六、税务部门征收四项政府非税收入应当使用财政部统一监（印）制的非税收入票据，按照税务部门全国统一信息化方式规范管理。

七、资金入库后需要办理退库的，应当按照财政部门有关退库管理规定办理。其中，因缴费人误缴、税务部门误收需要退库的，由缴费人向税务部门申请办理，税务部门经严格审核并商有关财政、自然资源部门复核同意后，按规定办理退付手续；其他情形需要退库的，由缴费人向财政部门和自然资源部门申请办理。人民银行国库管理部门按规定办理退付手续。

八、除本通知规定外，四项政府非税收入

的征收范围、对象、标准、减免、分成、使用、管理等政策，继续按照现行规定执行。

九、自然资源部门与使用权人签订出让、划拨等合同后，应当及时向税务部门和财政部门传递相关信息，确保征管信息实时共享。税务部门应会同财政、自然资源、人民银行等部门做好业务衔接和信息互联互通工作，并将计征、缴款等明细信息通过互联互通系统传递给财政、自然资源、人民银行等相关部门，确保征管信息实时共享，账目清晰无误。同时，向财政部门报送征收情况，并附文字说明材料。

各级财政、自然资源、税务、人民银行等部门要把思想认识统一到中央决策部署上来，切实提高政治站位，强化部门协作配合，形成非税收入征管职责划转协同共治合力。各地在征管职责划转试点工作中若遇到重大问题，应当及时向税务总局报告，税务总局应当会同财政部、自然资源部、人民银行等有关部门根据试点情况，研究完善具体征缴流程，指导各地做好划转工作；涉及地方跨部门协调难点问题，应当及时向同级政府报告，请地方政府及时协调解决和处理，确保划转工作顺利进行。

附件：国有土地使用权出让收入等四项政府非税收入征缴流程

二、教育费附加和地方教育附加

国务院关于征收教育费附加的暂行规定

（国发〔1986〕50号）

依据《国务院关于废止和修改部分行政法规的决定》（中华人民共和国国务院令第588号），本规定自2011年1月8日起将第二条、第六条中的"产品税"修改为"消费税"。

第一条　为贯彻落实《中共中央关于教育体制改革的决定》，加快发展地方教育事业，扩大地方教育经费的资金来源，特制定本规定。

第二条　凡缴纳产品税、增值税、营业税的单位和个人，除按照《国务院关于筹措农村学校办学经费的通知》（国发〔1984〕174号文）的规定,缴纳农村教育事业费附加的单位外,都应当依照本规定缴纳教育费附加。

第三条 教育费附加,以各单位和个人实际缴纳的产品税、增值税、营业税的税额为计征依据,教育费附加率为2%,分别与产品税、增值税、营业税同时缴纳。

对从事生产卷烟和经营烟叶产品的单位,减半征收教育费附加。

除国务院另有规定者外,任何地区、部门不得擅自提高或者降低教育费附加率。

第四条 依照现行有关规定,除铁道系统、中国人民银行总行、各专业银行总行、保险总公司的教育费附加随同营业税上缴中央财政外,其余单位和个人的教育费附加,均就地上缴地方财政。

第五条 教育费附加由税务机关负责征收。

教育费附加纳入预算管理,作为教育专项资金,根据"先收后支、列收列支、收支平衡"的原则使用和管理。地方各级人民政府应当依照国家有关规定,使预算内教育事业费逐步增长,不得因教育费附加纳入预算专项资金管理而抵顶教育事业费拨款。

第六条 教育费附加的征收管理,按照产品税、增值税、营业税的有关规定办理。

第七条 企业缴纳的教育费附加,一律在销售收入(或营业收入)中支付。

第八条 铁道系统、中国人民银行总行、各专业银行总行、保险总公司随同营业税上缴的教育费附加,由国家教育委员会按年度提出分配方案,商财政部同意后,用于基础教育的薄弱环节。

第九条 地方各级教育部门每年应定期向当地人民政府、上级主管部门和财政部门,报告教育费附加的收支情况。

第十条 凡办有职工子弟学校的单位,应当先按本规定缴纳教育费附加;教育部门可根据它们办学的情况酌情返还给办学单位,作为对所办学校经费的补贴。办学单位不得借口缴纳教育费附加而撤并学校,或者缩小办学规模。

第十一条 征收教育费附加以后,地方各级教育部门和学校,不准以任何名目向学生家长和单位集资,或者变相集资,不准以任何借口不让学生入学。

对违反前款规定者,其上级教育部门要予以制止,直接责任人员要给予行政处分。单位和个人有权拒缴。

第十二条 本规定由财政部负责解释。各省、自治区、直辖市人民政府可结合当地实际情况制定实施办法。

第十三条 本规定从一九八六年七月一日起施行。

财政部关于征收教育费附加几个具体问题的通知

(财税字〔1986〕120号)

各省、自治区、直辖市财政厅(局)、税务局、三峡省筹备组,重庆武汉、沈阳、大连、哈尔滨、西安、广州市财政局、税务局,加发南京市财政局、税务局:

为了加快教育事业的发展,提高全民族的科学文化水平,国务院于一九八六年四月二十八日以国发(1986)50号文件发布了《征收教育费附加的暂行规定》,从一九八六年七月一日起施行。现就几个具体问题通知如下:请抓紧部署执行。

一、根据国务院国发(1984)174号文件的规定,对农业乡镇企业,由乡人民政府征收教育事业费附加。因此,对缴纳了农村教育事业费附加的单位,不征收教育费附加。

二、凡缴纳产品税、增值税、营业税的单位和个人,都应当依照规定征收教育费附加。但海关对进口产品征收的产品税、增值税,不征收教育费附加。

三、根据《征收教育费附加的暂行规定》第

三条规定,"教育费附加,以各单位和个人实际缴纳的产品税、增值税、营业税的税额为计征依据"。因此,对由于减免产品税、增值税、营业税而发生退税的,同时退还已征的教育费附加。但对出口产品退还产品税、增值税的,不退还已征的教育费附加。

四、征收教育费附加的环节和地点,原则上与征收产品税、增值税、营业税的规定一致。但国营和集体批发企业以及其他批发单位,在批发环节代扣代缴零集节或临时经营的营业税时,不扣交教育费附加,而由纳税单位或个人回到其所在地申报缴纳。如果必须实行代扣缴的,只对本省、自治区、直辖市辖区内的纳税人代扣教育费附加对外省、自治区、直辖市辖区内的纳税人回原地申报缴纳。

五、个体商贩及个人在集市上出售商品,对其征收临时经营营业税或产品税,是否同时按其实缴的税额征收教育费附加,请各省、自治区、直辖市人民政府根据实际情况规定。

六、铁道系统应缴纳的教育费附加,由铁道部在汇总缴纳营业税的同时缴纳教育费附加。人民银行、各专业银行和保险公司应缴纳的教育费附加,均由取得业务收入的核算单位在当地缴纳。但各银行总行和保险总公司应缴纳的教育费附加,由各银行总行和保险总公司向税务总局缴纳。

七、教育费附加收入的会计、统计等事项,另行规定。

八、请各省、自治区、直辖市人民政府按照国务院发布的《征收教育费附加的暂行规定》和本通知规定,结合当地实际情况制定实施办法,并抄知我部。

国务院关于修改《征收教育费附加的暂行规定》的决定

(中华人民共和国国务院令第 60 号)

国务院决定对《征收教育费附加的暂行规定》作如下修改:

一、第三条修改为:

教育费附加,以各单位和个人实际缴纳的产品税、增值税、营业税的税额为计征依据,教育费附加率为 2%,分别与产品税、增值税、营业税同时缴纳。

对从事生产卷烟和经营烟叶产品的单位,减半征收教育费附加。

除国务院另有规定者外,任何地区、部门不得擅自提高或者降低教育费附加率。

二、第四条修改为:

依照现行有关规定,除铁道系统、中国人民银行总行、各专业银行总行、保险总公司的教育费附加随同营业税上缴中央财政外,其余单位和个人的教育费附加,均就地上缴地方财政。

三、第五条修改为:

教育费附加由税务机关负责征收。

教育费附加纳入预算管理,作为教育专项资金,根据"先收后支、列收列支、收支平衡"的原则使用和管理。地方各级人民政府应当依照国家有关规定,使预算内教育事业费逐步增长,不得因教育费附加纳入预算专项资金管理而抵顶教育事业费拨款。

四、第八条第二款修改为:

铁道系统、中国人民银行总行、各专业银行总行、保险总公司随同营业税上缴的教育费附加,由国家教育委员会按年度提出分配方案,商财政部同意后,用于基础教育的薄弱环节。

本决定自 1990 年 8 月 1 日起施行。

附:《征收教育费附加的暂行规定》第三条、第四条、第五条、第八条修改前的条文

第三条 教育费附加,以各单位和个人实际缴纳的产品税、增值税、营业税的税额为计征依据,教育费附加率为 1%,分别与产品税、增

值税、营业税同时缴纳。

对从事生产卷烟和经营烟叶产品的单位，减半征收教育费附加。

第四条 依照现行有关规定，除铁道、人民银行、专业银行和保险总公司等汇总缴纳营业税的单位集中向指定的银行缴款外，其余的单位和个人，向其所在地银行缴款。

第五条 教育费附加由税务机关负责征收，各级银行要为同级教育部门设立教育费附加专户。

第八条 地方征收的教育费附加，按专项资金管理，由教育部门统筹安排，提出分配方案，商同级财政部门同意后，用于改善中小学教学设施和办学条件，不得用于职工福利和发放奖金。

铁道、人民银行、专业银行和保险总公司等汇总缴纳营业税的单位集中缴纳的教育费附加，由国家教育委员会按年度提出分配方案，商财政部同意后，用于基础教育的薄弱环节。

地方征收的教育费附加，主要留归当地安排使用。省、自治区、直辖市可根据各地征收教育费附加的实际情况，适当提取一部分数额，用于地区之间的调剂、平衡。

国务院关于教育费附加征收问题的紧急通知

（国发明电〔1994〕2号）

各省、自治区、直辖市人民政府，国务院各部委、各直属机构：

根据《国务院关于实行分税制财政管理体制的决定》（国发〔1993〕85号），为了保证教育费附加及时、足额征收，现将有关事项通知如下：

一、教育费附加以各单位和个人实际缴纳的增值税、营业税、消费税的税额为计征依据，附加率为3%，分别与增值税、营业税、消费税同时缴纳。对从事生产卷烟和烟叶生产的单位，减半征收。

二、按照改革后的税收征收管理规定，教育费附加分别由国家税务局和地方税务局负责征收。国家税务局系统征收的按铁道、各银行总行、保险总公司营业税附征的教育费附加，作为中央预算固定收入；国家税务局系统征收的按增值税、消费税附征的教育费附加和地方税务局征收的按营业税附征的教育费附加，作为地方预算固定收入。

三、国家税务局系统和地方税务局征收的教育费附加，原则上应单独填开"缴款单"，以"教育费附加收入"科目，按上述收入归属的规定，分别缴入中央金库和地方金库。

四、其他事项暂按现行规定执行，具体使用管理办法另行制定下发。

五、本通知从一九九四年一月一日起执行。

国务院关于教育费附加征收问题的补充通知

（国发明电〔1994〕23号）

依据《国务院关于统一内外资企业和个人城市维护建设税和教育费附加制度的通知》（国发〔2010〕35号），自2010年12月1日起本法规第二条废止。

各省、自治区、直辖市人民政府，国务院各部委、各直属机构：

《国务院关于教育费附加征收问题的紧急通知》（国发明电〔1994〕2号，以下简称《紧急通知》》下发后,由于新税制税种变化等方面的原因,教育费附加的征收界限不十分明确,为了正确组织实施教育费附加的征收工作,现将有关事项补充通知如下:

一、根据新税法法规,收购烟叶环节改征农业特产税。现将《紧急通知》第一条中"对从

事卷烟和烟叶生产的单位,减半征收"的法规,修改为"对从事生产卷烟的单位,减半征收"。

二、根据《国务院关于外商投资企业和外国企业适用增值税、消费税、营业税等税收暂行条例有关问题的通知》(国发〔1994〕10号)精神,对"三资企业"暂不征收教育费附加。

财政部 国家税务总局关于出口货物劳务增值税和消费税政策的通知

(财税〔2012〕39号)

1. 依据《财政部 税务总局关于明确国有农用地出租等增值税政策的公告》(财政部 税务总局公告2020年第2号),本通知自2020年1月20日起第六条第(一)项第三点、第七条第(一)项第六点"出口企业或其他单位未在国家税务总局规定期限内申报免税核销"及第九条第(二)项第二点的规定停止执行。

2. 依据《财政部 国家税务总局关于以贵金属和宝石为主要原材料的货物出口退税政策的通知》(财税〔2014〕98号),本通知自2014年1月1日起第九条第(二)款第六项及附件9废止。

各省、自治区、直辖市、计划单列市财政厅(局)、国家税务局,新疆生产建设兵团财务局:

为便于征纳双方系统、准确地了解和执行出口税收政策,财政部和国家税务总局对近年来陆续制定的一系列出口货物、对外提供加工修理修配劳务(以下统称出口货物劳务,包括视同出口货物)增值税和消费税政策进行了梳理归类,并对在实际操作中反映的个别问题做了明确。现将有关事项通知如下:

一、适用增值税退(免)税政策的出口货物劳务

对下列出口货物劳务,除适用本通知第六条和第七条规定的外,实行免征和退还增值税〔以下称增值税退(免)税〕政策:

(一)出口企业出口货物。

本通知所称出口企业,是指依法办理工商

登记、税务登记、对外贸易经营者备案登记,自营或委托出口货物的单位或个体工商户,以及依法办理工商登记、税务登记但未办理对外贸易经营者备案登记,委托出口货物的生产企业。

本通知所称出口货物,是指向海关报关后实际离境并销售给境外单位或个人的货物,分为自营出口货物和委托出口货物两类。

本通知所称生产企业,是指具有生产能力(包括加工修理修配能力)的单位或个体工商户。

(二)出口企业或其他单位视同出口货物。具体是指:

1. 出口企业对外援助、对外承包、境外投资的出口货物。

2. 出口企业经海关报关进入国家批准的出口加工区、保税物流园区、保税港区、综合保税区、珠澳跨境工业区(珠海园区)、中哈霍尔果斯国际边境合作中心(中方配套区域)、保税物流中心(B型)(以下统称特殊区域)并销售给特殊区域内单位或境外单位、个人的货物。

3. 免税品经营企业销售的货物〔国家规定不允许经营和限制出口的货物(见附件1)、卷烟和超出免税品经营企业《企业法人营业执照》规定经营范围的货物除外〕。具体是指:

(1)中国免税品(集团)有限责任公司向海关报关运入海关监管仓库,专供其经国家批准设立的统一经营、统一组织进货、统一制定零售价格、统一管理的免税店销售的货物;

（2）国家批准的除中国免税品（集团）有限责任公司外的免税品经营企业，向海关报关运入海关监管仓库，专供其所属的首都机场口岸海关隔离区内的免税店销售的货物；

（3）国家批准的除中国免税品（集团）有限责任公司外的免税品经营企业所属的上海虹桥、浦东机场海关隔离区内的免税店销售的货物。

4. 出口企业或其他单位销售给用于国际金融组织或外国政府贷款国际招标建设项目的中标机电产品（以下称中标机电产品）。上述中标机电产品，包括外国企业中标再分包给出口企业或其他单位的机电产品。贷款机构和中标机电产品的具体范围见附件2。

5. 生产企业向海上石油天然气开采企业销售的自产的海洋工程结构物。海洋工程结构物和海上石油天然气开采企业的具体范围见附件3。

6. 出口企业或其他单位销售给国际运输企业用于国际运输工具上的货物。上述规定暂仅适用于外轮供应公司、远洋运输供应公司销售给外轮、远洋国轮的货物，国内航空供应公司生产销售给国内和国外航空公司国际航班的航空食品。

7. 出口企业或其他单位销售给特殊区域内生产企业生产耗用且不向海关报关而输入特殊区域的水（包括蒸汽）、电力、燃气（以下称输入特殊区域的水电气）。

除本通知及财政部和国家税务总局另有规定外，视同出口货物适用出口货物的各项规定。

（三）出口企业对外提供加工修理修配劳务。

对外提供加工修理修配劳务，是指对进境复出口货物或从事国际运输的运输工具进行的加工修理修配。

二、增值税退（免）税办法

适用增值税退（免）税政策的出口货物劳务，按下列规定实行增值税免抵退税或免退税办法。

（一）免抵退税办法。生产企业出口自产货物和视同自产货物（视同自产货物的具体范围见附件4）及对外提供加工修理修配劳务，以及列名生产企业（具体范围见附件5）出口非自产货物，免征增值税，相应的进项税额抵减应纳增值税额（不包括适用增值税即征即退、先征后退政策的应纳增值税额），未抵减完的部分予以退还。

（二）免退税办法。不具有生产能力的出口企业（以下称外贸企业）或其他单位出口货物劳务，免征增值税，相应的进项税额予以退还。

三、增值税出口退税率

（一）除财政部和国家税务总局根据国务院决定而明确的增值税出口退税率（以下称退税率）外，出口货物的退税率为其适用税率。国家税务总局根据上述规定将退税率通过出口货物劳务退税率文库予以发布，供征纳双方执行。退税率有调整的，除另有规定外，其执行时间以货物（包括被加工修理修配的货物）出口货物报关单（出口退税专用）上注明的出口日期为准。

（二）退税率的特殊规定：

1. 外贸企业购进按简易办法征税的出口货物、从小规模纳税人购进的出口货物，其退税率分别为简易办法实际执行的征收率、小规模纳税人征收率。上述出口货物取得增值税专用发票的，退税率按照增值税专用发票上的税率和出口货物退税率孰低的原则确定。

2. 出口企业委托加工修理修配货物，其加工修理修配费用的退税率，为出口货物的退税率。

3. 中标机电产品、出口企业向海关报关进入特殊区域销售给特殊区域内生产企业生产耗用的列名原材料（以下称列名原材料，其具体范围见附件6）、输入特殊区域的水电气，其退税率为适用税率。如果国家调整列名原材料的退税率，列名原材料应当自调整之日起按调整后的退税率执行。

4. 海洋工程结构物退税率的适用，见附件3。

（三）适用不同退税率的货物劳务，应分开报关、核算并申报退（免）税，未分开报关、核算或划分不清的,从低适用退税率。

四、增值税退(免)税的计税依据

出口货物劳务的增值税退(免)税的计税依据,按出口货物劳务的出口发票(外销发票)、其他普通发票或购进出口货物劳务的增值税专用发票、海关进口增值税专用缴款书确定。

(一)生产企业出口货物劳务(进料加工复出口货物除外)增值税退(免)税的计税依据,为出口货物劳务的实际离岸价(FOB)。实际离岸价应以出口发票上的离岸价为准,但如果出口发票不能反映实际离岸价,主管税务机关有权予以核定。

(二)生产企业进料加工复出口货物增值税退(免)税的计税依据,按出口货物的离岸价(FOB)扣除出口货物所含的海关保税进口料件的金额后确定。

本通知所称海关保税进口料件,是指海关以进料加工贸易方式监管的出口企业从境外和特殊区域等进口的料件。包括出口企业从境外单位或个人购买并从海关保税仓库提取且办理海关进料加工手续的料件,以及保税区外的出口企业从保税区内的企业购进并办理海关进料加工手续的进口料件。

(三)生产企业国内购进无进项税额且不计提进项税额的免税原材料加工后出口的货物的计税依据,按出口货物的离岸价(FOB)扣除出口货物所含的国内购进免税原材料的金额后确定。

(四)外贸企业出口货物(委托加工修理修配货物除外)增值税退(免)税的计税依据,为购进出口货物的增值税专用发票注明的金额或海关进口增值税专用缴款书注明的完税价格。

(五)外贸企业出口委托加工修理修配货物增值税退(免)税的计税依据,为加工修理修配费用增值税专用发票注明的金额。外贸企业应将加工修理修配使用的原材料(进料加工海关保税进口料件除外)作价销售给受托加工修理修配的生产企业,受托加工修理修配的生产企业应将原材料成本并入加工修理修配费用开具发票。

(六)出口进项税额未计算抵扣的已使用过的设备增值税退(免)税的计税依据,按下列公式确定:

退(免)税计税依据=增值税专用发票上的金额或海关进口增值税专用缴款书注明的完税价格×已使用过的设备固定资产净值÷已使用过的设备原值

已使用过的设备固定资产净值=已使用过的设备原值-已使用过的设备已提累计折旧

本通知所称已使用过的设备,是指出口企业根据财务会计制度已经计提折旧的固定资产。

(七)免税品经营企业销售的货物增值税退(免)税的计税依据,为购进货物的增值税专用发票注明的金额或海关进口增值税专用缴款书注明的完税价格。

(八)中标机电产品增值税退(免)税的计税依据,生产企业为销售机电产品的普通发票注明的金额,外贸企业为购进货物的增值税专用发票注明的金额或海关进口增值税专用缴款书注明的完税价格。

(九)生产企业向海上石油天然气开采企业销售的自产的海洋工程结构物增值税退(免)税的计税依据,为销售海洋工程结构物的普通发票注明的金额。

(十)输入特殊区域的水电气增值税退(免)税的计税依据,为作为购买方的特殊区域内生产企业购进水(包括蒸汽)、电力、燃气的增值税专用发票注明的金额。

五、增值税免抵退税和免退税的计算

(一)生产企业出口货物劳务增值税免抵退税,依下列公式计算:

1. 当期应纳税额的计算

当期应纳税额=当期销项税额-(当期进项税额-当期不得免征和抵扣税额)

当期不得免征和抵扣税额=当期出口货物离岸价×外汇人民币折合率×(出口货物适用税率-出口货物退税率)-当期不得免征和抵扣税额抵减额

当期不得免征和抵扣税额抵减额=当期免税购进原材料价格×(出口货物适用税率-出口货物退税率)

2. 当期免抵退税额的计算

当期免抵退税额 = 当期出口货物离岸价 × 外汇人民币折合率 × 出口货物退税率 - 当期免抵退税额抵减额

当期免抵退税额抵减额 = 当期免税购进原材料价格 × 出口货物退税率

3. 当期应退税额和免抵税额的计算

（1）当期期末留抵税额 ≤ 当期免抵退税额，则当期应退税额 = 当期期末留抵税额

当期免抵税额 = 当期免抵退税额 - 当期应退税额

（2）当期期末留抵税额 > 当期免抵退税额，则

当期应退税额 = 当期免抵退税额当期免抵税额 = 0

当期期末留抵税额为当期增值税纳税申报表中"期末留抵税额"。

4. 当期免税购进原材料价格包括当期国内购进的无进项税额且不计提进项税额的免税原材料的价格和当期进料加工保税进口料件的价格，其中当期进料加工保税进口料件的价格为组成计税价格。

当期进料加工保税进口料件的组成计税价格 = 当期进口料件到岸价格 + 海关实征关税 + 海关实征消费税

（1）采用"实耗法"的，当期进料加工保税进口料件的组成计税价格为当期进料加工出口货物耗用的进口料件组成计税价格。其计算公式为：

当期进料加工保税进口料件的组成计税价格 = 当期进料加工出口货物离岸价 × 外汇人民币折合率 × 计划分配率

计划分配率 = 计划进口总值 ÷ 计划出口总值 × 100%

实行纸质手册和电子化手册的生产企业，应根据海关签发的加工贸易手册或加工贸易电子化纸质单证所列的计划进出口总值计算计划分配率。

实行电子账册的生产企业，计划分配率按前一期已核销的实际分配率确定；新启用电子账册的，计划分配率按前一期已核销的纸质手册或电子化手册的实际分配率确定。

（2）采用"购进法"的，当期进料加工保税进口料件的组成计税价格为当期实际购进的进料加工进口料件的组成计税价格。

若当期实际不得免征和抵扣税额抵减额大于当期出口货物离岸价 × 外汇人民币折合率 ×（出口货物适用税率 - 出口货物退税率）的，则：

当期不得免征和抵扣税额抵减额 = 当期出口货物离岸价 × 外汇人民币折合率 ×（出口货物适用税率 - 出口货物退税率）

（二）外贸企业出口货物劳务增值税免退税，依下列公式计算：

1. 外贸企业出口委托加工修理修配货物以外的货物：

增值税应退税额 = 增值税退（免）税计税依据 × 出口货物退税率

2. 外贸企业出口委托加工修理修配货物：

出口委托加工修理修配货物的增值税应退税额 = 委托加工修理修配的增值税退（免）税计税依据 × 出口货物退税率

（三）退税率低于适用税率的，相应计算出的差额部分的税款计入出口货物劳务成本。

（四）出口企业既有适用增值税免抵退项目，也有增值税即征即退、先征后退项目的，增值税即征即退和先征后退项目不参与出口项目免抵退税计算。出口企业应分别核算增值税免抵退项目和增值税即征即退、先征后退项目，并分别申请享受增值税即征即退、先征后退和免抵退税政策。

用于增值税即征即退或者先征后退项目的进项税额无法划分的，按照下列公式计算：

无法划分进项税额中用于增值税即征即退或者先征后退项目的部分 = 当月无法划分的全部进项税额 × 当月增值税即征即退或者先征后退项目销售额 ÷ 当月全部销售额、营业额合计

六、适用增值税免税政策的出口货物劳务

对符合下列条件的出口货物劳务,除适用本通知第七条规定外,按下列规定实行免征增值税(以下称增值税免税)政策:

(一)适用范围。

适用增值税免税政策的出口货物劳务,是指:

1. 出口企业或其他单位出口规定的货物,具体是指:

(1)增值税小规模纳税人出口的货物。

(2)避孕药品和用具,古旧图书。

(3)软件产品。其具体范围是指海关税则号前四位为"9803"的货物。

(4)含黄金、铂金成分的货物,钻石及其饰品。其具体范围见附件7。

(5)国家计划内出口的卷烟。其具体范围见附件8。

(6)已使用过的设备。其具体范围是指购进时未取得增值税专用发票、海关进口增值税专用缴款书但其他相关单证齐全的已使用过的设备。

(7)非出口企业委托出口的货物。

(8)非列名生产企业出口的非视同自产货物。

(9)农业生产者自产农产品〔农产品的具体范围按照《农业产品征税范围注释》(财税〔1995〕52号)的规定执行〕。

(10)油画、花生果仁、黑大豆等财政部和国家税务总局规定的出口免税的货物。

(11)外贸企业取得普通发票、废旧物资收购凭证、农产品收购发票、政府非税收入票据的货物。

(12)来料加工复出口的货物。

(13)特殊区域内的企业出口的特殊区域内的货物。

(14)以人民币现金作为结算方式的边境地区出口企业从所在省(自治区)的边境口岸出口到接壤国家的一般贸易和边境小额贸易出口货物。

(15)以旅游购物贸易方式报关出口的货物。

2. 出口企业或其他单位视同出口的下列货物劳务:

(1)国家批准设立的免税店销售的免税货物〔包括进口免税货物和已实现退(免)税的货物〕。

(2)特殊区域内的企业为境外的单位或个人提供加工修理修配劳务。

(3)同一特殊区域、不同特殊区域内的企业之间销售特殊区域内的货物。

3. 出口企业或其他单位未按规定申报或未补齐增值税退(免)税凭证的出口货物劳务。

具体是指:

(1)未在国家税务总局规定的期限内申报增值税退(免)税的出口货物劳务。

(2)未在规定期限内申报开具《代理出口货物证明》的出口货物劳务。

(3)已申报增值税退(免)税,却未在国家税务总局规定的期限内向税务机关补齐增值税退(免)税凭证的出口货物劳务。

对于适用增值税免税政策的出口货物劳务,出口企业或其他单位可以依照现行增值税有关规定放弃免税,并依照本通知第七条的规定缴纳增值税。

(二)进项税额的处理计算。

1. 适用增值税免税政策的出口货物劳务,其进项税额不得抵扣和退税,应当转入成本。

出口卷烟,依下列公式计算:

2. 不得抵扣的进项税额 = 出口卷烟含消费税金额 ÷ (出口卷烟含消费税金额 + 内销卷烟销售额) × 当期全部进项税额

(1)当生产企业销售的出口卷烟在国内有同类产品销售价格时

出口卷烟含消费税金额 = 出口销售数量 × 销售价格

"销售价格"为同类产品生产企业国内实际调拨价格。如实际调拨价格低于税务机关公示的计税价格的,"销售价格"为税务机关公示的计税价格;高于公示计税价格的,销售价格为实际调拨价格。

（2）当生产企业销售的出口卷烟在国内没有同类产品销售价格时：

出口卷烟含税金额＝（出口销售额＋出口销售数量×消费税定额税率）÷（1－消费税比例税率）

"出口销售额"以出口发票上的离岸价为准。若出口发票不能如实反映离岸价，生产企业应按实际离岸价计算，否则，税务机关有权按照有关规定予以核定调整。

3. 除出口卷烟外，适用增值税免税政策的其他出口货物劳务的计算，按照增值税免税政策的统一规定执行。其中，如果涉及销售额，除来料加工复出口货物为其加工费收入外，其他均为出口离岸价或销售额。

七、适用增值税征税政策的出口货物劳务

下列出口货物劳务，不适用增值税退（免）税和免税政策，按下列规定及视同内销货物征税的其他规定征收增值税（以下称增值税征税）：

（一）适用范围。

适用增值税征税政策的出口货物劳务，是指：

1. 出口企业出口或视同出口财政部和国家税务总局根据国务院决定明确的取消出口退（免）税的货物［不包括来料加工复出口货物、中标机电产品、列名原材料、输入特殊区域的水电气、海洋工程结构物］。

2. 出口企业或其他单位销售给特殊区域内的生活消费用品和交通运输工具。

3. 出口企业或其他单位因骗取出口退税被税务机关停止办理增值税退（免）税期间出口的货物。

4. 出口企业或其他单位提供虚假备案单证的货物。

5. 出口企业或其他单位增值税退（免）税凭证有伪造或内容不实的货物。

6. 出口企业或其他单位未在国家税务总局规定期限内申报免税核销以及经主管税务机关审核不予免税核销的出口卷烟。

7. 出口企业或其他单位具有以下情形之一的出口货物劳务：

（1）将空白的出口货物报关单、出口收汇核销单等退（免）税凭证交由除签有委托合同的货代公司、报关行，或由境外进口方指定的货代公司（提供合同约定或者其他相关证明）以外的其他单位或个人使用的。

（2）以自营名义出口，其出口业务实质上是由本企业及其投资的企业以外的单位或个人借该出口企业名义操作完成的。

（3）以自营名义出口，其出口的同一批货物既签订购货合同，又签订代理出口合同（或协议）的。

（4）出口货物在海关验放后，自己或委托货代承运人对该笔货物的海运提单或其他运输单据等上的品名、规格等进行修改，造成出口货物报关单与海运提单或其他运输单据有关内容不符的。

（5）以自营名义出口，但不承担出口货物的质量、收款或退税风险之一的，即出口货物发生质量问题不承担购买方的索赔责任（合同中有约定质量责任承担者除外）；不承担未按期收款导致不能核销的责任（合同中有约定收款责任承担者除外）；不承担因申报出口退（免）税的资料、单证等出现问题造成不退税责任的。

（6）未实质参与出口经营活动、接受并从事由中间人介绍的其他出口业务，但仍以自营名义出口的。

（二）应纳增值税的计算。

适用增值税征税政策的出口货物劳务，其应纳增值税按下列办法计算：

1. 一般纳税人出口货物

销项税额＝（出口货物离岸价－出口货物耗用的进料加工保税进口料件金额）÷（1＋适用税率）×适用税率

出口货物若已按征退税率之差计算不得免征和抵扣税额并已经转入成本的，相应的税额应转回进项税额。

（1）出口货物耗用的进料加工保税进口料件金额＝主营业务成本×（投入的保税进口料件金额÷生产成本）

主营业务成本、生产成本均为不予退（免）

税的进料加工出口货物的主营业务成本、生产成本。当耗用的保税进口料件金额大于不予退(免)税的进料加工出口货物金额时,耗用的保税进口料件金额为不予退(免)税的进料加工出口货物金额。

(2)出口企业应分别核算内销货物和增值税征税的出口货物的生产成本、主营业务成本。未分别核算的,其相应的生产成本、主营业务成本由主管税务机关核定。

进料加工手册海关核销后,出口企业应对出口货物耗用的保税进口料件金额进行清算。清算公式为:

清算耗用的保税进口料件总额 = 实际保税进口料件总额 - 退(免)税出口货物耗用的保税进口料件总额 - 进料加工副产品耗用的保税进口料件总额

若耗用的保税进口料件总额与各纳税期扣减的保税进口料件金额之和存在差额时,应在清算的当期相应调整销项税额。当耗用的保税进口料件总额大于出口货物离岸金额时,其差额部分不得扣减其他出口货物金额。

2.小规模纳税人出口货物

应纳税额 = 出口货物离岸价 ÷ (1 + 征收率) × 征收率

八、适用消费税退(免)税或征税政策的出口货物

适用本通知第一条、第六条或第七条规定的出口货物,如果属于消费税应税消费品,实行下列消费税政策:

(一)适用范围。

1.出口企业出口或视同出口适用增值税退(免)税的货物,免征消费税,如果属于购进出口的货物,退还前一环节对其已征的消费税。

2.出口企业出口或视同出口适用增值税免税政策的货物,免征消费税,但不退还其以前环节已征的消费税,且不允许在内销应税消费品应纳消费税款中抵扣。

3.出口企业出口或视同出口适用增值税征税政策的货物,应按规定缴纳消费税,不退还其以前环节已征的消费税,且不允许在内销

应税消费品应纳消费税款中抵扣。

(二)消费税退税的计税依据。

出口货物的消费税应退税额的计税依据,按购进出口货物的消费税专用缴款书和海关进口消费税专用缴款书确定。

属于从价定率计征消费税的,为已征且未在内销应税消费品应纳税额中抵扣的购进出口货物金额;属于从量定额计征消费税的,为已征且未在内销应税消费品应纳税额中抵扣的购进出口货物数量;属于复合计征消费税的,按从价定率和从量定额的计税依据分别确定。

(三)消费税退税的计算。

消费税应退税额 = 从价定率计征消费税的退税计税依据 × 比例税率 + 从量定额计征消费税的退税计税依据 × 定额税率

九、出口货物劳务增值税和消费税政策的其他规定

(一)认定和申报。

1.适用本通知规定的增值税退(免)税或免税、消费税退(免)税或免税政策的出口企业或其他单位,应办理退(免)税认定。

2.经过认定的出口企业及其他单位,应在规定的增值税纳税申报期内向主管税务机关申报增值税退(免)税和免税、消费税退(免)税和免税。委托出口的货物,由委托方申报增值税退(免)税和免税、消费税退(免)税和免税。输入特殊区域的水电气,由作为购买方的特殊区域内生产企业申报退税。

3.出口企业或其他单位骗取国家出口退税款的,经省级以上税务机关批准可以停止其退(免)税资格。

(二)若干征、退(免)税规定

1.出口企业或其他单位退(免)税认定之前的出口货物劳务,在办理退(免)税认定后,可按规定适用增值税退(免)税或免税及消费税退(免)税政策。

2.出口企业或其他单位出口货物劳务适用免税政策的,除特殊区域内企业出口的特殊区域内货物、出口企业或其他单位视同出口的免征增值税的货物劳务外,如果未按规定申报

免税,应视同内销货物和加工修理修配劳务征收增值税、消费税。

3. 开展进料加工业务的出口企业若发生未经海关批准将海关保税进口料件作价销售给其他企业加工的,应按规定征收增值税、消费税。

4. 卷烟出口企业经主管税务机关批准按国家批准的免税出口卷烟计划购进的卷烟免征增值税、消费税。

5. 发生增值税、消费税不应退税或免税但已实际退税或免税的,出口企业和其他单位应当补缴已退或已免税款。

6. 出口企业和其他单位出口的货物(不包括本通知附件7所列货物),如果原材料成本80%以上为附件9所列原料的,应执行该原料的增值税、消费税政策,上述出口货物的增值税退税率为附件9所列该原料海关税则号在出口货物劳务退税率文库中对应的退税率〔本条款失效,详见《财政部 国家税务总局关于以贵金属和宝石为主要原材料的货物出口退税政策的通知》(财税〔2014〕98 号)〕。

7. 国家批准的免税品经营企业销售给免税店的进口免税货物免征增值税。

(三)外贸企业核算要求

外贸企业应单独设账核算出口货物的购进金额和进项税额,若购进货物时不能确定是用于出口的,先记入出口库存账,用于其他用途时应从出口库存账转出。

(四)符合条件的生产企业已签订出口合同的交通运输工具和机器设备,在其退税凭证尚未收集齐全的情况下,可凭出口合同、销售

明细账等,向主管税务机关申报免抵退税。在货物向海关报关出口后,应按规定申报退(免)税,并办理已退(免)税的核销手续。多退(免)的税款,应予追回。生产企业申请时应同时满足以下条件:

1. 已取得增值税一般纳税人资格。

2. 已持续经营2年及2年以上。

3. 生产的交通运输工具和机器设备生产周期在1年及1年以上。

4. 上一年度净资产大于同期出口货物增值税、消费税退税额之和的3倍。

5. 持续经营以来从未发生逃税、骗取出口退税、虚开增值税专用发票或农产品收购发票、接受虚开增值税专用发票(善意取得虚开增值税专用发票除外)行为。

十、出口企业及其他单位具体认定办法及出口退(免)税具体管理办法,由国家税务总局另行制定。

十一、本通知除第一条第(二)项关于国内航空供应公司生产销售给国内和国外航空公司国际航班的航空食品适用增值税退(免)税政策,第六条第(一)项关于国家批准设立的免税店销售的免税货物、出口企业或其他单位未按规定申报或未补齐增值税退(免)税凭证的出口货物劳务、第九条第(二)项关于国家批准的免税品经营企业销售给免税店的进口免税货物适用增值税免税政策的有关规定自2011年1月1日起执行外,其他规定均自2012年7月1日起实施。《废止的文件和条款目录》(见附件10)所列的相应文件同时废止。

附件略。

财政部 国家税务总局关于以贵金属和宝石为主要原材料的货物出口退税政策的通知

(财税〔2014〕98 号)

各省、自治区、直辖市、计划单列市财政厅(局)、国家税务局,新疆生产建设兵团财务局:

为完善出口退税政策,有效控制政策风险,现将以贵金属和宝石为主要原材料的货物出

口退税政策通知如下：

一、出口企业和其他单位出口的货物，如果其原材料成本 80%以上为本通知附件所列原材料的，应按照成本占比最高的原材料的增值税、消费税政策执行。原材料的增值税、消费税政策是指本通知附件所列该原材料对应的商品编码在出口退税率文库中适用的增值税、消费税政策。

二、本通知自 2015 年 1 月 1 日起执行。《财政部 国家税务总局关于出口货物劳务增值税和消费税政策的通知》（财税〔2012〕39 号）第九条第（二）款第 6 项及附件 9 同时废止。

财政部 国家税务总局关于被撤销金融机构
有关税收政策问题的通知

（财税〔2003〕141 号）

各省、自治区、直辖市、计划单列市财政厅（局）、国家税务局、地方税务局：

为了促进被撤销金融机构的清算工作，加强对金融活动的监督管理，维护金融秩序，根据《金融机构撤销条例》第二十一条的规定，现对被撤销金融机构清理和处置财产过程中有关税收优惠政策问题通知如下：

一、享受税收优惠政策的主体是指经中国人民银行依法决定撤销的金融机构及其分设于各地的分支机构，包括被依法撤销的商业银行、信托投资公司、财务公司、金融租赁公司、城市信用社和农村信用社。除另有规定者外，被撤销的金融机构所属、附属企业，不享受本通知规定的被撤销金融机构的税收优惠政策。

二、被撤销金融机构清理和处置财产可享受以下税收优惠政策：

1. 对被撤销金融机构接收债权、清偿债务过程中签订的产权转移书据，免征印花税。

2. 对被撤销金融机构清算期间自有的或从债务方接收的房地产、车辆，免征房产税、城镇土地使用税和车辆使用税。

3. 对被撤销的金融机构在清算过程中催收债权时，接收债务方土地使用权、房屋所有权所发生的权属转移免征契税。

4. 对被撤销金融机构财产用来清偿债务时，免征被撤销金融机构转让货物、不动产、无形资产、有价证券、票据等应缴纳的增值税、营业税、城市维护建设税、教育费附加和土地增值税。

三、除第二条规定者外，被撤销的金融机构在清算开始后、清算资产被处置前持续经营的经济业务所发生的应纳税款应按规定予以缴纳。

四、被撤销金融机构的应缴未缴国家的税金及其他款项应按照法律法规规定的清偿顺序予以缴纳。

五、被撤销金融机构的清算所得应该依法缴纳企业所得税。

六、本通知自《金融机构撤销条例》生效之日起开始执行。凡被撤销金融机构在《金融机构撤销条例》生效之日起进行的财产清理和处置的涉税政策均按本通知执行。本通知发布前，属免征事项的应纳税款不再追缴，已征税款不予退还。

国务院关于修改《征收教育费附加的暂行规定》的决定

（中华人民共和国国务院令第 448 号）

国务院决定对《征收教育费附加的暂行规定》作如下修改：

删去第三条第二款。

将第三条修改为："教育费附加，以各单位和个人实际缴纳的增值税、营业税、消费税的税额为计征依据，教育费附加率为 3%，分别与增值税、营业税、消费税同时缴纳。"

"除国务院另有规定者外，任何地区、部门不得擅自提高或者降低教育费附加率。"

本决定自 2005 年 10 月 1 日起施行。

财政部　国家税务总局关于增值税营业税消费税实行先征后返等办法有关城建税和教育费附加政策的通知

（财税〔2005〕72 号）

各省、自治区、直辖市、计划单列市财政厅（局）、地方税务局，财政部驻各省、自治区、直辖市、计划单列市财政监察专员办事处：

经研究，现对增值税、营业税、消费税（以下简称"三税"）实行先征后返、先征后退、即征即退办法有关的城市维护建设税和教育费附加政策问题明确如下：

对"三税"实行先征后返、先征后退、即征即退办法的，除另有规定外，对随"三税"附征的城市维护建设税和教育费附加，一律不予退（返）还。

中华人民共和国教育法

（1995 年 3 月 18 日第八届全国人民代表大会第三次会议通过；根据 2009 年 8 月 27 日第十一届全国人民代表大会常务委员会第十次会议《关于修改部分法律的决定》第一次修正；根据 2015 年 12 月 27 日第十二届全国人民代表大会常务委员会第十八次会议《关于修改〈中华人民共和国教育法〉的决定》第二次修正；根据 2021 年 4 月 29 日第十三届全国人民代表大会常务委员会第二十八次会议《关于修改〈中华人民共和国教育法〉的决定》第三次修正）

第一章　总　　则

第一条　为了发展教育事业，提高全民族的素质，促进社会主义物质文明和精神文明建设，根据宪法，制定本法。

第二条　在中华人民共和国境内的各级各类教育，适用本法。

第三条　国家坚持中国共产党的领导，坚持以马克思列宁主义、毛泽东思想、邓小平理论、"三个代表"重要思想、科学发展观、习近平新时代中国特色社会主义思想为指导，遵循宪法确定的基本原则，发展社会主义的教育事业。

第四条　教育是社会主义现代化建设的基础，对提高人民综合素质、促进人的全面发展、增强中华民族创新创造活力、实现中华民族伟大复兴具有决定性意义，国家保障教育事业优先发展。

全社会应当关心和支持教育事业的发展。

全社会应当尊重教师。

第五条 教育必须为社会主义现代化建设服务、为人民服务，必须与生产劳动和社会实践相结合，培养德智体美劳全面发展的社会主义建设者和接班人。

第六条 教育应当坚持立德树人，对受教育者加强社会主义核心价值观教育，增强受教育者的社会责任感、创新精神和实践能力。

国家在受教育者中进行爱国主义、集体主义、中国特色社会主义的教育，进行理想、道德、纪律、法治、国防和民族团结的教育。

第七条 教育应当继承和弘扬中华优秀传统文化、革命文化、社会主义先进文化，吸收人类文明发展的一切优秀成果。

第八条 教育活动必须符合国家和社会公共利益。

国家实行教育与宗教相分离。任何组织和个人不得利用宗教进行妨碍国家教育制度的活动。

第九条 中华人民共和国公民有受教育的权利和义务。

公民不分民族、种族、性别、职业、财产状况、宗教信仰等，依法享有平等的受教育机会。

第十条 国家根据各少数民族的特点和需要，帮助各少数民族地区发展教育事业。

国家扶持边远贫困地区发展教育事业。

国家扶持和发展残疾人教育事业。

第十一条 国家适应社会主义市场经济发展和社会进步的需要，推进教育改革，推动各级各类教育协调发展、衔接融通，完善现代国民教育体系，健全终身教育体系，提高教育现代化水平。

国家采取措施促进教育公平，推动教育均衡发展。

国家支持、鼓励和组织教育科学研究，推广教育科学研究成果，促进教育质量提高。

第十二条 国家通用语言文字为学校及其他教育机构的基本教育教学语言文字，学校及其他教育机构应当使用国家通用语言文字进行教育教学。

民族自治地方以少数民族学生为主的学校及其他教育机构，从实际出发，使用国家通用语言文字和本民族或者当地民族通用的语言文字实施双语教育。

国家采取措施，为少数民族学生为主的学校及其他教育机构实施双语教育提供条件和支持。

第十三条 国家对发展教育事业做出突出贡献的组织和个人，给予奖励。

第十四条 国务院和地方各级人民政府根据分级管理、分工负责的原则，领导和管理教育工作。

中等及中等以下教育在国务院领导下，由地方人民政府管理。

高等教育由国务院和省、自治区、直辖市人民政府管理。

第十五条 国务院教育行政部门主管全国教育工作，统筹规划、协调管理全国的教育事业。

县级以上地方各级人民政府教育行政部门主管本行政区域内的教育工作。

县级以上各级人民政府其他有关部门在各自的职责范围内，负责有关的教育工作。

第十六条 国务院和县级以上地方各级人民政府应当向本级人民代表大会或者其常务委员会报告教育工作和教育经费预算、决算情况，接受监督。

第二章 教育基本制度

第十七条 国家实行学前教育、初等教育、中等教育、高等教育的学校教育制度。

国家建立科学的学制系统。学制系统内的学校和其他教育机构的设置、教育形式、修业年限、招生对象、培养目标等，由国务院或者由国务院授权教育行政部门规定。

第十八条 国家制定学前教育标准，加快普及学前教育，构建覆盖城乡，特别是农村的学前教育公共服务体系。

各级人民政府应当采取措施，为适龄儿童接受学前教育提供条件和支持。

第十九条 国家实行九年制义务教育制度。

各级人民政府采取各种措施保障适龄儿童、少年就学。

适龄儿童、少年的父母或者其他监护人以及有关社会组织和个人有义务使适龄儿童、少年接受并完成规定年限的义务教育。

第二十条 国家实行职业教育制度和继续教育制度。

各级人民政府、有关行政部门和行业组织以及企业事业组织应当采取措施,发展并保障公民接受职业学校教育或者各种形式的职业培训。

国家鼓励发展多种形式的继续教育,使公民接受适当形式的政治、经济、文化、科学、技术、业务等方面的教育,促进不同类型学习成果的互认和衔接,推动全民终身学习。

第二十一条 国家实行国家教育考试制度。

国家教育考试由国务院教育行政部门确定种类,并由国家批准的实施教育考试的机构承办。

第二十二条 国家实行学业证书制度。

经国家批准设立或者认可的学校及其他教育机构按照国家有关规定,颁发学历证书或者其他学业证书。

第二十三条 国家实行学位制度。

学位授予单位依法对达到一定学术水平或者专业技术水平的人员授予相应的学位,颁发学位证书。

第二十四条 各级人民政府、基层群众性自治组织和企业事业组织应当采取各种措施,开展扫除文盲的教育工作。

按照国家规定具有接受扫除文盲教育能力的公民,应当接受扫除文盲的教育。

第二十五条 国家实行教育督导制度和学校及其他教育机构教育评估制度。

第三章 学校及其他教育机构

第二十六条 国家制定教育发展规划,并举办学校及其他教育机构。

国家鼓励企业事业组织、社会团体、其他社会组织及公民个人依法举办学校及其他教育机构。

国家举办学校及其他教育机构,应当坚持勤俭节约的原则。

以财政性经费、捐赠资产举办或者参与举办的学校及其他教育机构不得设立为营利性组织。

第二十七条 设立学校及其他教育机构,必须具备下列基本条件:

(一)有组织机构和章程;

(二)有合格的教师;

(三)有符合规定标准的教学场所及设施、设备等;

(四)有必备的办学资金和稳定的经费来源。

第二十八条 学校及其他教育机构的设立、变更和终止,应当按照国家有关规定办理审核、批准、注册或者备案手续。

第二十九条 学校及其他教育机构行使下列权利:

(一)按照章程自主管理;

(二)组织实施教育教学活动;

(三)招收学生或者其他受教育者;

(四)对受教育者进行学籍管理,实施奖励或者处分;

(五)对受教育者颁发相应的学业证书;

(六)聘任教师及其他职工,实施奖励或者处分;

(七)管理、使用本单位的设施和经费;

(八)拒绝任何组织和个人对教育教学活动的非法干涉;

(九)法律、法规规定的其他权利。

国家保护学校及其他教育机构的合法权益不受侵犯。

第三十条 学校及其他教育机构应当履行下列义务:

(一)遵守法律、法规;

(二)贯彻国家的教育方针,执行国家教育

教学标准,保证教育教学质量;

(三)维护受教育者、教师及其他职工的合法权益;

(四)以适当方式为受教育者及其监护人了解受教育者的学业成绩及其他有关情况提供便利;

(五)遵照国家有关规定收取费用并公开收费项目;

(六)依法接受监督。

第三十一条 学校及其他教育机构的举办者按照国家有关规定,确定其所举办的学校或者其他教育机构的管理体制。

学校及其他教育机构的校长或者主要行政负责人必须由具有中华人民共和国国籍、在中国境内定居、并具备国家规定任职条件的公民担任,其任免按照国家有关规定办理。学校的教学及其他行政管理,由校长负责。

学校及其他教育机构应当按照国家有关规定,通过以教师为主体的教职工代表大会等组织形式,保障教职工参与民主管理和监督。

第三十二条 学校及其他教育机构具备法人条件的,自批准设立或者登记注册之日起取得法人资格。

学校及其他教育机构在民事活动中依法享有民事权利,承担民事责任。

学校及其他教育机构中的国有资产属于国家所有。

学校及其他教育机构兴办的校办产业独立承担民事责任。

第四章 教师和其他教育工作者

第三十三条 教师享有法律规定的权利,履行法律规定的义务,忠诚于人民的教育事业。

第三十四条 国家保护教师的合法权益,改善教师的工作条件和生活条件,提高教师的社会地位。

教师的工资报酬、福利待遇,依照法律、法规的规定办理。

第三十五条 国家实行教师资格、职务、聘任制度,通过考核、奖励、培养和培训,提高教师素质,加强教师队伍建设。

第三十六条 学校及其他教育机构中的管理人员,实行教育职员制度。

学校及其他教育机构中的教学辅助人员和其他专业技术人员,实行专业技术职务聘任制度。

第五章 受教育者

第三十七条 受教育者在入学、升学、就业等方面依法享有平等权利。

学校和有关行政部门应当按照国家有关规定,保障女子在入学、升学、就业、授予学位、派出留学等方面享有同男子平等的权利。

第三十八条 国家、社会对符合入学条件、家庭经济困难的儿童、少年、青年,提供各种形式的资助。

第三十九条 国家、社会、学校及其他教育机构应当根据残疾人身心特性和需要实施教育,并为其提供帮助和便利。

第四十条 国家、社会、家庭、学校及其他教育机构应当为有违法犯罪行为的未成年人接受教育创造条件。

第四十一条 从业人员有依法接受职业培训和继续教育的权利和义务。

国家机关、企业事业组织和其他社会组织,应当为本单位职工的学习和培训提供条件和便利。

第四十二条 国家鼓励学校及其他教育机构、社会组织采取措施,为公民接受终身教育创造条件。

第四十三条 受教育者享有下列权利:

(一)参加教育教学计划安排的各种活动,使用教育教学设施、设备、图书资料;

(二)按照国家有关规定获得奖学金、贷学金、助学金;

(三)在学业成绩和品行上获得公正评价,完成规定的学业后获得相应的学业证书、学位证书;

(四)对学校给予的处分不服向有关部门提出申诉,对学校、教师侵犯其人身权、财产权

等合法权益,提出申诉或者依法提起诉讼;

(五)法律、法规规定的其他权利。

第四十四条 受教育者应当履行下列义务:

(一)遵守法律、法规;

(二)遵守学生行为规范,尊敬师长,养成良好的思想品德和行为习惯;

(三)努力学习,完成规定的学习任务;

(四)遵守所在学校或者其他教育机构的管理制度。

第四十五条 教育、体育、卫生行政部门和学校及其他教育机构应当完善体育、卫生保健设施,保护学生的身心健康。

第六章 教育与社会

第四十六条 国家机关、军队、企业事业组织、社会团体及其他社会组织和个人,应当依法为儿童、少年、青年学生的身心健康成长创造良好的社会环境。

第四十七条 国家鼓励企业事业组织、社会团体及其他社会组织同高等学校、中等职业学校在教学、科研、技术开发和推广等方面进行多种形式的合作。

企业事业组织、社会团体及其他社会组织和个人,可以通过适当形式,支持学校的建设,参与学校管理。

第四十八条 国家机关、军队、企业事业组织及其他社会组织应当为学校组织的学生实习、社会实践活动提供帮助和便利。

第四十九条 学校及其他教育机构在不影响正常教育教学活动的前提下,应当积极参加当地的社会公益活动。

第五十条 未成年人的父母或者其他监护人应当为其未成年子女或者其他被监护人受教育提供必要条件。

未成年人的父母或者其他监护人应当配合学校及其他教育机构,对其未成年子女或者其他被监护人进行教育。

学校、教师可以对学生家长提供家庭教育指导。

第五十一条 图书馆、博物馆、科技馆、文化馆、美术馆、体育馆(场)等社会公共文化体育设施,以及历史文化古迹和革命纪念馆(地),应当对教师、学生实行优待,为受教育者接受教育提供便利。

广播、电视台(站)应当开设教育节目,促进受教育者思想品德、文化和科学技术素质的提高。

第五十二条 国家、社会建立和发展对未成年人进行校外教育的设施。

学校及其他教育机构应当同基层群众性自治组织、企业事业组织、社会团体相互配合,加强对未成年人的校外教育工作。

第五十三条 国家鼓励社会团体、社会文化机构及其他社会组织和个人开展有益于受教育者身心健康的社会文化教育活动。

第七章 教育投入与条件保障

第五十四条 国家建立以财政拨款为主、其他多种渠道筹措教育经费为辅的体制,逐步增加对教育的投入,保证国家举办的学校教育经费的稳定来源。

企业事业组织、社会团体及其他社会组织和个人依法举办的学校及其他教育机构,办学经费由举办者负责筹措,各级人民政府可以给予适当支持。

第五十五条 国家财政性教育经费支出占国民生产总值的比例应当随着国民经济的发展和财政收入的增长逐步提高。具体比例和实施步骤由国务院规定。

全国各级财政支出总额中教育经费所占比例应当随着国民经济的发展逐步提高。

第五十六条 各级人民政府的教育经费支出,按照事权和财权相统一的原则,在财政预算中单独列项。

各级人民政府教育财政拨款的增长应当高于财政经常性收入的增长,并使按在校学生人数平均的教育费用逐步增长,保证教师工资和学生人均公用经费逐步增长。

第五十七条 国务院及县级以上地方各

级人民政府应当设立教育专项资金,重点扶持边远贫困地区、少数民族地区实施义务教育。

第五十八条 税务机关依法足额征收教育费附加,由教育行政部门统筹管理,主要用于实施义务教育。

省、自治区、直辖市人民政府根据国务院的有关规定,可以决定开征用于教育的地方附加费,专款专用。

第五十九条 国家采取优惠措施,鼓励和扶持学校在不影响正常教育教学的前提下开展勤工俭学和社会服务,兴办校办产业。

第六十条 国家鼓励境内、境外社会组织和个人捐资助学。

第六十一条 国家财政性教育经费、社会组织个人对教育的捐赠,必须用于教育,不得挪用、克扣。

第六十二条 国家鼓励运用金融、信贷手段,支持教育事业的发展。

第六十三条 各级人民政府及其教育行政部门应当加强对学校及其他教育机构教育经费的监督管理,提高教育投资效益。

第六十四条 地方各级人民政府及其有关行政部门必须把学校的基本建设纳入城乡建设规划,统筹安排学校的基本建设用地及所需物资,按照国家有关规定实行优先、优惠政策。

第六十五条 各级人民政府对教科书及教学用图书资料的出版发行,对教学仪器、设备的生产和供应,对用于学校教育教学和科学研究的图书资料、教学仪器、设备的进口,按照国家有关规定实行优先、优惠政策。

第六十六条 国家推进教育信息化,加快教育信息基础设施建设,利用信息技术促进优质教育资源普及共享,提高教育教学水平和教育管理水平。

县级以上人民政府及其有关部门应当发展教育信息技术和其他现代化教学方式,有关行政部门应当优先安排,给予扶持。

国家鼓励学校及其他教育机构推广运用现代化教学方式。

第八章 教育对外交流与合作

第六十七条 国家鼓励开展教育对外交流与合作,支持学校及其他教育机构引进优质教育资源,依法开展中外合作办学,发展国际教育服务,培养国际化人才。

教育对外交流与合作坚持独立自主、平等互利、相互尊重的原则,不得违反中国法律,不得损害国家主权、安全和社会公共利益。

第六十八条 中国境内公民出国留学、研究、进行学术交流或者任教,依照国家有关规定办理。

第六十九条 中国境外个人符合国家规定的条件并办理有关手续后,可以进入中国境内学校及其他教育机构学习、研究、进行学术交流或者任教,其合法权益受国家保护。

第七十条 中国对境外教育机构颁发的学位证书、学历证书及其他学业证书的承认,依照中华人民共和国缔结或者加入的国际条约办理,或者按照国家有关规定办理。

第九章 法律责任

第七十一条 违反国家有关规定,不按照预算核拨教育经费的,由同级人民政府限期核拨;情节严重的,对直接负责的主管人员和其他直接责任人员,依法给予处分。

违反国家财政制度、财务制度,挪用、克扣教育经费的,由上级机关责令限期归还被挪用、克扣的经费,并对直接负责的主管人员和其他直接责任人员,依法给予处分;构成犯罪的,依法追究刑事责任。

第七十二条 结伙斗殴、寻衅滋事,扰乱学校及其他教育机构教育教学秩序或者破坏校舍、场地及其他财产的,由公安机关给予治安管理处罚;构成犯罪的,依法追究刑事责任。

侵占学校及其他教育机构的校舍、场地及其他财产的,依法承担民事责任。

第七十三条 明知校舍或者教育教学设施有危险,而不采取措施,造成人员伤亡或者重大财产损失的,对直接负责的主管人员和其他直接责任人员,依法追究刑事责任。

第七十四条 违反国家有关规定,向学校或者其他教育机构收取费用的,由政府责令退还所收费用;对直接负责的主管人员和其他直接责任人员,依法给予处分。

第七十五条 违反国家有关规定,举办学校或者其他教育机构的,由教育行政部门或者其他有关行政部门予以撤销;有违法所得的,没收违法所得;对直接负责的主管人员和其他直接责任人员,依法给予处分。

第七十六条 学校或者其他教育机构违反国家有关规定招收学生的,由教育行政部门或者其他有关行政部门责令退回招收的学生,退还所收费用;对学校、其他教育机构给予警告,可以处违法所得五倍以下罚款;情节严重的,责令停止相关招生资格一年以上三年以下,直至撤销招生资格、吊销办学许可证;对直接负责的主管人员和其他直接责任人员,依法给予处分;构成犯罪的,依法追究刑事责任。

第七十七条 在招收学生工作中滥用职权、玩忽职守、徇私舞弊的,由教育行政部门或者其他有关行政部门责令退回招收的不符合入学条件的人员;对直接负责的主管人员和其他直接责任人员,依法给予处分;构成犯罪的,依法追究刑事责任。

盗用、冒用他人身份,顶替他人取得的入学资格的,由教育行政部门或者其他有关行政部门责令撤销入学资格,并责令停止参加相关国家教育考试二年以上五年以下;已经取得学位证书、学历证书或者其他学业证书的,由颁发机构撤销相关证书;已经成为公职人员的,依法给予开除处分;构成违反治安管理行为的,由公安机关依法给予治安管理处罚;构成犯罪的,依法追究刑事责任。

与他人串通,允许他人冒用本人身份,顶替本人取得的入学资格的,由教育行政部门或者其他有关行政部门责令停止参加相关国家教育考试一年以上三年以下;有违法所得的,没收违法所得;已经成为公职人员的,依法给予处分;构成违反治安管理行为的,由公安机

关依法给予治安管理处罚;构成犯罪的,依法追究刑事责任。

组织、指使盗用或者冒用他人身份,顶替他人取得的入学资格的,有违法所得的,没收违法所得;属于公职人员的,依法给予处分;构成违反治安管理行为的,由公安机关依法给予治安管理处罚;构成犯罪的,依法追究刑事责任。

入学资格被顶替权利受到侵害的,可以请求恢复其入学资格。

第七十八条 学校及其他教育机构违反国家有关规定向受教育者收取费用的,由教育行政部门或者其他有关行政部门责令退还所收费用;对直接负责的主管人员和其他直接责任人员,依法给予处分。

第七十九条 考生在国家教育考试中有下列行为之一的,由组织考试的教育考试机构工作人员在考试现场采取必要措施予以制止并终止其继续参加考试;组织考试的教育考试机构可以取消其相关考试资格或者考试成绩;情节严重的,由教育行政部门责令停止参加相关国家教育考试一年以上三年以下;构成违反治安管理行为的,由公安机关依法给予治安管理处罚;构成犯罪的,依法追究刑事责任:

(一)非法获取考试试题或者答案的;

(二)携带或者使用考试作弊器材、资料的;

(三)抄袭他人答案的;

(四)让他人代替自己参加考试的;

(五)其他以不正当手段获得考试成绩的作弊行为。

第八十条 任何组织或者个人在国家教育考试中有下列行为之一,有违法所得的,由公安机关没收违法所得,并处违法所得一倍以上五倍以下罚款;情节严重的,处五日以上十五日以下拘留;构成犯罪的,依法追究刑事责任;属于国家机关工作人员的,还应当依法给予处分:

(一)组织作弊的;

(二)通过提供考试作弊器材等方式为作弊提供帮助或者便利的;

(三)代替他人参加考试的;

（四）在考试结束前泄露、传播考试试题或者答案的；

（五）其他扰乱考试秩序的行为。

第八十一条 举办国家教育考试，教育行政部门、教育考试机构疏于管理，造成考场秩序混乱、作弊情况严重的，对直接负责的主管人员和其他直接责任人员，依法给予处分；构成犯罪的，依法追究刑事责任。

第八十二条 学校或者其他教育机构违反本法规定，颁发学位证书、学历证书或者其他学业证书的，由教育行政部门或者其他有关行政部门宣布证书无效，责令收回或者予以没收；有违法所得的，没收违法所得；情节严重的，责令停止相关招生资格一年以上三年以下，直至撤销招生资格、颁发证书资格；对直接负责的主管人员和其他直接责任人员，依法给予处分。

前款规定以外的任何组织或者个人制造、销售、颁发假冒学位证书、学历证书或者其他学业证书，构成违反治安管理行为的，由公安机关依法给予治安管理处罚；构成犯罪的，依法追究刑事责任。

以作弊、剽窃、抄袭等欺诈行为或者其他不正当手段获得学位证书、学历证书或者其他学业证书的，由颁发机构撤销相关证书。购买、使用假冒学位证书、学历证书或者其他学业证书，构成违反治安管理行为的，由公安机关依法给予治安管理处罚。

第八十三条 违反本法规定，侵犯教师、受教育者、学校或者其他教育机构的合法权益，造成损失、损害的，应当依法承担民事责任。

第十章 附　则

第八十四条 军事学校教育由中央军事委员会根据本法的原则规定。

宗教学校教育由国务院另行规定。

第八十五条 境外的组织和个人在中国境内办学和合作办学的办法，由国务院规定。

第八十六条 本法自 1995 年 9 月 1 日起施行。

国务院关于统一内外资企业和个人城市维护建设税和教育费附加制度的通知

（国发〔2010〕35 号）

各省、自治区、直辖市人民政府，国务院各部委、各直属机构：

为了进一步统一税制、公平税负，创造平等竞争的外部环境，根据第八届全国人民代表大会常务委员会第五次会议通过的《全国人民代表大会常务委员会关于外商投资企业和外国企业适用增值税、消费税、营业税等税收暂行条例的决定》，国务院决定统一内外资企业和个人城市维护建设税和教育费附加制度，现将有关问题通知如下：

自 2010 年 12 月 1 日起，外商投资企业、外国企业及外籍个人适用国务院 1985 年发布的《中华人民共和国城市维护建设税暂行条例》和 1986 年发布的《征收教育费附加的暂行规定》。1985 年及 1986 年以来国务院及国务院财税主管部门发布的有关城市维护建设税和教育费附加的法规、规章、政策同时适用于外商投资企业、外国企业及外籍个人。

凡与本通知相抵触的各项规定同时废止。

财政部 国家税务总局关于免征国家重大水利工程建设基金的城市维护建设税和教育费附加的通知

（财税〔2010〕44 号）

各省、自治区、直辖市、计划单列市财政厅（局）、地方税务局，新疆生产建设兵团财务局：

经国务院批准，为支持国家重大水利工程建设，对国家重大水利工程建设基金免征城市维护建设税和教育费附加。

本通知自发文之日起执行。

财政部关于统一地方教育附加有关问题的通知

（财综〔2010〕98 号）

各省、自治区、直辖市财政厅（局），新疆生产建设兵团财务局：

为贯彻落实《国家中长期教育改革和发展规划纲要（2010—2020）》，进一步规范和拓宽财政性教育经费筹资渠道，支持地方教育事业发展，根据国务院有关工作部署和具体要求，现就统一地方教育附加政策有关事宜通知如下：

一、统一开征地方教育附加。尚未开征地方教育附加的省份，省级财政部门应按照《教育法》的规定，根据本地区实际情况尽快研究制定开征地方教育附加的方案，报省级人民政府同意后，由省级人民政府于 2010 年 12 月 31 日前报财政部审批。

二、统一地方教育附加征收标准。地方教育附加征收标准统一为单位和个人（包括外商投资企业、外国企业和外籍个人）实际缴纳增值税、营业税和消费税税额的 2%。已经财政部审批且征收标准低于 2% 的省份，应将地方教育附加的征收标准调整为 2%，调整征收标准的方案由省级人民政府于 2010 年 12 月 31 日前报财政部审批。

三、各省、自治区、直辖市财政部门要严格按照《教育法》规定和财政部批复意见，采取有效措施，切实加强地方教育附加征收使用管理，确保基金应收尽收，专项用于发展教育事业上，不得从地方教育附加中提取或列支征收或代征手续费。

四、凡未经财政部或国务院批准，擅自多征、减征、缓征、停征，或者侵占、截留、挪用地方教育附加的，要依照《财政违法行为处罚处分条例》（国务院令第 427 号）和《违反行政事业性收费和罚没收入收支两条线管理规定行政处分暂行规定》（国务院令第 281 号）追究责任人的行政责任；构成犯罪的，依法追究刑事责任。

财政部 国家税务总局关于对外资企业征收城市维护建设税和教育费附加有关问题的通知

（财税〔2010〕103 号）

各省、自治区、直辖市、计划单列市财政厅（局）、国家税务局、地方税务局，新疆生产建设兵团财务局：

根据《国务院关于统一内外资企业和个人

城市维护建设税和教育费附加制度的通知》（国发〔2010〕35号）决定，自2010年12月1日起，对外商投资企业、外国企业及外籍个人（以下简称外资企业）征收城市维护建设税和教育费附加。现将有关问题通知如下：

对外资企业2010年12月1日（含）之后发生纳税义务的增值税、消费税、营业税（以下简称"三税"），征收城市维护建设税和教育费附加；对外资企业2010年12月1日之前发生纳税义务的"三税"，不征收城市维护建设税和教育费附加。

各级财政、税务机关要增强服务意识，加强政策宣传，做好征管工作。对政策执行中遇到的问题，要认真研究，妥善解决，重大问题及时上报财政部、国家税务总局。

国家税务总局关于做好统一内外资企业和个人城市维护建设税和教育费附加制度有关工作的通知

（国税函〔2010〕587号）

各省、自治区、直辖市和计划单列市地方税务局：

根据《国务院关于统一内外资企业和个人城市维护建设税和教育费附加制度的通知》（国发〔2010〕35号），自2010年12月1日起，将外商投资企业、外国企业及外籍个人（以下简称外资企业）纳入城市维护建设税和教育费附加的征收范围。为做好对外资企业征收城市维护建设税和教育费附加工作，现将有关事项通知如下：

一、充分认识改革意义，做好贯彻落实工作

对外资企业征收城市维护建设税和教育费附加，符合党的十六届三中全会通过的《中共中央关于完善社会主义市场经济体制若干问题的决定》《中华人民共和国国民经济和社会发展第十一个五年规划纲要》关于"统一各类企业税收制度"的要求，符合税制改革总体方向，有利于公平内外资企业税费负担，促进企业间公平竞争。各地要充分认识将外资企业纳入城市维护建设税和教育费附加征收范围的重要意义，认真做好对外资企业征收城市维护建设税和教育费附加的各项准备和实施工作，确保此项政策贯彻落实。

二、加强宣传解释，搞好纳税服务

对外资企业征收城市维护建设税和教育费附加是一项重要而全新的工作。各级税务机关要增强纳税服务意识，加强政策宣传和解释，使纳税人充分了解城市维护建设税和教育费附加的现行政策和征管规定，提高纳税人依法纳税遵从度，保证征收工作顺利进行。

三、摸清税源，规范管理

各级地方税务机关要主动和国家税务局、工商管理局和主管外商投资的商务厅（局）等部门加强联系，充分利用各部门掌握的外资企业有关信息，及时做好对外资企业征收城市维护建设税和教育费附加各纳税事项的确认工作，包括纳税人、纳税申报、纳税地点、适用税率等事项的确认，做好税源管理和纳税鉴定工作。各地还要根据本地区征管实际情况，规范管理办法或操作规程，及时调整和完善税收征管系统，确保对外资企业征收城市维护建设税和教育费附加工作顺利施行。

对征管中遇到的问题，各地要认真研究，妥善解决，重大问题应及时上报国家税务总局（财产行为税司）。

财政部 国家税务总局关于扩大有关
政府性基金免征范围的通知

（财税〔2016〕12 号）

教育部、水利部，各省、自治区、直辖市、计划单列市财政厅（局）、国家税务局、地方税务局、新疆生产建设兵团财务局：

经国务院批准，现将扩大政府性基金免征范围的有关政策通知如下：

一、将免征教育费附加、地方教育附加、水利建设基金的范围，由现行按月纳税的月销售额或营业额不超过 3 万元（按季度纳税的季度销售额或营业额不超过 9 万元）的缴纳义务人，扩大到按月纳税的月销售额或营业额不超过 10 万元（按季度纳税的季度销售额或营业额不超过 30 万元）的缴纳义务人。

二、免征上述政府性基金后，各级财政部门要做好经费保障工作，妥善安排相关部门和单位预算，保障工作正常开展，积极支持相关事业发展。

三、本通知自 2016 年 2 月 1 日起执行。

财政部 国家税务总局关于纳税人异地预缴增值税有关城市
维护建设税和教育费附加政策问题的通知

（财税〔2016〕74 号）

各省、自治区、直辖市、计划单列市财政厅（局）、国家税务局、地方税务局，新疆生产建设兵团财务局：

根据全面推开"营改增"试点后增值税政策调整情况，现就纳税人异地预缴增值税涉及的城市维护建设税和教育费附加政策执行问题通知如下：

一、纳税人跨地区提供建筑服务、销售和出租不动产的，应在建筑服务发生地、不动产所在地预缴增值税时，以预缴增值税税额为计税依据，并按预缴增值税所在地的城市维护建设税适用税率和教育费附加征收率就地计算缴纳城市维护建设税和教育费附加。

二、预缴增值税的纳税人在其机构所在地申报缴纳增值税时，以其实际缴纳的增值税税额为计税依据，并按机构所在地的城市维护建设税适用税率和教育费附加征收率就地计算缴纳城市维护建设税和教育费附加。

三、本通知自 2016 年 5 月 1 日起执行。

财政部 国家税务总局关于集成电路企业增值税
期末留抵退税有关城市维护建设税教育费
附加和地方教育附加政策的通知

（财税〔2017〕17 号）

各省、自治区、直辖市、计划单列市财政厅（局）、

国家税务局、地方税务局，新疆生产建设兵团财

务局：

按照《国务院关于印发进一步鼓励软件产业和集成电路产业发展若干政策的通知》（国发 C201114 号）有关要求，现就集成电路企业增值税期末留抵退税事项涉及的城市维护建设税、教育费附加和地方教育附加政策明确如下：

享受增值税期末留抵退税政策的集成电路企业，其退还的增值税期末留抵税额，应在城市维护建设税、教育费附加和地方教育附加的计税（征）依据中予以扣除。

本通知自发布之日起施行。

财政部 国家税务总局关于增值税期末留抵退税有关城市维护建设税教育费附加和地方教育附加政策的通知

（财税〔2018〕80 号）

各省、自治区、直辖市、计划单列市财政厅（局），国家税务总局各省、自治区、直辖市、计划单列市税务局，新疆生产建设兵团财政局：

为保证增值税期末留抵退税政策有效落实，现就留抵退税涉及的城市维护建设税、教育费附加和地方教育附加问题通知如下：

对实行增值税期末留抵退税的纳税人，允许其从城市维护建设税、教育费附加和地方教育附加的计税（征）依据中扣除退还的增值税税额。

本通知自发布之日起施行。

财政部 税务总局 退役军人部关于进一步扶持自主就业退役士兵创业就业有关税收政策的通知

（财税〔2019〕21 号）

依据《财政部 国家税务总局关于延长部分税收优惠政策执行期限的公告》（财政部 税务总局公告 2022 年第 4 号），本通知中规定的税收优惠政策，执行期限延长至 2023 年 12 月 31 日。

各省、自治区、直辖市、计划单列市财政厅（局）、退役军人事务厅（局），国家税务总局各省、自治区、直辖市、计划单列市税务局，新疆生产建设兵团财政局：

为进一步扶持自主就业退役士兵创业就业，现将有关税收政策通知如下：

一、自主就业退役士兵从事个体经营的，自办理个体工商户登记当月起，在 3 年（36 个月，下同）内按每户每年 12 000 元为限额依次扣减其当年实际应缴纳的增值税、城市维护建设税、教育费附加、地方教育附加和个人所得税。限额标准最高上浮 20%，各省、自治区、直

辖市人民政府可根据本地区实际情况在此幅度内去顶具体限额标准。

纳税人年度应纳税款小于上述扣减限额的，减免税额以其实际缴纳的税款为限；大于上述扣减限额的，以上述扣减限额为限。纳税人的实际经营不足 1 年的，应当按月算其减免税限额。换算公式为：减免税限额 = 年度减免税限额 ÷ 12 × 实际经营月数。城市维护建设税、教育费附加、地方教育附加的计税依据是享受本项税收优惠政策前的增值税应纳税额。

二、企业招用自主就业退役士兵，与其签

订1年以上期限劳动合同并依法缴纳社会保险费的，自签订劳动合同并缴纳社会保险当月起，在3年内按照实际招用人数予以定额依次扣减增值税、城市维护建设税、教育费附加、地方教育附加和企业所得税优惠。定额标准为每人每年6 000元，最高可上浮50%，各省、自治区、直辖市人民政府可根据本地区实际情况在此幅度内确定具体定额标准。

企业按招用人数和签订的劳动合同时间核算企业减免税总额，在核算减免税总额内每月一次扣减增值税、城市维护建设税、教育费附加、地方教育附加。企业实际应缴纳的增值税、城市维护建设税、教育费附加和地方教育附加小于核算减免税总额的，以实际应缴纳的增值税、城市维护建设后随、教育费附加和地方教育附加为限；实际应缴纳的增值税、城市维护建设税、教育费附加和地方教育附加大于核算减免税总额的，以核算减免税总额为限。

纳税年度终了，如果企业实际减免的增值税、城市维护建设税、教育费附加和地方教育附加小于核算减免税总额，企业在企业所得税汇算清缴时以差额部分扣减企业所得税。当年扣减不完的，不再结转以后年度扣减。

自主就业退役士兵在企业工作不满1年的，应当按月换算减免税限额。计算公式为：企业核算减免税总额＝Σ每名自主就业退役士兵本年度在本单位工作月份÷12×具体定额标准。

三、本通知所称自主就业退役士兵是指依照《退役士兵安置条例》（国务院中央军委令第608号）的规定退出现役并按自主就业方式安置的退役士兵。

本通知所称企业是指属于增值税纳税人或企业所得税纳税人的企业等单位。

四、自主就业退役士兵从事个体经营的，在享受税收优惠政策进行纳税申报时，注明其退役军人身份，并将《中国人民解放军义务兵退出现役证》《中国人民解放军士官退出现役证》或《中国人民武装警察部队义务兵退出现役证》《中国人民武装警察部队士官退出现役

证》留存备查。

企业招用自主就业退役士兵享受税收优惠政策的，将以下资料留存备查：1.招用自主就业退役士兵的《中国人民解放军义务兵退出现役证》《中国人民解放军士官退出现役证》或《中国人民武装警察部队义务兵退出现役证》《中国人民武装警察部队士官退出现役证》；2.企业与招用自主就业退役士兵签订的劳动和同（副本），为职工缴纳的社会保险费记录；3.记住就业退役士兵年度在企业工作时间表（见附件）。

五、企业招用自主就业退役士兵既可以适用本通知规定的税收优惠政策，又可以适用其他扶持就业专项税收优惠政策的，企业可以选择适用最优惠的政策，但是不得重复享受。

六、本通知规定的税收政策执行期限为2019年1月1日至2021年12月31日。纳税人在2021年12月31日享受本通知规定税收优惠政策未满3年的，可继续享受至3年期满为止。《财政部 税务总局 民政部关于继续实施扶持自主就业退役士兵创业就业有关税收政策的通知》（财税〔2017〕46号）自2019年1月1日起停止执行。

退役士兵以前年度已享受退役士兵创业就业税收优惠政策满3年的，不得再享受本通知规定的税收优惠政策；以前年度享受退役士兵创业就业税收优惠政策未满3年且符合本通知规定条件的，可按本通知规定享受优惠至3年期满。

各地财政、税务、退役军人事务部门要加强领导、周密部署，把扶持自主就业退役士兵创业就业工作作为一项重要任务，主动做好政策宣传和解释工作，加强部门间的协调配合，确保政策落实到位。同时，要密切关注税收政策的执行情况，对发现的问题及时逐级向财政部、税务总局、退役军人部反映。

附件：自主就业退役士兵本年度在企业工作时间表（样表）

自主就业退役士兵本年度在企业工作时间表(样表)

企业名称(盖章):
年度:

序号	自主就业退役士兵姓名	身份证号码	证件编号	在本企业工作时间(单位:月)	备注

财政部 税务总局

财政部 税务总局 人力资源社会保障部 国务院扶贫办关于进一步支持和促进重点群体创业就业有关税收政策文件的通知

(财税〔2019〕22 号)

依据《关于延长部分扶贫税收优惠政策执行期限的公告》(财政部 税务总局 人力资源社会保障部 国家乡村振兴局公告 2021 年第 18 号),本通知中规定的税收优惠政策,执行期限延长至 2025 年 12 月 31 日。

各省、自治区、直辖市、计划单列市财政厅(局)、人力资源社会保障厅(局)、扶贫办、国家税务总局各省、自治区、直辖市、计划单列市税务局,新疆生产建设兵团财政局、人力资源社会保障局、扶贫办:

为进一步支持和促进重点群体创业就业,现将有关税收政策通知如下:

一、建档立卡贫困人口、持《就业创业证》(注明"自主创业税收优惠政策"或"毕业年度内自主创业税收政策")或《就业失业登记证》(注明"自主创业税收政策")的人员,从事个体经营的,自办理个体工商户登记当月起,在 3 年(36 个月,下同)内按每户每年 12 000 元为限额依次扣减其当年实际缴纳的增值税、城市维护建设税、教育费附加、地方教育附加和个人所得税。限额标准最高可上浮 20%,各省、自治区直辖市人民政府可根据本地区实际情况在此幅度内确定具体限额标准。

纳税人年度应缴纳税款小于上述扣减限额的,减免税额以其实际缴纳的税款为限额;大于上述扣减限额的,以上述扣减限额为限。

上述人员具体包括:1.纳入全国扶贫开发信息系统的建档立卡贫困人口;2.在人力资源社会保障部门公共就业服务机构登记失业半年以上的人员;3.零就业家庭、享受城市居民最低生活保障家庭劳动年龄内的登记失业人员;4.毕业年度内高校毕业生。高校毕业生是指实施高等学历教育的普通高等学校、成人高等学校应届毕业的学生;毕业年度是指毕业所在自然年,即 1 月 1 日至 12 月 31 日。

二、企业招用建档立卡贫困人口,以及在人力资源社会保障部门公共就业服务机构登记失业半年以上且持《就业创业证》或《就业失业登记证》(注明"企业吸纳税收政策")的人员,与其签订 1 年以上期限劳动合同并依法缴纳社会保险费的,自签订劳动合同并缴纳社会保险当月起,在 3 年内按实际招用人数予以定额依次扣减增值税、城市维护建设税、教育费附加、地方教育附加和企业所得税优惠。定额标准为每人每年 6 000 元,最高可上浮 30%,各省、自治区、直辖市人民政府可根据本地区实际情况在此幅度内确定具体定额标准。城市维护建设税、教育费附加、地方教育附加的计税依据是享受本项税收优惠政策前的增值税应纳税额。

按上述标准计算的税收扣减额应在企业当年实际应缴纳的增值税、城市维护建设税、教育费附加、地方教育附加和企业所得税税额中扣减,当年扣减不完的,不得结转下年使用。

本通知所称企业是指属于增值税纳税人或企业所得税纳税人的企业等单位。

三、国务院扶贫办在每年 1 月 15 日前将建档立卡贫困人口名单及相关信息提供给人力资源社会保障、税务总局,税务总局将相关信息转发给各省、自治区、直辖市税务部门。人力资源社会保障部门依托全国扶贫开发信息系统核实建档立卡贫困人口身份信息。

四、企业招用就业人员既可以适用本通知规定的税收优惠政策,又可以适用其他扶持就业专项税收优惠政策的,企业可以选择适用最优惠的政策,但不得重复享受。

五、本通知规定的税收政策执行期限为 2019 年 1 月 1 日至 2021 年 12 月 31 日。纳税人在 2021 年 12 月 31 日享受本通知规定税收优惠政策未满 3 年的,可继续享受至 3 年期满为止。《财政部 税务总局 人力资源社会保障部关于继续实施支持和促进重点群体创业就业有关税收政策的通知》(财税〔2017〕49 号)自 2019 年 1 月 1 日起停止执行。

本通知所述人员,以前年度已享受重点群体创业就业税收优惠政策满 3 年的,不得再享受本通知规定的税收优惠政策;以前年度享受重点群体创业就有税收优惠政策未满 3 年且符合本通知规定条件的,可按本规定享受优惠至 3 年期满。

各地财政、税务、人力资源社会保障部门、扶贫办要加强领导、周密部署,把大力支持和促进重点群体创业就业工作作为一项重要任务,主动做好政策宣传和解释工作,加强部门间的协调配合,确保政策落实到位。同时,要密切关注税收政策的执行情况,对发现的问题及时逐级向财政部、税务总局、人力资源社会保障部、国务院扶贫办反映。

财政部关于调整部分政府性基金有关政策的通知

(财税〔2019〕46 号)

中共中央宣传部,发展改革委、教育部、水利部、民航局、税务总局,国家电网有限公司、中国南方电网有限责任公司,各省、自治区、直辖市财政厅(局),新疆生产建设兵团财政局,财政部各地监管局:

按照国务院决策部署,现将调整部分政府性基金政策的有关事项通知如下:

一、自 2019 年 7 月 1 日至 2024 年 12 月 31 日,对归属中央收入的文化事业建设费,按照缴纳义务人应缴费额的 50% 减征;对归属地方收入的文化事业建设费,各省(区、市)财政、

党委宣传部门可以结合当地经济发展水平、宣传思想文化事业发展等因素,在应缴费额 50% 的幅度内减征。各省(区、市)财政、党委宣传部门应当将本地区制定的减征政策文件抄送财政部、中共中央宣传部。

各级财政部门要统筹安排资金,根据宣传思想文化事业需要积极予以支持,确保相关工作顺利开展。中央财政加大对财力薄弱地方的转移支付力度,支持地方做好相关工作。各级财政用于宣传思想文化事业方面的经费继续按照现有资金管理方式使用。

二、自 2019 年 7 月 1 日起,将国家重大水利工程建设基金征收标准降低 50%。降低后各省(区、市)征收标准见附件 1。

国家重大水利工程建设基金征收至 2025 年 12 月 31 日。自 2020 年 1 月 1 日起,缴入中央国库的国家重大水利工程建设基金,根据国务院批复的相关规划,统筹用于南水北调工程和三峡后续工作等。具体资金分配根据基金年度实际征收情况,以及国务院批复的南水北调工程和三峡后续工作相关规划的资金落实情况等统筹安排。

三、自 2019 年 1 月 1 日起,纳入产教融合型企业建设培育范围的试点企业,兴办职业教育的投资符合本通知规定的,可按投资额的 30%比例,抵免该企业当年应缴教育附加和地方教育附加。试点企业属于集团企业的,其下属成员单位(包括全资子公司、控股子公司)对职业教育有实际投入的,可按本通知规定抵免教育费附加和地方教育附加。

允许抵免的投资是指试点企业当年实际发生的,独立举办或参与举办职业教育的办学投资和办学经费支出,以及按照有关规定与职业院校稳定开展校企合作,对产教融合实训基地等国家规划布局的产教融合重大项目建设投资和基本运行费用的支出。

试点企业当年应缴教育费附加和地方教育附加不足抵免的,未抵免部分可在以后年度继续抵免。试点企业有撤回投资和转让股权等行为的,应当补缴已抵免的教育费附加和地方教育附加。

四、自 2019 年 7 月 1 日起,将《财政部关于印发〈民航发展基金征收使用管理暂行办法〉的通知》(财综〔2012〕17 号)第八条规定的航空公司应缴纳民航发展基金的征收标准降低 50%。降低后的征收标准见附件 2。

附件:

1. 国家重大水利工程建设基金征收标准
2. 航空公司民航发展基金征收标准

附件 1

国家重大水利工程建设基金征收标准

单位:厘/千瓦时

省(区、市)	征收标准
北京	1.968 75
天津	1.968 75
上海	3.915
河北	1.968 75
山西	1.968 75
内蒙古	1.125
辽宁	1.125
吉林	1.125
黑龙江	1.125
江苏	4.193 437 5
浙江	4.038 75
安徽	3.633 75
福建	1.968 75
江西	1.552 5
山东	1.968 75
河南	3.189 375
湖北	0
湖南	1.054 687 5
广东	1.968 75
广西	1.125
海南	1.125
重庆	1.968 75
四川	1.968 75
贵州	1.125
云南	1.125
陕西	1.125
甘肃	1.125
青海	1.125
宁夏	1.125
新疆	1.125

附件 2

航空公司民航发展基金征收标准

单位:元/公里

最大起飞全重	第一类航线	第二类航线	第三类航线
≤50 吨	0.575	0.45	0.375
50～100(含)	1.15	0.925	0.725
100～200(含)	1.725	1.375	1.1
>200 吨	2.3	1.825	1.45

财政部 国家税务总局关于延续实施制造业中小微企业延缓缴纳部分税费有关事项的公告

（财政部 国家税务总局公告 2022 年第 2 号）

为贯彻落实党中央、国务院决策部署，促进工业经济平稳增长，支持制造业中小微企业发展，现将延续实施制造业中小微企业（含个人独资企业、合伙企业、个体工商户，下同）延缓缴纳部分税费政策有关事项公告如下：

一、继续延缓缴纳 2021 年第四季度部分税费

《国家税务总局 财政部关于制造业中小微企业延缓缴纳 2021 年第四季度部分税费有关事项的公告》（2021 年第 30 号）规定的制造业中小微企业延缓缴纳 2021 年第四季度部分税费政策，缓缴期限继续延长 6 个月。

上述企业 2021 年第四季度延缓缴纳的税费在 2022 年 1 月 1 日后本公告施行前已缴纳入库的，可自愿选择申请办理退税（费）并享受延续缓缴政策。

二、延缓缴纳 2022 年第一季度、第二季度部分税费

（一）符合本公告规定条件的制造业中小微企业，在依法办理纳税申报后，制造业中型企业可以延缓缴纳本公告规定的各项税费金额的 50%，制造业小微企业可以延缓缴纳本公告规定的全部税费，延缓的期限为 6 个月。延缓期限届满，纳税人应依法缴纳相应月份或者季度的税费。

（二）本公告所称制造业中型企业是指国民经济行业分类中行业门类为制造业，且年销售额 2 000 万元以上（含 2 000 万元）4 亿元以下（不含 4 亿元）的企业。制造业小微企业是指国民经济行业分类中行业门类为制造业，且年销售额 2 000 万元以下（不含 2 000 万元）的企业。

销售额是指应征增值税销售额，包括纳税申报销售额、稽查查补销售额、纳税评估调整销售额。适用增值税差额征税政策的，以差额后的销售额确定。

（三）前款所称制造业中小微企业年销售额按以下方式确定：

截至 2021 年 12 月 31 日成立满一年的企业，按照所属期为 2021 年 1 月至 2021 年 12 月的销售额确定。

截至 2021 年 12 月 31 日成立不满一年的企业，按照所属期截至 2021 年 12 月 31 日的销售额/实际经营月份×12 个月的销售额确定。

2022 年 1 月 1 日及以后成立的企业，按照实际申报期销售额/实际经营月份×12 个月的销售额确定。

（四）延缓缴纳的税费包括所属期为 2022 年 1、2、3、4、5、6 月（按月缴纳）或者 2022 年第一季度、第二季度（按季缴纳）的企业所得税、个人所得税、国内增值税、国内消费税及附征的城市维护建设税、教育费附加、地方教育附加，不包括代扣代缴、代收代缴以及向税务机关申请代开发票时缴纳的税费。

对于在本公告施行前已缴纳入库的所属期为 2022 年 1 月的上述税费，企业可自愿选择申请办理退税（费）并享受缓缴政策。

三、享受 2021 年第四季度缓缴企业所得税政策的制造业中小微企业，在办理 2021 年度企业所得税汇算清缴年度申报时，产生的应补税款与 2021 年第四季度已缓缴的税款一并延后缴纳入库，产生的应退税款由纳税人按照有关规定办理。

四、纳税人不符合本公告规定条件，骗取享受缓缴税费政策的，税务机关将依照《中华人民共和国税收征收管理法》及其实施细则等有关规定严肃处理。

243

五、符合本公告规定条件的制造业中小微企业,符合《中华人民共和国税收征收管理法》及其实施细则规定可以申请延期缴纳税款的,仍然可以依法申请办理延期缴纳税款。

六、本公告自发布之日起施行。

特此公告。

财政部 税务总局关于进一步实施小微企业"六税两费"减免政策的公告

（财政部 税务总局公告 2022 年第 10 号）

为进一步支持小微企业发展,现将有关税费政策公告如下:

一、由省、自治区、直辖市人民政府根据本地区实际情况,以及宏观调控需要确定,对增值税小规模纳税人、小型微利企业和个体工商户可以在 50% 的税额幅度内减征资源税、城市维护建设税、房产税、城镇土地使用税、印花税(不含证券交易印花税)、耕地占用税和教育费附加、地方教育附加。

二、增值税小规模纳税人、小型微利企业和个体工商户已依法享受资源税、城市维护建设税、房产税、城镇土地使用税、印花税、耕地占用税、教育费附加、地方教育附加其他优惠政策的,可叠加享受本公告第一条规定的优惠政策。

三、本公告所称小型微利企业,是指从事国家非限制和禁止行业,且同时符合年度应纳税所得额不超过 300 万元、从业人数不超过 300 人、资产总额不超过 5 000 万元等三个条件的企业。

从业人数,包括与企业建立劳动关系的职工人数和企业接受的劳务派遣用工人数。所称从业人数和资产总额指标,应按企业全年的季度平均值确定。具体计算公式如下:

季度平均值 =（季初值 + 季末值）÷ 2

全年季度平均值 = 全年各季度平均值之和 ÷ 4

年度中间开业或者终止经营活动的,以其实际经营期作为一个纳税年度确定上述相关指标。

小型微利企业的判定以企业所得税年度汇算清缴结果为准。登记为增值税一般纳税人的新设立的企业,从事国家非限制和禁止行业,且同时符合申报期上月末从业人数不超过 300 人、资产总额不超过 5 000 万元等两个条件的,可在首次办理汇算清缴前按照小型微利企业申报享受第一条规定的优惠政策。

四、本公告执行期限为 2022 年 1 月 1 日至 2024 年 12 月 31 日。

特此公告。

国家税务总局关于进一步实施小微企业"六税两费"减免政策有关征管问题的公告

（国家税务总局公告 2022 年第 3 号）

为贯彻落实党中央、国务院关于持续推进减税降费的决策部署,进一步支持小微企业发展,根据《财政部 税务总局关于进一步实施小微企业"六税两费"减免政策的公告》(2022 年第 10 号),现就资源税、城市维护建设税、房产税、城镇土地使用税、印花税(不含证券交易印

花税)、耕地占用税和教育费附加、地方教育附加(以下简称"六税两费")减免政策有关征管问题公告如下:

一、关于小型微利企业"六税两费"减免政策的适用

(一)适用"六税两费"减免政策的小型微利企业的判定以企业所得税年度汇算清缴(以下简称汇算清缴)结果为准。登记为增值税一般纳税人的企业,按规定办理汇算清缴后确定是小型微利企业的,除本条第(二)项规定外,可自办理汇算清缴当年的7月1日至次年6月30日申报享受"六税两费"减免优惠;2022年1月1日至6月30日期间,纳税人依据2021年办理2020年度汇算清缴的结果确定是否按照小型微利企业申报享受"六税两费"减免优惠。

(二)登记为增值税一般纳税人的新设立企业,从事国家非限制和禁止行业,且同时符合申报期上月末从业人数不超过300人、资产总额不超过5 000万元两项条件的,按规定办理首次汇算清缴申报前,可按照小型微利企业申报享受"六税两费"减免优惠。

登记为增值税一般纳税人的新设立企业,从事国家非限制和禁止行业,且同时符合设立时从业人数不超过300人、资产总额不超过5 000万元两项条件的,设立当月依照有关规定按次申报有关"六税两费"时,可申报享受"六税两费"减免优惠。

按规定办理首次汇算清缴后确定不属于小型微利企业的一般纳税人,自办理汇算清缴的次月1日至次年6月30日,不得再申报享受"六税两费"减免优惠;按次申报的,自首次办理汇算清缴确定不属于小型微利企业之日起至次年6月30日,不得再申报享受"六税两费"减免优惠。

新设立企业按规定办理首次汇算清缴后,按规定申报当月及之前的"六税两费"的,依据首次汇算清缴结果确定是否可申报享受减免优惠。

新设立企业按规定办理首次汇算清缴申报前,已按规定申报缴纳"六税两费"的,不再根据首次汇算清缴结果进行更正。

(三)登记为增值税一般纳税人的小型微利企业、新设立企业,逾期办理或更正汇算清缴申报的,应当依据逾期办理或更正申报的结果,按照本条第(一)项、第(二)项规定的"六税两费"减免税期间申报享受减免优惠,并应当对"六税两费"申报进行相应更正。

二、关于增值税小规模纳税人转为一般纳税人时"六税两费"减免政策的适用

增值税小规模纳税人按规定登记为一般纳税人的,自一般纳税人生效之日起不再按照增值税小规模纳税人适用"六税两费"减免政策。增值税年应税销售额超过小规模纳税人标准应当登记为一般纳税人而未登记,经税务机关通知,逾期仍不办理登记的,自逾期次月起不再按照增值税小规模纳税人申报享受"六税两费"减免优惠。

上述纳税人如果符合本公告第一条规定的小型微利企业和新设立企业的情形,或登记为个体工商户,仍可申报享受"六税两费"减免优惠。

三、关于申报表的修订

修订《财产和行为税减免税明细申报附表》《〈增值税及附加税费申报表(一般纳税人适用)〉附列资料(五)》《〈增值税及附加税费预缴表〉附列资料》《〈消费税及附加税费申报表〉附表6(消费税附加税费计算表)》,增加增值税小规模纳税人、小型微利企业、个体工商户减免优惠申报有关数据项目,相应修改有关填表说明(具体见附件)。

四、关于"六税两费"减免优惠的办理方式

纳税人自行申报享受减免优惠,不需额外提交资料。

五、关于纳税人未及时申报享受"六税两费"减免优惠的处理方式

纳税人符合条件但未及时申报享受"六税两费"减免优惠的,可依法申请抵减以后纳税期的应纳税费款或者申请退还。

六、其他

(一)本公告执行期限为2022年1月1日至2024年12月31日。《国家税务总局关于增

值税小规模纳税人地方税种和相关附加减征政策有关征管问题的公告》(2019 年第 5 号)自2022 年 1 月 1 日起废止。

(二)2021 年新设立企业,登记为增值税一般纳税人的,小型微利企业的判定按照本公告第一条第(二)项、第(三)项执行。

(三)2024 年办理 2023 年度汇算清缴后确定是小型微利企业的,纳税人申报享受"六税两费"减免优惠的日期截止到 2024 年 12 月31 日。

(四)本公告修订的表单自各省(自治区、直辖市)人民政府确定减征比例的规定公布当日正式启用。各地启用本公告修订的表单后,不再使用《国家税务总局关于简并税费申报有关事项的公告》(2021 年第 9 号)中的《财产和

行为税减免税明细申报附表》和《国家税务总局关于增值税 消费税与附加税费申报表整合有关事项的公告》(2021 年第 20 号)中的《〈增值税及附加税费申报表(一般纳税人适用)〉附列资料(五)》《〈增值税及附加税费预缴表〉附列资料》《消费税及附加税费申报表〉附表 6(消费税附加税费计算表)》。

特此公告。

附件:

1. 财产和行为税减免税明细申报附表

2.《增值税及附加税费申报表(一般纳税人适用)》附列资料(五)

3.《增值税及附加税费预缴表》附列资料

4.《消费税及附加税费申报表》附表 6(消费税附加税费计算表)

财政部 税务总局关于进一步支持小微企业和个体工商户发展有关税费政策的公告

(财政部 税务总局公告 2023 年第 12 号)

为进一步支持小微企业和个体工商户发展,现将有关税费政策公告如下:

一、自 2023 年 1 月 1 日至 2027 年 12 月31 日,对个体工商户年应纳税所得额不超过200 万元的部分,减半征收个人所得税。个体工商户在享受现行其他个人所得税优惠政策的基础上,可叠加享受本条优惠政策。

二、自 2023 年 1 月 1 日至 2027 年 12 月31 日,对增值税小规模纳税人、小型微利企业和个体工商户减半征收资源税(不含水资源税)、城市维护建设税、房产税、城镇土地使用税、印花税(不含证券交易印花税)、耕地占用税和教育费附加、地方教育附加。

三、对小型微利企业减按 25% 计算应纳税所得额,按 20% 的税率缴纳企业所得税政策,延续执行至 2027 年 12 月 31 日。

四、增值税小规模纳税人、小型微利企业和个体工商户已依法享受资源税、城市维护建设

税、房产税、城镇土地使用税、印花税、耕地占用税、教育费附加、地方教育附加等其他优惠政策的,可叠加享受本公告第二条规定的优惠政策。

五、本公告所称小型微利企业,是指从事国家非限制和禁止行业,且同时符合年度应纳税所得额不超过 300 万元、从业人数不超过300 人、资产总额不超过 5 000 万元等三个条件的企业。

从业人数,包括与企业建立劳动关系的职工人数和企业接受的劳务派遣用工人数。所称从业人数和资产总额指标,应按企业全年的季度平均值确定。具体计算公式如下:

季度平均值 =(季初值 + 季末值)÷ 2

全年季度平均值 = 全年各季度平均值之和 ÷ 4

年度中间开业或者终止经营活动的,以其实际经营期作为一个纳税年度确定上述相关指标。

小型微利企业的判定以企业所得税年度汇算清缴结果为准。登记为增值税一般纳税人的新设立的企业,从事国家非限制和禁止行业,且同时符合申报期上月末从业人数不超过300人、资产总额不超过5 000万元等两个条件的,可在首次办理汇算清缴前按照小型微利企业申报享受第二条规定的优惠政策。

六、本公告发布之日前,已征的相关税款,可抵减纳税人以后月份应缴纳税款或予以退还。发布之日前已办理注销的,不再追溯享受。

《财政部 税务总局关于进一步实施小微企业"六税两费"减免政策的公告》(财政部 税务总局公告2022年第10号)及《财政部 税务总局关于小微企业和个体工商户所得税优惠政策的公告》(财政部 税务总局公告2023年第6号)中个体工商户所得税优惠政策自2023年1月1日起相应停止执行。

特此公告。

财政部 税务总局 退役军人事务部关于进一步扶持自主就业退役士兵创业就业有关税收政策的公告

(财政部 税务总局 退役军人事务部公告2023年第14号)

为进一步扶持自主就业退役士兵创业就业,现将有关税收政策公告如下:

一、自2023年1月1日至2027年12月31日,自主就业退役士兵从事个体经营的,自办理个体工商户登记当月起,在3年(36个月,下同)内按每户每年20 000元为限额依次扣减其当年实际应缴纳的增值税、城市维护建设税、教育费附加、地方教育附加和个人所得税。限额标准最高可上浮20%,各省、自治区、直辖市人民政府可根据本地区实际情况在此幅度内确定具体限额标准。

纳税人年度应缴纳税款小于上述扣减限额的,减免税额以其实际缴纳的税款为限;大于上述扣减限额的,以上述扣减限额为限。纳税人的实际经营期不足1年的,应当按月换算其减免税限额。换算公式为:减免税限额=年度减免税限额÷12×实际经营月数。城市维护建设税、教育费附加、地方教育附加的计税依据是享受本项税收优惠政策前的增值税应纳税额。

二、自2023年1月1日至2027年12月31日,企业招用自主就业退役士兵,与其签订1年以上期限劳动合同并依法缴纳社会保险费的,自签订劳动合同并缴纳社会保险当月起,在3年内按实际招用人数予以定额依次扣减增值税、城市维护建设税、教育费附加、地方教育附加和企业所得税优惠。定额标准为每人每年6 000元,最高可上浮50%,各省、自治区、直辖市人民政府可根据本地区实际情况在此幅度内确定具体定额标准。

企业按招用人数和签订的劳动合同时间核算企业减免税总额,在核算减免税总额内每月依次扣减增值税、城市维护建设税、教育费附加和地方教育附加。企业实际应缴纳的增值税、城市维护建设税、教育费附加和地方教育附加小于核算减免税总额的,以实际应缴纳的增值税、城市维护建设税、教育费附加和地方教育附加为限;实际应缴纳的增值税、城市维护建设税、教育费附加和地方教育附加大于核算减免税总额的,以核算减免税总额为限。

纳税年度终了,如果企业实际减免的增值税、城市维护建设税、教育费附加和地方教育附加小于核算减免税总额,企业在企业所得税汇算清缴时以差额部分扣减企业所得税。当年扣减不完的,不再结转以后年度扣减。

自主就业退役士兵在企业工作不满1年的,应当按月换算减免税限额。计算公式为:企业核算减免税总额=∑每名自主就业退役士兵本年度在本单位工作月份÷12×具体定额标准。

城市维护建设税、教育费附加、地方教育附加的计税依据是享受本项税收优惠政策前的增值税应纳税额。

三、本公告所称自主就业退役士兵是指依照《退役士兵安置条例》(国务院 中央军委令第608号)的规定退出现役并按自主就业方式安置的退役士兵。

本公告所称企业是指属于增值税纳税人或企业所得税纳税人的企业等单位。

四、自主就业退役士兵从事个体经营的,在享受税收优惠政策进行纳税申报时,注明其退役军人身份,并将《中国人民解放军退出现役证书》、《中国人民解放军义务兵退出现役证》、《中国人民解放军士官退出现役证》或《中国人民武装警察部队退出现役证书》、《中国人民武装警察部队义务兵退出现役证》、《中国人民武装警察部队士官退出现役证》留存备查。

企业招用自主就业退役士兵享受税收优惠政策的,将以下资料留存备查:1.招用自主就业退役士兵的《中国人民解放军退出现役证书》、《中国人民解放军义务兵退出现役证》、《中国人民解放军士官退出现役证》或《中国人民武装警察部队退出现役证书》、《中国人民武装

警察部队义务兵退出现役证》、《中国人民武装警察部队士官退出现役证》;2.企业与招用自主就业退役士兵签订的劳动合同(副本),为职工缴纳的社会保险费记录;3.自主就业退役士兵本年度在企业工作时间表(见附件)。

五、企业招用自主就业退役士兵既可以适用本公告规定的税收优惠政策,又可以适用其他扶持就业专项税收优惠政策的,企业可以选择适用最优惠的政策,但不得重复享受。

六、纳税人在2027年12月31日享受本公告规定的税收优惠政策未满3年的,可继续享受至3年期满为止。退役士兵以前年度已享受退役士兵创业就业税收优惠政策满3年的,不得再享受本公告规定的税收优惠政策;以前年度享受退役士兵创业就业税收优惠政策未满3年且符合本公告规定条件的,可按本公告规定享受优惠至3年期满。

七、按本公告规定应予减征的税费,在本公告发布前已征收的,可抵减纳税人以后纳税期应缴纳税费或予以退还。发布之日前已办理注销的,不再追溯享受。

特此公告。

附件:自主就业退役士兵本年度在企业工作时间表(样表)(略)

财政部 税务总局 人力资源社会保障部 农业农村部关于进一步支持重点群体创业就业有关税收政策的公告

(财政部 税务总局 人力资源社会保障部 农业农村部公告 2023 年第 15 号)

为进一步支持重点群体创业就业,现将有关税收政策公告如下:

一、自2023年1月1日至2027年12月31日,脱贫人口(含防止返贫监测对象,下同)、持《就业创业证》(注明"自主创业税收政策"或"毕业年度内自主创业税收政策")或《就业失业登记证》(注明"自主创业税收政策")的人员,从事个体经营的,自办理个体工商户登记当月起,在3年(36个月,下同)内按每户每年

20 000元为限额依次扣减其当年实际应缴纳的增值税、城市维护建设税、教育费附加、地方教育附加和个人所得税。限额标准最高可上浮20%,各省、自治区、直辖市人民政府可根据本地区实际情况在此幅度内确定具体限额标准。

纳税人年度应缴纳税款小于上述扣减限额的,减免税额以其实际缴纳的税款为限;大于上述扣减限额的,以上述扣减限额为限。

上述人员具体包括:1.纳入全国防止返贫

监测和衔接推进乡村振兴信息系统的脱贫人口;2.在人力资源社会保障部门公共就业服务机构登记失业半年以上的人员;3.零就业家庭、享受城市居民最低生活保障家庭劳动年龄内的登记失业人员;4.毕业年度内高校毕业生。高校毕业生是指实施高等学历教育的普通高等学校、成人高等学校应届毕业的学生;毕业年度是指毕业所在自然年,即1月1日至12月31日。

二、自2023年1月1日至2027年12月31日,企业招用脱贫人口,以及在人力资源社会保障部门公共就业服务机构登记失业半年以上且持《就业创业证》或《就业失业登记证》(注明"企业吸纳税收政策")的人员,与其签订1年以上期限劳动合同并依法缴纳社会保险费的,自签订劳动合同并缴纳社会保险当月起,在3年内按实际招用人数予以定额依次扣减增值税、城市维护建设税、教育费附加、地方教育附加和企业所得税优惠。定额标准为每人每年6 000元,最高可上浮30%,各省、自治区、直辖市人民政府可根据本地区实际情况在此幅度内确定具体定额标准。城市维护建设税、教育费附加、地方教育附加的计税依据是享受本项税收优惠政策前的增值税应纳税额。

按上述标准计算的税收扣减额应在企业当年实际应缴纳的增值税、城市维护建设税、教育费附加、地方教育附加和企业所得税税额中扣减,当年扣减不完的,不得结转下年使用。

本公告所称企业是指属于增值税纳税人或企业所得税纳税人的企业等单位。

三、农业农村部(国家乡村振兴局)、人力资源社会保障部、税务总局要实现脱贫人口身份信息数据共享,推动数据下沉。

四、企业招用就业人员既可以适用本公告规定的税收优惠政策,又可以适用其他扶持就业专项税收优惠政策的,企业可以选择适用最优惠的政策,但不得重复享受。

五、纳税人在2027年12月31日享受本公告规定的税收优惠政策未满3年的,可继续享受至3年期满为止。本公告所述人员,以前年度已享受重点群体创业就业税收优惠政策满3年的,不得再享受本公告规定的税收优惠政策;以前年度享受重点群体创业就业税收优惠政策未满3年且符合本公告规定条件的,可按本公告规定享受优惠至3年期满。

六、按本公告规定应予减征的税费,在本公告发布前已征收的,可抵减纳税人以后纳税期应缴纳税费或予以退还。发布之日前已办理注销的,不再追溯享受。

特此公告。

财政部 税务总局关于金融机构小微企业贷款利息收入免征增值税政策的公告

(财政部 税务总局公告2023年第16号)

现将支持小微企业、个体工商户融资有关税收政策公告如下:

一、对金融机构向小型企业、微型企业和个体工商户发放小额贷款取得的利息收入,免征增值税。金融机构可以选择以下两种方法之一适用免税:

(一)对金融机构向小型企业、微型企业和个体工商户发放的,利率水平不高于全国银行间同业拆借中心公布的贷款市场报价利率(LPR)150%(含本数)的单笔小额贷款取得的利息收入,免征增值税;高于全国银行间同业拆借中心公布的贷款市场报价利率(LPR)150%的单笔小额贷款取得的利息收入,按照现行政策规定缴纳增值税。

(二)对金融机构向小型企业、微型企业和个体工商户发放单笔小额贷款取得的利息收入中,不高于该笔贷款按照全国银行间同业拆借中心公布的贷款市场报价利率(LPR)150%(含本数)计算的利息收入部分,免征增值税;超过部分按照现行政策规定缴纳增值税。

金融机构可按会计年度在以上两种方法之间选定其一作为该年的免税适用方法,一经选定,该会计年度内不得变更。

二、本条公告所称金融机构,是指经中国人民银行、金融监管总局批准成立的已实现监管部门上一年度提出的小微企业贷款增长目标的机构,以及经中国人民银行、金融监管总局、中国证监会批准成立的开发银行及政策性银行、外资银行和非银行业金融机构。金融机构实现小微企业贷款增长目标情况,以金融监管总局及其派出机构考核结果为准。

三、本公告所称小型企业、微型企业,是指符合《中小企业划型标准规定》(工信部联企业〔2011〕300号)的小型企业和微型企业。其中,资产总额和从业人员指标均以贷款发放时的实际状态确定;营业收入指标以贷款发放前12个自然月的累计数确定,不满12个自然月的,按照以下公式计算:

$$营业收入(年)=\frac{企业实际存续期间营业收入}{企业实际存续月数}\times12$$

四、本公告所称小额贷款,是指单户授信小于1 000万元(含本数)的小型企业、微型企业或个体工商户贷款;没有授信额度的,是指单户贷款合同金额且贷款余额在1 000万元(含本数)以下的贷款。

五、金融机构应将相关免税证明材料留存备查,单独核算符合免税条件的小额贷款利息收入,按现行规定向主管税务机构办理纳税申报;未单独核算的,不得免征增值税。

金融机构应依法依规享受增值税优惠政策,一经发现存在虚报或造假骗取本项税收优惠情形的,停止享受本公告有关增值税优惠政策。

金融机构应持续跟踪贷款投向,确保贷款资金真正流向小型企业、微型企业和个体工商户,贷款的实际使用主体与申请主体一致。

六、金融机构向小型企业、微型企业及个体工商户发放单户授信小于100万元(含本数),或者没有授信额度,单户贷款合同金额且贷款余额在100万元(含本数)以下的贷款取得的利息收入,可按照《财政部 税务总局关于支持小微企业融资有关税收政策的公告》(财政部 税务总局公告2023年第13号)的规定免征增值税。

七、本公告执行至2027年12月31日。

特此公告。

财政部 税务总局关于延续执行农户、小微企业和个体工商户融资担保增值税政策的公告

(财政部 税务总局公告2023年第18号)

为进一步支持农户、小微企业和个体工商户融资,现将有关税收政策公告如下:

一、纳税人为农户、小型企业、微型企业及个体工商户借款、发行债券提供融资担保取得的担保费收入,以及为上述融资担保(以下称原担保)提供再担保取得的再担保费收入,免征增值税。再担保合同对应多个原担保合同的,原担保合同应全部适用免征增值税政策。否则,再担保合同应按规定缴纳增值税。

二、本公告所称农户,是指长期(一年以上)居住在乡镇(不包括城关镇)行政管理区域内的住户,还包括长期居住在城关镇所辖行政村范围内的住户和户口不在本地而在本地居住一年以上的住户,国有农场的职工。位于乡镇(不包括城关镇)行政管理区域内和在城关镇所辖行政村范围内的国有经济的机关、团体、学校、企事业单位的集体户;有本地户口,但举家外出谋生一年以上的住户,无论是否保留承包

耕地均不属于农户。农户以户为统计单位,既可以从事农业生产经营,也可以从事非农业生产经营。农户担保、再担保的判定应以原担保生效时的被担保人是否属于农户为准。

本公告所称小型企业、微型企业,是指符合《中小企业划型标准规定》(工信部联企业〔2011〕300 号)的小型企业和微型企业。其中,资产总额和从业人员指标均以原担保生效时的实际状态确定;营业收入指标以原担保生效前 12 个自然月的累计数确定,不满 12 个自然

月的,按照以下公式计算:

$$营业收入(年) = \frac{企业实际存续期间营业收入}{企业实际存续月数} \times 12$$

纳税人应将相关免税证明材料留存备查,单独核算符合免税条件的融资担保费和再担保费收入,按现行规定向主管税务机关办理纳税申报;未单独核算的,不得免征增值税。

三、本公告执行至 2027 年 12 月 31 日。

特此公告。

财政部 税务总局关于增值税小规模纳税人减免增值税政策的公告

(财政部 税务总局公告 2023 年第 19 号)

为进一步支持小微企业和个体工商户发展,现将延续小规模纳税人增值税减免政策公告如下:

一、对月销售额 10 万元以下(含本数)的增值税小规模纳税人,免征增值税。

二、增值税小规模纳税人适用 3% 征收率

的应税销售收入,减按 1% 征收率征收增值税;适用 3% 预征率的预缴增值税项目,减按 1% 预征率预缴增值税。

三、本公告执行至 2027 年 12 月 31 日。

特此公告。

三、文化事业建设费

国务院关于进一步完善文化经济政策的若干规定

(国发〔1996〕37 号)

为切实加强社会主义精神文明建设、促进文化事业健康发展,国务院决定进一步完善文化经济政策,在加大各级财政对文化事业投入力度的同时,拓宽文化事业资金投入渠道,逐步形成适应社会主义市场经济要求的筹资机制和多渠道投入体制。

一、开征文化事业建设费

为引导和调控文化事业的发展,从 1997 年

1 月 16 起,在全国范围内开征文化事业建设费(地方已开征的不重复征收)。

(一)各种营业性的歌厅、舞厅、卡拉 OK 歌舞厅、音乐茶座和高尔夫球、台球、保龄球等娱乐场所,按营业收入的 3% 缴纳文化事业建设费。

广播电台、电视台和报纸、刊物等广告媒介单位以及户外广告经营单位,按经营收入的

3%缴纳文化事业建设费。

（二）文化事业建设费由地方税务机关在征收娱乐业、广告业的营业税时一并征收。中央和国家机关所属单位缴纳的文化事业建设费，由地方税务机关征收后全额上缴中央金库。地方缴纳的文化事业建设费，全额缴入省级金库。

（三）文化事业建设费纳入财政预算管理，分另抽中央和省级建立专项资金，用于文化事业建设。文化事业建设费的具体管理和使用办法，由财政部门会同有关主管部门制定。

二、鼓励对文化事业的捐赠

为鼓励社会力量资助文化事业，纳税人通过文化行政管理部门或批准成立的非营利性的公益性组织对下列文化事业的捐赠，在年度应纳税所得额 3% 以内的部分，经主管税务机关审核后，在计算应纳税所得额时予以扣除：

（一）对国家重点交响乐团、芭蕾舞团、歌剧团和京剧团及其他民族艺术表演团体的捐赠。

（二）对公益性的图书馆、博物馆、科技馆、美术馆、革命历史纪念馆的捐赠。

（三）对重点文物保护单位的捐赠。

三、继续实行财税优惠政策

随着经济发展和财政收入的增长，逐步增加对文化事业的资金投入，继续实行财税优惠政策。

（一）"九五"期间，财政部、国家税务总局《关于继续对宣传文化单位实行财税优惠政策的法规》（财税字〔1994〕第 089 号）中法规的7 类出版物、县及县以下新华书店和农村供销社销售出版物的增值税，继续实行先征后退的办法；经国务院批准成立的电影制片厂销售的电影拷贝收入，继续免征增值税；中央和省级财政继续按宣传文化企业上年上缴所得税的实际入库数列支出预算，建立宣传文化发展专项资金；中央和省级财政要继续在预算中安排部分专项经费，纳入宣传文化发展专项资金。

财税优惠政策如因税制调整而停止执行，各级财政部门要通过预算方式相应解决宣传文化单位由此产生的经费问题。

（二）适当增加"万里边境文化长廊"补助经费。在民族事业费和边境建设费中安排一定数量扶持边远地区、民族地区发展文化事业。有关地方政府也应逐步增加对边远地区、民族地区文化事业的投入。

四、建立健全专项资金制度

为促进宣传文化事业发展、增强调控能力、保证重点需要、规范资金管理，中央和省级要建立健全有关专项资金制度。

专项资金的来源为财政预算资金和按国家有关法规批准的收费等预算外资金。财政部门要做好专项资金的预算安排，有关部门要严格按照法规征收预算外资金。目前，要重点完善"宣传文化发展专项资金""优秀剧（节）目创作演出专项资金""国家电影事业发展专项资金"和"出版发展专项资金"制度。

专项资金是财政资金，要按照有关财政法规的要求健全制度、加强管理，保证专项专用，并接受财政和审计部门监督检查。

财政部关于开征文化事业建设费有关预算管理问题的通知

（财预字〔1996〕469 号）

各省、自治区、直辖市、计划单列市财政厅（局）、地方税务局、分金库：

根据《国务院关于进一步完善文化经济政策的若干规定》（国发〔1996〕37 号），现就关于开征文化事业建设费有关预算管理问题通知如下：

一、关于预算科目

在 1997 年基金预算收入科目中设置第443 款"文化事业建设费收入"，"款"下设置"中央所属企事业单位文化事业建设费收入""地方所属企事业单位文化事业建设费收入""中央和地方所属企事业单位文化事业建设费收入"三个项级科目。

在1997年基金预算支出科目中设置第443款"文化事业建设费支出"。

二、关于预算级次和缴库办法

中央所属企事业单位缴纳的文化事业建设费,中央所属企事业单位组成的联营企业、股份制企业缴纳的文化事业建设费,中央所属企事业单位与集体企业、私营企业组成的联营企业、股份制企业缴纳的文化事业建设费,中央所属企事业单位与外商组成的中外合资经营企业、中外合作经营企业缴纳的文化事业建设费,全部作为中央基金预算收入,用"一般缴款书",以"中央所属企事业单位文化事业建设费收入""项"级科目,就地缴入中央国库。

地方所属企事业单位、集体企业、私营企业、外商独资企业缴纳的文化事业建设费,地方所属企事业单位、集体企业、私营企业组成的联营企业、股份制企业缴纳文化事业建设费,地方所属企事业单位、集体企业、私营企业与外商组成的中外合资经营企业、中外合作经营企业缴纳的文化事业建设费,全部作为地方预算收入,用"一般缴款书",以"地方所属企事业单位文化事业建设费收入"科目,就地缴入省级国库。

中央所属企事业单位与地方所属企事业单位组成的联营企业、股份制企业缴纳的文化事业建设费,中央所属企事业单位与地方所属企事业单位联合与集体企业、私营企业、外商组成的联营企业、股份制企业、中外合资经营企业、中外合作经营企业缴纳的文化事业建设费,按中央、地方各自投资占中央和地方投资之和的比例,分别作为中央基金预算收入和地方基金预算收入,分别填开"一般缴款书",以"中央和地方所属企事业单位文化事业建设费收入"科目,就地缴入中央国库和省级国库。

三、文化事业建设费的具体管理办法,由财政部会同有关部门另行制定。

四、本通知自1997年1月1日起执行。

财政部 国家税务总局关于营业税改征增值税试点有关文化事业建设费政策及征收管理问题的通知

（财税〔2016〕25号）

各省、自治区、直辖市、计划单列市财政厅（局）、国家税务局、地方税务局：

为促进文化事业发展,现就营业税改征增值税（以下简称营改增）试点中文化事业建设费政策及征收管理有关问题通知如下：

一、在中华人民共和国境内提供广告服务的广告媒介单位和户外广告经营单位,应按照本通知规定缴纳文化事业建设费。

二、中华人民共和国境外的广告媒介单位和户外广告经营单位在境内提供广告服务,在境内未设有经营机构的,以广告服务接受方为文化事业建设费的扣缴义务人。

三、缴纳文化事业建设费的单位（以下简称缴纳义务人）应按照提供广告服务取得的计费销售额和3%的费率计算应缴费额,计算公式如下：

$$应缴费额 = 计费销售额 \times 3\%$$

计费销售额,为缴纳义务人提供广告服务取得的全部含税价款和价外费用,减除支付给其他广告公司或广告发布者的含税广告发布费后的余额。

缴纳义务人减除价款的,应当取得增值税专用发票或国家税务总局规定的其他合法有效凭证,否则,不得减除。

四、按规定扣缴文化事业建设费的,扣缴义务人应按下列公式计算应扣缴费额：

应扣缴费额 = 支付的广告服务含税价款 × 费率

五、文化事业建设费的缴纳义务发生时间和缴纳地点，与缴纳义务人的增值税纳税义务发生时间和纳税地点相同。

文化事业建设费的扣缴义务发生时间，为缴纳义务人的增值税纳税义务发生时间。

文化事业建设费的扣缴义务人应当向其机构所在地或者居住地主管税务机关申报缴纳其扣缴的文化事业建设费。

六、文化事业建设费的缴纳期限与缴纳义务人的增值税纳税期限相同。

文化事业建设费扣缴义务人解缴税款的期限，应按照前款规定执行。

七、增值税小规模纳税人中月销售额不超过2万元（按季纳税6万元）的企业和非企业性单位提供的应税服务，免征文化事业建设费。

自2015年1月1日起至2017年12月31日，对按月纳税的月销售额不超过3万元（含3万元），以及按季纳税的季度销售额不超过9万元（含9万元）的缴纳义务人，免征文化事业建设费。

八、营改增后的文化事业建设费，由国家税务局征收。

九、营改增试点中文化事业建设费的预算科目、预算级次和缴库办法等，参照《财政部关于开征文化事业建设费有关预算管理问题的通知》（财预字〔1996〕469号）的规定执行，具体如下：

中央所属企事业单位缴纳的文化事业建设费，中央所属企事业单位组成的联营企业、股份制企业缴纳的文化事业建设费，中央所属企事业单位与集体企业、私营企业组成的联营企业、股份制企业缴纳的文化事业建设费，中央所属企事业单位与港、澳、台商组成的合资经营企业（港或澳、台资）、合作经营企业（港或澳、台资）缴纳的文化事业建设费，中央所属企事业单位与外商组成的中外合资经营企业、中外合作经营企业缴纳的文化事业建设费，全部作为中央预算收入，由税务机关开具税收缴款书，以"1030217文化事业建设费收入"项级科目就地缴入中央国库。

地方所属企事业单位、集体企业、私营企业、港澳台商独资经营企业、外商独资企业缴纳的文化事业建设费，地方所属企事业单位、集体企业、私营企业组成的联营企业、股份制企业缴纳的文化事业建设费，地方所属企事业单位、集体企业、私营企业与港、澳、台商组成的合资经营企业（港或澳、台资）、合作经营企业（港或澳、台资）缴纳的文化事业建设费，地方所属企事业单位、集体企业、私营企业与外商组成的中外合资经营企业、中外合作经营企业缴纳的文化事业建设费，全部作为地方预算收入，由税务机关开具税收缴款书，以"1030217文化事业建设费收入"项级科目，按各地方规定的缴库级次就地缴入地方国库。

中央所属企事业单位与地方所属企事业单位组成的联营企业、股份制企业缴纳的文化事业建设费，中央所属企事业单位与地方所属企事业单位联合与集体企业、私营企业、港澳台商、外商组成的联营企业、股份制企业、合资经营企业（港或澳、台资）、合作经营企业（港或澳、台资）、中外合资经营企业、中外合作经营企业缴纳的文化事业建设费，按中央、地方各自投资占中央和地方投资之和的比例，分别作为中央预算收入和地方预算收入，由税务机关开具税收缴款书就地缴入中央国库和地方规定的地方国库。

十、文化事业建设费纳入财政预算管理，用于文化事业建设。具体管理和使用办法，另行制定。

十一、本通知所称广告服务，是指《财政部 国家税务总局关于全面推开营业税改征增值税试点的通知》（财税〔2016〕36号）的《销售服务、无形资产、不动产注释》中"广告服务"范围内的服务。

十二、本通知所称广告媒介单位和户外广告经营单位，是指发布、播映、宣传、展示户外广告和其他广告的单位，以及从事广告代理服务的单位。

十三、本通知自2016年5月1日起执行。《关于营业税改征增值税试点有关文化事业建设费征收管理问题的通知》（财综〔2013〕88号）同时废止。

财政部 国家税务总局关于全面推开营业税改征增值税试点的通知

(财税〔2016〕36号)

1. 依据《财政部 税务总局关于建筑服务等营改增试点政策的通知》(财税〔2017〕58号),本通知附件1《营业税改征增值税试点实施办法》自2017年7月1日起将第四十五条第(二)项修改为"纳税人提供租赁服务采取预收款方式的,其纳税义务发生时间为收到预收款的当天",第七条同时废止;附件3《营业税改征增值税试点过渡政策的规定》自2018年1月1日起第一条第(二十三)项第四点废止。

2. 依据《财政部 国家税务总局关于租入固定资产进项税额抵扣等增值税政策的通知》(财税〔2017〕90号),本通知附件3《营业税改征增值税试点过渡政策的规定》自2018年1月1日起第一条第(二十四)款规定的中小企业信用担保增值税免税政策停止执行。纳税人享受中小企业信用担保增值税免税政策在2017年12月31日前未满3年的,可以继续享受至3年期满为止。

3. 依据《财政部 税务总局 海关总署关于深化增值税改革有关政策的公告》(财政部 税务总局 海关总署公告2019年第39号),本通知附件2《营业税改征增值税试点有关事项的规定》自2019年4月1日起第一条第(四)项第四点、第二条第(一)项第四点停止执行。附件1《营业税改征增值税试点实施办法》第二十七条第(六)项和附件2《营业税改征增值税试点有关事项的规定》第二条第(一)项第五点中"购进的旅客运输服务、贷款服务、餐饮服务、居民日常服务和娱乐服务"自2019年4月1日起修改为"购进的贷款服务、餐饮服务、居民日常服务和娱乐服务"。

各省、自治区、直辖市、计划单列市财政厅(局)、国家税务局、地方税务局,新疆生产建设兵团财务局:

经国务院批准,自2016年5月1日起,在全国范围内全面推开营业税改征增值税(以下称营改增)试点,建筑业、房地产业、金融业、生活服务业等全部营业税纳税人,纳入试点范围,由缴纳营业税改为缴纳增值税。现将《营业税改征增值税试点实施办法》《营业税改征增值税试点有关事项的规定》《营业税改征增值税试点过渡政策的规定》和《跨境应税行为适用增值税零税率和免税政策的规定》印发你们,请遵照执行。

本通知附件规定的内容,除另有规定执行时间外,自2016年5月1日起执行。《财政部 国家税务总局关于将铁路运输和邮政业纳入营业税改征增值税试点的通知》(财税〔2013〕106号)、《财政部 国家税务总局关于铁路运输和邮政业营业税改征增值税试点有关政策的补充通知》(财税〔2013〕121号)、《财政部 国家税务总局关于将电信业纳入营业税改征增值税试点的通知》(财税〔2014〕43号)、《财政部 国家税务总局关于国际水路运输增值税零税率政策的补充通知》(财税〔2014〕50号)和《财政部 国家税务总局关于影视等出口服务适用增值税零税率政策的通知》(财税〔2015〕118号),除另有规定的条款外,相应废止。

各地要高度重视营改增试点工作,切实加强试点工作的组织领导,周密安排,明确责任,采取各种有效措施,做好试点前的各项准备以及试点过程中的监测分析和宣传解释等工作,确保改革的平稳、有序、顺利进行。遇到问题请及时向财政部和国家税务总局反映。

附件:

1. 营业税改征增值税试点实施办法〔部分条款失效〕(略)

——附:销售服务、无形资产、不动产注释

2. 营业税改征增值税试点有关事项的规

定(略)

3. 营业税改征增值税试点过渡政策的规定[部分条款失效](略)

4. 跨境应税行为适用增值税零税率和免税政策的规定(略)

财政部 国家税务总局关于营业税改征增值税试点有关文化事业建设费政策及征收管理问题的补充通知

(财税〔2016〕60 号)

各省、自治区、直辖市、计划单列市财政厅(局)、国家税务局、地方税务局:

为促进文化事业发展,现就全面推开营业税改征增值税试点(以下简称营改增)后娱乐服务征收文化事业建设费有关事项补充通知如下:

一、在中华人民共和国境内提供娱乐服务的单位和个人(以下称缴纳义务人),应按照本通知以及《财政部国家税务总局关于营业税改征增值税试点有关文化事业建设费政策及征收管理问题的通知》(财税〔2016〕25 号)的规定缴纳文化事业建设费。

二、缴纳义务人应按照提供娱乐服务取得的计费销售额和3%的费率计算娱乐服务应缴费额,计算公式如下:

娱乐服务应缴费额 = 娱乐服务计费销售额×3%

娱乐服务计费销售额,为缴纳义务人提供娱乐服务取得的全部含税价款和价外费用。

三、未达到增值税起征点的缴纳义务人,免征文化事业建设费。

四、本通知所称娱乐服务,是指《财政部 国家税务总局关于全面推开营业税改征增值税试点的通知》(财税〔2016〕36 号)的《销售服务、无形资产、不动产注释》中"娱乐服务"范围内的服务。

五、本通知自 2016 年 5 月 1 日起执行。《财政部 国家税务总局关于印发〈文化事业建设费征收管理暂行办法〉的通知》(财税字〔1997〕95 号)同时废止。

财政部关于调整部分政府性基金有关政策的通知

(财税〔2019〕46 号)

中共中央宣传部,发展改革委、教育部、水利部、民航局、税务总局,国家电网有限公司、中国南方电网有限责任公司,各省、自治区、直辖市财政厅(局),新疆生产建设兵团财政局,财政部各地监管局:

按照国务院决策部署,现将调整部分政府性基金政策的有关事项通知如下:

一、自 2019 年 7 月 1 日至 2024 年 12 月 31 日,对归属中央收入的文化事业建设费,按

照缴纳义务人应缴费额的 50%减征;对归属地方收入的文化事业建设费,各省(区、市)财政、党委宣传部门可以结合当地经济发展水平、宣传思想文化事业发展等因素,在应缴费额 50%的幅度内减征。各省(区、市)财政、党委宣传部门应当将本地区制定的减征政策文件抄送财政部、中共中央宣传部。

各级财政部门要统筹安排资金,根据宣传思想文化事业需要积极予以支持,确保相关工

作顺利开展。中央财政加大对财力薄弱地方的转移支付力度,支持地方做好相关工作。各级财政用于宣传思想文化事业方面的经费继续按照现有资金管理方式使用。

二、自 2019 年 7 月 1 日起,将国家重大水利工程建设基金征收标准降低 50%。降低后各省(区、市)征收标准见附件 1。

国家重大水利工程建设基金征收至 2025 年 12 月 31 日。自 2020 年 1 月 1 日起,缴入中央国库的国家重大水利工程建设基金,根据国务院批复的相关规划,统筹用于南水北调工程和三峡后续工作等。具体资金分配根据基金年度实际征收情况,以及国务院批复的南水北调工程和三峡后续工作相关规划的资金落实情况等统筹安排。

三、自 2019 年 1 月 1 日起,纳入产教融合型企业建设培育范围的试点企业,兴办职业教育的投资符合本通知规定的,可按投资额的 30% 比例,抵免该企业当年应缴教育费附加和地方教育附加。试点企业属于集团企业的,其下属成员单位(包括全资子公司、控股子公司)

对职业教育有实际投入的,可按本通知规定抵免教育费附加和地方教育附加。

允许抵免的投资是指试点企业当年实际发生的,独立举办或参与举办职业教育的办学投资和办学经费支出,以及按照有关规定与职业院校稳定开展校企合作,对产教融合实训基地等国家规划布局的产教融合重大项目建设投资和基本运行费用的支出。

试点企业当年应缴教育费附加和地方教育附加不足抵免的,未抵免部分可在以后年度继续抵免。试点企业有撤回投资和转让股权等行为的,应当补缴已经抵免的教育费附加和地方教育附加。

四、自 2019 年 7 月 1 日起,将《财政部关于印发〈民航发展基金征收使用管理暂行办法〉的通知》(财综〔2012〕17 号)第八条规定的航空公司应缴纳民航发展基金的征收标准降低 50%。降低后的征收标准见附件 2。

附件:
1. 国家重大水利工程建设基金征收标准
2. 航空公司民航发展基金征收标准

财政部 税务总局关于电影等行业税费支持政策的公告

(财政部 税务总局公告 2020 年第 25 号)

为支持电影等行业发展,现将有关税费政策公告如下:

一、自 2020 年 1 月 1 日至 2020 年 12 月 31 日,对纳税人提供电影放映服务取得的收入免征增值税。

本公告所称电影放映服务,是指持有《电影放映经营许可证》的单位利用专业的电影院放映设备,为观众提供的电影视听服务。

二、对电影行业企业 2020 年度发生的亏损,最长结转年限由 5 年延长至 8 年。

电影行业企业限于电影制作、发行和放映等企业,不包括通过互联网、电信网、广播电视网等信息网络传播电影的企业。

三、自 2020 年 1 月 1 日至 2020 年 12 月 31 日,免征文化事业建设费。

四、本公告发布之日前,已征的按照本公告规定应予免征的税费,可抵减纳税人和缴费人以后月份应缴纳的税费或予以退还。

财政部 税务总局关于延续实施应对疫情部分税费优惠政策的公告

（财政部 税务总局公告 2021 年第 7 号）

为进一步支持疫情防控，帮助企业纾困发展，现将有关税费政策公告如下：

一、《财政部 税务总局关于支持个体工商户复工复业增值税政策的公告》（财政部 税务总局公告 2020 年第 13 号）规定的税收优惠政策，执行期限延长至 2021 年 12 月 31 日。其中，自 2021 年 4 月 1 日至 2021 年 12 月 31 日，湖北省增值税小规模纳税人适用 3% 征收率的应税销售收入，减按 1% 征收率征收增值税；适用 3% 预征率的预缴增值税项目，减按 1% 预征率预缴增值税。

二、《财政部 税务总局关于支持新型冠状病毒感染的肺炎疫情防控有关个人所得税政策的公告》（财政部 税务总局公告 2020 年第 10 号）、《财政部 税务总局关于电影等行业税费支持政策的公告》（财政部 税务总局公告

2020 年第 25 号）规定的税费优惠政策凡已经到期的，执行期限延长至 2021 年 12 月 31 日。

三、《财政部 税务总局关于支持新型冠状病毒感染的肺炎疫情防控有关税收政策的公告》（财政部 税务总局公告 2020 年第 8 号）、《财政部 税务总局关于支持新型冠状病毒感染的肺炎疫情防控有关捐赠税收政策的公告》（财政部 税务总局公告 2020 年第 9 号）规定的税收优惠政策凡已经到期的，执行期限延长至 2021 年 3 月 31 日。

四、2021 年 1 月 1 日至本公告发布之日前，已征的按照本公告规定应予减免的税费，可抵减纳税人或缴费人以后应缴纳的税费或予以退还。

特此公告。

四、废弃电器电子产品处理基金

财政部 环境保护部 国家发展改革委 工业和信息化部 海关总署 国家税务总局关于印发《废弃电器电子产品处理基金征收使用管理办法》的通知

（财综〔2012〕34 号）

各省、自治区、直辖市人民政府，国务院各部委、各直属机构：

《废弃电器电子产品处理基金征收使用管理办法》已经国务院批准，现印发给你们，请遵照执行。

附件：废弃电器电子产品处理基金征收使用管理办法

废弃电器电子产品处理基金征收使用管理办法

第一章 总 则

第一条 为了规范废弃电器电子产品处理基金征收使用管理，根据《废弃电器电子产品回收处理管理条例》（国务院令第 551 号，以下

简称《条例》)的规定,制定本办法。

第二条 废弃电器电子产品处理基金(以下简称基金)是国家为促进废弃电器电子产品回收处理而设立的政府性基金。

第三条 基金全额上缴中央国库,纳入中央政府性基金预算管理,实行专款专用,年终结余结转下年度继续使用。

第二章 征收管理

第四条 电器电子产品生产者、进口电器电子产品的收货人或者其代理人应当按照本办法的规定履行基金缴纳义务。

电器电子产品生产者包括自主品牌生产企业和代工生产企业。

第五条 基金分别按照电器电子产品生产者销售、进口电器电子产品的收货人或者其代理人进口的电器电子产品数量定额征收。

第六条 纳入基金征收范围的电器电子产品按照《废弃电器电子产品处理目录》(以下简称《目录》)执行,具体征收范围和标准见附件。

第七条 财政部会同环境保护部、国家发展改革委、工业和信息化部根据废弃电器电子产品回收处理补贴资金的实际需要,在听取有关企业和行业协会意见的基础上,适时调整基金征收标准。

第八条 电器电子产品生产者应缴纳的基金,由国家税务局负责征收。进口电器电子产品的收货人或者其代理人应缴纳的基金,由海关负责征收。

第九条 电器电子产品生产者按季申报缴纳基金。

国家税务局对电器电子产品生产者征收基金,适用税收征收管理的规定。

第十条 进口电器电子产品的收货人或者其代理人在货物申报进口时缴纳基金。

海关对基金的征收缴库管理,按照关税征收缴库管理的规定执行。

第十一条 对采用有利于资源综合利用和无害化处理的设计方案以及使用环保和便

于回收利用材料生产的电器电子产品,可以减征基金,具体办法由财政部会同环境保护部、国家发展改革委、工业和信息化部、税务总局、海关总署另行制定。

第十二条 电器电子产品生产者生产用于出口的电器电子产品免征基金,由电器电子产品生产者依据《中华人民共和国海关出口货物报关单》列明的出口产品名称和数量,向国家税务局申请从应缴纳基金的产品销售数量中扣除。

第十三条 电器电子产品生产者进口电器电子产品已缴纳基金的,国内销售时免征基金,由电器电子产品生产者依据《中华人民共和国海关进口货物报关单》和《进口废弃电器电子产品处理基金缴款书》列明的进口产品名称和数量,向国家税务局申请从应缴纳基金的产品销售数量中扣除。

第十四条 基金收入在政府收支分类科目中列103类01款75项"废弃电器电子产品处理基金收入"(新增)下的有关目级科目。

第十五条 未经国务院批准或者授权,任何地方、部门和单位不得擅自减免基金,不得改变基金征收对象、范围和标准。

第十六条 电器电子产品生产者、进口电器电子产品的收货人或者其代理人缴纳的基金计入生产经营成本,准予在计算应纳税所得额时扣除。

第三章 使用管理

第十七条 基金使用范围包括:

(一)废弃电器电子产品回收处理费用补贴;

(二)废弃电器电子产品回收处理和电器电子产品生产销售信息管理系统建设,以及相关信息采集发布支出;

(三)基金征收管理经费支出;

(四)经财政部批准与废弃电器电子产品回收处理相关的其他支出。

第十八条 依照《条例》和《废弃电器电子产品处理资格许可管理办法》(环境保护部令第13号)的规定取得废弃电器电子产品处理资格

的企业(以下简称处理企业),对列入《目录》的废弃电器电子产品进行处理,可以申请基金补贴。

给予基金补贴的处理企业名单,由财政部、环境保护部会同国家发展改革委、工业和信息化部向社会公布。

第十九条 国家鼓励电器电子产品生产者自行回收处理列入《目录》的废弃电器电子产品。各省(区、市)环境保护主管部门在编制本地区废弃电器电子产品处理发展规划时,应当优先支持电器电子产品生产者设立处理企业。

第二十条 对处理企业按照实际完成拆解处理的废弃电器电子产品数量给予定额补贴。

基金补贴标准为:电视机 85 元/台、电冰箱 80 元/台、洗衣机 35 元/台、房间空调器 35 元/台、微型计算机 85 元/台。

上述实际完成拆解处理的废弃电器电子产品是指整机,不包括零部件或散件。

财政部会同环境保护部、国家发展改革委、工业和信息化部根据废弃电器电子产品回收处理成本变化情况,在听取有关企业和行业协会意见的基础上,适时调整基金补贴标准。

第二十一条 处理企业拆解处理废弃电器电子产品应当符合国家有关资源综合利用、环境保护的要求和相关技术规范,并按照环境保护部制定的审核办法核定废弃电器电子产品拆解处理数量后,方可获得基金补贴。

第二十二条 处理企业按季对完成拆解处理的废弃电器电子产品种类、数量进行统计,填写《废弃电器电子产品拆解处理情况表》,并在每个季度结束次月的 5 日前报送各省(区、市)环境保护主管部门。

第二十三条 处理企业报送《废弃电器电子产品拆解处理情况表》时,应当同时提供以下资料:

(一)废弃电器电子产品入库和出库记录报表;

(二)废弃电器电子产品拆解处理作业记

录报表;

(三)废弃电器电子产品拆解产物出库和入库记录报表;

(四)废弃电器电子产品拆解产物销售凭证或处理证明。

相关报表和凭证按照环境保护部统一规定的格式报送。

第二十四条 各省(区、市)环境保护主管部门接到处理企业报送的《废弃电器电子产品拆解处理情况表》及相关资料后组织开展审核工作,并在每个季度结束次月的月底前将审核意见连同处理企业填写的《废弃电器电子产品拆解处理情况表》,以书面形式上报环境保护部。

环境保护部负责对各省(区、市)环境保护主管部门上报情况进行核实,确认每个处理企业完成拆解处理的废弃电器电子产品种类、数量,并汇总提交财政部。

财政部按照环境保护部提交的废弃电器电子产品拆解处理种类、数量和基金补贴标准,核定对每个处理企业补贴金额并支付资金。资金支付按照国库集中支付制度有关规定执行。

第二十五条 环境保护部、税务总局、海关总署等有关部门应当按照中央政府性基金预算编制的要求,编制年度基金支出预算,报财政部审核。

财政部应当按照预算管理规定审核基金支出预算并批复下达相关部门。

第二十六条 基金支出在政府收支分类科目中列 211 类 61 款"废弃电器电子产品处理基金支出"(新增)。

第四章 监督管理

第二十七条 电器电子产品生产者、进口电器电子产品的收货人或者其代理人应当分别向国家税务局、海关报送电器电子产品销售和进口的基本数据及情况,并按照规定申报缴纳基金,自觉接受国家税务局、海关的监督检查。

第二十八条 处理企业应当按照规定建

立废弃电器电子产品的数据信息管理系统,跟踪记录废弃电器电子产品接收、贮存和处理,拆解产物出入库和销售,最终废弃物出入库和处理等信息,全面反映废弃电器电子产品在处理企业内部运转流程,并如实向环境保护等主管部门报送废弃电器电子产品回收和拆解处理的基本数据及情况。

第二十九条 处理企业申请基金补贴相关资料及记录废弃电器电子产品回收和拆解处理情况的原始凭证应当妥善保存备查,保存期限不得少于5年。

第三十条 环境保护部和各省(区、市)环境保护主管部门应当建立健全基金补贴审核制度,通过数据系统比对、书面核查、实地检查等方式,加强废弃电器电子产品拆解处理的环保核查和数量审核,防止弄虚作假、虚报冒领补贴资金等行为的发生。

第三十一条 财政部会同环境保护部、国家发展改革委、工业和信息化部建立实时监控废弃电器电子产品回收处理和生产销售的信息管理系统(以下简称监控系统)。

处理企业和电器电子产品生产者应当配合有关部门建立监控系统。处理企业建立的废弃电器电子产品数据信息管理系统应当与监控系统对接。电器电子产品生产者应当按照建立监控系统的要求,登记企业信息并报送电器电子产品生产销售情况。

第三十二条 财政部、审计署、环境保护部、国家发展改革委、工业和信息化部、税务总局、海关总署应当按照职责加强对基金缴纳、使用情况的监督检查,依法对基金违法违规行为进行处理、处罚。

第三十三条 有关行业协会应当协助环境保护主管部门和财政部门做好废弃电器电子产品拆解处理种类、数量的审核工作。

第三十四条 环境保护部和各省(区、市)环境保护主管部门应当分别公开全国和本地区处理企业拆解处理废弃电器电子产品及接受基金补贴情况,接受公众监督。

任何单位和个人有权监督和举报基金缴

纳和使用中的违法违规问题。有关部门应当按照职责分工对单位和个人举报投诉的问题进行调查和处理。

第五章 法律责任

第三十五条 单位和个人有下列情形之一的,依照《财政违法行为处罚处分条例》(国务院令第427号)和《违反行政事业性收费和罚没收入收支两条线管理规定行政处分暂行规定》(国务院令第281号)等法律法规进行处理、处罚、处分;构成犯罪的,依法追究刑事责任:

(一)未经国务院批准或者授权,擅自减免基金或者改变基金征收范围、对象和标准的;

(二)以虚报、冒领等手段骗取基金补贴的;

(三)滞留、截留、挪用基金的;

(四)其他违反政府性基金管理规定的行为。

处理企业有第一款第(二)项行为的,取消给予基金补贴的资格,并向社会公示。

第三十六条 电器电子产品生产者违反基金征收管理规定的,由国家税务局比照税收违法行为予以行政处罚。进口电器电子产品的收货人或者其代理人违反基金征收管理规定的,由海关比照关税违法行为予以行政处罚。

第三十七条 基金征收、使用管理有关部门的工作人员违反本办法规定,在基金征收和使用管理工作中滥用职权、玩忽职守、徇私舞弊,构成犯罪的,依法追究刑事责任;尚不构成犯罪的,依法给予处分。

第六章 附 则

第三十八条 本办法由财政部、环境保护部、国家发展改革委、工业和信息化部、税务总局、海关总署负责解释。

第三十九条 本办法自2012年7月1日起执行。

附:1. 对电器电子产品生产者征收基金的产品范围和征收标准

2. 对进口电器电子产品征收基金适用的商品名称、海关税则号列和征收标准(2012年版)

附1:

对电器电子产品生产者征收基金的产品范围和征收标准

序号	产品种类	产品范围	征收标准(元/台)
1	电视机	阴极射线管(黑白、彩色)电视机	13
		液晶电视机	13
		等离子电视机	13
		背投电视机	13
		其他用于接收信号并还原出图像及伴音的终端设备	13
2	电冰箱	冷藏冷冻箱(柜)	12
		冷藏箱(柜)	12
		冷冻箱(柜)	12
		其他具有制冷系统、消耗能量以获取冷量的隔热箱体	12
3	洗衣机	波轮式洗衣机	7
		滚筒式洗衣机	7
		搅拌式洗衣机	7
		脱水机	7
		其他依靠机械作用洗涤衣物(含兼有干衣功能)的器具	7
4	房间空调器	整体式空调(窗机、穿墙机等)	7
		分体式空调(分体壁挂、分体柜机等)	7
		一拖多空调器	7
		其他制冷量在14 000 W及以下的房间空气调节器具	7
5	微型计算机	台式微型计算机的显示器	10
		主机、显示器一体形式的台式微型计算机	10
		便携式微型计算机(含平板电脑、掌上电脑)	10
		其他信息事务处理实体	10

注:对电器电子产品生产者销售台式微型计算机整机不征收基金,但台式微型计算机显示器生产者将其生产的显示器组装成计算机整机销售的除外。对台式微型计算机显示器生产者组装的计算机整机按照10元/台的标准征收基金。

附2：

对进口电器电子产品征收基金适用的商品名称、海关税则号列和
征收标准（2012年版）

序号	产品种类	商品名称	税则号列	征收标准（元/台）
1	电视机	其他彩色的模拟电视接收机，带阴极射线显像管的	85287211	13
		其他彩色的数字电视接收机，阴极射线显像管的	85287212	13
		其他彩色的电视接收机，阴极射线显像管的	85287219	13
		彩色的液晶显示器的模拟电视接收机	85287221	13
		彩色的液晶显示器的数字电视接收机	85287222	13
		其他彩色的液晶显示器的电视接收机	85287229	13
		彩色的等离子显示器的模拟电视接收机	85287231	13
		彩色的等离子显示器的数字电视接收机	85287232	13
		其他彩色的等离子显示器的电视接收机	85287239	13
		其他彩色的模拟电视接收机	85287291	13
		其他彩色的数字电视接收机	85287292	13
		其他彩色的电视接收机	85287299	13
		黑白或其他单色的电视接收机	85287300	13
2	电冰箱	容积＞500升冷藏-冷冻组合机（各自装有单独外门的）	84181010	12
		200升＜容积≤500升冷藏-冷冻组合机（各自装有单独外门的）	84181020	12
		容积≤200升冷藏-冷冻组合机（各自装有单独外门的）	84181030	12
		容积＞150升压缩式家用型冷藏箱	84182110	12
		压缩式家用型冷藏箱（50升＜容积≤150升）	84182120	12
		容积≤50升压缩式家用型冷藏箱	84182130	12
		半导体制冷式家用型冷藏箱	84182910	12
		电气吸收式家用型冷藏箱	84182920	12
		其他家用型冷藏箱	84182990	12
		制冷温度＞－40℃小的其他柜式冷冻箱（小的指容积≤500升）	84183029	12
		制冷温度＞－40℃小的立式冷冻箱（小的指容积≤500升）	84184029	12

（续表）

序号	产品种类	商品名称	税则号列	征收标准（元/台）
3	洗衣机	干衣量≤10 kg 全自动波轮式洗衣机	84501110	7
		干衣量≤10 kg 全自动滚筒式洗衣机	84501120	7
		其他干衣量≤10 kg 全自动洗衣机	84501190	7
		装有离心甩干机的非全自动洗衣机（干衣量≤10 kg）	84501200	7
		干衣量≤10 kg 的其他洗衣机	84501900	7
4	房间空调器	独立窗式或壁式空气调节器（装有电扇及调温、调湿装置，包括不能单独调湿的空调器）	84151010	7
		制冷量≤4 000 大卡/时分体式空调，窗式或壁式（装有电扇及调温、调湿装置，包括不能单独调湿的空调器）	84151021	7
		4 000 大卡/时＜制冷量≤12 046 大卡/时（14 000 W）分体式空调，窗式或壁式（装有电扇及调温、调湿装置，包括不能单独调湿的空调器）	ex84151022	7
		制冷量≤4 000 大卡/时热泵式空调器（装有制冷装置及一个冷热循环换向阀的）	84158110	7
		4 000 大卡/时＜制冷量≤12 046 大卡/时（14 000 W）热泵式空调器（装有制冷装置及一个冷热循环换向阀的）	ex84158120	7
		制冷量≤4 000 大卡/时的其他空调器（仅装有制冷装置，而无冷热循环装置的）	84158210	7
		4 000 大卡/时＜制冷量≤12 046 大卡/时（14 000 W）的其他空调（仅装有制冷装置，而无冷热循环装置的）	ex84158220	7
5	微型计算机	便携式自动数据处理设备（重量≤10 kg，至少由一个中央处理器、键盘和显示器组成）	84713000	10
		微型机	84714140	10
		以系统形式报验的微型机	84714940	10
		含显示器的微型机的处理部件	ex84715040	10
		专用或主要用于 84.71 商品的阴极射线管监视器	85284100	10
		专用或主要用于 84.71 商品的液晶监视器	85285110	10
		其他专用或主要用于 84.71 商品的监视器	85285190	10
		其他彩色的监视器	85285910	10
		其他单色的监视器	85285990	10

五、残疾人就业保障金

中华人民共和国残疾人保障法

（1990 年 12 月 28 日第七届全国人民代表大会常务委员会第十七次会议通过；2008 年 4 月 24 日第十一届全国人民代表大会常务委员会第二次会议修订；根据 2018 年 10 月 26 日第十三届全国人民代表大会常务委员会第六次会议《关于修改〈中华人民共和国野生动物保护法〉等十五部法律的决定》修正）

第一章 总 则

第一条 为了维护残疾人的合法权益，发展残疾人事业，保障残疾人平等地充分参与社会生活，共享社会物质文化成果，根据宪法，制定本法。

第二条 残疾人是指在心理、生理、人体结构上，某种组织、功能丧失或者不正常，全部或者部分丧失以正常方式从事某种活动能力的人。

残疾人包括视力残疾、听力残疾、言语残疾、肢体残疾、智力残疾、精神残疾、多重残疾和其他残疾的人。

残疾标准由国务院规定。

第三条 残疾人在政治、经济、文化、社会和家庭生活等方面享有同其他公民平等的权利。

残疾人的公民权利和人格尊严受法律保护。

禁止基于残疾的歧视。禁止侮辱、侵害残疾人。禁止通过大众传播媒介或者其他方式贬低损害残疾人人格。

第四条 国家采取辅助方法和扶持措施，对残疾人给予特别扶助，减轻或者消除残疾影响和外界障碍，保障残疾人权利的实现。

第五条 县级以上人民政府应当将残疾人事业纳入国民经济和社会发展规划，加强领导，综合协调，并将残疾人事业经费列入财政预算，建立稳定的经费保障机制。

国务院制定中国残疾人事业发展纲要，县级以上地方人民政府根据中国残疾人事业发展纲要，制定本行政区域的残疾人事业发展规划和年度计划，使残疾人事业与经济、社会协调发展。

县级以上人民政府负责残疾人工作的机构，负责组织、协调、指导、督促有关部门做好残疾人事业的工作。

各级人民政府和有关部门，应当密切联系残疾人，听取残疾人的意见，按照各自的职责，做好残疾人工作。

第六条 国家采取措施，保障残疾人依照法律规定，通过各种途径和形式，管理国家事务，管理经济和文化事业，管理社会事务。

制定法律、法规、规章和公共政策，对涉及残疾人权益和残疾人事业的重大问题，应当听取残疾人和残疾人组织的意见。

残疾人和残疾人组织有权向各级国家机关提出残疾人权益保障、残疾人事业发展等方面的意见和建议。

第七条 全社会应当发扬人道主义精神，理解、尊重、关心、帮助残疾人，支持残疾人事业。

国家鼓励社会组织和个人为残疾人提供捐助和服务。

国家机关、社会团体、企业事业单位和城乡基层群众性自治组织,应当做好所属范围内的残疾人工作。

从事残疾人工作的国家工作人员和其他人员,应当依法履行职责,努力为残疾人服务。

第八条 中国残疾人联合会及其地方组织,代表残疾人的共同利益,维护残疾人的合法权益,团结教育残疾人,为残疾人服务。

中国残疾人联合会及其地方组织依照法律、法规、章程或者接受政府委托,开展残疾人工作,动员社会力量,发展残疾人事业。

第九条 残疾人的扶养人必须对残疾人履行扶养义务。

残疾人的监护人必须履行监护职责,尊重被监护人的意愿,维护被监护人的合法权益。

残疾人的亲属、监护人应当鼓励和帮助残疾人增强自立能力。

禁止对残疾人实施家庭暴力,禁止虐待、遗弃残疾人。

第十条 国家鼓励残疾人自尊、自信、自强、自立,为社会主义建设贡献力量。

残疾人应当遵守法律、法规,履行应尽的义务,遵守公共秩序,尊重社会公德。

第十一条 国家有计划地开展残疾预防工作,加强对残疾预防工作的领导,宣传、普及母婴保健和预防残疾的知识,建立健全出生缺陷预防和早期发现、早期治疗机制,针对遗传、疾病、药物、事故、灾害、环境污染和其他致残因素,组织和动员社会力量,采取措施,预防残疾的发生,减轻残疾程度。

国家建立健全残疾人统计调查制度,开展残疾人状况的统计调查和分析。

第十二条 国家和社会对残疾军人、因公致残人员以及其他为维护国家和人民利益致残的人员实行特别保障,给予抚恤和优待。

第十三条 对在社会主义建设中做出显著成绩的残疾人,对维护残疾人合法权益、发展残疾人事业、为残疾人服务做出显著成绩的单位和个人,各级人民政府和有关部门给予表彰和奖励。

第十四条 每年5月的第三个星期日为全国助残日。

第二章 康 复

第十五条 国家保障残疾人享有康复服务的权利。

各级人民政府和有关部门应当采取措施,为残疾人康复创造条件,建立和完善残疾人康复服务体系,并分阶段实施重点康复项目,帮助残疾人恢复或者补偿功能,增强其参与社会生活的能力。

第十六条 康复工作应当从实际出发,将现代康复技术与我国传统康复技术相结合;以社区康复为基础,康复机构为骨干,残疾人家庭为依托;以实用、易行、受益广的康复内容为重点,优先开展残疾儿童抢救性治疗和康复;发展符合康复要求的科学技术,鼓励自主创新,加强康复新技术的研究、开发和应用,为残疾人提供有效的康复服务。

第十七条 各级人民政府鼓励和扶持社会力量兴办残疾人康复机构。

地方各级人民政府和有关部门,应当组织和指导城乡社区服务组织、医疗预防保健机构、残疾人组织、残疾人家庭和其他社会力量,开展社区康复工作。

残疾人教育机构、福利性单位和其他为残疾人服务的机构,应当创造条件,开展康复训练活动。

残疾人在专业人员的指导和有关工作人员、志愿工作者及亲属的帮助下,应当努力进行功能、自理能力和劳动技能的训练。

第十八条 地方各级人民政府和有关部门应当根据需要有计划地在医疗机构设立康复医学科室,举办残疾人康复机构,开展康复医疗与训练、人员培训、技术指导、科学研究等工作。

第十九条 医学院校和其他有关院校应当有计划地开设康复课程,设置相关专业,培养各类康复专业人才。

政府和社会采取多种形式对从事康复工

作的人员进行技术培训;向残疾人、残疾人亲属、有关工作人员和志愿工作者普及康复知识,传授康复方法。

第二十条 政府有关部门应当组织和扶持残疾人康复器械、辅助器具的研制、生产、供应、维修服务。

第三章 教　育

第二十一条 国家保障残疾人享有平等接受教育的权利。

各级人民政府应当将残疾人教育作为国家教育事业的组成部分,统一规划,加强领导,为残疾人接受教育创造条件。

政府、社会、学校应当采取有效措施,解决残疾儿童、少年就学存在的实际困难,帮助其完成义务教育。

各级人民政府对接受义务教育的残疾学生、贫困残疾人家庭的学生提供免费教科书,并给予寄宿生活费等费用补助;对接受义务教育以外其他教育的残疾学生、贫困残疾人家庭的学生按照国家有关规定给予资助。

第二十二条 残疾人教育,实行普及与提高相结合、以普及为重点的方针,保障义务教育,着重发展职业教育,积极开展学前教育,逐步发展高级中等以上教育。

第二十三条 残疾人教育应当根据残疾人的身心特性和需要,按照下列要求实施:

(一)在进行思想教育、文化教育的同时,加强身心补偿和职业教育;

(二)依据残疾类别和接受能力,采取普通教育方式或者特殊教育方式;

(三)特殊教育的课程设置、教材、教学方法、入学和在校年龄,可以有适度弹性。

第二十四条 县级以上人民政府应当根据残疾人的数量、分布状况和残疾类别等因素,合理设置残疾人教育机构,并鼓励社会力量办学、捐资助学。

第二十五条 普通教育机构对具有接受普通教育能力的残疾人实施教育,并为其学习提供便利和帮助。

普通小学、初级中等学校,必须招收能适应其学习生活的残疾儿童、少年入学;普通高级中等学校、中等职业学校和高等学校,必须招收符合国家规定的录取要求的残疾考生入学,不得因其残疾而拒绝招收;拒绝招收的,当事人或者其亲属、监护人可以要求有关部门处理,有关部门应当责令该学校招收。

普通幼儿教育机构应当接收能适应其生活的残疾幼儿。

第二十六条 残疾幼儿教育机构、普通幼儿教育机构附设的残疾儿童班、特殊教育机构的学前班、残疾儿童福利机构、残疾儿童家庭,对残疾儿童实施学前教育。

初级中等以下特殊教育机构和普通教育机构附设的特殊教育班,对不具有接受普通教育能力的残疾儿童、少年实施义务教育。

高级中等以上特殊教育机构、普通教育机构附设的特殊教育班和残疾人职业教育机构,对符合条件的残疾人实施高级中等以上文化教育、职业教育。

提供特殊教育的机构应当具备适合残疾人学习、康复、生活特点的场所和设施。

第二十七条 政府有关部门、残疾人所在单位和有关社会组织应当对残疾人开展扫除文盲、职业培训、创业培训和其他成人教育,鼓励残疾人自学成才。

第二十八条 国家有计划地举办各级各类特殊教育师范院校、专业,在普通师范院校附设特殊教育班,培养、培训特殊教育师资。普通师范院校开设特殊教育课程或者讲授有关内容,使普通教师掌握必要的特殊教育知识。

特殊教育教师和手语翻译,享受特殊教育津贴。

第二十九条 政府有关部门应当组织和扶持盲文、手语的研究和应用,特殊教育教材的编写和出版,特殊教育教学用具及其他辅助用品的研制、生产和供应。

第四章 劳动就业

第三十条 国家保障残疾人劳动的权利。

各级人民政府应当对残疾人劳动就业统筹规划,为残疾人创造劳动就业条件。

第三十一条 残疾人劳动就业,实行集中与分散相结合的方针,采取优惠政策和扶持保护措施,通过多渠道、多层次、多种形式,使残疾人劳动就业逐步普及、稳定、合理。

第三十二条 政府和社会举办残疾人福利企业、盲人按摩机构和其他福利性单位,集中安排残疾人就业。

第三十三条 国家实行按比例安排残疾人就业制度。

国家机关、社会团体、企业事业单位、民办非企业单位应当按照规定的比例安排残疾人就业,并为其选择适当的工种和岗位。达不到规定比例的,按照国家有关规定履行保障残疾人就业义务。国家鼓励用人单位超过规定比例安排残疾人就业。

残疾人就业的具体办法由国务院规定。

第三十四条 国家鼓励和扶持残疾人自主择业、自主创业。

第三十五条 地方各级人民政府和农村基层组织,应当组织和扶持农村残疾人从事种植业、养殖业、手工业和其他形式的生产劳动。

第三十六条 国家对安排残疾人就业达到、超过规定比例或者集中安排残疾人就业的用人单位和从事个体经营的残疾人,依法给予税收优惠,并在生产、经营、技术、资金、物资、场地等方面给予扶持。国家对从事个体经营的残疾人,免除行政事业性收费。

县级以上地方人民政府及其有关部门应当确定适合残疾人生产、经营的产品、项目,优先安排残疾人福利性单位生产或者经营,并根据残疾人福利性单位的生产特点确定某些产品由其专产。

政府采购,在同等条件下应当优先购买残疾人福利性单位的产品或者服务。

地方各级人民政府应当开发适合残疾人就业的公益性岗位。

对申请从事个体经营的残疾人,有关部门应当优先核发营业执照。

对从事各类生产劳动的农村残疾人,有关部门应当在生产服务、技术指导、农用物资供应、农副产品购销和信贷等方面,给予帮助。

第三十七条 政府有关部门设立的公共就业服务机构,应当为残疾人免费提供就业服务。

残疾人联合会举办的残疾人就业服务机构,应当组织开展免费的职业指导、职业介绍和职业培训,为残疾人就业和用人单位招用残疾人提供服务和帮助。

第三十八条 国家保护残疾人福利性单位的财产所有权和经营自主权,其合法权益不受侵犯。

在职工的招用、转正、晋级、职称评定、劳动报酬、生活福利、休息休假、社会保险等方面,不得歧视残疾人。

残疾职工所在单位应当根据残疾职工的特点,提供适当的劳动条件和劳动保护,并根据实际需要对劳动场所、劳动设备和生活设施进行改造。

国家采取措施,保障盲人保健和医疗按摩人员从业的合法权益。

第三十九条 残疾职工所在单位应当对残疾职工进行岗位技术培训,提高其劳动技能和技术水平。

第四十条 任何单位和个人不得以暴力、威胁或者非法限制人身自由的手段强迫残疾人劳动。

第五章 文化生活

第四十一条 国家保障残疾人享有平等参与文化生活的权利。

各级人民政府和有关部门鼓励、帮助残疾人参加各种文化、体育、娱乐活动,积极创造条件,丰富残疾人精神文化生活。

第四十二条 残疾人文化、体育、娱乐活动应当面向基层,融于社会公共文化生活,适应各类残疾人的不同特点和需要,使残疾人广泛参与。

第四十三条 政府和社会采取下列措施,

丰富残疾人的精神文化生活：

（一）通过广播、电影、电视、报刊、图书、网络等形式，及时宣传报道残疾人的工作、生活等情况，为残疾人服务；

（二）组织和扶持盲文读物、盲人有声读物及其他残疾人读物的编写和出版，根据盲人的实际需要，在公共图书馆设立盲文读物、盲人有声读物图书室；

（三）开办电视手语节目，开办残疾人专题广播栏目，推进电视栏目、影视作品加配字幕、解说；

（四）组织和扶持残疾人开展群众性文化、体育、娱乐活动，举办特殊艺术演出和残疾人体育运动会，参加国际性比赛和交流；

（五）文化、体育、娱乐和其他公共活动场所，为残疾人提供方便和照顾。有计划地兴办残疾人活动场所。

第四十四条 政府和社会鼓励、帮助残疾人从事文学、艺术、教育、科学、技术和其他有益于人民的创造性劳动。

第四十五条 政府和社会促进残疾人与其他公民之间的相互理解和交流，宣传残疾人事业和扶助残疾人的事迹，弘扬残疾人自强不息的精神，倡导团结、友爱、互助的社会风尚。

第六章 社会保障

第四十六条 国家保障残疾人享有各项社会保障的权利。

政府和社会采取措施，完善对残疾人的社会保障，保障和改善残疾人的生活。

第四十七条 残疾人及其所在单位应当按照国家有关规定参加社会保险。

残疾人所在城乡基层群众性自治组织、残疾人家庭，应当鼓励、帮助残疾人参加社会保险。

对生活确有困难的残疾人，按照国家有关规定给予社会保险补贴。

第四十八条 各级人民政府对生活确有困难的残疾人，通过多种渠道给予生活、教育、住房和其他社会救助。

县级以上地方人民政府对享受最低生活保障待遇后生活仍有特别困难的残疾人家庭，应当采取其他措施保障其基本生活。

各级人民政府对贫困残疾人的基本医疗、康复服务、必要的辅助器具的配置和更换，应当按照规定给予救助。

对生活不能自理的残疾人，地方各级人民政府应当根据情况给予护理补贴。

第四十九条 地方各级人民政府对无劳动能力、无扶养人或者扶养人不具有扶养能力、无生活来源的残疾人，按照规定予以供养。

国家鼓励和扶持社会力量举办残疾人供养、托养机构。

残疾人供养、托养机构及其工作人员不得侮辱、虐待、遗弃残疾人。

第五十条 县级以上人民政府对残疾人搭乘公共交通工具，应当根据实际情况给予便利和优惠。残疾人可以免费携带随身必备的辅助器具。

盲人持有效证件免费乘坐市内公共汽车、电车、地铁、渡船等公共交通工具。盲人读物邮件免费寄递。

国家鼓励和支持提供电信、广播电视服务的单位对盲人、听力残疾人、言语残疾人给予优惠。

各级人民政府应当逐步增加对残疾人的其他照顾和扶助。

第五十一条 政府有关部门和残疾人组织应当建立和完善社会各界为残疾人捐助和服务的渠道，鼓励和支持发展残疾人慈善事业，开展志愿者助残等公益活动。

第七章 无障碍环境

第五十二条 国家和社会应当采取措施，逐步完善无障碍设施，推进信息交流无障碍，为残疾人平等参与社会生活创造无障碍环境。

各级人民政府应当对无障碍环境建设进行统筹规划，综合协调，加强监督管理。

第五十三条 无障碍设施的建设和改造，应当符合残疾人的实际需要。

新建、改建和扩建建筑物、道路、交通设施等，应当符合国家有关无障碍设施工程建设标准。

各级人民政府和有关部门应当按照国家无障碍设施工程建设规定，逐步推进已建成设施的改造，优先推进与残疾人日常工作、生活密切相关的公共服务设施的改造。

对无障碍设施应当及时维修和保护。

第五十四条 国家采取措施，为残疾人信息交流无障碍创造条件。

各级人民政府和有关部门应当采取措施，为残疾人获取公共信息提供便利。

国家和社会研制、开发适合残疾人使用的信息交流技术和产品。

国家举办的各类升学考试、职业资格考试和任职考试，有盲人参加的，应当为盲人提供盲文试卷、电子试卷或者由专门的工作人员予以协助。

第五十五条 公共服务机构和公共场所应当创造条件，为残疾人提供语音和文字提示、手语、盲文等信息交流服务，并提供优先服务和辅助性服务。

公共交通工具应当逐步达到无障碍设施的要求。有条件的公共停车场应当为残疾人设置专用停车位。

第五十六条 组织选举的部门应当为残疾人参加选举提供便利；有条件的，应当为盲人提供盲文选票。

第五十七条 国家鼓励和扶持无障碍辅助设备、无障碍交通工具的研制和开发。

第五十八条 盲人携带导盲犬出入公共场所，应当遵守国家有关规定。

第八章 法律责任

第五十九条 残疾人的合法权益受到侵害的，可以向残疾人组织投诉，残疾人组织应当维护残疾人的合法权益，有权要求有关部门或者单位查处。有关部门或者单位应当依法查处，并予以答复。

残疾人组织对残疾人通过诉讼维护其合法权益需要帮助的，应当给予支持。

残疾人组织对侵害特定残疾人群体利益的行为，有权要求有关部门依法查处。

第六十条 残疾人的合法权益受到侵害的，有权要求有关部门依法处理，或者依法向仲裁机构申请仲裁，或者依法向人民法院提起诉讼。

对有经济困难或者其他原因确需法律援助或者司法救助的残疾人，当地法律援助机构或者人民法院应当给予帮助，依法为其提供法律援助或者司法救助。

第六十一条 违反本法规定，对侵害残疾人权益行为的申诉、控告、检举，推诿、拖延、压制不予查处，或者对提出申诉、控告、检举的人进行打击报复的，由其所在单位、主管部门或者上级机关责令改正，并依法对直接负责的主管人员和其他直接责任人员给予处分。

国家工作人员未依法履行职责，对侵害残疾人权益的行为未及时制止或者未给予受害残疾人必要帮助，造成严重后果的，由其所在单位或者上级机关依法对直接负责的主管人员和其他直接责任人员给予处分。

第六十二条 违反本法规定，通过大众传播媒介或者其他方式贬低损害残疾人人格的，由文化、广播电视、电影、新闻出版或者其他有关主管部门依据各自的职权责令改正，并依法给予行政处罚。

第六十三条 违反本法规定，有关教育机构拒不接收残疾学生入学，或者在国家规定的录取要求以外附加条件限制残疾学生就学的，由有关主管部门责令改正，并依法对直接负责的主管人员和其他直接责任人员给予处分。

第六十四条 违反本法规定，在职工的招用等方面歧视残疾人的，由有关主管部门责令改正；残疾人劳动者可以依法向人民法院提起诉讼。

第六十五条 违反本法规定，供养、托养机构及其工作人员侮辱、虐待、遗弃残疾人的，对直接负责的主管人员和其他直接责任人员依法给予处分；构成违反治安管理行为的，依法给予行政处罚。

第六十六条 违反本法规定，新建、改建和扩建建筑物、道路、交通设施,不符合国家有关无障碍设施工程建设标准,或者对无障碍设施未进行及时维修和保护造成后果的,由有关主管部门依法处理。

第六十七条 违反本法规定,侵害残疾人的合法权益,其他法律、法规规定行政处罚的,从其规定;造成财产损失或者其他损害的,依法承担民事责任;构成犯罪的,依法追究刑事责任。

第九章 附 则

第六十八条 本法自 2008 年 7 月 1 日起施行。

残疾人就业条例

(中华人民共和国国务院令第 488 号)

《残疾人就业条例》已经 2007 年 2 月 14 日国务院第 169 次常务会议通过,现予公布,自 2007 年 5 月 1 日起施行。

残疾人就业条例

第一章 总 则

第一条 为了促进残疾人就业,保障残疾人的劳动权利,根据《中华人民共和国残疾人保障法》和其他有关法律,制定本条例。

第二条 国家对残疾人就业实行集中就业与分散就业相结合的方针,促进残疾人就业。

县级以上人民政府应当将残疾人就业纳入国民经济和社会发展规划,并制定优惠政策和具体扶持保护措施,为残疾人就业创造条件。

第三条 机关、团体、企业、事业单位和民办非企业单位(以下统称用人单位)应当依照有关法律、本条例和其他有关行政法规的规定,履行扶持残疾人就业的责任和义务。

第四条 国家鼓励社会组织和个人通过多种渠道、多种形式,帮助、支持残疾人就业,鼓励残疾人通过应聘等多种形式就业。禁止在就业中歧视残疾人。

残疾人应当提高自身素质,增强就业能力。

第五条 各级人民政府应当加强对残疾人就业工作的统筹规划,综合协调。县级以上人民政府负责残疾人工作的机构,负责组织、协调、指导、督促有关部门做好残疾人就业工作。

县级以上人民政府劳动保障、民政等有关部门在各自的职责范围内,做好残疾人就业工作。

第六条 中国残疾人联合会及其地方组织依照法律、法规或者接受政府委托,负责残疾人就业工作的具体组织实施与监督。

工会、共产主义青年团、妇女联合会,应当在各自的工作范围内,做好残疾人就业工作。

第七条 各级人民政府对在残疾人就业工作中做出显著成绩的单位和个人,给予表彰和奖励。

第二章 用人单位的责任

第八条 用人单位应当按照一定比例安排残疾人就业,并为其提供适当的工种、岗位。

用人单位安排残疾人就业的比例不得低于本单位在职职工总数的 1.5%。具体比例由省、自治区、直辖市人民政府根据本地区的实际情况规定。

用人单位跨地区招用残疾人的,应当计入所安排的残疾人职工人数之内。

第九条 用人单位安排残疾人就业达不到其所在地省、自治区、直辖市人民政府规定比例的,应当缴纳残疾人就业保障金。

第十条 政府和社会依法兴办的残疾人福利企业、盲人按摩机构和其他福利性单位(以下统称集中使用残疾人的用人单位),应当集中安排残疾人就业。

集中使用残疾人的用人单位的资格认定，按照国家有关规定执行。

第十一条 集中使用残疾人的用人单位中从事全日制工作的残疾人职工，应当占本单位在职职工总数的 25% 以上。

第十二条 用人单位招用残疾人职工，应当依法与其签订劳动合同或者服务协议。

第十三条 用人单位应当为残疾人职工提供适合其身体状况的劳动条件和劳动保护，不得在晋职、晋级、评定职称、报酬、社会保险、生活福利等方面歧视残疾人职工。

第十四条 用人单位应当根据本单位残疾人职工的实际情况，对残疾人职工进行上岗、在岗、转岗等培训。

第三章 保障措施

第十五条 县级以上人民政府应当采取措施，拓宽残疾人就业渠道，开发适合残疾人就业的公益性岗位，保障残疾人就业。

县级以上地方人民政府发展社区服务事业，应当优先考虑残疾人就业。

第十六条 依法征收的残疾人就业保障金应当纳入财政预算，专项用于残疾人职业培训以及为残疾人提供就业服务和就业援助，任何组织或者个人不得贪污、挪用、截留或者私分。残疾人就业保障金征收、使用、管理的具体办法，由国务院财政部门会同国务院有关部门规定。

财政部门和审计机关应当依法加强对残疾人就业保障金使用情况的监督检查。

第十七条 国家对集中使用残疾人的用人单位依法给予税收优惠，并在生产、经营、技术、资金、物资、场地使用等方面给予扶持。

第十八条 县级以上地方人民政府及其有关部门应当确定适合残疾人生产、经营的产品、项目，优先安排集中使用残疾人的用人单位生产或者经营，并根据集中使用残疾人的用人单位的生产特点确定某些产品由其专产。

政府采购，在同等条件下，应当优先购买集中使用残疾人的用人单位的产品或者服务。

第十九条 国家鼓励扶持残疾人自主择业、自主创业。对残疾人从事个体经营的，应当依法给予税收优惠，有关部门应当在经营场地等方面给予照顾，并按照规定免收管理类、登记类和证照类的行政事业性收费。

国家对自主择业、自主创业的残疾人在一定期限内给予小额信贷等扶持。

第二十条 地方各级人民政府应当多方面筹集资金，组织和扶持农村残疾人从事种植业、养殖业、手工业和其他形式的生产劳动。

有关部门对从事农业生产劳动的农村残疾人，应当在生产服务、技术指导、农用物资供应、农副产品收购和信贷等方面给予帮助。

第四章 就业服务

第二十一条 各级人民政府和有关部门应当为就业困难的残疾人提供有针对性的就业援助服务，鼓励和扶持职业培训机构为残疾人提供职业培训，并组织残疾人定期开展职业技能竞赛。

第二十二条 中国残疾人联合会及其地方组织所属的残疾人就业服务机构应当免费为残疾人就业提供下列服务：

（一）发布残疾人就业信息；

（二）组织开展残疾人职业培训；

（三）为残疾人提供职业心理咨询、职业适应评估、职业康复训练、求职定向指导、职业介绍等服务；

（四）为残疾人自主择业提供必要的帮助；

（五）为用人单位安排残疾人就业提供必要的支持。

国家鼓励其他就业服务机构为残疾人就业提供免费服务。

第二十三条 受劳动保障部门的委托，残疾人就业服务机构可以进行残疾人失业登记、残疾人就业与失业统计；经所在地劳动保障部门批准，残疾人就业服务机构还可以进行残疾人职业技能鉴定。

第二十四条 残疾人职工与用人单位发生争议的，当地法律援助机构应当依法为其提供法律援助,各级残疾人联合会应当给予支持和帮助。

第五章 法律责任

第二十五条 违反本条例规定,有关行政主管部门及其工作人员滥用职权、玩忽职守、徇私舞弊,构成犯罪的,依法追究刑事责任;尚不构成犯罪的,依法给予处分。

第二十六条 违反本条例规定,贪污、挪用、截留、私分残疾人就业保障金,构成犯罪的,依法追究刑事责任;尚不构成犯罪的,对有关责任单位、直接负责的主管人员和其他直接责任人员依法给予处分或者处罚。

第二十七条 违反本条例规定,用人单位未按照规定缴纳残疾人就业保障金的,由财政部门给予警告,责令限期缴纳;逾期仍不缴纳的,除补缴欠缴数额外,还应当自欠缴之日起,按日加收 5‰ 的滞纳金。

第二十八条 违反本条例规定,用人单位弄虚作假,虚报安排残疾人就业人数,骗取集中使用残疾人的用人单位享受的税收优惠待遇的,由税务机关依法处理。

第六章 附 则

第二十九条 本条例所称残疾人就业,是指符合法定就业年龄有就业要求的残疾人从事有报酬的劳动。

第三十条 本条例自 2007 年 5 月 1 日起施行。

财政部 国家税务总局中国残疾人联合会关于印发《残疾人就业保障金征收使用管理办法》的通知

(财税〔2015〕72 号)

各省、自治区、直辖市财政厅(局)、地方税务局、国家税务局、残疾人联合会:

为了规范残疾人就业保障金征收使用管理,促进残疾人就业,保障残疾人权益,根据《残疾人保障法》《残疾人就业条例》的规定,我们制定了《残疾人就业保障金征收使用管理办法》,现印发给你们,请遵照执行。

附件:残疾人就业保障金征收使用管理办法

残疾人就业保障金征收使用管理办法

第一章 总 则

第一条 为了规范残疾人就业保障金(以下简称保障金)征收使用管理,促进残疾人就业,根据《残疾人保障法》《残疾人就业条例》的规定,制定本办法。

第二条 保障金是为保障残疾人权益,由未按规定安排残疾人就业的机关、团体、企业、事业单位和民办非企业单位(以下简称用人单位)缴纳的资金。

第三条 保障金的征收、使用和管理,适用本办法。

第四条 本办法所称残疾人,是指持有《中华人民共和国残疾人证》上注明属于视力残疾、听力残疾、言语残疾、肢体残疾、智力残疾、精神残疾和多重残疾的人员,或者持有《中华人民共和国残疾军人证》(1 至 8 级)的人员。

第五条 保障金的征收、使用和管理应当接受财政部门的监督检查和审计机关的审计监督。

第二章 征收缴库

第六条 用人单位安排残疾人就业的比例不得低于本单位在职职工总数的 1.5%。具体比例由各省、自治区、直辖市人民政府根据本地区的实际情况规定。

用人单位安排残疾人就业达不到其所在地省、自治区、直辖市人民政府规定比例的,应当缴纳保障金。

第七条 用人单位将残疾人录用为在编人员或依法与就业年龄段内的残疾人签订 1 年以上(含 1 年)劳动合同(服务协议),且实际支付的工资不低于当地最低工资标准,并足额缴纳社会保险费的,方可计入用人单位所安排的残疾人就业人数。

用人单位安排 1 名持有《中华人民共和国残疾人证》(1 至 2 级)或《中华人民共和国残疾军人证》(1 至 3 级)的人员就业的,按照安排 2 名残疾人就业计算。

用人单位跨地区招用残疾人的,应当计入所安排的残疾人就业人数。

第八条 保障金按上年用人单位安排残疾人就业未达到规定比例的差额人数和本单位在职职工年平均工资之积计算缴纳。计算公式如下:

保障金年缴纳额＝(上年用人单位在职职工人数×所在地省、自治区、直辖市人民政府规定的安排残疾人就业比例－上年用人单位实际安排的残疾人就业人数)×上年用人单位在职职工年平均工资。

用人单位在职职工,是指用人单位在编人员或依法与用人单位签订 1 年以上(含 1 年)劳动合同(服务协议)的人员。季节性用工应当折算为年平均用工人数。以劳务派遣用工的,计入派遣单位在职职工人数。

用人单位安排残疾人就业未达到规定比例的差额人数,以公式计算结果为准,可以不是整数。

上年用人单位在职职工年平均工资,按用人单位上年在职职工工资总额除以用人单位在职职工人数计算。

第九条 保障金由用人单位所在地的地方税务局负责征收。没有分设地方税务局的地方,由国家税务局负责征收。

有关省、自治区、直辖市对保障金征收机关另有规定的,按其规定执行。

第十条 保障金一般按月缴纳。

用人单位应按规定时限向保障金征收机关申报缴纳保障金。在申报时,应提供本单位在职职工人数、实际安排残疾人就业人数、在职职工年平均工资等信息,并保证信息的真实性和完整性。

第十一条 保障金征收机关应当定期对用人单位进行检查。发现用人单位申报不实、少缴纳保障金的,征收机关应当催报并追缴保障金。

第十二条 残疾人就业服务机构应当配合保障金征收机关做好保障金征收工作。

用人单位应按规定时限如实向残疾人就业服务机构申报上年本单位安排的残疾人就业人数。未在规定时限申报的,视为未安排残疾人就业。

残疾人就业服务机构进行审核后,确定用人单位实际安排的残疾人就业人数,并及时提供给保障金征收机关。

第十三条 保障金征收机关征收保障金时,应当向用人单位开具省级财政部门统一印制的票据或税收票证。

第十四条 保障金全额缴入地方国库。

地方各级人民政府之间保障金的分配比例,由各省、自治区、直辖市财政部门商残疾人联合会确定。

具体缴库办法按照省级财政部门的规定执行。

第十五条 保障金由税务机关负责征收的,应积极采取财税库银税收收入电子缴库横向联网方式征缴保障金。

第十六条 自工商登记注册之日起 3 年内,对安排残疾人就业未达到规定比例、在职职工总数 20 人以下(含 20 人)的小微企业,免征保障金。

第十七条 用人单位遇不可抗力自然灾害或其他突发事件遭受重大直接经济损失,可以申请减免或者缓缴保障金。具体办法由各省、自治区、直辖市财政部门规定。

用人单位申请减免保障金的最高限额不得超过 1 年的保障金应缴额,申请缓缴保障金的最长期限不得超过 6 个月。

批准减免或者缓缴保障金的用人单位名单,应当每年公告一次。公告内容应当包括批准机关、批准文号、批准减免或缓缴保障金的主要理由等。

第十八条　保障金征收机关应当严格按规定的范围、标准和时限要求征收保障金,确保保障金及时、足额征缴到位。

第十九条　任何单位和个人均不得违反本办法规定,擅自减免或缓征保障金,不得自行改变保障金的征收对象、范围和标准。

第二十条　各地应当建立用人单位按比例安排残疾人就业及缴纳保障金公示制度。

残疾人联合会应当每年向社会公布本地区用人单位应安排残疾人就业人数、实际安排残疾人就业人数和未按规定安排残疾人就业人数。

保障金征收机关应当定期向社会公布本地区用人单位缴纳保障金情况。

第三章　使用管理

第二十一条　保障金纳入地方一般公共预算统筹安排,主要用于支持残疾人就业和保障残疾人生活。支持方向包括:

(一)残疾人职业培训、职业教育和职业康复支出。

(二)残疾人就业服务机构提供残疾人就业服务和组织职业技能竞赛(含展能活动)支出。补贴用人单位安排残疾人就业所需设施设备购置、改造和支持性服务费用。补贴辅助性就业机构建设和运行费用。

(三)残疾人从事个体经营、自主创业、灵活就业的经营场所租赁、启动资金、设施设备购置补贴和小额贷款贴息。各种形式就业残疾人的社会保险缴费补贴和用人单位岗位补贴。扶持农村残疾人从事种植、养殖、手工业及其他形式生产劳动。

(四)奖励超比例安排残疾人就业的用人单位,以及为安排残疾人就业做出显著成绩的单位或个人。

(五)对从事公益性岗位就业、辅助性就业、灵活就业,收入达不到当地最低工资标准、

生活确有困难的残疾人的救济补助。

(六)经地方人民政府及其财政部门批准用于促进残疾人就业和保障困难残疾人、重度残疾人生活等其他支出。

第二十二条　地方各级残疾人联合会所属残疾人就业服务机构的正常经费开支,由地方同级财政预算统筹安排。

第二十三条　各地要积极推行政府购买服务,按照政府采购法律制度规定选择符合要求的公办、民办等各类就业服务机构,承接残疾人职业培训、职业教育、职业康复、就业服务和就业援助等工作。

第二十四条　地方各级残疾人联合会、财政部门应当每年向社会公布保障金用于支持残疾人就业和保障残疾人生活支出情况,接受社会监督。

第四章　法律责任

第二十五条　单位和个人违反本办法规定,有下列情形之一的,依照《财政违法行为处罚处分条例》和《违反行政事业性收费和罚没收入收支两条线管理规定行政处分暂行规定》等国家有关规定追究法律责任;涉嫌犯罪的,依法移送司法机关处理:

(一)擅自减免保障金或者改变保障金征收范围、对象和标准的;

(二)隐瞒、坐支应当上缴的保障金的;

(三)滞留、截留、挪用应当上缴的保障金的;

(四)不按照规定的预算级次、预算科目将保障金缴入国库的;

(五)违反规定使用保障金的;

(六)其他违反国家财政收入管理规定的行为。

第二十六条　用人单位未按规定缴纳保障金的,按照《残疾人就业条例》的规定,由保障金征收机关提交财政部门,由财政部门予以警告,责令限期缴纳;逾期仍不缴纳的,除补缴欠缴数额外,还应当自欠缴之日起,按日加收 5‰ 的滞纳金。滞纳金按照保障金入库预算级次缴入国库。

第二十七条　保障金征收、使用管理有关

部门的工作人员违反本办法规定,在保障金征收和使用管理工作中滥用职权、玩忽职守、徇私舞弊的,依法给予处分;涉嫌犯罪的,依法移送司法机关。

第五章　附　则

第二十八条　各省、自治区、直辖市财政部门会同税务部门、残疾人联合会根据本办法制定具体实施办法,并报财政部、国家税务总局、中国残疾人联合会备案。

第二十九条　本办法由财政部会同国家税务总局、中国残疾人联合会负责解释。

第三十条　本办法自 2015 年 10 月 1 日起施行。《财政部关于发布〈残疾人就业保障金管理暂行规定〉的通知》(财综字〔1995〕5 号)及其他与本办法不符的规定同时废止。

财政部关于降低部分政府性基金征收标准的通知

(财税〔2018〕39 号)

国家发展改革委、水利、国家税务总局、中国残联,国家电网公司、中国南方电网有限责任公司,各省、自治区、直辖市财政厅(局),新疆生产建设兵团财政局,财政部驻各省、自治区、直辖市财政监察专员办事处:

为进一步减轻社会负担,支持实体经济发展,现就降低部分政府性基金征收标准有关政策通知如下:

一、自 2018 年 4 月 1 日起,将残疾人就业保障金征收标准上限,由当地社会平均的 3 倍降至 2 倍。其中,用人单位在职职工平均工资未超过当地社会平均工资 2 倍(含)的,按用人单位在职职工年平均工资计征残疾人就业保障金;超过当地社会平均工资 2 倍的,按当地社会平均工资 2 倍计征残疾人就业保障金。

二、自 2018 年 7 月 1 日起,将国家重大水利工程建设基金征收标准,在按照《财政部关于降低国家重大水利工程建设基金和大中型水库移民后期扶持基金征收标准的通知》(财税〔2017〕51 号)降低 25% 的基础上,再统一降低 25%。调整后的征收标准＝按照《财政部 国家发展改革委 水利部关于印发〈国家重大水利工程建设基金征收使用管理暂行办法〉的通知》(财综〔2009〕90 号)规定的征收标准×(1－25%)×(1－25%)。

征收标准降低后南水北调、三峡后续规划等中央支出缺口,在适度压减支出、统筹现有资金渠道予以支持的基础上,由中央财政通过其他方式予以适当弥补。地方支出缺口,由地方财政统筹解决。

三、各地区、各有关部门和单位应当按照本通知规定,及时制定出台相关配套措施,确保上述政策落实到位。

国家税务总局关于修订
《残疾人就业保障金缴费申报表》的公告

(国家税务总局公告 2019 年第 49 号)

根据国家发展和改革委员会、财政部、民政部、人力资源和社会保障部、国家税务总局、中国残疾人联合会《关于印发〈关于完善残疾人就业保障金制度更好促进残疾人就业的总体方案〉的通知》(发改价格规〔2019〕2015 号),国家税务总局对《残疾人就业保障金缴费申报表》表单和填写说明进行了修订。

自 2020 年 1 月 1 日起,缴费人按照规定申报缴纳残疾人就业保障金的,适用本公告。本公告发布的申报表启用后,《国家税务总局关

于发布〈社会保险费及其他基金规费文书式样〉的公告》(2015 年第 98 号,国家税务总局公告 2018 年第 31 号修改)附件中的 SB06《残疾人就业保障金缴费申报表》同时废止。

特此公告。

附件:残疾人就业保障金缴费申报表

附件

残疾人就业保障金缴费申报表

费款所属期:自　　年　月　日至　　年　月　日

缴费人识别号(统一社会信用代码):□□□□□□□□□□□□□□□□□□

缴费人名称:　　　　　　　　　　　　　　　　　　　　　　　　金额单位:元至角分

序号	*上年在职职工工资总额	*上年在职职工人数	*应安排残疾人就业比例	*上年实际安排残疾人就业人数	*上年在职职工年平均工资(或当地社会平均工资的2倍)	本期应纳费额	本期减免费额	本期已缴费额	本期应补(退)费额
1	2	3	4	5	6 = 2/3	7 = (3×4-5)×6	8 = 7 * 100%(或 50%、10%)	9	10 = 7-8-9

声明:此表是根据国家有关法律法规及相关规定填写的,本人(单位)对填报内容(及附带资料)的真实性、可靠性、完整性负责。

缴费人(签字或者加盖印章):　　　年　月　日

经办人: 经办人身份证号: 代理机构(签字或者加盖印章): 代理机构统一社会信用代码:	受理人: 受理税务机关(印章): 受理日期:　　年　月　日

本表一式两份,一份缴费人留存,一份税务机关留存。

填表说明:

1. 标记" * "为必填项目。

2. "缴费人名称"指《营业执照》或其他核准证照上的"名称"。

3. "在职职工"是指用人单位在编人员或依法与用人单位签订 1 年以上(含 1 年)劳动合同(服务协议)的人员,季节性用工应当折算为年平均用工人数。

4. "应安排残疾人就业比例"依据各省、自治区、直辖市、计划单列市人民政府规定维护并调用。

5. "上年实际安排残疾人就业人数"依据残联(残疾人就业服务机构)审核的残疾人就业情况填写。

6. "上年在职职工年平均工资(或当地社会平均工资的 2 倍)":上年在职职工年平均工资不超过当地社会平均工资 2 倍的,按用人单位在职职工平均工资计算;超过当地社会平均工资 2 倍的,按当地社会平均工资 2 倍计算。

7."本期应纳费额":按照公式计算为负数的,填写"0"。

8."本期减免费额":在职职工总数30人(含30人)以下的企业,按规定暂按"本期应纳费额"的100%计算减免费额。其他企业和其他用人单位,实际安排残疾人就业比例低于应安排残疾人就业比例的,实行分档征收政策,在2020年1月1日至2022年12月31日期间,对于实际安排残疾人就业比例达到1%(含)以上的,按"本期应纳费额"的50%计算减免费额;对于实际安排残疾人就业比例低于1%的,按"本期应纳费额"的10%计算减免费额。

国家发展改革委 财政部 民政部 人力资源社会保障部 国家税务总局 中国残联关于印发《关于完善残疾人就业保障金制度更好促进残疾人就业的总体方案》的通知

(发改价格规〔2019〕2015号)

各省、自治区、直辖市人民政府,国务院各部委、各直属机构:

《关于完善残疾人就业保障金制度更好促进残疾人就业的总体方案》已经国务院同意,现印发给你们,请认真贯彻实施。

关于完善残疾人就业保障金制度更好促进残疾人就业的总体方案

关于完善残疾人就业保障金制度更好促进残疾人就业的总体方案党中央、国务院高度重视保障残疾人就业工作。残疾人就业保障金制度自上世纪90年代建立以来,对增强全社会保障残疾人就业的责任意识、促进残疾人就业发挥了重要作用。近年来,随着经济社会发展和残疾人就业形势的变化,残疾人就业保障金(以下简称残保金)作用发挥不充分等问题日益突出,亟待加以完善。为更好发挥残保金制度作用,有效有力促进残疾人就业,制定以下方案。

一、总体要求

(一)指导思想。

坚持以习近平新时代中国特色社会主义思想为指导,深入贯彻党的十九大和十九届二中、三中、四中全会精神,坚持以人民为中心的发展思想,坚持稳中求进工作总基调,按照稳定制度框架、优化征收结构、规范资金使用、健全激励约束的思路,以完善残保金征收使用管理制度为切入点,进一步提高残疾人就业能力

和残疾人就业服务能力,积极拓展残疾人多元就业渠道,千方百计促进残疾人就业,推动残疾人更好融入社会,共建共享经济社会发展成果。

(二)基本原则。

——坚持统筹兼顾。

统筹完善、系统优化残保金征收结构,既稳定残保金征收制度框架,又积极回应企业等用人单位(以下简称用人单位)诉求,更好发挥残保金制度作用,通过"有效的征"促进用人单位增加残疾人就业岗位,逐步形成就业增、成本降的良性循环,实现残疾人就业与用人单位健康发展互利共赢。

——坚持以人为本。禁止在就业中歧视残疾人。进一步用好用足残保金,完善精准奖补政策,鼓励用人单位以岗适人、因人设岗,更好满足残疾人就业需求,创造更具包容和人文关怀的就业环境,通过"有效的用",提升残疾人就业能力,推动残疾人实现更加稳定、更有质量的就业。

——坚持多措并举。针对当前残疾人就业存在的突出问题,以完善残保金制度为抓手,同步健全残疾人就业保护、就业支持、就业服务,着力强弱项、补短板,充分调动残疾人就业创业积极性,发挥多元主体合力,更好保障残疾人就业。

二、优化征收,切实降低用人单位成本

(三)实行分档征收。

将残保金由单一标准征收调整为分档征收,用人单位安排残疾人就业比例1%(含)以

上但低于本省(区、市)规定比例的,三年内按应缴费额 50% 征收;1% 以下的,三年内按应缴费额 90% 征收。

(四)暂免征收小微企业残保金。对在职职工总数 30 人(含)以下的企业,暂免征收残保金。

(五)明确社会平均工资口径。残保金征收标准上限仍按当地社会平均工资的 2 倍执行,社会平均工资的口径为城镇私营单位和非私营单位就业人员加权平均工资。

(六)合理认定按比例安排就业形式。探索残疾人按比例就业多种实现形式,为用人单位更好履行法定义务提供更多选择。用工单位依法以劳务派遣方式接受残疾人在本单位就业的,残疾人联合会(以下简称残联)在审核残疾人就业人数时相应计入并加强动态监控。

三、规范使用,更好保障残疾人就业

(七)明确残保金优先用于保障就业。残保金优先用于支持残疾人就业,满足相关的培训教育、奖励补贴、就业服务等支出,与残疾人就业直接相关的支出由各省确定。各地要根据当地保障残疾人就业实际需要合理安排相关支出,不得以收定支。

(八)加大对用人单位安排残疾人就业的激励力度。合理调整残疾人就业岗位补贴、保险补贴、设施设备购置改造补贴等补贴标准;加大对超比例安排残疾人就业用人单位的奖励力度,通过正向激励,调动用人单位安排残疾人就业积极性。

(九)支持残疾人自主就业创业。鼓励和引导残疾人利用"互联网 +"等形式自主就业创业,在经营场地等方面给予支持,符合条件的可享受相应补贴和金融扶持政策。

(十)提升职业培训质量。积极支持残疾人就业培训,进一步提升资金使用效率。依托残疾人有就业意向的用人单位、专业培训机构开展"师带徒"、定岗式培训,按培训效果付费,将就业转化率和稳定就业时间作为付费依据。根据残疾人特点,制定残疾人职业培训标准。按规定开展残疾人免费职业技能培训行动,提高残疾人就业稳定性。

四、强化监督,增进社会支持

(十一)加强残保金和残疾人按比例就业的社会监督。财政部每年按照预算管理规定向国务院报告上一年残保金收入和残疾人事业支出情况,中国残联等部门和单位向国务院报告支持残疾人就业、用人单位按比例安排残疾人就业的情况。省、市、县三级财政部门会同同级残联将辖区范围内上述情况定期向社会公开,接受社会监督。

(十二)纳入社会信用评价体系。对未按比例安排残疾人就业且拒缴、少缴残保金的用人单位,将其失信行为记入信用记录,纳入全国信用信息共享平台。

五、健全服务,提升残疾人就业质量

(十三)全面摸排残疾人就业需求信息。由残联指导城乡社区服务机构实时跟踪残疾人信息,采取分片包干形式,精准掌握辖区内残疾人就业需求,建立残疾人求职信息档案,配合做好就业对接。建立健全全国联网的残疾人身份认证系统。

(十四)做好残疾人人力资源开发。由残联牵头,组织各方力量,或通过政府购买服务等方式,引入专业化组织和市场机构,为残疾人提供职业康复训练、职业适应评估、职业心理测评、求职定向指导、职业介绍、岗位支持等全链条、个性化服务。

(十五)推动用人单位设置残疾人就业岗位。各级党政机关、事业单位、国有企业应当带头招录(聘)和安置残疾人就业。各级残疾人就业服务机构要主动向用人单位介绍安排残疾人就业优惠政策、提供岗位改造咨询,充分调动用人单位安排残疾人就业的积极性;鼓励和引导用人单位针对残疾人状况,对工作岗位进行主动适应性调整,努力实现"以岗适人"。

(十六)支持就业服务平台发展。充分发挥残疾人就业服务中心、公共就业服务机构、劳务派遣公司、经营性人力资源服务机构在残疾人就业供需对接方面的作用,对推荐残疾人稳定就业一年以上的,按人数给予奖励。

(十七)推动信息互通资源共享。省级财政、税务、人力资源社会保障、残联等相关部门和单位建立残疾人就业及残保金信息共享机制。在保护残疾人隐私的前提下,残联应当向公共就业服务机构、劳务派遣公司、经营性人力资源服务机构和法律援助机构开放与就业相关的残疾人信息数据。推进残疾人求职信息全省互联互通,并逐步实现全国信息共享。支持残疾人就业创业网络服务平台建设。

(十八)完善残疾人就业服务保障机制。积极发挥残疾人就业服务机构在事前事中事后全流程服务的作用,鼓励企业、残疾人职工、就业服务机构签订三方协议。大力推广雇主责任险、残疾人意外伤害保险等保险,保费由企业和残疾人合理分担,消除企业和残疾人后顾之忧。

(十九)建立残疾人就业信息跟踪反馈机制。残联和社区要持续跟进了解残疾人就业情况,对残疾人就业和用人单位用工过程中出现的问题,及时协调解决。建立就业辅导员制度,为残疾人提供就业服务,及时协调解决残疾人就业后面临的困难,提高残疾人就业稳定性和就业质量。

六、加强统筹,协同推进政策落地

(二十)加强组织领导。

各地要高度重视残疾人就业工作,创造条件帮助用人单位增加残疾人就业,更有效发挥残保金制度作用,为用人单位安排残疾人就业

提供更好环境和更多支持。及时协调解决残疾人就业过程中遇到的困难和问题,定期总结促进残疾人就业的好经验、好做法,具备条件的要适时推广。

(二十一)压实部门责任。各级政府和相关部门要将保障残疾人劳动就业权益放在重要位置,明确各方责任,分工合作,齐抓共管,形成合力。人力资源社会保障部门要将残疾人就业工作纳入当地劳动就业与人力资源发展政策体系,依法维护残疾人职工劳动保障权益。残联负责用人单位安排残疾人就业情况的审核,进一步发挥其在项目安排、资金使用等方面的作用。财政部门负责对残保金的征收、资金使用情况进行日常监督。税务部门依据残联审核的残疾人就业情况,负责残保金征收。审计部门依据法律法规开展审计,对审计发现的违法犯罪线索,按规定移送有关部门。

(二十二)营造良好氛围。各有关部门和地方各级人民政府要做好政策解读,加强舆论宣传和典型示范,引导社会各方面正确认识残保金的积极作用,适时组织残疾人就业励志典型和安排残疾人就业先进单位开展宣讲等活动,形成示范效应,鼓励残疾人更好融入社会,号召全社会关心支持残疾人就业。

本方案自 2020 年 1 月 1 日起实施。

财政部关于延续实施残疾人就业保障金优惠政策的公告

(财政部公告 2023 年第 8 号)

为促进小微企业发展,进一步减轻用人单位负担,现就延续实施《财政部关于调整残疾人就业保障金征收政策的公告》(财政部公告 2019 年第 98 号)相关优惠政策公告如下:

一、延续实施残疾人就业保障金分档减缴政策。其中:用人单位安排残疾人就业比例达到 1%(含)以上,但未达到所在地省、自治区、直辖市人民政府规定比例的,按规定应缴费额的 50%缴纳残疾人就业保障金;用人单位安排

残疾人就业比例在 1%以下的,按规定应缴费额的 90%缴纳残疾人就业保障金。

二、在职职工人数在 30 人(含)以下的企业,继续免征残疾人就业保障金。

三、本公告执行期限自 2023 年 1 月 1 日起至 2027 年 12 月 31 日。对符合本公告规定减免条件但缴费人已缴费的,可按规定办理退费。

特此公告。

六、水利建设基金

财政部 国家发展和改革委员会 水利部关于印发《水利建设基金筹集和使用管理办法》的通知

(财综〔2011〕2 号)

依据《财政部关于修改部分文件条款的通知》(财税〔2023〕9 号),本办法自 2023 年 3 月 9 日起将第二条中"是用于水利建设的专项资金"删除。

各省、自治区、直辖市人民政府,交通运输部、铁道部、住房城乡建设部、国土资源部、审计署:

《水利建设基金筹集和使用管理办法》已经国务院同意,现印发给你们,请遵照执行。

水利建设基金筹集和使用管理办法

第一条 为加快水利建设,提高防洪减灾和水资源配置能力,缓解水资源供需矛盾,促进经济社会可持续发展,根据国务院关于充实完善水利建设基金的要求,制定本办法。

第二条 水利建设基金是用于水利建设的专项资金,由中央水利建设基金和地方水利建设基金组成。中央水利建设基金主要用于关系经济社会发展全局的重点水利工程建设。地方水利建设基金主要用于地方水利工程建设。跨流域、跨省(自治区、直辖市)的重大水利建设工程和跨国河流、国界河流我方重点防护工程的治理投资由中央和地方共同负担。

第三条 中央水利建设基金的来源:

(一)从车辆购置税收入中定额提取。

(二)从铁路建设基金、港口建设费收入中提取 3%。

(三)经国务院批准的其他可用于水利建设基金的资金。

第四条 地方水利建设基金的来源:

(一)从地方收取的政府性基金和行政事业性收费收入中提取 3%。应提取水利建设基金的地方政府性基金和行政事业性收费项目包括:车辆通行费、城市基础设施配套费、征地管理费,以及省、自治区、直辖市人民政府确定的政府性基金和行政事业性收费项目。

(二)经财政部批准,各省、自治区、直辖市向企事业单位和个体经营者征收的水利建设基金。

(三)地方人民政府按规定从中央对地方成品油价格和税费改革转移支付资金中足额安排资金,划入水利建设基金。

(四)有重点防洪任务和水资源严重短缺的城市要从征收的城市维护建设税中划出不少于 15%的资金,用于城市防洪和水源工程建设。具体比例由省、自治区、直辖市人民政府确定。

有重点防洪任务的城市包括:北京、天津、沈阳、盘锦、长春、吉林、哈尔滨、齐齐哈尔、佳木斯、郑州、开封、济南、合肥、芜湖、安庆、淮南、蚌埠、上海、南京、武汉、黄石、荆州、南昌、九江、长沙、岳阳、成都、广州、南宁、梧州、柳州市,以及省、自治区、直辖市人民政府确定的有重点防洪任务的城市。

水资源严重短缺的城市,由省、自治区、直辖市人民政府确定。

第五条 中央水利建设基金的提取办法按照财政部有关规定执行。地方水利建设基金提取和划转办法按照省、自治区、直辖市人民政府的规定执行。财政部要进一步完善各省、自治区、直辖市向企事业单位和个体经营者征收水利建设基金的政策。

第六条 水利建设基金按下列规定安排使用：

（一）中央水利建设基金专项用于：关系经济社会发展全局的防洪和水资源配置工程建设及其他经国务院批准的水利工程建设；中央水利工程维修养护；防汛应急度汛。资金使用结构为：55％用于水利工程建设；30％用于水利工程维修养护；15％用于应急度汛，各部分资金结余可统筹安排使用。

（二）地方水利建设基金专项用于：大江大河主要支流、中小河流、湖泊治理；病险水库除险加固；城市防洪设施建设；地方水资源配置工程建设；地方重点水土流失防治工程建设；农村饮水和灌区节水改造工程建设；地方水利工程维修养护和更新改造；防汛应急度汛；其他经省级人民政府批准的水利工程项目。

第七条 水利建设基金收支纳入政府性基金预算管理，实行专款专用，年终结余结转下年度安排使用。

各级水行政主管部门根据水利建设规划，编制年度水利建设基金支出预算，经同级财政部门审核后，纳入政府性基金预算。财政部门根据批准的水利建设基金预算和基金实际征收入库情况拨付资金。其中，水利建设基金用于固定资产投资项目，要纳入固定资产投资计划。

各级水行政主管部门根据年度水利建设基金预算执行情况，编制水利建设基金决算，报同级财政部门审核。

第八条 任何部门和单位不得多征、减征、缓征、停征，或者侵占、截留、挪用水利建设基金。各级财政、发展改革、审计部门要加强对水利建设基金筹集、拨付和使用情况的监督检查，违反规定的要严肃处理。

第九条 本办法自 2011 年 1 月 1 日起实行，到 2020 年 12 月 31 日止。

第十条 各省、自治区、直辖市人民政府根据本办法制定具体实施细则，报财政部、国家发展改革委、水利部备案。

第十一条 本办法由财政部会同国家发展改革委、水利部解释。

七、防空地下室易地建设费

国家国防动员委员会 国家发展计划委员会 建设部 财政部关于颁布《人民防空工程建设管理规定》的通知

（国人防办字〔2003〕18 号）

各军区人民防空办公室、各省、自治区、直辖市人民防空办公室、发展计划委员会、建设厅（建委）、财政厅（局）、中央直属机关、中央国家机关人民防空办公室：

现将《人民防空工程建设管理规定》印发你们，望遵照执行。

人民防空工程建设管理规定

第一章 总 则

第一条 为加强人民防空工程建设管理，规范人民防空工程建设活动，确保人民防空工程的战备效益、社会效益和经济效益，根据《中华人民共和国人民防空法》《中华人民共和国城市规划法》《中华人民共和国建筑法》《中华人民共和国招标投标法》等有关法律、法规,制定本规定。

第二条　本规定所称人民防空工程,是指为保障战时人员与物资掩蔽、人民防空指挥、医疗救护而单独修建的地下防护建筑,以及结合地面建筑修建的战时可用于防空的地下室(以下简称防空地下室)。

第三条　人民防空工程建设,坚持与城市建设相结合;坚持长远建设与应急建设相结合;坚持国家投资与社会筹资建设相结合。人民防空工程建设应当遵循统一规划,量力而行,平战结合,质量第一的原则。

第四条　人民防空工程建设属于国防工程建设和社会公益事业建设,实行投资主体多元体,国家鼓励、支持社会、集体和个人,通过多种途径,投资进行人民防空工程建设。国家对人民防空设施建设按照国家有关规定给予优惠。

第五条　防空地下室建设按照国家有关法律法规和本规定第八章的规定实施管理。

第六条　县级以上人民政府人民防空主管部门负责防空地下室建设和城市地下空间开发利用兼顾人民防空防护要求的管理和监督检查,与规划、计划、建设等部门搞好城市地下空间的规划、开发利用和审批工作。

第七条　人民防空工程建设应当纳入城市总体规划。市政公用基础设施和房屋建筑等工程的规划和建设,要注重开发利用城市地下空间,兼顾人民防空要求。

第二章　计划管理

第八条　人民防空工程建设实行统一计划,分级管理。人民防空主管部门投资安排的工程建设项目,必须纳入全国人民防空工程建设计划,不得在计划外安排人民防空工程建设项目。

第九条　国家人民防空主管部门根据社会发展和国防需要,以及国家和地方可能提供的财力、物力,提出人民防空工程建设的目标、方针、政策、步骤和措施,组织编制全国人民防

空工程建设中长期计划,报国家发展计划主管部门批准后实施。

军区人民防空主管部门应当按照国家人民防空工程建设中长期计划,提出工程建设目标、步骤和措施,组织编制本区人民防空工程建设中长期计划,报国家人民防空主管部门批准后实施。

省、自治区、直辖市人民政府人民防空主管部门根据国家和军区人民防空工程建设中长期计划,结合本地实际,组织编制本级人民防空工程建设中长期计划,经本级人民政府发展计划主管部门和军区人民防空主管部门审核,报国家人民防空主管部门批准后实施。

人民防空重点城市以下地方各级人民政府人民防空主管部门组织编制本级人民防空工程建设中长期计划,经本级人民政府发展计划主管部门审核,报上一级人民防空主管部门批准后实施。

县级以上人民政府人民防空主管部门编制的人民防空工程建设中长期计划应当明确项目,为年度计划作好项目储备。

第十条　国家人民防空主管部门根据中期计划的要求,于每年五月下达翌年年度计划安排原则。省、自治区、直辖市人民政府人民防空主管部门根据原则要求和储备项目,编制本级年度计划草案,安排一年内的建设任务和具体项目,经军区人民防空主管部门审核汇总,于八月中旬报国家人民防空主管部门。国家人民防空主管部门综合编制全国人民防空工程建设年度计划草案,报国家发展计划主管部门审批。

自筹资金安排的人民防空工程建设项目,应当附有上一级人民防空财务部门出具的验资证明。年度计划草案的编制应与年度预算的编制相一致。年度预算的执行应当按照批准的预算进行。

第十一条　全国人民防空工程建设年度计划,由国家发展计划主管部门统一下达。

省、自治区、直辖市人民政府人民防空主管部门必须根据国家下达的人民防空工程建设年度计划,编制年度实施计划,会同本级发展计划主管部门下达各人民防空重点城市执行,并

由人民防空主管部门于当年三月底前报国家和军区人民防空主管部门备案。

第十二条 人民防空工程建设年度计划一经批准下达,任何单位或者个人不得擅自调整或者改变。严禁擅自变更建设项目或者无故不完成国家计划。

第十三条 人民防空工程建设年度计划确需调整的,省、自治区、直辖市人民政府人民防空主管部门应当于当年八月底前报国家人民防空主管部门,经批准后下达实施。

第十四条 各级人民防空工程建设管理部门应当严格按照国家制定的人民防空工程建设统计制度、报表和要求,准确、及时、全面地反映人民防空工程建设计划的执行情况。

第三章　建设责任、程序与项目划分

第十五条 人民防空工程建设责任划分:

(一)人民政府人民防空指挥工程、公用的人员掩蔽工程和疏散干道工程,由人民防空主管部门负责组织建设。人民政府人民防空指挥工程建设经费由本级政府财政预算安排;公用的人员掩蔽工程和疏散干道工程的建设经费,主要由地方各级政府财政预算安排、中央财政预算安排和人民防空主管部门依法筹措的经费解决。

(二)防空专业队、医疗救护、物资储备等专用工程,由群众防空组织组建部门和战时医疗救护、物资储备等部门分别负责组织建设。有关单位负责修建本单位的人员与物资掩蔽工程。其建设经费由各有关部门和单位解决。

(三)防空地下室工程,由有关单位或者个人负责组织建设。其建设经费由建设单位或者个人筹措,列入建设项目总投资。

第十六条 人民防空工程建设按照下列基本程序进行:

(一)根据人民防空工程建设的中长期计划,提出项目建设书;

(二)根据批准的项目建设书,编制可行性研究报告;

(三)根据批准的可行性研究报告,进行工程初步设计,提出总概算;

(四)根据批准的可行性研究报告和初步设计文件,申报年度工程建设计划,进行施工图设计;

(五)按照国家有关规定申请领取建设工程规划许可证;

(六)根据批准的年度工程建设计划和审查批准后的施工图设计文件,组织工程招标和施工准备。按照有关规定申请领取施工许可证或者经批准的开工报告;

(七)按照国家有关规定组织施工;

(八)工程竣工后,及时编制竣工文件,组织竣工验收,上报备案,进行竣工决算,交付使用。

第十七条 人民防空工程建设项目按照下列标准划分:

(一)大型项目:

投资规模在2 000万元(含)以上的工程;

投资规模在1 000万元(含)以上的各级人民防空指挥工程。

(二)中型项目:

投资规模在600万元(含)以上,2 000万元以下的工程;

投资规模在1 000万元以下的各级人民防空指挥工程。

(三)小型项目:

投资规模在200万元(含)以上,600万元以下的工程。

(四)零星项目:

投资规模在200万元以下的工程。

第四章　建设前期工作与项目审批权限

第十八条 人民防空工程建设单位应当根据人民防空工程建设中长期计划,提出项目建议书。

项目建议书的内容主要包括:建设的必要性和依据,建设地点、建设规模、防护要求、战时平时用途、建设条件、环境影响、协作关系、投资估算和资金筹措,战备效益、社会效益、经济效益初步分析。

第十九条 人民防空工程建设单位应当根据批准的项目建议书,委托具有相应资质的

单位编制工程项目可行性研究报告。

可行性研究报告的内容主要包括：建设目的和依据，建设具体地点及征地拆迁情况，建设条件、环境保护、战时、平时用途，主要防护指标和战术技术论证，市场调查、预测，主要经济指标的研究比较和分析，水文、地质、气象资料，政府部门和主要协作单位签署的意向文件，建设规模、投资估算、资金来源和筹措方式，工程总体设计原则和方案选优，工程进度安排和项目实施的主要措施，使用或者生产（经营）的组织管理，战备、社会、经济效益评价，工程位置图和选定的方案图。加固改造项目还应当包括原有设施设备的利用情况。

第二十条 人民防空工程建设单位应当根据批准的可行性研究报告，委托具有相应资质等级的勘察设计单位编制工程初步设计文件。

工程初步设计文件的内容主要包括：设计依据，设计总说明，建筑总平面图、平面图、主要剖面图，主体结构形式、剖面和防护系统图，风水电专业系统图，主要设备、材料表，主要技术措施和各项技术经济指标，各专业设计计算书，工程设计概算。

第二十一条 人民防空工程建设单位应当根据批准的初步设计文件，委托具有相应资质等级的勘察设计单位编制工程施工图设计文件。

工程施工图设计文件的内容主要包括：设计依据，设计总说明，建筑、结构、地基基础、防护系统工程施工图，通风空调、给排水、供电、通信工程施工图，各种设备、材料表，基础处理、结构及各专业设计计算书，工程施工图预算。

第二十二条 新建和加固改造工程的项目建议书、可行性研究报告、初步设计文件、施工图设计文件按照下列权限审批：

（一）大型项目由国家人民防空主管部门审批；

（二）中、小型项目由省、自治区、直辖市人民政府人民防空主管部门审批，其中项目建议书和可行性报告报国家和军区人民防空主管部门备案；

（三）零星项目可不编报可行性研究报告

和初步设计文件，其项目建议书、施工图设计文件由人民防空重点城市人民政府人民防空主管部门审批，项目建议书报省、自治区、直辖市人民政府人民防空主管部门备案。

限上项目按国家有关规定报国家发展计划委员会审批。

第二十三条 人民防空工程建设项目前期工作完成后，建设单位按照国家有关规定申请领取建设工程规划许可证、施工许可证或者提出开工报告，并附有"人民防空工程施工图设计文件审查批准书"。大、中型项目的开工报告，由省、自治区、直辖市人民政府人民防空主管部门审批。小型项目的开工报告，由人民防空重点城市人民政府人民防空主管部门审批，并报上一级人民防空主管部门备案。除零星项目外，未经批准开工报告的人民防空工程建设项目，不准擅自开工。

第五章 发包与承包

第二十四条 人民防空工程建设项目的发包与承包实行招标投标制度。实行招标发包的人民防空工程建设项目，包括项目的设计、施工、监理以及重要设备的采购，应当按照《中华人民共和国招标投标法》的规定，采用公开招标或者邀请招标的方式进行招标。

第二十五条 实行招标发包的人民防空工程建设单位，应当建立建设项目管理机构，或者委托依法取得相应资质的招标代理机构，承办对投标单位进行资格审查、编制招标文件等事宜。并依法组建评标委员会，组织实施人民防空工程招标的评标活动。

进行人民防空工程招标，必须接受依法实施的行政监督。国家和省、自治区、直辖市重点人民防空工程建设项目不宜公开招标的，经国家发展计划主管部门和省、自治区、直辖市人民政府批准，可以进行邀请招标。

涉及国家安全、国家秘密的人民防空工程建设项目，不宜进行招标的，按照国家有关规定可以不进行招标。

第二十六条 招标发包的人民防空工程

建设项目,应当发包给依法中标的承包单位。发包单位可以将人民防空工程建设项目的勘察、设计、施工、设备采购一并发包给一个工程总承包单位,也可以将勘察、设计、施工、设备采购的一项或者多项发包给一个工程总承包单位;但是,不得将应当由一个承包单位完成的人民防空工程建设项目肢解成若干部分发包给几个承包单位。发包方应当与承包方依法订立书面合同,合同参照国家《建设工程勘察合同》《建设工程设计合同》《建设工程施工合同》《工程建设监理合同》等示范文本。

第二十七条 禁止承包单位将其承包的全部工程建设项目转包给他人,或者将其承包的全部工程建设项目肢解以后以分包的名义分别转包给他人。工程总承包单位可以将承包工程中的部分工程发包给具有相应资质条件的分包单位;但是,除承包合同中约定的分包外,必须经建设单位认可。施工总承包的,工程主体结构的施工必须由总承包单位自行完成。

总承包单位按照总承包合同的约定对建设单位负责;分包单位按照分包合同的约定对总承包单位负责。总承包单位和分包单位就分包工程对建设单位承担连带责任。

第二十八条 人民防空工程建设项目的发包与承包,应当按照公开、公正、平等和诚实信用的原则进行

第六章 质量管理

第二十九条 人民防空工程建设应当按照《建设工程质量管理条例》的规定,建立行政监督、社会监理、施工单位管理相结合的质量管理机制,开展争创优质工程活动,确保工程建设质量。

第三十条 人民防空工程建设实行质量监督管理制度。国家人民防空主管部门对全国的人民防空工程质量实施监督管理。县级以上人民政府人民防空主管部门对本行政区域内的人民防空工程质量实施监督管理。

人民防空工程质量监督管理,由国家、省(自治区、直辖市)、人民防空重点城市人民政府人民防空主管部门委托具有资格的工程质量监督机构具体实施。

人民防空工程质量监督管理,接受同级建设行政主管部门指导。

第三十一条 接受委托的工程质量监督机构应当按照国家有关法律、法规,强制性标准及设计文件,对工程质量进行监督。对建设单位申报竣工的工程,出具人民防空工程质量监督报告。

第三十二条 人民防空工程建设单位在工程开工前,必须向工程质量监督机构申请办理质量监督手续,并组织设计、施工单位进行技术交底和图纸会审。在工程施工中,应当按照国家有关规定,对工程质量进行检查,参与隐蔽工程的验收和工程质量问题的处理。

第三十三条 从事人民防空工程勘察设计的单位必须按照强制性标准和可行性研究报告确定的任务、投资进行勘察设计,并对勘察设计的质量负责。勘察设计单位应当按照审查初步设计、施工图设计提出的意见,认真进行设计修改。建设单位应当对勘察设计及设计修改进行监督。

设计单位应当参与人民防空工程质量事故分析,并对因设计造成的质量事故,提出相应的技术处理方案。

第三十四条 从事人民防空工程监理的单位应当按照有关法律、法规、强制性标准、设计文件和监理合同,公正、独立、自主地开展监理工作,公平维护项目法人被监理单位的合法权益。

监理单位应当按照法律规定和合同约定对人民防空工程的投资、质量、工期实施全面的监督管理。监理单位对施工质量承担监理责任。监理单位不得转让监理业务。

第三十五条 从事人民防空工程施工的单位必须按照强制性标准和工程设计文件,科学组织,文明施工。不得擅自修改工程设计,不得偷工减料,并对承包工程的施工质量负责。

施工单位对施工中出现问题的工程和竣工验收不合格的工程应当负责返修。

第三十六条 人民防空工程承包单位在

向建设单位提交工程竣工验收报告时,应当向建设单位出具质量保修书。质量保修书中应当明确工程的保修范围、保修期限和保修责任等。

人民防空工程在保修范围和保修期限内发生质量问题的,施工单位应当履行保修义务,并对造成的损失承担赔偿责任。

人民防空工程在保修范围和保修期限,按照国家有关规定执行,保修时间自竣工验收合格之日起计算。

第三十七条 人民防空工程建设单位收到工程竣工报告后,应当组织设计、施工、工程监理等有关单位进行竣工验收。

人民防空工程竣工验收应当具备下列条件:

(一)完成工程设计和合同约定的各项内容;

(二)有完整的工程技术档案和施工管理资料;

(三)有工程使用的主要建筑材料、建筑构配件和设备的产品质量出厂检验合格证明和技术标准规定的进场试验报告;

(四)有勘察、设计、施工、工程监理等单位分别签署的质量合格文件

(五)有施工单位签署的质量保修书。

人民防空工程经验收合格的,方可交付使用。

第三十八条 人民防空工程竣工验收实行备案制度。人民防空工程建设单位应当自工程竣工验收合格之日起 15 日内,将工程竣工验收报告和接受委托的工程质量监督机构及有关部门出具的认可文件报人民防空主管部门备案。

第三十九条 人民防空工程建设单位应当严格按照国家和人民防空主管部门有关档案管理的规定,及时收集、整理建设项目各环节的文件资料,建立健全建设项目档案,并在工程竣工验收后,及时向城建档案馆和人民防空主管部门移交建设项目档案。

第七章 造价与财务管理

第四十条 人民防空工程造价管理机构应当按照国家有关规定对人民防空工程价格活动实施监督管理。依法取得相应资质的工程造价咨询单位,接受当事人委托,提供工程造价咨询和服务。

第四十一条 人民防空工程建设项目实行内部审计制度。各级人民防空主管部门应当按照国家有关规定,对人民防空工程建设进行项目审计和造价审计,对审计中发现的问题依法进行处理。

第四十二条 各级人民防空财务部门应当严格按照批准的工程建设年度计划、施工进度,实施经费保障,审核竣工决算。

第四十三条 各级人民防空财务部门按照本规定第十条要求,严格审查自筹资金工程建设项目的资金来源,符合规定的,方可出具验资证明。

第四十四条 人民防空工程建设单位应当加强工程经费管理,严格执行财务制度,合理安排经费使用,努力降低工程造价。

第八章 防空地下室建设管理

第四十五条 城市新建民用建筑,按照国家有关规定修建防空地下室。

前款所称民用建筑包括除工业生产厂房及其配套设施以外的所有非生产性建筑。

第四十六条 县级以上人民政府人民防空主管部门参与城市应建防空地下室的民用建筑计划和项目报建联审,按照国家有关规定负责防空地下室防护方面的设计审查和质量监督。

第四十七条 新建民用建筑应当按照下列标准修建防空地下室:

(一)新建 10 层(含)以上或者基础埋深 3 米(含)以上的民用建筑,按照地面首层建筑面积修建 6 级(含)以上防空地下室;

(二)新建除一款规定和居民住宅以外的其他民用建筑,地面总建筑面积在 2 000 平方米以上的,按照地面建筑面积的 2%~5% 修建 6 级(含)以上防空地下室;

(三)开发区、工业园区、保税区和重要经

济目标区除一款规定和居民住宅以外的新建民用建筑,按照一次性规划地面总建筑面积的2%～5%集中修建6级(含)以上防空地下室;

按二、三款规定的幅度具体划分:一类人民防空重点城市按照4%～5%修建;二类人民防空重点城市按照3%～4%修建;三类人民防空重点城市和其他城市(含县城)按照2%～3%修建。

(四)新建除一款规定以外的人民防空重点城市的居民住宅楼,按照地面首层建筑面积修建6B级防空地下室;

(五)人民防空重点城市危房翻新住宅项目,按照翻新住宅地面首层建筑面积修建6B级防空地下室。

新建防空地下室的抗力等级和战时用途由城市(含县城)人民政府人民防空主管部门确定。

第四十八条 按照规定应修建防空地下室的民用建筑,因地质、地形等原因不宜修建的,或者规定应建面积小于民用建筑地面首层建筑面积的,经人民防空主管部门批准,可以不修建,但必须按照应修建防空地下室面积所需造价缴纳易地建设费,由人民防空主管部门统一就近易地修建。

防空地下室易地设计费的收取标准,由省、自治区、直辖市人民政府价格主管部门会同财政、人民防空主管部门按照当地防空地下室的造价制定。

第四十九条 防空地下室易地建设费,按照国家防动员委员会、财政部和省、自治区、直辖市人民政府财政主管部门的规定,全额上缴同级财政预算外专户,实行收支两条线管理,专项用于人民防空建设,任何单位和个人不得平调、截留和挪用。

第五十条 任何部门和个人无权批准减免应建防空地下室建筑面积和易地建设费,或者降低防空地下室防护标准。

第五十一条 按照规定应修建防空地下室的,防空地下室建筑面积单列。所需资金由建设单位筹措,列入建设项目总投资,并纳入各级基本建设投资计划。

防空地下室的概算、预算、结算,应当参照人民防空工程概(预)算定额。

第五十二条 防空地下室的设计必须由具有相应资质等级的设计单位,按照国家颁布的强制性标准进行设计。

第五十三条 在对应建防空地下室的民用建筑设计文件组织审核时,应当由人民防空主管部门参加,负责防空地下室的防护设计审核。未经审核批准或者审核不合格的,规划部门不得发给建设工程规划许可证,建设行政主管部门不得发给施工许可证,建设单位不得组织开工。

第五十四条 经人民防空主管部门批准需缴纳防空地下室易地建设费的,建设单位在办理建设工程规划许可证前,应当先缴纳防空地下室易地建设费。

建设单位缴纳易地建设费后,人民防空主管部门应当向建设单位出具由财政部或者省、自治区、直辖市人民政府财政主管部门统一印制的行政事业性收费票据。

第五十五条 防空地下室的施工,应当与地下建筑一起实行招标,确定具有相应资质等级的施工单位承担。

建设单位和施工单位必须按照审核批准的防空地下室施工图设计文件和国家强制性标准的要求施工。因故确需变更设计的,必须经原设计文件批准部门批准。

第五十六条 修建防空地下室选用的防护设备,必须符合国家规定的标准。

第五十七条 防空地下室竣工验收实行备案制度,建设单位在向建设行政主管部门备案时,应当出具人民防空主管部门的认可文件。

第五十八条 人民防空主管部门应当将审批、验收防空地下室过程中形成的文字、图纸、技术资料依法归档保存,并将防空地下室纳入人民防空工程进行统计。

第五十九条 由单位、个人投资建设或者连同地面建筑整体购置的防空地下室,平时由投资者或使用者按照有关规定进行维护、管理和使用,战时由人民防空主管部门统一安排使用。

第九章 附 则

第六十条 县级以上人民政府有关部门应当对本行政区域内人民防空工程建设活动进行监督检查。对违反本规定的行为,依照《中华人民共和国人民防空法》《中华人民共和国城市规划法》《中华人民共和国建筑法》《中华人民共和国招标投标法》和《建设工程质量管理条例》《建设工程勘察设计管理条例》的有关规定进行处罚。

第六十一条 本规定由国家国防动员委员会、国家发展计划委员会、建设部、财政部按照职责分工负责解释。

第六十二条 本规定自发布之日起施行。

八、国家电影事业发展专项基金

财政部 国家新闻出版广电总局关于印发《国家电影事业发展专项资金征收使用管理办法》的通知

(财税〔2015〕91号)

各省、自治区、直辖市、计划单列市财政厅(局)、新闻出版广电局、文化厅(局):

为了规范国家电影事业发展专项资金征收使用管理,支持电影事业发展,根据《电影管理条例》的规定,我们制定了《国家电影事业发展专项资金征收使用管理办法》,现印发给你们,请遵照执行。

国家电影事业发展专项资金
征收使用管理办法

第一章 总 则

第一条 为了规范国家电影事业发展专项资金(以下简称电影专项资金)征收使用管理,支持电影事业发展,根据《电影管理条例》的规定,制定本办法。

第二条 电影专项资金的征收、使用和管理,适用本办法。

第三条 电影专项资金属于政府性基金,全额上缴中央和地方国库,纳入中央和地方政府性基金预算管理。

第四条 中央和省两级分别设立国家和省级电影专项资金管理委员会(以下简称管委会)。

国家管委会由新闻出版广电总局、财政部组成,负责研究提出电影专项资金管理政策和制度,提出电影专项资金使用方向、支持重点和对特殊贫困地区电影事业发展的扶持政策,审核中央分成的电影专项资金预决算,指导省级管委会相关工作,监督电影专项资金征缴和使用。

省级管委会由省级电影行政主管部门、财政部门组成,负责电影专项资金征缴管理,研究提出本地区电影专项资金管理政策和制度,提出本地区电影专项资金支持重点,审核省级分成的电影专项资金预决算。

省级管委会人员组成报国家管委会备案。

第五条 国家和省级管委会办公室分别设在新闻出版广电总局和省级电影行政主管部门。

国家和省级管委会办公室应配备人员,具体负责电影专项资金征收、缴库、预决算编制、账务核算、票据使用、报表报送、电影票房收入监管、业务培训等工作。

第六条　电影专项资金的征收、使用和管理应当接受财政部门的监督检查和审计机关的审计监督。

第二章　征收缴库

第七条　办理工商注册登记的经营性电影放映单位,应当按其电影票房收入的5%缴纳电影专项资金。

经营性电影放映单位包括对外营业出售电影票的影院、影城、影剧院、礼堂、开放俱乐部,以及环幕、穹幕、水幕、动感、立体、超大银幕等特殊形式电影院。

经营性电影放映单位的电影票房收入按全国电影票务综合信息管理系统记录的数据核定。

第八条　电影专项资金由省级管委会办公室负责按月征收。

经营性电影放映单位应当于每月8日前,向省级管委会办公室申报上月电影票房收入和应缴纳的电影专项资金,并按省级管委会办公室指定的账户足额上缴资金。

省级管委会办公室应当对经营性电影放映单位上缴电影专项资金情况进行审核,发现申报不实、少缴纳资金的,应当要求经营性电影放映单位限期补缴。

第九条　省级管委会办公室征收电影专项资金时,应当使用省级财政部门统一印制的票据。

第十条　电影专项资金按照4∶6比例分别缴入中央和省级国库。

应缴中央国库的资金,由各省级管委会办公室于每月20日前,缴入财政部为国家管委会开设的中央财政汇缴专户,并由财政部及时划转中央国库。

应缴省级国库的资金,具体缴库办法按照省级财政部门的规定执行。

第十一条　各省级管委会要确保将中央分成的电影专项资金收入及时足额上缴中央国库,不得截留、占压或者拖延上缴。

第十二条　经营性电影放映单位应当按全国电影票务综合信息管理系统的管理要求,及时、准确报送电影票房收入情况,并按规定如实申报缴纳电影专项资金。

第十三条　省级管委会办公室应当核实各经营性电影放映单位全年电影票房收入,在次年2月底前完成对其全年应缴电影专项资金的汇算清缴工作,并向国家管委会办公室书面报告本地区全年电影专项资金征缴情况。

第十四条　任何单位和个人均不得违反本办法规定,擅自减免或缓征电影专项资金,不得自行改变电影专项资金的征收对象、范围和标准。

第十五条　省级管委会办公室应当将电影专项资金的征收依据、征收主体、征收标准、征收程序、法律责任等进行公示。

第三章　使用管理

第十六条　电影专项资金使用范围包括:

(一)资助影院建设和设备更新改造。

(二)资助少数民族语电影译制。

(三)资助重点制片基地建设发展。

(四)奖励优秀国产影片制作、发行和放映。

(五)资助文化特色、艺术创新影片发行和放映。

(六)全国电影票务综合信息管理系统建设和维护。

(七)经财政部或省级财政部门批准用于电影事业发展的其他支出。

第十七条　国家和省级管委会办公室开展电影专项资金征收管理工作所需经费,由中央和省级财政预算统筹安排。

第十八条　电影专项资金纳入中央和省级政府性基金预决算管理。

国家管委会办公室应按规定编制年度电影专项资金支出预算,经新闻出版广电总局审核后报财政部,经财政部审核后,纳入中央政府性基金预算,并按程序报经批准后批复下达。国家管委会办公室应根据电影专项资金支出预算执行情况编制年度决算,经新闻出版广电总局审核,并经财政部审核批准后,纳入中央政府性基金决算。

省级管委会办公室应按规定编制年度电

影专项资金支出预算,经省级电影行政主管部门审核后报省级财政部门,经省级财政部门审核后,纳入省级政府性基金预算,并按程序报经批准后批复下达。省级管委会办公室应根据电影专项资金支出预算执行情况编制年度决算,经省级电影行政主管部门审核,并经省级财政部门审核批准后,纳入省级政府性基金决算。

第十九条 电影专项资金支付按照国库集中支付制度有关规定执行。

第二十条 国家和省级管委会办公室应当每年向社会公布电影专项资金支出情况,接受社会监督。

第四章 法律责任

第二十一条 单位和个人违反本办法规定,有下列情形之一的,依照《预算法》《财政违法行为处罚处分条例》和《违反行政事业性收费和罚没收入收支两条线管理规定行政处分暂行规定》等国家有关规定进行处理;涉嫌犯罪的,依法移送司法机关处理:

(一)擅自减免电影专项资金或者改变电影专项资金征收范围、对象和标准的;

(二)隐瞒、坐支应当上缴的电影专项资金的;

(三)滞留、截留、挪用应当上缴的电影专项资金的;

(四)不按照规定的预算级次、预算科目将电影专项资金缴入国库的;

(五)违反规定扩大电影专项资金开支范围、提高开支标准的;

(六)其他违反国家财政收入管理规定的行为。

第二十二条 经营性电影放映单位不按规定及时足额缴纳电影专项资金的,取消对其安排电影专项资金奖励或资助。

第二十三条 对不及时足额上缴、不按规定使用电影专项资金的省(区、市),将视情况减少或停止对其安排中央电影专项资金补助。

第二十四条 电影专项资金征收、使用管理单位的工作人员违反本办法规定,在电影专项资金征收和使用管理工作中徇私舞弊、玩忽职守、滥用职权的,依法给予处分;涉嫌犯罪的,依法移送司法机关处理。

第五章 附 则

第二十五条 各省、自治区、直辖市根据本办法制定具体实施办法,并报财政部、新闻出版广电总局备案。

第二十六条 本办法由财政部商新闻出版广电总局负责解释。

第二十七条 本办法自 2015 年 10 月 1 日起施行。《财政部 广电总局关于印发〈国家电影事业发展专项资金管理办法〉的通知》(财教〔2006〕115 号)及其他与本办法不符的规定同时废止。

九、土地复垦费

土地复垦条例

(中华人民共和国国务院令第 592 号)

第一章 总 则

第一条 为了落实十分珍惜、合理利用土地和切实保护耕地的基本国策,规范土地复垦活动,加强土地复垦管理,提高土地利用的社会效益、经济效益和生态效益,根据《中华人民共和国土地管理法》,制定本条例。

第二条　本条例所称土地复垦,是指对生产建设活动和自然灾害损毁的土地,采取整治措施,使其达到可供利用状态的活动。

第三条　生产建设活动损毁的土地,按照"谁损毁,谁复垦"的原则,由生产建设单位或者个人(以下称土地复垦义务人)负责复垦。但是,由于历史原因无法确定土地复垦义务人的生产建设活动损毁的土地(以下称历史遗留损毁土地),由县级以上人民政府负责组织复垦。

自然灾害损毁的土地,由县级以上人民政府负责组织复垦。

第四条　生产建设活动应当节约集约利用土地,不占或者少占耕地;对依法占用的土地应当采取有效措施,减少土地损毁面积,降低土地损毁程度。

土地复垦应当坚持科学规划、因地制宜、综合治理、经济可行、合理利用的原则。复垦的土地应当优先用于农业。

第五条　国务院国土资源主管部门负责全国土地复垦的监督管理工作。县级以上地方人民政府国土资源主管部门负责本行政区域土地复垦的监督管理工作。

县级以上人民政府其他有关部门依照本条例的规定和各自的职责做好土地复垦有关工作。

第六条　编制土地复垦方案、实施土地复垦工程、进行土地复垦验收等活动,应当遵守土地复垦国家标准;没有国家标准的,应当遵守土地复垦行业标准。

制定土地复垦国家标准和行业标准,应当根据土地损毁的类型、程度、自然地理条件和复垦的可行性等因素,分类确定不同类型损毁土地的复垦方式、目标和要求等。

第七条　县级以上地方人民政府国土资源主管部门应当建立土地复垦监测制度,及时掌握本行政区域土地资源损毁和土地复垦效果等情况。

国务院国土资源主管部门和省、自治区、直辖市人民政府国土资源主管部门应当建立

健全土地复垦信息管理系统,收集、汇总和发布土地复垦数据信息。

第八条　县级以上人民政府国土资源主管部门应当依据职责加强对土地复垦情况的监督检查。被检查的单位或者个人应当如实反映情况,提供必要的资料。

任何单位和个人不得扰乱、阻挠土地复垦工作,破坏土地复垦工程、设施和设备。

第九条　国家鼓励和支持土地复垦科学研究和技术创新,推广先进的土地复垦技术。

对在土地复垦工作中作出突出贡献的单位和个人,由县级以上人民政府给予表彰。

第二章　生产建设活动损毁土地的复垦

第十条　下列损毁土地由土地复垦义务人负责复垦:

(一)露天采矿、烧制砖瓦、挖沙取土等地表挖掘所损毁的土地;

(二)地下采矿等造成地表塌陷的土地;

(三)堆放采矿剥离物、废石、矿渣、粉煤灰等固体废弃物压占的土地;

(四)能源、交通、水利等基础设施建设和其他生产建设活动临时占用所损毁的土地。

第十一条　土地复垦义务人应当按照土地复垦标准和国务院国土资源主管部门的规定编制土地复垦方案。

第十二条　土地复垦方案应当包括下列内容:

(一)项目概况和项目区土地利用状况;

(二)损毁土地的分析预测和土地复垦的可行性评价;

(三)土地复垦的目标任务;

(四)土地复垦应当达到的质量要求和采取的措施;

(五)土地复垦工程和投资估(概)算;

(六)土地复垦费用的安排;

(七)土地复垦工作计划与进度安排;

(八)国务院国土资源主管部门规定的其他内容。

第十三条　土地复垦义务人应当在办理

建设用地申请或者采矿权申请手续时,随有关报批材料报送土地复垦方案。

土地复垦义务人未编制土地复垦方案或者土地复垦方案不符合要求的,有批准权的人民政府不得批准建设用地,有批准权的国土资源主管部门不得颁发采矿许可证。

本条例施行前已经办理建设用地手续或者领取采矿许可证,本条例施行后继续从事生产建设活动造成土地损毁的,土地复垦义务人应当按照国务院国土资源主管部门的规定补充编制土地复垦方案。

第十四条 土地复垦义务人应当按照土地复垦方案开展土地复垦工作。矿山企业还应当对土地损毁情况进行动态监测和评价。

生产建设周期长、需要分阶段实施复垦的,土地复垦义务人应当对土地复垦工作与生产建设活动统一规划、统筹实施,根据生产建设进度确定各阶段土地复垦的目标任务、工程规划设计、费用安排、工程实施进度和完成期限等。

第十五条 土地复垦义务人应当将土地复垦费用列入生产成本或者建设项目总投资。

第十六条 土地复垦义务人应当建立土地复垦质量控制制度,遵守土地复垦标准和环境保护标准,保护土壤质量与生态环境,避免污染土壤和地下水。

土地复垦义务人应当首先对拟损毁的耕地、林地、牧草地进行表土剥离,剥离的表土用于被损毁土地的复垦。

禁止将重金属污染物或者其他有毒有害物质用作回填或者充填材料。受重金属污染物或者其他有毒有害物质污染的土地复垦后,达不到国家有关标准的,不得用于种植食用农作物。

第十七条 土地复垦义务人应当于每年12月31日前向县级以上地方人民政府国土资源主管部门报告当年的土地损毁情况、土地复垦费用使用情况以及土地复垦工程实施情况。

县级以上地方人民政府国土资源主管部门应当加强对土地复垦义务人使用土地复垦

费用和实施土地复垦工程的监督。

第十八条 土地复垦义务人不复垦,或者复垦验收中经整改仍不合格的,应当缴纳土地复垦费,由有关国土资源主管部门代为组织复垦。

确定土地复垦费的数额,应当综合考虑损毁前的土地类型、实际损毁面积、损毁程度、复垦标准、复垦用途和完成复垦任务所需的工程量等因素。土地复垦费的具体征收使用管理办法,由国务院财政、价格主管部门商国务院有关部门制定。

土地复垦义务人缴纳的土地复垦费专项用于土地复垦。任何单位和个人不得截留、挤占、挪用。

第十九条 土地复垦义务人对在生产建设活动中损毁的由其他单位或者个人使用的国有土地或者农民集体所有的土地,除负责复垦外,还应当向遭受损失的单位或者个人支付损失补偿费。

损失补偿费由土地复垦义务人与遭受损失的单位或者个人按照造成的实际损失协商确定;协商不成的,可以向土地所在地人民政府国土资源主管部门申请调解或者依法向人民法院提起民事诉讼。

第二十条 土地复垦义务人不依法履行土地复垦义务的,在申请新的建设用地时,有批准权的人民政府不得批准;在申请新的采矿许可证或者申请采矿许可证延续、变更、注销时,有批准权的国土资源主管部门不得批准。

第三章 历史遗留损毁土地和自然灾害损毁土地的复垦

第二十一条 县级以上人民政府国土资源主管部门应当对历史遗留损毁土地和自然灾害损毁土地进行调查评价。

第二十二条 县级以上人民政府国土资源主管部门应当在调查评价的基础上,根据土地利用总体规划编制土地复垦专项规划,确定复垦的重点区域以及复垦的目标任务和要求,报本级人民政府批准后组织实施。

第二十三条 对历史遗留损毁土地和自

然灾害损毁土地,县级以上人民政府应当投入资金进行复垦,或者按照"谁投资,谁受益"的原则,吸引社会投资进行复垦。土地权利人明确的,可以采取扶持、优惠措施,鼓励土地权利人自行复垦。

第二十四条 国家对历史遗留损毁土地和自然灾害损毁土地的复垦按项目实施管理。

县级以上人民政府国土资源主管部门应当根据土地复垦专项规划和年度土地复垦资金安排情况确定年度复垦项目。

第二十五条 政府投资进行复垦的,负责组织实施土地复垦项目的国土资源主管部门应当组织编制土地复垦项目设计书,明确复垦项目的位置、面积、目标任务、工程规划设计、实施进度及完成期限等。

土地权利人自行复垦或者社会投资进行复垦的,土地权利人或者投资单位、个人应当组织编制土地复垦项目设计书,并报负责组织实施土地复垦项目的国土资源主管部门审查同意后实施。

第二十六条 政府投资进行复垦的,有关国土资源主管部门应当依照招标投标法律法规的规定,通过公开招标的方式确定土地复垦项目的施工单位。

土地权利人自行复垦或者社会投资进行复垦的,土地复垦项目的施工单位由土地权利人或者投资单位、个人依法自行确定。

第二十七条 土地复垦项目的施工单位应当按照土地复垦项目设计书进行复垦。

负责组织实施土地复垦项目的国土资源主管部门应当健全项目管理制度,加强项目实施中的指导、管理和监督。

第四章 土地复垦验收

第二十八条 土地复垦义务人按照土地复垦方案的要求完成土地复垦任务后,应当按照国务院国土资源主管部门的规定向所在地县级以上地方人民政府国土资源主管部门申请验收,接到申请的国土资源主管部门应当会同同级农业、林业、环境保护等有关部门进行

验收。

进行土地复垦验收,应当邀请有关专家进行现场踏勘,查验复垦后的土地是否符合土地复垦标准以及土地复垦方案的要求,核实复垦后的土地类型、面积和质量等情况,并将初步验收结果公告,听取相关权利人的意见。相关权利人对土地复垦完成情况提出异议的,国土资源主管部门应当会同有关部门进一步核查,并将核查情况向相关权利人反馈;情况属实的,应当向土地复垦义务人提出整改意见。

第二十九条 负责组织验收的国土资源主管部门应当会同有关部门在接到土地复垦验收申请之日起60个工作日内完成验收,经验收合格的,向土地复垦义务人出具验收合格确认书;经验收不合格的,向土地复垦义务人出具书面整改意见,列明需要整改的事项,由土地复垦义务人整改完成后重新申请验收。

第三十条 政府投资的土地复垦项目竣工后,负责组织实施土地复垦项目的国土资源主管部门应当依照本条例第二十八条第二款的规定进行初步验收。初步验收完成后,负责组织实施土地复垦项目的国土资源主管部门应当按照国务院国土资源主管部门的规定向上级人民政府国土资源主管部门申请最终验收。上级人民政府国土资源主管部门应当会同有关部门及时组织验收。

土地权利人自行复垦或者社会投资进行复垦的土地复垦项目竣工后,由负责组织实施土地复垦项目的国土资源主管部门会同有关部门进行验收。

第三十一条 复垦为农用地的,负责组织验收的国土资源主管部门应当会同有关部门在验收合格后的5年内对土地复垦效果进行跟踪评价,并提出改善土地质量的建议和措施。

第五章 土地复垦激励措施

第三十二条 土地复垦义务人在规定的期限内将生产建设活动损毁的耕地、林地、牧草地等农用地复垦恢复原状的,依照国家有关税收法律法规的规定退还已经缴纳的耕地占

用税。

第三十三条 社会投资复垦的历史遗留损毁土地或者自然灾害损毁土地,属于无使用权人的国有土地的,经县级以上人民政府依法批准,可以确定给投资单位或者个人长期从事种植业、林业、畜牧业或者渔业生产。

社会投资复垦的历史遗留损毁土地或者自然灾害损毁土地,属于农民集体所有土地或者有使用权人的国有土地的,有关国土资源主管部门应当组织投资单位或者个人与土地权利人签订土地复垦协议,明确复垦的目标任务以及复垦后的土地使用和收益分配。

第三十四条 历史遗留损毁和自然灾害损毁的国有土地的使用权人,以及历史遗留损毁和自然灾害损毁的农民集体所有土地的所有权人、使用权人,自行将损毁土地复垦为耕地的,由县级以上地方人民政府给予补贴。

第三十五条 县级以上地方人民政府将历史遗留损毁和自然灾害损毁的建设用地复垦为耕地的,按照国家有关规定可以作为本省、自治区、直辖市内进行非农建设占用耕地时的补充耕地指标。

第六章 法律责任

第三十六条 负有土地复垦监督管理职责的部门及其工作人员有下列行为之一的,对直接负责的主管人员和其他直接责任人员,依法给予处分;直接负责的主管人员和其他直接责任人员构成犯罪的,依法追究刑事责任:

(一)违反本条例规定批准建设用地或者批准采矿许可证及采矿许可证的延续、变更、注销的;

(二)截留、挤占、挪用土地复垦费的;

(三)在土地复垦验收中弄虚作假的;

(四)不依法履行监督管理职责或者对发现的违反本条例的行为不依法查处的;

(五)在审查土地复垦方案、实施土地复垦项目、组织土地复垦验收以及实施监督检查过程中,索取、收受他人财物或者谋取其他利益的;

(六)其他徇私舞弊、滥用职权、玩忽职守

行为。

第三十七条 本条例施行前已经办理建设用地手续或者领取采矿许可证,本条例施行后继续从事生产建设活动造成土地损毁的土地复垦义务人未按照规定补充编制土地复垦方案的,由县级以上地方人民政府国土资源主管部门责令限期改正;逾期不改正的,处 10 万元以上 20 万元以下的罚款。

第三十八条 土地复垦义务人未按照规定将土地复垦费用列入生产成本或者建设项目总投资的,由县级以上地方人民政府国土资源主管部门责令限期改正;逾期不改正的,处 10 万元以上 50 万元以下的罚款。

第三十九条 土地复垦义务人未按照规定对拟损毁的耕地、林地、牧草地进行表土剥离,由县级以上地方人民政府国土资源主管部门责令限期改正;逾期不改正的,按照应当进行表土剥离的土地面积处每公顷 1 万元的罚款。

第四十条 土地复垦义务人将重金属污染物或者其他有毒有害物质用作回填或者充填材料的,由县级以上地方人民政府环境保护主管部门责令停止违法行为,限期采取治理措施,消除污染,处 10 万元以上 50 万元以下的罚款;逾期不采取治理措施的,环境保护主管部门可以指定有治理能力的单位代为治理,所需费用由违法者承担。

第四十一条 土地复垦义务人未按照规定报告土地损毁情况、土地复垦费用使用情况或者土地复垦工程实施情况的,由县级以上地方人民政府国土资源主管部门责令限期改正;逾期不改正的,处 2 万元以上 5 万元以下的罚款。

第四十二条 土地复垦义务人依照本条例规定应当缴纳土地复垦费而不缴纳的,由县级以上地方人民政府国土资源主管部门责令限期缴纳;逾期不缴纳的,处应缴纳土地复垦费 1 倍以上 2 倍以下的罚款,土地复垦义务人为矿山企业的,由颁发采矿许可证的机关吊销采矿许可证。

第四十三条 土地复垦义务人拒绝、阻碍国土资源主管部门监督检查,或者在接受监督检查时弄虚作假的,由国土资源主管部门责令改正,处2万元以上5万元以下的罚款;有关责任人员构成违反治安管理行为的,由公安机关依法予以治安管理处罚;有关责任人员构成犯罪的,依法追究刑事责任。

破坏土地复垦工程、设施和设备,构成违反治安管理行为的,由公安机关依法予以治安管理处罚;构成犯罪的,依法追究刑事责任。

第七章　附　则

第四十四条　本条例自公布之日起施行。1988年11月8日国务院发布的《土地复垦规定》同时废止。

土地复垦条例实施办法

（2012年12月27日国土资源部第56号令公布;根据2019年7月16日自然资源部第2次部务会议《自然资源部关于第一批废止和修改的部门规章的决定》修正）

第一章　总　则

第一条　为保证土地复垦的有效实施,根据《土地复垦条例》(以下简称条例),制定本办法。

第二条　土地复垦应当综合考虑复垦后土地利用的社会效益、经济效益和生态效益。

生产建设活动造成耕地损毁的,能够复垦为耕地的,应当优先复垦为耕地。

第三条　县级以上自然资源主管部门应当明确专门机构并配备专职人员负责土地复垦监督管理工作。

县级以上自然资源主管部门应当加强与发展改革、财政、铁路、交通、水利、环保、农业、林业等部门的协同配合和行业指导监督。

上级自然资源主管部门应当加强对下级自然资源主管部门土地复垦工作的监督和指导。

第四条　除条例第六条规定外,开展土地复垦调查评价、编制土地复垦规划设计、确定土地复垦工程建设和造价、实施土地复垦工程质量控制、进行土地复垦评价等活动,也应当遵守有关国家标准和土地管理行业标准。

省级自然资源主管部门可以结合本地实际情况,补充制定本行政区域内土地复垦工程建设和造价等标准。

第五条　县级以上自然资源主管部门应当建立土地复垦信息管理系统,利用国土资源综合监管平台,对土地复垦情况进行动态监测,及时收集、汇总、分析和发布本行政区域内土地损毁、土地复垦等数据信息。

第二章　生产建设活动损毁土地的复垦

第六条　属于条例第十条规定的生产建设项目,土地复垦义务人应当在办理建设用地申请或者采矿权申请手续时,依据自然资源部《土地复垦方案编制规程》的要求,组织编制土地复垦方案,随有关报批材料报送有关自然资源主管部门审查。

具体承担相应建设用地审查和采矿权审批的自然资源主管部门负责对土地复垦义务人报送的土地复垦方案进行审查。

第七条　条例施行前已经办理建设用地手续或者领取采矿许可证,条例施行后继续从事生产建设活动造成土地损毁的,土地复垦义务人应当在本办法实施之日起一年内完成土地复垦方案的补充编制工作,报有关自然资源主管部门审查。

第八条　土地复垦方案分为土地复垦方案报告书和土地复垦方案报告表。

依法由省级以上人民政府审批建设用地的建设项目,以及由省级以上自然资源主管部门审批登记的采矿项目,应当编制土地复垦方案报告书。其他项目可以编制土地复垦方案报告表。

第九条 生产建设周期长、需要分阶段实施土地复垦的生产建设项目,土地复垦方案应当包含阶段土地复垦计划和年度实施计划。

跨县(市、区)域的生产建设项目,应当在土地复垦方案中附具以县(市、区)为单位的土地复垦实施方案。

阶段土地复垦计划和以县(市、区)为单位的土地复垦实施方案应当明确土地复垦的目标、任务、位置、主要措施、投资概算、工程规划设计等。

第十条 有关自然资源主管部门受理土地复垦方案审查申请后,应当组织专家进行论证。

根据论证所需专业知识结构,从土地复垦专家库中选取专家。专家与土地复垦方案申请人或者申请项目有利害关系的,应当主动要求回避。土地复垦方案申请人也可以向有关自然资源主管部门申请专家回避。

土地复垦方案申请人或者相关利害关系人可以按照《政府信息公开条例》的规定,向有关自然资源主管部门申请查询专家意见。有关自然资源主管部门应当依法提供查询结果。

第十一条 土地复垦方案经专家论证通过后,由有关自然资源主管部门进行最终审查。符合下列条件的,方可通过审查:

(一)土地利用现状明确;

(二)损毁土地的分析预测科学;

(三)土地复垦目标、任务和利用方向合理,措施可行;

(四)土地复垦费用测算合理,预存与使用计划清晰并符合本办法规定要求;

(五)土地复垦计划安排科学、保障措施可行;

(六)土地复垦方案已经征求意见并采纳合理建议。

第十二条 土地复垦方案通过审查的,有关自然资源主管部门应当向土地复垦义务人出具土地复垦方案审查意见书。土地复垦方案审查意见书应当包含本办法第十一条规定

的有关内容。

土地复垦方案未通过审查的,有关自然资源主管部门应当书面告知土地复垦义务人补正。逾期不补正的,不予办理建设用地或者采矿审批相关手续。

第十三条 土地复垦义务人因生产建设项目的用地位置、规模等发生变化,或者采矿项目发生扩大变更矿区范围等重大内容变化的,应当在三个月内对原土地复垦方案进行修改,报原审查的自然资源主管部门审查。

第十四条 土地复垦义务人不按照本办法第七条、第十三条规定补充编制或者修改土地复垦方案的,依照条例第二十条规定处理。

第十五条 土地复垦义务人在实施土地复垦工程前,应当依据审查通过的土地复垦方案进行土地复垦规划设计,将土地复垦方案和土地复垦规划设计一并报所在地县级自然资源主管部门备案。

第十六条 土地复垦义务人应当按照条例第十五条规定的要求,与损毁土地所在地县级自然资源主管部门在双方约定的银行建立土地复垦费用专门账户,按照土地复垦方案确定的资金数额,在土地复垦费用专门账户中足额预存土地复垦费用。

预存的土地复垦费用遵循"土地复垦义务人所有,自然资源主管部门监管,专户储存专款使用"的原则。

第十七条 土地复垦义务人应当与损毁土地所在地县级自然资源主管部门、银行共同签订土地复垦费用使用监管协议,按照本办法规定的原则明确土地复垦费用预存和使用的时间、数额、程序、条件和违约责任等。

土地复垦费用使用监管协议对当事人具有法律效力。

第十八条 土地复垦义务人应当在项目动工前一个月内预存土地复垦费用。

土地复垦义务人按照本办法第七条规定补充编制土地复垦方案的,应当在土地复垦方案通过审查后一个月内预存土地复垦费用。

土地复垦义务人按照本办法第十三条规

定修改土地复垦方案后,已经预存的土地复垦费用不足的,应当在土地复垦方案通过审查后一个月内补齐差额费用。

第十九条 土地复垦费用预存实行一次性预存和分期预存两种方式。

生产建设周期在三年以下的项目,应当一次性全额预存土地复垦费用。

生产建设周期在三年以上的项目,可以分期预存土地复垦费用,但第一次预存的数额不得少于土地复垦费用总金额的百分之二十。余额按照土地复垦方案确定的土地复垦费用预存计划预存,在生产建设活动结束前一年预存完毕。

第二十条 采矿生产项目的土地复垦费用预存,统一纳入矿山地质环境治理恢复基金进行管理。

条例实施前,采矿生产项目按照有关规定向自然资源主管部门缴存的矿山地质环境治理恢复保证金中已经包含了土地复垦费用的,土地复垦义务人可以向所在地自然资源主管部门提出申请,经审核属实的,可以不再预存相应数额的土地复垦费用。

第二十一条 土地复垦义务人应当按照土地复垦方案确定的工作计划和土地复垦费用使用计划,向损毁土地所在地县级自然资源主管部门申请出具土地复垦费用支取通知书。县级自然资源主管部门应当在七日内出具土地复垦费用支取通知书。

土地复垦义务人凭土地复垦费用支取通知书,从土地复垦费用专门账户中支取土地复垦费用,专项用于土地复垦。

第二十二条 土地复垦义务人应当按照条例第十七条规定于每年 12 月 31 日前向所在地县级自然资源主管部门报告当年土地复垦义务履行情况,包括下列内容:

(一)年度土地损毁情况,包括土地损毁方式、地类、位置、权属、面积、程度等;

(二)年度土地复垦费用预存、使用和管理等情况;

(三)年度土地复垦实施情况,包括复垦地类、位置、面积、权属、主要复垦措施、工程量等;

(四)自然资源主管部门规定的其他年度报告内容。

县级自然资源主管部门应当加强对土地复垦义务人报告事项履行情况的监督核实,并可以根据情况将土地复垦义务履行情况年度报告在门户网站上公开。

第二十三条 县级自然资源主管部门应当加强对土地复垦义务人使用土地复垦费用的监督管理,发现有不按照规定使用土地复垦费用的,可以按照土地复垦费用使用监管协议的约定依法追究土地复垦义务人的违约责任。

第二十四条 土地复垦义务人在生产建设活动中应当遵循"保护、预防和控制为主,生产建设与复垦相结合"的原则,采取下列预防控制措施:

(一)对可能被损毁的耕地、林地、草地等,应当进行表土剥离,分层存放,分层回填,优先用于复垦土地的土壤改良。表土剥离厚度应当依据相关技术标准,根据实际情况确定。表土剥离应当在生产工艺和施工建设前进行或者同步进行;

(二)露天采矿、烧制砖瓦、挖沙取土、采石,修建铁路、公路、水利工程等,应当合理确定取土的位置、范围、深度和堆放的位置、高度等;

(三)地下采矿或者疏干抽排地下水等施工,对易造成地面塌陷或者地面沉降等特殊地段应当采取充填、设置保护支柱等工程技术方法以及限制、禁止开采地下水等措施;

(四)禁止不按照规定排放废气、废水、废渣、粉灰、废油等。

第二十五条 土地复垦义务人应当对生产建设活动损毁土地的规模、程度和复垦过程中土地复垦工程质量、土地复垦效果等实施全程控制,并对验收合格后的复垦土地采取管护措施,保证土地复垦效果。

第二十六条 土地复垦义务人依法转让采矿权或者土地使用权的,土地复垦义务同时转移。但原土地复垦义务人应当完成的土地复垦义务未履行完成的除外。

原土地复垦义务人已经预存的土地复垦费用以及未履行完成的土地复垦义务,由原土地复垦义务人与新的土地复垦义务人在转让合同中约定。

新的土地复垦义务人应当重新与损毁土地所在地自然资源主管部门、银行签订土地复垦费用使用监管协议。

第三章　历史遗留损毁土地和自然灾害损毁土地的复垦

第二十七条　历史遗留损毁土地和自然灾害损毁土地调查评价,应当包括下列内容:

(一)损毁土地现状调查,包括地类、位置、面积、权属、损毁类型、损毁特征、损毁原因、损毁时间、污染情况、自然条件、社会经济条件等;

(二)损毁土地复垦适宜性评价,包括损毁程度、复垦潜力、利用方向及生态环境影响等;

(三)土地复垦效益分析,包括社会、经济、生态等效益。

第二十八条　符合下列条件的土地,所在地的县级自然资源主管部门应当认定为历史遗留损毁土地:

(一)土地复垦义务人灭失的生产建设活动损毁的土地;

(二)《土地复垦规定》实施以前生产建设活动损毁的土地。

第二十九条　县级自然资源主管部门应当将历史遗留损毁土地认定结果予以公告,公告期间不少于三十日。土地复垦义务人对认定结果有异议的,可以向县级自然资源主管部门申请复核。

县级自然资源主管部门应当自收到复核申请之日起三十日内做出答复。土地复垦义务人不服的,可以向上一级自然资源主管部门申请裁定。

上一级自然资源主管部门发现县级自然资源主管部门做出的认定结果不符合规定的,可以责令县级自然资源主管部门重新认定。

第三十条　土地复垦专项规划应当包括下列内容:

(一)土地复垦潜力分析;

(二)土地复垦的原则、目标、任务和计划安排;

(三)土地复垦重点区域和复垦土地利用方向;

(四)土地复垦项目的划定,复垦土地的利用布局和工程布局;

(五)土地复垦资金的测算,资金筹措方式和资金安排;

(六)预期经济、社会和生态等效益;

(七)土地复垦的实施保障措施。

土地复垦专项规划可以根据实际情况纳入土地整治规划。

土地复垦专项规划的修改应当按照条例第二十二条的规定报本级人民政府批准。

第三十一条　县级以上地方自然资源主管部门应当依据土地复垦专项规划制定土地复垦年度计划,分年度、有步骤地组织开展土地复垦工作。

第三十二条　条例第二十三条规定的历史遗留损毁土地和自然灾害损毁土地的复垦资金来源包括下列资金:

(一)土地复垦费;

(二)耕地开垦费;

(三)新增建设用地土地有偿使用费;

(四)用于农业开发的土地出让收入;

(五)可以用于土地复垦的耕地占用税地方留成部分;

(六)其他可以用于土地复垦的资金。

第四章　土地复垦验收

第三十三条　土地复垦义务人完成土地复垦任务后,应当组织自查,向项目所在地县级自然资源主管部门提出验收书面申请,并提供下列材料:

(一)验收调查报告及相关图件;

(二)规划设计执行报告;

(三)质量评估报告;

(四)检测等其他报告。

第三十四条　生产建设周期五年以上的

项目,土地复垦义务人可以分阶段提出验收申请,负责组织验收的自然资源主管部门实行分级验收

阶段验收由项目所在地县级自然资源主管部门负责组织,总体验收由审查通过土地复垦方案的自然资源主管部门负责组织或者委托有关自然资源主管部门组织。

第三十五条 负责组织验收的自然资源主管部门应当会同同级农业、林业、环境保护等有关部门,组织邀请有关专家和农村集体经济组织代表,依据土地复垦方案、阶段土地复垦计划,对下列内容进行验收:

(一)土地复垦计划目标与任务完成情况;

(二)规划设计执行情况;

(三)复垦工程质量和耕地质量等级;

(四)土地权属管理、档案资料管理情况;

(五)工程管护措施。

第三十六条 土地复垦阶段验收和总体验收形成初步验收结果后,负责组织验收的自然资源主管部门应当在项目所在地公告,听取相关权利人的意见。公告时间不少于三十日。

相关土地权利人对验收结果有异议的,可以在公告期内向负责组织验收的自然资源主管部门书面提出。

自然资源主管部门应当在接到书面异议之日起十五日内,会同同级农业、林业、环境保护等有关部门核查,形成核查结论反馈相关土地权利人。异议情况属实的,还应当向土地复垦义务人提出整改意见,限期整改。

第三十七条 土地复垦工程经阶段验收或者总体验收合格的,负责验收的自然资源主管部门应当依照条例第二十九条规定出具阶段或者总体验收合格确认书。验收合格确认书应当载明下列事项:

(一)土地复垦工程概况;

(二)损毁土地情况;

(三)土地复垦完成情况;

(四)土地复垦中存在的问题和整改建议、处理意见;

(五)验收结论。

第三十八条 土地复垦义务人在申请新的建设用地、申请新的采矿许可证或者申请采矿许可证延续、变更、注销时,应当一并提供按照本办法规定到期完工土地复垦项目的验收合格确认书或者土地复垦费缴费凭据。未提供相关材料的,按照条例第二十条规定,有关自然资源主管部门不得通过审查和办理相关手续。

第三十九条 政府投资的土地复垦项目竣工后,由负责组织实施土地复垦项目的自然资源主管部门进行初步验收,验收程序和要求除依照本办法规定外,按照资金来源渠道及相应的项目管理办法执行。

初步验收完成后,依照条例第三十条规定进行最终验收,并依照本办法第三十七条规定出具验收合格确认书。

自然资源主管部门代复垦的项目竣工后,依照本条规定进行验收。

第四十条 土地权利人自行复垦或者社会投资进行复垦的土地复垦项目竣工后,由项目所在地县级自然资源主管部门进行验收,验收程序和要求依照本办法规定执行。

第五章 土地复垦激励措施

第四十一条 土地复垦义务人将生产建设活动损毁的耕地、林地、牧草地等农用地复垦恢复为原用途的,可以依照条例第三十二条规定,凭验收合格确认书向所在地县级自然资源主管部门提出出具退还耕地占用税意见的申请。

经审核属实的,县级自然资源主管部门应当在十五日内向土地复垦义务人出具意见。土地复垦义务人凭自然资源主管部门出具的意见向有关部门申请办理退还耕地占用税手续。

第四十二条 由社会投资将历史遗留损毁和自然灾害损毁土地复垦为耕地的,除依照条例第三十三条规定办理外,对属于将非耕地复垦为耕地的,经验收合格并报省级自然资源主管部门复核同意后,可以作为本省、自治区、直辖市的补充耕地指标,市、县政府可以出资购买指标。

第四十三条 由县级以上地方人民政府投资将历史遗留损毁和自然灾害损毁的建设用地复垦为耕地的,经验收合格并报省级自然资源主管部门复核同意后,依照条例第三十五条规定可以作为本省、自治区、直辖市的补充耕地指标。但使用新增建设用地有偿使用费复垦的耕地除外。

属于农民集体所有的土地,复垦后应当交给农民集体使用。

第六章 土地复垦监督管理

第四十四条 县级以上自然资源主管部门应当采取年度检查、专项核查、例行稽查、在线监管等形式,对本行政区域内的土地复垦活动进行监督检查,并可以采取下列措施:

(一)要求被检查当事人如实反映情况和提供相关的文件、资料和电子数据;

(二)要求被检查当事人就土地复垦有关问题做出说明;

(三)进入土地复垦现场进行勘查;

(四)责令被检查当事人停止违反条例的行为。

第四十五条 县级以上自然资源主管部门应当在门户网站上及时向社会公开本行政区域内的土地复垦管理规定、技术标准、土地复垦规划、土地复垦项目安排计划以及土地复垦方案审查结果、土地复垦工程验收结果等重大事项。

第四十六条 县级以上地方自然资源主管部门应当通过国土资源主干网等按年度将本行政区域内的土地损毁情况、土地复垦工作开展情况等逐级上报。

上级自然资源主管部门对下级自然资源主管部门落实土地复垦法律法规情况、土地复垦义务履行情况、土地复垦效果等进行绩效评价。

第四十七条 县级以上自然资源主管部门应当对土地复垦档案实行专门管理,将土地复垦方案、土地复垦资金使用监管协议、土地复垦验收有关材料和土地复垦项目计划书、土地复垦实施情况报告等资料和电子数据进行档案存储与管理。

第四十八条 复垦后的土地权属和用途发生变更的,应当依法办理土地登记相关手续。

第七章 法律责任

第四十九条 条例第三十六条第六项规定的其他徇私舞弊、滥用职权、玩忽职守行为,包括下列行为:

(一)违反本办法第二十一条规定,对不符合规定条件的土地复垦义务人出具土地复垦费用支取通知书,或者对符合规定条件的土地复垦义务人无正当理由未在规定期限内出具土地复垦费用支取通知书的;

(二)违反本办法第四十一条规定,对不符合规定条件的申请人出具退还耕地占用税的意见,或者对符合规定条件的申请人无正当理由未在规定期限内出具退还耕地占用税的意见的;

(三)其他违反条例和本办法规定的行为。

第五十条 土地复垦义务人未按照本办法第十五条规定将土地复垦方案、土地复垦规划设计报所在地县级自然资源主管部门备案的,由县级以上地方自然资源主管部门责令限期改正;逾期不改正的,依照条例第四十一条规定处罚。

第五十一条 土地复垦义务人未按照本办法第十六条、第十七条、第十八条、第十九条规定预存土地复垦费用的,由县级以上自然资源主管部门责令限期改正;逾期不改正的,依照条例第三十八条规定处罚。

第五十二条 土地复垦义务人未按照本办法第二十五条规定开展土地复垦质量控制和采取管护措施的,由县级以上地方自然资源主管部门责令限期改正;逾期不改正的,依照条例第四十一条规定处罚。

第五十三条 铀矿等放射性采矿项目的土地复垦具体办法,由自然资源部另行制定。

第五十四条 本办法自 2013 年 3 月 1 日起施行。

十、行政单位国有资产管理

行政单位国有资产管理暂行办法

（中华人民共和国财政部令第 35 号）

依据《财政部关于修改〈注册会计师注册办法〉等 6 部规章的决定》（中华人民共和国财政部令第 90 号），本办法自 2018 年 1 月 1 日起第五十条修改为"各级财政部门、行政单位及其工作人员在行政单位国有资产配置、使用、处置等管理工作中，存在违反本办法规定的行为，以及其他滥用职权、玩忽职守、徇私舞弊等违法违纪行为的，依照《中华人民共和国公务员法》《中华人民共和国行政监察法》《财政违法行为处罚处分条例》等国家有关规定追究相应责任；涉嫌犯罪的，依法移送司法机关处理"。

第一章　总　则

第一条　为了规范和加强行政单位国有资产管理，维护国有资产的安全和完整，合理配置国有资产，提高国有资产使用效益，保障行政单位履行职能，根据国务院有关规定，制定本办法。

第二条　本办法适用于各级党的机关、人大机关、行政机关、政协机关、审判机关、检察机关和各民主党派机关（以下统称行政单位）的国有资产管理行为。

第三条　本办法所称的行政单位国有资产，是指由各级行政单位占有、使用的，依法确认为国家所有，能以货币计量的各种经济资源的总称，即行政单位的国有（公共）财产。行政单位国有资产包括行政单位用国家财政性资金形成的资产、国家调拨给行政单位的资产、行政单位按照国家规定组织收入形成的资产，以及接受捐赠和其他经法律确认为国家所有的资产，其表现形式为固定资产、流动资产和无形资产等。

第四条　行政单位国有资产管理的主要任务是：

（一）建立和健全各项规章制度；

（二）推动国有资产的合理配置和有效使用；

（三）保障国有资产的安全和完整；

（四）监管尚未脱钩的经济实体的国有资产，实现国有资产的保值增值。

第五条　行政单位国有资产管理的内容包括：资产配置、资产使用、资产处置、资产评估、产权界定、产权纠纷调处、产权登记、资产清查、资产统计报告和监督检查等。

第六条　行政单位国有资产管理活动，应当遵循以下原则：

（一）资产管理与预算管理相结合；

（二）资产管理与财务管理相结合；

（三）实物管理与价值管理相结合。

第七条　行政单位国有资产管理，实行国家统一所有，政府分级监管，单位占有、使用的管理体制。

第二章　管理机构及职责

第八条　各级财政部门是政府负责行政单位国有资产管理的职能部门，对行政单位国有资产实行综合管理。其主要职责是：

（一）贯彻执行国家有关国有资产管理的法律、法规和政策；

（二）根据国家国有资产管理的有关规定，制定行政单位国有资产管理的规章制度，并对执行情况进行监督检查；

（三）负责会同有关部门研究制定本级行政单位国有资产配置标准，负责资产配置事项的审批，按规定进行资产处置和产权变动事项的审批，负责组织产权界定、产权纠纷调处、资产统计报告、资产评估、资产清查等工作；

（四）负责本级行政单位出租、出借国有资产的审批，负责与行政单位尚未脱钩的经济实体的国有资产的监督管理；

（五）负责本级行政单位国有资产收益的监督、管理；

（六）对本级行政单位和下级财政部门的国有资产管理工作进行监督、检查；

（七）向本级政府和上级财政部门报告有关国有资产管理工作。

第九条 行政单位对本单位占有、使用的国有资产实施具体管理。其主要职责是：

（一）根据行政单位国有资产管理的规定，负责制定本单位国有资产管理具体办法并组织实施；

（二）负责本单位国有资产的账卡管理、清查登记、统计报告及日常监督检查等工作；

（三）负责本单位国有资产的采购、验收、维修和保养等日常管理工作，保障国有资产的安全完整；

（四）负责办理本单位国有资产的配置、处置、出租、出借等事项的报批手续；

（五）负责与行政单位尚未脱钩的经济实体的国有资产的具体监督管理工作并承担保值增值的责任；

（六）接受财政部门的指导和监督，报告本单位国有资产管理情况。

第十条 财政部门根据工作需要，可以将国有资产管理的部分工作交由有关单位完成。有关单位应当完成所交给的国有资产管理工作，向财政部门负责，并报告工作的完成情况。

第十一条 各级财政部门和行政单位应当明确国有资产管理的机构和人员，加强行政

单位国有资产管理工作。

第三章 资产配置

第十二条 行政单位国有资产配置应当遵循以下原则：

（一）严格执行法律、法规和有关规章制度；

（二）与行政单位履行职能需要相适应；

（三）科学合理，优化资产结构；

（四）勤俭节约，从严控制。

第十三条 对有规定配备标准的资产，应当按照标准进行配备；对没有规定配备标准的资产，应当从实际需要出发，从严控制，合理配备。财政部门对要求配置的资产，能通过调剂解决的，原则上不重新购置。

第十四条 购置有规定配备标准的资产，除国家另有规定外，应当按下列程序报批：

（一）行政单位的资产管理部门会同财务部门审核资产存量，提出拟购置资产的品目、数量，测算经费额度，经单位负责人审核同意后报同级财政部门审批，并按照同级财政部门要求提交相关材料；

（二）同级财政部门根据单位资产状况对行政单位提出的资产购置项目进行审批；

（三）经同级财政部门审批同意，各单位可以将资产购置项目列入单位年度部门预算，并在编制年度部门预算时将批复文件和相关材料一并报同级财政部门，作为审批部门预算的依据。未经批准，不得列入部门预算，也不得列入单位经费支出。

第十五条 经批准召开重大会议、举办大型活动等需要购置资产的，由会议或者活动主办单位按照本办法规定程序报批。

第十六条 行政单位购置纳入政府采购范围的资产，依法实施政府采购。

第十七条 行政单位资产管理部门应当对购置的资产进行验收、登记，并及时进行账务处理。

第四章 资产使用

第十八条 行政单位应当建立健全国有

资产使用管理制度,规范国有资产使用行为。

第十九条 行政单位应当认真做好国有资产的使用管理工作,做到物尽其用,充分发挥国有资产的使用效益;保障国有资产的安全完整,防止国有资产使用中的不当损失和浪费。

第二十条 行政单位对所占有、使用的国有资产应当定期清查盘点,做到家底清楚,账、卡、实相符,防止国有资产流失。

第二十一条 行政单位应当建立严格的国有资产管理责任制,将国有资产管理责任落实到人。

第二十二条 行政单位不得用国有资产对外担保,法律另有规定的除外。

第二十三条 行政单位不得以任何形式用占有、使用的国有资产举办经济实体。在本办法颁布前已经用占有、使用的国有资产举办经济实体的,应当按照国家关于党政机关与所办经济实体脱钩的规定进行脱钩。脱钩之前,行政单位应当按照国家有关规定对其经济实体的经济效益、收益分配及使用情况等进行严格监管。

财政部门应当对其经济效益、收益分配及使用情况进行监督检查。

第二十四条 行政单位拟将占有、使用的国有资产对外出租、出借的,必须事先上报同级财政部门审核批准。未经批准,不得对外出租、出借。

同级财政部门应当根据实际情况对行政单位国有资产对外出租、出借事项严格控制,从严审批。

第二十五条 行政单位出租、出借的国有资产,其所有权性质不变,仍归国家所有;所形成的收入,按照政府非税收入管理的规定,实行"收支两条线"管理。

第二十六条 对行政单位中超标配置、低效运转或者长期闲置的国有资产,同级财政部门有权调剂使用或者处置。

第五章 资产处置

第二十七条 行政单位国有资产处置,是

指行政单位国有资产产权的转移及核销,包括各类国有资产的无偿转让、出售、置换、报损、报废等。

第二十八条 行政单位需处置的国有资产范围包括:

(一)闲置资产;

(二)因技术原因并经过科学论证,确需报废、淘汰的资产;

(三)因单位分立、撤销、合并、改制、隶属关系改变等原因发生的产权或者使用权转移的资产;

(四)盘亏、呆账及非正常损失的资产;

(五)已超过使用年限无法使用的资产;

(六)依照国家有关规定需要进行资产处置的其他情形。

第二十九条 行政单位处置国有资产应当严格履行审批手续,未经批准不得处置。

第三十条 资产处置应当由行政单位资产管理部门会同财务部门、技术部门审核鉴定,提出意见,按审批权限报送审批。

第三十一条 行政单位国有资产处置的审批权限和处置办法,除国家另有规定外,由财政部门根据本办法规定。

第三十二条 行政单位国有资产处置应当按照公开、公正、公平的原则进行。资产的出售与置换应当采取拍卖、招投标、协议转让及国家法律、行政法规规定的其他方式进行。

第三十三条 行政单位国有资产处置的变价收入和残值收入,按照政府非税收入管理的规定,实行"收支两条线"管理。

第三十四条 行政单位分立、撤销、合并、改制及隶属关系发生改变时,应当对其占有、使用的国有资产进行清查登记,编制清册,报送财政部门审核、处置,并及时办理资产转移手续。

第三十五条 行政单位联合召开重大会议、举办大型活动等而临时购置的国有资产,由主办单位在会议、活动结束时按照本办法规定报批后处置。

第六章 资产评估

第三十六条 行政单位有下列情形之一

的,应当对相关资产进行评估:

(一)行政单位取得的没有原始价格凭证的资产;

(二)拍卖、有偿转让、置换国有资产;

(三)依照国家有关规定需要进行资产评估的其他情形。

第三十七条　行政单位国有资产评估项目实行核准制和备案制。实行核准制和备案制的项目范围、权限由财政部门另行规定。

第三十八条　行政单位国有资产评估工作应当委托具有资产评估资质的资产评估机构进行。

第三十九条　进行资产评估的行政单位,应当如实提供有关情况和资料,并对所提供的情况和资料的客观性、真实性和合法性负责,不得以任何形式干预评估机构独立执业。

第七章　产权纠纷调处

第四十条　产权纠纷是指由于财产所有权、经营权、使用权等产权归属不清而发生的争议。

第四十一条　行政单位之间的产权纠纷,由当事人协商解决。协商不能解决的,由财政部门或者同级政府调解、裁定。

第四十二条　行政单位与非行政单位、组织或者个人之间发生产权纠纷,由行政单位提出处理意见,并报经财政部门同意后,与对方当事人协商解决。协商不能解决的,依照司法程序处理。

第八章　资产统计报告

第四十三条　行政单位应当建立资产登记档案,并严格按照财政部门的要求做出报告。财政部门、行政单位应当建立和完善资产管理信息系统,对国有资产实行动态管理。

第四十四条　行政单位报送资产统计报告,应当做到真实、准确、及时、完整,并对国有资产占有、使用、变动、处置等情况做出文字分析说明。

财政部门与行政单位应当对国有资产实行绩效管理,监督资产使用的有效性。

第四十五条　财政部门应当对行政单位资产统计报告进行审核批复,必要时可以委托有关单位进行审计。

经财政部门审核批复的统计报告,应当作为预算管理和资产管理的依据和基础。

第四十六条　财政部门可以根据工作需要,组织开展资产清查工作。进行资产清查的实施办法,由县级以上人民政府财政部门另行制定。

第四十七条　财政部门可以根据国有资产统计工作的需要,开展行政单位国有资产产权登记工作。产权登记办法,由开展产权登记的财政部门制定并负责组织实施。

第九章　监督检查和法律责任

第四十八条　财政部门、行政单位及其工作人员,应当认真履行国有资产管理职责,依法维护国有资产的安全、完整。

第四十九条　财政部门、行政单位应当加强国有资产管理和监督,坚持单位内部监督与财政监督、审计监督、社会监督相结合,事前监督、事中监督、事后监督相结合,日常监督与专项检查相结合。

第五十条　财政部门、行政单位及其工作人员违反本办法的规定,擅自占有、使用、处置国有资产的,按照《财政违法行为处罚处分条例》处理。

违反国家国有资产管理规定的其他行为,按国家有关法律法规处理。

第十章　附　　则

第五十一条　参照公务员制度管理的事业单位和社会团体的国有资产管理依照本办法执行。

第五十二条　行政单位所属独立核算的非公务员管理的事业单位执行事业单位国有资产管理的有关规定,独立核算的企业执行企业国有资产管理的有关规定,不执行本办法。

第五十三条　地方财政部门可以根据本

办法及上级财政部门有关国有资产管理的规定,制定本地区和本级行政单位国有资产管理的规章制度,并报上一级财政部门备案。

第五十四条 行政单位境外国有资产管理办法由财政部另行制定。

中央级行政单位的国有资产管理实施办法,由财政部会同有关部门根据本办法制定。

第五十五条 中国人民解放军等特定单位占有、使用的国有资产的管理办法,由解放军总后勤部等有关部门会同财政部另行制定。

第五十六条 本办法自 2006 年 7 月 1 日起施行。此前颁布的有关行政单位国有资产管理的规章制度,凡与本办法相抵触的,以本办法为准。

事业单位国有资产管理暂行办法

（中华人民共和国财政部令第 36 号）

依据《财政部关于修改〈注册会计师注册办法〉等 6 部规章的决定》（中华人民共和国财政部令第 90 号）,本办法自 2018 年 1 月 1 日起第五十二条修改为"各级财政部门、主管部门及其工作人员在事业单位国有资产配置、使用、处置等管理工作中,存在违反本办法规定的行为,以及其他滥用职权、玩忽职守、徇私舞弊等违法违纪行为的,依照《中华人民共和国公务员法》《中华人民共和国行政监察法》《财政违法行为处罚处分条例》等国家有关规定追究相应责任;涉嫌犯罪的,依法移送司法机关处理"。

第一章 总 则

第一条 为了规范和加强事业单位国有资产管理,维护国有资产的安全完整,合理配置和有效利用国有资产,保障和促进各项事业发展,建立适应社会主义市场经济和公共财政要求的事业单位国有资产管理体制,根据国务院有关规定,制定本办法。

第二条 本办法适用于各级各类事业单位的国有资产管理活动。

第三条 本办法所称的事业单位国有资产,是指事业单位占有、使用的,依法确认为国家所有,能以货币计量的各种经济资源的总称,即事业单位的国有（公共）财产。

事业单位国有资产包括国家拨给事业单位的资产,事业单位按照国家规定运用国有资产组织收入形成的资产,以及接受捐赠和其他经法律确认为国家所有的资产,其表现形式为流动资产、固定资产、无形资产和对外投资等。

第四条 事业单位国有资产管理活动,应当坚持资产管理与预算管理相结合的原则,推行实物费用定额制度,促进事业资产整合与共享共用,实现资产管理和预算管理的紧密统一;应当坚持所有权和使用权相分离的原则;应当坚持资产管理与财务管理、实物管理与价值管理相结合的原则。

第五条 事业单位国有资产实行国家统一所有,政府分级监管,单位占有、使用的管理体制。

第二章 管理机构及其职责

第六条 各级财政部门是政府负责事业单位国有资产管理的职能部门,对事业单位的国有资产实施综合管理。其主要职责是:

（一）根据国家有关国有资产管理的规定,制定事业单位国有资产管理的规章制度,并组织实施和监督检查;

（二）研究制定本级事业单位实物资产配置标准和相关的费用标准,组织本级事业单位国有资产的产权登记、产权界定、产权纠纷调处、资产评估监管、资产清查和统计报告等基础管理工作;

（三）按规定权限审批本级事业单位有关资产购置、处置和利用国有资产对外投资、出租、出借和担保等事项，组织事业单位长期闲置、低效运转和超标准配置资产的调剂工作，建立事业单位国有资产整合、共享、共用机制；

（四）推进本级有条件的事业单位实现国有资产的市场化、社会化，加强事业单位转企改制工作中国有资产的监督管理；

（五）负责本级事业单位国有资产收益的监督管理；

（六）建立和完善事业单位国有资产管理信息系统，对事业单位国有资产实行动态管理；

（七）研究建立事业单位国有资产安全性、完整性和使用有效性的评价方法、评价标准和评价机制，对事业单位国有资产实行绩效管理；

（八）监督、指导本级事业单位及其主管部门、下级财政部门的国有资产管理工作。

第七条 事业单位的主管部门（以下简称主管部门）负责对本部门所属事业单位的国有资产实施监督管理。其主要职责是：

（一）根据本级和上级财政部门有关国有资产管理的规定，制定本部门事业单位国有资产管理的实施办法，并组织实施和监督检查；

（二）组织本部门事业单位国有资产的清查、登记、统计汇总及日常监督检查工作；

（三）审核本部门所属事业单位利用国有资产对外投资、出租、出借和担保等事项，按规定权限审核或者审批有关资产购置、处置事项；

（四）负责本部门所属事业单位长期闲置、低效运转和超标准配置资产的调剂工作，优化事业单位国有资产配置，推动事业单位国有资产共享、共用；

（五）督促本部门所属事业单位按规定缴纳国有资产收益；

（六）组织实施对本部门所属事业单位国有资产管理和使用情况的评价考核；

（七）接受同级财政部门的监督、指导并向其报告有关事业单位国有资产管理工作。

第八条 事业单位负责对本单位占有、使用的国有资产实施具体管理。其主要职责是：

（一）根据事业单位国有资产管理的有关规定，制定本单位国有资产管理的具体办法并组织实施；

（二）负责本单位资产购置、验收入库、维护保管等日常管理，负责本单位资产的账卡管理、清查登记、统计报告及日常监督检查工作；

（三）办理本单位国有资产配置、处置和对外投资、出租、出借和担保等事项的报批手续；

（四）负责本单位用于对外投资、出租、出借和担保的资产的保值增值，按照规定及时、足额缴纳国有资产收益；

（五）负责本单位存量资产的有效利用，参与大型仪器、设备等资产的共享、共用和公共研究平台建设工作；

（六）接受主管部门和同级财政部门的监督、指导并向其报告有关国有资产管理工作。

第九条 各级财政部门、主管部门和事业单位应当按照本办法的规定，明确管理机构和人员，做好事业单位国有资产管理工作。

第十条 财政部门根据工作需要，可以将国有资产管理的部分工作交由有关单位完成。

第三章 资产配置及使用

第十一条 事业单位国有资产配置是指财政部门、主管部门、事业单位等根据事业单位履行职能的需要，按照国家有关法律、法规和规章制度规定的程序，通过购置或者调剂等方式为事业单位配备资产的行为。

第十二条 事业单位国有资产配置应当符合以下条件：

（一）现有资产无法满足事业单位履行职能的需要；

（二）难以与其他单位共享、共用相关资产；

（三）难以通过市场购买产品或者服务的方式代替资产配置，或者采取市场购买方式的成本过高。

第十三条 事业单位国有资产配置应当符合规定的配置标准；没有规定配置标准的，应当从严控制，合理配置。

第十四条 对于事业单位长期闲置、低效运转或者超标准配置的资产,原则上由主管部门进行调剂,并报同级财政部门备案;跨部门、跨地区的资产调剂应当报同级或者共同上一级的财政部门批准。法律、行政法规另有规定的,依照其规定。

第十五条 事业单位向财政部门申请用财政性资金购置规定限额以上资产的(包括事业单位申请用财政性资金举办大型会议、活动需要进行的购置),除国家另有规定外,按照下列程序报批:

(一)年度部门预算编制前,事业单位资产管理部门会同财务部门审核资产存量,提出下一年度拟购置资产的品目、数量,测算经费额度,报主管部门审核;

(二)主管部门根据事业单位资产存量状况和有关资产配置标准,审核、汇总事业单位资产购置计划,报同级财政部门审批;

(三)同级财政部门根据主管部门的审核意见,对资产购置计划进行审批;

(四)经同级财政部门批准的资产购置计划,事业单位应当列入年度部门预算,并在上报年度部门预算时附送批复文件等相关材料,作为财政部门批复部门预算的依据。

第十六条 事业单位向主管部门或者其他部门申请项目经费的,有关部门在下达经费前,应当将所涉及的规定限额以上的资产购置事项报同级财政部门批准。

第十七条 事业单位用其他资金购置规定限额以上资产的,报主管部门审批;主管部门应当将审批结果定期报同级财政部门备案。

第十八条 事业单位购置纳入政府采购范围的资产,应当按照国家有关政府采购的规定执行。

第十九条 事业单位国有资产的使用包括单位自用和对外投资、出租、出借、担保等方式。

第二十条 事业单位应当建立健全资产购置、验收、保管、使用等内部管理制度。

事业单位应当对实物资产进行定期清查,做到账账、账卡、账实相符,加强对本单位专利权、商标权、著作权、土地使用权、非专利技术、商誉等无形资产的管理,防止无形资产流失。

第二十一条 事业单位利用国有资产对外投资、出租、出借和担保等应当进行必要的可行性论证,并提出申请,经主管部门审核同意后,报同级财政部门审批。法律、行政法规另有规定的,依照其规定。

事业单位应当对本单位用于对外投资、出租和出借的资产实行专项管理,并在单位财务会计报告中对相关信息进行充分披露。

第二十二条 财政部门和主管部门应当加强对事业单位利用国有资产对外投资、出租、出借和担保等行为的风险控制。

第二十三条 事业单位对外投资收益以及利用国有资产出租、出借和担保等取得的收入应当纳入单位预算,统一核算,统一管理。国家另有规定的除外。

第四章 资产处置

第二十四条 事业单位国有资产处置,是指事业单位对其占有、使用的国有资产进行产权转让或者注销产权的行为。处置方式包括出售、出让、转让、对外捐赠、报废、报损以及货币性资产损失核销等。

第二十五条 事业单位处置国有资产,应当严格履行审批手续,未经批准不得自行处置。

第二十六条 事业单位占有、使用的房屋建筑物、土地和车辆的处置,货币性资产损失的核销,以及单位价值或者批量价值在规定限额以上的资产的处置,经主管部门审核后报同级财政部门审批;规定限额以下的资产的处置报主管部门审批,主管部门将审批结果定期报同级财政部门备案。法律、行政法规另有规定的,依照其规定。

第二十七条 财政部门或者主管部门对事业单位国有资产处置事项的批复是财政部门重新安排事业单位有关资产配置预算项目的参考依据,是事业单位调整相关会计账目的凭证。

第二十八条 事业单位国有资产处置应当遵循公开、公正、公平的原则。

事业单位出售、出让、转让、变卖资产数量较多或者价值较高的,应当通过拍卖等市场竞价方式公开处置。

第二十九条 事业单位国有资产处置收入属于国家所有,应当按照政府非税收入管理的规定,实行"收支两条线"管理。

第五章 产权登记与产权纠纷处理

第三十条 事业单位国有资产产权登记(以下简称产权登记)是国家对事业单位占有、使用的国有资产进行登记,依法确认国家对国有资产的所有权和事业单位对国有资产的占有、使用权的行为。

第三十一条 事业单位应当向同级财政部门或者经同级财政部门授权的主管部门(以下简称授权部门)申报、办理产权登记,并由财政部门或者授权部门核发《事业单位国有资产产权登记证》(以下简称《产权登记证》)。

第三十二条 《产权登记证》是国家对事业单位国有资产享有所有权,单位享有占有、使用权的法律凭证,由财政部统一印制。

事业单位办理法人年检、改制、资产处置和利用国有资产对外投资、出租、出借、担保等事项时,应当出具《产权登记证》。

第三十三条 事业单位国有资产产权登记的内容主要包括:

(一)单位名称、住所、负责人及成立时间;

(二)单位性质、主管部门;

(三)单位资产总额、国有资产总额、主要实物资产额及其使用状况、对外投资情况;

(四)其他需要登记的事项。

第三十四条 事业单位应当按照以下规定进行国有资产产权登记:

(一)新设立的事业单位,办理占有产权登记;

(二)发生分立、合并、部分改制,以及隶属关系、单位名称、住所和单位负责人等产权登记内容发生变化的事业单位,办理变更产权

登记;

(三)因依法撤销或者整体改制等原因被清算、注销的事业单位,办理注销产权登记。

第三十五条 各级财政部门应当在资产动态管理信息系统和变更产权登记的基础上,对事业单位国有资产产权登记实行定期检查。

第三十六条 事业单位与其他国有单位之间发生国有资产产权纠纷的,由当事人协商解决。协商不能解决的,可以向同级或者共同上一级财政部门申请调解或者裁定,必要时报有管辖权的人民政府处理。

第三十七条 事业单位与非国有单位或者个人之间发生产权纠纷的,事业单位应当提出拟处理意见,经主管部门审核并报同级财政部门批准后,与对方当事人协商解决。协商不能解决的,依照司法程序处理。

第六章 资产评估与资产清查

第三十八条 事业单位有下列情形之一的,应当对相关国有资产进行评估:

(一)整体或者部分改制为企业;

(二)以非货币性资产对外投资;

(三)合并、分立、清算;

(四)资产拍卖、转让、置换;

(五)整体或者部分资产租赁给非国有单位;

(六)确定涉讼资产价值;

(七)法律、行政法规规定的其他需要进行评估的事项。

第三十九条 事业单位有下列情形之一的,可以不进行资产评估:

(一)经批准事业单位整体或者部分资产无偿划转;

(二)行政、事业单位下属的事业单位之间的合并、资产划转、置换和转让;

(三)发生其他不影响国有资产权益的特殊产权变动行为,报经同级财政部门确认可以不进行资产评估的。

第四十条 事业单位国有资产评估工作应当委托具有资产评估资质的评估机构进行。

事业单位应当如实向资产评估机构提供有关情况和资料,并对所提供的情况和资料的客观性、真实性和合法性负责。

事业单位不得以任何形式干预资产评估机构独立执业。

第四十一条 事业单位国有资产评估项目实行核准制和备案制。核准和备案工作按照国家有关国有资产评估项目核准和备案管理的规定执行。

第四十二条 事业单位有下列情形之一的,应当进行资产清查:

(一)根据国家专项工作要求或者本级政府实际工作需要,被纳入统一组织的资产清查范围的;

(二)进行重大改革或者整体、部分改制为企业的;

(三)遭受重大自然灾害等不可抗力造成资产严重损失的;

(四)会计信息严重失真或者国有资产出现重大流失的;

(五)会计政策发生重大更改,涉及资产核算方法发生重要变化的;

(六)同级财政部门认为应当进行资产清查的其他情形。

第四十三条 事业单位进行资产清查,应当向主管部门提出申请,并按照规定程序报同级财政部门批准立项后组织实施,但根据国家专项工作要求或者本级政府工作需要进行的资产清查除外。

第四十四条 事业单位资产清查工作的内容主要包括基本情况清理、账务清理、财产清查、损溢认定、资产核实和完善制度等。资产清查的具体办法由财政部另行制定。

第七章 资产信息管理与报告

第四十五条 事业单位应当按照国有资产管理信息化的要求,及时将资产变动信息录入管理信息系统,对本单位资产实行动态管理,并在此基础上做好国有资产统计和信息报告工作。

第四十六条 事业单位国有资产信息报告是事业单位财务会计报告的重要组成部分。事业单位应当按照财政部门规定的事业单位财务会计报告的格式、内容及要求,对其占有、使用的国有资产状况定期做出报告。

第四十七条 事业单位国有资产占有、使用状况,是主管部门、财政部门编制和安排事业单位预算的重要参考依据。各级财政部门、主管部门应当充分利用资产管理信息系统和资产信息报告,全面、动态地掌握事业单位国有资产占有、使用状况,建立和完善资产与预算有效结合的激励和约束机制。

第八章 监督检查与法律责任

第四十八条 财政部门、主管部门、事业单位及其工作人员,应当依法维护事业单位国有资产的安全完整,提高国有资产使用效益。

第四十九条 财政部门、主管部门和事业单位应当建立健全科学合理的事业单位国有资产监督管理责任制,将资产监督、管理的责任落实到具体部门、单位和个人。

第五十条 事业单位国有资产监督应当坚持单位内部监督与财政监督、审计监督、社会监督相结合,事前监督与事中监督、事后监督相结合,日常监督与专项检查相结合。

第五十一条 事业单位及其工作人员违反本办法,有下列行为之一的,依据《财政违法行为处罚处分条例》的规定进行处罚、处理、处分:

(一)以虚报、冒领等手段骗取财政资金的;

(二)擅自占有、使用和处置国有资产的;

(三)擅自提供担保的;

(四)未按规定缴纳国有资产收益的。

第五十二条 财政部门、主管部门及其工作人员在上缴、管理国有资产收益,或者下拨财政资金时,违反本办法规定的,依据《财政违法行为处罚处分条例》的规定进行处罚、处理、处分。

第五十三条 主管部门在配置事业单位国有资产或者审核、批准国有资产使用、处置事项的工作中违反本办法规定的,财政部门可以责令其限期改正,逾期不改的予以警告。

第五十四条 违反本办法有关事业单位国有资产管理规定的其他行为,依据国家有关法律、法规及规章制度进行处理。

第九章 附 则

第五十五条 社会团体和民办非企业单位中占有、使用国有资产的,参照本办法执行。参照公务员制度管理的事业单位和社会团体,依照国家关于行政单位国有资产管理的有关规定执行。

第五十六条 实行企业化管理并执行企业财务会计制度的事业单位,以及事业单位创办的具有法人资格的企业,由财政部门按照企业国有资产监督管理的有关规定实施监督管理。

第五十七条 地方财政部门制定的本地区和本级事业单位的国有资产管理规章制度,应当报上一级财政部门备案。

中央级事业单位的国有资产管理实施办法,由财政部会同有关部门根据本办法制定。

第五十八条 境外事业单位国有资产管理办法由财政部另行制定。中国人民解放军、武装警察部队以及经国家批准的特定事业单位的国有资产管理办法,由解放军总后勤部、武装警察部队和有关主管部门会同财政部另行制定。

行业特点突出,需要制定行业事业单位国有资产管理办法的,由财政部会同有关主管部门根据本办法制定。

第五十九条 本办法中有关资产配置、处置事项的"规定限额"由省级以上财政部门另行确定。

第六十条 本办法自 2006 年 7 月 1 日起施行。此前颁布的有关事业单位国有资产管理的规定与本办法相抵触的,按照本办法执行。

财政部关于进一步规范和加强行政事业单位国有资产管理的指导意见

(财资〔2015〕90 号)

党中央有关部门,国务院各部委、各直属机构,全国人大常委会办公厅,全国政协办公厅,高法院,高检院,各民主党派中央,有关人民团体,有关中央管理企业,各省、自治区、直辖市、计划单列市财政厅(局),新疆生产建设兵团财务局:

行政事业单位国有资产是行政事业单位履行职能,保障政权运转以及提供公共服务的物质基础。行政事业单位国有资产管理是财政管理的重要基础和有机组成部分。近年来,行政事业单位资产管理工作取得明显成效,确立了"国家统一所有,政府分级监管,单位占有、使用"的管理体制,初步构建了管理制度框架,逐步规范资产配置、使用、处置等各环节管理。但是,在当前全面深化改革和经济社会发展的新形势下,现行行政事业单位资产管理仍然存在一些亟待解决的突出问题。各级财政部门与相关部门之间管理职责没有很好落实,制度体系不够健全;资产管理与预算管理相结合机制有待进一步完善,资产管理的资源配置职能没有充分发挥;资产使用、处置管理等需要进一步规范,管理方式有待改进;管理基础薄弱,部分单位特别是基层单位业务力量相对不足,资产管理队伍建设需要进一步加强。为了切实解决这些问题,加快建立与国家治理体系和治理能力现代化相适应的行政事业单位资产管理体系,更好地保障行政事业单位有效运转和高效履职,根据《中华人民共和国预算法》等法律制度,现就进一步规范和加强行政事业单位资产管理提出以下意见:

一、总体要求

(一)指导思想。

认真贯彻落实党的十八大和十八届三中、

四中、五中全会精神，按照深化财税体制改革的总体部署，理顺和巩固行政事业单位国有资产管理体制，健全行政事业单位资产管理法律制度和内控机制，深入推进资产管理与预算管理、国库管理相结合，建立既相互衔接又有效制衡的工作机制和业务流程，着力构建更加符合行政事业单位运行特点和国有资产管理规律、从"入口"到"出口"全生命周期的行政事业单位资产管理体系。

（二）基本原则。

坚持所有权和使用权相分离。行政事业单位国有资产的所有权属于国家，使用权在单位。根据健全"归属清晰、权责明确、保护严格、流转顺畅"的现代产权制度要求，明确国家和单位在行政事业单位资产管理方面的权利、义务，进一步明晰国有资产产权关系。

坚持资产管理与预算管理相结合。通过资产与预算相结合，管控总量、盘活存量、用好增量，有效缓解部门、单位之间资产占有水平不均衡的状况，促进资源配置的合理化，提高资产的使用效率。

坚持资产管理与财务管理、实物管理与价值管理相结合。通过对预算管理和财务管理流程进行必要的再造，实现资产管理与财务管理紧密结合，实物管理与价值管理紧密结合，做到账账相符、账实相符，提升单位管理水平。

（三）主要目标。

保障履职。充分发挥行政事业单位资产在单位履行职能方面的物质基础作用，有效保障政权运转和提供公共服务的需要。

配置科学。行政事业单位资产配置的范围符合公共财政的要求；资产配置标准科学合理；根据行政事业单位职能、资产配置标准、资产存量情况以及资产使用绩效细化资产配置预算。

使用有效。行政事业单位资产日常管理制度完善，单位资产得到有效维护和使用；资产共享共用机制合理，实现使用效益最大化；绩效评价体系科学；对资产出租、出借和对外投资行为及其收益实现有效监管。

处置规范。有效遏制随意处置资产的行为，防止处置环节国有资产的流失；建立完善的资产处置交易平台和重大资产处置公示制度，引入市场机制，实现资产处置的公开化、透明化；规范资产处置收入管理。

监督到位。建立财政部门、主管部门和行政事业单位全方位、多层次的行政事业单位资产管理监督体系，以及资产配置、使用、处置等全过程的监督制约机制，单位内部监督与财务监督和审计监督相结合，事前监督与事中监督和事后监督相结合，日常监督与专项检查相结合。

二、进一步强化和落实管理职责，合力推进行政事业单位资产管理工作

（四）各级财政部门、主管部门和行政事业单位要各司其职，各负其责，齐抓共管，进一步理顺和巩固"国家统一所有，政府分级监管，单位占有、使用"的管理体制，完善"财政部门—主管部门—行政事业单位"三个层次的监督管理体系，强化财政部门综合管理职能和主管部门的具体监管职能，进一步落实行政事业单位对占有使用国有资产的管理主体责任，实现对行政事业单位国有资产的有效管理。

（五）各级财政部门应当按照转变职能、简政放权的要求，强化和落实综合管理职责，明晰和理顺与主管部门和行政事业单位的管理职责，协调好与机关事务主管部门等相关部门的职责分工，加强指导监督，搞好协作配合。同时，明确财政部门内部资产管理职责分工，加强对资产管理制度、规则、标准、流程等制定、管理与控制。充分调动主管部门和行政事业单位的主动性、积极性，强化主管部门的组织管理和行政事业单位具体管理的主体责任。

（六）各级主管部门应当切实承担好本部门和所属行政事业单位国有资产的组织管理职责。认真组织实施资产管理规章制度；进一步加强本部门国有资产配置、使用、处置等事项的审核和监督管理；督促本部门所属行政事业单位按照规定缴纳国有资产收益；组织实施对所属行政事业单位资产管理情况的考核评价。

（七）各级行政事业单位承担本单位占有、使用国有资产的具体管理职责，应当严格执行《行政事业单位内部控制规范（试行）》，在资产管理岗位设置、权责分配、业务流程等方面建立决策、执行和监督相互分离、相互制约、相互监督的机制，完善内部管理制度，强化资产管理与财务管理、预算管理的衔接，构建既有机联系又相互制衡的内部工作机制，提升管理效能。对国有资产配置、使用、处置等事项，应当按照有关规定报经主管部门或同级财政部门审批；加强对出租、出借、对外投资的专项管理。

三、完善行政事业单位资产管理制度体系，提升管理的规范化、制度化水平

（八）各级财政部门应当对现有的资产管理规章制度进行梳理和完善，加强顶层设计，根据本地实际情况出台行政事业单位资产管理的地方性制度，逐步完善涵盖资产配置、使用、处置等各个环节的管理办法和清查核实、产权登记、收益收缴、信息报告、监督检查等全方位管理制度体系。

（九）各级主管部门应当根据财政部门规定，结合本部门或本行业实际情况，制定本部门或本行业国有资产管理办法，健全完善本部门或本行业国有资产配置、使用、处置等配套制度，并报同级财政部门备案。

（十）各行政事业单位应当根据财政部门、主管部门的规定，结合本单位实际情况，制定本单位国有资产管理的具体实施办法，并报主管部门备案。建立和完善本单位资产清查登记、内部控制、统计报告、日常监督检查等具体管理制度。

四、加强行政事业单位资产配置管理，切实把好资产"入口关"

（十一）资产配置是行政事业单位资产形成的起点，各级财政部门、主管部门和行政事业单位应当严控资产配置"入口关"。配置资产应当以单位履行职能和促进事业发展需要为基础，以资产功能与单位职能相匹配为基本条件，不得配置与单位履行职能无关的资产。完善资产管理与预算管理相结合的机制，将资产

配置管理职能嵌入到预算管理流程中，为预算编制提供准确、细化、动态的资产信息。以科学、合理地支撑行政事业单位履行职能为目标，建立健全资产配置标准体系，优化新增资产配置管理流程，逐步扩大新增资产配置预算范围。

（十二）资产配置标准是科学合理编制资产配置预算的重要依据，各级财政部门要按照"先易后难、分类实施、逐步推进"的原则，分类制定资产配置标准。明确各类资产的配置数量、价格上限和最低使用年限等，并根据物价水平和财力状况等因素变化适时调整，为预算编制提供科学依据。通用资产配置标准由财政部门组织制定，专用资产配置标准由财政部门会同有关部门制定。对已制定资产配置标准的，应当结合财力情况严格按照标准配置；对没有规定资产配置标准的，应当坚持厉行节约、从严控制的原则，并结合单位履职需要、存量资产状况和财力情况等，在充分论证的基础上，采取调剂、租赁、购置等方式进行配置。

（十三）加大对行政事业单位资产的调控力度，有效盘活存量资产，优化资源配置。建立行政事业单位超标准配置、低效运转或者长期闲置资产调剂机制。

五、加强行政事业单位资产使用管理，提高国有资产使用效率

（十四）各级主管部门和行政事业单位应当加强资产使用管理，进一步落实行政事业单位资产管理主体责任制和各项资产使用管理的规章制度，明确资产使用管理的内部流程、岗位职责和内控制度，充分依托行政事业单位资产管理信息系统的动态管理优势，做到账实相符、账账相符、账卡相符。

（十五）除法律另有规定外，各级行政单位不得利用国有资产对外担保，不得以任何形式利用占有、使用的国有资产进行对外投资。除国家另有规定外，各级事业单位不得利用财政资金对外投资，不得买卖期货、股票，不得购买各种企业债券、各类投资基金和其他任何形式的金融衍生品或进行任何形式的金融风险投资，不得在国外贷款债务尚未清偿前利用该贷

款形成的资产进行对外投资等。事业单位对外投资必须严格履行审批程序,加强风险管控等。利用非货币性资产进行对外投资的,应当严格履行资产评估程序,法律另有规定的,从其规定。

(十六)加强对各行政事业单位资产出租出借行为的监管,严格控制出租出借国有资产行为,确需出租出借资产的,应当按照规定程序履行报批手续,原则上实行公开竞价招租,必要时可以采取评审或者资产评估等方式确定出租价格,确保出租出借过程的公正透明。

(十七)探索建立行政事业单位资产共享共用机制,推进行政事业单位资产整合。建立资产共享共用与资产绩效、资产配置、单位预算挂钩的联动机制,避免资产重复配置、闲置浪费。鼓励开展"公物仓"管理,对闲置资产、临时机构(大型会议)购置资产在其工作任务完成后实行集中管理,调剂利用。

六、加强行政事业单位资产处置管理,进一步规范资产处置行为

(十八)资产处置应当遵循公开、公平、公正的原则,严格执行国有资产处置制度,履行审批手续,规范处置行为,防止国有资产流失。未按规定履行相关程序的,任何单位和个人不得擅自处置国有资产。处置国有资产原则上应当按照规定程序进行资产评估,并通过拍卖、招投标等公开进场交易方式处置,杜绝暗箱操作。资产处置完成后,应当及时办理产权变动并进行账务处理。

(十九)各级财政部门和主管部门应当进一步加大对资产处置的监管力度,建立资产处置监督管理机制。主管部门根据财政部门授权审批的资产处置事项,应当及时向财政部门备案;由行政事业单位审批的资产处置事项,应当由主管部门及时汇总并向财政部门备案。由本级人民政府确定的重大资产处置事项,由同级财政部门按照规定程序办理。

(二十)切实做好在分类推进事业单位改革、行业协会商会脱钩、培训疗养机构脱钩等重大专项改革中涉及的单位划转、撤并、改变

隶属关系的资产处置工作,确保国有资产安全。

七、加强行政事业单位资产收益管理,确保应收尽收和规范使用

(二十一)国有资产收益是政府非税收入的重要组成部分,各级财政部门、主管部门应当进一步加强对国有资产收益的监督管理,建立健全资产收入收缴和使用等方面的规章制度,规范收支行为。行政单位国有资产处置收入和出租、出借收入,应当在扣除相关税费后及时、足额上缴国库,严禁隐瞒、截留、坐支和挪用。严格按照有关规定进一步规范事业单位国有资产处置收入管理。

(二十二)中央级事业单位出租、出借收入和对外投资收益,应当纳入单位预算,统一核算、统一管理。地方各级事业单位出租、出借收入和对外投资收益,应当依据国家和本级财政部门的有关规定加强管理。国家设立的研究开发机构、高等院校科技成果的使用、处置和收益管理按照《中华人民共和国促进科技成果转化法》等有关规定执行。

八、夯实基础工作,为行政事业单位资产管理提供有效支撑

(二十三)各级财政部门、主管部门和行政事业单位要根据有关专项工作要求和特定经济行为需要,按照规定的政策、工作程序和方法开展资产清查核实工作,并做好账务处理。继续做好事业单位及其所办企业国有资产产权登记工作,掌握事业单位的资产占有、使用情况和国有资产产权的基本情况。完善行政事业单位国有资产报告制度,按照政府信息公开的有关规定,积极稳妥推进国有资产占有、使用情况的公开。

(二十四)各级财政部门、主管部门和行政事业单位应当进一步加强行政事业单位资产管理信息系统建设,并与预算系统、决算系统、政府采购系统和非税收入管理系统实现对接,具备条件的资产管理事项逐步实现网上办理。依托行政事业单位资产管理信息系统,建立"全面、准确、细化、动态"的行政事业单位国有资产基础数据库,加强数据分析,为管理决策和编制

部门预算等提供参考依据。

（二十五）各级财政部门、主管部门和行政事业单位应当对国有资产管理的绩效进行评价，科学设立评价指标体系，对管理机构、人员设置、资产管理事项、资产使用效果、信息系统建设和应用等情况进行考核评价，并将考核评价的结果作为国有资产配置的重要依据。

（二十六）各级财政部门、主管部门应当加强对行政事业单位资产管理全过程的监管，强化内部控制和约束，并积极建立与公安、国土、房产、机构编制、纪检监察和审计等部门的联动机制，共同维护国有资产的安全。各级行政事业单位应当积极配合财政部门、主管部门的监督检查，并在单位内部建立完善国有资产监督管理责任制，将资产监督、管理的责任落实到具体部门和个人。

九、加强政府经管资产研究，规范政府经管资产管理

（二十七）研究探索将各级主管部门和行政事业单位代表政府管理的公共基础设施、政府储备资产、自然资源资产等经管资产纳入资产管理范畴。进一步明确经管资产的范围，摸清底数，界定管理权责，逐步建立经管资产的登记、核算、统计、评估、考核等管理制度体系。

（二十八）进一步明确财政部门、主管部门和行政事业单位加强经管资产管理的职能和职责，落实主体责任。探索建立经管资产存量、增量与政府债务管理相结合机制，逐步建立涵盖各类国有资产的政府资产报告制度。

十、以管资本为主，加强行政事业单位所属企业管理

（二十九）按照深化国有企业改革的总体部署，以管资本为主，鼓励将行政事业单位所属企业的国有资本纳入经营性国有资产集中统一监管体系。具备条件的进入国有资本投资、运营公司，暂时不具备条件的，要按照"政企分开、事企分开"的原则，建立以资本为纽带的产权关系，加强和规范监管，确保国有资产保值增值。

（三十）各级财政部门、主管部门、行政事业单位应当强化对所属企业运作模式、经营状况、收益分配等的监督管理，推动完善企业法人治理结构，逐步完善"产权清晰、权责明确、政企分开、管理科学"的现代企业制度，完善所属企业国有资产监管体制，防止国有资产流失，实现国有资产保值增值。

（三十一）根据建立覆盖全部国有企业、分级管理的国有资本经营预算管理制度的要求和国有资本经营预算管理的相关规定，纳入国有资本经营预算实施范围的行政事业单位所属企业，应当按照规定及时足额向国家上交国有资本经营收益。

十一、加强组织队伍建设，不断提高行政事业单位资产管理工作水平

（三十二）各级财政部门、主管部门和行政事业单位应当进一步高度重视资产管理工作，切实加强组织领导。各级财政部门应当建立健全行政事业资产管理机构，配备专职人员，充实工作队伍；各级主管部门和行政事业单位应当明确内部资产管理机构和人员，强化职责分工，落实管理责任，避免多头管理、相互推诿扯皮现象，为开展行政事业单位资产管理工作提供有力的组织保障。

（三十三）各级财政部门、主管部门和行政事业单位应当通过政策宣传、组织培训等多种方式，搭建学习和交流平台，提高行政事业单位资产管理干部队伍的素质和能力，有效推动行政事业单位资产管理工作。

十一、涉电基金

财政部关于印发《农网还贷资金征收使用管理办法》的通知

(财企〔2001〕820 号)

财政部驻山西、吉林、湖南、湖北、广东、广西、四川、重庆、云南、陕西省(自治区、直辖市)财政监察专员办事处,山西、吉林、湖南、湖北、广东、广西、四川、重庆、云南、陕西省(自治区、直辖市)财政厅(局),国家电力公司:

"九五"期间每度电 2 分钱的电力建设基金政策已执行期满。经国务院领导批准,从 2001 年起每度电 2 分钱并入电价,其收入专项用于解决农村电网改造还贷问题,具体分两种情况处理:即对农网改造贷款一省多贷的山西、吉林、湖南、湖北、广东、广西、四川、重庆、云南、陕西等省、自治区、直辖市建立农网还贷资金,对农网改造贷款一省一贷的省、自治区、直辖市由企业自收自用。根据分工,财政部制定了《农网还贷资金征收使用管理办法》,现印发给你们,请遵照执行。执行中有何问题,请及时告知。

附件:农网还贷资金征收使用管理办法

农网还贷资金征收使用管理办法

第一条 农网还贷资金是对农网改造贷款"一省多贷"的省、自治区、直辖市(指该省市区的农网改造工程贷款由多个电力企业承贷,下同)电力用户征收的政府性基金,专项用于农村电网改造贷款还本付息。根据《国务院关于加强预算外资金管理的决定》(国发〔1996〕29 号)的规定,农网还贷资金纳入国家财政预算管理。

第二条 农网还贷资金按社会用电量每度电 2 分钱标准,并入电价收取。

第三条 农网还贷资金减免范围包括:

(一)农业排灌、抗灾救灾及氮肥、磷肥、钾肥和原化工部颁发生产许可证的复合肥生产用电免征农网还贷资金;

(二)自备电厂自用电量免征农网还贷资金;

(三)国有重点煤炭企业生产用电、核工业铀扩散厂和堆化工厂生产用电农网还贷资金暂按每千瓦时用电量三厘钱标准征收。

第四条 农网还贷资金由电网经营企业在向用户收取电费时一并收取,并在电费收款凭证中注明农网还贷资金的征收电量、征收标准和征收金额。除规定的减免用量外,电力用户必须及时足额交纳农网还贷资金。

第五条 征收农网还贷资金必须按照《中华人民共和国增值税暂行条例》及其他有关规定缴纳增值税和流转环节的其他税费,按规定纳入预算管理后免征企业所得税。

第六条 征收农网还贷资金的电网经营企业,可按年征收额的 2‰提取手续费,并计入企业的应付工资科目。

第七条 电网经营企业将收取的农网还贷资金在销售收入中单独核算,集中到省级电力企业,由省级电力企业按月向财政部驻当地财政监察专员办事处申报农网还贷资金征收情况,由财政部驻当地财政监察专员办事处按比例开具一般缴款书分别缴入中央和地方省级国库。具体缴库比例原则上按国家批准的农网改造贷款计划确定,详见附。农网改造竣工后,实际投资没有完成计划的省、自治区、直辖市,由财政部相应调整缴入中央和地方省级国库的比例。缴入国库的农网还贷资金暂时分别列入《2001年政府预算收支科目》的基金预算收入科目第800101项"中央电力建设基金收入"及第800102项"地方电力建设基金收入"。

第八条 农网还贷资金使用单位必须按规定编制农网还贷资金使用预算,分别报财政部和省级财政部门。其中,中央单位报财政部审批,地方单位报省级财政部门审批。

第九条 对经批准的农网还贷资金使用预算,由财政部和省级财政部门根据农网还贷资金缴库进度办理拨款手续。

中央单位向财政部提出拨款申请,由财政部拨款,原则上每月拨付一次。

缴入地方省级国库的农网还贷资金由有关省、自治区、直辖市财政厅(局)比照缴入中央国库的农网还贷资金拨付原则制定具体办法,报财政部备案。

拨付的农网还贷资金暂时分别列入《2001年政府预算收支科目》的基金预算支出科目第800101项"中央电力建设基金支出"、第800102项"地方电力建设基金支出"。

第十条 农网还贷资金征收使用应接受财政、审计等部门的监督。有关企业必须严格按照国家规定征收农网还贷资金,不得擅自调整征收范围和标准。使用单位应严格按批准的

预算和财政部门核拨的资金及规定用途安排使用农网还贷资金。

第十一条 本办法执行时间暂定5年,即从2001年1月1日至2005年12月31日止。征收期满后,根据农网改造还贷情况由财政部另行规定。

第十二条 有关省、自治区、直辖市财政厅(局)应根据本办法规定制定具体实施办法,并报财政部备案。

附表:

农网还贷资金缴库比例表

省份	缴入中央国库比例(%)	缴入地方国库比例(%)
山西	92.5	7.5
吉林	86.7	13.3
湖南	82.1	17.9
湖北	97.3	2.7
广东	91.7	8.3
广西	63.6	36.4
四川	51.5	48.5
重庆	46.6	53.4
云南	84.6	15.4
陕西	50.5	49.5

财政部关于农网还贷资金征收使用管理有关问题的通知

(财企〔2002〕266号)

财政部驻山西、吉林、湖南、湖北、广东、广西、四川、重庆、云南、陕西省(自治区、直辖市)财政监察专员办事处,山西、吉林、湖南、湖北、广东、广西、四川、重庆、云南、陕西省(自治区、直辖市)财政厅(局),国家电力公司:

《财政部关于印发农网还贷资金征收使用管理办法的通知》(财企〔2002〕820号)发布后,有关省、自治区、直辖市农网还贷资金开始缴

入国库,这些省、自治区、直辖市农网还贷改造项目承贷主体的还贷资金有了新的来源。结合各地农网还贷资金征收使用管理情况,及近期国家下达的第二批农网改造项目计划,现对农网还贷资金征收使用管理有关问题通知如下:

一、农网还贷资金属政府性基金,是国家财政预算收入的组成部分。各地应严格执行财政部规定的农网还贷资金征收标准和减免范

围,将农网还贷资金及时足额征收入库。确需减免的,应由财政部驻有关省、自治区、直辖市财政监察专员办事处向财政部提出书面报告,经财政部批准后执行。未经财政部批准,任何单位和个人不得擅自减免农网还贷资金。

二、农网还贷资金适用预算科目按《财政部中国人民银行关于农网还贷资金适用预算科目的通知》(财预〔2002〕318号)文件执行。

三、根据财政部财企〔2001〕820号文件规定,农网还贷资金具体缴库比例原则上按国家批准的农网改造项目贷款计划确定;农网改造项目竣工后,实际投资没有完成计划的省、自治区、直辖市,由财政部相应调整其缴入中央和地方省级国库的比例。根据这一规定,有关省、自治区、直辖市农网还贷资金缴入中央、地方国库的比例,随农网改造项目投资计划变化而调整;待有关省、自治区、直辖市农网改造项目全部竣工后,再对已经缴入中央、地方国库的农网还贷资金据实进行清算。根据国家下达的第一批和第二批农网改造项目贷款计划及部分省、自治区、直辖市调整情况,我们对有关省、自治区、直辖市农网还贷资金缴库比例做了调整(详见附表),请遵照执行。

四、企业受到财政部门拨付的农网还贷资金,作增加补贴收入处理。

五、请有关单位加强协作,共同做好农网还贷资金征收使用管理工作。电力企业要将应收的农网还贷资金及时足额代收上来,财政部驻有关省、自治区、直辖市财政监察专员办事处要做好农网还贷资金的监缴工作(广东省农网还贷资金监缴工作暂由广东省财政厅负责)。有关省、自治区、直辖市财政部门要按规定用好缴入地方国库的农网还贷资金。

附件:

农网还贷资金缴库比例表

省(区、市)	缴入中央国库比例(%)	缴入地方国库比例(%)
山西	92.41	7.59
吉林	87.53	12.47
湖南	78.32	21.68
湖北	97.28	2.72
广东	×	100
广西	59.45	40.55
四川	47.49	52.51
重庆	46.83	53.17
云南	80.12	19.88
陕西	39.65	60.35

财政部关于农网还贷资金征缴工作有关问题的通知

(财企〔2006〕347号)

山西、吉林、湖南、湖北、广东、广西、四川、重庆、云南、陕西省(自治区、直辖市)财政厅(局),财政部驻山西、吉林、湖南、湖北、广东、广西、四川、重庆、云南、陕西省(自治区、直辖市)财政监察专员办事处:

根据《财政部关于处理18项到期政府性基金政策有关事项的通知》(财综函〔2006〕1号)和部分地区电价调整及农电体制改革情况,现就农网还贷资金征收工作有关问题通知如下:

一、关于2006年农网还贷资金征收办法

(一)征收标准和征收范围,按照《财政部关于印发农网还贷资金征收使用管理办法的通知》(财企〔2001〕820号)执行。

(二)缴库比例,按照《财政部关于农网还贷资金征收使用管理有关问题的通知》(财企〔2002〕266号)执行(四川、重庆除外)。

(三)缴库方式,按照《财政部关于财政监察专员办事处收入收缴管理制度改革有关事宜的通知》(财库〔2005〕365号)执行。

二、关于农网还贷加价收入的收缴问题

《国家发展改革委关于疏导华北电网电价矛盾有关问题的通知》(发改价格〔2004〕

1036 号)等文件规定的山西、陕西、广西 3 省区农网改造还贷加价收入,均应纳入农网还贷资金征收和使用范围,由财政部驻当地财政监察专员办事处(以下简称财政专员办)负责按规定征缴。

三、关于部分地区农网还贷资金缴库比例问题

根据财企〔2002〕266 号文件和 2002 年底调整后的四川省农网改造投资计划,从 2003 年起,四川省农网还贷资金缴库比例相应调整为中央 51.7%,地方 48.3%。

根据财企〔2002〕266 号文件和重庆市农电体制改革情况,重庆市继续执行农网还贷资金政策,从 2005 年起缴库比例调整为中央国库 100%。

四、关于 2006 年农网还贷资金征缴及以前年度清算工作

各有关企业、单位必须严格按照国家有关规定,继续做好 2006 年农网还贷资金征缴工作,做到应收尽收,及时、足额上缴。

请各有关财政专员办抓紧做好 2001 年以来农网还贷资金的清算和追缴工作,涉及农网改造还贷加价及缴库比例调整的,一并进行清缴。

财政部关于印发《大中型水库移民后期扶持基金征收使用管理暂行办法》的通知

(财综〔2006〕29 号)

财政部驻各省、自治区、直辖市财政监察专员办事处,各省、自治区、直辖市财政厅(局),国家电网公司,中国南方电网有限责任公司,内蒙古自治区电力有限责任公司:

为做好大中型水库移民后期扶持基金征收使用管理工作,加大对大中型水库移民后期扶持力度,根据《国务院关于完善大中型水库移民后期扶持政策的意见》(国发〔2006〕17 号)的相关规定,财政部会同有关部门制定了《大中型水库移民后期扶持基金征收使用管理暂行办法》,并已于 2006 年 7 月 8 日经国务院批准。现予发布,请遵照执行。

附件:大中型水库移民后期扶持基金征收使用管理暂行办法

大中型水库移民后期扶持基金征收使用管理暂行办法

第一条 为做好大中型水库移民后期扶持基金征收使用管理工作,加大对大中型水库移民后期扶持力度,根据《国务院关于完善大中型水库移民后期扶持政策的意见》(国发〔2006〕17 号)的相关规定,制定本办法。

第二条 大中型水库移民后期扶持基金(以下简称后期扶持基金),是国家为扶持大中型水库农村移民解决生产生活问题而设立的政府性基金。各省、自治区、直辖市纳入后期扶持的移民人数,2006 年 6 月 30 日以前搬迁的按现状人口一次核定,不再调整;2006 年 7 月 1 日以后搬迁的,按原迁人口核定;转为非农业户口的农村移民不再纳入后期扶持范围。对 2006 年 6 月 30 日前搬迁的符合扶持范围的移民,自 2006 年 7 月 1 日起再连续扶持二十年;对 2006 年 7 月 1 日后搬迁的移民,从其完成搬迁之日起连续扶持二十年。

第三条 后期扶持基金属于政府性基金,按照"收支两条线"原则纳入中央财政预算管理。

第四条 后期扶持基金按以下原则进行筹集:

(一)全国统筹,分省(区、市)计征;

(二)企业、社会、中央与地方合理负担;

（三）工业反哺农业，城市支持农村；

（四）东部地区支持中西部地区。

第五条 后期扶持基金的筹集渠道：

（一）对省级电网企业在本省（区、市）区域内扣除农业生产用电后的全部销售电量加价征收。

（二）财政预算安排的大中型水库移民后期扶持专项资金，包括用对销售电量加价部分征收的增值税安排的资金和用于解决中央直属水库移民遗留问题的定额补助资金。

（三）经营性大中型水库应承担的移民后期扶持资金。具体办法由国家发展改革委会同财政部、水利部另行制定。

第六条 后期扶持基金从 2006 年 6 月 30 日起开始征收，以 6 月 30 日抄见电量计征。

第七条 后期扶持基金由各省级电网企业在向电力用户收取电费时一并代征，按月上缴中央国库。中央财政按电网企业代征额的 2‰付给其代征手续费。代征手续费在该项基金的预算支出中安排，由中央财政分别支付给国家电网公司、中国南方电网有限责任公司和内蒙古自治区电力有限责任公司，具体支付方式按照财政部有关规定执行。代征电网企业不得在代征收入中直接提留代征手续费。

各省、自治区、直辖市后期扶持基金的具体征收标准见附件。

第八条 财政部驻各地财政监察专员办事处（以下简称专员办）负责对当地电网企业代征的后期扶持基金进行征缴，并实行直接缴库方式。省级电网企业应于每月 10 日前向驻当地专员办申报上月实际销售电量和应缴纳的后期扶持基金，专员办应于每月 12 日前完成对申报的审核，并向申报企业开具征缴后期扶持基金《非税收入一般缴款书》。省级电网企业应在每月 15 日前，按照专员办开具的《非税收入一般缴款书》所规定的缴款额，足额上缴资金。

驻各地专员办应根据省级电网企业全年实际销售电量，在次年 3 月底前完成对当地省级电网企业全年应缴后期扶持基金的清算和征缴。

第九条 电网企业应按照本办法规定及

时足额上缴代征的后期扶持基金，不得延期缴纳。如发生延期缴纳，专员办应责令其尽快足额缴纳基金，并从逾期之日起按每日 2‰的标准加收滞纳金。

第十条 电网企业代中央财政征收的后期扶持基金不计征企业所得税。

第十一条 未经国务院批准，任何单位和部门均不得减免后期扶持基金。

第十二条 财政部会同国务院移民管理机构，按照发展改革委、财政部、水利部等部门核定的各省、自治区、直辖市后期扶持移民人数和规定的扶持标准，核定应分配给各省、自治区、直辖市的移民后期扶持基金。

第十三条 分配给各省、自治区、直辖市的后期扶持基金由地方政府包干使用。地方政府必须按照经国务院批准的水库移民后期扶持政策实施方案及经批准的水库移民后期扶持规划使用基金，能够直接发放给移民个人的应尽量发放到移民个人，用于移民生产生活补助，也可以实行项目扶持，还可以采取两者结合的扶持方式，保证将基金专项用于改善移民生产和生活。

第十四条 对省级电网企业在本省（区、市）区域内扣除农业生产用电后的全部销售电量加价征收的后期扶持基金，纳入中央财政基金预算管理，收入列政府预算收支科目的基金预算收入科目第 84 类第 8411 款大中型水库移民后期扶持基金收入，作为中央固定收入科目，反映大中型水库移民后期扶持基金收入；支出列政府预算收支科目的基金预算支出科目第 84 类第 8411 款大中型水库移民后期扶持基金支出，作为中央与地方共用支出科目，反映中央和地方用大中型水库移民后期扶持基金收入安排的支出，以及向电网企业支付的代征手续费。

第十五条 中央财政根据后期扶持基金征收入库情况，按季度向各省、自治区、直辖市财政部门拨付资金。

第十六条 各省、自治区、直辖市财政部门要会同同级移民管理机构，依照分配给本地区的后期扶持基金和移民后期扶持规划编制年度后期扶持基金收支预算,年终编制决算,并将预决算报财政部和国务院移民管理机构备案。

第十七条 后期扶持基金应严格按照预算安排使用,年终结余结转下年度继续使用。

第十八条 各级移民管理机构应切实加强对移民后期扶持资金使用的财务管理,设立专门财务管理机构,配备专门财务会计人员。地方移民管理机构应建立移民个人或家庭档案,以及对移民发放资金的账册和账户,确保后期扶持基金按规定用途使用,严禁挤占、截留和挪用。

第十九条 使用移民后期扶持基金的省、自治区、直辖市人民政府,应在每年一季度截止前,将上年度基金使用情况书面报送财政部和国务院移民管理机构。

第二十条 各级财政、审计和移民管理机构应按职责分工,加强对后期扶持基金征收、拨付、使用的监督和管理,根据需要对移民后期扶持基金使用情况进行检查、审计,以确保基金及时足额征缴和合理使用。

第二十一条 对于违反本规定,擅自改变后期扶持基金征收范围、标准、对象和期限,以及截留、挤占、挪用后期扶持基金的单位及责任人,按照《财政违法行为处罚处分条例》(国务院令第427号)的有关规定进行处罚。触犯刑法的,移送司法机关处理。

第二十二条 各省、自治区、直辖市可根据《国务院关于完善大中型水库移民后期扶持政策的意见》(国发〔2006〕17号)和本办法,制定本地区后期扶持基金使用管理细则,并报财政部、国务院移民管理机构备案。

第二十三条 现行的库区建设基金并入完善后的水库移民后期扶持基金;现行的库区后期扶持基金并入库区维护基金,并相应调整和完善库区维护基金的征收、使用和管理,具体办法由财政部会同发展改革委、水利部另行制定。原三峡库区移民后期扶持基金的处理,由财政部另行研究。

第二十四条 本办法自2006年7月1日起执行,《库区建设基金征收使用管理办法》(财企〔2003〕57号)和依据《国家计划委员会财政部电力工业部水利部关于设立水电站和水库库区后期扶持基金的通知》(计建设〔1996〕526号)及《财政部关于处理18项到期政府性基金政策有关事项的通知》(财综〔2006〕1号)所设立的各项库区后期扶持基金,以及各省(区、市)自行批准向发电和电网企业征收的各种涉及水库移民的基金、资金一律停止征收。

附:各省(区、市)从销售电价加价中征收的后期扶持基金标准(单位:厘/千瓦时)

各省(区、市)从销售电价加价中征收的后期扶持基金标准 （单位:厘/千瓦时)

省(区、市)	基金征收标准	省(区、市)	基金征收标准	省(区、市)	基金征收标准
北京	8.3	浙江	8.3	海南	8.3
天津	8.3	安徽	8.3	重庆	8.3
上海	8.3	福建	8.3	四川	8.3
河北	3.5	江西	8.3	贵州	6.3
山西	3.2	山东	8.3	云南	5.0
内蒙古	3.1	河南	8.3	陕西	8.3
辽宁	8.3	湖北	8.3	甘肃	3.5
吉林	5.5	湖南	8.3	青海	1.9
黑龙江	3.9	广东	8.3	宁夏	2.1
江苏	8.3	广西	8.3	新疆	2.8

财政部关于印发《财政监察专员办事处大中型水库移民后期扶持基金征收管理操作规程》的通知

（财监〔2006〕95 号）

财政部驻各省、自治区、直辖市财政监察专员办事处：

为做好大中型水库移民后期扶持基金的征收管理工作，规范财政监察专员办事处征管工作程序和行为，根据《财政部关于印发〈大中型水库移民后期扶持基金征收使用管理暂行办法〉的通知》（财综〔2006〕29 号）、《中央单位预算外资金收入收缴管理改革试点办法》（财库〔2002〕38 号）、《财政部关于财政监察专员办事处收入收缴管理制度改革有关事宜的通知》（财库〔2005〕365 号）以及《财政监察专员办事处实施中央政府非税收入监管工作操作规程（试行）》（财监〔2005〕86 号）的相关规定，财政部制定了《财政监察专员办事处大中型水库移民后期扶持基金征收管理操作规程》，现印发给你们，请遵照执行。如有何情况或问题，请及时向财政部反映。

附件：财政监察专员办事处大中型水库移民后期扶持基金征收管理操作规程

财政监察专员办事处大中型水库移民后期扶持基金征收管理操作规程

第一条 为做好大中型水库移民后期扶持基金（以下简称后期扶持基金）的征收管理工作，规范财政监察专员办事处（以下简称专员办）征管工作程序和行为，根据《财政部关于印发〈大中型水库移民后期扶持基金征收使用管理暂行办法〉的通知》（财综〔2006〕29 号）、《中央单位预算外资金收入收缴管理改革试点办法》（财库〔2002〕38 号）、《财政部关于财政监察专员办事处收入收缴管理制度改革有关事宜的通知》（财库〔2005〕365 号）、《财政监察专员办事处实施中央政府非税收入监管工作操

作规程（试行）》（财监〔2005〕86 号）等有关规定，制定本操作规程。

第二条 后期扶持基金是指国家为扶持大中型水库农村移民解决生产生活问题而设立的政府性基金。

后期扶持基金按照"收支两条线"原则纳入中央财政预算管理。

第三条 财政部授权驻各地专员办对当地省级电网企业代征的后期扶持基金进行征收管理。

第四条 后期扶持基金纳入收入收缴管理制度改革范围，实行直接缴库，缴入财政部为各专员办开设的中央财政汇缴专户。

代理银行通过资金汇划清算系统，按日自动汇划中央财政专户，当日营业终了，中央财政汇缴专户余额为零。

第五条 专员办应严格按照规定的征缴期限和征缴标准及时、足额征收后期扶持基金，不得拖延。

第六条 后期扶持基金的征收范围是省级电网企业在本省（区、市）区域内全部销售电量，但下列电量实行免征：

（一）农业生产用电量；

（二）省级电网企业网间销售电量（由买入方在最终销售环节向用户收取）；

（三）经国务院批准，可以免除交纳后期扶持基金的其他电量。

第七条 后期扶持基金的征收实行申报审核制。

（一）省级电网企业（代征单位）在每月10 日前向专员办申报上月实际销售电量和应缴纳的后期扶持基金，并报送以下资料：

1. 大中型水库后期扶持基金申报缴纳表（见附表1）

2. 财务会计报表(指月度快报表、年报等资料)

3. 专员办要求的其他有关资料。

(二)专员办受理省级电网企业申报资料后,应于每月 12 日前完成对资料的审核工作。审核的主要内容有:

1. 申报资料的数据勾稽关系是否正确;

2. 申报资料的基础要素是否齐全。

3. 其他需要审核的内容。

(三)专员办审核工作结束后办理缴库手续。省级电网企业一般采取支票缴库的方式。

1. 根据审核结果,专员办于每月 15 日前,使用非税收入收缴管理系统开具《非税收入一般缴款书》,将第 1—3 联交省级电网企业;

2. 省级电网企业收到《非税收入一般缴款书》当日,以转账支票的形式,将款项缴入代理银行,代理银行收款后在《非税收入一般缴款书》第 1 联加盖银行收讫章并将第 1 联退专员办,第 2 联由缴款人开户银行作借方凭证,第 3 联由收款人开户银行收款后作贷方凭证。

3. 专员办接到银行退回的《非税收入一般缴款书》第 1 联后,经审核无误,在第 4 联加盖印章后交省级电网企业,第 1 联、第 5 联由专员办留存。

第八条 省级电网企业按《非税收入一般缴款书》开具的金额在规定期限内将款项及时足额缴入中央财政汇缴专户。如延期缴纳,专员办应责令其限期缴纳,并从逾期之日起按日加收 2‰的滞纳金。

第九条 专员办应做好后期扶持基金的信息核对工作。

(一)对中央财政汇缴专户开户行报送的《代理银行非税收入旬(月)报表》进行核对。

(二)每月终了后(4 个工作日内)与中央财政汇缴专户的账务进行核对。

(三)通过财政国库管理外围平台查询票据等相关信息进行数据核对。

第十条 专员办应于每月 18 日前,向财政部企业司、国库司、监督检查局报送《大中型水库后期扶持基金征缴月报表》(见附表2)

第十一条 专员办应根据省级电网企业全年实际销售电量,在次年 3 月底前完成对当地省级电网企业全年应缴后期扶持基金的清算和征缴,并上报《大中型水库后期扶持基金年度清算表》(见附表3)。在 4 月 5 日前,将上年度后期扶持基金征管情况的工作总结报告上报财政部监督检查局、综合司、企业司和国库司。

财政部对专员办征收管理后期扶持基金情况进行年度考核。考核办法另行制订。

第十二条 专员办应加强对后期扶持基金的日常征收管理工作。

(一)专员办要结合后期扶持基金入库进度情况,对电网企业政策执行情况进行定期或不定期的专项检查。专员办实施专项检查,按照《财政检查工作办法》执行。

(二)专员办要加强与电网企业、代理银行的信息沟通,建立收入对账制度。

第十三条 专员办要按照《〈非税收入一般缴款书〉印制发放流程》等文件要求,加强《非税收入一般缴款书》的领用、保管、使用的管理工作。

(一)专员办领用的《非税收入一般缴款书》,应使用非税收入收缴管理系统对已领票号段申请认证,经财政部国库司确认后方可使用。已认证后的票据不得与其他专员办调剂使用。

(二)专员办领到票据后要进行登记,作废票据的各联次均应完整保存,不得丢失票据。

(三)专员办《非税收入一般缴款书》存根联(第 5 联)应保存 5 年,存档备查。保存期满需要销毁的《非税收入一般缴款书》,由专员办登记造册,报财政部国库司统一核销。

第十四条 专员办要按照政务公开的要求,制订、落实征收工作各项内控制度。

(一)专员办要对省级电网企业的申报缴纳、退付情况实行经办人、处室负责人、办领导三级复核制度。

(二)专员办建立对非税收入征收工作有关印章(如收讫专用章、预留银行印鉴章等)使用管理的内控制度。

第十五条 专员办在征收管理中发现的

政策界限不明确或处理依据不确定问题,应及时向财政部请示报告。

第十六条 对于擅自改变后期扶持基金征收范围、标准、对象和期限,以及截留、挤占、挪用后期扶持基金的单位及有关责任人,按照《财政违法行为处罚处分条例》(国务院令第427号)及其他有关法律、法规的规定进行处罚。触犯刑法的,移送司法机关处理。

第十七条 本操作规程自 2006 年 7 月 1 日起执行。

附表:1.大中型水库移民后期扶持基金申报缴纳表

2.大中型水库移民后期扶持基金征缴月报表

3.大中型水库移民后期扶持基金____年度清算表

附表 1:

大中型水库移民后期扶持基金申报表

(200 年 月)

申报单位 单位:万千瓦时、千元

项目	行次	本月数	本年累计	上年同期累计
省网公司销售电量	1			
免征电量	2			
应征电量	3			
应征基金数	4			
已征基金数	5			
欠征基金数	6			
申报缴纳基金数	7			
欠缴基金数	8			
备注				

企业经办人 申报日期:

专员办审批意见

初审意见:	复核意见:
年 月 日	年 月 日

终审意见:

年 月 日

附表2：

大中型水库移民后期扶持基金征缴月报表

（200　年　月）

编制单位：　　　　　　　　　　　　　　　　　　　　　　　　单位：万千瓦时、千元

项目	行次	本月数	本年累计	上年同期累计
年度计划数	1			
省网公司销售电量	2	—		
免征电量	3			
应征电量	4			
征收标准	5			
应征基金数	6			
其中：占年度计划数比例				
已征基金数	7			
欠征基金数	8			
应缴基金数	9			
已缴基金数	10			
其中：占年度计划数比例				
欠缴基金数	11			

申报日期：　　　　　　　　填表人：　　　　　　　　联系电话：

附表3：

大中型水库移民后期扶持基金____年度清算表

编制单位：　　　　　　　　　　　　　　　　　　　　　　　　单位：万千瓦时、千元

项目	行次	本年累计	上年同期累计
年度计划数	1		
省网公司销售电量	2		
免征电量	3		
应征电量	4		
征收标准	5		
应征基金数	6		
已征基金数	7		
其中：完成年度计划比例			
欠征基金数	8		
其中：以前年度欠征数			
应缴基金数	9		

（续表）

项目	行次	本年累计	上年同期累计
已缴基金数	10		
其中：上缴以前年度数			
完成年度计划比例			
欠缴基金数	11		

申报日期：　　　　　　填表人：　　　　　　联系电话：

财政部关于对分布式光伏发电自发自用电量免征政府性基金有关问题的通知

（财综〔2013〕103 号）

各省、自治区、直辖市财政厅（局），财政部驻各省、自治区、直辖市、计划单列市财政监察专员办事处：

为了促进光伏产业健康发展，根据《国务院关于促进光伏产业健康发展的若干意见》（国发〔2013〕24 号）的有关规定，对分布式光伏发电自发自用电量免收可再生能源电价附加、国家重大水利工程建设基金、大中型水库移民后期扶持基金、农网还贷资金等 4 项针对电量征收的政府性基金。上述规定自本通知发文之日起施行。

财政部关于降低国家重大水利工程建设基金和大中型水库移民后期扶持基金征收标准的通知

（财税〔2017〕51 号）

各省、自治区、直辖市人民政府，国家发展改革为、水利部、国务院南水北调办、国务院三峡办，财政部驻各省、自治区、直辖市财政监察专员办事处，国家电网公司、中国南方电网有限责任公司、内蒙古自治区电力有限责任公司：

为进一步减轻企业负担，促进实体经济发展，经国务院同意，现就降低国家重大水利工程建设基金和大中型水库移民后期扶持基金征收标准的有关事项通知如下：

一、将国家重大水利工程建设基金和大中型水库移民后期扶持基金的征收标准统一降低 25%。降低征收标准后，两项政府性基金的征收管理、收入划分、使用范围等仍按现行规定执行。

二、各级财政部门要切实做好经费保障工作，妥善安排相关部门和单位预算，保障其依法履行职责，积极支持相关事业发展。

三、各地区、有关部门和单位应当按照本通知规定，及时制定出台相关配套措施，确保上述政策落实到位。

四、本通知自 2017 年 7 月 1 日起施行。

财政部 国家发展改革委 国家能源局关于印发《可再生能源发展基金征收使用管理暂行办法》的通知

（财综〔2011〕115 号）

各省、自治区、直辖市财政厅（局）、发展改革委、能源局、物价局，财政部驻各省、自治区、直辖市财政监察专员办事处，国家电网公司、中国南方电网有限责任公司、内蒙古自治区电力有限责任公司：

　　为了促进可再生能源的开发利用，根据《中华人民共和国可再生能源法》有关规定，财政部会同国家发展改革委、国家能源局共同制定了《可再生能源发展基金征收使用管理暂行办法》，现印发给你们，请遵照执行。

　　附件：可再生能源发展基金征收使用管理暂行办法

可再生能源发展基金征收使用管理暂行办法

第一章　总　　则

　　第一条　为了促进可再生能源的开发利用，根据《中华人民共和国可再生能源法》的有关规定，制定本办法。

　　第二条　可再生能源发展基金的资金筹集、使用管理和监督检查等适用本办法。

第二章　资金筹集

　　第三条　可再生能源发展基金包括国家财政公共预算安排的专项资金（以下简称可再生能源发展专项资金）和依法向电力用户征收的可再生能源电价附加收入等。

　　第四条　可再生能源发展专项资金由中央财政从年度公共预算中予以安排（不含国务院投资主管部门安排的中央预算内基本建设专项资金）。

　　第五条　可再生能源电价附加在除西藏自治区以外的全国范围内，对各省、自治区、直辖市扣除农业生产用电（含农业排灌用电）后的销售电量征收。

　　第六条　各省、自治区、直辖市纳入可再生能源电价附加征收范围的销售电量包括：

　　（一）省级电网企业（含各级子公司）销售给电力用户的电量；

　　（二）省级电网企业扣除合理线损后的趸售电量（即实际销售给转供单位的电量，不含趸售给各级子公司的电量）；

　　（三）省级电网企业对境外销售电量；

　　（四）企业自备电厂自发自用电量；

　　（五）地方独立电网（含地方供电企业，下同）销售电量（不含省级电网企业销售给地方独立电网的电量）；

　　（六）大用户与发电企业直接交易的电量。

　　省（自治区、直辖市）际间交易电量，计入受电省份的销售电量征收可再生能源电价附加。

　　第七条　可再生能源电价附加征收标准为 8 厘/千瓦时。根据可再生能源开发利用中长期总量目标和开发利用规划，以及可再生能源电价附加收支情况，征收标准可以适时调整。

　　第八条　可再生能源电价附加由财政部驻各省、自治区、直辖市财政监察专员办事处（以下简称专员办）按月向电网企业征收，实行直接缴库，收入全额上缴中央国库。

　　电力用户应缴纳的可再生能源电价附加，按照下列方式由电网企业代征：

　　（一）大用户与发电企业直接交易电量的可再生能源电价附加，由代为输送电量的电网企业代征；

　　（二）地方独立电网销售电量的可再生能源电价附加，由地方电网企业在向电力用户收取电费时一并代征；

（三）企业自备电厂自发自用电量应缴纳的可再生能源电价附加，由所在地电网企业代征；

（四）其他社会销售电量的可再生能源电价附加，由省级电网企业在向电力用户收取电费时一并代征。

第九条 可再生能源电价附加收入填列政府收支分类科目第 103 类 01 款 68 项"可再生能源电价附加收入"。

第十条 省级电网企业和地方独立电网企业，应于每月 10 日前向驻当地专员办申报上月实际销售电量（含自备电厂自发自用电量，下同）和应缴纳的可再生能源电价附加。专员办应于每月 12 日前完成对企业申报的审核，确定可再生能源电价附加征收额，并向申报企业开具《非税收入一般缴款书》。省级电网企业和地方独立电网企业，应于每月 15 日前，按照专员办开具《非税收入一般缴款书》所规定的缴款额，足额上缴可再生能源电价附加。

第十一条 专员办根据省级电网企业和地方独立电网企业全年实际销售电量，在次年 3 月底前完成对相关企业全年应缴可再生能源电价附加的汇算清缴工作。

专员办开展汇算清缴工作时，应对电力用户欠缴电费、电网企业核销坏账损失的电量情况进行审核，经确认后不计入相关企业全年实际销售电量。

第十二条 中央财政按照可再生能源附加实际代征额的 2‰付给相关电网企业代征手续费，代征手续费从可再生能源发展基金支出预算中安排，具体支付方式按照财政部的有关规定执行。代征电网企业不得从代征收入中直接提留代征手续费。

第十三条 对可再生能源电价附加征收增值税而减少的收入，由财政预算安排相应资金予以弥补，并计入"可再生能源电价附加收入"预算科目核算。

第三章 资金使用

第十四条 可再生能源发展基金用于支持可再生能源发电和开发利用活动：

（一）可再生能源发展专项资金主要用于支持以下可再生能源开发利用活动：

1. 可再生能源开发利用的科学技术研究、标准制定和示范工程；

2. 农村、牧区生活用能的可再生能源利用项目；

3. 偏远地区和海岛可再生能源独立电力系统建设；

4. 可再生能源的资源勘查、评价和相关信息系统建设；

5. 促进可再生能源开发利用设备的本地化生产；

6.《中华人民共和国可再生能源法》规定的其他相关事项。

（二）可再生能源电价附加收入用于以下补助：

1. 电网企业按照国务院价格主管部门确定的上网电价，或者根据《中华人民共和国可再生能源法》有关规定通过招标等竞争性方式确定的上网电价，收购可再生能源电量所发生的费用，高于按照常规能源发电平均上网电价计算所发生费用之间的差额；

2. 执行当地分类销售电价，且由国家投资或者补贴建设的公共可再生能源独立电力系统，其合理的运行和管理费用超出销售电价的部分；

3. 电网企业为收购可再生能源电量而支付的合理的接网费用以及其他合理的相关费用，不能通过销售电价回收的部分。

第十五条 相关企业申请可再生能源发展专项资金补助的具体办法，按照《财政部关于印发〈可再生能源发展专项资金管理暂行办法〉的通知》（财建〔2006〕237 号）等有关文件的规定执行。

可再生能源发展专项资金用于固定资产投资的，还应按照中央政府投资管理的有关规定执行。

第十六条 电网企业应按照《可再生能源法》相关规定，全额收购其电网覆盖范围内符合并网技术标准的可再生能源并网发电项目的上网电量。

第十七条 可再生能源电价附加补助资金的申报、审核、拨付等具体办法，由财政部会同国家发展改革委、国家能源局另行制定。

第十八条 可再生能源发展专项资金支出填列政府收支分类科目中第 211 类 12 款 01 项"可再生能源"；可再生能源电价附加支出填列政府收支分类科目中第 211 类 15 款 01 项"可再生能源电价附加收入安排的支出"（新增）。

第四章 监督检查

第十九条 财政、价格、能源、审计部门按照职责分工，对可再生能源电价附加的征收、拨付、使用和管理情况进行监督检查。

第二十条 省级电网企业和地方独立电网企业，应及时足额上缴可再生能源电价附加，不得拖延缴纳。

第二十一条 未经批准，多征、减征、缓征、停征或截留、挤占、挪用可再生能源电价附加收入的单位及责任人，由财政、价格、能源、审计等相关部门依照《中华人民共和国价格法》《财政违法为处罚处分条例》《价格违法行为行政处罚规定》等法律法规追究法律责任。

第五章 附 则

第二十二条 本办法由财政部会同国家发展改革委、国家能源局解释。

第二十三条 本办法自 2012 年 1 月 1 日起施行。

财政部关于调整可再生能源电价附加征收标准的通知

（财综〔2013〕89 号）

财政部驻各省、自治区、直辖市、计划单列市财政监察专员办事处：

为了促进可再生能源的开发利用，自 2013 年 9 月 25 日起，将向除居民生活和农业生产以外的其他用电量征收的可再生能源电价附加征收标准提高至 1.5 分钱/千瓦时。财政部驻各地财政监察专员办事处要严格按照本通知的规定，切实加强对可再生能源电价附加的征收管理和监督检查，确保资金应收尽收，及时入库。

财政部 国家发展改革委关于提高可再生能源发展基金征收标准有关问题的通知

（财税〔2016〕4 号）

各省、自治区、直辖市财政厅（局）、发展改革委、物价局，财政部驻各省、自治区、直辖市财政监察专员办事处，国家电网公司、中国南方电网有限责任公司、内蒙古自治区电力有限责任公司：

为支持可再生能源发展，切实加强可再生能源发展基金（以下简称基金）征收管理，经国务院同意，现就有关问题通知如下：

一、自 2016 年 1 月 1 日起，将各省（自治区、直辖市，不含新疆维吾尔自治区、西藏自治区）居民生活和农业生产以外全部销售电量的基金征收标准，由每千瓦时 1.5 分提高到每千瓦时 1.9 分。

二、各省（自治区、直辖市）价格主管部门要同幅度调整省级电网和地方独立电网销售电价，确保将提高基金征收标准政策落实到位。此前因电价调整不到位，有关地区居民生活用电和地方独立电网销售电量的基金征收标准低于国家统一标准的，要在履行法定程序后将电价及时调整到位，严格执行国家统一规定的基金征收标准。

三、切实加强企业自备电厂等基金征收管理。企业自备电厂（含利用余热余压发电、煤矸石发电等资源综合利用和热电联产企业自备电厂）自发自用电量，以及大用户与发电企业直接交易电量，均应纳入基金征收范围，各地不得擅自减免或缓征。对企业自备电厂以前年度欠缴基金，要足额补征。国家电网公司、中国南方电网有限责任公司、内蒙古自治区电力有限责任公司和地方独立电网企业要切实履行基金代征责任，对经营范围内企业自备电厂应缴纳的基金，要及时足额征收。与电网不联接没有电费结算关系的企业自备电厂，由财政部驻所在地财政监察专员办事处直接征收基金。财政部驻各地财政监察专员办事处要切实履行基金征管职责，加强监督检查，确保基金征收到位，并及时上缴中央国库。

四、各级财政、价格、审计部门要加强对基金征收管理和落实电价调整政策的监督检查，对违规多征、减征、免征或缓征基金以及不按规定调整电价的，依照《预算法》《价格法》《财政违法行为处罚处分条例》等国家有关法律法规追究法律责任。

财政部关于印发《大中型水库库区基金征收使用管理暂行办法》的通知

（财综〔2007〕26 号）

各省、自治区、直辖市财政厅（局），新疆生产建设兵团财务局：

根据《国务院关于完善大中型水库移民后期扶持政策的意见》（国发〔2006〕17 号）的相关规定，经国务院批准，财政部制定了《大中型水库库区基金征收使用管理办法》，现印发给你们，请遵照执行。关于跨省、自治区、直辖市的大中型水库名单，具体负责征收大中型水库库区基金的财政部驻地方财政监察专员办事处名单，以及各水库适用的大中型水库库区基金征收标准等事项，将另行通知。

附件：大中型水库库区基金征收使用管理办法

大中型水库库区基金征收使用管理暂行办法

第一条 为促进库区和移民安置区经济及社会发展，根据《国务院关于完善大中型水库移民后期扶持政策的意见》（国发〔2006〕17 号）的相关规定，制定本办法。

第二条 国家将原库区维护基金、原库区后期扶持基金及经营性大中型水库承担的移民后期扶持资金进行整合，设立大中型水库库区基金（以下简称库区基金），主要用于以下方面：

（一）支持实施库区及移民安置区基础设施建设和经济发展规划；

（二）支持库区防护工程和移民生产、生活设施维护；

（三）解决水库移民的其他遗留问题。

第三条 库区基金从有发电收入的大中型水库发电收入中筹集，根据水库实际上网销售电量，按不高于 8 厘/千瓦时的标准征收。

第四条 库区基金属于政府性基金，实行分省统筹，纳入财政预算，实行"收支两条线"管理。其中，省级辖区内大中型水库的库区基金，由省级财政部门负责征收;跨省、自治区、直辖市的大中型水库库区基金,由财政部驻发电企业所在地区财政监察专员办事处负责征收。

第五条 地方政府在安排库区基金时,应将其中的 75% 用于支持实施库区及移民安置区基础设施建设和经济发展规划,以及解决水库移民的其他遗留问题,其余部分用于库区防护工程及移民生产、生活设施维护。

第六条 库区基金列入企业成本,按规定不征收企业所得税。

第七条 应缴纳库区基金的大中型水库应在每月终了后 7 日内,按规定上缴库区基金。

第八条 跨省、自治区、直辖市大中型水库库区基金,由相关省、自治区、直辖市按照国家审定的相关大中型水库移民人数比例分享。

第九条 跨省、自治区、直辖市的大中型水库库区基金,按照发电企业所在地区的库区基金征收标准征收,全额缴入中央国库,由中央财政按相关省份应分享的比例,根据资金入库情况按季拨付给相关省级财政。

第十条 相关省、自治区、直辖市财政部门应会同同级投资主管部门、价格主管部门、水行政主管部门、移民主管机构,根据本办法的规定,结合本地实际情况,制定本地区库区基金征收使用管理实施细则上报财政部,由财政部会同发展改革委、水利部、国务院移民主管机构批准后执行。

第十一条 库区基金收入列《2007 年政府收支分类科目》第 103010401 项"大中型水库库区基金收入"科目,该科目为中央与地方共用科目,反映按本办法征收的库区基金收入,同时取消原 103010401 项"库区维护基金收入"、103010403 项"库区后期扶持基金收入"、103010404 项"库区移民后期扶持基金收入"、103010405 项"库区移民扶助金收入"和

103010407 项"棉花滩水电站库区后期扶持基金收入"等科目;库区基金支出,中央财政列《2007 年政府收支分类科目》第 2300401 项"政府性基金补助支出"科目,反映中央用本级库区基金收入安排的对省级财政库区基金的补助支出,省级财政列《2007 年政府收支分类科目》第 2130336 项"库区基金支出"科目,反映地方用库区基金收入安排的支出,同时取消 2130321 项"库区维护基金支出"、2130323 项"库区后期扶持基金支出"、2130324 项"库区移民后期扶持基金支出"、2130325 项"库区移民扶助金支出"和 2130327 项"棉花滩水电站库区后期扶持基金支出"科目。

第十二条 各级财政、审计、监察和移民管理机构等部门应按照职责分工,加强对库区基金征收、拨付、使用的监督检查,以确保库区基金及时足额征收和按规定使用。

第十三条 各省、自治区、直辖市要严格按照国发〔2006〕17 号文件的要求,停止收取涉及水库移民的各种其他基金、资金。对违反本规定,擅自改变库区基金征收范围、标准、对象和期限,以及截留、挤占、挪用库区基金的单位及个人,按照《财政违法行为处罚处分条例》(国务院令第 427 号)的有关规定进行处罚。构成犯罪的,移送司法机关处理。

第十四条 三峡工程的库区基金政策,由财政部按照《长江三峡工程建设移民条例》(国务院令第 299 号)的有关规定另行制定。

第十五条 本办法中的大中型水库是指装机容量在 2.5 万千瓦及以上有发电收入的水库和水电站。

第十六条 本办法由财政部负责解释。

第十七条 本办法自 2007 年 5 月 1 日起施行。本办法施行前印发的关于库区基金的规定,与本办法不一致的,以本办法为准。

财政部关于征收跨省际大中型水库库区基金有关问题的通知

（财综〔2009〕59号）

各省、自治区、直辖市财政厅（局），财政部驻各省、自治区、直辖市财政监察专员办事处：

根据《国务院关于完善大中型水库移民后期扶持政策的意见》（国发〔2006〕17号）和《财政部关于印发〈大中型水库库区基金征收使用管理暂行办法〉的通知》（财综〔2007〕26号）的相关规定，现就征收装机容量在2.5万千瓦及以上有发电收入的跨省、自治区、直辖市（以下简称跨省际）大中型水库库区基金有关问题通知如下：

一、跨省际大中型水库库区基金，由财政部驻水库发电企业所在省份财政监察专员办事处（以下简称专员办）负责征收，征收标准按照水库发电企业所在省份的大中型水库库区基金征收标准执行。

缴纳大中型水库库区基金的跨省际大中型水库名单，具体负责征收跨省际大中型水库库区基金的专员办名单，以及各水库适用的大中型水库库区基金征收标准见附件。

二、跨省际大中型水库为独立法人的，由水库（水电站）缴纳大中型水库库区基金；跨省际大中型水库为非独立法人的，由其归属企业缴纳大中型水库库区基金。

三、专员办征收跨省际大中型水库库区基金，实行直接缴库。水库（水电站）或其归属企业应于每月10日前向专员办申报上月实际销售电量和应缴纳的大中型水库库区基金，专员办应于每月12日前完成对申报的审核，并向申报企业开具《非税收入一般缴款书》。水库（水电站）或其归属企业应在每月15日前，按照专员办开具《非税收入一般缴款书》所规定的缴款额，足额上缴资金。专员办应根据水库（水电站）全年实际销售电量，在次年3月底前完成全年应缴大中型水库库区基金的清算和征缴。

四、跨省际大中型水库库区基金收入在政府收支分类科目中填列第1030150项"大中型水库库区基金收入"。

五、跨省际大中型水库库区基金收入全额缴入中央国库，由中央财政按相关省份应分配的比例，并根据资金入库情况按季拨付给相关省级财政。跨省际大中型水库库区基金在相关省份的分配比例，按照有关部门和相关省份共同确认的跨省际大中型水库移民人数比例核定，具体分配比例详见附件。

六、中央财政向省级财政拨付大中型水库库区基金时，填列政府收支分类科目第2300401项"政府性基金补助支出"。相关省份收到时，填列政府收支分类科目第1100401项"政府性基金补助收入"，在安排最终支出时，2009年填列政府收支分类科目第2130336项"大中型水库库区基金支出"。2010年填列政府收支分类科目第2130380项"大中型水库库区基金支出（基础设施建设和经济发展）"、2130381项"大中型水库库区基金支出（解决移民遗留问题）"、第2130382项"大中型水库库区基金支出（库区防护工程维护）"、第2130384项"其他大中型水库库区基金支出"。

七、已经审定但未列入本通知附件的跨省际大中型水库，其库区基金征收政策，待水库发电企业所在省、自治区、直辖市按规定程序向财政部报送该地区大中型水库库区基金征收使用管理实施细则时一并考虑，并按财政部会同国家发展改革委、水利部批准后的相关征收政策执行。

八、符合征收条件的新建跨省际大中型水库，其库区基金征收政策，由水库发电企业所在省、自治区、直辖市按规定程序上报，经财政部会同国家发展改革委、水利部批准后执行。

九、本通知自2009年10月1日起实施。

附件：跨省际大中型水库名单、库区基金征收标准、征收机关和分配比例表

附件：

跨省际大中型水库名单、库区基金征收标准、征收机关和分配比例表

序号	工程名称	征收标准	征收机关	涉及省份	分配比例
1	桓仁水库	8厘/千瓦时	财政部驻辽宁财政监察专员办事处	辽宁	75.00%
				吉林	25.00%
2	水丰水库	8厘/千瓦时	财政部驻辽宁财政监察专员办事处	辽宁	66.00%
				吉林	34.00%
3	万家寨水利枢纽	8厘/千瓦时	财政部驻山西财政监察专员办事处	山西	2.80%
				内蒙古	97.20%
4	丹江口水库	8厘/千瓦时	财政部驻湖北财政监察专员办事处	湖北	61.00%
				河南	39.00%
5	江垭水库	8厘/千瓦时	财政部驻湖南财政监察专员办事处	湖南	85.00%
				湖北	15.00%
6	纳吉滩水电站	8厘/千瓦时	财政部驻湖北财政监察专员办事处	湖北	38.40%
				湖南	61.60%
7	塘口	8厘/千瓦时	财政部驻湖北财政监察专员办事处	湖北	40.00%
				湖南	60.00%
8	碗米坡电站	8厘/千瓦时	财政部驻湖南财政监察专员办事处	湖南	93.80%
				重庆	6.20%
9	宝珠寺电站	8厘/千瓦时	财政部驻四川财政监察专员办事处	四川	81.40%
				陕西	9.40%
				甘肃	9.20%
10	炳灵水电站	8厘/千瓦时	财政部驻甘肃财政监察专员办事处	甘肃	31.30%
				青海	68.70%
11	张窝电站	8厘/千瓦时	财政部驻四川财政监察专员办事处	四川	5.40%
				云南	94.60%
12	大洪河水库	8厘/千瓦时	财政部驻重庆财政监察专员办事处	重庆	37.00%
				四川	63.00%
13	向家坝电站	8厘/千瓦时	财政部驻四川财政监察专员办事处	四川	45.40%
				云南	54.60%
14	溪洛渡电站	8厘/千瓦时	财政部驻四川财政监察专员办事处	四川	33.00%
				云南	67.00%
15	彭水电站	8厘/千瓦时	财政部驻重庆财政监察专员办事处	重庆	34.60%
				贵州	65.40%

（续表）

序号	工程名称	征收标准	征收机关	涉及省份	分配比例
16	龙滩电站	8厘/千瓦时	财政部驻广西财政监察专员办事处	广西	42.20%
				贵州	57.80%
17	鲁布革电站	8厘/千瓦时	财政部驻云南财政监察专员办事处	云南	48.50%
				贵州	51.50%
18	天生桥一级水电站	8厘/千瓦时	财政部驻贵州财政监察专员办事处	广西	43.60%
				云南	5.70%
				贵州	50.70%
19	天生桥二级水电站	8厘/千瓦时	财政部驻广西财政监察专员办事处	广西	74.50%
				贵州	25.50%
20	洞巴水电站	8厘/千瓦时	财政部驻广西财政监察专员办事处	广西	54.80%
				云南	45.20%
21	百色水利枢纽	8厘/千瓦时	财政部驻广西财政监察专员办事处	广西	67.50%
				云南	32.50%
22	平班水电站	8厘/千瓦时	财政部驻广西财政监察专员办事处	广西	58.60%
				贵州	41.40%

十二、免税商品特许权使用费

财政部关于印发《免税商品特许经营费缴纳办法》的通知

（财企〔2004〕241号）

外交部,民航总局,交通部,铁道部,中国免税品（集团）总公司,中国出国人员服务总公司,中国中旅（集团）公司,深圳市国有免税商品（集团）有限公司,珠海免税企业（集团）有限公司,上海浦东国际机场及免税店,中国远洋运输（集团）总公司等免税品经营单位,财政部驻各省、自治区、直辖市、计划单列市财政监察专员办事处：

现将《免税商品特许经营费缴纳办法》印发给你们,请遵照执行。执行中有什么问题,请及时反馈我部。

附件：免税商品特许经营费缴纳办法

免税商品特许经营费缴纳办法

第一条 为进一步加强免税商品经营管理,体现免税业特许经营政策,理顺企业与国家的利益分配关系,特制定本办法。

第二条 免税商品是指免征关税、进口环节税的进口商品和实行退（免）税（增值税、消费税）进入免税店销售的国产商品。

第三条 免税商品经营业务包括：中国免税品（集团）总公司的免税商品经营业务，以及设立在机场、港口、车站、陆路边境口岸和海关监管特定区域的免税商店以及在出境飞机、火车、轮船上向出境的国际旅客、驻华外交官和国际海员等提供免税商品购物服务的特种销售业务。

第四条 凡经营免税商品的企业，均按经营免税商品业务年销售收入（额）的1%，向国家上缴特许经营费。

第五条 征收免税商品特许经营费的企业包括：中国免税品（集团）总公司、深圳市国有免税商品（集团）有限公司、珠海免税企业（集团）有限公司、中国中旅（集团）公司、中国出国人员服务总公司、上海浦东国际机场免税店以及其他经营免税商品或代理销售免税商品的企业。

第六条 中国免税品（集团）总公司按其合并会计报表口径，由总公司集中缴纳；中国免税品（集团）总公司供货的其他免税商品经营企业在企业所在地就地解缴。

第七条 在国际交通工具上销售（或代理销售）免税商品的民航、交通、铁道等行业的企业，以及非全部经营免税商品的企业，应将免税商品销售额单独核算，并在企业纳税所在地缴纳特许经营费。

第八条 经营国产品的免税企业，应将享

受出口退税政策的国产品及从境外以免税方式进口经营的国产品均视同免税商品，按规定缴纳特许经营费。企业经营完税国产品，不缴纳特许经营费。

第九条 对免税商品经营实行招投标管理模式的单位，应在招标标的中，明确国家征收特许经营费的有关事项。

第十条 承租免税商品经营场所的免税品经营企业，根据国家征收免税商品特许经营费的有关规定，与租赁方协商同意后，可变更原签订的租赁合同（协议）。

第十一条 免税商品经营企业于年度终了的5个月内，依据注册会计师的审计报告，清算当年应交免税商品特许经营费并上缴中央金库。

第十二条 各省、自治区、直辖市及计划单列市财政监察专员办事机构负责免税商品特许经营费缴纳情况的监督检查。

第十三条 免税商品经营企业上缴特许经营费使用"一般缴款书"。缴款书的内容按《中华人民共和国国家金库条例实施细则》第三十四条的规定办理。缴款书中的预算级次栏填"中央级"，收入机关栏填"财政部"，指定收款金库栏填"中央总金库"，预算科目名称（款级栏）填"其他收入"，科目编号为"7140"。

第十四条 本通知自2005年1月1日起施行，2006年起征收2005年度免税商品特许经营费。《财政部关于征收免税品经营专营利润的通知》（财企〔2002〕27号）文件相应废止。

财政部关于印发《免税商品特许经营费缴纳办法》的补充通知

（财企〔2006〕70号）

外交部，民航总局，交通部，铁道部，中国国旅集团公司，中国出国人员服务总公司，中国中旅（集团）公司，深圳市国有免税商品（集团）有限公司，珠海免税企业（集团）有限公司，首都机场及免税店、上海浦东国际机场及免税店，中国远洋运输（集团）总公司等免税品经营单位，财政部驻各省、自治区、直辖市、计划单列市财政监察专员办事处：

《财政部关于印发〈免税商品特许经营费缴纳办法〉的通知》（财企〔2004〕241 号，以下简称办法）下发后，因缴库规定发生变化等因素，现将征缴免税商品特许经营费有关问题补充通知如下：

一、原办法规定，凡经营免税商品的企业，"均按经营免税商品业务年销售收入（额）的 1%，向国家上缴特许经营费"，改为"按经营免税商品业务年销售收入的 1%，向国家上缴特许经营费"。

二、免税商品特许经营费由企业所在地财政监察专员办事机构负责征收。免税品经营企业应向当地财政监察专员办事机构报送年报。

三、根据《财政部关于财政监察专员办事处收入收缴管理制度改革有关事宜的通知》（财库〔2005〕365 号）及有关规定，免税商品特许经营费实行直接缴库，各地专员办按规定开具《非税收入一般缴款书》，将缴款人所交款项直接缴入中央财政汇缴专户。免税商品特许经营费预算科目列"7140 其他收入"。

十三、土地出让金

中华人民共和国土地管理法

（1986 年 6 月 25 日第六届全国人民代表大会常务委员会第十六次会议通过；根据 1988 年 12 月 29 日第七届全国人民代表大会常务委员会第五次会议《关于修改〈中华人民共和国土地管理法〉的决定》第一次修正；1998 年 8 月 29 日第九届全国人民代表大会常务委员会第四次会议修订；根据 2004 年 8 月 28 日第十届全国人民代表大会常务委员会第十一次会议《关于修改〈中华人民共和国土地管理法〉的决定》第二次修正；根据 2019 年 8 月 26 日第十三届全国人民代表大会常务委员会第十二次会议《关于修改〈中华人民共和国土地管理法〉、〈中华人民共和国城市房地产管理法〉的决定》第三次修正）

第一章 总 则

第一条 为了加强土地管理，维护土地的社会主义公有制，保护、开发土地资源，合理利用土地，切实保护耕地，促进社会经济的可持续发展，根据宪法，制定本法。

第二条 中华人民共和国实行土地的社会主义公有制，即全民所有制和劳动群众集体所有制。

全民所有，即国家所有土地的所有权由国务院代表国家行使。

任何单位和个人不得侵占、买卖或者以其他形式非法转让土地。土地使用权可以依法转让。

国家为了公共利益的需要，可以依法对土地实行征收或者征用并给予补偿。

国家依法实行国有土地有偿使用制度。但是，国家在法律规定的范围内划拨国有土地使用权的除外。

第三条 十分珍惜、合理利用土地和切实保护耕地是我国的基本国策。各级人民政府应当采取措施，全面规划，严格管理，保护、开发土地资源，制止非法占用土地的行为。

第四条 国家实行土地用途管制制度。

国家编制土地利用总体规划，规定土地用途，将土地分为农用地、建设用地和未利用地。

严格限制农用地转为建设用地,控制建设用地总量,对耕地实行特殊保护。

前款所称农用地是指直接用于农业生产的土地,包括耕地、林地、草地、农田水利用地、养殖水面等;建设用地是指建造建筑物、构筑物的土地,包括城乡住宅和公共设施用地、工矿用地、交通水利设施用地、旅游用地、军事设施用地等;未利用地是指农用地和建设用地以外的土地。

使用土地的单位和个人必须严格按照土地利用总体规划确定的用途使用土地。

第五条 国务院自然资源主管部门统一负责全国土地的管理和监督工作。县级以上地方人民政府自然资源主管部门的设置及其职责,由省、自治区、直辖市人民政府根据国务院有关规定确定。

第六条 国务院授权的机构对省、自治区、直辖市人民政府以及国务院确定的城市人民政府土地利用和土地管理情况进行督察。

第七条 任何单位和个人都有遵守土地管理法律、法规的义务,并有权对违反土地管理法律、法规的行为提出检举和控告。

第八条 在保护和开发土地资源、合理利用土地以及进行有关的科学研究等方面成绩显著的单位和个人,由人民政府给予奖励。

第二章 土地的所有权和使用权

第九条 城市市区的土地属于国家所有。

农村和城市郊区的土地,除由法律规定属于国家所有的以外,属于农民集体所有;宅基地和自留地、自留山,属于农民集体所有。

第十条 国有土地和农民集体所有的土地,可以依法确定给单位或者个人使用。使用土地的单位和个人,有保护、管理和合理利用土地的义务。

第十一条 农民集体所有的土地依法属于村农民集体所有的,由村集体经济组织或者村民委员会经营、管理;已经分别属于村内两个以上农村集体经济组织的农民集体所有的,由村内各该农村集体经济组织或者村民小组

经营、管理;已经属于乡(镇)农民集体所有的,由乡(镇)农村集体经济组织经营、管理。

第十二条 土地的所有权和使用权的登记,依照有关不动产登记的法律、行政法规执行。

依法登记的土地的所有权和使用权受法律保护,任何单位和个人不得侵犯。

第十三条 农民集体所有和国家所有依法由农民集体使用的耕地、林地、草地,以及其他依法用于农业的土地,采取农村集体经济组织内部的家庭承包方式承包,不宜采取家庭承包方式的荒山、荒沟、荒丘、荒滩等,可以采取招标、拍卖、公开协商等方式承包,从事种植业、林业、畜牧业、渔业生产。家庭承包的耕地的承包期为三十年,草地的承包期为三十年至五十年,林地的承包期为三十年至七十年;耕地承包期届满后再延长三十年,草地、林地承包期届满后依法相应延长。

国家所有依法用于农业的土地可以由单位或者个人承包经营,从事种植业、林业、畜牧业、渔业生产。

发包方和承包方应当依法订立承包合同,约定双方的权利和义务。承包经营土地的单位和个人,有保护和按照承包合同约定的用途合理利用土地的义务。

第十四条 土地所有权和使用权争议,由当事人协商解决;协商不成的,由人民政府处理。

单位之间的争议,由县级以上人民政府处理;个人之间、个人与单位之间的争议,由乡级人民政府或者县级以上人民政府处理。

当事人对有关人民政府的处理决定不服的,可以自接到处理决定通知之日起三十日内,向人民法院起诉。在土地所有权和使用权争议解决前,任何一方不得改变土地利用现状。

第三章 土地利用总体规划

第十五条 各级人民政府应当依据国民经济和社会发展规划、国土整治和资源环境保护的要求、土地供给能力以及各项建设对土

的需求,组织编制土地利用总体规划。

土地利用总体规划的规划期限由国务院规定。

第十六条 下级土地利用总体规划应当依据上一级土地利用总体规划编制。

地方各级人民政府编制的土地利用总体规划中的建设用地总量不得超过上一级土地利用总体规划确定的控制指标,耕地保有量不得低于上一级土地利用总体规划确定的控制指标。

省、自治区、直辖市人民政府编制的土地利用总体规划,应当确保本行政区域内耕地总量不减少。

第十七条 土地利用总体规划按照下列原则编制:

(一)落实国土空间开发保护要求,严格土地用途管制;

(二)严格保护永久基本农田,严格控制非农业建设占用农用地;

(三)提高土地节约集约利用水平;

(四)统筹安排城乡生产、生活、生态用地,满足乡村产业和基础设施用地合理需求,促进城乡融合发展;

(五)保护和改善生态环境,保障土地的可持续利用;

(六)占用耕地与开发复垦耕地数量平衡、质量相当。

第十八条 国家建立国土空间规划体系。编制国土空间规划应当坚持生态优先,绿色、可持续发展,科学有序统筹安排生态、农业、城镇等功能空间,优化国土空间结构和布局,提升国土空间开发、保护的质量和效率。

经依法批准的国土空间规划是各类开发、保护、建设活动的基本依据。已经编制国土空间规划的,不再编制土地利用总体规划和城乡规划。

第十九条 县级土地利用总体规划应当划分土地利用区,明确土地用途。

乡(镇)土地利用总体规划应当划分土地利用区,根据土地使用条件,确定每一块土地的用途,并予以公告。

第二十条 土地利用总体规划实行分级审批。

省、自治区、直辖市的土地利用总体规划,报国务院批准。

省、自治区人民政府所在地的市、人口在一百万以上的城市以及国务院指定的城市的土地利用总体规划,经省、自治区人民政府审查同意后,报国务院批准。

本条第二款、第三款规定以外的土地利用总体规划,逐级上报省、自治区、直辖市人民政府批准;其中,乡(镇)土地利用总体规划可以由省级人民政府授权的设区的市、自治州人民政府批准。

土地利用总体规划一经批准,必须严格执行。

第二十一条 城市建设用地规模应当符合国家规定的标准,充分利用现有建设用地,不占或者尽量少占农用地。

城市总体规划、村庄和集镇规划,应当与土地利用总体规划相衔接,城市总体规划、村庄和集镇规划中建设用地规模不得超过土地利用总体规划确定的城市和村庄、集镇建设用地规模。

在城市规划区内、村庄和集镇规划区内,城市和村庄、集镇建设用地应当符合城市规划、村庄和集镇规划。

第二十二条 江河、湖泊综合治理和开发利用规划,应当与土地利用总体规划相衔接。在江河、湖泊、水库的管理和保护范围以及蓄洪滞洪区内,土地利用应当符合江河、湖泊综合治理和开发利用规划,符合河道、湖泊行洪、蓄洪和输水的要求。

第二十三条 各级人民政府应当加强土地利用计划管理,实行建设用地总量控制。

土地利用年度计划,根据国民经济和社会发展计划、国家产业政策、土地利用总体规划以及建设用地和土地利用的实际状况编制。土地利用年度计划应当对本法第六十三条规定的集体经营性建设用地作出合理安排。土地利用年度计划的编制审批程序与土地利用总体规划的编制审批程序相同,一经审批下达,必须严格执行。

第二十四条 省、自治区、直辖市人民政府应当将土地利用年度计划的执行情况列为国民经济和社会发展计划执行情况的内容,向同级人民代表大会报告。

第二十五条 经批准的土地利用总体规划的修改,须经原批准机关批准;未经批准,不得改变土地利用总体规划确定的土地用途。

经国务院批准的大型能源、交通、水利等基础设施建设用地,需要改变土地利用总体规划的,根据国务院的批准文件修改土地利用总体规划。

经省、自治区、直辖市人民政府批准的能源、交通、水利等基础设施建设用地,需要改变土地利用总体规划的,属于省级人民政府土地利用总体规划批准权限内的,根据省级人民政府的批准文件修改土地利用总体规划。

第二十六条 国家建立土地调查制度。

县级以上人民政府自然资源主管部门会同同级有关部门进行土地调查。土地所有者或者使用者应当配合调查,并提供有关资料。

第二十七条 县级以上人民政府自然资源主管部门会同同级有关部门根据土地调查成果、规划土地用途和国家制定的统一标准,评定土地等级。

第二十八条 国家建立土地统计制度。

县级以上人民政府统计机构和自然资源主管部门依法进行土地统计调查,定期发布土地统计资料。土地所有者或者使用者应当提供有关资料,不得拒报、迟报,不得提供不真实、不完整的资料。

统计机构和自然资源主管部门共同发布的土地面积统计资料是各级人民政府编制土地利用总体规划的依据。

第二十九条 国家建立全国土地管理信息系统,对土地利用状况进行动态监测。

第四章　保护耕地

第三十条 国家保护耕地,严格控制耕地转为非耕地。

国家实行占用耕地补偿制度。非农业建设经批准占用耕地的,按照"占多少,垦多少"的原则,由占用耕地的单位负责开垦与所占用耕地的数量和质量相当的耕地;没有条件开垦或者开垦的耕地不符合要求的,应当按照省、自治区、直辖市的规定缴纳耕地开垦费,专款用于开垦新的耕地。

省、自治区、直辖市人民政府应当制定开垦耕地计划,监督占用耕地的单位按照计划开垦耕地或者按照计划组织开垦耕地,并进行验收。

第三十一条 县级以上地方人民政府可以要求占用耕地的单位将所占用耕地耕作层的土壤用于新开垦耕地、劣质地或者其他耕地的土壤改良。

第三十二条 省、自治区、直辖市人民政府应当严格执行土地利用总体规划和土地利用年度计划,采取措施,确保本行政区域内耕地总量不减少、质量不降低。耕地总量减少的,由国务院责令在规定期限内组织开垦与所减少耕地的数量与质量相当的耕地;耕地质量降低的,由国务院责令在规定期限内组织整治。新开垦和整治的耕地由国务院自然资源主管部门会同农业农村主管部门验收。

个别省、直辖市确因土地后备资源匮乏,新增建设用地后,新开垦耕地的数量不足以补偿所占用耕地的数量的,必须报经国务院批准减免本行政区域内开垦耕地的数量,易地开垦数量和质量相当的耕地。

第三十三条 国家实行永久基本农田保护制度。下列耕地应当根据土地利用总体规划划为永久基本农田,实行严格保护:

(一)经国务院农业农村主管部门或者县级以上地方人民政府批准确定的粮、棉、油、糖等重要农产品生产基地内的耕地;

(二)有良好的水利与水土保持设施的耕地,正在实施改造计划以及可以改造的中、低产田和已建成的高标准农田;

(三)蔬菜生产基地;

(四)农业科研、教学试验田;

（五）国务院规定应当划为永久基本农田的其他耕地。

各省、自治区、直辖市划定的永久基本农田一般应当占本行政区域内耕地的百分之八十以上，具体比例由国务院根据各省、自治区、直辖市耕地实际情况规定。

第三十四条　永久基本农田划定以乡（镇）为单位进行，由县级人民政府自然资源主管部门会同同级农业农村主管部门组织实施。永久基本农田应当落实到地块，纳入国家永久基本农田数据库严格管理。

乡（镇）人民政府应当将永久基本农田的位置、范围向社会公告，并设立保护标志。

第三十五条　永久基本农田经依法划定后，任何单位和个人不得擅自占用或者改变其用途。国家能源、交通、水利、军事设施等重点建设项目选址确实难以避让永久基本农田，涉及农用地转用或者土地征收的，必须经国务院批准。

禁止通过擅自调整县级土地利用总体规划、乡（镇）土地利用总体规划等方式规避永久基本农田农用地转用或者土地征收的审批。

第三十六条　各级人民政府应当采取措施，引导因地制宜轮作休耕，改良土壤，提高地力，维护排灌工程设施，防止土地荒漠化、盐渍化、水土流失和土壤污染。

第三十七条　非农业建设必须节约使用土地，可以利用荒地的，不得占用耕地；可以利用劣地的，不得占用好地。

禁止占用耕地建窑、建坟或者擅自在耕地上建房、挖砂、采石、采矿、取土等。

禁止占用永久基本农田发展林果业和挖塘养鱼。

第三十八条　禁止任何单位和个人闲置、荒芜耕地。已经办理审批手续的非农业建设占用耕地，一年内不用而又可以耕种并收获的，应当由原耕种该幅耕地的集体或者个人恢复耕种，也可以由用地单位组织耕种；一年以上未动工建设的，应当按照省、自治区、直辖市的规定缴纳闲置费；连续二年未使用的，经原

批准机关批准，由县级以上人民政府无偿收回用地单位的土地使用权；该幅土地原为农民集体所有的，应当交由原农村集体经济组织恢复耕种。

在城市规划区范围内，以出让方式取得土地使用权进行房地产开发的闲置土地，依照《中华人民共和国城市房地产管理法》的有关规定办理。

第三十九条　国家鼓励单位和个人按照土地利用总体规划，在保护和改善生态环境、防止水土流失和土地荒漠化的前提下，开发未利用的土地；适宜开发为农用地的，应当优先开发成农用地。

国家依法保护开发者的合法权益。

第四十条　开垦未利用的土地，必须经过科学论证和评估，在土地利用总体规划划定的可开垦的区域内，经依法批准后进行。禁止毁坏森林、草原开垦耕地，禁止围湖造田和侵占江河滩地。

根据土地利用总体规划，对破坏生态环境开垦、围垦的土地，有计划有步骤地退耕还林、还牧、还湖。

第四十一条　开发未确定使用权的国有荒山、荒地、荒滩从事种植业、林业、畜牧业、渔业生产的，经县级以上人民政府依法批准，可以确定给开发单位或者个人长期使用。

第四十二条　国家鼓励土地整理。县、乡（镇）人民政府应当组织农村集体经济组织，按照土地利用总体规划，对田、水、路、林、村综合整治，提高耕地质量，增加有效耕地面积，改善农业生产条件和生态环境。

地方各级人民政府应当采取措施，改造中、低产田，整治闲散地和废弃地。

第四十三条　因挖损、塌陷、压占等造成土地破坏，用地单位和个人应当按照国家有关规定负责复垦；没有条件复垦或者复垦不符合要求的，应当缴纳土地复垦费，专项用于土地复垦。复垦的土地应当优先用于农业。

第五章　建设用地

第四十四条　建设占用土地，涉及农用地

转为建设用地的,应当办理农用地转用审批手续。

永久基本农田转为建设用地的,由国务院批准。

在土地利用总体规划确定的城市和村庄、集镇建设用地规模范围内,为实施该规划而将永久基本农田以外的农用地转为建设用地的,按土地利用年度计划分批次按照国务院规定由原批准土地利用总体规划的机关或者其授权的机关批准。在已批准的农用地转用范围内,具体建设项目用地可以由市、县人民政府批准。

在土地利用总体规划确定的城市和村庄、集镇建设用地规模范围外,将永久基本农田以外的农用地转为建设用地的,由国务院或者国务院授权的省、自治区、直辖市人民政府批准。

第四十五条 为了公共利益的需要,有下列情形之一,确需征收农民集体所有的土地的,可以依法实施征收:

(一)军事和外交需要用地的;

(二)由政府组织实施的能源、交通、水利、通信、邮政等基础设施建设需要用地的;

(三)由政府组织实施的科技、教育、文化、卫生、体育、生态环境和资源保护、防灾减灾、文物保护、社区综合服务、社会福利、市政公用、优抚安置、英烈保护等公共事业需要用地的;

(四)由政府组织实施的扶贫搬迁、保障性安居工程建设需要用地的;

(五)在土地利用总体规划确定的城镇建设用地范围内,经省级以上人民政府批准由县级以上地方人民政府组织实施的成片开发建设需要用地的;

(六)法律规定为公共利益需要可以征收农民集体所有的土地的其他情形。

前款规定的建设活动,应当符合国民经济和社会发展规划、土地利用总体规划、城乡规划和专项规划;第(四)项、第(五)项规定的建设活动,还应当纳入国民经济和社会发展年度计划;第(五)项规定的成片开发并应当符合国务院自然资源主管部门规定的标准。

第四十六条 征收下列土地的,由国务院批准:

(一)永久基本农田;

(二)永久基本农田以外的耕地超过三十五公顷的;

(三)其他土地超过七十公顷的。

征收前款规定以外的土地的,由省、自治区、直辖市人民政府批准。

征收农用地的,应当依照本法第四十四条的规定先行办理农用地转用审批。其中,经国务院批准农用地转用的,同时办理征地审批手续,不再另行办理征地审批;经省、自治区、直辖市人民政府在征地批准权限内批准农用地转用的,同时办理征地审批手续,不再另行办理征地审批,超过征地批准权限的,应当依照本条第一款的规定另行办理征地审批。

第四十七条 国家征收土地的,依照法定程序批准后,由县级以上地方人民政府予以公告并组织实施。

县级以上地方人民政府拟申请征收土地的,应当开展拟征收土地现状调查和社会稳定风险评估,并将征收范围、土地现状、征收目的、补偿标准、安置方式和社会保障等在拟征收土地所在的乡(镇)和村、村民小组范围内公告至少三十日,听取被征地的农村集体经济组织及其成员、村民委员会和其他利害关系人的意见。

多数被征地的农村集体经济组织成员认为征地补偿安置方案不符合法律、法规规定的,县级以上地方人民政府应当组织召开听证会,并根据法律、法规的规定和听证会情况修改方案。

拟征收土地的所有权人、使用权人应当在公告规定期限内,持不动产权属证明材料办理补偿登记。县级以上地方人民政府应当组织有关部门测算并落实有关费用,保证足额到位,与拟征收土地的所有权人、使用权人就补偿、安置等签订协议;个别确实难以达成协议的,应当在申请征收土地时如实说明。

相关前期工作完成后,县级以上地方人民政府方可申请征收土地。

第四十八条 征收土地应当给予公平、合理的补偿,保障被征地农民原有生活水平不降低、长远生计有保障。

征收土地应当依法及时足额支付土地补偿费、安置补助费以及农村村民住宅、其他地上附着物和青苗等的补偿费用,并安排被征地农民的社会保障费用。

征收农用地的土地补偿费、安置补助费标准由省、自治区、直辖市通过制定公布区片综合地价确定。制定区片综合地价应当综合考虑土地原用途、土地资源条件、土地产值、土地区位、土地供求关系、人口以及经济社会发展水平等因素,并至少每三年调整或者重新公布一次。

征收农用地以外的其他土地、地上附着物和青苗等的补偿标准,由省、自治区、直辖市制定。对其中的农村村民住宅,应当按照先补偿后搬迁、居住条件有改善的原则,尊重农村村民意愿,采取重新安排宅基地建房、提供安置房或者货币补偿等方式给予公平、合理的补偿,并对因征收造成的搬迁、临时安置等费用予以补偿,保障农村村民居住的权利和合法的住房财产权益。

县级以上地方人民政府应当将被征地农民纳入相应的养老等社会保障体系。被征地农民的社会保障费用主要用于符合条件的被征地农民的养老保险等社会保险缴费补贴。被征地农民社会保障费用的筹集、管理和使用办法,由省、自治区、直辖市制定。

第四十九条 被征地的农村集体经济组织应当将征收土地的补偿费用的收支状况向本集体经济组织的成员公布,接受监督。

禁止侵占、挪用被征收土地单位的征地补偿费用和其他有关费用。

第五十条 地方各级人民政府应当支持被征地的农村集体经济组织和农民从事开发经营,兴办企业。

第五十一条 大中型水利、水电工程建设征收土地的补偿费标准和移民安置办法,由国务院另行规定。

第五十二条 建设项目可行性研究论证时,自然资源主管部门可以根据土地利用总体规划、土地利用年度计划和建设用地标准,对建设用地有关事项进行审查,并提出意见。

第五十三条 经批准的建设项目需要使用国有建设用地的,建设单位应当持法律、行政法规规定的有关文件,向有批准权的县级以上人民政府自然资源主管部门提出建设用地申请,经自然资源主管部门审查,报本级人民政府批准。

第五十四条 建设单位使用国有土地,应当以出让等有偿使用方式取得;但是,下列建设用地,经县级以上人民政府依法批准,可以以划拨方式取得:

(一)国家机关用地和军事用地;

(二)城市基础设施用地和公益事业用地;

(三)国家重点扶持的能源、交通、水利等基础设施用地;

(四)法律、行政法规规定的其他用地。

第五十五条 以出让等有偿使用方式取得国有土地使用权的建设单位,按照国务院规定的标准和办法,缴纳土地使用权出让金等土地有偿使用费和其他费用后,方可使用土地。

自本法施行之日起,新增建设用地的土地有偿使用费,百分之三十上缴中央财政,百分之七十留给有关地方人民政府。具体使用管理办法由国务院财政部门会同有关部门制定,并报国务院批准。

第五十六条 建设单位使用国有土地的,应当按照土地使用权出让等有偿使用合同的约定或者土地使用权划拨批准文件的规定使用土地;确需改变该幅土地建设用途的,应当经有关人民政府自然资源主管部门同意,报原批准用地的人民政府批准。其中,在城市规划区内改变土地用途的,在报批前,应当先经有关城市规划行政主管部门同意。

第五十七条 建设项目施工和地质勘查需要临时使用国有土地或者农民集体所有的土地的,由县级以上人民政府自然资源主管部门批准。其中,在城市规划区内的临时用地,在报批前,应当先经有关城市规划行政主管部门同意。土地使用者应当根据土地权属,与有关自然资源主管部门或者农村集体经济组织、村民委员会签订临时使用土地合同,并按照合同的约定支付临时使用土地补偿费。

临时使用土地的使用者应当按照临时使用土地合同约定的用途使用土地,并不得修建永久性建筑物。

临时使用土地期限一般不超过二年。

第五十八条 有下列情形之一的,由有关人民政府自然资源主管部门报经原批准用地的人民政府或者有批准权的人民政府批准,可以收回国有土地使用权:

(一)为实施城市规划进行旧城区改建以及其他公共利益需要,确需使用土地的;

(二)土地出让等有偿使用合同约定的使用期限届满,土地使用者未申请续期或者申请续期未获批准的;

(三)因单位撤销、迁移等原因,停止使用原划拨的国有土地的;

(四)公路、铁路、机场、矿场等经核准报废的。

依照前款第(一)项的规定收回国有土地使用权的,对土地使用权人应当给予适当补偿。

第五十九条 乡镇企业、乡(镇)村公共设施、公益事业、农村村民住宅等乡(镇)村建设,应当按照村庄和集镇规划,合理布局,综合开发,配套建设;建设用地,应当符合乡(镇)土地利用总体规划和土地利用年度计划,并依照本法第四十四条、第六十条、第六十一条、第六十二条的规定办理审批手续。

第六十条 农村集体经济组织使用乡(镇)土地利用总体规划确定的建设用地兴办企业或者与其他单位、个人以土地使用权入股、联营等形式共同举办企业的,应当持有关批准文件,向县级以上地方人民政府自然资源主管部门提出申请,按照省、自治区、直辖市规定的批准权限,由县级以上地方人民政府批准;其中,涉及占用农用地的,依照本法第四十四条的规定办理审批手续。

按照前款规定兴办企业的建设用地,必须严格控制。省、自治区、直辖市可以按照乡镇企业的不同行业和经营规模,分别规定用地标准。

第六十一条 乡(镇)村公共设施、公益事业建设,需要使用土地的,经乡(镇)人民政府审核,向县级以上地方人民政府自然资源主管部门提出申请,按照省、自治区、直辖市规定的批准权限,由县级以上地方人民政府批准;其中,涉及占用农用地的,依照本法第四十四条的规定办理审批手续。

第六十二条 农村村民一户只能拥有一处宅基地,其宅基地的面积不得超过省、自治区、直辖市规定的标准。

人均土地少、不能保障一户拥有一处宅基地的地区,县级人民政府在充分尊重农村村民意愿的基础上,可以采取措施,按照省、自治区、直辖市规定的标准保障农村村民实现户有所居。

农村村民建住宅,应当符合乡(镇)土地利用总体规划、村庄规划,不得占用永久基本农田,并尽量使用原有的宅基地和村内空闲地。编制乡(镇)土地利用总体规划、村庄规划应当统筹并合理安排宅基地用地,改善农村村民居住环境和条件。

农村村民住宅用地,由乡(镇)人民政府审核批准;其中,涉及占用农用地的,依照本法第四十四条的规定办理审批手续。

农村村民出卖、出租、赠与住宅后,再申请宅基地的,不予批准。

国家允许进城落户的农村村民依法自愿有偿退出宅基地,鼓励农村集体经济组织及其成员盘活利用闲置宅基地和闲置住宅。

国务院农业农村主管部门负责全国农村宅基地改革和管理有关工作。

第六十三条 土地利用总体规划、城乡规划确定为工业、商业等经营性用途,并经依法登记的集体经营性建设用地,土地所有权人可以通过出让、出租等方式交由单位或者个人使用,并应当签订书面合同,载明土地界址、面积、动工期限、使用期限、土地用途、规划条件和双方其他权利义务。

前款规定的集体经营性建设用地出让、出租等,应当经本集体经济组织成员的村民会议三分之二以上成员或者三分之二以上村民代表的同意。

通过出让等方式取得的集体经营性建设用地使用权可以转让、互换、出资、赠与或者抵押,但法律、行政法规另有规定或者土地所有权人、土地使用权人签订的书面合同另有约定的除外。

集体经营性建设用地的出租,集体建设用地使用权的出让及其最高年限、转让、互换、出资、赠与、抵押等,参照同类用途的国有建设用地执行。具体办法由国务院制定。

第六十四条 集体建设用地的使用者应当严格按照土地利用总体规划、城乡规划确定的用途使用土地。

第六十五条 在土地利用总体规划制定前已建的不符合土地利用总体规划确定的用途的建筑物、构筑物,不得重建、扩建。

第六十六条 有下列情形之一的,农村集体经济组织报经原批准用地的人民政府批准,可以收回土地使用权:

(一)为乡(镇)村公共设施和公益事业建设,需要使用土地的;

(二)不按照批准的用途使用土地的;

(三)因撤销、迁移等原因而停止使用土地的。

依照前款第(一)项规定收回农民集体所有的土地的,对土地使用权人应当给予适当补偿。

收回集体经营性建设用地使用权,依照双方签订的书面合同办理,法律、行政法规另有规定的除外。

第六章 检督监查

第六十七条 县级以上人民政府自然资源主管部门对违反土地管理法律、法规的行为进行监督检查。

县级以上人民政府农业农村主管部门对

违反农村宅基地管理法律、法规的行为进行监督检查的,适用本法关于自然资源主管部门监督检查的规定。

土地管理监督检查人员应当熟悉土地管理法律、法规,忠于职守、秉公执法。

第六十八条 县级以上人民政府自然资源主管部门履行监督检查职责时,有权采取下列措施:

(一)要求被检查的单位或者个人提供有关土地权利的文件和资料,进行查阅或者予以复制;

(二)要求被检查的单位或者个人就有关土地权利的问题作出说明;

(三)进入被检查单位或者个人非法占用的土地现场进行勘测;

(四)责令非法占用土地的单位或者个人停止违反土地管理法律、法规的行为。

第六十九条 土地管理监督检查人员履行职责,需要进入现场进行勘测、要求有关单位或者个人提供文件、资料和作出说明的,应当出示土地管理监督检查证件。

第七十条 有关单位和个人对县级以上人民政府自然资源主管部门就土地违法行为进行的监督检查应当支持与配合,并提供工作方便,不得拒绝与阻碍土地管理监督检查人员依法执行职务。

第七十一条 县级以上人民政府自然资源主管部门在监督检查工作中发现国家工作人员的违法行为,依法应当给予处分的,应当依法予以处理;自己无权处理的,应当依法移送监察机关或者有关机关处理。

第七十二条 县级以上人民政府自然资源主管部门在监督检查工作中发现土地违法行为构成犯罪的,应当将案件移送有关机关,依法追究刑事责任;尚不构成犯罪的,应当依法给予行政处罚。

第七十三条 依照本法规定应当给予行政处罚,而有关自然资源主管部门不给予行政处罚的,上级人民政府自然资源主管部门有权责令有关自然资源主管部门作出行政处罚决定或者直接给予行政处罚,并给予有关自然资源主管部门的负责人处分。

第七章　法律责任

第七十四条　买卖或者以其他形式非法转让土地的,由县级以上人民政府自然资源主管部门没收违法所得;对违反土地利用总体规划擅自将农用地改为建设用地的,限期拆除在非法转让的土地上新建的建筑物和其他设施,恢复土地原状,对符合土地利用总体规划的,没收在非法转让的土地上新建的建筑物和其他设施;可以并处罚款;对直接负责的主管人员和其他直接责任人员,依法给予处分;构成犯罪的,依法追究刑事责任。

第七十五条　违反本法规定,占用耕地建窑、建坟或者擅自在耕地上建房、挖砂、采石、采矿、取土等,破坏种植条件的,或者因开发土地造成土地荒漠化、盐渍化的,由县级以上人民政府自然资源主管部门、农业农村主管部门等按照职责责令限期改正或者治理,可以并处罚款;构成犯罪的,依法追究刑事责任。

第七十六条　违反本法规定,拒不履行土地复垦义务的,由县级以上人民政府自然资源主管部门责令限期改正;逾期不改正的,责令缴纳复垦费,专项用于土地复垦,可以处以罚款。

第七十七条　未经批准或者采取欺骗手段骗取批准,非法占用土地的,由县级以上人民政府自然资源主管部门责令退还非法占用的土地,对违反土地利用总体规划擅自将农用地改为建设用地的,限期拆除在非法占用的土地上新建的建筑物和其他设施,恢复土地原状,对符合土地利用总体规划的,没收在非法占用的土地上新建的建筑物和其他设施,可以并处罚款;对非法占用土地单位的直接负责的主管人员和其他直接责任人员,依法给予处分;构成犯罪的,依法追究刑事责任。

超过批准的数量占用土地,多占的土地以非法占用土地论处。

第七十八条　农村村民未经批准或者采取欺骗手段骗取批准,非法占用土地建住宅的,由县级以上人民政府农业农村主管部门责令退还非法占用的土地,限期拆除在非法占用的土地上新建的房屋。

超过省、自治区、直辖市规定的标准,多占的土地以非法占用土地论处。

第七十九条　无权批准征收、使用土地的单位或者个人非法批准占用土地的,超越批准权限非法批准占用土地的,不按照土地利用总体规划确定的用途批准用地的,或者违反法律规定的程序批准占用、征收土地的,其批准文件无效,对非法批准征收、使用土地的直接负责的主管人员和其他直接责任人员,依法给予处分;构成犯罪的,依法追究刑事责任。非法批准、使用的土地应当收回,有关当事人拒不归还的,以非法占用土地论处。

非法批准征收、使用土地,对当事人造成损失的,依法应当承担赔偿责任。

第八十条　侵占、挪用被征收土地单位的征地补偿费用

和其他有关费用,构成犯罪的,依法追究刑事责任;尚不构成犯罪的,依法给予处分。

第八十一条　依法收回国有土地使用权当事人拒不交出土地的,临时使用土地期满拒不归还的,或者不按照批准的用途使用国有土地的,由县级以上人民政府自然资源主管部门责令交还土地,处以罚款。

第八十二条　擅自将农民集体所有的土地通过出让、转让使用权或者出租等方式用于非农业建设,或者违反本法规定,将集体经营性建设用地通过出让、出租等方式交由单位或者个人使用的,由县级以上人民政府自然资源主管部门责令限期改正,没收违法所得,并处罚款。

第八十三条　依照本法规定,责令限期拆除在非法占用的土地上新建的建筑物和其他设施的,建设单位或者个人必须立即停止施工,自行拆除;对继续施工的,作出处罚决定的机关有权制止。建设单位或者个人对责令限期拆除的行政处罚决定不服的,可以在接到责令限期

拆除决定之日起十五日内,向人民法院起诉;期满不起诉又不自行拆除的,由作出处罚决定的机关依法申请人民法院强制执行,费用由违法者承担。

第八十四条 自然资源主管部门、农业农村主管部门的工作人员玩忽职守、滥用职权、徇私舞弊,构成犯罪的,依法追究刑事责任;尚不构成犯罪的,依法给予处分。

第八章 附 则

第八十五条 外商投资企业使用土地的,适用本法;法律另有规定的,从其规定。

第八十六条 在根据本法第十八条的规定编制国土空间规划前,经依法批准的土地利用总体规划和城乡规划继续执行。

第八十七条 本法自 1999 年 1 月 1 日起施行。

中华人民共和国土地管理法实施条例

(1998 年 12 月 27 日中华人民共和国国务院令第 256 号发布;根据 2011 年 1 月 8 日《国务院关于废止和修改部分行政法规的决定》第一次修订;根据 2014 年 7 月 29 日《国务院关于修改部分行政法规的决定》第二次修订;2021 年 7 月 2 日中华人民共和国国务院令第 743 号第三次修订)

第一章 总 则

第一条 根据《中华人民共和国土地管理法》(以下简称《土地管理法》),制定本条例。

第二章 国土空间规划

第二条 国家建立国土空间规划体系。

土地开发、保护、建设活动应当坚持规划先行。经依法批准的国土空间规划是各类开发、保护、建设活动的基本依据。

已经编制国土空间规划的,不再编制土地利用总体规划和城乡规划。在编制国土空间规划前,经依法批准的土地利用总体规划和城乡规划继续执行。

第三条 国土空间规划应当细化落实国家发展规划提出的国土空间开发保护要求,统筹布局农业、生态、城镇等功能空间,划定落实永久基本农田、生态保护红线和城镇开发边界。

国土空间规划应当包括国土空间开发保护格局和规划用地布局、结构、用途管制要求等内容,明确耕地保有量、建设用地规模、禁止开垦的范围等要求,统筹基础设施和公共设施用地布局,综合利用地上地下空间,合理确定并严格控制新增建设用地规模,提高土地节约集约利用水平,保障土地的可持续利用。

第四条 土地调查应当包括下列内容:

(一)土地权属以及变化情况;

(二)土地利用现状以及变化情况;

(三)土地条件。

全国土地调查成果,报国务院批准后向社会公布。地方土地调查成果,经本级人民政府审核,报上一级人民政府批准后向社会公布。全国土地调查成果公布后,县级以上地方人民政府方可自上而下逐级依次公布本行政区域的土地调查成果。

土地调查成果是编制国土空间规划以及自然资源管理、保护和利用的重要依据。

土地调查技术规程由国务院自然资源主管部门会同有关部门制定。

第五条 国务院自然资源主管部门会同有关部门制定土地等级评定标准。

县级以上人民政府自然资源主管部门应当会同有关部门根据土地等级评定标准,对土地等级进行评定。地方土地等级评定结果经本级人民政府审核，报上一级人民政府自然资源主管部门批准后向社会公布。

根据国民经济和社会发展状况，土地等级每五年重新评定一次。

第六条 县级以上人民政府自然资源主管部门应当加强信息化建设，建立统一的国土空间基础信息平台，实行土地管理全流程信息化管理，对土地利用状况进行动态监测，与发展改革、住房和城乡建设等有关部门建立土地管理信息共享机制，依法公开土地管理信息。

第七条 县级以上人民政府自然资源主管部门应当加强地籍管理，建立健全地籍数据库。

第三章 耕地保护

第八条 国家实行占用耕地补偿制度。在国土空间规划确定的城市和村庄、集镇建设用地范围内经依法批准占用耕地，以及在国土空间规划确定的城市和村庄、集镇建设用地范围外的能源、交通、水利、矿山、军事设施等建设项目经依法批准占用耕地的，分别由县级人民政府、农村集体经济组织和建设单位负责开垦与所占用耕地的数量和质量相当的耕地；没有条件开垦或者开垦的耕地不符合要求的，应当按照省、自治区、直辖市的规定缴纳耕地开垦费，专款用于开垦新的耕地。

省、自治区、直辖市人民政府应当组织自然资源主管部门、农业农村主管部门对开垦的耕地进行验收，确保开垦的耕地落实到地块。划入永久基本农田的还应当纳入国家永久基本农田数据库严格管理。占用耕地补充情况应当按照国家有关规定向社会公布。

个别省、直辖市需要易地开垦耕地的，依照《土地管理法》第三十二条的规定执行。

第九条 禁止任何单位和个人在国土空间规划确定的禁止开垦的范围内从事土地开发活动。

按照国土空间规划，开发未确定土地使用权的国有荒山、荒地、荒滩从事种植业、林业、畜牧业、渔业生产的，应当向土地所在地的县级

以上地方人民政府自然资源主管部门提出申请，按照省、自治区、直辖市规定的权限，由县级以上地方人民政府批准。

第十条 县级人民政府应当按照国土空间规划关于统筹布局农业、生态、城镇等功能空间的要求，制定土地整理方案，促进耕地保护和土地节约集约利用。

县、乡（镇）人民政府应当组织农村集体经济组织，实施土地整理方案，对闲散地和废弃地有计划地整治、改造。土地整理新增耕地，可以用作建设所占用耕地的补充。

鼓励社会主体依法参与土地整理。

第十一条 县级以上地方人民政府应当采取措施，预防和治理耕地土壤流失、污染，有计划地改造中低产田，建设高标准农田，提高耕地质量，保护黑土地等优质耕地，并依法对建设所占用耕地耕作层的土壤利用作出合理安排。

非农业建设依法占用永久基本农田的，建设单位应当按照省、自治区、直辖市的规定，将所占用耕地耕作层的土壤用于新开垦耕地、劣质地或者其他耕地的土壤改良。

县级以上地方人民政府应当加强对农业结构调整的引导和管理，防止破坏耕地耕作层；设施农业用地不再使用的，应当及时组织恢复种植条件。

第十二条 国家对耕地实行特殊保护，严守耕地保护红线，严格控制耕地转为林地、草地、园地等其他农用地，并建立耕地保护补偿制度，具体办法和耕地保护补偿实施步骤由国务院自然资源主管部门会同有关部门规定。

非农业建设必须节约使用土地，可以利用荒地的，不得占用耕地；可以利用劣地的，不得占用好地。禁止占用耕地建窑、建坟或者擅自在耕地上建房、挖砂、采石、采矿、取土等。禁止占用永久基本农田发展林果业和挖塘养鱼。

耕地应当优先用于粮食和棉、油、糖、蔬菜等农产品生产。按照国家有关规定需要将耕地转为林地、草地、园地等其他农用地的，应当优先使用难以长期稳定利用的耕地。

第十三条 省、自治区、直辖市人民政府对

本行政区域耕地保护负总责,其主要负责人是本行政区域耕地保护的第一责任人。

省、自治区、直辖市人民政府应当将国务院确定的耕地保有量和永久基本农田保护任务分解下达,落实到具体地块。

国务院对省、自治区、直辖市人民政府耕地保护责任目标落实情况进行考核。

第四章　建设用地

第一节　一般规定

第十四条　建设项目需要使用土地的,应当符合国土空间规划、土地利用年度计划和用途管制以及节约资源、保护生态环境的要求,并严格执行建设用地标准,优先使用存量建设用地,提高建设用地使用效率。

从事土地开发利用活动,应当采取有效措施,防止、减少土壤污染,并确保建设用地符合土壤环境质量要求。

第十五条　各级人民政府应当依据国民经济和社会发展规划及年度计划、国土空间规划、国家产业政策以及城乡建设、土地利用的实际状况等,加强土地利用计划管理,实行建设地总量控制,推动城乡存量建设用地开发利用,引导城镇低效用地再开发,落实建设用地标准控制制度,开展节约集约用地评价,推广应用节地技术和节地模式。

第十六条　县级以上地方人民政府自然资源主管部门应当将本级人民政府确定的年度建设用地供应总量、结构、时序、地块、用途等在政府网站上向社会公布,供社会公众查阅。

第十七条　建设单位使用国有土地,应当以有偿使用方式取得;但是,法律、行政法规规定可以以划拨方式取得的除外。

国有土地有偿使用的方式包括:

(一)国有土地使用权出让;

(二)国有土地租赁;

(三)国有土地使用权作价出资或者入股。

第十八条　国有土地使用权出让、国有土地租赁等应当依照国家有关规定通过公开的交易平台进行交易,并纳入统一的公共资源交易平台体系。除依法可以采取协议方式外,应当采取招标、拍卖、挂牌等竞争性方式确定土地使用者。

第十九条　《土地管理法》第五十五条规定的新增建设用地的土地有偿使用费,是指国家在新增建设用地中应取得的平均土地纯收益。

第二十条　建设项目施工、地质勘查需要临时使用土地的,应当尽量不占或者少占耕地。

临时用地由县级以上人民政府自然资源主管部门批准,期限一般不超过二年;建设周期较长的能源、交通、水利等基础设施建设使用的临时用地,期限不超过四年;法律、行政法规另有规定的除外。

土地使用者应当自临时用地期满之日起一年内完成土地复垦,使其达到可供利用状态,其中占用耕地的应当恢复种植条件。

第二十一条　抢险救灾、疫情防控等急需使用土地的,可以先行使用土地。其中,属于临时用地的,用后应当恢复原状并交还原土地使用者使用,不再办理用地审批手续;属于永久性建设用地的,建设单位应当在不晚于应急处置工作结束六个月内申请补办建设用地审批手续。

第二十二条　具有重要生态功能的未利用地应当依法划入生态保护红线,实施严格保护。

建设项目占用国土空间规划确定的未利用地的,按照省、自治区、直辖市的规定办理。

第二节　农用地转用

第二十三条　在国土空间规划确定的城市和村庄、集镇建设用地范围内,为实施该规划而将农用地转为建设用地的,由市、县人民政府组织自然资源等部门拟订农用地转用方案,分批次报有批准权的人民政府批准。

农用地转用方案应当重点对建设项目安排、是否符合国土空间规划和土地利用年度计划以及补充耕地情况作出说明。

农用地转用方案经批准后,由市、县人民政府组织实施。

第二十四条　建设项目确需占用国土空

间规划确定的城市和村庄、集镇建设用地范围外的农用地，涉及占用永久基本农田的，由国务院批准；不涉及占用永久基本农田的，由国务院或者国务院授权的省、自治区、直辖市人民政府批准。具体按照下列规定办理：

（一）建设项目批准、核准前或者备案前后，由自然资源主管部门对建设项目用地事项进行审查，提出建设项目用地预审意见。建设项目需要申请核发选址意见书的，应当合并办理建设项目用地预审与选址意见书，核发建设项目用地预审与选址意见书。

（二）建设单位持建设项目的批准、核准或者备案文件，向市、县人民政府提出建设用地申请。市、县人民政府组织自然资源等部门拟订农用地转用方案，报有批准权的人民政府批准；依法应当由国务院批准的，由省、自治区、直辖市人民政府审核后上报。农用地转用方案应当重点对是否符合国土空间规划和土地利用年度计划以及补充耕地情况作出说明，涉及占用永久基本农田的，还应当对占用永久基本农田的必要性、合理性和补划可行性作出说明。

（三）农用地转用方案经批准后，由市、县人民政府组织实施。

第二十五条　建设项目需要使用土地的，建设单位原则上应当一次申请，办理建设用地审批手续，确需分期建设的项目，可以根据可行性研究报告确定的方案，分期申请建设用地，分期办理建设用地审批手续。建设过程中用地范围确需调整的，应当依法办理建设用地审批手续。

农用地转用涉及征收土地的，还应当依法办理征收土地手续。

第三节　土地征收

第二十六条　需要征收土地，县级以上地方人民政府认为符合《土地管理法》第四十五条规定的，应当发布征收土地预公告，并开展拟征收土地现状调查和社会稳定风险评估。

征收土地预公告应当包括征收范围、征收目的、开展土地现状调查的安排等内容。征收土地预公告应当采用有利于社会公众知晓的方式，在拟征收土地所在的乡（镇）和村、村民小组范围内发布，预公告时间不少于十个工作日。自征收土地预公告发布之日起，任何单位和个人不得在拟征收范围内抢栽抢建；违反规定抢栽抢建的，对抢栽抢建部分不予补偿。

土地现状调查应当查明土地的位置、权属、地类、面积，以及农村村民住宅、其他地上附着物和青苗等的权属、种类、数量等情况。

社会稳定风险评估应当对征收土地的社会稳定风险状况进行综合研判，确定风险点，提出风险防范措施和处置预案。社会稳定风险评估应当有被征地的农村集体经济组织及其成员、村民委员会和其他利害关系人参加，评估结果是申请征收土地的重要依据。

第二十七条　县级以上地方人民政府应当依据社会稳定风险评估结果，结合土地现状调查情况，组织自然资源、财政、农业农村、人力资源和社会保障等有关部门拟定征地补偿安置方案。

征地补偿安置方案应当包括征收范围、土地现状、征收目的、补偿方式和标准、安置对象、安置方式、社会保障等内容。

第二十八条　征地补偿安置方案拟定后，县级以上地方人民政府应当在拟征收土地所在的乡（镇）和村、村民小组范围内公告，公告时间不少于三十日。

征地补偿安置公告应当同时载明办理补偿登记的方式和期限、异议反馈渠道等内容。

多数被征地的农村集体经济组织成员认为拟定的征地补偿安置方案不符合法律、法规规定的，县级以上地方人民政府应当组织听证。

第二十九条　县级以上地方人民政府根据法律、法规规定和听证会等情况确定征地补偿安置方案后，应当组织有关部门与拟征收土地的所有权人、使用权人签订征地补偿安置协议。征地补偿安置协议示范文本由省、自治区、直辖市人民政府制定。

对个别确实难以达成征地补偿安置协议的，县级以上地方人民政府应当在申请征收土地时如实说明。

第三十条 县级以上地方人民政府完成本条例规定的征地前期工作后,方可提出征收土地申请,依照《土地管理法》第四十六条的规定报有批准权的人民政府批准。

有批准权的人民政府应当对征收土地的必要性、合理性、是否符合《土地管理法》第四十五条规定的为了公共利益确需征收土地的情形以及是否符合法定程序进行审查。

第三十一条 征收土地申请经依法批准后,县级以上地方人民政府应当自收到批准文件之日起十五个工作日内在拟征收土地所在的乡(镇)和村、村民小组范围内发布征收土地公告,公布征收范围、征收时间等具体工作安排,对个别未达成征地补偿安置协议的应当作出征地补偿安置决定,并依法组织实施。

第三十二条 省、自治区、直辖市应当制定公布区片综合地价,确定征收农用地的土地补偿费、安置补助费标准,并制定土地补偿费、安置补助费分配办法。

地上附着物和青苗等的补偿费用,归其所有权人所有。

社会保障费用主要用于符合条件的被征地农民的养老保险等社会保险缴费补贴,按照省、自治区、直辖市的规定单独列支。

申请征收土地的县级以上地方人民政府应当及时落实土地补偿费、安置补助费、农村村民住宅以及其他地上附着物和青苗等的补偿费用、社会保障费用等,并保证足额到位,专款专用。有关费用未足额到位的,不得批准征收土地。

第四节 宅基地管理

第三十三条 农村居民点布局和建设用地规模应当遵循节约集约、因地制宜的原则合理规划。县级以上地方人民政府应当按照国家规定安排建设用地指标,合理保障本行政区域农村村民宅基地需求。

乡(镇)、县、市国土空间规划和村庄规划应当统筹考虑农村村民生产、生活需求,突出节约集约用地导向,科学划定宅基地范围。

第三十四条 农村村民申请宅基地的,应当以户为单位向农村集体经济组织提出申请;没有设立农村集体经济组织的,应当向所在的村民小组或者村民委员会提出申请。宅基地申请依法经农村村民集体讨论通过并在本集体范围内公示后,报乡(镇)人民政府审核批准。

涉及占用农用地的,应当依法办理农用地转用审批手续。

第三十五条 国家允许进城落户的农村村民依法自愿有偿退出宅基地。乡(镇)人民政府和农村集体经济组织、村民委员会等应当将退出的宅基地优先用于保障该农村集体经济组织成员的宅基地需求。

第三十六条 依法取得的宅基地和宅基地上的农村村民住宅及其附属设施受法律保护。

禁止违背农村村民意愿强制流转宅基地,禁止违法收回农村村民依法取得的宅基地,禁止以退出宅基地作为农村村民进城落户的条件,禁止强迫农村村民搬迁退出宅基地。

第五节 集体经营性建设用地管理

第三十七条 国土空间规划应当统筹并合理安排集体经营性建设用地布局和用途,依法控制集体经营性建设用地规模,促进集体经营性建设用地的节约集约利用。

鼓励乡村重点产业和项目使用集体经营性建设用地。

第三十八条 国土空间规划确定为工业、商业等经营性用途,且已依法办理土地所有权登记的集体经营性建设用地,土地所有权人可以通过出让、出租等方式交由单位或者个人在一定年限内有偿使用。

第三十九条 土地所有权人拟出让、出租集体经营性建设用地的,市、县人民政府自然资源主管部门应当依据国土空间规划提出拟出让、出租的集体经营性建设用地的规划条件,明确土地界址、面积、用途和开发建设强度等。

市、县人民政府自然资源主管部门应当会同有关部门提出产业准入和生态环境保护要求。

第四十条 土地所有权人应当依据规划

条件、产业准入和生态环境保护要求等,编制集体经营性建设用地出让、出租等方案,并依照《土地管理法》第六十三条的规定,由本集体经济组织形成书面意见,在出让、出租前不少于十个工作日报市、县人民政府。市、县人民政府认为该方案不符合规划条件或者产业准入和生态环境保护要求等的,应当在收到方案后五个工作日内提出修改意见。土地所有权人应当按照市、县人民政府的意见进行修改。

集体经营性建设用地出让、出租等方案应当载明宗地的土地界址、面积、用途、规划条件、产业准入和生态环境保护要求、使用期限、交易方式、入市价格、集体收益分配安排等内容。

第四十一条 土地所有权人应当依据集体经营性建设用地出让、出租等方案,以招标、拍卖、挂牌或者协议等方式确定土地使用者,双方应当签订书面合同,载明土地界址、面积、用途、规划条件、使用期限、交易价款支付、交地时间和开工竣工期限、产业准入和生态环境保护要求,约定提前收回的条件、补偿方式、土地使用权届满续期和地上建筑物、构筑物等附着物处理方式,以及违约责任和解决争议的方法等,并报市、县人民政府自然资源主管部门备案。未依法将规划条件、产业准入和生态环境保护要求纳入合同的,合同无效;造成损失的,依法承担民事责任。合同示范文本由国务院自然资源主管部门制定。

第四十二条 集体经营性建设用地使用者应当按照约定及时支付集体经营性建设用地价款,并依法缴纳相关税费,对集体经营性建设用地使用权以及依法利用集体经营性建设用地建造的建筑物、构筑物及其附属设施的所有权,依法申请办理不动产登记。

第四十三条 通过出让等方式取得的集体经营性建设用地使用权依法转让、互换、出资、赠与或者抵押的,双方应当签订书面合同,并书面通知土地所有权人。

集体经营性建设用地的出租,集体建设用地使用权的出让及其最高年限、转让、互换、出资、赠与、抵押等,参照同类用途的国有建设用

地执行,法律、行政法规另有规定的除外。

第五章 监督检查

第四十四条 国家自然资源督察机构根据授权对省、自治区、直辖市人民政府以及国务院确定的城市人民政府下列土地利用和土地管理情况进行督察:

(一)耕地保护情况;

(二)土地节约集约利用情况;

(三)国土空间规划编制和实施情况;

(四)国家有关土地管理重大决策落实情况;

(五)土地管理法律、行政法规执行情况;

(六)其他土地利用和土地管理情况。

第四十五条 国家自然资源督察机构进行督察时,有权向有关单位和个人了解督察事项有关情况,有关单位和个人应当支持、协助督察机构工作,如实反映情况,并提供有关材料。

第四十六条 被督察的地方人民政府违反土地管理法律、行政法规,或者落实国家有关土地管理重大决策不力的,国家自然资源督察机构可以向被督察的地方人民政府下达督察意见书,地方人民政府应当认真组织整改,并及时报告整改情况;国家自然资源督察机构可以约谈被督察的地方人民政府有关负责人,并可以依法向监察机关、任免机关等有关机关提出追究相关责任人责任的建议。

第四十七条 土地管理监督检查人员应当经过培训,经考核合格,取得行政执法证件后,方可从事土地管理监督检查工作。

第四十八条 自然资源主管部门、农业农村主管部门按照职责分工进行监督检查时,可以采取下列措施:

(一)询问违法案件涉及的单位或者个人;

(二)进入被检查单位或者个人涉嫌土地违法的现场进行拍照、摄像;

(三)责令当事人停止正在进行的土地违法行为;

(四)对涉嫌土地违法的单位或者个人,在调查期间暂停办理与该违法案件相关的土地

审批、登记等手续；

（五）对可能被转移、销毁、隐匿或者篡改的文件、资料予以封存，责令涉嫌土地违法的单位或者个人在调查期间不得变卖、转移与案件有关的财物；

（六）《土地管理法》第六十八条规定的其他监督检查措施。

第四十九条　依照《土地管理法》第七十三条的规定给予处分的，应当按照管理权限由责令作出行政处罚决定或者直接给予行政处罚的上级人民政府自然资源主管部门或者其他任免机关、单位作出。

第五十条　县级以上人民政府自然资源主管部门应当会同有关部门建立信用监管、动态巡查等机制，加强对建设用地供应交易和供后开发利用的监管，对建设用地市场重大失信行为依法实施惩戒，并依法公开相关信息。

第六章　法律责任

第五十一条　违反《土地管理法》第三十七条的规定，非法占用永久基本农田发展林果业或者挖塘养鱼的，由县级以上人民政府自然资源主管部门责令限期改正；逾期不改正的，按占用面积处耕地开垦费2倍以上5倍以下的罚款；破坏种植条件的，依照《土地管理法》第七十五条的规定处罚。

第五十二条　违反《土地管理法》第五十七条的规定，在临时使用的土地上修建永久性建筑物的，由县级以上人民政府自然资源主管部门责令限期拆除，按占用面积处土地复垦费5倍以上10倍以下的罚款；逾期不拆除的，由作出行政决定的机关依法申请人民法院强制执行。

第五十三条　违反《土地管理法》第六十五条的规定，对建筑物、构筑物进行重建、扩建的，由县级以上人民政府自然资源主管部门责令限期拆除；逾期不拆除的，由作出行政决定的机关依法申请人民法院强制执行。

第五十四条　依照《土地管理法》第七十四条的规定处以罚款的，罚款额为违法所得的10%以上50%以下。

第五十五条　依照《土地管理法》第七十五条的规定处以罚款的，罚款额为耕地开垦费的5倍以上10倍以下；破坏黑土地等优质耕地的，从重处罚。

第五十六条　依照《土地管理法》第七十六条的规定处以罚款的，罚款额为土地复垦费的2倍以上5倍以下。

违反本条例规定，临时用地期满之日起一年内未完成复垦或者未恢复种植条件的，由县级以上人民政府自然资源主管部门责令限期改正，依照《土地管理法》第七十六条的规定处罚，并由县级以上人民政府自然资源主管部门会同农业农村主管部门代为完成复垦或者恢复种植条件。

第五十七条　依照《土地管理法》第七十七条的规定处以罚款的，罚款额为非法占用土地每平方米100元以上1000元以下。

违反本条例规定，在国土空间规划确定的禁止开垦的范围内从事土地开发活动的，由县级以上人民政府自然资源主管部门责令限期改正，并依照《土地管理法》第七十七条的规定处罚。

第五十八条　依照《土地管理法》第七十四条、第七十七条的规定，县级以上人民政府自然资源主管部门没收在非法转让或者非法占用的土地上新建的建筑物和其他设施的，应当于九十日内交由本级人民政府或者其指定的部门依法管理和处置。

第五十九条　依照《土地管理法》第八十一条的规定处以罚款的，罚款额为非法占用土地每平方米100元以上500元以下。

第六十条　依照《土地管理法》第八十二条的规定处以罚款的，罚款额为违法所得的10%以上30%以下。

第六十一条　阻碍自然资源主管部门、农业农村主管部门的工作人员依法执行职务，构成违反治安管理行为的，依法给予治安管理处罚。

第六十二条　违反土地管理法律、法规规定，阻挠国家建设征收土地的，由县级以上地方人民政府责令交出土地;拒不交出土地的,依法申请人民法院强制执行。

第六十三条 违反本条例规定,侵犯农村村民依法取得的宅基地权益的,责令限期改正,对有关责任单位通报批评、给予警告;造成损失的,依法承担赔偿责任;对直接负责的主管人员和其他直接责任人员,依法给予处分。

第六十四条 贪污、侵占、挪用、私分、截留、拖欠征地补偿安置费用和其他有关费用的,责令改正,追回有关款项,限期退还违法所得,对有关责任单位通报批评、给予警告;造成

损失的,依法承担赔偿责任;对直接负责的主管人员和其他直接责任人员,依法给予处分。

第六十五条 各级人民政府及自然资源主管部门、农业农村主管部门工作人员玩忽职守、滥用职权、徇私舞弊的,依法给予处分。

第六十六条 违反本条例规定,构成犯罪的,依法追究刑事责任。

第七章 附 则

第六十七条 本条例自 2021 年 9 月 1 日起施行。

中华人民共和国城市房地产管理法

[1994 年 7 月 5 日第八届全国人民代表大会常务委员会第八次会议通过(主席令第 29 号);根据 2007 年 8 月 30 日第十届全国人民代表大会常务委员会第二十九次会议《关于修改〈中华人民共和国城市房地产管理法〉的决定》第一次修正(主席令第 72 号);根据 2009 年 8 月 27 日第十一届全国人民代表大会常务委员会第十次会议《关于修改部分法律的决定》第二次修正(主席令第 18 号);根据 2019 年 8 月 26 日第十三届全国人民代表大会常务委员会第十二次会议《关于修改〈中华人民共和国土地管理法〉、〈中华人民共和国城市房地产管理法〉的决定》第三次修正(主席令第 32 号)]

第一章 总 则

第一条 为了加强对城市房地产的管理,维护房地产市场秩序,保障房地产权利人的合法权益,促进房地产业的健康发展,制定本法。

第二条 在中华人民共和国城市规划区国有土地(以下简称国有土地)范围内取得房地产开发用地的土地使用权,从事房地产开发、房地产交易,实施房地产管理,应当遵守本法。

本法所称房屋,是指土地上的房屋等建筑物及构筑物。

本法所称房地产开发,是指在依据本法取得国有土地使用权的土地上进行基础设施、房屋建设的行为。

本法所称房地产交易,包括房地产转让、房地产抵押和房屋租赁。

第三条 国家依法实行国有土地有偿、有限期使用制度。但是,国家在本法规定的范围内划拨国有土地使用权的除外。

第四条 国家根据社会、经济发展水平,扶持发展居民住宅建设,逐步改善居民的居住条件。

第五条 房地产权利人应当遵守法律和行政法规,依法纳税。房地产权利人的合法权益受法律保护,任何单位和个人不得侵犯。

第六条 为了公共利益的需要,国家可以征收国有土地上单位和个人的房屋,并依法给予拆迁补偿,维护被征收人的合法权益;征收个人住宅的,还应当保障被征收人的居住条件。具体办法由国务院规定。

第七条 国务院建设行政主管部门、土地管理部门依照国务院规定的职权划分,各司其职,密切配合,管理全国房地产工作。

县级以上地方人民政府房产管理、土地管理部门的机构设置及其职权由省、自治区、直辖市人民政府确定。

第二章　房地产开发用地

第一节　土地使用权出让

第八条　土地使用权出让,是指国家将国有土地使用权(以下简称土地使用权)在一定年限内出让给土地使用者,由土地使用者向国家支付土地使用权出让金的行为。

第九条　城市规划区内的集体所有的土地,经依法征收转为国有土地后,该幅国有土地的使用权方可有偿出让,但法律另有规定的除外。

第十条　土地使用权出让,必须符合土地利用总体规划、城市规划和年度建设用地计划。

第十一条　县级以上地方人民政府出让土地使用权用于房地产开发的,须根据省级以上人民政府下达的控制指标拟订年度出让土地使用权总面积方案,按照国务院规定,报国务院或者省级人民政府批准。

第十二条　土地使用权出让,由市、县人民政府有计划、有步骤地进行。出让的每幅地块、用途、年限和其他条件,由市、县人民政府土地管理部门会同城市规划、建设、房产管理部门共同拟定方案,按照国务院规定,报经有批准权的人民政府批准后,由市、县人民政府土地管理部门实施。

直辖市的县人民政府及其有关部门行使前款规定的权限,由直辖市人民政府规定。

第十三条　土地使用权出让,可以采取拍卖、招标或者双方协议的方式。

商业、旅游、娱乐和豪华住宅用地,有条件的,必须采取拍卖、招标方式;没有条件,不能采取拍卖、招标方式的,可以采取双方协议的方式。

采取双方协议方式出让土地使用权的出让金不得低于按国家规定所确定的最低价。

第十四条　土地使用权出让最高年限由国务院规定。

第十五条　土地使用权出让,应当签订书面出让合同。

土地使用权出让合同由市、县人民政府土地管理部门与土地使用者签订。

第十六条　土地使用者必须按照出让合同约定,支付土地使用权出让金;未按照出让合同约定支付土地使用权出让金的,土地管理部门有权解除合同,并可以请求违约赔偿。

第十七条　土地使用者按照出让合同约定支付土地使用权出让金的,市、县人民政府土地管理部门必须按照出让合同约定,提供出让的土地;未按照出让合同约定提供出让的土地的,土地使用者有权解除合同,由土地管理部门返还土地使用权出让金,土地使用者并可以请求违约赔偿。

第十八条　土地使用者需要改变土地使用权出让合同约定的土地用途的,必须取得出让方和市、县人民政府城市规划行政主管部门的同意,签订土地使用权出让合同变更协议或者重新签订土地使用权出让合同,相应调整土地使用权出让金。

第十九条　土地使用权出让金应当全部上缴财政,列入预算,用于城市基础设施建设和土地开发。土地使用权出让金上缴和使用的具体办法由国务院规定。

第二十条　国家对土地使用者依法取得的土地使用权,在出让合同约定的使用年限届满前不收回;在特殊情况下,根据社会公共利益的需要,可以依照法律程序提前收回,并根据土地使用者使用土地的实际年限和开发土地的实际情况给予相应的补偿。

第二十一条　土地使用权因土地灭失而终止。

第二十二条　土地使用权出让合同约定的使用年限届满,土地使用者需要继续使用土地的,应当至迟于届满前一年申请续期,除根据社会公共利益需要收回该幅土地的,应当予以批准。经批准准予续期的,应当重新签订土地使用权出让合同,依照规定支付土地使用权出让金。

土地使用权出让合同约定的使用年限届满，土地使用者未申请续期或者虽申请续期但依照前款规定未获批准的，土地使用权由国家无偿收回。

第二节　土地使用权划拨

第二十三条　土地使用权划拨，是指县级以上人民政府依法批准，在土地使用者缴纳补偿、安置等费用后将该幅土地交付其使用，或者将土地使用权无偿交付给土地使用者使用的行为。

依照本法规定以划拨方式取得土地使用权的，除法律、行政法规另有规定外，没有使用期限的限制。

第二十四条　下列建设用地的土地使用权，确属必需的，可以由县级以上人民政府依法批准划拨：

（一）国家机关用地和军事用地；

（二）城市基础设施用地和公益事业用地；

（三）国家重点扶持的能源、交通、水利等项目用地；

（四）法律、行政法规规定的其他用地。

第三章　房地产开发

第二十五条　房地产开发必须严格执行城市规划，按照经济效益、社会效益、环境效益相统一的原则，实行全面规划、合理布局、综合开发、配套建设。

第二十六条　以出让方式取得土地使用权进行房地产开发的，必须按照土地使用权出让合同约定的土地用途、动工开发期限开发土地。超过出让合同约定的动工开发日期满一年未动工开发的，可以征收相当于土地使用权出让金百分之二十以下的土地闲置费；满二年未动工开发的，可以无偿收回土地使用权；但是，因不可抗力或者政府、政府有关部门的行为或者动工开发必需的前期工作造成动工开发迟延的除外。

第二十七条　房地产开发项目的设计、施工，必须符合国家的有关标准和规范。

房地产开发项目竣工，经验收合格后，方可交付使用。

第二十八条　依法取得的土地使用权，可以依照本法和有关法律、行政法规的规定，作价入股，合资、合作开发经营房地产。

第二十九条　国家采取税收等方面的优惠措施鼓励和扶持房地产开发企业开发建设居民住宅。

第三十条　房地产开发企业是以营利为目的，从事房地产开发和经营的企业。设立房地产开发企业，应当具备下列条件：

（一）有自己的名称和组织机构；

（二）有固定的经营场所；

（三）有符合国务院规定的注册资本；

（四）有足够的专业技术人员；

（五）法律、行政法规规定的其他条件。

设立房地产开发企业，应当向工商行政管理部门申请设立登记。工商行政管理部门对符合本法规定条件的，应当予以登记，发给营业执照；对不符合本法规定条件的，不予登记。

设立有限责任公司、股份有限公司，从事房地产开发经营的，还应当执行公司法的有关规定。

房地产开发企业在领取营业执照后的一个月内，应当到登记机关所在地的县级以上地方人民政府规定的部门备案。

第三十一条　房地产开发企业的注册资本与投资总额的比例应当符合国家有关规定。

房地产开发企业分期开发房地产的，分期投资额应当与项目规模相适应，并按照土地使用权出让合同的约定，按期投入资金，用于项目建设。

第四章　房地产交易

第一节　一般规定

第三十二条　房地产转让、抵押时，房屋的所有权和该房屋占用范围内的土地使用权同时转让、抵押。

第三十三条　基准地价、标定地价和各类房屋的重置价格应当定期确定并公布。具体办法由国务院规定。

第三十四条　国家实行房地产价格评估

制度。

房地产价格评估,应当遵循公正、公平、公开的原则,按照国家规定的技术标准和评估程序,以基准地价、标定地价和各类房屋的重置价格为基础,参照当地的市场价格进行评估。

第三十五条 国家实行房地产成交价格申报制度。

房地产权利人转让房地产,应当向县级以上地方人民政府规定的部门如实申报成交价,不得瞒报或者作不实的申报。

第三十六条 房地产转让、抵押,当事人应当依照本法第五章的规定办理权属登记。

第二节 房地产转让

第三十七条 房地产转让,是指房地产权利人通过买卖、赠与或者其他合法方式将其房地产转移给他人的行为。

第三十八条 下列房地产,不得转让:

(一)以出让方式取得土地使用权,不符合本法第三十九条规定的条件的;

(二)司法机关和行政机关依法裁定、决定查封或者以其他形式限制房地产权利的;

(三)依法收回土地使用权的;

(四)共有房地产,未经其他共有人书面同意的;

(五)权属有争议的;

(六)未依法登记领取权属证书的;

(七)法律、行政法规规定禁止转让的其他情形。

第三十九条 以出让方式取得土地使用权的,转让房地产时,应当符合下列条件:

(一)按照出让合同约定已经支付全部土地使用权出让金,并取得土地使用权证书;

(二)按照出让合同约定进行投资开发,属于房屋建设工程的,完成开发投资总额的百分之二十五以上,属于成片开发土地的,形成工业用地或者其他建设用地条件。

转让房地产时房屋已经建成的,还应当持有房屋所有权证书。

第四十条 以划拨方式取得土地使用权的,转让房地产时,应当按照国务院规定,报有批准权

的人民政府审批。有批准权的人民政府准予转让的,应当由受让方办理土地使用权出让手续,并依照国家有关规定缴纳土地使用权出让金。

以划拨方式取得土地使用权的,转让房地产报批时,有批准权的人民政府按照国务院规定决定可以不办理土地使用权出让手续的,转让方应当按照国务院规定将转让房地产所获收益中的土地收益上缴国家或者作其他处理。

第四十一条 房地产转让,应当签订书面转让合同,合同中应当载明土地使用权取得的方式。

第四十二条 房地产转让时,土地使用权出让合同载明的权利、义务随之转移。

第四十三条 以出让方式取得土地使用权的,转让房地产后,其土地使用权的使用年限为原土地使用权出让合同约定的使用年限减去原土地使用者已经使用年限后的剩余年限。

第四十四条 以出让方式取得土地使用权的,转让房地产后,受让人改变原土地使用权出让合同约定的土地用途的,必须取得原出让方和市、县人民政府城市规划行政主管部门的同意,签订土地使用权出让合同变更协议或者重新签订土地使用权出让合同,相应调整土地使用权出让金。

第四十五条 商品房预售,应当符合下列条件:

(一)已交付全部土地使用权出让金,取得土地使用权证书;

(二)持有建设工程规划许可证;

(三)按提供预售的商品房计算,投入开发建设的资金达到工程建设总投资的百分之二十五以上,并已经确定施工进度和竣工交付日期;

(四)向县级以上人民政府房产管理部门办理预售登记,取得商品房预售许可证明。

商品房预售人应当按照国家有关规定将预售合同报县级以上人民政府房产管理部门和土地管理部门登记备案。

商品房预售所得款项,必须用于有关的工程建设。

第四十六条 商品房预售的,商品房预购

人将购买的未竣工的预售商品房再行转让的问题,由国务院规定。

第三节 房地产抵押

第四十七条 房地产抵押,是指抵押人以其合法的房地产以不转移占有的方式向抵押权人提供债务履行担保的行为。债务人不履行债务时,抵押权人有权依法以抵押的房地产拍卖所得的价款优先受偿。

第四十八条 依法取得的房屋所有权连同该房屋占用范围内的土地使用权,可以设定抵押权。

以出让方式取得的土地使用权,可以设定抵押权。

第四十九条 房地产抵押,应当凭土地使用权证书、房屋所有权证书办理。

第五十条 房地产抵押,抵押人和抵押权人应当签订书面抵押合同。

第五十一条 设定房地产抵押权的土地使用权是以划拨方式取得的,依法拍卖该房地产后,应当从拍卖所得的价款中缴纳相当于应缴纳的土地使用权出让金的款额后,抵押权人方可优先受偿。

第五十二条 房地产抵押合同签订后,土地上新增的房屋不属于抵押财产。需要拍卖该抵押的房地产时,可以依法将土地上新增的房屋与抵押财产一同拍卖,但对拍卖新增房屋所得,抵押权人无权优先受偿。

第四节 房屋租赁

第五十三条 房屋租赁,是指房屋所有权人作为出租人将其房屋出租给承租人使用,由承租人向出租人支付租金的行为。

第五十四条 房屋租赁,出租人和承租人应当签订书面租赁合同,约定租赁期限、租赁用途、租赁价格、修缮责任等条款,以及双方的其他权利和义务,并向房产管理部门登记备案。

第五十五条 住宅用房的租赁,应当执行国家和房屋所在城市人民政府规定的租赁政策。租用房屋从事生产、经营活动的,由租赁双方协商议定租金和其他租赁条款。

第五十六条 以营利为目的,房屋所有权人将以划拨方式取得使用权的国有土地上建成的房屋出租的,应当将租金中所含土地收益上缴国家。具体办法由国务院规定。

第五节 中介服务机构

第五十七条 房地产中介服务机构包括房地产咨询机构、房地产价格评估机构、房地产经纪机构等。

第五十八条 房地产中介服务机构应当具备下列条件:

(一)有自己的名称和组织机构;

(二)有固定的服务场所;

(三)有必要的财产和经费;

(四)有足够数量的专业人员;

(五)法律、行政法规规定的其他条件。

设立房地产中介服务机构,应当向工商行政管理部门申请设立登记,领取营业执照后,方可开业。

第五十九条 国家实行房地产价格评估人员资格认证制度。

第五章 房地产权属登记管理

第六十条 国家实行土地使用权和房屋所有权登记发证制度。

第六十一条 以出让或者划拨方式取得土地使用权,应当向县级以上地方人民政府土地管理部门申请登记,经县级以上地方人民政府土地管理部门核实,由同级人民政府颁发土地使用权证书。

在依法取得的房地产开发用地上建成房屋的,应当凭土地使用权证书向县级以上地方人民政府房产管理部门申请登记,由县级以上地方人民政府房产管理部门核实并颁发房屋所有权证书。

房地产转让或者变更时,应当向县级以上地方人民政府房产管理部门申请房产变更登记,并凭变更后的房屋所有权证书向同级人民政府土地管理部门申请土地使用权变更登记,经同级人民政府土地管理部门核实,由同级人民政府更换或者更改土地使用权证书。

法律另有规定的,依照有关法律的规定

办理。

第六十二条 房地产抵押时,应当向县级以上地方人民政府规定的部门办理抵押登记。

因处分抵押房地产而取得土地使用权和房屋所有权的,应当依照本章规定办理过户登记。

第六十三条 经省、自治区、直辖市人民政府确定,县级以上地方人民政府由一个部门统一负责房产管理和土地管理工作的,可以制作、颁发统一的房地产权证书,依照本法第六十一条的规定,将房屋的所有权和该房屋占用范围内的土地使用权的确认和变更,分别载入房地产权证书。

第六章 法律责任

第六十四条 违反本法第十一条、第十二条的规定,擅自批准出让或者擅自出让土地使用权用于房地产开发的,由上级机关或者所在单位给予有关责任人员行政处分。

第六十五条 违反本法第三十条的规定,未取得营业执照擅自从事房地产开发业务的,由县级以上人民政府工商行政管理部门责令停止房地产开发业务活动,没收违法所得,可以并处罚款。

第六十六条 违反本法第三十九条第一款的规定转让土地使用权的,由县级以上人民政府土地管理部门没收违法所得,可以并处罚款。

第六十七条 违反本法第四十条第一款的规定转让房地产的,由县级以上人民政府土地管理部门责令缴纳土地使用权出让金,没收违法所得,可以并处罚款。

第六十八条 违反本法第四十五条第一款的规定预售商品房的,由县级以上人民政府房产管理部门责令停止预售活动,没收违法所得,可以并处罚款。

第六十九条 违反本法第五十八条的规定,未取得营业执照擅自从事房地产中介服务业务的,由县级以上人民政府工商行政管理部门责令停止房地产中介服务业务活动,没收违法所得,可以并处罚款。

第七十条 没有法律、法规的依据,向房地产开发企业收费的,上级机关应当责令退回所收取的钱款;情节严重的,由上级机关或者所在单位给予直接责任人员行政处分。

第七十一条 房产管理部门、土地管理部门工作人员玩忽职守、滥用职权,构成犯罪的,依法追究刑事责任;不构成犯罪的,给予行政处分。

房产管理部门、土地管理部门工作人员利用职务上的便利,索取他人财物,或者非法收受他人财物为他人谋取利益,构成犯罪的,依法追究刑事责任;不构成犯罪的,给予行政处分。

第七章 附 则

第七十二条 在城市规划区外的国有土地范围内取得房地产开发用地的土地使用权,从事房地产开发、交易活动以及实施房地产管理,参照本法执行。

第七十三条 本法自 1995 年 1 月 1 日起施行。

中华人民共和国城镇国有土地使用权出让和转让暂行条例

(中华人民共和国国务院令第 55 号)

依据《国务院关于修改和废止部分行政法规的决定》(中华人民共和国国务院令第 732 号),本法规自 2020 年 11 月 29 日起第五十二条废止。

第一章 总 则

第一条 为了改革城镇国有土地使用制度,合理开发、利用、经营土地,加强土地管理,促进城市建设和经济发展,制定本条例。

第二条 国家按照所有权与使用权分离

的原则,实行城镇国有土地使用权出让、转让制度,但地下资源、埋藏物和市政公用设施除外。

前款所称城镇国有土地是指市、县城、建制镇、工矿区范围内属于全民所有的土地(以下简称土地)。

第三条 中华人民共和国境内外的公司、企业、其他组织和个人,除法律另有规定者外,均可依照本条例的规定取得土地使用权,进行土地开发、利用、经营。

第四条 依照本条例的规定取得土地使用权的土地使用者,其使用权在使用年限内可以转让、出租、抵押或者用于其他经济活动。合法权益受国家法律保护。

第五条 土地使用者开发、利用、经营土地的活动,应当遵守国家法律、法规的规定,并不得损害社会公共利益。

第六条 县级以上人民政府土地管理部门依法对土地使用权的出让、转让、出租、抵押、终止进行监督检查。

第七条 土地使用权出让、转让、出租、抵押、终止及有关的地上建筑物、其他附着物的登记,由政府土地管理部门、房产管理部门依照法律和国务院的有关规定办理。

登记文件可以公开查阅。

第二章 土地使用权出让

第八条 土地使用权出让是指国家以土地所有者的身份将土地使用权在一定年限内让与土地使用者,并由土地使用者向国家支付土地使用权出让金的行为。

土地使用权出让应当签订出让合同。

第九条 土地使用权的出让,由市、县人民政府负责,有计划、有步骤地进行。

第十条 土地使用权出让的地块、用途、年限和其他条件,由市、县人民政府土地管理部门会同城市规划和建设管理部门、房产管理部门共同拟定方案,按照国务院规定的批准权限报经批准后,由土地管理部门实施。

第十一条 土地使用权出让合同应当按

照平等、自愿、有偿的原则,由市、县人民政府土地管理部门(以下简称出让方)与土地使用者签订。

第十二条 土地使用权出让最高年限按下列用途确定:

(一)居住用地七十年;

(二)工业用地五十年;

(三)教育、科技、文化、卫生、体育用地五十年;

(四)商业、旅游、娱乐用地四十年;

(五)综合或者其他用地五十年。

第十三条 土地使用权出让可以采取下列方式:(一)协议;(二)招标;(三)拍卖。

依照前款规定方式出让土地使用权的具体程序和步骤,由省、自治区、直辖市人民政府规定。

第十四条 土地使用者应当在签订土地使用权出让合同后六十日内,支付全部土地使用权出让金。逾期未全部支付的,出让方有权解除合同,并可请求违约赔偿。

第十五条 出让方应当按照合同规定,提供出让的土地使用权。未按合同规定提供土地使用权的,土地使用者有权解除合同,并可请求违约赔偿。

第十六条 土地使用者在支付全部土地使用权出让金后,应当依照规定办理登记,领取土地使用证,取得土地使用权。

第十七条 土地使用者应当按照土地使用权出让合同的规定和城市规划的要求,开发、利用、经营土地。

未按合同规定的期限和条件开发、利用土地的,市、县人民政府土地管理部门应当予以纠正,并根据情节可以给予警告、罚款直至无偿收回土地使用权的处罚。

第十八条 土地使用者需要改变土地使用权出让合同规定的土地用途的,应当征得出让方同意并经土地管理部门和城市规划部门批准,依照本章的有关规定重新签订土地使用权出让合同,调整土地使用权出让金,并办理登记。

第三章　土地使用权转让

第十九条　土地使用权转让是指土地使用者将土地使用权再转移的行为,包括出售、交换和赠与。

未按土地使用权出让合同规定的期限和条件投资开发、利用土地的,土地使用权不得转让。

第二十条　土地使用权转让应当签订转让合同。

第二十一条　土地使用权转让时,土地使用权出让合同和登记文件中所载明的权利、义务随之转移。

第二十二条　土地使用者通过转让方式取得的土地使用权,其使用年限为土地使用权出让合同规定的使用年限减去原土地使用者已使用年限后的剩余年限。

第二十三条　土地使用权转让时,其地上建筑物、其他附着物所有权随之转让。

第二十四条　地上建筑物、其他附着物的所有人或者共有人,享有该建筑物、附着物使用范围内的土地使用权。

土地使用者转让地上建筑物、其他附着物所有权时,其使用范围内的土地使用权随之转让,但地上建筑物、其他附着物作为动产转让的除外。

第二十五条　土地使用权和地上建筑物、其他附着物所有权转让,应当依照规定办理过户登记。

土地使用权和地上建筑物、其他附着物所有权分割转让的,应当经市、县人民政府土地管理部门和房产管理部门批准,并依照规定办理过户登记。

第二十六条　土地使用权转让价格明显低于市场价格的,市、县人民政府有优先购买权。

土地使用权转让的市场价格不合理上涨时,市、县人民政府可以采取必要的措施。

第二十七条　土地使用权转让后,需要改变土地使用权出让合同规定的土地用途的,依

照本条例第十八条的规定办理。

第四章　土地使用权出租

第二十八条　土地使用权出租是指土地使用者作为出租人将土地使用权随同地上建筑物、其他附着物租赁给承租人使用,由承租人向出租人支付租金的行为。

未按土地使用权出让合同规定的期限和条件投资开发、利用土地的,土地使用权不得出租。

第二十九条　土地使用权出租,出租人与承租人应当签订租赁合同。

租赁合同不得违背国家法律、法规和土地使用权出让合同的规定。

第三十条　土地使用权出租后,出租人必须继续履行土地使用权出让合同。

第三十一条　土地使用权和地上建筑物、其他附着物出租,出租人应当依照规定办理登记。

第五章　土地使用权抵押

第三十二条　土地使用权可以抵押。

第三十三条　土地使用权抵押时,其地上建筑物、其他附着物随之抵押。

地上建筑物、其他附着物抵押时,其使用范围内的土地使用权随之抵押。

第三十四条　土地使用权抵押,抵押人与抵押权人应当签订抵押合同。

抵押合同不得违背国家法律、法规和土地使用权出让合同的规定。

第三十五条　土地使用权和地上建筑物、其他附着物抵押,应当按照规定办理抵押登记。

第三十六条　抵押人到期未能履行债务或者在抵押合同期间宣告解散、破产的,抵押权人有权依照国家法律、法规和抵押合同的规定处分抵押财产。

因处分抵押财产而取得土地使用权和地上建筑物、其他附着物所有权的,应当依照规定办理过户登记。

第三十七条　处分抵押财产所得,抵押权

人有优先受偿权。

第三十八条　抵押权因债务清偿或者其他原因而消灭的,应当依照规定办理注销抵押登记。

第六章　土地使用权终止

第三十九条　土地使用权因土地使用权出让合同规定的使用年限届满、提前收回及土地灭失等原因而终止。

第四十条　土地使用权期满,土地使用权及其地上建筑物、其他附着物所有权由国家无偿取得。土地使用者应当交还土地使用证,并依照规定办理注销登记。

第四十一条　土地使用权期满,土地使用者可以申请续期。需要续期的,应当依照本条例第二章的规定重新签订合同,支付土地使用权出让金,并办理登记。

第四十二条　国家对土地使用者依法取得的土地使用权不提前收回。在特殊情况下,根据社会公共利益的需要,国家可以依照法律程序提前收回,并根据土地使用者已使用的年限和开发、利用土地的实际情况给予相应的补偿。

第七章　划拨土地使用权

第四十三条　划拨土地使用权是指土地使用者通过各种方式依法无偿取得的土地使用权。

前款土地使用者应当依照《中华人民共和国城镇土地使用税暂行条例》的规定缴纳土地使用税。

第四十四条　划拨土地使用权,除本条例第四十五条规定的情况外,不得转让、出租、抵押。

第四十五条　符合下列条件的,经市、县人民政府土地管理部门和房产管理部门批准,其划拨土地使用权和地上建筑物、其他附着物所有权可以转让、出租、抵押:

(一)土地使用者为公司、企业、其他经济组织和个人;

(二)领有国有土地使用证;

(三)具有地上建筑物、其他附着物合法的产权证明;

(四)依照本条例第二章的规定签订土地使用权出让合同,向当地市、县人民政府补交土地使用权出让金或者以转让、出租、抵押所获收益抵交土地使用权出让金。

转让、出租、抵押前款划拨土地使用权的,分别依照本条例第三章、第四章和第五章的规定办理。

第四十六条　对未经批准擅自转让、出租、抵押划拨土地使用权的单位和个人,市、县人民政府土地管理部门应当没收其非法收入,并根据情节处以罚款。

第四十七条　无偿取得划拨土地使用权的土地使用者,因迁移、解散、撤销、破产或者其他原因而停止使用土地的,市、县人民政府应当无偿收回其划拨土地使用权,并可依照本条例的规定予以出让。

对划拨土地使用权,市、县人民政府根据城市建设发展需要和城市规划的要求,可以无偿收回,并可依照本条例的规定予以出让。

无偿收回划拨土地使用权时,对其地上建筑物、其他附着物,市、县人民政府应当根据实际情况给予适当补偿。

第八章　附　　则

第四十八条　依照本条例的规定取得土地使用权的个人,其土地使用权可以继承。

第四十九条　土地使用者应当依照国家税收法规的规定纳税。

第五十条　依照本条例收取的土地使用权出让金列入财政预算,作为专项基金管理,主要用于城市建设和土地开发。具体使用管理办法,由财政部另行制定。

第五十一条　各省、自治区、直辖市人民政府应当根据本条例的规定和当地的实际情况选择部分条件比较成熟的城镇先行试点。

第五十二条　外商投资从事开发经营成片土地的,其土地使用权的管理依照国务院的有关规定执行。

第五十三条 本条例由国家土地管理局负责解释;实施办法由省、自治区、直辖市人民政府制定。

第五十四条 本条例自发布之日起施行。

中华人民共和国城乡规划法

(2007 年 10 月 28 日第十届全国人民代表大会常务委员会第三十次会议通过;根据 2015 年 4 月 24 日第十二届全国人民代表大会常务委员会第十四次会议《关于修改〈中华人民共和国港口法〉等七部法律的决定》第一次修正;根据 2019 年 4 月 23 日第十三届全国人民代表大会常务委员会第十次会议《关于修改〈中华人民共和国建筑法〉等八部法律的决定》第二次修正)

第一章 总 则

第一条 为了加强城乡规划管理,协调城乡空间布局,改善人居环境,促进城乡经济社会全面协调可持续发展,制定本法。

第二条 制定和实施城乡规划,在规划区内进行建设活动,必须遵守本法。本法所称城乡规划,包括城镇体系规划、城市规划、镇规划、乡规划和村庄规划。城市规划、镇规划分为总体规划和详细规划。详细规划分为控制性详细规划和修建性详细规划。本法所称规划区,是指城市、镇和村庄的建成区以及因城乡建设和发展需要,必须实行规划控制的区域。规划区的具体范围由有关人民政府在组织编制的城市总体规划、镇总体规划、乡规划和村庄规划中,根据城乡经济社会发展水平和统筹城乡发展的需要划定。

第三条 城市和镇应当依照本法制定城市规划和镇规划。城市、镇规划区内的建设活动应当符合规划要求。县级以上地方人民政府根据本地农村经济社会发展水平,按照因地制宜、切实可行的原则,确定应当制定乡规划、村庄规划的区域。在确定区域内的乡、村庄,应当依照本法制定规划,规划区内的乡、村庄建设应当符合规划要求。县级以上地方人民政府鼓励、指导前款规定以外的区域的乡、村庄制定和实施乡规划、村庄规划。

第四条 制定和实施城乡规划,应当遵循城乡统筹、合理布局、节约土地、集约发展和先规划后建设的原则,改善生态环境,促进资源、能源节约和综合利用,保护耕地等自然资源和历史文化遗产,保持地方特色、民族特色和传统风貌,防止污染和其他公害,并符合区域人口发展、国防建设、防灾减灾和公共卫生、公共安全的需要。在规划区内进行建设活动,应当遵守土地管理、自然资源和环境保护等法律、法规的规定。县级以上地方人民政府应当根据当地经济社会发展的实际,在城市总体规划、镇总体规划中合理确定城市、镇的发展规模、步骤和建设标准。

第五条 城市总体规划、镇总体规划以及乡规划和村庄规划的编制,应当依据国民经济和社会发展规划,并与土地利用总体规划相衔接。

第六条 各级人民政府应当将城乡规划的编制和管理经费纳入本级财政预算。

第七条 经依法批准的城乡规划,是城乡建设和规划管理的依据,未经法定程序不得修改。

第八条 城乡规划组织编制机关应当及时公布经依法批准的城乡规划。但是,法律、行政法规规定不得公开的内容除外。

第九条 任何单位和个人都应当遵守经依法批准并公布的城乡规划,服从规划管理,并有权就涉及其利害关系的建设活动是否符合规划的要求向城乡规划主管部门查询。任何单位和个人都有权向城乡规划主管部门或者其他有关部门举报或者控告违反城乡规划的行为。城乡规划主管部门或者其他有关部门对举报或者控告,应当及时受理并组织核查、处理。

第十条　国家鼓励采用先进的科学技术,增强城乡规划的科学性,提高城乡规划实施及监督管理的效能。

第十一条　国务院城乡规划主管部门负责全国的城乡规划管理工作。县级以上地方人民政府城乡规划主管部门负责本行政区域内的城乡规划管理工作。

第二章　城乡规划的制定

第十二条　国务院城乡规划主管部门会同国务院有关部门组织编制全国城镇体系规划,用于指导省域城镇体系规划、城市总体规划的编制。全国城镇体系规划由国务院城乡规划主管部门报国务院审批。

第十三条　省、自治区人民政府组织编制省域城镇体系规划,报国务院审批。省域城镇体系规划的内容应当包括:城镇空间布局和规模控制,重大基础设施的布局,为保护生态环境、资源等需要严格控制的区域。

第十四条　城市人民政府组织编制城市总体规划。直辖市的城市总体规划由直辖市人民政府报国务院审批。省、自治区人民政府所在地的城市以及国务院确定的城市的总体规划,由省、自治区人民政府审查同意后,报国务院审批。其他城市的总体规划,由城市人民政府报省、自治区人民政府审批。

第十五条　县人民政府组织编制县人民政府所在地镇的总体规划,报上一级人民政府审批。其他镇的总体规划由镇人民政府组织编制,报上一级人民政府审批。

第十六条　省、自治区人民政府组织编制的省域城镇体系规划,城市、县人民政府组织编制的总体规划,在报上一级人民政府审批前,应当先经本级人民代表大会常务委员会审议,常务委员会组成人员的审议意见交由本级

人民政府研究处理。镇人民政府组织编制的镇总体规划,在报上一级人民政府审批前,应当先经镇人民代表大会审议,代表的审议意见交由本级人民政府研究处理。规划的组织编制机关报送审批省域城镇体系规划、城市总体规划或者镇总体规划,应当将本级人民代表大会常务委员会组成人员或者镇人民代表大会代表的审议意见和根据审议意见修改规划的情况一并报送。

第十七条　城市总体规划、镇总体规划的内容应当包括:城市、镇的发展布局,功能分区,用地布局,综合交通体系,禁止、限制和适宜建设的地域范围,各类专项规划等。规划区范围、规划区内建设用地规模、基础设施和公共服务设施用地、水源地和水系、基本农田和绿化用地、环境保护、自然与历史文化遗产保护以及防灾减灾等内容,应当作为城市总体规划、镇总体规划的强制性内容。城市总体规划、镇总体规划的规划期限一般为二十年。城市总体规划还应当对城市更长远的发展作出预测性安排。

第十八条　乡规划、村庄规划应当从农村实际出发,尊重村民意愿,体现地方和农村特色。乡规划、村庄规划的内容应当包括:规划区范围,住宅、道路、供水、排水、供电、垃圾收集、畜禽养殖场所等农村生产、生活服务设施、公益事业等各项建设的用地布局、建设要求,以及对耕地等自然资源和历史文化遗产保护、防灾减灾等的具体安排。乡规划还应当包括本行政区域内的村庄发展布局。

第十九条　城市人民政府城乡规划主管部门根据城市总体规划的要求,组织编制城市的控制性详细规划,经本级人民政府批准后,报本级人民代表大会常务委员会和上一级人民政府备案。

第二十条　镇人民政府根据镇总体规划的要求,组织编制镇的控制性详细规划,报上一级人民政府审批。县人民政府所在地镇的控制性详细规划,由县人民政府城乡规划主管部门根据镇总体规划的要求组织编制,经县人民政府批准后,报本级人民代表大会常务委员会和

上一级人民政府备案。

第二十一条　城市、县人民政府城乡规划主管部门和镇人民政府可以组织编制重要地块的修建性详细规划。修建性详细规划应当符合控制性详细规划。

第二十二条　乡、镇人民政府组织编制乡规划、村庄规划，报上一级人民政府审批。村庄规划在报送审批前，应当经村民会议或者村民代表会议讨论同意。

第二十三条　首都的总体规划、详细规划应当统筹考虑中央国家机关用地布局和空间安排的需要。

第二十四条　城乡规划组织编制机关应当委托具有相应资质等级的单位承担城乡规划的具体编制工作。从事城乡规划编制工作应当具备下列条件，并经国务院城乡规划主管部门或者省、自治区、直辖市人民政府城乡规划主管部门依法审查合格，取得相应等级的资质证书后，方可在资质等级许可的范围内从事城乡规划编制工作：（一）有法人资格；（二）有规定数量的经相关行业协会注册的规划师；（三）有规定数量的相关专业技术人员；（四）有相应的技术装备；（五）有健全的技术、质量、财务管理制度。编制城乡规划必须遵守国家有关标准。

第二十五条　编制城乡规划，应当具备国家规定的勘察、测绘、气象、地震、水文、环境等基础资料。县级以上地方人民政府有关主管部门应当根据编制城乡规划的需要，及时提供有关基础资料。

第二十六条　城乡规划报送审批前，组织编制机关应当依法将城乡规划草案予以公告，并采取论证会、听证会或者其他方式征求专家和公众的意见。公告的时间不得少于三十日。组织编制机关应当充分考虑专家和公众的意见，并在报送审批的材料中附具意见采纳情况及理由。

第二十七条　省域城镇体系规划、城市总体规划、镇总体规划批准前，审批机关应当组织专家和有关部门进行审查。

第三章　城乡规划的实施

第二十八条　地方各级人民政府应当根据当地经济社会发展水平，量力而行，尊重群众意愿，有计划、分步骤地组织实施城乡规划。

第二十九条　城市的建设和发展，应当优先安排基础设施以及公共服务设施的建设，妥善处理新区开发与旧区改建的关系，统筹兼顾进城务工人员生活和周边农村经济社会发展、村民生产与生活的需要。镇的建设和发展，应当结合农村经济社会发展和产业结构调整，优先安排供水、排水、供电、供气、道路、通信、广播电视等基础设施和学校、卫生院、文化站、幼儿园、福利院等公共服务设施的建设，为周边农村提供服务。乡、村庄的建设和发展，应当因地制宜、节约用地，发挥村民自治组织的作用，引导村民合理进行建设，改善农村生产、生活条件。

第三十条　城市新区的开发和建设，应当合理确定建设规模和时序，充分利用现有市政基础设施和公共服务设施，严格保护自然资源和生态环境，体现地方特色。在城市总体规划、镇总体规划确定的建设用地范围以外，不得设立各类开发区和城市新区。

第三十一条　旧城区的改建，应当保护历史文化遗产和传统风貌，合理确定拆迁和建设规模，有计划地对危房集中、基础设施落后等地段进行改建。历史文化名城、名镇、名村的保护以及受保护建筑物的维护和使用，应当遵守有关法律、行政法规和国务院的规定。

第三十二条　城乡建设和发展，应当依法保护和合理利用风景名胜资源，统筹安排风景名胜区及周边乡、镇、村庄的建设。风景名胜区的规划、建设和管理，应当遵守有关法律、行政法规和国务院的规定。

第三十三条　城市地下空间的开发和利用，应当与经济和技术发展水平相适应，遵循统筹安排、综合开发、合理利用的原则，充分考虑防灾减灾、人民防空和通信等需要，并符合城市规划，履行规划审批手续。

第三十四条　城市、县、镇人民政府应当根

据城市总体规划、镇总体规划、土地利用总体规划和年度计划以及国民经济和社会发展规划,制定近期建设规划,报总体规划审批机关备案。近期建设规划应当以重要基础设施、公共服务设施和中低收入居民住房建设以及生态环境保护为重点内容,明确近期建设的时序、发展方向和空间布局。近期建设规划的规划期限为五年。

第三十五条 城乡规划确定的铁路、公路、港口、机场、道路、绿地、输配电设施及输电线路走廊、通信设施、广播电视设施、管道设施、河道、水库、水源地、自然保护区、防汛通道、消防通道、核电站、垃圾填埋场及焚烧厂、污水处理厂和公共服务设施的用地以及其他需要依法保护的用地,禁止擅自改变用途。

第三十六条 按照国家规定需要有关部门批准或者核准的建设项目,以划拨方式提供国有土地使用权的,建设单位在报送有关部门批准或者核准前,应当向城乡规划主管部门申请核发选址意见书。前款规定以外的建设项目不需要申请选址意见书。

第三十七条 在城市、镇规划区内以划拨方式提供国有土地使用权的建设项目,经有关部门批准、核准、备案后,建设单位应当向城市、县人民政府城乡规划主管部门提出建设用地规划许可申请,由城市、县人民政府城乡规划主管部门依据控制性详细规划核定建设用地的位置、面积、允许建设的范围,核发建设用地规划许可证。建设单位在取得建设用地规划许可证后,方可向县级以上地方人民政府土地主管部门申请用地,经县级以上人民政府审批后,由土地主管部门划拨土地。

第三十八条 在城市、镇规划区内以出让方式提供国有土地使用权的,在国有土地使用权出让前,城市、县人民政府城乡规划主管部门应当依据控制性详细规划,提出出让地块的位置、使用性质、开发强度等规划条件,作为国有土地使用权出让合同的组成部分。未确定规划条件的地块,不得出让国有土地使用权。以出让方式取得国有土地使用权的建设项目,

建设单位在取得建设项目的批准、核准、备案文件和签订国有土地使用权出让合同后,向城市、县人民政府城乡规划主管部门领取建设用地规划许可证。城市、县人民政府城乡规划主管部门不得在建设用地规划许可证中,擅自改变作为国有土地使用权出让合同组成部分的规划条件。

第三十九条 规划条件未纳入国有土地使用权出让合同的,该国有土地使用权出让合同无效;对未取得建设用地规划许可证的建设单位批准用地的,由县级以上人民政府撤销有关批准文件;占用土地的,应当及时退回;给当事人造成损失的,应当依法给予赔偿。

第四十条 在城市、镇规划区内进行建筑物、构筑物、道路、管线和其他工程建设的,建设单位或者个人应当向城市、县人民政府城乡规划主管部门或者省、自治区、直辖市人民政府确定的镇人民政府申请办理建设工程规划许可证。申请办理建设工程规划许可证,应当提交使用土地的有关证明文件、建设工程设计方案等材料。需要建设单位编制修建性详细规划的建设项目,还应当提交修建性详细规划。对符合控制性详细规划和规划条件的,由城市、县人民政府城乡规划主管部门或者省、自治区、直辖市人民政府确定的镇人民政府核发建设工程规划许可证。城市、县人民政府城乡规划主管部门或者省、自治区、直辖市人民政府确定的镇人民政府应当依法将经审定的修建性详细规划、建设工程设计方案的总平面图予以公布。

第四十一条 在乡、村庄规划区内进行乡镇企业、乡村公共设施和公益事业建设的,建设单位或者个人应当向乡、镇人民政府提出申请,由乡、镇人民政府报城市、县人民政府城乡规划主管部门核发乡村建设规划许可证。在乡、村庄规划区内使用原有宅基地进行农村村民住宅建设的规划管理办法,由省、自治区、直辖市制定。在乡、村庄规划区内进行乡镇企业、乡村公共设施和公益事业建设以及农村村民住宅建设,不得占用农用地;确需占用农用地的,应当依照《中华人民共和国土地管理法》有关规定

办理农用地转用审批手续后,由城市、县人民政府城乡规划主管部门核发乡村建设规划许可证。建设单位或者个人在取得乡村建设规划许可证后,方可办理用地审批手续。

第四十二条 城乡规划主管部门不得在城乡规划确定的建设用地范围以外作出规划许可。

第四十三条 建设单位应当按照规划条件进行建设;确需变更的,必须向城市、县人民政府城乡规划主管部门提出申请。变更内容不符合控制性详细规划的,城乡规划主管部门不得批准。城市、县人民政府城乡规划主管部门应当及时将依法变更后的规划条件通报同级土地主管部门并公示。建设单位应当及时将依法变更后的规划条件报有关人民政府土地主管部门备案。

第四十四条 在城市、镇规划区内进行临时建设的,应当经城市、县人民政府城乡规划主管部门批准。临时建设影响近期建设规划或者控制性详细规划的实施以及交通、市容、安全等的,不得批准。临时建设应当在批准的使用期限内自行拆除。临时建设和临时用地规划管理的具体办法,由省、自治区、直辖市人民政府制定。

第四十五条 县级以上地方人民政府城乡规划主管部门按照国务院规定对建设工程是否符合规划条件予以核实。未经核实或者经核实不符合规划条件的,建设单位不得组织竣工验收。建设单位应当在竣工验收后六个月内向城乡规划主管部门报送有关竣工验收资料。

第四章 城乡规划的修改

第四十六条 省域城镇体系规划、城市总体规划、镇总体规划的组织编制机关,应当组织有关部门和专家定期对规划实施情况进行评估,并采取论证会、听证会或者其他方式征求公众意见。组织编制机关应当向本级人民代表大会常务委员会、镇人民代表大会和原审批机关提出评估报告并附具征求意见的情况。

第四十七条 有下列情形之一的,组织编制机关方可按照规定的权限和程序修改省域城镇体系规划、城市总体规划、镇总体规划:(一)上级人民政府制定的城乡规划发生变更,提出修改规划要求的;(二)行政区划调整确需修改规划的;(三)因国务院批准重大建设工程确需修改规划的;(四)经评估确需修改规划的;(五)城乡规划的审批机关认为应当修改规划的其他情形。修改省域城镇体系规划、城市总体规划、镇总体规划前,组织编制机关应当对原规划的实施情况进行总结,并向原审批机关报告;修改涉及城市总体规划、镇总体规划强制性内容的,应当先向原审批机关提出专题报告,经同意后,方可编制修改方案。修改后的省域城镇体系规划、城市总体规划、镇总体规划,应当依照本法第十三条、第十四条、第十五条和第十六条规定的审批程序报批。

第四十八条 修改控制性详细规划的,组织编制机关应当对修改的必要性进行论证,征求规划地段内利害关系人的意见,并向原审批机关提出专题报告,经原审批机关同意后,方可编制修改方案。修改后的控制性详细规划,应当依照本法第十九条、第二十条规定的审批程序报批。控制性详细规划修改涉及城市总体规划、镇总体规划的强制性内容的,应当先修改总体规划。修改乡规划、村庄规划的,应当依照本法第二十二条规定的审批程序报批。

第四十九条 城市、县、镇人民政府修改近期建设规划的,应当将修改后的近期建设规划报总体规划审批机关备案。

第五十条 在选址意见书、建设用地规划许可证、建设工程规划许可证或者乡村建设规划许可证发放后,因依法修改城乡规划给被许可人合法权益造成损失的,应当依法给予补偿。经依法审定的修建性详细规划、建设工程设计方案的总平面图不得随意修改;确需修改的,城乡规划主管部门应当采取听证会等形式,听取利害关系人的意见;因修改给利害关系人合法权益造成损失的,应当依法给予补偿。

第五章　监督检查

第五十一条　县级以上人民政府及其城乡规划主管部门应当加强对城乡规划编制、审批、实施、修改的监督检查。

第五十二条　地方各级人民政府应当向本级人民代表大会常务委员会或者乡、镇人民代表大会报告城乡规划的实施情况，并接受监督。

第五十三条　县级以上人民政府城乡规划主管部门对城乡规划的实施情况进行监督检查，有权采取以下措施：（一）要求有关单位和人员提供与监督事项有关的文件、资料，并进行复制；（二）要求有关单位和人员就监督事项涉及的问题作出解释和说明，并根据需要进入现场进行勘测；（三）责令有关单位和人员停止违反有关城乡规划的法律、法规的行为。城乡规划主管部门的工作人员履行前款规定的监督检查职责，应当出示执法证件。被监督检查的单位和人员应当予以配合，不得妨碍和阻挠依法进行的监督检查活动。

第五十四条　监督检查情况和处理结果应当依法公开，供公众查阅和监督。

第五十五条　城乡规划主管部门在查处违反本法规定的行为时，发现国家机关工作人员依法应当给予行政处分的，应当向其任免机关或者监察机关提出处分建议。

第五十六条　依照本法规定应当给予行政处罚，而有关城乡规划主管部门不给予行政处罚的，上级人民政府城乡规划主管部门有权责令其作出行政处罚决定或者建议有关人民政府责令其给予行政处罚。

第五十七条　城乡规划主管部门违反本法规定作出行政许可的，上级人民政府城乡规划主管部门有权责令其撤销或者直接撤销该行政许可。因撤销行政许可给当事人合法权益造成损失的，应当依法给予赔偿。

第六章　法律责任

第五十八条　对依法应当编制城乡规划而未组织编制，或者未按法定程序编制、审批、修改城乡规划的，由上级人民政府责令改正，通报批评；对有关人民政府负责人和其他直接责任人员依法给予处分。

第五十九条　城乡规划组织编制机关委托不具有相应资质等级的单位编制城乡规划的，由上级人民政府责令改正，通报批评；对有关人民政府负责人和其他直接责任人员依法给予处分。

第六十条　镇人民政府或者县级以上人民政府城乡规划主管部门有下列行为之一的，由本级人民政府、上级人民政府城乡规划主管部门或者监察机关依据职权责令改正，通报批评；对直接负责的主管人员和其他直接责任人员依法给予处分：（一）未依法组织编制城市的控制性详细规划、县人民政府所在地镇的控制性详细规划的；（二）超越职权或者对不符合法定条件的申请人核发选址意见书、建设用地规划许可证、建设工程规划许可证、乡村建设规划许可证的；（三）对符合法定条件的申请人未在法定期限内核发选址意见书、建设用地规划许可证、建设工程规划许可证、乡村建设规划许可证的；（四）未依法对经审定的修建性详细规划、建设工程设计方案的总平面图予以公布的；（五）同意修改修建性详细规划、建设工程设计方案的总平面图前未采取听证会等形式听取利害关系人的意见的；（六）发现未依法取得规划许可或者违反规划许可的规定在规划区内进行建设的行为，而不予查处或者接到举报后不依法处理的。

第六十一条　县级以上人民政府有关部门有下列行为之一的，由本级人民政府或者上级人民政府有关部门责令改正，通报批评；对直接负责的主管人员和其他直接责任人员依法给予处分：（一）对未依法取得选址意见书的建设项目核发建设项目批准文件的；（二）未依法在国有土地使用权出让合同中确定规划条件或者改变国有土地使用权出让合同中依法确定的规划条件的；（三）对未依法取得建设用地规划许可证的建设单位划拨国有土地使用权的。

第六十二条 城乡规划编制单位有下列行为之一的,由所在地城市、县人民政府城乡规划主管部门责令限期改正,处合同约定的规划编制费一倍以上二倍以下的罚款;情节严重的,责令停业整顿,由原发证机关降低资质等级或者吊销资质证书;造成损失的,依法承担赔偿责任:(一)超越资质等级许可的范围承揽城乡规划编制工作的;(二)违反国家有关标准编制城乡规划的。未依法取得资质证书承揽城乡规划编制工作的,由县级以上地方人民政府城乡规划主管部门责令停止违法行为,依照前款规定处以罚款;造成损失的,依法承担赔偿责任。以欺骗手段取得资质证书承揽城乡规划编制工作的,由原发证机关吊销资质证书,依照本条第一款规定处以罚款;造成损失的,依法承担赔偿责任。

第六十三条 城乡规划编制单位取得资质证书后,不再符合相应的资质条件的,由原发证机关责令限期改正;逾期不改正的,降低资质等级或者吊销资质证书。

第六十四条 未取得建设工程规划许可证或者未按照建设工程规划许可证的规定进行建设的,由县级以上地方人民政府城乡规划主管部门责令停止建设;尚可采取改正措施消除对规划实施的影响的,限期改正,处建设工程造价百分之五以上百分之十以下的罚款;无法采取改正措施消除影响的,限期拆除,不能拆除的,没收实物或者违法收入,可以并处建设工程造价百分之十以下的罚款。

第六十五条 在乡、村庄规划区内未依法取得乡村建设规划许可证或者未按照乡村建设规划许可证的规定进行建设的,由乡、镇人民政府责令停止建设、限期改正;逾期不改正的,可以拆除。

第六十六条 建设单位或者个人有下列行为之一的,由所在地城市、县人民政府城乡规划主管部门责令限期拆除,可以并处临时建设工程造价一倍以下的罚款:(一)未经批准进行临时建设的;(二)未按照批准内容进行临时建设的;(三)临时建筑物、构筑物超过批准期限不拆除的。

第六十七条 建设单位未在建设工程竣工验收后六个月内向城乡规划主管部门报送有关竣工验收资料的,由所在地城市、县人民政府城乡规划主管部门责令限期补报;逾期不补报的,处一万元以上五万元以下的罚款。

第六十八条 城乡规划主管部门作出责令停止建设或者限期拆除的决定后,当事人不停止建设或者逾期不拆除的,建设工程所在地县级以上地方人民政府可以责成有关部门采取查封施工现场、强制拆除等措施。

第六十九条 违反本法规定,构成犯罪的,依法追究刑事责任。

第七章 附 则

第七十条本法自2008年1月1日起施行。《中华人民共和国城市规划法》同时废止。

财政部 国土资源部关于印发《土地储备资金财务管理办法》的通知

(财综〔2018〕8号)

各省、自治区、直辖市、计划单列市财政厅(局)、国土资源主管部门,新疆生产建设兵团财政局、国土资源局:

为规范土地储备管理行为,加强土地储备资金财务管理,根据《预算法》《国务院办公厅关于规范国有土地使用权出让收支管理的通知》(国办发〔2006〕100号)、《国务院关于加强地方政府性债务管理的意见》(国发〔2014〕43号)等有关规定,我们制定了《土地储备资金财务管理办法》。现印发给你们,请遵照执行。执行中如有问题,请及时向财政部、国土资源部反映。

附件:土地储备资金财务管理办法

土地储备资金财务管理办法

第一章 总 则

第一条 为规范土地储备行为,加强土地储备资金财务管理,根据《预算法》《国务院办公厅关于规范国有土地使用权出让收支管理的通知》(国办发〔2006〕100号)、《国务院关于加强地方政府性债务管理的意见》(国发〔2014〕43号)等有关规定,制定本办法。

第二条 本办法适用于土地储备资金财务收支活动。

第三条 本办法所称土地储备资金是指纳入国土资源部名录管理的土地储备机构按照国家有关规定征收、收购、优先购买、收回土地以及对其进行前期开发等所需的资金。

第四条 土地储备资金实行专款专用、分账核算,并实行预决算管理。

第二章 土地储备资金来源

第五条 土地储备资金来源于下列渠道:

(一)财政部门从已供应储备土地产生的土地出让收入中安排给土地储备机构的征地和拆迁补偿费用、土地开发费用等储备土地过程中发生的相关费用;

(二)财政部门从国有土地收益基金中安排用于土地储备的资金;

(三)发行地方政府债券筹集的土地储备资金;

(四)经财政部门批准可用于土地储备的其他财政资金。

第六条 财政部门根据土地储备的需要以及预算安排,及时下达用于土地储备的各项资金。

第七条 土地储备专项债券的发行主体为省级人民政府。土地储备专项债券资金由财政部门纳入政府性基金预算管理,并由土地储备机构专项用于土地储备,具体资金拨付、使用、预决算管理严格执行财政部、国土资源部关于地方政府土地储备专项债券管理的规定。

第三章 土地储备资金使用范围

第八条 土地储备资金使用范围具体包括:

(一)征收、收购、优先购买或收回土地需要支付的土地价款或征地和拆迁补偿费用。包括土地补偿费和安置补助费、地上附着物和青苗补偿费、拆迁补偿费,以及依法需要支付的与征收、收购、优先购买或收回土地有关的其他费用。

(二)征收、收购、优先购买或收回土地后进行必要的前期土地开发费用。储备土地的前期开发,仅限于与储备宗地相关的道路、供水、供电、供气、排水、通讯、照明、绿化、土地平整等基础设施建设支出。

(三)按照财政部关于规范土地储备和资金管理的规定需要偿还的土地储备存量贷款本金和利息支出。

(四)经同级财政部门批准的与土地储备有关的其他费用。包括土地储备工作中发生的地籍调查、土地登记、地价评估以及管护中围栏、围墙等建设等支出。

第九条 土地储备机构用于征地和拆迁补偿费用以及土地开发费用支出,应当严格按照国家规范国有土地使用权出让收支管理的有关规定执行。

第四章 土地储备相关资金管理

第十条 土地储备机构所需的日常经费,应当与土地储备资金实行分账核算,不得相互混用。

第十一条 土地储备机构在持有储备土地期间,临时利用土地取得的零星收入(不含供应储备土地取得的全部土地出让收入,以下简称土地储备零星收入),包括下列范围:

(一)出租储备土地取得的收入;

(二)临时利用储备土地取得的收入;

（三）储备土地的地上建筑物及附着物残值变卖收入；

（四）其他收入。

第十二条 土地储备零星收入全部缴入同级国库，纳入一般公共预算，实行"收支两条线"管理。

第十三条 土地储备零星收入缴入同级国库时，填列政府收支分类科目103类"非税收入"07款"国有资源（资产）有偿使用收入"99项"其他国有资源（资产）有偿使用收入"科目。土地储备零星收入实行国库集中收缴，缴入同级国库的具体方式，按照省、自治区、直辖市、计划单列市财政部门规定执行。

第五章 土地储备资金收支预决算及绩效管理

第十四条 土地储备机构应当于每年第三季度参照本年度土地储备计划，按宗地或项目编制下一年度土地储备资金收支项目预算草案，经主管部门审核后，报同级财政部门审定。其中：属于政府采购和政府购买服务范围的，应当按照规定分别编制政府采购和政府购买服务预算。

第十五条 同级财政部门应当及时批复土地储备机构土地储备资金收支项目预算。

第十六条 土地储备机构应当严格按照同级财政部门批复的预算执行，并根据土地收购储备的工作进度，提出用款申请，经主管部门审核后，报同级财政部门审批，资金支付按照国库集中支付制度的有关规定执行。

第十七条 土地储备资金收支项目预算确需调剂的，应当按照国家有关预算调剂的规定执行。

第十八条 每年年度终了，土地储备机构应当按照同级财政部门规定，向主管部门报送土地储备资金收支项目决算草案，并详细提供宗地或项目支出情况，经主管部门审核后，报同级财政部门审核。

土地储备资金收支项目决算草案的审核，也可委托具有良好信誉、执业质量高的会计师事务所等相关中介机构实施。

第十九条 土地储备机构从财政部门拨付的土地出让收入中安排用于征地和拆迁补偿、土地开发等的支出，按照支出性质，分别填列政府收支分类科目支出功能分类212类"城乡社区支出"08款"国有土地使用权出让收入及对应专项债务收入安排的支出"01项"征地和拆迁补偿支出"和02项"土地开发支出"等相关科目。同时，分别填列支出经济分类科目310类"资本性支出"09款"土地补偿"、10款"安置补助"、11款"地上附着物和青苗补偿"、12款"拆迁补偿"，以及310类"资本性支出"05款"基础设施建设"支出科目。

第二十条 土地储备机构从国有土地收益基金收入中安排用于土地储备的支出，按照支出性质，分别填列政府收支分类科目支出功能分类212类"城乡社区支出"10款"国有土地收益基金及对应专项债务收入安排的支出"01项"征地和拆迁补偿支出"和02项"土地开发支出"科目。同时，分别填列支出经济分类310类"资本性支出"09款"土地补偿"、10款"安置补助"、11款"地上附着物和青苗补偿"、12款"拆迁补偿"，以及310类"资本性支出"05款"基础设施建设"支出科目。

第二十一条 土地储备机构日常经费预决算管理，按照《预算法》和同级财政部门的规定执行。

第二十二条 土地储备资金会计核算办法，按照财政部规定执行。具体办法由财政部另行制定。

第二十三条 土地储备机构所在地财政部门会同国土资源主管部门应当组织实施对土地储备资金的绩效评价工作，按要求编制绩效目标，做好绩效目标执行监控，建立完善的绩效评价制度，并将绩效评价结果作为财政部门安排年度土地储备资金收支项目预算的依据。

第六章 监督检查

第二十四条 各级财政、国土资源管理部门应当加强对土地储备资金使用情况、土地储备零星收入缴入国库情况以及土地储备机构执行会计核算制度、政府采购制度等的监督检查,确保土地储备资金专款专用,督促土地储备机构及时足额缴纳土地储备零星收入,努力提高土地储备资金管理效率。

第二十五条 土地储备机构应当严格执行本办法规定,自觉接受财政部门、国土资源管理部门和审计机关的监督检查。

第二十六条 任何单位和个人违反本办法规定的,按照《财政违法行为处罚处分条例》等国家有关规定追究法律责任,涉嫌犯罪的,依法移送司法机关处理。

各级财政部门、国土资源管理部门在土地储备资金审批、分配工作中,存在违反本办法及其他滥用职权、玩忽职守、徇私舞弊等违法违纪行为的,按照《预算法》《公务员法》《行政监

察法》《财政违法行为处罚处分条例》等国家有关规定追究相应责任;涉嫌犯罪的,依法移送司法机关处理。

第七章 附 则

第二十七条 各省、自治区、直辖市及计划单列市财政部门应当会同国土资源管理部门根据本办法,结合本地区实际情况,制定具体实施办法,并报财政部、国土资源部备案。

第二十八条 本办法由财政部会同国土资源部负责解释。

第二十九条 本办法自 2018 年 2 月 1 日起施行。2007 年 6 月 12 日财政部、国土资源部发布的《土地储备资金财务管理暂行办法》(财综〔2007〕17 号)同时废止。

财政部 国土资源部 中国人民银行
关于印发《国有土地使用权出让收支管理办法》的通知

(财综〔2006〕68 号)

各省、自治区、直辖市、计划单列市财政厅(局)、国土资源厅(国土环境资源局、国土资源局、国土资源和房屋管理局、房屋土地资源管理局),新疆生产建设兵团财务局、国土资源局,中国人民银行上海总部、各分行、营业管理部、省会(首府)城市中心支行,副省级城市中心支行:

为规范国有土地使用权出让收支管理,根据《土地管理法》《国务院关于加强土地调控有关问题的通知》(国发〔2006〕31 号)以及《国务院办公厅关于规范国有土地使用权出让收支管理的通知》(国办发〔2006〕100 号)等有关规定,我们制定了《国有土地使用权出让收支管理办法》(附件 1)。现印发给你们,请遵照执行。执行中如发现有问题,请及时向财政部、国土资源部、中国人民银行反映。

附件:1. 国有土地使用权出让收支管理办法

2. 国有土地使用权出让收支科目调整情

况(略)

国有土地使用权出让收支管理办法

第一章 总 则

第一条 为规范国有土地使用权出让收支管理,根据《土地管理法》《国务院关于加强土地调控有关问题的通知》(国发〔2006〕31 号)以及《国务院办公厅关于规范国有土地使用权出让收支管理的通知》(国办发〔2006〕100 号)等有关规定,特制定本办法。

第二条 本办法所称国有土地使用权出让收入(以下简称土地出让收入)是指政府以出让等方式配置国有土地使用权取得的全部土地价款。具体包括:以招标、拍卖、挂牌和协议方式出让国有土地使用权所取得的总成交价款(不含代收代缴的税费);转让划拨国有土地使用权或依法利用原划拨土地进行经营

性建设应当补缴的土地价款;处置抵押划拨国有土地使用权应当补缴的土地价款;转让房改房、经济适用住房按照规定应当补缴的土地价款;改变出让国有土地使用权土地用途、容积率等土地使用条件应当补缴的土地价款,以及其他和国有土地使用权出让或变更有关的收入等。

国土资源管理部门依法出租国有土地向承租者收取的土地租金收入;出租划拨土地上的房屋应当上缴的土地收益;土地使用者以划拨方式取得国有土地使用权,依法向市、县人民政府缴纳的土地补偿费、安置补助费、地上附着物和青苗补偿费、拆迁补偿费等费用(不含征地管理费),一并纳入土地出让收入管理。

按照规定依法向国有土地使用权受让人收取的定金、保证金和预付款,在国有土地使用权出让合同(以下简称土地出让合同)生效后可以抵作土地价款。划拨土地的预付款也按照上述要求管理。

第三条 各级财政部门、国土资源管理部门、地方国库按照职责分工,分别做好土地出让收支管理工作。

财政部会同国土资源部负责制定全国土地出让收支管理政策。省、自治区、直辖市及计划单列市财政部门会同同级国土资源管理部门负责制定本行政区域范围内的土地出让收支管理具体政策,指导市、县财政部门和国土资源管理部门做好土地出让收支管理工作。市、县财政部门具体负责土地出让收支管理和征收管理工作,市、县国土资源管理部门具体负责土地出让收入征收工作。

地方国库负责办理土地出让收入的收纳、划分、留解等各项业务,及时向财政部门、国土资源管理部门提供相关报表和资料。

第四条 土地出让收支全额纳入地方政府基金预算管理。收入全部缴入地方国库,支出一律通过地方政府基金预算从土地出让收入中予以安排,实行彻底的"收支两条线"管理。在地方国库中设立专账(即登记簿),专门核算土地出让收入和支出情况。

第二章 征收管理

第五条 土地出让收入由财政部门负责征收管理,可由市、县国土资源管理部门负责具体征收。

第六条 市、县国土资源管理部门与国有土地使用权受让人在签订土地出让合同时,应当明确约定该国有土地使用权受让人应当缴纳的土地出让收入具体数额、缴交地方国库的具体时限以及违约责任等内容。

第七条 土地出让收入征收部门根据土地出让合同和划拨用地批准文件,开具缴款通知书,并按照财政部统一规定的政府收支分类科目填写"一般缴款书",由国有土地使用权受让人依法缴纳土地出让收入。国有土地使用权受让人应按照缴款通知书的要求,在规定的时间内将应缴地方国库的土地出让收入,就地及时足额缴入地方国库。缴款通知书应当明确供应土地的面积、土地出让收入总额以及依法分期缴纳地方国库的具体数额和时限等。

第八条 已经实施政府非税收入收缴管理制度改革的地方,土地出让收入收缴按照地方非税收入收缴管理制度改革的有关规定执行。

第九条 市、县国土资源管理部门和财政部门应当督促国有土地使用权受让人严格履行国有土地出让合同,确保将应缴国库的土地出让收入及时足额缴入地方国库。对未按照缴款通知书规定及时足额缴纳土地出让收入,并提供有效缴款凭证的,国土资源管理部门不予核发国有土地使用证。国土资源管理部门要完善制度规定,对违规核发国有土地使用证的,应予收回和注销,并依照有关法律法规追究有关领导和人员的责任。

第十条 任何地区、部门和单位都不得以"招商引资""旧城改造""国有企业改制"等各种名义减免土地出让收入,实行"零地价",甚至"负地价",或者以土地换项目、先征后返、补贴等形式变相减免土地出让收入;也不得违反规定通过签订协议等方式,将应缴地方国库的土地出让收入,由国有土地使用权受让人直接将征地和拆迁补偿费支付给村集体经济组织或农民等。

第十一条 由财政部门从缴入地方国库的招标、拍卖、挂牌和协议方式出让国有土地使用权所取得的总成交价款中,划出一定比例的资金,用于建立国有土地收益基金,实行分账核算,具体比例由省、自治区、直辖市及计划单列市人民政府确定,并报财政部和国土资源部备案。国有土地收益基金主要用于土地收购储备。

第十二条 从招标、拍卖、挂牌和协议方式出让国有土地使用权所确定的总成交价款中计提用于农业土地开发资金。具体计提标准按照财政部、国土资源部联合发布的《用于农业土地开发的土地出让金收入管理办法》(财综〔2004〕49 号)以及各省、自治区、直辖市及计划单列市人民政府规定执行。

第三章 使用管理

第十三条 土地出让收入使用范围包括征地和拆迁补偿支出、土地开发支出、支农支出、城市建设支出以及其他支出。

第十四条 征地和拆迁补偿支出。包括土地补偿费、安置补助费、地上附着物和青苗补偿费、拆迁补偿费,按照地方人民政府批准的征地补偿方案、拆迁补偿方案以及财政部门核定的预算执行。

第十五条 土地开发支出。包括前期土地开发性支出以及财政部门规定的与前期土地开发相关的费用等,含因出让土地涉及的需要进行的相关道路、供水、供电、供气、排水、通讯、照明、土地平整等基础设施建设支出,以及相关需要支付的银行贷款本息等支出,按照财政部门核定的预算安排。

第十六条 支农支出。包括用于保持被征地农民原有生活水平补贴支出、补助被征地农民社会保障支出、农业土地开发支出以及农村基础设施建设支出。

(一)保持被征地农民原有生活水平补贴

支出。从土地出让收入中安排用于保持被征地农民原有生活水平的补贴支出,按照各省、自治区、直辖市及计划单列市人民政府规定,以及财政部门核定的预算执行。

(二)补助被征地农民社会保障支出。从土地出让收入中安排用于补助被征地农民社会保障的支出,按照各省、自治区、直辖市及计划单列市人民政府规定,以及财政部门核定的预算执行。

(三)用于农业土地开发支出。按照财政部、国土资源部联合发布的《用于农业土地开发的土地出让金使用管理办法》(财建〔2004〕174 号)和各省、自治区、直辖市及计划单列市人民政府规定,以及财政部门核定的预算执行。

(四)农村基础设施建设支出。从土地出让收入中安排用于农村饮水、沼气、道路、环境、卫生、教育以及文化等基础设施建设项目支出,按照各省、自治区、直辖市及计划单列市人民政府规定,以及财政部门核定的预算执行。

第十七条 城市建设支出。含完善国有土地使用功能的配套设施建设以及城市基础设施建设支出。具体包括:城市道路、桥涵、公共绿地、公共厕所、消防设施等基础设施建设支出。

第十八条 其他支出。包括土地出让业务费、缴纳新增建设用地有偿使用费、国有土地收益基金支出、城镇廉租住房保障支出以及支付破产或改制国有企业职工安置费用等。

(一)土地出让业务费。包括出让土地需要支付的土地勘测费、评估费、公告费、场地租金、招拍挂代理费和评标费用等,按照财政部门核定的预算安排。

(二)缴纳新增建设用地土地有偿使用费。按照《财政部、国土资源部、中国人民银行关于调整新增建设用地土地有偿使用费政策等问题的通知》(财综〔2006〕48 号)规定执行。

(三)国有土地收益基金支出。从国有土地收益基金收入中安排用于土地收购储备的支出,包括土地补偿费、安置补助费、地上附着物和青苗补偿费、拆迁补偿费以及前期土地开发支出,按照地方人民政府批准的收购土地补偿方案、拆迁补偿方案以及财政部门核定的预算执行。

(四)城镇廉租住房保障支出。按照《财政部、建设部、国土资源部关于切实落实城镇廉租住房保障资金的通知》(财综〔2006〕25号)规定以及财政部门核定的预算安排。

(五)支付破产或改制国有企业职工安置费用支出。根据国家有关规定,从破产或改制国有企业国有土地使用权出让收入中,安排用于支付破产或改制国有企业职工安置费用支出。

第十九条 土地出让收入的使用要确保足额支付征地和拆迁补偿费、补助被征地农民社会保障支出、保持被征地农民原有生活水平补贴支出,严格按照有关规定将被征地农民的社会保障费用纳入征地补偿安置费用,切实保障被征地农民的合法利益。在出让城市国有土地使用权过程中,涉及的拆迁补偿费要严格按照《城市房屋拆迁管理条例》(国务院令第305号)、有关法律法规和省、自治区、直辖市及计划单列市人民政府有关规定支付,有效保障被拆迁居民、搬迁企业及其职工的合法利益。

土地出让收入的使用要重点向新农村建设倾斜,逐步提高用于农业土地开发和农村基础设施建设的比重,逐步改善农民的生产、生活条件和居住环境,努力提高农民的生活质量和水平。

土地前期开发要积极引入市场机制、严格控制支出,通过政府采购招投标方式选择评估、拆迁、工程施工、监理等单位,努力降低开发成本。

城市建设支出和其他支出要严格按照批准的预算执行。编制政府采购预算的,应严格按照政府采购的有关规定执行。

第二十条 建立对被征地农民发放土地补偿费、安置补助费以及地上附着物和青苗补偿费的公示制度,改革对被征地农民征地补偿费的发放方式。有条件的地方,土地补偿费、安置补助费以及地上附着物和青苗补偿费等相关费用中应当支付给被征地农民个人的部分,可以根据征地补偿方案,由集体经济组织提供具体名单,经财政部门会同国土资源管理部门审核后,通过发放记名银行卡或者存折方式从地方国库中直接支付给被征地农民,减少中间环节,防止被截留、挤占和挪用,切实保障被征地农民利益。被征地农民参加有关社会保障所需的个人缴费,可以从其所得的土地补偿费、安置补助费中直接缴纳。

第四章　收支科目管理

第二十一条 删除《2022年政府收支分类科目》收入分类103类"非税收入"项下01款"政府性基金收入"32项"国有土地使用权出让金收入"及目级科目。

第二十二条 为准确反映土地出让收入状况,在《2022年政府收支分类科目》103类"非税收入"01款"政府性基金收入"科目中,分别设立下列科目:

(一)设立46项"国有土地使用权出让金收入"科目。

01目"土地出让总价款",科目说明为:反映以招标、拍卖、挂牌和协议方式出让国有土地使用权所取得的总成交价款,扣除财政部门已经划转的国有土地收益基金和农业土地开发资金后的余额。

02目"补缴的土地价款",科目说明为:反映划拨国有土地使用权转让或依法利用原划拨土地进行经营性建设应当补缴的土地价款、处置抵押划拨国有土地使用权应当补缴的土地价款、转让房改房和经济适用住房按照规定应当补缴的土地价款以及出让国有土地使用权改变土地用途和容积率等土地使用条件应当补缴的土地价款。

03目"划拨土地收入",科目说明为:反映土地使用者以划拨方式取得国有土地使用权,依法向市、县人民政府缴纳的土地补偿费、安置补助费、地上附着物和青苗补偿费、拆迁补偿费等费用。

99目"其他土地出让金收入",科目说明为:反映国土资源管理部门依法出租国有土地向承租者收取的土地租金收入、出租划拨土地上的房屋应当上缴的土地收益等其他土地出让收入。

（二）设立 47 项"国有土地收益基金收入"，科目说明为：反映从招标、拍卖、挂牌和协议方式出让国有土地使用权所取得的总成交价款中按照规定比例计提的国有土地收益基金。

（三）设立 48 项"农业土地开发资金收入"，科目说明为：反映从招标、拍卖、挂牌和协议方式出让国有土地使用权所取得的总成交价款中按照规定比例计提的农业土地开发资金。

第二十三条 为规范土地出让支出管理，对《2022 年政府收支分类科目》支出功能分类 212 类"城乡社区事务"08 款"国有土地使用权出让金支出"科目进行下列调整：

（一）将 01 项"前期土地开发支出"，修改为"征地和拆迁补偿支出"，科目说明调整为：反映地方人民政府在征地过程中支付的土地补偿费、安置补助费、地上附着物和青苗补偿费、拆迁补偿费支出。

（二）将 02 项"土地出让业务费用"，修改为"土地开发支出"，科目说明调整为：反映地方人民政府用于前期土地开发性支出以及与前期土地开发相关的费用等支出。

（三）将 03 项"城市建设支出"科目说明修改为：反映土地出让收入用于完善国有土地使用功能的配套设施建设和城市基础设施建设支出。

（四）将 04 项"土地开发支出"，修改为"农村基础设施建设支出"，科目说明调整为：反映土地出让收入用于农村饮水、沼气、道路、环境、卫生、教育以及文化等基础设施建设支出。

（五）将 05 项"农业土地开发支出"，修改为"补助被征地农民支出"，科目说明调整为：反映土地出让收入用于补助被征地农民社会保障支出以及保持被征地农民原有生活水平支出。

（六）设立 06 项"土地出让业务支出"，科目说明调整为：反映土地出让收入用于土地出让业务费用的开支。

（七）保留 07 项"廉租住房支出"，科目说明为：反映从土地出让收入中安排用于城镇廉租住房保障的支出。

（八）将 99 项"其他土地使用权出让金支出"科目说明修改为：反映从土地出让收入中支付缴纳新增建设用地土地有偿使用费、支付破产或改制国有企业职工安置费等支出。

第二十四条 在 212 类"城乡社区事务"中设立 10 款"国有土地收益基金支出"，科目说明为：反映从国有土地收益基金收入中安排用于土地收购储备等支出。

01 项"征地和拆迁补偿支出"，科目说明为：反映从国有土地收益基金收入中安排用于收购储备土地需要支付的土地补偿费、安置补助费、地上附着物和青苗补偿费、拆迁补偿费支出。

02 项"土地开发支出"，科目说明为：反映从国有土地收益基金收入中安排用于收购储备土地需要支付的前期土地开发性支出以及与前期土地开发相关的费用等支出。

99 项"其他支出"，科目说明为：反映从国有土地收益基金收入中安排用于其他支出。

第二十五条 在 212 类"城乡社区事务"中设立 11 款"农业土地开发资金支出"，科目说明为：反映从农业土地开发资金收入中安排用于农业土地开发的支出。

第二十六条 在《2022 年政府收支分类科目》支出经济分类科目 310 类"其他资本性支出"中增设下列科目：

（一）09 款"土地补偿"，科目说明为：反映地方人民政府在征地和收购土地过程中支付的土地补偿费。

（二）10 款"安置补助"，科目说明为：反映地方人民政府在征地和收购土地过程中支付的安置补助费。

（三）11 款"地上附着物和青苗补偿"，科目说明为：反映地方人民政府在征地和收购土地过程中支付的地上附着物和青苗补偿费。

（四）12款"拆迁补偿"，科目说明为：反映地方人民政府在征地和收购土地过程中支付的拆迁补偿费。

第二十七条 国有土地使用权出让金支出、国有土地收益基金支出、农业土地开发资金支出应根据经济性质和具体用途分别填列支出经济类相关各款。

第二十八条 《2022年政府收支分类科目》附录二基金预算收支科目根据本办法规定进行调整。具体科目调整情况详见附件2。

第五章 预决算管理

第二十九条 建立健全年度土地出让收支预决算管理制度。每年第三季度，有关部门要严格按照财政部门规定编制下一年度土地出让收支预算，并分别纳入政府性基金收支预算，报经同级财政部门按规定程序批准后执行。土地出让收入资金拨付，按照财政国库管理制度有关规定执行。

编制年度土地出让收支预算要坚持"以收定支、收支平衡"的原则。土地出让收入预算按照上年土地出让收入情况、年度土地供应计划、地价水平等因素编制；土地出让支出预算根据预计年度土地出让收入情况，按照年度土地征收计划、拆迁计划以及规定的用途、支出范围和支出标准等因素编制。其中：属于政府采购范围的，应当按照规定编制政府采购预算，并严格按照政府采购的有关规定执行。

每年年度终了，有关部门应当严格按照财政部门规定编制土地出让收支决算，并分别纳入政府性基金收支决算，报财政部门审核汇总后，向同级人民政府报告。地方人民政府依法向同级人大报告。

第三十条 国土资源管理部门与财政部门要加强协作，建立国有土地出让、储备及收支信息共享制度。国土资源管理部门应当将年度土地供应计划、年度土地储备计划以及签订的国有土地出让合同中有关土地出让总价款、约定的缴款时间、缴款通知书等相关资料及时抄送财政部门，财政部门应当及时将土地出让收支情况反馈给国土资源管理部门。

第三十一条 财政部门、国土资源管理部门要与地方国库建立土地出让收入定期对账制度，对应缴国库、已缴国库和欠缴国库的土地出让收入数额进行定期核对，确保有关数据的准确无误。

第三十二条 财政部门要会同国土资源管理部门、人民银行机构建立健全年度土地出让收支统计报表以及分季收支统计明细报表体系，统一土地出让收支统计口径，确保土地出让收支统计数据及时、准确、真实，为加强土地出让收支管理提供准确的基础数据。土地出让收支统计报表体系由财政部会同国土资源部、中国人民银行研究制定。

第六章 监督检查

第三十三条 财政部门、国土资源管理部门、人民银行机构以及审计机关要建立健全对土地出让收支情况的定期和不定期监督检查制度，强化对土地出让收支的监督管理，确保土地出让收入及时足额上缴国库，支出严格按照财政预算管理规定执行。

第三十四条 对国有土地使用权人不按土地出让合同、划拨用地批准文件等规定及时足额缴纳土地出让收入的，应当按日加收违约金额1‰的违约金。违约金随同土地出让收入一并缴入地方国库。

第三十五条 对违反规定，擅自减免、截留、挤占、挪用应缴国库的土地出让收入，不执行国家统一规定的会计、政府采购等制度的，要严格按照《土地管理法》《会计法》《审计法》《政府采购法》和《财政违法行为处罚处分条例》（国务院令第427号）和《金融违法行为处罚办法》（国务院令第260号）等有关法律法规规定进行处理，并依法追究有关责任人的责任。触犯《刑法》的，要依法追究有关人员的刑事责任。

第七章 附 则

第三十六条 各省、自治区、直辖市及计划单列市财政部门应当会同国土资源管理部门、人民银行机构根据本办法,结合各地实际,制定实施细则,并报财政部、国土资源部、中国人民银行备案。

第三十七条　本办法由财政部会同国土资源部、中国人民银行负责解释。

第三十八条　本办法自 2007 年 1 月 1 日起实施,此前有关规定与本办法规定不一致的,一律以本办法规定为准。

国土资源部办公厅关于发布《国有建设用地使用权出让地价评估技术规范》的通知

（国土资厅发〔2018〕4 号）

各省、自治区、直辖市国土资源主管部门,新疆生产建设兵团国土资源局,中央军委后勤保障部军事设施建设局:

为规范国有建设用地使用权出让地价评估行为,部制定了《国有建设用地使用权出让地价评估技术规范》(以下简称"《规范》"),现予印发。请转发至辖区内各级国土资源主管部门、相关行业协会和土地估价机构,结合本地实际遵照执行。

本《规范》自 2018 年 4 月 9 日起施行,《国土资源部办公厅关于发布〈国有建设用地使用权出让地价评估技术规范(试行)〉的通知》(国土资厅发〔2013〕20 号)同时停止执行。各地自行出台的出让地价评估政策与本《规范》不一致的,以本《规范》为准。2018 年 4 月 9 日前受理,至 4 月 9 日仍未出具土地估价报告的,可按本《规范》执行。

国有建设用地使用权出让地价评估技术规范

前　言

为规范国有建设用地使用权出让地价评估行为,根据《中华人民共和国物权法》《中华人民共和国土地管理法》《中华人民共和国城市房地产管理法》《中华人民共和国资产评估法》《招标拍卖挂牌出让国有建设用地使用权规定》《协议出让国有土地使用权规定》等相关规定和土地估价国家标准、行业标准,制定本规范。

本规范由国土资源部提出并归口。

本规范起草单位:国土资源部土地利用管理司、中国土地估价师与土地登记代理人协会。

本规范由国土资源部负责解释。

1　适用范围

在中华人民共和国境内出让国有建设用地使用权涉及的地价评估,以及因调整土地使用条件、发生土地增值等情况需补缴地价款的评估,适用本规范;国有建设用地使用权租赁、集体建设用地使用权依法入市、国有农用地使用权出让等涉及的地价评估,可参照本规范执行。

2　引用的标准

下列标准所包含的条文,通过在本规范中引用而构成本规范的条文。本规范颁布时,所示版本均为有效。使用本规范的各方应使用下列各标准的最新版本。

GB/T 18508—2014《城镇土地估价规程》

GB/T 18507—2014《城镇土地分等定级规程》

GB/T 21010—2017《土地利用现状分类》

GB/T 28406—2012《农用地估价规程》

TD/T 1052—2017《标定地价规程》

TD/T 1009—2007《城市地价动态监测技术规范》

3　依据

(1)《中华人民共和国物权法》

(2)《中华人民共和国土地管理法》

（3）《中华人民共和国城市房地产管理法》

（4）《中华人民共和国资产评估法》

（5）《中华人民共和国城镇国有土地使用权出让和转让暂行条例》（国务院令第55号）

（6）《招标拍卖挂牌出让国有建设用地使用权规定》（国土资源部令第39号）

（7）《协议出让国有土地使用权规定》（国土资源部令第21号）

（8）《节约集约利用土地规定》（国土资源部令第61号）

（9）《国务院关于加强国有土地资产管理的通知》（国发〔2001〕15号）

（10）《国务院关于深化改革严格土地管理的决定》（国发〔2004〕28号）

4 总则

4.1 出让地价评估定义

本规范所称的土地使用权出让地价评估，是指土地估价专业评估师按照规定的程序和方法，参照当地正常市场价格水平，评估拟出让宗地土地使用权价格或应当补缴的地价款。

4.2 出让地价评估目的

开展土地使用权出让地价评估，目的是为出让方通过集体决策确定土地出让底价，或核定应该补缴的地价款提供参考依据。

4.3 评估原则

除《城镇土地估价规程》规定的土地估价基本原则外，土地使用权出让地价评估还需考虑以下原则：

价值主导原则：土地综合质量优劣是对地价产生影响的主要因素。

审慎原则：在评估中确定相关参数和结果时，应分析并充分考虑土地市场运行状况、有关行业发展状况，以及存在的风险。

公开市场原则：评估结果在公平、公正、公开的土地市场上可实现。

4.4 评估方法

（1）收益还原法

（2）市场比较法

（3）剩余法

（4）成本逼近法

（5）公示地价系数修正法

出让地价评估，应至少采用两种评估方法，包括（1）、（2）、（3）之一，以及（4）或（5）。因土地市场不发育等原因，无法满足上述要求的，应有详细的市场调查情况说明。

4.5 评估程序

（1）土地估价机构接受国土资源主管部门（或出让方）委托，明确估价目的等基本事项；

（2）拟订估价工作方案，收集所需背景资料；

（3）实地查勘；

（4）选定估价方法进行评估；

（5）确定估价结果，并根据当地市场情况、有关法律法规和政策规定，给出底价决策建议；

（6）撰写估价报告并由两名土地估价专业评估师签署，履行土地估价报告备案程序，取得电子备案号；

（7）提交估价报告；

（8）估价资料归档。

5 评估方法的运用

5.1 收益还原法。除依照《城镇土地估价规程》的规定外，还需体现以下技术要求：

（1）确定土地收益，应通过调查市场实例进行比较后得出，符合当前市场的正常客观收益水平，并假设该收益水平在出让年期内保持稳定。对于待建、在建的土地，按规划建设条件选用可比较实例。用于测算收益水平的比较实例应不少于3个。

（2）确定各项费用时，应采用当前市场的客观费用。

（3）确定还原率时应详细说明确定的方法和依据，应充分考虑投资年期与收益风险之间的关系。

5.2 市场比较法。除依照《城镇土地估价规程》的规定外，还需体现以下技术要求：

（1）在综合分析当地土地市场近三年交易实例的基础上，优先选用正常市场环境下的交易实例。原则上不采用竞价轮次较多、溢价率较高的交易实例；不能采用楼面地价历史最高或最低水平的交易实例。近三年内所在或相似区域的交易实例不足 3 个的,原则上不应选用市场比较法。

(2) 比较实例的修正幅度不能超过 30%,即:(实例修正后的比准价格-实例价格)/实例价格≤30%。

(3) 各比较实例修正后的比准价格之间相差不能超过 40%。即(高比准价格-低比准价格)/低比准价格≤40%,对超过 40% 的,应另选实例予以替换。实例不足无法替换的,应对各实例进行可比性分析,并作为确定取值权重考虑因素之一。

5.3 剩余法。除依照《城镇土地估价规程》的规定外,还需体现以下技术要求:

(1) 在假设项目开发情况时,按规划建设条件评估;容积率、绿地率等规划建设指标是区间值的,在区间上限、下限值中按最有效利用原则择一进行评估。

(2) 假设的项目开发周期一般不超过 3 年。

(3) 对于开发完成后拟用于出售的项目,售价取出让时当地市场同类不动产正常价格水平,不能采用估算的未来售价。

(4) 开发完成后用于出租或自营的项目,按照本规范收益还原法的有关技术要求评估。

(5) 利润率宜采用同一市场上类似不动产开发项目的平均利润率。利润率的取值应有客观、明确的依据,能够反映当地不动产开发行业平均利润水平。

5.4 成本逼近法。除依照《城镇土地估价规程》的规定外,还需体现以下技术要求:

(1) 国家或地方拟从土地出让收入或土地出让收益中计提(安排)的各类专项资金,包括农业土地开发资金、国有土地收益基金、农田水利建设资金、教育资金、保障性安居工程资金等,以及新增建设用地土地有偿使用费、新增耕地指标和城乡建设用地增减挂钩节余指标等指标流转费用,不得计入土地成本,也不得计入出让底价。

(2) 土地取得成本应通过调查当地正常情况下取得土地实际发生的客观费用水平确定,需注意与当地土地征收、房屋征收和安置补偿

等标准的差异。

(3) 土地开发成本应通过调查所在区域开发同类土地的客观费用水平确定。对拟出让宗地超出所在区域开发同类土地客观费用水平的个例性实际支出,不能纳入成本。

(4) 评估工业用地出让地价时,不得以当地工业用地出让最低价标准为基础,推算各项参数和取值后,评估出地价。

5.5 公示地价系数修正法。除依照《城镇土地估价规程》的规定外,还需体现以下技术要求:

(1) 采用的基准地价,应当已向社会公布。采用已完成更新但尚未向社会公布的基准地价,需经市、县国土资源主管部门书面同意。

(2) 在已经开展标定地价公示的城市,可运用标定地价系数修正法进行评估。

6 特定情况评估要点

6.1 场地未通平或通平不完全

(1) 土地开发程度不足。土地开发程度未达到当地正常水平的,先评估当地正常开发程序下的熟地地价,再根据当地各项通平开发所需的客观费用水平,逐项减价修正。

(2) 有地上建筑物的土地出让评估。对土地连同建筑物或构筑物整体一并出让的,出让评估按出让时的规划建设条件进行。

当出让时以及出让后不改变现状、不重新设定规划建设条件的,评估结果等于净地价加地上建筑物重置价减去折旧;当出让时重新设定规划建设条件的,评估结果等于新设定规划建设条件下的净地价减去场内拆平工作费用。

作为整体出让的土地连同地上建筑物或构筑物,权属应为国有且无争议。

6.2 特定条件的招拍挂出让方式

(1) 限地价、竞配建(或竞房价、竞自持面积等)。采用"限地价、竞房价(或竞自持面积)"方式出让的,在评估时应按本规范,评估出正常市场条件下的土地价格。

采用"限地价、竞配建"方式的,土地估价报告中应评估出正常市场条件下的土地价格,给出底价建议,以及根据市场情况建议采用的地

价上限,并提出建议的起始价或起拍价,一般情况下应符合:起始价≤出让底价≤地价上限。当起始价≤地价上限≤出让底价时,地价上限与出让底价之间的差额,应按配建方式和配建成本,折算最低应配建的建筑面积,并在土地估价报告中明示。

(2)限房价、竞地价。采用"限房价、竞地价"方式出让的土地,在出让评估时,应充分考虑建成房屋首次售出后是否可上市流转。对不能上市流转,或只能由政府定价回购,或上市前需补缴土地收益的限价房开发项目,在采用剩余法评估时,按限定的房价取值。

(3)出让时约定租赁住宅面积比例。约定一定比例的,采用剩余法时,以市场正常租金水平为依据测算相应比例的不动产价值。纯租赁住宅用地出让,有租赁住用地可比实例的,优先采用市场比较法,实例不足的,应采用收益还原法。

6.3 协议出让

(1)对应当实行有偿使用,且可以不采用招标拍卖挂牌方式出让的。应按本规范评估其在设定开发建设条件下的正常市场价格,并提出建议的出让底价。同时,还应在土地估价报告中测算并对比说明该建议出让底价是否符合当地的协议出让最低价标准。

当地未公布协议出让最低价标准的,按拟出让土地所在级别基准地价的70%测算对比;拟出让土地在基准地价覆盖范围外的,按照本规范成本法的要求,与土地取得的各项成本费用之和进行对比。

评估结果低于协议出让最低价标准的,应在土地估价报告中有明确提示。

(2)划拨土地办理协议出让。使用权人申请以协议出让方式办理出让,出让时不改变土地及建筑物、构筑物现状的,应按本规范评估在现状使用条件下的出让土地使用权正常市场价格,减去划拨土地使用权价格,作为评估结果,并提出底价建议。出让时重新设定规划建设条件的,应按本规范评估在新设定规划建设条件下的出让土地使用权正常市场价格,减

去现状使用条件下的划拨土地使用权价格,作为评估结果,并提出底价建议。

当地对划拨土地使用权补办出让手续应缴土地收益有明确规定的,应与评估结果进行对比,在土地估价报告中明确提示对比结果,合理确定应缴土地收益。

6.4 已出让土地补缴地价款

(1)估价期日的确定。土地出让后经原出让方批准改变用途或容积率等土地使用条件的,在评估需补缴地价款时,估价期日应以国土资源主管部门依法受理补缴地价申请时点为准。

(2)调整容积率补缴地价。调整容积率的,需补缴地价款等于楼面地价乘以新增建筑面积,楼面地价按新容积率规划条件下估价期日的楼面地价确定。

核定新增建筑面积,可以相关部门批准变更规划条件所新增的建筑面积为准,或竣工验收时实测的新增建筑面积为准。

因调低容积率造成地价增值的,补缴地价款可按估价期日新旧容积率规划条件下总地价的差额确定。

容积率调整前后均低于1的,按容积率为1核算楼面地价。

(3)调整用途补缴地价。调整用途的,需补缴地价款等于新、旧用途楼面地价之差乘以建筑面积。新、旧用途楼面地价均为估价期日的正常市场价格。

用地结构调整的,分别核算各用途建筑面积变化带来的地价增减额,合并计算应补缴地价款。各用途的楼面地价按调整结构后确定。

工业用地调整用途的,需补缴地价款等于新用途楼面地价乘以新用途建筑面积,减去现状工业用地价格。

(4)多项条件同时调整。多项用地条件同时调整的,应分别核算各项条件调整带来的地价增减额,合并计算应补缴地价款。

用途与容积率同时调整的。需补缴地价款等于新用途楼面地价乘以新增建筑面积,加上新、旧用途楼面地价之差乘以原建筑总面积。新用途楼面地价按新容积率、新用途规划条件

的正常市场楼面地价确定,旧用途楼面地价按原容积率规划条件下的正常市场楼面地价确定。

因其他土地利用条件调整需补缴地价款的,参照上述技术思路评估。

核定需补缴地价款时,不能以土地出让金、土地增值收益或土地纯收益代替。

7 估价报告内容

除需符合《城镇土地估价规程》规定的报告内容和格式外,出让地价的土地估价报告还应符合下列要求:

7.1 估价结果。涉及协议出让最低价标准、工业用地出让最低价标准等最低限价的,在土地估价报告的"估价结果"部分,应同时列出评估结果,以及相应最低限价标准。

在土地估价报告的"估价结果"部分,应有明确的底价决策建议及理由。

7.2 报告组成要件。除《城镇土地估价规程》规定的附件内容外(机构依法备案的有关证明为必备要件),应视委托方提供材料情况,在土地估价报告后附具:

(1)涉及土地取得成本的相关文件、标准,以及委托方提供的征地拆迁补偿和安置协议等资料;

(2)已形成土地出让方案的,应附方案;

(3)报告中采用的相关实例的详细资料(包括照片);

(4)设定规划建设条件的相关文件依据。

招标拍卖挂牌出让国有建设用地使用权规定

(中华人民共和国国土资源部令第 39 号)

《招标拍卖挂牌出让国有建设用地使用权规定》,已经 2007 年 9 月 21 日国土资源部第 3 次部务会议审议通过。现将《招标拍卖挂牌出让国有建设用地使用权规定》公布,自 2007 年 11 月 1 日起施行。

第一条 为规范国有建设用地使用权出让行为,优化土地资源配置,建立公开、公平、公正的土地使用制度,根据《中华人民共和国物权法》《中华人民共和国土地管理法》《中华人民共和国城市房地产管理法》和《中华人民共和国土地管理法实施条例》,制定本规定。

第二条 在中华人民共和国境内以招标、拍卖或者挂牌出让方式在土地的地表、地上或者地下设立国有建设用地使用权的,适用本规定。

本规定所称招标出让国有建设用地使用权,是指市、县人民政府国土资源行政主管部门(以下简称出让人)发布招标公告,邀请特定或者不特定的自然人、法人和其他组织参加国有建设用地使用权投标,根据投标结果确定国有建设用地使用权人的行为。

本规定所称拍卖出让国有建设用地使用权,是指出让人发布拍卖公告,由竞买人在指定时间、地点进行公开竞价,根据出价结果确定国有建设用地使用权人的行为。

本规定所称挂牌出让国有建设用地使用权,是指出让人发布挂牌公告,按公告规定的期限将拟出让宗地的交易条件在指定的土地交易场所挂牌公布,接受竞买人的报价申请并更新挂牌价格,根据挂牌期限截止时的出价结果或者现场竞价结果确定国有建设用地使用权人的行为。

第三条 招标、拍卖或者挂牌出让国有建设用地使用权,应当遵循公开、公平、公正和诚信的原则。

第四条 工业、商业、旅游、娱乐和商品住宅等经营性用地以及同一宗地有两个以上意向用地者的,应当以招标、拍卖或者挂牌方式出让。

前款规定的工业用地包括仓储用地,但不包括采矿用地。

第五条　国有建设用地使用权招标、拍卖或者挂牌出让活动,应当有计划地进行。

市、县人民政府国土资源行政主管部门根据经济社会发展计划、产业政策、土地利用总体规划、土地利用年度计划、城市规划和土地市场状况,编制国有建设用地使用权出让年度计划,报经同级人民政府批准后,及时向社会公开发布。

第六条　市、县人民政府国土资源行政主管部门应当按照出让年度计划,会同城市规划等有关部门共同拟订拟招标拍卖挂牌出让地块的出让方案,报经市、县人民政府批准后,由市、县人民政府国土资源行政主管部门组织实施。

前款规定的出让方案应当包括出让地块的空间范围、用途、年限、出让方式、时间和其他条件等。

第七条　出让人应当根据招标拍卖挂牌出让地块的情况,编制招标拍卖挂牌出让文件。

招标拍卖挂牌出让文件应当包括出让公告、投标或者竞买须知、土地使用条件、标书或者竞买申请书、报价单、中标通知书或者成交确认书、国有建设用地使用权出让合同文本。

第八条　出让人应当至少在投标、拍卖或者挂牌开始日前20日,在土地有形市场或者指定的场所、媒介发布招标、拍卖或者挂牌公告,公布招标拍卖挂牌出让宗地的基本情况和招标拍卖挂牌的时间、地点。

第九条　招标拍卖挂牌公告应当包括下列内容:

(一)出让人的名称和地址;

(二)出让宗地的面积、界址、空间范围、现状、使用年期、用途、规划指标要求;

(三)投标人、竞买人的资格要求以及申请取得投标、竞买资格的办法;

(四)索取招标拍卖挂牌出让文件的时间、地点和方式;

(五)招标拍卖挂牌时间、地点、投标挂牌期限、投标和竞价方式等;

(六)确定中标人、竞得人的标准和方法;

(七)投标、竞买保证金;

(八)其他需要公告的事项。

第十条　市、县人民政府国土资源行政主管部门应当根据土地估价结果和政府产业政策综合确定标底或者底价。

标底或者底价不得低于国家规定的最低价标准。

确定招标标底,拍卖和挂牌的起叫价、起始价、底价,投标、竞买保证金,应当实行集体决策。

招标标底和拍卖挂牌的底价,在招标开标前和拍卖挂牌出让活动结束之前应当保密。

第十一条　中华人民共和国境内外的自然人、法人和其他组织,除法律、法规另有规定外,均可申请参加国有建设用地使用权招标拍卖挂牌出让活动。

出让人在招标拍卖挂牌出让公告中不得设定影响公平、公正竞争的限制条件。挂牌出让的,出让公告中规定的申请截止时间,应当为挂牌出让结束日前2天。对符合招标拍卖挂牌公告规定条件的申请人,出让人应当通知其参加招标拍卖挂牌活动。

第十二条　市、县人民政府国土资源行政主管部门应当为投标人、竞买人查询拟出让土地的有关情况提供便利。

第十三条　投标、开标依照下列程序进行:

(一)投标人在投标截止时间前将标书投入标箱。招标公告允许邮寄标书的,投标人可以邮寄,但出让人在投标截止时间前收到的方为有效。

标书投入标箱后,不可撤回。投标人应当对标书和有关书面承诺承担责任。

(二)出让人按照招标公告规定的时间、地点开标,邀请所有投标人参加。由投标人或者其推选的代表检查标箱的密封情况,当众开启标箱,点算标书。投标人少于三人的,出让人应当终止招标活动。投标人不少于三人的,应当逐一宣布投标人名称、投标价格和投标文件的主要内容。

(三)评标小组进行评标。评标小组由出让人代表、有关专家组成,成员人数为五人以上的单数。

评标小组可以要求投标人对投标文件作出必要的澄清或者说明,但是澄清或者说明不得超出投标文件的范围或者改变投标文件的实质性内容。

评标小组应当按照招标文件确定的评标标准和方法,对投标文件进行评审。

(四)招标人根据评标结果,确定中标人。

按照价高者得的原则确定中标人的,可以不成立评标小组,由招标主持人根据开标结果,确定中标人。

第十四条 对能够最大限度地满足招标文件中规定的各项综合评价标准,或者能够满足招标文件的实质性要求且价格最高的投标人,应当确定为中标人。

第十五条 拍卖会依照下列程序进行:

(一)主持人点算竞买人;

(二)主持人介绍拍卖宗地的面积、界址、空间范围、现状、用途、使用年期、规划指标要求、开工和竣工时间以及其他有关事项;

(三)主持人宣布起叫价和增价规则及增价幅度。没有底价的,应当明确提示;

(四)主持人报出起叫价;

(五)竞买人举牌应价或者报价;

(六)主持人确认该应价或者报价后继续竞价;

(七)主持人连续三次宣布同一应价或者报价而没有再应价或者报价的,主持人落槌表示拍卖成交;

(八)主持人宣布最高应价或者报价者为竞得人。

第十六条 竞买人的最高应价或者报价未达到底价时,主持人应当终止拍卖。

拍卖主持人在拍卖中可以根据竞买人竞价情况调整拍卖增价幅度。

第十七条 挂牌依照以下程序进行:

(一)在挂牌公告规定的挂牌起始日,出让人将挂牌宗地的面积、界址、空间范围、现状、用途、使用年期、规划指标要求、开工时间和竣工时间、起始价、增价规则及增价幅度等,在挂牌

公告规定的土地交易场所挂牌公布;

(二)符合条件的竞买人填写报价单报价;

(三)挂牌主持人确认该报价后,更新显示挂牌价格;

(四)挂牌主持人在挂牌公告规定的挂牌截止时间确定竞得人。

第十八条 挂牌时间不得少于10日。挂牌期间可根据竞买人竞价情况调整增价幅度。

第十九条 挂牌截止应当由挂牌主持人主持确定。挂牌期限届满,挂牌主持人现场宣布最高报价及其报价者,并询问竞买人是否愿意继续竞价。有竞买人表示愿意继续竞价的,挂牌出让转入现场竞价,通过现场竞价确定竞得人。挂牌主持人连续三次报出最高挂牌价格,没有竞买人表示愿意继续竞价的,按照下列规定确定是否成交:

(一)在挂牌期限内只有一个竞买人报价,且报价不低于底价,并符合其他条件的,挂牌成交;

(二)在挂牌期限内有两个或者两个以上的竞买人报价的,出价最高者为竞得人;报价相同的,先提交报价单者为竞得人,但报价低于底价者除外;

(三)在挂牌期限内无应价者或者竞买人的报价均低于底价或者均不符合其他条件的,挂牌不成交。

第二十条 以招标、拍卖或者挂牌方式确定中标人、竞得人后,中标人、竞得人支付的投标、竞买保证金,转作受让地块的定金。出让人应当向中标人发出中标通知书或者与竞得人签订成交确认书。

中标通知书或者成交确认书应当包括出让人和中标人或者竞得人的名称,出让标的,成交时间、地点、价款以及签订国有建设用地使用权出让合同的时间、地点等内容。

中标通知书或者成交确认书对出让人和中标人或者竞得人具有法律效力。出让人改变竞得结果,或者中标人、竞得人放弃中标宗地、竞得宗地的,应当依法承担责任。

第二十一条 中标人、竞得人应当按照中

标通知书或者成交确认书约定的时间，与出让人签订国有建设用地使用权出让合同。中标人、竞得人支付的投标、竞买保证金抵作土地出让价款；其他投标人、竞买人支付的投标、竞买保证金，出让人必须在招标拍卖挂牌活动结束后 5 个工作日内予以退还，不计利息。

第二十二条 招标拍卖挂牌活动结束后，出让人应在 10 个工作日内将招标拍卖挂牌出让结果在土地有形市场或者指定的场所、媒介公布。

出让人公布出让结果，不得向受让人收取费用。

第二十三条 受让人依照国有建设用地使用权出让合同的约定付清全部土地出让价款后，方可申请办理土地登记，领取国有建设用地使用权证书。

未按出让合同约定缴清全部土地出让价款的，不得发放国有建设用地使用权证书，也不得按出让价款缴纳比例分割发放国有建设用地使用权证书。

第二十四条 应当以招标拍卖挂牌方式出让国有建设用地使用权而擅自采用协议方式出让的，对直接负责的主管人员和其他直接责任人员依法给予处分；构成犯罪的，依法追究刑事责任。

第二十五条 中标人、竞得人有下列行为之一的，中标、竞得结果无效；造成损失的，应当依法承担赔偿责任：

（一）提供虚假文件隐瞒事实的；

（二）采取行贿、恶意串通等非法手段中标或者竞得的。

第二十六条 国土资源行政主管部门的工作人员在招标拍卖挂牌出让活动中玩忽职守、滥用职权、徇私舞弊的，依法给予处分；构成犯罪的，依法追究刑事责任。

第二十七条 以招标拍卖挂牌方式租赁国有建设用地使用权的，参照本规定执行。

第二十八条 本规定自 2007 年 11 月 1 日起施行。

国土资源部关于印发《招标拍卖挂牌出让国有土地使用权规范(试行)》和《协议出让国有土地使用权规范(试行)》的通知

（国土资发〔2006〕114 号）

各省、自治区、直辖市国土资源厅（国土环境资源厅、国土资源局、国土资源和房屋管理局、房屋土地资源管理局），计划单列市国土资源行政主管部门，解放军土地管理局，新疆生产建设兵团国土资源局：

为完善国有土地使用权出让制度，规范国有土地使用权出让程序，根据中共中央办公厅、国务院办公厅《印发〈中央纪委关于落实〈建立健全教育、制度、监督并重的惩治和预防腐败体系实施纲要〉2007 年底前工作要点〉的通知》（中办厅字〔2005〕14 号）要求，部研究制定了《招标拍卖挂牌出让国有土地使用权规范（试行）》和《协议出让国有土地使用权规范（试行）》。现予印发，自 2006 年 8 月 1 日起试行。

协议出让国有土地使用权规范
（试行）

前 言

为完善国有土地使用权出让制度，规范国有土地使用权协议出让行为，统一程序和标准，加强国有土地资产管理，推进土地市场建设，根据《中华人民共和国土地管理法》《中华人民共和国城市房地产管理法》《中华人民共和国城镇国有土地使用权出让和转让暂行条例》《协议出让国有土地使用权规定》等规定，制定本规范。

本规范的附录 A、附录 B 为协议出让活动中所需文本示范格式。

本规范由国土资源部提出并归口。

本规范起草单位：国土资源部土地利用管理司,国土资源部土地整理中心,辽宁省国土资源厅,黑龙江省国土资源厅,江苏省国土资源厅。

本规范主要起草人员：廖永林、冷宏志、岳晓武、雷爱先、高永、谢量雄、吴迪、宋玉波、牟傲风、叶卫东、钟松钆、林立森、申亮、陈梅英、周旭、沈飞、张昉。

本规范参加起草人员(以姓氏笔画为序)：于世专、马尚、王薇、车长志、邓岳方、叶元蓬、叶东、任钊洪、关文荣、刘显祺、刘祥元、刘瑞平、朱育德、闫洪溪、严政、吴永高、吴海洋、张万中、张英奇、李延荣、李晓娟、李晓斌、束克欣、杨玉芳、杨江正、肖建军、陈永真、陈国庆、林君衡、罗演广、祝军、胡立兵、胡红兵、赵春华、郝吉虎、高志云、徐建设、涂高坤、秦水龙、钱友根、梁红、黄文波、韩建国、韩洪伟、靳薇、潘洪嵩、魏成、魏莉华。

本规范由国土资源部负责解释。

1 适用范围

在中华人民共和国境内以协议方式出让国有土地使用权,适用本规范;以协议方式租赁国有土地使用权、出让国有土地他项权利,参照本规范执行。

2 引用的标准和文件

下列标准和文件所包含的条文,通过在本规范中引用而构成本规范的条文。本规范颁布时,所示版本均为有效。使用本规范的各方应使用下列各标准和文件的最新版本。

GB/T 18508—2001 《城镇土地估价规程》

国土资发〔2000〕303 号 《国有土地使用权出让合同示范文本》

国土资发〔2001〕255 号 《全国土地分类》

国土资发〔2004〕232 号 《工业建设项目用地控制指标》

3 依 据

(1)《中华人民共和国土地管理法》

(2)《中华人民共和国城市房地产管理法》

(3)《中华人民共和国城市规划法》

(4)《中华人民共和国行政许可法》

(5)《中华人民共和国合同法》

(6)《中华人民共和国城镇国有土地使用权出让和转让暂行条例》

(7)《建立健全教育、制度、监督并重的惩治和预防腐败体系实施纲要》(中发〔2005〕3 号)

(8)《国务院关于加强国有土地资产管理的通知》(国发〔2001〕15 号)

(9)《国务院关于深化改革严格土地管理的决定》(国发〔2004〕28 号)

(10)《协议出让国有土地使用权规定》(国土资源部令第 21 号)

4 总 则

4.1 协议出让国有土地使用权内涵

本规范所称协议出让国有土地使用权,是指市、县国土资源管理部门以协议方式将国有土地使用权在一定年限内出让给土地使用者,由土地使用者支付土地使用权出让金的行为。

4.2 协议出让国有土地使用权原则

(1) 公开、公平、公正;

(2) 诚实信用。

4.3 协议出让国有土地使用权范围

出让国有土地使用权,除依照法律、法规和规章的规定应当采用招标、拍卖或者挂牌方式外,方可采取协议方式,主要包括以下情况：

(1) 供应商业、旅游、娱乐和商品住宅等各类经营性用地以外用途的土地,其供地计划公布后同一宗地只有一个意向用地者的;

(2) 原划拨、承租土地使用权人申请办理协议出让,经依法批准,可以采取协议方式,但《国有土地划拨决定书》《国有土地租赁合同》、法律、法规、行政规定等明确应当收回土地使用权重新公开出让的除外;

(3) 划拨土地使用权转让申请办理协议出让,经依法批准,可以采取协议方式,但《国有土地划拨决定书》、法律、法规、行政规定等明确应当收回土地使用权重新公开出让的除外;

（4）出让土地使用权人申请续期，经审查准予续期的，可以采用协议方式；

（5）法律、法规、行政规定明确可以协议出让的其他情形。

4.4　协议出让国有土地使用权组织管理

国有土地使用权协议出让由市、县国土资源管理部门组织实施。

国有土地使用权出让实行集体决策。市、县国土资源管理部门可根据实际情况成立国有土地使用权出让协调决策机构，负责协调解决出让中的相关问题，集体确定有关事项。

4.5　协议出让价格争议裁决

对于经营性基础设施、矿业开采等具有独占性和排他性的用地，应当建立协议出让价格争议裁决机制。此类用地协议出让过程中，意向用地者与出让方在出让价格方面有争议难以达成一致，意向用地者认为出让方提出的出让价格明显高于土地市场价格的，可提请出让方的上一级国土资源管理部门进行出让价格争议裁决。

4.6　地方补充规定

地方可对本规范做出补充规定或实施细则，并报上一级国土资源管理部门备案。

5　供地环节的协议出让

5.1　供地环节协议出让国有土地使用权的一般程序

（1）公开出让信息，接受用地申请，确定供地方式；

（2）编制协议出让方案；

（3）地价评估，确定底价；

（4）协议出让方案、底价报批；

（5）协商，签订意向书；

（6）公示；

（7）签订出让合同，公布出让结果；

（8）核发《建设用地批准书》，交付土地；

（9）办理土地登记；

（10）资料归档。

5.2　公开出让信息，接受用地申请，确定供地方式

5.2.1　市、县国土资源管理部门应当将经批准的国有土地使用权出让计划向社会公布。

有条件的地方可以根据供地进度安排，分阶段将国有土地使用权出让计划细化落实到地段、地块，并将相关信息及时向社会公布。国有土地使用权出让计划以及细化的地段、地块信息应当同时通过中国土地市场网（www. landchina.com）公布。

5.2.2　市、县国土资源管理部门公布国有土地使用权出让计划、细化的地段、地块信息，应当同时明确用地者申请用地的途径和方式，公开接受用地申请。

5.2.3　需要使用土地的单位和个人（以下简称意向用地者）应当根据公布的国有土地使用权出让计划，细化的地段、地块信息以及自身用地需求，向市、县国土资源管理部门提出用地申请。

5.2.4　在规定时间内，同一地块只有一个意向用地者的，市、县国土资源管理部门方可采取协议方式出让，但属于商业、旅游、娱乐和商品住宅等经营性用地除外。对不能确定是否符合协议出让范围的具体宗地，可由国有土地使用权出让协调决策机构集体认定。

5.3　编制协议出让方案

市、县国土资源管理部门应当会同规划等部门，依据国有土地使用权出让计划、城市规划和意向用地者申请的用地类型、规模等，编制国有土地使用权协议出让方案。

协议出让方案应当包括：拟出让地块的位置、四至、用途、面积、年限、土地使用条件、供地时间、供地方式等。

5.4　地价评估，确定底价

5.4.1　地价评估

市、县国土资源管理部门应当根据拟出让地块的条件和土地市场情况，按照《城镇土地估价规程》，组织对拟出让地块的正常土地市场价格进行评估。

地价评估由市、县国土资源管理部门或其所属事业单位组织进行，根据需要也可以委托具有土地估价资质的土地或不动产评估机构进行评估。

5.4.2　确定底价

市、县国土资源管理部门或国有土地使用

权出让协调决策机构应当根据土地估价结果、产业政策和土地市场情况等,集体决策,综合确定协议出让底价。

协议出让底价不得低于拟出让地块所在区域的协议出让最低价。

出让底价确定后,在出让活动结束之前应当保密,任何单位和个人不得泄露。

5.5 协议出让方案、底价报批

市、县国土资源管理部门应当按规定将协议出让方案、底价报有批准权的人民政府批准。

5.6 协商,签订意向书

市、县国土资源管理部门依据经批准的协议出让方案和底价,与意向用地者就土地出让价格等进行充分协商、谈判。协商谈判时,国土资源管理部门参加谈判的代表应当不少于2人。

双方协商、谈判达成一致,并且议定的出让价格不低于底价的,市、县国土资源管理部门应当与意向用地者签订《国有土地使用权出让意向书》。

5.7 公示

5.7.1 《国有土地使用权出让意向书》签订后,市、县国土资源管理部门将意向出让地块的位置、用途、面积、出让年限、土地使用条件、意向用地者、拟出让价格等内容在当地土地有形市场等指定场所以及中国土地市场网进行公示,并注明意见反馈途径和方式。公示时间不得少于5日。

5.7.2 公示期间,有异议且经市、县国土资源管理部门审查发现确实存在违反法律法规行为的,协议出让程序终止。

5.8 签订出让合同,公布出让结果

公示期满,无异议或虽有异议但经市、县国土资源管理部门审查没有发现存在违反法律法规行为的,市、县国土资源管理部门应当按照《国有土地使用权出让意向书》约定,与意向用地者签订《国有土地使用权出让合同》。

《国有土地使用权出让合同》签订后7日内,市、县国土资源管理部门将协议出让结果通过中国土地市场网以及土地有形市场等指定场所向社会公布,接受社会监督。

公布出让结果应当包括土地位置、面积、用途、开发程度、土地级别、容积率、出让年限、供地方式、受让人、成交价格和成交时间等内容。

5.9 核发《建设用地批准书》,交付土地

市、县国土资源管理部门向受让人核发《建设用地批准书》,并按照《国有土地使用权出让合同》《建设用地批准书》约定的时间和条件将出让土地交付给受让人。

5.10 办理土地登记

受让人按照《国有土地使用权出让合同》约定付清全部国有土地使用权出让金,依法申请办理土地登记手续,领取《国有土地使用证》,取得土地使用权。

5.11 资料归档

协议出让手续全部办结后,市、县国土资源管理部门应当对宗地出让过程中的出让信息公布、用地申请、审批、谈判、公示、签订合同等各环节相关资料、文件进行整理,并按规定归档。应归档的宗地出让资料包括:

(1) 用地申请材料;

(2) 宗地条件、宗地规划指标要求;

(3) 宗地评估报告;

(4) 宗地出让底价及集体决策记录;

(5) 协议出让方案;

(6) 出让方案批复文件;

(7) 谈判记录;

(8)《协议出让意向书》;

(9) 协议出让公示资料;

(10)《国有土地使用权出让合同》;

(11) 协议出让结果公告资料;

(12) 核发建设用地批准书与交付土地的相关资料;

(13) 其他应归档的材料。

6 原划拨、承租土地使用权人申请办理协议出让

6.1 原划拨、承租土地使用权人申请办理协议出让的,分别按下列情形处理:

(1) 不需要改变原土地用途等土地使用条件,且符合规划的,报经市、县人民政府批准后,

可以采取协议出让手续;

(2)经规划管理部门同意可以改变土地用途等土地使用条件的,报经市、县人民政府批准,可以办理协议出让手续,但《国有土地划拨决定书》《国有土地租赁合同》、法律、法规、行政规定等明确应当收回划拨土地使用权公开出让的除外。

6.2 申请与受理

6.2.1 原划拨、承租土地使用权拟申请办理出让手续的,应由原土地使用权人持下列有关材料,向市、县国土资源管理部门提出申请:

(1)申请书;

(2)《国有土地使用证》《国有土地划拨决定书》或《国有土地租赁合同》;

(3)地上建筑物、构筑物及其他附着物的产权证明;

(4)原土地使用权人有效身份证明文件;

(5)改变用途的应当提交规划管理部门的批准文件;

(6)法律、法规、行政规定明确应提交的其他相关材料。

6.2.2 市、县国土资源管理部门接到申请后,应当对申请人提交的申请材料进行初审,决定是否受理。

6.3 审查,确定协议出让方案

6.3.1 审查

市、县国土资源管理部门受理申请后,应当依据相关规定对申请人提交的申请材料进行审查,并就申请地块的土地用途等征询规划管理部门意见。经审查,申请地块用途符合规划,并且符合办理协议出让手续条件的,市、县国土资源管理部门应当组织地价评估,确定应缴纳的土地出让金额,拟订协议出让方案。

6.3.2 地价评估

市、县国土资源管理部门应当组织对申请地块的出让土地使用权市场价格和划拨土地使用权权益价格或承租土地使用权市场价格进行评估,估价基准期日为拟出让时点。改变土地用途等土地使用条件的,出让土地使用权价格应当按照新的土地使用条件评估。

6.3.3 核定出让金额,拟订出让方案

市、县国土资源管理部门或国有土地使用权出让协调决策机构应当根据土地估价结果、产业政策和土地市场情况等,集体决策、综合确定协议出让金额,并拟订协议出让方案。

6.3.3.1 申请人应缴纳土地使用权出让金额分别按下列公式核定:

(1)不改变用途等土地使用条件的

应缴纳的土地使用权出让金额 = 拟出让时的出让土地使用权市场价格 - 拟出让时的划拨土地使用权权益价格或承租土地使用权市场价格

(2)改变用途等土地使用条件的

应缴纳的土地使用权出让金额 = 拟出让时的新土地使用条件下出让土地使用权市场价格 - 拟出让时的原土地使用条件下划拨土地使用权权益价格或承租土地使用权市场价格

6.3.3.2 协议出让方案应当包括:拟办理出让手续的地块位置、四至、用途、面积、年限、拟出让时间和应缴纳的出让金额等。

6.4 出让方案报批

市、县国土资源管理部门应当按照规定,将协议出让方案报市、县人民政府审批。

6.5 签订出让合同,公布出让结果

市、县人民政府批准后,国土资源管理部门应当按照批准的协议出让方案,依法收回原土地使用权人的《国有土地划拨决定书》或解除《国有土地租赁合同》,注销土地登记,收回原土地证书,并与申请人签订《国有土地使用权出让合同》。

《国有土地使用权出让合同》签订后,市、县国土资源管理部门应当按照5.8的规定公布协议出让结果。

6.6 办理土地登记

按5.10规定办理。

6.7 资料归档

协议出让手续全部办结后,市、县国土资源管理部门应当对宗地出让过程中的用地申请、审批、签订合同等各环节相关资料、文件进行整理,并按规定归档。应归档的宗地出让资料包括:

（1）申请人的申请材料；

（2）宗地条件及相关资料；

（3）土地评估资料；

（4）出让金额确定资料；

（5）协议出让方案；

（6）出让方案批复文件；

（7）《国有土地使用权出让合同》；

（8）协议出让公告资料；

（9）其他应归档的材料。

7 划拨土地使用权转让中的协议出让

7.1 划拨土地使用权申请转让，经市、县人民政府批准，可以由受让人办理协议出让，但《国有土地划拨决定书》、法律、法规、行政规定等明确应当收回划拨土地使用权重新公开出让的除外。

7.2 申请与受理

7.2.1 原土地使用权人应当持下列有关材料，向市、县国土资源管理部门提出划拨土地使用权转让申请：

（1）申请书；

（2）《国有土地使用证》《国有土地划拨决定书》；

（3）地上建筑物、构筑物及其他附着物的产权证明；

（4）原土地使用权人有效身份证明文件；

（5）共有房地产，应提供共有人书面同意的意见

（6）法律、法规、行政规定明确应提交的其他相关材料。

7.2.2 市、县国土资源管理部门接到申请后，应当对申请人提交的申请材料进行初审，决定是否受理。

7.3 审查，确定协议出让方案

7.3.1 审查

市、县国土资源管理部门受理申请后，应当依据相关规定对申请人提交的申请材料进行审查，并就申请地块的土地用途等征询规划管理部门意见。经审查，申请地块用途符合规划，并且符合办理协议出让手续条件的，市、县国土资源管理部门应当组织地价评估，确定应

缴纳的土地出让金额，拟订协议出让方案。

7.3.2 地价评估

市、县国土资源管理部门应当组织对申请转让地块的出让土地使用权市场价格和划拨土地使用权权益价格进行评估，估价基准期日为拟出让时点。

7.3.3 核定出让金额，拟订出让方案

市、县国土资源管理部门或国有土地使用权出让协调决策机构应当根据土地估价结果、产业政策和土地市场情况等，集体决策、综合确定办理出让手续时应缴纳土地使用权出让金额，并拟订协议出让方案。

7.3.3.1 应缴纳土地使用权出让金额应当按下式核定：

（1）转让后不改变用途等土地使用条件的

应缴纳的土地使用权出让金额 ＝ 拟出让时的出让土地使用权市场价格 － 拟出让时的划拨土地使用权权益价格

（2）转让后改变用途等土地使用条件的

应缴纳的土地使用权出让金额 ＝ 拟出让时的新土地使用条件下出让土地使用权市场价格 － 拟出让时的原土地使用条件下划拨土地使用权权益价格

7.3.3.2 协议出让方案应当包括：拟办理出让手续的地块位置、四至、用途、面积、年限、土地使用条件、拟出让时间和出让时应缴纳的出让金额等。

7.4 出让方案报批

市、县国土资源管理部门应当按照规定，将协议出让方案报市、县人民政府审批。

7.5 公开交易

协议出让方案批准后，市、县国土资源管理部门应向申请人发出《划拨土地使用权准予转让通知书》。

《划拨土地使用权准予转让通知书》应当包括准予转让的标的、原土地使用权人、转让确定受让人的要求、受让人的权利、义务、应缴纳的土地出让金等。

取得《划拨土地使用权准予转让通知书》的申请人，应当将拟转让的土地使用权在土地有

形市场等场所公开交易,确定受让人和成交价款。

7.6 签订出让合同,公布出让结果

通过公开交易确定受让方和成交价款后,转让人应当与受让人签订转让合同,约定双方的权利和义务,明确划拨土地使用权转让价款。

受让人应在达成交易后 10 日内,持转让合同、原《国有土地使用证》《划拨土地使用权准予转让通知书》、转让方和受让方的身份证明材料等,向市、县国土资源管理部门申请办理土地出让手续。

市、县国土资源管理部门应当按照批准的协议出让方案、公开交易情况等,依法收回原土地使用权人的《国有土地划拨决定书》,注销土地登记,收回原土地证书,与受让方签订《国有土地使用权出让合同》。

市、县国土资源管理部门应当按照 5.8 有关规定公布协议出让结果。

7.7 办理土地登记

按 5.10 规定办理。

7.8 资料归档

出让手续办结后,市、县国土资源管理部门应当对宗地出让过程中的用地申请、审批、交易、签订合同等各环节相关资料、文件进行整理,并按规定归档。应归档的宗地出让资料包括:

(1) 申请人的申请材料;

(2) 宗地条件及相关资料;

(3) 土地评估资料;

(4) 出让金额确定资料;

(5) 协议出让方案;

(6) 出让方案批复文件;

(7)《划拨土地使用权准予转让通知书》等相关资料;

(8) 公开交易资料及转让合同等资料;

(9)《国有土地使用权出让合同》;

(10) 协议出让公告资料;

(11) 其他应归档的材料。

8 出让土地改变用途等土地使用条件的处理

出让土地申请改变用途等土地使用条件,经出让方和规划管理部门同意,原土地使用权人可以与市、县国土资源管理部门签订《国有土地使用权出让合同变更协议》或重新签订《国有土地使用权出让合同》,调整国有土地使用权出让金,但《国有土地使用权出让合同》、法律、法规、行政规定等明确应当收回土地使用权重新公开出让的除外。原土地使用权人应当按照国有土地使用权出让合同变更协议或重新签订的国有土地使用权出让合同约定,及时补缴土地使用权出让金额,并按规定办理土地登记。

调整国有土地使用权出让金额应当根据批准改变用途等土地使用条件时的土地市场价格水平,按下式确定:

应当补缴的土地出让金额 = 批准改变时的新土地使用条件下土地使用权市场价格 - 批准改变时原土地使用条件下剩余年期土地使用权市场价格

附录A 国有土地使用权出让意向书示范文本格式

国有土地使用权出让意向书

出让人:_____省(自治区、直辖市)_____市(县)_____局(甲方);

拟受让人:_____(乙方)。

甲方与乙方本着平等、自愿、有偿、诚实信用的原则,经过双方协商一致,达成以下用地意向:

第一条 甲方将位于_____的宗地使用权出让给乙方,宗地编号为____,宗地面积(大写)_____平方米(小写_____平方米)。宗地四至:东_____,南_____、西_____,北_____。

第二条 本用地意向书项下拟出让宗地的用途为_____,土地使用权出让年期为_____年。

第三条 甲方同意在交付土地时该宗地应达到本条第_____项规定的土地条件:

(一) 达到场地平整和周围基础设施_____通,即_____。

(二) 周围基础设施达到_____通,即_____,但场地尚未拆迁和平整,建筑物和其他地上物状况如下:_____。

(三) 现状土地条件:_____。

第四条 本用地意向书项下的土地使用权出让价款为每平方米人民币_____元(大写)(¥_____);总额为人民币_____(大写)万元(¥_____),其中,国有土地使用权出让金为每平方米人民币_____元(大写)(¥_____);总额为人民币_____(大写)万元(¥_____),付款方式为_____。

第五条 乙方在本用地意向书的宗地范围内新建建筑物的,应符合下列要求:

主体建筑物性质_____;

附属建筑物性质_____;

建筑容积率_____;

建筑密度_____;

建筑限高_____;

投资强度_____;

绿地比例_____;

开工建设时间_____;

竣工时间_____;

其他土地利用要求_____。

第六条 乙方同意在本用地意向书项下的宗地范围内一并修建下列工程,并在建成后,无偿移交给政府:

(1) _____;

(2) _____。

第七条 乙方知悉本《国有土地使用权出让意向书》的内容需要在土地交易场所和中国土地市场网上公示_____日,并根据公示期满的反馈情况,按以下情况处理:

(一) 公示期间,有异议且经甲方审查发现确实存在违反法律法规行为的,协议出让程序终止。

(二) 公示期满,无异议或虽有异议但经甲方审查没有发现存在违反法律法规行为的,双方将按本意向书约定签订《国有土地使用权出让合同》。

第八条 符合本意向书第七条第二项规定条件的,双方同意于_____年___月___日在_____签订《国有土地使用权出让合同》。

第九条 未尽事宜,可由双方约定后作为附件,与本意向书具有同等法律效力。

出让人(甲方):　　　　　　　　　　拟受让人(乙方):

地址:　　　　　　　　　　　　　　　地址:

法定代表人(委托代理人)(签字):　　法定代表人(委托代理人)(签字):

电话:　　　　　　　　　　　　　　　电话:

邮政编码:　　　　　　　　　　　　　邮政编码:

　　　　　　　　　　　　　　　　　　　年　　　月　　　日

附录B　划拨土地使用权准予转让通知书示范文本格式

划拨土地使用权准予转让通知书

_____（申请人名称）：

根据你方申请，报经_____市（县）人民政府批准，准予你方目前所使用的位于_____的国有划拨土地使用权转让。该宗地面积为_____，用途为_____，宗地号为_____。请持本通知书，按规定将该宗地使用权在土地有形市场等场所公开交易，确定受让人和成交价款，并签订转让合同。

你方与受让人达成交易后10日内，双方应持转让合同、原《国有土地使用证》《划拨土地使用权准予转让通知书》、转让方和受让方的身份证明材料等，向我局申请办理土地出让手续，并由受让人与我局签订《国有土地使用权出让合同》，缴纳土地使用权出让金，土地出让金不得低于每平方米_____（大写）元（￥_____）。

本通知书有效期为_____（最长不得超过6个月）。

国土资源局（盖章）

年　　月　　日

招标拍卖挂牌出让国有土地使用权规范
（试行）

前　言

为完善国有土地使用权出让制度，规范国有土地使用权招标拍卖挂牌出让行为，统一程序和标准，优化土地资源配置，推进土地市场建设，根据《中华人民共和国土地管理法》《中华人民共和国城市房地产管理法》《中华人民共和国城镇国有土地使用权出让和转让暂行条例》《招标拍卖挂牌出让国有土地使用权规定》等规定，制定本规范。

本规范的附录B为招标拍卖挂牌出让公告应当使用的文本格式，附录A、附录C、附录D、附录E、附录F、附录G、附录H、附录I、附录J为招标拍卖挂牌出让活动中所需其他文本的示范格式。

本规范由国土资源部提出并归口。

本规范起草单位：国土资源部土地利用管理司，国土资源部土地整理中心，辽宁省国土资源厅，江苏省国土资源厅，福建省国土资源厅，山东省国土资源厅，广东省国土资源厅，深圳市国土资源和房产管理局。

本规范主要起草人员：廖永林、冷宏志、岳晓武、雷爱先、高永、谢量雄、宋玉波、黄启才、潘光明、涂高坤、王联珠、牟傲风、叶卫东、钟松钇、林立森、申亮、陈梅英、周旭、沈飞、张昉。

本规范参加起草人员（以姓氏笔画为序）：于世专、马尚、王薇、车长志、邓岳方、叶元蓬、叶东、任钊洪、关文荣、刘显祺、刘祥元、刘瑞平、朱育德、闫洪溪、严政、吴永高、吴迪、吴海洋、张万中、张英奇、李延荣、李晓娟、李晓斌、束克欣、杨玉芳、杨江正、肖建军、陈永真、陈国庆、林君衡、罗演广、祝军、胡立兵、胡红兵、赵春华、郝吉虎、高志云、徐建设、秦水龙、钱友根、梁红、黄文波、韩建国、韩洪伟、靳薇、潘洪嵩、魏成、魏莉华。

本规范由国土资源部负责解释。

1　适用范围

在中华人民共和国境内以招标、拍卖或者挂牌方式出让国有土地使用权，适用本规范；以招标、拍卖或者挂牌方式租赁国有土地使用权、出让国有土地他项权利，参照本规范执行。

以招标、拍卖或者挂牌方式转让国有土地使用权，以及依法以招标、拍卖或者挂牌方式流转农民集体建设用地使用权,可参照本规范执行。

2 引用的标准和文件

下列标准和文件所包含的条文,通过在本规范中引用而构成本规范的条文。本规范颁布时,所示版本均为有效。使用本规范的各方应使用下列各标准和文件的最新版本。

GB/T 18508—2001 《城镇土地估价规程》

国土资发〔2000〕303 号 《国有土地使用权出让合同示范文本》

国土资发〔2001〕255 号 《全国土地分类》

国土资发〔2004〕232 号 《工业建设项目用地控制指标》

3 依 据

(1)《中华人民共和国土地管理法》

(2)《中华人民共和国城市房地产管理法》

(3)《中华人民共和国城市规划法》

(4)《中华人民共和国行政许可法》

(5)《中华人民共和国合同法》

(6)《中华人民共和国城镇国有土地使用权出让和转让暂行条例》

(7)《建立健全教育、制度、监督并重的惩治和预防腐败体系实施纲要》(中发〔2005〕3 号)

(8)《国务院关于加强国有土地资产管理的通知》(国发〔2001〕15 号)

(9)《国务院关于深化改革严格土地管理的决定》(国发〔2004〕28 号)

(10)《中共中央纪委监察部关于领导干部利用职权违反规定干预和插手建设工程招投标、经营性土地使用权出让、房地产开发与经营等市场经济活动,为个人和亲友谋取私利的处理规定》(中纪发〔2004〕3 号)

(11)《招标拍卖挂牌出让国有土地使用权规定》(国土资源部令第 11 号)

4 总 则

4.1 招标拍卖挂牌出让国有土地使用权内涵

本规范所称招标出让国有土地使用权,是指市、县国土资源管理部门发布招标公告或者发出投标邀请书,邀请特定或者不特定的法人、自然人和其他组织参加国有土地使用权投标,根据投标结果确定土地使用者的行为。

本规范所称拍卖出让国有土地使用权,是指市、县国土资源管理部门发布拍卖公告,由竞买人在指定时间、地点进行公开竞价,根据出价结果确定土地使用者的行为。

本规范所称挂牌出让国有土地使用权,是指市、县国土资源管理部门发布挂牌公告,按公告规定的期限将拟出让宗地的交易条件在指定的土地交易场所挂牌公布,接受竞买人的报价申请并更新挂牌价格,根据挂牌期限截止时的出价结果或现场竞价结果确定土地使用者的行为。

4.2 招标拍卖挂牌出让国有土地使用权原则

(1)公开、公平、公正;

(2)诚实信用。

4.3 招标拍卖挂牌出让国有土地使用权范围

(1)供应商业、旅游、娱乐和商品住宅等各类经营性用地以及有竞争要求的工业用地;

(2)其他土地供地计划公布后同一宗地有两个或者两个以上意向用地者的;

(3)划拨土地使用权改变用途,《国有土地划拨决定书》或法律、法规、行政规定等明确应当收回土地使用权,实行招标拍卖挂牌出让的;

(4)划拨土地使用权转让,《国有土地划拨决定书》或法律、法规、行政规定等明确应当收回土地使用权,实行招标拍卖挂牌出让的;

(5)出让土地使用权改变用途,《国有土地使用权出让合同》约定或法律、法规、行政规定等明确应当收回土地使用权,实行招标拍卖挂牌出让的;

(6)法律、法规、行政规定明确应当招标拍卖挂牌出让的其他情形。

4.4 招标拍卖挂牌出让国有土地使用权组织实施

4.4.1 实施主体

国有土地使用权招标拍卖挂牌出让由市、县国土资源管理部门组织实施。

4.4.2 组织方式

市、县国土资源管理部门实施招标拍卖挂牌出让国有土地使用权活动，可以根据实际情况选择以下方式：

（1）市、县国土资源管理部门自行办理；

（2）市、县国土资源管理部门指定或授权下属事业单位具体承办；

（3）市、县国土资源管理部门委托具有相应资质的交易代理中介机构承办。

4.4.3 协调决策机构

国有土地使用权出让实行集体决策。市、县国土资源管理部门根据实际情况，可以成立国有土地使用权出让协调决策机构，负责协调解决出让中的相关问题，集体确定有关事项。

4.4.4 土地招标拍卖挂牌主持人

国有土地使用权招标拍卖挂牌出让活动，应当由符合国土资源部确定的土地招标拍卖挂牌主持人条件并取得资格的人员主持进行。

4.4.5 招标拍卖挂牌出让程序

（1）公布出让计划，确定供地方式；

（2）编制、确定出让方案；

（3）地价评估，确定出让底价；

（4）编制出让文件；

（5）发布出让公告；

（6）申请和资格审查；

（7）招标拍卖挂牌活动实施；

（8）签订出让合同，公布出让结果；

（9）核发《建设用地批准书》，交付土地；

（10）办理土地登记；

（11）资料归档。

4.5 地方补充规定

地方可对本规范做出补充规定或实施细则，并报上一级国土资源管理部门备案。

5 公布出让计划，确定供地方式

5.1 市、县国土资源管理部门应当将经批准的国有土地使用权出让计划向社会公布。有条件的地方可以根据供地进度安排，分阶段将国有土地使用权出让计划细化落实到地段、地块，并将相关信息及时向社会公布。国有土地使用权出让计划以及细化的地段、地块信息应当同时在中国土地市场网（www. landchina. com）上公布。

5.2 市、县国土资源管理部门公布国有土地使用权出让计划、细化的地段、地块信息，应当同时明确用地者申请用地的途径和方式，公开接受用地申请。

5.3 需要使用土地的单位和个人（以下简称意向用地者）应当根据公布的国有土地使用权出让计划、细化的地段、地块信息以及自身用地需求，向市、县国土资源管理部门提出用地申请。

5.4 用地预申请

为充分了解市场需求情况，科学合理安排供地规模和进度，有条件的地方，可以建立用地预申请制度。单位和个人对列入招标拍卖挂牌出让计划内的具体地块有使用意向的，可以提出用地预申请，并承诺愿意支付的土地价格。市、县国土资源管理部门认为其承诺的土地价格和条件可以接受的，应当根据土地出让计划和土地市场情况，适时组织实施招标拍卖挂牌出让活动，并通知提出该宗地用地预申请的单位或个人参加。提出用地预申请的单位、个人，应当参加该宗地竞投或竞买，且报价不得低于其承诺的土地价格。

5.5 根据意向用地者申请情况，符合4.3规定条件的土地使用权出让，应当采取招标拍卖挂牌方式。对不能确定是否符合4.3规定条件的具体宗地，可由国有土地使用权出让协调决策机构集体认定。

对具有综合目标或特定社会、公益建设条件、开发建设要求较高、仅有少数单位和个人可能有受让意向的土地使用权出让，可以采取招标方式，按照综合条件最佳者得的原则确定受让人；其他的土地使用权出让，应当采取招标、拍卖或挂牌方式，按照价高者得的原则确定受让人。

采用招标方式出让国有土地使用权的，应当采取公开招标方式。对土地使用者有严格的限制和特别要求的,可以采用邀请招标方式。

6 编制、确定出让方案

6.1 编制招标拍卖挂牌出让方案

市、县国土资源管理部门应当会同城市规划管理等有关部门,依据国有土地使用权出让计划、城市规划等,编制国有土地使用权招标拍卖挂牌出让方案。

国有土地使用权招标拍卖挂牌出让方案应当包括:拟出让地块的具体位置、四至、用途、面积、年限、土地使用条件、供地时间、供地方式、建设时间等。属于综合用地的,应明确各类具体用途、所占面积及其各自的出让年期。对于各用途不动产之间可以分割,最终使用者为不同单位、个人的,应当按照综合用地所包含的具体土地用途分别确定出让年期;对于多种用途很难分割、最终使用者唯一的,也可以统一按照综合用地最高出让年限 50 年确定出让年期。

6.2 招标拍卖挂牌出让方案报批

国有土地使用权招标拍卖挂牌出让方案应按规定报市、县人民政府批准。

7 地价评估,确定出让底价

7.1 地价评估

市、县国土资源管理部门应当根据拟出让地块的条件和土地市场情况,依据《城镇土地估价规程》,组织对拟出让地块的正常土地市场价格进行评估。

地价评估由市、县国土资源管理部门或其所属事业单位组织进行,根据需要也可以委托具有土地估价资质的土地或不动产评估机构进行。

7.2 确定底价

有底价出让的,市、县国土资源管理部门或国有土地使用权出让协调决策机构应当根据土地估价结果、产业政策和土地市场情况等,集体决策,综合确定出让底价和投标、竞买保证金。招标出让的,应当同时确定标底;拍卖和挂牌出让的,应当同时确定起叫价、起始价等。

标底、底价确定后,在出让活动结束之前

应当保密,任何单位和个人不得泄露。

8 编制出让文件

市、县国土资源管理部门应当根据经批准的招标拍卖挂牌出让方案,组织编制国有土地使用权招标拍卖挂牌出让文件。

8.1 招标出让文件应当包括:

(1)招标出让公告或投标邀请书

(2)招标出让须知

(3)标书

(4)投标申请书

(5)宗地界址图

(6)宗地规划指标要求

(7)中标通知书

(8)国有土地使用权出让合同

(9)其他相关文件

8.2 拍卖出让文件应当包括:

(1)拍卖出让公告

(2)拍卖出让须知

(3)竞买申请书

(4)宗地界址图

(5)宗地规划指标要求

(6)成交确认书

(7)国有土地使用权出让合同

(8)其他相关文件

8.3 挂牌出让文件应当包括:

(1)挂牌出让公告

(2)挂牌出让须知

(3)竞买申请书

(4)挂牌竞买报价单

(5)宗地界址图

(6)宗地规划指标要求

(7)成交确认书

(8)国有土地使用权出让合同

(9)其他相关文件

9 发布出让公告

9.1 发布公告

国有土地使用权招标拍卖挂牌出让公告应当由市、县国土资源管理部门发布。出让公告应当通过中国土地市场网和当地土地有形市场发布,也可同时通过报刊、电视台等媒体公开发布。

出让公告应当至少在招标拍卖挂牌活动开始前 20 日发布,以首次发布的时间为起始日。

经批准的出让方案已明确招标、拍卖、挂牌具体方式的,应当发布具体的"国有土地使用权招标出让公告""国有土地使用权拍卖出让公告"或"国有土地使用权挂牌出让公告";经批准的出让方案未明确招标、拍卖、挂牌具体方式的,可以发布"国有土地使用权公开出让公告",发布公开出让公告的,应当明确根据申请截止时的申请情况确定具体的招标、拍卖或挂牌方式。

出让公告可以是单宗地的公告,也可以是多宗地的联合公告。

9.2 公告内容

9.2.1 招标出让公告应当包括以下内容:

(1) 出让人的名称、地址、联系电话等,授权或指定下属事业单位以及委托代理机构进行招标的,还应注明其机构的名称、地址和联系电话等;

(2) 招标地块的位置、面积、用途、开发程度、规划指标要求、土地使用年限和建设时间等;

(3) 投标人的资格要求及申请取得投标资格的办法;

(4) 获取招标文件的时间、地点及方式;

(5) 招标活动实施时间、地点,投标期限、地点和方式等;

(6) 确定中标人的标准和方法;

(7) 支付投标保证金的数额、方式和期限;

(8) 其他需要公告的事项。

9.2.2 拍卖出让公告应当包括以下内容:

(1) 出让人的名称、地址、联系电话等,授权或指定下属事业单位以及委托代理机构进行拍卖的,还应注明其名称、地址和联系电话等;

(2) 拍卖地块的位置、面积、用途、开发程度、规划指标要求、土地使用年限和建设时间等;

(3) 竞买人的资格要求及申请取得竞买资格的办法;

(4) 获取拍卖文件的时间、地点及方式;

(5) 拍卖会的地点、时间和竞价方式;

(6) 支付竞买保证金的数额、方式和期限;

(7) 其他需要公告的事项。

9.2.3 挂牌出让公告应当包括以下内容:

(1) 出让人的名称、地址、联系电话等,授权或指定下属事业单位以及委托代理机构进行挂牌的,还应注明其机构名称、地址和联系电话等;

(2) 挂牌地块的位置、面积、用途、开发程度、规划指标要求、土地使用年限和建设时间等;

(3) 竞买人的资格要求及申请取得竞买资格的办法;

(4) 获取挂牌文件的时间、地点及方式;

(5) 挂牌地点和起止时间;

(6) 支付竞买保证金的数额、方式和期限;

(7) 其他需要公告的事项。

9.3 公告调整

公告期间,出让公告内容发生变化的,市、县国土资源管理部门应当按原公告发布渠道及时发布补充公告。涉及土地使用条件变更等影响土地价格的重大变动,补充公告发布时间距招标拍卖挂牌活动开始时间少于 20 日的,招标拍卖挂牌活动相应顺延。

发布补充公告的,市、县国土资源管理部门应当书面通知已报名的申请人。

10 申请和资格审查

10.1 申请人

国有土地使用权招标拍卖挂牌出让的申请人,可以是中华人民共和国境内外的法人、自然人和其他组织,但法律法规对申请人另有限制的除外。

申请人可以单独申请,也可以联合申请。

10.2 申请

申请人应在公告规定期限内交纳出让公告规定的投标、竞买保证金,并根据申请人类型,持相应文件向出让人提出竞买、竞投申请:

（1）法人申请的，应提交下列文件：

① 申请书；

② 法人单位有效证明文件；

③ 法定代表人的有效身份证明文件；

④ 申请人委托他人办理的，应提交授权委托书及委托代理人的有效身份证明文件；

⑤ 保证金交纳凭证；

⑥ 招标拍卖挂牌文件规定需要提交的其他文件。

（2）自然人申请的，应提交下列文件：

① 申请书；

② 申请人有效身份证明文件；

③ 申请人委托他人办理的，应提交授权委托书及委托代理人的身份证明文件；

④ 保证金交纳凭证；

⑤ 招标拍卖挂牌文件规定需要提交的其他文件。

（3）其他组织申请的，应提交下列文件：

① 申请书；

② 表明该组织合法存在的文件或有效证明；

③ 表明该组织负责人身份的有效证明文件；

④ 申请人委托他人办理的，应提交授权委托书及委托代理人的身份证明文件；

⑤ 保证金交纳凭证；

⑥ 招标拍卖挂牌文件规定需要提交的其他文件。

（4）境外申请人申请的，应提交下列文件：

① 申请书；

② 境外法人、自然人、其他组织的有效身份证明文件；

③ 申请人委托他人办理的，应提交授权委托书及委托代理人的有效身份证明文件；

④ 保证金交纳凭证；

⑤ 招标拍卖挂牌文件规定需要提交的其他文件。

上述文件中，申请书必须用中文书写，其他文件可以使用其他语言，但必须附中文译本，所有文件的解释以中文译本为准。

（5）联合申请的，应提交下列文件：

① 联合申请各方共同签署的申请书；

② 联合申请各方的有效身份证明文件；

③ 联合竞买、竞投协议，协议要规定联合各方的权利、义务，包括联合各方的出资比例，并明确签订《国有土地使用权出让合同》时的受让人；

④ 申请人委托他人办理的，应提交授权委托书及委托代理人的有效身份证明文件；

⑤ 保证金交纳凭证；

⑥ 招标拍卖挂牌文件规定需要提交的其他文件。

（6）申请人竞得土地后，拟成立新公司进行开发建设的，应在申请书中明确新公司的出资构成、成立时间等内容。出让人可以根据招标拍卖挂牌出让结果，先与竞得人签订《国有土地使用权出让合同》，在竞得人按约定办理完新公司注册登记手续后，再与新公司签订《国有土地使用权出让合同变更协议》；也可按约定直接与新公司签订《国有土地使用权出让合同》。

10.3 受理申请及资格审查

出让人应当对出让公告规定的时间内收到的申请进行审查。

经审查，有下列情形之一的，为无效申请：

（1）申请人不具备竞买资格的；

（2）未按规定交纳保证金的；

（3）申请文件不齐全或不符合规定的；

（4）委托他人代理但委托文件不齐全或不符合规定的；

（5）法律法规规定的其他情形。

经审查，符合规定条件的，应当确认申请人的投标或竞买资格，并通知其参加招标拍卖挂牌活动。采用招标或拍卖方式的，取得投标或竞买资格者不得少于3个。

10.4 出让人应当对申请人的情况进行保密。

10.5 申请人对招标拍卖挂牌文件有疑问的，可以书面或者口头方式向出让人咨询，出让人应当为申请人咨询以及查询出让地块有关情况提供便利。根据需要，出让人可以组织申请人对拟出让地块进行现场踏勘。

11　招标拍卖挂牌活动实施——招标

11.1　投标

市、县国土资源管理部门应当按照出让公告规定的时间、地点组织招标投标活动。投标活动应当由土地招标拍卖挂牌主持人主持进行。

投标开始前，招标主持人应当现场组织开启标箱，检查标箱情况后加封。

投标人应当在规定的时间将标书及其他文件送达指定的投标地点，经招标人登记后，将标书投入标箱。

招标公告允许邮寄投标文件的，投标人可以邮寄，但以招标人在投标截止时间前收到的方为有效。招标人登记后，负责在投标截止时间前将标书投入标箱。

投标人投标后，不可撤回投标文件，并对投标文件和有关书面承诺承担责任。投标人可以对已提交的投标文件进行补充说明，但应在招标文件要求提交投标文件的截止时间前书面通知招标人并将补充文件送达至投标地点。

11.2　开标

招标人按照招标出让公告规定的时间、地点开标，邀请所有投标人参加。开标应当由土地招标拍卖挂牌主持人主持进行。招标主持人邀请投标人或其推选的代表检查标箱的密封情况，当众开启标箱。

标箱开启后，招标主持人应当组织逐一检查标箱内的投标文件，经确认无误后，由工作人员当众拆封，宣读投标人名称、投标价格和投标文件的其他主要内容。

开标过程应当记录。

11.3　评标

按照价高者得的原则确定中标人的，可以不成立评标小组。按照综合条件最佳者得的原则确定中标人的，招标人应当成立评标小组进行评标。

11.3.1　评标小组由出让人、有关专家组成，成员人数为5人以上的单数。有条件的地方，可建立土地评标专家库，每次评标前随机从专家库中抽取评标小组专家成员。

11.3.2　招标人应当采取必要的措施，保证评标在严格保密的情况下进行。

11.3.3　评标小组可以要求投标人对投标文件中含义不明确的内容做出必要的澄清或者说明，但澄清或者说明不得超出投标文件的范围或者改变投标文件的实质性内容。

11.3.4　评标小组对投标文件进行有效性审查。有下列情形之一的，为无效投标文件：

（1）投标文件未密封的；

（2）投标文件未加盖投标人印鉴，也未经法定代表人签署的；

（3）投标文件不齐备、内容不全或不符合规定的；

（4）投标人对同一个标的有两个或两个以上报价的；

（5）委托投标但委托文件不齐全或不符合规定的；

（6）评标小组认为投标文件无效的其他情形。

11.3.5　评标要求

评标小组应当按照招标文件确定的评标标准和方法，对投标文件进行综合评分，根据综合评分结果确定中标候选人。

评标小组应当根据评标结果，按照综合评分高低确定中标候选人排序，但低于底价或标底者除外。同时有两个或两个以上申请人的综合评分相同的，按报价高低排名，报价也相同的，可以由综合评分相同的申请人通过现场竞价确定排名顺序。投标人的投标价均低于底价或投标条件均不能够满足标底要求的，投标活动终止。

11.4　定标

招标人应当根据评标小组推荐的中标候选人确定中标人。招标人也可以授权评标小组直接确定中标人。

按照价高者得的原则确定中标人的，由招标主持人根据开标结果，直接宣布报价最高且不低于底价者为中标人。有两个或两个以上申请人的报价相同且同为最高报价的,可以由相同报价的申请人在限定时间内再行报价,或者采取现场竞价方式确定中标人。

11.5 发出《中标通知书》

确定中标人后,招标人应当向中标人发出《中标通知书》,并同时将中标结果通知其他投标人。

《中标通知书》应包括招标人与中标人的名称,出让标的,成交时间、地点、价款,以及双方签订《国有土地使用权出让合同》的时间、地点等内容。

《中标通知书》对招标人和中标人具有法律效力,招标人改变中标结果,或者中标人不按约定签订《国有土地使用权出让合同》、放弃中标宗地的,应当承担法律责任。

12 招标拍卖挂牌活动实施——拍卖

12.1 市、县国土资源管理部门应当按照出让公告规定的时间、地点组织拍卖活动。拍卖活动应当由土地招标拍卖挂牌主持人主持进行。

12.2 拍卖会按下列程序进行:

(1)拍卖主持人宣布拍卖会开始;

(2)拍卖主持人宣布竞买人到场情况;

设有底价的,出让人应当现场将密封的拍卖底价交给拍卖主持人,拍卖主持人现场开启密封件。

(3)拍卖主持人介绍拍卖地块的位置、面积、用途、使用年限、规划指标要求、建设时间等;

(4)拍卖主持人宣布竞价规则

拍卖主持人宣布拍卖宗地的起叫价、增价规则和增价幅度,并明确提示是否设有底价。在拍卖过程中,拍卖主持人可根据现场情况调整增价幅度。

(5)拍卖主持人报出起叫价,宣布竞价开始;

(6)竞买人举牌应价或者报价;

(7)拍卖主持人确认该竞买人应价或者报价后继续竞价;

(8)拍卖主持人连续三次宣布同一应价或

报价而没有人再应价或出价,且该价格不低于底价的,拍卖主持人落槌表示拍卖成交,拍卖主持人宣布最高应价者为竞得人。成交结果对拍卖人、竞得人和出让人均具有法律效力。最高应价或报价低于底价的,拍卖主持人宣布拍卖终止。

12.3 签订《成交确认书》

确定竞得人后,拍卖人与竞得人当场签订《成交确认书》。拍卖人或竞得人不按规定签订《成交确认书》的,应当承担法律责任。竞得人拒绝签订《成交确认书》也不能对抗拍卖成交结果的法律效力。

《成交确认书》应包括拍卖人与竞得人的名称,出让标的,成交时间、地点、价款,以及双方签订《国有土地使用权出让合同》的时间、地点等内容。

《成交确认书》对拍卖人和竞得人具有法律效力,拍卖人改变拍卖结果的,或者竞得人不按约定签订《国有土地使用权出让合同》、放弃竞得宗地的,应当承担法律责任。

拍卖过程应当制作拍卖笔录。

13 招标拍卖挂牌活动实施——挂牌

市、县国土资源管理部门应当按照出让公告规定的时间、地点组织挂牌活动。挂牌活动应当由土地招标拍卖挂牌主持人主持进行。

13.1 公布挂牌信息

在挂牌公告规定的挂牌起始日,挂牌人将挂牌宗地的位置、面积、用途、使用年期、规划指标要求、起始价、增价规则及增价幅度等,在挂牌公告规定的土地交易地点挂牌公布。挂牌时间不得少于10个工作日。

13.2 竞买人报价

符合条件的竞买人应当填写报价单报价。有条件的地方,可以采用计算机系统报价。

竞买人报价有下列情形之一的,为无效报价:

(1)报价单未在挂牌期限内收到的;

(2)不按规定填写报价单的;

(3)报价单填写人与竞买申请文件不符的;

（4）报价不符合报价规则的；

（5）报价不符合挂牌文件规定的其他情形。

13.3　确认报价

挂牌主持人确认该报价后，更新显示挂牌价格，继续接受新的报价。有两个或两个以上竞买人报价相同的，先提交报价单者为该挂牌价格的出价人。

13.4　挂牌截止

挂牌截止应当由挂牌主持人主持确定。设有底价的，出让人应当在挂牌截止前将密封的挂牌底价交给挂牌主持人，挂牌主持人现场打开密封件。在公告规定的挂牌截止时间，竞买人应当出席挂牌现场，挂牌主持人宣布最高报价及其报价者，并询问竞买人是否愿意继续竞价。

13.4.1　挂牌主持人连续三次报出最高挂牌价格，没有竞买人表示愿意继续竞价的，挂牌主持人宣布挂牌活动结束，并按下列规定确定挂牌结果：

（1）最高挂牌价格不低于底价的，挂牌主持人宣布挂牌出让成交，最高挂牌价格的出价人为竞得人；

（2）最高挂牌价格低于底价的，挂牌主持人宣布挂牌出让不成交。

13.4.2　有竞买人表示愿意继续竞价的，即属于挂牌截止时有两个或两个以上竞买人要求报价的情形，挂牌主持人应当宣布挂牌出让转入现场竞价，并宣布现场竞价的时间和地点，通过现场竞价确定竞得人。

13.5　现场竞价

现场竞价应当由土地招标拍卖挂牌主持人主持进行，取得该宗地挂牌竞买资格的竞买人均可参加现场竞价。现场竞价按下列程序举行：

（1）挂牌主持人应当宣布现场竞价的起始价、竞价规则和增价幅度，并宣布现场竞价开始。现场竞价的起始价为挂牌活动截止时的最高报价增加一个加价幅度后的价格。

（2）参加现场竞价的竞买人按照竞价规则应价或报价。

（3）挂牌主持人确认该竞买人应价或者报价后继续竞价。

（4）挂牌主持人连续三次宣布同一应价或报价而没有人再应价或出价，且该价格不低于底价的，挂牌主持人落槌表示现场竞价成交，宣布最高应价或报价者为竞得人。成交结果对竞得人和出让人均具有法律效力。最高应价或报价低于底价的，挂牌主持人宣布现场竞价终止。

在现场竞价中无人参加竞买或无人应价或出价的，以挂牌截止时出价最高者为竞得人，但低于挂牌出让底价者除外。

13.6　签订《成交确认书》

确定竞得人后，挂牌人与竞得人当场签订《成交确认书》。挂牌人或竞得人不按规定签订《成交确认书》的，应当承担法律责任。竞得人拒绝签订《成交确认书》也不能对抗挂牌成交结果的法律效力。

《成交确认书》应包括挂牌人与竞得人的名称，出让标的，成交时间、地点、价款，以及双方签订《国有土地使用权出让合同》的时间、地点等内容。

《成交确认书》对挂牌人和竞得人具有法律效力，挂牌人改变挂牌结果的，或者竞得人不按规定签订《国有土地使用权出让合同》、放弃竞得宗地的，应当承担法律责任。

挂牌过程应当制作挂牌笔录。

14　签订出让合同，公布出让结果

14.1　签订《国有土地使用权出让合同》

招标拍卖挂牌出让活动结束后，中标人、竞得人应按照《中标通知书》或《成交确认书》的约定，与出让人签订《国有土地使用权出让合同》。

14.2　中标人、竞得人支付的投标、竞买保证金，在中标或竞得后转作受让地块的定金。其他投标人、竞买人交纳的投标、竞买保证金，出让人应在招标拍卖挂牌活动结束后5个工作日内予以退还，不计利息。

14.3　公布出让结果

招标拍卖挂牌活动结束后10个工作日内，出让人应当将招标拍卖挂牌出让结果通过中国土地市场网以及土地有形市场等指定场所向社会公布。

公布出让结果应当包括土地位置、面积、用途、开发程度、土地级别、容积率、出让年限、供地方式、受让人、成交价格和成交时间等内容。

出让人公布出让结果,不得向受让人收取费用。

15 核发《建设用地批准书》,交付土地

市、县国土资源管理部门向受让人核发《建设用地批准书》,并按照《国有土地使用权出让合同》《建设用地批准书》确定的时间和条件将出让土地交付给受让人。

16 办理土地登记

受让人按照《国有土地使用权出让合同》约定付清全部国有土地使用权出让金,依法申请办理土地登记,领取《国有土地使用证》,取得国有土地使用权。

17 资料归档

出让手续全部办结后,市、县国土资源管

理部门应当对宗地出让过程中的用地申请、审批、招标拍卖挂牌活动、签订合同等各环节相关资料、文件进行整理,并按规定归档。应归档的宗地出让资料包括:

(1)申请人的申请材料;

(2)宗地条件及相关资料;

(3)宗地评估资料;

(4)宗地出让底价及集体决策记录;

(5)宗地招标拍卖挂牌出让方案;

(6)宗地出让方案批复文件;

(7)招标拍卖挂牌出让文件;

(8)招标拍卖挂牌活动实施过程的记录资料;

(9)《中标通知书》或《成交确认书》;

(10)《国有土地使用权出让合同》及出让结果公布资料;

(11)其他应归档的材料。

附录 A　国有土地使用权出让预申请书示范文本

国有土地使用权出让预申请书

_____国土资源局:

我方现申请受让位于_____(位置)编号为_____的地块地段中_____平方米的土地使用权,具体四至为:_____。该地块已列入你局公布的招标拍卖挂牌出让计划。我方愿意以_____元/平方米,总计人民币_____万元(大写)(¥_____)为最低出价,若获你局同意,我方愿意签订说明此意的承诺书,交纳相应的保证金,并按要求参加你局组织的此宗地招标拍卖挂牌出让活动。

申　请　人:　　　　　　　(加盖公章)

法定代表人(或授权委托代理人)签名:

联　系　人:

地　　　址:

邮政编码:

电　　　话:

申请日期:　　　年　　　月　　　日

附录 B 国有土地使用权出让公告文本格式

1. 国有土地使用权招标出让公告格式

国土资源局国有土地使用权招标出让公告

告字[   ]   号

经_____人民政府批准,_____国土资源局决定以招标方式出让_____(幅)地块的国有土地使用权。现将有关事项公告如下:

一、招标出让地块的基本情况和规划指标要求

编号 土地位置	土地面积 (m²)	土地用途	规划指标要求		出让年限 (年)	投资强度要求	投标保证金
			容积率	建筑密度			

[其他需要说明的宗地情况]

二、中华人民共和国境内外的法人、自然人和其他组织均可申请参加,申请人应当[可以]单独申请[,也可以联合申请]。[申请人应具备的其他条件]

三、本次国有土地使用权招标出让按照价高者得原则确定中标人[本次国有土地使用权招标出让按照能够最大限度地满足招标文件中规定的各项综合评价标准者得的原则确定中标人]。

四、本次招标出让的详细资料和具体要求,见招标出让文件。申请人可于_____年____月____日至_____年____月____日,到_____(地点)获取招标出让文件。

五、申请人可于_____年____月____日至_____年____月____日,到_____(地点)向我局提交书面申请。交纳投标保证金的截止时间为_____年____月____日____时。

经审查,申请人按规定交纳投标保证金,具备申请条件的,我局将在_____年____月____日____时前确认其投标资格。

六、本次国有土地使用权招标出让活动定于_____年____月____日____时至_____年____月____日____时在_____(地点)投标,_____年____月____日____时在_____(地点)开标。

七、其他需要公告的事项

(一)本次招标不允许[允许]邮寄投标文件[,但必须在投标截止时间前收到方为有效,具体时间以我局收到投标文件的时间为准]。

......

八、联系方式与银行账户

联系地址:

联系电话:

联 系 人:

开户单位：

开　户　行：

账　　　号：

国土资源局

年　　月　　日

2. 投标邀请书格式

国土资源局国有土地使用权投标邀请书

_____（被邀请单位名称）：

经_____人民政府批准，_____国土资源局决定采取邀请招标方式出让_____（幅）地块的国有土地使用权，现邀请你单位参加投标。具体事项如下：

招标出让地块的基本情况和规划指标要求

编号 土地位置	土地面积（m²）	土地用途	规划指标要求		出让年限（年）	投资强度要求	投标保证金
			容积率	建筑密度			

［其他需要说明的宗地情况］

二、投标人应具备以下条件：

三、本次国有土地使用权招标出让按照能够最大限度地满足招标文件中规定的各项综合评价标准者得的原则确定中标人。

四、本次招标出让的详细资料和具体要求，见招标出让文件。你单位若愿意参加此次投标活动，可于_____年___月___日至_____年___月___日到_____（地点）获取招标文件。

五、你单位可于_____年___月___日至_____年___月___日到_____（地点）向我局提交书面申请。交纳投标保证金的截止时间为_____年___月___日___时。

经审查，你单位按规定交纳投标保证金，具备申请条件的，我局将在_____年___月___日___时前确认投标资格。

六、本次国有土地使用权招标出让活动定于_____年___月___日___时至_____年___月___日___时在_____（地点）投标，_____年___月___日___时在_____（地点）开标。

七、其他需要注意的事项

（一）本次招标不允许［允许］邮寄投标文件［，但必须在投标截止时间前收到方为有效，具体时间以我局收到投标文件的时间为准］。

……

八、联系方式与银行账户

联系地址:

联系电话:

联 系 人:

开户单位:

开 户 行:

账　　号:

国土资源局

年　　月　　日

3. 国有土地使用权拍卖出让公告格式

国土资源局国有土地使用权拍卖出让公告

告字〔　　　〕　　　号

经_____人民政府批准,_____国土资源局决定以拍卖方式出让_____(幅)地块的国有土地使用权。现将有关事项公告如下:

一、拍卖出让地块的基本情况和规划指标要求

编号	土地面积	土地用途	规划指标要求		出让年限	投资强度	投标保证金
土地位置	(m²)		容积率	建筑密度	(年)	要求	

〔其他需要说明的宗地情况〕

二、中华人民共和国境内外的法人、自然人和其他组织均可申请参加,申请人应当〔可以〕单独申请〔,也可以联合申请〕。〔申请人应具备的其他条件〕

三、本次国有土地使用权拍卖出让采用增价拍卖方式,按照价高者得原则确定竞得人。

四、本次拍卖出让的详细资料和具体要求,见拍卖出让文件。申请人可于_____年____月___日至_____年___月___日,到_____(地点)获取拍卖出让文件。

五、申请人可于_____年___月___日至_____年____月___日,到_____(地点)向我局提交书面申请。交纳竞买保证金的截止时间为_____年___月___日___时。

经审查,申请人按规定交纳竞买保证金,具备申请条件的,我局将在_____年___月___日___时前确认其竞买资格。

六、本次国有土地使用权拍卖会定于_____年___月___日___时在_____(地点)举办。

七、其他需要公告的事项

……

八、联系方式与银行账户

联系地址：

联系电话：

联 系 人：

开户单位：

开 户 行：

账 号：

国土资源局

年 月 日

4. 国有土地使用权挂牌出让公告格式

国土资源局国有土地使用权挂牌出让公告

告字〔 〕 号

经_____人民政府批准，_____国土资源局决定以挂牌方式出让_____(幅)地块的国有土地使用权。现将有关事项公告如下：

一、挂牌出让地块的基本情况和规划指标要求

编号 土地位置	土地面积 （m²）	土地用途	规划指标要求		出让年限 （年）	投资强度 要求	投标保证金
			容积率	建筑密度			

〔其他需要说明的宗地情况〕

二、中华人民共和国境内外的法人、自然人和其他组织均可申请参加,申请人应当〔可以〕单独申请〔,也可以联合申请〕。〔申请人应具备的其他条件。〕

三、本次国有土地使用权挂牌出让按照价高者得原则确定竞得人。

四、本次挂牌出让的详细资料和具体要求,见挂牌出让文件。申请人可于_____年____月___日至_____年___月___日,到_____(地点)获取挂牌出让文件。

五、申请人可于_____年___月___日至_____年___月___日,到_____(地点)向我局提交书面申请。交纳竞买保证金的截止时间为_____年___月___日___时。

经审查,申请人按规定交纳竞买保证金,具备申请条件的,我局将在_____年___月___日___时前确认其竞买资格。

六、本次国有土地使用权挂牌地点为_____;各地块挂牌时间分别:

1. ___号地块：_____年___月___日___时至_____年___月___日___时;

2. ____号地块：_____年____月____日____时至_____年____月____日____时；

……

七、其他需要公告的事项

（一）挂牌时间截止时,有竞买人表示愿意继续竞价,转入现场竞价,通过现场竞价确定竞得人。

……

八、联系方式与银行账户

联系地址：

联系电话：

联 系 人：

开户单位：

开 户 行：

账　　号：

国土资源局
年　　月　　日

5. 国有土地使用权公开出让公告格式

国土资源局国有土地使用权公开出让公告

告字[　　]　号

经_____人民政府批准,_____国土资源局决定公开出让_____(幅)地块的国有土地使用权。现将有关事项公告如下：

一、公开出让地块的基本情况和规划指标要求

编号 土地位置	土地面积 （m²）	土地用途	规划指标要求		出让年限 （年）	投资强度 要求	投标保证金
			容积率	建筑密度			

[其他需要说明的宗地情况]

二、中华人民共和国境内外的法人、自然人和其他组织均可申请参加,申请人应当[可以]单独申请[,也可以联合申请]。[申请人应具备的其他条件]

三、我局将根据申请截止时的申请情况,在_____年____月____日____时确定上述宗地公开出让的具体方式(招标、拍卖或挂牌),并告知所有申请人。

本次国有土地使用权公开出让按照价高者得原则确定受让人。

四、本次公开出让的详细资料和具体要求,见公开出让文件。申请人可于_____年____月____日至_____年____月____日,到_____(地点)获取出让文件。

五、申请人可于_____年____月____日至_____年____月____日,到_____(地点)向我局提交书面申请。交纳投标、竞买保证金的截止时间为_____年____月____日____时。

经审查,申请人按规定交纳投标、竞买保证金,具备申请条件的,我局将在_____年____月____日____时前确认其投标、竞买资格。

六、公开出让的时间为_____年___月___日___时,地点为_____。

七、其他需要公告的事项

……

八、联系方式与银行账户

联系地址:

联系电话:

联 系 人:

开户单位:

开 户 行:

账　　号:

国土资源局

年　　月　　日

附录 C

国有土地使用权出让须知示范文本

1. 国有土地使用权招标出让须知示范文本

国有土地使用权招标出让须知

根据《中华人民共和国土地管理法》《中华人民共和国城市房地产管理法》《中华人民共和国城镇国有土地使用权出让和转让暂行条例》《招标拍卖挂牌出让国有土地使用权规定》以及《招标拍卖挂牌出让国有土地使用权规范》等有关规定,经_____人民政府批准,_____国土资源局决定以招标方式公开出让_____(幅)地块的国有土地使用权。

一、此次国有土地使用权招标出让的出让人为_____国土资源局,具体组织实施由我局[自行办理][指定/授权下属事业单位_____土地交易中心承办][委托_____公司承办]。

二、此次国有土地使用权招标出让遵循公开、公平、公正和诚实信用原则。

三、出让地块的基本情况及规划指标要求:

(一)地块位置:_____;

(二)地块范围:_____;

(三)出让面积:_____;

(四)土地用途:_____;

(五)规划容积率:_____;

（六）规划建筑密度：_____；

（七）绿地率：_____；

（八）土地开发程度：_____；

（九）土地使用权出让年期：_____年；

（十）投资强度要求等土地使用标准：_____；

（十一）动工及竣工时间：_____；

……

四、投标资格及要求

中华人民共和国境内外的法人、自然人和其他组织均可申请参加，[申请人应具备的其他条件]。申请人应当[可以]单独申请[，也可以联合申请]。

交纳投标保证金的截止时间为_____年___月___日___时。上述宗地的投标保证金分别为：

1. ___号地块为人民币_____万元(大写)(￥_____)；

2. ___号地块为人民币_____万元(大写)(￥_____)；

……

五、申请和资格审查

（一）招标文件取得

申请人可于_____年___月___日至_____年___月___日，到_____(地点)获取本次招标出让文件，具体包括：

（1）招标出让公告；

（2）招标出让须知；

（3）标书；

（4）投标申请书；

（5）宗地界址图；

（6）宗地规划指标要求；

（7）中标通知书；

（8）国有土地使用权出让合同；

（9）其他相关文件。

（二）提交申请

申请人可于_____年___月___日至_____年___月___日，到_____(地点)向我局提交书面申请。申请文件包括：

1. 法人申请的，应提交下列文件：

（1）申请书；

（2）法人单位有效证明文件；

（3）法定代表人的有效身份证明文件；

（4）申请人委托他人办理的，应提交授权委托书及委托代理人的有效身份证明文件；

（5）投标保证金交纳凭证；

（6）招标文件规定需要提交的其他文件。

2. 自然人申请的，应提交下列文件：

（1）申请书；

（2）申请人有效身份证明文件；

（3）申请人委托他人办理的，应提交授权委托书及委托代理人的身份证明文件；

（4）投标保证金交纳凭证；

（5）招标文件规定需要提交的其他文件。

3．其他组织申请的，应提交下列文件：

（1）申请书；

（2）表明该组织合法存在的文件或有效证明；

（3）表明该组织负责人身份的有效证明文件；

（4）申请人委托他人办理的，应提交授权委托书及委托代理人的身份证明文件；

（5）投标保证金交纳凭证；

（6）招标文件规定需要提交的其他文件。

4．境外申请人申请的，应提交下列文件：

（1）申请书；

（2）境外法人、自然人、其他组织的有效身份证明文件；

（3）申请人委托他人办理的，应提交授权委托书及委托代理人的有效身份证明文件；

（4）投标保证金交纳凭证；

（5）招标文件规定需要提交的其他文件。

上述文件中，申请书必须用中文书写，其他文件可以使用其他语言，但必须附中文译本，所有文件的解释以中文译本为准。

5．联合申请的，应提交下列文件：

（1）联合申请各方共同签署的申请书；

（2）联合申请各方的有效身份证明文件；

（3）联合竞投协议，协议要规定联合各方的权利、义务，并明确签订《国有土地使用权出让合同》时的受让人；

（4）申请人委托他人办理的，应提交授权委托书及委托代理人的有效身份证明文件；

（5）投标保证金交纳凭证；

（6）招标文件规定需要提交的其他文件。

（三）资格审查

我局负责对招标出让公告规定的时间内收到的申请进行审查。按规定交纳投标保证金、通过资格审查的，方能取得有效投标资格。

经审查，有下列情形之一的，为无效申请：

（1）申请人不具备投标资格的；

（2）未按规定交纳投标保证金的；

（3）申请文件不齐全或不符合规定的；

（4）委托他人代理，委托文件不齐全或不符合规定的；

（5）法律法规规定的其他情形。

（四）确认投标人资格

经审查，申请人按规定交纳投标保证金、具备申请条件的，我局将在＿＿＿年＿＿月＿＿日＿＿＿时前发给《投标资格确认书》，并通知其参加招标活动。通过资格审查的申请人少于3人的，我局将依照有关规定，终止招标活动。

（五）答疑及现场踏勘

申请人对招标出让文件有疑问的，可以书面或者口头方式向我局咨询。我局于_____年___月___日组织申请人对拟出让地块进行现场踏勘。

六、招标程序

（一）投标

本次国有土地使用权投标活动将于_____年___月___日___时至____时在_____（地点）举行。标箱从当日____时整起开始设立于_____。

投标具体程序如下：

1. 投标开始前，招标主持人现场组织开启标箱，检查标箱情况后加封；

2. 招标主持人宣布投标开始；

3. 投标人在规定的时间将标书及其他文件送达指定的投标地点，经招标人登记后，将标书投入标箱。

投标人投标后，不可撤回投标文件，并对投标文件和有关书面承诺承担责任。投标人可以对已提交的投标文件进行补充说明，但应在招标文件要求提交投标文件的截止时间前书面通知招标人并将补充文件送达。

（二）开标

本次招标于_____年___月___日___时在_____（地点）开标，所有投标人参加。

开标具体程序如下：

1. 招标主持人宣布开标活动开始；

2. 招标主持人介绍参加会议的单位或个人；

3. 招标主持人宣布监标人员、记录人员名单；

4. 招标主持人邀请投标人或者其推选的代表检查标箱的密封情况，当众开启标箱；

5. 招标主持人点算标书；

6. 招标主持人组织逐一检查标箱内的投标文件，对不符合规定的标书宣布为无效标书；

7. 对确认无误的招标文件，由工作人员当众拆封；

8. 宣读投标人名称、投标价格和投标文件的其他主要内容。

（三）评标

〔本次招标按照价高者得的原则确定中标人，不成立评标小组，根据开标结果，有效投标价格最高的投标人为中标候选人。有两个或两个以上申请人的报价相同且同为最高报价的，可以由相同报价的申请人在限定时间内再行报价，或者采取现场竞价方式确定中标人。〕本次招标按照综合条件最佳者得的原则确定中标人，具体由评标小组按照招标文件确定的评标标准和方法，对投标文件进行评审，综合评分，并根据综合评分结果确定中标候选人。

评标小组由出让人、有关专家组成，成员人数为5人以上的单数。

评标小组可以要求评标人对投标文件中含义不明确的内容做出必要的澄清或者说明，但澄清或者说明不得超出投标文件的范围或者改变投标文件的实质性内容。

评标小组应当根据评标结果，按照综合评分高低确定中标候选人排序，但低于底价或标底者除外。同时有两个或两个以上申请人的综合评分相同的，按报价高低排名，报价也相同的，可以由综合评分相同的申请人通过现场竞价确定排名顺序。投标人的投标价均低于底价或投标条件均不能够满足标底要求的，投标活动终止。

（四）定标

我局根据评标小组推荐的中标候选人确定中标人。［我局授权评标小组直接确定中标人。］

（五）发出《中标通知书》

确定中标人后，我局向中标人发出《中标通知书》。

（六）签订《国有土地使用权出让合同》

我局与中标人依据《中标通知书》约定签订《国有土地使用权出让合同》。

（七）出让结果公布

我局将在此次国有土地使用权招标活动结束后 10 个工作日内，在＿＿＿＿＿＿＿＿＿（土地有形市场或者指定场所、媒介）公布此次国有土地使用权招标出让结果。

七、注意事项

（一）申请人须全面阅读有关招标文件，如有疑问可以在投标日以前用书面或口头方式向我局咨询。申请人可到现场踏勘招标出让地块。申请人一经投标，即视为投标人对招标文件及地块现状无异议并全面接受，并对有关承诺承担法律责任。

（二）申请人竞得土地后，拟成立新公司进行开发建设的，应在申请书中明确新公司的出资构成、成立时间等内容。我局可以根据中标结果与中标人签订《国有土地使用权出让合同》，在中标人按约定办理完新公司注册登记手续后，再与新公司签订《国有土地使用权出让合同变更协议》。［我局同意直接与新公司签订《国有土地使用权出让合同》。］

（三）本次招标不接受电话、口头投标，不允许［允许］投标人邮寄投标文件［，但以招标人在投标截止时间前收到的方为有效，具体时间以我局收到投标文件的时间为准，由我局代为投入标箱］。

（四）投标人向招标人递交的投标文件必须密封，封面必须注明拟竞投的地块编号及投标单位的名称，并由法定代表人签名和加盖公章，投标人为个人的，应注明"个人投标"字样，并由投标人签名。

（五）投标人投标后，不可撤回投标文件，但可以对已提交的投标文件进行补充说明。进行补充说明的，投标人应在招标文件要求提交投标文件的截止时间前书面通知我局并将补充文件送达。

（六）评标活动在严格保密的情况下进行。

（七）投标文件有下列情形之一的，为无效投标文件：

1. 投标文件未密封的；

2. 投标文件未加盖投标人印鉴，也未经法定代表人签署的；

3. 投标文件不齐备、内容不全或不符合规定的；

4. 投标人对同一个标的有两个或两个以上报价的；

5. 委托投标但委托文件不齐全或不符合规定的；

6. 评标小组认为投标文件无效的其他情形。

（八）对认定的无效申请和无效投标文件，我局将及时通知有关申请人和投标人。

（九）投标人的投标价均低于底价或投标条件均不能够满足标底要求的，招标活动终止。

（十）《中标通知书》对招标人和中标人具有法律效力。中标人交纳的投标保证金，在中标后转作出让地块的定金。招标人改变中标结果，或者中标人放弃中标宗地的，应当承担法律责任。

（十一）未中标人交纳的投标保证金，我局将在招标活动结束后 5 个工作日内予以退还，不计利息。

（十二）有下列情形之一的，招标人应当在开标前终止招标，并通知投标人：

1. 投标人串通损害国家利益、社会利益或他人合法权益的；

2. 招标工作人员、评标小组成员私下接触投标人,足以影响招标公正性的;

3. 取得投标资格的申请人不足 3 人的;

4. 应当依法终止招标活动的其他情形。

(十三)中标人有下列行为之一的,视为违约,招标人可取消其中标人资格,投标保证金不予退还:

1. 中标人逾期或拒绝签收《中标通知书》的;

2. 中标人逾期或拒绝签订《国有土地使用权出让合同》的。

(十四)在招标过程中,发生中标人被取消中标资格情形的,招标人可重新确定中标人或另行组织招标。

(十五)中标价即为该幅地块的总地价款,包括_____。

(十六)中标人与出让人签订《国有土地使用权出让合同》后,应当按出让合同约定支付中标价款。中标人付清全部中标价款后,依法申请办理土地登记,领取《国有土地使用证》。

(十七)招标未成交的,应当按规定由我局重新组织出让。

(十八)参加投标、开标活动的人员,应遵守现场的纪律,服从管理人员的管理。

(十九)其他事项

……

(二十)我局对本《须知》有解释权。未尽事宜依照《招标拍卖挂牌出让国有土地使用权规范》办理。

国土资源局

年　月　日

2. 国有土地使用权拍卖出让须知示范文本

国有土地使用权拍卖出让须知

根据《中华人民共和国土地管理法》《中华人民共和国城市房地产管理法》,《中华人民共和国城镇国有土地使用权出让和转让暂行条例》《招标拍卖挂牌出让国有土地使用权规定》以及《招标拍卖挂牌出让国有土地使用权规范》等有关规定,经_____人民政府批准,_____国土资源局决定以拍卖方式出让_____(幅)地块的国有土地使用权。

一、本次国有土地使用权拍卖出让的出让人为_____国土资源局,具体组织实施由我局[自行办理][指定或授权下属事业单位_____土地交易中心承办][委托_____公司承办]。

二、本次国有土地使用权拍卖出让遵循公开、公平、公正和诚实信用原则。

三、出让地块的基本情况及规划指标要求:

(一)地块位置:_____;

(二)地块范围:_____;

(三)出让面积:_____;

(四)土地用途:_____;

(五)规划容积率:_____;

(六)规划建筑密度:_____;

(七)绿地率:_____;

（八）土地开发程度：_____ ；

（九）土地使用权出让年期：_____年；

（十）投资强度要求等土地使用标准：_____ ；

（十一）动工及竣工时间：_____ ；

……

四、竞买资格及要求

中华人民共和国境内外的法人、自然人和其他组织均可申请参加，［申请人应具备的其他条件］申请人应当［可以］单独申请［，也可以联合申请］。

交纳竞买保证金的截止时间为_____年___月___日___时。上述宗地的竞买保证金分别为：

1. ____号地块为人民币_____万元（大写）（¥_____）；

2. ____号地块为人民币_____万元（大写）（¥_____）；

……

五、申请和资格审查

（一）拍卖文件取得

申请人可于_____年___月___日至_____年___月___日，到_____（地点）获取本次拍卖出让文件，具体包括：

（1）拍卖出让公告；

（2）拍卖出让须知；

（3）竞买申请书；

（4）宗地界址图；

（5）宗地规划指标要求；

（6）成交确认书；

（7）国有土地使用权出让合同；

（8）其他相关文件。

（二）提交申请

申请人可于_____年___月___日至_____年___月___日，到_____（地点）向我局提交书面申请。申请文件包括：

1. 法人申请的，应提交下列文件：

（1）申请书；

（2）法人单位有效证明文件；

（3）法定代表人的有效身份证明文件；

（4）申请人委托他人办理的，应提交授权委托书及委托代理人的有效身份证明文件；

（5）竞买保证金交纳凭证；

（6）拍卖文件规定需要提交的其他文件。

2. 自然人申请的，应提交下列文件：

（1）申请书；

（2）申请人有效身份证明文件；

（3）申请人委托他人办理的，应提交授权委托书及委托代理人的身份证明文件；

（4）竞买保证金交纳凭证；

（5）拍卖文件规定需要提交的其他文件。

3．其他组织申请的，应提交下列文件：

（1）申请书；

（2）表明该组织合法存在的文件或有效证明；

（3）表明该组织负责人身份的有效证明文件；

（4）申请人委托他人办理的，应提交授权委托书及委托代理人的身份证明文件；

（5）竞买保证金交纳凭证；

（6）拍卖文件规定需要提交的其他文件。

4．境外申请人申请的，应提交下列文件：

（1）申请书；

（2）境外法人、自然人、其他组织的有效身份证明文件；

（3）申请人委托他人办理的，应提交授权委托书及委托代理人的有效身份证明文件；

（4）竞买保证金交纳凭证；

（5）拍卖文件规定需要提交的其他文件。

上述文件中，申请书必须用中文书写，其他文件可以使用其他语言，但必须附中文译本，所有文件的解释以中文译本为准。

5．联合申请的，应提交下列文件：

（1）联合申请各方共同签署的申请书；

（2）联合申请各方的有效身份证明文件；

（3）联合竞投协议，协议要规定联合各方的权利、义务，并明确签订《国有土地使用权出让合同》时的受让人；

（4）申请人委托他人办理的，应提交授权委托书及委托代理人的有效身份证明文件；

（5）竞买保证金交纳凭证；

（6）拍卖文件规定需要提交的其他文件。

（三）资格审查

我局负责对拍卖出让公告规定的时间内收到的申请进行审查。按规定交纳竞买保证金、通过资格审查的，方能取得竞买资格。

经审查，有下列情形之一的，为无效申请：

（1）申请人不具备竞买资格的；

（2）未按规定交纳竞买保证金的；

（3）申请文件不齐全或不符合规定的；

（4）委托他人代理，委托文件不齐全或不符合规定的；

（5）法律法规规定的其他情形。

（四）确认竞买人资格

经审查，申请人按规定交纳竞买保证金、具备申请条件的，我局将在＿＿＿年＿＿月＿＿日＿＿时前发给《竞买资格确认书》，并通知其领取竞买标志牌以及参加拍卖会。通过资格审查的申请人少于3人的，我局将依照有关规定终止拍卖。

（五）答疑及现场踏勘

申请人对拍卖出让文件有疑问的，可以在拍卖会开始前以书面或者口头方式向我局咨询。我局于＿＿＿年＿＿月＿＿日组织申请人对拟出让地块进行现场踏勘。

六、各宗地的拍卖起叫价、增价幅度

1. ____号地块：起叫价为人民币_____万元（大写）（￥_____），增价幅度为人民币_____万元（大写）（￥_____）；

2. ____号地块：起叫价为人民币_____万元（大写）（￥_____），增价幅度为人民币_____万元（大写）（￥_____）；

……

七、拍卖程序

（一）拍卖会程序

1. 主持人宣布拍卖会开始；

2. 拍卖主持人、记录员就位；

3. 拍卖主持人宣布竞买人到场情况；

设有底价的，出让人应当现场将密封的拍卖底价交给拍卖主持人，拍卖主持人现场开启密封件。

4. 拍卖主持人介绍拍卖地块的位置、面积、用途、使用年限、规划指标要求、建设时间等；

5. 拍卖主持人宣布拍卖宗地的起叫价、增价规则和增价幅度，并明确提示是否设有底价。在拍卖过程中，拍卖主持人可根据现场情况调整增价幅度；

6. 拍卖主持人报出起叫价，宣布竞价开始；

7. 竞买人举牌应价或者报价；

8. 拍卖主持人确认该竞买人应价或者报价后继续竞价；

9. 拍卖主持人连续三次宣布同一应价或报价而没有人再应价或出价，且该价格不低于底价的，拍卖主持人落槌表示拍卖成交，并宣布最高应价者为竞得人。成交结果对拍卖人、竞得人和出让人均具有法律效力。最高应价或报价低于底价的，拍卖主持人宣布拍卖终止。

（二）确定竞得人后，拍卖人与竞得人当场签订《成交确认书》，拍卖人或竞得人不按规定签订《成交确认书》的，应当承担法律责任。竞得人拒绝签订《成交确认书》也不能对抗拍卖成交结果的法律效力。

（三）出让人与竞得人依据《成交确认书》约定签订《国有土地使用权出让合同》。

（四）出让结果公布

我局将在此次国有土地使用权拍卖会结束后10个工作日内，在_____（土地有形市场或者指定场所、媒介）公布本次国有土地使用权拍卖出让结果。

八、竞价规则

（一）本次拍卖采用增价拍卖方式，按价高者得的原则确定竞得人。

（二）竞买人以举牌方式应价，也可以报价，但报价的加价幅度不得小于拍卖主持人宣布或调整的增价幅度。

（三）本次拍卖设有底价，最后应价未达到底价时，拍卖主持人终止拍卖活动[本次拍卖为无底价拍卖]。

九、注意事项

（一）申请人须全面阅读有关拍卖文件，如有疑问可以在拍卖会开始日以前用书面或口头方式向我局咨询。申请人可到现场踏勘拍卖出让地块。申请一经受理确认后，即视为竞买人对拍卖文件及地块现状无异议并全部接受，并对有关承诺承担法律责任。

（二）申请人竞得土地后，拟成立新公司进行开发建设的，应在申请书中明确新公司的出资构成、成立时间等内容。我局可以根据拍卖结果与竞得人签订《国有土地使用权出让合同》,在竞得人按约定办理完新公司注册登记手续后,再与新公司签订《国有土地使用权出让合同变更协议》。［我局同意直接与新公司签订《国有土地使用权出让合同》。］

(三)竞买人一经应价或报价,不可撤回。

(四)确定竞得人后,竞得人在拍卖现场与拍卖人签订《成交确认书》。委托他人代签的,应提交法定代表人亲笔签名并盖章的授权委托书。《成交确认书》对拍卖人和竞得人具有法律效力,拍卖人改变拍卖结果的,或者竞得人放弃竞得宗地的,应当承担法律责任。

(五)竞得人交纳的竞买保证金,在拍卖成交后转作受让地块的定金。未竞得人交纳的竞买保证金,我局在拍卖活动结束后5个工作日内予以退还,不计利息。

(六)有下列情形之一的,拍卖人应当在拍卖会前终止拍卖活动,并通知竞买人:

1. 竞买人串通损害国家利益、社会利益或他人合法权益的;

2. 拍卖工作人员私下接触竞买人,足以影响拍卖公正性的;

3. 取得竞买资格的申请人不足3人的;

4. 应当依法终止拍卖活动的其他情形。

(七)竞得人有下列行为之一的,视为违约,拍卖人可取消其竞得人资格,竞买保证金不予退还:

1. 竞得人逾期或拒绝签订《成交确认书》的;

2. 竞得人逾期或拒绝签订《国有土地使用权出让合同》的。

(八)拍卖成交价即为该幅地块的总地价款,包括_____。

(九)竞得人与出让人签订《国有土地使用权出让合同》后,应当按出让合同约定支付拍卖成交价款。竞得人付清全部拍卖成交价款后,依法申请办理土地登记,领取《国有土地使用证》。

(十)拍卖不成交的,应当按规定由我局重新组织出让。

(十一)参加拍卖活动的人员,应遵守现场的纪律,服从管理人员的管理。

(十二)其他事项

……

(十三)我局对本《须知》有解释权。未尽事宜依照《招标拍卖挂牌出让国有土地使用权规范》办理。

国土资源局

年   月   日

3. 国有土地使用权挂牌出让须知示范文本

国有土地使用权挂牌出让须知

根据《中华人民共和国土地管理法》《中华人民共和国城市房地产管理法》,《中华人民共和国城镇国有土地使用权出让和转让暂行条例》《招标拍卖挂牌出让国有土地使用权规定》以及《招标拍卖挂牌出让国有土地使用权规范》等有关规定,经_____人民政府批准,_____国土资源局决定以挂牌方式出让_____(幅)地块的国有土地使用权。

一、本次国有土地使用权挂牌出让的出让人为_____国土资源局,具体组织实施由我局［自行办理］［指定/授权下属事业单位_____土地交易中心承办］［委托_____公司承办］。

二、本次国有土地使用权挂牌出让遵循公开、公平、公正和诚实信用原则。

三、出让地块的基本情况及规划指标要求等：

（一）地块位置：_____；

（二）地块范围：_____；

（三）出让面积：_____；

（四）土地用途：_____；

（五）规划容积率：_____；

（六）规划建筑密度：_____；

（七）绿地率：_____；

（八）土地开发程度：_____；

（九）土地使用权出让年期：_____年；

（十）投资强度要求等土地使用标准：_____；

（十一）动工及竣工时间：_____；

……

四、竞买资格及要求

中华人民共和国境内外的法人、自然人和其他组织均可申请参加，［申请人还应具备的其他条件］申请人应当［可以］单独申请［，也可以联合申请］。

交纳竞买保证金的截止时间为____年___月___日___时。上述宗地的竞买保证金分别为：

1. ____号地块为人民币_____万元（大写）（￥_____）；

2. ____号地块为人民币_____万元（大写）（￥_____）；

……

五、申请和资格审查

（一）挂牌文件取得

申请人可于____年___月___日至____年___月___日，到_____（地点）获取本次挂牌出让文件，具体包括：

（1）挂牌出让公告；

（2）挂牌出让须知；

（3）竞买申请书；

（4）挂牌出让报价单；

（5）宗地界址图；

（6）宗地规划指标要求；

（7）成交确认书；

（8）国有土地使用权出让合同；

（9）其他相关文件。

（二）提交申请

申请人可于____年___月___日至____年___月___日，到_____（地点）向我局提交书面申请。申请文件包括：

1. 法人申请的，应提交下列文件：

（1）申请书；

（2）法人单位有效证明文件；

（3）法定代表人的有效身份证明文件；

（4）申请人委托他人办理的，应提交授权委托书及委托代理人的有效身份证明文件；

（5）竞买保证金交纳凭证；

（6）挂牌文件规定需要提交的其他文件。

2．自然人申请的，应提交下列文件：

（1）申请书；

（2）申请人有效身份证明文件；

（3）申请人委托他人办理的，应提交授权委托书及委托代理人的身份证明文件；

（4）竞买保证金交纳凭证；

（5）挂牌文件规定需要提交的其他文件。

3．其他组织申请的，应提交下列文件：

（1）申请书；

（2）表明该组织合法存在的文件或有效证明；

（3）表明该组织负责人身份的有效证明文件；

（4）申请人委托他人办理的，应提交授权委托书及委托代理人的身份证明文件；

（5）竞买保证金交纳凭证；

（6）挂牌文件规定需要提交的其他文件。

4．境外申请人申请的，应提交下列文件：

（1）申请书；

（2）境外法人、自然人、其他组织的有效身份证明文件；

（3）申请人委托他人办理的，应提交授权委托书及委托代理人的有效身份证明文件；

（4）竞买保证金交纳凭证；

（5）挂牌文件规定需要提交的其他文件。

上述文件中，申请书必须用中文书写，其他文件可以使用其他语言，但必须附中文译本，所有文件的解释以中文译本为准。

5．联合申请的，应提交下列文件：

（1）联合申请各方共同签署的申请书；

（2）联合申请各方的有效身份证明文件；

（3）联合竞投协议，协议要规定联合各方的权利、义务，并明确签订《国有土地使用权出让合同》时的受让人；

（4）申请人委托他人办理的，应提交授权委托书及委托代理人的有效身份证明文件；

（5）竞买保证金交纳凭证；

（6）挂牌文件规定需要提交的其他文件。

（三）资格审查

我局负责对挂牌出让公告规定的时间内收到的申请进行审查。按规定交纳竞买保证金、通过资格审查的，方能取得竞买资格。

经审查，有下列情形之一的，为无效申请：

（1）申请人不具备竞买资格的；

（2）未按规定交纳竞买保证金的；

（3）申请文件不齐全或不符合规定的；

（4）委托他人代理，委托文件不齐全或不符合规定的；

（5）法律法规规定的其他情形。

（四）确认竞买人资格

经审查，申请人按规定交纳竞买保证金、具备申请条件的，我局将在_____年____月____日____时前发给《竞买资格确认书》确认其竞买资格，并通知其参加挂牌活动。

（五）答疑及现场踏勘

申请人对挂牌出让文件有疑问的，可在挂牌活动开始前以书面或者口头方式向我局咨询。我局于_____年____月____日组织申请人对拟出让地块进行现场踏勘。

六、本次挂牌出让活动有关时间

挂牌时间为 10 个工作日，不包括法定节假日。具体如下：

1. 挂牌起始时间：_____年____月____日____时；

2. 挂牌截止时间：各挂牌地块由挂牌主持人分别在下列时间主持确定挂牌截止：

（1）____号地块：_____年____月____日____时；

（2）____号地块：_____年____月____日____时；

……

3. 接受挂牌报价时间：挂牌期间上午____时至____时和下午____时至____时。

七、各宗地的挂牌起始价、增价幅度

1. ____号地块：起始价为人民币_____万元（大写）（￥_____），增价幅度为人民币_____万元（大写）（￥_____）；

2. ____号地块：起始价为人民币_____万元（大写）（￥_____），增价幅度为人民币_____万元（大写）（￥_____）；

……

八、挂牌程序

（一）公布挂牌信息

1. 挂牌人将有关宗地的位置、面积、用途、使用年期、规划要求、起始价、增价规则及增价幅度等挂牌公布；

2. 挂牌主持人介绍各地块的情况。

（二）挂牌竞价

1. 挂牌主持人介绍挂牌起始价、增价幅度等竞价规则，宣布挂牌竞价开始；

2. 竞买人填写《挂牌竞买报价单》进行报价；

3. 挂牌主持人收到《挂牌竞买报价单》后，对报价单予以审核，对符合规定的报价予以确认；

4. 挂牌主持人确认该报价后，更新显示挂牌价格，继续接受新的报价。

（三）挂牌截止

挂牌截止应当由挂牌主持人主持确定。设有底价的，出让人应当在挂牌截止前将密封的挂牌底价交给挂牌主持人，挂牌主持人现场打开密封件。在公告规定的挂牌截止时间，竞买人应当出席挂牌现场，挂牌主持人宣布最高报价及其报价者，并询问竞买人是否愿意继续竞价。

1. 各地块由挂牌主持人分别在下列时间主持确定挂牌截止：

（1）____号地块：_____年____月____日____时；

（2）____号地块：_____年____月____日____时；

……

2. 挂牌主持人宣布最高报价及其报价者,并询问竞买人是否愿意继续竞价。

3. 有竞买人表示愿意继续竞价的,即属于挂牌截止时有两个或两个以上竞买人要求报价的情形,挂牌主持人应当宣布挂牌出让转入现场竞价,并宣布现场竞价的时间和地点,通过现场竞价确定竞得人。

4. 挂牌主持人连续三次报出最高挂牌价格,没有竞买人表示愿意继续竞价的,挂牌主持人宣布挂牌活动结束,并按下列规定确定挂牌结果:

(1) 最高挂牌价格不低于底价的,挂牌主持人宣布挂牌成交,最高挂牌价格的出价人为竞得人;

(2) 最高挂牌价格低于底价的,挂牌主持人宣布挂牌不成交。

(四) 现场竞价

现场竞价由土地招标拍卖挂牌主持人主持进行,取得该宗地挂牌竞买资格的竞买人均可参加现场竞价。现场竞价按下列程序举行:

(1) 挂牌主持人应当宣布现场竞价的起始价、竞价规则和增价幅度,并宣布现场竞价开始。现场竞价的起始价为挂牌活动截止时的最高报价增加一个加价幅度后的价格。

(2) 参加现场竞价的竞买人按照竞价规则应价或报价。

(3) 挂牌主持人确认该竞买人应价或者报价后继续竞价。

(4) 挂牌主持人连续三次宣布同一应价或报价而没有人再应价或报价,且该价格不低于底价的,挂牌主持人宣布最高应价或报价者为竞得人。最高应价或报价低于底价的,挂牌主持人宣布现场竞价终止。

在现场竞价中无人参加竞买或无人加价的,以挂牌截止时出价最高者为竞得人,但低于挂牌出让底价者除外。

(五) 签订《成交确认书》

确定竞得人后,挂牌人与竞得人当场签订《成交确认书》。竞得人拒绝签订《成交确认书》也不能对抗挂牌成交结果的法律效力。

(六) 签订《国有土地使用权出让合同》

出让人与竞得人依据《成交确认书》约定签订《国有土地使用权出让合同》。

(七) 出让结果公布

我局将在本次国有土地使用权挂牌出让活动结束后 10 个工作日内,在_____(土地有形市场或者指定的场所、媒介)公布本次国有土地使用权挂牌出让结果。

九、报价规则

(一) 本次挂牌以价高者得为原则确定竞得人。

(二) 本次挂牌以增价方式进行报价,每次加价幅度不得小于挂牌主持人宣布的增价幅度。

(三) 竞买人以填写《挂牌竞买报价单》方式报价,《挂牌竞买报价单》一经报出,不得撤回。

(四) 在报价期间,竞买人可多次报价。

(五) 竞买人报价有下列情形之一的,为无效报价:

(1) 报价单未在挂牌期限内收到的;

(2) 不按规定填写报价单的;

(3) 报价单填写人与竞买申请文件不符的;

(4) 报价不符合报价规则的;

(5) 报价不符合挂牌文件规定的其他情形。

（六）有两个或两个以上竞买人报价相同的,确认先提交报价单者为该挂牌价格的出价人。

十、注意事项

（一）申请人须全面阅读有关挂牌文件,如有疑问可以在挂牌活动开始日以前用书面或口头方式向我局咨询。申请人可到现场踏勘挂牌出让地块。申请一经受理确认后,即视为竞买人对挂牌文件及地块现状无异议并全部接受,并对有关承诺承担法律责任。

（二）申请人竞得土地后,拟成立新公司进行开发建设的,应在申请书中明确新公司的出资构成、成立时间等内容。我局可以根据挂牌出让结果与竞得人签订《国有土地使用权出让合同》,在竞得人按约定办理完新公司注册登记手续后,再与新公司签订《国有土地使用权出让合同变更协议》。[我局同意直接与新公司签订《国有土地使用权出让合同》。]

（三）本次挂牌地块均设有挂牌底价,在挂牌活动结束前须严格保密[本次挂牌为无底价挂牌]。

（四）竞买报价单一经提交,不可撤回。

（五）确定竞得人后,竞得人在挂牌现场与挂牌人签订《成交确认书》。委托他人代签的,应提交法定代表人亲笔签名并盖章的授权委托书。《成交确认书》对挂牌人和竞得人具有法律效力,挂牌人改变挂牌结果的,或者竞得人放弃竞得宗地的,应当承担法律责任。

（六）竞得人交纳的竞买保证金,挂牌成交后转作受让地块的定金。未竞得人交纳的竞买保证金,我局在挂牌活动结束后5个工作日内予以退还,不计利息。

（七）有下列情形之一的,挂牌人应当在挂牌开始前终止挂牌活动,并通知竞买人:

1．竞买人串通损害国家利益、社会利益或他人合法权益的;

2．挂牌工作人员私下接触竞买人,足以影响挂牌公正性的;

3．应当依法终止挂牌活动的其他情形。

（八）竞得人有下列行为之一的,视为违约,挂牌人可取消其竞得人资格,竞买保证金不予退还:

1．竞得人逾期或拒绝签订《成交确认书》的;

2．竞得人逾期或拒绝签订《国有土地使用权出让合同》的。

（九）挂牌成交价即为该幅地块的总地价款,包括＿＿＿＿＿＿＿。

（十）竞得人与出让人签订《国有土地使用权出让合同》后,应当按出让合同约定支付挂牌成交价款。竞得人付清全部挂牌成交价款后,依法申请办理土地登记,领取《国有土地使用证》。

（十一）挂牌不成交的,应当按规定由我局重新组织出让。

（十二）参加挂牌活动的人员,应遵守现场的纪律,服从管理人员的管理。

（十三）其他事项。……

（十四）我局对本《须知》有解释权。未尽事宜依照《招标拍卖挂牌出让国有土地使用权规范》办理。

国土资源局

年　　月　　日

附录 D　投标[竞买]申请书示范文本

投标[竞买]申请书

_____国土资源局：

经认真阅读编号为____地块的招标[拍卖][挂牌]出让文件，我方完全接受并愿意遵守你局国有土地使用权招标[拍卖][挂牌]出让文件中的规定和要求，对所有文件均无异议。

我方现正式申请参加你局于_____年____月____日在_____(地点)举行的_____地块国有土地使用权招标[拍卖][挂牌]活动。

我方愿意按招标[拍卖][挂牌]出让文件规定，交纳投标[竞买]保证金人民币_____万元(大写)(￥_____)。

若能中标[竞得]该地块，我方保证按照国有土地使用权招标[拍卖][挂牌]出让文件的规定和要求履行全部义务。

若我方在国有土地使用权招标[拍卖][挂牌]出让活动中，出现不能按期付款或有其他违约行为，我方愿意承担全部法律责任，并赔偿由此产生的损失。

特此申请和承诺。

附件：

1. _____；

2. _____；

……

申　请　人：　　　　　　　　　　(加盖公章)

法定代表人(或授权委托代理人)签名：

联　系　人：

地　　　址：

邮政编码：

电　　　话：

申请日期：　　年　　月　　日

附录 E　投标[竞买]资格确认书示范文本

投标[竞买]资格确认书

_____(投标[竞买]人名称)：

你方提交的对____号地块的投标[竞买]申请书及相关文件资料收悉。经审查，你方已按规定交纳了投标[竞买]保证金，所提交文件资料符合我方本次招标[拍卖][挂牌]出让文件的规定和要求，现确认你方具备参加本次国有土地使用权投标[拍卖竞买][挂牌竞买]资格。请持此《投标[竞买]资格确认书》参加我局于_____年___月___日___时在_____（地点）举行的国有土地使用权招标[拍卖][挂牌]活动。

国土资源局

年　　月　　日

附录 F　国有土地使用权招标出让投标书示范文本

国有土地使用权招标出让投标书

　　_____国土资源局：

　　经认真阅读____号地块招标出让文件和现场踏勘，我方完全接受招标出让文件中的规定和要求，愿意以人民币_____万元（大写）（￥_____）的价格竞投该地块国有土地使用权。按照招标文件规定，我方随本标书一同提交以下文件：

　　（1）_____；

　　（2）_____；

　　……

　　我方承诺，所提交的标书及相关文件真实准确。

　　我方已按招标出让文件的规定，交纳了人民币_____万元（大写）（￥_____）的投标保证金。我方承诺，在接到你局发出的《中标通知书》后，将按约定及时签订《国有土地使用权出让合同》。如果我方未在规定期限内签订《国有土地使用权出让合同》，或不能按《国有土地使用权出让合同》约定交付全部中标价款，或违反招标文件的规定，或不履行本投标书承诺等，均可被视为违约，你局可不退还我方交纳的投标保证金。

　　在《中标通知书》发出后、《国有土地使用权出让合同》签订及履行以前，本标书为你局与我方之间具有法律约束力的文件。

　　其他需要说明的事项：_____

　　投 标 人：　　　　　　　　　　（加盖公章）

　　法定代表人（或授权委托代理人）签名：

　　联 系 人：

　　地　　址：

　　邮政编码：

　　电　　话：

　　投标日期：　　　年　　月　　日

附录 G 国有土地使用权挂牌出让竞买报价单示范文本

国有土地使用权挂牌出让竞买报价单

竞买人编号：_____

地块编号		
竞买报价	人民币_____万元(大写) ¥_____	由 竞 买 人 填 写
竞 买 人	名称：　　　　　　　(加盖公章)	
法定代表人 (或授权委托代理人)	(签名)	
收到报价时间	_____年___月___日___时___分	由 挂 牌 主 持 人 填 写
挂牌主持人	(签名)	
确认时间	_____年___月___日___时___分	

附录 H 授权委托书示范文本

授权委托书

委　托　人		受　托　人	
姓　　名		姓　　名	
性　　别		性　　别	
出生日期		出生日期	
工作单位		工作单位	
职　　务		职　　务	
证件号码	身份证( )护照( )	证件号码	身份证( )护照( )

本人授权_____(受托人)代表本人参加_____年___月___日在_____(地点)举办的编号为____地块的国有土地使用权招标[拍卖][挂牌]出让活动,代表本人签订《国有土地使用权出让合同》等具有法律意义的文件、凭证等。

受托人在该地块招标[拍卖][挂牌]出让活动中所做出的承诺、签署的合同或文件,本人均予以承认,并承担由此产生的法律后果。

委托人(签名)：_____

_____年___月___日

备注	兹证明本委托书确系本单位法定代表人_____亲自签署。 　　　　　　　　　　　　　　　　　　　(单位公章) 　　　　　　　　　　　　　　_____年___月___日

附录 I 中标通知书示范文本

中标通知书

_____(中标人名称):

现确定你方为编号____地块的国有土地使用权招标出让中标人,有关事项通知如下:

该地块中标单价为每平方米人民币_____元(大写)(¥_____),总价为人民币_____万元(大写)(¥_____)。其中,出让金单价为每平方米人民币_____元(大写)(¥_____),总价为人民币_____万元(大写)(¥_____)。

本《中标通知书》一经签发,即视为成交。你方交纳的投标保证金,自动转作受让地块的定金。你方应当于_____年___月___日之前,持本《中标通知书》到_____(地点)与_____国土资源局签订《国有土地使用权出让合同》。不按期签订《国有土地使用权出让合同》的,视为你方放弃中标资格,你方应承担相应法律责任。

本《中标通知书》一式____份,招标人执____份,中标人执____份。

特此通知。

招 标 人:　　　　　　　　　　　(加盖公章)

　　　　　　　　　　　　　　　　　　　　　　　　　年　　　月　　　日

附录 J 成交确认书示范文本

成交确认书

在_____年___月___日_____(地点)举办的国有土地使用权拍卖[挂牌]出让活动中,_____(竞得人)竞得编号____地块的国有土地使用权。现将有关事项确认如下:

该地块成交单价为每平方米人民币_____元(大写)(¥_____),总价为人民币_____万元(大写)(¥_____)。其中,出让金单价为每平方米人民币_____元(大写)(¥_____),总价为人民币_____万元(大写)(¥_____)。

竞得人交纳的竞买保证金,自动转作受让地块的定金。_____(竞得人)应当于_____年___月___日之前,持本《成交确认书》到_____(地点)与_____国土资源局签订《国有土地使用权出让合同》。不按期签订《国有土地使用权出让合同》的,视为竞得人放弃竞得资格,竞得人应承担相应法律责任。

本《成交确认书》一式____份,拍卖[挂牌]人执____份,竞得人执____份。

特此确认。

　　　　　　　　　　　　　　　　　　　　　　　　拍卖[挂牌]人:

竞 得 人:

　　　　　　　　　　　　　　　　　　　　　　　　　年　　　月　　　日

国务院办公厅关于规范国有土地使用权出让收支管理的通知

（国办发〔2006〕100 号）

各省、自治区、直辖市人民政府，国务院各部委、各直属机构：

我国是一个人多地少的发展中国家，加强土地管理，严格保护耕地，推进土地节约集约利用，始终是我国现代化建设中的一个全局性、战略性问题。将土地出让收支纳入地方预算，实行"收支两条线"管理，是落实科学发展观，构建社会主义和谐社会，加强土地调控的一项重要举措。根据《国民经济和社会发展第十一个五年规划纲要》《国务院关于深化改革严格土地管理的决定》（国发〔2004〕28 号）以及《国务院关于加强土地调控有关问题的通知》（国发〔2006〕31 号）的规定，经国务院同意，现就有关事项通知如下：

一、明确国有土地使用权出让收入范围，加强国有土地使用权出让收入征收管理

国有土地使用权出让收入（以下简称土地出让收入）是政府以出让等方式配置国有土地使用权取得的全部土地价款，包括受让人支付的征地和拆迁补偿费用、土地前期开发费用和土地出让收益等。土地价款的具体范围包括：以招标、拍卖、挂牌和协议方式出让国有土地使用权所确定的总成交价款；转让划拨国有土地使用权或依法利用原划拨土地进行经营性建设应当补缴的土地价款；变现处置抵押划拨国有土地使用权应当补缴的土地价款；转让房改房、经济适用住房按照规定应当补缴的土地价款；改变出让国有土地使用权的土地用途、容积率等土地使用条件应当补缴的土地价款，以及其他和国有土地使用权出让或变更有关的收入等。按照土地出让合同规定依法向受让人收取的定金、保证金和预付款，在土地出让合同生效后可以抵作土地价款。

国土资源管理部门依法出租国有土地向承租者收取的土地租金收入；出租划拨土地上的房屋应当上缴的土地收益；土地使用者以划拨方式取得国有土地使用权，依法向市、县人民政府缴纳的土地补偿费、安置补助费、地上附着物和青苗补偿费、拆迁补偿费等费用（不含征地管理费），一并纳入土地出让收入管理。

土地出让收入由财政部门负责征收管理，可由国土资源管理部门负责具体征收。国土资源管理部门和财政部门应当督促土地使用者严格履行土地出让合同，确保将应缴的土地出让收入及时足额缴入地方国库。地方国库负责办理土地出让收入的收纳、划分、留解和拨付等各项业务，确保土地出让收支数据准确无误。对未按照合同约定足额缴纳土地出让收入，并提供有效缴款凭证的，国土资源管理部门不予核发国有土地使用证。要完善制度规定，对违规核发国有土地使用证的，收回土地使用证，并依照有关法律法规追究有关领导和人员的责任。已经实施政府非税收入收缴管理制度改革的地方，土地出让收入纳入政府非税收入收缴管理制度改革范围，统一收缴票据，规范收缴程序，提高收缴效率。任何地区、部门和单位都不得以"招商引资""旧城改造""国有企业改制"等各种名义减免土地出让收入，实行"零地价"，甚至"负地价"，或者以土地换项目、先征后返、补贴等形式变相减免土地出让收入。

二、将土地出让收支全额纳入预算，实行"收支两条线"管理

从 2007 年 1 月 1 日起，土地出让收支全额纳入地方基金预算管理。收入全部缴入地方国库，支出一律通过地方基金预算从土地出让收入中予以安排，实行彻底的"收支两条线"。在地方国库中设立专账，专门核算土地出让收入和支出情况。

建立健全年度土地出让收支预决算管理制度。每年第三季度，有关部门要严格按照财

政部门规定编制下一年度土地出让收支预算;每年年度终了,有关部门要严格按照财政部门规定编制土地出让收支决算。同时,按照规定程序向同级人民政府报告,政府依法向同级人民代表大会报告。编制年度土地出让收支预算要坚持"以收定支、收支平衡"的原则。土地出让收入预算按照上年土地出让收入情况、年度土地供应计划、地价水平等因素编制;土地出让支出预算根据预计年度土地出让收入情况,按照年度土地征收计划、拆迁计划以及规定的用途、支出范围和支出标准等因素编制;其中,属于政府采购范围的,应当按照规定编制政府采购预算。

三、规范土地出让收入使用范围,重点向新农村建设倾斜

土地出让收入使用范围:(一)征地和拆迁补偿支出。包括土地补偿费、安置补助费、地上附着物和青苗补偿费、拆迁补偿费。(二)土地开发支出。包括前期土地开发性支出以及按照财政部门规定与前期土地开发相关的费用等。(三)支农支出。包括计提农业土地开发资金、补助被征地农民社会保障支出、保持被征地农民原有生活水平补贴支出以及农村基础设施建设支出。(四)城市建设支出。包括完善国有土地使用功能的配套设施建设支出以及城市基础设施建设支出。(五)其他支出。包括土地出让业务费、缴纳新增建设用地土地有偿使用费、计提国有土地收益基金、城镇廉租住房保障支出、支付破产或改制国有企业职工安置费支出等。

土地出让收入的使用要确保足额支付征地和拆迁补偿费、补助被征地农民社会保障支出、保持被征地农民原有生活水平补贴支出,严格按照有关规定将被征地农民的社会保障费用纳入征地补偿安置费用,切实保障被征地农民和被拆迁居民的合法利益。土地出让收入的使用要重点向新农村建设倾斜,逐步提高用于农业土地开发和农村基础设施建设的比重。用于农村基础设施建设的资金,要重点安排农村饮水、沼气、道路、环境、卫生、教育以及

文化等基础设施建设项目,逐步改善农民的生产、生活条件和居住环境,努力提高农民的生活质量和水平。土地前期开发要积极引入市场机制、严格控制支出,通过政府采购招投标方式选择评估、拆迁、工程施工、监理等单位,努力降低开发成本。城市建设支出和其他支出要严格按照批准的预算执行。编制政府采购预算的,应严格按照政府采购的有关规定执行。

为加强土地调控,由财政部门从缴入地方国库的土地出让收入中,划出一定比例资金,用于建立国有土地收益基金,实行分账核算,具体比例由省、自治区、直辖市及计划单列市人民政府确定,并报送财政部和国土资源部备案。国有土地收益基金主要用于土地收购储备。

四、切实保障被征地农民和被拆迁居民利益,建立被征地农民生活保障的长效机制

各地在征地过程中,要认真执行国发〔2004〕28 号和国发〔2006〕31 号文件中有关征地补偿费的规定,切实保障被征地农民利益。各省、自治区、直辖市要尽快制订并公布各市县征地的统一年产值标准或区片综合地价,依法提高征地补偿标准。出让城市国有土地使用权过程中,要严格依照《城市房屋拆迁管理条例》(国务院令第 305 号)、有关法律法规和省、自治区、直辖市及计划单列市有关规定支付相关补偿费用,有效保障被拆迁居民、搬迁企业及其职工的合法权益。

建立对被征地农民发放土地补偿费、安置补助费以及地上附着物和青苗补偿费的公示制度,改革对被征地农民征地补偿费的发放方式。有条件的地方,土地补偿费、安置补助费以及地上附着物和青苗补偿费等相关费用中应当支付给被征地农民的部分,可以根据征地补偿方案,由集体经济组织提供具体名单,通过发放记名银行卡或者存折方式直接发放给被征地农民,减少中间环节,防止被截留、挤占和挪用,切实保障被征地农民利益。

被征地农民参加有关社会保障所需的个人缴费,可以从其所得的土地补偿费、安置补助费中直接缴纳。地方人民政府可以从土地出让

收入中安排一部分资金用于补助被征地农民社会保障支出,逐步建立被征地农民生活保障的长效机制。

五、加强国有土地储备管理,建立土地储备资金财务会计核算制度

国土资源部、财政部要抓紧研究制订土地储备管理办法,对土地储备的目标、原则、范围、方式和期限等作出统一规定,防止各地盲目储备土地。要合理控制土地储备规模,降低土地储备成本。土地储备实行项目预决算管理,国土资源管理部门应当于每年第三季度根据年度土地储备计划,编制下一年度土地储备资金收支预算,报财政部门审核;每年年度终了,要按照规定向财政部门报送土地储备资金收支决算。财政部要会同国土资源部抓紧研究制订土地储备资金财务管理办法、会计核算办法,建立健全土地储备成本核算制度。财政部门要加强对土地储备资金使用的监督管理,规范运行机制,严禁挤占、挪用土地储备资金。

六、加强部门间协作与配合,建立土地出让收支信息共享制度

国土资源管理部门与财政部门要加强协作,建立国有土地出让、储备及收支信息共享制度。国土资源管理部门应当将年度土地供应计划、年度土地储备计划以及签订的国有土地出让合同中有关土地出让总价款、约定的缴款时间等相关资料及时抄送财政部门,财政部门应当及时将土地出让收支情况反馈给国土资源管理部门。

财政部门、国土资源管理部门要与地方国库建立土地出让收入定期对账制度,对应缴国库、已缴国库和欠缴国库的土地出让收入数额进行定期核对,确保有关数据准确无误。

财政部门要会同国土资源管理部门、人民银行机构建立健全年度土地出让收支统计报表以及分季收支统计明细报表体系,统一土地出让收支统计口径,确保土地出让收支统计数据及时、准确、真实,为加强土地出让收支管理提供必要的基础数据。土地出让收支统计报表体系由财政部会同国土资源部、人民银行研究制订。

七、强化土地出让收支监督管理,防止国有土地资产收益流失

财政部门、国土资源管理部门、人民银行机构以及审计机关要建立健全对土地出让收支情况的定期和不定期监督检查制度,强化对土地出让收支的监督管理,确保土地出让收入及时足额上缴国库,支出严格按照财政预算管理的规定执行。

土地出让合同、征地协议等应约定对土地使用者不按时足额缴纳土地出让收入的,按日加收违约金额 1‰ 的违约金。违约金随同土地出让收入一并缴入地方国库。对违反本通知规定,擅自减免、截留、挤占、挪用应缴国库的土地出让收入,不执行国家统一规定的会计、政府采购等制度的,要严格按照土地管理法、会计法、审计法、政府采购法、《财政违法行为处罚处分条例》(国务院令第 427 号)和《金融违法行为处罚办法》(国务院令第 260 号)等有关法律法规进行处理,并依法追究有关责任人的责任;触犯刑法的,依法追究有关人员的刑事责任。

规范土地出让收支管理,不仅有利于促进节约集约用地,而且有利于促进经济社会可持续发展,对于保持社会稳定,推进社会主义和谐社会建设,以及加强党风廉政建设都具有十分重要的意义。各地区、各部门必须高度重视,坚决把思想统一到党中央、国务院决策部署上来,采取积极有效措施,确保规范土地出让收支管理政策的贯彻落实。

协议出让国有土地使用权规定

（中华人民共和国国土资源部令第 21 号）

第一条 为加强国有土地资产管理，优化土地资源配置，规范协议出让国有土地使用权行为，根据《中华人民共和国城市房地产管理法》《中华人民共和国土地管理法》和《中华人民共和国土地管理法实施条例》，制定本规定。

第二条 在中华人民共和国境内以协议方式出让国有土地使用权的，适用本规定。

本规定所称协议出让国有土地使用权，是指国家以协议方式将国有土地使用权在一定年限内出让给土地使用者，由土地使用者向国家支付土地使用权出让金的行为。

第三条 出让国有土地使用权，除依照法律、法规和规章的规定应当采用招标、拍卖或者挂牌方式外，方可采取协议方式。

第四条 协议出让国有土地使用权，应当遵循公开、公平、公正和诚实信用的原则。

以协议方式出让国有土地使用权的出让金不得低于按国家规定所确定的最低价。

第五条 协议出让最低价不得低于新增建设用地的土地有偿使用费、征地（拆迁）补偿费用以及按照国家规定应当缴纳的有关税费之和；有基准地价的地区，协议出让最低价不得低于出让地块所在级别基准地价的 70%。

低于最低价时国有土地使用权不得出让。

第六条 省、自治区、直辖市人民政府国土资源行政主管部门应当依据本规定第五条的规定拟定协议出让最低价，报同级人民政府批准后公布，由市、县人民政府国土资源行政主管部门实施。

第七条 市、县人民政府国土资源行政主管部门应当根据经济社会发展计划、国家产业政策、土地利用总体规划、土地利用年度计划、城市规划和土地市场状况，编制国有土地使用权出让计划，报同级人民政府批准后组织实施。

国有土地使用权出让计划经批准后，市、县人民政府国土资源行政主管部门应当在土地有形市场等指定场所，或者通过报纸、互联网等媒介向社会公布。

因特殊原因，需要对国有土地使用权出让计划进行调整的，应当报原批准机关批准，并按照前款规定及时向社会公布。

国有土地使用权出让计划应当包括年度土地供应总量、不同用途土地供应面积、地段以及供地时间等内容。

第八条 国有土地使用权出让计划公布后，需要使用土地的单位和个人可以根据国有土地使用权出让计划，在市、县人民政府国土资源行政主管部门公布的时限内，向市、县人民政府国土资源行政主管部门提出意向用地申请。

市、县人民政府国土资源行政主管部门公布计划接受申请的时间不得少于 30 日。

第九条 在公布的地段上，同一地块只有一个意向用地者的，市、县人民政府国土资源行政主管部门方可按照本规定采取协议方式出让；但商业、旅游、娱乐和商品住宅等经营性用地除外。

同一地块有两个或者两个以上意向用地者的，市、县人民政府国土资源行政主管部门应当按照《招标拍卖挂牌出让国有土地使用权规定》，采取招标、拍卖或者挂牌方式出让。

第十条 对符合协议出让条件的，市、县人民政府国土资源行政主管部门会同城市规划等有关部门，依据国有土地使用权出让计划、城市规划和意向用地者申请的用地项目类型、规模等，制订协议出让土地方案。

协议出让土地方案应当包括拟出让地块的具体位置、界址、用途、面积、年限、土地使用条件、规划设计条件、供地时间等。

第十一条 市、县人民政府国土资源行政主管部门应当根据国家产业政策和拟出让地块的情况,按照《城镇土地估价规程》的规定,对拟出让地块的土地价格进行评估,经市、县人民政府国土资源行政主管部门集体决策,合理确定协议出让底价。

协议出让底价不得低于协议出让最低价。

协议出让底价确定后应当保密,任何单位和个人不得泄露。

第十二条 协议出让土地方案和底价经有批准权的人民政府批准后,市、县人民政府国土资源行政主管部门应当与意向用地者就土地出让价格等进行充分协商,协商一致且议定的出让价格不低于出让底价的,方可达成协议。

第十三条 市、县人民政府国土资源行政主管部门应当根据协议结果,与意向用地者签订《国有土地使用权出让合同》。

第十四条 《国有土地使用权出让合同》签订后7日内,市、县人民政府国土资源行政主管部门应当将协议出让结果在土地有形市场等指定场所,或者通过报纸、互联网等媒介向社会公布,接受社会监督。

公布协议出让结果的时间不得少于15日。

第十五条 土地使用者按照《国有土地使用权出让合同》的约定,付清土地使用权出让金、依法办理土地登记手续后,取得国有土地使用权。

第十六条 以协议出让方式取得国有土地使用权的土地使用者,需要将土地使用权出让合同约定的土地用途改变为商业、旅游、娱乐和商品住宅等经营性用途的,应当取得出让方和市、县人民政府城市规划部门的同意,签订土地使用权出让合同变更协议或者重新签订土地使用权出让合同,按变更后的土地用途,以变更时的土地市场价格补交相应的土地使用权出让金,并依法办理土地使用权变更登记手续。

第十七条 违反本规定,有下列行为之一的,对直接负责的主管人员和其他直接责任人员依法给予行政处分:

(一)不按照规定公布国有土地使用权出让计划或者协议出让结果的;

(二)确定出让底价时未经集体决策的;

(三)泄露出让底价的;

(四)低于协议出让最低价出让国有土地使用权的;

(五)减免国有土地使用权出让金的。

违反前款有关规定,情节严重构成犯罪的,依法追究刑事责任。

第十八条 国土资源行政主管部门工作人员在协议出让国有土地使用权活动中玩忽职守、滥用职权、徇私舞弊的,依法给予行政处分;构成犯罪的,依法追究刑事责任。

第十九条 采用协议方式租赁国有土地使用权的,参照本规定执行。

第二十条 本规定自2003年8月1日起施行。原国家土地管理局1995年6月28日发布的《协议出让国有土地使用权最低价确定办法》同时废止。

国土资源部关于加强房地产用地供应和监管有关问题的通知

(国土资发〔2010〕34号)

各省、自治区、直辖市国土资源厅(国土环境资源厅、国土资源局、国土资源和房屋管理局、规划和国土资源管理局),副省级城市国土资源行政主管部门,新疆生产建设兵团国土资源局,各派驻地方的国家土地督察局:

为贯彻落实《国务院办公厅关于促进房地产市场平稳健康发展的通知》(国办发〔2010〕4号)要求,依法加强监管,切实落实房地产土地管理的各项规定,增强土地政策参与房地产市场宏观调控的针对性和灵活性,增加保障性

为重点的住房建设用地有效供应,提高土地供应和开发利用效率,促进地产市场健康平稳有序运行,现将有关问题通知如下:

一、加快住房建设用地供应计划编制

(一)科学编制住房特别是保障性住房用地供应计划。市、县国土资源管理部门要依据土地利用总体规划和年度计划、住房建设规划和计划及棚户区改造规划,结合本地区已供土地开发利用情况和闲置土地处置情况,科学编制住房特别是保障性住房用地供应计划,合理确定住房用地供应总量和结构。确保保障性住房、棚户改造和自住性中小套型商品房建房用地,确保上述用地不低于住房建设用地供应总量的70%。要严格控制大套型住房建设用地,严禁向别墅供地。省级国土资源管理部门应及时对市、县房地产用地年度计划作出预安排,并于3月底前,将本年度住房和保障性住房用地供应计划汇总报部,并抄送各派驻地方的国家土地督察局。

(二)协调推进住房用地供应计划实施。市、县国土资源管理部门应按照经政府批准的供地计划,结合政府收购储备地块开发和房地产市场土地供需的情况,确定年度计划中拟供应的地块,合理安排供地时序。应主动与有关部门联系协调,依据投资到位情况和方便群众工作生活要求,优先确定保障性住房用地地块,确保保障性住房用地计划落实。城市和国有工矿棚户区改建原则上应实行原址改造,盘活存量土地,优化用地结构,完善服务功能,节约集约用地。落实住房和保障性住房用地供应计划涉及占用农用地的,要优先安排农转用计划指标,按部审批改革要求,及时组织申报,加快审批征收。

二、促进住房建设用地有效供应

(三)确保保障性住房用地供应。各地对列入年度供地计划的保障性住房用地,要应保尽保、及时供地。保障性住房以及城市和国有工矿棚户区改造中符合保障性住房条件的安置用地,应以划拨方式供应。保障性住房建设项目中配建的商服等经营性项目用地,应按市

场价有偿使用。商品房建设项目中配建保障性住房的,必须在土地出让合同中明确保障性住房的建筑总面积、分摊的土地面积、套数、套型建筑面积、建成后由政府收回或收购的条件、保障性住房与商品住房同步建设等约束性条件。

(四)严格规范商品房用地出让行为。严格土地出让条件。市、县国土资源管理部门应依据城市规划部门出具的宗地规划设计条件,拟定出让方案,确定为中低价位普通商品房用地的,方案中要增加房地产主管部门提出的住房销售价位、套数、套型面积等控制性要求,并写入出让合同,约定违约处罚条款。土地使用权人违约的,要追究相应违约责任。各地要按照《限制用地项目目录(2006年增补本)》要求,严格控制商品房用地单宗出让面积。条件具备的地方,可以探索房地产用地出让预申请制度。

严格规范土地出让底价。各地应按规定及时更新基准地价并向社会公布。招标、拍卖、挂牌和协议出让底价应当依据土地估价结果、供地政策和土地市场行情等,集体决策,综合确定。土地出让最低价不得低于出让地块所在地级别基准地价的70%,竞买保证金不得低于出让最低价的20%。

严格土地竞买人资格审查。对用地者欠缴土地出让价款、闲置土地、囤地炒地、土地开发规模超过实际开发能力以及不履行土地使用合同的,市、县国土资源管理部门要禁止其在一定期限内参加土地竞买。对存在的违法违规用地行为,要严肃查处。

严格土地出让合同管理。土地出让成交后,必须在10个工作日内签订出让合同,合同签订后1个月内必须缴纳出让价款50%的首付款,余款要按合同约定及时缴纳,最迟付款时间不得超过一年。出让合同必须明确约定土地面积、用途、容积率、建筑密度、套型面积及比例、定金、交地时间及方式、价款缴纳时间及方式、开竣工时间及具体认定标准、违约责任处理。上述条款约定不完备的,不得签订合同,违规签订合同的,必须追究出让人责任。受让人逾期不签订合同的,终止供地、不得退还定金。

已签合同不缴纳出让价款的,必须收回土地。

(五)坚持和完善土地招拍挂制度。各地要按照公开、公平、公正的原则和统一、规范的市场建设要求,坚持和完善招拍挂出让制度。房价过高、上涨过快的城市,市、县国土资源管理部门可选择部分地块,按照政府确定的限价房项目采用竞地价办法招拍挂出让土地,发挥抑制房价上涨过快的调节作用。要按照提高土地开发利用效率的原则,探索综合评标的具体方法。在确定土地出让最低价的基础上,将土地价款交付、开发建设周期、中小套型建设要求、土地节约集约程度等影响土地开发利用的因素作为评标条件,科学量化标准,合理确定各因素权重,完善评标专家库,细化评标规则,规范运作,依法依纪严格监督。

三、切实加强房地产用地监管

(六)实施住房用地开发利用申报制度。从 2010 年 4 月 1 日起,市、县国土资源管理部门要建立房地产用地开竣工申报制度。用地者应当在项目开工、竣工时,向国土资源管理部门书面申报,各地应对合同约定内容进行核验。在合同约定期限内未开工、竣工的,用地者要在到期前 15 日内,申报延迟原由,市、县国土资源管理部门应按合同约定认真处理后,可通过增加出让合同和划拨决定书条款或签订补充协议等方式,对申报内容进行约定监管。对不执行申报制度的,要向社会公示,并限制其至少在一年内不得参加土地购置活动。

(七)加强土地开发利用动态监测。市、县国土资源管理部门必须将每一宗土地的出让合同或划拨决定书,通过网络在线上报,经部统一配号后方可作为正式文本签订,并将出让合同或划拨决定书的电子监管号作为土地登记的要件。各地要对已供土地的开竣工、开发建设进度等情况进行实地巡查,及时更新开发利用信息,加强统计分析,并入网上传部门户网站(中国土地市场网页)。

(八)强化保障性住房用地供后监管。保障性住房用地不得从事商业性房地产开发,因城市规划调整需要改变的,应由政府收回,另

选地块供应。对没有按约定配建保障性住房的,要按照出让合同或划拨决定书约定处理。对违法违规的企业,要依法查处。查处不落实的,依据《违反土地管理规定行为处分办法》(监察部 人力资源和社会保障部 国土资源部令第 15 号),追究相关人员责任。

(九)严格依法处置闲置房地产用地。各省(区、市)国土资源管理部门要全面掌握本地区闲置房地产用地查处情况,对未查处的闲置土地,实行挂牌督办,依法依规处置。对政府及政府有关部门原因造成闲置土地且未查处的,各派驻地方的国家土地督察局要及时向当地人民政府提出督察整改意见,限期依法查处。市、县国土资源管理部门要利用监测网络系统,加强对每个房地产项目开工到期申报情况的监测核查,防止产生新的闲置土地。省级国土资源管理部门要将企业闲置土地的情况,及时通报同级金融监管部门。

(十)加强房地产用地开发利用诚信管理。市、县国土资源管理部门要建立房地产企业土地开发利用诚信档案,对招拍挂竞得土地后不及时签订成交确认书或出让合同、未按合同约定缴纳土地价款、未按合同约定开竣工的,要依法依规处理,向社会公示,计入诚信档案,作为土地竞买人资格审查的依据,并入网上传部房地产用地开发利用诚信体系,部将及时向有关部门通报。

四、建立健全信息公开制度

(十一)公开住房供地计划。各地应及时将住房特别是保障性住房用地供应计划在部门户网站(中国土地市场网页)及当地土地有形市场公开,接受社会监督。部将于 4 月上旬在部门户网站(中国土地市场网页)公开通报各地供地计划情况。省级国土资源管理部门应分别于每年 7 月 5 日和次年 1 月 5 日前,将住房和保障性住房用地供应计划落实情况汇总报部并抄送各派驻地方的国家土地督察局,部每半年在部门户网站(中国土地市场网页)向社会公布。

(十二)公开土地出让公告。市、县国土资

源管理部门必须在部门户网站(中国土地市场网页)发布土地出让公告,按照部规定的规范格式,公告拟出让宗地的位置、面积、用途、套型要求、容积率、出让年限、投标(竞买)保证金、提交申请时间、出让时间等内容。公告不规范的,部将予以通报批评,限期纠正。

(十三)公开土地出让和划拨结果。市、县国土资源管理部门要及时将出让成交和已划拨土地的位置、面积、用途、土地价款、容积率、开竣工时间等,在入网上传部的同时,在当地土地有形市场及媒体公开。没有公开出让和划拨供地结果的,省级国土资源管理部门要通报批评,限期纠正。部将从土地市场动态监测监管系统中,生成供地结果信息,并向社会发布。

(十四)公开土地开发利用信息。自今年起,部将每季度向社会公布未按出让合同和划拨决定书约定时间开竣工的宗地信息。对社会关注的典型地块信息,在部门户网站"出让信息"专栏及时公开。地方各级国土资源管理部门要通过各自门户网站,或召开新闻发布会等形式,定期或不定期向社会公开土地供应和开发利用情况及闲置土地查处信息。

(十五)公开违法违规用地查处结果。各地要将挂牌督办和社会关注的案件处理结果及时向社会公开。省级国土资源管理部门要加强对重点案件处理结果落实情况的监督检查,及时公开查处结果,接受社会监督。部将不定期对重大违法案件挂牌督办,公开查处结果。

五、开展房地产用地突出问题专项检查

(十六)明确房地产用地专项检查的重点内容。部决定,今年3月至7月,在全国组织开展对房地产用地突出问题的专项检查。检查重点是:房地产用地特别是保障性住房用地未经批准擅自改变用途,违规供应土地建设别墅,违反法律法规闲置土地、囤地炒地等。各省级国土资源管理部门要按照专项检查工作要求,及时向政府汇报,统一部署,认真实施。

(十七)结合出让合同清理制定专项检查方案。各地要根据《国有建设用地使用权出让合同专项清理工作方案》(国土资厅发〔2009〕86号)要求,抓紧开展出让合同和划拨决定书专项清理,全面掌握本地房地产用地供应及开发利用情况,加快信息进网上传,于3月31日前完成数据填报。在合同清理基础上,省级国土资源管理部门要指导各地制定专项检查方案,细化工作措施,切实抓好落实,加强检查督办。各地必须在7月中旬前完成专项检查和处理工作,由省级国土资源管理部门汇总情况,形成书面报告,连同出让合同清理报告于7月底前一并报部。

(十八)严肃查处房地产用地中的违法违规行为。各地要按照本通知要求,严格履行职责,认真开展专项检查,对房地产用地供应和开发利用中的不规范行为,要认真整改;对违法违规用地行为,要依法依纪坚决查处。对瞒案不报、压案不查的,要严肃追究责任。4月份,中央工程建设领域突出问题专项治理领导小组将组织监察部、国土资源部等部门,对中央扩大内需促进经济增长政策落实和工程建设领域突出问题专项治理情况开展联合检查,同时,一并检查房地产开发中突出问题的清查情况。

(十九)切实加强对专项检查工作的组织领导和政策指导。各省(区、市)国土资源管理部门要高度重视,认真组织实施,严格落实共同责任,切实加强对房地产用地突出问题专项检查的组织领导和政策指导,督促市、县国土资源管理部门严格执行房地产用地的法规和政策,健全完善制度,规范供地用地行为,确保专项检查取得实效。

国土资源部关于运用土地市场动态监测与监管系统加强土地供应和开发利用监管的通知

（国土资发〔2011〕26号）

各省、自治区、直辖市国土资源厅（国土环境资源厅、国土资源局、国土资源和房屋管理局、规划和国土资源管理局），解放军土地管理局，新疆生产建设兵团国土资源局：

为认真贯彻落实国家宏观调控政策，切实运用土地市场动态监测与监管系统加强建设用地供应和开发利用的动态监管，不断提高建设用地的监管水平，促进各项建设依法依规、节约集约用地。现就有关问题通知如下：

一、突出工作重点，切实把握土地供应和开发利用监管的关键环节

各地要在确保土地市场动态监测与监管系统全面、及时、准确运行的基础上，以供地政策落实和合同履行为重点，突出违法违规行为的排查，加强土地供应和开发利用环节的监测监管。

（一）土地供应政策执行的监管

1. 城市住房土地供应计划：根据有关要求，及时编报并在国土资源部门户网站的中国土地市场网页公示国有建设用地供应计划，计划中保障性住房、棚户改造和自住性中小套型商品房建房用地必须不低于住房建设用地供应总量的70%，国家下达的年度保障性安居工程建设用地必须应保尽保。

2. 土地出让公告：出让公告应按规定的时间、指标项在国土资源部门户网站的中国土地市场网页进行公开；不得存在违反《限制用地项目目录（2006年增补本）》超规模供应商品房用地的情况；住宅用地容积率不得小于1。

3. 出让合同和划拨决定书：国有建设用地使用权出让合同和国有建设用地划拨决定书应按规定的时间、指标项在国土资源部门户网站的中国土地市场网页进行公开；工业用地出让不得擅自突破工业用地最低价标准供地；

各类住宅项目约定开竣工时间必须符合"约定土地交付之日起一年内开工建设，自开工之日起三年内竣工"的要求；出让金缴纳的约定必须符合"合同签订后1个月内必须缴纳出让价款50%的首付款，余款要按合同约定及时缴纳，最迟付款时间不得超过一年"。

（二）已供土地的开发利用监管

1. 监管建设项目开竣工情况。各类建设项目必须按照合同约定开竣工。

2. 监管土地使用权出让价款实际缴纳情况。土地使用权出让价款必须按照合同约定按时交纳。

3. 监管住房供地合同执行情况。各类住房建设必须符合合同约定用途、套型面积和限价政策。

二、明确处置政策，强化违规违法行为的查处和整改各地要加快构建土地供应和开发利用监管机制，认真对照土地供应政策和供应流程，进一步明确处置政策，逐项核查，分类处理，做到发现一宗、查处一宗，确保政策落到实处。

（一）未按要求发布土地出让公告的，国有建设用地出让合同和国有建设用地划拨决定书无效，要重新按有关规定组织实施土地供应，并依法追究有关人员责任。

（二）超规模供应商品房用地的，如已发布出让公告，则及时予以纠正，撤销公告，重新拟定出让方案，违反规定出让的，应责令立即终止出让行为，并依法追究有关人员责任。

（三）住宅容积率小于1的，应与有关部门协商调整，不得实施土地出让。如已发布出让公告，则及时纠正，撤销公告，重新拟定出让方案。违反规定出让的，应责令立即终止出让行为，并依法追究有关人员责任。

（四）擅自突破工业用地最低价标准的，应

立即终止出让行为，并依法追究相关人员责任。

（五）未按规定约定出让价款缴纳条款的，应及时修改出让合同或签订补充合同，按照有关规定对出让金缴纳条款进行修改和约定，并追究相关人员责任；对未按合同约定缴纳出让价款的，要及时追缴，并加收滞纳金。

（六）未按规定约定开竣工时间的，应及时签订补充条款。对于按照约定到期未开工、为竣工的，应督促其尽快开竣工；对于企业原因造成闲置土地的，因该依法严格查处，不得变通处理。

三、落实监管责任，建立分级分类的监管体系

为便于适时监管和核查，土地市场动态监测监管系统将自动记录违规违法行为并实时进行汇报，在监测监管系统对应栏目中分类显示。各级国土资源管理部门应随时查询和浏览相关信息内容，及时发现违规问题，认真整改、查处，确保监管效果。

（一）市、县国土资源管理部门是监测监管工作的实施主体。各地要适时根据监测监管系统监管列示情况，逐项对照核查，于10个工作日内及时提出整改方案，并及时上传土地市场动态监测与监管系统。对于查实的违法违规违约行为，及时在当地媒体和国土资源部门户网站的中国土地市场网页上向社会公布。对于因开发商原因造成的土地违规违法行为，要及时计入企业诚信档案，并逐级上报，逐步建立分层分类的房地产企业诚信系统。

对于因政府及政府主管部门原因造成已供地开发利用违反合同约定条款的，应及时报同级政府和上级国土资源主管部门，提出解决建议，并在协商和重新审批前必须责令企业停工。

（二）省级国土资源管理部门对本地区监测监管工作负总责，分管领导直接负责。要及时发现和核查问题，督促整改，对整改不到位的，予以通报；限期未整改的，由省级国土资源管理部门挂牌督办。要及时将监测监管情况纳入省对市县考核体系，加强检查和考核。

（三）部将建立土地市场监管的快速反应机制，实行专岗专人实时监测制度。对各地监测监管系统反应的问题，及时进行汇总分析，快速应对。同时，对问题严重的地区开展实地核查。对省级国土资源管理部门未按责任要求及时督办市、县查处整改违法违规问题的，要进行通报，并抄送国家土地总督察办公室，督办整改。

为进一步了解各地贯彻落实中央关于加强房地产市场调控政策的情况，部决定从今年4月1日起，建立城市住房建设用地管理月度零报告和季度分析制度，对土地市场动态监测与监管系统中的土地出让、价款收缴、地价变化及违法违规行为查处等重要内容进行统计分析，并对有关情况进行通报，部有关司局和单位，应抓紧协调统一开发软件使用的调试，各地务必按有关要求认真实施。

各地要进一步转变思想、提高认识，高度重视土地供应和开发利用监管工作在国土资源管理工作中的重要意义，进一步完善监管网络系统、强化人力配备、加大经费投入、健全工作制度、落实监管责任，做到"早发现，早制止，早整改"，确保土地监管和调控的各项政策措施切实落到实处。

国务院关于加强国有土地资产管理的通知

（国发〔2001〕15号）

各省、自治区、直辖市人民政府，国务院各部委、各直属机构：

改革开放以来，随着土地使用制度改革的深化，土地资源的资产价值得到体现，逐步适应

城市建设、企业改革、经济结构调整的需要。但目前国有土地资产通过市场配置的比例不高,透明度低;划拨土地大量非法入市,隐形交易;随意减免地价,挤占国有土地收益的现象严重,使得大量应由国家取得的土地收益流失到少数单位和个人手中。这不仅严重影响了对土地的保护和合理开发、利用,而且滋生腐败现象。为加强国有土地资产管理,切实防止国有土地资产流失,现就有关问题通知如下:

一、严格控制建设用地供应总量

严格控制土地供应总量是规范土地市场的基本前提。只有在严格控制土地供应总量的前提下,才能有效发挥市场配置土地资源的基础性作用,充分实现土地资产价值,提高土地资源利用效率。各级政府必须严格执行土地利用总体规划、城市规划和土地利用年度计划,严格控制新增建设用地供应总量。要抓住经济结构调整的有利时机,把土地利用引导到对存量建设用地的调整和改造上来,优化土地利用结构。

各地要加大对闲置土地的处置力度,积极稳妥地解决历史遗留问题,最大限度地减少国有资产的损失。对依法应无偿收回的闲置土地,要坚决收回。

坚持土地集中统一管理,确保城市政府对建设用地的集中统一供应。各地不得违反国家有关规定擅自设立工业园、科技园、开发区等各类园、区,经批准设立的市辖区工业园、科技园、开发区等各类园、区的土地必须纳入所在城市用地统一管理、统一供应。对已经列入城市建设用地范围的村镇建设和乡镇企业用地也要按城镇化要求,统一规划、开发。

为增强政府对土地市场的调控能力,有条件的地方政府要对建设用地试行收购储备制度。市、县人民政府可划出部分土地收益用于收购土地,金融机构要依法提供信贷支持。

二、严格实行国有土地有偿使用制度

严格执行《中华人民共和国土地管理法》《中华人民共和国城市房地产管理法》关于划拨用地范围的规定,任何单位和个人均不得突破。除法律规定可以采用划拨方式提供用地外,其他建设需要使用国有土地的,必须依法实行有偿使用。国土资源部要依据法律规定,抓紧制订具体的划拨用地目录。

土地使用者需要改变原批准的土地用途、容积率等,必须依法报经市、县人民政府批准。对原划拨用地,因发生土地转让、出租或改变用途后不再符合划拨用地范围的,应依法实行出让等有偿使用方式;对出让土地,凡改变土地用途、容积率的,应按规定补交不同用途和容积率的土地差价。

各地要加强对经济适用住房建设用地的管理。经济适用住房建设用地必须符合土地利用总体规划、城市规划和土地利用年度计划,严格控制占用耕地,严禁开发商以开发经济适用住房名义牟取暴利。要对经济适用住房的建设标准和销售对象作出严格规定,具体办法由建设部制定。

要进一步加强国有土地收益的征收和管理,任何单位和个人均不得减免和挤占挪用土地出让金、租金等土地收益。对于低价出让、租赁土地,随意减免地价,挤占挪用土地收益,造成国有土地资产流失的,要依法追究责任。

三、大力推行国有土地使用权招标、拍卖

为体现市场经济原则,确保土地使用权交易的公开、公平和公正,各地要大力推行土地使用权招标、拍卖。

国有建设用地供应,除涉及国家安全和保密要求外,都必须向社会公开。商业性房地产开发用地和其他土地供应计划公布后同一地块有两个以上意向用地者的,都必须由市、县人民政府土地行政主管部门依法以招标、拍卖方式提供,国有土地使用权招标、拍卖必须公开进行。要严格限制协议用地范围。确实不能采用招标、拍卖方式的,方可采用协议方式。采用协议方式供地的,必须做到在地价评估基础上,集体审核确定协议价格,协议结果向社会公开。

四、加强土地使用权转让管理

土地使用权要依法公开交易,不得搞隐形交易。划拨土地使用权未经批准不得自行转让。出让和承租国有土地使用权首次转让,必须符合法律规定和出让、租赁合同约定的条件。土地使用权交易要在有形土地市场公开进行,并依法办理土地登记。土地行政主管部门要加强对出让、租赁合同的管理,受让人和承租方未付清全部出让金、租金的,不得为其发放土地使用证,未达到法律规定和合同约定的投资开发条件的,土地使用权不得转让。

土地使用权抵押应当依法办理抵押登记。设定房地产抵押权的土地使用权是以划拨方式取得的,依法拍卖该房地产后,受让人应当依法与土地所在地的土地行政主管部门签订土地使用权出让合同,从拍卖价款中缴纳土地使用权出让金后,抵押权人方可优先受偿。

以营利为目的,房屋所有人将以划拨方式取得国有土地使用权后所建房屋出租的,应将租金中所含土地收益上缴国家。

国有土地使用权转让,转让双方必须如实申报成交价格。土地行政主管部门要根据基准地价、标定地价对申报价格进行审核和登记。申报土地转让价格比标定地价低 20% 以上的,市、县人民政府可行使优先购买权。

五、加强地价管理

市、县人民政府要依法定期确定、公布当地的基准地价和标定地价,切实加强地价管理。凡尚未确定基准地价的市、县,要按照法律法规规定和统一的标准,尽快评估确定;已经确定基准地价的市、县,要根据土地市场价格变化情况,及时更新。要根据基准地价和标定地价,制定协议出让最低价标准。基准地价、协议出让土地最低价标准一经确定,必须严格执行并向社会公开。各级人民政府均不得低于协议出让最低价出让土地。要抓紧建立全国地价动态监测信息系统,对全国重要城市地价水平动态变化情况进行监测。

六、规范土地审批的行政行为

各级人民政府和土地行政主管部门掌握着土地审批和资产处置权力,责任重大,必须切实加强制度建设,规范行政行为,从制度上杜绝土地资产流失和腐败行为的发生。

(一)坚持政企分开,政事分开。土地行政主管部门一律不得兴办房地产开发公司等企业。土地估价、土地交易代理等中介服务机构必须与行政机关及其所属事业单位脱钩。

(二)坚持规范管理,政务公开。土地行政主管部门建设用地审批管理、土地资产处置等要严格执行办文制度,所有报件和批文均按规定程序办理。要增强服务意识,将办事制度、标准、程序、期限和责任向社会公开。要抓紧建立建设用地信息发布、地价和土地登记资料可查询制度。

(三)坚持内部会审,集体决策。土地行政主管部门内部要尽快健全各类审批事项的内部会审制度。农用地转用、土地征用、用地审批、土地资产处置、供地价格确定等,一律要经过内部会审,集体决策。

国务院各有关部门和各省、自治区、直辖市人民政府要认真贯彻落实本通知精神,制定具体的实施办法,逐步建立和完善各项土地资产管理制度,加强上级政府对下级政府及土地行政主管部门土地资产管理的监督。地方各级人民政府要组织力量,对行政区域内基准地价和土地资产管理规定执行情况进行检查,重点检查集体决策和结果公开的执行情况,发现问题,要依法及时处理。

国土资源部要会同有关部门负责本通知贯彻执行情况的监督检查和落实工作,重点检查落实各地土地资产管理制度的建立和执行情况,并定期向国务院报告。

国务院关于深化改革严格土地管理的决定

（国发〔2004〕28号）

各省、自治区、直辖市人民政府，国务院各部委、各直属机构：

实行最严格的土地管理制度，是由我国人多地少的国情决定的，也是贯彻落实科学发展观，保证经济社会可持续发展的必然要求。去年以来，各地区、各部门认真贯彻党中央、国务院部署，全面清理各类开发区，切实落实暂停审批农用地转用的决定，土地市场治理整顿取得了积极进展，有力地促进了宏观调控政策的落实。但是，土地市场治理整顿的成效还是初步的、阶段性的，盲目投资、低水平重复建设，圈占土地、乱占滥用耕地等问题尚未根本解决。因此，必须正确处理保障经济社会发展与保护土地资源的关系，严格控制建设用地增量，努力盘活土地存量，强化节约利用土地，深化改革，健全法制，统筹兼顾，标本兼治，进一步完善符合我国国情的最严格的土地管理制度。现决定如下：

一、严格执行土地管理法律法规

（一）牢固树立遵守土地法律法规的意识。各地区、各有关部门要深入持久地开展土地法律法规的学习教育活动，深刻认识我国国情和保护耕地的极端重要性，本着对人民、对历史负责的精神，严格依法管理土地，积极推进经济增长方式的转变，实现土地利用方式的转变，走符合中国国情的新型工业化、城市化道路。进一步提高依法管地用地的意识，要在法律法规允许的范围内合理用地。对违反法律法规批地、占地的，必须承担法律责任。

（二）严格依照法定权限审批土地。农用地转用和土地征收的审批权在国务院和省、自治区、直辖市人民政府，各省、自治区、直辖市人民政府不得违反法律和行政法规的规定下放土地审批权。严禁规避法定审批权限，将单个建设项目用地拆分审批。

（三）严格执行占用耕地补偿制度。各类非农业建设经批准占用耕地的，建设单位必须补充数量、质量相当的耕地，补充耕地的数量、质量实行按等级折算，防止占多补少、占优补劣。不能自行补充的，必须按照各省、自治区、直辖市的规定缴纳耕地开垦费。耕地开垦费要列入专户管理，不得减免和挪作他用。政府投资的建设项目也必须将补充耕地费用列入工程概算。

（四）禁止非法压低地价招商。省、自治区、直辖市人民政府要依照基准地价制定并公布协议出让土地最低价标准。协议出让土地除必须严格执行规定程序外，出让价格不得低于最低价标准。违反规定出让土地造成国有土地资产流失的，要依法追究责任；情节严重的，依照《中华人民共和国刑法》的规定，以非法低价出让国有土地使用权罪追究刑事责任。

（五）严格依法查处违反土地管理法律法规的行为。当前要着重解决有法不依、执法不严、违法不究和滥用行政权力侵犯农民合法权益的问题。要加大土地管理执法力度，严肃查处非法批地、占地等违法案件。建立国土资源与监察等部门联合办案和案件移送制度，既查处土地违法行为，又查处违法责任人。典型案件，要公开处理。对非法批准占用土地、征收土地和非法低价出让国有土地使用权的国家机关工作人员，依照《监察部国土资源部关于违反土地管理规定行为行政处分暂行办法》给予行政处分；构成犯罪的，依照《中华人民共和国刑法》、《中华人民共和国土地管理法》、《最高人民法院关于审理破坏土地资源刑事案件具体应用法律若干问题的解释》和最高人民检察院关于渎职犯罪案件立案标准的规定，追究刑事责任。对非法批准征收、使用土地，给当事人造成损失的，还必须依法承担赔偿责任。

二、加强土地利用总体规划、城市总体规划、村庄和集镇规划实施管理

（六）严格土地利用总体规划、城市总体规划、村庄和集镇规划修改的管理。在土地利用总体规划和城市总体规划确定的建设用地范围外，不得设立各类开发区（园区）和城市新区（小区）。对清理后拟保留的开发区，必须依据土地利用总体规划和城市总体规划，按照布局集中、用地集约和产业集聚的原则严格审核。严格土地利用总体规划的修改，凡涉及改变土地利用方向、规模、重大布局等原则性修改，必须报原批准机关批准。城市总体规划、村庄和集镇规划也不得擅自修改。

（七）加强土地利用计划管理。农用地转用的年度计划实行指令性管理，跨年度结转使用计划指标必须严格规范。改进农用地转用年度计划下达和考核办法，对国家批准的能源、交通、水利、矿山、军事设施等重点建设项目用地和城、镇、村的建设用地实行分类下达，并按照定额指标、利用效益等分别考核。

（八）从严从紧控制农用地转为建设用地的总量和速度。加强农用地转用审批的规划和计划审查，强化土地利用总体规划和土地利用年度计划对农用地转用的控制和引导，凡不符合规划、没有农用地转用年度计划指标的，不得批准用地。为巩固土地市场治理整顿成果，2004年农用地转用计划指标不再追加；对过去拖欠农民的征地补偿安置费在2004年年底前不能足额偿还的地方，暂缓下达该地区2005年农用地转用计划。

（九）加强建设项目用地预审管理。凡不符合土地利用总体规划、没有农用地转用计划指标的建设项目，不得通过项目用地预审。发展改革等部门要通过适当方式告知项目单位开展前期工作，项目单位提出用地预审申请后，国土资源部门要依法对建设项目用地进行审查。项目建设单位向发展改革等部门申报核准或审批建设项目时，必须附国土资源部门预审意见；没有预审意见或预审未通过的，不得核准或批准建设项目。

（十）加强村镇建设用地的管理。要按照控制总量、合理布局、节约用地、保护耕地的原则，编制乡（镇）土地利用总体规划、村庄和集镇规划，明确小城镇和农村居民点的数量、布局和规模。鼓励农村建设用地整理，城镇建设用地增加要与农村建设用地减少相挂钩。农村集体建设用地，必须符合土地利用总体规划、村庄和集镇规划，并纳入土地利用年度计划，凡占用农用地的必须依法办理审批手续。禁止擅自通过"村改居"等方式将农民集体所有土地转为国有土地。禁止农村集体经济组织非法出让、出租集体土地用于非农业建设。改革和完善宅基地审批制度，加强农村宅基地管理，禁止城镇居民在农村购置宅基地。引导新办乡村工业向建制镇和规划确定的小城镇集中。在符合规划的前提下，村庄、集镇、建制镇中的农民集体所有建设用地使用权可以依法流转。

（十一）严格保护基本农田。基本农田是确保国家粮食安全的基础。土地利用总体规划修编，必须保证现有基本农田总量不减少，质量不降低。基本农田要落实到地块和农户，并在土地所有权证书和农村土地承包经营权证书中注明。基本农田保护图件备案工作，应在新一轮土地利用总体规划修编后三个月内完成。基本农田一经划定，任何单位和个人不得擅自占用，或者擅自改变用途，这是不可逾越的"红线"。符合法定条件，确需改变和占用基本农田的，必须报国务院批准；经批准占用基本农田的，征地补偿按法定最高标准执行，对以缴纳耕地开垦费方式补充耕地的，缴纳标准按当地最高标准执行。禁止占用基本农田挖鱼塘、种树和其他破坏耕作层的活动，禁止以建设"现代农业园区"或者"设施农业"等任何名义，占用基本农田变相从事房地产开发。

三、完善征地补偿和安置制度

（十二）完善征地补偿办法。县级以上地方人民政府要采取切实措施，使被征地农民生活水平不因征地而降低。要保证依法足额和及时支付土地补偿费、安置补助费以及地上附着物和青苗补偿费。依照现行法律规定支付土地

补偿费和安置补助费,尚不能使被征地农民保持原有生活水平的,不足以支付因征地而导致无地农民社会保障费用的,省、自治区、直辖市人民政府应当批准增加安置补助费。土地补偿费和安置补助费的总和达到法定上限,尚不足以使被征地农民保持原有生活水平的,当地人民政府可以用国有土地有偿使用收入予以补贴。省、自治区、直辖市人民政府要制订并公布各市县征地的统一年产值标准或区片综合地价,征地补偿做到同地同价,国家重点建设项目必须将征地费用足额列入概算。大中型水利、水电工程建设征地的补偿费标准和移民安置办法,由国务院另行规定。

(十三)妥善安置被征地农民。县级以上地方人民政府应当制定具体办法,使被征地农民的长远生计有保障。对有稳定收益的项目,农民可以经依法批准的建设用地土地使用权入股。在城市规划区内,当地人民政府应当将因征地而导致无地的农民,纳入城镇就业体系,并建立社会保障制度;在城市规划区外,征收农民集体所有土地时,当地人民政府要在本行政区域内为被征地农民留有必要的耕作土地或安排相应的工作岗位;对不具备基本生产生活条件的无地农民,应当异地移民安置。劳动和社会保障部门要会同有关部门尽快提出建立被征地农民的就业培训和社会保障制度的指导性意见。

(十四)健全征地程序。在征地过程中,要维护农民集体土地所有权和农民土地承包经营权的权益。在征地依法报批前,要将拟征地的用途、位置、补偿标准、安置途径告知被征地农民;对拟征土地现状的调查结果须经被征地农村集体经济组织和农户确认;确有必要的,国土资源部门应当依照有关规定组织听证。要将被征地农民知情、确认的有关材料作为征地报批的必备材料。要加快建立和完善征地补偿安置争议的协调和裁决机制,维护被征地农民和用地者的合法权益。经批准的征地事项,除特殊情况外,应予以公示。

(十五)加强对征地实施过程监管。征地

补偿安置不落实的,不得强行使用被征土地。省、自治区、直辖市人民政府应当根据土地补偿费主要用于被征地农户的原则,制订土地补偿费在农村集体经济组织内部的分配办法。被征地的农村集体经济组织应当将征地补偿费用的收支和分配情况,向本集体经济组织成员公布,接受监督。农业、民政等部门要加强对农村集体经济组织内部征地补偿费用分配和使用的监督。

四、健全土地节约利用和收益分配机制

(十六)实行强化节约和集约用地政策。建设用地要严格控制增量,积极盘活存量,把节约用地放在首位,重点在盘活存量上下功夫。新上建设项目首先要利用现有建设用地,严格控制建设占用耕地、林地、草原和湿地。开展对存量建设用地资源的普查,研究制定鼓励盘活存量的政策措施。各地区、各有关部门要按照集约用地的原则,调整有关厂区绿化率的规定,不得圈占土地搞"花园式工厂"。在开发区(园区)推广多层标准厂房。对工业用地在符合规划、不改变原用途的前提下,提高土地利用率和增加容积率的,原则上不再收取或调整土地有偿使用费。基础设施和公益性建设项目,也要节约合理用地。今后,供地时要将土地用途、容积率等使用条件的约定写入土地使用合同。对工业项目用地必须有投资强度、开发进度等控制性要求。土地使用权人不按照约定条件使用土地的,要承担相应的违约责任。在加强耕地占用税、城镇土地使用税、土地增值税征收管理的同时,进一步调整和完善相关税制,加大对建设用地取得和保有环节的税收调节力度。

(十七)推进土地资源的市场化配置。严格控制划拨用地范围,经营性基础设施用地要逐步实行有偿使用。运用价格机制抑制多占、滥占和浪费土地。除按现行规定必须实行招标、拍卖、挂牌出让的用地外,工业用地也要创造条件逐步实行招标、拍卖、挂牌出让。经依法批准利用原有划拨土地进行经营性开发建设的,应当按照市场价补缴土地出让金。经依法批准转让原划拨土地使用权的,应当在土地有

形市场公开交易,按照市场价补缴土地出让金;低于市场价交易的,政府应当行使优先购买权。

(十八)制订和实施新的土地使用标准。依照国家产业政策,国土资源部门对淘汰类、限制类项目分别实行禁止和限制用地,并会同有关部门制订工程项目建设用地定额标准,省、自治区、直辖市人民政府可以根据实际情况制订具体实施办法。继续停止高档别墅类房地产、高尔夫球场等用地的审批。

(十九)严禁闲置土地。农用地转用批准后,满两年未实施具体征地或用地行为的,批准文件自动失效;已实施征地,满两年未供地的,在下达下一年度的农用地转用计划时扣减相应指标,对具备耕作条件的土地,应当交原土地使用者继续耕种,也可以由当地人民政府组织耕种。对用地单位闲置的土地,严格依照《中华人民共和国土地管理法》的有关规定处理。

(二十)完善新增建设用地土地有偿使用费收缴办法。新增建设用地土地有偿使用费实行先缴后分,按规定的标准就地全额缴入国库,不得减免,并由国库按规定的比例就地分成划缴。审计部门要加强对新增建设用地土地有偿使用费征收和使用的监督检查。对减免和欠缴的,要依法追缴。财政部、国土资源部要适时调整新增建设用地土地有偿使用费收取标准。新增建设用地土地有偿使用费要严格按法定用途使用,由中央支配的部分,要向粮食主产区倾斜。探索建立国有土地收益基金,遏制片面追求土地收益的短期行为。

五、建立完善耕地保护和土地管理的责任制度

(二十一)明确土地管理的权力和责任。调控新增建设用地总量的权力和责任在中央,盘活存量建设用地的权力和利益在地方,保护和合理利用土地的责任在地方各级人民政府,省、自治区、直辖市人民政府应负主要责任。在确保严格实施土地利用总体规划,不突破土地利用年度计划的前提下,省、自治区、直辖市人

民政府可以统筹本行政区域内的用地安排,依照法定权限对农用地转用和土地征收进行审批,按规定用途决定新增建设用地土地有偿使用费地方分成部分的分配和使用,组织本行政区域内耕地占补平衡,并对土地管理法律法规执行情况进行监督检查。地方各级人民政府要对土地利用总体规划确定的本行政区域内的耕地保有量和基本农田保护面积负责,政府主要领导是第一责任人。地方各级人民政府都要建立相应的工作制度,采取多种形式,确保耕地保护目标落实到基层。

(二十二)建立耕地保护责任的考核体系。国务院定期向各省、自治区、直辖市下达耕地保护责任考核目标。各省、自治区、直辖市人民政府每年要向国务院报告耕地保护责任目标的履行情况。实行耕地保护责任考核的动态监测和预警制度。国土资源部会同农业部、监察部、审计署、统计局等部门定期对各省、自治区、直辖市耕地保护责任目标履行情况进行检查和考核,并向国务院报告。对认真履行责任目标,成效突出的,要给予表彰,并在安排中央支配的新增建设用地土地有偿使用费时予以倾斜。对没有达到责任目标的,要在全国通报,并责令限期补充耕地和补划基本农田。对土地开发整理补充耕地的情况也要定期考核。

(二十三)严格土地管理责任追究制。对违反法律规定擅自修改土地利用总体规划的、发生非法占用基本农田的、未完成耕地保护责任考核目标的、征地侵害农民合法权益引发群体性事件且未能及时解决的、减免和欠缴新增建设用地土地有偿使用费的、未按期完成基本农田图件备案工作的,要严肃追究责任,对有关责任人员由上级主管部门或监察机关依法定权限给予行政处分。同时,上级政府要责令限期整改,整改期间暂停农用地转用和征地审批。具体办法由国土资源部会同有关部门另行制订。实行补充耕地监督的责任追究制,国土资源部门和农业部门负责对补充耕地的数量和质量进行验收,并对验收结果承担责任。省、自治区、直辖市国土资源部门和农业部门要加强

监督检查。

（二十四）强化对土地执法行为的监督。建立公开的土地违法立案标准。对有案不查、执法不严的，上级国土资源部门要责令其作出行政处罚决定或直接给予行政处罚。坚决纠正违法用地只通过罚款就补办合法手续的行为。对违法用地及其建筑物和其他设施，按法律规定应当拆除或没收的，不得以罚款、补办手续取代；确需补办手续的，依法处罚后，从新从高进行征地补偿和收取土地出让金及有关规费。完善土地执法监察体制，建立国家土地督察制度，设立国家土地总督察，向地方派驻土地督察专员，监督土地执法行为。

（二十五）加强土地管理行政能力建设。2004 年年底以前要完成省级以下国土资源管理体制改革，理顺领导干部管理体制、工作机制和加强基层队伍建设。市、县人民政府要保证基层国土资源管理所机构、编制、经费到位，切实发挥基层国土资源管理所在土地管理执法中的作用。国土资源部要会同有关部门抓紧建立和完善统一的土地分类、调查、登记和统计制度，启动新一轮土地调查，保证土地数据的真实性。组织实施"金土工程"。充分利用现代高新技术加强土地利用动态监测，建立土地利用总体规划实施、耕地保护、土地市场的动态监测网络。

各地区、各有关部门要以"三个代表"重要思想为指导，牢固树立科学发展观和正确的政绩观，把落实好最严格的土地管理制度作为对执政能力和依法行政能力的检验。高度重视土地的保护和合理利用，认真总结经验，积极推进土地管理体制改革，不断完善土地法制，建立严格、科学、有效的土地管理制度，维护好广大人民群众的根本利益，确保经济社会的可持续发展。

节约集约利用土地规定

（2014 年 3 月 27 日国土资源部第 1 次部务会议通过；根据 2019 年 7 月 24 日自然资源部令第 5 号《自然资源部关于第一批废止和修改的部门规章的决定》修正）

第一章　总　则

第一条　为贯彻十分珍惜、合理利用土地和切实保护耕地的基本国策，落实最严格的耕地保护制度和最严格的节约集约用地制度，提升土地资源对经济社会发展的承载能力，促进生态文明建设，根据《中华人民共和国土地管理法》和《国务院关于促进节约集约用地的通知》，制定本规定。

第二条　本规定所称节约集约利用土地，是指通过规模引导、布局优化、标准控制、市场配置、盘活利用等手段，达到节约土地、减量用地、提升用地强度、促进低效废弃地再利用、优化土地利用结构和布局、提高土地利用效率的各项行为与活动。

第三条　土地管理和利用应当遵循下列原则：

（一）坚持节约优先的原则，各项建设少占地、不占或者少占耕地，珍惜和合理利用每一寸土地；

（二）坚持合理使用的原则，严控总量、盘活存量、优化结构、提高效率；

（三）坚持市场配置的原则，妥善处理好政府与市场的关系，充分发挥市场在土地资源配置中的决定性作用；

（四）坚持改革创新的原则，探索土地管理新机制，创新节约集约用地新模式。

第四条　县级以上地方自然资源主管部门应当加强与发展改革、财政、环境保护等部门的沟通协调，将土地节约集约利用的目标和政策措施纳入地方经济社会发展总体框架、相关规划和考核评价体系。

第五条 自然资源主管部门应当建立节约集约用地制度,开展节约集约用地活动,组织制定节地标准体系和相关标准规范,探索节约集约用地新机制,鼓励采用节约集约用地新技术和新模式,促进土地利用效率的提高。

第六条 在节约集约用地方面成效显著的市、县人民政府,由自然资源部按照有关规定给予表彰和奖励。

第二章 规模引导

第七条 国家通过土地利用总体规划,确定建设用地的规模、布局、结构和时序安排,对建设用地实行总量控制。

土地利用总体规划确定的约束性指标和分区管制规定不得突破。

下级土地利用总体规划不得突破上级土地利用总体规划确定的约束性指标。

第八条 土地利用总体规划对各区域、各行业发展用地规模和布局具有统筹作用。

产业发展、城乡建设、基础设施布局、生态环境建设等相关规划,应当与土地利用总体规划相衔接,所确定的建设用地规模和布局必须符合土地利用总体规划的安排。

相关规划超出土地利用总体规划确定的建设用地规模的,应当及时调整或者修改,核减用地规模,调整用地布局。

第九条 自然资源主管部门应当通过规划、计划、用地标准、市场引导等手段,有效控制特大城市新增建设用地规模,适度增加集约用地程度高、发展潜力大的地区和中小城市、县城建设用地供给,合理保障民生用地需求。

第三章 布局优化

第十条 城乡土地利用应当体现布局优化的原则。引导工业向开发区集中、人口向城镇集中、住宅向社区集中,推动农村人口向中心村、中心镇集聚,产业向功能区集中,耕地向适度规模经营集中。

禁止在土地利用总体规划和城乡规划确定的城镇建设用地范围之外设立各类城市新区、开发区和工业园区。

鼓励线性基础设施并线规划和建设,促进集约布局和节约用地。

第十一条 自然资源主管部门应当在土地利用总体规划中划定城市开发边界和禁止建设的边界,实行建设用地空间管制。

城市建设用地应当因地制宜采取组团式、串联式、卫星城式布局,避免占用优质耕地特别是永久基本农田。

第十二条 市、县自然资源主管部门应当促进现有城镇用地内部结构调整优化,控制生产用地,保障生活用地,提高生态用地的比例,加大城镇建设使用存量用地的比例,促进城镇用地效率的提高。

第十三条 鼓励建设项目用地优化设计、分层布局,鼓励充分利用地上、地下空间。

建设用地使用权在地上、地下分层设立的,其取得方式和使用年期参照在地表设立的建设用地使用权的相关规定。

出让分层设立的建设用地使用权,应当根据当地基准地价和不动产实际交易情况,评估确定分层出让的建设用地最低价标准。

第十四条 县级以上自然资源主管部门统筹制定土地综合开发用地政策,鼓励大型基础设施等建设项目综合开发利用土地,促进功能适度混合、整体设计、合理布局。

不同用途高度关联、需要整体规划建设、确实难以分割供应的综合用途建设项目,市、县自然资源主管部门可以确定主用途并按照一宗土地实行整体出让供应,综合确定出让底价;需要通过招标拍卖挂牌的方式出让的,整宗土地应当采用招标拍卖挂牌的方式出让。

第四章 标准控制

第十五条 国家实行建设项目用地标准控制制度。

自然资源部会同有关部门制定工程建设项目用地控制指标、工业项目建设用地控制指标、房地产开发用地宗地规模和容积率等建设项目用地控制标准。

地方自然资源主管部门可以根据本地实际，制定和实施更加节约集约的地方性建设项目用地控制标准。

第十六条 建设项目应当严格按照建设项目用地控制标准进行测算、设计和施工。

市、县自然资源主管部门应当加强对用地者和勘察设计单位落实建设项目用地控制标准的督促和指导。

第十七条 建设项目用地审查、供应和使用，应当符合建设项目用地控制标准和供地政策。

对违反建设项目用地控制标准和供地政策使用土地的，县级以上自然资源主管部门应当责令纠正，并依法予以处理。

第十八条 国家和地方尚未出台建设项目用地控制标准的建设项目，或者因安全生产、特殊工艺、地形地貌等原因，确实需要超标准建设的项目，县级以上自然资源主管部门应当组织开展建设项目 用地评价，并将其作为建设用地供应的依据。

第十九条 自然资源部会同有关部门根据国家经济社会发展状况、宏观产业政策和土壤污染风险防控需求等，制定《禁止用地项目目录》和《限制用地项目目录》，促进土地节约集约利用。

自然资源主管部门为限制用地的建设项目办理建设用地供应手续必须符合规定的条件；不得为禁止用地的建设项目办理建设用地供应手续。

第五章 市场配置

第二十条 各类有偿使用的土地供应应当充分贯彻市场配置的原则，通过运用土地租金和价格杠杆，促进土地节约集约利用。

第二十一条 国家扩大国有土地有偿使用范围，减少非公益性用地划拨。

除军事、保障性住房和涉及国家安全和公共秩序的特殊用地可以以划拨方式供应外，国家机关办公和交通、能源、水利等基础设施（产业）、城市基础设施以及各类社会事业用地中

的经营性用地，实行有偿使用。

国家根据需要，可以一定年期的国有土地使用权作价后授权给经国务院批准设立的国家控股公司、作为国家授权投资机构的国有独资公司和集团公司经营管理。

第二十二条 经营性用地应当以招标拍卖挂牌的方式确定土地使用者和土地价格。

各类有偿使用的土地供应不得低于国家规定的用地最低价标准。

禁止以土地换项目、先征后返、补贴、奖励等形式变相减免土地出让价款。

第二十三条 市、县自然资源主管部门可以采取先出租后出让、在法定最高年期内实行缩短出让年期等方式出让土地。

采取先出租后出让方式供应工业用地的，应当符合自然资源部规定的行业目录。

第二十四条 鼓励土地使用者在符合规划的前提下，通过厂房加层、厂区改造、内部用地整理等途径提高土地利用率。

在符合规划、不改变用途的前提下，现有工业用地提高土地利用率和增加容积率的，不再增收土地价款。

第二十五条 符合节约集约用地要求、属于国家鼓励产业的用地，可以实行差别化的地价政策和建设用地管理政策。

分期建设的大中型工业项目，可以预留规划范围，根据建设进度，实行分期供地。

具体办法由自然资源部另行规定。

第二十六条 市、县自然资源主管部门供应工业用地，应当将投资强度、容积率、建筑系数、绿地率、非生产设施占地比例等控制性指标以及自然资源开发利用水平和生态保护要求纳入出让合同。

第二十七条 市、县自然资源主管部门在有偿供应各类建设用地时，应当在建设用地使用权出让、出租合同中明确节约集约用地的规定。

在供应住宅用地时，应当将最低容积率限制、单位土地面积的住房建设套数和住宅建设套型等规划条件写入建设用地使用权出让合同。

第六章　盘活利用

第二十八条　县级以上自然资源主管部门在分解下达新增建设用地计划时,应当与批而未供和闲置土地处置数量相挂钩,对批而未供、闲置土地数量较多和处置不力的地区,减少其新增建设用地计划安排。

自然资源部和省级自然资源主管部门负责城镇低效用地再开发的政策制定。对于纳入低效用地再开发范围的项目,可以制定专项用地政策。

第二十九条　县级以上地方自然资源主管部门应当会同有关部门,依据相关规划,开展全域国土综合整治,对农用地、农村建设用地、工矿用地、灾害损毁土地等进行整理复垦,优化土地空间布局,提高土地利用效率和效益,促进土地节约集约利用。

第三十条　农用地整治应当促进耕地集中连片,增加有效耕地面积,提升耕地质量,改善生产条件和生态环境,优化用地结构和布局。

宜农未利用地开发,应当根据环境和资源承载能力,坚持有利于保护和改善生态环境的原则,因地制宜适度开展。

第三十一条　县级以上地方自然资源主管部门可以依据国家有关规定,统筹开展农村建设用地整治、历史遗留工矿废弃地和自然灾害毁损土地的整治,提高建设用地利用效率和效益,改善人民群众生产生活条件和生态环境。

第三十二条　县级以上地方自然资源主管部门在本级人民政府的领导下,会同有关部门建立城镇低效用地再开发、废弃地再利用的激励机制,对布局散乱、利用粗放、用途不合理、闲置浪费等低效用地进行再开发,对因采矿损毁、交通改线、居民点搬迁、产业调整形成的废弃地实行复垦再利用,促进土地优化利用。

鼓励社会资金参与城镇低效用地、废弃地再开发和利用。鼓励土地使用者自行开发或者合作开发。

第七章　监督考评

第三十三条　县级以上自然资源主管部门应当加强土地市场动态监测与监管,对建设用地批准和供应后的开发情况实行全程监管,定期在门户网站上公布土地供应、合同履行、欠缴土地价款等情况,接受社会监督。

第三十四条　省级自然资源主管部门应当对本行政区域内的节约集约用地情况进行监督,在用地审批、土地供应和土地使用等环节加强用地准入条件、功能分区、用地规模、用地标准、投入产出强度等方面的检查,依据法律法规对浪费土地的行为和责任主体予以处理并公开通报。

第三十五条　县级以上自然资源主管部门应当组织开展本行政区域内的建设用地利用情况普查,全面掌握建设用地开发利用和投入产出情况、集约利用程度、潜力规模与空间分布等情况,并将其作为土地管理和节约集约用地评价的基础。

第三十六条　县级以上自然资源主管部门应当根据建设用地利用情况普查,组织开展区域、城市和开发区节约集约用地评价,并将评价结果向社会公开。

第八章　法律责任

第三十七条　县级以上自然资源主管部门及其工作人员违反本规定,有下列情形之一的,对有关责任人员依法给予处分;构成犯罪的,依法追究刑事责任:

(一)违反本规定第十七条规定,为不符合建设项目用地标准和供地政策的建设项目供地的;

(二)违反本规定第十九条规定,为禁止或者不符合限制用地条件的建设项目办理建设用地供应手续的;

(三)违反本规定第二十二条规定,低于国家规定的工业用地最低价标准供应工业用地的;

(四)其他徇私舞弊、滥用职权和玩忽职守的行为。

第九章　附　则

第三十八条　本规定自 2014 年 9 月 1 日起实施。

国务院关于将部分土地出让金用于农业土地开发有关问题的通知

（国发〔2004〕8号）

各省、自治区、直辖市人民政府，国务院各部委、各直属机构：

根据《中华人民共和国城市房地产管理法》和《中华人民共和国土地管理法》有关土地使用权出让金的用途及土地出让金上缴、使用的规定，为切实保护耕地，加强粮食综合生产能力建设，抑制城市盲目扩张，促进城乡协调发展，国务院决定从2004年起将部分土地出让金用于农业土地开发。现就有关问题通知如下：

一、关于土地出让金用于农业土地开发的用途按照"取之于土，用之于土"的原则，将部分土地出让金专项用于土地整理复垦、宜农未利用地开发、基本农田建设以及改善农业生产条件的土地开发。

二、关于土地出让金用于农业土地开发的比例土地出让金用于农业土地开发的比例，由各省、自治区、直辖市及计划单列市人民政府根据不同情况，按各市、县不低于土地出让平均纯收益的15%确定。土地出让平均纯收益的具体标准由财政部、国土资源部确定。

三、关于用于农业土地开发的土地出让金的管理用于农业土地开发的土地出让金纳入财政预算，实行专项管理。省（自治区、直辖市）及计划单列市、市（地、州、盟）、

县（市、旗）应分别在现有账户中设立专账，分账核算。用于农业土地开发的土地出让金主要留在市、县，专款专用；各地可根据不同情况，将不超过30%的资金集中到省、自治区、直辖市及计划单列市使用。资金使用管理具体办法由财政部会同国土资源部制订。

四、关于用于农业土地开发的土地出让金的监督各省、自治区、直辖市及计划单列市人民政府要加强对用于农业土地开发的土地出让金收缴的监督，保证土地出让金专户资金优先足额划入用于农业土地开发的资金专账；对挪用专账资金的，由省级人民政府负责追缴，并追究有关人员的责任。财政部、国土资源部要会同监察部、审计署等部门加强对用于农业土地开发的土地出让金收缴、使用和管理情况进行监督检查，对检查出的问题要及时采取措施予以纠正。

财政部国土资源部关于印发《用于农业土地开发的土地出让金收入管理办法》的通知

（财综〔2004〕49号）

各省、自治区、直辖市、计划单列市财政厅（局）、国土资源管理厅、国土资源和房屋管理局、规划和国土资源局、房屋土地资源管理局、国土环境资源厅：

根据《国务院关于将部分土地出让金用于农业土地开发有关问题的通知》（国发〔2004〕8号）的规定，从2004年1月1日起，将部分土地出让金用于农业土地开发。为加强对各地

用于农业土地开发的土地出让金收入管理情况的检查、监督和考核工作，确保国务院关于将部分土地出让金用于支持农业土地开发的重大决策落到实处，现将《用于农业土地开发的土地出让金收入管理办法》印发你们。请结合本地区的实际情况，抓紧组织研究落实。

执行中有何问题，请及时向财政部、国土资源部报告。

用于农业土地开发的土地出让金收入管理办法

第一条 根据《国务院关于将部分土地出让金用于农业土地开发有关问题的通知》(国发〔2004〕8号)的规定,从2004年1月1日起,将部分土地出让金用于农业土地开发。为加强对各地用于农业土地开发的土地出让金收入管理情况的检查、监督和考核工作,特制定本办法。

第二条 土地出让金用于农业土地开发的比例,由各省、自治区、直辖市及计划单列市人民政府根据不同情况,按各市、县不低于土地出让平均纯收益的15%确定。

从土地出让金划出的农业土地开发资金计算公式为:从土地出让金划出的农业土地开发资金=土地出让面积×土地出让平均纯收益征收标准(对应所在地征收等别)×各地规定的土地出让金用于农业土地开发的比例(不低于15%)。

第三条 本办法所称土地出让平均纯收益征收标准是指地方人民政府出让土地取得的土地出让纯收益的平均值。由财政部、国土资源部根据全国城镇土地等别、城镇土地级别、基准地价水平、建设用地供求状况、社会经济发展水平等情况制定、联合发布,并根据土地市场价格变动情况适时调整。土地出让平均纯收益征收标准见附件一。

第四条 调整现行政府预算收入科目,将"基金预算收入科目"第85类"土地有偿使用收入"下的850101项"土地出让金"取消;增设850103项"用于农业土地开发的土地出让金",反映从"土地出让金财政专户"中划入的用于农业土地开发的资金;增设850104项"其他土地出让金",反映从"土地出让金财政专户"中扣除划入农业土地开发资金专账后的土地出让金。

第五条 市(地、州、盟)、县(市、旗)国土资源管理部门根据办理的土地出让合同,按季统计土地出让面积送同级财政部门,同时抄报省级国土资源管理部门、财政部门。

第六条 市(地、州、盟)、县(市、旗)财政部门根据同级国土资源管理部门提供的土地出让面积、城镇土地级别、土地出让平均纯收益征收标准和各省(自治区、直辖市)及计划单列市人民政府规定的土地出让金用于农业土地开发的比例(不低于15%),计算应从土地出让金中划出的农业土地开发资金,并按照专账管理的原则和土地出让金缴交情况,由财政部门在次月5日前办理土地出让金清算时,按级次分别开具缴款书,办理缴库手续,将属于本市(地、州、盟)、县(市、旗)的用于农业土地开发的土地出让金收入(不低于农业土地开发资金的70%部分)缴入同级国库用于农业土地开发的土地出让金收入专账;将属于各省(自治区、直辖市)及计划单列市集中的用于农业土地开发的土地出让金收入(不高于农业土地开发资金30%的部分)按就地缴库方式缴入省国库用于农业土地开发的土地出让金收入专账。

第七条 各省(自治区、直辖市)及计划单列市人民政府要加强对用于农业土地开发的土地出让金收缴的监督,保证土地出让金专户资金优先足额划入用于农业土地开发的资金专账。

第八条 财政部和国土资源部要会同监察部、审计署等有关部门,对用于农业土地开发的土地出让金的提取比例、收入征缴情况进行定期或不定期的监督检查。各省(自治区、直辖市)及计划单列市人民政府要定期将用于农业土地开发的土地出让金收入管理情况报财政部、国土资源部。

第九条 财政部可授权财政部驻各地财政监察专员办事处对用于农业土地开发的土地出让金的收入管理情况进行监督检查。

第十条 各省(自治区、直辖市)及计划单列市人民政府可根据本办法,结合本地实际情况,制定用于农业土地开发的土地出让金收入管理实施细则,并报财政部、国土资源部备案。

第十一条 本办法自2004年1月1日起实行。

第十二条 本办法由财政部、国土资源部负责解释。

国务院关于加强土地调控有关问题的通知

（国发〔2006〕31号）

各省、自治区、直辖市人民政府，国务院各部委、各直属机构：

党中央、国务院高度重视土地管理和调控。2004年印发的《国务院关于深化改革严格土地管理的决定》（国发〔2004〕28号），在严格土地执法、加强规划管理、保障农民权益、促进集约用地、健全责任制度等方面，作出了全面系统的规定。各地区、各部门采取措施，积极落实，取得了初步成效。但是，当前土地管理特别是土地调控中出现了一些新动向、新问题，建设用地总量增长过快，低成本工业用地过度扩张，违法违规用地、滥占耕地现象屡禁不止，严把土地"闸门"任务仍然十分艰巨。为进一步贯彻落实科学发展观，保证经济社会可持续发展，必须采取更严格的管理措施，切实加强土地调控。现就有关问题通知如下：

一、进一步明确土地管理和耕地保护的责任

地方各级人民政府主要负责人应对本行政区域内耕地保有量和基本农田保护面积、土地利用总体规划和年度计划执行情况负总责。将新增建设用地控制指标（包括占用农用地和未利用地）纳入土地利用年度计划，以实际耕地保有量和新增建设用地面积，作为土地利用年度计划考核、土地管理和耕地保护责任目标考核的依据；实际用地超过计划的，扣减下一年度相应的计划指标。国土资源部要加强对各地实际建设用地和土地征收情况的核查。

按照权责一致的原则，调整城市建设用地审批方式。在土地利用总体规划确定的城市建设用地范围内，依法由国务院分批次审批的农用地转用和土地征收，调整为每年由省级人民政府汇总后一次申报，经国土资源部审核，报国务院批准后由省级人民政府具体组织实施，实施方案报国土资源部备案。

严格实行问责制。对本行政区域内发生土地违法违规案件造成严重后果的，对土地违法违规行为不制止、不组织查处的，对土地违法违规问题隐瞒不报、压案不查的，应当追究有关地方人民政府负责人的领导责任。监察部、国土资源部要抓紧完善土地违法违规领导责任追究办法。

二、切实保障被征地农民的长远生计

征地补偿安置必须以确保被征地农民原有生活水平不降低、长远生计有保障为原则。各地要认真落实国办发〔2006〕29号文件的规定，做好被征地农民就业培训和社会保障工作。被征地农民的社会保障费用，按有关规定纳入征地补偿安置费用，不足部分由当地政府从国有土地有偿使用收入中解决。社会保障费用不落实的不得批准征地。

三、规范土地出让收支管理

国有土地使用权出让总价款全额纳入地方预算，缴入地方国库，实行"收支两条线"管理。土地出让总价款必须首先按规定足额安排支付土地补偿费、安置补助费、地上附着物和青苗补偿费、拆迁补偿费以及补助被征地农民社会保障所需资金的不足，其余资金应逐步提高用于农业土地开发和农村基础设施建设的比重，以及用于廉租住房建设和完善国有土地使用功能的配套设施建设。

四、调整建设用地有关税费政策

提高新增建设用地土地有偿使用费缴纳标准。新增建设用地土地有偿使用费缴纳范围，以当地实际新增建设用地面积为准。新增建设用地土地有偿使用费专项用于基本农田建设和保护、土地整理、耕地开发。对违规减免和欠缴的新增建设用地土地有偿使用费，要进行清理，限期追缴。其中，国发〔2004〕28号文件下发后减免和欠缴的，要在今年年底前全额清缴;逾期未缴的,暂不办理用地审批。财政部会同国土资源部要抓紧制订新增建设用地土地有偿使用费缴纳标准和适时调整的具体办法,并进一步改进和完善新增建设用地土地有偿使用费的分配使用管理。

提高城镇土地使用税和耕地占用税征收标准,财政部、税务总局会同国土资源部、法制办要抓紧制订具体办法。财税部门要加强税收征管,严格控制减免税。

五、建立工业用地出让最低价标准统一公布制度

国家根据土地等级、区域土地利用政策等,统一制订并公布各地工业用地出让最低价标准。工业用地出让最低价标准不得低于土地取得成本、土地前期开发成本和按规定收取的相关费用之和。工业用地必须采用招标拍卖挂牌方式出让,其出让价格不得低于公布的最低价标准。低于最低价标准出让土地,或以各种形式给予补贴或返还的,属非法低价出让国有土地使用权的行为,要依法追究有关人员的法律责任。

六、禁止擅自将农用地转为建设用地

农用地转为建设用地,必须符合土地利用总体规划、城市总体规划、村庄和集镇规划,纳入年度土地利用计划,并依法办理农用地转用审批手续。禁止通过"以租代征"等方式使用农民集体所有农用地进行非农业建设,擅自扩大建设用地规模。农民集体所有建设用地使用权流转,必须符合规划并严格限定在依法取得的建设用地范围内。未依法办理农用地转用审批,国家机关工作人员批准通过"以租代征"等方式占地建设的,属非法批地行为;单位和个人擅自通过"以租代征"等方式占地建设的,属非法占地行为,要依法追究有关人员的法律责任。

七、强化对土地管理行为的监督检查

国家土地督察机构要认真履行国务院赋予的职责,加强对地方人民政府土地管理行为的监督检查。对监督检查中发现的违法违规问题,要及时提出纠正或整改意见。对纠正整改不力的,依照有关规定责令限期纠正整改。纠正整改期间,暂停该地区农用地转用和土地征收。

国土资源管理部门及其工作人员要严格执行国家土地管理的法律法规和方针政策,依法行政,对土地利用情况的真实性和合法性负责。凡玩忽职守、滥用职权、徇私舞弊、不执行和不遵守土地管理法律法规的,依照有关法律法规追究有关领导和人员的责任。

八、严肃惩处土地违法违规行为

国家机关工作人员非法批准征收、占用土地,或者非法低价出让国有土地使用权,触犯刑律的,依法追究刑事责任。对不执行国家土地调控政策、超计划批地用地、未按期缴纳新增建设用地土地有偿使用费及其他规定税费、未按期足额支付征地补偿安置费而征占土地,以及通过调整土地利用总体规划擅自改变基本农田位置,以规避建设占用基本农田应依法上报国务院审批的,要追究有关人员的行政责任。

完善土地违法案件的查处协调机制,加大对土地违法违规行为的查处力度。监察部要会同国土资源部等有关部门,在近期集中开展一次以查处非法批地、未批先用、批少用多、非法低价出让国有土地使用权等行为为重点的专项行动。对重大土地违法违规案件要公开处理,涉嫌犯罪的,要移送司法机关依法追究刑事责任。

各地区、各部门要以邓小平理论和"三个代表"重要思想为指导,全面落实科学发展观,充分认识实行最严格土地管理制度的重要性,认真贯彻、坚决执行中央关于加强土地调控的各项措施。各地区要结合执行本通知,对国发〔2004〕28号文件实施以来的土地管理和利用情况进行全面自查,对清查出的土地违法违规行为必须严肃处理。发展改革委、监察部、财政部、劳动保障部、国土资源部、建设部、农业部、人民银行、税务总局、统计局、法制办等部门要各司其职,密切配合,尽快制定本通知实施的配套文件,共同做好加强土地调控的各项工作。

国土资源部要会同监察部等有关部门做好对本通知贯彻执行情况的监督检查。各地区、各部门要在 2006 年年底前将贯彻执行本通知的情况向国务院报告。

城市房地产开发经营管理条例

（1998 年 7 月 20 日中华人民共和国国务院令第 248 号发布；根据 2011 年 1 月 8 日《国务院关于废止和修改部分行政法规的决定》第一次修订；根据 2018 年 3 月 19 日《国务院关于修改和废止部分行政法规的决定》第二次修订；根据 2019 年 3 月 24 日《国务院关于修改部分行政法规的决定》第三次修订；根据 2020 年 3 月 27 日《国务院关于修改和废止部分行政法规的决定》第四次修订；根据 2020 年 11 月 29 日《国务院关于修改和废止部分行政法规的决定》第五次修订）

第一章 总 则

第一条 为了规范房地产开发经营行为，加强对城市房地产开发经营活动的监督管理，促进和保障房地产业的健康发展，根据《中华人民共和国城市房地产管理法》的有关规定，制定本条例。

第二条 本条例所称房地产开发经营，是指房地产开发企业在城市规划区内国有土地上进行基础设施建设、房屋建设，并转让房地产开发项目或者销售、出租商品房的行为。

第三条 房地产开发经营应当按照经济效益、社会效益、环境效益相统一的原则，实行全面规划、合理布局、综合开发、配套建设。

第四条 国务院建设行政主管部门负责全国房地产开发经营活动的监督管理工作。

县级以上地方人民政府房地产开发主管部门负责本行政区域内房地产开发经营活动的监督管理工作。

县级以上人民政府负责土地管理工作的部门依照有关法律、行政法规的规定，负责与房地产开发经营有关的土地管理工作。

第二章 房地产开发企业

第五条 设立房地产开发企业，除应当符合有关法律、行政法规规定的企业设立条件外，还应当具备下列条件：

（一）有 100 万元以上的注册资本；

（二）有 4 名以上持有资格证书的房地产专业、建筑工程专业的专职技术人员，2 名以上持有资格证书的专职会计人员。

省、自治区、直辖市人民政府可以根据本地方的实际情况，对设立房地产开发企业的注册资本和专业技术人员的条件作出高于前款的规定。

第六条 外商投资设立房地产开发企业的，除应当符合本条例第五条的规定外，还应当符合外商投资法律、行政法规的规定。

第七条 设立房地产开发企业，应当向县级以上人民政府工商行政管理部门申请登记。工商行政管理部门对符合本条例第五条规定条件的，应当自收到申请之日起 30 日内予以登记；对不符合条件不予登记的，应当说明理由。

工商行政管理部门在对设立房地产开发企业申请登记进行审查时，应当听取同级房地产开发主管部门的意见。

第八条 房地产开发企业应当自领取营业执照之日起 30 日内，提交下列纸质或者电子材料，向登记机关所在地的房地产开发主管部门备案：

（一）营业执照复印件；

（二）企业章程；

（三）专业技术人员的资格证书和聘用合同。

第九条 房地产开发主管部门应当根据房地产开发企业的资产、专业技术人员和开发经营业绩等，对备案的房地产开发企业核定资质等级。房地产开发企业应当按照核定的资质等级，承担相应的房地产开发项目。具体办法由国务院建设行政主管部门制定。

第三章 房地产开发建设

第十条 确定房地产开发项目，应当符合土地利用总体规划、年度建设用地计划和城市规划、房地产开发年度计划的要求；按照国家有关规定需要经计划主管部门批准的，还应当报计划主管部门批准，并纳入年度固定资产投资计划。

第十一条 确定房地产开发项目，应当坚持旧区改建和新区建设相结合的原则，注重开发基础设施薄弱、交通拥挤、环境污染严重以及危旧房屋集中的区域，保护和改善城市生态环境，保护历史文化遗产。

第十二条 房地产开发用地应当以出让方式取得；但是，法律和国务院规定可以采用划拨方式的除外。

土地使用权出让或者划拨前，县级以上地方人民政府城市规划行政主管部门和房地产开发主管部门应当对下列事项提出书面意见，作为土地使用权出让或者划拨的依据之一：

（一）房地产开发项目的性质、规模和开发期限；

（二）城市规划设计条件；

（三）基础设施和公共设施的建设要求；

（四）基础设施建成后的产权界定；

（五）项目拆迁补偿、安置要求。

第十三条 房地产开发项目应当建立资本金制度，资本金占项目总投资的比例不得低于20%。

第十四条 房地产开发项目的开发建设应当统筹安排配套基础设施，并根据先地下、后地上的原则实施。

第十五条 房地产开发企业应当按照土地使用权出让合同约定的土地用途、动工开发期限进行项目开发建设。出让合同约定的动工开发期限满1年未动工开发的，可以征收相当于土地使用权出让金20%以下的土地闲置费；满2年未动工开发的，可以无偿收回土地使用权。但是，因不可抗力或者政府、政府有关部门的行为或者动工开发必需的前期工作造成动工迟延的除外。

第十六条 房地产开发企业开发建设的房地产项目，应当符合有关法律、法规的规定和建筑工程质量、安全标准、建筑工程勘察、设计、施工的技术规范以及合同的约定。

房地产开发企业应当对其开发建设的房地产开发项目的质量承担责任。

勘察、设计、施工、监理等单位应当依照有关法律、法规的规定或者合同的约定，承担相应的责任。

第十七条 房地产开发项目竣工，依照《建设工程质量管理条例》的规定验收合格后，方可交付使用。

第十八条 房地产开发企业应当将房地产开发项目建设过程中的主要事项记录在房地产开发项目手册中，并定期送房地产开发主管部门备案。

第四章 房地产经营

第十九条 转让房地产开发项目，应当符合《中华人民共和国城市房地产管理法》第三十九条、第四十条规定的条件。

第二十条 转让房地产开发项目，转让人和受让人应当自土地使用权变更登记手续办理完毕之日起30日内，持房地产开发项目转让合同到房地产开发主管部门备案。

第二十一条 房地产开发企业转让房地产开发项目时，尚未完成拆迁补偿安置的，原拆迁补偿安置合同中有关的权利、义务随之转移给受让人。项目转让人应当书面通知被拆迁人。

第二十二条 房地产开发企业预售商品房，应当符合下列条件：

（一）已交付全部土地使用权出让金，取得

土地使用权证书；

（二）持有建设工程规划许可证和施工许可证；

（三）按提供的预售商品房计算，投入开发建设的资金达到工程建设总投资的 25% 以上，并已确定施工进度和竣工交付日期；

（四）已办理预售登记，取得商品房预售许可证明。

第二十三条　房地产开发企业申请办理商品房预售登记，应当提交下列文件：

（一）本条例第二十二条第（一）项至第（三）项规定的证明材料；

（二）营业执照和资质等级证书；

（三）工程施工合同；

（四）预售商品房分层平面图；

（五）商品房预售方案。

第二十四条　房地产开发主管部门应当自收到商品房预售申请之日起 10 日内，作出同意预售或者不同意预售的答复。同意预售的，应当核发商品房预售许可证明；不同意预售的，应当说明理由。

第二十五条　房地产开发企业不得进行虚假广告宣传，商品房预售广告中应当载明商品房预售许可证明的文号。

第二十六条　房地产开发企业预售商品房时，应当向预购人出示商品房预售许可证明。

房地产开发企业应当自商品房预售合同签订之日起 30 日内，到商品房所在地的县级以上人民政府房地产开发主管部门和负责土地管理工作的部门备案。

第二十七条　商品房销售，当事人双方应当签订书面合同。合同应当载明商品房的建筑面积和使用面积、价格、交付日期、质量要求、物业管理方式以及双方的违约责任。

第二十八条　房地产开发企业委托中介机构代理销售商品房的，应当向中介机构出具委托书。中介机构销售商品房时，应当向商品房购买人出示商品房的有关证明文件和商品房销售委托书。

第二十九条　房地产开发项目转让和商品房销售价格，由当事人协商议定；但是，享受国家优惠政策的居民住宅价格，应当实行政府指导价或者政府定价。

第三十条　房地产开发企业应当在商品房交付使用时，向购买人提供住宅质量保证书和住宅使用说明书。

住宅质量保证书应当列明工程质量监督单位核验的质量等级、保修范围、保修期和保修单位等内容。房地产开发企业应当按照住宅质量保证书的约定，承担商品房保修责任。

保修期内，因房地产开发企业对商品房进行维修，致使房屋原使用功能受到影响，给购买人造成损失的，应当依法承担赔偿责任。

第三十一条　商品房交付使用后，购买人认为主体结构质量不合格的，可以向工程质量监督单位申请重新核验。经核验，确属主体结构质量不合格的，购买人有权退房；给购买人造成损失的，房地产开发企业应当依法承担赔偿责任。

第三十二条　预售商品房的购买人应当自商品房交付使用之日起 90 日内，办理土地使用权变更和房屋所有权登记手续；现售商品房的购买人应当自销售合同签订之日起 90 日内，办理土地使用权变更和房屋所有权登记手续。房地产开发企业应当协助商品房购买人办理土地使用权变更和房屋所有权登记手续，并提供必要的证明文件。

第五章　法律责任

第三十三条　违反本条例规定，未取得营业执照，擅自从事房地产开发经营的，由县级以上人民政府工商行政管理部门责令停止房地产开发经营活动，没收违法所得，可以并处违法所得 5 倍以下的罚款。

第三十四条　违反本条例规定，未取得资质等级证书或者超越资质等级从事房地产开发经营的，由县级以上人民政府房地产开发主管部门责令限期改正，处 5 万元以上 10 万元以下的罚款；逾期不改正的，由工商行政管理部门吊销营业执照。

第三十五条 违反本条例规定,擅自转让房地产开发项目的,由县级以上人民政府负责土地管理工作的部门责令停止违法行为,没收违法所得,可以并处违法所得5倍以下的罚款。

第三十六条 违反本条例规定,擅自预售商品房的,由县级以上人民政府房地产开发主管部门责令停止违法行为,没收违法所得,可以并处已收取的预付款1%以下的罚款。

第三十七条 国家机关工作人员在房地产开发经营监督管理工作中玩忽职守、徇私舞弊、滥用职权,构成犯罪的,依法追究刑事责任;

尚不构成犯罪的,依法给予行政处分。

第六章 附 则

第三十八条 在城市规划区外国有土地上从事房地产开发经营,实施房地产开发经营监督管理,参照本条例执行。

第三十九条 城市规划区内集体所有的土地,经依法征收转为国有土地后,方可用于房地产开发经营。

第四十条 本条例自发布之日起施行。

财政部 国土资源部关于调整部分地区新增建设用地土地有偿使用费征收等别的通知

（财综〔2009〕24号）

各省、自治区、直辖市、计划单列市财政厅（局）、国土资源厅（局），新疆生产建设兵团财务局、国土资源局:

2002年,国家制定的新增建设用地土地有偿使用费征收等别,对于抑制建设用地快速增长发挥了积极作用。但是,随着各地经济社会的发展变化,部分地区新增建设用地土地有偿使用费征收等别已不尽合理。为保障新增建设用地土地有偿使用费的征收等别与各地实际情况相适应,决定对部分地区的新增建设用地土地有偿使用费征收等别进行调整,现就有关事宜通知如下:

一、从2009年5月1日（含）起,各地依法获得批准的新增建设用地,均统一按照本通知附件规定的《新增建设用地土地有偿使用费征收等别》计征新增建设用地土地有偿使用费,《财政部国土资源部中国人民银行关于调整新增建设用地土地有偿使用费政策等问题的通知》（财综〔2006〕48号）附件2同时废止。

二、新增建设用地土地有偿使用费征收等别调整后,每个征收等别对应的新增建设用地土地有偿使用费征收标准保持不变,仍继续按照财综〔2006〕48号文件附件1规定执行。

财政部 国土资源部关于进一步强化土地出让收支管理的通知

（财综〔2015〕83号）

各省、自治区、直辖市、计划单列市财政厅（局）、国土资源厅（局），新疆生产建设兵团财务局、国土资源局:

2006年,《国务院办公厅关于规范国有土地使用权收支管理的通知》（国办发〔2006〕100号）印发后,各地区建立健全相关配套制度,认真贯彻落实,全国土地出让收支管理行为总体得到规范,但仍有个别地区尚未完全落实。

为严肃财经纪律,推进依法行政,进一步强化土地出让收支管理,现就有关事项通知如下:

一、进一步规范土地出让收入管理

各地区要严格要求土地供应合同、协议的管理,督促用地单位和个人按照合同、协议的规定期限及时足额缴纳土地出让收入。对于不按合同、协议约定期限及时足额缴纳土地出让收入的,国土资源部门不得为用地单位和个人办理国有土地使用权证,也不得分割发证。对于因容积率等规划条件调整并按规定应当补缴土地出让收入的,必须按时足额补缴。各地区要按照《国务院关于深化预算管理制度改革的决定》(国发〔2014〕45号)、《财政部关于进一步规范地方国库资金和财政专户资金管理的通知》(财库〔2014〕175号)的规定,全面清理违规设立的财政专户和过渡户。各地区已经设立的土地出让收入征收过渡户应当在2015年10月31日前一律予以撤销,过渡户资金属于应缴土地出让收入的要及时化缴国库。自本通知印发之日起,土地出让收入原则上采取就地直接缴库。已经实施政府非税收入收缴管理制度改革的地方,土地出让收入收缴按照非税收入收缴管理制度改革的有关规定执行,并严格执行10个工作日内划缴国库的规定,不得超时滞留专户和延迟缴库。禁止采取违规调库、空转、以拨作支或者其他手段虚增收入和虚列支出。继续严格按照规定计提国有土地收益基金、教育资金、农田水利建设资金等专项资金。其中,计提的教育资金、农田水利建设资金要按规定转列一般公共预算相应收入科目。严禁采取挂账办法滞留应当计提的专项资金。

二、严格按规定范围使用土地出让收入

土地出让收入要严格按照国办发〔2006〕100号文件以及财政部会同国土资源部、中国人民银行联合印发的《国有土地使用权出让收支管理办法》(财综〔2006〕68号)规定的范围安排使用,优先保障征地拆迁补偿、补助被征地农民社会保障等重点支出,合理安排土地出让前期开发支出,继续加大对农业农村、保障性安居工程的支持力度,严格按预算用于城市建设。严禁坐支土地出让收入行为,禁止将土地出让收入用于修建楼堂馆所、购买公务用车、发放津贴补贴奖金、弥补行政经费支出,严禁使用土地出让收入为产业投资基金注资和对外投资(含出借)。

三、积极盘活土地出让收支存量资金

各地区要按照《国务院办公厅关于进一步做好盘活财政存量资金工作的通知》(国办发〔2014〕70号)、《财政部关于推进地方盘活财政存量资金有关事项的通知》(财预〔2015〕15号)的规定,统筹盘活土地出让收支结余结转资金。土地出让收支结余结转资金指土地出让收支预算尚未下达到部门、留在地方财政部门的结余结转资金,不含上级专项转移支付结余结转资金。土地出让收支结余结转资金超过当年收入30%的部分,应补充预算稳定调节基金,由一般公共预算统筹使用;未超过30%的部分,地方财政部门可结合实际情况,统筹用于支持同一类级科目下的其他支出项目或者补充国有土地收益基金。对于土地出让收入中上级专项转移支付结余结转资金,预算尚未分配到部门和下级政府结余结转两年以上的资金,由下级财政交回上级财政统筹使用;未满两年的结余结转资金,同级财政可将其调整用于同一类级科目下的其他项目。对于土地出让收支预算已分配到部门并结余结转两年以上的土地出让收支资金(包括本级和上级转移支付),由同级财政收回统筹使用。

四、推进土地出让收支管理信息公开

各地区要严格按照国家有关规定,将土地出让收支全额纳入财政预算管理,落实土地出让收支预决算管理制度,细化土地出让收支预算编制,严格土地出让支出预算执行,不得通过以拨作支等手段人为调整预算执行进度。各地区要完善土地出让收支预决算向同级人大报告制度,建立健全土地出让收支信息公开制度。地方各级财政部门应当按照财政预决算信息公开制度的要求,每年在本级政府门户网站上公开本地区年度土地出让收支情况,自觉接受社会监督。

五、加强土地出让收支监督管理

各地区要加强对土地征收和供应政策执行情况的督察,及时查处和纠正土地征收和供应违法违规行为,规范土地征收和供应管理。财政部驻各省、自治区、直辖市、计划单列市财政监察专员办事处以及地方各级财政部门要加强土地出让收支监管,确保土地出让收入应收尽收和按规定用途安排使用。各地区应当自觉接受审计部门对土地出让收支管理的审计监督,在年度地方预算执行情况审计时,将土地出让收支管理作为一项重要审计内容;在地方领导干部经济责任审计中,将土地征收、储备、整理、供应及出让收支管理作为审计重点。

划拨用地目录

(中华人民共和国国土资源部令第 9 号)

一、根据《中华人民共和国土地管理法》和《中华人民共和国城市房地产管理法》的制定,制定本目录。

二、符合本目录的建设用地项目,由建设单位提出申请,经有批准权的人民政府批准,方可以划拨方式提供土地使用权。

三、对国家重点扶持的能源、交通、水利等基础设施用地项目,可以以划拨方式提供土地使用权。对以营利为目的,非国家重点扶持的能源、交通、水利等基础设施用地项目,应当以有偿方式提供土地使用权。

四、以划拨方式取得的土地使用权,因企业改制、土地使用权转让或者改变土地用途等不再符合本目录的,应当实行有偿使用。

五、本目录施行后,法律、行政法规和国务院的有关政策另有规定的,按有关规定执行。

六、本目录自发布之日起施行。原国家土地管理局颁布的《划拨用地项目目录》同时废止。

国家机关用地和军事用地

(一)党政机关和人民团体用地

1. 办公用地。

2. 安全、保密、通信等特殊专用设施。

(二)军事用地

1. 指挥机关、地面和地下的指挥工程、作战工程。

2. 营区、训练场、试验场。

3. 军用公路、铁路专用线、机场、港口、码头。

4. 军用洞库、仓库、输电、输油、输气管线。

5. 军用通信、通信线路、侦察、观测台站和测量、导航标志。

6. 国防军品科研、试验设施。

7. 其他军事设施。

城市基础设施用地和公益事业用地

(三)城市基础设施用地

1. 供水设施:包括水源地、取水工程、净水厂、输配水工程、水质检测中心、调度中心、控制中心。

2. 燃气供应设施:包括人工煤气生产设施、液化石油气气化站、液化石油气储配站、天然气输配气设施。

3. 供热设施:包括热电厂、热力网设施。

4. 公共交通设施:包括城市轻轨、地下铁路线路、公共交通车辆停车场、首末站(总站)、调度中心、整流站、车辆保养场。

5. 环境卫生设施:包括雨水处理设施、污水处理厂、垃圾(粪便)处理设施、其他环卫设施。

6. 道路广场:包括市政道路、市政广场。

7. 绿地:包括公共绿地(住宅小区、工程建设项目的配套绿地除外)、防护绿地。

（四）非营利性邮政设施用地

1. 邮件处理中心、邮政支局（所）。

2. 邮政运输、物流配送中心。

3. 邮件转运站。

4. 国际邮件互换局、交换站。

5. 集装容器（邮袋、报皮）维护调配处理场。

（五）非营利性教育设施用地

1. 学校教学、办公、实验、科研及校内文化体育设施。

2. 高等、中等、职业学校的学生宿舍、食堂、教学实习及训练基地。

3. 托儿所、幼儿园的教学、办公、园内活动场地。

4. 特殊教育学校（盲校、聋哑学校、弱智学校）康复、技能训练设施。

（六）公益性科研机构用地

1. 科学研究、调查、观测、实验、试验（站、场、基地）设施。

2. 科研机构办公设施。

（七）非营利性体育设施用地

1. 各类体育运动项目专业比赛和专业训练场（馆）、配套设施（高尔夫球场除外）。

2. 体育信息、科研、兴奋剂检测设施。

3. 全民健身运动设施（住宅小区、企业单位内配套的除外）。

（八）非营利性公共文化设施用地

1. 图书馆。

2. 博物馆。

3. 文化馆。

4. 青少年宫、青少年科技馆、青少年（儿童）活动中心。

（九）非营利性医疗卫生设施用地

1. 医院、门诊部（所）、急救中心（站）、城乡卫生院。

2. 各级政府所属的卫生防疫站（疾病控制中心）、健康教育所、专科疾病防治所（站）。

3. 各级政府所属的妇幼保健所（院、站）、母婴保健机构、儿童保健机构、血站（血液中心、中心血站）。

（十）非营利性社会福利设施用地

1. 福利性住宅。

2. 综合性社会福利设施。

3. 老年人社会福利设施。

4. 儿童社会福利设施。

5. 残疾人社会福利设施。

6. 收容遣送设施。

7. 殡葬设施。

国家重点扶持的能源、交通、水利等基础设施用地

（十一）石油天然气设施用地

1. 油（气、水）井场及作业配套设施。

2. 油（气、汽、水）计量站、转接站、增压站、热采站、处理厂（站）、联合站、注水（气、汽、化学助剂）站、配气（水）站、原油（气）库、海上油气陆上终端。

3. 防腐、防砂、钻井泥浆、三次采油制剂厂（站）、材料配制站（厂、车间）、预制厂（车间）。

4. 油（气）田机械、设备、仪器、管材加工和维修设施。

5. 油、气（汽）、水集输和长输管道、专用交通运输设施。

6. 油（气）田物资仓库（站）、露天货场、废旧料场、成品油（气）库（站）、液化气站。

7. 供排水设施、供配电设施、通信设施。

8. 环境保护检测、污染治理、废旧料（物）综合处理设施。

9. 消防、安全、保卫设施。

（十二）煤炭设施用地

1. 矿井、露天矿、煤炭加工设施，共伴生矿物开采与加工场地。

2. 矿井通风、抽放瓦斯、煤层气开采、防火灌浆、井下热害防治设施。

3. 采掘场与疏干设施（含控制站）。

4. 自备发电厂、热电站、输变电设施。

5. 矿区内煤炭机电设备、仪器仪表、配件、器材供应与维修设施。

6. 矿区生产供水、供电、燃气、供气、通信设施。

7. 矿山救护、消防防护设施。

8. 中心试验站。

9. 专用交通、运输设施。

（十三）电力设施用地

1. 发（变）电主厂房设施及配套库房设施。

2. 发（变）电厂（站）的专用交通设施。

3. 配套环保、安全防护设施。

4. 火力发电工程配电装置、网控楼、通信楼、微波塔。

5. 火力发电工程循环水管（沟）、冷却塔（池）、阀门井水工设施。

6. 火力发电工程燃料供应、供热设施，化学楼、输煤综合楼，启动锅炉房、空压机房。

7. 火力发电工程乙炔站、制氢（氧）站，化学水处理设施。

8. 核能发电工程应急给水储存室、循环水泵房、安全用水泵房、循环水进排水口及管沟、加氯间、配电装置。

9. 核能发电工程燃油储运及油处理设施。

10. 核能发电工程制氢站及相应设施。

11. 核能发电工程淡水水源设施，净水设施，污水、废水处理装置。

12. 新能源发电工程电机，厢变、输电（含专用送出工程）、变电站设施，资源观测设施。

13. 输配电线路塔（杆）、巡线站、线路工区，线路维护、检修道路。

14. 变（配）电装置，直流输电换流站及接地极。

15. 输变电、配电工程给排水、水处理等水工设施。

16. 输变电区、高压工区。

（十四）水利设施用地

1. 水利工程用地：包括挡水、泄水建筑物、引水系统、尾水系统、分洪道及其附属建筑物，附属道路、交通设施，供电、供水、供风、供热及制冷设施。

2. 水库淹没区。

3. 堤防工程。

4. 河道治理工程。

5. 水闸、泵站、涵洞、桥梁、道路工程及其管护设施。

6. 蓄滞洪区、防护林带、滩区安全建设工程。

7. 取水系统：包括水闸、堰、进水口、泵站、机电井及其管护设施。

8. 输（排）水设施（含明渠、暗渠、隧道、管道、桥、渡槽、倒虹、调蓄水库、水池渠系建筑物）、加压（抽、排）泵站、水厂。

9. 防汛抗旱通信设施，水文、气象测报设施。

10. 水土保持管理站、科研技术推广所（站）、试验地设施。

（十五）铁路交通设施用地

1. 铁路线路、车站及站场设施。

2. 铁路运输生产及维修、养护设施。

3. 铁路防洪、防冻、防雪、防风沙设施（含苗圃及植被保护带）、生产防疫、环保、水保设施。

4. 铁路给排水、供电、供暖、制冷、节能、专用通信、信号、信息系统设施。

5. 铁路轮渡、码头及相应的防风、防浪堤、护岸、栈桥、渡船整备设施。

6. 铁路专用物资仓储库（场）。

7. 铁路安全守备、消防、战备设施。

（十六）公路交通设施用地

1. 公路线路、桥梁、交叉工程、隧道和渡口。

2. 公路通信、监控、安全设施。

3. 高速公路服务区（区内经营性用地除外）。

4. 公路养护道班（工区）。

5. 公路线路用地界外设置的公路防护、排水、防洪、防雪、防波、防风沙设施及公路环境保护、监测设施。

（十七）水路交通设施用地

1. 码头、栈桥、防波堤、防沙导流堤、引堤、护岸、围堰水工工程。

2. 人工开挖的航道、港池、锚地及停泊区工程。

3. 港口生产作业区。

4．港口机械设备停放场地及维修设施。

5．港口专用铁路、公路、管道设施。

6．港口给排水、供电、供暖、节能、防洪设施。

7．水上安全监督（包括沿海和内河）、救助打捞、港航消防设施。

8．通讯导航设施、环境保护设施。

9．内河航运管理设施、内河航运枢纽工程、通航建筑物及管理维修区。

（十八）民用机场设施用地

1．机场飞行区。

2．公共航空运输客、货业务设施：包括航站楼、机场场区内的货运库（站）、特殊货物（危险品）业务仓库。

3．空中交通管理系统。

4．航材供应、航空器维修、适航检查及校验设施。

5．机场地面专用设备、特种车辆保障设施。

6．油料运输、中转、储油及加油设施。

7．消防、应急救援、安全检查、机场公用设施。

8．环境保护设施：包括污水处理、航空垃圾处理、环保监测、防噪声设施。

9．训练机场、通用航空机场、公共航运机场中的通用航空业务配套设施。

法律、行政法规规定的其他用地

（十九）特殊用地

1．监狱。

2．劳教所。

3．戒毒所、看守所、治安拘留所、收容教育所。

关于实施《划拨用地目录》及补充说明的通知

国土资源部《划拨用地目录》（2001 年第 9 号令）颁布实施以来，各地提出一些操作中应进一步明确的问题。根据《中华人民共和国土地管理法》及有关法律法规和政策规定，经研究，现对《划拨用地目录》作出以下补充说明，并与该目录一同转发给你们，请你们在实际工作中认真贯彻执行。

一、《划拨用地目录》中党政机关和人民团体用地的办公用地，不包括各种培训中心、综合服务中心等营利性的生活、服务、配套设施等。

二、《划拨用地目录》中军事用地的其他军事设施，不包括各种营利性培训，服务中心，宾馆招待所，综合服务设施。

三、《划拨用地目录》中城市基础设施用地和公益事业用地的供水、供气、供热、公共交通、环境卫生，道路、广场、绿地等除本目录已明确规定的基础设施以外的对外营业、服务、收费的各种营利性设施用地均应以有偿方式供地。

四、不以营利目的的非货币安置的拆迁安置用房，经济适用房等政策性、福利性住宅项目用地，可采取划拨方式供地。

五、用于营利销售的公墓用地，以有偿方式供地。

六、社区非经营性服务设施建设项目用地，可纳入地方城市（镇）公共设施配套建设项目划拨供地范围。

七、国家重点扶持的能源、交通、水利等基础设施用地，是指国家和省直接投资的项目用地。可以划拨方式供地；以营利为目的重点项目用地，应以有偿方式供地。

八、有限责任公司股份有限公司、企业集团、国有独资企业、股份合作制企业等公司制企业，外商投资企业，实施非营利性的城市基础设施和公益事业项目用地，涉及国家安全领域和对国家长期发展具有战略意义的高新技术开发领域项目用地可以划拨方式供地；国有和集体企业兼并国有企业涉及的土地，不属于划拨供地范围的，经国土资源行政主管部门批准，可维持五年以内划拨供地。

其余项目地，应依法以有偿方式供地。

财政部 国土资源部 中国人民银行关于加强
土地成交价款管理规范资金缴库行为的通知

（财综〔2009〕89 号）

各省、自治区、直辖市、计划单列市财政厅（局）、国土资源厅（局）、中国人民银行上海总部，各分行、营业管理部、省会（首府）城市中心支行，副省级城市中心支行：

2007 年以来，各地认真落实《国务院办公厅关于规范国有土地使用权出让收支管理的通知》（国办发〔2006〕100 号）精神，规范土地出让收支管理取得了积极成效。但是，一些地方也反映，目前各地土地成交价款与相关税费关系不统一，在一定程度上影响了土地出让收支的规范管理。为理顺土地成交价款和相关税费的关系，进一步规范相关资金缴库行为，现就有关事项通知如下：

一、明确土地成交价款的内涵

土地成交价款是政府以土地所有者的身份取得的非税收入，是土地使用者为取得土地使用权而支付的费用，是政府土地所有权在经济上的实现，与国家作为社会管理者凭借政治权力（行政权力）取得的税收、政府性基金、行政事业性收费等收入不同，应当区别对待，严格征收管理。

二、理顺土地成交价款与税款的关系

契税、耕地占用税等税款应当按照有关规定及对应的政府收支分类科目，分别缴入地方国库，不得与土地成交价款混库。

由市县人民政府作为用地申请人缴纳耕地占用税的，所需缴纳的税款可以通过土地出让支出预算予以安排；已缴税款在土地出让时计入土地出让底价，不得在土地成交价款外单独收取。由农用地转用审批文件所标明的建设用地人缴纳耕地占用税的，所缴税款不列入土地成交价款。

三、理顺土地成交价款与相关政府性基金、行政事业性收费的关系

市县人民政府及其相关部门为征收土地、进行土地前期开发、开展土地出让已缴纳的政府性基金和行政事业性收费，一律纳入土地出让底价，不得在土地成交价款外单独收取。市县人民政府及其相关部门缴纳上述政府性基金和行政事业性收费，可以通过土地出让支出预算予以安排。

由土地受让人承担的政府性基金和行政事业性收费，如城市基础设施配套费、土地登记费等一律在土地成交价款之外单独收取，并按照有关规定及对应的政府收支分类科目，缴入国库，不得与土地成交价款混库。

市县人民政府缴纳新增建设用地土地有偿使用费，必须通过土地出让支出预算安排。各地不得在土地出让环节从土地成交价款之外另行收取新增建设用地土地有偿使用费。

四、理顺土地成交价款与经营服务性收费的关系

市县国土资源管理部门为出让土地而向中介机构支付的各种经营服务性成本费用，如土地评估费、交易服务费、公告费等，一律纳入土地出让底价，不得在土地成交价款之外另行收取。上述费用可以通过土地出让支出预算予以安排。

土地受让人向中介机构支付的经营服务性费用，不得与土地成交价款一并收取。

各地要认真执行本通知的规定，加强土地成交价款管理，规范相关资金缴库行为，避免土地成交价款和相关税款、政府性基金和行政事业性收费收入混库。

国土资源部关于发布实施《全国工业用地出让最低价标准》的通知

（国土资发〔2006〕307 号）

各省、自治区、直辖市国土资源厅（国土环境资源厅、国土资源局、国土资源和房屋管理局、房屋土地资源管理局），计划单列市国土资源行政主管部门，新疆生产建设兵团国土资源局：

为贯彻落实《国务院关于加强土地调控有关问题的通知》（国发〔2006〕31 号）精神，加强对工业用地的调控和管理，促进土地节约集约利用，根据土地等级、区域土地利用政策等，部统一制订了《全国工业用地出让最低价标准》（以下简称《标准》，详见附件 1），现予以发布。

附件 1
全国工业用地出让最低价标准

一、本《标准》是市、县人民政府出让工业用地，确定土地使用权出让价格时必须执行的最低控制标准。

二、工业用地必须采用招标拍卖挂牌方式出让，其出让底价和成交价格均不得低于所在地土地等别（详见附件 2）相对应的最低价标准。各地国土资源管理部门在办理土地出让手续时必须严格执行本《标准》，不得以土地取得来源不同、土地开发程度不同等各种理由对规定的最低价标准进行减价修正。

三、工业项目必须依法申请使用土地利用总体规划确定的城市建设用地范围内的国有建设用地。对少数地区确需使用土地利用总体规划确定的城市建设用地范围外的土地，且土地前期开发由土地使用者自行完成的工业项目用地，在确定土地出让价格时可按不低于所在地土地等别相对应最低价标准的 60% 执行。其中，对使用未列入耕地后备资源且尚未确定土地使用权人（或承包经营权人）的国有

沙地、裸土地、裸岩石砾地的工业项目用地，在确定土地出让价格时可按不低于所在地土地等别相对应最低价标准的 30% 执行。对实行这类地价政策的工业项目用地，由省级国土资源管理部门报部备案。

四、对低于法定最高出让年期（50 年）出让工业用地，或采取租赁方式供应工业用地的，所确定的出让价格和年租金按照一定的还原利率修正到法定最高出让年期的价格，均不得低于本《标准》。年期修正必须符合《城镇土地估价规程》（GB/T 18508—2001）的规定，还原利率不得低于同期中国人民银行公布的人民币五年期存款利率。

五、为切实保障被征地农民的长远生计，省级国土资源管理部门可根据本地征地补偿费用提高的实际，进一步提高本地的工业用地出让最低价标准；亦可根据本地产业发展政策，在不低于本《标准》的前提下，制订并公布不同行业、不同区域的工业用地出让最低价标准，及时报部备案。

六、本《标准》发布实施后，各省（区、市）要依据本《标准》，开展基准地价更新工作，及时调整工业用地基准地价。

七、各地国土资源管理部门要加强对工业用地出让的监督管理。低于最低价标准出让工业用地，或以各种形式给予补贴或返还的，属非法低价出让国有土地使用权的行为，要依法追究有关人员的法律责任。

八、本《标准》自 2007 年 1 月 1 日起实施。部将根据各地社会经济发展情况、宏观调控的需要以及《标准》的实施情况，适时进行修订。

十四、矿产资源专项收入

中华人民共和国矿产资源法

（1986 年 3 月 19 日 第六届全国人民代表大会常务委员会第十五次会议通过；1986 年 3 月 19 日中华人民共和国主席令第三十六号公布；根据 1996 年 8 月 29 日 第八届全国人民代表大会常务委员会第二十一次会议《关于修改〈中华人民共和国矿产资源法〉的决定》第一次修正；根据 2009 年 8 月 27 日第十一届全国人民代表大会常务委员会第十次会议《关于修改部分法律的决定》第二次修正）

第一章 总 则

第一条 为了发展矿业，加强矿产资源的勘查、开发利用和保护工作，保障社会主义现代化建设的当前和长远的需要，根据中华人民共和国宪法，特制定本法。

第二条 在中华人民共和国领域及管辖海域勘查、开采矿产资源，必须遵守本法。

第三条 矿产资源属于国家所有，由国务院行使国家对矿产资源的所有权。地表或者地下的矿产资源的国家所有权，不因其所依附的土地的所有权或者使用权的不同而改变。

国家保障矿产资源的合理开发利用。禁止任何组织或者个人用任何手段侵占或者破坏矿产资源。各级人民政府必须加强矿产资源的保护工作。

勘查、开采矿产资源，必须依法分别申请、经批准取得探矿权、采矿权，并办理登记；但是，已经依法申请取得采矿权的矿山企业在划定的矿区范围内为本企业的生产而进行的勘查除外。国家保护探矿权和采矿权不受侵犯，保障矿区和勘查作业区的生产秩序、工作秩序不受影响和破坏。

从事矿产资源勘查和开采的，必须符合规定的资质条件。

第四条 国家保障依法设立的矿山企业开采矿产资源的合法权益。

国有矿山企业是开采矿产资源的主体。

国家保障国有矿业经济的巩固和发展。

第五条 国家实行探矿权、采矿权有偿取得的制度；但是，国家对探矿权、采矿权有偿取得的费用，可以根据不同情况规定予以减缴、免缴。具体办法和实施步骤由国务院规定。

开采矿产资源，必须按照国家有关规定缴纳资源税和资源补偿费。

第六条 除按下列规定可以转让外，探矿权、采矿权不得转让：

（一）探矿权人有权在划定的勘查作业区内进行规定的勘查作业，有权优先取得勘查作业区内矿产资源的采矿权。探矿权人在完成规定的最低勘查投入后，经依法批准，可以将探矿权转让他人。

（二）已取得采矿权的矿山企业，因企业合并、分立，与他人合资、合作经营，或者因企业资产出售以及有其他变更企业资产产权的情形而需要变更采矿权主体的，经依法批准可以将采矿权转让他人采矿。

前款规定的具体办法和实施步骤由国务院规定。

禁止将探矿权、采矿权倒卖牟利。

第七条 国家对矿产资源的勘查、开发实行统一规划、合理布局、综合勘查、合理开采和综合利用的方针。

第八条 国家鼓励矿产资源勘查、开发的科学技术研究，推广先进技术，提高矿产资源勘查、开发的科学技术水平。

第九条 在勘查、开发、保护矿产资源和进行科学技术研究等方面成绩显著的单位和个人,由各级人民政府给予奖励。

第十条 国家在民族自治地方开采矿产资源,应当照顾民族自治地方的利益,作出有利于民族自治地方经济建设的安排,照顾当地少数民族群众的生产和生活。

民族自治地方的自治机关根据法律规定和国家的统一规划,对可以由本地方开发的矿产资源,优先合理开发利用。

第十一条 国务院地质矿产主管部门主管全国矿产资源勘查、开采的监督管理工作。国务院有关主管部门协助国务院地质矿产主管部门进行矿产资源勘查、开采的监督管理工作。

省、自治区、直辖市人民政府地质矿产主管部门主管本行政区域内矿产资源勘查、开采的监督管理工作。省、自治区、直辖市人民政府有关主管部门协助同级地质矿产主管部门进行矿产资源勘查、开采的监督管理工作。

第二章 矿产资源勘查的登记和开采的审批

第十二条 国家对矿产资源勘查实行统一的区块登记管理制度。矿产资源勘查登记工作,由国务院地质矿产主管部门负责;特定矿种的矿产资源勘查登记工作,可以由国务院授权有关主管部门负责。矿产资源勘查区块登记管理办法由国务院制定。

第十三条 国务院矿产储量审批机构或者省、自治区、直辖市矿产储量审批机构负责审查批准供矿山建设设计使用的勘探报告,并在规定的期限内批复报送单位。勘探报告未经批准,不得作为矿山建设设计的依据。

第十四条 矿产资源勘查成果档案资料和各类矿产储量的统计资料,实行统一的管理制度,按照国务院规定汇交或者填报。

第十五条 设立矿山企业,必须符合国家规定的资质条件,并依照法律和国家有关规定,由审批机关对其矿区范围、矿山设计或者开采方案、生产技术条件、安全措施和环境保护措施等进行审查;审查合格的,方予批准。

第十六条 开采下列矿产资源的,由国务院地质矿产主管部门审批,并颁发采矿许可证:

(一)国家规划矿区和对国民经济具有重要价值的矿区内的矿产资源;

(二)前项规定区域以外可供开采的矿产储量规模在大型以上的矿产资源;

(三)国家规定实行保护性开采的特定矿种;

(四)领海及中国管辖的其他海域的矿产资源;

(五)国务院规定的其他矿产资源。

开采石油、天然气、放射性矿产等特定矿种的,可以由国务院授权的有关主管部门审批,并颁发采矿许可证。

开采第一款、第二款规定以外的矿产资源,其可供开采的矿产的储量规模为中型的,由省、自治区、直辖市人民政府地质矿产主管部门审批和颁发采矿许可证。

开采第一款、第二款和第三款规定以外的矿产资源的管理办法,由省、自治区、直辖市人民代表大会常务委员会依法制定。

依照第三款、第四款的规定审批和颁发采矿许可证的,由省、自治区、直辖市人民政府地质矿产主管部门汇总向国务院地质矿产主管部门备案。

矿产储量规模的大型、中型的划分标准,由国务院矿产储量审批机构规定。

第十七条 国家对国家规划矿区、对国民经济具有重要价值的矿区和国家规定实行保护性开采的特定矿种,实行有计划的开采;未经国务院有关主管部门批准,任何单位和个人不得开采。

第十八条 国家规划矿区的范围、对国民经济具有重要价值的矿区的范围、矿山企业矿区的范围依法划定后,由划定矿区范围的主管机关通知有关县级人民政府予以公告。

矿山企业变更矿区范围,必须报请原审批机关批准,并报请原颁发采矿许可证的机关重新核发采矿许可证。

第十九条　地方各级人民政府应当采取措施,维护本行政区域内的国有矿山企业和其他矿山企业矿区范围内的正常秩序。

禁止任何单位和个人进入他人依法设立的国有矿山企业和其他矿山企业矿区范围内采矿。

第二十条　非经国务院授权的有关主管部门同意,不得在下列地区开采矿产资源:

(一)港口、机场、国防工程设施圈定地区以内;

(二)重要工业区、大型水利工程设施、城镇市政工程设施附近一定距离以内;

(三)铁路、重要公路两侧一定距离以内;

(四)重要河流、堤坝两侧一定距离以内;

(五)国家划定的自然保护区、重要风景区,国家重点保护的不能移动的历史文物和名胜古迹所在地;

(六)国家规定不得开采矿产资源的其他地区。

第二十一条　关闭矿山,必须提出矿山闭坑报告及有关采掘工程、安全隐患、土地复垦利用、环境保护的资料,并按照国家规定报请审查批准。

第二十二条　勘查、开采矿产资源时,发现具有重大科学文化价值的罕见地质现象以及文化古迹,应当加以保护并及时报告有关部门。

第三章　矿产资源的勘查

第二十三条　区域地质调查按照国家统一规划进行。区域地质调查的报告和图件按照国家规定验收,提供有关部门使用。

第二十四条　矿产资源普查在完成主要矿种普查任务的同时,应当对工作区内包括共生或者伴生矿产的成矿地质条件和矿床工业远景作出初步综合评价。

第二十五条　矿床勘探必须对矿区内具有工业价值的共生和伴生矿产进行综合评价,并计算其储量。未作综合评价的勘探报告不予批准。但是,国务院计划部门另有规定的矿床勘探项目除外。

第二十六条　普查、勘探易损坏的特种非金属矿产、流体矿产、易燃易爆岩溶矿产和含有放射性元素的矿产,必须采用省级以上人民政府有关主管部门规定的普查、勘探方法,并有必要的技术装备和安全措施。

第二十七条　矿产资源勘查的原始地质编录和图件,岩矿心、测试样品和其他实物标本资料,各种勘查标志,应当按照有关规定保护和保存。

第二十八条　矿床勘探报告及其他有价值的勘查资料,按照国务院规定实行有偿使用。

第四章　矿产资源的开采

第二十九条　开采矿产资源,必须采取合理的开采顺序、开采方法和选矿工艺。矿山企业的开采回采率、采矿贫化率和选矿回收率应当达到设计要求。

第三十条　在开采主要矿产的同时,对具有工业价值的共生和伴生矿产应当统一规划,综合开采,综合利用,防止浪费;对暂时不能综合开采或者必须同时采出而暂时还不能综合利用的矿产以及含有有用组分的尾矿,应当采取有效的保护措施,防止损失破坏。

第三十一条　开采矿产资源,必须遵守国家劳动安全卫生规定,具备保障安全生产的必要条件。

第三十二条　开采矿产资源,必须遵守有关环境保护的法律规定,防止污染环境。

开采矿产资源,应当节约用地。耕地、草原、林地因采矿受到破坏的,矿山企业应当因地制宜地采取复垦利用、植树种草或者其他利用措施。

开采矿产资源给他人生产、生活造成损失的,应当负责赔偿,并采取必要的补救措施。

第三十三条　在建设铁路、工厂、水库、输油管道、输电线路和各种大型建筑物或者建筑群之前,建设单位必须向所在省、自治区、直辖市地质矿产主管部门了解拟建工程所在地区的矿产资源分布和开采情况。非经国务院授权的部门批准,不得压覆重要矿床。

第三十四条 国务院规定由指定的单位统一收购的矿产品,任何其他单位或者个人不得收购;开采者不得向非指定单位销售。

第五章 集体矿山企业和个体采矿

第三十五条 国家对集体矿山企业和个体采矿实行积极扶持、合理规划、正确引导、加强管理的方针,鼓励集体矿山企业开采国家指定范围内的矿产资源,允许个人采挖零星分散资源和只能用作普通建筑材料的砂、石、粘土以及为生活自用采挖少量矿产。

矿产储量规模适宜由矿山企业开采的矿产资源、国家规定实行保护性开采的特定矿种和国家规定禁止个人开采的其他矿产资源,个人不得开采。

国家指导、帮助集体矿山企业和个体采矿不断提高技术水平、资源利用率和经济效益。

地质矿产主管部门、地质工作单位和国有矿山企业应当按照积极支持、有偿互惠的原则向集体矿山企业和个体采矿提供地质资料和技术服务。

第三十六条 国务院和国务院有关主管部门批准开办的矿山企业矿区范围内已有的集体矿山企业,应当关闭或者到指定的其他地点开采,由矿山建设单位给予合理的补偿,并妥善安置群众生活;也可以按照该矿山企业的统筹安排,实行联合经营。

第三十七条 集体矿山企业和个体采矿应当提高技术水平,提高矿产资源回收率。禁止乱挖滥采,破坏矿产资源。

集体矿山企业必须测绘井上、井下工程对照图。

第三十八条 县级以上人民政府应当指导、帮助集体矿山企业和个体采矿进行技术改造,改善经营管理,加强安全生产。

第六章 法律责任

第三十九条 违反本法规定,未取得采矿许可证擅自采矿的,擅自进入国家规划矿区、

对国民经济具有重要价值的矿区范围采矿的,擅自开采国家规定实行保护性开采的特定矿种的,责令停止开采、赔偿损失,没收采出的矿产品和违法所得,可以并处罚款;拒不停止开采,造成矿产资源破坏的,依照刑法有关规定对直接责任人员追究刑事责任。

单位和个人进入他人依法设立的国有矿山企业和其他矿山企业矿区范围内采矿的,依照前款规定处罚。

第四十条 超越批准的矿区范围采矿的,责令退回本矿区范围内开采、赔偿损失,没收越界开采的矿产品和违法所得,可以并处罚款;拒不退回本矿区范围内开采,造成矿产资源破坏的,吊销采矿许可证,依照刑法有关规定对直接责任人员追究刑事责任。

第四十一条 盗窃、抢夺矿山企业和勘查单位的矿产品和其他财物的,破坏采矿、勘查设施的,扰乱矿区和勘查作业区的生产秩序、工作秩序的,分别依照刑法有关规定追究刑事责任;情节显著轻微的,依照治安管理处罚法有关规定予以处罚。

第四十二条 买卖、出租或者以其他形式转让矿产资源的,没收违法所得,处以罚款。

违反本法第六条的规定将探矿权、采矿权倒卖牟利的,吊销勘查许可证、采矿许可证,没收违法所得,处以罚款。

第四十三条 违反本法规定收购和销售国家统一收购的矿产品的,没收矿产品和违法所得,可以并处罚款;情节严重的,依照刑法有关规定,追究刑事责任。

第四十四条 违反本法规定,采取破坏性的开采方法开采矿产资源的,处以罚款,可以吊销采矿许可证;造成矿产资源严重破坏的,依照刑法有关规定对直接责任人员追究刑事责任。

第四十五条 本法第三十九条、第四十条、第四十二条规定的行政处罚,由县级以上人民政府负责地质矿产管理工作的部门按照国务院地质矿产主管部门规定的权限决定。第四十三条规定的行政处罚,由县级以上人民政府工商行政管理部门决定。第四十四条规定的行政

处罚,由省、自治区、直辖市人民政府地质矿产主管部门决定。给予吊销勘查许可证或者采矿许可证处罚的,须由原发证机关决定。

依照第三十九条、第四十条、第四十二条、第四十四条规定应当给予行政处罚而不给予行政处罚的,上级人民政府地质矿产主管部门有权责令改正或者直接给予行政处罚。

第四十六条 当事人对行政处罚决定不服的,可以依法申请复议,也可以依法直接向人民法院起诉。

当事人逾期不申请复议也不向人民法院起诉,又不履行处罚决定的,由作出处罚决定的机关申请人民法院强制执行。

第四十七条 负责矿产资源勘查、开采监督管理工作的国家工作人员和其他有关国家工作人员徇私舞弊、滥用职权或者玩忽职守,违反本法规定批准勘查、开采矿产资源和颁发勘查许可证、采矿许可证,或者对违法采矿行为不依法予以制止、处罚,构成犯罪的,依法追究刑事责任;不构成犯罪的,给予行政处分。违法颁发的勘查许可证、采矿许可证,上级人民政府地质矿产主管部门有权予以撤销。

第四十八条 以暴力、威胁方法阻碍从事矿产资源勘查、开采监督管理工作的国家工作

人员依法执行职务的,依照刑法有关规定追究刑事责任;拒绝、阻碍从事矿产资源勘查、开采监督管理工作的国家工作人员依法执行职务未使用暴力、威胁方法的,由公安机关依照治安管理处罚法的规定处罚。

第四十九条 矿山企业之间的矿区范围的争议,由当事人协商解决,协商不成的,由有关县级以上地方人民政府根据依法核定的矿区范围处理;跨省、自治区、直辖市的矿区范围的争议,由有关省、自治区、直辖市人民政府协商解决,协商不成的,由国务院处理。

第七章 附 则

第五十条 外商投资勘查、开采矿产资源,法律、行政法规另有规定的,从其规定。

第五十一条 本法施行以前,未办理批准手续、未划定矿区范围、未取得采矿许可证开采矿产资源的,应当依照本法有关规定申请补办手续。

第五十二条 本法实施细则由国务院制定。

第五十三条 本法自 1986 年 10 月 1 日施行。

中华人民共和国矿产资源法实施细则

(中华人民共和国国务院令第 152 号)

第一章 总 则

第一条 根据《中华人民共和国矿产资源法》,制定本细则。

第二条 矿产资源是指由地质作用形成的,具有利用价值的,呈固态、液态、气态的自然资源。

矿产资源的矿种和分类见本细则所附《矿产资源分类细目》。新发现的矿种由国务院地质矿产主管部门报国务院批准后公布。

第三条 矿产资源属于国家所有,地表或者地下的矿产资源的国家所有权,不因其所依附的土地的所有权或者使用权的不同而改变。国务院代表国家行使矿产资源的所有权。国务院授权国务院地质矿产主管部门对全国矿产资源分配实施统一管理。

第四条 在中华人民共和国领域及管辖的其他海域勘查、开采矿产资源,必须遵守《中华人民共和国矿产资源法》(以下简称《矿产资源法》)和本细则。

第五条 国家对矿产资源的勘查、开采实行许可证制度。勘查矿产资源，必须依法申请登记，领取勘查许可证，取得探矿权；开采矿产资源，必须依法申请登记，领取采矿许可证，取得采矿权。矿产资源勘查工作区范围和开采矿区范围，以经纬度划分的区块为基本单位。具体办法由国务院地质矿产主管部门制定。

第六条 《矿产资源法》及本细则中下列用语的含义：

探矿权，是指在依法取得的勘查许可证规定的范围内，勘查矿产资源的权利。取得勘查许可证的单位或者个人称为探矿权人。

采矿权，是指在依法取得的采矿许可证规定的范围内，开采矿产资源和获得所开采的矿产品的权利。取得采矿许可证的单位或者个人称为采矿权人。

国家规定实行保护性开采的特定矿种，是指国务院根据国民经济建设和高科技发展的需要，以及资源稀缺、贵重程度确定的，由国务院有关主管部门按照国家计划批准开采的矿种。

国家规划矿区，是指国家根据建设规划和矿产资源规划，为建设大、中型矿山划定的矿产资源分布区域。

对国民经济具有重要价值的矿区，是指国家根据国民经济发展需要划定的，尚未列入国家建设规划的，储量大、质量好、具有开发前景的矿产资源保护区域。

第七条 国家允许外国的公司、企业和其他经济组织以及个人依照中华人民共和国有关法律、行政法规的规定，在中华人民共和国领域及管辖的其他海域投资勘查、开采矿产资源。

第八条 国务院地质矿产主管部门主管全国矿产资源勘查、开采的监督管理工作。国务院有关主管部门按照国务院规定的职责分工，协助国务院地质矿产主管部门进行矿产资源勘查、开采的监督管理工作。

省、自治区、直辖市人民政府地质矿产主管部门主管本行政区域内矿产资源勘查、开采的监督管理工作。省、自治区、直辖市人民政府有关主管部门，协助同级地质矿产主管部门进行矿产资源勘查、开采的监督管理工作。

设区的市人民政府、自治州人民政府和县级人民政府及其负责管理矿产资源的部门，依法对本级人民政府批准开办的国有矿山企业和本行政区域内的集体所有制矿山企业、私营矿山企业、个体采矿者以及在本行政区域内从事勘查施工的单位和个人进行监督管理，依法保护探矿权人、采矿权人的合法权益。

上级地质矿产主管部门有权对下级地质矿产主管部门违法的或者不适当的矿产资源勘查、开采管理行政行为予以改变或者撤销。

第二章 矿产资源勘查登记和开采审批

第九条 勘查矿产资源，应当按照国务院关于矿产资源勘查登记管理的规定，办理申请、审批和勘查登记。

勘查特定矿种，应当按照国务院有关规定办理申请、审批和勘查登记。

第十条 国有矿山企业开采矿产资源，应当按照国务院关于采矿登记管理的规定，办理申请、审批和采矿登记。开采国家规划矿区、对国民经济具有重要价值矿区的矿产和国家规定实行保护性开采的特定矿种，办理申请、审批和采矿登记时，应当持有国务院有关主管部门批准的文件。

开采特定矿种，应当按照国务院有关规定办理申请、审批和采矿登记。

第十一条 开办国有矿山企业，除应当具备有关法律、法规规定的条件外，并应当具备下列条件：

（一）有供矿山建设使用的矿产勘查报告；

（二）有矿山建设项目的可行性研究报告（含资源利用方案和矿山环境影响报告）；

（三）有确定的矿区范围和开采范围；

（四）有矿山设计；

（五）有相应的生产技术条件。

国务院、国务院有关主管部门和省、自治区、直辖市人民政府，按照国家有关固定资产投资管理的规定,对申请开办的国有矿山企业根据前款所列条件审查合格后,方予批准。

第十二条 申请开办集体所有制矿山企业、私营矿山企业及个体采矿的审查批准、采矿登记,按照省、自治区、直辖市的有关规定办理。

第十三条 申请开办集体所有制矿山企业或者私营矿山企业,除应当具备有关法律、法规规定的条件外,并应当具备下列条件:

(一)有供矿山建设使用的与开采规模相适应的矿产勘查资料;

(二)有经过批准的无争议的开采范围;

(三)有与所建矿山规模相适应的资金、设备和技术人员;

(四)有与所建矿山规模相适应的,符合国家产业政策和技术规范的可行性研究报告、矿山设计或者开采方案;

(五)矿长具有矿山生产、安全管理和环境保护的基本知识。

第十四条 申请个体采矿应当具备下列条件:

(一)有经过批准的无争议的开采范围;

(二)有与采矿规模相适应的资金、设备和技术人员;

(三)有相应的矿产勘查资料和经批准的开采方案;

(四)有必要的安全生产条件和环境保护措施。

第三章 矿产资源的勘查

第十五条 国家对矿产资源勘查实行统一规划。全国矿产资源中、长期勘查规划,在国务院计划行政主管部门指导下,由国务院地质矿产主管部门根据国民经济和社会发展中、长期规划,在国务院有关主管部门勘查规划的基础上组织编制。

全国矿产资源年度勘查计划和省、自治区、直辖市矿产资源年度勘查计划,分别由国务院地质矿产主管部门和省、自治区、直辖市人民政府地质矿产主管部门组织有关主管部

门,根据全国矿产资源中、长期勘查规划编制,经同级人民政府计划行政主管部门批准后施行。

法律对勘查规划的审批权另有规定的,依照有关法律的规定执行。

第十六条 探矿权人享有下列权利:

(一)按照勘查许可证规定的区域、期限、工作对象进行勘查;

(二)在勘查作业区及相邻区域架设供电、供水、通讯管线,但是不得影响或者损害原有的供电、供水设施和通讯管线;

(三)在勘查作业区及相邻区域通行;

(四)根据工程需要临时使用土地;

(五)优先取得勘查作业区内新发现矿种的探矿权;

(六)优先取得勘查作业区内矿产资源的采矿权;

(七)自行销售勘查中按照批准的工程设计施工回收的矿产品,但是国务院规定由指定单位统一收购的矿产品除外。

探矿权人行使前款所列权利时,有关法律、法规规定应当经过批准或者履行其他手续的,应当遵守有关法律、法规的规定。

第十七条 探矿权人应当履行下列义务:

(一)在规定的期限内开始施工,并在勘查许可证规定的期限内完成勘查工作;

(二)向勘查登记管理机关报告开工等情况;

(三)按照探矿工程设计施工,不得擅自进行采矿活动;

(四)在查明主要矿种的同时,对共生、伴生矿产资源进行综合勘查、综合评价;

(五)编写矿产资源勘查报告,提交有关部门审批;

(六)按照国务院有关规定汇交矿产资源勘查成果档案资料;

(七)遵守有关法律、法规关于劳动安全、土地复垦和环境保护的规定;

(八)勘查作业完毕,及时封、填探矿作业遗留的井、硐或者采取其他措施,消除安全

隐患。

第十八条 探矿权人可以对符合国家边探边采规定要求的复杂类型矿床进行开采;但是,应当向原颁发勘查许可证的机关、矿产储量审批机构和勘查项目主管部门提交论证材料,经审核同意后,按照国务院关于采矿登记管理法规的规定,办理采矿登记。

第十九条 矿产资源勘查报告按照下列规定审批:

(一)供矿山建设使用的重要大型矿床勘查报告和供大型水源地建设使用的地下水勘查报告,由国务院矿产储量审批机构审批;

(二)供矿山建设使用的一般大型、中型、小型矿床勘查报告和供中型、小型水源地建设使用的地下水勘查报告,由省、自治区、直辖市矿产储量审批机构审批;

矿产储量审批机构和勘查单位的主管部门应当自收到矿产资源勘查报告之日起六个月内作出批复。

第二十条 矿产资源勘查报告及其他有价值的勘查资料,按照国务院有关规定实行有偿使用。

第二十一条 探矿权人取得临时使用土地权后,在勘查过程中给他人造成财产损害的,按照下列规定给以补偿:

(一)对耕地造成损害的,根据受损害的耕地面积前三年平均年产量,以补偿时当地市场平均价格计算,逐年给以补偿,并负责恢复耕地的生产条件,及时归还;

(二)对牧区草场造成损害的,按照前项规定逐年给以补偿,并负责恢复草场植被,及时归还;

(三)对耕地上的农作物、经济作物造成损害的,根据受损害的耕地面积前三年平均年产量,以补偿时当地市场平均价格计算,给以补偿;

(四)对竹木造成损害的,根据实际损害株数,以补偿时当地市场平均价值逐株计算,给以补偿;

(五)对土地上的附着物造成损害的,根据

实际损害的程度,以补偿时当地市场价格,给以适当补偿。

第二十二条 探矿权人在没有农作物和其他附着物的荒岭、荒坡、荒地、荒漠、沙滩、河滩、湖滩、海滩上进行勘查的,不予补偿;但是,勘查作业不得阻碍或者损害航运、灌溉、防洪等活动或者设施,勘查作业结束后应当采取措施,防止水土流失,保护生态环境。

第二十三条 探矿权人之间对勘查范围发生争议时,由当事人协商解决;协商不成的,由勘查作业区所在地的省、自治区、直辖市人民政府地质矿产主管部门裁决;跨省、自治区、直辖市的勘查范围争议,当事人协商不成的,由有关省、自治区、直辖市人民政府协商解决;协商不成的,由国务院地质矿产主管部门裁决。特定矿种的勘查范围争议,当事人协商不成的,由国务院授权的有关主管部门裁决。

第四章 矿产资源的开采

第二十四条 全国矿产资源的分配和开发利用,应当兼顾当前和长远、中央和地方的利益,实行统一规划、有效保护、合理开采、综合利用。

第二十五条 全国矿产资源规划,在国务院计划行政主管部门指导下,由国务院地质矿产主管部门根据国民经济和社会发展中、长期规划,组织国务院有关主管部门和省、自治区、直辖市人民政府编制,报国务院批准后施行。

全国矿产资源规划应当对全国矿产资源的分配作出统筹安排,合理划定中央与省、自治区、直辖市人民政府审批、开发矿产资源的范围。

第二十六条 矿产资源开发规划是对矿区的开发建设布局进行统筹安排的规划。

矿产资源开发规划分为行业开发规划和地区开发规划。

矿产资源行业开发规划由国务院有关主管部门根据全国矿产资源规划中分配给本部门的矿产资源编制实施。

矿产资源地区开发规划由省、自治区、直辖

市人民政府根据全国矿产资源规划中分配给本省、自治区、直辖市的矿产资源编制实施；并作出统筹安排，合理划定省、市、县级人民政府审批、开发矿产资源的范围。

矿产资源行业开发规划和地区开发规划应当报送国务院计划行政主管部门、地质矿产主管部门备案。

国务院计划行政主管部门、地质矿产主管部门，对不符合全国矿产资源规划的行业开发规划和地区开发规划，应当予以纠正。

第二十七条 设立、变更或者撤销国家规划矿区、对国民经济具有重要价值的矿区，由国务院有关主管部门提出，并附具矿产资源详查报告及论证材料，经国务院计划行政主管部门和地质矿产主管部门审定，并联合书面通知有关县级人民政府。县级人民政府应当自收到通知之日起一个月内予以公告，并报国务院计划行政主管部门、地质矿产主管部门备案。

第二十八条 确定或者撤销国家规定实行保护性开采的特定矿种，由国务院有关主管部门提出，并附具论证材料，经国务院计划行政主管部门和地质矿产主管部门审核同意后，报国务院批准。

第二十九条 单位或者个人开采矿产资源前，应当委托持有相应矿山设计证书的单位进行可行性研究和设计。开采零星分散矿产资源和用作建筑材料的砂、石、粘土的，可以不进行可行性研究和设计，但是应当有开采方案和环境保护措施。

矿山设计必须依据设计任务书，采用合理的开采顺序、开采方法和选矿工艺。

矿山设计必须按照国家有关规定审批；未经批准，不得施工。

第三十条 采矿权人享有下列权利：

（一）按照采矿许可证规定的开采范围和期限从事开采活动；

（二）自行销售矿产品，但是国务院规定由指定的单位统一收购的矿产品除外；

（三）在矿区范围内建设采矿所需的生产和生活设施；

（四）根据生产建设的需要依法取得土地使用权；

（五）法律、法规规定的其他权利。

采矿权人行使前款所列权利时，法律、法规规定应当经过批准或者履行其他手续的，依照有关法律、法规的规定办理。

第三十一条 采矿权人应当履行下列义务：

（一）在批准的期限内进行矿山建设或者开采；

（二）有效保护、合理开采、综合利用矿产资源；

（三）依法缴纳资源税和矿产资源补偿费；

（四）遵守国家有关劳动安全、水土保持、土地复垦和环境保护的法律、法规；

（五）接受地质矿产主管部门和有关主管部门的监督管理，按照规定填报矿产储量表和矿产资源开发利用情况统计报告。

第三十二条 采矿权人在采矿许可证有效期满或者在有效期内，停办矿山而矿产资源尚未采完的，必须采取措施将资源保持在能够继续开采的状态，并事先完成下列工作：

（一）编制矿山开采现状报告及实测图件；

（二）按照有关规定报销所消耗的储量；

（三）按照原设计实际完成相应的有关劳动安全、水土保持、土地复垦和环境保护工作，或者缴清土地复垦和环境保护的有关费用。

采矿权人停办矿山的申请，须经原批准开办矿山的主管部门批准、原颁发采矿许可证的机关验收合格后，方可办理有关证、照注销手续。

第三十三条 矿山企业关闭矿山，应当按照下列程序办理审批手续：

（一）开采活动结束的前一年，向原批准开办矿山的主管部门提出关闭矿山申请，并提交闭坑地质报告；

（二）闭坑地质报告经原批准开办矿山的主管部门审核同意后，报地质矿产主管部门会同矿产储量审批机构批准；

（三）闭坑地质报告批准后，采矿权人应当编写关闭矿山报告，报请原批准开办矿山的主管部门会同同级地质矿产主管部门和有关主管部门按照有关行业规定批准。

第三十四条 关闭矿山报告批准后，矿山企业应当完成下列工作：

（一）按照国家有关规定将地质、测量、采矿资料整理归档，并汇交闭坑地质报告、关闭矿山报告及其他有关资料；

（二）按照批准的关闭矿山报告，完成有关劳动安全、水土保持、土地复垦和环境保护工作，或者缴清土地复垦和环境保护的有关费用。

矿山企业凭关闭矿山报告批准文件和有关部门对完成上述工作提供的证明，报请原颁发采矿许可证的机关办理采矿许可证注销手续。

第三十五条 建设单位在建设铁路、公路、工厂、水库、输油管道、输电线路和各种大型建筑物前，必须向所在地的省、自治区、直辖市人民政府地质矿产主管部门了解拟建工程所在地区的矿产资源分布情况，并在建设项目设计任务书报请审批时附具地质矿产主管部门的证明。在上述建设项目与重要矿床的开采发生矛盾时，由国务院有关主管部门或者省、自治区、直辖市人民政府提出方案，经国务院地质矿产主管部门提出意见后，报国务院计划行政主管部门决定。

第三十六条 采矿权人之间对矿区范围发生争议时，由当事人协商解决；协商不成的，由矿产资源所在地的县级以上地方人民政府根据依法核定的矿区范围处理；跨省、自治区、直辖市的矿区范围争议，当事人协商不成的，由有关省、自治区、直辖市人民政府协商解决；协商不成的，由国务院地质矿产主管部门提出处理意见，报国务院决定。

第五章　集体所有制矿山企业、私营矿山企业和个体采矿者

第三十七条 国家依法保护集体所有制矿山企业、私营矿山企业和个体采矿者的合法权益，依法对集体所有制矿山企业、私营矿山企业和个体采矿者进行监督管理。

第三十八条 集体所有制矿山企业可以开采下列矿产资源：

（一）不适于国家建设大、中型矿山的矿床及矿点；

（二）经国有矿山企业同意，并经其上级主管部门批准，在其矿区范围内划出的边缘零星矿产；

（三）矿山闭坑后，经原矿山企业主管部门确认可以安全开采并不会引起严重环境后果的残留矿体；

（四）国家规划可以由集体所有制矿山企业开采的其他矿产资源。

集体所有制矿山企业开采前款第（二）项所列矿产资源时，必须与国有矿山企业签定合理开发利用矿产资源和矿山安全协议，不得浪费和破坏矿产资源，并不得影响国有矿山企业的生产安全。

第三十九条 私营矿山企业开采矿产资源的范围参照本细则第三十八条的规定执行。

第四十条 个体采矿者可以采挖下列矿产资源：

（一）零星分散的小矿体或者矿点；

（二）只能用作普通建筑材料的砂、石、粘土。

第四十一条 国家设立国家规划矿区、对国民经济具有重要价值的矿区时，对应当撤出的原采矿权人，国家按照有关规定给予合理补偿。

第六章　法律责任

第四十二条 依照《矿产资源法》第三十九条、第四十条、第四十二条、第四十三条、第四十四条规定处以罚款的，分别按照下列规定执行：

（一）未取得采矿许可证擅自采矿的，擅自进入国家规划矿区、对国民经济具有重要价值的矿区和他人矿区范围采矿的，擅自开采国家规定实行保护性开采的特定矿种的，处以违法所得50%以下的罚款；

（二）超越批准的矿区范围采矿的，处以违法所得30%以下的罚款；

（三）买卖、出租或者以其他形式转让矿产

资源的,买卖、出租采矿权的,对卖方、出租方、出让方处以违法所得一倍以下的罚款;

(四) 非法用采矿权作抵押的,处以5 000元以下的罚款;

(五) 违反规定收购和销售国家规定统一收购的矿产品的,处以违法所得一倍以下的罚款;

(六) 采取破坏性的开采方法开采矿产资源,造成矿产资源严重破坏的,处以相当于矿产资源损失价值50%以下的罚款。

第四十三条 违反本细则规定,有下列行为之一的,对主管人员和直接责任人员给予行政处分;构成犯罪的,依法追究刑事责任:

(一) 批准不符合办矿条件的单位或者个人开办矿山的;

(二) 对未经依法批准的矿山企业或者个人颁发采矿许可证的。

第七章 附 则

第四十四条 地下水资源具有水资源和矿产资源的双重属性。地下水资源的勘查,适用《矿产资源法》和本细则;地下水资源的开发、利用、保护和管理,适用《水法》和有关的行政法规。

第四十五条 本细则由地质矿产部负责解释。

第四十六条 本细则自发布之日起施行。

附件

矿产资源分类细目

能源矿产

煤、煤成气、石煤、油页岩、石油、天然气、油砂、天然沥青、铀、钍、地热。

金属矿产

铁、锰、铬、钒、钛;铜、铅、锌、铝土矿、镍、钴、钨、锡、铋、钼、汞、锑、镁;铂、钯、钌、锇、铱、铑;金、银;铌、钽、铍、锂、锆、锶、铷、铯;镧、铈、镨、钕、钐、铕、钇、钆、铽、镝、钬、铒、铥、镱、镥;钪、锗、镓、铟、铊、铪、铼、镉、硒、碲。

非金属矿产

金刚石、石墨、磷、自然硫、硫铁矿、钾盐、硼、水晶(压电水晶、熔炼水晶、光学水晶、工艺水晶)、刚玉、蓝晶石、硅线石、红柱石、硅灰石、钠硝石、滑石、石棉、蓝石棉、云母、长石、石榴子石、叶腊石、透辉石、透闪石、蛭石、沸石、明矾石、芒硝(含钙芒硝)、石膏(含硬石膏)、重晶石、毒重石、天然碱、方解石、冰洲石、菱镁矿、萤石(普通萤石、光学萤石)、宝石、黄玉、玉石、电气石、玛瑙、颜料矿物(赭石、颜料黄土)、石灰岩(电石用灰岩、制碱用灰岩、化肥用灰岩、熔剂用灰岩、玻璃用灰岩、水泥用灰岩、建筑石料用灰岩、制灰用灰岩、饰面用灰岩)、泥灰岩、白垩、含钾岩石、白云岩(冶金用白云岩、化肥用白云岩、玻璃用白云岩、建筑用白云岩)、石英岩(冶金用石英岩、玻璃用石英岩、化肥用石英岩)、砂岩(冶金用砂岩、玻璃用砂岩、水泥配料用砂岩、砖瓦用砂岩、化肥用砂岩、铸型用砂岩、陶瓷用砂岩)、天然石英砂(玻璃用砂、铸型用砂、建筑用砂、水泥配料用砂、水泥标准砂、砖瓦用砂)、脉石英(冶金用脉石英、玻璃用脉石英)、粉石英、天然油石、含钾砂页岩、硅藻土、页岩(陶粒页岩、砖瓦用页岩、水泥配料用页岩)、高岭土、陶瓷土、耐火粘土、凹凸棒石粘土、海泡石粘土、伊利石粘土、累托石粘土、膨润土、铁矾土、其他粘土(铸型用粘土、砖瓦用粘土、陶粒用粘土、水泥配料用粘土、水泥配料用红土、水泥配料用黄土、水泥配料用泥岩、保温材料用粘土)、橄榄岩(化肥用橄榄岩、建筑用橄榄岩)、蛇纹岩(化肥用蛇纹岩、熔剂用蛇纹岩、饰面用蛇纹岩)、玄武岩(铸石用玄武岩、岩棉用玄武岩)、辉绿岩(水泥用辉绿岩、铸石用辉绿岩、饰面用辉绿岩、建筑用辉绿岩)、安山岩(饰面用安山岩、建筑用安山岩、水泥混合材用安山玢岩)、闪长岩(水泥混合材用闪长玢岩、建筑用闪长岩)、花岗岩(建筑用花岗岩、饰面用花岗岩)、麦饭石、珍珠岩、黑曜岩、松脂岩、浮石、粗面岩(水泥用粗面岩、铸石用粗面岩)、霞石正长岩、凝灰岩(玻璃用凝灰岩、水泥用凝灰岩、建筑用凝灰岩)、火山灰、火山渣、大理岩(饰面用大理岩、建筑用大理岩、水泥用大理岩、玻璃用大理岩)、板岩(饰面用板岩、水泥配料用板岩）、片麻岩、角闪岩、泥炭、矿盐（湖盐、岩盐、天然卤水）、镁盐、碘、溴、砷。

水气矿产

地下水、矿泉水、二氧化碳气、硫化氢气、氦气、氡气。

矿产资源补偿费征收管理规定

（中华人民共和国国务院令第 150 号）

依据《国务院关于修改〈矿产资源补偿费征收管理规定〉的决定》（中华人民共和国国务院令第 222 号），本规定自 1997 年 7 月 3 日起第十条第一款修改为："征收的矿产资源补偿费，应当及时全额上缴，并按照下款规定的中央与省、自治区、直辖市的分成比例分别入库，年终不再结算"。

第一条 为了保障和促进矿产资源的勘查、保护、科学规划、合理开发、总体布置，维护国家对矿产资源的财产权益，根据《中华人民共和国矿产资源法》的有关规定，制定本规定。

第二条 在中华人民共和国领域和其他管辖海域开采矿产资源，应当依照本规定缴纳矿产资源补偿费；法律、行政法规另有规定的，从其规定。

第三条 矿产资源补偿费按照矿产品销售收入的一定比例计征。企业缴纳的矿产资源补偿费列入管理费用。采矿权人对矿产品自行加工的，按照国家规定价格计算销售收入；国家没有规定价格的，按照征收时矿产品的当地市场平均价格计算销售收入。采矿权人向境外销售矿产品的，按照国际市场销售价格计算销售收入。本规定所称矿产品，是指矿产资源经过开采或者采选后，脱离自然赋存状态的产品。

第四条 矿产资源补偿费由采矿权人缴纳。矿产资源补偿费以矿产品销售时使用的货币结算；采矿权人对矿产品自行加工的，以其销售最终产品时使用的货币结算。

第五条 矿产资源补偿费按照下列方式计算：征收矿产资源补偿费金额＝矿产品销售收入×补偿费费率×开采回采率系数

开采回采率系数＝核定开采回采率/实际开采回采率

核定开采回采率，以按照国家有关规定经批准的矿山设计为准；按照国家有关规定，只

要求有开采方案，不要求有矿山设计的矿山企业，其开采回采率由县级以上地方人民政府负责地质矿产管理工作的部门会同同级有关部门核定。

不能按照本条第一款、第二款规定的方式计算矿产资源补偿费的矿种，由国务院地质矿产主管部门会同国务院财政部门另行制定计算方式。

第六条 矿产资源补偿费依照本规定附录所规定的费率征收。

矿产资源补偿费费率的调整，由国务院财政部门、国务院地质矿产主管部门、国务院计划主管部门共同确定，报国务院批准施行。

第七条 矿产资源补偿费由地质矿产主管部门会同财政部门征收。

矿区在县级行政区域内的，矿产资源补偿费由矿区所在地的县级人民政府负责地质矿产管理工作的部门负责征收。

矿区范围跨县级以上行政区域的，矿产资源补偿费由所涉及行政区域的共同上一级人民政府负责地质矿产管理工作的部门负责征收。

矿区范围跨省级行政区域的和在中华人民共和国领海与其他管辖海域的，矿产资源补偿费由国务院地质矿产主管部门授权的省级人民政府地质矿产主管部门负责征收。

第八条 采矿权人应当于每年的 7 月 31 日前缴纳上半年的矿产资源补偿费；于下一年度 1 月 31 日前缴纳上一年度下半年的矿产

资源补偿费。

采矿权人在中止或者终止采矿活动时,应当结缴矿产资源补偿费。

第九条 采矿权人在缴纳矿产资源补偿费时,应当同时提交已采出的矿产品的矿种、产量、销售数量、销售价格和实际开采回采率等资料。

第十条 征收的矿产资源补偿费,应当及时全额就地上缴中央金库,年终按照下款规定的中央与省、自治区、直辖市的分成比例,单独结算。

中央与省、直辖市矿产资源补偿费的分成比例为 5∶5;中央与自治区矿产资源补偿费的分成比例为 4∶6。

第十一条 矿产资源补偿费纳入国家预算,实行专项管理,主要用于矿产资源勘查。

矿产资源补偿费的具体使用管理办法,由国务院财政部门、国务院地质矿产主管部门、国务院计划主管部门共同制定。

第十二条 采矿权人有下列情形之一的,经省级人民政府地质矿产主管部门会同同级财政部门批准,可以免缴矿产资源补偿费:

(一)从废石(矸石)中回收矿产品的;

(二)按照国家有关规定经批准开采已关闭矿山的非保安残留矿体的;

(三)国务院地质矿产主管部门会同国务院财政部门认定免缴的其他情形。

第十三条 采矿权人有下列情形之一的,经省级人民政府地质矿产主管部门会同同级财政部门批准,可以减缴矿产资源补偿费:

(一)从尾矿中回收矿产品的;

(二)开采未达到工业品位或者未计算储量的低品位矿产资源的;

(三)依法开采水体下、建筑物下、交通要道下的矿产资源的;

(四)由于执行国家定价而形成政策性亏损的;

(五)国务院地质矿产主管部门会同国务院财政部门认定减缴的其他情形。

采矿权人减缴的矿产资源补偿费超过应当缴纳的矿产资源补偿费 50%的,须经省级人民政府批准。

批准减缴矿产资源补偿费的,应当报国务院地质矿产主管部门和国务院财政部门备案。

第十四条 采矿权人在规定期限内未足额缴纳矿产资源补偿费的,由征收机关责令限期缴纳,并从滞纳之日起按日加收滞纳补偿费 2‰的滞纳金。采矿权人未按照前款规定缴纳矿产资源补偿费和滞纳金的,由征收机关处以应当缴纳的矿产资源补偿费 3 倍以下的罚款;情节严重的,由采矿许可证颁发机关吊销其采矿许可证。

第十五条 采矿权人采取伪报矿种,隐匿产量、销售数量,或者伪报销售价格、实际开采回采率等手段,不缴或者少缴矿产资源补偿费的,由征收机关追缴应当缴纳的矿产资源补偿费,并处以应当缴纳的矿产资源补偿费 5 倍以下的罚款;情节严重的,由采矿许可证颁发机关吊销其采矿许可证。

第十六条 采矿权人未按照本规定第九条的规定报送有关资料的,由征收机关责令限期报送;逾期不报送的,处以 5 000 元以下罚款;仍不报送的,采矿许可证颁发机关可以吊销其采矿许可证。

第十七条 依照本规定对采矿权人处以的罚款、加收的滞纳金应当上缴国库。

第十八条 当事人对行政处罚决定不服的,可以自接到处罚决定通知之日起 15 日内向作出处罚决定的机关的上一级机关申请复议;当事人也可以自接到处罚决定通知之日起 15 日内直接向人民法院起诉。

当事人逾期不申请复议也不向人民法院起诉、又不履行处罚决定的,作出处罚决定的机关可以申请人民法院强制执行。

第十九条 本规定发布前的地方性法规和地方人民政府发布的规章及行政性文件的内容,与本规定相抵触的,以本规定为准。

第二十条 省、自治区、直辖市人民政府可以根据本规定制定实施办法。

第二十一条 本规定由地质矿产部负责解释。

第二十二条 本规定自 1994 年 4 月 1 日起施行。

附录

矿产资源补偿费费率表

（地下水费率及征收管理办法由国务院另行规定）

矿种	费率（%）
石油	1
天然气	1
煤炭、煤成气	1
铀、钍	3
石煤、油砂	1
天然沥青	2
地热	3
油页岩	2
铁、锰、铬、钒、钛	2
铜、铅、锌、铝土矿、镍、钴、钨、锡、铋、钼、汞、锑、镁	2
金、银、铂、钯、钌、锇、铱、铑	4
铌、钽、铍、锂、锆、锶、铷、铯	3
镧、铈、镨、钕、钐、铕、钇、钆、铽、镝、钬、铒、铥、镱、镥	3
离子型稀土	4
钪、锗、镓、铟、铊、铼、镉、硒、碲	3
宝石、玉石、宝石级金刚石	4
石墨、磷、自然硫、硫铁矿、钾盐、硼、水晶（压电水晶、熔炼水晶、光学水晶、工艺水晶）、刚玉、蓝晶石、硅线石、红柱石、硅灰石、钠硝石、滑石、石棉、蓝石棉、云母、长石、石榴子石、叶蜡石、透辉石、冰州石、菱镁矿、萤石（普通萤石、光学萤石）、黄玉、电气石、玛瑙、颜料矿物（赭石、颜料黄土）、石灰岩（电石用灰岩、制碱用灰岩、化肥用灰岩、熔剂用灰岩、玻璃用灰岩、水泥用灰岩、 用灰岩、熔剂用灰岩、玻璃用灰岩、水泥用灰岩、建筑石料用灰岩制灰用灰岩、饰面用灰岩）、泥灰岩、白垩、含钾岩石、白云岩（冶金用白云岩、化肥用白云岩、玻璃用白云岩、建筑用白云岩）、石英岩（冶金用石英岩、玻璃用石英岩、化肥用石英岩）、砂岩（冶金用砂岩、玻璃用砂岩、水泥配料用砂岩、砖瓦用砂岩、化肥用砂岩、铸型用砂岩、陶瓷用砂岩）、天然石英砂（玻璃用砂、铸型用砂、建筑用砂、水泥配料用砂、水泥标准砂、砖瓦用砂）、脉石英（冶金用脉石英、玻璃用脉石英）、粉石英、天然油石、含钾砂页岩、硅藻土、页岩（陶粒页岩、砖瓦用页岩、水泥配料用页岩）、高岭土、陶瓷土、耐火粘土、凹凸棒石粘土、海泡石粘土、伊利石粘土、累托石粘土、膨润土、铁矾土、其他粘土（铸型用粘土、砖瓦用粘土、陶粒用粘土、水泥配料用粘土、水泥配料用红土、水泥配料用黄土、水泥配料用泥岩、保温材料用粘土）、橄榄岩（化肥用橄榄岩、建筑用橄榄岩）、蛇纹岩（化肥用蛇纹岩、熔剂用蛇纹岩、饰面用蛇纹岩）、玄武岩（铸石用玄武岩、岩棉用玄武岩）、辉绿岩（水泥用辉绿岩、铸石用辉绿岩、饰面用辉绿岩、建筑用辉绿岩）、安山岩（饰面用安山岩、建筑用安山岩、水泥混合材用安山玢岩）、闪长岩（水泥混合材用闪长玢岩、建筑用闪长岩）、花岗岩（建筑用花岗岩、饰面用花岗岩）、麦饭石、珍珠岩、黑曜岩、松脂岩、浮石、粗面岩（水泥用粗面岩、铸石用粗面岩）、霞石正长岩、凝灰岩（玻璃用凝灰岩、水泥用凝灰岩、建筑用凝灰岩）、火山灰、火山渣、大理岩（饰面用大理岩、建筑用大理岩、水泥用大理岩、玻璃用大理岩）、板岩（饰面用板岩、水泥配料用板岩）、片麻岩、角闪岩、泥炭、镁盐、碘、溴、砷	2
湖盐、岩盐、天然卤水	0.5
二氧化碳气、硫化氢气、氦气、氡气	3
矿泉水	4

矿产资源勘查区块登记管理办法

（中华人民共和国国务院令第 240 号）

依据《国务院关于修改部分行政法规的决定》（中华人民共和国国务院令第 653 号），本规定自 2014 年 7 月 29 日起删去第十三条第一款中的"经评估确认的"；第十三条第二款修改为："国家出资勘查形成的探矿权价款，由具有矿业权评估资质的评估机构进行评估；评估报告报登记管理机关备案"；第三十八条修改为："中外合作勘查矿产资源的，中方合作者应当在签订合同后，将合同向原发证机关备案"；删去第四十条；条文顺序相应调整。

第一条 为了加强对矿产资源勘查的管理，保护探矿权人的合法权益，维护矿产资源勘查秩序，促进矿业发展，根据《中华人民共和国矿产资源法》，制定本办法。

第二条 在中华人民共和国领域及管辖的其他海域勘查矿产资源，必须遵守本办法。

第三条 国家对矿产资源勘查实行统一的区块登记管理制度。矿产资源勘查工作区范围以经纬度 1′×1′ 划分的区块为基本单位区块。每个勘查项目允许登记的最大范围：

（一）矿泉水为 10 个基本单位区块；

（二）金属矿产、非金属矿产、放射性矿产为 40 个基本单位区块；

（三）地热、煤、水气矿产为 200 个基本单位区块；

（四）石油、天然气矿产为 2 500 个基本单位区块。

第四条 勘查下列矿产资源，由国务院地质矿产主管部门审批登记，颁发勘查许可证：

（一）跨省、自治区、直辖市的矿产资源；

（二）领海及中国管辖的其他海域的矿产资源；

（三）外商投资勘查的矿产资源；

（四）本办法附录所列的矿产资源。

勘查石油、天然气矿产的，经国务院指定的机关审查同意后，由国务院地质矿产主管部门登记，颁发勘查许可证。

勘查下列矿产资源，由省、自治区、直辖市人民政府地质矿产主管部门审批登记，颁发勘查许可证，并应当自发证之日起 10 日内，向国务院地质矿产主管部门备案：

（一）本条第一款、第二款规定以外的矿产资源；

（二）国务院地质矿产主管部门授权省、自治区、直辖市人民政府地质矿产主管部门审批登记的矿产资源。

第五条 勘查出资人为探矿权申请人；但是，国家出资勘查的，国家委托勘查的单位为探矿权申请人。

第六条 探矿权申请人申请探矿权时，应当向登记管理机关提交下列资料：

（一）申请登记书和申请的区块范围图；

（二）勘查单位的资格证书复印件；

（三）勘查工作计划、勘查合同或者委托勘查的证明文件；

（四）勘查实施方案及附件；

（五）勘查项目资金来源证明；

（六）国务院地质矿产主管部门规定提交的其他资料。申请勘查石油、天然气的，还应当提交国务院批准设立石油公司或者同意进行石油、天然气勘查的批准文件以及勘查单位法人资格证明。

第七条 申请石油、天然气滚动勘探开发的，应当向登记管理机关提交下列资料，经批准，办理登记手续，领取滚动勘探开发的采矿许可证：

（一）申请登记书和滚动勘探开发矿区范围图；

（二）国务院计划主管部门批准的项目建议书；

（三）需要进行滚动勘探开发的论证材料；

（四）经国务院矿产储量审批机构批准进行石油、天然气滚动勘探开发的储量报告；

（五）滚动勘探开发利用方案。

第八条 登记管理机关应当自收到申请之日起 40 日内，按照申请在先的原则作出准予登记或者不予登记的决定，并通知探矿权申请人。对申请勘查石油、天然气的，登记管理机关还应当在收到申请后及时予以公告或者提供查询。

登记管理机关应当保证国家地质勘查计划一类项目的登记，具体办法由国务院地质矿产主管部门会同国务院计划主管部门制定。需要探矿权申请人修改或者补充本办法第六条规定的资料的，登记管理机关应当通知探矿权申请人限期修改或者补充。

准予登记的，探矿权申请人应当自收到通知之日起 30 日内，依照本办法第十二条的规定缴纳探矿权使用费，并依照本办法第十三条的规定缴纳国家出资形成的探矿权价款，办理登记手续，领取勘查许可证，成为探矿权人。

不予登记的，登记管理机关应当向探矿权申请人说明理由。

第九条 禁止任何单位和个人进入他人依法取得探矿权的勘查作业区进行勘查或者采矿活动。探矿权人与采矿权人对勘查作业区范围和矿区范围发生争议的，由当事人协商解决；协商不成的，由发证的登记管理机关中级别高的登记管理机关裁决。

第十条 勘查许可证有效期最长为三年；但是，石油、天然气勘查许可证有效期最长为 7 年。需要延长勘查工作时间的，探矿权人应当在勘查许可证有效期届满的 30 日前，到登记管理机关办理延续登记手续，每次延续时间不得超过 2 年。

探矿权人逾期不办理延续登记手续的，勘查许可证自行废止。

石油、天然气滚动勘探开发的采矿许可证有效期最长为 15 年；但是，探明储量的区块，应当申请办理采矿许可证。

第十一条 登记管理机关应当自颁发勘查许可证之日起 10 日内，将登记发证项目的名称、探矿权人、区块范围和勘查许可证期限等事项，通知勘查项目所在地的县级人民政府负责地质矿产管理工作的部门。

登记管理机关对勘查区块登记发证情况，应当定期予以公告。

第十二条 国家实行探矿权有偿取得的制度。探矿权使用费以勘查年度计算，逐年缴纳。

探矿权使用费标准：第一个勘查年度至第三个勘查年度，每平方公里每年缴纳 100 元；从第四个勘查年度起，每平方公里每年增加 100 元，但是最高不得超过每平方公里每年 500 元。

第十三条 申请国家出资勘查并已经探明矿产地的区块的探矿权的，探矿权申请人除依照本办法第十二条的规定缴纳探矿权使用费外，还应当缴纳经评估确认的国家出资勘查形成的探矿权价款；探矿权价款按照国家有关规定，可以一次缴纳，也可以分期缴纳。

国家出资勘查形成的探矿权价款，由国务院地质矿产主管部门会同国务院国有资产管理部门认定的评估机构进行评估；评估结果由国务院地质矿产主管部门确认。

第十四条 探矿权使用费和国家出资勘查形成的探矿权价款，由登记管理机关收取，全部纳入国家预算管理。具体管理、使用办法，由国务院地质矿产主管部门会同国务院财政部门、计划主管部门制定。

第十五条 有下列情形之一的，由探矿权人提出申请，经登记管理机关按照国务院地质矿产主管部门会同国务院财政部门制定的探矿权使用费和探矿权价款的减免办法审查批准，可以减缴、免缴探矿权使用费和探矿权价款：

（一）国家鼓励勘查的矿种；

（二）国家鼓励勘查的区域；

（三）国务院地质矿产主管部门会同国务院财政部门规定的其他情形。

第十六条 探矿权可以通过招标投标的

方式有偿取得。

登记管理机关依照并办法第四条的权限确定招标区块,发布招标公告,提出投标要求和截止日期;但是,对境外招标的区块由国务院地质矿产主管部门确定。

登记管理机关组织评标,采取择优原则确定中标人。中标人缴纳本办法第十二条、第十三条规定的费用后,办理登记手续,领取勘查许可证,成为探矿权人,并履行标书中承诺的义务。

第十七条 探矿权人应当自领取勘查许可证之日起,按照下列规定完成最低勘查投入:

(一)第一个勘查年度,每平方公里2 000元;

(二)第二个勘查年度,每平方公里5 000元;

(三)从第三个勘查年度起,每个勘查年度每平方公里10 000元。

探矿权人当年度的勘查投入高于最低勘查投入标准的,高于的部分可以计入下一个勘查年度的勘查投入。

因自然灾害等不可抗力的原因,致使勘查工作不能正常进行的,探矿权人应当自恢复正常勘查工作之日起30日内,向登记管理机关提交申请核减相应的最低勘查投入的报告;登记管理机关应当自收到报告之日起30日内予以批复。

第十八条 探矿权人应当自领取勘查许可证之日起6个月内开始施工;在开始勘查工作时,应当向勘查项目所在地的县级人民政府负责地质矿产管理工作的部门报告,并向登记管理机关报告开工情况。

第十九条 探矿权人在勘查许可证有效期内进行勘查时,发现符合国家边探边采规定要求的复杂类型矿床的,可以申请开采,经登记管理机关批准,办理采矿登记手续。

第二十条 探矿权人在勘查石油、天然气等流体矿产期间,需要试采的,应当向登记管理机关提交试采申请,经批准后可以试采1年;需要延长试采时间的,必须办理登记手续。

第二十一条 探矿权人在勘查许可证有效期内探明可供开采的矿体后,经登记管理机关批准,可以停止相应区块的最低勘查投入,并可以在勘查许可证有效期届满的30日前,申请保留探矿权。但是,国家为了公共利益或者因技术条件暂时难以利用等情况,需要延期开采的除外。保留探矿权的期限,最长不得超过2年,需要延长保留期的,可以申请延长2次,每次不得超过2年;保留探矿权的范围为可供开采的矿体范围。

在停止最低勘查投入期间或者探矿权保留期间,探矿权人应当依照本办法的规定,缴纳探矿权使用费。

探矿权保留期届满,勘查许可证应当予以注销。

第二十二条 有下列情形之一的,探矿权人应当在勘查许可证有效期内,向登记管理机关申请变更登记:

(一)扩大或者缩小勘查区块范围的;

(二)改变勘查工作对象的;

(三)经依法批准转让探矿权的;

(四)探矿权人改变名称或者地址的。

第二十三条 探矿权延续登记和变更登记,其勘查年度、探矿权使用费和最低勘查投入连续计算。

第二十四条 有下列情形之一的,探矿权人应当在勘查许可证有效期内,向登记管理机关递交勘查项目完成报告或者勘查项目终止报告,报送资金投入情况报表和有关证明文件,由登记管理机关核定其实际勘查投入后,办理勘查许可证注销登记手续:

(一)勘查许可证有效期届满,不办理延续登记或者不申请保留探矿权的;

(二)申请采矿权的;

(三)因故需要撤消勘查项目的。

自勘查许可证注销之一起90日内,原探矿权人不得申请已经注销的区块范围内的探矿权。

第二十五条 登记管理机关需要调查勘查投入、勘查工作进展情况,探矿权人应当如实报告并提供有关资料,不得虚报、瞒报,不得拒绝检查。对探矿权要求保密的申请登记资料、勘查工作成果资料和财务报表,登记管理机关应当予以保密。

第二十六条 违反本办法规定,未取得勘查许可证擅自进行勘查工作的,超越批准的勘查区块范围进行勘查工作的,由县级以上人民政府负责地质矿产管理工作的部门按照国务院地质矿产主管部门规定的权限,责令停止违法行为,予以警告,可以并处 10 万元以下的罚款。

第二十七条 违反本办法规定,未经批准,擅自进行滚动勘探开发、边探边采或者试采的,由县级以上人民政府负责地质矿产管理工作的部门按照国务院地质矿产主管部门规定的权限,责令停止违法行为,予以警告,没收违法所得,可以并处 10 万元以下的罚款。

第二十八条 违反本办法规定。擅自印制或者伪造、冒用勘查许可证的,由县级以上人民政府负责地质矿产管理工作的部门按照国务院地质矿产主管部门规定的权限,没收违法所得,可以并处 10 万元以下的罚款;构成犯罪的,依法追究刑事责任。

第二十九条 违反本办法规定,有下列行为之一的,由县级以上人民政府负责地质矿产管理工作的部门按照国务院地质矿产主管部门规定的权限,责令限期改正;逾期不改正的,处 5 万元以下的罚款;情节严重的,原发证机关可以吊销勘查许可证:

(一)不按照本办法的规定备案、报告有关情况、拒绝接受 监督检查或者弄虚作假的;

(二)未完成最低勘查投入的;

(三)已经领取勘查许可证的勘查项目,满 6 个月未开始施工,或者施工后无故停止勘查工作满 6 个月的。

第三十条 违反本办法规定,不办理勘查许可证变更登记或者注销登记手续的,由登记管理机关责令限期改正;逾期不改正的,由原发证机关吊销勘查许可证。

第三十一条 违反本办法规定,不按期缴纳本办法规定应当缴纳的费用的,由登记管理机关责令限期缴纳,并从滞纳之日起每日加收千分之二的滞纳金;逾期仍不缴纳的,由原发证机关吊销勘查许可证。

第三十二条 违反本办法规定勘查石油、天然气矿产的,由国务院地质矿产主管部门按照本办法的有关规定给予行政处罚。

第三十三条 探矿权人被吊销勘查许可证的,自勘查许可证被吊销之日起 6 个月内,不得再申请探矿权。

第三十四条 登记管理机关工作人员徇私舞弊、滥用职权,玩忽职守,构成犯罪的,依法追究刑事责任;尚不构成犯罪的,依法给予行政处分。

第三十五条 勘查许可证由国务院地质矿产主管部门统一印制。申请登记书、变更申请登记书、探矿权保留申请登记书和注销申请登记书的格式,由国务院地质矿产主管部门统一制定。

第三十六条 办理勘查登记手续,应当按照规定缴纳登记费。收费标准和管理、使用办法,由国务院物价主管部门会同国务院地质矿产部门、财政部门规定。

第三十七条 外商投资勘查矿产资源的,依照本办法的规定办理;法律、行政法规另有规定的,从其规定。

第三十八条 中外合作勘查矿产资源的,中方合作者应当在签订合同前,将合作的勘查区块、矿种等有关资料报原发证机关复核并签署意见;在签订合同后,向原发证机关备案。

第三十九条 本办法施行前已经取得勘查许可证的,由国务院地质矿产主管部门统一组织换领新的勘查许可证。探矿权使用费、最低勘查投入按照重新登记后的第一个勘查年度计算,并可以依照本办法的规定申请减缴、免缴。

第四十条 从事区域地质调查、区域矿产调查、区域地球物理调查、区域地球化学调查、航空遥感地质调查和区域水文地质调查、区域工程地质调查、区域环境地质调查、海洋地质调查等地质调查工作的,应当向登记管理机关备案。

第四十一条　本办法附录的修改,由国务院地质矿产主管部门报国务院批准后公布。

第四十二条　本办法自发布之日起施行。1987年4月29日国务院发布的《矿产资源勘查登记管理暂行办法》和1987年12月16日国务院批准、石油工业部发布的《石油及天然气勘查、开采登记管理暂行办法》同时废止。

附录　国务院地质矿产主管部门审批发证矿种目录

煤、铬、稀土、石油、钴、磷、油页岩、铁、钾、烃类天然气、铜、硫、二氧化碳气、铅、锶、煤成(层)气、锌、金刚石、地热、铝、铌、放射性矿产、镍、钽、金、钨、石棉、银、锡、矿泉水、铂、锑、锰、钼

矿产资源开采登记管理办法

（中华人民共和国国务院令第 241 号）

依据《国务院关于修改部分行政法规的决定》(中华人民共和国国务院令第653号),本规定自2014年7月29日起删去第十条第一款中的"经评估确认的";第十条第二款修改为:"国家出资勘查形成的采矿权价款,由具有矿业权评估资质的评估机构进行评估;评估报告报登记管理机关备案";第二十九条修改为:"中外合作开采矿产资源的,中方合作者应当在签订合同后,将合同向原发证机关备案"。

第一条　为了加强对矿产资源开采的管理,保护采矿权人的合法权益,维护矿产资源开采秩序,促进矿业发展,根据《中华人民共和国矿产资源法》,制定本办法。

第二条　在中华人民共和国领域及管辖的其他海域开采矿产资源,必须遵守本办法。

第三条　开采下列矿产资源,由国务院地质矿产主管部门审批登记,颁发采矿许可证:

（一）国家规划矿区和对国民经济具有重要价值的矿区内的矿产资源;

（二）领海及中国管辖的其他海域的矿产资源;

（三）外商投资开采的矿产资源;

（四）本办法附录所列的矿产资源。

开采石油、天然气矿产的,经国务院指定的机关审查同意后,由国务院地质矿产主管部门登记,颁发采矿许可证。

开采下列矿产资源,由省、自治区、直辖市人民政府地质矿产主管部门审批登记,颁发采矿许可证:

（一）本条第一款、第二款规定以外的矿产储量规模中型以上的矿产资源;

（二）国务院地质矿产主管部门授权省、自治区、直辖市人民政府地质矿产主管部门审批登记的矿产资源。开采本条第一款、第二款、第三款规定以外的矿产资源,由县级以上地方人民政府负责地质矿产管理工作的部门,按照省、自治区、直辖市人民代表大会常务委员会制定的管理办法审批登记,颁发采矿许可证。矿区范围跨县级以上行政区域的,由所涉及行政区域的共同上一级登记管理机关审批登记,颁发采矿许可证。县级以上地方人民政府负责地质矿产管理工作的部门在审批发证后,应当逐级向上一级人民政府负责地质矿产管理工作的部门备案。

第四条　采矿权申请人在提出采矿权申请前,应当根据经批准的地质勘查储量报告,向登记管理机关申请划定矿区范围。需要申请立项,设立矿山企业的,应当根据划定的矿区范围,按照国家规定办理有关手续。

第五条　采矿权申请人申请办理采矿许可证时,应当向登记管理机关提交下列资料:

（一）申请登记书和矿区范围图;

（二）采矿权申请人资质条件的证明;

（三）矿产资源开发利用方案；

（四）依法设立矿山企业的批准文件；

（五）开采矿产资源的环境影响评价报告；

（六）国务院地质矿产主管部门规定提交的其他资料。

申请开采国家规划矿区或者对国民经济具有重要价值的矿区内的矿产资源和国家实行保护性开采的特定矿种的，还应当提交国务院有关主管部门的批准文件。申请开采石油、天然气的，还应当提交国务院批准设立石油公司或者同意进行石油、天然气开采的批准文件以及采矿企业法人资格证明。

第六条　登记管理机关应当自收到申请之日起40日内，作出准予登记或者不予登记的决定，并通知采矿权申请人。

需要采矿权申请人修改或者补充本办法第五条规定的资料的，登记管理机关应当通知采矿权申请人限期修改或者补充。准予登记的，采矿权申请人应当自收到通知之日起30日内，依照本办法第九条的规定缴纳采矿权使用费，并依照本办法第十条的规定缴纳国家出资勘查形成的采矿权价款，办理登记手续，领取采矿许可证，成为采矿权人。

不予登记的，登记管理机关应当向采矿权申请人说明理由。

第七条　采矿许可证有效期，按照矿山建设规模确定：大型以上的，采矿许可证有效期最长为30年；中型的，采矿许可证有效期最长为20年；小型的，采矿许可证有效期最长为10年。采矿许可证有效期满，需要继续采矿的，采矿权人应当在采矿许可证有效期届满的30日前，到登记管理机关办理延续登记手续。

采矿权人逾期不办理延续登记手续的，采矿许可证自行废止。

第八条　登记管理机关在颁发采矿许可证后，应当通知矿区范围所在地的有关县级人民政府。有关县级人民政府应当自收到通知之日起90日内，对矿区范围予以公告，并可以根据采矿权人的申请，组织埋设界桩或者设置地面标志。

第九条　国家实行采矿权有偿取得的制度。采矿权使用费，按照矿区范围的面积逐年缴纳，标准为每平方公里每年1 000元。

第十条　申请国家出资勘查并已经探明矿产地的采矿权的，采矿权申请人除依照本办法第九条的规定缴纳采矿权使用费外，还应当缴纳经评估确认的国家出资勘查形成的采矿权价款；采矿权价款按照国家有关规定，可以一次缴纳，也可以分期缴纳。国家出资勘查形成的采矿权价款，由国务院地质矿产主管部门会同国务院国有资产管理部门认定的评估机构进行评估；评估结果由国务院地质矿产主管部门确认。

第十一条　采矿权使用费和国家出资勘查形成的采矿权价款由登记管理机关收取，全部纳入国家预算管理。

具体管理、使用办法，由国务院地质矿产主管部门会同国务院财政部门、计划主管部门制定。

第十二条　有下列情形之一的，由采矿权人提出申请，经省级以上人民政府登记管理机关按照国务院地质矿产主管部门会同国务院财政部门制定的采矿权使用费和采矿权价款的减免办法审查批准，可以减缴、免缴采矿权使用费和采矿权价款：

（一）开采边远贫困地区的矿产资源的；

（二）开采国家紧缺的矿种的；

（三）因自然灾害等不可抗力的原因，造成矿山企业严重亏损或者停产的；

（四）国务院地质矿产主管部门和国务院财政部门规定的其他情形。

第十三条　采矿权可以通过招标投标的方式有偿取得。登记管理机关依照本办法第三条规定的权限确定招标的矿区范围，发布招标公告，提出投标要求和截止日期；但是，对境外招标的矿区范围由国务院地质矿产主管部门确定。

登记管理机关组织评标，采取择优原则确定中标人。中标人缴纳本办法第九条、第十条规定的费用后，办理登记手续，领取采矿许可证,成为采矿权人,并履行标书中承诺的义务。

第十四条 登记管理机关应当对本行政区域内的采矿权人合理开发利用矿产资源、保护环境及其他应当履行的法定义务等情况依法进行监督检查。采矿权人应当如实报告有关情况,并提交年度报告。

第十五条 有下列情形之一的,采矿权人应当在采矿许可证有效期内,向登记管理机关申请变更登记:

(一)变更矿区范围的;

(二)变更主要开采矿种的;

(三)变更开采方式的;

(四)变更矿山企业名称的;

(五)经依法批准转让采矿权的。

第十六条 采矿权人在采矿许可证有效期内或者有效期届满,停办、关闭矿山的,应当自决定停办或者关闭矿山之日起 30 日内,向原发证机关申请办理采矿许可证注销登记手续。

第十七条 任何单位和个人未领取采矿许可证擅自采矿的,擅自进入国家规划矿区和对国民经济具有重要价值的矿区范围采矿的,擅自开采国家规定实行保护性开采的特定矿种的,超越批准的矿区范围采矿的,由登记管理机关依照有关法律、行政法规的规定予以处罚。

第十八条 不依照本办法规定提交年度报告、拒绝接受监督检查或者弄虚作假的,由县级以上人民政府负责地质矿产管理工作的部门按照国务院地质矿产主管部门规定的权限,责令停止违法行为,予以警告,可以并处 5 万元以下的罚款;情节严重的,由原发证机关吊销采矿许可证。

第十九条 破坏或者擅自移动矿区范围界桩或者地面标志的,由县级以上人民政府负责地质矿产管理工作的部门按照国务院地质矿产主管部门规定的权限,责令限期恢复;情节严重的,处 3 万元以下的罚款。

第二十条 擅自印制或者伪造、冒用采矿许可证的,由县级以上人民政府负责地质矿产管理工作的部门按照国务院地质矿产主管部

门规定的权限,没收违法所得,可以并处 10 万元以下的罚款;构成犯罪的,依法追究刑事责任。

第二十一条 违反本办法规定,不按期缴纳本办法规定应当缴纳的费用的,由登记管理机关责令限期缴纳,并从滞纳之日起每日加收千分之二的滞纳金;逾期仍不缴纳的,由原发证机关吊销采矿许可证。

第二十二条 违反本办法规定,不办理采矿许可证变更登记或者注销登记手续的,由登记管理机关责令限期改正;逾期不改正的,由原发证机关吊销采矿许可证。

第二十三条 违反本办法规定开采石油、天然气矿产的,由国务院地质矿产主管部门按照本办法的有关规定给予行政处罚。

第二十四条 采矿权人被吊销采矿许可证的,自采矿许可证被吊销之日起 2 年内不得再申请采矿权。

第二十五条 登记管理机关工作人员徇私舞弊、滥用职权、玩忽职守,构成犯罪的,依法追究刑事责任;尚不构成犯罪的,依法给予行政处分。

第二十六条 采矿许可证由国务院地质矿产主管部门统一印制。申请登记书、变更申请登记书和注销申请登记书的格式,由国务院地质矿产主管部门统一制定。

第二十七条 办理采矿登记手续,应当按照规定缴纳登记费。收费标准和管理、使用办法,由国务院物价主管部门会同国务院地质矿产主管部门、财政部门规定。

第二十八条 外商投资开采矿产资源,依照本办法的规定办理;法律、行政法规另有特别规定的,从其规定。

第二十九条 中外合作开采矿产资源的,中方合作者应当在签订合同前,将合作的矿区范围、开采矿种、开发利用方案等资料报原发证机关复核并签署意见;在签订合同后,向原发证机关备案。

第三十条 本办法施行前已经取得采矿许可证的,由国务院地质矿产主管部门统一组

织换领新采矿许可证。

本办法施行前已经开办的矿山企业，应当自本办法施行之日起开始缴纳采矿权使用费，并可以依照本办法的规定申请减缴、免缴。

第三十一条 登记管理机关应当对颁发的采矿许可证和吊销的采矿许可证予以公告。

第三十二条 本办法所称矿区范围，是指经登记管理机关依法划定的可供开采矿产资源的范围、井巷工程设施分布范围或者露天剥离范围的立体空间区域。

本办法所称开采方式，是指地下开采或者露天开采。

第三十三条 本办法附录的修改，由国务院地质矿产主管部门报国务院批准后公布。

第三十四条 本办法自发布之日起施行。1987 年 4 月 29 日国务院发布的《全民所有制矿山企业采矿登记管理暂行办法》和 1990 年 11 月 22 日《国务院关于修改〈全民所有制矿山企业采矿登记管理暂行办法〉的决定》同时废止。

附录 国务院地质矿产主管部门审批发证矿种目录

煤、铬、稀土、石油、钴、磷、油页岩、铁、钾、烃类天然气、铜、硫、二氧化碳气、铅、锶、煤成（层）气、锌、金刚石、地热、铝、铌、放射性矿产、镍、钽、金、钨、石棉、银、锡、矿泉水、铂、锑、锰、钼

探矿权采矿权转让管理办法

（中华人民共和国国务院令第 242 号）

依据《国务院关于修改部分行政法规的决定》（中华人民共和国国务院令第 653 号），本规定自 2014 年 7 月 29 日起第九条第二款修改为："国家出资勘查形成的探矿权、采矿权价款，由具有矿业权评估资质的评估机构进行评估；评估报告报探矿权、采矿权登记管理机关备案"。

第一条 为了加强对探矿权、采矿权转让的管理，保护探矿权人、采矿权人的合法权益，促进矿业发展，根据《中华人民共和国矿产资源法》，制定本办法。

第二条 在中华人民共和国领域及管辖的其他海域转让依法取得的探矿权、采矿权的，必须遵守本办法。

第三条 除按照下列规定可以转让外，探矿权、采矿权不得转让：

（一）探矿权人有权在划定的勘查作业区内进行规定的勘查作业，有权优先取得勘查作业区内矿产资源的采矿权。探矿权人在完成规定的最低勘查投入后，经依法批准，可以将探矿权转让他人。

（二）已经取得采矿权的矿山企业，因企业合并、分立，与他人合资、合作经营，或者因企业资产出售以及有其他变更企业资产产权的情形，需要变更采矿权主体的，经依法批准，可以将采矿权转让他人采矿。

第四条 国务院地质矿产主管部门和省、自治区、直辖市人民政府地质矿产主管部门是探矿权、采矿权转让的审批管理机关。

国务院地质矿产主管部门负责由其审批发证的探矿权、采矿权转让的审批。

省、自治区、直辖市人民政府地质矿产主管部门负责本条第二款规定以外的探矿权、采矿权转让的审批。

第五条 转让探矿权，应当具备下列条件：

（一）自颁发勘查许可证之日起满 2 年，或者在勘查作业区内发现可供进一步勘查或者开采的矿产资源；

（二）完成规定的最低勘查投入；

（三）探矿权属无争议；

（四）按照国家有关规定已经缴纳探矿权

使用费、探矿权价款；

（五）国务院地质矿产主管部门规定的其他条件。

第六条 转让采矿权，应当具备下列条件：

（一）矿山企业投入采矿生产满1年；

（二）采矿权属无争议；

（三）按照国家有关规定已经缴纳采矿权使用费、采矿权价款、矿产资源补偿费和资源税；

（四）国务院地质矿产主管部门规定的其他条件。

国有矿山企业在申请转让采矿权前，应当征得矿山企业主管部门的同意。

第七条 探矿权或者采矿权转让的受让人，应当符合《矿产资源勘查区块登记管理办法》或者《矿产资源开采登记管理办法》规定的有关探矿权申请人或者采矿权申请人的条件。

第八条 探矿权人或者采矿权人在申请转让探矿权或者采矿权时，应当向审批管理机关提交下列资料：

（一）转让申请书；

（二）转让人与受让人签订的转让合同；

（三）受让人资质条件的证明文件；

（四）转让人具备本办法第五条或者第六条规定的转让条件的证明；

（五）矿产资源勘查或者开采情况的报告；

（六）审批管理机关要求提交的其他有关资料。

国有矿山企业转让采矿权时，还应当提交有关主管部门同意转让采矿权的批准文件。

第九条 转让国家出资勘查所形成的探矿权、采矿权的，必须进行评估。

探矿权、采矿权转让的评估工作，由国务院地质矿产主管部门会同国务院国有资产管理部门认定的评估机构进行；评估结果由国务院地质矿产主管部门确认。

第十条 申请转让探矿权、采矿权的，审批管理机关应当自收到转让申请之日起40日

内，作出准予转让或者不准转让的决定，并通知转让人和受让人。

准予转让的，转让人和受让人应当自收到批准转让通知之日起60日内，到原发证机关办理变更登记手续；受让人按照国家规定缴纳有关费用后，领取勘查许可证或者采矿许可证，成为探矿权人或者采矿权人。

批准转让的，转让合同自批准之日起生效。

不准转让的，审批管理机关应当说明理由。

第十一条 审批管理机关批准转让探矿权、采矿权后，应当及时通知原发证机关。

第十二条 探矿权、采矿权转让后，探矿权人、采矿权人的权利、义务随之转移。

第十三条 探矿权、采矿权转让后，勘查许可证、采矿许可证的有效期限，为原勘查许可证。采矿许可证的有效期减去已经进行勘查、采矿的年限的剩余期限。

第十四条 未经审批管理机关批准，擅自转让探矿权、采矿权的，由登记管理机关责令改正，没收违法所得，处10万元以下的罚款；情节严重的，由原发证机关吊销勘查许可证、采矿许可证。

第十五条 违反本办法第三条第（二）项的规定，以承包等方式擅自将采矿权转给他人进行采矿的，由县级以上人民政府负责地质矿产管理工作的部门按照国务院地质矿产主管部门规定的权限，责令改正，没收违法所得，处10万元以下的罚款；情节严重的，由原发证机关吊销采矿许可证。

第十六条 审批管理机关工作人员徇私舞弊、滥用职权、玩忽职守，构成犯罪的，依法追究刑事责任；尚不构成犯罪的，依法给予行政处分。

第十七条 探矿权转让申请书、采矿权转让申请书的格式，由国务院地质矿产主管部门统一制定。

第十八条 本办法自发布之日起施行。

国务院关于全民所有自然资源资产有偿使用制度改革的指导意见

(国发〔2016〕82号)

各省、自治区、直辖市人民政府,国务院各部委、各直属机构:

全民所有自然资源是宪法和法律规定属于国家所有的各类自然资源,主要包括国有土地资源、水资源、矿产资源、国有森林资源、国有草原资源、海域海岛资源等。自然资源资产有偿使用制度是生态文明制度体系的一项核心制度。改革开放以来,我国全民所有自然资源资产有偿使用制度逐步建立,在促进自然资源保护和合理利用、维护所有者权益方面发挥了积极作用,但由于有偿使用制度不完善、监管力度不足,还存在市场配置资源的决定性作用发挥不充分、所有权人不到位、所有权人权益不落实等突出问题。按照生态文明体制改革总体部署,为健全完善全民所有自然资源资产有偿使用制度,现提出以下意见。

一、总体要求

(一)指导思想。全面贯彻党的十八大和十八届三中、四中、五中、六中全会精神,深入贯彻习近平总书记系列重要讲话精神和治国理政新理念新思想新战略,认真落实党中央、国务院决策部署,统筹推进"五位一体"总体布局和协调推进"四个全面"战略布局,牢固树立和贯彻落实创新、协调、绿色、开放、共享的发展理念,坚持发挥市场配置资源的决定性作用和更好发挥政府作用,以保护优先、合理利用、维护权益和解决问题为导向,以依法管理、用途管制为前提,以明晰产权、丰富权能为基础,以市场配置、完善规则为重点,以开展试点、健全法制为路径,以创新方式、加强监管为保障,加快建立健全全民所有自然资源资产有偿使用制度,努力提升自然资源保护和合理利用水平,切实维护国家所有者权益,为建设美丽中国提供重要制度保障。

(二)基本原则。

保护优先、合理利用。树立尊重自然、顺应自然、保护自然的理念,坚持保护和发展相统一,在发展中保护、在保护中发展。正确处理资源保护与开发利用的关系,对需要严格保护的自然资源,严禁开发利用;对可开发利用的全民所有自然资源,使用者要遵守用途管制,履行保护和合理利用自然资源的法定义务。除国家法律和政策规定可划拨或无偿使用的情形外,全面实行有偿使用,切实增强使用者合理利用和有效保护自然资源的意识和内在动力。

两权分离、扩权赋能。适应经济社会发展多元化需求和自然资源资产多用途属性,在坚持全民所有制的前提下,创新全民所有自然资源资产所有权实现形式,推动所有权和使用权分离,完善全民所有自然资源资产使用权体系,丰富自然资源资产使用权权利类型,适度扩大使用权的出让、转让、出租、担保、入股等权能,夯实全民所有自然资源资产有偿使用的权利基础。

市场配置、完善规则。充分发挥市场配置资源的决定性作用,按照公开、公平、公正和竞争择优的要求,明确全民所有自然资源资产有偿使用准入条件、方式和程序,鼓励竞争性出让,规范协议出让,支持探索多样化有偿使用方式,推动将全民所有自然资源资产有偿使用逐步纳入统一的公共资源交易平台,完善全民所有自然资源资产价格评估方法和管理制度,构建完善价格形成机制,建立健全有偿使用信息公开和服务制度,确保国家所有者权益得到充分有效维护。

明确权责、分级行使。全民所有自然资源资产有偿使用试点可依照现行法律规定和管理体制,明确全民所有自然资源资产有偿处置的主体,在试点地区可结合实际,合理划分中央和地方政府对全民所有自然资源资产的处置权限,创新管理体制,明确和落实主体责任,实现效率和公平相统一。

创新方式、强化监管。建立健全市场主体信用评价制度,强化自然资源主管部门和财政等部门协同,发挥纪检监察、司法、审计等机构作用,完善国家自然资源资产管理体制和自然资源监管体制,创新管理方式方法,健全完善责任追究机制,实现对全民所有自然资源资产有偿使用全程动态有效监管,确保将有效保护和合理利用资源、维护国家所有者权益的各项要求落到实处。

(三)主要目标。到 2020 年,基本建立产权明晰、权能丰富、规则完善、监管有效、权益落实的全民所有自然资源资产有偿使用制度,使全民所有自然资源资产使用权体系更加完善,市场配置资源的决定性作用和政府的服务监管作用充分发挥,所有者和使用者权益得到切实维护,自然资源保护和合理利用水平显著提升,实现自然资源开发利用和保护的生态、经济、社会效益相统一。

二、各领域重点任务

(四)完善国有土地资源有偿使用制度。全面落实规划土地功能分区和保护利用的要求,优化土地利用布局,规范经营性土地有偿使用。对生态功能重要的国有土地,要坚持保护优先,其中依照法律规定和规划允许进行经营性开发利用的,应设立更加严格的审批条件和程序,并全面实行有偿使用,切实防止无偿或过度占用。完善国有建设用地有偿使用制度。扩大国有建设用地有偿使用范围,加快修订《划拨用地目录》。完善国有建设用地使用权权能和有偿使用方式。鼓励可以使用划拨用地的公共服务项目有偿使用国有建设用地。事业单位等改制为企业的,允许实行国有企业改制土地资产处置政策。探索建立国有农用地有偿使用制度。明晰国有农用地使用权,明确国有农用地的使用方式、供应方式、范围、期限、条件和程序。对国有农场、林场(区)、牧场改革中涉及的国有农用地,参照国有企业改制土地资产处置相关规定,采取国有农用地使用权出让、租赁、作价出资(入股)、划拨、授权经营

等方式处置。通过有偿方式取得的国有建设用地、农用地使用权,可以转让、出租、作价出资(入股)、担保等。

(五)完善水资源有偿使用制度。落实最严格水资源管理制度,严守水资源开发利用控制、用水效率控制、水功能区限制纳污三条红线,强化水资源节约利用与保护,加强水资源监控。维持江河的合理流量和湖泊、水库以及地下水体的合理水位,维护水体生态功能。健全水资源费征收制度,综合考虑当地水资源状况、经济发展水平、社会承受能力以及不同产业和行业取用水的差别特点,区分地表水和地下水,支持低消耗用水、鼓励回收利用水、限制超量取用水,合理调整水资源费征收标准,大幅提高地下水特别是水资源紧缺和超采地区的地下水水资源费征收标准,严格控制和合理利用地下水。严格水资源费征收管理,按照规定的征收范围、对象、标准和程序征收,确保应收尽收,任何单位和个人不得擅自减免、缓征或停征水资源费。推进水资源税改革试点。鼓励通过依法规范设立的水权交易平台开展水权交易,区域水权交易或者交易量较大的取水权交易应通过水权交易平台公开公平公正进行,充分发挥市场在水资源配置中的作用。

(六)完善矿产资源有偿使用制度。全面落实禁止和限制设立探矿权、采矿权的有关规定,强化矿产资源保护。改革完善矿产资源有偿使用制度,明确矿产资源国家所有者权益的具体实现形式,建立矿产资源国家权益金制度。完善矿业权有偿出让制度,在矿业权出让环节,取消探矿权价款、采矿权价款,征收矿业权出让收益。进一步扩大矿业权竞争性出让范围,除协议出让等特殊情形外,对所有矿业权一律以招标、拍卖、挂牌方式出让。严格限制矿业权协议出让,规范协议出让管理,严格协议出让的具体情形和范围。完善矿业权分级分类出让制度,合理划分各级国土资源部门的矿业权出让审批权限。完善矿业权有偿占用制度,在矿业权占有环节,将探矿权、采矿权使用费调整为矿业权占用费。合理确定探矿权占用费收取标

准,建立累进动态调整机制,利用经济手段有效遏制"圈而不探"等行为。根据矿产品价格变动情况和经济发展需要,适时调整采矿权占用费标准。完善矿产资源税费制度,落实全面推进资源税改革的要求,提高矿产资源综合利用效率,促进资源合理开发利用和有效保护。

(七)建立国有森林资源有偿使用制度。严格执行森林资源保护政策,充分发挥森林资源在生态建设中的主体作用。国有天然林和公益林、国家公园、自然保护区、风景名胜区、森林公园、国家湿地公园、国家沙漠公园的国有林地和林木资源资产不得出让。对确需经营利用的森林资源资产,确定有偿使用的范围、期限、条件、程序和方式。对国有森林经营单位的国有林地使用权,原则上按照划拨用地方式管理。研究制定国有林区、林场改革涉及的国有林地使用权有偿使用的具体办法。推进国有林地使用权确权登记工作,切实维护国有林区、国有林场确权登记颁证成果的权威性和合法性。通过租赁、特许经营等方式积极发展森林旅游。本着尊重历史、照顾现实的原则,全面清理规范已经发生的国有森林资源流转行为。

(八)建立国有草原资源有偿使用制度。依法依规严格保护草原生态,健全基本草原保护制度,任何单位和个人不得擅自征用、占用基本草原或改变其用途,严控建设占用和非牧使用。全民所有制单位改制涉及的国有划拨草原使用权,按照国有农用地改革政策实行有偿使用。稳定和完善国有草原承包经营制度,规范国有草原承包经营权流转。对已确定给农村集体经济组织使用的国有草原,继续依照现有土地承包经营方式落实国有草原承包经营权。国有草原承包经营权向农村集体经济组织以外单位和个人流转的,应按有关规定实行有偿使用。加快推进国有草原确权登记颁证工作。

(九)完善海域海岛有偿使用制度。完善海域有偿使用制度。坚持生态优先,严格落实海洋国土空间的生态保护红线,提高用海生态门槛。严格实行围填海总量控制制度,确保大陆自然岸线保有率不低于35%。完善海域有偿使用分级、分类管理制度,适应经济社会发展多元化需求,完善海域使用权出让、转让、抵押、出租、作价出资(入股)等权能。坚持多种有偿出让方式并举,逐步提高经营性用海市场化出让比例,明确市场化出让范围、方式和程序,完善海域使用权出让价格评估制度和技术标准,将生态环境损害成本纳入价格形成机制。调整海域使用金征收标准,完善海域等级、海域使用金征收范围和方式,建立海域使用金征收标准动态调整机制。开展海域资源现状调查与评价,科学评估海域生态价值、资源价值和开发潜力。完善无居民海岛有偿使用制度。坚持科学规划、保护优先、合理开发、永续利用,严格生态保护措施,避免破坏海岛及其周边海域生态系统,严控无居民海岛自然岸线开发利用,禁止开发利用领海基点保护范围内海岛区域和海洋自然保护区核心区及缓冲区、海洋特别保护区的重点保护区和预留区以及具有特殊保护价值的无居民海岛。明确无居民海岛有偿使用的范围、条件、程序和权利体系,完善无居民海岛使用权出让制度,探索赋予无居民海岛使用权依法转让、出租等权能。研究制定无居民海岛使用权招标、拍卖、挂牌出让有关规定。鼓励地方结合实际推进旅游娱乐、工业等经营性用岛采取招标、拍卖、挂牌等市场化方式出让。建立完善无居民海岛使用权出让价格评估管理制度和技术标准,建立无居民海岛使用权出让最低价标准动态调整机制。

三、加大改革统筹协调和组织实施力度

(十)加强与相关改革的衔接协调。推进全民所有自然资源资产有偿使用制度改革,要切实加强与自然资源产权制度、自然资源统一确权登记制度、国土空间用途管制制度、空间规划体系、自然资源管理体制、资源税费制度、生态保护补偿制度、创新政府配置资源方式、统一的公共资源交易平台建设、政府资产报告制度等相关改革的衔接协调,增强改革的系统性、整体性和协同性。

(十一)系统部署改革试点。稳妥推进矿业权出让制度等各相关改革试点。试点重点在国家生态文明试验区、健全国家自然资源资产管理体制试点地区和其他具备条件的地区进行,其中确需突破现行法律、行政法规、国务院文件和国务院批准的部门规章的,要按程序报批,取得授权后实施。各相关部门要加强指导,做好总结评估,发现问题及时纠偏。

(十二)统筹推进法治建设。立足生态文明体制改革全局,以完善全民所有自然资源资产使用权体系和有偿使用制度为重点,推进完善土地、水、矿产、森林、草原、海域、无居民海岛等全民所有自然资源资产有偿使用的法律法规体系。开展对全民所有自然资源资产有偿使用不规范行为的清理排查。对于法律制度完善的,要及时纠正不规范行为和违法行为。对于法律存在缺位或不完善的,各地区、各部门要在发现问题、总结经验的基础上,按程序推动相关法律法规立改废释。

(十三)协同开展资产清查核算。以各类自然资源调查评价和统计监测为基础,推进全民所有自然资源资产清查核算,研究完善相关指标体系、标准规范和技术规程,做好与自然

资源资产负债表编制工作的衔接,建立全民所有自然资源资产目录清单、台账和动态更新机制,全面、准确、及时掌握我国全民所有自然资源资产"家底",为全面推进有偿使用和监管提供依据。

(十四)强化组织实施。各地区、各部门要高度重视,充分认识全民所有自然资源资产有偿使用制度改革对于生态文明建设的重要意义,切实加强组织领导和细化落实,按照党中央、国务院关于生态文明体制改革总体部署和本意见要求,抓紧研究制定具体实施方案。地方各级政府要结合实际,加强研究和探索,为深化全民所有自然资源资产有偿使用制度改革提供实践支撑。各有关部门要按照职责分工,各司其职,密切配合,明确责任主体和时间进度,加强协调指导,确保各具体领域改革任务落到实处。国土资源部要牵头建立部际协调机制,加强对全民所有自然资源资产有偿使用制度改革工作的统筹指导和督促落实,及时研究改革中出现的新情况、新问题,重大问题和工作进展情况及时向国务院报告。

国务院关于印发矿产资源权益金制度改革方案的通知

(国发〔2017〕29号)

各省、自治区、直辖市人民政府,国务院各部委、各直属机构:

现将《矿产资源权益金制度改革方案》印发给你们,请认真贯彻执行。

矿产资源权益金制度改革方案

为落实党中央、国务院决策部署,更好地发挥矿产资源税费制度对维护国家权益、调节资源收益、筹集财政收入的重要作用,推进生态文明领域国家治理体系和治理能力现代化,现就矿产资源权益金制度改革制定以下方案。

一、总体要求

(一)指导思想。全面贯彻党的十八大和

十八届三中、四中、五中、六中全会精神,深入贯彻习近平总书记系列重要讲话精神和治国理政新理念新思想新战略,认真落实党中央、国务院决策部署,统筹推进"五位一体"总体布局和协调推进"四个全面"战略布局,坚持稳中求进工作总基调,牢固树立和贯彻落实新发展理念,适应把握引领经济发展新常态,按照《生态文明体制改革总体方案》要求,坚持以推进供给侧结构性改革为主线,以维护和实现国家矿产资源权益为重点,以营造公平的矿业市场竞争环境为目的,建立符合我国特点的新型矿产资源权益金制度。

(二)基本原则。一是坚持维护国家矿产

资源权益,完善矿产资源税费制度,推进矿业权竞争性出让,营造公平竞争的市场环境,合理调节矿产资源收入,有效遏制私挖乱采、贱卖资源行为。二是坚持落实矿业企业责任,督促企业高效利用资源、治理恢复环境,促进资源集约节约利用,同时按照"放管服"改革要求,加强事中事后监管,维护企业合法权益。三是坚持稳定中央和地方财力格局,兼顾矿产资源国家所有与矿产地利益,合理确定中央与地方矿产资源收入分配比例。

二、主要措施

(一)在矿业权出让环节,将探矿权采矿权价款调整为矿业权出让收益。将现行只对国家出资探明矿产地收取、反映国家投资收益的探矿权采矿权价款,调整为适用于所有国家出让矿业权、体现国家所有者权益的矿业权出让收益。以拍卖、挂牌方式出让的,竞得人报价金额为矿业权出让收益;以招标方式出让的,依据招标条件,综合择优确定竞得人,并将其报价金额确定为矿业权出让收益。以协议方式出让的,矿业权出让收益按照评估价值、类似条件的市场基准价就高确定。矿业权出让收益在出让时一次性确定,以货币资金方式支付,可以分期缴纳。具体征收办法由财政部会同国土资源部另行制定。同时,加快推进矿业权出让制度改革,实现与矿产资源权益金制度有机衔接。全面实现矿业权竞争性出让,严格限制协议出让行为,合理调整矿业权审批权限。

矿业权出让收益中央与地方分享比例确定为4∶6,兼顾矿产资源国家所有与矿产地利益,保持现有中央和地方财力格局总体稳定,与我国矿产资源主要集中在中西部地区的国情相适应,同时有效抑制私挖乱采、贱卖资源行为。

(二)在矿业权占有环节,将探矿权采矿权使用费整合为矿业权占用费。将现行主要依据占地面积、单位面积按年定额征收的探矿权采矿权使用费,整合为根据矿产品价格变动情况和经济发展需要实行动态调整的矿业权占用费,有效防范矿业权市场中的"跑马圈地""圈而不探"行为,提高矿产资源利用效率。

矿业权占用费中央与地方分享比例确定为2∶8,不再实行探矿权采矿权使用费按照登记机关分级征收的办法。具体办法由财政部会同国土资源部制定。

(三)在矿产开采环节,组织实施资源税改革。贯彻落实党中央、国务院决策部署,做好资源税改革组织实施工作,对绝大部分矿产资源品目实行从价计征,使资源税与反映市场供求关系的资源价格挂钩,建立税收自动调节机制,增强税收弹性。同时,按照清费立税原则,将矿产资源补偿费并入资源税,取缔违规设立的各项收费基金,改变税费重复、功能交叉状况,规范税费关系。

(四)在矿山环境治理恢复环节,将矿山环境治理恢复保证金调整为矿山环境治理恢复基金。按照"放管服"改革的要求,将现行管理方式不一、审批动用程序复杂的矿山环境治理恢复保证金,调整为管理规范、责权统一、使用便利的矿山环境治理恢复基金,由矿山企业单设会计科目,按照销售收入的一定比例计提,计入企业成本,由企业统筹用于开展矿山环境保护和综合治理。有关部门根据各自职责,加强事中事后监管,建立动态监管机制,督促企业落实矿山环境治理恢复责任。

三、配套政策

(一)将矿业权出让收益、矿业权占用费纳入一般公共预算管理,并按照矿产资源法、物权法、预算法和《国务院关于印发推进财政资金统筹使用方案的通知》(国发〔2015〕35号)等有关规定精神,由各级财政统筹用于地质调查和矿山生态保护修复等方面支出。

(二)取消国有地勘单位探矿权采矿权价款转增国家资本金政策,营造公平竞争的市场环境,维护国家矿产资源权益,推动国有地勘单位加快转型,促进实现市场化运作。已转增国家资本金的探矿权采矿权价款可不再补缴,由国家出资的企业履行国有资本保值增值责任,并接受履行国有资产出资人职责的机构监管。

(三)建立健全矿业权人信用约束机制。

建立以企业公示、社会监督、政府抽查、行业自律为主要特点的矿业权人信息公示制度,将矿山环境治理恢复与土地复垦方案、矿产资源税费缴纳情况纳入公示内容,设置违法"黑名单",形成政府部门协同联动、行业组织自律管理、信用服务机构积极参与、社会舆论广泛监督的治理格局。

四、组织实施

各地区、各有关部门要充分认识矿产资源权益金制度改革的重要性和紧迫性,按照党中央、国务院决策部署,进一步加强对改革工作的组织领导。财政部、国土资源部要牵头建立矿产资源权益金制度改革部际协调机制,强化统筹协调,明确职责分工,会同有关部门抓紧制定矿产资源权益金征收使用的具体管理办法,妥善做好新旧政策的过渡衔接。各省级政府要切实承担起组织推进本地区矿产资源权益金制度改革的主体责任,扎实稳妥推进各项改革。各地区、各有关部门要强化对改革工作的检查指导,及时发现问题、解决问题,确保矿产资源权益金制度改革顺利实施,重大情况及时报告党中央、国务院。

财政部 国土资源部关于印发《探矿权采矿权使用费和价款管理办法》的通知

(财综字〔1999〕74 号)

各省、自治区、直辖市财政厅(局)、地质矿产主管部门:

为维护矿产资源的国家所有权,加强探矿权采矿权使用费和价款管理,依据《中华人民共和国矿产资源法》和《矿产资源勘查区块登记管理办法》《矿产资源开采登记管理办法》《探矿权采矿权转让管理办法》的有关规定,我们制定了《探矿权采矿权使用费和价款管理办法》。现印发给你们,请遵照执行。

附件:探矿权采矿权使用费和价款管理办法

探矿权采矿权使用费和价款管理办法

第一条 为维护矿产资源的国家所有权,加强探矿权采矿权使用费和价款管理,依据《中华人民共和国矿产资源法》和《矿产资源勘查区块登记管理办法》《矿产资源开采登记管理办法》《探矿权采矿权转让管理办法》的有关规定,制定本办法。

第二条 在中华人民共和国领域及管辖海域勘查、开采矿产资源,均须按规定缴纳探矿权采矿权使用费、价款。

第三条 探矿权采矿权使用费包括

(一)探矿权使用费。国家将矿产资源探矿权出让给探矿权人,按规定向探矿权人收取的使用费。

(二)采矿权使用费。国家将矿产资源采矿权出让给采矿权人,按规定向采矿权人收取的使用费。

第四条 探矿权采矿权价款包括

(一)探矿权价款。国家将其出资勘查形成的探矿权出让给探矿权人,按规定向探矿权人收取的价款。

(二)采矿权价款。国家将其出资勘查形成的采矿权出让给采矿权人,按规定向采矿权人收取的价款。

第五条 探矿权采矿权使用费收取标准

(一)探矿权使用费以勘查年度计算,按区块面积逐年缴纳,第一个勘查年度至第三个勘查年度,每平方公里每年缴纳 100 元,从第四个勘查年度起每平方公里每年增加 100 元,最高不超过每平方公里每年 500 元。

(二)采矿权使用费按矿区范围面积逐年缴纳,每平方公里每年 1 000 元。

第六条 探矿权采矿权价款收取标准

探矿权采矿权价款以国务院地质矿产主管部门确认的评估价格为依据,一次或分期缴纳;但探矿权价款缴纳期限最长不得超过2年，采矿权价款缴纳期限最长不得超过6年。

第七条 探矿权采矿权使用费和价款由探矿权采矿权登记管理机关负责收取。探矿权采矿权使用费和价款由探矿权采矿权人在办理勘查、采矿登记或年检时缴纳。

探矿权采矿权人在办理勘查、采矿登记或年检时，按照登记管理机关确定的标准，将探矿权采矿权使用费和价款直接缴入同级财政部门开设的"探矿权采矿权使用费和价款财政专户"。探矿权采矿权人凭银行的收款凭证到登记管理机关办理登记手续，领取"探矿权采矿权使用费和价款专用收据"和勘查、开采许可证。

"探矿权采矿权使用费和价款专用收据"由财政部门统一印制。

第八条 属于国务院地质矿产主管部门登记管理范围的探矿权采矿权，其使用费和价款，由国务院地质矿产主管部门登记机关收取，缴入财政部开设的"探矿权采矿权使用费和价款财政专户"；属于省级地质矿产主管部门登记管理范围的探矿权采矿权，其使用费和价款，由省级地质矿产主管部门登记机关收取，缴入省级财政部门开设的"探矿权采矿权使用费和价款财政专户"。

第九条 探矿权采矿权使用费和价款收入应专项用于矿产资源勘查、保护和管理支出，由国务院地质矿产主管部门和省级地质矿产主管部门提出使用计划，报同级财政部门审批后，拨付使用。

第十条 探矿权、采矿权使用费中可以开支对探矿权、采矿权使用进行审批、登记的管理和业务费用。

探矿权、采矿权价款中可以开支以下成本费用：出让探矿权、采矿权的评估、确认费用，公告费、咨询费、中介机构佣金、场地租金以及其他必需的成本、费用等。

第十一条 国有企业实际占有的由国家出资勘查形成的探矿权、采矿权在转让时，其探矿权、采矿权价款经国务院地质矿产主管部门会同财政部批准，可全部或部分转增企业的国家资本金。

国有地勘单位实际占有的由国家出资勘查形成的探矿权、采矿权在转让时，其探矿权、采矿权价款按照有关规定处理。

第十二条 未按规定及时缴纳探矿权采矿权使用费和价款的，由探矿权采矿权登记管理机关责令其在30日内缴纳，并从滞纳之日起，每日加收2‰滞纳金；逾期仍不缴纳的，由探矿权、采矿权登记管理机关吊销其勘查许可证或采矿许可证。

第十三条 财政部门和地质矿产主管部门要切实加强探矿权采矿权使用费和价款收入的财务管理与监督，定期检查探矿权采矿权使用费和价款收入的情况。

第十四条 本办法由财政部、国土资源部解释。

第十五条 本办法自发布之日起实施。本办法发布之前已经收取的探矿权、采矿权使用费和价款按本办法的规定处理。

附：探矿权采矿权使用费和价款专用收据（略）

财政部 国土资源部关于探矿权采矿权使用费和价款管理办法的补充通知

（财综字〔1999〕183号）

各省、自治区、直辖市财政厅（局），地矿厅（局）：

为了进一步规范探矿权采矿权使用费和价款的管理，现对财政部、国土资源部《关于印发〈探矿权采矿权使用费和价款管理办法〉的通

知》(财综字〔1999〕74号,以下简称《办法》)执行中的具体问题补充通知如下:

一、《办法》中所称"国家出资",是指中央财政和地方财政以地质勘探费、矿产资源补偿费,矿业权使用费和价款收入以及各种资金等安排用于矿产资源勘查、开发的拨款。

中央财政、地方财政和企事业单位共同出资用于矿产资源勘查、开发的,按各自投入比例享受出资权利。中央财政和地方财政拨款形成的探矿权采矿权价款收入,按《办法》的规定进行管理。

二、对出让目前搁置的由国家出资形成的探矿权采矿权,各级登记管理机关应按规定向探矿权采矿权人收探矿权采矿权价款。对缴纳探矿权采矿权价款确有困难的,经国土资源部和财政部批准,国有企事业单位应缴纳的探矿权采矿权价款,可全部或部分转增国家资本金或国家基金;在合资、股份制以及股份合作制企业中持股的国有企事业单位,其应缴纳的探矿权采矿权价款,经国土资源部和财政部投准,可转转作为国家股。

三、为了适应采矿权使用费和价款实行四级登记管理机关收取的需要,各地应对市(地)县登记管理机关收取的采矿权使用费和价款的管理予以规范。具体管理办法由省级财政部门会同同级地质矿产行政主管部门根据《办法》的规定,结合本地实际制定,并报财政部和国土资源部备案。

四、探矿权采矿权使用费和价款由登记管理机关直接收取,不宜实行层居委托收取的办法。确需委托收取的,必须经上一级地质矿产行政主管部门同意并出具委托书。接受委托的登记管理机关按规定收取的使用费和价款,应全额缴入同级财政专户统一管理和使用。

五、按照《矿产资源勘查区块登记管理办法》(国务院第240号令)和《矿产资源开采登记管理办法》(国务院第241号令)规定,探矿权采矿权使用费和价款属于国家财政权入,纳入预算管理。各级财政部门和登记管理机关收取探矿权采矿权使用费和价款,可不办理收费许可证,但必须严格按《办法》规定,切实做好探矿权采矿权使用费和价款的收取和管理工作。

六、根据探矿权采矿权使用费和价敦主要由中央和省两极登记管理机关收取的要求,国务院地质矿产行政主管部门登记管理机关收取探矿权采矿权使用费和价款所用专用收据,由国务院财政部门负责印制;省级及省级以下地质矿产行政主管部门登记管理机关收取探矿权采矿权使用费和价款所用专用收据,由省级财政部门负责印制。

国土资源部 财政部关于印发《探矿权采矿权使用费减免办法》的通知

(国土资发〔2000〕174号)

2000年6月6日国土资源部、财政部发布;根据2010年12月3日《国土资源部关于修改部分规范性文件的决定》(国土资发〔2010〕190号)修订。

各省、自治区、直辖市地质矿产厅(局),财政厅(局):

根据《矿产资源勘查区块登记管理办法》、《矿产资源开采登记管理办法》的有关规定,我们制定了《探矿权采矿权使用费减免办法》。现印发你们,请遵照执行。

探矿权采矿权评使用费减免办法

第一条 为鼓励矿产资源勘查开采,根据《矿产资源勘查区块登记管理办法》和《矿产资源开采登记管理办法》的有关规定制定本办法。

第二条 依照《中华人民共和国矿产资源

法》及其配套法规取得探矿权、采矿权的矿业权人或探矿权、采矿权申请人,可以依照本办法的规定向探矿权、采矿权登记管理机关(以下简称登记机关)申请探矿权、采矿权使用费的减缴或免缴。

第三条 在我国西部地区、国务院确定的边远贫困地区和海域从事符合下列条件的矿产资源勘查开采活动,可以依照本规定申请探矿权、采矿权使用费的减免:

(一)国家紧缺矿产资源的勘查、开发;

(二)大中型矿山企业为寻找接替资源申请的勘查、开发;

(三)运用新技术、新方法提高综合利用水平的(包括低品位、难选冶的矿产资源开发及老矿区尾矿利用)矿产资源开发;

(四)国务院地质矿产主管部门和财政部门认定的其他情况。

国家紧缺矿产资源由国土资源部确定并发布。

第四条 探矿权、采矿权使用费的减免按以下幅度核准。

(一)探矿权使用费:第一个勘查年度可以免缴,第二至第三个勘查年度可以减缴50%;第四至第七个勘查年度可以减缴25%。

(二)采矿权使用费:矿山基建期和矿山投产第一年可以免缴,矿山投产第二至第三年可以减缴50%;第四至第七年可以减缴25%;矿山闭坑当年可以免缴。

第五条 探矿权、采矿权使用费的减免,实行两级核准制。

国务院地质矿产主管部门核准登记、颁发勘查许可证、采矿许可证的探矿权采矿权使用费的减免,由国务院地质矿产主管部门负责核准,并报国务院财政部门备案。

省级地质矿产主管部门核准登记、颁发勘查许可证、采矿许可证和省级以下地质矿产主管部门核准登记颁发采矿许可证的探矿权采矿权使用费的减免,由省级地质矿产主管部门负责核准。

省级地质矿产主管部门应将探矿权采矿权使用费的核准文件报送上级登记管理机关和财政部门备案。

第六条 申请减免探矿权、采矿权使用费的矿业投资人,应在收到矿业权领证通知后的10日内填写探矿权、采矿权使用费减免申请书,按照本法第五条的管辖规定,报送矿业权登记管理机关核准,同时抄送同级财政部门。矿业权登记管理机关应在收到申请后的十日内作出是否减免的决定,并通知申请人。申请人凭批准减免文件办理缴费、登记和领取勘查、采矿许可证手续。

第七条 本办法颁发以前已收缴的探矿权、采矿权使用费不办理减免返还。

第八条 本办法原则适用于外商投资勘查、开采矿产资源。但是,国家另有规定的,从其规定。

第九条 在中华人民共和国领域及管辖的其他海域勘查开采矿产资源遇有自然灾害等不可抗力因素的,在不可抗力期间可以申请探矿权、采矿权使用费减免。

第十条 本办法自发布之日起实施。

国土资源部关于国家紧缺矿产资源探矿权采矿权使用费减免办法的通知

(国土资厅发〔2000〕76 号)

各省、自治区、直辖市国土资源厅(国土环境资源厅、国土资源和房屋管理局、房屋土地资源管理局、规划和国土资源局):

根据国土资源部、财政部联合印发的《关于

印发〈探矿权采矿权使用费减免办法〉的通知》(国土资发〔2000〕174号)精神,现将国家紧缺矿产资源及其他可减免的适用范围通知如下:

一、勘查富铁矿 TFe＞50%、铜矿、优质锰矿、铬铁矿、钾盐、铂族金属六个矿种(类),以及石油、天然气、煤层气共九种(类)矿产资源,可申请探矿权使用费的减免;

二、开采菱镁矿、钾盐、铜矿的,可申请减免采矿权使用费;

三、在我国西部严重缺水地区为解决人畜饮用水而进行的地下水源地的勘查工作,可申请减免探矿权使用费;

四、凡开采低渗透、稠油和进行三次采油的,以及从事煤层气勘查、开采的,可参照《探矿权采矿权使用费减免办法》申请减免;

五、矿区范围大于100平方公里的煤矿企业和矿区范围大于30平方公里的金属矿山企业,确有困难的可申请减免采矿权使用费。

探矿权、采矿权使用费减免申请书由国土资源部统一制定。

国土资源部关于印发《市(地)县(市)级国土资源主管部门矿产资源监督管理暂行办法》的通知

(国土资发〔2003〕17号)

各省、自治区、直辖市国土资源厅(国土环境资源厅、国土资源和房屋管理局、房屋土地管理局、规划和国土资源局):

为加强市、县两级国土资源主管部门对矿产资源勘查、开发利用和保护的监督管理,部制定了《市(地)县(市)级国土资源主管部门矿产资源监督管理暂行办法》。现印发给你们,请遵照执行。

市(地)县(市)级国土资源主管部门矿产资源监督管理暂行办法

第一条 为加强市(地)县(市)级国土资源主管部门对矿产资源勘查、开采的监督管理工作,进一步明确监督管理职责,规范监督管理行为,维护矿产资源的国家所有权益和探矿权人采矿权人的合法权益,依据矿产资源法律法规的有关规定,制定本办法。

第二条 市(地)县(市)级国土资源主管部门依据本办法的规定,对本行政区的矿产资源勘查、开采活动进行监督管理。在同级人民政府的领导下,维护本行政区内正常的矿产资源管理秩序。

第三条 市(地)县(市)级国土资源主管部门根据上级国土资源主管部门要求的内容和时限,对拟设置探矿权、采矿权区域内的矿产资源勘查、开采状况,提出调查意见。

探矿权、采矿权登记管理机关应当在颁发勘查许可证、采矿许可证后30日内将探矿权人的勘查实施方案、采矿权人的矿产资源开发利用方案及其他相关资料送交勘查作业区或者矿区范围所在的市(地)县(市)级国土资源主管部门。

第四条 市(地)县(市)级国土资源主管部门依照矿产资源法律法规的规定,对本行政区内的矿产资源储量进行监督管理。并对下列违法行为进行查处:

(一)探矿权人不按规定进行探明资源储量登记的;

(二)建设单位不按规定进行压覆资源储量登记的;

(三)采矿权人不按规定进行占用资源储量登记的;

(四)采矿权人不按规定由具有资质的地质测量机构每年对其占用的矿产资源储量变动情况进行地质测量,并提交有关报告和图件的;

（五）采矿权人不按规定填报矿产资源储量统计报表的。

第五条　市（地）县（市）级国土资源主管部门依照矿产资源法律法规的规定，对本行政区内的矿山地质环境进行监督管理。组织开展矿山地质环境调查，制定矿山地质环境保护规划，严格执行新建矿山环境影响评价制度和地质灾害危险性评估制度，按照"谁破坏、谁治理"的原则，负责矿山地质环境恢复和地质灾害防治的监督管理。

第六条　市（地）县（市）级国土资源主管部门按照《矿产资源法》《矿产资源勘查区块登记管理办法》的规定，对发生在本行政区的下列违法勘查行为实施行政处罚：

（一）未取得勘查许可证擅自进行勘查工作的，超越批准的勘查区块范围进行勘查工作的；

（二）擅自进行滚动勘探开发、边探边采或者试采的；

（三）擅自印制或者伪造、冒用勘查许可证的；

（四）不依法备案、报告有关情况、拒绝接受监督检查或者弄虚作假的；

（五）未完成最低勘查投入的；

（六）变更勘查单位未向登记机关备案的；

（七）已领取勘查许可证的勘查项目，满6个月未开始施工，或者施工后无故停止勘查工作满6个月的；

（八）不依法办理勘查许可证变更登记或者注销登记手续的。

第七条　市（地）县（市）级国土资源主管部门按照《矿产资源法》《矿产资源开采登记管理办法》《矿产资源补偿费征收管理规定》的规定，对发生在本行政区的下列违法开采行为实施行政处罚：

（一）未取得采矿许可证擅自采矿的；擅自进入国家规划矿区、对国民经济具有重要价值的矿区和他人矿区范围采矿的，擅自开采国家规定实行保护开采的特定矿种的；

（二）超越批准的矿区范围采矿的；

（三）非法买卖、出租或者以其他形式转让矿产资源的；

（四）不依法提交年度报告、拒绝接受监督检查或者弄虚作假的；

（五）在缴纳矿产资源补偿费时不按规定提交已采出的矿产品的矿种、产量、销售数量、销售价格和实际开采回采率等资料的，或者采取伪报矿种，隐匿产量、销售数量，或者伪报销售价格、实际开采回采率等手段，不缴或者少缴矿产资源补偿费用的；

（六）破坏或者擅自移动矿区范围界桩或者地面标志的；

（七）擅自印制或者伪造、冒用采矿许可证的；

（八）不按期缴纳矿产资源补偿费、采矿权使用费、采矿权价款等依法应当缴纳的费用的；

（九）不依法办理采矿许可证变更登记或者注销登记手续的；

（十）开采回采率、选矿回收率长期达不到要求，未按照开发利用方案进行施工或者开采，未对有工业价值的共生、伴生矿产进行合理综合回收或者采取必要的保护措施，造成资源破坏损失和浪费的；

（十一）擅自超计划开采国家规定实行保护性开采特定矿种的；

（十二）不参加年检或年检不合格的；

（十三）法律法规规定的或由上级国土资源主管部门授权市（地）县（市）级国土资源主管部门处罚的，其他违法开采行为。

第八条　市（地）县（市）级国土资源主管部门按照《矿产资源法》《探矿权采矿权转让管理办法》的规定，对发生在本行政区非法转让探矿权、采矿权的行为实施行政处罚：

（一）未经批准、擅自转让探矿权、采矿权的；

（二）以承包等方式擅自转让探矿权、采矿权的。

第九条　市（地）县（市）级国土资源主管部门应按照省级国土资源主管部门的统一规定建立年检制度，并对探矿权人勘查实施方案和采矿权人矿产资源开发利用方案的执行情况和第四条、第五条、第六条、第七条、第八条所规定的监督管理内容实施年度检查,对违法行为依法进行查处。

对采取破坏性的开采方法开采矿产资源的,经省级国土资源主管部门授权实施行政处罚。

对实施本办法第六条、第七条、第八条规定的处罚,情节严重依法应予吊销勘查许可证、采矿许可证的,应当向原发证机关提出建议,由原发证机关作出决定。

对违反矿产资源法第三十九条、第四十条、第四十四条有关规定并构成犯罪的,应提交司法机关依法追究其刑事责任。

第十条 上级国土资源主管部门应当加强对下级国土资源主管部门的业务指导和监督,对下级管理机关的违法行政或行政不作为应当责令纠正,必要时可以对违法勘查开采行为进行直接查处。

对石油天然气矿产资源的监督管理,应向当事人出示国土资源部油气督察员证。

第十一条 建立和完善监督管理工作责任制和过错追究制,从严查处越权、失职、渎职及滥用职权行为。对违法勘查开采行为不及时处理或者不报告的,要依法追究法律和行政责任,构成犯罪的,要依法追究刑事责任。

第十二条 探矿权人不按勘查施工合同支付工程款,或以各种名义向勘查单位收取费用的,按非法转让探矿权处罚。

凡是以工程承包、巷道工程承包及其他任何形式、名义,将矿产资源交由他人工采经营的,按非法转让采矿权处罚。矿山企业进行生产勘探及其监督管理,按照《关于矿山企业进行生产勘探有关问题的通知》(国土资发〔2002〕344号)的规定执行。

第十三条 各省(区、市)国土资源主管部门可以依照本办法,结合实际确定本行政区市(地)县(市)级国土资源主管部门的监督管理权限并制定具体实施办法。

第十四条 本办法自发布之日起施行。

国土资源部关于印发《探矿权采矿权招标拍卖挂牌管理办法(试行)》的通知

(国土资发〔2003〕197号)

各省、自治区、直辖市国土资源厅(国土环境资源厅、国土资源和房屋管理局、房屋土地资源管理局、规划和国土资源局),计划单列市国土资源行政主管部门,新疆生产建设兵团国土资源局:

《探矿权采矿权招标拍卖挂牌管理办法(试行)》,已经国土资源部第6次部务会议审议通过,现印发给你们,请遵照执行。

各地要依照本办法的规定,结合当地矿产资源市场建设的实际情况,按照党中央、国务院关于深化国土资源有偿使用制度改革,充分发挥市场对国土资源优化配置的基础性作用的要求,积极稳妥地推进探矿权采矿权招标拍卖挂牌工作。

各地在执行本办法中遇到的问题和意见,请及时报部。

探矿权采矿权招标拍卖挂牌管理办法(试行)

第一章 总 则

第一条 为完善探矿权采矿权有偿取得制度,规范探矿权采矿权招标拍卖挂牌活动,维护国家对矿产资源的所有权,保护探矿权人、采矿权人合法权益,根据《中华人民共和国矿产资源法》《矿产资源勘查区块登记管理办法》和《矿产资源开采登记管理办法》,制定本办法。

第二条 探矿权采矿权招标拍卖挂牌活动,按照颁发勘查许可证、采矿许可证的法定权限,由县级以上人民政府国土资源行政主管部门(以下简称主管部门)负责组织实施。

第三条 本办法所称探矿权采矿权招标,是指主管部门发布招标公告,邀请特定或者不特定的投标人参加投标,根据投标结果确定探矿权采矿权中标人的活动。

本办法所称探矿权采矿权拍卖,是指主管部门发布拍卖公告,由竞买人在指定的时间、地点进行公开竞价,根据出价结果确定探矿权采矿权竞得人的活动。

本办法所称探矿权采矿权挂牌,是指主管部门发布挂牌公告,在挂牌公告规定的期限和场所接受竞买人的报价申请并更新挂牌价格,根据挂牌期限截止时的出价结果确定探矿权采矿权竞得人的活动。

第四条 探矿权采矿权招标拍卖挂牌活动,应当遵循公开、公平、公正和诚实信用的原则。

第五条 国土资源部负责全国探矿权采矿权招标拍卖挂牌活动的监督管理。

上级主管部门负责监督下级主管部门的探矿权采矿权招标拍卖挂牌活动。

第六条 主管部门工作人员在探矿权采矿权招标拍卖挂牌活动中玩忽职守、滥用职权、徇私舞弊的,依法给予行政处分。

第二章 范 围

第七条 新设探矿权有下列情形之一的,主管部门应当以招标拍卖挂牌的方式授予:

(一)国家出资勘查并已探明可供进一步勘查的矿产地;

(二)探矿权灭失的矿产地;

(三)国家和省两级矿产资源勘查专项规划划定的勘查区块;

(四)主管部门规定的其他情形。

第八条 新设采矿权有下列情形之一的,主管部门应当以招标拍卖挂牌的方式授予:

(一)国家出资勘查并已探明可供开采的矿产地;

(二)采矿权灭失的矿产地;

(三)探矿权灭失的可供开采的矿产地;

(四)主管部门规定无需勘查即可直接开采的矿产;

(五)国土资源部、省级主管部门规定的其他情形。

第九条 符合本办法第七条、第八条规定的范围,有下列情形之一的,主管部门应当以招标的方式授予探矿权采矿权:

(一)国家出资的勘查项目;

(二)矿产资源储量规模为大型的能源、金属矿产地;

(三)共伴生组分多、综合利用技术水平要求高的矿产地;

(四)对国民经济具有重要价值的矿区;

(五)根据法律法规、国家政策规定可以新设探矿权采矿权的环境敏感地区和未达到国家规定的环境质量标准的地区。

第十条 有下列情形之一的,主管部门不得以招标拍卖挂牌的方式授予:

(一)探矿权人依法申请其勘查区块范围内的采矿权;

(二)符合矿产资源规划或者矿区总体规划的矿山企业的接续矿区、已设采矿权的矿区范围上下部需要统一开采的区域;

(三)为国家重点基础设施建设项目提供建筑用矿产;

(四)探矿权采矿权权属有争议;

(五)法律法规另有规定以及主管部门规定因特殊情形不适于以招标拍卖挂牌方式授予的。

第十一条 违反本办法第七条、第八条、第九条和第十条的规定授予探矿权采矿权的,由上级主管部门责令限期改正;逾期不改正的,对直接负责的主管人员和其他直接责任人员依法给予行政处分。

第三章 实 施

第一节 一般规定

第十二条 探矿权采矿权招标拍卖挂牌

活动,应当有计划地进行。

主管部门应当根据矿产资源规划、矿产资源勘查专项规划、矿区总体规划、国家产业政策以及市场供需情况,按照颁发勘查许可证、采矿许可证的法定权限,编制探矿权采矿权招标拍卖挂牌年度计划,报上级主管部门备案。

第十三条 上级主管部门可以委托下级主管部门组织探矿权采矿权招标拍卖挂牌的具体工作,勘查许可证、采矿许可证由委托机关审核颁发。

受委托的主管部门不得再委托下级主管部门组织探矿权采矿权招标拍卖挂牌的具体工作。

第十四条 主管部门应当根据探矿权采矿权招标拍卖挂牌年度计划和《外商投资产业指导目录》,编制招标拍卖挂牌方案;招标拍卖挂牌方案,县级以上地方主管部门可以根据实际情况报同级人民政府组织审定。

第十五条 主管部门应当根据招标拍卖挂牌方案,编制招标拍卖挂牌文件。

招标拍卖挂牌文件,应当包括招标拍卖挂牌公告、标书、竞买申请书、报价单、矿产地的地质报告、矿产资源开发利用和矿山环境保护要求、成交确认书等。

第十六条 招标标底、拍卖挂牌底价,由主管部门依规定委托有探矿权采矿权评估资质的评估机构或者采取询价、类比等方式进行评估,并根据评估结果和国家产业政策等综合因素集体决定。

在招标拍卖挂牌活动结束之前,招标标底、拍卖挂牌底价须保密,且不得变更。

第十七条 招标拍卖挂牌公告应当包括下列内容:

(一)主管部门的名称和地址;

(二)拟招标拍卖挂牌的勘查区块、开采矿区的简要情况;

(三)申请探矿权采矿权的资质条件以及取得投标人、竞买人资格的要求;

(四)获取招标拍卖挂牌文件的办法;

(五)招标拍卖挂牌的时间、地点;

(六)投标或者竞价方式;

(七)确定中标人或者竞得人的标准和方法;

(八)投标、竞买保证金及其缴纳方式和处置方式;

(九)其他需要公告的事项。

第十八条 主管部门应当依规定对投标人、竞买人进行资格审查。对符合资质条件和资格要求的,应当通知投标人、竞买人参加招标拍卖挂牌活动以及缴纳投标、竞买保证金的时间和地点。

第十九条 投标人、竞买人按照通知要求的时间和地点缴纳投标、竞买保证金后,方可参加探矿权采矿权招标拍卖挂牌活动;逾期未缴纳的,视为放弃。

第二十条 以招标拍卖挂牌方式确定中标人、竞得人后,主管部门应当与中标人、竞得人签订成交确认书。中标人、竞得人逾期不签订的,中标、竞得结果无效,所缴纳的投标、竞买保证金不予退还。

成交确认书应当包括下列内容:

(一)主管部门和中标人、竞得人的名称、地址;

(二)成交时间、地点;

(三)中标、竞得的勘查区块、开采矿区的简要情况;

(四)探矿权采矿权价款;

(五)探矿权采矿权价款的缴纳时间、方式;

(六)矿产资源开发利用和矿山环境保护要求;

(七)办理登记时间;

(八)主管部门和中标人、竞得人约定的其他事项。

成交确认书具有合同效力。

第二十一条 主管部门应当在颁发勘查许可证、采矿许可证前一次性收取探矿权采矿权价款。探矿权采矿权价款数额较大的,经上级主管部门同意可以分期收取。

探矿权采矿权价款的使用和管理按照有

关规定执行。

第二十二条 中标人、竞得人缴纳的投标、竞买保证金，可以抵作价款。其他投标人、竞买人缴纳的投标、竞买保证金，主管部门须在招标拍卖挂牌活动结束后 5 个工作日内予以退还，不计利息。

第二十三条 招标拍卖挂牌活动结束后，主管部门应当在 10 个工作日内将中标、竞得结果在指定的场所、媒介公布。

第二十四条 中标人、竞得人提供虚假文件隐瞒事实、恶意串通、向主管部门或者评标委员会及其成员行贿或者采取其他非法手段中标或者竞得的，中标、竞得结果无效，所缴纳的投标、竞买保证金不予退还。

第二十五条 主管部门应当按照成交确认书所约定的时间为中标人、竞得人办理登记，颁发勘查许可证、采矿许可证，并依法保护中标人、竞得人的合法权益。

第二十六条 主管部门在签订成交确认书后，改变中标、竞得结果或者未依法办理勘查许可证、采矿许可证的，由上级主管部门责令限期改正，对直接负责的主管人员和其他直接责任人员依法给予行政处分；给中标人、竞得人造成损失的，中标人、竞得人可以依法申请行政赔偿。

第二十七条 主管部门负责建立招标拍卖挂牌的档案，档案包括投标人、评标委员会、中标人、竞买人和竞得人的基本情况、招标拍卖挂牌过程、中标、竞得结果等。

第二节 招 标

第二十八条 探矿权采矿权招标的，投标人不得少于三人。

投标人少于三人，属采矿权招标的，主管部门应当依照本办法重新组织招标；属探矿权招标的，主管部门可以以挂牌方式授予探矿权。

第二十九条 主管部门应当确定投标人编制投标文件所需的合理时间；但是自招标文件发出之日起至投标人提交投标文件截止之日，最短不得少于 30 日。

第三十条 投标、开标依照下列程序进行：

（一）投标人按照招标文件的要求编制投标文件，在提交投标文件截止之日前，将投标文件密封后送达指定地点，并附具对投标文件承担责任的书面承诺。

在提交投标文件截止之日前，投标人可以补充、修改但不得撤回投标文件。补充、修改的内容作为投标文件的组成部分。

（二）主管部门签收投标文件后，在开标之前不得开启；对在提交投标文件的截止之日后送达的，不予受理。

（三）开标应当在招标文件确定的时间、地点公开进行。开标由主管部门主持，邀请全部投标人参加。

开标时，由投标人或者其推选的代表检查投标文件的密封情况，当众拆封，宣读投标人名称、投标价格和投标文件的主要内容。

（四）评标由主管部门组建的评标委员会负责。评标委员会应当按照招标文件确定的评标标准和方法，对投标文件进行评审。评审时，可以要求投标人对投标文件作出必要的澄清或者说明，但该澄清或者说明不得超出投标文件的范围或者改变投标文件的实质内容。

评标委员会完成评标后，应当提出书面评标报告和中标候选人，报主管部门确定中标人；主管部门也可委托评标委员会直接确定中标人。评标委员会经评审，认为所有的投标文件都不符合招标文件要求的，可以否决所有的投标。

第三十一条 评标委员会成员人数为五人以上单数，由主管部门根据拟招标的探矿权采矿权确定，有关技术、经济方面的专家不得少于成员总数的三分之二。

在中标结果公布前，评标委员会成员名单须保密。

第三十二条 评标委员会成员收受投标人的财物或其他好处的，或者向他人透露标底或有关其他情况的，主管部门应当取消其担任评标委员会成员的资格。

第三十三条 确定的中标人应当符合下列条件之一：

（一）能够最大限度地满足招标文件中规定的各项综合评价标准；

（二）能够满足招标文件的实质性要求，并且经评审的投标价格最高，但投标价格低于标底的除外。

第三十四条　中标人确定后，主管部门应当通知中标人在接到通知之日起 5 日内签订成交确认书，并同时将中标结果通知所有投标人。

第三节　拍　卖

第三十五条　探矿权采矿权拍卖的，竞买人不得少于三人。少于三人的，主管部门应当停止拍卖。

第三十六条　探矿权采矿权拍卖的，主管部门应当于拍卖日 20 日前发布拍卖公告。

第三十七条　拍卖会依照下列程序进行：

（一）拍卖主持人点算竞买人；

（二）拍卖主持人介绍拟拍卖的勘查区块、开采矿区的简要情况；

（三）宣布拍卖规则和注意事项；

（四）主持人报出起叫价；

（五）竞买人应价。

第三十八条　无底价的，拍卖主持人应当在拍卖前予以说明；有底价的，竞买人的最高应价未达到底价的，该应价不发生效力，拍卖主持人应当停止拍卖。

第三十九条　竞买人的最高应价经拍卖主持人落槌表示拍卖成交，拍卖主持人宣布该最高应价的竞买人为竞得人。

主管部门和竞得人应当当场签订成交确认书。

第四节　挂　牌

第四十条　探矿权采矿权挂牌的，主管部门应当于挂牌起始日 20 日前发布挂牌公告。

第四十一条　探矿权采矿权挂牌的，主管部门应当在挂牌起始日，将起始价、增价规则、增价幅度、挂牌时间等，在挂牌公告指定的场所挂牌公布。

挂牌时间不得少于 10 个工作日。

第四十二条　竞买人的竞买保证金在挂牌期限截止前缴纳的，方可填写报价单报价。主管部门受理其报价并确认后，更新挂牌价格。

第四十三条　挂牌期间，主管部门可以根据竞买人的竞价情况调整增价幅度。

第四十四条　挂牌期限届满，主管部门按照下列规定确定是否成交：

（一）在挂牌期限内只有一个竞买人报价，且报价高于底价的，挂牌成交；

（二）在挂牌期限内有两个或者两个以上的竞买人报价的，出价最高者为竞得人；报价相同的，先提交报价单者为竞得人，但报价低于底价者除外；

（三）在挂牌期限内无人竞买或者竞买人的报价低于底价的，挂牌不成交。

在挂牌期限截止前 30 分钟仍有竞买人要求报价的，主管部门应当以当时挂牌价为起始价进行现场竞价，出价最高且高于底价的竞买人为竞得人。

第四十五条　挂牌成交的，主管部门和竞得人应当当场签订成交确认书。

第四章　附　则

第四十六条　本办法自 2003 年 8 月 1 日施行。

本办法发布前制定的有关文件的内容与本办法的规定不一致的，按照本办法规定执行。

自然资源部关于印发矿业权出让交易规则的通知

（自然资规〔2023〕1 号）

各省、自治区、直辖市自然资源主管部门，新疆生产建设兵团自然资源局：

《矿业权出让交易规则》已经部审议通过，现予以印发，请遵照执行。

矿业权出让交易规则

为进一步规范矿业权出让交易行为,确保矿业权出让交易公开、公平、公正,维护国家权益和矿业权人合法权益,根据《中华人民共和国矿产资源法》《中华人民共和国拍卖法》《中华人民共和国招标投标法》《中华人民共和国招标投标法实施条例》《矿产资源勘查区块登记管理办法》《矿产资源开采登记管理办法》,以及《国务院办公厅关于印发整合建立统一的公共资源交易平台工作方案的通知》《国务院办公厅转发国家发展改革委关于深化公共资源交易平台整合共享指导意见的通知》等相关规定,制定本规则。

一、总体要求

(一)本规则所称矿业权是指探矿权和采矿权,矿业权出让交易是指县级以上人民政府自然资源主管部门和新疆生产建设兵团所属自然资源主管部门(以下简称自然资源主管部门)出让矿业权的行为。

(二)矿业权出让适用本规则,矿业权转让可参照执行。

铀矿等国家规定不宜公开矿种的矿业权出让交易不适用本规则。

(三)矿业权出让交易主体是指依法参加矿业权出让交易的出让人、受让人、投标人、竞买人、中标人和竞得人。受让人、投标人、竞买人、中标人和竞得人应当符合法律、法规、政策文件有关资质要求的规定。

出让人是指出让矿业权的自然资源主管部门。受让人是指符合探矿权、采矿权申请条件或者受让条件的、能独立承担民事责任的法人。

以招标方式出让的,参与投标各方为投标人;以拍卖和挂牌方式出让的,参与竞拍和竞买各方均为竞买人;出让人按拍卖法、招标投标法、招标投标法实施条例以及矿业权出让时公告的标准、方法确定中标人、竞得人。

(四)矿业权出让应当依照国家有关规定通过公开的交易平台进行交易,并纳入统一的公共资源交易平台体系。

(五)交易平台应当按照本规则组织矿业权交易,全面推行和实施电子化交易,优化交易管理和服务,自觉接受自然资源主管部门的监督和业务指导,加强自律管理,维护市场秩序,保证矿业权交易公开、公平、公正。

(六)以招标、拍卖、挂牌方式出让矿业权的,应当在统一的公共资源交易平台体系中进行。

地方自然资源主管部门需要进行招标、拍卖、挂牌出让矿业权的,应当按照出让登记管理权限,在同级交易平台或者自然资源主管部门委托的交易平台中进行。自然资源部出让登记权限需要进行招标、拍卖、挂牌出让矿业权的,出让相关工作由自然资源部委托省级自然资源主管部门组织交易平台实施。

(七)以招标、拍卖、挂牌方式出让矿业权的,交易平台按照自然资源主管部门下达的委托书或者任务书组织实施。

二、公告

(八)以招标、拍卖、挂牌方式出让矿业权的,交易平台依据出让人提供的相关材料发布出让公告。

(九)交易平台或者自然资源主管部门应当在下列平台同时发布出让公告:

1. 自然资源部门户网站;

2. 同级自然资源主管部门(或人民政府)门户网站;

3. 交易平台网站、交易大厅;

4. 有必要采取的其他方式。

(十)出让公告应当包括以下内容:

1. 出让人和交易平台的名称、住所;

2. 拟出让矿业权的简要情况,包括项目名称、矿种、地理位置、拐点范围坐标、面积、资源储量(勘查工作程度)、开采标高、拟出让年限、资源开发利用情况、多目标管理、开发全过程的动态管理要求,以及土地复垦、矿山地质环境保护与治理恢复、海洋生态环境保护要求等;

3. 法律、法规、政策文件规定的投标人或者竞买人的资质条件;

4. 投标人或者竞买人需具备的与勘查开

采相匹配的资金实力等要求;

5. 出让方式及交易的时间、地点;

6. 获取招标、拍卖、挂牌文件的途径和申请报名的起止时间及方式;

7. 确定中标人、竞得人的标准和方法;

8. 风险提示;

9. 对交易矿业权异议的处理方式;

10. 违约责任、公共资源交易领域失信联合惩戒相关提示;

11. 需要公告的其他内容。

(十一) 以招标、拍卖、挂牌方式出让矿业权的,应当在投标截止日、公开拍卖日或者挂牌起始日 20 个工作日前发布公告。

出让公告发布期间,公告内容发生变化的,应当按原发布渠道重新发布出让公告或者变更出让公告。涉及矿种、范围、出让年限等重大变化的,投标截止日、公开拍卖日或者挂牌起始日应当按照 20 个工作日的时间要求顺延。

三、交易形式及流程

(十二) 交易平台应当按公告载明的时间、地点、方式,接受投标人或者竞买人的书面申请。

投标人或者竞买人应当提供其符合矿业权受让人主体资质的有效证明材料,并对其真实性和合法性负责。

(十三) 符合公告的受让人资质条件的投标人或者竞买人,经交易平台书面确认后取得交易资格。

(十四) 交易平台应当按公告确定的时间、地点组织交易,并书面通知出让人和投标人或者竞买人参加。

(十五) 招标出让矿业权的,每宗标的的投标人不得少于 3 人。少于 3 人的,出让人应当按照相关规定停止招标、重新组织或者选择其他方式交易。

(十六) 招标、拍卖、挂牌方式出让矿业权的,招标标底、拍卖和挂牌底价由出让人在开标前、拍卖前或者挂牌期限届满前按国家有关规定确定。

招标标底、拍卖和挂牌底价在交易活动结束前须保密且不得变更。

无底价拍卖的,应当在竞价开始前予以说明;无底价挂牌的,应当在挂牌起始日予以说明。

(十七) 招标出让矿业权应当按照招标投标法、招标投标法实施条例等组织招标投标活动,综合择优确定中标人。

(十八) 拍卖出让矿业权应当按照拍卖法组织拍卖活动。

(十九) 挂牌期间,交易平台应当在挂牌起始日公布挂牌起始价、增价规则、挂牌时间等;竞买人在挂牌时间内填写报价单报价,报价相同的,最先报价为有效报价;交易平台确认有效报价后,更新挂牌价。

挂牌期限届满,宣布最高报价及其报价者,并询问竞买人是否愿意继续竞价。有愿意继续竞价的,通过限时竞价确定竞得人。

挂牌时间不得少于 10 个工作日。

(二十) 拍卖竞价结束、挂牌期限届满,交易平台依照下列规定确定是否成交:

1. 有底价的,不低于底价的最高报价者为竞得人;无底价的,不低于起始价的最高报价者为竞得人。如在挂牌期限内只有一个竞买人报价且不低于底价,挂牌成交。

2. 无人报价或者竞买人报价低于底价的,不成交。

四、确认及中止、终止

(二十一) 招标成交的,交易平台应当在确定中标人的当天发出中标通知书,并同时将中标结果通知所有未中标的投标人;现场拍卖、挂牌成交的,应当当场签订成交确认书;网上拍卖、挂牌成交的,具备签订网上成交确认书条件的,应当在成交后即时签订,不具备条件的,应当在交易结束后 5 个工作日内到交易平台签订成交确认书。

(二十二) 中标通知书或者成交确认书应当包括下列基本内容:

1. 出让人和中标人或者竞得人及交易平台的名称、住所;

2. 出让的矿业权名称、交易方式;

3. 成交时间、地点和成交价格,主要中标条件;

4. 出让人和竞得人对交易过程和交易结果的确认;

5. 矿业权出让合同的签订时间要求;

6. 需要约定的其他内容。

(二十三)有下列情形之一的,矿业权出让交易行为中止:

1. 公告公示期间发现出让的矿业权权属争议尚未解决;

2. 中标人、竞得人有矿产资源违法行为的行政处罚逾期不履行的;

3. 因不可抗力或者政策变化应当中止交易的其他情形。

矿业权出让交易行为中止的原因消除后,应当及时恢复交易。

(二十四)有下列情形之一的,矿业权出让交易行为终止:

1. 出让人因有关政策规定、矿业权出让所依据的客观情况等发生重大变化提出终止交易;

2. 因不可抗力应当终止交易;

3. 法律法规规定的其他情形。

(二十五)出让人需要中止、终止或者恢复矿业权出让交易的,应当向交易平台出具书面意见。

交易平台提出中止、终止或者恢复矿业权出让交易,需出具书面意见,并经出让人核实同意。

交易平台应当及时发布中止、终止或者恢复交易的公告。

五、公示

(二十六)招标、拍卖、挂牌方式出让矿业权交易成交的,交易平台和自然资源主管部门应当将成交结果进行公示。应当公示的主要内容包括:

1. 中标人或者竞得人的名称、住所;

2. 成交时间、地点;

3. 中标或者竞得的勘查区块、面积、开采范围的简要情况;

4. 矿业权成交价格;

5. 申请办理矿业权登记的时限;

6. 对公示内容提出异议的方式及途径;

7. 应当公示的其他内容。

(二十七)以协议方式出让矿业权的,在受理协议出让矿业权申请后,自然资源主管部门应当将相关信息进行公示。应当公示的主要内容包括:

1. 受让人名称、住所;

2. 项目名称或者矿山名称;

3. 拟协议出让矿业权的范围(含坐标、采矿权的开采标高、面积)及地理位置;

4. 勘查开采矿种、开采规模;

5. 符合协议出让规定的情形及理由;

6. 对公示内容提出异议的方式及途径;

7. 应当公开的其他内容。

自然资源部以协议方式出让的矿业权,需先征求省级人民政府意见的,由省级自然资源主管部门进行公示。

(二十八)招标、拍卖、挂牌方式出让矿业权成交的,交易平台应当在发出中标通知书或者签订成交确认书后 5 个工作日内进行信息公示。

(二十九)以招标、拍卖、挂牌方式出让矿业权的,公示信息应当在下列平台同时发布:

1. 自然资源部门户网站;

2. 同级自然资源主管部门(或人民政府)门户网站;

3. 交易平台网站、交易大厅;

4. 有必要采取的其他方式。

以协议方式出让矿业权的,公示信息应当在下列平台同时发布:

1. 自然资源部门户网站;

2. 同级自然资源主管部门(或人民政府)门户网站;

3. 有必要采取的其他方式。

公示期不少于 10 个工作日。

(三十)交易平台确需收取相关服务费用的,应当按照规定报所在地价格主管部门批准,并公开收费标准。

（三十一）招标、拍卖、挂牌方式出让矿业权的，矿业权出让成交信息公示无异议的，出让人与中标人或者竞得人应当根据中标通知书或者成交确认书签订矿业权出让合同。矿业权出让合同应当包括下列基本内容：

1. 出让人、中标人或者竞得人和交易平台的名称、住所、法定代表人；

2. 出让矿业权的简要情况，包括项目名称、矿种、地理位置、拐点范围坐标、面积、资源储量（勘查工作程度）、开采标高等，资源开发利用、多目标管理、开发全过程的动态管理要求，以及土地复垦、矿山地质环境保护与治理恢复要求等；

3. 出让矿业权的年限；

4. 成交价格、付款期限、要求或者权益实现方式等；

5. 申请办理矿业权登记手续的时限及要求；

6. 争议解决方式及违约责任；

7. 需要约定的其他内容。

以协议方式出让矿业权的，参照上述内容签订出让合同。

（三十二）中标人、竞得人履行相关手续后，持中标通知书或者成交确认书、矿业权出让合同、出让收益缴纳凭证等相关材料，向有登记权限的自然资源主管部门申请办理矿业权登记手续。

六、交易监管

（三十三）地方各级自然资源主管部门应当加强对矿业权出让交易活动的监督管理。上级自然资源主管部门负责监督下级自然资源主管部门的矿业权出让交易活动，并提供业务指导。

自然资源主管部门应当加强对矿业权招标、拍卖、挂牌过程的监督，完善投诉举报处置机制，加强社会监督。

（三十四）矿业权出让交易过程中，交易平台及其工作人员有违法、违规行为的，由自然资源主管部门或者交易平台的主管部门依法依规予以处理；造成经济损失的，应当承担经济赔偿责任；情节严重、构成犯罪的，移交司法机关处理。

（三十五）自然资源主管部门应当指导交易平台，按照公共资源交易领域失信联合惩戒相关要求，依法依规做好矿业权招标、拍卖、挂牌活动中失信主体相关信息的记录、管理等工作，强化信用监管。

（三十六）交易平台应当对每一宗矿业权交易建立档案，收集、整理自接受委托至交易结束全过程产生的相关文书并分类登记造册。

七、违约责任及争议处理

（三十七）有下列情形之一的，视为投标人、竞买人、中标人、竞得人违约，按照公告或者合同约定承担相应的违约责任，接受公共资源交易领域失信联合惩戒：

1. 投标人相互串通投标、竞买人之间串通报价，损害国家利益、社会公共利益或者他人合法权益的；

2. 投标人、竞买人弄虚作假，骗取交易资格或中标、竞得的；

3. 中标人放弃中标项目的、竞得人拒绝签订矿业权成交确认书，中标人、竞得人逾期不签订或者拒绝签订出让合同的；

4. 中标人、竞得人未按约定的时间付清约定的矿业权出让收益或者其他相关费用的；

5. 向主管部门或者评标委员会及其成员行贿或者采取其他不正当手段中标或者竞得的；

6. 其他依法应当认定为违约的情形。

（三十八）交易过程中发生争议，合同有约定的，按合同执行；合同未约定的，由争议当事人协商解决，协商不成的，可依法向人民法院起诉。

八、其他要求

（三十九）省级自然资源主管部门、新疆生产建设兵团自然资源局可参照本规则制定矿业权出让交易规则，规范矿业权交易行为。

（四十）涉及海砂开采的，应当按规定实行海砂采矿权和海域使用权"两权合一"招标、拍卖、挂牌出让。

（四十一）矿业权出让交易活动中涉及的所有费用，均以人民币计价和结算。

（四十二）《国土资源部关于印发〈矿业权交易规则〉的通知》（国土资规〔2017〕7号）、《自然资源部关于调整〈矿业权交易规则〉有关规定的通知》（自然资发〔2018〕175号）同时废止。

本规则施行前已印发的其他文件与本规则规定不一致的，按照本规则执行。

（四十三）本规则自印发之日起施行，有效期五年。

国土资源部关于进一步加强探矿权采矿权价款管理的通知

（国土资发〔2004〕97号）

各省、自治区、直辖市国土资源厅（局）（国土环境资源厅、国土资源和房屋管理局、规划和国土资源局）、计划单列市国土资源行政主管部门：

为加强探矿权采矿权价款的管理，财政部和国土资源部相继制定了一系列管理办法，对探矿权采矿权价款的征收、使用作出了明确规定。但是，《探矿权采矿权招标拍卖挂牌管理规定（试行）》（国土资发〔2003〕197号）试行以来，在探矿权采矿权价款收取、分配和使用等方面出现一些新问题。为进一步加强探矿权采矿权价款管理，推进探矿权采矿权市场建设，切实维护国家和探矿权人采矿权人的权益，现就有关问题通知如下：

一、价款是国家依法出让探矿权采矿权取得的收入，包括以行政审批方式出让探矿权采矿权取得的全部收入和以招标、拍卖、挂牌等方式出让探矿权采矿权并按照成交确认书或出让合同等取得的全部收入。各级国土资源行政主管部门要按照国务院《矿产资源勘查区块登记管理办法》（国务院第240号令）、《矿产资源开采登记管理办法》（国务院第241号令）的规定，及时、足额收取国家出资勘查形成的探矿权采矿权价款；要按照国土资源部国土资发〔2003〕197号文的要求，切实加强招标、拍卖、挂牌出让探矿权采矿权价款的收缴管理，不得随意减交、缓交或免交。

对于通过招标、拍卖、挂牌等出让方式取得探矿权采矿权的，各级国土资源行政主管部门要严格按照《矿产资源补偿费征收管理办法》（国务院第150号令）和国务院第240号、241号令的规定，及时足额收取矿产资源补偿费和探矿权采矿权使用费，不得以招标、拍卖、挂牌等出让探矿权采矿权价款抵顶。

二、严格按照财政部、国土资源部的有关规定和谁投资谁受益的原则，加强探矿权采矿权价款的征收管理。各级国土资源行政主管部门必须按照财政部、国土资源部《探矿权采矿权使用费和价款管理办法》（财综字〔1999〕74号）及《关于探矿权采矿权使用费和价款管理办法的补充通知》（财综字〔1999〕183号）的规定，加强招标、拍卖、挂牌出让探矿权采矿权价款的征收管理，及时将价款收入上缴财政部门。对于中央财政投资形成的探矿权采矿权价款，全额上缴中央财政；对于共同投资形成的探矿权采矿权价款按照投资比例享有权益；对于其他方式形成的价款，按照省级人民政府有关部门制定的办法管理。

要严格执行财政部、国土资源部《探矿权采矿权价款转增国家资本管理办法》（财建〔2000〕439号）的规定，加强探矿权采矿权价款转增国家资本的申报和审批工作，对于不符合转增国家资本要求的，不得申报和批准。对于已经批准转增国家资本的，要及时办理相关手续。

三、各级国土资源行政主管部门要严格按照规定的程序和要求，办理与探矿权采矿权价款有关的手续。凡是没有及时缴纳探矿权采矿权价款的，国土资源行政主管部门不得办理探矿权采矿权登记手续;凡是没有按照《探矿权采矿权转让管理办法》(国务院第 242 号令)第五条、第六条的规定,提交探矿权采矿权价款缴纳完结文件的,国土资源行政主管部门不得受理探矿权采矿权转让申请。

探矿权采矿权人未经批准擅自转让探矿权采矿权的,按照国务院第 242 号令第 14 条的规定处罚,其转让所得全部收缴财政,国土资源行政主管部门不得办理相关手续。

四、各级国土资源行政主管部门要加强与有关部门的联系与合作,认真执行收支两条线管理规定。要严格按照探矿权采矿权价款使用管理的有关规定,加强探矿权采矿权价款的使用管理。严格按照规定的用途和程序,及时编制和申报预算,凡是预算没有经过批准的,不得使用价款。预算一经批准,不得随意调整。

各级国土资源行政主管部门要会同有关部门,结合本地实际制定探矿权采矿权价款的具体管理办法,规范招标、拍卖、挂牌等出让探矿权采矿权过程中发生的场租、佣金、公告、评估、资料复制等成本支出管理,确定管理部门和中介机构费用的支出标准、程序、支出方式、预算编制和审批、支付等。

各级国土资源行政主管部门要不断完善探矿权采矿权价款管理办法,不断规范价款的收取、使用和监督管理,做到应收尽收,保证国家财产收益,维护矿权人的权益、推动探矿权采矿权市场建设和完善,促进矿产资源的合理开发、保护和利用。要加强探矿权采矿权价款收支的财务管理和监督,加强价款预算执行的监督检查。

本通知执行过程中的问题,请及时告部。

财政部 国土资源部关于加强对国家出资勘查探明矿产地及权益管理有关事项的通知

(财建〔2010〕1018 号)

依据《财政部 国土资源部关于进一步做好政策性关闭矿山企业缴纳矿业权价款退还工作的通知》(财建〔2016〕110 号),《财政部 国土资源部关于加强对国家出资勘查探明矿产及权益管理有关事项的通知》(财建〔2010〕1018 号)关于矿业权价款退还的相关规定不再执行。

各省、自治区、直辖市财政厅(局)、国土资源厅(局):

为规范国家出资勘查探明矿产地的管理,依法维护矿业投资主体的合法权益,依据《矿产资源勘查区块登记管理办法》(国务院令第 240 号)和《国务院关于加强地质工作的决定》(国发〔2006〕4 号)的规定,现将有关事项通知如下:

一、国家出资探明矿产地的定义

(一)国家出资探明矿产地是指中央和地方财政出资开展矿产资源勘查所发现的矿产地(以往其他经济类型的勘查投入且目前矿业权已经灭失的,也视同国家出资处理)。探明矿产地的标准,按照《关于清理国家出资勘查已探明矿产地的通知》(国土资厅发〔2000〕32 号)的有关规定执行。

二、国家出资探明矿产地的管理和清理

(二)国家出资探明矿产地,应严格按《地质资料管理条例》(国务院令第 349 号)和《地质资料管理条例实施办法》(国土资源部令第 16 号)的规定,由地质资料汇交人向国土资源部或省级国土资源管理部门汇交地质资料,经国土资源部门组织认定后按规定向社会公开。

国家出资探明矿产地的权益属国家所有,各项目承担单位隐瞒不报或擅自向社会泄漏信息的,自发现之日起五年内取消承担国家出资的各类勘查、调查项目资格。涉嫌犯罪的,移

交司法机关处理。

（三）各级国土资源管理部门要建立国家出资探明矿产地管理登记、统计和报告制度，并与矿业权管理衔接。

（四）各级国土资源管理部门要督促地质资料汇交人对本办法公布前已经实施的国家出资勘查项目进行清理，并将已探明矿产地的项目情况以及相应地质资料，于 2011 年 6 月 30 日前报国土资源部和省级国土资源管理部门。

三、国家出资探明矿产地成果的处置

（五）国土资源管理部门根据矿产资源规划、国家产业政策、矿产品供需和矿业权市场配置情况，对国家出资探明矿产地进行配置。除符合国家规定以协议方式出让外，其他项目一律以竞争方式出让探矿权。

（六）取得探矿权的矿业权人应按《财政部国土资源部关于深化探矿权采矿权有偿取得制度改革有关问题的通知》（财建〔2006〕694 号）和《财政部国土资源部关于探矿权采矿权有偿取得制度改革有关问题的补充通知》（财建〔2008〕22 号）的有关规定，缴纳矿业权价款。对以资金方式一次性缴纳矿业权价款确有困难的，经审批登记管理机关批准，可按现行规定分期缴纳。

四、对地勘单位的支持政策

（七）国家对承担国家出资勘查探明矿产地有突出贡献的项目承担单位予以奖励。奖励办法由财政部、国土资源部另行制定。

（八）国家出资安排的矿产调查评价中探明矿产地的项目承担单位，除国家公益性地质调查机构外，在参与以协议方式或竞争方式出让探矿权时，可在同等条件下优先取得探矿权。

五、补充明确矿业权有偿取得相关政策界限

（九）地勘单位持有的 2006 年 10 月 25 日以前取得的有效探矿权拟申请将中央财政出资勘查形成矿产地的矿业权价款转增国家基金的，地方单位经项目所在地省级财政、国土资源部门审核后，向财政部、国土资源部提出

申请，中央单位直接向财政部、国土资源部提出申请；中央财政、地方财政共同出资勘查形成矿产地的矿业权价款转增国家基金的，按矿业权价款的权属分别向财政部、国土资源部和省级财政、国土资源管理部门提出申请；地方财政出资勘查形成矿产地的矿业权价款转增国家基金的，向省级财政、国土资源管理部门提出申请，并报财政部、国土资源部备案。各级财政、国土资源管理部门按各自审批的权限，办理矿业权价款转增国家基金的手续，不得越权批准。

（十）对产业权人以无偿方式取得国家出资探明矿产地的探矿权后又自行投入勘查的，在登记机关委托评估时，应明确要求评估机构在评估结果中区分出属于国家出资形成的矿业权价款部分。登记管理机关按经评估备案的矿业权价款额，通知矿业权人缴款。

（十一）各地应按照财建〔2006〕94 号文件和财建〔2006〕22 号文件的规定，抓紧对无偿占有国家出资探明矿产地的探矿权和无偿取得的采矿权进行有偿处置。对属于企业自行出资勘查探明矿产地的，不得收取矿业权价款。

六、矿业权价款收支管理

（十二）矿业权价款必须及时、足额缴入国库。各地应严格按照矿业权价款收入实行"收支两条线"的规定执行，不得坐支矿业权价款。财政部门应根据国土资源管理部门履行职责的需要安排矿业权出让业务等所需经费。

（十三）省级财政、国土资源管理部门应根据本地区发展的实际情况，将矿业权价款进一步向资源所在地倾斜，着力改善矿区的生产生活环境，加大矿山地质环境治理力度，确保资源所在地人民生活水平逐步提高。

（十四）在矿产资源开发整合过程中，对矿业权人之间相互整合的，已缴纳的矿业权价款不再退还。对矿业权未被整合而直接注销的，已缴纳矿业权价款的矿业权人可向登记审批管理机关提出矿业权价款退还申请。矿业权登记管理机关按原缴纳矿业权价款额和剩余储

量占原批准储量的比例,确定应退还的矿业权价款,并会同同级财政部门,报省级财政、国土资源管理部门,省级财政、国土资源部门核实并汇总应退还的矿业权价款后,向见财政部、

国土资源部提出退还矿业权价款的申请。财政部、国土资源部批准后,由原矿业权价款征收机关分级返还矿业权人。

七、本通知自印发之日起执行

国土资源部 财政部 国家发展和改革委员会关于切实加强矿产资源补偿费征收和工作保障有关问题的通知

（国土资发〔2015〕10 号）

各省、自治区、直辖市国土资源主管部门、财政厅（局）、发展改革委：

按照国务院关于实施煤炭资源税改革的要求,财政部、国家发展改革委印发了《财政部国家发展改革委关于全面清理涉及煤炭原油天然气收费基金有关问题的通知》（财税〔2014〕74 号）,决定自 2014 年 12 月 1 日起将煤炭、原油、天然气的矿产资源补偿费率降为零。同时明确,对相关部门履行正常工作职责所需经费,由中央财政和地方财政通过一般公共预算安排资金予以保障。为了做好各项工作的衔接,确保国土资源部门正常工作经费需要,现就有关问题通知如下：

一、迅即行动,确保国务院改革决定落实到位

为推进资源税改革工作,国务院决定将煤炭资源税由从量计征改为从价计征,调整煤炭、原油、天然气资源税税率,同时清理相关收费基金,将矿产资源补偿费率降为零。这是国务院的重大决定,也是资源管理改革的重要举措。各级国土资源主管部门要站在国家的高度,按照国务院的统一部署和要求迅即行动,认真清理相关收费基金,制定相应的措施和办法,做好各项政策的衔接工作。

二、主动对接,落实履职资金保障工作

矿产资源专项收入安排的各项支出既涉及生态文明建设、促进矿产资源的节约集约利用,又是矿产资源调查评价的重要资金来源。对于煤炭、原油和天然气的矿产资源补偿费率降为零后,矿产资源勘查等专项支出和矿产资源专项收入征收管理工作需要的资金缺口,各级国土资源主管部门要编制好各专项支出的跨年度滚动规划和年度支出预算,主动与同级财政、发展改革委等部门沟通,按照《财政部国家发展改革委关于全面清理涉及煤炭原油天然气收费基金有关问题的通知》（财税〔2014〕74号）规定,由中央财政和地方财政通过一般公共预算安排资金,保障履行正常工作职责所需经费。

三、加强征管,维护矿产资源国家权益

自 2014 年 12 月 1 日起,各地不再征收煤炭、原油和天然气的矿产资源补偿费。但要按照规定,对欠缴的煤炭、石油、天然气矿产资源补偿费进行清理和追缴,继续做好其他矿种矿产资源补偿费的征收入库工作,加强日常监督管理,确保足额征收、及时入库,避免国家权益的流失。

国家税务总局关于资源税征收管理若干问题的公告

（国家税务总局公告 2020 年第 14 号）

依据《国家税务总局关于简并税费申报有关事项的公告》（国家税务总局公告 2021 年第 9 号），本法规自 2021 年 6 月 1 日起附件废止。

为规范资源税征收管理，根据《中华人民共和国资源税法》《中华人民共和国税收征收管理法》及其实施细则、《财政部 税务总局关于资源税有关问题执行口径的公告》（2020 年第 34 号）等相关规定，现就有关事项公告如下：

一、纳税人以外购原矿与自采原矿混合为原矿销售，或者以外购选矿产品与自产选矿产品混合为选矿产品销售的，在计算应税产品销售额或者销售数量时，直接扣减外购原矿或者外购选矿产品的购进金额或者购进数量。

纳税人以外购原矿与自采原矿混合洗选加工为选矿产品销售的，在计算应税产品销售额或者销售数量时，按照下列方法进行扣减：

准予扣减的外购应税产品购进金额（数量）＝外购原矿购进金额（数量）×（本地区原矿适用税率÷本地区选矿产品适用税率）

不能按照上述方法计算扣减的，按照主管税务机关确定的其他合理方法进行扣减。

二、纳税人申报资源税时，应当填报《资源税纳税申报表》（见附件）。

三、纳税人享受资源税优惠政策，实行"自行判别、申报享受、有关资料留存备查"的办理方式，另有规定的除外。纳税人对资源税优惠事项留存材料的真实性和合法性承担法律责任。

四、本公告自 2020 年 9 月 1 日起施行。《国家税务总局关于发布修订后的〈资源税若干问题的规定〉的公告》（2011 年第 63 号），《国家税务总局关于发布〈中外合作及海上自营油气田资源税纳税申报表〉的公告》（2012 年第 3 号），《国家税务总局 国家能源局关于落实煤炭资源税优惠政策若干事项的公告》（2015 年第 21 号，国家税务总局公告 2018 年第 31 号修改），《国家税务总局关于发布修订后的〈资源税纳税申报表〉的公告》（2016 年第 38 号）附件 2、附件 3、附件 4，《国家税务总局 自然资源部关于落实资源税改革优惠政策若干事项的公告》（2017 年第 2 号，国家税务总局公告 2018 年第 31 号修改），《国家税务总局关于发布〈资源税征收管理规程〉的公告》（2018 年第 13 号），《国家税务总局关于增值税小规模纳税人地方税种和相关附加减征政策有关征管问题的公告》（2019 年第 5 号）发布的资源税纳税申报表同时废止。

特此公告。

附件：资源税纳税申报表（略）

财政部 国土资源部关于进一步做好政策性关闭矿山企业缴纳矿业权价款退还工作的通知

（财建〔2016〕110 号）

各省、自治区、直辖市、计划单列市财政厅（局）、国土资源主管部门，财政部驻各省、自治区、直辖市、计划单列市财政监察专员办事处：

在矿产资源开发整合过程中，按照保障矿

业权人合法权益原则,对矿业权未被整合而直接注销且已缴纳探矿权采矿权价款(以下简称矿业权价款)的矿业权人,其拥有的剩余矿产资源储量对应的已缴纳矿业权价款应予以退还。为规范有序做好矿业权价款的退还工作,现将有关工作要求通知如下:

一、对《关于探矿权采矿权价款收入管理有关事项的通知》(财建〔2006〕394号)出台前的矿业权价款退还工作

(一)国土资源部直接收缴的矿业权价款,由矿业权人依据省级国土资源主管部门出具的已关闭矿山名称和资源储量、矿权注销情况及时间、关闭前已动用资源储量、关闭后剩余储量、已缴纳价款数等情况,向国土资源部提出退库申请,再由国土资源部向财政部提出退库申请,财政部按照国库集中收缴管理相关规定办理退库手续。

(二)地方直接收缴的矿业权价款,矿业权价款的退还工作由省级财政部门、国土资源主管部门负责,具体办法由省级财政、国土资源主管部门自行确定。

二、关于财建〔2006〕394号文件出台后的矿业权价款退还工作

394号文件规定,自2006年9月1日起,探矿权采矿权价款收入按固定比例进行分成,其中20%归中央所有,80%归地方所有。中央和地方分成的矿业权价款退还工作具体要求如下:

(一)关于中央分成的矿业权价款退还。

中央分成的矿业权价款退还工作授权财政部驻各地财政监察专员办事处(以下简称专员办)负责。符合退还政策的矿业权人,向矿权登记机关,即各级国土资源主管部门提出矿业权价款退还申请,各级国土资源主管部门对退还申请的基本情况进行核实,包括已关闭矿山名称和资源储量、矿权注销情况及时间、关闭前已动用资源储量、关闭后剩余储量、已缴纳价款数等(在国土资源部登记的矿业权的基本情况,由省级国土资源主管部门进行核实)。同级财政部门要对矿业权价款缴纳时间、数额和分成等情况进行核实。

各省级财政部门、国土资源主管部门负责对本省(区、市)所有退还申请进行核实汇总后,向财政部驻当地专员办提出退还申请,同时提供此前核实情况,并按照专员办的要求积极配合开展相关工作。专员办应在收到省级财政部门、国土资源主管部门价款退还申请及相关材料的30个工作日内,完成审核工作,向省级财政部门、国土资源主管部门出具审核意见,按规定程序办理就地退库手续,并报财政部、国土资源部备案。

(二)关于地方分成的矿业权价款退还。

地方分成的矿业权价款退还工作由省级财政部门、国土资源主管部门负责,具体办法由省级财政、国土资源部门自行确定。

三、其他要求

《财政部 国土资源部关于加强对国家出资勘查探明矿产及权益管理有关事项的通知》(财建〔2010〕1018号)关于矿业权价款退还的相关规定不再执行。

各地应对矿业权人已提出的矿业权价款退还申请进行梳理,并按本通知要求,尽快做好退还工作。

财政部 自然资源部 税务总局关于印发《矿业权出让收益征收办法》的通知

(财综〔2023〕10号)

各省、自治区、直辖市、计划单列市财政厅(局)、自然资源厅(局),新疆生产建设兵团财政局、自然资源局,国家税务总局各省、自治区、直辖市、计划单列市税务局:

根据《国务院关于印发矿产资源权益金制度改革方案的通知》(国发〔2017〕29号),为进一步健全矿产资源有偿使用制度,规范矿业权出让收益征收管理,维护矿产资源国家所有者权益,促进矿产资源保护与合理利用,推动相关行业健康有序发展,财政部、自然资源部、税务总局制定了《矿业权出让收益征收办法》,请遵照执行。

该办法自2023年5月1日起施行,《矿业权出让收益征收管理暂行办法》(财综〔2017〕35号)、《财政部 自然资源部关于进一步明确矿业权出让收益征收管理有关问题的通知》(财综〔2019〕11号)同时废止。

附件:矿业权出让收益征收办法

矿业权出让收益征收办法

第一章 总 则

第一条 为健全矿产资源有偿使用制度,规范矿业权出让收益征收管理,维护矿产资源国家所有者权益,促进矿产资源保护与合理利用,根据《中华人民共和国矿产资源法》《国务院关于印发矿产资源权益金制度改革方案的通知》(国发〔2017〕29号)等有关规定,制定本办法。

第二条 矿业权出让收益是国家基于自然资源所有权,依法向矿业权人收取的国有资源有偿使用收入。矿业权出让收益包括探矿权出让收益和采矿权出让收益。

第三条 在中华人民共和国领域及管辖海域勘查、开采矿产资源的矿业权人,应依照本办法缴纳矿业权出让收益。

第四条 矿业权出让收益为中央和地方共享收入,由中央和地方按照4∶6的比例分成,纳入一般公共预算管理。

地方管理海域的矿业权出让收益,由中央和地方按照4∶6的比例分成;其他我国管辖海域的矿业权出让收益,全部缴入中央国库。

地方分成的矿业权出让收益在省(自治区、直辖市)、市、县级之间的分配比例,由省级

人民政府确定。

第五条 财政部门、自然资源主管部门、税务部门按职责分工负责矿业权出让收益的征收管理,监缴由财政部各地监管局负责。

第六条 矿业权出让收益原则上按照矿业权属地征收。矿业权范围跨市、县级行政区域的,具体征收机关由有关省(自治区、直辖市、计划单列市)税务部门会同同级财政、自然资源主管部门确定;跨省级行政区域,以及同时跨省级行政区域与其他我国管辖海域的,具体征收机关由税务总局会同财政部、自然资源部确定。

陆域油气矿业权、海域油气矿业权范围跨省级行政区域的,由各省(自治区、直辖市、计划单列市)税务部门按照财政部门、自然资源主管部门确定的钻井所在地、钻井平台所在海域确定具体征收机关。海域油气矿业权范围同时跨省级行政区域与其他我国管辖海域的,其中按成交价征收的部分,按照海域管辖权确定具体征收机关,并按所占的海域面积比例分别计征;按出让收益率形式征收的部分,依据钻井平台所在海域确定具体征收机关。

第二章 出让收益征收方式

第七条 矿业权出让方式包括竞争出让和协议出让。

矿业权出让收益征收方式包括按矿业权出让收益率形式征收或按出让金额形式征收。

第八条 按矿业权出让收益率形式征收矿业权出让收益的具体规定:

(一)适用范围。按矿业权出让收益率形式征收矿业权出让收益的矿种,具体范围为本办法所附《按矿业权出让收益率形式征收矿业权出让收益的矿种目录(试行)》(以下简称《矿种目录》)。《矿种目录》的调整,由自然资源部商财政部确定后公布。

(二)征收方式。按竞争方式出让探矿权、采矿权的,在出让时征收竞争确定的成交价;在矿山开采时,按合同约定的矿业权出让收益率逐年征收采矿权出让收益。矿业权出让收益率依据矿业权出让时《矿种目录》规定的标准

确定。

按协议方式出让探矿权、采矿权的,成交价按起始价确定,在出让时征收;在矿山开采时,按矿产品销售时的矿业权出让收益率逐年征收采矿权出让收益。

矿业权出让收益 = 探矿权(采矿权)成交价 + 逐年征收的采矿权出让收益。其中,逐年征收的采矿权出让收益 = 年度矿产品销售收入 × 矿业权出让收益率。

第九条 矿产品销售收入,按照矿业权人销售矿产品向购买方收取的全部收入确定,不包括增值税税款。销售收入的具体规定,由自然资源部商财政部、税务总局另行明确。

第十条 起始价主要依据矿业权面积,综合考虑成矿条件、勘查程度、矿业权市场变化等因素确定。起始价指导意见由自然资源部商财政部制定。起始价征收标准由省级自然资源主管部门、财政部门参照国家的指导意见制定,报省级人民政府同意后公布执行。

矿业权出让收益率征收标准综合考虑经济社会发展水平、矿产品价格变化等因素确定。具体标准由自然资源部商财政部制定,纳入《矿种目录》。

第十一条 按出让金额形式征收矿业权出让收益的具体规定:

(一)适用范围。除本办法《矿种目录》所列矿种外,其余矿种按出让金额形式征收矿业权出让收益。

(二)征收方式。按竞争方式出让探矿权、采矿权的,矿业权出让收益按竞争结果确定。按协议方式出让探矿权、采矿权的,矿业权出让收益按照评估值、矿业权出让收益市场基准价测算值就高确定。

(三)探矿权转为采矿权的,继续缴纳原探矿权出让收益,并在采矿权出让合同中约定剩余探矿权出让收益的缴纳时间和期限,不再另行缴纳采矿权出让收益。探矿权未转为采矿权的,剩余探矿权出让收益不再缴纳。

第十二条 按出让金额形式征收的矿业权出让收益,可按照以下原则分期缴纳:

出让探矿权的,探矿权出让收益首次征收比例不得低于探矿权出让收益的 10% 且不高于 20%,探矿权人自愿一次性缴清的除外;剩余部分转采后在采矿许可证有效期内按年度分期缴清。其中,矿山生产规模为中型及以上的,均摊征收年限不少于采矿许可证有效期的一半。

出让采矿权的,采矿权出让收益首次征收比例不得低于采矿权出让收益的 10% 且不高于 20%,采矿权人自愿一次性缴清的除外;剩余部分在采矿许可证有效期内按年度分期缴清。其中,矿山生产规模为中型及以上的,均摊征收年限不少于采矿许可证有效期的一半。

具体首次征收比例和分期征收年限,由省级财政部门商自然资源主管部门按照上述原则制定。

第十三条 矿业权出让收益市场基准价既要注重维护矿产资源国家所有者权益,又要体现市场配置资源的决定性作用。省级自然资源主管部门应在梳理以往基准价制定情况的基础上,根据本地区矿业权出让实际选择矿种,以矿业权出让成交价格等有关统计数据为基础,以现行技术经济水平下的预期收益为调整依据,以其他矿业权市场交易资料为参考补充,按照矿业权出让收益评估指南要求,选择恰当的评估方法进行模拟评估,考虑地质勘查工作程度、区域成矿地质条件以及资源品级、矿产价格、开采技术条件、交通运输条件、地区差异等影响因素,科学设计调整系数,综合形成矿业权出让收益市场基准价,经省级人民政府同意后公布执行,并将结果报自然资源部备案。矿业权出让收益市场基准价应结合矿业市场发展形势适时调整,原则上每三年更新一次。

自然资源部应加强对省(自治区、直辖市)矿业权出让收益市场基准价制定情况的检查指导。

第十四条 调整矿业权出让收益评估参数,评估期限要与采矿权登记发证年限、矿山开发利用实际有效衔接且最长不超过三十年。采矿权人拟动用评估范围外的资源储量时,应按规定进行处置。

第十五条 已设且进行过有偿处置的采矿权,涉及动用采矿权范围内未有偿处置的资源储量时,比照协议出让方式,按以下原则征收采矿权出让收益:

《矿种目录》所列矿种,按矿产品销售时的矿业权出让收益率逐年征收采矿权出让收益。

《矿种目录》外的矿种,按出让金额形式征收采矿权出让收益。

第十六条 探矿权变更勘查主矿种时,原登记矿种均不存在的,原合同约定的矿业权出让收益不需继续缴纳,按采矿权新立时确定的矿种征收采矿权出让收益。其他情形,应按合同约定继续缴纳矿业权出让收益,涉及增加的矿种,在采矿权新立时征收采矿权出让收益。

采矿权变更开采主矿种时,应按合同约定继续缴纳矿业权出让收益,并对新增矿种直接征收采矿权出让收益。

其中,变更后的矿种在《矿种目录》中的,比照第八条中规定的协议出让方式,按矿产品销售时的矿业权出让收益率逐年征收采矿权出让收益;变更后的矿种在《矿种目录》外的,比照第十一条中规定的协议出让方式,按出让金额形式征收采矿权出让收益。

第十七条 石油、天然气、页岩气和煤层气若有相互增列矿种的情形,销售收入合并计算并按主矿种的矿业权出让收益率征收。

第十八条 矿业权转让时,未缴纳的矿业权出让收益及涉及的相关费用,缴纳义务由受让人承担。

第十九条 对发现油气资源并开始开采、产生收入的油气探矿权人,应按本办法第八条规定逐年征收矿业权出让收益。

第二十条 对国家鼓励实行综合开发利用的矿产资源,可结合矿产资源综合利用情况减缴矿业权出让收益。

第二十一条 采矿权人开采完毕注销采矿许可证前,应当缴清采矿权出让收益。因国家政策调整、重大自然灾害等原因注销采矿许可证的,按出让金额形式征收的矿业权出让收益根据采矿权实际动用的资源储量进行核定,实行多退少补。

第二十二条 对于法律法规或国务院规定明确要求支持的承担特殊职能的非营利性矿山企业,缴纳矿业权出让收益确有困难的,经财政部、自然资源部批准,可在一定期限内缓缴应缴矿业权出让收益。

第三章 缴款及退库

第二十三条 自然资源主管部门与矿业权人签订合同后,以及发生合同、权证内容变更等影响矿业权出让收益征收的情形时,及时向税务部门推送合同等费源信息。税务部门征收矿业权出让收益后,及时向自然资源主管部门回传征收信息。费源信息、征收信息推送内容和要求,按照《财政部 自然资源部 税务总局 人民银行关于将国有土地使用权出让收入、矿产资源专项收入、海域使用金、无居民海岛使用金四项政府非税收入划转税务部门征收有关问题的通知》(财综〔2021〕19号)的规定执行。

第二十四条 按出让金额形式征收的矿业权出让收益,税务部门依据自然资源部门推送的合同等费源信息开具缴款通知书,通知矿业权人及时缴款。矿业权人在收到缴款通知书之日起30日内,按缴款通知及时缴纳矿业权出让收益。分期缴纳矿业权出让收益的矿业权人,首期出让收益按缴款通知书缴纳,剩余部分按矿业权合同约定的时间缴纳。

按矿业权出让收益率形式征收的矿业权出让收益,成交价部分以合同约定及时通知矿业权人缴款,矿业权人在收到缴款通知书之日起30日内,按缴款通知及时缴纳矿业权出让收益(成交价部分)。按矿业权出让收益率逐年缴纳的部分,由矿业权人向税务部门据实申报缴纳上一年度采矿权出让收益,缴款时间最迟不晚于次年2月底。

第二十五条 矿业权出让收益缴入"矿业权出让收益"(103071404目)科目。

第二十六条 已上缴中央和地方财政的矿业权出让收益、矿业权价款,因误缴、误收、政策性关闭、重大自然灾害以及非矿业权人自身原因需要办理退库的,从"矿业权出让收益"(103071404目)科目下,按入库时中央与地方分成比例进行退库。

因缴费人误缴、税务部门误收需要退库的,由缴费人向税务部门申请办理,税务部门经严格审核并商有关财政部门、自然资源主管部门复核同意后,按规定办理退付手续;其他情形需要退库的,由缴费人向财政部门和自然资源主管部门申请办理。有关财政部门、自然资源主管部门应按照预算管理级次和权限逐级报批。涉及中央分成部分退库的,应由省级财政部门、自然资源主管部门向财政部当地监管局提出申请。

中央分成的矿业权出让收益、矿业权价款退还工作由财政部各地监管局负责。监管局应当在收到省级财政部门、自然资源主管部门矿业权出让收益(价款)退还申请及相关材料之日起30个工作日内,完成审核工作,向省级财政部门、自然资源主管部门出具审核意见,按《财政部驻各地财政监察专员办事处开展财政国库业务监管工作规程》(财库〔2016〕47号)等有关规定程序办理就地退库手续,并报财政部、自然资源部备案。地方分成部分退还工作由省级财政部门、自然资源主管部门负责,具体办法由省级财政部门、自然资源主管部门确定。

第二十七条 财政部门、自然资源主管部门、税务部门要按照《财政部 自然资源部 税务总局 人民银行关于将国有土地使用权出让收入、矿产资源专项收入、海域使用金、无居民海岛使用金四项政府非税收入划转税务部门征收有关问题的通知》(财综〔2021〕19号)和《财政部 税务总局关于印发〈省级财税部门系统互联互通和信息共享方案(非税收入)〉的通知》(财库〔2021〕11号)等规定及时共享缴款信息。

第四章 新旧政策衔接

第二十八条 本办法实施前已签订的合同或分期缴款批复不再调整,矿业权人继续缴纳剩余部分,有关资金缴入矿业权出让收益科目,并统一按规定分成比例分成。

《矿业权出让收益征收管理暂行办法》(财综〔2017〕35号)印发前分期缴纳矿业权价款需承担资金占用费的,应当继续按规定缴纳。资金占用费利率可参考人民银行发布的上一期新发放贷款加权平均利率计算。资金占用费缴入矿业权出让收益科目,并统一按规定分成比例分成。

第二十九条 以申请在先方式取得,未进行有偿处置且不涉及国家出资探明矿产地的探矿权、采矿权,比照协议出让方式,按照以下原则征收采矿权出让收益:

(一)《矿种目录》所列矿种,探矿权尚未转为采矿权的,应在转为采矿权后,按矿产品销售时的矿业权出让收益率逐年征收采矿权出让收益。

(二)《矿种目录》所列矿种,已转为采矿权的,按矿产品销售时的矿业权出让收益率逐年征收采矿权出让收益。

自2017年7月1日至2023年4月30日未缴纳的矿业权出让收益,按本办法规定的矿业权出让收益率征收标准及未缴纳期间的销售收入计算应缴矿业权出让收益,可一次性或平均分六年征收。相关自然资源主管部门应清理确认矿业权人欠缴矿业权出让收益情况,一次性推送同级财政部门、税务部门。相关税务部门据此及时通知矿业权人缴纳欠缴款项直至全部缴清,并及时向相关财政部门、自然资源主管部门反馈收缴信息。

自2023年5月1日后应缴的矿业权出让收益,按矿产品销售时的矿业权出让收益率逐年征收。

(三)《矿种目录》所列矿种外,探矿权尚未转为采矿权的,应在采矿权新立时,按出让金额形式征收采矿权出让收益。

(四)《矿种目录》所列矿种外,已转为采矿权的,以2017年7月1日为剩余资源储量估算基准日,按出让金额形式征收采矿权出让收益。

第三十条 对于无偿占有属于国家出资探明矿产地的探矿权和无偿取得的采矿权,自2006年9月30日以来欠缴的矿业权出让收益

（价款），比照协议出让方式，按以下原则征收采矿权出让收益：

（一）《矿种目录》所列矿种，探矿权尚未转为采矿权的，在转采时按矿产品销售时的出让收益率征收采矿权出让收益。

（二）《矿种目录》所列矿种，已转为采矿权的，通过评估后，按出让金额形式征收自2006年9月30日（地方已有规定的从其规定）至本办法实施之日已动用资源储量的采矿权出让收益，并可参照第十二条的规定在采矿许可证剩余有效期内进行分期缴纳；之后的剩余资源储量，按矿产品销售时的出让收益率征收采矿权出让收益。

（三）《矿种目录》所列矿种外，探矿权尚未转为采矿权的，应在采矿权新立时，按出让金额形式征收采矿权出让收益。

（四）《矿种目录》所列矿种外，已转为采矿权的，以2006年9月30日为剩余资源储量估算基准日（地方已有规定的从其规定），按出让金额形式征收采矿权出让收益。

第三十一条 经财政部门和原国土资源主管部门批准，已将探矿权、采矿权价款转增国家资本金（国家基金），或以折股形式缴纳的，不再补缴探矿权、采矿权出让收益。

第五章 监 管

第三十二条 各级财政部门、自然资源主管部门和税务部门应当切实加强矿业权出让收益征收监督管理，按照职能分工，将相关信息纳入矿业权人勘查开采信息公示系统，适时检查矿业权出让收益征收情况。

第三十三条 矿业权人未按时足额缴纳矿业权出让收益的，从滞纳之日起每日加收千分之二的滞纳金，加收的滞纳金不超过欠缴金额本金。矿业权出让收益滞纳金缴入矿业权出让收益科目，并统一按规定分成比例分成。

第三十四条 各级财政部门、自然资源主管部门、税务部门及其工作人员，在矿业权出让收益征收工作中，存在滥用职权、玩忽职守、徇私舞弊等违法违规行为的，依法追究相应责任。

第三十五条 相关中介、服务机构和企业未如实提供相关信息，造成矿业权人少缴矿业权出让收益的，由县级以上自然资源主管部门会同有关部门将其行为记入企业不良信息；构成犯罪的，依法追究刑事责任。

第六章 附 则

第三十六条 省（自治区、直辖市）财政部门、自然资源主管部门、税务部门应当根据本办法细化本地区矿业权出让收益征收管理制度。

第三十七条 本办法自2023年5月1日起施行。《矿业权出让收益征收管理暂行办法》（财综〔2017〕35号）、《财政部 自然资源部关于进一步明确矿业权出让收益征收管理有关问题的通知》（财综〔2019〕11号）同时废止。

附：按矿业权出让收益率形式征收矿业权出让收益的矿种目录（试行）

附

按矿业权出让收益率形式征收矿业权出让收益的矿种目录（试行）

序号	矿种	计征对象	矿业权出让收益率（%）
1	石油、天然气、页岩气、天然气水合物		陆域矿业权出让收益率为0.8，海域矿业权出让收益率为0.6。
2	煤层气		0.3

(续表)

序号	矿种	计征对象	矿业权出让收益率(%)
3	煤炭、石煤	原矿产品	2.4
4	铀、钍	选矿产品	1
5	油页岩、油砂		0.8
6	天然沥青	原矿产品	2.3
7	地热	T<60℃	3.6
		60℃≤T<90℃	4.2
		T≥90℃	4.7
8	铁、锰、铬、钒、钛	选矿产品	1.8
9	铜、铝土矿、镍、钴	选矿产品	1.2
10	钨、锡、锑、钼、铅、锌、汞	选矿产品	2.3
11	镁、铋	选矿产品	1.8
12	金、银、铂族(铂、钯、钌、锇、铱、铑)	选矿产品	2.3
13	稀有金属(铌、钽、铍、锂、锆、锶、铷、铯)、稀散金属(锗、镓、铟、铊、铪、铼、镉、硒、碲)	选矿产品	1.4
14	轻稀土(镧、铈、镨、钕)	选矿产品	2.3
15	中重稀土(钐、铕、钇、钆、铽、镝、钬、铒、铥、镱、镥、钪)	选矿产品	4
16	磷	原矿产品	2.1
17	石墨	选矿产品	1.7
18	萤石(普通萤石、光学萤石)	选矿产品	2.4
19	硼	选矿产品	2.3
20	金刚石、自然硫、硫铁矿、水晶(压电水晶、熔炼水晶、光学水晶)、刚玉、红柱石、蓝晶石、硅线石、硅灰石、钠硝石、滑石、石棉、蓝石棉、云母、长石、石榴子石、叶蜡石、透闪石、透辉石、蛭石、沸石、明矾石、石膏(含硬石膏)、重晶石、毒重石、芒硝(无水芒硝、钙芒硝、白钠镁矾)、天然碱、冰洲石、方解石、菱镁矿、电气石、颜料矿物(赭石、颜料黄土)、含钾岩石、碘、溴、砷	原矿产品	2.9
21	泥灰岩、白垩、脉石英(冶金用、玻璃用)、粉石英、天然油石、含钾砂页岩、硅藻土、高岭土、陶瓷土、膨润土、铁矾土、麦饭石、珍珠岩、松脂岩、火山灰、火山渣、浮石、粗面岩(水泥用、铸石用)、泥炭	原矿产品	3.1
22	宝石、黄玉、玉石、玛瑙、工艺水晶	原矿产品	8
23	地下水、矿泉水	原矿产品	3
24	二氧化碳气、硫化氢气、氦气、氖气	原矿产品	0.8
25	钾盐、矿盐(岩盐、湖盐、天然卤水)、镁盐	选矿产品	2.8

十五、土地闲置费

闲置土地处置办法

（1999 年 4 月 28 日中华人民共和国国土资源部令第 53 号公布）

（1999 年 4 月 26 日国土资源部第 6 次部长办公会议通过；2012 年 5 月 22 日国土资源部第 1 次部务会议修订；2012 年 7 月 1 日起施行）

第一章 总 则

第一条 为有效处置和充分利用闲置土地，规范土地市场行为，促进节约集约用地，根据《中华人民共和国土地管理法》《中华人民共和国城市房地产管理法》及有关法律、行政法规，制定本办法。

第二条 本办法所称闲置土地，是指国有建设用地使用权人超过国有建设用地使用权有偿使用合同或者划拨决定书约定、规定的动工开发日期满 1 年未动工开发的国有建设用地。

已动工开发但开发建设用地面积占应动工开发建设用地总面积不足 1/3 或者已投资额占总投资额不足 25%，中止开发建设满 1 年的国有建设用地，也可以认定为闲置土地。

第三条 闲置土地处置应当符合土地利用总体规划和城乡规划，遵循依法依规、促进利用、保障权益、信息公开的原则。

第四条 市、县国土资源主管部门负责本行政区域内闲置土地的调查认定和处置工作的组织实施。

上级国土资源主管部门对下级国土资源主管部门调查认定和处置闲置土地工作进行监督管理。

第二章 调查和认定

第五条 市、县国土资源主管部门发现有涉嫌构成本办法第二条规定的闲置土地的，应当在 30 日内开展调查核实，向国有建设用地使用权人发出《闲置土地调查通知书》。

国有建设用地使用权人应当在接到《闲置土地调查通知书》之日起 30 日内，按照要求提供土地开发利用情况、闲置原因以及相关说明等材料。

第六条 《闲置土地调查通知书》应当包括下列内容：

（一）国有建设用地使用权人的姓名或者名称、地址；

（二）涉嫌闲置土地的基本情况；

（三）涉嫌闲置土地的事实和依据；

（四）调查的主要内容及提交材料的期限；

（五）国有建设用地使用权人的权利和义务；

（六）其他需要调查的事项。

第七条 市、县国土资源主管部门履行闲置土地调查职责，可以采取下列措施：

（一）询问当事人及其他证人；

（二）现场勘测、拍照、摄像；

（三）查阅、复制与被调查人有关的土地资料；

（四）要求被调查人就有关土地权利及使用问题作出说明。

第八条 有下列情形之一，属于政府、政府有关部门的行为造成动工开发延迟的，国有建设用地使用权人应当向市、县国土资源主管部门提供土地闲置原因说明材料，经审核属实的，依照本办法第十二条和第十三条规定处置：

（一）因未按照国有建设用地使用权有偿

使用合同或者划拨决定书约定、规定的期限、条件将土地交付给国有建设用地使用权人，致使项目不具备动工开发条件的；

（二）因土地利用总体规划、城乡规划依法修改，造成国有建设用地使用权人不能按照国有建设用地使用权有偿使用合同或者划拨决定书约定、规定的用途、规划和建设条件开发的；

（三）因国家出台相关政策，需要对约定、规定的规划和建设条件进行修改的；

（四）因处置土地上相关群众信访事项等无法动工开发的；

（五）因军事管制、文物保护等无法动工开发的；

（六）政府、政府有关部门的其他行为。

因自然灾害等不可抗力导致土地闲置的，依照前款规定办理。

第九条 经调查核实，符合本办法第二条规定条件，构成闲置土地的，市、县国土资源主管部门应当向国有建设用地使用权人下达《闲置土地认定书》。

第十条 《闲置土地认定书》应当载明下列事项：

（一）国有建设用地使用权人的姓名或者名称、地址；

（二）闲置土地的基本情况；

（三）认定土地闲置的事实、依据；

（四）闲置原因及认定结论；

（五）其他需要说明的事项。

第十一条 《闲置土地认定书》下达后，市、县国土资源主管部门应当通过门户网站等形式向社会公开闲置土地的位置、国有建设用地使用权人名称、闲置时间等信息；属于政府或者政府有关部门的行为导致土地闲置的，应当同时公开闲置原因，并书面告知有关政府或者政府部门。

上级国土资源主管部门应当及时汇总下级国土资源主管部门上报的闲置土地信息，并在门户网站上公开。

闲置土地在没有处置完毕前，相关信息应当长期公开。闲置土地处置完毕后，应当及时撤销相关信息。

第三章 处置和利用

第十二条 因本办法第八条规定情形造成土地闲置的，市、县国土资源主管部门应当与国有建设用地使用权人协商，选择下列方式处置：

（一）延长动工开发期限。签订补充协议，重新约定动工开发、竣工期限和违约责任。从补充协议约定的动工开发日期起，延长动工开发期限最长不得超过1年。

（二）调整土地用途、规划条件。按照新用途或者新规划条件重新办理相关用地手续，并按照新用途或者新规划条件核算、收缴或者退还土地价款。改变用途后的土地利用必须符合土地利用总体规划和城乡规划。

（三）由政府安排临时使用。待原项目具备开发建设条件，国有建设用地使用权人重新开发建设。从安排临时使用之日起，临时使用期限最长不得超过两年。

（四）协议有偿收回国有建设用地使用权。

（五）置换土地。对已缴清土地价款、落实项目资金，且因规划依法修改造成闲置的，可以为国有建设用地使用权人置换其他价值相当、用途相同的国有建设用地进行开发建设。涉及出让土地的，应当重新签订土地出让合同，并在合同中注明为置换土地。

（六）市、县国土资源主管部门还可以根据实际情况规定其他处置方式。

除前款第四项规定外，动工开发时间按照新约定、规定的时间重新起算。

符合本办法第二条第二款规定情形的闲置土地，依照本条规定的方式处置。

第十三条 市、县国土资源主管部门与国有建设用地使用权人协商一致后，应当拟订闲置土地处置方案，报本级人民政府批准后实施。

闲置土地设有抵押权的，市、县国土资源主管部门在拟订闲置土地处置方案时，应当书面通知相关抵押权人。

第十四条 除本办法第八条规定情形外，闲置土地按照下列方式处理：

（一）未动工开发满 1 年的，由市、县国土资源主管部门报经本级人民政府批准后，向国有建设用地使用权人下达《征缴土地闲置费决定书》，按照土地出让或者划拨价款的 20% 征缴土地闲置费。土地闲置费不得列入生产成本。

（二）未动工开发满两年的，由市、县国土资源主管部门按照《中华人民共和国土地管理法》第三十七条和《中华人民共和国城市房地产管理法》第二十六条的规定，报经有批准权的人民政府批准后，向国有建设用地使用权人下达《收回国有建设用地使用权决定书》，无偿收回国有建设用地使用权。闲置土地设有抵押权的，同时抄送相关土地抵押权人。

第十五条 市、县国土资源主管部门在依照本办法第十四条规定作出征缴土地闲置费、收回国有建设用地使用权决定前，应当书面告知国有建设用地使用权人有申请听证的权利。国有建设用地使用权人要求举行听证的，市、县国土资源主管部门应当依照《国土资源听证规定》依法组织听证。

第十六条 《征缴土地闲置费决定书》和《收回国有建设用地使用权决定书》应当包括下列内容：

（一）国有建设用地使用权人的姓名或者名称、地址；

（二）违反法律、法规或者规章的事实和证据；

（三）决定的种类和依据；

（四）决定的履行方式和期限；

（五）申请行政复议或者提起行政诉讼的途径和期限；

（六）作出决定的行政机关名称和作出决定的日期；

（七）其他需要说明的事项。

第十七条 国有建设用地使用权人应当自《征缴土地闲置费决定书》送达之日起 30 日内，按照规定缴纳土地闲置费；自《收回国有建

设用地使用权决定书》送达之日起 30 日内，到市、县国土资源主管部门办理国有建设用地使用权注销登记，交回土地权利证书。

国有建设用地使用权人对《征缴土地闲置费决定书》和《收回国有建设用地使用权决定书》不服的，可以依法申请行政复议或者提起行政诉讼。

第十八条 国有建设用地使用权人逾期不申请行政复议、不提起行政诉讼，也不履行相关义务的，市、县国土资源主管部门可以采取下列措施：

（一）逾期不办理国有建设用地使用权注销登记，不交回土地权利证书的，直接公告注销国有建设用地使用权登记和土地权利证书；

（二）申请人民法院强制执行。

第十九条 对依法收回的闲置土地，市、县国土资源主管部门可以采取下列方式利用：

（一）依据国家土地供应政策，确定新的国有建设用地使用权人开发利用；

（二）纳入政府土地储备；

（三）对耕作条件未被破坏且近期无法安排建设项目的，由市、县国土资源主管部门委托有关农村集体经济组织、单位或者个人组织恢复耕种。

第二十条 闲置土地依法处置后土地权属和土地用途发生变化的，应当依据实地现状在当年土地变更调查中进行变更，并依照有关规定办理土地变更登记。

第四章　预防和监管

第二十一条 市、县国土资源主管部门供应土地应当符合下列要求，防止因政府、政府有关部门的行为造成土地闲置：

（一）土地权利清晰；

（二）安置补偿落实到位；

（三）没有法律经济纠纷；

（四）地块位置、使用性质、容积率等规划条件明确；

（五）具备动工开发所必需的其他基本条件。

第二十二条 国有建设用地使用权有偿使用合同或者划拨决定书应当就项目动工开发、竣工时间和违约责任等作出明确约定、规定。约定、规定动工开发时间应当综合考虑办理动工开发所需相关手续的时限规定和实际情况，为动工开发预留合理时间。

因特殊情况，未约定、规定动工开发日期，或者约定、规定不明确的，以实际交付土地之日起1年为动工开发日期。实际交付土地日期以交地确认书确定的时间为准。

第二十三条 国有建设用地使用权人应当在项目开发建设期间，及时向市、县国土资源主管部门报告项目动工开发、开发进度、竣工等情况。

国有建设用地使用权人应当在施工现场设立建设项目公示牌，公布建设用地使用权人、建设单位、项目动工开发、竣工时间和土地开发利用标准等。

第二十四条 国有建设用地使用权人违反法律法规规定和合同约定、划拨决定书规定恶意囤地、炒地的，依照本办法规定处理完毕前，市、县国土资源主管部门不得受理该国有建设用地使用权人新的用地申请，不得办理被认定为闲置土地的转让、出租、抵押和变更登记。

第二十五条 市、县国土资源主管部门应当将本行政区域内的闲置土地信息按宗录入土地市场动态监测与监管系统备案。闲置土地按照规定处置完毕后，市、县国土资源主管部门应当及时更新该宗土地相关信息。

闲置土地未按照规定备案的，不得采取本办法第十二条规定的方式处置。

第二十六条 市、县国土资源主管部门应当将国有建设用地使用权人闲置土地的信息抄送金融监管等部门。

第二十七条 省级以上国土资源主管部门可以根据情况，对闲置土地情况严重的地区，在土地利用总体规划、土地利用年度计划、建设用地审批、土地供应等方面采取限制新增加建设用地、促进闲置土地开发利用的措施。

第五章 法律责任

第二十八条 市、县国土资源主管部门未按照国有建设用地使用权有偿使用合同或者划拨决定书约定、规定的期限、条件将土地交付给国有建设用地使用权人，致使项目不具备动工开发条件的，应当依法承担违约责任。

第二十九条 县级以上国土资源主管部门及其工作人员违反本办法规定，有下列情形之一的，依法给予处分；构成犯罪的，依法追究刑事责任：

（一）违反本办法第二十一条的规定供应土地的；

（二）违反本办法第二十四条的规定受理用地申请和办理土地登记的；

（三）违反本办法第二十五条的规定处置闲置土地的；

（四）不依法履行闲置土地监督检查职责，在闲置土地调查、认定和处置工作中徇私舞弊、滥用职权、玩忽职守的。

第六章 附 则

第三十条 本办法中下列用语的含义：

动工开发：依法取得施工许可证后，需挖深基坑的项目，基坑开挖完毕；使用桩基的项目，打入所有基础桩；其他项目，地基施工完成1/3。

已投资额、总投资额：均不含国有建设用地使用权出让价款、划拨价款和向国家缴纳的相关税费。

第三十一条 集体所有建设用地闲置的调查、认定和处置，参照本办法有关规定执行。

第三十二条 本办法自2012年7月1日起施行。

自然资源部办公厅关于政府原因闲置土地协议有偿收回相关政策的函

（自然资办函〔2018〕1903 号）

海南省自然资源和规划厅：

《海南省国土资源厅关于请求给予闲置土地有偿收回政策支持的请示》（琼国土资〔2018〕142 号）收悉。现就因政府原因闲置土地协议有偿收回相关政策函复如下。

《城市房地产管理法》规定，土地使用权人必须按照土地适用权出让合同约定的土地用途、动工开发期限开发土地，超过出让合同约定的动工开发日期满二年未动工开发的可以无偿收回国土地适用权，但是因不可抗力或者政府、政府有关部门的行为或者动工开发必需的前期工作造成动工开发延迟的除外。《闲置土地处置办法》（国土资源部令第 53 号）第十二条规定，属于政府、政府有关部门的行为以及因不可抗力造成动工开发延迟，可以协议有偿收回国有建设用地使用权。

在土地供应和闲置土地处置工作中，要严格落实履约责任，营造诚实守信的营商环境。一是要严格执行"净地"供应的有关规定。供地前要处理好土地的产权、补偿安置等经济法律关系、完成必要的通水、通电、道路、土地平整等前期开发。二是对于"净地"供应政策出台前已供应的"毛地"，应当按照合同或划拨决定书约定、规定的条款，由具体责任方实施拆迁安置和前期开发，确保履约到位。三是处置因政府原因造成的闲置土地，要区分具体情况：对于因政府未按约定履行拆迁安置、前期开发、及时交地等义务而导致土地闲置的，政府应积极主动解决问题，与土地使用权人签订补充协议，重新约定"净地"交付期限，为项目动工创造必要条件；在约定的期限内仍未能达到"净地"标准，要明确造成闲置的政府及有关部门责任并依法处理后，方可采取协议有偿收回的方式处置。对于因效府修改规划或规划建设条件、军事管制、文物保护以及不可抗力等原因，造成土地确实无法按原规划建设条件动工建设的，在土地使用权人同意协商的情况下，可以采取协议有偿收回的方式处置。

需要协议收回闲置土地使用权的，应当遵循协商一致和合理补偿的原则。市、县自然资源主管部门应当按照《闲置土地处置办法》的规定，在调查认定的基础上，及时告知土地使用权人有偿收回相关事宜，与当事人就收回范围、补偿标准、收回方式等进行协商。有偿收回的补偿金额应不低于土地使用权人取得土地的成本，综合考虑其合理的直接损失，参考市场价格，由双方共同协商确定。经协商达成一致的，市、县自然资源主管部门拟定闲置土地处置方案，报本级人民政府批准后，正式签订有偿收回协议并执行。

十六、城镇垃圾处理费

城市市容和环境卫生管理条例

（中华人民共和国国务院令第 101 号）

依据《国务院关于修改和废止部分行政法规的决定》（中华人民共和国国务院令第 676 号），本规定自 2017 年 3 月 1 日起第三十三条修改为："按国家行政建制设立的市的市区内，禁止饲养鸡、鸭、鹅、兔、羊、猪等家畜家禽；因教学、科研以及其他特殊需要饲养的除外"；删去第三十五条中的"未经批准擅自"。

第一章　总　则

第一条　为了加强城市市容和环境卫生管理，创造清洁、优美的城市工作、生活环境，促进城市社会主义物质文明和精神文明建设，制定本条例。

第二条　在中华人民共和国城市内，一切单位和个人都必须遵守本条例。

第三条　城市市容和环境卫生工作，实行统一领导、分区负责、专业人员管理与群众管理相结合的原则。

第四条　国务院城市建设行政主管部门主管全国城市市容和环境卫生工作。

省、自治区人民政府城市建设行政主管部门负责本行政区域的城市市容和环境卫生管理工作。

城市人民政府市容环境卫生行政主管部门负责本行政区域的城市市容和环境卫生管理工作。

第五条　城市人民政府应当把城市市容和环境卫生事业纳入国民经济和社会发展计划，并组织实施。

城市人民政府应当结合本地的实际情况，积极推行环境卫生用工制度的改革，并采取措施，逐步提高环境卫生工作人员的工资福利待遇。

第六条　城市人民政府应当加强城市市容和环境卫生科学知识的宣传，提高公民的环境卫生意识，养成良好的卫生习惯。

一切单位和个人，都应当尊重市容和环境卫生工作人员的劳动，不得妨碍、阻挠市容和环境卫生工作人员履行职务。

第七条　国家鼓励城市市容和环境卫生的科学技术研究，推广先进技术，提高城市市容和环境卫生水平。

第八条　对在城市市容和环境卫生工作中成绩显著的单位和个人，由人民政府给予奖励。

第二章　城市市容管理

第九条　城市中的建筑物和设施，应当符合国家规定的城市容貌标准。对外开放城市、风景旅游城市和有条件的其他城市，可以结合本地具体情况，制定严于国家规定的城市容貌标准；建制镇可以参照国家规定的城市容貌标准执行。

第十条　一切单位和个人都应当保持建筑物的整洁、美观。在城市人民政府规定的街道的临街建筑物的阳台和窗外，不得堆放、吊挂有碍市容的物品。搭建或者封闭阳台必须符合城市人民政府市容环境卫生行政主管部门的有关规定。

第十一条　在城市中设置户外广告、标语牌、画廊、橱窗等，应当内容健康、外型美观，并定期维修、油饰或者拆除。

大型户外广告的设置必须征得城市人民政府市容环境卫生行政主管部门同意后,按照有关规定办理审批手续。

第十二条 城市中的市政公用设施,应当与周围环境相协调,并维护和保持设施完好、整洁。

第十三条 主要街道两侧的建筑物前,应当根据需要与可能,选用透景、半透景的围墙、栅栏或者绿篱、花坛(池)、草坪等作为分界。

临街树木、绿篱、花坛(池)、草坪等,应当保持整洁、美观。栽培、整修或者其他作业留下的渣土、枝叶等,管理单位、个人或者作业者应当及时清除。

第十四条 任何单位和个人都不得在街道两侧和公共场地堆放物料,搭建建筑物、构筑物或者其他设施。因建设等特殊需要,在街道两侧和公共场地临时堆放物料,搭建非永久性建筑物、构筑物或者其他设施的,必须征得城市人民政府市容环境卫生行政主管部门同意后,按照有关规定办理审批手续。

第十五条 在市区运行的交通运输工具,应当保持外型完好、整洁,货运车辆运输的液体、散装货物,应当密封、包扎、覆盖,避免泄漏、遗撒。

第十六条 城市的工程施工现场的材料、机具应当堆放整齐,渣土应当及时清运;临街工地应当设置护栏或者围布遮挡;停工场地应当及时整理并作必要的覆盖;竣工后,应当及时清理和平整场地。

第十七条 一切单位和个人,都不得在城市建筑物、设施以及树木上涂写、刻画。

单位和个人在城市建筑物、设施上张挂、张贴宣传品等,须经城市人民政府市容环境卫生行政主管部门或者其他有关部门批准。

第三章 城市环境卫生管理

第十八条 城市中的环境卫生设施,应当符合国家规定的城市环境卫生标准。

第十九条 城市人民政府在进行城市新区开发或者旧区改造时,应当依照国家有关规定,建设生活废弃物的清扫、收集、运输和处理等环境卫生设施,所需经费应当纳入建设工程概算。

第二十条 城市人民政府市容环境卫生行政主管部门,应当根据城市居住人口密度和流动人口数量以及公共场所等特定地区的需要,制定公共厕所建设规划,并按照规定的标准,建设、改造或者支持有关单位建设、改造公共厕所。

城市人民政府市容环境卫生行政主管部门,应当配备专业人员或者委托有关单位和个人负责公共厕所的保洁和管理;有关单位和个人也可以承包公共厕所的保洁和管理。公共厕所的管理者可以适当收费,具体办法由省、自治区、直辖市人民政府制定。

对不符合规定标准的公共厕所,城市人民政府应当责令有关单位限期改造。

公共厕所的粪便应当排入贮(化)粪池或者城市污水系统。

第二十一条 多层和高层建筑应当设置封闭式垃圾通道或者垃圾贮存设施,并修建清运车辆通道。

城市街道两侧、居住区或者人流密集地区,应当设置封闭式垃圾容器、果皮箱等设施。

第二十二条 一切单位和个人都不得擅自拆除环境卫生设施;因建设需要必须拆除的,建设单位必须事先提出拆迁方案,报城市人民政府市容环境卫生行政主管部门批准。

第二十三条 按国家行政建制设立的市的主要街道、广场和公共水域的环境卫生,由环境卫生专业单位负责。

居住区、街巷等地方,由街道办事处负责组织专人清扫保洁。

第二十四条 飞机场、火车站、公共汽车始末站、港口、影剧院、博物馆、展览馆、纪念馆、体育馆(场)和公园等公共场所,由本单位负责清扫保洁。

第二十五条 机关、团体、部队、企事业单位,应当按照城市人民政府市容环境卫生行政主管部门划分的卫生责任区负责清扫保洁。

第二十六条　城市集贸市场,由主管部门负责组织专人清扫保洁。

各种摊点,由从业者负责清扫保洁。

第二十七条　城市港口客货码头作业范围内的水面,由港口客货码头经营单位责成作业者清理保洁。

在市区水域行驶或者停泊的各类船舶上的垃圾、粪便,由船上负责人依照规定处理。

第二十八条　城市人民政府市容环境卫生行政主管部门对城市生活废弃物的收集、运输和处理实施监督管理。

一切单位和个人,都应当依照城市人民政府市容环境卫生行政主管部门规定的时间、地点、方式,倾倒垃圾、粪便。

对垃圾、粪便应当及时清运,并逐步做到垃圾、粪便的无害化处理和综合利用。

对城市生活废弃物应当逐步做到分类收集、运输和处理。

第二十九条　环境卫生管理应当逐步实行社会化服务。有条件的城市,可以成立环境卫生服务公司。

凡委托环境卫生专业单位清扫、收集、运输和处理废弃物的,应当交纳服务费。具体办法由省、自治区、直辖市人民政府制定。

第三十条　城市人民政府应当有计划地发展城市煤气、天然气、液化气,改变燃料结构;鼓励和支持有关部门组织净菜进城和回收利用废旧物资,减少城市垃圾。

第三十一条　医院、疗养院、屠宰场、生物制品厂产生的废弃物,必须依照有关规定处理。

第三十二条　公民应当爱护公共卫生环境,不随地吐痰、便溺,不乱扔果皮、纸屑和烟头等废弃物。

第三十三条　按国家行政建制设立的市的市区内,禁止饲养鸡、鸭、鹅、兔、羊、猪等家畜家禽;因教学、科研以及其他特殊需要饲养的,须经其所在城市人民政府市容环境卫生行政主管部门批准。

第四章　罚　则

第三十四条　有下列行为之一者,城市人民政府市容环境卫生行政主管部门或者其委托的单位除责令其纠正违法行为、采取补救措施外,可以并处警告、罚款:

(一)随地吐痰、便溺,乱扔果皮、纸屑和烟头等废弃物的;

(二)在城市建筑物、设施以及树木上涂写、刻画或者未经批准张挂、张贴宣传品等的;

(三)在城市人民政府规定的街道的临街建筑物的阳台和窗外,堆放、吊挂有碍市容的物品的;

(四)不按规定的时间、地点、方式,倾倒垃圾、粪便的;

(五)不履行卫生责任区清扫保洁义务或者不按规定清运、处理垃圾和粪便的;

(六)运输液体、散装货物不作密封、包扎、覆盖,造成泄漏、遗撒的;

(七)临街工地不设置护栏或者不作遮挡、停工场地不及时整理并作必要覆盖或者竣工后不及时清理和平整场地,影响市容和环境卫生的。

第三十五条　未经批准擅自饲养家畜家禽影响市容和环境卫生的,由城市人民政府市容环境卫生行政主管部门或者其委托的单位,责令其限期处理或者予以没收,并可处以罚款。

第三十六条　有下列行为之一者,由城市人民政府市容环境卫生行政主管部门或者其委托的单位责令其停止违法行为,限期清理、拆除或者采取其他补救措施,并可处以罚款:

(一)未经城市人民政府市容环境卫生行政主管部门同意,擅自设置大型户外广告,影响市容的;

(二)未经城市人民政府市容环境卫生行政主管部门批准,擅自在街道两侧和公共场地堆放物料,搭建建筑物、构筑物或者其他设施,影响市容的;

(三)未经批准擅自拆除环境卫生设施或者未按批准的拆迁方案进行拆迁的。

第三十七条　凡不符合城市容貌标准、环境卫生标准的建筑物或者设施,由城市人民政府市容环境卫生行政主管部门会同城市规划行政主管部门,责令有关单位和个人限期改造或者拆除;逾期未改造或者未拆除的,经县级以上人民政府批准,由城市人民政府市容环境卫生行政主管部门或者城市规划行政主管部门组织强制拆除,并可处以罚款。

第三十八条 损坏各类环境卫生设施及其附属设施的,城市人民政府市容环境卫生行政主管部门或者其委托的单位除责令其恢复原状外,可以并处罚款;盗窃、损坏各类环境卫生设施及其附属设施,应当给予治安管理处罚的,依照《中华人民共和国治安管理处罚条例》的规定处罚;构成犯罪的,依法追究刑事责任。

第三十九条 侮辱、殴打市容和环境卫生工作人员或者阻挠其执行公务的,依照《中华人民共和国治安管理处罚条例》的规定处罚;构成犯罪的,依法追究刑事责任。

第四十条 当事人对行政处罚决定不服的,可以自接到处罚通知之日起15日内,向作出处罚决定机关的上一级机关申请复议;对复议决定不服的,可以自接到复议决定书之日起15日内向人民法院起诉。当事人也可以自接

到处罚通知之日起15日内直接向人民法院起诉。期满不申请复议、也不向人民法院起诉、又不履行处罚决定的,由作出处罚决定的机关申请人民法院强制执行。

对治安管理处罚不服的,依照《中华人民共和国治安管理处罚法》的规定办理。

第四十一条 城市人民政府市容环境卫生行政主管部门工作人员玩忽职守、滥用职权、徇私舞弊的,由其所在单位或者上级主管机关给予行政处分;构成犯罪的,依法追究刑事责任。

第五章 附 则

第四十二条 未设镇建制的城市型居民区可以参照本条例执行。

第四十三条 省、自治区、直辖市人民政府可以根据本条例制定实施办法。

第四十四条 本条例由国务院城市建设行政主管部门负责解释。

第四十五条 本条例自1992年8月1日起施行。

国家发展计划委员会 财政部 国家环境保护总局关于实行城市生活垃圾处理收费制度促进垃圾处理产业化的通知

(计价格〔2002〕872号)

各省、自治区、直辖市人民政府:

随着我国城市化进程的加快,城市生活垃圾数量也在迅速增加。由于城市垃圾处理投资渠道单一,缺少必要的设施建设、运行和维护资金,处理设施严重不足,处理水平普遍不高,相当一部分城市的土壤、水体、大气受到生活垃圾的污染,使生态环境和人民群众生活受到影响。解决城市生活垃圾问题已成为全社会关注的热点问题。

为加快生活垃圾处理步伐,提高垃圾处理质量,改善城市生态环境,促进可持续发展,根据《中华人民共和国国民经济和社会发展第十

个五年计划》《中华人民共和国固体废物污染环境防治法》的有关规定和党中央、国务院有关建立城市生活垃圾处理收费制度,实行垃圾处理产业化的决定,经国务院同意,现就实行城市生活垃圾处理收费制度,促进垃圾处理产业化的有关事项通知如下:

一、全面推行生活垃圾处理收费制度,促进垃圾处理的良性循环

城市生活垃圾是指城市人口在日常生活中产生或为城市日常生活提供服务的产生的固体废物,以及法律、行政法规规定,视为城市生活垃圾的固体废物(包括建筑垃圾和渣土,不

包括工业固体废物和危险废物)。所有产生生活垃圾的国家机关、企事业单位(包括交通运输工具)、个体经营者、社会团体、城市居民和城市暂住人口等,均应按规定缴纳生活垃圾处理费。

实行生活垃圾处理收费制度,是适应社会主义市场经济体制的客观要求,促进垃圾处理体制改革,实行政事、政企分开,逐步实现垃圾处理产业化的重要措施。各地要充分发挥市场配置资源的基础作用,拓宽投融资渠道,改善投融资环境,鼓励国内外资金,包括私营企业资金投入垃圾处理设施的建设和运行,最终建立符合市场经济要求的垃圾处理运行机制,解决当前垃圾处理能力不足所造成的环境污染问题。

二、合理制定垃圾处理费标准,提高垃圾无害化处理能力

按照垃圾处理产业化的要求,环卫企业收取的生活垃圾处理费为经营服务性收费,其收费标准应按照补偿垃圾收集、运输和处理成本,合理盈利的原则核定,并区别不同情况,逐步到位。垃圾收集、运输和处理成本主要包括运输工具费、材料费、动力费、维修费、设施设备折旧费、人工工资及福利费和税金等。

垃圾处理费收费标准,由城市人民政府价格主管部门会同建设(环境卫生)行政主管部门制定,报城市人民政府批准执行,并报省级价格、建设行政主管部门备案。目前垃圾处理费仍按行政事业性收费管理的,应创造条件,结合环卫体制改革,尽快向经营服务性收费转变。

制定、调整生活垃圾处理费标准要实行价格听证会制度。

三、制定科学的计收办法,加强收费管理

生活垃圾处理费应本着简便、有效、易操作的原则,按不同的收费对象采取不同的计费方法,并按月计收。对城市居民,可以以户或居民人数为单位收取;对纳入城市暂住人口管理的居民以及国家机关、事业单位,可以以人为单位收取;对生产经营单位,商业网点可以按营业面积收取;船舶、列车及飞机等交通工具可以按核定的载重吨位或座位收取;其他生产经营单位产生的生活垃圾,原则上以人为单位计收,生产垃圾处理费与工业废物垃圾处理费不得相互重复计收。具备条件的城市可以按照生活垃圾量计收垃圾处理费。对下岗职工自谋职业者和城市下岗职工、失业人员及低保对象,应实行收费减免政策。垃圾处理费的具体计收办法和收费减免办法由城市人民政府根据实际情况制定。

加强生活垃圾处理收费的管理,提高垃圾处理费的收缴率。应针对不贩收费对象,采取措施,鼓励其按规定、按时足额缴纳垃圾处理费。对代收单位,允许从收取的垃圾处理费中提取一定比例的手续费。手续费标准,在制定垃圾处理费标准时予以明确。任何单位和个人都不得擅自减免垃圾处理费。对不按规定缴纳垃圾处理费的,各地要采取措施加强管理。

生活垃圾处理费全部用于支付垃圾收集、运输和处理费用,任何部门和单位不得截留、挪用。对于生活垃圾处理设施不足,已经投资在建的垃圾处理设施,经城市人民政府批准,收取的生活垃圾处理费可用于补充生活垃圾处理设施的建设费用,但在建项目3年内必须建成,并实施垃圾处理。

四、改革垃圾处理运行机制,促进垃圾处理产业化

各地要按照城市总体规划和建设计划,制定生产垃圾处理设施专项规划和建设计划,处理设施布局和规模要合理。城市稠密地区,可按市场化运作方式建设区域性处理设施。垃圾处理设施的建设,要符合国家或有关部门颁发的产业政策、技术政策、建设标准和环境标准。要逐步关闭过渡性的简易处理设施,不断提高垃圾处理水平。

生产垃圾处理要坚持"无害化、减量化、资源化"的原则,积极推进垃圾分类收集,鼓励废物回收和综合利用。

生活垃圾处理应从源头抓起,逐步由垃圾收集企业负责社区、小区、居民住宅等源头的生产垃圾收集工作,避免多头管理,多头收费。

改革垃圾处理体制,实行企业化管理。垃圾处理单位应实行政企、政事分开,要引入竞争机制,通过公开招投标的方式,择优选择有资质的企业承担城市生活垃圾处理工作。积极探索特许经营、承包经营、租赁经营等多种运营方式,降低建设和运营成本,不断提高服务质量。城市建设(环境卫生)行政主管部门要建立市场准入制度,通过公开招投标择优选择有能力的企业(单位)承担生活垃圾收集、运输和处理工作。通过签订合同,明确责任和义务。垃圾处理企业(单位)应转变经营管理体制,实现独立核算、自负盈亏的企业化管理、确实保证垃圾处理质量。

城市建设(环境卫生)行政主管部门应加强对生活垃圾处理的监督管理,对达不到处理标准和服务质量的,应责令其改正;对现有存在污染隐患的垃圾处理厂应责令提出改造方案,限期整改。各级环保部门应加强对垃圾处理设施周围环境质量的监测检查,对处理不达标造成二次污染的应按有关规定进行处罚。

五、规范收费行为,减轻企事业单位和居民的不合理负担

收取生活垃圾处理费后,应取消与生活垃圾处理相关的其他收费项目,切实减轻企事业单位和居民的不合理负担。已实施物业管理收费的,在物业管理收费标准中应扣除已计入垃圾处理收费的相关费用。

各城市人民政府应建立健全收费管理制度,保证垃圾处理收费制度的顺利实施。各级价格、财政主管部门要加强对垃圾处理收费的监督检查,对违反规定乱收费的,应按有关规定进行查处。

以上请各地认真贯彻执行。

城市生活垃圾管理办法

[2007 年 4 月 28 日中华人民共和国建设部令第 157 号发布;2015 年 5 月 4 日根据《住房和城乡建设部关于修改〈房地产开发企业资质管理规定〉等部门规章的决定》(住房和城乡建设部令第 24 号)修正]

第一章 总 则

第一条 为了加强城市生活垃圾管理,改善城市市容和环境卫生,根据《中华人民共和国固体废物污染环境防治法》《城市市容和环境卫生管理条例》等法律、行政法规,制定本办法。

第二条 本办法适用于中华人民共和国境内城市生活垃圾的清扫、收集、运输、处置及相关管理活动。

第三条 城市生活垃圾的治理,实行减量化、资源化、无害化和谁产生、谁依法负责的原则。

国家采取有利于城市生活垃圾综合利用的经济、技术政策和措施,提高城市生活垃圾治理的科学技术水平,鼓励对城市生活垃圾实行充分回收和合理利用。

第四条 产生城市生活垃圾的单位和个人,应当按照城市人民政府确定的生活垃圾处理费收费标准和有关规定缴纳城市生活垃圾处理费。

城市生活垃圾处理费应当专项用于城市生活垃圾收集、运输和处置,严禁挪作他用。

第五条 国务院建设主管部门负责全国城市生活垃圾管理工作。

省、自治区人民政府建设主管部门负责本行政区域内城市生活垃圾管理工作。

直辖市、市、县人民政府建设(环境卫生)主管部门负责本行政区域内城市生活垃圾的管理工作。

第六条 任何单位和个人都应当遵守城市生活垃圾管理的有关规定,并有权对违反本办法的单位和个人进行检举和控告。

第二章 治理规划与设施建设

第七条 直辖市、市、县人民政府建设(环境卫生)主管部门应当会同城市规划等有关部门,依据城市总体规划和本地区国民经济和社会发展计划等,制定城市生活垃圾治理规划,统筹安排城市生活垃圾收集、处置设施的布局、用地和规模。

制定城市生活垃圾治理规划,应当广泛征求公众意见。

第八条 城市生活垃圾收集、处置设施用地应当纳入城市黄线保护范围,任何单位和个人不得擅自占用或者改变其用途。

第九条 城市生活垃圾收集、处置设施建设,应当符合城市生活垃圾治理规划和国家有关技术标准。

第十条 从事新区开发、旧区改建和住宅小区开发建设的单位,以及机场、码头、车站、公园、商店等公共设施、场所的经营管理单位,应当按照城市生活垃圾治理规划和环境卫生设施的设置标准,配套建设城市生活垃圾收集设施。

第十一条 城市生活垃圾收集、处置设施工程建设的勘察、设计、施工和监理,应当严格执行国家有关法律、法规和技术标准。

第十二条 城市生活垃圾收集、处置设施工程竣工后,建设单位应当依法组织竣工验收,并在竣工验收后三个月内,依法向当地人民政府建设主管部门和环境卫生主管部门报送建设工程项目档案。未经验收或者验收不合格的,不得交付使用。

第十三条 任何单位和个人不得擅自关闭、闲置或者拆除城市生活垃圾处置设施、场所;确有必要关闭、闲置或者拆除的,必须经所在地县级以上地方人民政府建设(环境卫生)主管部门和环境保护主管部门核准,并采取措施,防止污染环境。

第十四条 申请关闭、闲置或者拆除城市生活垃圾处置设施、场所的,应当提交以下材料:

(一)书面申请;

(二)权属关系证明材料;

(三)丧失使用功能或其使用功能被其他设施替代的证明;

(四)防止环境污染的方案;

(五)拟关闭、闲置或者拆除设施的现状图及拆除方案;

(六)拟新建设施设计图;

(七)因实施城市规划需要闲置、关闭或者拆除的,还应当提供规划、建设主管部门的批准文件。

第三章 清扫、收集、运输

第十五条 城市生活垃圾应当逐步实行分类投放、收集和运输。具体办法,由直辖市、市、县人民政府建设(环境卫生)主管部门根据国家标准和本地区实际制定。

第十六条 单位和个人应当按照规定的地点、时间等要求,将生活垃圾投放到指定的垃圾容器或者收集场所。废旧家具等大件垃圾应当按规定时间投放在指定的收集场所。

城市生活垃圾实行分类收集的地区,单位和个人应当按照规定的分类要求,将生活垃圾装入相应的垃圾袋内,投入指定的垃圾容器或者收集场所。

宾馆、饭店、餐馆以及机关、院校等单位应当按照规定单独收集、存放本单位产生的餐厨垃圾,并交符合本办法要求的城市生活垃圾收集、运输企业运至规定的城市生活垃圾处理场所。

禁止随意倾倒、抛洒或者堆放城市生活垃圾。

第十七条 从事城市生活垃圾经营性清扫、收集、运输的企业,应当取得城市生活垃圾经营性清扫、收集、运输服务许可证。

未取得城市生活垃圾经营性清扫、收集、运输服务许可证的企业,不得从事城市生活垃圾经营性清扫、收集、运输活动。

第十八条 直辖市、市、县建设(环境卫生)主管部门应当通过招投标等公平竞争方式作出城市生活垃圾经营性清扫、收集、运输许可的决定,向中标人颁发城市生活垃圾经营性清扫、收集、运输服务许可证。

直辖市、市、县建设(环境卫生)主管部门应当与中标人签订城市生活垃圾清扫、收集、运输经营协议。

城市生活垃圾清扫、收集、运输经营协议应当明确约定经营期限、服务标准等内容,作为城市生活垃圾清扫、收集、运输服务许可证的附件。

第十九条 从事城市生活垃圾经营性清扫、收集、运输服务的企业,应当具备以下条件:

(一)具备企业法人资格,从事垃圾清扫、收集的企业注册资本不少于人民币100万元,从事垃圾运输的企业注册资本不少于人民币300万元;(本项在修正中删除)

(二)机械清扫能力达到总清扫能力的20%以上,机械清扫车辆包括洒水车和清扫保洁车辆。机械清扫车辆应当具有自动洒水、防尘、防遗撒、安全警示功能,安装车辆行驶及清扫过程记录仪;

(三)垃圾收集应当采用全密闭运输工具,并应当具有分类收集功能;

(四)垃圾运输应当采用全密闭自动卸载车辆或船只,具有防臭味扩散、防遗撒、防渗沥液滴漏功能,安装行驶及装卸记录仪;

(五)具有健全的技术、质量、安全和监测管理制度并得到有效执行;

(六)具有合法的道路运输经营许可证、车辆行驶证;

(七)具有固定的办公及机械、设备、车辆、船只停放场所。

第二十条 从事城市生活垃圾经营性清扫、收集、运输的企业应当履行以下义务:

(一)按照环境卫生作业标准和作业规范,在规定的时间内及时清扫、收运城市生活垃圾;

(二)将收集的城市生活垃圾运到直辖市、市、县人民政府建设(环境卫生)主管部门认可的处理场所;

(三)清扫、收运城市生活垃圾后,对生活垃圾收集设施及时保洁、复位,清理作业场地,保持生活垃圾收集设施和周边环境的干净整洁;

(四)用于收集、运输城市生活垃圾的车辆、船舶应当做到密闭、完好和整洁。

第二十一条 从事城市生活垃圾经营性清扫、收集、运输的企业,禁止实施下列行为:

(一)任意倾倒、抛洒或者堆放城市生活垃圾;

(二)擅自停业、歇业;

(三)在运输过程中沿途丢弃、遗撒生活垃圾。

第二十二条 工业固体废弃物、危险废物应当按照国家有关规定单独收集、运输,严禁混入城市生活垃圾。

第四章 处 置

第二十三条 城市生活垃圾应当在城市生活垃圾转运站、处理厂(场)处置。

任何单位和个人不得任意处置城市生活垃圾。

第二十四条 城市生活垃圾处置所采用的技术、设备、材料,应当符合国家有关城市生活垃圾处理技术标准的要求,防止对环境造成污染。

第二十五条 从事城市生活垃圾经营性处置的企业,应当向所在地直辖市、市、县人民政府建设(环境卫生)主管部门取得城市生活垃圾经营性处置服务许可证。

未取得城市生活垃圾经营性处置服务许可证,不得从事城市生活垃圾经营性处置活动。

第二十六条 直辖市、市、县建设(环境卫生)主管部门应当通过招投标等公平竞争方式作出城市生活垃圾经营性处置许可的决定,向中标人颁发城市生活垃圾经营性处置服务许可证。

直辖市、市、县建设(环境卫生)主管部门应当与中标人签订城市生活垃圾处置经营协议，明确约定经营期限、服务标准等内容，并作为城市生活垃圾经营性处置服务许可证的附件。

第二十七条 从事城市生活垃圾经营性处置服务的企业，应当具备以下条件：

（一）具备企业法人资格，规模小于100吨/日的卫生填埋场和堆肥厂的注册资本不少于人民币500万元，规模大于100吨/日的卫生填埋场和堆肥厂的注册资本不少于人民币5 000万元，焚烧厂的注册资本不少于人民币1亿元；（本项在修正中删除）

（二）卫生填埋场、堆肥厂和焚烧厂的选址符合城乡规划，并取得规划许可文件；

（三）采用的技术、工艺符合国家有关标准；

（四）有至少5名具有初级以上专业技术职称的人员，其中包括环境工程、机械、环境监测等专业的技术人员。技术负责人具有5年以上垃圾处理工作经历，并具有中级以上专业技术职称；

（五）具有完善的工艺运行、设备管理、环境监测与保护、财务管理、生产安全、计量统计等方面的管理制度并得到有效执行；

（六）生活垃圾处理设施配备沼气检测仪器，配备环境监测设施如渗沥液监测井、尾气取样孔，安装在线监测系统等监测设备并与建设（环境卫生）主管部门联网；

（七）具有完善的生活垃圾渗沥液、沼气的利用和处理技术方案，卫生填埋场对不同垃圾进行分区填埋方案、生活垃圾处理的渗沥液、沼气、焚烧烟气、残渣等处理残余物达标处理排放方案；

（八）有控制污染和突发事件的预案。

第二十八条 从事城市生活垃圾经营性处置的企业应当履行以下义务：

（一）严格按照国家有关规定和技术标准，处置城市生活垃圾；

（二）按照规定处理处置过程中产生的污水、废气、废渣、粉尘等，防止二次污染；

（三）按照所在地建设（环境卫生）主管部门规定的时间和要求接收生活垃圾；

（四）按照要求配备城市生活垃圾处置设备、设施，保证设施、设备运行良好；

（五）保证城市生活垃圾处置站、场（厂）环境整洁；

（六）按照要求配备合格的管理人员及操作人员；

（七）对每日收运、进出场站、处置的生活垃圾进行计量，按照要求将统计数据和报表报送所在地建设（环境卫生）主管部门；

（八）按照要求定期进行水、气、土壤等环境影响监测，对生活垃圾处理设施的性能和环保指标进行检测、评价，向所在地建设（环境卫生）主管部门报告检测、评价结果。

第五章 监督管理

第二十九条 国务院建设主管部门和省、自治区人民政府建设主管部门应当建立健全监督管理制度，对本办法的执行情况进行监督检查。

直辖市、市、县人民政府建设（环境卫生）主管部门应当对本行政区域内城市生活垃圾经营性清扫、收集、运输、处置企业执行本办法的情况进行监督检查；根据需要，可以向城市生活垃圾经营性处置企业派驻监督员。

第三十条 直辖市、市、县人民政府建设（环境卫生）主管部门实施监督检查时，有权采取下列措施：

（一）查阅复制有关文件和资料；

（二）要求被检查的单位和个人就有关问题做出说明；

（三）进入现场开展检查；

（四）责令有关单位和个人改正违法行为。

有关单位和个人应当支持配合监督检查并提供工作方便，不得妨碍与阻挠监督检查人员依法执行职务。

第三十一条 直辖市、市、县人民政府建设（环境卫生）主管部门应当委托具有计量认证资格的机构，定期对城市生活垃圾处理场站的垃圾处置数量、质量和环境影响进行监测。

第三十二条 城市生活垃圾经营性清扫、收集、运输、处置服务许可有效期届满需要继续从事城市生活垃圾经营性清扫、收集、运输、处置活动的,应当在有效期届满30日前向原发证机关申请办理延续手续。准予延续的,直辖市、市、县建设(环境卫生)主管部门应当与城市生活垃圾经营性清扫、收集、运输、处置企业重新订立经营协议。

第三十三条 有下列情形之一的,可以依法撤销许可证书:

(一)建设(环境卫生)主管部门工作人员滥用职权、玩忽职守作出准予城市生活垃圾清扫、收集、运输或者处置许可决定的;

(二)超越法定职权作出准予城市生活垃圾清扫、收集、运输或者处置许可决定的;

(三)违反法定程序作出准予城市生活垃圾清扫、收集、运输或者处置许可决定的;

(四)对不符合许可条件的申请人作出准予许可的;

(五)依法可以撤销许可的其他情形。

申请人以欺骗、贿赂等不正当手段取得许可的,应当予以撤销。

第三十四条 有下列情形之一的,从事城市生活垃圾经营性清扫、收集、运输或者处置的企业应当向原许可机关提出注销许可证的申请,交回许可证书;原许可机关应当办理注销手续,公告其许可证书作废:

(一)许可事项有效期届满,未依法申请延期的;

(二)企业依法终止的;

(三)许可证依法被撤回、撤销或者吊销的;

(四)法律、法规规定的其他应当注销的情形。

第三十五条 从事城市生活垃圾经营性清扫、收集、运输、处置的企业需停业、歇业的,应当提前半年向所在地直辖市、市、县人民政府建设(环境卫生)主管部门报告,经同意后方可停业或者歇业。

直辖市、市、县人民政府建设(环境卫生)主管部门应当在城市生活垃圾经营性清扫、收集、运输、处置企业停业或者歇业前,落实保障及时清扫、收集、运输、处置城市生活垃圾的措施。

第三十六条 直辖市、市、县人民政府建设(环境卫生)主管部门应当会同有关部门制定城市生活垃圾清扫、收集、运输和处置应急预案,建立城市生活垃圾应急处理系统,确保紧急或者特殊情况下城市生活垃圾的正常清扫、收集、运输和处置。

从事城市生活垃圾经营性清扫、收集、运输和处置的企业,应当制定突发事件生活垃圾污染防范的应急方案,并报所在地直辖市、市、县人民政府建设(环境卫生)主管部门备案。

第三十七条 从事城市生活垃圾经营性清扫、收集、运输或者处置的企业应当按照国家劳动保护的要求和规定,改善职工的工作条件,采取有效措施,逐步提高职工的工资和福利待遇,做好职工的卫生保健和技术培训工作。

第六章 法律责任

第三十八条 单位和个人未按规定缴纳城市生活垃圾处理费的,由直辖市、市、县人民政府建设(环境卫生)主管部门责令限期改正,逾期不改正的,对单位可处以应交城市生活垃圾处理费三倍以下且不超过3万元的罚款,对个人可处以应交城市生活垃圾处理费三倍以下且不超过1 000元的罚款。

第三十九条 违反本办法第十条规定,未按照城市生活垃圾治理规划和环境卫生设施标准配套建设城市生活垃圾收集设施的,由直辖市、市、县人民政府建设(环境卫生)主管部门责令限期改正,并可以1万元以下的罚款。

第四十条 违反本办法第十二条规定,城市生活垃圾处置设施未经验收或者验收不合格投入使用的,由直辖市、市、县人民政府建设主管部门责令改正,处工程合同价款2%以上4%以下的罚款;造成损失的,应当承担赔偿责任。

第四十一条 违反本办法第十三条规定,未经批准擅自关闭、闲置或者拆除城市生活垃圾处置设施、场所的,由直辖市、市、县人民政府建设(环境卫生)主管部门责令停止违法行为,限期改正,处以1万元以上10万元以下的罚款。

第四十二条 违反本办法第十六条规定,随意倾倒、抛洒、堆放城市生活垃圾的,由直辖市、市、县人民政府建设(环境卫生)主管部门责令停止违法行为,限期改正,对单位处以5 000元以上5万元以下的罚款。个人有以上行为的,处以200元以下的罚款。

第四十三条 违反本办法第十七条、第二十五条规定,未经批准从事城市生活垃圾经营性清扫、收集、运输或者处置活动的,由直辖市、市、县人民政府建设(环境卫生)主管部门责令停止违法行为,并处以3万元的罚款。

第四十四条 违反本办法规定,从事城市生活垃圾经营性清扫、收集、运输的企业在运输过程中沿途丢弃、遗撒生活垃圾的,由直辖市、市、县人民政府建设(环境卫生)卫生主管部门责令停止违法行为,限期改正,处以5 000元以上5万元以下的罚款。

第四十五条 从事生活垃圾经营性清扫、收集、运输的企业不履行本办法第二十条规定义务的,由直辖市、市、县人民政府建设(环境卫生)主管部门责令限期改正,并可处以5 000元以上3万元以下的罚款;城市生活垃圾经营性处置企业不履行本办法第二十八条规定义务的,由直辖市、市、县人民政府建设(环境卫生)主管部门责令限期改正,并可处以3万元以上10万元以下的罚款。造成损失的,依法承担赔偿责任。

第四十六条 违反本办法规定,从事城市生活垃圾经营性清扫、收集、运输的企业,未经批准擅自停业、歇业的,由直辖市、市、县人民政府建设(环境卫生)主管部门责令限期改正,并可处以1万元以上3万元以下罚款;从事城市生活垃圾经营性处置的企业,未经批准擅自停业、歇业的,由直辖市、市、县人民政府建设(环境卫生)主管部门责令限期改正,并可处以5万元以上10万元以下罚款。造成损失的,依法承担赔偿责任。

第四十七条 违反本办法规定的职权和程序,核发城市生活垃圾清扫、收集、运输、处理许可证的,由上级主管机关责令改正,并对其主管人员及其他直接责任人员给予行政处分;构成犯罪的,应当追究刑事责任。

国家机关工作人员在城市生活垃圾监督管理工作中,玩忽职守、滥用职权、徇私舞弊的,依法给予行政处分;构成犯罪的,依法追究刑事责任。

第七章 附 则

第四十八条 城市建筑垃圾的管理适用《城市建筑垃圾管理规定》(建设部令第139号)。

第四十九条 本办法的规定适用于从事城市生活垃圾非经营性清扫、收集、运输、处置的单位;但是,有关行政许可的规定以及第四十五条、第四十六条的规定除外。

第五十条 城市生活垃圾清扫、收集、运输服务许可证和城市生活垃圾处置服务许可证由国务院建设主管部门统一规定格式,省、自治区人民政府建设主管部门和直辖市人民政府建设(环境卫生)主管部门组织印制。

第五十一条 本办法自2007年7月1日起施行。1993年8月10日建设部颁布的《城市生活垃圾管理办法》(建设部令第27号)同时废止。

国务院批转住房城乡建设部等部门关于进一步加强城市生活垃圾处理工作意见的通知

（国发〔2011〕9号）

各省、自治区、直辖市人民政府,国务院各部委、各直属机构:

国务院同意住房城乡建设部、环境保护部、发展改革委、教育部、科技部、工业和信息化部、监察部、财政部、人力资源社会保障部、国土资源部、农业部、商务部、卫生部、税务总局、广电总局、中央宣传部《关于进一步加强城市生活垃圾处理工作的意见》,现转发给你们,请认真贯彻执行。

关于进一步加强城市生活垃圾处理工作的意见

为切实加大城市生活垃圾处理工作力度,提高城市生活垃圾处理减量化、资源化和无害化水平,改善城市人居环境,现提出以下意见:

一、深刻认识城市生活垃圾处理工作的重要意义

城市生活垃圾处理是城市管理和环境保护的重要内容,是社会文明程度的重要标志,关系人民群众的切身利益。近年来,我国城市生活垃圾收运网络日趋完善,垃圾处理能力不断提高,城市环境总体上有了较大改善。但也要看到,由于城镇化快速发展,城市生活垃圾激增,垃圾处理能力相对不足,一些城市面临"垃圾围城"的困境,严重影响城市环境和社会稳定。各地区、各有关部门要充分认识加强城市生活垃圾处理的重要性和紧迫性,进一步统一思想,提高认识,全面落实各项政策措施,推进城市生活垃圾处理工作,创造良好的人居环境,促进城市可持续发展。

二、指导思想、基本原则和发展目标

（一）指导思想。以科学发展观为指导,按照全面建设小康社会和构建社会主义和谐社会的总体要求,把城市生活垃圾处理作为维护群众利益的重要工作和城市管理的重要内容,作为政府公共服务的一项重要职责,切实加强全过程控制和管理,突出重点工作环节,综合运用法律、行政、经济和技术等手段,不断提高城市生活垃圾处理水平。

（二）基本原则。

全民动员,科学引导。在切实提高生活垃圾无害化处理能力的基础上,加强产品生产和流通过程管理,减少过度包装,倡导节约和低碳的消费模式,从源头控制生活垃圾产生。

综合利用,变废为宝。坚持发展循环经济,推动生活垃圾分类工作,提高生活垃圾中废纸、废塑料、废金属等材料回收利用率,提高生活垃圾中有机成分和热能的利用水平,全面提升生活垃圾资源化利用工作。

统筹规划,合理布局。城市生活垃圾处理要与经济社会发展水平相协调,注重城乡统筹、区域规划、设施共享,集中处理与分散处理相结合,提高设施利用效率,扩大服务覆盖面。要科学制定标准,注重技术创新,因地制宜地选择先进适用的生活垃圾处理技术。

政府主导,社会参与。明确城市人民政府责任,在加大公共财政对城市生活垃圾处理投入的同时,采取有效的支持政策,引入市场机制,充分调动社会资金参与城市生活垃圾处理设施建设和运营的积极性。

（三）发展目标。到2015年,全国城市生活垃圾无害化处理率达到80%以上,直辖市、省会城市和计划单列市生活垃圾全部实现无害化处理。每个省（区）建成一个以上生活垃圾分类示范城市。50%的设区城市初步实现餐厨垃圾分类收运处理。城市生活垃圾资源化利用比例达到30%,直辖市、省会城市和计划单列市达到50%。建立完善的城市生活垃圾处理

监管体制机制。到 2030 年,全国城市生活垃圾基本实现无害化处理,全面实行生活垃圾分类收集、处置。城市生活垃圾处理设施和服务向小城镇和乡村延伸,城乡生活垃圾处理接近发达国家平均水平。

三、切实控制城市生活垃圾产生

(四)促进源头减量。通过使用清洁能源和原料、开展资源综合利用等措施,在产品生产、流通和使用等全生命周期促进生活垃圾减量。限制包装材料过度使用,减少包装性废物产生,探索建立包装物强制回收制度,促进包装物回收再利用。组织净菜和洁净农副产品进城,推广使用菜篮子、布袋子。有计划地改进燃料结构,推广使用城市燃气、太阳能等清洁能源,减少灰渣产生。在宾馆、餐饮等服务性行业,推广使用可循环利用物品,限制使用一次性用品。

(五)推进垃圾分类。城市人民政府要根据当地的生活垃圾特性、处理方式和管理水平,科学制定生活垃圾分类办法,明确工作目标、实施步骤和政策措施,动员社区及家庭积极参与,逐步推行垃圾分类。当前重点要稳步推进废弃含汞荧光灯、废温度计等有害垃圾单独收运和处理工作,鼓励居民分开盛放和投放厨余垃圾,建立高水分有机生活垃圾收运系统,实现厨余垃圾单独收集循环利用。进一步加强餐饮业和单位餐厨垃圾分类收集管理,建立餐厨垃圾排放登记制度。

(六)加强资源利用。全面推广废旧商品回收利用、焚烧发电、生物处理等生活垃圾资源化利用方式。加强可降解有机垃圾资源化利用工作,组织开展城市餐厨垃圾资源化利用试点,统筹餐厨垃圾、园林垃圾、粪便等无害化处理和资源化利用,确保工业油脂、生物柴油、肥料等资源化利用产品的质量和使用安全。加快生物质能源回收利用工作,提高生活垃圾焚烧发电和填埋气体发电的能源利用效率。

四、全面提高城市生活垃圾处理能力和水平

(七)强化规划引导。要抓紧编制全国和各省(区、市)"十二五"生活垃圾处理设施建设规划,推进城市生活垃圾处理设施一体化建设和网络化发展,基本实现县县建有生活垃圾处理设施。各城市要编制生活垃圾处理设施规划,统筹安排城市生活垃圾收集、处置设施的布局、用地和规模,并纳入土地利用总体规划、城市总体规划和近期建设规划。编制城市生活垃圾处理设施规划,应当广泛征求公众意见,健全设施周边居民诉求表达机制。生活垃圾处理设施用地纳入城市黄线保护范围,禁止擅自占用或者改变用途,同时要严格控制设施周边的开发建设活动。

(八)完善收运网络。建立与垃圾分类、资源化利用以及无害化处理相衔接的生活垃圾收运网络,加大生活垃圾收集力度,扩大收集覆盖面。推广密闭、环保、高效的生活垃圾收集、中转和运输系统,逐步淘汰敞开式收运方式。要对现有生活垃圾收运设施实施升级改造,推广压缩式收运设备,解决垃圾收集、中转和运输过程中的脏、臭、噪声和遗洒等问题。研究运用物联网技术,探索线路优化、成本合理、高效环保的收运新模式。

(九)选择适用技术。建立生活垃圾处理技术评估制度,新的生活垃圾处理技术经评估后方可推广使用。城市人民政府要按照生活垃圾处理技术指南,因地制宜地选择先进适用、符合节约集约用地要求的无害化生活垃圾处理技术。土地资源紧缺、人口密度高的城市要优先采用焚烧处理技术,生活垃圾管理水平较高的城市可采用生物处理技术,土地资源和污染控制条件较好的城市可采用填埋处理技术。鼓励有条件的城市集成多种处理技术,统筹解决生活垃圾处理问题。

(十)加快设施建设。城市人民政府要把生活垃圾处理设施作为基础设施建设的重点,切实加大组织协调力度,确保有关设施建设顺利进行。要简化程序,加快生活垃圾处理设施立项、建设用地、环境影响评价、可行性研究、初步设计等环节的审批速度。已经开工建设的项目要抓紧施工,保证进度,争取早日发挥效用。

要进一步加强监管,切实落实项目法人制、招投标制、质量监督制、合同管理制、工程监理制、工程竣工验收制等管理制度,确保工程质量安全。

(十一)提高运行水平。生活垃圾处理设施运营单位要严格执行各项工程技术规范和操作规程,切实提高设施运行水平。填埋设施运营单位要制定作业计划和方案,实行分区域逐层填埋作业,缩小作业面,控制设施周边的垃圾异味,防止废液渗漏和填埋气体无序排放。焚烧设施运营单位要足额使用石灰、活性炭等辅助材料,去除烟气中的酸性物质、重金属离子、二噁英等污染物,保证达标排放。新建生活垃圾焚烧设施,应安装排放自动监测系统和超标报警装置。运营单位要制定应急预案,有效应对设施故障、事故、进场垃圾量剧增等突发事件。切实加大人力财力物力的投入,解决设施设备长期超负荷运行问题,确保安全、高质量运行。建立污染物排放日常监测制度,按月向所在地住房城乡建设(市容环卫)和环境保护主管部门报告监测结果。

(十二)加快存量治理。各省(区、市)要开展非正规生活垃圾堆放点和不达标生活垃圾处理设施排查和环境风险评估,并制定治理计划。要优先开展水源地等重点区域生活垃圾堆放场所的生态修复工作,加快对城乡结合部等卫生死角长期积存生活垃圾的清理,限期改造不达标生活垃圾处理设施。

五、强化监督管理

(十三)完善法规标准。研究修订《城市市容和环境卫生管理条例》,加强生活垃圾全过程管理。建立健全生活垃圾处理标准规范体系,制定和完善生活垃圾分类、回收利用、工程验收、污染防治和评价等标准。进一步完善生活垃圾分类标识,使群众易于识别、便于投放。改进城市生活垃圾处理统计指标体系,做好与废旧商品回收利用指标体系的衔接。

(十四)严格准入制度。加强市场准入管理,严格设定城市生活垃圾处理企业资金、技术、人员、业绩等准入条件,建立和完善市场退

出机制,进一步规范城市生活垃圾处理特许经营权招标投标管理。具体办法由住房城乡建设部会同有关部门制定。

(十五)建立评价制度。加强对全国已建成运行的生活垃圾处理设施运营状况和处理效果的监管,开展年度考核评价,公开评价结果,接受社会监督。对未通过考核评价的生活垃圾处理设施,要责成运营单位限期整改。要加快信用体系建设,建立城市生活垃圾处理运营单位失信惩戒机制和黑名单制度,坚决将不能合格运营以及不能履行特许经营合同的企业清出市场。

(十六)加大监管力度。切实加强各级住房城乡建设(市容环卫)和环境保护部门生活垃圾处理监管队伍建设。研究建立城市生活垃圾处理工作督察巡视制度,加强对地方政府生活垃圾处理工作以及设施建设和运营的监管。建立城市生活垃圾处理节能减排量化指标,落实节能减排目标责任。探索引入第三方专业机构实施监管,提高监管的科学水平。完善全国生活垃圾处理设施建设和运营监控系统,定期开展生活垃圾处理设施排放物监测,常规污染物排放情况每季度至少监测一次,二噁英排放情况每年至少监测一次,必要时加密监测,主要监测数据和结果向社会公示。

六、加大政策支持力度

(十七)拓宽投入渠道。城市生活垃圾处理投入以地方为主,中央以适当方式给予支持。地方政府要加大投入力度,加快生活垃圾分类体系、处理设施和监管能力建设。鼓励社会资金参与生活垃圾处理设施建设和运营。开展生活垃圾管理示范城市和生活垃圾处理设施示范项目活动,支持北京等城市先行先试。改善工作环境,完善环卫用工制度和保险救助制度,落实环卫职工的工资和福利待遇,保障职工合法权益。

(十八)建立激励机制。严格执行并不断完善城市生活垃圾处理税收优惠政策。研究制定生活垃圾分类收集和减量激励政策,建立利益导向机制,引导群众分类盛放和投放生活垃

圾,鼓励对生活垃圾实行就地、就近充分回收和合理利用。研究建立有机垃圾资源化处理推进机制和废品回收补贴机制。

(十九)健全收费制度。按照"谁产生、谁付费"的原则,推行城市生活垃圾处理收费制度。产生生活垃圾的单位和个人应当按规定缴纳垃圾处理费,具体收费标准由城市人民政府根据城市生活垃圾处理成本和居民收入水平等因素合理确定。探索改进城市生活垃圾处理收费方式,降低收费成本。城市生活垃圾处理费应当用于城市生活垃圾处理,不得挪作他用。

(二十)保障设施建设。在城市新区建设和旧城区改造中要优先配套建设生活垃圾处理设施,确保建设用地供应,并纳入土地利用年度计划和建设用地供应计划。符合《划拨用地目录》的项目,应当以划拨方式供应建设用地。城市生活垃圾处理设施建设前要严格执行建设项目环境影响评价制度。

(二十一)提高创新能力。加大对生活垃圾处理技术研发的支持力度,加快国家级和区域性生活垃圾处理技术研究中心建设,加强生活垃圾处理基础性技术研究,重点突破清洁焚烧、二噁英控制、飞灰无害化处置、填埋气收集利用、渗沥液处理、臭气控制、非正规生活垃圾堆放点治理等关键性技术,鼓励地方采用低碳技术处理生活垃圾。重点支持生活垃圾生物质燃气利用成套技术装备和大型生活垃圾焚烧设备研发,努力实现生活垃圾处理装备自主化。开展城市生活垃圾处理技术应用示范工程和资源化利用产业基地建设,带动市场需求,促进先进适用技术推广应用和装备自主化。

(二十二)实施人才计划。在高校设立城市生活垃圾处理相关专业,大力发展职业教育,建立从业人员职业资格制度,加强岗前和岗中职业培训,提高从业人员的文化水平和专业技能。

七、加强组织领导

(二十三)落实地方责任。城市生活垃圾处理工作实行省(区、市)人民政府负总责、城市人民政府抓落实的工作责任制。省(区、市)人民政府要对所属城市人民政府实行目标责任制管理,加强监督指导。城市人民政府要把城市生活垃圾处理纳入重要议事日程,加强领导,切实抓好各项工作。住房城乡建设部、发展改革委、环境保护部、监察部等部门要对省(区、市)人民政府的相关工作加强指导和监督检查。对推进生活垃圾处理工作不力,影响社会发展和稳定的,要追究责任。

(二十四)明确部门分工。住房城乡建设部负责城市生活垃圾处理行业管理,牵头建立城市生活垃圾处理部际联席会议制度,协调解决工作中的重大问题,健全监管考核指标体系,并纳入节能减排考核工作。环境保护部负责生活垃圾处理设施环境影响评价,制定污染控制标准,监管污染物排放和有害垃圾处理处置。发展改革委会同住房城乡建设部、环境保护部编制全国性规划,协调综合性政策。科技部会同有关部门负责生活垃圾处理技术创新工作。工业和信息化部负责生活垃圾处理装备自主化工作。财政部负责研究支持城市生活垃圾处理的财税政策。国土资源部负责制定生活垃圾处理设施用地标准,保障建设用地供应。农业部负责生活垃圾肥料资源化处理利用标准制定和肥料登记工作。商务部负责生活垃圾中可再生资源回收管理工作。

(二十五)加强宣传教育。要开展多种形式的主题宣传活动,倡导绿色健康的生活方式,促进垃圾源头减量和回收利用。要将生活垃圾处理知识纳入中小学教材和课外读物,引导全民树立"垃圾减量和垃圾管理从我做起、人人有责"的观念。新闻媒体要加强正面引导,大力宣传城市生活垃圾处理的各项政策措施及其成效,全面客观报道有关信息,形成有利于推进城市生活垃圾处理工作的舆论氛围。

各省(区、市)人民政府要在2011年8月底前将落实本意见情况报国务院,同时抄送住房城乡建设部。

国家发展改革委关于创新和完善促进绿色发展价格机制的意见

（发改价格规〔2018〕943 号）

各省、自治区、直辖市发展改革委、物价局：

　　绿色发展是建设生态文明、构建高质量现代化经济体系的必然要求，是发展观的一场深刻革命，核心是节约资源和保护生态环境。为深入学习贯彻习近平生态文明思想，认真落实全国生态环境保护大会精神，助力打好污染防治攻坚战，促进生态文明和美丽中国建设，现就创新和完善促进绿色发展的价格机制提出以下意见。

一、重要意义

　　党的十八大以来，在以习近平同志为核心的党中央坚强领导下，各级价格主管部门认真落实党中央、国务院决策部署，积极推进资源环境价格改革。出台支持燃煤机组超低排放改造、北方地区清洁供暖价格政策，对高耗能、高污染、产能严重过剩行业用电实行差别化电价政策，全面推行居民用电、用水、用气阶梯价格制度，完善水资源费、污水处理费、垃圾处理费政策，出台奖惩结合的环保电价和收费政策，为加强生态环境保护做出了积极贡献。但与生态文明建设的时代要求和打好污染防治攻坚战的迫切需要相比，还存在价格机制不够完善、政策体系不够系统、部分地区落实不到位等问题，资源稀缺程度、生态价值和环境损害成本没有充分体现，激励与约束相结合的价格机制没有真正建立。需要通过进一步深化价格改革、创新和完善价格机制加以解决。

　　当前，我国生态文明建设正处于压力叠加、负重前行的关键期，已进入提供更多优质生态产品以满足人民日益增长的优美生态环境需要的攻坚期，也到了有条件有能力解决生态环境突出问题的窗口期。面对新时代生态文明建设和生态环境保护的新形势、新要求，要充分运用市场化手段，推进生态环境保护市场化进程，不断完善资源环境价格机制，更好发挥价格杠杆引导资源优化配置、实现生态环境成本内部化、促进全社会节约、加快绿色环保产业发展的积极作用，进而激发全社会力量、共同促进绿色发展和生态文明建设。

二、总体要求

（一）指导思想

　　全面贯彻落实党的十九大和十九届二中、三中全会精神，以习近平新时代中国特色社会主义思想为指导，牢固树立和落实新发展理念，按照高质量发展要求，坚持节约资源和保护环境的基本国策，加快建立健全能够充分反映市场供求和资源稀缺程度、体现生态价值和环境损害成本的资源环境价格机制，完善有利于绿色发展的价格政策，将生态环境成本纳入经济运行成本，撬动更多社会资本进入生态环境保护领域，促进资源节约、生态环境保护和污染防治，推动形成绿色发展空间格局、产业结构、生产方式和生活方式，不断满足人民群众日益增长的优美生态环境需要。

（二）基本原则

　　——坚持问题导向。重点针对损害群众健康的突出环境问题，紧扣打赢蓝天保卫战、城市黑臭水体治理、农业农村污染治理等标志性战役，着力创新和完善污水垃圾处理、节水节能、大气污染治理等重点领域的价格形成机制，理顺利益责任关系，引导市场，汇聚资源，助力打好污染防治攻坚战。

　　——坚持污染者付费。按照污染者使用者付费、保护者节约者受益的原则，创新资源环境价格机制，实现生态环境成本内部化，抑制不合理资源消费，鼓励增加生态产品供给，使节约资源、保护生态环境成为市场主体的内生动力。

　　——坚持激励约束并重。针对城乡、区域、行业、不同主体实际，在价格手段可以发挥作用的领域和环节，健全价格激励和约束机制，使节约能源资源与保护生态环境成为单位、家庭、个人的自觉行动，形成共建共享生态文明的良好局面。

——坚持因地分类施策。支持各地结合本地资源禀赋条件、污染防治形势、产业结构特点，以及社会承受能力等，研究制定符合绿色发展要求的具体价格政策；鼓励有条件的地区制定基于更严格环保标准的价格政策，更好促进生态文明建设和绿色发展。

（三）主要目标

到2020年，有利于绿色发展的价格机制、价格政策体系基本形成，促进资源节约和生态环境成本内部化的作用明显增强；到2025年，适应绿色发展要求的价格机制更加完善，并落实到全社会各方面各环节。

三、完善污水处理收费政策

加快构建覆盖污水处理和污泥处置成本并合理盈利的价格机制，推进污水处理服务费形成市场化，逐步实现城镇污水处理费基本覆盖服务费用。

（一）建立城镇污水处理费动态调整机制。按照补偿污水处理和污泥处置设施运营成本（不含污水收集和输送管网建设运营成本）并合理盈利的原则，制定污水处理费标准，并依据定期评估结果动态调整，2020年底前实现城市污水处理费标准与污水处理服务费标准大体相当；具备污水集中处理条件的建制镇全面建立污水处理收费制度，并同步开征污水处理费。

（二）建立企业污水排放差别化收费机制。鼓励地方根据企业排放污水中主要污染物种类、浓度、环保信用评级等，分类分档制定差别化收费标准，促进企业污水预处理和污染物减排。各地可因地制宜确定差别化收费的主要污染物种类，合理设置污染物浓度分档和差价标准，有条件的地区可探索多种污染物差别化收费政策。工业园区要率先推行差别化收费政策。

（三）建立与污水处理标准相协调的收费机制。支持提高污水处理标准，污水处理排放

标准提高至一级A或更严格标准的城镇和工业园区，可相应提高污水处理费标准，长江经济带相关省份要率先实施。水源地保护区、地下水易受污染地区、水污染严重地区和敏感区域特别是劣Ⅴ类水体以及城市黑臭水体污染源所在地，要实行更严格的污水处理排放标准，并相应提高污水处理费标准。

（四）探索建立污水处理农户付费制度。在已建成污水集中处理设施的农村地区，探索建立农户付费制度，综合考虑村集体经济状况、农户承受能力、污水处理成本等因素，合理确定付费标准。

（五）健全城镇污水处理服务费市场化形成机制。推动通过招投标等市场竞争方式，以污水处理和污泥处置成本、污水总量、污染物去除量、经营期限等为主要参数，形成污水处理服务费标准。鼓励将城乡不同区域、规模、盈利水平的污水处理项目打包招投标，促进城市、建制镇和农村污水处理均衡发展。建立污水处理服务费收支定期报告制度，污水处理企业应于每年3月底前，向当地价格主管部门报告上年度污水处理服务费收支状况，为调整完善污水处理费标准提供参考。

四、健全固体废物处理收费机制

全面建立覆盖成本并合理盈利的固体废物处理收费机制，加快建立有利于促进垃圾分类和减量化、资源化、无害化处理的激励约束机制。

（一）建立健全城镇生活垃圾处理收费机制。按照补偿成本并合理盈利的原则，制定和调整城镇生活垃圾处理收费标准。2020年底前，全国城市及建制镇全面建立生活垃圾处理收费制度。鼓励各地创新垃圾处理收费模式，提高收缴率。鼓励各地制定促进垃圾协同处理的综合性配套政策，支持水泥、有机肥等企业参与垃圾资源化利用。

（二）完善城镇生活垃圾分类和减量化激励机制。积极推进城镇生活垃圾处理收费方式改革，对非居民用户推行垃圾计量收费，并实行分类垃圾与混合垃圾差别化收费等政策，提高

混合垃圾收费标准;对具备条件的居民用户,实行计量收费和差别化收费,加快推进垃圾分类。鼓励城镇生活垃圾收集、运输、处理市场化运营,已经形成充分竞争的环节,实行双方协商定价。

(三)探索建立农村垃圾处理收费制度。在已实行垃圾处理制度的农村地区,建立农村垃圾处理收费制度,综合考虑当地经济发展水平、农户承受能力、垃圾处理成本等因素,合理确定收费标准,促进乡村环境改善。

(四)完善危险废物处置收费机制。按照补偿危险废物收集、运输、贮存和处置成本并合理盈利的原则,制定和调整危险废物处置收费标准,提高危险废物处置能力。综合考虑区域内医疗机构总量和结构、医疗废物实际产生量及处理总成本等因素,合理核定医疗废物处置定额、定量收费标准,收费方式由医疗废物处置单位和医疗机构协商确定。加强工业危险废物和社会源危险废物处置成本调查,合理确定并动态调整收费标准;在确保危险废物收集、运输、贮存、处置全流程监控,违法违规行为可追溯的前提下,处置收费标准可由双方协商确定。

五、建立有利于节约用水的价格机制

建立健全补偿成本、合理盈利、激励提升供水质量、促进节约用水的价格形成和动态调整机制,保障供水工程和设施良性运行,促进节水减排和水资源可持续利用。

(一)深入推进农业水价综合改革。农业水价综合改革试点地区要将农业水价一步或分步提高到运行维护成本水平,有条件的地区提高到完全成本水平,全面实行超定额用水累进加价,并同步建立精准补贴和节水奖励机制。完成农业节水改造的地区,要充分利用节水腾出的空间提高农业水价。2020年底前,北京、上海、江苏、浙江等省份,农田水利工程设施完善的缺水和地下水超采地区,以及新增高效节水灌溉项目区、国家现代农业产业园要率先完成改革任务。

(二)完善城镇供水价格形成机制。建立

充分反映供水成本、激励提升供水质量的价格形成和动态调整机制,逐步将居民用水价格调整至不低于成本水平,非居民用水价格调整至补偿成本并合理盈利水平;进一步拉大特种用水与非居民用水的价差,缺水地区二者比价原则上不低于3∶1。适时完善居民阶梯水价制度。

(三)全面推行城镇非居民用水超定额累进加价制度。对标先进企业,科学制定用水定额并动态调整,合理确定分档水量和加价标准,2020年底前要全面落实到位。缺水地区要从紧制定或修订用水定额,提高加价标准,充分反映水资源稀缺程度。对"两高一剩"等行业实行更高的加价标准,加快淘汰落后产能,促进产业结构转型升级。

(四)建立有利于再生水利用的价格政策。按照与自来水保持竞争优势的原则确定再生水价格,推动园林绿化、道路清扫、消防等公共领域使用再生水。具备条件的可协商定价,探索实行累退价格机制。

六、健全促进节能环保的电价机制

充分发挥电力价格的杠杆作用,推动高耗能行业节能减排、淘汰落后,引导电力资源优化配置,促进产业结构、能源结构优化升级。

(一)完善差别化电价政策。全面清理取消对高耗能行业的优待类电价以及其他各种不合理价格优惠政策。严格落实铁合金、电石、烧碱、水泥、钢铁、黄磷、锌冶炼等7个行业的差别电价政策,对淘汰类和限制类企业用电(含市场化交易电量)实行更高价格。各地应及时评估差别电价、阶梯电价政策执行效果,可根据实际需要扩大差别电价、阶梯电价执行行业范围,提高加价标准,促进相关行业加大技术改造力度、提高能效水平、加速淘汰落后产能。鼓励各地探索建立基于单位产值能耗、污染物排放的差别化电价政策,推动清洁化改造。各地出台的差别电价、阶梯电价政策应及时报国家发展改革委备案。

(二)完善峰谷电价形成机制。加大峰谷电价实施力度,运用价格信号引导电力削峰填谷。省级价格主管部门可在销售电价总水平不变的前提下,建立峰谷电价动态调整机制,进一步扩大销售侧峰谷电价执行范围,合理确定并动态调整峰谷时段,扩大高峰、低谷电价价差和浮动幅度,引导用户错峰用电。鼓励市场主体签订包含峰、谷、平时段价格和电量的交易合同。利用峰谷电价差、辅助服务补偿等市场化机制,促进储能发展。利用现代信息、车联网等技术,鼓励电动汽车提供储能服务,并通过峰谷价差获得收益。完善居民阶梯电价制度,推行居民峰谷电价。

(三)完善部分环保行业用电支持政策。2025年底前,对实行两部制电价的污水处理企业用电、电动汽车集中式充换电设施用电、港口岸电运营商用电、海水淡化用电,免收需量(容量)电费。

在推进上述改革任务的同时,鼓励各地积极探索生态产品价格形成机制、碳排放权交易、可再生能源强制配额和绿证交易制度等绿色价格政策,对影响面大、制约因素复杂的政策措施可先行试点,摸索经验,逐步推广。

七、狠抓政策落地

创新和完善促进绿色发展价格机制,是当前和今后一个时期价格工作的一项重要任务,各地要加强组织领导,采取有力措施,确保各项政策落地生根。

(一)强化政策落实。各地价格主管部门要全面梳理现行资源环境价格政策落实情况,发现问题及时改进,对落实不力的要强化问责。对新出台的政策要建立落实台账,逐项明确时间表、路线图、责任人,扎实推进。规范市场交易价格行为,强化价格信用体系建设,督促市场主体严格履行价格合约。加强对政策落实情况的跟踪评估,找准政策执行中的痛点、难点、堵点,及时调整完善政策,以"钉钉子"的精神抓好落实。

(二)加强部门协作。推进绿色发展,需要全社会共同参与。各级价格主管部门要主动与相关部门加强协作,统筹运用价格、环保、财政、金融、投资、产业等政策措施,形成政策合力,共推绿色发展。

(三)兜住民生底线。正确处理推进绿色发展与保障群众生活的关系,充分考虑社会承受能力尤其是低收入群体承受能力,完善并执行好社会救助和保障标准与物价上涨挂钩的联动机制,采取有效措施,对冲价格调整对困难群众生活的影响。

(四)注重宣传引导。切实做好宣传引导工作,将宣传工作与政策制定放在同等重要位置,同研究、同部署、同落实,最大限度凝聚社会共识,强化全社会节约资源、保护环境、促进绿色发展的共同责任,提高执行促进绿色发展价格政策的积极性、主动性,推动将绿色发展的要求转化为自觉行动,共同建设美丽中国。

十七、排污权出让收入

财政部 国家发展改革委 环境保护部关于印发《排污权出让收入管理暂行办法》的通知

（财税〔2015〕61 号）

各省、自治区、直辖市、计划单列市财政厅（局）、发展改革委、物价局、环境保护厅（局）：

为了规范排污权出让收入管理，建立健全环境资源有偿使用制度，发挥市场机制作用促进污染物减排，根据《中华人民共和国环境保护法》和《国务院办公厅关于进一步推进排污权有偿使用和交易试点工作的指导意见》（国办发〔2014〕38 号）等规定，我们制定了《排污权出让收入管理暂行办法》，现印发给你们，请遵照执行。

排污权出让收入管理暂行办法

第一章 总 则

第一条 为了规范排污权出让收入管理，建立健全环境资源有偿使用制度，发挥市场机制作用促进污染物减排，根据《中华人民共和国环境保护法》和《国务院办公厅关于进一步推进排污权有偿使用和交易试点工作的指导意见》（国办发〔2014〕38 号）等规定，制定本办法。

第二条 经财政部、环境保护部、国家发展改革委确认及有关省、自治区、直辖市自行确定开展排污权有偿使用和交易试点地区（以下简称试点地区）的排污权出让收入征收、使用和管理，适用本办法。

第三条 本办法所称污染物，是指国家作为约束性指标进行总量控制的污染物，以及试点地区选择对本地区环境质量有突出影响的其他污染物。

试点地区要严格按照国家确定的污染物减排要求，将污染物总量控制指标分解到企事业单位，不得突破总量控制上限。

第四条 本办法所称排污权，是指排污单位按照国家或者地方规定的污染物排放标准，以及污染物排放总量控制要求，经核定允许其在一定期限内排放污染物的种类和数量。

排污权由试点地区县级以上地方环境保护主管部门（以下简称地方环境保护部门）按照污染源管理权限核定，并以排污许可证形式予以确认。

第五条 本办法所称排污权出让收入，是指政府以有偿出让方式配置排污权取得的收入，包括采取定额出让方式出让排污权收取的排污权使用费和通过公开拍卖等方式出让排污权取得的收入。

第六条 本办法所称现有排污单位，是指试点地区核定初始排污权以及排污权有效期满后重新核定排污权时，已建成投产并通过环保验收的排污单位。

第七条 排污权出让收入属于政府非税收入，全额上缴地方国库，纳入地方财政预算管理。

第八条 排污权出让收入的征收、使用和管理应当接受财政、价格、审计部门和上级环境保护部门的监督检查。

第二章 征收缴库

第九条 试点地区地方人民政府采取定额出让或通过市场公开出让（包括拍卖、挂牌、协议等)方式出让排污权。

对现有排污单位取得排污权,采取定额出让方式。

对新建项目排污权和改建、扩建项目新增排污权,以及现有排污单位为达到污染物排放总量控制要求新增排污权,通过市场公开出让方式。

第十条 采取定额出让方式出让排污权的,排污单位应当按照排污许可证确认的污染物排放种类、数量和规定征收标准缴纳排污权使用费。

第十一条 排污权使用费的征收标准由试点地区省级价格、财政、环境保护部门根据当地环境资源稀缺程度、经济发展水平、污染治理成本等因素确定。

第十二条 排污权有效期原则上为五年。有效期满后,排污单位需要延续排污权的,应当按照地方环境保护部门重新核定的排污权,继续缴纳排污权使用费。

第十三条 缴纳排污权使用费金额较大、一次性缴纳确有困难的排污单位,可在排污权有效期内分次缴纳,首次缴款不得低于应缴总额的40%。

分次缴纳排污权使用费的具体办法由试点地区确定。

第十四条 排污权使用费由地方环境保护部门按照污染源管理权限负责征收。

负责征收排污权使用费的地方环境保护部门,应当根据排污许可证确认的排污单位排放污染物种类、数量和规定征收标准,以及分次缴纳办法,确定排污单位应缴纳的排污权使用费数额,并予以公告。

排污权使用费数额确定后,由负责征收排污权使用费的地方环境保护部门向排污单位送达排污权使用费缴纳通知单。

排污单位应当自接到排污权使用费缴纳通知单之日起7日内,缴纳排污权使用费。

第十五条 对现有排污单位取得排污权,考虑其承受能力,经试点地区省级人民政府批准,在试点初期可暂免缴纳排污权使用费。

现有排污单位将无偿取得的排污权进行转让、抵押的,应当按规定征收标准补缴转让、抵押排污权的使用费。

第十六条 通过市场公开出让方式出让排污权的,出让底价由试点地区省级价格、财政、环境保护部门参照排污权使用费的征收标准确定。

市场公开出让排污权的具体方式、流程和管理,由试点地区依据相关法律、行政法规予以规定。

第十七条 试点地区应当建立排污权储备制度,将储备排污权适时投放市场,调控排污权市场,重点支持战略性新兴产业、重大科技示范等项目建设。储备排污权主要来源包括:

(一)预留初始排污权;

(二)通过市场交易回购排污单位的富余排污权;

(三)政府投入资金进行污染治理形成的富余排污权;

(四)排污单位破产、关停、被取缔、迁出本行政区域或不再排放实行总量控制的污染物等原因,收回其无偿取得的排污权。

第十八条 排污单位通过市场公开出让方式购买政府出让的排污权的,应当一次性缴清款项,或者按照排污权交易合同的约定缴款。

第十九条 排污单位支付购买排污权的款项,由地方环境保护部门征收或委托排污权交易机构代征。

第二十条 地方环境保护部门或委托的排污权交易机构征收排污权出让收入时,应当向排污单位开具省级财政部门统一印制的票据。

第二十一条 排污权出让收入具体缴库办法按照省级财政部门非税收入收缴管理有关规定执行。

第二十二条 排污权出让收入在政府收支分类科目中列103类07款10项"排污权出让收入",作为地方收入科目。

第二十三条 地方环境保护部门及委托的排污权交易机构要严格按规定范围、标准、时限或排污权交易合同约定征收和代征排污权出让收入,确保将排污权出让收入及时征缴到位。

第二十四条 任何单位和个人均不得违反本办法规定,自行改变排污权出让收入的征收范围和标准,也不得违反排污权交易规则低价出让排污权。

严禁违规对排污单位减免、缓征排污权出让收入,或者以先征后返、补贴等形式变相减免排污权出让收入。

第二十五条 地方环境保护部门应当定期向社会公开污染物总量控制、排污权核定、排污权出让方式、价格和收入、排污权回购和储备等信息。

第三章 使用管理

第二十六条 排污权出让收入纳入一般公共预算,统筹用于污染防治。

第二十七条 政府回购排污单位的排污权、排污权交易平台建设和运行维护等排污权有偿使用和交易相关工作经费,由地方同级财政预算予以安排。

第二十八条 相关资金支付按照财政国库管理制度有关规定执行。

第四章 法律责任

第二十九条 单位和个人违反本办法规定,有下列情形之一的,依照《财政违法行为处罚处分条例》和《违反行政事业性收费和罚没收入收支两条线管理规定行政处分暂行规定》等国家有关规定追究法律责任;涉嫌犯罪的,依法移送司法机关处理:

(一)擅自减免排污权出让收入或者改变排污权出让收入征收范围、对象和标准的;

(二)隐瞒、坐支应当上缴的排污权出让收入的;

(三)滞留、截留、挪用应当上缴的排污权出让收入的;

(四)不按照规定的预算级次、预算科目将排污权出让收入缴入国库的;

(五)违反规定使用排污权出让收入的;

(六)其他违反国家财政收入管理规定的行为。

第三十条 排污单位不按规定缴纳排污权出让收入并提供有效缴款凭证的,地方环境保护部门不予核发或换发排污许可证。

第三十一条 有偿取得排污权的单位,不免除其法定污染治理责任和依法缴纳排污费等其他税费的义务。

第三十二条 排污权出让收入征收、使用管理有关部门的工作人员违反本办法规定,在排污权出让收入征收和使用管理工作中徇私舞弊、玩忽职守、滥用职权的,依法给予处分;涉嫌犯罪的,依法移送司法机关。

第五章 附 则

第三十三条 试点省、自治区、直辖市根据本办法制定具体实施办法,并报财政部、国家发展改革委、环境保护部备案。

第三十四条 本办法由财政部会同国家发展改革委、环境保护部负责解释。

第三十五条 本办法自 2015 年 10 月 1 日起施行。

十八、无线电频率占用费

中华人民共和国无线电管理条例

(1993年9月11日中华人民共和国国务院、中华人民共和国中央军事委员会令第128号发布;2016年11月11日中华人民共和国国务院、中华人民共和国中央军事委员会令第672号修订)

第一章 总 则

第一条 为了加强无线电管理,维护空中电波秩序,有效开发、利用无线电频谱资源,保证各种无线电业务的正常进行,制定本条例。

第二条 在中华人民共和国境内使用无线电频率,设置、使用无线电台(站),研制、生产、进口、销售和维修无线电发射设备,以及使用辐射无线电波的非无线电设备,应当遵守本条例。

第三条 无线电频谱资源属于国家所有。国家对无线电频谱资源实行统一规划、合理开发、有偿使用的原则。

第四条 无线电管理工作在国务院、中央军事委员会的统一领导下分工管理、分级负责,贯彻科学管理、保护资源、保障安全、促进发展的方针。

第五条 国家鼓励、支持对无线电频谱资源的科学技术研究和先进技术的推广应用,提高无线电频谱资源的利用效率。

第六条 任何单位或者个人不得擅自使用无线电频率,不得对依法开展的无线电业务造成有害干扰,不得利用无线电台(站)进行违法犯罪活动。

第七条 根据维护国家安全、保障国家重大任务、处置重大突发事件等需要,国家可以实施无线电管制。

第二章 管理机构及其职责

第八条 国家无线电管理机构负责全国无线电管理工作,依据职责拟订无线电管理的方针、政策,统一管理无线电频率和无线电台(站),负责无线电监测、干扰查处和涉外无线电管理等工作,协调处理无线电管理相关事宜。

第九条 中国人民解放军电磁频谱管理机构负责军事系统的无线电管理工作,参与拟订国家有关无线电管理的方针、政策。

第十条 省、自治区、直辖市无线电管理机构在国家无线电管理机构和省、自治区、直辖市人民政府领导下,负责本行政区域除军事系统外的无线电管理工作,根据审批权限实施无线电频率使用许可,审查无线电台(站)的建设布局和台址,核发无线电台执照及无线电台识别码(含呼号,下同),负责本行政区域无线电监测和干扰查处,协调处理本行政区域无线电管理相关事宜。

省、自治区无线电管理机构根据工作需要可以在本行政区域内设立派出机构。派出机构在省、自治区无线电管理机构的授权范围内履行职责。

第十一条 军地建立无线电管理协调机制,共同划分无线电频率,协商处理涉及军事系统与非军事系统间的无线电管理事宜。无线电管理重大问题报国务院、中央军事委员会决定。

第十二条 国务院有关部门的无线电管理机构在国家无线电管理机构的业务指导下,负责本系统(行业)的无线电管理工作,贯彻执行国家无线电管理的方针、政策和法律、行政法规、规章,依照本条例规定和国务院规定的部门职权,管理国家无线电管理机构分配给本系统(行业)使用的航空、水上无线电专用频率,规划本系统(行业)无线电台(站)的建设布局和台址,核发制式无线电台执照及无线电台识别码。

第三章　频率管理

第十三条　国家无线电管理机构负责制定无线电频率划分规定,并向社会公布。

制定无线电频率划分规定应当征求国务院有关部门和军队有关单位的意见,充分考虑国家安全和经济社会、科学技术发展以及频谱资源有效利用的需要。

第十四条　使用无线电频率应当取得许可,但下列频率除外:

(一)业余无线电台、公众对讲机、制式无线电台使用的频率;

(二)国际安全与遇险系统,用于航空、水上移动业务和无线电导航业务的国际固定频率;

(三)国家无线电管理机构规定的微功率短距离无线电发射设备使用的频率。

第十五条　取得无线电频率使用许可,应当符合下列条件:

(一)所申请的无线电频率符合无线电频率划分和使用规定,有明确具体的用途;

(二)使用无线电频率的技术方案可行;

(三)有相应的专业技术人员;

(四)对依法使用的其他无线电频率不会产生有害干扰。

第十六条　无线电管理机构应当自受理无线电频率使用许可申请之日起20个工作日内审查完毕,依照本条例第十五条规定的条件,并综合考虑国家安全需要和可用频率的情况,作出许可或者不予许可的决定。予以许可的,颁发无线电频率使用许可证;不予许可的,书面通知申请人并说明理由。

无线电频率使用许可证应当载明无线电频率的用途、使用范围、使用率要求、使用期限等事项。

第十七条　地面公众移动通信使用频率等商用无线电频率的使用许可,可以依照有关法律、行政法规的规定采取招标、拍卖的方式。

无线电管理机构采取招标、拍卖的方式确定中标人、买受人后,应当作出许可的决定,并依法向中标人、买受人颁发无线电频率使用许可证。

第十八条　无线电频率使用许可由国家无线电管理机构实施。国家无线电管理机构确定范围内的无线电频率使用许可,由省、自治区、直辖市无线电管理机构实施。

国家无线电管理机构分配给交通运输、渔业、海洋系统(行业)使用的水上无线电专用频率,由所在地省、自治区、直辖市无线电管理机构分别会同相关主管部门实施许可;国家无线电管理机构分配给民用航空系统使用的航空无线电专用频率,由国务院民用航空主管部门实施许可。

第十九条　无线电频率使用许可的期限不得超过10年。

无线电频率使用期限届满后需要继续使用的,应当在期限届满30个工作日前向作出许可决定的无线电管理机构提出延续申请。受理申请的无线电管理机构应当依照本条例第十五条、第十六条的规定进行审查并作出决定。

无线电频率使用期限届满前拟终止使用无线电频率的,应当及时向作出许可决定的无线电管理机构办理注销手续。

第二十条　转让无线电频率使用权的,受让人应当符合本条例第十五条规定的条件,并提交双方转让协议,依照本条例第十六条规定的程序报请无线电管理机构批准。

第二十一条　使用无线电频率应当按照国家有关规定缴纳无线电频率占用费。

无线电频率占用费的项目、标准,由国务院财政部门、价格主管部门制定。

第二十二条　国际电信联盟依照国际规则规划给我国使用的卫星无线电频率,由国家无线电管理机构统一分配给使用单位。

申请使用国际电信联盟非规划的卫星无线电频率,应当通过国家无线电管理机构统一提出申请。国家无线电管理机构应当及时组织有关单位进行必要的国内协调,并依照国际规则开展国际申报、协调、登记工作。

第二十三条 组建卫星通信网需要使用卫星无线电频率的,除应当符合本条例第十五条规定的条件外,还应当提供拟使用的空间无线电台、卫星轨道位置和卫星覆盖范围等信息,以及完成国内协调并开展必要国际协调的证明材料等。

第二十四条 使用其他国家、地区的卫星无线电频率开展业务,应当遵守我国卫星无线电频率管理的规定,并完成与我国申报的卫星无线电频率的协调。

第二十五条 建设卫星工程,应当在项目规划阶段对拟使用的卫星无线电频率进行可行性论证;建设须经国务院、中央军事委员会批准的卫星工程,应当在项目规划阶段与国家无线电管理机构协商确定拟使用的卫星无线电频率。

第二十六条 除因不可抗力外,取得无线电频率使用许可后超过 2 年不使用或者使用率达不到许可证规定要求的,作出许可决定的无线电管理机构有权撤销无线电频率使用许可,收回无线电频率。

第四章 无线电台(站)管理

第二十七条 设置、使用无线电台(站)应当向无线电管理机构申请取得无线电台执照,但设置、使用下列无线电台(站)的除外:

(一)地面公众移动通信终端;

(二)单收无线电台(站);

(三)国家无线电管理机构规定的微功率短距离无线电台(站)。

第二十八条 除本条例第二十九条规定的业余无线电台外,设置、使用无线电台(站),应当符合下列条件:

(一)有可用的无线电频率;

(二)所使用的无线电发射设备依法取得无线电发射设备型号核准证且符合国家规定的产品质量要求;

(三)有熟悉无线电管理规定、具备相关业务技能的人员;

(四)有明确具体的用途,且技术方案可行;

(五)有能够保证无线电台(站)正常使用的电磁环境,拟设置的无线电台(站)对依法使用的其他无线电台(站)不会产生有害干扰。

申请设置、使用空间无线电台,除应当符合前款规定的条件外,还应当有可利用的卫星无线电频率和卫星轨道资源。

第二十九条 申请设置、使用业余无线电台的,应当熟悉无线电管理规定,具有相应的操作技术能力,所使用的无线电发射设备应当符合国家标准和国家无线电管理的有关规定。

第三十条 设置、使用有固定台址的无线电台(站),由无线电台(站)所在地的省、自治区、直辖市无线电管理机构实施许可。设置、使用没有固定台址的无线电台,由申请人住所地的省、自治区、直辖市无线电管理机构实施许可。

设置、使用空间无线电台、卫星测控(导航)站、卫星关口站、卫星国际专线地球站、15 瓦以上的短波无线电台(站)以及涉及国家主权、安全的其他重要无线电台(站),由国家无线电管理机构实施许可。

第三十一条 无线电管理机构应当自受理申请之日起 30 个工作日内审查完毕,依照本条例第二十八条、第二十九条规定的条件,作出许可或者不予许可的决定。予以许可的,颁发无线电台执照,需要使用无线电台识别码的,同时核发无线电台识别码;不予许可的,书面通知申请人并说明理由。

无线电台(站)需要变更、增加无线电台识别码的,由无线电管理机构核发。

第三十二条 无线电台执照应当载明无线电台(站)的台址、使用频率、发射功率、有效期、使用要求等事项。

无线电台执照的样式由国家无线电管理机构统一规定。

第三十三条 无线电台(站)使用的无线电

频率需要取得无线电频率使用许可的,其无线电台执照有效期不得超过无线电频率使用许可证规定的期限;依照本条例第十四条规定不需要取得无线电频率使用许可的,其无线电台执照有效期不得超过 5 年。

无线电台执照有效期届满后需要继续使用无线电台(站)的,应当在期限届满 30 个工作日前向作出许可决定的无线电管理机构申请更换无线电台执照。受理申请的无线电管理机构应当依照本条例第三十一条的规定作出决定。

第三十四条 国家无线电管理机构向国际电信联盟统一申请无线电台识别码序列,并对无线电台识别码进行编制和分配。

第三十五条 建设固定台址的无线电台(站)的选址,应当符合城乡规划的要求,避开影响其功能发挥的建筑物、设施等。地方人民政府制定、修改城乡规划,安排可能影响大型无线电台(站)功能发挥的建设项目,应当考虑其功能发挥的需要,并征求所在地无线电管理机构和军队电磁频谱管理机构的意见。

设置大型无线电台(站)、地面公众移动通信基站,其台址布局规划应当符合资源共享和电磁环境保护的要求。

第三十六条 船舶、航空器、铁路机车(含动车组列车,下同)设置、使用制式无线电台应当符合国家有关规定,由国务院有关部门的无线电管理机构颁发无线电台执照;需要使用无线电台识别码的,同时核发无线电台识别码。国务院有关部门应当将制式无线电台执照及无线电台识别码的核发情况定期通报国家无线电管理机构。

船舶、航空器、铁路机车设置、使用非制式无线电台的管理办法,由国家无线电管理机构会同国务院有关部门制定。

第三十七条 遇有危及国家安全、公共安全、生命财产安全的紧急情况或者为了保障重大社会活动的特殊需要,可以不经批准临时设置、使用无线电台(站),但是应当及时向无线电台(站)所在地无线电管理机构报告,并在紧急情况消除或者重大社会活动结束后及时关闭。

第三十八条 无线电台(站)应当按照无线电台执照规定的许可事项和条件设置、使用;变更许可事项的,应当向作出许可决定的无线电管理机构办理变更手续。

无线电台(站)终止使用的,应当及时向作出许可决定的无线电管理机构办理注销手续,交回无线电台执照,拆除无线电台(站)及天线等附属设备。

第三十九条 使用无线电台(站)的单位或者个人应当对无线电台(站)进行定期维护,保证其性能指标符合国家标准和国家无线电管理的有关规定,避免对其他依法设置、使用的无线电台(站)产生有害干扰。

第四十条 使用无线电台(站)的单位或者个人应当遵守国家环境保护的规定,采取必要措施防止无线电波发射产生的电磁辐射污染环境。

第四十一条 使用无线电台(站)的单位或者个人不得故意收发无线电台执照许可事项之外的无线电信号,不得传播、公布或者利用无意接收的信息。

业余无线电台只能用于相互通信、技术研究和自我训练,并在业余业务或者卫星业余业务专用频率范围内收发信号,但是参与重大自然灾害等突发事件应急处置的除外。

第五章 无线电发射设备管理

第四十二条 研制无线电发射设备使用的无线电频率,应当符合国家无线电频率划分规定。

第四十三条 生产或者进口在国内销售、使用的无线电发射设备,应当符合产品质量等法律法规、国家标准和国家无线电管理的有关规定。

第四十四条 除微功率短距离无线电发射设备外,生产或者进口在国内销售、使用的其他无线电发射设备,应当向国家无线电管理机构申请型号核准。无线电发射设备型号核准目录由国家无线电管理机构公布。

生产或者进口应当取得型号核准的无线电发射设备,除应当符合本条例第四十三条的规定外,还应当符合无线电发射设备型号核准证核定的技术指标,并在设备上标注型号核准代码。

第四十五条 取得无线电发射设备型号核准,应当符合下列条件:

(一)申请人有相应的生产能力、技术力量、质量保证体系;

(二)无线电发射设备的工作频率、功率等技术指标符合国家标准和国家无线电管理的有关规定。

第四十六条 国家无线电管理机构应当依法对申请型号核准的无线电发射设备是否符合本条例第四十五条规定的条件进行审查,自受理申请之日起 30 个工作日内作出核准或者不予核准的决定。予以核准的,颁发无线电发射设备型号核准证;不予核准的,书面通知申请人并说明理由。

国家无线电管理机构应当定期将无线电发射设备型号核准的情况向社会公布。

第四十七条 进口依照本条例第四十四条的规定应当取得型号核准的无线电发射设备,进口货物收货人、携带无线电发射设备入境的人员、寄递无线电发射设备的收件人,应当主动向海关申报,凭无线电发射设备型号核准证办理通关手续。

进行体育比赛、科学实验等活动,需要携带、寄递依照本条例第四十四条的规定应当取得型号核准而未取得型号核准的无线电发射设备临时进关的,应当经无线电管理机构批准,凭批准文件办理通关手续。

第四十八条 销售依照本条例第四十四条的规定应当取得型号核准的无线电发射设备,应当向省、自治区、直辖市无线电管理机构办理销售备案。不得销售未依照本条例规定标注型号核准代码的无线电发射设备。

第四十九条 维修无线电发射设备,不得改变无线电发射设备型号核准证核定的技术指标。

第五十条 研制、生产、销售和维修大功率无线电发射设备,应当采取措施有效抑制电波发射,不得对依法设置、使用的无线电台(站)产生有害干扰。进行实效发射试验的,应当依照本条例第三十条的规定向省、自治区、直辖市无线电管理机构申请办理临时设置、使用无线电台(站)手续。

第六章 涉外无线电管理

第五十一条 无线电频率协调的涉外事宜,以及我国境内电台与境外电台的相互有害干扰,由国家无线电管理机构会同有关单位与有关的国际组织或者国家、地区协调处理。

需要向国际电信联盟或者其他国家、地区提供无线电管理相关资料的,由国家无线电管理机构统一办理。

第五十二条 在边境地区设置、使用无线电台(站),应当遵守我国与相关国家、地区签订的无线电频率协调协议。

第五十三条 外国领导人访华、各国驻华使领馆和享有外交特权与豁免的国际组织驻华代表机构需要设置、使用无线电台(站)的,应当通过外交途径经国家无线电管理机构批准。

除使用外交邮袋装运外,外国领导人访华、各国驻华使领馆和享有外交特权与豁免的国际组织驻华代表机构携带、寄递或者以其他方式运输依照本条例第四十四条的规定应当取得型号核准而未取得型号核准的无线电发射设备入境的,应当通过外交途径经国家无线电管理机构批准后办理通关手续。

其他境外组织或者个人在我国境内设置、使用无线电台(站)的,应当按照我国有关规定经相关业务主管部门报请无线电管理机构批准;携带、寄递或者以其他方式运输依照本条例第四十四条的规定应当取得型号核准而未取得型号核准的无线电发射设备入境的,应当按照我国有关规定经相关业务主管部门报无线电管理机构批准后,到海关办理无线电发射设备入境手续,但国家无线电管理机构规定不需要批准的除外。

第五十四条 外国船舶（含海上平台）、航空器、铁路机车、车辆等设置的无线电台在我国境内使用,应当遵守我国的法律、法规和我国缔结或者参加的国际条约。

第五十五条 境外组织或者个人不得在我国境内进行电波参数测试或者电波监测。

任何单位或者个人不得向境外组织或者个人提供涉及国家安全的境内电波参数资料。

第七章 无线电监测和电波秩序维护

第五十六条 无线电管理机构应当定期对无线电频率的使用情况和在用的无线电台（站）进行检查和检测,保障无线电台（站）的正常使用,维护正常的无线电波秩序。

第五十七条 国家无线电监测中心和省、自治区、直辖市无线电监测站作为无线电管理技术机构,分别在国家无线电管理机构和省、自治区、直辖市无线电管理机构领导下,对无线电信号实施监测,查找无线电干扰源和未经许可设置、使用的无线电台（站）。

第五十八条 国务院有关部门的无线电监测站负责对本系统（行业）的无线电信号实施监测。

第五十九条 工业、科学、医疗设备,电气化运输系统、高压电力线和其他电器装置产生的无线电波辐射,应当符合国家标准和国家无线电管理的有关规定。

制定辐射无线电波的非无线电设备的国家标准和技术规范,应当征求国家无线电管理机构的意见。

第六十条 辐射无线电波的非无线电设备对已依法设置、使用的无线电台（站）产生有害干扰的,设备所有者或者使用者应当采取措施予以消除。

第六十一条 经无线电管理机构确定的产生无线电波辐射的工程设施,可能对已依法设置、使用的无线电台（站）造成有害干扰的,其选址定点由地方人民政府城乡规划主管部门和省、自治区、直辖市无线电管理机构协商确定。

第六十二条 建设射电天文台、气象雷达站、卫星测控（导航）站、机场等需要电磁环境特殊保护的项目,项目建设单位应当在确定工程选址前对其选址进行电磁兼容分析和论证,并征求无线电管理机构的意见;未进行电磁兼容分析和论证,或者未征求、采纳无线电管理机构的意见的,不得向无线电管理机构提出排除有害干扰的要求。

第六十三条 在已建射电天文台、气象雷达站、卫星测控（导航）站、机场的周边区域,不得新建阻断无线电信号传输的高大建筑、设施,不得设置、使用干扰其正常使用的设施、设备。无线电管理机构应当会同城乡规划主管部门和其他有关部门制定具体的保护措施并向社会公布。

第六十四条 国家对船舶、航天器、航空器、铁路机车专用的无线电导航、遇险救助和安全通信等涉及人身安全的无线电频率予以特别保护。任何无线电发射设备和辐射无线电波的非无线电设备对其产生有害干扰的,应当立即消除有害干扰。

第六十五条 依法设置、使用的无线电台（站）受到有害干扰的,可以向无线电管理机构投诉。受理投诉的无线电管理机构应当及时处理,并将处理情况告知投诉人。

处理无线电频率相互有害干扰,应当遵循频带外让频带内、次要业务让主要业务、后用让先用、无规划让有规划的原则。

第六十六条 无线电管理机构可以要求产生有害干扰的无线电台（站）采取维修无线电发射设备、校准发射频率或者降低功率等措施消除有害干扰;无法消除有害干扰的,可以责令产生有害干扰的无线电台（站）暂停发射。

第六十七条 对非法的无线电发射活动,无线电管理机构可以暂扣无线电发射设备或者查封无线电台（站）,必要时可以采取技术性阻断措施;无线电管理机构在无线电监测、检查工作中发现涉嫌违法犯罪活动的,应当及时通报公安机关并配合调查处理。

第六十八条 省、自治区、直辖市无线电管理机构应当加强对生产、销售无线电发射设备的监督检查,依法查处违法行为。县级以上地方人民政府产品质量监督部门、工商行政管理部门应当配合监督检查,并及时向无线电管理机构通报其在产品质量监督、市场监管执法过程中发现的违法生产、销售无线电发射设备的行为。

第六十九条 无线电管理机构和无线电监测中心(站)的工作人员应当对履行职责过程中知悉的通信秘密和无线电信号保密。

第八章 法律责任

第七十条 违反本条例规定,未经许可擅自使用无线电频率,或者擅自设置、使用无线电台(站)的,由无线电管理机构责令改正,没收从事违法活动的设备和违法所得,可以并处5万元以下的罚款;拒不改正的,并处5万元以上20万元以下的罚款;擅自设置、使用无线电台(站)从事诈骗等违法活动,尚不构成犯罪的,并处20万元以上50万元以下的罚款。

第七十一条 违反本条例规定,擅自转让无线电频率的,由无线电管理机构责令改正,没收违法所得;拒不改正的,并处违法所得1倍以上3倍以下的罚款;没有违法所得或者违法所得不足10万元的,处1万元以上10万元以下的罚款;造成严重后果的,吊销无线电频率使用许可证。

第七十二条 违反本条例规定,有下列行为之一的,由无线电管理机构责令改正,没收违法所得,可以并处3万元以下的罚款;造成严重后果的,吊销无线电台执照,并处3万元以上10万元以下的罚款:

(一)不按照无线电台执照规定的许可事项和要求设置、使用无线电台(站);

(二)故意收发无线电台执照许可事项之外的无线电信号,传播、公布或者利用无意接收的信息;

(三)擅自编制、使用无线电台识别码。

第七十三条 违反本条例规定,使用无线电发射设备、辐射无线电波的非无线电设备干扰无线电业务正常进行的,由无线电管理机构责令改正,拒不改正的,没收产生有害干扰的设备,并处5万元以上20万元以下的罚款,吊销无线电台执照;对船舶、航天器、航空器、铁路机车专用无线电导航、遇险救助和安全通信等涉及人身安全的无线电频率产生有害干扰的,并处20万元以上50万元以下的罚款。

第七十四条 未按照国家有关规定缴纳无线电频率占用费的,由无线电管理机构责令限期缴纳;逾期不缴纳的,自滞纳之日起按日加收0.05%的滞纳金。

第七十五条 违反本条例规定,有下列行为之一的,由无线电管理机构责令改正;拒不改正的,没收从事违法活动的设备,并处3万元以上10万元以下的罚款;造成严重后果的,并处10万元以上30万元以下的罚款:

(一)研制、生产、销售和维修大功率无线电发射设备,未采取有效措施抑制电波发射;

(二)境外组织或者个人在我国境内进行电波参数测试或者电波监测;

(三)向境外组织或者个人提供涉及国家安全的境内电波参数资料。

第七十六条 违反本条例规定,生产或者进口在国内销售、使用的无线电发射设备未取得型号核准的,由无线电管理机构责令改正,处5万元以上20万元以下的罚款;拒不改正的,没收未取得型号核准的无线电发射设备,并处20万元以上100万元以下的罚款。

第七十七条 销售依照本条例第四十四条的规定应当取得型号核准的无线电发射设备未向无线电管理机构办理销售备案的,由无线电管理机构责令改正;拒不改正的,处1万元以上3万元以下的罚款。

第七十八条 销售依照本条例第四十四条的规定应当取得型号核准而未取得型号核准的无线电发射设备的,由无线电管理机构责令改正,没收违法销售的无线电发射设备和违法所得,可以并处违法销售的设备货值10%以下的罚款;拒不改正的,并处违法销售的设备货值10%以上30%以下的罚款。

第七十九条 维修无线电发射设备改变

无线电发射设备型号核准证核定的技术指标的,由无线电管理机构责令改正;拒不改正的,处1万元以上3万元以下的罚款。

第八十条 生产、销售无线电发射设备违反产品质量管理法律法规的,由产品质量监督部门依法处罚。

进口无线电发射设备,携带、寄递或者以其他方式运输无线电发射设备入境,违反海关监管法律法规的,由海关依法处罚。

第八十一条 违反本条例规定,构成违反治安管理行为的,依法给予治安管理处罚;构成犯罪的,依法追究刑事责任。

第八十二条 无线电管理机构及其工作人员不依照本条例规定履行职责的,对负有责任的领导人员和其他直接责任人员依法给予处分。

第九章 附 则

第八十三条 实施本条例规定的许可需要完成有关国内、国际协调或者履行国际规则规定程序的,进行协调以及履行程序的时间不计算在许可审查期限内。

第八十四条 军事系统无线电管理,按照军队有关规定执行。

涉及广播电视的无线电管理,法律、行政法规另有规定的,依照其规定执行。

第八十五条 本条例自2016年12月1日起施行。

国家发展计划委员会 财政部 国家无线电管理委员会关于印发《无线电管理收费规定》的通知

（计价费〔1998〕218号）

各省、自治区、直辖市物价局（委员会）、财政厅（局）、无线电管理委员会,国务院有关部门:

现行《无线电管理收费暂行规定》（以下简称《暂行规定》）,是1992年发布的,执行五年多来,对于充分节约和有效利用国家无线电频谱资源,促进无线电通信事业的健康发展起到了积极作用。但随着时间的推移,《暂行规定》的部分条款已不适应当前形势的需要,迫切需要进行重新规范和加以完善。为此,国家计委、财政部和国家无线电管理委员会在反复调查研究,征求各地区、各部门意见基础上,制订了《无线电管理收费规定》,并报经国务院批准,现印发给你们,请结合当地实际,认真贯彻执行。

附件:无线电管理收费规定

无线电管理收费规定

第一条 为加强无线电管理,有效地利用无线电频谱资源,促进无线电通信事业的发展,适应国民经济和社会发展的需要。根据《中华人民共和国无线电管理条例》（以下简称《条例》）和国家有关行政事业性收费管理规定,制定本规定。

第二条 无线电频谱资源属国家所有,有偿使用,凡在中华人民共和国境内设置、使用无线电台及研制、生产、销售、进口无线电设备的单位和个人,必须遵守本规定。

第三条 无线电管理收费包括:注册登记费、频率占用费和设备检测费。

设置使用无线电台应按规定缴纳注册登记费和频率占用费;研制、生产、销售、进口无线电发射设备,应按规定缴纳注册登记费和设备检测费;使用未经国家无线电管理机构型号认证的设备,应按规定进行设备检测,并缴纳设备检测费。

第四条 国家、省（自治区、直辖市）无线电管理机构根据《条例》规定的权限收取注册登记费和频率占用费。

（一）通信范围或者服务区域涉及两个以

上的省或者涉及境外的无线电台（站），中央国家机关（含其在京直属单位）设置、使用的无线电台（站），其他因特殊需要设置、使用的无线电台（站），由国家无线电管理机构收取注册登记费和频率占用费；

（二）除上述（一）外，在省、自治区、直辖市范围内设置、使用的无线电台（站），由省、自治区、直辖市无线电管理机构收取注册登记费和频率占用费。

第五条 国家、省（自治区、直辖市）无线电管理机构可委托地方或其他部门或单位收取频率占用费。被委托单位收取的费用须全额上交，委托机构可按2‰的比例返回代收手续费，具体办法由财政部另行制定。

第六条 频率占用费自频率分配或指配之日起按年度计收，不足三个月的按四分之一年计收，超过三个月不足半年的按半年计收，超过半年不足一年的按一年计收。

第七条 频率占用费收费标准依照本规定所附的《无线电台（站）频率占用费年度收费标准表》执行。有关无线电新业务收费标准，根据国家无线电频谱开发使用政策另行颁布。

第八条 注册登记费在办理注册登记手续时收取。注册登记费每证15元，国家无线电管理委员会办公室可以从注册登记费提取每证5元，用于统一印制无线电台执照以及运输费用等。

第九条 设备检测费在对无线电发射设备进行检测时收取，国家拨款的单位免收设备检测费。设备检测费收费标准由国家计委、财政部另行制定。

第十条 下列电台免收频率占用费：

（一）党政领导机关设置的专用公务电台；

（二）国防用于军事、战备的专用电台；

（三）公安、武警、国家安全、检察、法院、劳教、监狱、渔政部门设置的专用公务电台；

（四）防火、防汛、防震、防台风、航空营救等抢险救灾专用电台和水上遇险值守、安全信息发播及安全导航电台；

（五）广播电视部门设置的实验台及对外广播电台、电视台；

（六）业余无线电台；

（七）农民集资办的电视差转台。

上述部门和单位设置的电台用于从事经营活动的部分，要按规定缴纳足额频率占用费。

第十一条 用于卫生急救、气象服务、新闻、水上和航空无线电导航的专用电台及教育电视台减缴频率占用费，减缴幅度为50%。

第十二条 对涉外电台按下列办法征收费用：

（一）对外国驻中国使领馆及驻华代表机构设置使用的电台征收相关费用，本着对等互惠的原则，通过外交途径办理；

（二）外商独资和合资企业经批准设置使用的电台，按国内相同电台的标准收取费用；

（三）边境过往电台的费用可由有关省按对等原则收取。

第十三条 国家和省（自治区、直辖市）无线电管理机构应按财务隶属关系，于每年第一季度将上一年度无线电管理收费收取情况向财政部或省（自治区、直辖市）财政厅（局）报告，同时抄报国家计委或省（自治区、直辖市）物价局（委员会），并接受其监督检查。

第十四条 应缴纳频率占用费的单位和个人，必须在国家、省（自治区、直辖市）无线电管理机构指定期限内缴纳。逾期不缴的，从滞纳之日起，按日增收千分之五的滞纳金。逾期半年不缴的，无线电管理机构可收回所指配的频率，吊销电台执照，并不再受理该单位的其他频率使用和设台申请。

第十五条 无线电收费管理机构应严格按本规定收费，到指定的物价部门办理《收费许可证》，并按隶属关系使用中央或省级财政部门统一印制的票据，不得擅自增加收费项目和提高收费标准，违者由价格管理部门的价格监督检查机构和财政部门依法查处。

第十六条 本规定从1998年4月1日起执行，以往发布的无线电管理收费规定和办法，一律废止。

第十七条 本规定由国家计委、财政部和国家无线电管理委员会负责解释。

国家发展改革委 财政部关于调整"村通工程"无线电通信和 "村村通工程"无线电广播电视传输发射台站频率占用费收费标准等 有关问题的通知

(发改价格〔2005〕2812 号)

信息产业部,各省、自治区、直辖市发展改革委、物价局、财政厅(局):

信息产业部《关于申请调整"村通工程"无线电通信和"村村通工程"无线电广播电视传输发射台站频率占用费收费标准的函》(信部无〔2005〕542 号)收悉。经研究,现就有关问题通知如下:

一、为扶持边远农村地区通信及广播电视事业发展,同意调整用于"村通工程"无线电通信和"村村通工程"无线电广播电视传输发射台站频率占用费收费标准。

(一)450 MHz 模拟无线接入基站收费标准由每站每频点 500 元降为 250 元;

(二)MMDS 站收费标准由每站每兆赫 600 元降为 300 元;

(三)SCDMA 无线接入基站(406.5～409.5 MHz 频段)收费标准为每站 75 元;

(四)对卫星地球站(或卫星移动电话)、电视差转台、广播差转台不收取频率占用费。

二、收费单位应到指定的价格主管部门办理收费许可证变更手续,使用省、自治区、直辖市财政部门统一印制的收费票据,严格按规定的收费项目、收费标准和收费范围收费,并自觉接受价格、财政部门的监督检查。

三、上述规定自 2006 年 1 月 1 日起执行。

国家发展和改革委员会 财政部关于第二代蜂窝公众通信网络频率 占用费收费标准及有关问题的通知

(发改价格〔2013〕2396 号)

工业和信息化部:

你部《关于建议重新核定第二代蜂窝公众通信网络频率占用费标准的函》(工信部无〔2012〕483 号)收悉。经研究,现就第二代蜂窝公众通信网络频率占用费收费标准及有关问题通知如下:

一、国家无线电管理机构向蜂窝公众通信网络运营商收取的频率占用费收费标准。在全国使用的 GSM、CDMA 网络频率,900 MHz 频段(含 800 MHzCDMA 频段)每年 1 700 万元/MHz,1 800 MHz 频段每年 1 400 万元/MHz;在非全国网使用的频率,900 MHz 频段

(含 800 MHzCDMA 频段)每省每年 170 万元/MHz,1 800 MHz 频段每省每年 140 万元/MHz。使用范围达到或超过 10 个省级行政区域的,按在全国使用的收费标准计收。

二、国家无线电管理机构向中国铁路总公司收取的铁路专用无线通信系统 GSM-R(885～889/930～934 MHz)频率占用费收费标准为每年 850 万元/MHz。

三、蜂窝公众通信网络频率占用费应按照财政部《关于行政性收费纳入预算管理有关问题的通知》(财预字〔1994〕37 号)的规定,全额上缴中央国库,实行"收支两条线"管理。即国

家无线电管理机构在取得收入的 3 日内,将收入就地全额缴入中央国库,缴库时按财政部、中国人民银行《关于修订 2011 年政府收支分类科目的通知》(财预〔2011〕518 号)规定,无线电频率占用费收支纳入政府性基金预算管理,收入列入"中央与地方共用收入"科目第 1030174 项"无线电频率占用费"。蜂窝公众通信网络频率占用费用于国家和地方无线电基础设施和技术设施建设及运行维护、专项监管、无线电频谱规划调整补偿、信息安全以及其他相关支出。

四、你部应按规定到国家发展改革委办理收费许可证变更手续,使用财政部统一印制的票据,严格按规定的收费项目、收费标准和收费范围收费,并自觉接受价格、财政、审计部门的监督检查。

五、上述规定自 2013 年 1 月 1 日起执行。《国家发展改革委、财政部关于重新核定蜂窝公众通信网络频率占用费收费标准及有关问题的通知》(发改价格〔2007〕3643 号)同时废止。

国家发展改革委 财政部关于降低部分无线电频率占用费标准等有关问题的通知

(发改价格〔2018〕601 号)

工业和信息化部,各省、自治区、直辖市发展改革委、物价局、财政厅(局):

按照国务院统一部署,为进一步加大降费力度,切实减轻企业负担,促进我国信息通信和航天事业发展,经研究,决定降低部分无线电频率占用费收费标准。现将有关事项通知如下。

一、公众移动通信系统频率占用费标准

(一)降低 3000 兆赫以上频段频率占用费标准。在全国范围内使用的频段,3 000～4 000 兆赫频段由 800 万元/兆赫/年降为 500 万元/兆赫/年,4 000～6 000 兆赫频段由 800 万元/兆赫/年降为 300 万元/兆赫/年,6 000 兆赫以上频段由 800 万元/兆赫/年降为 50 万元/兆赫/年。在省(自治区、直辖市)范围内使用的频段,3 000～4 000 兆赫频段由 80 万元/兆赫/年降为 50 万元/兆赫/年,4 000～6 000 兆赫频段由 80 万元/兆赫/年降为 30 万元/兆赫/年,6 000 兆赫以上频段由 80 万元/兆赫/年降为 5 万元/兆赫/年。在市(地、州)范围内使用的频段,3 000～4 000 兆赫频段由 8 万元/兆赫/年降为 5 万元/兆赫/年,4 000～6 000 兆赫频段

由 8 万元/兆赫/年降为 3 万元/兆赫/年,6 000 兆赫以上频段由 8 万元/兆赫/年降为 0.5 万元/兆赫/年。

(二)降低 5G 公众移动通信系统频率占用费标准。为鼓励新技术新业务的发展,对 5G 公众移动通信系统频率占用费标准实行"头三年减免,后三年逐步到位"的优惠政策,即自 5G 公众通信系统频率使用许可证发放之日起,第一年至第三年(按财务年度计算,下同)免收无线电频率占用费;第四年至第六年分别按照国家规定收费标准的 25%、50%、75%收取无线电频率占用费,第七年及以后按照国家规定收费标准的 100%收取无线电频率占用费。

(三)对使用范围受限(如仅限于室内使用)的公众移动通信系统频段,按照国家规定收费标准的 30%收取无线电频率占用费。

二、卫星通信系统频率占用费标准

(一)调整网络化运营的高通量卫星系统频率占用费收费方式。根据高通量卫星系统的技术和运营特点,调整 Ka 频段(17.7～21.2 吉赫、27.5～31 吉赫)高通量卫星系统频率占用费收费方式,即由按照空间电台 500 元/兆赫/

年(发射)、地球站 250 元/兆赫/年(发射)分别向卫星业务运营商和网内终端用户收取,改为根据卫星系统业务频率实际占用带宽,按照 500 元/兆赫/年向卫星业务运营商收取,不再收取网内终端用户地球站和卫星业务运营商关口站频率占用费。

(二)降低开展空间科学研究的卫星系统频率占用费标准。对列入国家重大专项,用于开展空间科学研究的空间电台和地球站,按照国家规定收费标准的 50% 收取频率占用费,即空间电台 250 元/兆赫/年(发射)、地球站 125 元/兆赫/年(发射)。

除网络化运营的 Ka 频段高通量卫星系统、开展空间科学研究的国家重大专项卫星系统外,其他卫星通信系统频率占用费标准仍按现行规定执行,即空间电台 500 元/兆赫/年(发射)、地球站 250 元/兆赫/年(发射)。

三、各地区、有关部门要严格执行本通知规定,对降低的频率占用费标准及各项优惠政策,不得以任何理由拖延或者拒绝执行。各级价格、财政部门要加强对政策落实情况的监督检查,对违反本通知规定的收费行为,依法予以处理。

四、上述规定自 2018 年 4 月 1 日起执行。2018 年 4 月 1 日之前应交未交的频率占用费,补交时应按原标准征收。

十九、三峡电站水资源费

长江三峡工程建设移民条例

(中华人民共和国国务院令第 299 号)

依据《国务院关于废止和修改部分行政法规的决定》(中华人民共和国国务院令第 588 号),本规定自 2011 年 1 月 8 日起第十一条第二款、第十二条中的"征用"修改为"征收"。

第一章 总 则

第一条 为了做好三峡工程建设移民工作,维护移民合法权益,保障三峡工程建设,促进三峡库区经济和社会发展,制定本条例。

第二条 三峡工程建设移民,适用本条例。

第三条 三峡工程建设,实行开发性移民方针,统筹使用移民资金,合理开发资源,保护生态环境,妥善安置移民,使移民的生产、生活达到或者超过原有水平,为三峡库区经济和社会发展创造条件。

第四条 三峡工程建设移民工作应当与三峡库区建设、沿江地区对外开放、水土保持和环境保护相结合。

第五条 三峡工程建设移民,实行国家扶持、各方支援与自力更生相结合的原则,采取前期补偿、补助与后期生产扶持相结合的方针,兼顾国家、集体和个人的利益。

三峡工程淹没区、移民安置区所在地的人民政府和群众应当顾全大局,服从国家统筹安排,正确处理移民搬迁和经济发展的关系。

第六条 三峡工程建设移民,实行移民任务和移民资金包干的原则。

第七条 国家对三峡工程建设移民依法给予补偿。具体补偿标准由国务院三峡工程建设委员会移民管理机构会同国务院有关部门组织测算、拟订,报国务院批准后执行。

第八条 三峡工程建设移民工作实行统

一领导、分省(直辖市)负责、以县为基础的管理体制。

国务院三峡工程建设委员会是三峡工程建设移民工作的领导决策机构。

国务院三峡工程建设委员会移民管理机构负责三峡工程建设移民工作。

湖北省、重庆市人民政府负责本行政区域内三峡工程建设移民工作,并设立三峡工程建设移民管理机构。

三峡工程淹没区和移民安置区所在地的市、县、区人民政府负责本行政区域内三峡工程建设移民工作,并可以根据需要设立三峡工程建设移民管理机构。

第二章　移民安置

第九条　三峡工程建设移民安置,应当编制移民安置规划。移民安置规划应当与土地利用总体规划相衔接。

水利部长江水利委员会会同湖北省、重庆市人民政府,负责编制《长江三峡工程水库淹没处理及移民安置规划大纲》(以下简称《规划大纲》),报国务院三峡工程建设委员会审批。

湖北省、重庆市人民政府应当按照《规划大纲》,负责组织本行政区域内有关市、县、区人民政府编制并批准有关市、县、区的移民安置规划,并分别汇总编制本省、直辖市的移民安置规划,报国务院三峡工程建设委员会备案。

国务院三峡工程建设委员会移民管理机构应当加强对移民安置规划实施情况的监督。

第十条　经批准的移民安置规划应当严格执行,不得随意调整或者修改;确需调整或者修改的,应当按照原审批程序报批。

第十一条　三峡工程建设用地按照批准的规划,一次审批,分期划拨,并依法办理土地权属变更登记手续。

三峡工程建设移民迁建用地应当严格控制规模,并依据土地利用总体规划和土地利用年度计划,分批次逐级上报省级以上人民政府依法办理农用地转用和土地征用手续。移民迁建用地不得转让,不得用于非移民项目。

第十二条　因三峡工程建设和移民迁建,土地被全部征用并安置在第二产业、第三产业或者自谋职业的农村移民,经本人同意,由有关县、区人民政府批准,可以转为非农业户口。

第十三条　移民安置地的有关地方人民政府应当合理调整土地,鼓励移民在安置地发展优质、高效、高产农业和生态农业;有条件的地方,可以通过发展第二产业、第三产业安置移民。

第十四条　三峡工程建设移民安置实行就地安置与异地安置、集中安置与分散安置、政府安置与移民自找门路安置相结合。移民首先在本县、区安置;本县、区安置不了的,由湖北省、重庆市人民政府在本行政区域内其他市、县、区安置;湖北省、重庆市安置不了的,在其他省、自治区、直辖市安置。

第十五条　农村移民需要安置到本县、区其他农村集体经济组织的,由该农村集体经济组织与县、区人民政府移民管理机构或者负责移民管理工作的部门签订协议,并按照协议安排移民的生产、生活。

第十六条　移民在本县、区安置不了,需要在湖北省、重庆市行政区域内其他市、县、区安置的,由迁出地和安置地的市、县、区人民政府签订协议,办理有关手续。

移民需要在湖北省、重庆市以外的地区安置的,分别由湖北省、重庆市人民政府与安置地的省、自治区、直辖市人民政府签订协议,办理有关手续。

第十七条　三峡工程受益地区和有条件的省、自治区、直辖市及其市、县、区应当接收政府组织外迁和投亲靠友自主外迁的三峡库区农村移民,并及时办理有关手续,统一安排移民的生产、生活。

投亲靠友自主外迁的三峡库区农村移民,应当持有迁出地的县、区人民政府出具的证明。

第十八条　农村居民点迁建应当按照移民安置规划,依法编制新居民点建设规划。编制新居民点建设规划,应当因地制宜,有利生产,方便生活。

新建居民点的道路、供水、供电等基础设施，由乡（镇）、村统一组织施工。

房屋拆迁补偿资金按照农村房屋补偿标准包干到户，由移民用于住房建设。

移民建造住房，可以分户建造，也可以按照自愿原则统一建造。有关地方人民政府以及村民委员会不得强行规定建房标准。

第十九条 城镇迁建，应当按照移民安置规划，依法编制迁建区详细规划，并确定需要迁建的公共建筑和各项基础设施的具体位置。

城镇公共建筑和各项基础设施迁建补偿资金实行包干管理，其数额按照实际淹没损失和适当发展的原则核定。

城镇迁建中单位和居民搬迁的补偿资金实行包干管理，其数额按照实际淹没损失核定。

第二十条 需要迁建的城镇应当提前建设基础设施。

对自筹资金或者使用非移民资金提前搬迁的单位和居民，有关地方人民政府不得减少其应得的移民资金数额。

第二十一条 有关地方人民政府应当根据国家产业政策，结合技术改造，对需要搬迁的工矿企业进行统筹规划和结构调整。产品质量好、有市场的企业，可以通过对口支援，与名优企业合作、合资，把企业的搬迁与企业的重组结合起来；技术落后、浪费资源、产品质量低劣、污染严重的企业，应当依法实行兼并、破产或者关闭。

有关地方人民政府应当妥善安排破产、关闭企业职工和离退休人员的基本生活，做好再就业和社会养老保险工作。

工矿企业搬迁补偿资金实行包干管理，其数额按照实际淹没损失的重置价格核定。

第二十二条 因三峡工程蓄水被淹没的公路、桥梁、港口、码头、水利工程、电力设施、电信线路、广播电视等基础设施和文物古迹需要复建的，应当根据复建规划，按照经济合理的原则，预先在淹没线以上复建。复建补偿资金实行包干管理，其数额按照原规模、原标准或者为恢复原功能所需投资核定。

第二十三条 城镇迁建单位、工矿企业和居民的搬迁以及基础设施的复建，因扩大规模和提高标准超过包干资金的部分，分别由有关地方人民政府、有关单位、居民自行解决。

第二十四条 移民工程建设应当做好项目前期论证工作。城镇、农村居民点、工矿企业、基础设施的选址和迁建，应当做好水文地质、工程地质勘察、地质灾害防治勘查和地质灾害危险性评估。

第二十五条 移民工程建设应当履行基本建设程序，严格执行国务院2000年1月发布的《建设工程质量管理条例》规定的各项制度，确保建设工程质量。

移民工程建设施工，应当保护生态环境，防止植被破坏和水土流失。

第二十六条 安置移民生产，严禁开垦25度以上的坡地；已经开垦的，应当按照规划退耕还林还草。对已经开垦的25度以下的坡地，应当因地制宜，采取"坡改梯"措施，实行山水林田路综合规划治理。

第二十七条 三峡工程淹没区的林木，在淹没前已经达到采伐利用标准的，经依法批准后，林木所有者可以采伐、销售；不能采伐利用的，淹没后按照《规划大纲》的规定给予补偿。

第二十八条 三峡工程建设，应当按照"保护为主、抢救第一"和"重点保护、重点发掘"的原则，做好文物抢救、保护工作。

第三章　淹没区、安置区的管理

第二十九条 有关地方人民政府应当加强对三峡工程淹没区基本建设的管理。任何单位和个人不得在淹没线以下擅自新建、扩建和改建项目。违反《国务院办公厅关于严格控制三峡工程坝区和库区淹没线以下区域人口增长和基本建设的通知》的规定，在1992年4月4日后建设的项目，按照违章建筑处理。

第三十条 三峡库区有关公安机关应当加强对淹没区的户籍管理，严格控制非淹没区人口迁入淹没区。1992年4月4日后，按照《国务院办公厅关于严格控制三峡工程坝区和库区淹没线以下区域人口增长和基本建设的通知》的规定允许迁入的人口,经县级以上人民政府公安机关批准入户的,由国家负责搬迁安置;因其他原因擅自迁入的人口,国家不负责搬迁安置。

三峡库区各级地方人民政府和有关单位应当加强计划生育管理,控制人口增长,保证库区的人口出生率不超过湖北省、重庆市的规定。

本条第一款所称允许迁入的人口,是指因出生、婚嫁、工作调动、军人转业退伍和高等院校、中等专业技术学校毕业分配以及刑满释放等迁入的人口。

第三十一条 按照移民安置规划必须搬迁的单位和移民,不得拒绝搬迁或者拖延搬迁;已经搬迁并得到补偿和安置的,应当及时办理补偿销号手续,并不得返迁或者要求再次补偿。

按照移民安置规划已经搬迁的单位和移民,其搬迁前使用的土地及其附着物由当地县级人民政府依法处理。

第三十二条 三峡水库消落区的土地属于国家所有,由三峡水利枢纽管理单位负责管理,可以通过当地县级人民政府优先安排给当地农村移民使用;但是,不得影响水库安全、防洪、发电和生态环境保护。因蓄水给使用该土地的移民造成损失的,国家不予补偿。

第三十三条 有关地方人民政府应当对三峡工程移民档案加强管理,确保档案完整、准确和安全。

第四章 移民资金使用的管理和监督

第三十四条 移民资金实行静态控制,动态管理。除价格指数变动、国家政策调整和发生不可抗力外,不再增加移民资金。

第三十五条 移民资金年度计划应当纳入国家年度投资计划。

国务院三峡工程建设委员会移民管理机构根据经批准的三峡工程移民安置规划,组织编制移民资金年度计划,报国务院审批。

县级以上地方人民政府移民管理机构或

者负责移民管理工作的部门组织编制本行政区域的移民资金年度项目计划,经本级人民政府审核同意后报上一级人民政府移民管理机构审批。

经批准的移民资金年度项目计划,不得擅自调整;确需调整的,应当报原审批机关批准。

第三十六条 移民资金安排应当突出重点,保证移民安置进度与枢纽工程建设进度相适应。

移民资金由有关地方人民政府按照移民安置规划安排使用。

有移民安置任务的省、自治区、直辖市人民政府应当根据国家移民资金投资包干方案,将移民资金拨付到县级人民政府和有关单位,由县级人民政府和有关单位将移民资金具体落实到各类移民投资项目。

第三十七条 移民资金应当在国务院三峡工程建设委员会移民管理机构或者省、自治区、直辖市人民政府移民管理机构指定的银行专户存储、专账核算。国务院或者省、自治区、直辖市人民政府确定的移民资金管理部门应当按照包干方案、移民资金年度项目计划和进度及时拨付移民资金。

第三十八条 移民资金应当用于下列项目:

(一)农村移民安置补偿;

(二)城镇迁建补偿;

(三)工矿企业迁建补偿;

(四)基础设施项目复建;

(五)环境保护;

(六)国务院三峡工程建设委员会移民管理机构规定的与移民有关的其他项目。

任何部门、单位和个人不得挤占、截留和挪用移民资金。

第三十九条 移民资金存储期间的孳息,应当纳入移民资金,不得挪作他用。

第四十条 有关地方人民政府设立的城镇迁建工程建设指挥部(管委会)不是一级财务核算单位,移民项目资金不得经其转拨。

第四十一条 国家对移民资金的管理、拨付和安排使用实行稽察制度,对管理、拨付和安排使用移民资金的有关地方人民政府及其有关部门、机构的负责人实行任期经济责任审计制度。

第四十二条 县级以上人民政府应当加强对下级人民政府及其有关部门管理、拨付和安排使用移民资金情况的监督。

各级人民政府移民管理机构或者负责移民管理工作的部门应当加强内部审计和监察，定期向本级人民政府、上级主管部门报告移民资金年度项目计划执行情况、移民资金拨付和使用情况。

第四十三条 有移民任务的乡（镇）、村应当建立健全财务管理制度，乡（镇）、村移民资金的使用情况应当张榜公布，接受群众监督。

第四十四条 各级审计机关和监察、财政部门应当加强对移民资金管理、拨付和安排使用的审计和监察、监督，依法履行国家有关法律、法规赋予的职责。

审计机关和监察、财政部门进行审计和监察、监督时，有关单位和个人应当予以配合，及时提供有关资料。

第五章 扶持措施

第四十五条 国家从三峡电站的电价收入中提取一定资金设立三峡库区移民后期扶持基金，分配给湖北省、重庆市和接收外迁移民的省、自治区、直辖市人民政府，用于移民的后期扶持。具体办法由财政部会同国务院有关部门制定，报国务院批准后执行。

第四十六条 三峡电站投产后缴纳的税款依法留给地方的部分，分配给湖北省、重庆市人民政府，用于支持三峡库区建设和生态环境保护。具体办法由财政部会同国务院有关部门制定，报国务院批准后执行。

第四十七条 农村移民建房占用耕地，免征耕地占用税。三峡工程坝区和淹没区建设占用耕地，按照应纳税额的40%征收耕地占用税；城镇、企业事业单位搬迁和基础设施复建占用耕地，按照国家有关规定缴纳耕地占用税。缴纳的耕地占用税全部用于三峡库区农村移民安置。

第四十八条 三峡电站投产后，应当优先安排三峡库区用电。

第四十九条 国家将三峡库区有水电资源条件的受淹县、区列为农村水电初级电气化县，予以扶持。

第五十条 国家将三峡库区具备一定条件的受淹县、区优先列入生态农业试点示范县，予以扶持，并优先安排基本农田及水利专项资金，用于移民安置区农田水利建设。

第五十一条 国务院有关部门和湖北省、重庆市人民政府及其有关部门在安排建设项目、分配资金时，对三峡库区有关县、区应当优先照顾。

第五十二条 国务院有关部门和有关省、自治区、直辖市应当按照优势互补、互惠互利、长期合作、共同发展的原则，采取多种形式鼓励名优企业到三峡库区投资建厂，并从教育、文化、科技、人才、管理、信息、资金、物资等方面对口支援三峡库区移民。

第五十三条 国家在三峡库区和三峡工程受益地区安排的建设项目，应当优先吸收符合条件的移民就业。

第五十四条 国家对专门为安置农村移民开发的土地和新办的企业，依法减免农业税、农业特产农业税、企业所得税。

第六章 罚 则

第五十五条 违反本条例规定，未经批准，擅自调整、修改移民安置规划和移民资金年度项目计划的，由规划、计划的审批机关责令限期改正；逾期不改正的，对直接负责的主管人员和其他直接责任人员，依法给予行政处分。

第五十六条 违反本条例规定，擅自将移民迁建用地的使用权转让或者用于非移民项目的，由县级以上人民政府土地行政主管部门会同同级移民管理机构依据职责，责令限期改正，没收违法所得，并处违法所得1倍以上3倍以下的罚款。没收的违法所得和收缴的罚款，全部纳入移民资金，用于移民迁建。

第五十七条 违反本条例规定,在淹没线以下擅自新建、扩建和改建项目的,由县级以上人民政府移民管理机构依据职责,责令停止违法行为,限期恢复原状,可以处5万元以下的罚款;造成损失的,依法承担赔偿责任。

第五十八条 违反本条例规定,在移民搬迁和安置过程中,有下列行为之一的,由县级以上人民政府移民管理机构会同同级有关部门依据职责,责令限期改正,给予警告;构成违反治安管理行为的,由公安机关依法予以处罚:

(一)拒绝搬迁或者拖延搬迁的;

(二)按照规定标准已获得安置补偿,搬迁后又擅自返迁的;

(三)按照规定标准获得安置补偿后,无理要求再次补偿的。

第五十九条 违反本条例规定,有下列行为之一的,由有关审计机关、财政部门依照审计、财政法律、法规的规定予以处罚;对直接负责的主管人员和其他直接责任人员,依法给予行政处分;构成犯罪的,依法追究刑事责任:

(一)将移民资金用于非移民项目、偿还非移民债务和平衡地方财政预算的;

(二)利用移民资金进行融资、投资和提供担保的;

(三)购买股票、债券和其他有价证券的;

(四)利用其他方式挪用移民资金的。

第六十条 违反本条例规定,在国务院三峡工程建设委员会移民管理机构或者省、自治区、直辖市人民政府移民管理机构指定的银行之外的金融机构存储移民资金的,由县级以上人民政府移民管理机构按照职责分工,责令限期改正,给予警告;对直接负责的主管人员和其他直接责任人员,依法给予行政处分;有违法所得的,没收违法所得,并处违法所得1倍以上3倍以下的罚款。

第六十一条 违反本条例规定,挤占、截留移民资金的,由有关审计机关、财政部门依法予以追缴,可以处挤占、截留移民资金数额1倍以下的罚款;对直接负责的主管人员和其他直接责任人员,依法给予行政处分。

第六十二条 在移民工程建设中,破坏植被和生态环境,造成水土流失的,依照环境保护法和水土保持法的有关规定处罚。

第六十三条 国家机关工作人员在移民工作中玩忽职守、滥用职权、徇私舞弊,构成犯罪的,依法追究刑事责任;尚不构成犯罪的,依法给予行政处分。

第七章 附 则

第六十四条 本条例自2001年3月1日起施行。1993年8月19日国务院公布施行的《长江三峡工程建设移民条例》同时废止。

财政部 国家发展改革委 水利部 中国人民银行
关于三峡电站水资源费征收使用管理有关问题的通知

(财综〔2011〕19号)

湖北省、重庆市人民政府,财政部驻湖北省财政监察专员办事处,中国人民银行武汉分行、重庆营业管理部,中国长江三峡集团公司:

根据《取水许可和水资源费征收管理条例》(国务院令第460号)和《财政部国家发展改革委水利部关于印发〈水资源费征收使用管理办法〉的通知》(财综〔2008〕79号,以下简称《通知》)的规定,经国务院同意,现将三峡电站水资源费征收使用管理有关问题通知如下:

一、自2009年9月1日起,中国长江电力股份有限公司按照三峡电站实际发电量和《国家发展改革委财政部水利部关于中央直属和跨省水利工程水资源费征收标准及有关问题的通知》(发改价格〔2009〕1779号)规定的征收标准缴纳水资源费。2009年9月1日以来中国长江电力股份有限公司尚未缴纳的水资源费予以补征。

二、三峡电站水资源费收入的10%上缴中央国库,其余90%按比例(湖北省16.67%、重庆市83.33%)在湖北省和重庆市之间进行分配,并分别上缴两省市国库。

三、在《2022年政府收支分类科目》103类02款02项"水资源费收入"下增设01目"三峡电站水资源费收入",用于核算上缴中央和地方国库的三峡电站水资源费收入。

四、三峡电站水资源费由财政部驻湖北省财政监察专员办事处(以下简称湖北专员办)负责按月征收,暂实行以下收缴方式。中国长江电力股份有限公司于每月10日前向湖北专员办申报上月实际发电量和应缴纳的水资源费。湖北专员办于每月12日前完成对申报的审核,确定水资源费征收数额,对中央分成的10%部分,由湖北专员办向中国长江电力股份有限公司开具《非税收入一般缴款书》;对湖北省分成的15.003%部分和重庆市分成的74.997%部分,由湖北专员办分别向中国长江电力股份有限公司开具两份《一般缴款书》。中国长江电力股份有限公司于每月15日前按《非税收入一般缴款书》和两份《一般缴款书》规定的缴款额足额上缴资金,其中:中央分成收入,由中国长江电力股份有限公司缴入财政部为湖北专员办开设的中央财政汇缴专户;湖北省分成收入,由中国长江电力股份有限公司通过

其开户银行就地缴入国家金库湖北省宜昌市中心支库;重庆市分成收入,由中国长江电力股份有限公司从其开户银行通过中国现代化支付系统汇划至国家金库重庆市分库,汇款凭证中"收款人账号"为"278""附言"中应载明"地方级,103020201三峡电站水资源费收入",同时将加盖开户银行业务印章的《一般缴款书》第三、四联寄往国库金库重庆市分库,第五联送湖北专员办,并将汇款凭证复印件寄往重庆市财政局。国家金库重庆市分库收到汇款和缴款凭证后,及时准确办理入库手续。收款国库与湖北专员办及同级财政部门之间要加强资金入库的对账工作,确保缴库资金准确和安全。

湖北专员办根据中国长江电力股份有限公司全年实际发电量,在次年3月底前完成对该公司全年应缴水资源费的清算和征缴。

五、缴入中央国库的三峡电站水资源费收入,由中央财政安排使用;缴入湖北省和重庆市国库的三峡电站水资源费收入,分别由两省市统筹安排,重点用于三峡库区及三峡大坝下游水资源节约、保护和管理,也可以用于相关地区水资源的合理开发,具体使用范围按照《通知》的规定执行。

六、湖北省、重庆市人民政府要加强三峡电站水资源费使用管理,确保专款专用,并制定具体使用管理办法。财政部、国家发展改革委、水利部、中国人民银行和审计署按照职责加强对三峡电站水资源费征收缴库及使用情况的监督检查。

二十、城市基础设施配套费

财政部关于城市基础设施配套费性质的批复

(财综函〔2002〕3号)

辽宁省财政厅:

你厅《关于明确城市基础设施配套费项目

性质的请示》(辽财综〔2002〕86号)收悉,经研究,现就有关事宜批复如下:

一、按照《国家计委、财政部关于全面整顿住房建设收费取消部分收费项目的通知》(计价格〔2001〕585号)规定,各省、自治区、直辖市财政、价格主管部门要对各类(市政建设)专项配套费进行整顿,将其统一归并为城市基础设施配套费,取消与城市基础设施配套费重复收取的水、电、气、热、道路以及其他各种名目的专项配套费。因此,各地征收的市政基础设施配套费应统一归并为城市基础设施配套费。

二、城市基础设施配套费是城市人民政府有关部门强制征收用于城市基础设施建设的专项资金,其征收主体与征收对象之间不存在直接的服务与被服务关系;同时,收益者与征收对象也没有必然的联系,与各级政府部门或单位向特定服务对象提供特定服务并按成本补偿原则收取的行政事业性收费有明显区别。因此,城市基础设施配套费在性质上不属于行政事业性收费,而属于政府性基金。

此复。

二十一、海域使用金

中华人民共和国海域使用管理法

(2001年10月27日第九届全国人民代表大会常务委员会第二十四次会议通过)

第一章

第一条 为了加强海域使用管理,维护国家海域所有权和海域使用权人的合法权益,促进海域的合理开发和可持续利用,制定本法。

第二条 本法所称海域,是指中华人民共和国内水、领海的水面、水体、海床和底土。

本法所称内水,是指中华人民共和国领海基线向陆地一侧至海岸线的海域。

在中华人民共和国内水、领海持续使用特定海域三个月以上的排他性用海活动,适用本法。

第三条 海域属于国家所有,国务院代表国家行使海域所有权。任何单位或者个人不得侵占、买卖或者以其他形式非法转让海域。

单位和个人使用海域,必须依法取得海域使用权。

第四条 国家实行海洋功能区划制度。海域使用必须符合海洋功能区划。

国家严格管理填海、围海等改变海域自然属性的用海活动。

第五条 国家建立海域使用管理信息系统,对海域使用状况实施监视、监测。

第六条 国家建立海域使用权登记制度,依法登记的海域使用权受法律保护。

国家建立海域使用统计制度,定期发布海域使用统计资料。

第七条 国务院海洋行政主管部门负责全国海域使用的监督管理。沿海县级以上地方人民政府海洋行政主管部门根据授权,负责本行政区毗邻海域使用的监督管理。

渔业行政主管部门依照《中华人民共和国渔业法》,对海洋渔业实施监督管理。

海事管理机构依照《中华人民共和国海上交通安全法》,对海上交通安全实施监督管理。

第八条 任何单位和个人都有遵守海域使用管理法律、法规的义务,并有权对违反海域使用管理法律、法规的行为提出检举和控告。

第九条 在保护和合理利用海域以及进行有关的科学研究等方面成绩显著的单位和个人,由人民政府给予奖励。

第二章 海洋功能区划

第十条 国务院海洋行政主管部门会同国务院有关部门和沿海省、自治区、直辖市人民政府,编制全国海洋功能区划。

沿海县级以上地方人民政府海洋行政主管部门会同本级人民政府有关部门,依据上一级海洋功能区划,编制地方海洋功能区划。

第十一条 海洋功能区划按照下列原则编制:

(一)按照海域的区位、自然资源和自然环境等自然属性,科学确定海域功能

(二)根据经济和社会发展的需要,统筹安排各有关行业用海

(三)保护和改善生态环境,保障海域可持续利用,促进海洋经济的发展

(四)保障海上交通安全

(五)保障国防安全,保证军事用海需要。

第十二条 海洋功能区划实行分级审批。

全国海洋功能区划,报国务院批准。

沿海省、自治区、直辖市海洋功能区划,经该省、自治区、直辖市人民政府审核同意后,报国务院批准。

沿海市、县海洋功能区划,经该市、县人民政府审核同意后,报所在的省、自治区、直辖市人民政府批准,报国务院海洋行政主管部门备案。

第十三条 海洋功能区划的修改,由原编制机关会同同级有关部门提出修改方案,报原批准机关批准;未经批准,不得改变海洋功能区划确定的海洋功能。

经国务院批准,因公共利益、国防安全或者进行大型能源、交通等基础设施建设,需要改变海洋功能区划的,根据国务院的批准文件修改海洋功能区划。

第十四条 海洋功能区划经批准后,应当向社会公布;但是,涉及国家秘密的部分除外。

第十五条 养殖、盐业、交通、旅游等行业规划涉及海域使用的,应当符合海洋功能区划。

沿海土地利用总体规划、城市规划、港口规划涉及海域使用的,应当与海洋功能区划相衔接。

第三章 申请与审批

第十六条 单位和个人可以向县级以上人民政府海洋行政主管部门申请使用海域。

申请使用海域的,申请人应当提交下列书面材料:

(一)海域使用申请书

(二)海域使用论证材料

(三)相关的资信证明材料

(四)法律、法规规定的其他书面材料。

第十七条 县级以上人民政府海洋行政主管部门依据海洋功能区划,对海域使用申请进行审核,并依照本法和省、自治区、直辖市人民政府的规定,报有批准权的人民政府批准。

海洋行政主管部门审核海域使用申请,应当征求同级有关部门的意见。

第十八条 下列项目用海,应当报国务院审批:

(一)填海五十公顷以上的项目用海

(二)围海一百公顷以上的项目用海

(三)不改变海域自然属性的用海七百公顷以上的项目用海

(四)国家重大建设项目用海

(五)国务院规定的其他项目用海。

前款规定以外的项目用海的审批权限,由国务院授权省、自治区、直辖市人民政府规定。

第四章 海域使用权

第十九条 海域使用申请经依法批准后,国务院批准用海的,由国务院海洋行政主管部门登记造册,向海域使用申请人颁发海域使用权证书;地方人民政府批准用海的,由地方人民政府登记造册,向海域使用申请人颁发海域使用权证书。海域使用申请人自领取海域使用权证书之日起,取得海域使用权。

第二十条　海域使用权除依照本法第十九条规定的方式取得外,也可以通过招标或者拍卖的方式取得。招标或者拍卖方案由海洋行政主管部门制订,报有审批权的人民政府批准后组织实施。海洋行政主管部门制订招标或者拍卖方案,应当征求同级有关部门的意见。

招标或者拍卖工作完成后,依法向中标人或者买受人颁发海域使用权证书。中标人或者买受人自领取海域使用权证书之日起,取得海域使用权。

第二十一条　颁发海域使用权证书,应当向社会公告。

颁发海域使用权证书,除依法收取海域使用金外,不得收取其他费用。

海域使用权证书的发放和管理办法,由国务院规定。

第二十二条　本法施行前,已经由农村集体经济组织或者村民委员会经营、管理的养殖用海,符合海洋功能区划的,经当地县级人民政府核准,可以将海域使用权确定给该农村集体经济组织或者村民委员会,由本集体经济组织的成员承包,用于养殖生产。

第二十三条　海域使用权人依法使用海域并获得收益的权利受法律保护,任何单位和个人不得侵犯。

海域使用权人有依法保护和合理使用海域的义务;海域使用权人对不妨害其依法使用海域的非排他性用海活动,不得阻挠。

第二十四条　海域使用权人在使用海域期间,未经依法批准,不得从事海洋基础测绘。

海域使用权人发现所使用海域的自然资源和自然条件发生重大变化时,应当及时报告海洋行政主管部门。

第二十五条　海域使用权最高期限,按照下列用途确定:

(一)养殖用海十五年

(二)拆船用海二十年

(三)旅游、娱乐用海二十五年

(四)盐业、矿业用海三十年

(五)公益事业用海四十年

(六)港口、修造船厂等建设工程用海五十年。

第二十六条　海域使用权期限届满,海域使用权人需要继续使用海域的,应当至迟于期限届满前二个月向原批准用海的人民政府申请续期。除根据公共利益或者国家安全需要收回海域使用权的外,原批准用海的人民政府应当批准续期。准予续期的,海域使用权人应当依法缴纳续期的海域使用金。

第二十七条　因企业合并、分立或者与他人合资、合作经营,变更海域使用权人的,需经原批准用海的人民政府批准。

海域使用权可以依法转让。海域使用权转让的具体办法,由国务院规定。

海域使用权可以依法继承。

第二十八条　海域使用权人不得擅自改变经批准的海域用途;确需改变的,应当在符合海洋功能区划的前提下,报原批准用海的人民政府批准。

第二十九条　海域使用权期满,未申请续期或者申请续期未获批准的,海域使用权终止。

海域使用权终止后,原海域使用权人应当拆除可能造成海洋环境污染或者影响其他用海项目的用海设施和构筑物。

第三十条　因公共利益或者国家安全的需要,原批准用海的人民政府可以依法收回海域使用权。

依照前款规定在海域使用权期满前提前收回海域使用权的,对海域使用权人应当给予相应的补偿。

第三十一条　因海域使用权发生争议,当事人协商解决不成的,由县级以上人民政府海洋行政主管部门调解;当事人也可以直接向人民法院提起诉讼。

在海域使用权争议解决前,任何一方不得改变海域使用现状。

第三十二条　填海项目竣工后形成的土地,属于国家所有。

海域使用权人应当自填海项目竣工之日起三个月内,凭海域使用权证书,向县级以上人民政府土地行政主管部门提出土地登记申请，由县级以上人民政府登记造册，换发国有土地使用权证书，确认土地使用权。

第五章 海域使用金

第三十三条 国家实行海域有偿使用制度。

单位和个人使用海域，应当按照国务院的规定缴纳海域使用金。海域使用金应当按照国务院的规定上缴财政。

对渔民使用海域从事养殖活动收取海域使用金的具体实施步骤和办法，由国务院另行规定。

第三十四条 根据不同的用海性质或者情形，海域使用金可以按照规定一次缴纳或者按年度逐年缴纳。

第三十五条 下列用海，免缴海域使用金：

（一）军事用海

（二）公务船舶专用码头用海

（三）非经营性的航道、锚地等交通基础设施用海

（四）教学、科研、防灾减灾、海难搜救打捞等非经营性公益事业用海。

第三十六条 下列用海，按照国务院财政部门和国务院海洋行政主管部门的规定，经有批准权的人民政府财政部门和海洋行政主管部门审查批准，可以减缴或者免缴海域使用金：

（一）公用设施用海

（二）国家重大建设项目用海

（三）养殖用海。

第六章 监督检查

第三十七条 县级以上人民政府海洋行政主管部门应当加强对海域使用的监督检查。

县级以上人民政府财政部门应当加强对海域使用金缴纳情况的监督检查。

第三十八条 海洋行政主管部门应当加强队伍建设，提高海域使用管理监督检查人员的政治、业务素质。海域使用管理监督检查人员必须秉公执法，忠于职守，清正廉洁，文明服务，并依法接受监督。

海洋行政主管部门及其工作人员不得参与和从事与海域使用有关的生产经营活动。

第三十九条 县级以上人民政府海洋行政主管部门履行监督检查职责时，有权采取下列措施：

（一）要求被检查单位或者个人提供海域使用的有关文件和资料

（二）要求被检查单位或者个人就海域使用的有关问题作出说明

（三）进入被检查单位或者个人占用的海域现场进行勘查

（四）责令当事人停止正在进行的违法行为。

第四十条 海域使用管理监督检查人员履行监督检查职责时，应当出示有效执法证件。

有关单位和个人对海洋行政主管部门的监督检查应当予以配合，不得拒绝、妨碍监督检查人员依法执行公务。

第四十一条 依照法律规定行使海洋监督管理权的有关部门在海上执法时应当密切配合，互相支持，共同维护国家海域所有权和海域使用权人的合法权益。

第七章 法律责任

第四十二条 未经批准或者骗取批准，非法占用海域的，责令退还非法占用的海域，恢复海域原状，没收违法所得，并处非法占用海域期间内该海域面积应缴纳的海域使用金五倍以上十五倍以下的罚款；对未经批准或者骗取批准，进行围海、填海活动的，并处非法占用海域期间内该海域面积应缴纳的海域使用金十倍以上二十倍以下的罚款。

第四十三条 无权批准使用海域的单位非法批准使用海域的，超越批准权限非法批准使用海域的，或者不按海洋功能区划批准使用海域的，批准文件无效，收回非法使用的海域；对非法批准使用海域的直接负责的主管人员和其他直接责任人员，依法给予行政处分。

第四十四条 违反本法第二十三条规定，阻挠、妨害海域使用权人依法使用海域的，海域

使用权人可以请求海洋行政主管部门排除妨害,也可以依法向人民法院提起诉讼;造成损失的,可以依法请求损害赔偿。

第四十五条 违反本法第二十六条规定,海域使用权期满,未办理有关手续仍继续使用海域的,责令限期办理,可以并处一万元以下的罚款;拒不办理的,以非法占用海域论处。

第四十六条 违反本法第二十八条规定,擅自改变海域用途的,责令限期改正,没收违法所得,并处非法改变海域用途的期间内该海域面积应缴纳的海域使用金五倍以上十五倍以下的罚款;对拒不改正的,由颁发海域使用权证书的人民政府注销海域使用权证书,收回海域使用权。

第四十七条 违反本法第二十九条第二款规定,海域使用权终止,原海域使用权人不按规定拆除用海设施和构筑物的,责令限期拆除;逾期拒不拆除的,处五万元以下的罚款,并由县级以上人民政府海洋行政主管部门委托有关单位代为拆除,所需费用由原海域使用权人承担。

第四十八条 违反本法规定,按年度逐年缴纳海域使用金的海域使用权人不按期缴纳海域使用金的,限期缴纳;在限期内仍拒不缴纳的,由颁发海域使用权证书的人民政府注销海域使用权证书,收回海域使用权。

第四十九条 违反本法规定,拒不接受海洋行政主管部门监督检查、不如实反映情况或者不提供有关资料的,责令限期改正,给予警告,可以并处二万元以下的罚款。

第五十条 本法规定的行政处罚,由县级以上人民政府海洋行政主管部门依据职权决定。但是,本法已对处罚机关作出规定的除外。

第五十一条 国务院海洋行政主管部门和县级以上地方人民政府违反本法规定颁发海域使用权证书,或者颁发海域使用权证书后不进行监督管理,或者发现违法行为不予查处的,对直接负责的主管人员和其他直接责任人员,依法给予行政处分;徇私舞弊、滥用职权或者玩忽职守构成犯罪的,依法追究刑事责任。

第八章 附 则

第五十二条 在中华人民共和国内水、领海使用特定海域不足三个月,可能对国防安全、海上交通安全和其他用海活动造成重大影响的排他性用海活动,参照本法有关规定办理临时海域使用证。

第五十三条 军事用海的管理办法,由国务院、中央军事委员会依据本法制定。

第五十四条 本法自 2002 年 1 月 1 日起施行。

财政部 国家海洋局关于印发《海域使用金减免管理办法》的通知

(财综〔2006〕24 号)

辽宁、河北、天津、山东、江苏、上海、浙江、福建、广东、广西、海南省(自治区、直辖市)财政厅(局)、海洋与渔业厅(局):

为规范海域使用金减免行为,切实保障海域使用权人的合法权益,依据《中华人民共和国海域使用管理法》的有关规定,我们制定了《海域使用金减免管理办法》。现印发给你们,请遵照执行。

附件:海域使用金减免管理办法

附件:

海域使用金减免管理办法

第一条 为规范海域使用金减免行为,切实保障海域使用权人的合法权益,依据《中华人民共和国海域使用管理法》的有关规定,制定本办法。

第二条　申请人申请减免海域使用金,县级以上(含县级,下同)人民政府财政部门和海洋行政主管部门审查批准减免海域使用金,适用本办法。

第三条　减免国务院审批的项目用海应缴的海域使用金,减免县级以上地方人民政府审批的项目用海应缴中央国库的海域使用金,由财政部和国家海洋局审查批准。

减免县级以上地方人民政府审批的项目用海应缴地方国库的海域使用金,由省、自治区、直辖市人民政府财政部门和海洋行政主管部门审查批准。

减免养殖用海应缴的海域使用金,由审批项目用海的地方人民政府财政部门和同级海洋行政主管部门审查批准。

第四条　下列项目用海,依法免缴海域使用金:

(一)军事用海。

(二)用于政府行政管理目的的公务船舶专用码头用海,包括公安边防、海关、交通港航公安、海事、海监、出入境检验检疫、环境监测、渔政、渔监等公务船舶专用码头用海。

(三)航道、避风(避难)锚地、航标、由政府还贷的跨海桥梁及海底隧道等非经营性交通基础设施用海。

(四)教学、科研、防灾减灾、海难搜救打捞、渔港等非经营性公益事业用海。

第五条　下列项目用海,依法减免海域使用金:

(一)除避风(避难)以外的其他锚地、出入海通道等公用设施用海。

(二)列入国家发展和改革委员会公布的国家重点建设项目名单的项目用海。

(三)遭受自然灾害或者意外事故,经核实经济损失达正常收益60%以上的养殖用海。

第六条　符合本办法第四条和第五条规定情形的项目用海,申请人应当在收到《项目用海批复通知书》之日起30日内,按照下列规定提出减免海域使用金的书面申请:

(一)申请人申请减免国务院审批项目用海应缴的海域使用金,应当分别向财政部和国家海洋局提出书面申请。

(二)申请人申请减免县级以上地方人民政府审批项目用海应缴的海域使用金,应当分别向项目所在地的省、自治区、直辖市人民政府财政部门和海洋行政主管部门提出书面申请。其中:申请减免应缴中央国库海域使用金的,应当由省、自治区、直辖市人民政府财政部门和海洋行政主管部门审核后,提出书面审核意见分别报财政部和国家海洋局审批。

第七条　申请人申请减免海域使用金,应当提交下列相关资料:

(一)减免海域使用金的书面申请,包括减免理由、减免金额、减免期限等内容。

(二)能够证明项目用海性质的相关证明材料。

(三)县级以上人民政府财政部门和海洋行政主管部门认为应当提交的其他相关材料。

第八条　财政部和国家海洋局在收到申请人的书面申请或者省、自治区、直辖市人民政府财政部门和海洋行政主管部门的书面审核意见后30日内,由国家海洋局对申请减免海域使用金的合法性提出初审意见,经财政部审核同意后,由财政部会同国家海洋局以书面形式联合批复申请人或者省、自治区、直辖市人民政府财政部门和海洋行政主管部门。

省、自治区、直辖市人民政府财政部门和海洋行政主管部门在收到申请人的书面申请后30日内,由省、自治区、直辖市人民政府海洋行政主管部门对申请减免海域使用金的合法性提出初审意见,经同级财政部门审核同意后,由省、自治区、直辖市人民政府财政部门会同海洋行政主管部门以书面形式联合批复申请人。其中:涉及减免应缴中央国库海域使用金的,省、自治区、直辖市人民政府财政部门和海洋行政主管部门在批复申请人之前,应当依照规定报经财政部和国家海洋局审批。

第九条　按照规定程序依法经批准减免

海域使用金的用海项目,发生转让、出租海域使用权或者经批准改变海域用途或者用海性质的,海域使用权受让人或者海域使用权人应当按照本办法规定重新履行海域使用金减免申请和报批手续。

第十条 除本办法规定以外,其他任何部门和单位均不得批准减免海域使用金。县级以上人民政府财政部门和海洋行政主管部门应当严格按照本办法规定权限批准减免海域使用金。违反本办法规定批准减免海域使用金的,按照《中华人民共和国海域使用管理法》和《财政违法行为处罚处分条例》的有关规定进行处理。

申请人应当严格按照本办法规定,如实提供有关资料,不得弄虚作假,骗取减免海域使用金。对违反本办法规定,骗取减免海域使用

金的,按照《中华人民共和国海域使用管理法》和《财政违法行为处罚处分条例》的有关规定进行处理。

第十一条 减免养殖用海海域使用金的申请和审批程序,按照审批项目用海的地方人民政府财政部门和同级海洋行政主管部门的规定执行。

各省、自治区、直辖市人民政府财政部门和海洋行政主管部门可以根据本办法,结合各地实际,制定具体实施办法并报财政部和国家海洋局备案。

第十二条 本办法由财政部会同国家海洋局负责解释。

第十三条 本办法自 2006 年 10 月 1 日起实施。

财政部 国家海洋局关于加强海域使用金征收管理的通知

(财综〔2007〕10 号)

辽宁、大连、河北、天津、山东、青岛、江苏、上海、浙江、宁波、福建、厦门、广东、深圳、广西、海南省(自治区、直辖市、计划单列市)财政厅(局)、海洋厅(局):

为贯彻落实《海域使用管理法》,适应海洋经济发展的要求,提高海域资源配置效率,现就加强海域使用金征收管理等有关事宜通知如下:

一、加强海域使用金征收管理

单位和个人使用海域,必须依法缴纳海域使用金。沿海各省、自治区、直辖市及计划单列市财政部门和海洋行政主管部门要切实负起责任,加强海域使用金的征收管理。财政部驻相关地方财政监察专员办事处负责海域使用金中央分成收入的就地监缴。用海单位和个人不按规定足额缴纳海域使用金并提供有效缴款凭证的,海洋行政主管部门一律不予核发

海域使用权证书。依法申请减免海域使用金,应严格按照财政部、国家海洋局联合公布的《海域使用金减免管理办法》(财综〔2006〕24 号)的规定执行,规范申请减免及审批程序。任何地区、部门和单位都不得以"招商引资"等名义违规越权减免海域使用金。

对渔民使用海域从事养殖活动收取海域使用金的具体实施步骤和办法,按照国务院有关规定执行。

二、统一海域使用金征收标准

海域使用金统一按照用海类型、海域等别以及相应的海域使用金征收标准计算征收。其中,对填海造地、非透水构筑物、跨海桥梁和海底隧道等项目用海实行一次性计征海域使用金,对其他项目用海按照使用年限逐年计征海域使用金。使用海域不超过 6 个月的,按年征收标准的 50% 一次性计征海域使用金;超过 6

个月不足1年的,按年征收标准一次性计征海域使用金。经营性临时用海按年征收标准的25%一次性计征海域使用金。对于一次性计征的海域使用金,用海单位和个人一次性缴纳确有困难的,经海洋行政主管部门批准后,可以采取分期缴纳方式,但最后一次缴纳海域使用金的期限不得超过项目用海的施工期限。海域等别详见附件1,海域使用金征收标准详见附件2,用海类型界定详见附件3。

考虑到各地农业填海造地用海、盐业用海、养殖用海具体情况不同,上述用海海域使用金征收标准暂由沿海各省、自治区、直辖市财政部门和海洋行政主管部门制定,并报财政部、国家海洋局备案后实施。

今后,财政部将会同国家海洋局根据用海类型、海域使用权价值、用海需求情况、对海域生态环境所造成的影响程度、国民经济发展状况以及社会承受能力等因素,适时调整海域等别和海域使用金征收标准。

三、依法推行海域使用权配置市场化

为提高海域资源配置效率,除国家重点建设项目用海、国防建设项目用海、传统赶海区、海洋保护区、有争议的海域、涉及公共利益的海域以及法律法规规定的其他用海情形以外,各地在同一海域具有两个以上意向用海单位或个人的,应依法采取招标、拍卖方式出让海域使用权。

以招标、拍卖方式取得海域使用权的项目用海,海域使用金征收金额按照招标、拍卖的成交价款确定。海洋行政主管部门会同同级财政部门制定海域使用权招标、拍卖方案时,招标、拍卖的底价不得低于按照用海类型、海域等别、相应的海域使用金征收标准、海域使用面积以及使用年限计算的海域使用金金额。

四、进一步规范海域使用金缴库管理

海域使用金纳入财政预算,实行"收支两条线"管理。海洋行政主管部门征收海域使用金,应当向海域使用单位和个人发送《海域使用金缴款通知书》,通知海域使用单位和个人

按照规定金额、期限、方式以及财政部统一规定的政府收支分类科目,填写"一般缴款书"缴纳海域使用金。其中:涉及应缴中央国库的海域使用金,海洋行政主管部门应将《海域使用金缴款通知书》以及"一般缴款书"第四联复印件报送财政部驻当地财政监察专员办事处备查;涉及应缴地方国库的海域使用金,海洋行政主管部门应将《海域使用金缴款通知书》抄送项目用海所在地省级(指省或自治区、直辖市、计划单列市,下同)财政部门或同级财政部门备查。《海域使用金缴款通知书》应明确用海面积、适用的征收等别、征收标准、应缴纳的海域使用金数额、缴纳海域使用金的期限、缴库方式、适用的政府收支分类科目等相关内容。

地方人民政府管理海域以外以及跨省(自治区、直辖市)管理海域的项目用海缴纳的海域使用金,由国家海洋局负责征收,就地全额缴入中央国库。缴库时填写一份"一般缴款书",填列《2007年政府收支分类科目》103070101目"中央海域使用金收入"科目,"财政机关"填写"财政部","预算级次"填写"中央级","收款国库"填写实际收纳款项的国库名称。

养殖用海缴纳的海域使用金,由市、县海洋行政主管部门负责征收,就地全额缴入同级地方国库。缴库时填写一份"一般缴款书",填列《2007年政府收支分类科目》103070102目"地方海域使用金收入"科目,"财政机关"填写相应级次财政部门,"预算级次"填写"地方级","收款国库"填写实际收纳款项的国库名称。

除上述两类以外的其他用海项目缴纳的海域使用金,由有关海洋行政主管部门负责征收,30%缴入中央国库,70%缴入用海项目所在地的省级地方国库。30%缴入中央国库时,填写一份"一般缴款书",填列《2007年政府收支分类科目》103070101目"中央海域使用金收入"科目,"财政机关"填写"财政部","预算级次"填写"中央级","收款国库"填写实际收纳款项的国库名称;70%缴入地方国库时,填写一份"一般缴款书",填列《2007年政府收支分类科

目》103070102目"地方海域使用金收入"科目，"财政机关"填写相应级次财政部门，"预算级次"填写"地方级"，"收款国库"填写实际收纳款项的国库名称。地方分成的海域使用金在省级和市、县级之间的分配比例，按照沿海各省、自治区、直辖市及计划单列市人民政府的规定执行。

已经实施非税收入收缴管理制度改革的，海域使用金的缴库方式，按照非税收入收缴管理制度改革的有关规定执行。

从2007年起，不再按照海域使用金征收数额的一定比例核拨或提取海域使用金征管业务费，海域使用金征管业务费及招标、拍卖所需相关费用，一律通过预算从海域使用金收入中统筹安排。

五、建立健全海域有偿使用统计制度

建立健全海域有偿使用统计报表体系，统一海域使用金收入统计口径，确保海域使用金收入统计数据及时、准确、真实、无误，为加强海域使用金收入管理提供必要的基础数据。海域有偿使用统计报表(式样)详见附件4。沿海各省、自治区、直辖市及计划单列市财政、海洋行政主管部门，应当于每年3月20日前，将上一年度海域有偿使用统计报表分别报送财政部、国家海洋局一式一份并附EXCEL汇总的报表电子版，同时抄送财政部驻相关地方财政监察专员办事处。

六、强化海域使用金监督检查

沿海各省、自治区、直辖市及计划单列市财政、海洋行政主管部门要加强对海域使用金征收管理的监督检查，确保海域使用金及时足额缴入中央和地方国库。财政部驻相关地方财政监察专员办事处负责中央海域使用金收入监缴入库工作，确保应缴中央海域使用金收入及时足额解缴入库，对不按规定及时足额缴纳海域使用金的，一律按照其滞纳日期及滞纳金额按日加收1‰的滞纳金。滞纳金随同海域使用金一并缴入相应级次国库。对违反规定擅自减免、缓缴、截留、挤占、挪用海域使用金

的，要严格按照《财政违法行为处罚处分条例》(国务院令第427号)的有关规定进行处理，依法追究有关责任人员的责任。

本通知自2007年3月1日起施行。沿海各省、自治区、直辖市及计划单列市财政、海洋行政主管部门收到本通知后，要严格按照本通知规定，抓紧做好相关工作，制定具体实施办法，并报财政部、国家海洋局备案。此前有关规定与本通知规定不一致的，一律以本通知规定为准。

附件：1. 海域等别

2. 海域使用金征收标准

3. 用海类型界定

4. 海域有偿使用统计报表(式样)

抄送：中国人民银行，财政部驻北京、辽宁、大连、河北、天津、山东、青岛、江苏、上海、浙江、宁波、福建、厦门、广东、深圳、广西、海南省(自治区、直辖市、计划单列市)财政监察专员办事处，中国人民银行上海总部，各分行、营业管理部，省会(首府)城市中心支行，副省级城市中心支行。

附件1：

海域等别

一等：

上海：宝山区　浦东新区

山东：青岛市(市北区　市南区　四方区)

福建：厦门市(湖里区　思明区)

广东：广州市(番禺区　黄埔区　萝岗区　南沙区)　深圳市(宝安区　福田区　龙岗区　南山区　盐田区)

二等：

上海：奉贤区　金山区　南汇区

天津：塘沽区

辽宁：大连市(沙河口区　西岗区　中山区)

山东：青岛市(城阳区　黄岛区　崂山区　李沧区)

浙江：宁波市(海曙区　江北区　江东区)

温州市(龙湾区　鹿城区)

福建:泉州市丰泽区　厦门市(海沧区
集美区)

广东:东莞市　汕头市(潮阳区　澄海区
濠江区　金平区　龙湖区)　中山市　珠海市
(斗门区　金湾区　香洲区)

三等:

上海:崇明县

天津:大港区

辽宁:大连市甘井子区　营口市鲅鱼圈区

河北:秦皇岛市(北戴河区　海港区)

山东:即墨市　胶州市　胶南市　龙口市
蓬莱市　日照市(东港区岚山区)　荣成市
威海市环翠区　烟台市(福山区　莱山区　芝
罘区)

浙江:宁波市(北仑区　鄞州区　镇海区)
台州市(椒江区　路桥区)　舟山市定海区

福建:福清市　福州市马尾区　晋江市
泉州市(洛江区　泉港区)　石狮市　厦门市
(同安区　翔安区)

广东:惠东县　惠州市惠阳区　江门市新
会区　茂名市茂港区　汕头市潮南区　湛江
市(赤坎区　麻章区　坡头区　霞山区)

海南:海口市(龙华区　美兰区　秀英区)
三亚市

四等:

天津:汉沽区

辽宁:长海县　大连市(金州区　旅顺口
区)　葫芦岛市(连山区　龙港区)　绥中县
瓦房店市　兴城市　营口市(西市区　老边区)

河北:秦皇岛市山海关区

山东:莱州市　乳山市　文登市　烟台市
牟平区

浙江:慈溪市　海盐县　平湖市　嵊泗县
温岭市　玉环县　余姚市

乐清市　舟山市普陀区

福建:长乐市　惠安县　龙海市　南安市

广东:恩平市　南澳县　汕尾市城区　台
山市　阳江市江城区

广西:北海市(海城区　银海区)

五等:

辽宁:东港市　盖州市　普兰店市　庄
河市

河北:抚宁县　滦南县　唐海县　唐山市
丰南区　乐亭县

山东:长岛县　东营市(东营区　河口区)
海阳市　莱阳市　潍坊市寒亭区　招远市

江苏:大丰市　东台市　海安县　海门市
启东市　如东县　通州市

浙江:岱山县　洞头县　奉化市　临海市
宁海县　瑞安市　三门县　象山县

福建:连江县　罗源县　平潭县　莆田市
(城厢区　涵江区　荔城区　秀屿区)　漳浦县

广东:电白县　海丰县　惠来县　揭东县
雷州市　廉江市　陆丰市饶平县　遂溪县
吴川市　徐闻县　阳东县　阳西县

广西:北海市铁山港区　防城港市(防城
区　港口区)　钦州市钦南区

海南:澄迈县　儋州市　琼海市　文昌市

六等:

辽宁:大洼县　凌海市　盘山县

河北:昌黎县　海兴县　黄骅市

山东:昌邑市　广饶县　垦利县　利津县
寿光市　无棣县　沾化县

江苏:滨海县　赣榆县　灌云县　射阳县
响水县

浙江:苍南县　平阳县

福建:东山县　福安市　福鼎市　宁德市
蕉城区　霞浦县　仙游县　云霄县　诏安县

广西:东兴市　合浦县

海南:昌江县　东方市　临高县　陵水县
万宁市　乐东县

附件 2：

海域使用金征收标准

单位：万元/公顷

用海类型 \ 海域等别		一等	二等	三等	四等	五等	六等	征收方式
填海造地用海	建设填海造地用海	180	135	105	75	45	30	一次性征收
	农业填海造地用海	具体征收标准暂由各省（自治区、直辖市）制定						
	废弃物处置填海造地用海	195	150	120	90	60	37.50	
构筑物用海	非透水构筑物用海	150	120	90	60	45	30	
	跨海桥梁、海底隧道等用海	11.25						
	透水构筑物用海	3	2.55	2.10	1.65	1.20	0.75	
围海用海	港池、蓄水等用海	0.75	0.60	0.45	0.30	0.21	0.15	按年度征收
	盐业用海	具体征收标准暂由各省（自治区、直辖市）制定						
	围海养殖用海	具体征收标准暂由各省（自治区、直辖市）制定						
开放式用海	开放式养殖用海	具体征收标准暂由各省（自治区、直辖市）制定						
	浴场用海	0.45	0.36	0.30	0.21	0.15	0.06	
	游乐场用海	2.25	1.65	1.20	0.81	0.51	0.30	
	专用航道、锚地等用海	0.21	0.18	0.12	0.09	0.06	0.03	
其他用海	人工岛式油气开采用海	9						
	平台式油气开采用海	4.50						
	海底电缆管道用海	0.45						
	海砂等矿产开采用海	4.50						
	取、排水口用海	0.45						
	污水达标排放用海	0.90						

附件 3：

用海类型界定

类型编码		类型名称	界定
1		填海造地用海	指通过筑堤围割海域、填成能形成有效岸线土地，完全改变海域自然属性的用海
	11	建设填海造地用海	指通过筑堤围割海域，填成建设用地用于商服、工矿仓储、住宅、交通运输、旅游等的用海
	12	农业填海造地用海	指通过筑堤围割海域，填成农用地用于农、林、牧业生产的用海
	13	废弃物处置填海造地用海	指通过筑堤围割海域，用于处置工业废渣、城市建筑和生活垃圾等废弃物，并最终形成土地的用海

（续表）

类型编码		类型名称	界定
2		构筑物用海	指采用透水或非透水等方式构筑海上各类设施,全部或部分改变海域自然属性的用海
	21	非透水构筑物用海	指采用非透水方式构筑不形成有效岸线的码头、突堤、引堤、防波堤、路基等设施的填海用海
	22	跨海桥梁、海底隧道等用海	指占用海面空间或底上用于建设跨海桥梁、海底隧道、海底仓储等的工程用海
	23	透水构筑物用海	指采用透水方式构筑码头、海面栈桥、高脚屋、经营性人工渔礁等不阻断海水流动的设施的工程用海
3		围海用海	指通过圈围海域开展经济活动,部分改变海域自然属性的用海
	31	港池、蓄水等用海	指通过修筑海堤或防浪设施圈围海域,用于港口作业、修造船、蓄水等的用海,含开敞式码头前沿的船舶靠泊和回旋水域
	32	盐业用海	指通过筑堤圈围海域用于盐业生产的用海
	33	围海养殖用海	指通过筑堤圈围海域用于养殖生产的用海
4		开放式用海	指不进行围、填或建设构筑物、直接开展经济活动,基本不改变海域自然属性的用海
	41	开放式养殖用海	指采用筏式、网箱、底播或以人工投苗、自然增殖海洋底栖生物等形式进行增养殖生产的用海
	42	浴场用海	指供游人游泳、嬉水的用海
	43	游乐场用海	指开展快艇、帆板、冲浪、潜水等娱乐活动的用海
	44	专用航道、锚地等用海	指企业专用的供船舶航行、锚泊的用海及其他开放式用海
5		其他用海	指上述用海类型之外的用海
	51	人工岛式油气开采用海	指采用人工岛方式开采油气资源的用海
	52	平台式油气开采用海	指采用固定式平台、移动式平台、浮式储油装置及其他辅助设施开采油气资源的用海
	53	海底电缆管道用海	指铺设海底通信电缆及电力电缆、输水、输气、输油及输送其他物质的管状输送设施等非公益性的用海
	54	海砂等矿产开采用海	指开采海砂及其他固体矿产资源的用海
	55	取、排水口用海	指抽取或排放海水的用海
	56	污水达标排放用海	指受纳指定达标污水的用海

附件4：

海域有偿使用统计报表(式样)

单位：公顷、万元

用海类型		确权面积			海域使用金应征金额					海域使用金已缴国库金额			海域使用金减免金额
		小计	招标拍卖	其他	小计	按出让方式		按缴库级次		小计	中央国库	地方国库	
						招标拍卖	其他	中央国库	地方国库				
填海造地用海	建设填海造地用海												
	农业填海造地用海												
	废弃物处置填海造地用海												
构筑物用海	非透水构筑物用海												
	跨海桥梁、海底隧道等用海												
	透水构筑物用海												
围海用海	港池、蓄水等用海												
	盐业用海												
	围海养殖用海												
开放式用海	开放式养殖用海												
	浴场用海												
	游乐场用海												
	专用航道、锚地等用海												
其他用海	人工岛式油气开采用海												
	平台式油气开采用海												
	海底电缆管道用海												
	海砂等矿产开采用海												
	取、排水口用海												
	污水达标排放用海												
临时用海													
合计													

注：1. 确权面积，按项目用海批准时分项计征海域使用金的各用海类型面积汇总填列。

2. 海域使用金应征金额，按各级海洋行政主管部门开具缴款通知书要求用海单位和个人缴纳的海域使用金数额分别汇总填列。

3. 海域使用金已缴国库金额，指实际已缴入国库的海域使用金金额，其中：缴入地方国库的海域使用金，指按照海域使用金收入分成有关规定，应缴入各级地方国库的海域使用金。

4. 海域使用金减免金额，指按规定经有关地方财政部门、海洋行政主管部门批准减免的海域使用金金额。

填报单位：××省(自治区、直辖市、计划单列市)　　　　　　　　××省(自治区、直辖市、计划单列市)

财政厅(局)(盖章)　　　　　　　　　　　　　　海洋厅(局)(盖章)

财政部关于印发《调整海域 无居民海岛使用金征收标准》的通知

（财综〔2018〕15号）

沿海省、自治区、直辖市、计划单列市财政厅（局）、海洋厅（局）：

根据中共中央、国务院关于生态文明体制改革总体方案和海域、无居民海岛有偿使用意见的要求，财政部、国家海洋局制定了《海域使用金征收标准》和《无居民海岛使用金征收标准》（见附件，以下简称国家标准），现印发你们，请遵照执行。如有问题，请及时告知。现将有关事项通知如下：

一、自本通知施行之日起，征收海域使用金和无居民海岛使用金统一按照国家标准执行。

二、沿海省、自治区、直辖市、计划单列市应根据本地区情况合理划分海域级别，制定不低于国家标准的地方海域使用金征收标准。以申请审批方式出让海域使用权的，执行地方标准；以招标、拍卖、挂牌方式出让海域使用权的，出让底价不得低于按照地方标准计算的海域使用金金额。尚未颁布地方海域使用金征收标准的地区，执行国家标准。养殖用海海域使用金执行地方标准。

地方人民政府管理海域以外的用海项目，执行国家标准，相关等别按照毗邻最近行政区的等别确定。养殖用海的海域使用金征收标准参照毗邻最近行政区的地方标准执行。

三、无居民海岛使用权出让实行最低标准限制制度。无居民海岛使用权出让由国家或省级海洋行政主管部门按照相关程序通过评估提出出让标准，作为无居民海岛市场化出让或申请审批出让的使用金征收依据，出让标准不得低于按照最低标准核算的最低出让标准。

四、本通知施行前已获批准但尚未缴纳海域使用金和无居民海岛使用金的用海、用岛项目，仍执行原海域使用金和无居民海岛使用金征收标准。其中，招标、拍卖、挂牌方式出让的项目批准时间，以政府批复出让方案的时间为准。

五、经批准分期缴纳海域使用金和无居民海岛使用金的用海、用岛项目，在批准的分期缴款时间内，应按照出让合同或分期缴款批复缴纳剩余部分。

六、已获批准按规定逐年缴纳海域使用金的用海项目，项目确权登记时间在通知施行前的，仍执行原海域使用金征收标准，出让合同另有约定的除外，缴款通知书已有规定的从其规定；因海域使用权续期或用海方案调整等需重新报经政府批准的，批准后按照新标准执行。

本通知施行后批准的逐年缴纳海域使用金的用海项目，如海域使用金征收标准调整，调整后第二年起执行新标准。

七、本通知自2018年5月1日起施行。此前财政部、国家海洋局制发的有关规定与本通知规定不一致的，一律以本通知规定为准。地方海域使用金征收标准（含养殖用海征收标准）制定工作，应于2019年4月底前完成，并报财政部、国家海洋局备案。

八、财政部会同国家海洋局将根据海域、无居民海岛资源环境承载能力和国民经济社会发展情况，综合评估用海用岛需求、海域和无居民海岛使用权价值、生态环境损害成本、社会承受能力等因素的变化，建立价格监测评价机制，对海域、无居民海岛使用金征收标准进行动态调整。

附件：1. 海域使用金征收标准

2. 无居民海岛使用金征收标准

3. 海域使用金缴款通知书模版

附件 1

海域使用金征收标准

为贯彻落实《生态文明体制改革总体方案》以及《海域、无居民海岛有偿使用的意见》要求，充分发挥海域使用金征收标准经济杠杆的调控作用，提高用海生态门槛，引导海域开发利用布局优化和海洋产业结构调整，根据《中华人民共和国海域使用管理法》《中华人民共和国预算法》，现对海域使用金征收标准调整如下：

一、海域等别调整

根据沿海地区行政区划变化以及海域资源和生态环境、社会经济发展等情况，全国海域等别调整如下：

海域等别

一等：

上海：宝山区　浦东新区

山东：青岛市（市南区　市北区）

福建：厦门市（思明区　湖里区）

广东：广州市（黄埔区　番禺区　南沙区　增城区）　深圳市（福田区　南山区　宝安区　龙岗区　盐田区）

二等：

上海：金山区　奉贤区

天津：滨海新区

辽宁：大连市（中山区　西岗区　沙河口区）

山东：青岛市（黄岛区　崂山区　李沧区　城阳区）

浙江：宁波市江北区　温州市龙湾区

福建：泉州市丰泽区　厦门市（海沧区　集美区）

广东：东莞市　汕头市（龙湖区　金平区　潮阳区）　中山市　珠海市（香洲区　斗门区　金湾区）

三等：

上海：崇明区

辽宁：大连市甘井子区　营口市鲅鱼圈区

河北：秦皇岛市（海港区　北戴河区）

山东：青岛市即墨区　胶州市　烟台市（芝罘区　福山区　莱山区）龙口市　蓬莱市　威海市环翠区　荣成市　日照市（东港区　岚山区）

浙江：宁波市（北仑区　镇海区　鄞州区）台州市（椒江区　路桥区）　舟山市定海区

福建：福州市马尾区　福清市　厦门市（同安区　翔安区）　泉州市（洛江区　泉港区）石狮市　晋江市

广东：汕头市（濠江区　潮南区　澄海区）江门市新会区　湛江市（赤坎区　霞山区　坡头区　麻章区）　茂名市电白区　惠州市惠阳区　惠东县

海南：海口市（秀英区　龙华区　美兰区）三亚市（海棠区　吉阳区　天涯区　崖州区）

四等：

辽宁：大连市（旅顺口区　金州区）　瓦房店市　长海县　营口市（西市区　老边区）　盖州市　葫芦岛市（连山区　龙港区）　绥中县　兴城市

河北：秦皇岛市山海关区

山东：烟台市牟平区　莱州市　招远市　海阳市　威海市文登区　乳山市

江苏：连云港市连云区

浙江：慈溪市　余姚市　乐清市　海盐县　平湖市　玉环市　温岭市　舟山市普陀区　嵊泗县

福建：福州市长乐区　惠安县　龙海市　南安市

广东：南澳县　台山市　恩平市　汕尾市城区　阳江市江城区

广西：北海市（海城区　银海区）

海南：儋州市

五等：

辽宁：大连市普兰店区　庄河市　东港市

河北：秦皇岛市抚宁区　唐山市（丰南区　曹妃甸区）　滦南县　乐亭县　黄骅市

山东：东营市（东营区　河口区）　长岛县　莱阳市　潍坊市寒亭区

江苏：南通市通州区　海安县　如东县　启东市　海门市　盐城市大丰区　东台市

浙江：宁波市奉化区　象山县　宁海县　温州市洞头区　瑞安市　岱山县　三门县　临海市

福建：连江县　罗源县　平潭县　莆田市（城厢区　涵江区　荔城区　秀屿区）　漳浦县

广东：遂溪县　徐闻县　廉江市　雷州市　吴川市　海丰县　陆丰市　阳东县　阳西县　饶平县　揭阳市榕城区　惠来县

广西：北海市铁山港区　防城港市（港口区　防城区）　钦州市钦南区

海南：琼海市　文昌市　万宁市　澄迈县　乐东县　陵水县

六等：

辽宁：锦州市太和区　凌海市　盘锦市大洼区　盘山县

河北：昌黎县　海兴县

山东：东营市垦利区　利津县　广饶县　寿光市　昌邑市　滨州市沾化区　无棣县

江苏：连云港市赣榆区　灌云县　灌南县　盐城市亭湖区　响水县　滨海县　射阳县

浙江：平阳县　苍南县

福建：仙游县　云霄县　诏安县　东山县　宁德市蕉城区　霞浦县　福安市　福鼎市

广西：合浦县　东兴市

海南：三沙市　东方市　临高县　昌江县

二、海域使用金征收标准调整

根据国民经济增长、资源价格变化水平，并考虑海域开发利用的生态环境损害成本和社会承受能力，海域使用金征收标准调整如下：

海域使用金征收标准　　　　　单位：万元/公顷

用海方式		海域等别	一等	二等	三等	四等	五等	六等	征收方式
填海造地用海	建设填海造地用海	工业、交通运输、渔业基础设施等填海	300	250	190	140	100	60	一次性征收
		城镇建设填海	2 700	2 300	1 900	1 400	900	600	
	农业填海造地用海		130	110	90	75	60	45	
构筑物用海	非透水构筑物用海		250	200	150	100	75	50	
	跨海桥梁、海底隧道用海		17.30						
	透水构筑物用海		4.63	3.93	3.23	2.53	1.84	1.16	按年度征收
围海用海	港池、蓄水用海		1.17	0.93	0.69	0.46	0.32	0.23	
	盐田用海		0.32	0.26	0.20	0.15	0.11	0.08	
	围海养殖用海		由各省（自治区、直辖市）制定						
	围海式游乐场用海		4.76	3.89	3.24	2.67	2.24	1.93	
	其他围海用海		1.17	0.93	0.69	0.46	0.32	0.23	
开放式用海	开放式养殖用海		由各省（自治区、直辖市）制定						
	浴场用海		0.65	0.53	0.42	0.31	0.20	0.10	
	开放式游乐场用海		3.26	2.39	1.74	1.17	0.74	0.43	
	专用航道、锚地用海		0.30	0.23	0.17	0.13	0.09	0.05	
	其他开放式用海		0.30	0.23	0.17	0.13	0.09	0.05	

(续表)

用海方式 / 海域等别	一等	二等	三等	四等	五等	六等	征收方式
其他用海 人工岛式油气开采用海	13.00						按年度征收
其他用海 平台式油气开采用海	6.50						
其他用海 海底电缆管道用海	0.70						
其他用海 海砂等矿产开采用海	7.30						
其他用海 取、排水口用海	1.05						
其他用海 污水达标排放用海	1.40						
其他用海 温、冷排水用海	1.05						
其他用海 倾倒用海	1.40						
其他用海 种植用海	0.05						

备注：1. 离大陆岸线最近距离 2 千米以上且最小水深大于 5 米(理论最低潮面)的离岸式填海,按照征收标准的 80% 征收;2. 填海造地用海占用大陆自然岸线的,占用自然岸线的该宗填海按征收标准的 120% 征收;3. 建设人工鱼礁的透水构筑物用海,按照征收标准的 80% 征收;4. 地方人民政府管辖海域以外的项目用海执行国家标准,海域等别按照毗邻最近行政区的等别确定。养殖用海标准按照毗邻最近行政区征收标准征收。

三、用海方式界定

根据海域使用特征及对海域自然属性的影响程度,用海方式界定如下:

用海方式界定

编码		用海方式名称	界定
1		填海造地用海	指筑堤围割海域填成土地,并形成有效岸线的用海
1	11	建设填海造地用海	指通过筑堤围割海域,填成建设用地用于工业、交通运输、渔业基础设施、城镇建设等的用海。 工业、交通运输、渔业基础设施等填海是指主导用途用于工业、交通运输、渔业基础设施、旅游娱乐、海底工程、特殊用海等的填海造地用海;城镇建设填海是指除工业、交通运输、渔业基础设施等填海以外的其他填海造地用海。
1	12	农业填海造地用海	指通过筑堤围割海域,填成农用地用于农、林、牧业生产的用海
2		构筑物用海	指采用透水或非透水等方式构筑海上各类设施的用海
2	21	非透水构筑物用海	指采用非透水方式构筑不形成有效岸线的码头、突堤、引堤、防波堤、路基、设施基座等构筑物的用海
2	22	跨海桥梁、海底隧道用海	指占用海面空间或底土用于建设跨海桥梁、海底隧道、海底仓储等的用海
2	23	透水构筑物用海	指采用透水方式构筑码头、平台、海面栈桥、高脚屋、塔架、潜堤、人工鱼礁等构筑物的用海

（续表）

编码		用海方式名称	界定
3		围海用海	指通过筑堤或其他手段,以完全或不完全闭合形式围割海域进行海洋开发活动的用海
	31	港池、蓄水用海	指通过修筑海堤或防浪设施圈围海域,用于港口作业、修造船、蓄水等的用海,含开敞式码头前沿的船舶靠泊和回旋水域
	32	盐田用海	指通过筑堤圈围海域用于盐业生产的用海
	33	围海养殖用海	指通过筑堤圈围海域用于养殖生产的用海
	34	围海式游乐场用海	指通过修筑海堤或防浪设施圈围海域,用于游艇、帆板、冲浪、潜水、水下观光、垂钓等水上娱乐活动的海域
	35	其他围海用海	指上述围海用海以外的围海用海
4		开放式用海	指不进行填海造地、围海或设置构筑物,直接利用海域进行开发活动的用海
	41	开放式养殖用海	指采用筏式、网箱、底播或以人工投苗、自然增殖海洋底栖生物等形式进行增养殖生产的用海
	42	浴场用海	指供游人游泳、嬉水,且无固定设施的用海
	43	开放式游乐场用海	指开展游艇、帆板、冲浪、潜水、水下观光、垂钓等娱乐活动,且无固定设施的用海
	44	专用航道、锚地用海	指供船舶航行、锚泊的用海
	45	其他开放式用海	指上述开放式用海以外的开放式用海
5		其他用海	指上述用海方式之外的用海
	51	人工岛式油气开采用海	指采用人工岛方式开采油气资源的用海
	52	平台式油气开采用海	指采用固定式平台、移动式平台、浮式储油装置及其他辅助设施开采油气资源的用海
	53	海底电缆管道用海	指铺设海底通信光(电)缆及电力电缆,输水、输气、输油及输送其他物质的管状输送设施的用海
	54	海砂等矿产开采用海	指开采海砂及其他固体矿产资源的用海
	55	取、排水口用海	指抽取或排放海水的用海
	56	污水达标排放用海	指受纳指定达标污水的用海
5	57	温、冷排水用海	指受纳温、冷排水的用海
	58	倾倒用海	指向海上倾倒区倾倒废弃物或利用海床在水下堆放疏浚物等的用海
	59	种植用海	指种植芦苇、翅碱蓬、人工防护林、红树林等的用海

附件2
无居民海岛使用金征收标准

为贯彻落实《生态文明体制改革总体方案》和《海域、无居民海岛有偿使用的意见》,体现政府配置资源的引导作用,进一步发挥海岛有偿使用的经济杠杆作用,国家实行无居民海岛使用金征收标准动态调整机制,全面提升海岛生态保护和资源合理利用水平。根据《中华人民共和国海岛保护法》和《中华人民共和国预算法》,现将无居民海岛使用权出让最低标准调整如下:

一、无居民海岛等别

依据经济社会发展条件差异和无居民海岛分布情况,将无居民海岛划分为六等。

一等:

上海:浦东新区

山东:青岛市(市北区　市南区)

福建:厦门市(湖里区　思明区)

广东:广州市(黄埔区　南沙区)　深圳市(宝安区　福田区　龙岗区　南山区　盐田区)

二等:

上海:金山区

天津:滨海新区

辽宁:大连市(沙河口区　西岗区　中山区)

山东:青岛市(城阳区　黄岛区　崂山区)

福建:泉州市丰泽区　厦门市(海沧区　集美区)

广东:东莞市　中山市　珠海市(金湾区　香洲区)

三等:

上海:崇明区

辽宁:大连市甘井子区

山东:即墨市　龙口市　蓬莱市　日照市(东港区　岚山区)

荣成市　威海市环翠区　烟台市(莱山区　芝罘区)

浙江:宁波市(北仑区　鄞州区　镇海区)台州市(椒江区　路桥区)　舟山市定海区

福建:福清市　福州市马尾区　晋江市

泉州市泉港区　石狮市　厦门市翔安区

广东:茂名市电白区　惠东县　惠州市惠阳区　汕头市(澄海区　濠江区　潮南区　潮阳区　金平区　龙湖区)　湛江市(赤坎区　麻章区　坡头区)

海南:海口市美兰区　三亚市(吉阳区　崖州区　天涯区　海棠区)

四等:

辽宁:长海县　大连市(金州区　旅顺口区)　瓦房店市　葫芦岛市市辖区　绥中县　兴城市

河北:秦皇岛市山海关区

山东:莱州市　乳山市　威海市文登区烟台市牟平区　海阳市

江苏:连云港市连云区

浙江:海盐县　平湖市　嵊泗县　温岭市玉环市　乐清市　舟山市普陀区

福建:福州市长乐区　惠安县　龙海市南安市

广东:恩平市　南澳县　汕尾市城区　台山市　阳江市江城区

广西:北海市海城区

海南:儋州市

五等:

辽宁:东港市　大连市普兰店区　庄河市

河北:唐山市曹妃甸区　乐亭县

山东:长岛县　东营市(东营区　河口区)莱阳市　潍坊市寒亭区

江苏:盐城市大丰区　东台市　如东县

浙江:岱山县　温州市洞头区　宁波市奉化区　临海市　宁海县　瑞安市　三门县象山县

福建:连江县　罗源县　平潭县　莆田市(荔城区　秀屿区)　漳浦县

广东:海丰县　惠来县　雷州市　廉江市陆丰市　饶平县　遂溪县　吴川市　徐闻县阳东县　阳西县

广西:防城港市(防城区　港口区)　钦州市钦南区

海南:澄迈县　琼海市　文昌市　陵水县

乐东县　万宁市

六等：

辽宁：锦州市（凌海市）　盘锦市（大洼区　盘山县）

山东：昌邑市　广饶县　利津县　无棣县

江苏：连云港市赣榆区

浙江：苍南县　平阳县

福建：东山县　福安市　福鼎市　宁德市

蕉城区　霞浦县　云霄县　诏安县

广西：东兴市　合浦县

海南：昌江县　东方市　临高县　三沙市　我国管辖的其他区域的海岛

二、无居民海岛用岛类型

根据无居民海岛开发利用项目主导功能定位，将用岛类型划分为九类。

类型编码	类型名称	界定
1	旅游娱乐用岛	用于游览、观光、娱乐、康体等旅游娱乐活动及相关设施建设的用岛。
2	交通运输用岛	用于港口码头、路桥、隧道、机场等交通运输设施及其附属设施建设的用岛。
3	工业仓储用岛	用于工业生产、工业仓储等的用岛，包括船舶工业、电力工业、盐业等。
4	渔业用岛	用于渔业生产活动及其附属设施建设的用岛。
5	农林牧业用岛	用于农、林、牧业生产活动的用岛。
6	可再生能源用岛	用于风能、太阳能、海洋能、温差能等可再生能源设施建设的经营性用岛。
7	城乡建设用岛	用于城乡基础设施及配套设施等建设的用岛。
8	公共服务用岛	用于科研、教育、监测、观测、助航导航等非经营性和公益性设施建设的用岛。
9	国防用岛	用于驻军、军事设施建设、军事生产等国防目的的用岛。

三、无居民海岛用岛方式

根据用岛活动对海岛自然岸线、表面积、岛体和植被等的改变程度，将无居民海岛用岛方式划分为六种。

方式编码	方式名称	界定
1	原生利用式	不改变海岛岛体及表面积，保持海岛自然岸线和植被的用岛行为。
2	轻度利用式	造成海岛自然岸线、表面积、岛体和植被等要素发生改变，且变化率最高的指标符合以下任一条件的用岛行为： 1）改变海岛自然岸线属性≤10% 2）改变海岛表面积≤10% 3）改变海岛岛体体积≤10% 4）破坏海岛植被≤10%
3	中度利用式	造成海岛自然岸线、表面积、岛体和植被等要素发生改变，且变化率最高的指标符合以下任一条件的用岛行为： 1）改变海岛自然岸线属性>10%且<30% 2）改变海岛表面积>10%且<30% 3）改变海岛岛体体积>10%且<30% 4）破坏海岛植被>10%且<30%

（续表）

方式编码	方式名称	界定
4	重度利用式	造成海岛自然岸线、表面积、岛体和植被等要素发生改变,且变化率最高的指标符合以下任一条件的用岛行为: 1）改变海岛自然岸线属性≥30%且<65% 2）改变岛体表面积≥30%且<65% 3）改变海岛岛体体积≥30%且<65% 4）破坏海岛植被≥30%且<65%
5	极度利用式	造成海岛自然岸线、表面积、岛体和植被等要素发生改变,且变化率最高的指标符合以下任一条件的用岛行为: 1）改变海岛自然岸线属性≥65% 2）改变岛体表面积≥65% 3）改变海岛岛体体积≥65% 4）破坏海岛植被≥65%
6	填海连岛与造成岛体消失的用岛	

四、无居民海岛使用权出让最低标准

根据各用岛类型的收益情况和用岛方式对海岛生态系统造成的影响,在充分体现国家所有者权益的基础上,将生态环境损害成本纳入价格形成机制,确定无居民海岛使用权出让最低标准。国家每年对无居民海岛使用权出让最低标准进行评估,适时调整。

无居民海岛使用权出让最低标准　　单位：万元/公顷·年

等别	用岛方式／用岛类型	原生利用式	轻度利用式	中度利用式	重度利用式	极度利用式	填海连岛与造成岛体消失的用岛
一等	旅游娱乐用岛	0.95	1.91	5.73	12.41	19.09	2 455.00 万元/公顷,按用岛面积一次性计征
	交通运输用岛	1.18	2.36	7.07	15.32	23.56	
	工业仓储用岛	1.37	2.75	8.25	17.87	27.49	
	渔业用岛	0.38	0.75	2.26	4.90	7.54	
	农林牧业用岛	0.30	0.60	1.81	3.92	6.03	
	可再生能源用岛	1.04	2.08	6.25	13.54	20.83	
	城乡建设用岛	1.47	2.95	8.84	19.15	29.46	
	公共服务用岛	—	—	—	—	—	
	国防用岛	—	—	—	—	—	

（续表）

等别	用岛类型 用岛方式	原生利用式	轻度利用式	中度利用式	重度利用式	极度利用式	填海连岛与造成岛体消失的用岛
二等	旅游娱乐用岛	0.77	1.54	4.62	10.00	15.38	1 976.00 万元/公顷，按用岛面积一次性计征
	交通运输用岛	0.95	1.90	5.69	12.33	18.97	
	工业仓储用岛	1.11	2.21	6.64	14.38	22.13	
	渔业用岛	0.30	0.61	1.83	3.95	6.08	
	农林牧业用岛	0.24	0.49	1.46	3.16	4.87	
	可再生能源用岛	0.84	1.68	5.04	10.91	16.78	
	城乡建设用岛	1.19	2.37	7.11	15.41	23.71	
	公共服务用岛	—	—	—	—	—	
	国防用岛	—	—	—	—	—	
三等	旅游娱乐用岛	0.68	1.37	4.10	8.88	13.66	1 729.00 万元/公顷，按用岛面积一次性计征
	交通运输用岛	0.83	1.66	4.98	10.79	16.60	
	工业仓储用岛	0.97	1.94	5.81	12.59	19.36	
	渔业用岛	0.28	0.55	1.65	3.58	5.50	
	农林牧业用岛	0.22	0.44	1.32	2.86	4.40	
	可再生能源用岛	0.75	1.49	4.47	9.69	14.90	
	城乡建设用岛	1.04	2.07	6.22	13.48	20.75	
	公共服务用岛	—	—	—	—	—	
	国防用岛	—	—	—	—	—	
四等	旅游娱乐用岛	0.49	0.98	2.94	6.36	9.79	1 248.00 万元/公顷，按用岛面积一次性计征
	交通运输用岛	0.60	1.20	3.59	7.79	11.98	
	工业仓储用岛	0.70	1.40	4.19	9.08	13.98	
	渔业用岛	0.20	0.39	1.17	2.54	3.91	
	农林牧业用岛	0.16	0.31	0.94	2.03	3.13	
	可再生能源用岛	0.53	1.07	3.20	6.94	10.68	
	城乡建设用岛	0.75	1.50	4.49	9.73	14.97	
	公共服务用岛	—	—	—	—	—	
	国防用岛	—	—	—	—	—	
五等	旅游娱乐用岛	0.42	0.84	2.51	5.45	8.38	
	交通运输用岛	0.51	1.01	3.04	6.59	10.14	
	工业仓储用岛	0.59	1.18	3.55	7.69	11.83	
	渔业用岛	0.17	0.34	1.02	2.21	3.39	

等别	用岛方式 用岛类型	原生利用式	轻度利用式	中度利用式	重度利用式	极度利用式	填海连岛与造成岛体消失的用岛
五等	农林牧业用岛	0.14	0.27	0.81	1.76	2.71	1 056.00 万元/公顷,按用岛面积一次性计征
	可再生能源用岛	0.46	0.91	2.74	5.94	9.14	
	城乡建设用岛	0.63	1.27	3.80	8.24	12.68	
	公共服务用岛	—	—	—	—	—	
	国防用岛	—	—	—	—	—	
六等	旅游娱乐用岛	0.37	0.75	2.24	4.86	7.48	927.00 万元/公顷,按用岛面积一次性计征
	交通运输用岛	0.45	0.89	2.67	5.79	8.90	
	工业仓储用岛	0.52	1.04	3.12	6.75	10.39	
	渔业用岛	0.15	0.31	0.93	2.01	3.09	
	农林牧业用岛	0.12	0.25	0.74	1.61	2.47	
	可再生能源用岛	0.41	0.82	2.45	5.30	8.16	
	城乡建设用岛	0.56	1.11	3.34	7.23	11.13	
	公共服务用岛	—	—	—	—	—	
	国防用岛	—	—	—	—	—	

最低价计算公式为"无居民海岛使用权出让最低价＝无居民海岛使用权出让面积×出让年限×无居民海岛使用权出让最低标准"。

无居民海岛出让前,应确定无居民海岛等别、用岛类型和用岛方式,核算出让最低价,在此基础上对无居民海岛上的珍稀濒危物种、淡水、沙滩等资源价值进行评估,一并形成出让价。出让价作为申请审批出让和市场化出让底价的参考依据,不得低于最低价。

附件3
海域使用金缴款通知书模版

×××项目用海总面积×××公顷,其中×××(用海方式)用海面积×××公顷。海域使用金按×××(文号)规定征收。项目所在海域等别为×××等,征收标准为：×××(用海方式)×××万元/公顷,一次性征收；×××(用海方式)×××万元/公顷,按年度征收。第一年度海域使用金合计为×××万元,其中30%(×××万元)缴中央国库,70%(×××万元)缴地方国库。自第二年度起,逐年缴纳海域使用金的用海按当年有效的征收标准征收海域使用金。

请你单位与×××海洋厅(局)联系,按要求办理缴款手续,确保海域使用金及时足额缴纳。

二十二、无居民海岛使用金

中华人民共和国海岛保护法

(2009 年 12 月 26 日第十一届全国人民代表大会常务委员会第十二次会议通过)

第一章　总　则

第一条　为了保护海岛及其周边海域生态系统,合理开发利用海岛自然资源,维护国家海洋权益,促进经济社会可持续发展,制定本法。

第二条　从事中华人民共和国所属海岛的保护、开发利用及相关管理活动,适用本法。

本法所称海岛,是指四面环海水并在高潮时高于水面的自然形成的陆地区域,包括有居民海岛和无居民海岛。

本法所称海岛保护,是指海岛及其周边海域生态系统保护,无居民海岛自然资源保护和特殊用途海岛保护。

第三条　国家对海岛实行科学规划、保护优先、合理开发、永续利用的原则。

国务院和沿海地方各级人民政府应当将海岛保护和合理开发利用纳入国民经济和社会发展规划,采取有效措施,加强对海岛的保护和管理,防止海岛及其周边海域生态系统遭受破坏。

第四条　无居民海岛属于国家所有,国务院代表国家行使无居民海岛所有权。

第五条　国务院海洋主管部门和国务院其他有关部门依照法律和国务院规定的职责分工,负责全国有居民海岛及其周边海域生态保护工作。沿海县级以上地方人民政府海洋主管部门和其他有关部门按照各自的职责,负责本行政区域内有居民海岛及其周边海域生态保护工作。

国务院海洋主管部门负责全国无居民海岛保护和开发利用的管理工作。沿海县级以上地方人民政府海洋主管部门负责本行政区域内无居民海岛保护和开发利用管理的有关工作。

第六条　海岛的名称,由国家地名管理机构和国务院海洋主管部门按照国务院有关规定确定和发布。

沿海县级以上地方人民政府应当按照国家规定,在需要设置海岛名称标志的海岛设置海岛名称标志。

禁止损毁或者擅自移动海岛名称标志。

第七条　国务院和沿海地方各级人民政府应当加强对海岛保护的宣传教育工作,增强公民的海岛保护意识,并对在海岛保护以及有关科学研究工作中做出显著成绩的单位和个人予以奖励。

任何单位和个人都有遵守海岛保护法律的义务,并有权向海洋主管部门或者其他有关部门举报违反海岛保护法律、破坏海岛生态的行为。

第二章　海岛保护规划

第八条　国家实行海岛保护规划制度。海岛保护规划是从事海岛保护、利用活动的依据。

制定海岛保护规划应当遵循有利于保护和改善海岛及其周边海域生态系统,促进海岛经济社会可持续发展的原则。

海岛保护规划报送审批前,应当征求有关专家和公众的意见,经批准后应当及时向社会公布。但是,涉及国家秘密的除外。

第九条　国务院海洋主管部门会同本级

人民政府有关部门、军事机关,依据国民经济和社会发展规划、全国海洋功能区划,组织编制全国海岛保护规划,报国务院审批。

全国海岛保护规划应当按照海岛的区位、自然资源、环境等自然属性及保护、利用状况,确定海岛分类保护的原则和可利用的无居民海岛,以及需要重点修复的海岛等。

全国海岛保护规划应当与全国城镇体系规划和全国土地利用总体规划相衔接。

第十条 沿海省、自治区人民政府海洋主管部门会同本级人民政府有关部门、军事机关,依据全国海岛保护规划、省域城镇体系规划和省、自治区土地利用总体规划,组织编制省域海岛保护规划,报省、自治区人民政府审批,并报国务院备案。

沿海直辖市人民政府组织编制的城市总体规划,应当包括本行政区域内海岛保护专项规划。

省域海岛保护规划和直辖市海岛保护专项规划,应当规定海岛分类保护的具体措施。

第十一条 省、自治区人民政府根据实际情况,可以要求本行政区域内的沿海城市、县、镇人民政府组织编制海岛保护专项规划,并纳入城市总体规划、镇总体规划;可以要求沿海县人民政府组织编制县域海岛保护规划。

沿海城市、镇海岛保护专项规划和县域海岛保护规划,应当符合全国海岛保护规划和省域海岛保护规划。

编制沿海城市、镇海岛保护专项规划,应当征求上一级人民政府海洋主管部门的意见。

县域海岛保护规划报省、自治区人民政府审批,并报国务院海洋主管部门备案。

第十二条 沿海县级人民政府可以组织编制全国海岛保护规划确定的可利用无居民海岛的保护和利用规划。

第十三条 修改海岛保护规划,应当依照本法第九条、第十条、第十一条规定的审批程序报经批准。

第十四条 国家建立完善海岛统计调查制度。国务院海洋主管部门会同有关部门拟

定海岛综合统计调查计划,依法经批准后组织实施,并发布海岛统计调查公报。

第十五条 国家建立海岛管理信息系统,开展海岛自然资源的调查评估,对海岛的保护与利用等状况实施监视、监测。

第三章 海岛的保护

第一节 一般规定

第十六条 国务院和沿海地方各级人民政府应当采取措施,保护海岛的自然资源、自然景观以及历史、人文遗迹。

禁止改变自然保护区内海岛的海岸线。禁止采挖、破坏珊瑚和珊瑚礁。禁止砍伐海岛周边海域的红树林。

第十七条 国家保护海岛植被,促进海岛淡水资源的涵养;支持有居民海岛淡水储存、海水淡化和岛外淡水引入工程设施的建设。

第十八条 国家支持利用海岛开展科学研究活动。在海岛从事科学研究活动不得造成海岛及其周边海域生态系统破坏。

第十九条 国家开展海岛物种登记,依法保护和管理海岛生物物种。

第二十条 国家支持在海岛建立可再生能源开发利用、生态建设等实验基地。

第二十一条 国家安排海岛保护专项资金,用于海岛的保护、生态修复和科学研究活动。

第二十二条 国家保护设置在海岛的军事设施,禁止破坏、危害军事设施的行为。

国家保护依法设置在海岛的助航导航、测量、气象观测、海洋监测和地震监测等公益设施,禁止损毁或者擅自移动,妨碍其正常使用。

第二节 有居民海岛生态系统的保护

第二十三条 有居民海岛的开发、建设应当遵守有关城乡规划、环境保护、土地管理、海域使用管理、水资源和森林保护等法律、法规的规定,保护海岛及其周边海域生态系统。

第二十四条 有居民海岛的开发、建设应当对海岛土地资源、水资源及能源状况进行调查评估,依法进行环境影响评价。海岛的开发、

建设不得超出海岛的环境容量。新建、改建、扩建建设项目,必须符合海岛主要污染物排放、建设用地和用水总量控制指标的要求。

有居民海岛的开发、建设应当优先采用风能、海洋能、太阳能等可再生能源和雨水集蓄、海水淡化、污水再生利用等技术。

有居民海岛及其周边海域应当划定禁止开发、限制开发区域,并采取措施保护海岛生物栖息地,防止海岛植被退化和生物多样性降低。

第二十五条 在有居民海岛进行工程建设,应当坚持先规划后建设、生态保护设施优先建设或者与工程项目同步建设的原则。

进行工程建设造成生态破坏的,应当负责修复;无力修复的,由县级以上人民政府责令停止建设,并可以指定有关部门组织修复,修复费用由造成生态破坏的单位、个人承担。

第二十六条 严格限制在有居民海岛沙滩建造建筑物或者设施;确需建造的,应当依照有关城乡规划、土地管理、环境保护等法律、法规的规定执行。未经依法批准在有居民海岛沙滩建造的建筑物或者设施,对海岛及其周边海域生态系统造成严重破坏的,应当依法拆除。

严格限制在有居民海岛沙滩采挖海砂;确需采挖的,应当依照有关海域使用管理、矿产资源的法律、法规的规定执行。

第二十七条 严格限制填海、围海等改变有居民海岛海岸线的行为,严格限制填海连岛工程建设;确需填海、围海改变海岛海岸线,或者填海连岛的,项目申请人应当提交项目论证报告、经批准的环境影响评价报告等申请文件,依照《中华人民共和国海域使用管理法》的规定报经批准。

本法施行前在有居民海岛建设的填海连岛工程,对海岛及其周边海域生态系统造成严重破坏的,由海岛所在省、自治区、直辖市人民政府海洋主管部门会同本级人民政府有关部门制定生态修复方案,报本级人民政府批准后组织实施。

第三节 无居民海岛的保护

第二十八条 未经批准利用的无居民海岛,应当维持现状;禁止采石、挖海砂、采伐林木以及进行生产、建设、旅游等活动。

第二十九条 严格限制在无居民海岛采集生物和非生物样本;因教学、科学研究确需采集的,应当报经海岛所在县级以上地方人民政府海洋主管部门批准。

第三十条 从事全国海岛保护规划确定的可利用无居民海岛的开发利用活动,应当遵守可利用无居民海岛保护和利用规划,采取严格的生态保护措施,避免造成海岛及其周边海域生态系统破坏。

开发利用前款规定的可利用无居民海岛,应当向省、自治区、直辖市人民政府海洋主管部门提出申请,并提交项目论证报告、开发利用具体方案等申请文件,由海洋主管部门组织有关部门和专家审查,提出审查意见,报省、自治区、直辖市人民政府审批。

无居民海岛的开发利用涉及利用特殊用途海岛,或者确需填海连岛以及其他严重改变海岛自然地形、地貌的,由国务院审批。

无居民海岛开发利用审查批准的具体办法,由国务院规定。

第三十一条 经批准开发利用无居民海岛的,应当依法缴纳使用金。但是,因国防、公务、教学、防灾减灾、非经营性公用基础设施建设和基础测绘、气象观测等公益事业使用无居民海岛的除外。

无居民海岛使用金征收使用管理办法,由国务院财政部门会同国务院海洋主管部门规定。

第三十二条 经批准在可利用无居民海岛建造建筑物或者设施,应当按照可利用无居民海岛保护和利用规划限制建筑物、设施的建设总量、高度以及与海岸线的距离,使其与周围植被和景观相协调。

第三十三条 无居民海岛利用过程中产生的废水,应当按照规定进行处理和排放。

无居民海岛利用过程中产生的固体废物,

应当按照规定进行无害化处理、处置,禁止在无居民海岛弃置或者向其周边海域倾倒。

第三十四条 临时性利用无居民海岛的,不得在所利用的海岛建造永久性建筑物或者设施。

第三十五条 在依法确定为开展旅游活动的可利用无居民海岛及其周边海域,不得建造居民定居场所,不得从事生产性养殖活动;已经存在生产性养殖活动的,应当在编制可利用无居民海岛保护和利用规划中确定相应的污染防治措施。

第四节 特殊用途海岛的保护

第三十六条 国家对领海基点所在海岛、国防用途海岛、海洋自然保护区内的海岛等具有特殊用途或者特殊保护价值的海岛,实行特别保护。

第三十七条 领海基点所在的海岛,应当由海岛所在省、自治区、直辖市人民政府划定保护范围,报国务院海洋主管部门备案。领海基点及其保护范围周边应当设置明显标志。

禁止在领海基点保护范围内进行工程建设以及其他可能改变该区域地形、地貌的活动。确需进行以保护领海基点为目的的工程建设的,应当经过科学论证,报国务院海洋主管部门同意后依法办理审批手续。

禁止损毁或者擅自移动领海基点标志。

县级以上人民政府海洋主管部门应当按照国家规定,对领海基点所在海岛及其周边海域生态系统实施监视、监测。

任何单位和个人都有保护海岛领海基点的义务。发现领海基点以及领海基点保护范围内的地形、地貌受到破坏的,应当及时向当地人民政府或者海洋主管部门报告。

第三十八条 禁止破坏国防用途无居民海岛的自然地形、地貌和有居民海岛国防用途区域及其周边的地形、地貌。

禁止将国防用途无居民海岛用于与国防无关的目的。国防用途终止时,经军事机关批准后,应当将海岛及其有关生态保护的资料等一并移交该海岛所在省、自治区、直辖市人民政府。

第三十九条 国务院、国务院有关部门和沿海省、自治区、直辖市人民政府,根据海岛自然资源、自然景观以及历史、人文遗迹保护的需要,对具有特殊保护价值的海岛及其周边海域,依法批准设立海洋自然保护区或者海洋特别保护区。

第四章 监督检查

第四十条 县级以上人民政府有关部门应当依法对有居民海岛保护和开发、建设进行监督检查。

第四十一条 海洋主管部门应当依法对无居民海岛保护和合理利用情况进行监督检查。

海洋主管部门及其海监机构依法对海岛周边海域生态系统保护情况进行监督检查。

第四十二条 海洋主管部门依法履行监督检查职责,有权要求被检查单位和个人就海岛利用的有关问题作出说明,提供海岛利用的有关文件和资料;有权进入被检查单位和个人所利用的海岛实施现场检查。

检查人员在履行检查职责时,应当出示有效的执法证件。有关单位和个人对检查工作应当予以配合,如实反映情况,提供有关文件和资料等;不得拒绝或者阻碍检查工作。

第四十三条 检查人员必须忠于职守、秉公执法、清正廉洁、文明服务,并依法接受监督。在依法查处违反本法规定的行为时,发现国家机关工作人员有违法行为应当给予处分的,应当向其任免机关或者监察机关提出处分建议。

第五章 法律责任

第四十四条 海洋主管部门或者其他对海岛保护负有监督管理职责的部门,发现违法行为或者接到对违法行为的举报后不依法予以查处,或者有其他未依照本法规定履行职责的行为的,由本级人民政府或者上一级人民政府有关主管部门责令改正,对直接负责的主管人员和其他直接责任人员依法给予处分。

第四十五条 违反本法规定,改变自然保护区内海岛的海岸线,填海、围海改变海岛海岸线,或者进行填海连岛的,依照《中华人民共和国海域使用管理法》的规定处罚。

第四十六条 违反本法规定,采挖、破坏珊瑚、珊瑚礁,或者砍伐海岛周边海域红树林的,依照《中华人民共和国海洋环境保护法》的规定处罚。

第四十七条 违反本法规定,在无居民海岛采石、挖海砂、采伐林木或者采集生物、非生物样本的,由县级以上人民政府海洋主管部门责令停止违法行为,没收违法所得,可以并处二万元以下的罚款。

违反本法规定,在无居民海岛进行生产、建设活动或者组织开展旅游活动的,由县级以上人民政府海洋主管部门责令停止违法行为,没收违法所得,并处二万元以上二十万元以下的罚款。

第四十八条 违反本法规定,进行严重改变无居民海岛自然地形、地貌的活动的,由县级以上人民政府海洋主管部门责令停止违法行为,处以五万元以上五十万元以下的罚款。

第四十九条 在海岛及其周边海域违法排放污染物的,依照有关环境保护法律的规定处罚。

第五十条 违反本法规定,在领海基点保护范围内进行工程建设或者其他可能改变该区域地形、地貌活动,在临时性利用的无居民海岛建造永久性建筑物或者设施,或者在依法确定为开展旅游活动的可利用无居民海岛建造居民定居场所的,由县级以上人民政府海洋主管部门责令停止违法行为,处以二万元以上二十万元以下的罚款。

第五十一条 损毁或者擅自移动领海基点标志的,依法给予治安管理处罚。

第五十二条 破坏、危害设置在海岛的军事设施,或者损毁、擅自移动设置在海岛的助航导航、测量、气象观测、海洋监测和地震监测等公益设施的,依照有关法律、行政法规的规定处罚。

第五十三条 无权批准开发利用无居民海岛而批准,超越批准权限批准开发利用无居民海岛,或者违反海岛保护规划批准开发利用无居民海岛的,批准文件无效;对直接负责的主管人员和其他直接责任人员依法给予处分。

第五十四条 违反本法规定,拒绝海洋主管部门监督检查,在接受监督检查时弄虚作假,或者不提供有关文件和资料的,由县级以上人民政府海洋主管部门责令改正,可以处二万元以下的罚款。

第五十五条 违反本法规定,构成犯罪的,依法追究刑事责任。

造成海岛及其周边海域生态系统破坏的,依法承担民事责任。

第六章 附 则

第五十六条 低潮高地的保护及相关管理活动,比照本法有关规定执行。

第五十七条 本法中下列用语的含义:

(一)海岛及其周边海域生态系统,是指由维持海岛存在的岛体、海岸线、沙滩、植被、淡水和周边海域等生物群落和非生物环境组成的有机复合体。

(二)无居民海岛,是指不属于居民户籍管理的住址登记地的海岛。

(三)低潮高地,是指在低潮时四面环海水并高于水面但在高潮时没入水中的自然形成的陆地区域。

(四)填海连岛,是指通过填海造地等方式将海岛与陆地或者海岛与海岛连接起来的行为。

(五)临时性利用无居民海岛,是指因公务、教学、科学调查、救灾、避险等需要而短期登临、停靠无居民海岛的行为。

第五十八条 本法自 2010 年 3 月 1 日起施行。

关于印发《无居民海岛保护与利用管理规定》的通知

（国海发〔2003〕10 号）

沿海省、自治区、直辖市海洋厅（局）、民政厅（局），沈阳、北京、济南、南京、广州军区司令部，海军、空军、第二炮兵司令部：

现将《无居民海岛保护与利用管理规定》印发给你们，请遵照执行。

无居民海岛保护与利用管理规定

总　则

第一条

为了加强无居民海岛的管理，保护无居民海岛的生态环境，维护国家海洋权益和国防的安全，促进无居民海岛的合理利用，根据有关法律，制定本规定。

第二条

在中华人民共和国内水、领海、专属经济区、大陆架及其他管辖海域内，从事无居民海岛的保护与利用活动，适用本规定。

第三条

无居民海岛属于国家所有。国家实行无居民海岛功能区划和保护与利用规划制度。

国家鼓励无居民海岛的合理开发利用和保护，严格限制炸岛、岛上采挖砂石、实体坝连岛工程等损害无居民海岛及其周围海域生态环境和自然景观的活动。

第四条

国家加强无居民海岛名称管理。无居民海岛的命名、更名及名称标志的设立，应当遵循《地名管理条例》和国家有关规范、技术标准。

第五条

国家建立无居民海岛保护与利用管理信息系统，对无居民海岛基本情况和保护、利用状况进行调查、监视、监测和统计，发布基础信息。

第六条

任何单位和个人都有遵守无居民海岛保护与利用等有关法律、行政法规的义务，不得非法侵占和买卖无居民海岛，并有权对违反本规定的行为提出检举和控告。

第七条

国家海洋局会同国务院有关部门和总参谋部制定并公布实施全国无居民海岛功能区划。

沿海县级以上地方海洋行政主管部门会同同级有关部门和有关军事机关，依据上一级无居民海岛功能区划，编制地方无居民海岛功能区划；地方无居民海岛功能区划应当报上一级海洋行政主管部门备案，经上一级海洋行政主管部门审查同意、准予备案后，公布实施。

第八条

无居民海岛功能区划依照下列原则编制：

（一）按照海岛的区位、自然资源和自然环境等自然属性，确定海岛利用功能；

（二）保护海岛及其周围海域生态环境；

（三）促进海岛经济和社会发展；

（四）维护国家主权权益，保障国防安全，保护军事设施。

第九条

无居民海岛功能区划的调整和修订，按照第七条规定的程序办理。

第十条

沿海县级以上地方海洋行政主管部门应当依照无居民海岛功能区划编制无居民海岛保护与利用规划。

申请审批

第十一条

单位和个人利用无居民海岛，应当向县级以上海洋行政主管部门提出申请，并提交以下申请材料：

（一）无居民海岛利用申请书；

（二）申请单位的法人资格证明或者申请

个人的身份证明、资信证明材料；

（三）海岛利用方案；

（四）利用海岛的保护方案；

（五）其他相关材料。

第十二条

县级以上海洋行政主管部门依据无居民海岛功能区划和保护与利用规划，对无居民海岛利用申请进行审查，并按规定逐级上报有批准权的机关批准。

海洋行政主管部门审查无居民海岛利用申请，应当征求同级有关部门和有关军事机关的意见。

第十三条

炸岛、实体坝连岛工程等严重改变海岛属性的项目用岛，由国家海洋局征得总参谋部同意后批准；涉及军事设施和国防安全的项目用岛，由国家海洋局会同总参谋部批准；利用外资对岛屿开发经营的项目用岛，报国务院批准。

前款规定以外的岛上采挖砂石、无居民海岛整体利用，由省级海洋行政主管部门批准。

其他项目用岛，由县级以上地方海洋行政主管部门批准。具体审批权限由沿海省、自治区、直辖市海洋行政主管部门规定。

管辖区域不明确或者有争议无居民海岛的利用，由共同的上一级批准机关批准。

第十四条

无居民海岛利用申请经批准后，由批准机关下达《无居民海岛利用批准书》。经国务院批准的无居民海岛利用申请，由国家海洋局下达《无居民海岛利用批准书》。

第十五条

《无居民海岛利用批准书》应当包括无居民海岛利用项目位置、范围、面积、用途、方式和期限等内容。具体格式由国家海洋局统一规定。

无居民海岛利用期限最长不得超过 50 年。

第十六条

申请单位和个人应当持《无居民海岛利用批准书》，依照有关法律和行政法规申请办理其他有关手续。

保护整治

第十七条

国家对领海基点所在无居民海岛实行严格保护制度。

领海基点所在无居民海岛及其周围海域，禁止采石、挖砂、砍伐、爆破、射击等破坏性活动；在领海基点周围 1 公里范围内的区域，除可以进行有利于领海基点保护的工程建设项目外，禁止进行其他工程建设项目。

第十八条

国家海洋局根据无居民海岛功能区划，公布无居民海岛保护名录。

纳入无居民海岛保护名录的海岛及其周围海域，禁止开展与保护目的不一致的利用活动；特殊情况下，要使用保护名录内的海岛及其周围海域，应当报国家海洋局批准。

第十九条

具有特殊保护价值的无居民海岛及其周围海域，由县级以上海洋行政主管部门依法申报建立海洋自然保护区或海洋特别保护区。

第二十条

重要无居民海岛及其周围海域的生态环境遭到破坏的，由县级以上海洋行政主管部门依据无居民海岛功能区划和保护与利用规划，拟定无居民海岛整治方案，报有关人民政府批准后组织实施。

第二十一条

利用无居民海岛的单位和个人，有保护海岛及其周围海域生态环境和军事设施的义务。

名称管理

第二十二条

民政部门是无居民海岛名称管理的行政主管部门，在进行无居民海岛命名、更名等管理活动时，应当征求海洋行政主管部门、有关军事机关及其他有关部门的意见。

海洋行政主管部门、有关军事机关及其他有关部门，应当配合地名行政主管部门做好无居民海岛名称管理工作。

第二十三条

沿海县级以上人民政府应当拟定本行政区域内无居民海岛命名、更名和名称注销方案,逐级上报有批准权的人民政府审批。

拟定无居民海岛命名、更名和名称注销方案,应当征求有关军事机关的意见。

第二十四条

领海基点、领海基线外侧、领海基线内侧有海洋权益价值和涉及省际海域界线及其他涉及国防、外交事务的无居民海岛的命名、更名和名称注销,由有关省级人民政府提出意见,报国务院审批。

领海基线内侧的其他无居民海岛的命名、更名和名称注销,由省级人民政府审批,并分别报送民政部和国家海洋局备案,同时抄送有关军事机关。在规定的期限内,民政部和国家海洋局未提出异议,即可公布生效。

第二十五条

沿海省级人民政府应当及时将已批准的本行政区域内的标准无居民海岛名称向社会公布。

民政部会同国家海洋局发布全国无居民海岛标准名录。

第二十六条

任何单位和个人可以向各级地名、海洋行政主管部门提出无居民海岛命名、更名的建议。

第二十七条

沿海地区的地名行政主管部门应当会同海洋行政主管部门,在需要设置海岛名称标志的无居民海岛上,按照有关的国家标准设置无居民海岛名称标志。

第二十八条

任何单位和个人在公务活动中,或者在新闻、出版、影视、商品、标志等领域使用无居民海岛名称时,必须使用国家批准的标准名称。

罚　则

第二十九条

未取得或者骗取《无居民海岛利用批准书》,非法利用无居民海岛及其周围海域,或者

未按利用海岛的保护方案履行保护义务,对无居民海岛生态环境造成损害的,由县级以上海洋行政主管部门按照《中华人民共和国海洋环境保护法》第七十六、九十条的规定,责令限期改正和采取补救措施,并处罚款;有违法所得的,没收违法所得;构成犯罪的,依法追究刑事责任。

第三十条

擅自移动和破坏无居民海岛名称标志,或者有其他违反无居民海岛名称管理行为的,由县级以上海洋行政主管部门会同民政部门等,责令停止非法活动;对国家财产造成损失的,依法追究损害赔偿责任;构成犯罪的,依法追究刑事责任。

第三十一条

海洋行政主管部门工作人员在无居民海岛管理工作中,玩忽职守、滥用职权、徇私舞弊的,应当依法给予行政处分;构成犯罪的,依法追究刑事责任。

第三十二条

对于破坏军事设施的行为,依照《中华人民共和国军事设施保护法》和《中华人民共和国军事设施保护法实施办法》的有关规定予以处罚。

附　则

第三十三条

无居民海岛不得作为公民户籍登记的地址和企业登记注册的地址。

确需将无居民海岛转为有居民海岛的,除按规定报批外,应当逐级上报国家海洋局、民政部和总参谋部备案。

第三十四条

本规定中下列用语的含义是:

(一)无居民海岛,是指在我国管辖海域内不作为常住户口居住地的岛屿、岩礁和低潮高地等。

(二)炸岛是指通过人工手段降低岛、礁高度,造成岛屿在高潮时没入水中或者低潮高地在低潮时没入水中的行为。

第三十五条

本规定由国家海洋局会同民政部和总参谋部负责解释。

第三十六条

本规定自 2003 年 7 月 1 日起施行。

财政部　国家海洋局关于印发《无居民海岛使用金征收使用管理办法》的通知

（财综〔2010〕44 号）

辽宁、河北、天津、山东、江苏、上海、浙江、福建、广东、广西、海南省（自治区、直辖市）财政厅（局）、海洋厅（局）：

为加强和规范无居民海岛使用金的征收、使用管理，促进无居民海岛的有效保护和合理开发利用，根据《中华人民共和国海岛保护法》和《中华人民共和国预算法》等法律规定，我们制定了《无居民海岛使用金征收使用管理办法》，现印发给你们，请遵照执行。

附件：无居民海岛使用金征收使用管理办法

无居民海岛使用金征收使用管理办法

第一章　总　则

第一条　为了加强和规范无居民海岛使用金的征收、使用管理，促进无居民海岛的有效保护和合理开发利用，根据《中华人民共和国海岛保护法》和《中华人民共和国预算法》等法律规定，制定本办法。

第二条　国家实行无居民海岛有偿使用制度。

单位和个人利用无居民海岛，应当经国务院或者沿海省、自治区、直辖市人民政府依法批准，并按照本办法规定缴纳无居民海岛使用金。未足额缴纳无居民海岛使用金的，海洋主管部门不得办理无居民海岛使用权证书。

无居民海岛使用金，是指国家在一定年限内出让无居民海岛使用权，由无居民海岛使用者依法向国家缴纳的无居民海岛使用权价款，不包括无居民海岛使用者取得无居民海岛使用权应当依法缴纳的其他相关税费。

第三条　无居民海岛使用权可以通过申请审批方式出让，也可以通过招标、拍卖、挂牌的方式出让。其中，旅游、娱乐、工业等经营性用岛有两个及两个以上意向者的，一律实行招标、拍卖、挂牌方式出让。

未经批准，无居民海岛使用者不得转让、出租和抵押无居民海岛使用权，不得改变海岛用途和用岛性质。

第四条　无居民海岛使用权出让实行最低价限制制度。

无居民海岛使用权出让最低价标准由国务院财政部门会同国务院海洋主管部门根据无居民海岛的等别、用岛类型和方式、离岸距离等因素，适当考虑生态补偿因素确定，并适时进行调整。

无居民海岛的等别划分、用岛类型界定和无居民海岛使用权出让最低价标准分别参见附1、附2和附3。

第五条　无居民海岛使用权出让价款不得低于无居民海岛使用权出让最低价。

无居民海岛使用权出让最低价的计算公式为：

无居民海岛使用权出让最低价＝无居民海岛使用权出让面积×使用年限×无居民海岛使用权出让最低价标准

公式中无居民海岛使用权出让面积以无

居民海岛使用批准文件确定的开发利用面积为准。

第六条 无居民海岛使用权出让前应当由具有资产评估资格的中介机构对出让价款进行预评估,评估结果作为政府决策的参考依据。有关评估管理规定由国务院财政部门会同国务院海洋主管部门制定。

第七条 无居民海岛使用金属于政府非税收入,由省级以上财政部门负责征收管理,由省级以上海洋主管部门负责具体征收。

第八条 无居民海岛使用金实行中央地方分成。其中20%缴入中央国库,80%缴入地方国库。地方分成的无居民海岛使用金在省(自治区、直辖市,以下简称省)、市、县级之间的分配比例,由沿海各省级人民政府财政部门确定,报省级人民政府批准后执行。

第九条 无居民海岛使用金纳入一般预算管理,主要用于海岛保护、管理和生态修复。

第二章 征 收

第十条 无居民海岛使用金按照批准的使用年限实行一次性计征。

应缴纳的无居民海岛使用金额度超过1亿元的,无居民海岛使用者可以提出申请,经批准用岛的海洋主管部门商同级财政部门同意后,可以在3年时间内分次缴纳。

分次缴纳无居民海岛使用金的,首次缴纳额度不得低于总额度的50%。在首次缴纳无居民海岛使用金后,由国务院海洋主管部门或者省级海洋主管部门依法颁发无居民海岛使用临时证书;全部缴清无居民海岛使用金后,由国务院海洋主管部门或者省级海洋主管部门依法换发无居民海岛使用权证书。

无居民海岛使用者申请分次缴纳无居民海岛使用金的申请和批准程序,按照本办法规定的免缴无居民海岛使用金的申请和核准程序执行。

第十一条 国务院批准用岛的,无居民海岛使用金由国务院海洋主管部门负责征收。

省级人民政府批准用岛的,无居民海岛使用金由海岛所在地省级海洋主管部门负责征收。

第十二条 无居民海岛使用金实行就地缴库办法。

省级以上海洋主管部门征收无居民海岛使用金,应当向无居民海岛使用者开具《无居民海岛使用金缴款通知书》,通知无居民海岛使用者按照有关要求,填写"一般缴款书",在无居民海岛所在市、县就地缴纳无居民海岛使用金。省级以上海洋主管部门应将《无居民海岛使用金缴款通知书》以及"一般缴款书"第四联复印件报送财政部驻当地财政监察专员办事处备查。填写"一般缴款书"时,"财政机关"填写"财政部门","预算级次"填写"中央地方分成","收款国库"填写实际收纳款项的国库名称,"备注"栏注明中央地方分成比例。

《无居民海岛使用金缴款通知书》应当明确用岛面积、适用的征收等别、征收标准、应缴纳的无居民海岛使用金数额、缴纳无居民海岛使用金的期限、缴库方式、适用的政府收支分类科目等相关内容。无居民海岛使用者应当在收到《无居民海岛使用金缴款通知书》一个月之内,按要求缴纳无居民海岛使用金。

无居民海岛使用金收入列《2022年政府收支分类科目》"1030708 无居民海岛使用金收入"(新增),并下设01目"中央无居民海岛使用金收入"和02目"地方无居民海岛使用金收入"。

第十三条 无居民海岛使用者未按规定及时足额缴纳无居民海岛使用金的,按日加收1‰的滞纳金。

滞纳金随同无居民海岛使用金按规定分成比例和科目一并缴入相应级次国库。

第三章 免 缴

第十四条 下列用岛免缴无居民海岛使用金:

(一)国防用岛;

(二)公务用岛,指各级国家行政机关或者其他承担公共事务管理任务的单位依法履行公共事务管理职责的用岛；

（三）教学用岛，指非经营性的教学和科研项目用岛；

（四）防灾减灾用岛；

（五）非经营性公用基础设施建设用岛，包括非经营性码头、桥梁、道路建设用岛，非经营性供水、供电设施建设用岛，不包括为上述非经营性基础设施提供配套服务的经营性用岛；

（六）基础测绘和气象观测用岛；

（七）国务院财政部门、海洋主管部门认定的其他公益事业用岛。

第十五条 免缴无居民海岛使用金的，应当依法申请并经核准。

符合本办法第十四条规定情形的项目用岛，申请人应当在收到《无居民海岛使用金缴款通知书》之日起 30 日内，按照下列规定提出免缴无居民海岛使用金的书面申请，逾期不予受理：

（一）申请人申请免缴国务院审批项目用岛应缴的无居民海岛使用金，应当分别向国务院财政、海洋主管部门提出书面申请；

（二）申请人申请免缴省级人民政府审批项目用岛应缴的无居民海岛使用金，应当分别向项目所在地的省级财政、海洋主管部门提出书面申请。

第十六条 申请人申请免缴无居民海岛使用金，应当提交下列相关资料：

（一）免缴无居民海岛使用金的书面申请，包括免缴理由、免缴金额、免缴期限等内容；

（二）能够证明项目用岛性质的相关证明材料；

（三）省级以上财政、海洋主管部门认为应当提交的其他相关材料。

第十七条 国务院财政、海洋主管部门原则上应当在收到申请人的申请后 60 日内，由国务院海洋主管部门对免缴无居民海岛使用金的合法性提出初审意见，经同级财政部门审核同意后，由国务院财政部门会同同级海洋主管部门以书面形式批复申请人。

省级财政、海洋主管部门原则上应当在收到申请人的申请后 60 日内，由省级海洋主管部门对免缴无居民海岛使用金的合法性提出初审意见，经同级财政部门审核同意后，由省级财政部门会同同级海洋主管部门以书面形式批复申请人。

第十八条 经依法核准免缴无居民海岛使用金的用岛项目，申请转让无居民海岛使用权或者改变海岛用途和用岛性质的，应当按照有关规定重新履行无居民海岛使用金免缴申请和报批手续。

第十九条 省级以上财政、海洋主管部门应当严格按照本办法规定权限核准免缴无居民海岛使用金。其他任何部门和单位均不得核准免缴无居民海岛使用金。

第四章 使 用

第二十条 无居民海岛使用金的具体使用范围如下：

（一）海岛保护。包括海岛及其周边海域生态系统保护、无居民海岛自然资源保护和特殊用途海岛保护，即保护海岛资源、生态，维护国家海洋权益和国防安全。

（二）海岛管理。包括各级政府及其海岛管理部门依据法律及法定职权，综合运用行政、经济、法律和技术等措施对海岛保护和合理利用进行的管理和监督。

（三）海岛生态修复。包括依据生态修复方案，通过生物技术、工程技术等人工方法对生态系统遭受破坏的海岛进行修复，并对修复效果进行追踪的工作。

（四）省级以上财政、海洋主管部门确定的其他项目。

第二十一条 当年缴入国库的无居民海岛使用金由财政部门在下一年度支出预算中安排使用。

第二十二条 中央分成的无居民海岛使用金支出预算，按照国务院财政部门关于部门预算管理的规定进行编报、审核和下达；地方分成的无居民海岛使用金支出预算，按照本地区关于部门预算管理的规定执行。中央分成的无居民海岛使用金在用于中央本级支出有结余时,可以视情况安排补助地方无居民海岛使用金支出预算,或者由国务院财政部门统筹安排。

第二十三条 无居民海岛使用金的支付按照财政国库管理制度的规定执行。资金使用中涉及政府采购的,按照《中华人民共和国政府采购法》及政府采购的有关规定执行。

无居民海岛使用金支出列《2022 年政府收支分类科目》220 类 02 款 17 项"无居民海岛使用金支出"科目(新增)。

第二十四条 无居民海岛使用金项目资金应当纳入单位财务统一管理,分账核算,确保专款专用。严禁将无居民海岛使用金项目资金用于支付各种罚款、捐助、赞助、投资等。

第二十五条 跨年度执行的项目在项目未完成时形成的年度结转资金,结转下一年度按规定继续使用。项目因故终止的,结余资金按照国务院财政部门关于财政拨款结余资金的有关规定办理。

第五章 监督检查与法律责任

第二十六条 各级财政、海洋主管部门应当加强对无居民海岛使用金征收、使用情况的管理,定期或不定期地开展无居民海岛使用金征收、使用情况的专项检查。

第二十七条 拒不缴纳无居民海岛使用金的,由依法颁发无居民海岛使用权证书的海洋主管部门无偿收回无居民海岛使用权。

第二十八条 无居民海岛使用金项目承担单位未按照批准的用途使用无居民海岛使用金的,由县级以上财政部门会同同级海洋主管部门依据职权责令限期改正;逾期不改正的,项目承担单位应将无居民海岛使用金按原拨款渠道退回批准预算的财政部门,并给予 5 年内不得申请无居民海岛使用金项目的处理。

第二十九条 单位和个人有下列行为之一的,依照《财政违法行为处罚处分条例》(国务院令第 427 号)等国家有关规定追究法律责任:

(一)不按规定征收无居民海岛使用金的;

(二)不按规定及时足额缴纳无居民海岛

使用金的;

(三)违反本办法规定核准免缴无居民海岛使用金的;

(四)申请人不如实提供有关资料,弄虚作假,骗取免缴无居民海岛使用金的;

(五)截留、挤占、挪用无居民海岛使用金的。

第六章 附 则

第三十条 沿海地区省级财政部门会同同级海洋主管部门根据本办法,可以结合本地区实际情况,制定本地区无居民海岛使用金的具体征收使用管理办法,并报国务院财政、海洋主管部门备案。

第三十一条 本办法由国务院财政部门会同国务院海洋主管部门负责解释。

第三十二条 本办法自 2010 年 8 月 1 日起施行。

附: 1. 无居民海岛等别划分

2. 无居民海岛用岛类型界定(略)

3. 无居民海岛使用权出让最低价标准(略)

附1:

无居民海岛等别划分

一等:

上海:宝山区 浦东新区

山东:青岛市(市北区 市南区 四方区)

福建:厦门市(湖里区 思明区)

广东:广州市(番禺区 黄埔区 萝岗区 南沙区) 深圳市(宝安区 福田区 龙岗区 南山区 盐田区)

二等:

上海:奉贤区 金山区

天津:滨海新区

辽宁:大连市(沙河口区 西岗区 中山区)

山东:青岛市(城阳区 黄岛区 崂山区 李沧区)

浙江:宁波市(海曙区 江北区 江东区)

温州市（龙湾区　鹿城区）

福建：泉州市　丰泽区　厦门市（海沧区　集美区）

广东：东莞市　汕头市（潮阳区　澄海区　濠江区　金平区　龙湖区）中山市　珠海市（斗门区　金湾区　香洲区）

三等：

上海：崇明县

辽宁：大连市甘井子区　营口市　鲅鱼圈区

河北：秦皇岛市（北戴河区　海港区）

山东：即墨市　胶州市　胶南市　龙口市　蓬莱市　日照市（东港区　岚山区）荣成市　威海市环翠区　烟台市（福山区　莱山区　芝罘区）

浙江：宁波市（北仑区　鄞州区　镇海区）台州市（椒江区　路桥区）舟山市　定海区

福建：福清市　福州市马尾区　晋江市　泉州市（洛江区　泉港区）石狮市　厦门市（同安区　翔安区）

广东：惠东县　惠州市惠阳区　江门市新会区　茂名市茂港区　汕头市潮南区　湛江市（赤坎区　麻章区　坡头区　霞山区）

海南：海口市（龙华区　美兰区　秀英区）三亚市

四等：

辽宁：长海县　大连市（金州区　旅顺口区）葫芦岛市（连山区　龙港区）绥中县　瓦房店市　兴城市　营口市（西市区　老边区）

河北：秦皇岛市山海关区

山东：莱州市　乳山市　文登市　烟台市牟平区

江苏：连云港市连云区

浙江：慈溪市　海盐县　平湖市　嵊泗县　温岭市　玉环县　余姚市　乐清市　舟山市普陀区

福建：长乐市　惠安县　龙海市　南安市

广东：恩平市　南澳县　汕尾市城区　台山市　阳江市江城区

广西：北海市（海城区　银海区）

五等：

辽宁：东港市　盖州市　普兰店市　庄河市

河北：抚宁县　滦南县　唐海县　唐山市丰南区　乐亭县

山东：长岛县　东营市（东营区　河口区）海阳市　莱阳市　潍坊市　寒亭区　招远市

江苏：大丰市　东台市　海安县　海门市　启东市　如东县　南通市　通州区

浙江：岱山县　洞头县　奉化市　临海市　宁海县　瑞安市　三门县　象山县

福建：连江县　罗源县　平潭县　莆田市（城厢区　涵江区　荔城区　秀屿区）漳浦县

广东：电白县　海丰县　惠来县　揭东县　雷州市　廉江市　陆丰市　饶平县　遂溪县　吴川市　徐闻县　阳东县　阳西县

广西：北海市　铁山港区　防城港市（防城区　港口区）钦州市　钦南区

海南：澄迈县　儋州市　琼海市　文昌市

六等：

辽宁：大洼县　凌海市　盘山县

河北：昌黎县　海兴县　黄骅市

山东：昌邑市　广饶县　垦利县　利津县　寿光市　无棣县　沾化县

江苏：滨海县　赣榆县　灌云县　射阳县　响水县

浙江：苍南县　平阳县

福建：东山县　福安市　福鼎市　宁德市蕉城区　霞浦县　仙游县　云霄县　诏安县

广西：东兴市　合浦县

海南：昌江县　东方市　临高县　陵水县　万宁市　乐东县

我国管辖的其他区域的海岛

国家海洋局关于印发《无居民海岛保护和利用指导意见》的通知

沿海各省、自治区、直辖市和计划单列市海洋厅(局),局属各有关单位,无居民海岛使用论证技术单位:

为了推进无居民海岛的合理开发利用,规范无居民海岛使用秩序,科学指导县级(市级)无居民海岛保护和利用规划、无居民海岛开发利用具体方案和无居民海岛使用项目论证报告的编制工作,我局编制了《无居民海岛保护和利用指导意见》和《无居民海岛用岛区块划分意见》,现印发给你们。

无居民海岛保护和利用指导意见

为了推进无居民海岛的合理开发利用,规范无居民海岛使用秩序,科学指导县级(市级)无居民海岛保护和利用规划、无居民海岛开发利用具体方案和无居民海岛使用项目论证报告的编制工作,提出如下意见:

一、地形地貌的保护与利用

1. 严格限制填海连岛工程,保护海岛自然属性,防止海岛灭失。填海造地工程涉及海岛的,应通过桥梁和隧道方式连接海岛和陆地。

2. 海岛开发利用应充分利用原有地形地貌,避免采挖土石。确需采挖土石方且采挖面积达到用岛面积30%以上的项目用岛,应专题论证,论证专家一致同意方可通过。

3. 对于具有较大科学研究价值或者美学价值的地质遗迹和景观山石等特殊地形地貌的海岛,应划定保护范围。

二、海岸线的保护与利用

4. 海岛开发利用应避免破坏自然岸线资源,对于改变原有海岸线长度达到使用海岸线长度30%以上且超过200米的项目用岛,应专题论证,论证专家一致同意方可通过。

5. 在海岛海岸线及周边海域修建码头、房屋等建筑物和设施,鼓励采用透水构筑物形式

或者桩基方式,例如栈桥式码头、栈道、高脚屋等。

6. 在海岛上建造建筑物和设施应与海岸线保持适当距离,一般应保持在20米以上。其中对砂质海岸线,建筑物和设施应与海岸线保持50米以上距离。

7. 对于减少沙滩面积的项目用岛,应专题论证,论证专家一致同意方可通过。

三、动植物资源的保护与利用

8. 海岛开发利用应避免破坏海岛植被。对于海岛植被减少面积达到用岛范围内植被总面积30%以上的项目用岛,应专题论证,论证专家一致同意方可通过。

9. 海岛开发利用应避免对珍稀濒危或者有研究和生态价值的动植物物种造成影响。可能造成影响的,应采取划定保护范围等有效措施进行保护。

10. 海岛开发利用应避免对红树林、珊瑚礁、海草床等典型生态系统和生物栖息地、索饵场、产卵场、越冬场等生态敏感区造成影响。可能造成影响的,应采取划定保护范围等有效保护和恢复措施,防止降低生物多样性。

11. 在海岛进行绿化、生态修复等保护活动应尽量采用海岛原有物种或者本地物种,避免造成生态灾害。

四、淡水的保护与利用

12. 海岛开发利用应加强淡水水源地及涵养区的保护,鼓励建设水渠、池塘、水库等蓄水设施。

13. 海岛开发利用应采取节约用水的措施,鼓励建立雨水收集、海水淡化、岛外引水等供水系统。

五、人文遗迹及公益设施的保护

14. 海岛开发利用应加强对古建筑、战争遗址等历史人文遗迹的保护,并划定保护范围。

15. 海岛开发利用应加强对原有助航导

航、测量、气象观测、海洋监测和地震监测等公益设施的保护,并划定保护范围。

六、污水、废水、废气和固体废弃物处理

16. 海岛开发利用产生的污水、废水应进行达标处理,水质满足《海洋功能区划技术导则》(GB/T 17108—2006)等国家和地方相关标准后方可排放。其中工业、仓储、交通运输、农林牧渔用途污水、废水经处理达标排放后,周边海域水质应不低于二类水质,对于原有水质低于二类的,应不降低原有水质的质量;其他用途污水、废水经处理达标排放后,周边海域水质应不低于一类水质,对于原有水质低于一类的,应不降低原有水质的质量。鼓励污水、废水处理后进行深海排放或者开展中水回收利用,建立雨污分流两套供水系统以节约淡水用水。

17. 海岛废气排放标准应高于《大气污染物综合排放标准》(GB 16297)等国家及地方相关标准。废气排放、处理设施及场地布置应注意海岛风向,避免对本岛及周边海岛造成影响。可能造成粉尘污染的物品不可露天堆放。

18. 严禁在海岛弃置、填埋固体废弃物。固体废弃物应外运出岛,也可按照规定采用无害化处理方式进行处置,处置率应达到 100%。其中危险固体废物的贮存、处置,必须符合《危险废物贮存污染控制标准》(GB 18597)、《危险废物焚烧污染控制标准》(GB 18484)等国家标准;一般工业固体废物的贮存、处置,必须符合《一般工业固体废物贮存、处置场污染控制标准》(GB 18599)等国家标准。

七、建筑物和设施的设计与建设

19. 建筑物和设施的设计应符合国家相关标准和规范,并充分考虑海岛实际情况,色彩选用应尽量与周围景观相协调,以达到建筑物和设施与海岛自然环境的最佳融合。

20. 建筑物应合理安排建筑密度,其中房屋建设、仓储建筑、港口码头、工业建设、基础设施五类用岛区块建筑密度一般不大于 40%。

21. 建筑物和设施应选用节能环保、防潮防腐的建筑材料。

22. 建筑物和设施应符合防火、消防、卫生等国家相关标准。

23. 海岛开发利用前应进行灾害调查,制定突发事件应急预案,合理设置防灾减灾设施,减少台风、风暴潮、地震、海啸、滑坡、海岸侵蚀等灾害的损害,保证海岛人员等安全。

八、新能源新材料新技术应用

24. 依据《产业结构调整指导名录(2011 年本)》,禁止淘汰类产业项目在海岛开发建设,严格控制限制类产业项目在海岛开发建设。

25. 鼓励新能源、新材料和新技术产业项目在海岛开发建设,在各类海岛开发利用项目中加强新能源、新材料和新技术的应用。

26. 倡导绿色、环保、低碳、节能理念,鼓励探索海岛开发利用新模式。

无居民海岛用岛区块划分意见

按照《无居民海岛使用金征收使用管理办法》附件 2"无居民海岛用岛类型界定"中的用岛类型划分用岛区块时,总的划分原则是以工程设计标准和行业规划编制规范为主要依据,保持区块的相对完整性和避免区块重叠。具体方法如下:

1. 填海连岛用岛区块

填海连岛用岛区块范围包括被连接海岛的整岛区域。

2. 土石开采用岛区块

土石开采用岛区块范围应包括实际开采区和外延的缓冲区,缓冲区应根据周边地质条件确定安全距离,最低不少于 5 m。缓冲区不得进行开采,并应设置必要的安全防护设施。

3. 房屋建设用岛区块

房屋建设用岛区块范围包括实际建筑物用岛区域、建筑物外缘的绿地和道路等必要的附属设施用岛区域,这些区域应作为整体予以认定,不得拆分。

4. 仓储建筑用岛区块

仓储建筑用岛区块范围包括仓储设施(库房、堆场和包装加工车间等)用岛区域和附属设施(内部道路、绿地等)用岛区域,这些区域应作

为整体予以认定,不得拆分。

5. 港口码头用岛区块

港口码头用岛区块范围包括码头及其相应设施用岛区域,这些区域应作为整体予以认定,不得拆分。

6. 工业建设用岛区块

工业建设用岛区块范围包括工业生产及配套设施(内部道路、绿地、供电、给排水等)用岛区域,上述区域应作为整体予以认定,不得拆分。

7. 道路广场用岛区块

道路广场用岛区块范围包括道路、公路、铁路、桥梁、广场、机场等设施用岛区域。

8. 基础设施用岛区块

基础设施用岛区块范围为除交通设施以外的用于生产生活的基础设施用岛区域。

9. 景观建筑用岛区块

景观建筑用岛区块范围包括亭、塔、雕塑等人造景观建筑及其附属设施(内部道路、绿地、座椅等)用岛区域。

10. 游览设施用岛区块

游览设施用岛区块范围包括索道、观光塔台、游乐场等设施(悬空设施用岛范围为最外缘投影线围城区域的范围)及外延缓冲区域(宽度以游览安全为原则确定)。

11. 观光旅游用岛区块

观光旅游用岛区块划分以设计范围为依据。

12. 园林草地用岛区块

园林草地用岛区块范围包括园林、草地及其附属设施(便道、小道、喷灌等)用岛区域。

13. 人工水域用岛区块

人工水域用岛区块范围包括水渠、水塘、水库、人工湖(河)等及附属设施(桥梁等)用岛区域。

14. 种养殖业用岛区块

种养殖业用岛区块范围包括种养殖区及配套设施用岛区域。

15. 林业用岛区块

林业用岛区块范围包括种植、培育林木及必要的配套设施(不包括产品加工车间、厂房、大规模房屋建筑等)用岛区域。

二十三、工会经费

中华人民共和国工会法

(1992年4月3日第七届全国人民代表大会第五次会议通过;1992年4月3日中华人民共和国主席令第57号公布;根据2001年10月27日,第九届全国人民代表大会常务委员会第二十四次会议《关于修改〈中华人民共和国工会法〉的决定》第一次修正;根据2009年8月27日,第十一届全国人民代表大会常务委员会第十次会议《关于修改部分法律的决定》第二次修正;2021年12月24日,《全国人民代表大会常务委员会关于修改〈中华人民共和国工会法〉的决定》已由中华人民共和国第十三届全国人民代表大会常务委员会第三十二次会议于2021年12月24日通过,自2022年1月1日起施行)

第一章 总 则

第一条 为保障工会在国家政治、经济和社会生活中的地位,确定工会的权利与义务,发挥工会在社会主义现代化建设事业中的作用,根据宪法,制定本法。

第二条 工会是中国共产党领导的职工自愿结合的工人阶级群众组织,是中国共产党联系职工群众的桥梁和纽带。

中华全国总工会及其各工会组织代表职工的利益,依法维护职工的合法权益。

第三条 在中国境内的企业、事业单位、机关、社会组织(以下统称用人单位)中以工资收入为主要生活来源的劳动者,不分民族、种族、性别、职业、宗教信仰、教育程度,都有依法参加和组织工会的权利。任何组织和个人不得阻挠和限制。

工会适应企业组织形式、职工队伍结构、劳动关系、就业形态等方面的发展变化,依法维护劳动者参加和组织工会的权利。

第四条 工会必须遵守和维护宪法,以宪法为根本的活动准则,以经济建设为中心,坚持社会主义道路,坚持人民民主专政,坚持中国共产党的领导,坚持马克思列宁主义、毛泽东思想、邓小平理论、'三个代表'重要思想、科学发展观、习近平新时代中国特色社会主义思想,坚持改革开放,保持和增强政治性、先进性、群众性,依照工会章程独立自主地开展工作。

工会会员全国代表大会制定或者修改《中国工会章程》,章程不得与宪法和法律相抵触。

国家保护工会的合法权益不受侵犯。

第五条 工会组织和教育职工依照宪法和法律的规定行使民主权利,发挥国家主人翁的作用,通过各种途径和形式,参与管理国家事务、管理经济和文化事业、管理社会事务;协助人民政府开展工作,维护工人阶级领导的、以工农联盟为基础的人民民主专政的社会主义国家政权。

第六条 维护职工合法权益、竭诚服务职工群众是工会的基本职责。工会在维护全国人民总体利益的同时,代表和维护职工的合法权益。

工会通过平等协商和集体合同制度等,推动健全劳动关系协调机制,维护职工劳动权益,构建和谐劳动关系。

工会依照法律规定通过职工代表大会或者其他形式,组织职工参与本单位的民主选举、民主协商、民主决策、民主管理和民主监督。

工会建立联系广泛、服务职工的工会工作体系,密切联系职工,听取和反映职工的意见和要求,关心职工的生活,帮助职工解决困难,全心全意为职工服务。

第七条 工会动员和组织职工积极参加经济建设,努力完成生产任务和工作任务。教育职工不断提高思想道德、技术业务和科学文化素质,建设有理想、有道德、有文化、有纪律的职工队伍。

第八条 工会推动产业工人队伍建设改革,提高产业工人队伍整体素质,发挥产业工人骨干作用,维护产业工人合法权益,保障产业工人主人翁地位,造就一支有理想守信念、懂技术会创新、敢担当讲奉献的宏大产业工人队伍。

第九条 中华全国总工会根据独立、平等、互相尊重、互不干涉内部事务的原则,加强同各国工会组织的友好合作关系。

第二章 工会组织

第十条 工会各级组织按照民主集中制原则建立。

各级工会委员会由会员大会或者会员代表大会民主选举产生。企业主要负责人的近亲属不得作为本企业基层工会委员会成员的人选。

各级工会委员会向同级会员大会或者会员代表大会负责并报告工作,接受其监督。

工会会员大会或者会员代表大会有权撤换或者罢免其所选举的代表或者工会委员会组成人员。

上级工会组织领导下级工会组织。

第十一条 用人单位有会员二十五人以上的,应当建立基层工会委员会;不足二十五人的,可以单独建立基层工会委员会,也可以由两个以上单位的会员联合建立基层工会委员会,也可以选举组织员一人,组织会员开展活动。女职工人数较多的,可以建立工会女职工委员会,在同级工会领导下开展工作;女职工人数较少的,可以在工会委员会中设女职工委员。

企业职工较多的乡镇、城市街道,可以建立基层工会的联合会。

县级以上地方建立地方各级总工会。

同一行业或者性质相近的几个行业,可以根据需要建立全国的或者地方的产业工会。

全国建立统一的中华全国总工会。

第十二条 基层工会、地方各级总工会、全国或者地方产业工会组织的建立,必须报上一级工会批准。

上级工会可以派员帮助和指导企业职工组建工会,任何单位和个人不得阻挠。

第十三条 任何组织和个人不得随意撤销、合并工会组织。

基层工会所在的用人单位终止或者被撤销,该工会组织相应撤销,并报告上一级工会。

依前款规定被撤销的工会,其会员的会籍可以继续保留,具体管理办法由中华全国总工会制定。

第十四条 职工二百人以上的企业、事业单位的工会,可以设专职工会主席。工会专职工作人员的人数由工会与企业、事业单位、社会组织协商确定。

第十五条 中华全国总工会、地方总工会、产业工会具有社会团体法人资格。

基层工会组织具备民法典规定的法人条件的,依法取得社会团体法人资格。

第十六条 基层工会委员会每届任期三年或者五年。各级地方总工会委员会和产业工会委员会每届任期五年。

第十七条 基层工会委员会定期召开会员大会或者会员代表大会,讨论决定工会工作的重大问题。经基层工会委员会或者三分之一以上的工会会员提议,可以临时召开会员大会或者会员代表大会。

第十八条 工会主席、副主席任期未满时,不得随意调动其工作。因工作需要调动时,应当征得本级工会委员会和上一级工会的同意。

罢免工会主席、副主席必须召开会员大会或者会员代表大会讨论,非经会员大会全体会员或者会员代表大会全体代表过半数通过,不得罢免。

第十九条 基层工会专职主席、副主席或者委员自任职之日起,其劳动合同期限自动延长,延长期限相当于其任职期间;非专职主席、副主席或者委员自任职之日起,其尚未履行的劳动合同期限短于任期的,劳动合同期限自动延长至任期届满。但是,任职期间个人严重过失或者达到法定退休年龄的除外。

第三章 工会的权利和义务

第二十条 企业、事业单位、社会组织违反职工代表大会制度和其他民主管理制度,工会有权要求纠正,保障职工依法行使民主管理的权利。

法律、法规规定应当提交职工大会或者职工代表大会审议、通过、决定的事项,企业、事业单位应当依法办理。

第二十一条 工会帮助、指导职工与企业、实行企业化管理的事业单位、社会组织签订劳动合同。

工会代表职工与企业、实行企业化管理的事业单位、社会组织进行平等协商,依法签订集体合同。集体合同草案应当提交职工代表大会或者全体职工讨论通过。

工会签订集体合同,上级工会应当给予支持和帮助。

企业、事业单位、社会组织违反集体合同,侵犯职工劳动权益的,工会可以依法要求企业、事业单位、社会组织予以改正并承担责任;因履行集体合同发生争议,经协商解决不成的,工会可以向劳动争议仲裁机构提请仲裁,仲裁机构不予受理或者对仲裁裁决不服的,可以向人民法院提起诉讼。

第二十二条 企业、事业单位、社会组织处分职工,工会认为不适当的,有权提出意见。

用人单位单方面解除职工劳动合同时,应当事先将理由通知工会,工会认为用人单位违反法律、法规和有关合同,要求重新研究处理时,用人单位应当研究工会的意见,并将处理结果书面通知工会。

职工认为用人单位侵犯其劳动权益而申请劳动争议仲裁或者向人民法院提起诉讼的,工会应当给予支持和帮助。

第二十三条 企业、事业单位、社会组织违反劳动法律法规规定,有下列侵犯职工劳动权益情形,工会应当代表职工与企业、事业单位、社会组织交涉,要求企业、事业单位、社会组织采取措施予以改正;企业、事业单位、社会组织应当予以研究处理,并向工会作出答复;企业、事业单位、社会组织拒不改正的,工会可以提请当地人民政府依法作出处理:

(一)克扣、拖欠职工工资的;

(二)不提供劳动安全卫生条件的;

(三)随意延长劳动时间的;

(四)侵犯女职工和未成年工特殊权益的;

(五)其他严重侵犯职工劳动权益的。

第二十四条 工会依照国家规定对新建、扩建企业和技术改造工程中的劳动条件和安全卫生设施与主体工程同时设计、同时施工、同时投产使用进行监督。对工会提出的意见,企业或者主管部门应当认真处理,并将处理结果书面通知工会。

第二十五条 工会发现企业违章指挥、强令工人冒险作业,或者生产过程中发现明显重大事故隐患和职业危害,有权提出解决的建议,企业应当及时研究答复;发现危及职工生命安全的情况时,工会有权向企业建议组织职工撤离危险现场,企业必须及时作出处理决定。

第二十六条 工会有权对企业、事业单位、社会组织侵犯职工合法权益的问题进行调查,有关单位应当予以协助。

第二十七条 职工因工伤亡事故和其他严重危害职工健康问题的调查处理,必须有工会参加。工会应当向有关部门提出处理意见,并有权要求追究直接负责的主管人员和有关责任人员的责任。对工会提出的意见,应当及时研究,给予答复。

第二十八条 企业、事业单位、社会组织发生停工、怠工事件,工会应当代表职工同企业、事业单位、社会组织或者有关方面协商,反映职工的意见和要求并提出解决意见。对于职工的合理要求,企业、事业单位、社会组织应当予以解决。工会协助企业、事业单位、社会组织做好工作,尽快恢复生产、工作秩序。

第二十九条 工会参加企业的劳动争议调解工作。

地方劳动争议仲裁组织应当有同级工会代表参加。

第三十条 县级以上各级总工会依法为所属工会和职工提供法律援助等法律服务。

第三十一条 工会协助用人单位办好职工集体福利事业,做好工资、劳动安全卫生和社会保险工作。

第三十二条 工会会同用人单位加强对职工的思想政治引领,教育职工以国家主人翁态度对待劳动,爱护国家和单位的财产;组织职工开展群众性的合理化建议、技术革新、劳动和技能竞赛活动,进行业余文化技术学习和职工培训,参加职业教育和文化体育活动,推进职业安全健康教育和劳动保护工作。

第三十三条 根据政府委托,工会与有关部门共同做好劳动模范和先进生产(工作)者的评选、表彰、培养和管理工作。

第三十四条 国家机关在组织起草或者修改直接涉及职工切身利益的法律、法规、规章时,应当听取工会意见。

县级以上各级人民政府制定国民经济和社会发展计划,对涉及职工利益的重大问题,应当听取同级工会的意见。

县级以上各级人民政府及其有关部门研究制定劳动就业、工资、劳动安全卫生、社会保险等涉及职工切身利益的政策、措施时,应当吸收同级工会参加研究,听取工会意见。

第三十五条 县级以上地方各级人民政府可以召开会议或者采取适当方式,向同级工会通报政府的重要的工作部署和与工会工作有关的行政措施,研究解决工会反映的职工群众的意见和要求。

各级人民政府劳动行政部门应当会同同级工会和企业方面代表,建立劳动关系三方协商机制,共同研究解决劳动关系方面的重大问题。

第四章 基层工会组织

第三十六条 国有企业职工代表大会是企业实行民主管理的基本形式,是职工行使民主管理权力的机构,依照法律规定行使职权。

国有企业的工会委员会是职工代表大会的工作机构,负责职工代表大会的日常工作,检查、督促职工代表大会决议的执行。

第三十七条 集体企业的工会委员会,应当支持和组织职工参加民主管理和民主监督,维护职工选举和罢免管理人员、决定经营管理的重大问题的权力。

第三十八条 本法第三十五条、第三十六条规定以外的其他企业、事业单位的工会委员会,依照法律规定组织职工采取与企业、事业单位相适应的形式,参与企业、事业单位民主管理。

第三十九条 企业、事业单位、社会组织研究经营管理和发展的重大问题应当听取工会的意见;召开会议讨论有关工资、福利、劳动安全卫生、工作时间、休息休假、女职工保护和社会保险等涉及职工切身利益的问题,必须有工会代表参加。

企业、事业单位、社会组织应当支持工会依法开展工作,工会应当支持企业、事业单位、社会组织依法行使经营管理权。

第四十条 公司的董事会、监事会中职工代表的产生,依照公司法有关规定执行。

第四十一条 基层工会委员会召开会议或者组织职工活动,应当在生产或者工作时间以外进行,需要占用生产或者工作时间的,应当事先征得企业、事业单位、社会组织的同意。

基层工会的非专职委员占用生产或者工作时间参加会议或者从事工会工作,每月不超过三个工作日,其工资照发,其他待遇不受影响。

第四十二条 用人单位工会委员会的专职工作人员的工资、奖励、补贴,由所在单位支付。社会保险和其他福利待遇等,享受本单位职工同等待遇。

第五章　工会的经费和财产

第四十三条　工会经费的来源：

（一）工会会员缴纳的会费；

（二）建立工会组织的企业、事业单位、社会组织、机关按每月全部职工工资总额的百分之二向工会拨缴的经费；

（三）工会所属的企业、事业单位上缴的收入；

（四）人民政府的补助；

（五）其他收入。

前款第二项规定的企业、事业单位拨缴的经费在税前列支。

工会经费主要用于为职工服务和工会活动。经费使用的具体办法由中华全国总工会制定。

第四十四条　企业、事业单位、社会组织无正当理由拖延或者拒不拨缴工会经费，基层工会或者上级工会可以向当地人民法院申请支付令；拒不执行支付令的，工会可以依法申请人民法院强制执行。

第四十五条　工会应当根据经费独立原则，建立预算、决算和经费审查监督制度。

各级工会建立经费审查委员会。

各级工会经费收支情况应当由同级工会经费审查委员会审查，并且定期向会员大会或者会员代表大会报告，接受监督。工会会员大会或者会员代表大会有权对经费使用情况提出意见。

工会经费的使用应当依法接受国家的监督。

第四十六条　各级人民政府和用人单位应当为工会办公和开展活动，提供必要的设施和活动场所等物质条件。

第四十七条　工会的财产、经费和国家拨给工会使用的不动产，任何组织和个人不得侵占、挪用和任意调拨。

第四十八条　工会所属的为职工服务的企业、事业单位，其隶属关系不得随意改变。

第四十九条　县级以上各级工会的离休、退休人员的待遇，与国家机关工作人员同等对待。

第六章　法律责任

第五十条　工会对违反本法规定侵犯其合法权益的，有权提请人民政府或者有关部门予以处理，或者向人民法院提起诉讼。

第五十一条　违反本法第三条、第十一条规定，阻挠职工依法参加和组织工会或者阻挠上级工会帮助、指导职工筹建工会的，由劳动行政部门责令其改正；拒不改正的，由劳动行政部门提请县级以上人民政府处理；以暴力、威胁等手段阻挠造成严重后果，构成犯罪的，依法追究刑事责任。

第五十二条　违反本法规定，对依法履行职责的工会工作人员无正当理由调动工作岗位，进行打击报复的，由劳动行政部门责令改正、恢复原工作；造成损失的，给予赔偿。

对依法履行职责的工会工作人员进行侮辱、诽谤或者进行人身伤害，构成犯罪的，依法追究刑事责任；尚未构成犯罪的，由公安机关依照治安管理处罚法的规定处罚。

第五十三条　违反本法规定，有下列情形之一的，由劳动行政部门责令恢复其工作，并补发被解除劳动合同期间应得的报酬，或者责令给予本人年收入二倍的赔偿：

（一）职工因参加工会活动而被解除劳动合同的；

（二）工会工作人员因履行本法规定的职责而被解除劳动合同的。

第五十四条　违反本法规定，有下列情形之一的，由县级以上人民政府责令改正，依法处理：

（一）妨碍工会组织职工通过职工代表大会和其他形式依法行使民主权利的；

（二）非法撤销、合并工会组织的；

（三）妨碍工会参加职工因工伤亡事故以及其他侵犯职工合法权益问题的调查处理的；

（四）无正当理由拒绝进行平等协商的。

第五十五条 违反本法第四十六条规定,侵占工会经费和财产拒不返还的,工会可以向人民法院提起诉讼,要求返还,并赔偿损失。

第五十六条 工会工作人员违反本法规定,损害职工或者工会权益的,由同级工会或者上级工会责令改正,或者予以处分;情节严重的,依照《中国工会章程》予以罢免;造成损失的,应当承担赔偿责任;构成犯罪的,依法追究刑事责任。

第七章 附 则

第五十七条 中华全国总工会会同有关国家机关制定机关工会实施本法的具体办法。

第五十八条 本法自公布之日起施行。1950 年 6 月 29 日中央人民政府颁布的《中华人民共和国工会法》同时废止。

国家统计局关于认真贯彻执行《关于工资总额组成的规定》的通知

(统制字〔1990〕1 号)

各省、自治区、直辖市统计局,计划单列的省辖市统计局,国务院有关部门:

《关于工资总额组成的规定》(以下简称《规定》)已经国务院一九八九年九月三十日国函〔1989〕65 号文件批准,国家统计局一九九〇年一月一日发布。

为了认真贯彻执行《规定》,现将我局《〈关于工资总额组成的规定〉若干具体范围的解释》和《对〈关于工资总额组成的规定〉的说明》印发给你们,并就有关问题通知如下:

一、工资总额是国民经济核算和劳动工资计划管理的一项重要指标。认真执行《规定》有利于进一步搞准工资总额数据,正确地反映职工工资收入,满足编制、检查工资计划和进行工资管理的需要。各地区、各部门要结合贯彻《统计法》,认真执行《规定》,努力提高工资总额数字的准确性。

二、工资总额的统计涉及各行业、各部门、各地区和各基层单位。各级统计部门要认真搞清工资总额组成的内容和范围,做好宣传和解释工作,以保证《规定》的正确贯彻执行。同时各单位要及时做好原始记录、统计台账和有关统计资料的调整工作。

三、今后有关工资总额的统计一律以《规定》和《〈关于工资总额组成的规定〉若干具体范围的解释》为准。各地区、各部门、各基层单位过去自行制定的与《规定》相抵触的规定和解释一律废止。在执行中遇到的问题,请及时向我局反映。

附件:

1. 关于工资总额组成的规定

2. 国家统计局《关于工资总额组成的规定》若干具体范围的解释

3. 国家统计局对《关于工资总额组成的规定》的说明

附件 1

关于工资总额组成的规定

第一章 总 则

第一条 为了统一工资总额的计算范围,保证国家对工资进行统一的统计核算和会计核算,有利于编制、检查计划和进行工资管理以及正确地反映职工的工资收入,制定本规定。

第二条 全民所有制和集体所有制企业、事业单位,各种合营单位,各级国家机关、政党机关和社会团体,在计划、统计、会计上有关工资总额范围的计算,均应遵守本规定。

第三条 工资总额是指各单位在一定时期内直接支付给本单位全部职工的劳动报酬总额。

工资总额的计算应以直接支付给职工的全部劳动报酬为根据。

第二章　工资总额的组成

第四条　工资总额由下列六个部分组成：

（一）计时工资；

（二）计件工资；

（三）奖金；

（四）津贴和补贴；

（五）加班加点工资；

（六）特殊情况下支付的工资。

第五条　计时工资是指按计时工资标准（包括地区生活费补贴）和工作时间支付给个人的劳动报酬。包括：

（一）对已做工作按计时工资标准支付的工资；

（二）实行结构工资制的单位支付给职工的基础工资和职务（岗位）工资；

（三）新参加工作职工的见习工资（学徒的生活费）；

（四）运动员体育津贴。

第六条　计件工资是指对已做工作按计件单价支付的劳动报酬。包括：

（一）实行超额累进计件、直接无限计件、限额计件、超定额计件等工资制，按劳动部门或主管部门批准的定额和计件单价支付给个人的工资；

（二）按工作任务包干方法支付给个人的工资；

（三）按营业额提成或利润提成办法支付给个人的工资。

第七条　奖金是指支付给职工的超额劳动报酬和增收节支的劳动报酬。包括：

（一）生产奖；

（二）节约奖；

（三）劳动竞赛奖；

（四）机关、事业单位的奖励工资；

（五）其他奖金。

第八条　津贴和补贴是指为了补偿职工特殊或额外的劳动消耗和因其他特殊原因支付给职工的津贴，以及为了保证职工工资水平不受物价影响支付给职工的物价补贴。

（一）津贴。包括：补偿职工特殊或额外劳动消耗的津贴，保健性津贴，技术性津贴，年功性津贴及其他津贴。

（二）物价补贴。包括：为保证职工工资水平不受物价上涨或变动影响而支付的各种补贴。

第九条　加班加点工资是指按规定支付的加班工资和加点工资。

第十条　特殊情况下支付的工资。包括：

（一）根据国家法律、法规和政策规定，因病、工伤、产假、计划生育假、婚丧假、事假、探亲假、定期休假、停工学习、执行国家或社会义务等原因按计时工资标准或计时工资标准的一定比例支付的工资；

（二）附加工资、保留工资。

第三章　工资总额不包括的项目

第十一条　下列各项不列入工资总额的范围：

（一）根据国务院发布的有关规定颁发的发明创造奖、自然科学奖、科学技术进步奖和支付的合理化建议和技术改进奖以及支付给运动员、教练员的奖金；

（二）有关劳动保险和职工福利方面的各项费用；

（三）有关离休、退休、退职人员待遇的各项支出；

（四）劳动保护的各项支出；

（五）稿费、讲课费及其他专门工作报酬；

（六）出差伙食补助费、误餐补助、调动工作的旅费和安家费；

（七）对自带工具、牲畜来企业工作职工所支付的工具、牲畜等的补偿费用；

（八）实行租赁经营单位的承租人的风险性补偿收入；

（九）对购买本企业股票和债券的职工所支付的股息（包括股金分红）和利息；

（十）劳动合同制职工解除劳动合同时由企业支付的医疗补助费、生活补助费等；

（十一）因录用临时工而在工资以外向提

供劳动力单位支付的手续费或管理费；

（十二）支付给家庭工人的加工费和按加工订货办法支付给承包单位的发包费用；

（十三）支付给参加企业劳动的在校学生的补贴；

（十四）计划生育独生子女补贴。

第十二条　前条所列各项按照国家规定另行统计。

第四章　附　则

第十三条　中华人民共和国境内的私营单位、华侨及港、澳、台工商业者经营单位和外商经营单位有关工资总额范围的计算，参照本规定执行。

第十四条　本规定由国家统计局负责解释。

第十五条　各地区、各部门可依据本规定制定有关工资总额组成的具体范围的规定。

第十六条　本规定自发布之日起施行。国务院一九五五年五月二十一日批准颁发的《关于工资总额组成的暂行规定》同时废止。

附件2

国家统计局《关于工资总额组成的规定》若干具体范围的解释

一、关于工资总额的计算

工资总额的计算原则应以直接支付给职工的全部劳动报酬为根据。各单位支付给职工的劳动报酬以及其他根据有关规定支付的工资，不论是计入成本的还是不计入成本的，不论是按国家规定列入计征奖金税项目的还是未列入计征奖金税项目的，不论是以货币形式支付的还是以实物形式支付的，均应列入工资总额的计算范围。

二、关于奖金的范围

（一）生产（业务）奖包括超产奖、质量奖、安全（无事故）奖、考核各项经济指标的综合奖、提前竣工奖、外轮速遣奖、年终奖（劳动分红）等。

（二）节约奖包括各种动力、燃料、原材料等节约奖。

（三）劳动竞赛奖包括发给劳动模范，先进个人的各种奖金和实物奖励。

（四）其他奖金包括从兼课酬金和业余医疗卫生服务收入提成中支付的奖金等。

三、关于津贴和补贴的范围

（一）津贴。包括：

1. 补偿职工特殊或额外劳动消耗的津贴。具体有：高空津贴、井下津贴、流动施工津贴、野外工作津贴、林区津贴、高温作业临时补贴、海岛津贴、艰苦气象台（站）津贴、微波站津贴、高原地区临时补贴、冷库低温津贴、基层审计人员外勤工作补贴、邮电人员外勤津贴、夜班津贴、中班津贴、班（组）长津贴、学校班主任津贴、三种艺术（舞蹈、武功、管乐）人员工种补贴、广播电视天线工岗位津贴、盐业岗位津贴、废品回收人员岗位津贴、殡葬特殊行业津贴、城市社会福利事业单位岗位津贴、环境监测津贴、收容遣送岗位津贴等。

2. 保健性津贴。具体有：卫生防疫津贴、医疗卫生津贴、科技保健津贴、各种社会福利院职工特殊保健津贴等。

3. 技术性津贴。具体有：特级教师补贴、科研津贴、工人技师津贴、中药老药工技术津贴、特殊教育津贴等。

4. 年功性津贴。具体有：工龄津贴、教龄津贴和护士工龄津贴等。

5. 其他津贴。具体有：直接支付给个人的伙食津贴（火车司机和乘务员的乘务津贴、航行和空勤人员伙食津贴、水产捕捞人员伙食津贴、专业车队汽车司机行车津贴、体育运动员和教练员伙食补助费、少数民族伙食津贴、小伙食单位补贴等）、合同制职工的工资性补贴以及书报费等。

（二）补贴。包括：

为保证职工工资水平不受物价上涨或变动影响而支付的各种补贴，如肉类等价格补贴、副食品价格补贴、粮价补贴、煤价补贴、房贴、水电贴等。

四、关于工资总额不包括的项目的范围

（一）有关劳动保险和职工福利方面的费用。具体有：职工死亡丧葬费及抚恤费、医疗卫生费或公费医疗费用、职工生活困难补助费、集体福利事业补贴、工会文教费、集体福利费、探亲路费、冬季取暖补贴、上下班交通补贴以及洗理费等。

（二）劳动保险的各种支出。具体有：工作服、手套等劳保用品，解毒剂、清凉饮料，以及按照一九六三年七月十九日劳动部等七个单位规定的范围对接触有毒物质、矽尘作业、放射线作业和潜水、沉箱作业、高温作业等五类工种所享受的由劳动保护费开支的保健食品待遇。

五、关于标准工资（基本工资，下同）和非标准工资（辅助工资，下同）的定义

（一）标准工资是指按规定的工资标准计算的工资（包括实行结构工资制的基础工资、职务工资和工龄津贴）。

（二）非标准工资是指标准工资以外的各种工资。

六、奖金范围内的节约奖、从兼课酬金和医疗卫生服务收入提成中支付的奖金及津贴和补贴范围内的各种价格补贴，在统计报表中单列统计。

附件 3

国家统计局对《关于工资总额组成的规定》的说明

一、《关于工资总额组成的规定》的修订过程

《关于工资总额组成的规定》（以下简称《规定》）是在修订一九五五年国务院批准国家统计局颁发的《关于工资总额组成的暂行规定》（以下简称《暂行规定》）的基础上形成的。这次修订工作是从一九八六年十一月由国务院国民经济统一核算标准领导小组办公室出面组织国家统计局、国家计委、国家经委、劳动人事部、财政部、中国人民银行和中华全国总工会等部门的力量共同进行的。修订工作大致分为三个阶段。

第一阶段（1986.11—1987.2）：主要是搜集国内外工资总额组成方面的有关文件，召开国务院有关部门和有关大专院校科研部门同志参加的研讨会，就修订的必要性和修订的若干原则进行研究并基本取得一致意见，根据讨论的意见起草了《规定》（修订初稿）及修订说明，发国务院各部门和各省、自治区、直辖市有关部门广泛征求意见。

第二阶段（1987.3—1987.5）：派出四个调查组分赴十一个地区进行调查研究，在此基础上根据各部门、各地区的意见对修订初稿进行修改下发征求意见。

第三阶段（1987.6—1987.10）：根据各部门、各地区的意见并在有各省、自治区、直辖市统计部门和劳动人事部门同志参加的全国劳动工资统计工作会议上进行讨论研究的基础上修改定稿。

二、修订过程中的主要问题

（一）关于工资范围的问题

在修订过程中对此有三种意见。第一种意见，多数部门和地区同意送审稿中提出的工资总额的范围，认为既符合目前计划、统计以及工资基金管理的现状，也照顾了历史资料以及国际间的对比。第二种意见认为工资总额应仅限于按劳分配部分，对于"非按劳分配"的部分（如病、事假工资和由于物价上涨支付的津贴等）可另行处理，这样企业可以有更多的灵活性。第三种意见认为目前的工资总额不能全面反映职工收入水平，建议把工资总额的范围加以扩大改为职工收入，把职工在单位取得的一切货币收入都包括在内。我们认为，将工资总额的范围扩大为职工收入（绩效工资总额的概念），虽有利于从宏观上对消费基金的控制，反映职工的收入状况，但在目前国家对工资基金进一步加强管理的情况下，如将工资总额的范围扩大为职工收入将不利于国家对职工工资实行计划管理，同时职工收入的界限也很难划清。同样，如果把"非按劳分配"的部分从工资总额的范围中剔除，也不利于国家对工资总额的计

划管理。因此,我们认为采用第一种范围比较合适。至于职工收入指标,拟另行研究统计方法。

(二)关于工资总额组成项目如何确定的问题

工资制度改革前,职工的工资制度及其标准都是由国家统一规定的,因此,工资总额组成的项目是按国家统一的工资制度的有关规定确定的。在工资制度改革中,除国家机关和事业单位职工工资制度及工资标准仍由国家统一规定外,国家对企业相继实行了各种不同形式的工资总额和经济效益挂钩的办法,企业内部职工的工资如何分配由企业自行确定(即一般所说的两级分配)。这次修订的工资总额项目如何确定,有两种意见:一种意见是根据企业内部分配给职工的形式确定,另一种意见是根据工资总额与经济效益挂钩的各种不同形式确定。我们考虑工资总额与经济效益挂钩的各种分配办法,是国家对企业分配工资总额指标的一种形式,企业取得的工资总额指标不一定全部分配给职工,为了确切反映企业职工的工资总额组成项目,同时考虑历史和国际间的对比,我们研究采用了第一种意见。

(三)关于肉类等价格补贴是否计入工资总额的问题

一九八五年,在价格改革中,各地对肉类、蔬菜等价格进行了调整,为了不使因价格上涨而影响职工实际收入的提高,根据国家规定,各级人民政府相继建立肉类等价格补贴,对于此项补贴我们认为其性质应属于工资,但由于各地区规定的支付形式、支付标准和经费来源都不一致,使基层单位统计困难。因此,过去在统计制度上规定肉类等价格补贴其性质属于工资,但不由基层单位上报,而由各级统计部门根据有关资料进行估算,对外公布职工货币工资时包括了肉类等价格补贴。这次修订,我们根据工资的性质和便于计算职工实际工资的原则,将肉类等价格补贴计入工资总额。

三、修订的主要内容

(一)《规定》的实施范围。原《暂行规定》只在国营、地方国营、合作社营、公私合营、私营企业、事业及机关、团体实行。一九五六年以后,随着社会主义改造的完成,我国所有制形式有了很大变化,此后原《暂行规定》只是在全民所有制单位实行。而城镇集体所有制单位和其他所有制单位没有明确是否实行,但在工资统计上,实际是参照原《暂行规定》执行的。这次明确规定,全民所有制和集体所有制企业、事业单位,各种合营单位,各级国家机关、政党机关和社会团体在计划、统计、会计上有关工资总额范围的计算,都应按照企业、则明确应参照《规定》执行。关于私营单位、华侨及港、澳、台工商业者经营单位和外商经营企业,则明确应参照《规定》执行。这里有一点需要说明的是,本规定列举的工资总额的奖金和津贴项目,只适用于国家在计划、统计、会计上对工资总额的核算,不作为各地区、各部门、各单位制定奖金和津贴制度的依据。

(二)关于计算工资总额所规定的人员范围。原《暂行规定》包括在册与非在册两类人员的工资。鉴于这一人员划分已不符合我国目前的用工制度,因此,这次改为"直接支付给本单位全部职工的劳动报酬总额"。根据目前的用工制度,全部职工应包括固定职工、合同制职工、临时职工和计划外用工。

(三)关于工资总额的定义。原《暂行规定》没有加以明确,这次明确规定为"工资总额是指各单位在一定时期内直接支付给本单位全部职工的劳动报酬总额",并进一步规定了计算工资总额"应以直接支付给职工的全部劳动报酬为根据",这样就更加明确了工资总额的概念。

(四)关于会计、统计上的工资总额。原《暂行规定》第四条规定一律按应付统计,考虑到统计核算和会计核算不同的目的和需要,这次取消了这一条规定。在实际工作中统计上(包括银行现金统计中的工资统计)关于工资总额的计算应按实发数,会计则按应发数。但对逢节日提前预发下月的工资,在国家统计局的工资统计中仍应统计在应发工资总额中。

（五）关于工资总额的组成内容。原《暂行规定》第五条列了二十六项，这种方法没有概括归类，不能体现工资总额组成各个部分的内在联系。为此，这次《规定》第四条把全部工资总额归纳为计时工资、计件工资、奖金、津贴和补贴、加班加点工资、特殊情况下支付的工资六个部分，并规定了每一组成部分的定义。

（六）关于计时工资。原《暂行规定》仅为"对已做工作按工资标准支付的计时工资"。这次根据当前情况，将实行结构工资制的单位支付给职工的基础工资和职务工资以及新参加工作职工的见习工资（包括学徒的生活费）、运动员体育津贴包括在内。

（七）关于计件工资。原《暂行规定》只笼统地规定为"对已做工作按计件单价支付的计件工资"，这次则根据目前的情况做了比较具体的规定。

（八）关于奖金。原《暂行规定》仅把经常性奖金列入工资总额，而一次性奖金未列入工资总额。实践证明这样划分不够合理。如年终奖的享受面广，数量大，虽属一次性，其性质确属劳动报酬，应列入工资总额。有些奖金，如劳动竞赛奖以及发给劳动模范、先进个人的奖金，很难划分经常性与一次性。为了正确地反映职工实际工资收入情况，这次把各种奖金归为一类，不再区分经常性与一次性，对奖金的范围明确规定为，除根据国务院发布的有关规定颁发的创造发明奖、自然科学奖、科学技术进步奖、支付的合理化建议和技术改进奖以及支付给运动员，教练员的奖金不列入工资总额外，其他各种奖金均列入工资总额。

（九）关于津贴和补贴。这次在原《暂行规定》的基础上，结合当前情况按照其不同的支付原因，分为两大类。由于地区和行业特点不同，各地区、各部门、各单位在确定工资总额中津贴的范围时，应当根据《规定》对各种津贴和补贴的解释来确定。凡符合各种津贴和补贴解释的，均应作为各种津贴和补贴包括在工资总额中。

（十）关于工资总额不包括的项目。这次《规定》第十一条中增列了"离休、退休、退职人员待遇的各项支出"，"对自带工具、牲畜来企业工作的职工所支付的工具、牲畜等的补偿费用"，"实行租赁经营单位承租人的风险性补偿收入"，"对购买本企业股票和债券的职工所支付的股息（包括股金分红）和利息"，"劳动合同制职工解除劳动合同时由企业支付的医疗补助费、生活补助费"和"计划生育独生子女补贴"等项。

稿费、讲课费及专门工作报酬，其性质属于劳动报酬，原《暂行规定》将其列入工资总额内。但由于这部分费用一般是专款支出，而且支付对象很广，又不固定，职工以外的人员也可以享受，写稿人、讲课人所在单位无法统计。因此，这次改为不列入工资总额。这部分费用由支付单位在工资总额外另行计算。

"劳动合同制职工解除劳动合同时由企业支付的医疗补助费、生活补助费"，即解雇金，原《暂行规定》将其列入工资总额中。考虑到这部分费用属劳动保险性质，因此根据当前情况将其名称做了改变，并不再列入工资总额。

全国总工会　财政部关于新《工会法》中有关工会经费问题的具体规定

（工总财字〔1992〕19号）

各省、自治区、直辖市和计划单列市财政厅（局）、总工会，国务院各有关部委、直属机关，总后勤部，全国铁路总工会、全国民航工会，中央国家机关工会联合会：

为贯彻落实好新《工会法》，现对其中与工会经费有关的几个问题，具体规定如下：

一、拨交工会经费问题

1. 凡建立工会组织的全民所有制和集体所有制企业、事业单位和机关，应于每月 15 日以前按照上月份全部职工工资总额的 2%，向工会拨交当月份的工会经费。具体拨交手续，按照全国总工会和中国人民银行工总财字〔1989〕16 号通知的规定办理。

2. 拨交工会经费的"全部职工工资总额"，按照国家统计局 1990 年 1 号令公布的《关于工资总额组成的规定》计算。工资总额组成范围内的各种津贴、补贴和奖金，均应计算在内。

3. 关于扣收滞纳金问题。经与中国人民银行会签同意，重申 1980 年 12 月 31 日报经国务院批准的全国总工会、中国人民银行、财政部《关于严格按照工会法规定拨缴工会经费的通知》的规定，对逾期未缴或少缴工会经费的单位，工会应及时进行催缴。经多次催缴无效的，通过银行进行扣缴，并按欠缴金额每日 5‰ 扣收滞纳金。

二、工会脱产专职人员工资等列支问题。全民所有制和集体所有制企业、事业单位和机关支付工会委员会脱产专职人员的工资、奖励、补贴、劳动保险和其他福利待遇，与所在单位行政管理人员有关经费的列支渠道相同。

三、县以上工会离休、退休人员费用支付问题。实行社会统筹的地区由统筹基金中支付，没有实行统筹的地区，由同级财政负担。

1. 县以上各级工会的离休、退休人员包括：全国总工会和各级地方总工会在编的离休、退休人员；编制列在全国总工会和地方总工会的产业工会的离休、退休人员；县以上工会所办实行全额预算管理的工会干部学校（院），各类职工学校，财政拨款补贴的职工疗养院（所），工会经费补贴的文化宫（俱乐部）、体育场（馆）等文体事业单位的离休、退休人员。

2. 由同级财政支付的办法：以县以上总工会为单位，根据离休、退休人员实有人数，按照国家规定的有关费用标准，按年编制工会离退休费用专项预算，报送同级财政部门审批、拨款。年终向同级财政部门编报决算。此项财政拨款，实行专款专用，实报实销。

四、加强工会经费管理。各级工会在经费的使用上，必须遵守国家有关财政法规，严格执行全国总工会制定的财务管理制度，接受同级工会经费审查委员会的监督审查，提高经费使用效益，更好地为职工服务。

五、以上第一、二两条从文到之日起执行，第三条从 1993 年 1 月执行。本规定颁发前的有关规定与本规定相抵触的，以本规定为准。

1992 年 8 月 29 日

国家税务总局关于税务机关代收工会经费企业所得税税前扣除凭据问题的公告

（国家税务总局公告 2011 年第 30 号）

为进一步加强对工会经费企业所得税前扣除的管理，现就税务机关代收工会经费税前扣除凭据问题公告如下：

自 2010 年 1 月 1 日起，在委托税务机关代收工会经费的地区，企业拨缴的工会经费，也可凭合法、有效的工会经费代收凭据依法在税前扣除。

特此公告。

二十四、核电站乏燃料处置基金及核事故应急准备专项收入

财政部 国家发展改革委 工业和信息化部关于印发《核电站乏燃料处理处置基金征收使用管理暂行办法》的通知

(财综〔2010〕58 号)

中国核工业集团公司、中国广东核电集团、中国电力投资公司,财政部驻各省、自治区、直辖市、计划单列市财政监察专员办事处:

为促进核电事业发展,规范核电站乏燃料处理处置基金的征收、使用和管理,根据国务院批示精神,财政部、国家发展与改革委员会、工业和信息化部共同制定了《核电站乏燃料处理处置基金征收使用管理暂行办法》。

现印发给你们,请遵照执行。

附件:核电站乏燃料处理处置基金征收使用管理暂行办法

核电站乏燃料处理处置基金征收使用管理暂行办法

第一章 总 则

第一条 为促进核电事业发展,规范核电站乏燃料处理处置基金(以下简称乏燃料处理处置基金)的征收、使用和管理,根据国务院批示精神,特制定本办法。

第二条 乏燃料处理处置基金的征收、解缴、使用和监督检查等适用本办法。

第三条 乏燃料处理处置基金属于政府性基金,收入全额上缴中央国库,按照"收支两条线"原则纳入中央财政预算管理。

第二章 征 收

第四条 凡拥有已投入商业运行五年以上压水堆核电机组的核电厂(以下简称核电厂),应当按照本办法规定缴纳乏燃料处理处置基金。

第五条 乏燃料处理处置基金按照核电厂已投入商业运行五年以上压水堆核电机组的实际上网销售电量征收,征收标准为0.026 元/千瓦时。今后,财政部会同国家发展改革委、工业和信息化部、国家能源局、国防科工局等部门根据核电发展规模及乏燃料处理处置资金需求的变化,适时调整征收标准。

第六条 乏燃料处理处置基金计入核电厂发电成本。

第七条 乏燃料处理处置基金由财政部驻核电厂所在省、自治区、直辖市、计划单列市财政监察专员办事处(以下简称专员办)负责征收,并实行直接缴库。

第八条 核电厂应于每年 1 月 10 日前向所在地专员办申报上年实际上网销售电量和应缴纳的乏燃料处理处置基金。专员办应于每年 1 月 20 日前完成对申报的审核,并向申报企业开具《非税收入一般缴款书》。核电厂应在5 日内按照专员办开具的《非税收入一般缴款书》所确定的缴款额足额上缴资金。缴库时填列《2022 年政府收支分类科目》103 类"非税收入",01 款"政府性基金收入",66 项"核电站乏燃料处理处置基金收入"(新增)。

第九条 核电厂应按照本办法规定及时足额上缴乏燃料处理处置基金,不得拖欠。凡无正当理由拖欠缴纳乏燃料处理处置基金的,专员办应责令其尽快补缴,并从逾期之日起按日加收滞纳金额 1‰的滞纳金。滞纳金纳入乏燃料处理处置基金收入管理。

第三章 使 用

第十条 核电厂缴纳的乏燃料处理处置基金,由政府相关部门和机构专项用于乏燃料处理处置。具体使用范围包括:

(一)乏燃料运输;

(二)乏燃料离堆贮存;

(三)乏燃料后处理(含乏燃料后处理中试厂进行的商用核电站乏燃料后处理);

(四)乏燃料后处理所产生的高放废物的处理处置;

(五)乏燃料后处理厂的建设、运行、改造和退役;

(六)乏燃料处理处置的其他支出。

第十一条 乏燃料处理处置基金年度预算,应优先安排乏燃料运输、乏燃料离堆贮存、乏燃料后处理、高放废物处理处置等支出,再安排乏燃料后处理厂建设、运行、改造和退役等相关支出。

第十二条 乏燃料处理处置基金年度使用计划由国家发展改革委、工业和信息化部、国家能源局、国防科工局商财政部确定。乏燃料处理处置基金具体项目的安排使用由国防科工局负责,其中大型商用核电站乏燃料后处理厂建设项目资金的安排使用由国家发展改革委会同国家能源局负责。

第十三条 财政部根据乏燃料处理处置基金年度使用计划及具体项目的进展情况,按照政府性基金预算编制规程,编制乏燃料处理处置基金年度收支预算。

第十四条 财政部根据乏燃料处理处置基金收支预算和乏燃料处理处置基金实际征收入库情况安排资金。资金支付按照财政国库管理制度有关规定执行,支出填列《2022年政府收支分类科目》第206类"科学技术"10款"核电站乏燃料处理处置基金支出"(新增)01项"乏燃料运输"、02项"乏燃料离堆贮存"、03项"乏燃料后处理"、04项"高放废物的处理处置"、05项"乏燃料后处理厂的建设、运行、改造和退役"、

99项"其他乏燃料处理处置基金支出"。

第十五条 乏燃料处理处置基金年终结余结转下年度继续使用。

第四章 监督检查

第十六条 未经国务院或财政部批准,任何地方、部门和单位不得擅自改变乏燃料处理处置基金的征收对象、范围和标准,不得减征、免征、缓征、停征乏燃料处理处置基金,也不得改变乏燃料处理处置基金的使用范围和原则。

第十七条 乏燃料处理处置基金的征收、解缴、使用等应当接受财政、审计、投资管理部门的监督,任何单位或者个人不得拒绝、妨碍和阻挠。

第十八条 对于违反本办法,不缴、少缴、缓缴乏燃料处理处置基金或者侵占、截留、挪用乏燃料处理处置基金的责任单位及责任人,按照《财政违法行为处罚处分条例》(国务院令第427号)以及国家有关法律法规规定处理;涉嫌犯罪的,移交司法机关依法处理。

第五章 附 则

第十九条 本办法自2010年10月1日起施行。

第二十条 本办法施行前,相关核电厂预提且尚未使用的乏燃料处理处置资金,应按本办法第八条规定的上缴方式,于2010年10月15日前向当地专员办申报和上缴本企业预提且尚未使用的乏燃料处理处置资金。

第二十一条 确有困难无法一次性缴纳预提且尚未使用的乏燃料处理处置资金的核电厂,应于2010年10月15日前向当地专员办提出延期或分期缴纳的书面申请并随附相关材料,由专员办核实情况并报财政部审批后执行,延期或分期缴纳的期限最长不得超过3年。

第二十二条 为保障核电厂的安全运行及乏燃料处理处置,国防科工局应负责督促相关单位及时转运乏燃料。

第二十三条 本办法由财政部负责解释。

财政部 国防科工委关于印发
《核电厂核事故应急准备专项收入管理规定》的通知

(财防〔2007〕181 号)

第一条 为了加强核电厂核事故应急准备专项收入(以下简称核应急专项收入)的管理,进一步规范收缴和使用,根据国务院发布的《核电厂核事故应急管理条例》,制定本规定。

第二条 国家、地方和核电企业的核事故应急机构,以及国务院有关部门和军队在核电厂核事故应急准备工作中,应当贯彻"常备不懈、积极兼容"的指导方针,充分利用现有的组织机构、人员、设施和设备等,努力提高核应急专项收入的使用效益。

第三条 核应急准备资金分为:

(一)核电企业开展场内核事故应急准备工作所需资金;

(二)国家和地方核应急机构开展场外核事故应急准备工作所需资金;

(三)国务院有关部门和军队在核电厂核事故应急支援准备工作中所需的资金。

第四条 场内核应急准备资金由核电企业承担,并作为核电企业的成本开支项目。基建期在工程基建费中列支;运行期在企业的管理费中列支。

第五条 场外核应急准备资金由核电企业和地方省级人民政府共同承担。其中,核电企业承担的部分,按规定的比例,以财政专项收入的形式分别上缴中央和地方财政,并由中央和地方财政纳入预算内管理;地方承担的部分,由地方省级人民政府自行筹措使用。

核电企业承担上缴的场外核应急专项收入作为成本开支项目,基建期在工程基建费中列支,运行期在企业的管理费中列支。

第六条 国务院有关部门和军队所需的核应急准备资金,根据各自在核电厂核事故应急准备工作中的职责和任务,充分利用现有条件安排,不足部分按照各自的计划和资金渠道申请解决。

第七条 核电企业承担上缴的场外核应急专项收入,在基建期和运行期分别按以下标准缴纳:

(一)基建期按设计额定容量每千瓦 5 元人民币的标准缴纳。

(二)运行期按年度上网销售电量每千瓦时 0.2 厘人民币的标准缴纳。

核电企业按规定标准缴纳场外核应急专项收入后,任何单位、部门及地方各级人民政府不得以核应急准备或者与此相关名义向企业收取资金。

第八条 核电企业承担上缴的场外核应急专项收入,基建期应在核电工程浇灌第一罐混凝土的当年起三年内按规定承担数额的 30%、40% 和 30% 分年度缴清;运行期应在商业运行后的次年开始,根据上一年的实际上网销售电量按规定标准缴纳。

第九条 同一省、自治区、直辖市内,核电企业缴纳的场外核应急专项收入按以下比例分别上缴中央和地方财政:(一)首期建设的核电厂按 15% 和 85% 的比例上缴中央和地方财政;

(二)后续再建的核电厂按 50% 和 50% 的比例上缴中央和地方财政。

第十条 核电企业应于每年 3 月底前,将当年应缴纳中央和地方管理的场外核应急专项收入分别及时足额缴库。

各地财政监察专员办事处负责填写中央场外核应急专项收入"一般缴款书":"财政机关"栏填"财政部门","预算级次"填"中央收入","预算科目名称"栏填写"场外核应急准备收入",预算科目编码为 103 类 02 款 12 项,"收款国库"栏填实际收纳款项的国库名称。

第十一条 财政部驻各地财政监察专员

办事处负责中央场外核应急专项收入的征收工作，省级财政部门负责地方场外核应急专项收入的监缴工作。

核电企业应于每年 3 月 10 日前，向财政部驻当地财政监察专员办事处申报缴纳中央场外核应急专项收入。财政监察专员办事处应在 3 月 20 日前完成申报审核工作。核电企业按财政监察专员办事处审定的中央场外核应急专项收入缴款金额及时就地缴入国库。

财政部驻当地财政监察专员办事处于每年 4 月底前，将所在地核电企业缴纳中央场外核应急专项收入情况汇总填制《××××年度中央管理的场外核事故应急专项收入收缴情况表》（见附件），以及有关情况说明报财政部备案。

第十二条 场外核应急专项收入主要用于国家和地方的场外核应急准备工作：

（一）核事故应急设施的基本建设、运行维护和更新改造；

（二）核应急机构组织开展的公众宣传教育、人员培训、应急值班、应急演习、科技攻关、国际交流、法规和标准制定，以及核事故应急预案和方案编制等工作；

（三）《条例》规定的各项表彰和奖励；

（四）其他经有关部门批准的核应急准备工作。

第十三条 基建期内用于场内核应急准备的资金，应纳入核电厂工程基建概算，由国家核应急机构会同有关部门组织审查并提出审查意见后，按照国家规定的工程基建程序审批；运行期间用于场内核应急准备的资金，应纳入核电企业的年度生产计划，并按其计划和财务渠道上报审批。

第十四条 地方场外核应急设施建设及投资概算，由地方省级人民政府指定部门报地方省级计划部门审批，并报国家核应急机构备案；地方场外核应急准备年度经费预算，由省核应急机构报地方省级财政部门审批，并报国家核应急机构备案。地方省级财政部门按批准的概、预算拨付资金。

第十五条 国家场外核应急设施建设及投资概算，由国家核应急机构报国防科工委审批，场外核应急准备年度经费预算，由国防科工委按部门预算管理程序报财政部审批，国防科工委按照批准的年度预算执行。

第十六条 国务院有关部门和军队所需核应急准备资金，应按照各自计划和资金渠道及部门预算管理的相关规定程序报批，并抄送国家核应急机构备案。

第十七条 核应急专项收入的使用单位要按照国家财务和会计制度的要求，建立和健全资金使用的内部财务管理和会计核算制度。国家和省核应急机构应根据有关专项资金管理的规定，年终编报资金的年度决算。省核应急机构的年度决算应在次年一季度内抄送国家核应急机构备案。国务院有关部门和军队根据各自核应急准备资金的使用情况单列年度决算，并报国家核应急机构备案。

第十八条 财政、审计、监察及国防科工委等部门负责对核电厂核应急专项收入的收缴和使用进行监督检查，任何单位不得以任何理由阻挠或逃避。对于违反本规定截留、挪用专项资金的单位和个人，按《财政违法行为处罚处分条例》进行处罚，并追究相关责任人责任。

第十九条 本规定由财政部、国防科工委负责解释。

第二十条 本规定自发布之日起施行。本规定施行前印发的关于核事故应急准备金的规定，与本规定不一致的，以本规定为准。

二十五、油价调控风险准备金及石油特别收益金

财政部 国家发展改革委员会关于印发《油价调控风险准备金征收管理办法》的通知

（财税〔2016〕137号）

各省、自治区、直辖市财政厅（局）、发展改革委、物价局，中国石油天然气集团公司、中国石油化工集团公司、中国海洋石油总公司，财政部驻各省、自治区、直辖市财政监察专员办事处：

为完善成品油价格形成机制，规范油价调控风险准备金征收管理，经国务院同意，我们制定了《油价调控风险准备金征收管理办法》，现印发给你们，请遵照执行。

附件：油价调控风险准备金征收管理办法

油价调控风险准备金征收管理办法

第一章　总　则

第一条　为完善成品油价格形成机制，加强和规范油价调控风险准备金（以下简称风险准备金）征收管理，根据《中华人民共和国预算法》和《国家发展改革委关于进一步完善成品油价格形成机制有关问题的通知》（发改价格〔2016〕64号）的有关规定，制定本办法。

第二条　风险准备金的收缴、预算、使用和监督管理，适用本办法。

第三条　风险准备金全额上缴中央国库，纳入一般公共预算管理，列"其他专项收入"，统筹用于节能减排、提升油品质量、保障石油供应安全，以及应对国际油价大幅波动，实施保障措施的资金来源。

第二章　征收管理

第四条　风险准备金的缴纳义务人为中华人民共和国境内生产、委托加工和进口汽、柴油的成品油生产经营企业。

第五条　当国际市场原油价格低于国家规定的成品油价格调控下限时，缴纳义务人应按照汽油、柴油的销售数量和规定的征收标准缴纳风险准备金。

第六条　汽油、柴油销售数量是指缴纳义务人于相邻两个调价窗口期之间实际销售数量。

第七条　风险准备金征收标准按照成品油价格未调金额确定。

第八条　成品油价格未调金额由国家发展改革委、财政部根据国际原油价格变动情况，按照现行成品油价格形成机制计算核定，于每季度前10个工作日内，将上季度每次调价窗口期的征收标准，书面告知征收机关。

第九条　财政部驻各省、区、市财政监察专员办事处（以下简称专员办）负责征收风险准备金。

第十条　风险准备金的缴纳地点为缴纳义务人注册登记地。

第十一条　风险准备金由缴纳义务人申报缴纳。其中，缴纳义务人有两个及以上从事成品油生产经营企业的，可由征收机关指定集团公司或者其他公司实行汇总缴纳。

（一）中国石油天然气集团公司、中国石油化工集团公司、中国海洋石油总公司等中央企业应当缴纳的风险准备金，由财政部驻北京市专员办负责征收。

（二）地方企业应当缴纳的风险准备金，由所在省（区、市）征收机关负责征收。

第十二条　缴纳义务人可以选择按季度

或者按年度缴纳风险准备金。具体缴纳方式由缴纳义务人报征收机关核准。缴纳方式一经确定,不得随意变更。

第十三条 缴纳义务人应当根据本办法规定,向所在地征收机关如实申报汽油、柴油销售数量和应缴纳的风险准备金。

按季度缴纳的,缴纳义务人应当于每季度前15个工作日内,如实填写《油价调控风险准备金申报表》,提交给征收机关审核。

按年度缴纳的,缴纳义务人应当于每年1月20日前,如实填写《油价调控风险准备金申报表》,提交给征收机关审核。

第十四条 征收机关应当于5个工作日内完成对申报材料的审核,并向缴纳义务人开具《非税收入一般缴款书》。

第十五条 缴纳义务人按照《非税收入一般缴款书》所规定的缴款额,在5个工作日内足额上缴风险准备金。

第十六条 风险准备金缴库时,填列政府收支分类科目第103029999目“其他专项收入”。

第十七条 风险准备金具体缴库办法,按照财政部国库集中收缴制度有关规定执行。

第十八条 对于按季缴纳的,征收机关根据缴纳义务人实际销售的汽油、柴油数量,在次年3月底完成对缴纳义务人全年风险准备金的汇算清缴工作。

第十九条 风险准备金计入“其他应付款”核算,不得计入企业当期收入。

第二十条 任何单位和个人不得违反本办法规定,擅自减免或缓征风险准备金,不得自行调整风险准备金征收对象、范围和标准。

第三章 监督管理

第二十一条 风险准备金的征收情况应当接受财政、发展改革(价格)部门的监督检查和审计机关的审计监督。

第二十二条 缴纳义务人应当按照本通知规定,及时申报和缴纳风险准备金,不得拒绝或拖延。

第二十三条 征收机关要加强风险准备金征收管理,对逃避缴纳、应申报未申报、申报不实等情况,严格按照法律、行政法规规定查处,确保资金及时足额入库。

征收机关违反规定,多征、提前征收或者减征、免征、缓征应征风险准备金收入的,严格按照有关法律、行政法规规定,追究负有直接责任的主管人员和其他直接责任人员法律责任。

第四章 附 则

第二十四条 本办法由财政部、国家发展改革委解释。

第二十五条 本办法自2016年1月13日起施行。

附:2016年度油价调控风险准备金征收标准

2016年度油价调控风险准备金征收标准

调控窗口期	调价周期天数	汽油90#	柴油0#
	天	元/吨	元/吨
2016年1月14日~1月27日	14	460	445
2016年1月28日~2月15日	19	770	740
2016年2月16日~2月29日	14	560	540
2016年3月1日~3月14日	14	495	475
2016年3月15日~3月28日	14	190	180
2016年3月29日~4月12日	15	50	50
2016年4月13日~4月26日	14	120	115

财政部关于印发《石油特别收益金征收管理办法》的通知

（财企〔2006〕72号）

各省、自治区、直辖市、计划单列市财政厅（局），国务院有关部委、有关直属机构、中国石油天然气集团公司、中国石油化工集团公司、中国海洋石油总公司：

根据《国务院关于开征石油特别收益金的决定》（国发〔2006〕13号），现将我们制定的《石油特别收益金征收管理办法》印发给你们，请遵照执行。

附件：石油特别收益金征收管理办法

石油特别收益金征收管理办法

第一条 为推动石油价格机制改革，促进国民经济持续健康协调发展，规范石油特别收益金征收管理，制定本办法。

第二条 本办法所称石油特别收益金，是指国家对石油开采企业销售国产原油因价格超过一定水平所获得的超额收入按比例征收的收益金。

第三条 凡在中华人民共和国陆地领域和所辖海域独立开采并销售原油的企业，以及在上述领域以合资、合作等方式开采并销售原油的其他企业（以下简称合资合作企业），均应当按照本办法的规定缴纳石油特别收益金。

第四条 石油特别收益金属中央财政非税收入，纳入中央财政预算管理。

第五条 财政部负责石油特别收益金的征收管理工作。中央石油开采企业向财政部申报缴纳石油特别收益金；地方石油开采企业向财政部驻所在地财政监察专员办事处申报缴纳；合资合作企业应当缴纳的石油特别收益金由合资合作的中方企业代扣代缴。

第六条 石油特别收益金实行5级超额累进从价定率计征，按月计算、按季缴纳。

第七条 石油特别收益金征收比率按石油开采企业销售原油的月加权平均价格确定。

为便于参照国际市场油价水平，原油价格按美元/桶计价，起征点为40美元/桶。

具体征收比率及速算扣除数见下表（计算公式见附表）：

原油价格 （美元/桶）	征收比率	速算扣除数 （美元/桶）
40～45（含）	20%	0
45～50（含）	25%	0.25
50～55（含）	30%	0.75
55～60（含）	35%	1.5
60以上	40%	2.5

第八条 计算石油特别收益金时，原油吨桶比按石油开采企业实际执行或挂靠油种的吨桶比计算；美元兑换人民币汇率以中国人民银行当月每日公布的中间价按月平均计算。

第九条 石油开采企业集团公司下属多家石油开采企业的，石油特别收益金以石油开采企业集团公司为单位汇总缴纳。

第十条 缴纳石油特别收益金的石油开采企业，应当如实填写石油特别收益金申报表（见附表），各集团公司汇总后，在每季度结束后的10个工作日内，向财政机关申报缴纳。

第十一条 财政机关对石油开采企业集团公司上报的特别收益金申报表进行认真审核，并以书面形式确认石油开采企业应缴石油特别收益金金额。石油开采企业应在接到书面确认通知的5个工作日内缴入中央金库。

第十二条 石油特别收益金缴库一律使用财政部统一监制的"一般缴款书"。缴款书所列各项内容必须填列完整、正确。"财政机关"栏填写"财政部"，"预算级次"栏填写"中央级"，"预算科目"栏填写第71类"其他收入"中第7113款"石油特别收益金专项收入"。

第十三条　石油开采企业在规定的期限内未足额缴纳石油特别收益金的,由财政机关责令限期缴纳,并从滞纳之日起按日加收万分之五的滞纳金。

第十四条　财政机关不得擅自减征或免征石油开采企业应缴纳的石油特别收益金。

第十五条　石油特别收益金列入企业成本费用,准予在企业所得税税前扣除。

第十六条　石油开采企业未按照本办法规定缴纳石油特别收益金的,由财政机关按照《财政违法行为处罚处分条例》的规定予以处罚。

第十七条　本办法自 2006 年 3 月 26 日起执行。

第十八条　本办法由财政部负责解释。

附表:石油特别收益金申报表

石油特别收益金申报表

企业名称:　　　　　　　　　　　　　　××年×月

石油开采企业名称	销售价格(a)		销售数量		应缴纳石油特别收益金(元)(f)
	元/吨(b)	美元/桶(c)	吨(d)	桶(e)	
合计	—	—	—	—	

注:(1) a 指石油开采企业当月销售原油所实现的加权平均销售价格,按当月实际销售收入除以销售量计算

(2) $c = b/(吨桶比×美元兑换人民币汇率)$

(3) $f = [(c-40)×征收率-速算扣除数]×d×吨桶比×美元兑换人民币汇率 = [(c-40)×征收率-速算扣除数]×e×美元兑换人民币汇率$

财政部关于调整石油特别收益金征收方式的通知

(财企〔2012〕42 号)

国务院有关部委、有关直属机构,各省、自治区、直辖市、计划单列市财政厅(局),中国石油天然气集团公司、中国石油化工集团公司、中国海洋石油总公司:

为进一步完善石油特别收益金征收管理办法,财政部决定适当调整石油特别收益金征收方式。现通知如下:

一、从申报缴纳 2012 年石油特别收益金开始,将征收方式由原"按月计算、按季缴纳"调整为"按月计算、按季申报,按月缴纳"。

二、缴纳石油特别收益金的石油开采企业,应当如实填写石油特别收益金申报表,各集团公司汇总后,在每季度结束后的 10 个工作日内,向财政机关申报缴纳上季度各月石油特别收益金。

三、财政机关对石油开采企业集团公司上报的石油特别收益金申报表进行认真审核,并以书面形式确认石油开采企业分月应缴石油特别收益金时间和金额。石油开采企业应按书面通知确认的时限和金额将石油特别收益金分月缴入中央金库。

四、石油特别收益金其他征收管理的有关问题,仍按照《财政部关于印发〈石油特别收益金征收管理办法〉的通知》(财企〔2006〕72 号)和《财政部关于提高石油特别收益金起征点的通知》(财企〔2011〕480 号)的有关规定执行。

财政部关于提高石油特别收益金起征点的通知

（财税〔2014〕115 号）

国务院有关部委、有关直属机构,各省、自治区、直辖市、计划单列市财政厅（局）,中国石油天然气集团公司、中国石油化工集团公司、中国海洋石油总公司:

经国务院批准,财政部决定从 2015 年 1 月 1 日起,将石油特别收益金起征点提高至 65 美元/桶。起征点提高后,石油特别收益金征收仍实行 5 级超额累进从价定率计征。具体征收比率及速算扣除数见下表:

原油价格（美元/桶）	征收比率	速算扣除数（美元/桶）
65～70（含）	20%	0
70～75（含）	25%	0.25
75～80（含）	30%	0.75
80～85（含）	35%	1.5
85 以上	40%	2.5

石油特别收益金起征点提高后,其他征收管理的有关问题,仍按照《财政部关于印发〈石油特别收益金征收管理办法〉的通知》（财企〔2006〕72 号）等有关文件的规定执行。

财政部
2014 年 12 月 25 日

二十六、水土保持补偿费

财政部 发展改革委 水利部 人民银行关于印发《水土保持补偿费征收使用管理办法》的通知

（财综〔2014〕8 号）

依据《财政部关于修改部分文件条款的通知》（财税〔2023〕9 号）,本办法自 2023 年 3 月 9 日起将第二条第一款中"专项用于"修改为"主要用于";将第三条"水土保持补偿费全额上缴国库,纳入政府性基金预算管理,实行专款专用,年终结余结转下年使用"修改为"水土保持补偿费全额上缴国库,纳入一般公共预算管理";删去第十六条中"预算科目栏填写'1030176 水土保持补偿费收入'";删去第十七条、第四章"使用管理"。

各省、自治区、直辖市财政厅（局）、发展改革委、物价局、水利（水务）厅局,中国人民银行上海总部、各分行、营业管理部、省会（首府）城市中心支行、大连、青岛、宁波、厦门、深圳中心支行:

为了规范水土保持补偿费征收使用管理,促进水土流失预防和治理,改善生态环境,根据

《中华人民共和国水土保持法》的规定,我们制定了《水土保持补偿费征收使用管理办法》,现印发给你们,请遵照执行。

水土保持补偿费征收使用管理办法

第一章 总 则

第一条 为了规范水土保持补偿费征收使用管理,促进水土流失防治工作,改善生态环境,根据《中华人民共和国水土保持法》的规定,制定本办法。

第二条 水土保持补偿费是水行政主管部门对损坏水土保持设施和地貌植被、不能恢复原有水土保持功能的生产建设单位和个人征收并专项用于水土流失预防治理的资金。

第三条 水土保持补偿费全额上缴国库,纳入政府性基金预算管理,实行专款专用,年终结余结转下年使用。

第四条 水土保持补偿费征收、缴库、使用和管理应当接受财政、价格、人民银行、审计部门和上级水行政主管部门的监督检查。

第二章 征 收

第五条 在山区、丘陵区、风沙区以及水土保持规划确定的容易发生水土流失的其他区域开办生产建设项目或者从事其他生产建设活动,损坏水土保持设施、地貌植被、不能恢复原有水土保持功能的单位和个人(以下简称缴纳义务人),应当缴纳水土保持补偿费。

前款所称其他生产建设活动包括:

(一)取土、挖砂、采石(不含河道采砂);

(二)烧制砖、瓦、瓷、石灰;

(三)排放废弃土、石、渣。

第六条 县级以上地方水行政主管部门按照下列规定征收水土保持补偿费。

开办生产建设项目的单位和个人应当缴纳的水土保持补偿费,由县级以上地方水行政主管部门按照水土保持方案审批权限负责征收。其中,由水利部审批水土保持方案的,水土保持补偿费由生产建设项目所在地省(区、市)

水行政主管部门征收;生产建设项目跨省(区、市)的,由生产建设项目涉及区域各相关省(区、市)水行政主管部门分别征收。

从事其他生产建设活动的单位和个人应当缴纳的水土保持补偿费,由生产建设活动所在地县级水行政主管部门负责征收。

第七条 水土保持补偿费按照下列方式计征:

(一)开办一般性生产建设项目的,按照征占用土地面积计征。

(二)开采矿产资源的,在建设期间按照征占用土地面积计征;在开采期间,对石油、天然气以外的矿产资源按照开采量计征,对石油、天然气按照油气生产井占地面积每年计征。

(三)取土、挖砂、采石以及烧制砖、瓦、瓷、石灰的,按照取土、挖砂、采石量计征。

(四)排放废弃土、石、渣的,按照排放量计征。对缴纳义务人已按照前三种方式计征水土保持补偿费的,其排放废弃土、石、渣,不再按照排放量重复计征。

第八条 水土保持补偿费的征收标准,由国家发展改革委、财政部会同水利部另行制定。

第九条 开办一般性生产建设项目的,缴纳义务人应当在项目开工前一次性缴纳水土保持补偿费。

开采矿产资源处于建设期的,缴纳义务人应当在建设活动开始前一次性缴纳水土保持补偿费;处于开采期的,缴纳义务人应当按季度缴纳水土保持补偿费。

从事其他生产建设活动的,缴纳水土保持补偿费的时限由县级水行政主管部门确定。

第十条 缴纳义务人应当向负责征收水土保持补偿费的水行政主管部门如实报送征占用土地面积(矿产资源开采量、取土挖砂采石量、弃土弃渣量)等资料。

负责征收水土保持补偿费的水行政主管部门审核确定水土保持补偿费征收额,并向缴纳义务人送达水土保持补偿费缴纳通知单。缴纳通知单应当载明征占用土地面积(矿产资源开采量、取土挖砂采石量、弃土弃渣量)、征收标准、缴纳金额、缴纳时间和地点等事项。

缴纳义务人应当按照缴纳通知单的规定缴纳水土保持补偿费。

第十一条 下列情形免征水土保持补偿费：

（一）建设学校、幼儿园、医院、养老服务设施、孤儿院、福利院等公益性工程项目的；

（二）农民依法利用农村集体土地新建、翻建自用住房的；

（三）按照相关规划开展小型农田水利建设、田间土地整治建设和农村集中供水工程建设的；

（四）建设保障性安居工程、市政生态环境保护基础设施项目的；

（五）建设军事设施的；

（六）按照水土保持规划开展水土流失治理活动的；

（七）法律、行政法规和国务院规定免征水土保持补偿费的其他情形。

第十二条 除本办法规定外，任何单位和个人均不得擅自减免水土保持补偿费，不得改变水土保持补偿费征收对象、范围和标准。

第十三条 县级以上地方水行政主管部门征收水土保持补偿费，应当到指定的价格主管部门申领《收费许可证》，并使用省级财政部门统一印制的票据。

第十四条 县级以上地方水行政主管部门应当对水土保持补偿费的征收依据、征收标准、征收主体、征收程序、法律责任等进行公示。

第三章　缴　库

第十五条 县级以上地方水行政主管部门征收的水土保持补偿费，按照 1：9 的比例分别上缴中央和地方国库。

地方各级政府之间水土保持补偿费的分配比例，由各省（区、市）财政部门商水行政主管部门确定。

第十六条 水土保持补偿费实行就地缴库方式。

负责征收水土保持补偿费的水行政主管部门填写"一般缴款书"，随水土保持补偿费缴

纳通知单一并送达缴纳义务人，由缴纳义务人持"一般缴款书"在规定时限内到商业银行办理缴款。在填写"一般缴款书"时，预算科目栏填写"1030176 水土保持补偿费收入"，预算级次栏填写"中央和地方共享收入"，收款国库栏填写实际收纳款项的国库名称。

第十七条 水土保持补偿费收入在政府收支分类科目中列 103 类 01 款 76 项"水土保持补偿费收入"，作为中央和地方共用收入科目。

第十八条 地方各级水行政主管部门要确保将中央分成的水土保持补偿费收入及时足额上缴中央国库，不得截留、占压、拖延上缴。

财政部驻各省（区、市）财政监察专员办事处负责监缴中央分成的水土保持补偿费。

第四章　使用管理

第十九条 水土保持补偿费专项用于水土流失预防和治理，主要用于被损坏水土保持设施和地貌植被恢复治理工程建设。

第二十条 县级以上水行政主管部门应当根据水土保持规划，编制年度水土保持补偿费支出预算，报同级财政部门审核。财政部门应当按照政府性基金预算管理规定审核水土保持补偿费支出预算并批复下达。其中，水土保持补偿费用于固定资产投资项目的，由发展改革部门商同级水行政主管部门纳入固定资产投资计划。

第二十一条 水土保持补偿费的资金支付按照财政国库管理制度有关规定执行。

第二十二条 水土保持补偿费支出在政府收支分类科目中列 213 类 70 款"水土保持补偿费安排的支出"01 项"综合治理和生态修复"、02 项"预防保护和监督管理"、03 项"其他水土保持补偿费安排的支出"。

第二十三条 各级财政、水行政主管部门应当严格按规定使用水土保持补偿费，确保专款专用，严禁截留、转移、挪用资金和随意调整预算。

第五章　法律责任

第二十四条 单位和个人违反本办法规

定,有下列情形之一的,依照《财政违法行为处罚处分条例》和《违反行政事业性收费和罚没收入收支两条线管理规定行政处分暂行规定》等国家有关规定追究法律责任;涉嫌犯罪的,依法移送司法机关处理:

(一)擅自减免水土保持补偿费或者改变水土保持补偿费征收范围、对象和标准的;

(二)隐瞒、坐支应当上缴的水土保持补偿费的;

(三)滞留、截留、挪用应当上缴的水土保持补偿费的;

(四)不按照规定的预算级次、预算科目将水土保持补偿费缴入国库的;

(五)违反规定扩大水土保持补偿费开支范围、提高开支标准的;

(六)其他违反国家财政收入管理规定的行为。

第二十五条 缴纳义务人拒不缴纳、拖延缴纳或者拖欠水土保持补偿费的,依照《中华人民共和国水土保持法》第五十七条规定进行处罚。缴纳义务人对处罚决定不服的,可以依法申请行政复议或者提起行政诉讼。

第二十六条 缴纳义务人缴纳水土保持补偿费,不免除其水土流失防治责任。

第二十七条 水土保持补偿费征收、使用管理有关部门的工作人员违反本办法规定,在水土保持补偿费征收和使用管理工作中徇私舞弊、玩忽职守、滥用职权的,依法给予处分;涉嫌犯罪的,依法移送司法机关。

第六章 附 则

第二十八条 各省(区、市)根据本办法制定具体实施办法,并报财政部、国家发展改革委、水利部、中国人民银行备案。

第二十九条 按本办法规定开征水土保持补偿费后,原各地区征收的水土流失防治费、水土保持设施补偿费、水土流失补偿费等涉及水土流失防治和补偿的收费予以取消。

第三十条 本办法由财政部商国家发展改革委、水利部、中国人民银行负责解释。

第三十一条 本办法自 2014 年 5 月 1 日起施行。

二十七、森林(草原)植被恢复费

中华人民共和国森林法

(1984 年 9 月 20 日第六届全国人民代表大会常务委员会第七次会议通过;根据 1998 年 4 月 29 日第九届全国人民代表大会常务委员会第二次会议《关于修改〈中华人民共和国森林法〉的决定》第一次修正;根据 2009 年 8 月 27 日第十一届全国人民代表大会常务委员会第十次会议《关于修改部分法律的决定》第二次修正;2019 年 12 月 28 日第十三届全国人民代表大会常务委员会第十五次会议修订)

目 录

第一章　总　则

第一条　为了践行绿水青山就是金山银山理念，保护、培育和合理利用森林资源，加快国土绿化，保障森林生态安全，建设生态文明，实现人与自然和谐共生，制定本法。

第二条　在中华人民共和国领域内从事森林、林木的保护、培育、利用和森林、林木、林地的经营管理活动，适用本法。

第三条　保护、培育、利用森林资源应当尊重自然、顺应自然，坚持生态优先、保护优先、保育结合、可持续发展的原则。

第四条　国家实行森林资源保护发展目标责任制和考核评价制度。上级人民政府对下级人民政府完成森林资源保护发展目标和森林防火、重大林业有害生物防治工作的情况进行考核，并公开考核结果。

地方人民政府可以根据本行政区域森林资源保护发展的需要，建立林长制。

第五条　国家采取财政、税收、金融等方面的措施，支持森林资源保护发展。各级人民政府应当保障森林生态保护修复的投入，促进林业发展。

第六条　国家以培育稳定、健康、优质、高效的森林生态系统为目标，对公益林和商品林实行分类经营管理，突出主导功能，发挥多种功能，实现森林资源永续利用。

第七条　国家建立森林生态效益补偿制度，加大公益林保护支持力度，完善重点生态功能区转移支付政策，指导受益地区和森林生态保护地区人民政府通过协商等方式进行生态效益补偿。

第八条　国务院和省、自治区、直辖市人民政府可以依照国家对民族自治地方自治权的规定，对民族自治地方的森林保护和林业发展实行更加优惠的政策。

第九条　国务院林业主管部门主管全国林业工作。县级以上地方人民政府林业主管部门，主管本行政区域的林业工作。

乡镇人民政府可以确定相关机构或者设置专职、兼职人员承担林业相关工作。

第十条　植树造林、保护森林，是公民应尽的义务。各级人民政府应当组织开展全民义务植树活动。

每年三月十二日为植树节。

第十一条　国家采取措施，鼓励和支持林业科学研究，推广先进适用的林业技术，提高林业科学技术水平。

第十二条　各级人民政府应当加强森林资源保护的宣传教育和知识普及工作，鼓励和支持基层群众性自治组织、新闻媒体、林业企业事业单位、志愿者等开展森林资源保护宣传活动。

教育行政部门、学校应当对学生进行森林资源保护教育。

第十三条　对在造林绿化、森林保护、森林经营管理以及林业科学研究等方面成绩显著的组织或者个人，按照国家有关规定给予表彰、奖励。

第二章　森林权属

第十四条　森林资源属于国家所有，由法律规定属于集体所有的除外。

国家所有的森林资源的所有权由国务院代表国家行使。国务院可以授权国务院自然资源主管部门统一履行国有森林资源所有者职责。

第十五条　林地和林地上的森林、林木的所有权、使用权，由不动产登记机构统一登记造册，核发证书。国务院确定的国家重点林区（以下简称重点林区）的森林、林木和林地，由国务院自然资源主管部门负责登记。

森林、林木、林地的所有者和使用者的合法权益受法律保护，任何组织和个人不得侵犯。

森林、林木、林地的所有者和使用者应当依法保护和合理利用森林、林木、林地，不得非法改变林地用途和毁坏森林、林木、林地。

第十六条 国家所有的林地和林地上的森林、林木可以依法确定给林业经营者使用。林业经营者依法取得的国有林地和林地上的森林、林木的使用权，经批准可以转让、出租、作价出资等。具体办法由国务院制定。

林业经营者应当履行保护、培育森林资源的义务，保证国有森林资源稳定增长，提高森林生态功能。

第十七条 集体所有和国家所有依法由农民集体使用的林地（以下简称集体林地）实行承包经营的，承包方享有林地承包经营权和承包林地上的林木所有权，合同另有约定的从其约定。承包方可以依法采取出租（转包）、入股、转让等方式流转林地经营权、林木所有权和使用权。

第十八条 未实行承包经营的集体林地以及林地上的林木，由农村集体经济组织统一经营。经本集体经济组织成员的村民会议三分之二以上成员或者三分之二以上村民代表同意并公示，可以通过招标、拍卖、公开协商等方式依法流转林地经营权、林木所有权和使用权。

第十九条 集体林地经营权流转应当签订书面合同。林地经营权流转合同一般包括流转双方的权利义务、流转期限、流转价款及支付方式、流转期限届满林地上的林木和固定生产设施的处置、违约责任等内容。

受让方违反法律规定或者合同约定造成森林、林木、林地严重毁坏的，发包方或者承包方有权收回林地经营权。

第二十条 国有企业事业单位、机关、团体、部队营造的林木，由营造单位管护并按照国家规定支配林木收益。

农村居民在房前屋后、自留地、自留山种植的林木，归个人所有。城镇居民在自有房屋的庭院内种植的林木，归个人所有。

集体或者个人承包国家所有和集体所有的宜林荒山荒地荒滩营造的林木，归承包的集体或者个人所有；合同另有约定的从其约定。

其他组织或者个人营造的林木，依法由营造者所有并享有林木收益；合同另有约定的从其约定。

第二十一条 为了生态保护、基础设施建设等公共利益的需要，确需征收、征用林地、林木的，应当依照《中华人民共和国土地管理法》等法律、行政法规的规定办理审批手续，并给予公平、合理的补偿。

第二十二条 单位之间发生的林木、林地所有权和使用权争议，由县级以上人民政府依法处理。

个人之间、个人与单位之间发生的林木所有权和林地使用权争议，由乡镇人民政府或者县级以上人民政府依法处理。

当事人对有关人民政府的处理决定不服的，可以自接到处理决定通知之日起三十日内，向人民法院起诉。

在林木、林地权属争议解决前，除因森林防火、林业有害生物防治、国家重大基础设施建设等需要外，当事人任何一方不得砍伐有争议的林木或者改变林地现状。

第三章　发展规划

第二十三条 县级以上人民政府应当将森林资源保护和林业发展纳入国民经济和社会发展规划。

第二十四条 县级以上人民政府应当落实国土空间开发保护要求，合理规划森林资源保护利用结构和布局，制定森林资源保护发展目标，提高森林覆盖率、森林蓄积量，提升森林生态系统质量和稳定性。

第二十五条 县级以上人民政府林业主管部门应当根据森林资源保护发展目标，编制林业发展规划。下级林业发展规划依据上级林业发展规划编制。

第二十六条 县级以上人民政府林业主管部门可以结合本地实际，编制林地保护利用、造林绿化、森林经营、天然林保护等相关专项规划。

第二十七条 国家建立森林资源调查监测制度，对全国森林资源现状及变化情况进行调查、监测和评价,并定期公布。

第四章 森林保护

第二十八条 国家加强森林资源保护,发挥森林蓄水保土、调节气候、改善环境、维护生物多样性和提供林产品等多种功能。

第二十九条 中央和地方财政分别安排资金,用于公益林的营造、抚育、保护、管理和非国有公益林权利人的经济补偿等,实行专款专用。具体办法由国务院财政部门会同林业主管部门制定。

第三十条 国家支持重点林区的转型发展和森林资源保护修复,改善生产生活条件,促进所在地区经济社会发展。重点林区按照规定享受国家重点生态功能区转移支付等政策。

第三十一条 国家在不同自然地带的典型森林生态地区、珍贵动物和植物生长繁殖的林区、天然热带雨林区和具有特殊保护价值的其他天然林区,建立以国家公园为主体的自然保护地体系,加强保护管理。

国家支持生态脆弱地区森林资源的保护修复。

县级以上人民政府应当采取措施对具有特殊价值的野生植物资源予以保护。

第三十二条 国家实行天然林全面保护制度,严格限制天然林采伐,加强天然林管护能力建设,保护和修复天然林资源,逐步提高天然林生态功能。具体办法由国务院规定。

第三十三条 地方各级人民政府应当组织有关部门建立护林组织,负责护林工作;根据实际需要建设护林设施,加强森林资源保护;督促相关组织订立护林公约、组织群众护林、划定护林责任区、配备专职或者兼职护林员。

县级或者乡镇人民政府可以聘用护林员,其主要职责是巡护森林,发现火情、林业有害生物以及破坏森林资源的行为,应当及时处理并向当地林业等有关部门报告。

第三十四条 地方各级人民政府负责本行政区域的森林防火工作,发挥群防作用;县级以上人民政府组织领导应急管理、林业、公安等部门按照职责分工密切配合做好森林火灾的科学预防、扑救和处置工作:

(一)组织开展森林防火宣传活动,普及森林防火知识;

(二)划定森林防火区,规定森林防火期;

(三)设置防火设施,配备防灭火装备和物资;

(四)建立森林火灾监测预警体系,及时消除隐患;

(五)制定森林火灾应急预案,发生森林火灾,立即组织扑救;

(六)保障预防和扑救森林火灾所需费用。

国家综合性消防救援队伍承担国家规定的森林火灾扑救任务和预防相关工作。

第三十五条 县级以上人民政府林业主管部门负责本行政区域的林业有害生物的监测、检疫和防治。

省级以上人民政府林业主管部门负责确定林业植物及其产品的检疫性有害生物,划定疫区和保护区。

重大林业有害生物灾害防治实行地方人民政府负责制。发生暴发性、危险性等重大林业有害生物灾害时,当地人民政府应当及时组织除治。

林业经营者在政府支持引导下,对其经营管理范围内的林业有害生物进行防治。

第三十六条 国家保护林地,严格控制林地转为非林地,实行占用林地总量控制,确保林地保有量不减少。各类建设项目占用林地不得超过本行政区域的占用林地总量控制指标。

第三十七条 矿藏勘查、开采以及其他各类工程建设,应当不占或者少占林地;确需占用林地的,应当经县级以上人民政府林业主管部门审核同意,依法办理建设用地审批手续。

占用林地的单位应当缴纳森林植被恢复费。森林植被恢复费征收使用管理办法由国务院财政部门会同林业主管部门制定。

县级以上人民政府林业主管部门应当按

照规定安排植树造林,恢复森林植被,植树造林面积不得少于因占用林地而减少的森林植被面积。上级林业主管部门应当定期督促下级林业主管部门组织植树造林、恢复森林植被,并进行检查。

第三十八条 需要临时使用林地的,应当经县级以上人民政府林业主管部门批准;临时使用林地的期限一般不超过二年,并不得在临时使用的林地上修建永久性建筑物。

临时使用林地期满后一年内,用地单位或者个人应当恢复植被和林业生产条件。

第三十九条 禁止毁林开垦、采石、采砂、采土以及其他毁坏林木和林地的行为。

禁止向林地排放重金属或者其他有毒有害物质含量超标的污水、污泥,以及可能造成林地污染的清淤底泥、尾矿、矿渣等。

禁止在幼林地砍柴、毁苗、放牧。

禁止擅自移动或者损坏森林保护标志。

第四十条 国家保护古树名木和珍贵树木。禁止破坏古树名木和珍贵树木及其生存的自然环境。

第四十一条 各级人民政府应当加强林业基础设施建设,应用先进适用的科技手段,提高森林防火、林业有害生物防治等森林管护能力。

各有关单位应当加强森林管护。国有林业企业事业单位应当加大投入,加强森林防火、林业有害生物防治,预防和制止破坏森林资源的行为。

第五章 造林绿化

第四十二条 国家统筹城乡造林绿化,开展大规模国土绿化行动,绿化美化城乡,推动森林城市建设,促进乡村振兴,建设美丽家园。

第四十三条 各级人民政府应当组织各行各业和城乡居民造林绿化。

宜林荒山荒地荒滩,属于国家所有的,由县级以上人民政府林业主管部门和其他有关主管部门组织开展造林绿化;属于集体所有的,由集体经济组织组织开展造林绿化。

城市规划区内、铁路公路两侧、江河两侧、湖泊水库周围,由各有关主管部门按照有关规定因地制宜组织开展造林绿化;工矿区、工业园区、机关、学校用地,部队营区以及农场、牧场、渔场经营地区,由各该单位负责造林绿化。组织开展城市造林绿化的具体办法由国务院制定。

国家所有和集体所有的宜林荒山荒地荒滩可以由单位或者个人承包造林绿化。

第四十四条 国家鼓励公民通过植树造林、抚育管护、认建认养等方式参与造林绿化。

第四十五条 各级人民政府组织造林绿化,应当科学规划、因地制宜,优化林种、树种结构,鼓励使用乡土树种和林木良种、营造混交林,提高造林绿化质量。

国家投资或者以国家投资为主的造林绿化项目,应当按照国家规定使用林木良种。

第四十六条 各级人民政府应当采取以自然恢复为主、自然恢复和人工修复相结合的措施,科学保护修复森林生态系统。新造幼林地和其他应当封山育林的地方,由当地人民政府组织封山育林。

各级人民政府应当对国务院确定的坡耕地、严重沙化耕地、严重石漠化耕地、严重污染耕地等需要生态修复的耕地,有计划地组织实施退耕还林还草。

各级人民政府应当对自然因素等导致的荒废和受损山体、退化林地以及宜林荒山荒地荒滩,因地制宜实施森林生态修复工程,恢复植被。

第六章 经营管理

第四十七条 国家根据生态保护的需要,将森林生态区位重要或者生态状况脆弱,以发挥生态效益为主要目的的林地和林地上的森林划定为公益林。未划定为公益林的林地和林地上的森林属于商品林。

第四十八条 公益林由国务院和省、自治区、直辖市人民政府划定并公布。

下列区域的林地和林地上的森林,应当划

定为公益林：

（一）重要江河源头汇水区域；

（二）重要江河干流及支流两岸、饮用水水源地保护区；

（三）重要湿地和重要水库周围；

（四）森林和陆生野生动物类型的自然保护区；

（五）荒漠化和水土流失严重地区的防风固沙林基干林带；

（六）沿海防护林基干林带；

（七）未开发利用的原始林地区；

（八）需要划定的其他区域。

公益林划定涉及非国有林地的，应当与权利人签订书面协议，并给予合理补偿。

公益林进行调整的，应当经原划定机关同意，并予以公布。

国家级公益林划定和管理的办法由国务院制定；地方级公益林划定和管理的办法由省、自治区、直辖市人民政府制定。

第四十九条 国家对公益林实施严格保护。

县级以上人民政府林业主管部门应当有计划地组织公益林经营者对公益林中生态功能低下的疏林、残次林等低质低效林，采取林分改造、森林抚育等措施，提高公益林的质量和生态保护功能。

在符合公益林生态区位保护要求和不影响公益林生态功能的前提下，经科学论证，可以合理利用公益林林地资源和森林景观资源，适度开展林下经济、森林旅游等。利用公益林开展上述活动应当严格遵守国家有关规定。

第五十条 国家鼓励发展下列商品林：

（一）以生产木材为主要目的的森林；

（二）以生产果品、油料、饮料、调料、工业原料和药材等林产品为主要目的的森林；

（三）以生产燃料和其他生物质能源为主要目的的森林；

（四）其他以发挥经济效益为主要目的的森林。

在保障生态安全的前提下，国家鼓励建设速生丰产、珍贵树种和大径级用材林，增加林木储备，保障木材供给安全。

第五十一条 商品林由林业经营者依法自主经营。在不破坏生态的前提下，可以采取集约化经营措施，合理利用森林、林木、林地，提高商品林经济效益。

第五十二条 在林地上修筑下列直接为林业生产经营服务的工程设施，符合国家有关部门规定的标准的，由县级以上人民政府林业主管部门批准，不需要办理建设用地审批手续；超出标准需要占用林地的，应当依法办理建设用地审批手续：

（一）培育、生产种子、苗木的设施；

（二）贮存种子、苗木、木材的设施；

（三）集材道、运材道、防火巡护道、森林步道；

（四）林业科研、科普教育设施；

（五）野生动植物保护、护林、林业有害生物防治、森林防火、木材检疫的设施；

（六）供水、供电、供热、供气、通讯基础设施；

（七）其他直接为林业生产服务的工程设施。

第五十三条 国有林业企业事业单位应当编制森林经营方案，明确森林培育和管护的经营措施，报县级以上人民政府林业主管部门批准后实施。重点林区的森林经营方案由国务院林业主管部门批准后实施。

国家支持、引导其他林业经营者编制森林经营方案。

编制森林经营方案的具体办法由国务院林业主管部门制定。

第五十四条 国家严格控制森林年采伐量。省、自治区、直辖市人民政府林业主管部门根据消耗量低于生长量和森林分类经营管理的原则，编制本行政区域的年采伐限额，经征求国务院林业主管部门意见，报本级人民政府批准后公布实施，并报国务院备案。重点林区的年采伐限额，由国务院林业主管部门编制，报国务院批准后公布实施。

第五十五条 采伐森林、林木应当遵守下列规定：

（一）公益林只能进行抚育、更新和低质低效林改造性质的采伐。但是，因科研或者实验、防治林业有害生物、建设护林防火设施、营造生物防火隔离带、遭受自然灾害等需要采伐的除外。

（二）商品林应当根据不同情况，采取不同采伐方式，严格控制皆伐面积，伐育同步规划实施。

（三）自然保护区的林木，禁止采伐。但是，因防治林业有害生物、森林防火、维护主要保护对象生存环境、遭受自然灾害等特殊情况必须采伐的和实验区的竹林除外。

省级以上人民政府林业主管部门应当根据前款规定，按照森林分类经营管理、保护优先、注重效率和效益等原则，制定相应的林木采伐技术规程。

第五十六条 采伐林地上的林木应当申请采伐许可证，并按照采伐许可证的规定进行采伐；采伐自然保护区以外的竹林，不需要申请采伐许可证，但应当符合林木采伐技术规程。

农村居民采伐自留地和房前屋后个人所有的零星林木，不需要申请采伐许可证。

非林地上的农田防护林、防风固沙林、护路林、护岸护堤林和城镇林木等的更新采伐，由有关主管部门按照有关规定管理。

采挖移植林木按照采伐林木管理。具体办法由国务院林业主管部门制定。

禁止伪造、变造、买卖、租借采伐许可证。

第五十七条 采伐许可证由县级以上人民政府林业主管部门核发。

县级以上人民政府林业主管部门应当采取措施，方便申请人办理采伐许可证。

农村居民采伐自留山和个人承包集体林地上的林木，由县级人民政府林业主管部门或者其委托的乡镇人民政府核发采伐许可证。

第五十八条 申请采伐许可证，应当提交有关采伐的地点、林种、树种、面积、蓄积、方式、更新措施和林木权属等内容的材料。超过省

级以上人民政府林业主管部门规定面积或者蓄积量的，还应当提交伐区调查设计材料。

第五十九条 符合林木采伐技术规程的，审核发放采伐许可证的部门应当及时核发采伐许可证。但是，审核发放采伐许可证的部门不得超过年采伐限额发放采伐许可证。

第六十条 有下列情形之一的，不得核发采伐许可证：

（一）采伐封山育林期、封山育林区内的林木；

（二）上年度采伐后未按照规定完成更新造林任务；

（三）上年度发生重大滥伐案件、森林火灾或者林业有害生物灾害，未采取预防和改进措施；

（四）法律法规和国务院林业主管部门规定的禁止采伐的其他情形。

第六十一条 采伐林木的组织和个人应当按照有关规定完成更新造林。更新造林的面积不得少于采伐的面积，更新造林应当达到相关技术规程规定的标准。

第六十二条 国家通过贴息、林权收储担保补助等措施，鼓励和引导金融机构开展涉林抵押贷款、林农信用贷款等符合林业特点的信贷业务，扶持林权收储机构进行市场化收储担保。

第六十三条 国家支持发展森林保险。县级以上人民政府依法对森林保险提供保险费补贴。

第六十四条 林业经营者可以自愿申请森林认证，促进森林经营水平提高和可持续经营。

第六十五条 木材经营加工企业应当建立原料和产品出入库台账。任何单位和个人不得收购、加工、运输明知是盗伐、滥伐等非法来源的林木。

第七章 监督检查

第六十六条 县级以上人民政府林业主管部门依照本法规定，对森林资源的保护、修

复、利用、更新等进行监督检查,依法查处破坏森林资源等违法行为。

第六十七条 县级以上人民政府林业主管部门履行森林资源保护监督检查职责,有权采取下列措施:

(一)进入生产经营场所进行现场检查;

(二)查阅、复制有关文件、资料,对可能被转移、销毁、隐匿或者篡改的文件、资料予以封存;

(三)查封、扣押有证据证明来源非法的林木以及从事破坏森林资源活动的工具、设备或者财物;

(四)查封与破坏森林资源活动有关的场所。

省级以上人民政府林业主管部门对森林资源保护发展工作不力、问题突出、群众反映强烈的地区,可以约谈所在地区县级以上地方人民政府及其有关部门主要负责人,要求其采取措施及时整改。约谈整改情况应当向社会公开。

第六十八条 破坏森林资源造成生态环境损害的,县级以上人民政府自然资源主管部门、林业主管部门可以依法向人民法院提起诉讼,对侵权人提出损害赔偿要求。

第六十九条 审计机关按照国家有关规定对国有森林资源资产进行审计监督。

第八章 法律责任

第七十条 县级以上人民政府林业主管部门或者其他有关国家机关未依照本法规定履行职责的,对直接负责的主管人员和其他直接责任人员依法给予处分。

依照本法规定应当作出行政处罚决定而未作出的,上级主管部门有权责令下级主管部门作出行政处罚决定或者直接给予行政处罚。

第七十一条 违反本法规定,侵害森林、林木、林地的所有者或者使用者的合法权益的,依法承担侵权责任。

第七十二条 违反本法规定,国有林业企业事业单位未履行保护培育森林资源义务、未

编制森林经营方案或者未按照批准的森林经营方案开展森林经营活动的,由县级以上人民政府林业主管部门责令限期改正,对直接负责的主管人员和其他直接责任人员依法给予处分。

第七十三条 违反本法规定,未经县级以上人民政府林业主管部门审核同意,擅自改变林地用途的,由县级以上人民政府林业主管部门责令限期恢复植被和林业生产条件,可以处恢复植被和林业生产条件所需费用三倍以下的罚款。

虽经县级以上人民政府林业主管部门审核同意,但未办理建设用地审批手续擅自占用林地的,依照《中华人民共和国土地管理法》的有关规定处罚。

在临时使用的林地上修建永久性建筑物,或者临时使用林地期满后一年内未恢复植被或者林业生产条件的,依照本条第一款规定处罚。

第七十四条 违反本法规定,进行开垦、采石、采砂、采土或者其他活动,造成林木毁坏的,由县级以上人民政府林业主管部门责令停止违法行为,限期在原地或者异地补种毁坏株数一倍以上三倍以下的树木,可以处毁坏林木价值五倍以下的罚款;造成林地毁坏的,由县级以上人民政府林业主管部门责令停止违法行为,限期恢复植被和林业生产条件,可以处恢复植被和林业生产条件所需费用三倍以下的罚款。

违反本法规定,在幼林地砍柴、毁苗、放牧造成林木毁坏的,由县级以上人民政府林业主管部门责令停止违法行为,限期在原地或者异地补种毁坏株数一倍以上三倍以下的树木。

向林地排放重金属或者其他有毒有害物质含量超标的污水、污泥,以及可能造成林地污染的清淤底泥、尾矿、矿渣等的,依照《中华人民共和国土壤污染防治法》的有关规定处罚。

第七十五条 违反本法规定,擅自移动或者毁坏森林保护标志的,由县级以上人民政府林业主管部门恢复森林保护标志,所需费用由违法者承担。

第七十六条　盗伐林木的,由县级以上人民政府林业主管部门责令限期在原地或者异地补种盗伐株数一倍以上五倍以下的树木,并处盗伐林木价值五倍以上十倍以下的罚款。

滥伐林木的,由县级以上人民政府林业主管部门责令限期在原地或者异地补种滥伐株数一倍以上三倍以下的树木,可以处滥伐林木价值三倍以上五倍以下的罚款。

第七十七条　违反本法规定,伪造、变造、买卖、租借采伐许可证的,由县级以上人民政府林业主管部门没收证件和违法所得,并处违法所得一倍以上三倍以下的罚款;没有违法所得的,可以处二万元以下的罚款。

第七十八条　违反本法规定,收购、加工、运输明知是盗伐、滥伐等非法来源的林木的,由县级以上人民政府林业主管部门责令停止违法行为,没收违法收购、加工、运输的林木或者变卖所得,可以处违法收购、加工、运输林木价款三倍以下的罚款。

第七十九条　违反本法规定,未完成更新造林任务的,由县级以上人民政府林业主管部门责令限期完成;逾期未完成的,可以处未完成造林任务所需费用二倍以下的罚款;对直接负责的主管人员和其他直接责任人员,依法给予处分。

第八十条　违反本法规定,拒绝、阻碍县级以上人民政府林业主管部门依法实施监督检查的,可以处五万元以下的罚款,情节严重的,可以责令停产停业整顿。

第八十一条　违反本法规定,有下列情形之一的,由县级以上人民政府林业主管部门依法组织代为履行,代为履行所需费用由违法者承担:

(一)拒不恢复植被和林业生产条件,或者恢复植被和林业生产条件不符合国家有关规定;

(二)拒不补种树木,或者补种不符合国家有关规定。

恢复植被和林业生产条件、树木补种的标准,由省级以上人民政府林业主管部门制定。

第八十二条　公安机关按照国家有关规定,可以依法行使本法第七十四条第一款、第七十六条、第七十七条、第七十八条规定的行政处罚权。

违反本法规定,构成违反治安管理行为的,依法给予治安管理处罚;构成犯罪的,依法追究刑事责任。

第九章　附　　则

第八十三条　本法下列用语的含义是:

(一)森林,包括乔木林、竹林和国家特别规定的灌木林。按照用途可以分为防护林、特种用途林、用材林、经济林和能源林。

(二)林木,包括树木和竹子。

(三)林地,是指县级以上人民政府规划确定的用于发展林业的土地。包括郁闭度0.2以上的乔木林地以及竹林地、灌木林地、疏林地、采伐迹地、火烧迹地、未成林造林地、苗圃地等。

第八十四条　本法自2020年7月1日起施行。

中华人民共和国森林法实施条例

（2000 年 1 月 29 日中华人民共和国国务院令第 278 号发布;根据 2011 年 1 月 8 日《国务院关于废止和修改部分行政法规的决定》第一次修订;根据 2016 年 2 月 6 日《国务院关于修改部分行政法规的决定》第二次修订;根据 2018 年 3 月 19 日《国务院关于修改和废止部分行政法规的决定》第三次修订）

第一章 总 则

第一条 根据《中华人民共和国森林法》（以下简称森林法），制定本条例。

第二条 森林资源,包括森林、林木、林地以及依托森林、林木、林地生存的野生动物、植物和微生物。

森林,包括乔木林和竹林。

林木,包括树木和竹子。

林地,包括郁闭度 0.2 以上的乔木林地以及竹林地、灌木林地、疏林地、采伐迹地、火烧迹地、未成林造林地、苗圃地和县级以上人民政府规划的宜林地。

第三条 国家依法实行森林、林木和林地登记发证制度。依法登记的森林、林木和林地的所有权、使用权受法律保护,任何单位和个人不得侵犯。

森林、林木和林地的权属证书式样由国务院林业主管部门规定。

第四条 依法使用的国家所有的森林、林木和林地,按照下列规定登记:

（一）使用国务院确定的国家所有的重点林区（以下简称重点林区）的森林、林木和林地的单位,应当向国务院林业主管部门提出登记申请,由国务院林业主管部门登记造册,核发证书,确认森林、林木和林地使用权以及由使用者所有的林木所有权;

（二）使用国家所有的跨行政区域的森林、林木和林地的单位和个人,应当向共同的上一级人民政府林业主管部门提出登记申请,由该人民政府登记造册,核发证书,确认森林、林木和林地使用权以及由使用者所有的林木所有权;

（三）使用国家所有的其他森林、林木和林地的单位和个人,应当向县级以上地方人民政府林业主管部门提出登记申请,由县级以上地方人民政府登记造册,核发证书,确认森林、林木和林地使用权以及由使用者所有的林木所有权。

未确定使用权的国家所有的森林、林木和林地,由县级以上人民政府登记造册,负责保护管理。

第五条 集体所有的森林、林木和林地,由所有者向所在地的县级人民政府林业主管部门提出登记申请,由该县级人民政府登记造册,核发证书,确认所有权。

单位和个人所有的林木,由所有者向所在地的县级人民政府林业主管部门提出登记申请,由该县级人民政府登记造册,核发证书,确认林木所有权。

使用集体所有的森林、林木和林地的单位和个人,应当向所在地的县级人民政府林业主管部门提出登记申请,由该县级人民政府登记造册,核发证书,确认森林、林木和林地使用权。

第六条 改变森林、林木和林地所有权、使用权的,应当依法办理变更登记手续。

第七条 县级以上人民政府林业主管部门应当建立森林、林木和林地权属管理档案。

第八条 国家重点防护林和特种用途林,由国务院林业主管部门提出意见,报国务院批准公布;地方重点防护林和特种用途林,由省、自治区、直辖市人民政府林业主管部门提出意见,报本级人民政府批准公布;其他防护林、用材林、特种用途林以及经济林、薪炭林,由县级人民政府林业主管部门根据国家关于林种划分的规定和本级人民政府的部署组织划定,报本级人民政府批准公布。

省、自治区、直辖市行政区域内的重点防护林和特种用途林的面积,不得少于本行政区域森林总面积的30%。

经批准公布的林种改变为其他林种的,应当报原批准公布机关批准。

第九条 依照森林法第八条第一款第(五)项规定提取的资金,必须专门用于营造坑木、造纸等用材林,不得挪作他用。审计机关和林业主管部门应当加强监督。

第十条 国务院林业主管部门向重点林区派驻的森林资源监督机构,应当加强对重点林区内森林资源保护管理的监督检查。

第二章 森林经营管理

第十一条 国务院林业主管部门应当定期监测全国森林资源消长和森林生态环境变化的情况。

重点林区森林资源调查、建立档案和编制森林经营方案等项工作,由国务院林业主管部门组织实施;其他森林资源调查、建立档案和编制森林经营方案等项工作,由县级以上地方人民政府林业主管部门组织实施。

第十二条 制定林业长远规划,应当遵循下列原则:

(一)保护生态环境和促进经济的可持续发展;

(二)以现有的森林资源为基础;

(三)与土地利用总体规划、水土保持规划、城市规划、村庄和集镇规划相协调。

第十三条 林业长远规划应当包括下列内容:

(一)林业发展目标;

(二)林种比例;

(三)林地保护利用规划;

(四)植树造林规划。

第十四条 全国林业长远规划由国务院林业主管部门会同其他有关部门编制,报国务院批准后施行。

地方各级林业长远规划由县级以上地方人民政府林业主管部门会同其他有关部门编制,报本级人民政府批准后施行。

下级林业长远规划应当根据上一级林业长远规划编制。

林业长远规划的调整、修改,应当报经原批准机关批准。

第十五条 国家依法保护森林、林木和林地经营者的合法权益。任何单位和个人不得侵占经营者依法所有的林木和使用的林地。

用材林、经济林和薪炭林的经营者,依法享有经营权、收益权和其他合法权益。

防护林和特种用途林的经营者,有获得森林生态效益补偿的权利。

第十六条 勘查、开采矿藏和修建道路、水利、电力、通讯等工程,需要占用或者征收、征用林地的,必须遵守下列规定:

(一)用地单位应当向县级以上人民政府林业主管部门提出用地申请,经审核同意后,按照国家规定的标准预交森林植被恢复费,领取使用林地审核同意书。用地单位凭使用林地审核同意书依法办理建设用地审批手续。占用或者征收、征用林地未经林业主管部门审核同意的,土地行政主管部门不得受理建设用地申请。

(二)占用或者征收、征用防护林林地或者特种用途林林地面积10公顷以上的,用材林、经济林、薪炭林林地及其采伐迹地面积35公顷以上的,其他林地面积70公顷以上的,由国务院林业主管部门审核;占用或者征收、征用林地面积低于上述规定数量的,由省、自治区、直辖市人民政府林业主管部门审核。占用或者征收、征用重点林区的林地的,由国务院林业主管部门审核。

(三)用地单位需要采伐已经批准占用或者征收、征用的林地上的林木时,应当向林地所在地的县级以上地方人民政府林业主管部门或者国务院林业主管部门申请林木采伐许可证。

（四）占用或者征收、征用林地未被批准的，有关林业主管部门应当自接到不予批准通知之日起7日内将收取的森林植被恢复费如数退还。

第十七条 需要临时占用林地的，应当经县级以上人民政府林业主管部门批准。

临时占用林地的期限不得超过两年，并不得在临时占用的林地上修筑永久性建筑物；占用期满后，用地单位必须恢复林业生产条件。

第十八条 森林经营单位在所经营的林地范围内修筑直接为林业生产服务的工程设施，需要占用林地的，由县级以上人民政府林业主管部门批准；修筑其他工程设施，需要将林地转为非林业建设用地的，必须依法办理建设用地审批手续。

前款所称直接为林业生产服务的工程设施是指：

（一）培育、生产种子、苗木的设施；

（二）贮存种子、苗木、木材的设施；

（三）集材道、运材道；

（四）林业科研、试验、示范基地；

（五）野生动植物保护、护林、森林病虫害防治、森林防火、木材检疫的设施；

（六）供水、供电、供热、供气、通讯基础设施。

第三章 森林保护

第十九条 县级以上人民政府林业主管部门应当根据森林病虫害测报中心和测报点对测报对象的调查和监测情况，定期发布长期、中期、短期森林病虫害预报，并及时提出防治方案。

森林经营者应当选用良种，营造混交林，实行科学育林，提高防御森林病虫害的能力。

发生森林病虫害时，有关部门、森林经营者应当采取综合防治措施，及时进行除治。

发生严重森林病虫害时，当地人民政府应当采取紧急除治措施，防止蔓延，消除隐患。

第二十条 国务院林业主管部门负责确定全国林木种苗检疫对象。省、自治区、直辖市人民政府林业主管部门根据本地区的需要，可以确定本省、自治区、直辖市的林木种苗补充检疫对象，报国务院林业主管部门备案。

第二十一条 禁止毁林开垦、毁林采种和违反操作技术规程采脂、挖笋、掘根、剥树皮及过度修枝的毁林行为。

第二十二条 25度以上的坡地应当用于植树、种草。25度以上的坡耕地应当按照当地人民政府制定的规划，逐步退耕，植树和种草。

第二十三条 发生森林火灾时，当地人民政府必须立即组织军民扑救；有关部门应当积极做好扑救火灾物资的供应、运输和通讯、医疗等工作。

第四章 植树造林

第二十四条 森林法所称森林覆盖率，是指以行政区域为单位森林面积与土地面积的百分比。森林面积，包括郁闭度0.2以上的乔木林地面积和竹林地面积、国家特别规定的灌木林地面积、农田林网以及村旁、路旁、水旁、宅旁林木的覆盖面积。

县级以上地方人民政府应当按照国务院确定的森林覆盖率奋斗目标，确定本行政区域森林覆盖率的奋斗目标，并组织实施。

第二十五条 植树造林应当遵守造林技术规程，实行科学造林，提高林木的成活率。

县级人民政府对本行政区域内当年造林的情况应当组织检查验收，除国家特别规定的干旱、半干旱地区外，成活率不足85%的，不得计入年度造林完成面积。

第二十六条 国家对造林绿化实行部门和单位负责制。

铁路公路两旁、江河两岸、湖泊水库周围，各有关主管单位是造林绿化的责任单位。工矿区，机关、学校用地，部队营区以及农场、牧场、渔场经营地区，各该单位是造林绿化的责任单位。

责任单位的造林绿化任务，由所在地的县级人民政府下达责任通知书，予以确认。

第二十七条 国家保护承包造林者依法享有的林木所有权和其他合法权益。未经发包方和承包方协商一致,不得随意变更或者解除承包造林合同。

第五章 森林采伐

第二十八条 国家所有的森林和林木以国有林业企业事业单位、农场、厂矿为单位,集体所有的森林和林木、个人所有的林木以县为单位,制定年森林采伐限额,由省、自治区、直辖市人民政府林业主管部门汇总、平衡,经本级人民政府审核后,报国务院批准;其中,重点林区的年森林采伐限额,由国务院林业主管部门报国务院批准。

国务院批准的年森林采伐限额,每5年核定一次。

第二十九条 采伐森林、林木作为商品销售的,必须纳入国家年度木材生产计划;但是,农村居民采伐自留山上个人所有的薪炭林和自留地、房前屋后个人所有的零星林木除外。

第三十条 申请林木采伐许可证,除应当提交申请采伐林木的所有权证书或者使用权证书外,还应当按照下列规定提交其他有关证明文件:

(一)国有林业企业事业单位还应当提交采伐区调查设计文件和上年度采伐更新验收证明;

(二)其他单位还应当提交包括采伐林木的目的、地点、林种、林况、面积、蓄积量、方式和更新措施等内容的文件;

(三)个人还应当提交包括采伐林木的地点、面积、树种、株数、蓄积量、更新时间等内容的文件。

因扑救森林火灾、防洪抢险等紧急情况需要采伐林木的,组织抢险的单位或者部门应当自紧急情况结束之日起30日内,将采伐林木的情况报告当地县级以上人民政府林业主管部门。

第三十一条 有下列情形之一的,不得核发林木采伐许可证:

(一)防护林和特种用途林进行非抚育或者非更新性质的采伐的,或者采伐封山育林期、封山育林区内的林木的;

(二)上年度采伐后未完成更新造林任务的;

(三)上年度发生重大滥伐案件、森林火灾或者大面积严重森林病虫害,未采取预防和改进措施的。

林木采伐许可证的式样由国务院林业主管部门规定,由省、自治区、直辖市人民政府林业主管部门印制。

第三十二条 除森林法已有明确规定的外,林木采伐许可证按照下列规定权限核发:

(一)县属国有林场,由所在地的县级人民政府林业主管部门核发;

(二)省、自治区、直辖市和设区的市、自治州所属的国有林业企业事业单位、其他国有企业事业单位,由所在地的省、自治区、直辖市人民政府林业主管部门核发;

(三)重点林区的国有林业企业事业单位,由国务院林业主管部门核发。

第三十三条 利用外资营造的用材林达到一定规模需要采伐的,应当在国务院批准的年森林采伐限额内,由省、自治区、直辖市人民政府林业主管部门批准,实行采伐限额单列。

第三十四条 木材收购单位和个人不得收购没有林木采伐许可证或者其他合法来源证明的木材。

前款所称木材,是指原木、锯材、竹材、木片和省、自治区、直辖市规定的其他木材。

第三十五条 从林区运出非国家统一调拨的木材,必须持有县级以上人民政府林业主管部门核发的木材运输证。

重点林区的木材运输证,由省、自治区、直辖市人民政府林业主管部门核发;其他木材运输证,由县级以上地方人民政府林业主管部门核发。

木材运输证自木材起运点到终点全程有效,必须随货同行。没有木材运输证的,承运单位和个人不得承运。

木材运输证的式样由国务院林业主管部门规定。

第三十六条 申请木材运输证,应当提交下列证明文件:

(一)林木采伐许可证或者其他合法来源证明;

(二)检疫证明;

(三)省、自治区、直辖市人民政府林业主管部门规定的其他文件。

符合前款条件的,受理木材运输证申请的县级以上人民政府林业主管部门应当自接到申请之日起 3 日内发给木材运输证。

依法发放的木材运输证所准运的木材运输总量,不得超过当地年度木材生产计划规定可以运出销售的木材总量。

第三十七条 经省、自治区、直辖市人民政府批准在林区设立的木材检查站,负责检查木材运输;无证运输木材的,木材检查站应当予以制止,可以暂扣无证运输的木材,并立即报请县级以上人民政府林业主管部门依法处理。

第六章 法律责任

第三十八条 盗伐森林或者其他林木,以立木材积计算不足 0.5 立方米或者幼树不足 20 株的,由县级以上人民政府林业主管部门责令补种盗伐株数 10 倍的树木,没收盗伐的林木或者变卖所得,并处盗伐林木价值 3 倍至 5 倍的罚款。

盗伐森林或者其他林木,以立木材积计算 0.5 立方米以上或者幼树 20 株以上的,由县级以上人民政府林业主管部门责令补种盗伐株数 10 倍的树木,没收盗伐的林木或者变卖所得,并处盗伐林木价值 5 倍至 10 倍的罚款。

第三十九条 滥伐森林或者其他林木,以立木材积计算不足 2 立方米或者幼树不足 50 株的,由县级以上人民政府林业主管部门责令补种滥伐株数 5 倍的树木,并处滥伐林木价值 2 倍至 3 倍的罚款。

滥伐森林或者其他林木,以立木材积计算

2 立方米以上或者幼树 50 株以上的,由县级以上人民政府林业主管部门责令补种滥伐株数 5 倍的树木,并处滥伐林木价值 3 倍至 5 倍的罚款。

超过木材生产计划采伐森林或者其他林木的,依照前两款规定处罚。

第四十条 违反本条例规定,收购没有林木采伐许可证或者其他合法来源证明的木材的,由县级以上人民政府林业主管部门没收非法经营的木材和违法所得,并处违法所得 2 倍以下的罚款。

第四十一条 违反本条例规定,毁林采种或者违反操作技术规程采脂、挖笋、掘根、剥树皮及过度修枝,致使森林、林木受到毁坏的,依法赔偿损失,由县级以上人民政府林业主管部门责令停止违法行为,补种毁坏株数 1 倍至 3 倍的树木,可以处毁坏林木价值 1 倍至 5 倍的罚款;拒不补种树木或者补种不符合国家有关规定的,由县级以上人民政府林业主管部门组织代为补种,所需费用由违法者支付。

违反森林法和本条例规定,擅自开垦林地,致使森林、林木受到毁坏的,依照森林法第四十四条的规定予以处罚;对森林、林木未造成毁坏或者被开垦的林地上没有森林、林木的,由县级以上人民政府林业主管部门责令停止违法行为,限期恢复原状,可以处非法开垦林地每平方米 10 元以下的罚款。

第四十二条 有下列情形之一的,由县级以上人民政府林业主管部门责令限期完成造林任务;逾期未完成的,可以处应完成而未完成造林任务所需费用 2 倍以下的罚款;对直接负责的主管人员和其他直接责任人员,依法给予行政处分:

(一)连续两年未完成更新造林任务的;

(二)当年更新造林面积未达到应更新造林面积 50% 的;

(三)除国家特别规定的干旱、半干旱地区外,更新造林当年成活率未达到 85% 的;

(四)植树造林责任单位未按照所在地县级人民政府的要求按时完成造林任务的。

第四十三条 未经县级以上人民政府林业主管部门审核同意,擅自改变林地用途的,由县级以上人民政府林业主管部门责令限期恢复原状,并处非法改变用途林地每平方米10元至30元的罚款。

临时占用林地,逾期不归还的,依照前款规定处罚。

第四十四条 无木材运输证运输木材的,由县级以上人民政府林业主管部门没收非法运输的木材,对货主可以并处非法运输木材价款30%以下的罚款。

运输的木材数量超出木材运输证所准运的运输数量的,由县级以上人民政府林业主管部门没收超出部分的木材;运输的木材树种、材种、规格与木材运输证规定不符又无正当理由的,没收其不相符部分的木材。

使用伪造、涂改的木材运输证运输木材的,由县级以上人民政府林业主管部门没收非法运输的木材,并处没收木材价款10%至50%的罚款。

承运无木材运输证的木材的,由县级以上人民政府林业主管部门没收运费,并处运费1倍至3倍的罚款。

第四十五条 擅自移动或者毁坏林业服务标志的,由县级以上人民政府林业主管部门责令限期恢复原状;逾期不恢复原状的,由县级以上人民政府林业主管部门代为恢复,所需费用由违法者支付。

第四十六条 违反本条例规定,未经批准,擅自将防护林和特种用途林改变为其他林种的,由县级以上人民政府林业主管部门收回经营者所获取的森林生态效益补偿,并处所获取森林生态效益补偿3倍以下的罚款。

第七章 附 则

第四十七条 本条例中县级以上地方人民政府林业主管部门职责权限的划分,由国务院林业主管部门具体规定。

第四十八条 本条例自发布之日起施行。1986年4月28日国务院批准、1986年5月10日林业部发布的《中华人民共和国森林法实施细则》同时废止。

中华人民共和国草原法

(1985年6月18日第六届全国人民代表大会常务委员会第十一次会议通过 2002年12月28日第九届全国人民代表大会常务委员会第三十一次会议修订 根据2009年8月27日第十一届全国人民代表大会常务委员会第十次会议《关于修改部分法律的决定》第一次修正 根据2013年6月29日第十二届全国人民代表大会常务委员会第三次会议《关于修改〈中华人民共和国文物保护法〉等十二部法律的决定》第二次修正 根据2021年4月29日第十三届全国人民代表大会常务委员会第二十八次会议《关于修改〈中华人民共和国道路交通安全法〉等八部法律的决定》第三次修正)

目 录

第一章 总 则

第一条 为了保护、建设和合理利用草原,改善生态环境,维护生物多样性,发展现代畜牧业,促进经济和社会的可持续发展,制定本法。

第二条 在中华人民共和国领域内从事草原规划、保护、建设、利用和管理活动,适用本法。

本法所称草原,是指天然草原和人工草地。

第三条 国家对草原实行科学规划、全面保护、重点建设、合理利用的方针,促进草原的可持续利用和生态、经济、社会的协调发展。

第四条 各级人民政府应当加强对草原保护、建设和利用的管理,将草原的保护、建设和利用纳入国民经济和社会发展计划

各级人民政府应当加强保护、建设和合理利用草原的宣传教育。

第五条 任何单位和个人都有遵守草原法律法规、保护草原的义务,同时享有对违反草原法律法规、破坏草原的行为进行监督、检举和控告的权利。

第六条 国家鼓励与支持开展草原保护、建设、利用和监测方面的科学研究,推广先进技术和先进成果,培养科学技术人才。

第七条 国家对在草原管理、保护、建设、合理利用和科学研究等工作中做出显著成绩的单位和个人,给予奖励。

第八条 国务院草原行政主管部门主管全国草原监督管理工作。

县级以上地方人民政府草原行政主管部门主管本行政区域内草原监督管理工作。

乡(镇)人民政府应当加强对本行政区域内草原保护、建设和利用情况的监督检查,根据需要可以设专职或者兼职人员负责具体监督检查工作。

第二章 草原权属

第九条 草原属于国家所有,由法律规定属于集体所有的除外。国家所有的草原,由国务院代表国家行使所有权。

任何单位或者个人不得侵占、买卖或者以其他形式非法转让草原。

第十条 国家所有的草原,可以依法确定给全民所有制单位、集体经济组织等使用。

使用草原的单位,应当履行保护、建设和合理利用草原的义务。

第十一条 依法确定给全民所有制单位、集体经济组织等使用的国家所有的草原,由县级以上人民政府登记,核发使用权证,确认草原使用权。

未确定使用权的国家所有的草原,由县级以上人民政府登记造册,并负责保护管理。

集体所有的草原,由县级人民政府登记,核发所有权证,确认草原所有权。

依法改变草原权属的,应当办理草原权属变更登记手续。

第十二条 依法登记的草原所有权和使用权受法律保护,任何单位或者个人不得侵犯。

第十三条 集体所有的草原或者依法确定给集体经济组织使用的国家所有的草原,可以由本集体经济组织内的家庭或者联户承包经营。

在草原承包经营期内,不得对承包经营者使用的草原进行调整;个别确需适当调整的,必须经本集体经济组织成员的村(牧)民会议三分之二以上成员或者三分之二以上村(牧)民代表的同意,并报乡(镇)人民政府和县级人民政府草原行政主管部门批准。

集体所有的草原或者依法确定给集体经济组织使用的国家所有的草原由本集体经济组织以外的单位或者个人承包经营的,必须经本集体经济组织成员的村(牧)民会议三分之二以上成员或者三分之二以上村(牧)民代表的同意,并报乡(镇)人民政府批准。

第十四条 承包经营草原,发包方和承包方应当签订书面合同。草原承包合同的内容应当包括双方的权利和义务、承包草原四至界限、面积和等级、承包期和起止日期、承包草原用途和违约责任等。承包期届满,原承包经营者在同等条件下享有优先承包权。

承包经营草原的单位和个人,应当履行保护、建设和按照承包合同约定的用途合理利用

草原的义务。

第十五条 草原承包经营权受法律保护，可以按照自愿、有偿的原则依法转让。

草原承包经营权转让的受让方必须具有从事畜牧业生产的能力，并应当履行保护、建设和按照承包合同约定的用途合理利用草原的义务。

草原承包经营权转让应当经发包方同意。承包方与受让方在转让合同中约定的转让期限，不得超过原承包合同剩余的期限。

第十六条 草原所有权、使用权的争议，由当事人协商解决；协商不成的，由有关人民政府处理。

单位之间的争议，由县级以上人民政府处理；个人之间、个人与单位之间的争议，由乡（镇）人民政府或者县级以上人民政府处理。

当事人对有关人民政府的处理决定不服的，可以依法向人民法院起诉。

在草原权属争议解决前，任何一方不得改变草原利用现状，不得破坏草原和草原上的设施。

第三章 规 划

第十七条 国家对草原保护、建设、利用实行统一规划制度。国务院草原行政主管部门会同国务院有关部门编制全国草原保护、建设、利用规划，报国务院批准后实施。

县级以上地方人民政府草原行政主管部门会同同级有关部门依据上一级草原保护、建设、利用规划编制本行政区域的草原保护、建设、利用规划，报本级人民政府批准后实施。

经批准的草原保护、建设、利用规划确需调整或者修改时，须经原批准机关批准。

第十八条 编制草原保护、建设、利用规划，应当依据国民经济和社会发展规划并遵循下列原则：

（一）改善生态环境，维护生物多样性，促进草原的可持续利用；

（二）以现有草原为基础，因地制宜，统筹规划，分类指导；

（三）保护为主、加强建设、分批改良、合理利用；

（四）生态效益、经济效益、社会效益相结合。

第十九条 草原保护、建设、利用规划应当包括：草原保护、建设、利用的目标和措施，草原功能分区和各项建设的总体部署，各项专业规划等。

第二十条 草原保护、建设、利用规划应当与土地利用总体规划相衔接，与环境保护规划、水土保持规划、防沙治沙规划、水资源规划、林业长远规划、城市总体规划、村庄和集镇规划以及其他有关规划相协调。

第二十一条 草原保护、建设、利用规划一经批准，必须严格执行。

第二十二条 国家建立草原调查制度。

县级以上人民政府草原行政主管部门会同同级有关部门定期进行草原调查；草原所有者或者使用者应当支持、配合调查，并提供有关资料。

第二十三条 国务院草原行政主管部门会同国务院有关部门制定全国草原等级评定标准。

县级以上人民政府草原行政主管部门根据草原调查结果、草原的质量，依据草原等级评定标准，对草原进行评等定级。

第二十四条 国家建立草原统计制度。

县级以上人民政府草原行政主管部门和同级统计部门共同制定草原统计调查办法，依法对草原的面积、等级、产草量、载畜量等进行统计，定期发布草原统计资料。

草原统计资料是各级人民政府编制草原保护、建设、利用规划的依据。

第二十五条 国家建立草原生产、生态监测预警系统。

县级以上人民政府草原行政主管部门对草原的面积、等级、植被构成、生产能力、自然灾害、生物灾害等草原基本状况实行动态监测，及时为本级政府和有关部门提供动态监测和预警信息服务。

第四章 建 设

第二十六条 县级以上人民政府应当增加草原建设的投入，支持草原建设。

国家鼓励单位和个人投资建设草原，按照谁投资、谁受益的原则保护草原投资建设者的合法权益。

第二十七条 国家鼓励与支持人工草地建设、天然草原改良和饲草饲料基地建设，稳定和提高草原生产能力。

第二十八条 县级以上人民政府应当支持、鼓励和引导农牧民开展草原围栏、饲草饲料储备、牲畜圈舍、牧民定居点等生产生活设施的建设。

县级以上地方人民政府应当支持草原水利设施建设，发展草原节水灌溉，改善人畜饮水条件。

第二十九条 县级以上人民政府应当按照草原保护、建设、利用规划加强草种基地建设，鼓励选育、引进、推广优良品种。

新草品种必须经全国草品种审定委员会审定，由国务院草原行政主管部门公告后方可推广。从境外引进草种必须依法进行审批。

县级以上人民政府草原行政主管部门应当依法加强对草种生产、加工、检疫、检验的监督管理，保证草种质量。

第三十条 县级以上人民政府应当有计划地进行火情监测、防火物资储备、防火隔离带等草原防火设施的建设，确保防火需要。

第三十一条 对退化、沙化、盐碱化、石漠化和水土流失的草原，地方各级人民政府应当按照草原保护、建设、利用规划，划定治理区，组织专项治理。

大规模的草原综合治理，列入国家国土整治计划。

第三十二条 县级以上人民政府应当根据草原保护、建设、利用规划，在本级国民经济和社会发展计划中安排资金用于草原改良、人工种草和草种生产，任何单位或者个人不得截留、挪用；县级以上人民政府财政部门和审计

部门应当加强监督管理。

第五章 利 用

第三十三条 草原承包经营者应当合理利用草原，不得超过草原行政主管部门核定的载畜量；草原承包经营者应当采取种植和储备饲草饲料、增加饲草饲料供应量、调剂处理牲畜、优化畜群结构、提高出栏率等措施，保持草畜平衡。

草原载畜量标准和草畜平衡管理办法由国务院草原行政主管部门规定。

第三十四条 牧区的草原承包经营者应当实行划区轮牧，合理配置畜群，均衡利用草原。

第三十五条 国家提倡在农区、半农半牧区和有条件的牧区实行牲畜圈养。草原承包经营者应当按照饲养牲畜的种类和数量，调剂、储备饲草饲料，采用青贮和饲草饲料加工等新技术，逐步改变依赖天然草地放牧的生产方式。

在草原禁牧、休牧、轮牧区，国家对实行舍饲圈养的给予粮食和资金补助，具体办法由国务院或者国务院授权的有关部门规定。

第三十六条 县级以上地方人民政府草原行政主管部门对割草场和野生草种基地应当规定合理的割草期、采种期以及留茬高度和采割强度，实行轮割轮采。

第三十七条 遇到自然灾害等特殊情况，需要临时调剂使用草原的，按照自愿互利的原则，由双方协商解决；需要跨县临时调剂使用草原的，由有关县级人民政府或者共同的上级人民政府组织协商解决。

第三十八条 进行矿藏开采和工程建设，应当不占或者少占草原；确需征收、征用或者使用草原的，必须经省级以上人民政府草原行政主管部门审核同意后，依照有关土地管理的法律、行政法规办理建设用地审批手续。

第三十九条 因建设征收、征用集体所有的草原的，应当依照《中华人民共和国土地管理法》的规定给予补偿；因建设使用国家所有的草原的，应当依照国务院有关规定对草原承包经

营者给予补偿。

因建设征收、征用或者使用草原的,应当交纳草原植被恢复费。草原植被恢复费专款专用,由草原行政主管部门按照规定用于恢复草原植被,任何单位和个人不得截留、挪用。草原植被恢复费的征收、使用和管理办法,由国务院价格主管部门和国务院财政部门会同国务院草原行政主管部门制定。

第四十条 需要临时占用草原的,应当经县级以上地方人民政府草原行政主管部门审核同意。

临时占用草原的期限不得超过二年,并不得在临时占用的草原上修建永久性建筑物、构筑物;占用期满,用地单位必须恢复草原植被并及时退还。

第四十一条 在草原上修建直接为草原保护和畜牧业生产服务的工程设施,需要使用草原的,由县级以上人民政府草原行政主管部门批准;修筑其他工程,需要将草原转为非畜牧业生产用地的,必须依法办理建设用地审批手续。

前款所称直接为草原保护和畜牧业生产服务的工程设施,是指:

(一)生产、贮存草种和饲草饲料的设施;

(二)牲畜圈舍、配种点、剪毛点、药浴池、人畜饮水设施;

(三)科研、试验、示范基地;

(四)草原防火和灌溉设施。

第六章 保 护

第四十二条 国家实行基本草原保护制度。下列草原应当划为基本草原,实施严格管理:

(一)重要放牧场;

(二)割草地;

(三)用于畜牧业生产的人工草地、退耕还草地以及改良草地、草种基地;

(四)对调节气候、涵养水源、保持水土、防风固沙具有特殊作用的草原;

(五)作为国家重点保护野生动植物生存

环境的草原;

(六)草原科研、教学试验基地;

(七)国务院规定应当划为基本草原的其他草原。

基本草原的保护管理办法,由国务院制定。

第四十三条 国务院草原行政主管部门或者省、自治区、直辖市人民政府可以按照自然保护区管理的有关规定在下列地区建立草原自然保护区:

(一)具有代表性的草原类型;

(二)珍稀濒危野生动植物分布区;

(三)具有重要生态功能和经济科研价值的草原。

第四十四条 县级以上人民政府应当依法加强对草原珍稀濒危野生植物和种质资源的保护、管理。

第四十五条 国家对草原实行以草定畜、草畜平衡制度。县级以上地方人民政府草原行政主管部门应当按照国务院草原行政主管部门制定的草原载畜量标准,结合当地实际情况,定期核定草原载畜量。各级人民政府应当采取有效措施,防止超载过牧。

第四十六条 禁止开垦草原。对水土流失严重、有沙化趋势、需要改善生态环境的已垦草原,应当有计划、有步骤地退耕还草;已造成沙化、盐碱化、石漠化的,应当限期治理。

第四十七条 对严重退化、沙化、盐碱化、石漠化的草原和生态脆弱区的草原,实行禁牧、休牧制度。

第四十八条 国家支持依法实行退耕还草和禁牧、休牧。具体办法由国务院或者省、自治区、直辖市人民政府制定。

对在国务院批准规划范围内实施退耕还草的农牧民,按照国家规定给予粮食、现金、草种费补助。退耕还草完成后,由县级以上人民政府草原行政主管部门核实登记,依法履行土地用途变更手续,发放草原权属证书。

第四十九条 禁止在荒漠、半荒漠和严重退化、沙化、盐碱化、石漠化、水土流失的草原以及生态脆弱区的草原上采挖植物和从事破坏草原植被的其他活动。

第五十条 在草原上从事采土、采砂、采石等作业活动,应当报县级人民政府草原行政主管部门批准;开采矿产资源的,并应当依法办理有关手续。

经批准在草原上从事本条第一款所列活动的,应当在规定的时间、区域内,按照准许的采挖方式作业,并采取保护草原植被的措施。

在他人使用的草原上从事本条第一款所列活动的,还应当事先征得草原使用者的同意。

第五十一条 在草原上种植牧草或者饲料作物,应当符合草原保护、建设、利用规划;县级以上地方人民政府草原行政主管部门应当加强监督管理,防止草原沙化和水土流失。

第五十二条 在草原上开展经营性旅游活动,应当符合有关草原保护、建设、利用规划,并不得侵犯草原所有者、使用者和承包经营者的合法权益,不得破坏草原植被。

第五十三条 草原防火工作贯彻预防为主、防消结合的方针。

各级人民政府应当建立草原防火责任制,规定草原防火期,制定草原防火扑火预案,切实做好草原火灾的预防和扑救工作。

第五十四条 县级以上地方人民政府应当做好草原鼠害、病虫害和毒害草防治的组织管理工作。县级以上地方人民政府草原行政主管部门应当采取措施,加强草原鼠害、病虫害和毒害草监测预警、调查以及防治工作,组织研究和推广综合防治的办法。

禁止在草原上使用剧毒、高残留以及可能导致二次中毒的农药。

第五十五条 除抢险救灾和牧民搬迁的机动车辆外,禁止机动车辆离开道路在草原上行驶,破坏草原植被;因从事地质勘探、科学考察等活动确需离开道路在草原上行驶的,应当事先向所在地县级人民政府草原行政主管部门报告行驶区域和行驶路线,并按照报告的行驶区域和行驶路线在草原上行驶。

第七章 监督检查

第五十六条 国务院草原行政主管部门和草原面积较大的省、自治区的县级以上地方人民政府草原行政主管部门设立草原监督管理机构,负责草原法律、法规执行情况的监督检查,对违反草原法律、法规的行为进行查处。

草原行政主管部门和草原监督管理机构应当加强执法队伍建设,提高草原监督检查人员的政治、业务素质。草原监督检查人员应当忠于职守,秉公执法。

第五十七条 草原监督检查人员履行监督检查职责时,有权采取下列措施:

(一)要求被检查单位或者个人提供有关草原权属的文件和资料,进行查阅或者复制;

(二)要求被检查单位或者个人对草原权属等问题作出说明;

(三)进入违法现场进行拍照、摄像和勘测;

(四)责令被检查单位或者个人停止违反草原法律、法规的行为,履行法定义务。

第五十八条 国务院草原行政主管部门和省、自治区、直辖市人民政府草原行政主管部门,应当加强对草原监督检查人员的培训和考核。

第五十九条 有关单位和个人对草原监督检查人员的监督检查工作应当给予支持、配合,不得拒绝或者阻碍草原监督检查人员依法执行职务。

草原监督检查人员在履行监督检查职责时,应当向被检查单位和个人出示执法证件。

第六十条 对违反草原法律、法规的行为,应当依法作出行政处理,有关草原行政主管部门不作出行政处理决定的,上级草原行政主管部门有权责令有关草原行政主管部门作出行政处理决定或者直接作出行政处理决定。

第八章 法律责任

第六十一条 草原行政主管部门工作人员及其他国家机关有关工作人员玩忽职守、滥用职权,不依法履行监督管理职责,或者发现违法行为不予查处,造成严重后果,构成犯罪的,依法追究刑事责任;尚不够刑事处罚的,依法给予行政处分。

第六十二条 截留、挪用草原改良、人工种草和草种生产资金或者草原植被恢复费,构成犯罪的,依法追究刑事责任;尚不够刑事处罚的,依法给予行政处分。

第六十三条 无权批准征收、征用、使用草原的单位或者个人非法批准征收、征用、使用草原的,超越批准权限非法批准征收、征用、使用草原的,或者违反法律规定的程序批准征收、征用、使用草原,构成犯罪的,依法追究刑事责任;尚不够刑事处罚的,依法给予行政处分。非法批准征收、征用、使用草原的文件无效。非法批准征收、征用、使用的草原应当收回,当事人拒不归还的,以非法使用草原论处。

非法批准征收、征用、使用草原,给当事人造成损失的,依法承担赔偿责任。

第六十四条 买卖或者以其他形式非法转让草原,构成犯罪的,依法追究刑事责任;尚不够刑事处罚的,由县级以上人民政府草原行政主管部门依据职权责令限期改正,没收违法所得,并处违法所得一倍以上五倍以下的罚款。

第六十五条 未经批准或者采取欺骗手段骗取批准,非法使用草原,构成犯罪的,依法追究刑事责任;尚不够刑事处罚的,由县级以上人民政府草原行政主管部门依据职权责令退还非法使用的草原,对违反草原保护、建设、利用规划擅自将草原改为建设用地的,限期拆除在非法使用的草原上新建的建筑物和其他设施,恢复草原植被,并处草原被非法使用前三年平均产值六倍以上十二倍以下的罚款。

第六十六条 非法开垦草原,构成犯罪的,依法追究刑事责任;尚不够刑事处罚的,由县级以上人民政府草原行政主管部门依据职权责令停止违法行为,限期恢复植被,没收非法财物和违法所得,并处违法所得一倍以上五倍以下的罚款;没有违法所得的,并处五万元以下的罚款;给草原所有者或者使用者造成损失的,依法承担赔偿责任。

第六十七条 在荒漠、半荒漠和严重退化、沙化、盐碱化、石漠化、水土流失的草原,以及生态脆弱区的草原上采挖植物或者从事破坏草原植被的其他活动的,由县级以上地方人民政府草原行政主管部门依据职权责令停止违法行为,没收非法财物和违法所得,可以并处违法所得一倍以上五倍以下的罚款;没有违法所得的,可以并处五万元以下的罚款;给草原所有者或者使用者造成损失的,依法承担赔偿责任。

第六十八条 未经批准或者未按照规定的时间、区域和采挖方式在草原上进行采土、采砂、采石等活动的,由县级人民政府草原行政主管部门责令停止违法行为,限期恢复植被,没收非法财物和违法所得,可以并处违法所得一倍以上二倍以下的罚款;没有违法所得的,可以并处二万元以下的罚款;给草原所有者或者使用者造成损失的,依法承担赔偿责任。

第六十九条 违反本法第五十二条规定,在草原上开展经营性旅游活动,破坏草原植被的,由县级以上地方人民政府草原行政主管部门依据职权责令停止违法行为,限期恢复植被,没收违法所得,可以并处违法所得一倍以上二倍以下的罚款;没有违法所得的,可以并处草原被破坏前三年平均产值六倍以上十二倍以下的罚款;给草原所有者或者使用者造成损失的,依法承担赔偿责任。

第七十条 非抢险救灾和牧民搬迁的机动车辆离开道路在草原上行驶,或者从事地质勘探、科学考察等活动,未事先向所在地县级人民政府草原行政主管部门报告或者未按照报告的行驶区域和行驶路线在草原上行驶,破坏草原植被的,由县级人民政府草原行政主管部门责令停止违法行为,限期恢复植被,可以并处草原被破坏前三年平均产值三倍以上九倍以下的罚款;给草原所有者或者使用者造成损失的,依法承担赔偿责任。

第七十一条 在临时占用的草原上修建永久性建筑物、构筑物的,由县级以上地方人民政府草原行政主管部门依据职权责令限期拆除;逾期不拆除的,依法强制拆除,所需费用由违法者承担。

临时占用草原,占用期届满,用地单位不予恢复草原植被的,由县级以上地方人民政府草原行政主管部门依据职权责令限期恢复;逾期不恢复的,由县级以上地方人民政府草原行政主管部门代为恢复,所需费用由违法者承担。

第七十二条 未经批准,擅自改变草原保护、建设、利用规划的,由县级以上人民政府责令限期改正;对直接负责的主管人员和其他直接责任人员,依法给予行政处分。

第七十三条 对违反本法有关草畜平衡制度的规定,牲畜饲养量超过县级以上地方人民政府草原行政主管部门核定的草原载畜量标准的纠正或者处罚措施,由省、自治区、直辖市人民代表大会或者其常务委员会规定。

第九章 附 则

第七十四条 本法第二条第二款中所称的天然草原包括草地、草山和草坡,人工草地包括改良草地和退耕还草地,不包括城镇草地。

第七十五条 本法自 2003 年 3 月 1 日起施行。

财政部 国家发展改革委关于同意收取草原植被恢复费有关问题的通知

(财综〔2010〕29 号)

农业部,各省、自治区、直辖市财政厅(局)、发展改革委、物价局:

为保护和恢复草原植被,改善生态环境,根据《中华人民共和国草原法》的规定,现将草原植被恢复费有关问题通知如下:

一、进行矿藏勘查开采和工程建设征用或使用草原的单位和个人,应向相关省、自治区、直辖市(以下简称省级)草原行政主管部门或其委托的草原监理站(所)缴纳草原植被恢复费。

因工程建设、勘查、旅游等活动需要临时占用草原且未履行恢复义务的单位和个人,应向县级以上地方草原行政主管部门或其委托的草原监理站(所)缴纳草原植被恢复费。

在草原上修建直接为草原保护和畜牧业生产服务的工程设施,以及农牧民按规定标准建设住宅使用草原的,不缴纳草原植被恢复费。

二、草原植被恢复费收费标准由国家发展改革委、财政部另行制定。

三、勘查、开采矿藏和工程建设需征用或使用草原的,用地单位和个人应按规定权限向省级以上草原行政主管部门提出申请,经审核同意的,向省级草原行政主管部门或其委托的草原监理站(所)缴纳草原植被恢复费。用地单位和个人在办理建设用地审批手续时未获批准的,省级草原行政主管部门或其委托的草原监理站(所)应当将收取的草原植被恢复费全部退还用地单位和个人。

四、县级以上地方草原行政主管部门或其委托的草原监理站(所)收取草原植被恢复费,使用省级财政部门统一印制的财政票据。

五、县级以上地方草原行政主管部门或其委托的草原监理站(所)收取的草原植被恢复费,全额缴入地方国库,具体缴库办法按照省级财政部门的规定执行。草原植被恢复费收入列"政府收支分类科目"第 103 类"非税收入"02 款"专项收入"13 项"草原植被恢复费收入"。

六、征用或使用草原未获得建设用地批准,省级草原行政主管部门或其委托的草原监理站(所)需将收取的草原植被恢复费退还用地单位和个人时,应由省级草原行政主管部门或其委托的草原监理站(所)按实际发生的退还金额,附有关证明材料,向省级财政部门申请办理草原植被恢复费退库手续。

七、草原植被恢复费纳入财政预算管理,专项用于草原行政主管部门组织的草原植被恢复、保护和管理。使用范围包括：草原调查规划、人工草原建设、草原植被恢复、退化沙化草原改良和治理、草原生态监测、草原病虫害防治、草原防火和管护等开支。任何单位和个人不得截留或挪作他用。

八、省级财政部门商同级草原行政主管部门根据省以下各级草原行政主管部门承担的恢复草原植被职责，确定草原植被恢复费在省以下各级之间的资金使用比例，并报财政部备案。

九、县级以上地方草原行政主管部门应按规定编制草原植被恢复费收支预算，报同级财政部门审核。财政部门根据县级以上地方草

原行政主管部门开展草原植被恢复、保护和管理工作需要，核定草原植被恢复费支出预算。草原植被恢复费支出列"政府收支分类科目"第 213 类"农林水事务"01 款"农业"53 项"草原植被恢复费支出"。草原植被恢复费的支付按照财政国库管理制度有关规定执行。

十、县级以上地方草原行政主管部门及其委托的草原监理站（所）应严格按照本规定执行，不得多收、减收、缓收、停收或者侵占、截留、挪用草原植被恢复费，并自觉接受财政、价格、审计部门和上级草原行政主管部门的监督检查。

国家发展改革委 财政部关于草原植被恢复费收费标准及有关问题的通知

（发改价格〔2010〕1235 号）

农业部，各省、自治区、直辖市发展改革委、物价局、财政厅（局）：

根据《财政部 国家发展改革委关于同意收取草原植被恢复费有关问题的通知》（财综〔2010〕29 号）规定，经研究，现将草原植被恢复费收费标准及有关问题通知如下：

一、进行矿藏勘查开采和工程建设征用或使用草原的单位和个人，向省、自治区、直辖市草原行政主管部门或其委托的草原监理站（所）复缴纳草原植被恢费的收费标准，以及因工程建设、勘查、旅游等活动需要临时占用草原且未履行恢复义务的单位和个人，向县级以上地方草原行政主管部门或其委托的草原监理站（所）缴纳草原植被恢复费的收费标准，由

所在地省、自治区、直辖市价格主管部门会同财政部门核定，并报国家发展改革委、财政部备案。

在草原上修建直接为草原保护和畜牧业生产服务的工程设施，以及农牧民按规定标准建设住宅使用草原的，不缴纳草原植被恢复费。

二、收费单位应到指定的价格主管部门办理收费许可证，并使用省级财政部门统一印制的财政票据。

三、收费单位应严格执行批准的收费项目和收费标准，不得自行增设收费项目、扩大收费范围或提高收费标准，并自觉接受价格、财政、审计部门的监督检查。

四、上述规定自本通知发布之日起执行。

财政部 国家林业局关于调整森林植被恢复费征收标准
引导节约集约利用林地的通知

（财税〔2015〕122 号）

各省、自治区、直辖市财政厅（局）、林业厅（局），新疆生产建设兵团财务局、林业局，内蒙古、吉林、黑龙江、大兴安岭森工（林业）集团公司：

由占用征收林地的建设单位依法缴纳森林植被恢复费，是促进节约集约利用林地、培育和恢复森林植被、实现森林植被占补平衡的一项重要制度保障。2002 年财政部、国家林业局印发《森林植被恢复费征收使用管理暂行办法》（财综〔2002〕73 号）以来，各地不断加强和规范森林植被恢复费征收使用管理，对推动植树造林、增加森林植被面积发挥了重要作用。随着我国经济社会快速发展，各项建设工程对占用征收林地需求不断增加，但其支付的补偿标准明显偏低，无序占用、粗放利用林地问题突出，减少的森林植被无法得到有效恢复。根据中共中央、国务院印发的《生态文明体制改革总体方案》的要求，为加快健全资源有偿使用和生态补偿制度，建立引导节约集约利用林地的约束机制，确保森林植被面积不减少、质量不降低，保障国家生态安全，现就调整森林植被恢复费征收标准等有关问题通知如下：

一、制定森林植被恢复费征收标准应当遵循以下原则：

（一）合理引导节约集约利用林地，限制无序占用、粗放使用林地。

（二）反映不同类型林地生态和经济价值，合理补偿森林植被恢复成本。

（三）充分体现公益林、城市规划区林地的重要性和特殊性，突出加强公益林和城市规划区林地的保护。

（四）保障公共基础设施、公共事业和民生工程等建设项目使用林地，控制经营性建设项目使用林地。

（五）考虑不同地区经济社会发展水平、森林资源禀赋和恢复成本差异，适应各地植树造林、恢复森林植被工作需要。

（六）与经济社会发展相适应，考虑企业承受能力，并建立定期评估和调整机制。

（七）体现公平公正原则，对中央和地方企业不得实行歧视性征收标准。

二、森林植被恢复费征收标准应当按照恢复不少于被占用征收林地面积的森林植被所需要的调查规划设计、造林培育、保护管理等费用进行核定。具体征收标准如下：

（一）郁闭度 0.2 以上的乔木林地（含采伐迹地、火烧迹地）、竹林地、苗圃地，每平方米不低于 10 元；灌木林地、疏林地、未成林造林地，每平方米不低于 6 元；宜林地，每平方米不低于 3 元。

各省、自治区、直辖市财政、林业主管部门在上述下限标准基础上，结合本地实际情况，制定本省、自治区、直辖市具体征收标准。

（二）国家和省级公益林林地，按照第（一）款规定征收标准 2 倍征收。

（三）城市规划区的林地，按照第（一）、（二）款规定征收标准 2 倍征收。

（四）城市规划区外的林地，按占用征收林地建设项目性质实行不同征收标准。属于公共基础设施、公共事业和国防建设项目的，按照第（一）、（二）款规定征收标准征收；属于经营性建设项目的，按照第（一）、（二）款规定征收标准 2 倍征收。

公共基础设施建设项目包括：公路、铁路、机场、港口码头、水利、电力、通讯、能源基地、电网、油气管网等建设项目。公共事业建设项目包括：教育、科技、文化、卫生、体育、环境和资源保护、防灾减灾、文物保护、社会福利、市政公用等建设项目。经营性建设项目包括：商业、服务业、工矿业、仓储、城镇住宅、旅游开发、养殖、经营性墓地等建设项目。

三、对农村居民按规定标准建设住宅,农村集体经济组织修建乡村道路、学校、幼儿园、敬老院、福利院、卫生院等社会公益项目以及保障性安居工程,免征森林植被恢复费。法律、法规规定减免森林植被恢复费的,从其规定。

四、加强森林植被恢复费征收管理。各级林业主管部门要严格按规定的范围、标准和时限要求征收森林植被恢复费,确保及时、足额征缴到位。任何单位和个人均不得违反规定,擅自减免或缓征森林植被恢复费,不得自行改变森林植被恢复费的征收对象、范围和标准。要向社会公开各类建设项目占用征收林地及森林植被恢复费征收使用情况,提高透明度,接受社会监督。上级财政、林业主管部门要加强监督检查,坚决查处不按规定征收森林植被恢复费的行为。

五、做好组织实施和宣传工作。各地要高度重视调整森林植被恢复费征收标准工作,加强组织领导,周密部署,协调配合,抓好落实。要通过政府网站和公共媒体等渠道,加强森林植被恢复费政策宣传解读,及时发布信息,做好舆论引导工作,统一思想、凝聚共识,营造良好的舆论氛围。

各省、自治区、直辖市财政、林业主管部门要在 2016 年 3 月底前,将调整森林植被恢复费征收标准等政策落实到位,并及时报财政部、国家林业局备案。

财政部关于将森林植被恢复费、草原植被恢复费划转税务部门征收的通知

（财税〔2022〕50 号）

税务总局、林草局:

为贯彻落实党中央、国务院关于政府非税收入征管职责划转的有关要求,平稳有序推进森林植被恢复费、草原植被恢复费划转工作,现就有关事项通知如下:

一、自 2023 年 1 月 1 日起,将森林植被恢复费、草原植被恢复费划转至税务部门征收。2023 年 1 月 1 日以前审核(批准)的相关用地申请,应于 2023 年 1 月 1 日(含)以后缴纳的上述收入,收缴工作继续由原执收(监缴)单位负责。划转以前和以后年度形成的欠缴收入由税务部门负责征缴入库。

二、缴纳义务人应当依据林草部门核定的费额,按照规定的期限和程序,向税务部门申报和缴纳森林植被恢复费、草原植被恢复费。

三、税务部门按照属地原则征收森林植被恢复费、草原植被恢复费,并会同林草部门逐项确定职责划转后的征缴流程,按照国库集中收缴制度等有关规定,依法依规开展收入征管

工作,确保收入及时足额缴库。

四、税务部门征收森林植被恢复费、草原植被恢复费应当使用财政部统一监(印)制的非税收入票据,按照税务部门全国统一信息化方式规范管理。

五、森林植被恢复费、草原植被恢复费入库后需要办理退库的,由缴费人向税务部门申请办理,税务部门经严格审核并商有关财政、林草部门复核同意后,按照财政部门有关退库管理规定办理退付手续。

六、除本通知规定外,森林植被恢复费、草原植被恢复费的征收范围、对象、标准、分成、减免等政策继续按照现行规定执行。

七、各级税务部门要会同财政、林草部门做好业务交接衔接和信息系统互联互通工作,及时实现征管信息实时共享,并将计征、缴款等明细信息通过互联互通系统传递给财政、林草部门。同时,向财政部门报送征收情况,并附文字说明材料。